2차대전
해전사

KB192258

2차대전 해전사

전쟁의 향방을 결정지은 세계 해전의 모든 것

크레이그 L. 시먼즈 지음

나종남 옮김

책과함께

일러두기

- 이 책은 Craig L. Symonds의 WORLD WAR II AT SEA(Oxford University Press, 2018)를 우리말로 옮긴 것이다.
- 옮긴이의 짧은 설명은 〔 〕로 덧붙이고, 긴 설명은 각주로 덧붙이고서 끝에 '— 옮긴이'를 표기했다.
- 일본인과 일본 선박의 명칭은 가능한 한 한자를 병기했고, 한자를 알기 어려운 경우에는 영문을 병기했다. 영문을 병기한 경우에는 원문대로(즉, 영어식 성과 이름 표기 방식으로) 표기했다.
- '제1차 세계대전'과 '제2차 세계대전'은 가독성을 높이기 위해 '1차대전', '2차대전'으로 축약해 표기했다.
- 함포 구경 크기의 단위 변환 수치는 아래와 같다.

인치	cm	인치	cm	인치	cm	인치	cm
1.0	2.5	4.7	12.0	8.0	20.3	13.0	33.0
1.5	3.8	5.0	12.7	8.2	20.8	14.0	35.6
3.0	7.6	5.5	14.0	9.0	22.8	15.0	38.1
4.0	10.2	5.9	15.0	11.0	28.0	16.0	40.6
4.2	11.4	6.0	15.2	12.0	30.5	18.1	46.0

들어가며

2차대전은 인류 역사에서 가장 큰 폭력이 사용된 크나큰 재앙이었다. 이 전쟁에서 당시 세계 인구의 3퍼센트인 약 6000만 명이 목숨을 잃었다. 여러 나라 학자들과 회고록 저자들의 노력으로 이 전쟁을 기록한 책은 수십만 권에 이른다.

그중 많은 책에서 해전사를 다루었다. 당연히 승자의 기록이 패자의 기록보다 충실하다. 예컨대 역사학자 스티븐 로스킬Stephen Roskill과 새뮤얼 엘리엇 모리슨Samuel Eliot Morison은 여러 권짜리 저서에서 영국과 미국 해군의 특별한 공헌을 강조했다. 또다른 역사학자들은 지중해와 태평양의 특정 전역戰域과 전투에서 활약한 해군의 역할을 집중 분석했다. 하지만 모든 국가의 해군이 담당한 포괄적인 궤도와 전쟁 결과에 미친 영향을 평가한 책은 없었다. 그런 광범하고 포괄적인 시각으로 보아야만, 해양에서 발생한 사건들이 전쟁의 향방에 어떻게, 얼마나 영향을 미쳤는지를 제대로 파악할 수 있음에도 말이다.

바로 이것이 이 책에서 추구하는 야망이다. 1939년부터 1945년까지 바다에서 전개된 전쟁의 역사는 상충하는 국익, 신기술, 수많은 인물이 서로 끊임없이 얽히고설킨 방대한 이야기다. 이를 일관된 시각에서 말하기는 쉽지 않지만, 그렇다고 다른 방식으로 이야기하면 오해를 부를 수 있다. 대서양에서의 전쟁, 태평양에서의 다른 전쟁, 지중해에서의 전쟁, 그리고 인도양이나 북해에서의 또다른 전쟁이 따로 있었던 것이 아니다. 전쟁을 이러한 지리적 구분에 따라 기록하면 단순화할 수 있다는 이점이 있지만, 이는 실제로 전쟁이 전개된 방식이나 전략 결정자들이 전황을 관리한 방식과는 차이가 있다. 대서양에서 전투를 수행하는 과정에서 발생한 운송 손실은 태평양의 과달카날로 향하는 수송에 영향을 미쳤고, 지중해의 몰타섬으로 향하는 호송대를 운용한 것은 대서양으로 향하는 호송대 수가 감소함을 의미했으며, 전함 비스마르크함Bismarck을 추격하기 위해 영국과 아이슬란드, 지브롤터에서 전투력을 끌어모아야 했다. 따라서 이 책의 서술 방식은 기본적으로 연대기적이다. 물론 그렇다고 이 바다에서 저 바다까지 일어난 일을 매일 모조리 추적하는 것은 비현실적일뿐더러 유용하지도 않으며, 혼란을 불러일으킬 수도 있다. 따라서 각 장에서 다루는 시간은 서로 겹치거나 생략되기도 한다.

나는 되도록이면 역사의 주인공들이 자신의 이야기를 직접 전달하게 하려고 했다. 이 책에서 내가 세운 목표는 2차대전 해전사를 당시 사람들이 경험한 방식으로 말하는 것이다. 이는 국가 지도자, 전략 결정자, 함대 지휘관, 함정 승무원, 기관 정비사, 함포수, 조종사, 상선 선원, 해병 등이 참여한 하나의 거대하고 복잡한 이야기이며, 세계사에 불균형하고 지속적인 영향을 끼친 전 지구적 인간 드라마다.

차례

지도와 도표 목록

프롤로그

1930년 런던

대화의 웅성거림이 갑자기 멈추고, 움직임의 바스락거리는 소리만 들려왔다. 영국 국왕 조지 5세, 뒤이어 총리가 로열 갤러리로 들어서자 모여 있던 대표단이 일제히 일어섰다. 왕은 천천히 위엄 있게 상원 한쪽 끝에 자리잡은 화려한 왕좌로 걸어갔고, 대표단이 다시 자리를 정리하는 동안 거기서 기다렸다. 조지 5세는 얼마 전부터 병을 앓고 있어서(나중에 그를 사망에 이르게 한 패혈증이었을 가능성이 높다) 당시에는 요양 목적으로 서식스 해안의 보그너 인근 크레이그웨일 하우스에서 체류했기에, 그 시각에 그가 이 자리에 참석한 것은 주목할 만한 일이었다. 외딴 해변에서 답답하게 지내며 불행과 좌절을 느끼던 왕은 이 행사에 참석하기 위해 각별하게 애썼다.

상원은 금으로 장식된 천장과 스테인드글라스 창문을 배경으로 왕이 다시 대중 앞에 모습을 드러내기에 적합한 무대였으나, 1930년 1월 20일에 런던은 짙은 안개로 뒤덮여 있어서 창문으로 들어오는 빛이 거의 없었다. 지역 당국은 한낮인데도 가로등을 밝혔다. 홀을 가득 메운 사람들은 11개국에서 온 100여 명의 대표단이었다. 그중 6개국은 캐나다, 오스트레일리아, 뉴질랜드를 비롯해 멀리 떨어진 영국 제국의 영토였다. 세 대륙에서 온 군사 강대국의 대표자들도 있었다. 유럽에서는 프랑스와 이탈리아 대표단이 참석했다(바이마르 독일과 공산화된 러시아가 불참한 것이 주목할 만했다). 캐나다와 미국 대표단이 서반구를 대표했고, 아시아에서는 중국이 불참하고 상당한 규모의 일본 대표단이 참석했다. 각국 대표는 고위급 민간인이 맡았는데, 홀에 모인 청중 가운데는 총리 2명, 외무 장관 2명, 국무 장관 1명도 있었다. 이들 모두는 대체로 50대와 60대 남성이었는데, 빳빳한 흰색 칼라를 두른 우중충한 검은색 정장 차림이었다.[1]

해군 제복을 입은 장교 10여 명도 복도 뒤쪽에 여기저기 흩어져 늘어서 있었는데, 제복 소매 끝에서 팔꿈치까지 연결된 넓거나 좁은 금줄이 각자의 계급을 표시했다. 일본 해군 장교를 비롯해 모든 장교가 영국 해군 제복의 원형을 본뜬 제복을 입었기에 그들의 복장은 크게 다르지 않았다. 그들이 입은 코트는 진한 파란색(공식 명칭은 네이비 블루navy blue)에 금색 단추가 두 줄로 달린 것이었다. 여기서 영국 해군이 전 세계 현대 해군의 원형이라는 명백한 증거를 발견할 수 있었다.

해군 장교들은 바다와 해안에서 평생 근무한 대가로 얻은 화려한 별 장식과 문양을 제복에 패용했는데, 어두운 복장 사이에서 반짝이는 빛깔이 마치 까마귀들 사이에서 노래하는 밝은색 새 같았다. 기술 지원이나 메모하고 통역하는 임무를 맡은 하급 장교들 역시 어깨와 가슴에 빛나고 두꺼운 금색 장식을 자랑하듯 착용한 것이 눈에 띄었는데, 그들이 금으로 휘감긴 제독에게 딸린 참모임을 암시하는 장식품이었다.

조지 5세는 영국과 아일랜드, 대양 너머 영국 제국 영토의 군주였을 뿐만 아니라 영국 해군의 5성 장군이었으니 그 역시 해군 장교 제복을 착용할 수도 있었다. 하지만 그는 평범한 검은색 프록코트를 입기로 결정했다. 근엄하게 앉아 있던 조지 5세는 귀빈 앞에서 간단한 환영사를 했다. 그는 그곳에 참석한 모든 국가가 영국 해군을 자랑스러워한다고 말했는데, 이를 두고 《런던 타임스》는 '강직하고 쩌렁쩌렁한 목소리'로 연설했다고 보도했다. 이어서 조지 5세는 각 나라 해군 사이에서 벌어진 경쟁이 1914년에 발생한, 이른바 '암울하고 거대한 비극'을 자극하는 주요 요인이었다고 지적했다. 그가 참석자들에게 1905년에서 1914년까지 영국과 독일 사이에서 벌어진 전함戰艦 건조 경쟁이 전쟁의 발발로 이어진 불신의 핵심이었다는 점을 상기할 필요는 없었다.[2]

1차대전에서 승리한 열강들은 바로 그 점을 인정하고 종전 몇 년 후인 1921년에 워싱턴에서 만나 향후에 실행될 각국의 전함 건조에 제한을 두었다. 독일은 베르사유 조약에 따라 전함과 잠수함潛水艦의 보유가 전면 금지되었기 때문에 그 회담에 (이번 회담에도) 초대받지 못했다. 워싱턴 해군 군축 회담은 성공적이었고, 1922년에 조약이 체결되었다. 이 조약은 강대국이 보유할 수 있는 전함의 크기와 수에 제한을 두었는데, 나중에 유명해진 공식인 5 : 5 : 3 군비 제한은 영국, 미국, 일본에 각각 허용된 전함 수의 비율을 의미했다. 프랑스와 이탈리아에는 더 적은 수를 부여했다. 영국 군주는 각국 대표들에게 이제 고귀하게 시작된 일을 더욱더 박차를 가해 마무리할 때가 되었으며, 순양함巡洋艦, 구축함驅逐艦, 특히 잠수함을 비롯해 모든 종류의 군함으로 제한을 확대해야 한다고 말했다.

이 같은 새로운 노력의 원동력은 크게 두 가지였다. 하나는 철학적이자 이상적이었고, 다른 하나는 실용적이자 경제적이었다. 철학적 시금석은 켈로그-브리앙 평화 협정Kellogg-Briand Peace Pact이었는데, 이날 참석한 국가들을 비롯해 총 62개 국가가 2년 전에 이 협정에 서명했다. 이 협정은 전쟁을 국가 정책의 수단으로 사용하는 것을 불법화했다. 그로부터 몇 년이 흘러 독일, 일본, 이탈리아의 정권은 이 같은 고귀한 원칙에 근거한 선언을 조롱하더니 켈로그-브리앙 협정을 희망적 사고의 우둔한 이행으로 치부했다. 하지만 1930년대에는 이 협정이 적어도 공개적으로는 엄중하게 존중되었다.

보다 실질적 관점에서 행동을 촉진한 사건은 1929년 10월 뉴욕 주식 시장의 폭락이 불러일으킨 전 세계적 경기 침체였는데, 이 현상의 여파와 깊이가 어느 정도인지 아직 제대로 파악되지 않은 상태였다. 각국 정부는 고용과 수입이 감소함에 따라 비용을 줄일 방법을 모색해야만 했다. 그리고 군함은 모든 국가의 예산에서 매우 값비싼 품목 중 하나였다. 따라서 추가적 해군 무기 제한은 문제를 차분히 해결하는 과정에서 바람직했을 뿐만 아니라 재정적으로도 합리적인 결정으로 보였다. 이러한 상황을 고려한 조지 5세는 각국 대표단에게 군함 건조의 축소 방안을 찾아 '지금 세계인들을 짓누르고 있는 무거운 군비 부담'을 해소하자고 촉구했다.[3]

─────────

해군력의 척도로 널리 인정되는 것은 전함이었다. 이것이 1922년 워싱턴 조약에서 전함이 핵심이 된 이유다. 길이 180여 미터에 배수량 3만여 톤의 전함은 승무원 1200명에서 1500명이 운영하는, 떠다니는 도시나 다를 바 없었다. 중무장에 무거운 장갑裝甲으로 보호된 전함이 지닌 주요 무기는 앞뒤로 회전하는 포탑에 장착된 대구경 함포艦砲였다. 가장 큰 함포의 지름은 12~14인치〔약 30~35cm〕였는데 최근에는 16인치〔40.6cm〕까지 커졌다. 이런 함포들은 15~25킬로미터 떨어진 목표를 향해 900여 킬로그램에 달하는 포탄을 발사했다. 이처럼 이 거대한 함포의 사거리射距離는 매우 길어서, 대다수 전함이 적을 정찰하고 포탄의 낙하지점을 찾아서 보고하기 위한 용도로 항공기까지 보유했다. 이 항공기는 폭발적인 속도로 공중으로 떠올랐다가 전함에 장착된 철제 거룻배 폰툰pontoon을 이용해 모선母船에 착륙했다가 다시 전함 위에 탑재되었다.

　일부 전투순양함은 전함보다 함체가 더 길어도 함포가 다소 작거나 장갑이 매우 얇았는데, 이는 곧 배수량이 더 적음을 의미했다. 1930년에 영국 해군이 보유한 가장 큰 군함은 길이 260여 미터의 전투순양함 후드함Hood으로, 함대의 자랑이었다. 이 순양함이 보유한 15인치(38.1cm)짜리 함포 8문門은 막강한 공격력을 상징했다. 하지만 이 함정에는 치명적 약점이 있었으니, 바로 상대적으로 얇은 장갑이었다. 이로 인해 어떤 전함보다 취약했다. 1916년 유틀란트 해전Battle of Jutland에서 영국 전투순양함이 전투에 적극적으로 투입되었는데, 그중 3척이 대규모 폭발을 일으키며 침몰하는 바람에 거의 모든 승무원이 사망하기도 했다. 이 참사를 두고 영국 해군 제독 데이비드 비티David Beatty는 "오늘날 우리의 피 묻은 배는 뭔가 문제가 있는 것 같다"라며 전형적인 영국식 평정심이 담긴 논평을 내놓기도 했다. 그후 대부분의 해군 전투력 기획자들은 전투순양함을 경輕전함이라기보다 대형 순양함으로 여기기 시작했다.

　순양함의 외양은 전함과 유사하지만 선박 중앙에 자리잡은 특유의 상부 구조에 앞뒤로 회전하는 포탑이 장착된 것이 특징인데, 가장 큰 차이는 크기가 작다는 점이었다. 중순양함은 일반적으로 직경 8인치(20.3cm) 함포를 장착했고, 배수량은 약 1만 톤(전함의 3분의 1에 해당)이었다. 실제로 워싱턴 조약은 배수량 1만 톤 이상인 군함이나 8인치를 초과하는 함포를 장착한 군함을 전함으로 간주한다고 명시했기에, 각 나라마다 이러한 사양에 최대한 가깝게 중순양함을 건조했다.

　경순양함은 더 작았는데, 일반적으로 배수량은 약 6000톤이었고 6인치(15.2cm) 포탄을 발사하는 함포를 장착했다. 영국군은 이 작은 순양함

1930년대 영국 해군 함정의 상대적 크기 비교

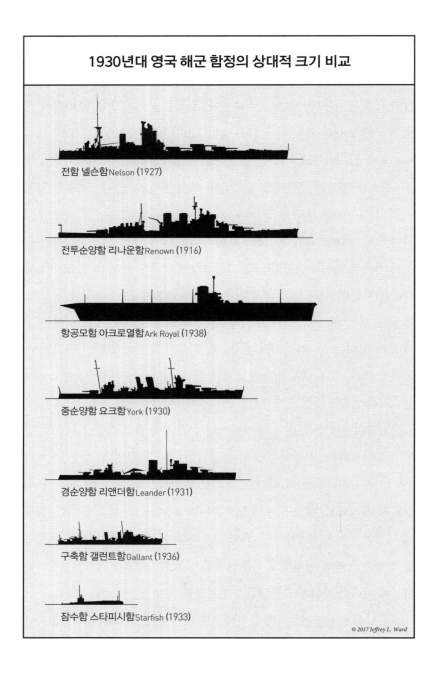

전함 넬슨함Nelson (1927)

전투순양함 리나운함Renown (1916)

항공모함 아크로열함Ark Royal (1938)

중순양함 요크함York (1930)

경순양함 리앤더함Leander (1931)

구축함 갤런트함Gallant (1936)

잠수함 스타피시함Starfish (1933)

© 2017 Jeffrey L. Ward

의 제작비용이 저렴해서 선호했다. 지브롤터에서 수에즈까지, 그리고 인도에서 싱가포르까지 멀리 떨어진 제국 소유지의 광범위한 해상을 순찰하기 위해 더 많은 순양함을 건조할 수 있었기 때문이다.

구축함은 20세기 해군의 주력마였다. 처음에 구축함은 작은 어뢰정과 싸우기 위해 만들어져서 '어뢰정 구축함torpedo-boat destroyer'이라는 명칭이 붙었다. 순양함은 전함의 3분의 1 크기이고, 구축함은 순양함의 3분의 1 크기이며 배수량은 1200~2000톤이었다. 다만 구축함은 더 큰 함정과 충돌을 벌이기에는 너무 작아서 일반적으로 호위 함정으로 사용되었으며, 잠수함을 순찰하기 위해 전함보다 앞서 정찰에 나서거나 상선을 호위하는 임무를 수행했다. 구축함은 4~5인치(약 10~13cm)까지 다양한 크기의 함포를 장착했으나, 이 배가 보유한 가장 효과적인 무기는 어뢰魚雷였다. 때때로 어뢰의 신뢰성이 의심스러운 경우도 있었지만, 어뢰로 무장한 구축함은 매우 큰 군함에도 치명적 효과를 발휘했다.

───

런던에 집결한 각국 대표단이 표면적으로 내세운 목표는 워싱턴 조약에서 전함에 적용된 제한을 순양함과 소형 선박, 특히 중순양함에까지 확대하는 것이었다. 미국 해군 총사령부는 미국 대표단에게 미국이 하와이, 웨이크, 괌, 필리핀에 있는 태평양 전초 기지의 안전을 보장하려면 적어도 대형 순양함 27척이 필요하다고 말하라고 지시했다. 하지만 해군 총사령부는 순양함 23척이면 이 같은 임무를 충분히 수행할 수 있음을 암암리에 인정했다. 한편 영국은 대형 순양함 수를 줄이고, 6인치 주포를 보유한 소형 순양함 수를 늘리는 것을 선호했는데, 다만 한 가지 해결해야 할 과제는 작은 순양함 여러 척을 중순양함 한 척과 동일하게 계산할 수 있는 공식을 만드는 것이었다.

일본의 경우는 특이했다. 1922년, 일본은 미국과 영국에 할당된 전함 톤수의 5분의 3만 허용한 워싱턴 조약에 포함된 공식을 마지못해 수용했다. 영국과 미국은 대서양과 태평양, 카리브해와 지중해에서 활동했으며 특히 영국이 인도양에도 관심이 깊다는 측면에서 이 공식은 논리적이었다. 일본의 관심사는 주로 서태평양에 한정되었는데, 워싱턴 조약에 포함된 조항에 따르자면 전체 해군력 측면에서 일본이 영국과 미국에 명백하게 뒤처지겠지만, 일본 본국 해역에서는 상대적으로 강력한 지위가 보장될 수 있었다. 그러나 워싱턴 조약에서 결정된 각 국가 사이의 해군력 비율은 일본으로서는 민족적 자존심과 관련된 문제였다. 일본 신문들은 5:5:3이라는 워싱턴 조약의 공식을 '롤스로이스, 롤스로이스, 포드'와 같다고 평가했다. 일본 대표단은 영국과 미국에 할당된 중순양함 수의 70퍼센트 이상을 수용하라는 엄격한 지시를 받고 런던으로 향했다. 간지 가토加藤寬治 일본 최고 군사 위원회 위원장은 "더는 해군력 자체의 문제가 아니라 일본의 국격과 신뢰도가 걸린 큰 문제"라고 말했다.[4]

돌이켜보건대 순양함 수와 비율에 그렇게 많은 노력과 에너지가 집중된 반면에 항공모함航空母艦에는 별다른 관심을 두지 않았던 것이 신기할 따름이다. 1930년에 항공모함을 비롯한 일부 군함은 등장한 지 10년도 채 안 된 상황이어서 주요 해군 강국들은 항공모함을 전함을 보조해줄 실험적 함정으로 간주했다. 영국은 영국과 미국이 각각 10만 톤 규모의 항공모함을 보유하도록 허용하자고 제안했으나, 미국 대표단은 영국의 제안을 거절했다. 렉싱턴함Lexington과 새러토가함Saratoga 등 미국의 기존 항공모함 2척의 배수량이 각각 3만 6000톤 이상이어서 전체 할당량의 3분의 2가 넘게 이미 채워졌기에 다른 함정을 실험할 여지가 없었기 때문이다.

게다가 잠수함에 대한 실질적 합의가 이루어지지 않은 상황이었다. 1차 대전에서 영국을 거의 굴복시킬 뻔했고 1917년에 미국의 호전성을 촉발하는 데 결정적 역할을 한 잠수함의 무제한 사용에 관해서 별다른 논의가 진행되지 않은 것이다. 그 점을 감안할 때, 그 이후에 진행된 대화에서 미국과 영국 모두 잠수함의 전면 폐기를 촉구한 것은 놀라운 일이 아니었다. 세균전이나 가스전과 마찬가지로, 잠수함전도 전면 금지되었다. 미국 대표단을 이끈 헨리 스팀슨Henry Stimson 국무 장관은 "잠수함 사용은 세계의 양심에 맞지 않다"라고 주장하며, "잠수함을 사용하는 자들은 목적을 즉각적으로 달성하기 위해 잠수함을 가장 효과적인 방식으로 사용하려는 강한 유혹, 거부할 수 없는 유혹에 빠질 것"이라고 언급했다. 그 유혹이란 바로 무장하지 않은 상선을 파괴하는 것을 의미했다.[5]

하지만 이탈리아와 프랑스는 미국의 주장을 거부했다. 그들은 잠수함이 방어용 함정이고 약소국 해군에게는 귀중한 자산이라고 반박하면서 잠수함을 없애는 것은 오로지 영국이나 미국과 같은 초강대국의 해군 지배력을 키워줄 뿐이라고 맞섰다. 프랑스의 해양부 장관 조르주 레이그 Georges Leygues는 잠수함 자체가 아니라 잠수함이 사용되는 방식이 사악한 것이라고 주장했다. 그는 항공기는 도시를 폭격하는 데 사용될 수 있다고 하면서 항공기가 그런 행위를 할 수 있으니 금지되어야 하느냐고 되물었다. 결국 참가국 대표단 전원이 동의할 수 있는 유일한 한계는 개별 잠수함의 배수량을 2000톤 이하로 제한하는 것이었다. 당시 대다수 잠수함의 배수량이 그 절반 이하였으므로 이 규정은 아무런 제한을 두지 않는 것과 마찬가지였다. 이 회담에 모인 각국 대표단은 잠수함을 인도적으로 사용하기 위한 새로운 규칙을 채택했다. 함장은 공격을 펼치기 전에 피해자들이 배를 버리고 도망갈 시간을 충분히 제공해야 한다는 규칙이었다.

하지만 긴박한 실제 전장에서 그런 규칙을 시행할 수는 없었기에 이것 역시 큰 의미가 없었다.[6]

========

이상의 논의에 참여하지도 못하고 인정받지도 못한 국가가 독일이다. 특히 이 회담에 참여한 대표단 중에 독일로부터 두 차례나 침략당한 경험이 있는 프랑스 대표단에 독일의 불참은 중요했다. 독일이 보유할 수 있는 해군의 규모와 종류는 베르사유 조약에서 구체적으로 명시되어 있었기 때문에 독일 대표단은 런던 회담에 참석할 수 없었다. 그런데 독일을 빼놓고 무엇을 논의해야 했을까? 1차대전 이전에 활약했던 독일 제국해군Kaiserliche Marine은 이제 존재하지 않았다. 1918년 10월, 독일이 1차대전에서 패배하자 전함 함대의 사령관 라인하르트 셰어Reinhard Scheer 제독은 명예를 지키려는 마지막 희생적 전투를 치르기 위해 독일 제국해군에 해상으로 기동하라고 명령했다. 하지만 독일군 승무원들은 이 명령을 거부했으며, 그뒤 그들 중 일부가 공개적으로 반란을 일으키며 볼셰비키의 붉은 깃발을 올렸다. 결국 휴전 협정이 체결된 1918년 11월 11일, 독일 함대는 네덜란드와 덴마크 사이의 북해 남쪽 가장자리에 있는 독일 해군의 주요 기지인 빌헬름스하펜에 정박했다. 독일 해군 함대는 베르사유에서 협상이 진행되는 동안 스코틀랜드 북쪽 스캐퍼플로에 있던 영국 해군 정박소에서 내부 점검을 하기 위해 최소한의 승무원만으로 항해하기 시작했다. 그리고 영국이 그 군함들을 전리품으로 요구하려는 의도가 분명해지자 독일군 승무원들은 갑판 아랫부분의 밸브를 열고 스캐퍼플로의 차가운 바다에 자신들의 군함을 침몰시켰다. 11년 후, 각국 대표단이 런던에서 모였을 때도 침몰한 군함은 여전히 그곳에 있었다.

그런데도 독일의 재기를 바라보는 프랑스 국민들의 우려를 불식하기는 어려웠다. 예를 들어 프랑스가 잠수함을 포기함으로써 어떤 식으로든 방어가 약해질까 우려된다면, 만약 독일이 다시 프랑스를 공격하면 영국과 미국이 프랑스를 도우러 오거나, 적어도 프랑스와 상의할 것이라는 약속을 프랑스 정부는 받아내려 했다. 하지만 영국은 자신들의 전통적 고립주의에 입각해 프랑스가 요구하는 사항을 보장하려 들지 않았고, 고립주의 정책이 확고했던 미국은 이를 완강하게 거부했다.

런던 회담에서 가장 큰 걸림돌이 된 국가는 일본이다. 일본군은 영국과 미국에 할당된 중순양함 수의 70퍼센트 이상을 확보하려 했으나, 영국과 미국이 그 수를 60퍼센트로 유지하기로 이미 결정한 뒤였다. 그뒤 다소 복잡한 타협안을 거쳐 미국이 중순양함 18척을 보유하되, 일본은 이것의 66퍼센트에 해당하는 12척을 보유하기로 최종적으로 결정되었다. 이 결정은 중도적 해법처럼 보였지만, 다른 요소들 탓에 조금 복잡했다. 그러한 요소 중 하나는, 일본 해군은 이미 12척의 순양함을 보유했으나 미국 해군이 보유한 순양함은 고작 4척에 불과하다는 점이었다. 즉, 이 조약의 실질적 효과는 미국 해군이 14척의 새로운 중순양함을 건조할 수 있게 하고 일본 해군에 허용된 중순양함을 총 12척으로 동결시키는 것이었다. 그런데 일본은 향후 5년간 기존의 순양함을 새 순양함으로 대체할 수 있었지만, 미국은 1935년까지 할당된 새 순양함을 미처 다 만들어내지 못했다. 그 결과, 전체적으로 볼 때 이 조약의 실효성이 유지되는 기간에 실질적으로 일본은 미국이 보유한 순양함 수의 70퍼센트 가까이 되는 수를 보유하게 되었다. 이러한 상황을 고려해 일본 대표단의 와카쓰키 레이지로若槻禮次郎 전 총리는 이 타협안을 수용했다. 이에 대해 일본 대표단과 동행한 일본 해군 장교들, 특히 젊은 장교들은 분노를 표출하며 와카쓰키 전 총리를 면전에서 비난하기까지 했다. 하지만 도쿄에서 현직 총리와 천황까지 나서서 지지하자 곧 조약이 비준되었다.[7]

회담 마지막 날, 와카쓰키 일본 전 총리는 영국의 환대에 감사의 뜻을 표하며 마무리 발언을 하기 위해 일어섰다. 자신이 점진적 이익을 확보했음에도 불구하고, 대표단으로 동석한 장교들의 반응에서 확인했다시피, 이 조약이 일본 제국 해군에 인기가 없을 것임을 그는 충분히 짐작할 수 있었다. 더 나아가, 그 여파로 그는 자신의 직위를 상실하거나, 심지어 목숨을 잃을 가능성도 있었다. 하지만 그는 이 조약에 "평화와 인류 진보의 길에 세워진 역사적·항구적 기념물"이라는 찬사를 보냈다.[8]

이 조약에 대한 의견을 제시할 기회가 독일에는 부여되지 않았다. 런던에서 체결된 새로운 조약은 1차대전의 승전국들이 독일 해군에 부과했던 가혹한 규제를 완화하지 않았으며, 결국 베르사유 조약이라는 굴욕이 불러일으킨 독일의 분노는 더욱 거세졌다. 그로부터 5개월 후 독일에서 전국 선거가 실시되었는데, 국가사회주의 독일노동자당, 줄여서 나치가 투표에서 18.3퍼센트의 지지율로 제국의회 의석 107석을 얻어 독일에서 두 번째로 큰 정당으로 부상했다.

1부

유럽에서 벌어진 전쟁

1930년 런던 조약이 체결된 지 채 3년이 지나지 않아 아돌프 히틀러Adolf Hitler
가 독일에서 권력을 장악했다. 1924년에는 폭력을 동원해 권력을 장악하려 했
는데 이번에는 선거에서 승리한 덕분에 나치 정당의 총리로 추대되었다. 그뒤
히틀러가 일련의 비상조치를 통해 권력을 강화하자 바이마르 정부는 사실상
소멸했다. 2년 후인 1935년 3월, 히틀러는 공개적으로 베르사유 조약을 철폐
했는데, 여기에는 독일 해군의 규모 제한 조항도 포함되었다. 히틀러의 일방적
발표에 어떤 반대도 제기되지 않았고, 히틀러는 서구 민주주의 국가들의 무능
함에 대해 자신이 품고 있던 신념을 재차 확인했다.

베르사유 조약의 철폐도 중요했지만, 독일 해군의 부활에서 결정적 순간은
3개월 뒤에 성사된 영국-독일 해군 협정의 체결이었다. 이때만 하더라도 많은
영국인이 독일과의 협상에 적극적이었다. 특히 영국 외교관들은 히틀러 정권
을 스탈린주의가 장악한 러시아의 위협에 대응할 수 있는 유용한 완충재로 간
주하며 영국과 독일의 친선 관계를 환영하기도 했다. 이러한 분위기에서 영국
은 프랑스나 이탈리아와 상의하지 않은 채, 베르사유 조약이 독일에 부과했던
해군 관련 제한을 대부분 해제하는 데 1935년 6월 18일에 동의했다.

이 새 협정에 따라 독일이 건조할 수 있는 함정의 규모는 영국 해군 전투력
의 35퍼센트에 해당했다. 이 비율은 독일이 여전히 영국에 열세임을 보여주는
수치이지만, 장차 독일 해군이 더 크게 성장할 새로운 기회의 문이 열린 것으
로 볼 수도 있었다. 심지어 독일은 이 협정을 근거로 1918년 이후 처음으로 잠
수함까지 건조했다. 협정의 제한에 따라 독일은 영국군 잠수함 전력의 45퍼센
트까지 보유할 수 있었는데, 국가적 위기가 발생할 경우에는 영국과 동등한 수
준의 잠수함 전력을 건조할 수 있다는 예외 조항도 있었다. 하지만 이 같은 규

모 확대를 정당화할 수 있는 위기가 무엇인지 명확한 기준은 없었다. 한편 독일 해군의 명칭은 새로 명명되었다. 1차대전까지는 제국해군이었고, 바이마르 공화국 때는 국가해군Reichsmarine이었는데, 히틀러 통치기에 접어들어 전쟁해군Kriegsmarine으로 변경되었다.

1939년 9월 1일, 히틀러가 부활시킨 독일육군Wehrmacht이 폴란드를 침공했다. 같은 날, 독일 군함이 그단스크(단치히)의 폴란드 수비대에 포격을 가하면서 바다에서의 전쟁도 시작되었다. 이틀 후 영국의 네빌 체임벌린Neville Chamberlain 총리는 라디오 연설을 통해, 폴란드에서 독일군을 철수하라고 요구한 영국과 프랑스의 최후통첩에 아무런 응답이 없었으므로 영국과 독일은 전쟁 상태라고 히틀러에게 통보했다. 라디오에서 흘러나온 체임벌린의 구슬픈 어조는 전쟁 재개를 두려워하는 영국 정부의 각료들과 국민들의 현실을 반영하는 듯했다. 전쟁을 막기 위한 영국 총리의 노력은 인상적이었으나, 히틀러가 지닌 야망의 크기와 이념의 왜곡을 과소평가했기 때문에 그 노력은 실패로 끝났다. 그리고 1차대전이 끝난 지 겨우 20년이 지나 다시 전쟁이 시작되었다.

1장

잠수함

매해 가을이면 그랬듯이 1939년 10월의 북해는 특히 먼 북쪽 바다가 매우 거칠었다. 검은 파도의 꼭대기에서 뿜어져 나오는 거품이 거센 바람으로 물보라로 바뀌어, 빠르게 전진하는 잠수함 U-47의 작은 조종탑 위에 위태롭게 서 있던 세 사람을 덮쳤다. 이들이 입은 기름에 찌든 군복이 흠뻑 젖었다. 셋 가운데 31세의 잠수함 함장 귄터 프린Günther Prien은 15세에 하급 선원으로 뱃일을 시작한 뒤, 문자 그대로 바다에서 성장한 사람이었다. 뱃일을 시작할 무렵, 프린은 자신을 위협하던 덩치 크고 나이 많은 갑판원을 힘으로 제압했다. 그 시절에 거친 선원들을 제압한 경험이 자기 인생에서 가장 결정적 순간이었다고 그는 생각했다. 프린은 24세에 선장 자격증을 취득했으나, 대공황이 한창이던 1932년이라 일자리를 구할 수가 없었다. 그는 당시 상황이 어려운 것은 불운한 바이마르 정부가 베르사유 조약으로 처하게 된 가혹한 조건 탓이라고 생각했다. 그러한 쓰라림이 그를 나치당 가입으로 이끌었다. 이듬해에 히틀러가 총리에 취임한 직후, 그는 서서히 부활하는 독일 해군의 장교 후보생이 되었다. 6년 뒤 중위Kapitänleutnant로 진급해 잠수함을 지휘하던 그에게 매우 특별한 임무가 맡겨졌다.[1]

나중에 프린은 회색 바다의 가장자리와 똑같은 회색 하늘에서 알아볼 만한 이정표를 찾기 위해 라이츠 쌍안경을 들여다보며 자신의 몸을 U-47 난간에 기대야 했다고 당시를 회상했다. 그리고 스코틀랜드의 북쪽 끝에서 떨어진 쓸쓸한 열도 오크니 제도를 수평선 위에서 발견했다. 그곳은 스캐파플로로 알려진 영국 해군 함대의 광활한 정박지였다.

육지에서 먼 스캐파플로는 영국 해군의 심장부였다. 1916년에 영국 대함대British Grand Fleet가 유틀란트 해전에서 독일 대양 함대German High Seas Fleet를 대적하기 위해 출발했던 곳이다. 1차대전이 종료된 이후에는 억류 중이던 독일 해군 함정 52척이 자국 승무원에 의해 파괴된 곳이기도 하다. 영국 해협 연안의 포츠머스 아래쪽에 자리잡은 스캐파플로는 스피트헤드와 함께 아주 중요한 영국 해군 기지였다.

스캐파플로의 가치는 이 섬의 위치에서 기원했다. 북해나 발트해에서 대서양으로 향하는 모든 선박은 포츠머스와 플리머스를 지나 영국 해협을 통과하거나, 스캐파플로를 거쳐서 스코틀랜드의 북쪽 끝을 지나야 했다. 게다가 스캐파플로의 정박지는 250여 제곱킬로미터로, 전 세계 해군을 너끈히 수용할 수 있을 정도로 거대했다. 게다가 해안 포대, 항공기, 해저 그물, 기뢰機雷 지대뿐만 아니라 이곳을 둘러싼 여러 바위섬에 의해 잘 보호되었다. 그곳은 방어 수단이 잘 갖추어진 세 군데 통로로만 접근할 수 있었다. 즉, 서쪽으로는 호이 사운드, 남쪽으로는 혹사 사운드, 동쪽으로는 커크 사운드라는 좁은 통로가 있었다. 영국 해군성은 스캐파플로 방어에서 유일한 약점이 공중이라고 판단했다. 이 섬이 독일 폭격기의 항속

거리 끝단에 자리잡고 있었기 때문이다.[2]

선전 포고가 나온 지 한 달이 지난 약 일주일 전, 스캐파플로의 영국군 사령관 찰스 포브스Charles Forbes 제독은 독일 순양함 크나이제나우함 Gneisenau과 쾰른함Köln이 전함 9척을 대동하고 북해로 출격한 사실을 간파한 즉시 영국 본국 함대에 이 함대를 추격하라고 명령했다. 스캐파플로에서 전함, 전투순양함, 순양함으로 구성된 강력한 함대가 침입자를 찾아 파괴하기 위해 출발했고, 전함 로열오크함Royal Oak은 오크니 제도와 셰틀랜드 제도 사이에 있는, 다소 어울리지 않는 이름의 페어아일 해협Fair Isle Channel을 통한 탈출로를 막기 위해 북쪽으로 기동했다. 독일 순양함은 신속하게 퇴각했고, 영국 함대 역시 독일 항공기의 사정거리를 벗어난 스코틀랜드 서부 해안의 에베 호수에 닻을 내렸다. 로열오크함과 호위 전함들은 스캐파플로의 방어 기지로 복귀했다.[3]

4일 후인 10월 13일, 프린은 쌍안경을 통해 스캐파플로의 입구를 관찰했다. 그는 북해 방면으로 이어진 오랜 항해 기간에 자신에게 부여된 임무를 다른 승무원들에게 비밀에 부쳤다. 그런데 이때 일등 항해사 엥겔베르트 엔드라스Engelbert Endrass가 그에게 이렇게 물었다. "중위님, 우리가 오크니 제도를 방문합니까?"

이제 프린이 그동안 비밀리에 간직해온 임무를 밝힐 시간이었다. 그는 엔드라스에게 이렇게 답했다. "정신 바짝 차려! 우리는 스캐파플로로 들어간다."[4]

━━━━━━

U-47에 부여된 대담한 임무는 열정적인 젊은 장교 한 사람의 독단적인 생각은 아니었다. 깡마르고 수척한 얼굴에 갈대처럼 높은 음색의 목소리

를 가진 독일 해군 잠수함 부대 지휘관 카를 되니츠Karl Dönitz 제독이 베를린에서 신중하게 계획한 일이었다. 1939년에 47세가 된 되니츠 제독은 18세였던 1910년에 독일 해군에 입대했다. 3년 후에 장교로 임관하여 2년 간 수상함 근무를 마친 그는 곧바로 상부에 잠수함 부대로의 전출을 요청했다. 1918년 10월, 지중해 몰타섬 인근에서 그가 지휘하던 유보트U-Boat[*]의 기관실에서 사고가 발생해 연합군 호송대 한가운데로 떠올랐다. 그는 곧 포로가 되었고, 1차대전의 마지막 몇 주를 영국에서 포로로 지냈다. 그러한 경험이 있었음에도, 혹은 그 경험 때문에 되니츠 제독은 일생을 잠수함 부대에 헌신했다.[5]

되니츠가 고국으로 돌아간 1919년, 독일 해군의 규모는 베르사유 조약에 따라 구형 전함 6척, 경순양함 6척, 소형 구축함과 어뢰정 24척으로 제한되었다. 잠수함은 금지되어서 보유할 수 없었다. 하지만 그는 해군에서 현역으로 복무하고자 했다. 이러한 상황이 영구적이지 않을 것이라고 확신한 되니츠는 바이마르 정부 시대에 소규모 수상 해군에서 현역 장교로 복무하며 다양한 부대를 전전했다. 이 시기에도 그는 언젠가는 잠수함이 다시 독일 해군의 구성 요소가 되리라는 믿음이 있었다.[6]

되니츠는 대령Kapitän zur See으로 진급한 뒤에도 약 15년 동안 경순양함 엠덴함Emden을 비롯해 다수의 수상 함정에서 복무했다. 물론 이 기간에 독일은 잠수함을 보유하지 않았으나, 그는 독일이 반드시 다시 잠수함을 보유할 수 있으리라 믿었다. 이 시기에 독일 내부에는 몇 가지 비밀스러운 노력을 통해 기술적으로 전문 지식을 유지하고 확장하는 분야가 있었다.

---

[*] 독일어 Unterseeboot(바다 아래 보트)의 약자로, 19세기 중반에 독일 제국해군이 개발해 양차 세계대전에서 사용한 잠수함을 가리킨다. 주로 어뢰로 적군 수상 함정을 공격했다. ― 옮긴이

카를 되니츠는 양차 대전 사이 내내 잠수함 전력의 중요성을 강조했고, 2차대전이 시작된 직후인 1939년 9월부터 독일군 잠수함 부대를 지휘했다. 그는 잠수함을 독일 군사 경제의 최우선 순위로 지정해야 한다는 의견을 주기적으로 히틀러에게 제시했다. (미국 해군연구소U.S. Naval Institute)

이러한 기술과 지식은 장차 국제 사회가 부과한 군비 제한 금지령이 해제되면 잠수함 무기 체계를 복원하는 데 필요했다. 예를 들면 신형 잠수함 설계를 실험한 독일 해군 건축가와 기술자가 네덜란드의 한 회사에 위장 취업을 했고, 독일 회사들이 잠수함을 건조해 에스파냐와 핀란드에 납품하기도 했다.[7]

히틀러가 1935년에 베르사유 조약을 폐기하기 이전부터 독일은 국제 사회가 부과한 여러 가지 제한의 범위를 적극적으로 시험했다. 첫 번째 시험은 1929년에 시작된 소형 전함 도이칠란트함Deutschland을 건조한 일이었다. 이 전함은 1930년에 런던 회담에 각국 대표단이 소집된 당시에도 건조하는 중이었다. 독일은 베르사유 조약이 허용한 전함 6척이 낡자 그것을 교체할 수 있었다. 하지만 독일이 교체할 수 있는 전함의 배수량은 1만 톤을 초과할 수 없었다(다른 서구 국가들의 전함은 그에 비해 최대 3배나 컸다). 그런데 도이칠란트함은 배수량 1만 톤 제한을 20퍼센트 이상 초과했으며, 11인치(28cm) 구경 함포를 갖추었고 항속 거리가 1만 6000킬로미터에 달했다. 이는 이 전함이 해안 방어 이상의 임무를 위해 설계되었음을 짐작케 한다. 1931년에 진수된 이 전함의 크기는 순양함보다는 크고 다른 나라의 전함보다는 작아서, 대체로 '포켓 전함pocket battleship' 또는 독일어로 '판처시프Panzerschiff'('장갑 함정')라고 불렸다. 이 전함의 건조는 베르사유 조약이 정한 제한 기준을 경미하게 위반하는 행위였다. 요컨대 국제 사회를 상대로 놀이터의 경계선에 조심스럽게 발끝을 얹는 시도였다. 이 같은 독일의 행동에 대해 영국과 프랑스가 공식적으로 반대하지 않자, 독일은 즉각 판처시프를 2척 더 건조했다. 이렇게 새로 건조된 순양함 쾰른함과 카를스루에함Karlsruhe은 되니츠를 비롯한 독일 해군 부활의 주역들에게 '희망과 영적 부활의 상징'이 된다.[8]

1935년 6월에 영국-독일 해군 협정이 체결되자 독일 해군의 부활에 속도가 붙었다. 특히 독일은 가장 먼저 유보트 건조에 착수했다. 영국은 자국 과학자들이 독일 잠수함을 압도할 무기를 개발했기에, 1차대전에서 자신들을 거의 굶겨서 굴복시킬 뻔했던 독일 잠수함 부대의 부활을 기꺼이 용인했다. 영국이 새롭게 개발한 기술은 약자로 아스딕ASDIC이라고 불렸는데, 1920년대에 이 기술을 개발하는 데 도움을 준 대잠수함 탐지 조사 위원회Anti-Submarine Detection Investigating Committee의 약자다. 아스딕 장비는 반복적으로 전자 충격이나 짧고 강한 소리를 내보내고, 타이밍을 맞추고, 에코를 측정해 바닷속에서 잠수함의 위치를 파악하고 추적했다. 나중에 미국이 음파 탐지기SONAR: sound navigation and ranging(소나)라고 부르는 비슷한 기술을 개발했지만, 잠수함 탐지 기술이 중요했던 영국은 미국보다

10년이나 앞서 이 기술을 개발했다. 아스딕 이전에는 수상 함정이 근처에서 활동하는 적의 잠수함 존재 여부를 파악하는 가장 빠른 방법은 잠수함이 발사한 어뢰에 맞은 상선이 폭발하는 것이었다. 하지만 아스딕이 개발됨에 따라 수천 미터 떨어진 곳에서도 물속에 있는 적의 잠수함을 찾아내추적할 수 있었다. 따라서 아스딕의 개발로 잠수함이 더는 효율적인 대함정 무기가 될 수 없게 된 셈이다. 1936년에 작성된 영국 해군성의 한 문서에는 아스딕 덕분에 "잠수함은 우리가 1917년에 직면했던 문제로 또다시 우리를 위협하지 못할 것"이라는 주장도 쓰여 있었다. 하지만 뒤이은 사건들이 잘 보여주듯이 이러한 결론은 지나치게 낙관적인 예측이었다.[9]

독일에서 최초로 건조한 유보트는 250톤 규모의 소형 해안 방어함으로, 노르트제엔텐함Nordsee Enten('북해 오리')이라는 명칭을 가졌는데, 항구 방어를 목적으로 제조되었다. 유보트 중 일부는 1935년 협정이 논의되는 중에도 비밀리에 건조되었으며, 그중 첫 번째 잠수함은 조약이 체결된 바로 다음날 진수했다. 그리고 곧바로 500톤급과 750톤급 잠수함이 함대에 합류했다. (당시에도 오늘날처럼 잠수함은 선박ship이 아니라 함정boat으로 불렸다.) 1939년까지는 7형Type VII이 가장 일반적 형태였는데, 길이 약 65미터, 배수량 769톤인 이 잠수함에는 전방의 발사관 4개와 후방의 발사관 1개에서 쏠 수 있는 어뢰 14개를 탑재했다. 1400마력 디젤 엔진 2개로 구동되는 7-B형 잠수함은 연료 용량을 2배 가까이 늘려 최대 항속 거리를 약 1만 2000킬로미터까지 확장할 수 있는 외부 보조 탱크를 가지고 있었다. 이 유형의 잠수함은 다른 상선이나 호송선보다 빠른 속도인 17노트로 기동할 수 있었으며, 물에 잠긴 상태에서 최대 약 130킬로미터, 약 7.6노트까지 항해할 수 있는 124-셀 배터리를 보유했다. 다만 이 배터리 전력을 절약하기 위해서는 최대 4노트 정도로 기동하는 것이 적당했다. 독일군은 영국과 새로운 해군 협정을 체결한 1935년 이후 신형 잠수함을 빠르게 생산할 수 있었는데, 그사이 독일 정부가 국제 사회의 제약이 해제될 것을 예상하여 부품을 미리 비축한 덕분이었다. 독일이 영국과 해군 협정을 체결하고 몇 주 후, 되니츠 제독은 순양함 엠덴함을 떠나 당시 빠르게 성장하는 새로운 전쟁해군의 유보트 부대를 맡았다.[10]

이처럼 독일이 신속하게 잠수함 전력을 강화하자 영국은 즉시 독일의 유보트에 다른 종류의 제한을 부과하려 했다. 1936년 11월 런던에서 영국·프랑스·독일·이탈리아는 전시에 잠수함에 적용될 프로토콜을 명시하는 것을 골자로 삼은 협정에 서명했다. 각 국가의 대표는 잠수함에도 수상 함정과 동일한 교전 규칙이 적용되어야 한다는 데 동의했다. 그 내용은 다음과 같다. 문제가 되는 잠수함은 즉시 항해를 중단시킨 후 조사 위원회가 승선해 잠수함의 서류를 조사한다. 또한 만약 잠수함이 선박을 공격할 조건이 충족된다면 잠수함은 선박의 선원과 승객이 구명정으로 탈출할 시간을 허락해야 한다. 이러한 조치가 취해진 뒤에야 잠수함은 어뢰나 함포로 선박을 침몰시킬 수 있었다. 모든 참가국 대표가 이 문서에 엄숙하게 서명했으나, 전쟁이 시작된 후에 이러한 프로토콜이 엄격하게 지켜질 것이라고 믿은 사람이 과연 있었는지는 알 수 없다.

1938년, 히틀러는 발트해에서 벌어지는 러시아 해군의 위협을 언급하며 영국-독일 해군 협정의 긴급 조항을 인용해 당시까지는 영국만 보유하던 유보트의 건조를 승인했다. 그리고 1939년 9월 3일, 영국의 체임벌린 총리가 전쟁이 시작되었다고 발표했을 당시, 되니츠 제독은 영국과 동일하게 유보트를 57척 보유했다. 그중 46척은 작전에 곧바로 투입할 수 있었는데, 절반이 소형 해안 방어함 엔텐Enten이었다. 다시 말해 개전 당시 되니츠 제독이 보유한 유보트 가운데 대형인 7형 유보트는 24척에 불과했다.

사진의 7-A형 유보트 U-36은 영국-독일 해군 협정이 체결된 이후 독일이 잠수함을 건조할 수 있게 된 1935~1936년에 제작되었다. U-36은 1939년 12월에 노르웨이 근해에서 심해까지 위험하게 기동했으나, 영국 해군 잠수함 새먼함(Salmon)에 의해 격침되었다. (미국 해군 역사유산사령부Naval History and Heritage Command)

    되니츠에게 최악의 상황은 자신이 보유한 유보트 중 3분의 2는 적의 무역 선박 노선을 향해 기동하거나, 그런 선박에서 멀어지거나, 무역 선박을 공격하거나, 수리를 받는 중이었기 때문에 기지에서 출격할 수 있는 잠수함은 고작 8~9척에 불과하다는 점이었다. 그래서 되니츠는 히틀러에게 영국을 상대로 무역 전쟁을 효과적으로 수행하기 위해서는 적어도 유보트가 300척은 필요하다고 건의했다. 구체적으로, 독일이 폴란드를 침공하기 3일 전, 그리고 영국과의 전쟁이 시작되기 6일 전인 8월 28일, 되니츠 제독이 히틀러에게 제출한 문건에 독일 전쟁해군, 특히 유보트 전력은 "전쟁이 발발할 경우, 이 부대에 할당될 임무를 수행할 수 있는 상황이 아니다"라는 직설적인 내용이 담겨 있다. 하지만 영국과 프랑스의 결정에 드러내놓고 회의적인 태도를 보이던 히틀러는 더는 참지 못하고 9월 1일에 독일군에게 국경을 넘어가 폴란드를 공격하라고 명령했다.[11]

    히틀러가 오스트리아, 주데텐란트, 체코슬로바키아에 대한 서방 열강의 압박을 허세라고 평가한 것은 매우 정확했다. 그리고 그는 영국과 프랑스가 다시 한번 물러설 것이라는 예상에서도 자신감을 드러냈다. 이러한 이유에서 영국과 프랑스가 공식적으로 선전 포고를 한 뒤에도, 히틀러는 되니츠 제독에게 적어도 당시에는 헤이그 조약과 런던 조약을 엄격히 준수하라고 지시했다. 히틀러는 영국을 자극해 협상 테이블로 돌아가는 것을 어렵게 하는 곤란한 사건이 발생하지 않기를 원했던 것이다. 그런데 전쟁 첫날, U-30의 함장 프리츠율리우스 렘프Fritz-Julius Lemp 중위는 아일랜드 해안으로부터 수백 킬로미터 떨어진 곳에서 정전된 상태로 지그재그로 이동하는 선박을 목격했다. 렘프 중위는 이 배가 무장한 상선 순양함이거나 해군 수송선일 것으로 판단했다. 말하자면 자신이 합법적으로 공격할 수 있는 목표라고 보았다.

하지만 실제로 이 선박은 상업용 정기 연락선 아테니아호Athenia로, 승객 1400여 명이 타고 있었다. 독일 잠수함 U-30이 발사한 어뢰 2발을 맞은 이 연락선은 침몰했고, 미국인 28명을 비롯해 100명 이상이 사망했다. 렘프 중위는 이 연락선이 침몰한 뒤에야 비로소 자신이 공격한 선박의 실체를 알 수 있었다. 히틀러는 이 사건으로 영국과의 화해가 무산될 것을 우려하며 노발대발했다. 이 사건 직후에 독일은 공식적으로 자국의 책임을 부인했고, 독일 정부의 선전 장관 요제프 괴벨스Joseph Goebbels는 영국군이 미국의 동정을 끌어내기 위해 아테니아호를 침몰시켰을 가능성이 높다고 주장했다. 하지만 독일 외부에서 그러한 주장을 진지하게 받아들이는 사람은 거의 없었다.[12]

되니츠 제독은 잠수함 운용에 제한을 둔 히틀러에게 실망했다. 직접 운용할 수 있는 유보트 수가 적어서 자신이 할 수 있는 일이라고는 고작 '별로 중요하지 않은 몇 가지 사안을 보고하는 것'뿐이었다. 그런데 얼마 지나지 않아 영국이 선전 포고를 재고하지 않을 것이 명백해지자, 히틀러는 비로소 그동안 잠수함 활동에 두었던 제한을 해제하면서 적의 선박을 경고 없이 공격하라고 되니츠 제독에게 지시했다. 물론 적의 전함은 항상 공격 목표로 승인된 상태였다. 그런데 히틀러가 상선 공격 금지령을 해제하기 2주 전에 이미 되니츠 제독은 특별한 임무에 파견할 구상이 있다는 소식을 프린 중위에게 전달했다.[13]

========

프린 중위는 날이 어두워질 때까지 기다렸다가 스캐파플로로 들어가려했다. 작은 조종탑을 벗어나 상대적으로 조용한 조종실로 들어온 그는 승무원들을 앞으로 불러내 임무를 설명했다. 그러고 나서 그들에게 잠수실로 내려가라고 지시했다. 프린은 회고록에서 당시 순간을 다음과 같이 생생하게 회상했다. 해치의 덮개가 텅 소리를 내며 제자리에 떨어졌고, 유보트에 압력이 가해지자 귀가 먹먹했다. 승무원들은 디젤 엔진이 꺼지자곧바로 배기 밸브를 닫았다. 크지는 않아도 윙윙거리는 소리를 통해 전기모터가 작동했음을 알 수 있었다. 잠수함이 다시 수면 위로 떠오를 때까지 엔진, 조명, 선풍기, 그밖의 모든 기계 장치에서 전원이 차단되었다.[14]

프린이 탱크를 물에 잠기게 하라고 지시하자 승무원 4명이 무릎을 꿇은 채 밸러스트 탱크에서 공기를 몰아내는 레버를 눌렀다. '쉬익' 하는 공기 빠지는 소리에 이어 바닷물이 탱크 안으로 웅웅거리며 들어오는 소리가 들려왔고, 이때 U-47이 앞뒤로 요동했다. 하지만 머지않아 수면에서 뒤척이던 유보트가 바닷속에 안착했고, 프린이 '풍선 내부에 있는 것처럼 떠다니는 느낌'이라고 묘사한 상황이 되었다. 잠수함이 차가운 북해 깊숙이 잠수하자 바깥 날씨로 인한 소란스러운 혼란이 갑자기 전혀 예상치 못한 고요함으로 대체되었다. 이어 그가 다음날 저녁까지 머물면서 기다리려 했던 해저에 부드럽게 자리잡았다. 곧 배터리 전력을 절약하기 위해 엔진을 끄고 조명도 껐다. 그리고 꼭 그럴 필요는 없었지만, 승무원들은

마치 본능인 양 말할 때 속삭이기 시작했다.[15]

다음날인 10월 14일 오후 4시, U-47의 승무원들은 기상하자마자 송아지 고기 커틀릿과 푸른 양배추를 먹었다. 잠수함에서는 흔치 않은 호화로운 식사였다. 그런 뒤 모든 것이 잘 정돈되어 있는지 확인하기 위해 엔진과 어뢰를 점검했다. 저녁 7시경, 10월 중순이면 그 시각에 북해 북쪽 인근이 완전히 어두워질 것으로 예상한 프린 함장이 약 15미터 높이의 잠망경潛望鏡을 세우라고 지시했다. 잠망경이 완전히 올라가자 잠망경에 얼굴을 대고 360도 회전시켰다. 아무것도 없다는 것을 확인하자 그는 잠수함을 수면 위로 띄우라고 명령했다.

수면을 가로지르는 파도가 워낙 심해서 U-47 전체가 바다에서 "마치 취한 듯 앞뒤로 흔들렸다"라고 프린은 당시 상황을 회상했다. 프린과 엔드라스는 잠수함 조종탑에 올라섰는데, 탑이 너무 작아서 두 사람이 함께 올라가기에는 비좁았다. 그들은 가만히 서서 물속 파도 소리에 귀를 기울였다. 정찰할 때는 아무것도 발견되지 않았으나, 차츰 시각 적응이 끝나자 해안선의 윤곽이 드러났다. 실제로는 너무나 많은 것이 보이는 것 같았다. 되니츠 제독은 프린의 출격 시각을 가장 어두운 시간대인 초승달이 뜰 때로 맞추었지만, 그날 하늘은 예상보다 밝았다. 오렌지색과 녹색의 섬광이 하늘을 비추자 프린은 잠시 혼란스러웠으나 곧바로 상황을 이해했다. 들어서 알고는 있었지만 한 번도 본 적 없는 북극광이었다. 그는 작전 취소 여부를 잠시 고민하느라 다시 잠수했으나, 곧 작전을 계속 수행하기로 결심했다. 그는 최대 속도의 절반 정도로 기동하라고 명령했다. U-47이 홀름 사운드 입구에 접근하자 위쪽 망루에 있던 영국 경계병이 눈을 휘둥그레하게 뜬 채 깜박이는 오로라를 올려다봤다고 프린은 기록했다.[16]

영국 경계병은 그동안 스캐파플로 주변 해안에서 어떠한 공격이나 침입도 없었으므로 프린이 지휘하는 U-47이 홀름 사운드를 지나 커크 사운드의 좁은 수로로 침투하는 동안 하늘에서 빛나는 오로라를 응시하고 있었는지도 모른다. 과거에 영국군은 해협을 막기 위해 커크 사운드에 낡은 배를 여러 척 가라앉혔다. 그리고 더 많은 선체를 이곳 수중에 배치해 가로막을 계획이었는데, 이날 밤에는 수면 위에 뜬 U-47이 바닥에 가라앉은 선체와 해안선 사이를 비집고 들어갈 공간이 충분했다. 북쪽에서 불빛이 비쳤는데도 사물이 잘 보이지 않아 잠수함이 해저에서 가로막는 선박과 바위 해안 사이를 통과하기가 쉽지는 않았다. 그러던 중 어느 순간 가로막고 있던 한 선박의 닻줄에 U-47이 얽혔고, 얼마 지나지 않아 잠수함 선체가 바닥에 닿았다. 해안 도로를 따라 달리던 자동차가 가까이 지나가면서 잠수함의 조종탑을 가로질러 헤드라이트를 비추었다. 그러던 중 갑자기 U-47이 좁은 통로를 벗어나 넓은 스캐파플로 안쪽에 모습을 드러냈다. 약간 놀란 프린이 "우리는 적 해군 기지 안쪽으로 들어왔다!"라고 제법 크게 속삭였다.[17]

만의 안쪽에는 수많은 유조선이 정박해 있었는데, 만약 다른 상황이었다면 이 배들은 공격 가치가 높은 목표였다. 하지만 이날 상황에서 프린은 더 큰 목표를 노렸다. 그는 U-47을 정박지 상류 북쪽으로 기동했고, 자정이 조금 넘은 시각에 드디어 목표를 발견했다. 해안을 배경으로 삼아 떠 있는, '검은 잉크로 하늘을 칠한 것처럼 단단하고 맑은' 실루엣은 틀림없이 영국 해군 전함의 윤곽이었다.[18]

전함 로열오크함은 1차대전 발발 직전인 1914년에 진수된 오래된 함정이었다. 이 군함은 약 3만 톤급이었고, 1000명 이상의 승무원과 15인치 함포 8문으로 구성된 주력 함포, 6인치 함포 14문으로 구성된 보조 함포로 무장한 대형 전함이었다. 심지어 이 전함의 구경 3인치(7.6cm) 기관총

2정 중에서 1정만으로도 연약한 U-47을 물 밖으로 날려버릴 수 있었다. 하지만 로열오크함의 가장 큰 약점은 최대 속도가 23노트에 불과하다는 점이었다. 그래서 독일 전함 크나이제나우함과 쾰른함을 추격하기 위해 파견된 기동대와 동행하지 못하고 단독으로 페어아일 해협을 순찰하는 임무를 수행하고 있었다. 그런데 스캐파플로 정박지의 보안 상태를 추정하여 고려할 때, 영국 해군 함정 중 어느 것도 아스딕 시스템이 활성 모드로 되어 있지 않았을 것이다. 설사 함정들이 아스딕을 가지고 있었다 하더라도 그런 상황에서는 별로 도움이 되지 않았을 것이다. 아스딕은 물속에서 잠수함을 추적하도록 설계되었으나, 당시에 U-47은 수면 위에 있었으니 말이다.

불과 4킬로미터도 안 되는 거리에 정박한 적의 주력 전함을 보고 흥분한 프린 중위는 마치 관자놀이에 피가 몰려드는 것 같아서 숨 쉬기가 힘들었다. 그는 어뢰 4개를 정리해 공간을 확보하기 위해 조용히 해치를 내려놓았다. 이에 따라 열린 튜브로 물이 흘러들어 오면서 콸콸 소리가 나고 압축 공기가 '쉬익' 하는 소리를 냈으며, 레버가 제자리에 고정되자 금속성의 '딸깍' 소리가 났다. 프린은 곧 발포 명령을 내렸다. 첫 번째 어뢰가 어뢰관을 빠져나갈 때 잠수함이 뒤쪽으로 흔들렸다. 2초 뒤에 또다른 어뢰가, 이어서 세 번째 어뢰가 어뢰관을 빠져나갈 때 다시 뒤쪽으로 쏠렸다. 네 번째 어뢰는 발사되지 않았다. 어뢰 장교가 큰 소리로 몇 초인지 세는 동안 프린 중위와 다른 승무원들은 조용히 기다렸다. 3분 30초 후, 로열오크함의 뱃머리 근처에서 소음과 함께 폭발이 일어났다. 그러나 전함은 전혀 반응하지 않았으며, 탐조등도 켜지지 않았을 뿐 아니라 총성도 2차 폭발도 일어나지 않았다.[19]

으레 그랬듯이 U-47이 발사한 어뢰 첫 2발은 완전히 빗나갔다. 그러나

전함 로열오크함은 영국 해군의 리벤지급(Revenge-class) 전함 5척 가운데 하나였다. R로 시작하는 이름이 붙여진 리벤지급 전함은 모두 1차대전에 참전했는데, 1939년에는 노후화된 상태였다. 로열오크함은 느리긴 해도 흘수선(吃水線)을 연해 부착된 30센티미터의 두꺼운 장갑을 구비한 함정이었다. (미국 해군 역사유산사령부)

세 번째 어뢰는 로열오크함의 전방 앵커 케이블을 명중해 케이블을 완전히 절단했고, 앞 갑판으로 튀어오른 바닷물이 간헐천을 이루었다. 하지만 이 전함에서 두드러진 구조적 손상이 보이지는 않았다. U-47이 기습 공격을 하자 영국군 전함의 당직 근무자들은 본능적으로 하늘을 쳐다보았다. 적의 공격에 의한 위험이 시작될 것으로 짐작되는 유일한 방향이었기 때문이다. 그러나 그들 중 누구도 항공기 소리를 듣지 못했기에 무슨 일이 일어났는지 확신할 수 없는 상황이었다. 한 사람은 이산화탄소 탱크가 폭발했을 것으로 추측했고, 다른 사람은 닻줄이 떨어져 바다로 소리를 내며 튀었을 것으로 추정했다. 로열오크함의 지휘관 윌리엄 벤William G. Benn 대령은 선실 내 숙소에서 자고 있었는데, 갑자기 소리가 들려오자 무슨 소동인지 확인하기 위해 갑판으로 올라왔다. 그는 즉시 내부 폭발을 의심했고, 선체 아래로 승무원을 보내 원인을 파악해 보고하라고 지시했다. 그런데 그는 함정을 일반 구역으로 이동시키라는 명령은 내리지 않았다. 대다수 승무원은 폭발음을 듣지 못했기에 중요한 일이 터졌다면 별도의 공지가 있으리라 생각하고 그대로 침상에 누워 있었다. 하지만 별도의 공지나 안내 방송은 없었다. 나중에 증언했듯이, 벤 대령은 자신이 받은 보고를 근거로 "인화물 저장고에서 내부 원인에 의해 폭발이 일어났을 것"이라고 결론 내렸다.[20]

그사이 프린 중위는 잠수함의 방향을 돌려 선미船尾 관으로 다시 어뢰를 발사했다. 마지막 어뢰 역시 목표물을 놓쳤거나 폭발에 실패했다. 하지만 프린은 굴하지 않고 남쪽으로 기동해 로열오크함에서 멀어진 뒤에 다시 선수船首 관을 장전했다. 1시간 후, 새벽 1시가 조금 넘은 시각에 영국군 전함 승무원들은 여전히 독일 잠수함의 존재를 알아차리지 못했고, 프린 중위는 어뢰 3발을 더 발사하기 위해 다시 접근했다.

이번 공격의 결과는 아주 장관이었다. 전함의 상부 구조물만큼 높고 거대한 물기둥이 선체 중앙을 뚫고 솟구쳐 올랐고 이어서 또다른 물줄기 2개가 솟아올랐다. 폭파된 함정의 파편들이 하늘을 향해 튀어오르고 파란색, 빨간색, 노란색 등 다양한 색의 불꽃이 치솟았다. 선체에서 검은 연기가 피어오르면서 거대한 전함이 우현右舷으로 무겁게 기울기 시작했다. 그리고 몇 분 지나 이 전함은 가라앉았다. 차수문遮水門(물이 새지 않는 문) 중 몇 개는 안전을 위해 견고하게 폐쇄되어 있었는데, 이처럼 긴급한 상황에서 굳게 잠긴 문은 겁에 질린 수백 명의 승무원이 아래층 갑판에서 기어 나오려는 순간 이들의 길을 막았다. 큰 전함이 천천히 뒤집히자 거대한 15인치 포탑이 분리되어 바다로 떨어졌다. 그사이 불길이 더욱더 크게 배 안에서 치솟았다. 기우는 전함에서 가장 높은 곳으로 가까스로 피신한 승무원들은 차가운 물속으로 뛰어들었다. 불의의 공격을 받은 거대한 전함은 공기가 빠져나가면서 점차 장엄하게 우현으로 굴렀다. 목격자 중에는 공기가 빠져나가는 소리를 고독한 한숨 같다고 생각한 이도 있었을 것이다. 이 전함에서 370여 명이 살아남았지만, 사망자 수는 800명이 넘었다.[21]

영국군 전함이 파괴되는 모습을 보자 프린 중위가 기뻐하면서 해치를 통해 제어실로 "전함을 침몰시켰다!"라고 외쳤고, 이 말을 들은 승무원들은 열광적으로 환호하다가 조용히 하라는 함장의 명령이 하달되어서야 비로소 소리를 멈추었다. 아마도 이때쯤 영국군은 이번 폭발이 내부에서 발생한 사고 때문이 아님을 알았을 것이다. 프린 중위는 영국 해군이 항구 내부 어디론가 숨어든 공격자를 찾으려 할 것으로 예상했다. 아니나 다를까 프린 중위가 다른 전함으로 오인했던 인근 수상 항공모함의 탐조등이 주변을 조사하기 시작했고 이어 구축함으로 추정했던 또다른 함정들도 조사에 나섰다. 이제 이곳을 떠날 때였다.

잠수해서 이동할 경우 7노트의 속도밖에 낼 수 없는 U-47을 프린 중위는 수면 위로 기동시켜 최대 17노트의 빠른 속도로 출구를 향해 질주하게 했다. 항구 뒤쪽에 수상 함정 수가 눈에 띄게 늘어나자 그는 '최대 속도'로 기동하라고 명령했는데, 승무원은 엔진이 이미 최대 속도에 도달했다고 보고했다. 영국군 구축함이 공격하려 마음먹는다면 U-47까지 도달하는 데는 몇 분밖에 안 걸릴 터였다. 그러나 북쪽에서 오로라가 빛나고 있었는데도 추격하던 영국군 함정의 함장은 수면 위를 달리는 잠수함의 낮은 실루엣을 보지 못하고 방향을 돌렸다. 안전 난간을 붙잡고 있던 프린 중위가 낮은 목소리로 더 빨리 기동하라고 재촉하자 U-47은 계속해서 좁은 출구를 향해 돌진했다.

당시 조수는 썰물이었고, 프린 중위는 북쪽 해안선을 따라 얕은 물이 흐른다는 것을 떠올리며 해협에 들어올 때와 달리 나갈 때는 남쪽 가장자리를 이용하려 했다. 이곳에서 U-47은 다시 한번 해저를 가로막는 장애물을 지나 돌출된 곳을 따라 이리저리 기동했다. 점차 거리가 멀어지면서 로열오크함이 부서지는 소리도 멀어졌다. 마침내 U-47은 10월 15일 새벽 2시 15분에 영국 해군 정박지를 벗어나 바다로 진입했다. 프린 중위는 북해 어귀 빌헬름스하펜으로 방향을 정한 뒤, 부하들에게 이제 원하는 만큼 환호해도 좋다고 말했다.[22]

U-47이 독일 해군 기지로 돌아오는 길도 순탄치 않았다. 영국 순찰함들이 스코틀랜드 동부 해안의 머리만灣에서 U-47을 추격하자, 프린 중위는 어쩔 수 없이 심해로 잠수해야 했다. 그는 물에 잠긴 상태에서 항로를 바꾸어 탈출을 시도했지만, 영국 해군 함정들이 아스딕을 장착하고서 물속까지 U-47을 추적했다. 독일군 승무원들은 수색하는 아스딕의 섬뜩하고 끈질긴 '핑… 핑… 핑' 소리를 들었다. 머지않아 근처에서 폭뢰爆雷가 폭발했는데, 이 소리는 마치 망치를 선체에 부딪는 소리처럼 들렸다. 날카로운 금속성 쨍그랑 소리와 더불어 귀청이 찢어지는 듯한 굉음이 뒤따랐다. 연약한 잠수함은 사냥개에게 붙잡힌 쥐처럼 떨었고, 전구는 산산조각 났으며, 외부 충격으로 반으로 쪼개진 잠수함의 두 구동축 중 하나는 베어링에서 떨어져 나갔다. 프린은 추격자들을 따돌리기 위해 또다시 U-47을 심해로 기동시켜 심해에서 머물렀다. 부서진 구동축 베어링 수리에 가담하지 않은 승무원들은 소리를 내지 않기 위해 슬리퍼를 신고 발끝으로 돌아다녔다. 영국군은 계속해서 수색을 벌였다. U-47에 타고 있던 독일군 장병들은 영국군이 작동시킨 아스딕의 핑 소리와 머리 위를 지나가는 프로펠러의 윙윙거리는 소리를 들었다. 그러다 시간이 지나자 핑 소리가 멈

추고 프로펠러 소리도 멀어졌다. 공기와 배터리 전원 모두 부족한 상태가 되어서야 프린은 잠망경을 올릴 수 있는 깊이로 U-47을 떠오르게 했고, 자신을 추격하던 영국군이 사라졌다는 것을 파악했다. 그리고 나서야 구동축을 수리한 다음, 승무원에게 빌헬름스하펜으로 향하는 항로를 다시 알려주었다.[23]

<hr>

프린 중위가 스캐파플로에서 거둔 공적이 독일군 유보트가 2차대전에서 이룬 첫 번째 성공은 아니었다. 유보트들이 아일랜드 서쪽 순항지에 도달하려면 오랜 시간을 항해해야 했는데도 되니츠 제독이 지휘한 유보트 부대는 개전 초기 6주 동안 연합군 선박을 60척 이상 격침했다. 매주 약 10척의 선박이 침몰한 셈이다. 격침된 선박의 대다수는 프린 중위가 스캐파플로에서 공격하기 4주 전인 9월 중순에 아일랜드 앞바다에서 U-29가 공격한 상선이었는데, 영국 항공모함 커레이저스함Courageous도 여기에 포함된다. 어뢰 3발을 맞은 이 항공모함이 침몰하는 데 걸린 시간은 고작 15분이었는데 사망자가 519명이나 되었다. 당시 영국 해군이 보유한 항공모함은 5척이었는데, 커레이저스함이 침몰하자 영국 해군은 걱정이 컸다. 영국군 항공모함 전투력의 20퍼센트가 손실되었기 때문이다. 프린과 U-47이 스캐파플로에서 세운 공적은 그 못지않게 탁월했다. 유보트 1척이 영국 해군의 내부 성역을 뚫고 들어가 전함 1척을 침몰시키고 영국 해군의 근거지에서 도주한 것은 대단한 일이었다. 이런 성과는 독일에 훌륭한 선전감이었기에 괴벨스는 그것을 최대한 활용했다. 되니츠 제독과 그의 상급자였던 에리히 레더Erich Raeder 대제독은 프린 중위와 U-47 승무원을 치하하기 위해 이들이 빌헬름스하펜에 도착하자 직접 잠수함에 탑승

했다. 히틀러는 자신의 전용 비행기를 보내 프린 중위를 베를린으로 부른 뒤, 템펠호프 공항에서 카이저호프 호텔까지 카퍼레이드를 하도록 했다.[24]

그렇다고 되니츠 제독이 영국군 항공모함과 전함을 각각 1척씩 격침한 일이 전쟁의 궤적에 큰 영향을 미칠 것이라는 환상을 품지는 않았다. 그는 자신이 운용하는 유보트가 공격해야 할 진정한 목표는 영국 해군이 아니라 영국 무역선이라고 확신했다. 그리고 자신이 전쟁에 전략적 영향을 미칠 필요가 있다고 믿는 종류의 작전을 시작할 수 있을 만큼 작전용 유보트를 충분히 확보하기까지 몇 년은 아니더라도 최소한 몇 달이 걸릴 것이라는 사실을 알고 있었다.

한편 개전 초기 몇 주 동안 유보트가 보유한 핵심 공격 무기였던 어뢰에서 심각한 결함이 발견되었다. 탄두의 방아쇠가 자성磁性을 띠었는데, 북위도에서 어뢰를 발사하면 종종 작동하지 않는 경우가 보고되었다. 되니츠 제독은 전쟁 초기 6주 동안 "발사한 어뢰 중 적어도 25퍼센트는 문제가 있었다"라고 추정했다. 그는 유보트 승무원들이 어뢰에 대해 자신감을 잃으면 사기가 떨어지고 위험을 감수하려는 의지가 약해질까봐 우려했다. 따라서 유보트 승무원들의 '전투 정신을 고취하기 위해' 자신이 취할 수 있는 모든 조치를 취하기로 결심했다. 이 문제를 사탕발림으로 얼버무릴 생각은 없었기에 그는 장교들에게 이번 전쟁은 신속히 끝나거나, 혹은 쉽사리 끝나지 않을 것이라고 경고했다. 이 전쟁은 적어도 7년 이상 지속될 수 있는데, 그것도 완전한 승리 대신 협상에 따른 조율로 끝날 수도 있다고 말했다. 그래서 자신의 임무라고 여기는 바를 실행에 옮기기로 결심했다. 바로 최대한 빨리 유보트 전투력을 완비해 일주일에 10척이 아니라 20척, 30척, 혹은 그 이상의 연합국 선박을 파괴해 영국의 무역을 완전히 차단하는 것이었다.[25]

2장

포켓 전함

프린 중위와 U-47이 스캐파플로에 진입한 날, 독일군 포켓 전함 그라프
슈페함Graf Spee은 아프리카와 브라질 사이 중간 지점, 대서양에서 남쪽으
로 8000여 킬로미터 떨어진 곳에서 기동하고 있었다. 이곳은 북해의 매
서운 추위와는 대조적으로 수온이 섭씨 21도가 넘었다. 그라프슈페함은
1930년대 초에 독일이 건조한 포켓 전함 3척 중 하나였다. 1939년 8월, 히
틀러는 에리히 레더 대제독에게 도이칠란트함과 그라프슈페함의 대서양
배치를 승인했다. 독일이 폴란드를 침공하면 영국이 전쟁을 선포하겠다
고 위협할 경우, 독일은 이곳에서 영국 함대를 상대로 군사 작전을 펼칠
계획이었다.

그뒤 독일의 폴란드 침공은 계획대로 실행되었다. 그러자 영국이 실제
로 선전 포고를 했지만, 그라프슈페함은 3주 동안 항로를 벗어나 다른 선
박과의 접촉을 조심스레 피하고 있었다. 그 이유는 독일이 신속하게 폴란
드에서 승리해 문제가 일단락될 경우, 영국이 다시 협상 테이블로 돌아올

것이라는 히틀러의 확신 때문이었다. 하지만 폴란드에서 군사 작전이 거의 종료된 9월 26일까지도 영국이 별다른 기미를 보이지 않자, 히틀러는 영국군이 합리적 결정을 내리지 않을 것으로 판단했다(실제로 그다음날 바르샤바가 점령되었다). 이에 따라 그는 즉시 북대서양에 배치된 도이칠란트함과 남대서양에 배치된 그라프슈페함에 공격 작전을 개시하라고 지시했다.[1]

그라프슈페함을 지휘한 함장 한스 랑스도르프Hans Langsdorff 대령은 둥그런 이마가 불룩 튀어나온, 경력 많은 해군 장교였다. 사실 그는 독일 해군에서는 외톨이였다. 그는 구식 해군 정신이 몸에 배어 정확하고 꼼꼼한 성격이었으나, 전쟁이 선량한 예의를 침해하지 않도록 애쓰는 신사다운 군인이었다. 그는 부하뿐만 아니라 적에게도 친절하게 대했다. 랑스도르프는 18세가 되던 1912년에 해군에 입대했는데, 그의 입대에는 뒤셀도르프에서 거주할 때 이웃이었던 프로이센의 백작 막시밀리안 폰 슈페Maximilian von Spee 제독에 대한 존경심이 크게 작용했다. 1914년에 포클랜드 해전에서 전사한 폰 슈페 제독의 이름을 따서 명명된 함정을 랑스도르프가 지휘한 것은 이상할 정도로 우연이었다. 그는 비무장 민간 상선과 상인을 공격해 격침하는 것보다 해전을 선호했으나, 상선을 공격하는 것이 그에게 주어진 임무였다. 그는 그런 작전에 열광적으로 나서지는 않았으나 독일의 승리에 필요하다고 판단되면 기꺼이 수행했다.[2]

랑스도르프 대령은 영국 상선을 상대로 작전을 개시하라는 명령이 하달되자 곧장 목표를 찾기 시작했다. 9월 30일에 전함 감시병이 선박에서 희미하게 나오는 연기의 흔적이 수평선에 나타났다고 보고했다. 그러자 대령은 즉시 정찰 항공기에 항로 중간을 가로질러 기동하라고 명령한 뒤, 전함도 그곳으로 기동하라고 지시했다. 그라프슈페함의 감시병이 발견한 것은 영국 상선 클레멘트호Clement에서 피어오르는 연기였는데, 배수량

5000톤의 독특한 증기선이었던 이 선박은 '전형적으로 바다를 유랑하는 떠돌이'로 알려진 배였다.[3]

클레멘트호의 선장 해리스F. P. C. Harris는 빠른 속도로 접근하는 군함을 정면에서 바라보고만 있었다. 그는 처음에는 이 군함이 이 지역에서 작전을 수행한다고 알고 있던 영국 순양함 에이잭스함Ajax일지 모른다고 생각했다. 그라프슈페함의 정찰기가 자신의 선박 난간에 기관총 사격을 가한 이후에야 비로소 자신이 잘못 판단했음을 깨달았다. 그는 즉시 배의 엔진 작동을 멈추고 구명보트를 띄우라고 명령한 뒤, 자신이 보유한 기밀문서를 파기했다. 이 문서에는 영국 해군의 암호가 들어 있었다. 또 무선으로 조난 신호인 'RRR'을 반복해서 보내 해상에서 적에게 공격받았음을 알리고 공격 위치가 포함된 좌표도 보고했다.* 랑스도르프 대령은 영국 상선이 본국에 무선 신호를 보낸 것에는 실망했지만, 해리스 선장이 그라프슈페함에 탑승하자 한껏 예의를 갖추어서 대했다. 대령은 선장에게 경례한 뒤 영어로 이렇게 말했다. "선장님, 송구하지만 제가 당신의 배를 침몰시켜야 합니다. 전쟁 상황이니 양해해주시기 바랍니다."[4]

랑스도르프 대령은 해리스 선장과 수석 엔지니어가 자신의 전함에 편안하게 승선하는 모습을 지켜보았고, 클레멘트호의 나머지 선원들이 구명정에 올라탈 수 있도록 안전을 보장했다. 그런 뒤 브라질 해안에서 가장 가까운 항구에 영국 선원들의 위치를 보고했다. 그리고 나서 영국 상선을 어뢰로 격침하라고 명령했다. 그런데 첫 번째 어뢰와 두 번째 어뢰

---

* 영국 해군성은 1905년에 보편적 조난 신호로 제정된 기존의 'SOS' 대신 전쟁이 발발하자 새로운 프로토콜을 채택했다. 구체적인 내용을 살펴보면, 위에서 언급한 대로 RRR(또는 RRRR)은 수상함선에 의한 공격을 나타내며, SSS는 잠수함의 공격, AAA는 공중 공격을 의미했다. 구조 신호를 보낸 이후 조난된 선박은 일련의 암호 문자로 자신의 정체, 위도 및 경도를 포함한 위치 정보를 보냈다.

가 빛나가자, 떠돌이 상선에 고가의 무기를 더는 사용하지 말고 전함이 보유한 5.9인치(15cm) 보조 함포를 사용하라고 지시했다. 하지만 보조 함포가 25발을 발사한 뒤에도 클레멘트호가 완강하게 버티자, 전함의 주력 함포인 11인치 대형 함포를 발사해 이 배를 침몰시키라고 지시했다. 주력 함포가 다섯 차례 발포하고서야 비로소 클레멘트호는 파도 아래로 미끄러지듯 가라앉았다.[5]

━━━━

스캐퍼플로에서 프린 중위가 수행했던 임무처럼, 랑스도르프 대령이 남대서양에 주둔한 것은 훨씬 큰 작전 계획의 일부였다. 그를 이곳에 배치한 명령은 수십 척의 쾌속 공격함이 담당하는 영국과의 무역 전쟁에 대해 레더 대제독이 가진 비전의 산물이었다. 독일 해군에서 되니츠 제독이 평생 유보트의 옹호자였다면, 레더 대제독은 수상 해군을 위해 헌신한 대표적 인물이었다. 그는 1차대전 내내 전함과 순양함에서 복무했는데, 도거뱅크 해전과 유틀란트 해전 다 참전했다. 특히 유틀란트 해전에서는 프란츠 폰 히퍼Franz von Hipper 중장의 참모장이었다.

레더는 되니츠보다 15세가 더 많았는데, 두 사람은 외모와 기질 모두 차이가 있었다. 활달하지 않은 성격의 되니츠와 달리, 레더는 건장하고 잘생긴 편이었다. 사람들은 그를 이상적인 프로이센 남성을 상징하는 인물로 여겼다. 그는 엄격한 규율과 공식 절차를 따르는 업무 수행을 선호했고, 자신뿐만 아니라 다른 사람에게도 강요할 정도로 직업 윤리가 투철했다. 나중에 그는 자신의 핵심 가치를 '신을 향한 두려움, 진실에 대한 사랑 그리고 청렴결백함'이라고 정리했다. 그는 되니츠가 자신의 유보트 승무원에게 장려했던 편안하고 전우애가 넘치는 환경에 회의적이었다. 되니츠는 "모든 사람의 행복은 모든 사람의 손에 달렸고, 모든 사람은 각자가 전체를 구성하는 중요한 부분이다"라고 강조했다. 하지만 레더는 그와 같은 단체정신을 중시하는 구호에 흥미를 느끼지 못했고, 과거 독일 제국 해군에서 성장한 자신이 숭고한 전문성으로 여기던 것을 유지하고자 했다. 한 가지 사례를 들자면, 그는 모든 해군 병사가 매주 일요일에 공식적으로 종교 행사에 참석하라는 규정을 정하려 했는데, 이는 이미 바이마르 시대에 폐지된 관행이었다. 하지만 그는 종교 행사와 대규모 해군에 관심을 두지 않는 히틀러와 자주 충돌했고, 히틀러가 자신을 질책하자 문제를 제기하면서 두 차례나 사직을 표명하며 대응했다. 하지만 히틀러는 두 번 다 사직을 철회하고 계속 복무하라고 그를 설득했다.[6]

이런 차이점이 있었지만, 레더와 되니츠는 독일 해군의 부활이라는 야망과 승리에 반드시 필요한 다양한 함대를 개발할 시간을 확보하려면 앞으로 다가올 전쟁은 적어도 1944년이나 1945년까지 연기되어야 한다는 희망을 공유했다. 1928년에 소장으로 진급한 이후, 레더는 전함과 순양함 중심의 균형 잡힌 함대를 건설하는 데 주력했다. 그가 건설한 독일 해군은 20세기 전반기의 가장 이상적인 해군력을 보여주는 해군이었다. 그런데 그는 잠수함을 유용한 보조 장비로 여기기는 했으나 잠수함이 위대한 해군의 근간이라는 되니츠의 생각에는 동의하지 않았다. 결국 1935년에 체결된 영국-독일 해군 협정으로 독일 해군의 확장이 가능해지자 레더는 즉시 자신이 구상한 해군을 건설하는 데 주력했다.

레더 대제독은 독일 해군이 1930년대 초에 건조한 포켓 전함 3척 외에도 전함, 중순양함, 나아가 항공모함에 이르기까지 훨씬 야심찬 해군 건설을 추진했다. 레더의 이 같은 비전을 실현하기 위한 첫 번째 단계는 미끈한 신형 함정 2척을 건조하는 사업이었는데, 이 함정들은 훗날 샤른호르

1928년 이후 독일 해군의 수장이었던 에리히 레더 대제독은 전함과 전투순양함 중심의 전통적 수상 해군을 건설하고자 했다. 그는 1946년이나 1947년까지는 전쟁이 시작되지 않을 것이라는 히틀러의 확신에 기초해 자신이 추구하는 목표를 달성하기 위한 장기 계획을 수립했다. (미국 해군연구소)

스트함Scharnhorst과 크나이제나우함으로 각각 명명된다. 이 두 신형 함정은 길이가 약 235미터로, 당시 최신 영국 전함보다 길었지만, 15인치 함포가 아닌 11인치 함포를 갖추고 갑판을 보호하는 장갑이 약해서 전함이 아닌 전투순양함으로 분류된다. 또한 배수량이 3만 2000톤으로 꽤 컸으나 당시 대다수 전함에 비하면 가벼웠고, 속도는 최대 31노트여서 다른 전함보다 빨랐다. 이 함정들은 영국과의 해군 협정이 체결된 직후에 건조하기 시작해 2차대전 발발에 맞추어 1938년과 1939년에 각각 취역했다. 한편 레더 대제독은 더 큰 전함인 비스마르크함과 티르피츠함Tirpitz 건조 사업도 지휘했다. 이 신형 전함들은 무장 해제 상태일 때 배수량이 4만여 톤이고 완전 무장 상태일 때는 5만여 톤이었으며, 각각 15인치 함포를 8문씩 장착했다. 이 전함들은 건조를 시작한 1936년 당시에는 세계에서 가장 크고 강력한 함정이었다. 그리고 2차대전이 시작될 무렵에 완성까지 몇 달 남지 않은 상황이었다.[7]

이처럼 새로운 해군을 건설하는 과정에서 레더 대제독은 단치히를 둘러싼 폴란드와의 전쟁(이 전쟁은 쉽게 프랑스와의 전쟁과 연계될 수 있을 터였다)이나, 발트해의 지배권을 둘러싼 러시아와의 전쟁을 구상했다. 하지만 어떤 경우에도 영국과의 전쟁은 상상하지 않았다. 대다수 해군 장교들과 마찬가지로 그는 1차대전에서처럼 영국을 상대로 싸우는 것은 '절대로 반복해서는 안 되는 비극적 실수'이며, 장차 전쟁에서 또다시 영국을 상대하는 것은 상상할 수 없는 일이라고 생각했다. 히틀러는 레더의 견해에 동의한다고 확언했으며, 여러 차례 영국은 미래의 어떤 전쟁에서도 독일의 잠재적 적국이 아니라고 발언하기도 했다. 그런데 1937년 11월이 되자 히틀러는 각 군 참모 총장과 회동한 비밀회의에서 각 군의 제독과 장군들은 프랑스뿐만 아니라 영국을 상대로 전쟁 계획을 수립하라고 지시했고, 급기야 그러한 전쟁이 1944년 이전에 시작될 수 있다고 선언했다.[8]

레더 대제독은 히틀러의 이 같은 극적인 변화에 짜증이 났다. 그런 행동이 영국의 결단에 대한 히틀러의 '자기기만'이라고 생각했기 때문이다. 결국 이 결정 탓에 레더 대제독이 독일에 필요하며 마땅히 보유해야 한다고 믿었던 균형 잡힌 함대를 구축할 기회는 사라졌다. 그는 새롭게 변화하는 상황 때문에 자신이 사랑하는 해군이 '용감하게 죽을 수 있다'는 것을 증명해야 할 운명에 처했다고 일기에 썼다. 하지만 젊은 참모 장교 헬무트 하이에Helmuth Heye 중령이 수립한 계획을 수용했다. 영국의 주요 함대를 묶어두기 위한 대형 전함 10척, 영국의 상선을 격파하기 위한 쾌속 전함 15척으로 구성된 함대를 구성하는 것이 이 계획의 핵심이었다. 하지만 무리한 계획이 아니었던 하이에 중령의 구상조차 실행할 수가 없었다. 히틀러가 확정한 폴란드 공격 개시 일정 때문에 전쟁 발발 전에 추진할 수 없었기 때문이다.[9]

결국 압도적 규모의 수상 함대를 구축해 영국의 패권에 도전할 기회를 잃은 레더 대제독은 영국을 굶겨서 항복시키겠다는 계획을 수용해야 했다. 무역은 영국의 생명줄이었는데, 1차대전 시기에 독일이 영국의 무역을 옥죄는 데 사용한 주요 도구는 유보트였다. 한편 레더 대제독은 새롭게 시작될 전쟁에서 유보트의 중요성을 무시하지 않았을 뿐만 아니라, 이와 더불어 영국 인근 수많은 섬 주변 바닷길에 기뢰를 심은 뒤에 쾌속 수상 습격대를 운용하려 했다. 대부분이 항공기에서 투하된 이 기뢰들은 전쟁 초기 몇 달 동안 꽤 효과적이었다. 복잡한 자기장 위를 지나가는 선박이 자기장을 방해할 때 폭발하게 만드는 정교한 자기 기뢰를 독일이 개발한 덕분이었다. 1939년 말까지 영국이 상실한 42만 2000톤의 선박 중 절반 이상이 자기 기뢰에 의한 손상이었다. 영국은 전깃줄로 선박을 감싸 자기장을 없애는 소위 디가우징degaussing이라는 프로토콜을 고안해 이 새로운 기술에 대응했다. 이렇듯 독일군이 설치한 기뢰는 전쟁 기간 내내 영국 해군에 심각한 위협으로 작용했으나, 영국군 역시 새로운 기술을 개발해 기뢰의 효율성을 현저히 떨어뜨렸다.[10]

레더 대제독은 유보트와 기뢰 외에도 비록 그 수는 제한적이었지만 수상 공격함의 역할에 크게 의존했다. 그가 보유한 해군 자산은 포켓 전함 3척, 전함 2척, 순양함 몇 척, 그리고 (곧 완성될) 대형 전함 2척이 고작이었다. 하지만 독일 해군이 소규모 자산을 창의적으로 배치할 수 있다면, 영국이 자국 호송대를 보호하기 위해 함정을 분산시킬 것이고, 이 과정에서 영국 해군의 약점이 노출되리라 기대했다. 레더는 전후에 출간된 회고록에서 이렇게 썼다. "만약 독일 해군을 전 세계에 분산시킨다면, 영국군이 우리에게 대응하기 위해 우세한 전투력을 동원하기 전에 상당한 정도의 충격을 가할 수 있는 기습 공격이 가능할 것이라고 보았다."[11]

폴란드 침공이 임박했다는 정보를 건네받은 레더 대제독은 그린란드 남쪽 북대서양에 머물던 소형 전함 도이칠란트함과 남대서양에서 임무 수행 중이던 그라프슈페함의 대서양 파견을 히틀러로부터 승인받았다. 만약 영국이 독일의 야망에 도전하는 방향으로 결정을 내린다면, 이 두 전함은 영국 무역에 대항해 파괴 작전을 펼칠 예정이었다. 갑작스러운 개전을 비롯해 여러 가지 상황 변화로 실망했음에도 레더 대제독은 "적에게 피해를 입히고 혼란을 가중하기 위해 가능한 모든 수단을 사용할 것"이라고 결심했다.[12]

=====

영국 상선 파괴 작전을 수행하는 동안 랑스도르프 대령과 그라프슈페함은 긴 세월에 걸쳐 유지된 해양 전통을 적용했다. 75년 전인 1863년 5월과 6월에 영국에서 건조되고 무장되어 미국 남북 전쟁에서 남부군의 약탈 선박으로 사용되던 앨라배마함Alabama은 동일 해역에서 미국 상선을 공격해 브라질 동쪽 해안에서 12척을 파괴했다. 앨라배마함의 함장 래피얼 셈스Raphael Semmes는 격침된 상선을 항구로 끌어올 수 없었기 때문에 자신의 전공을 자랑하기 위해 선원과 승객을 다른 곳에 옮긴 후 상선에 불을 질렀다. 그는 주기적으로 자신의 전공을 공유했다. 일정한 기간에 획득한 포로를 가득 태워 동맹군에 보내는 식이었다. 남부군의 이 같은 상선 파괴 작전은 랑스도르프 대령과 그라프슈페함에 좋은 선례였다. 그런데 1863년과 1939년 사이에는 큰 차이가 있었다. 무선 통신이 등장함에 따라 클레멘트호의 해리스 선장이 조치했던 것처럼 적의 함선이 접근하는 동안 상선은 자신을 공격한 적함의 위치를 본국에 보고할 수 있었다. 랑스도르프는 영국 상선을 상대로 한 작전은 자신이 적에게 적발되지 않아야만 효과가 있으리라 추측했다. 만약 자신이 운행을 멈추게 한 영국 상선이 즉시 해당 좌표를 영국 해군에 보고한다면, 애초에 구상했던 작전에서 큰 효과를 기대할 수 없을 터였다.

그런데 랑스도르프가 클레멘트호를 침몰시켰다는 소식을 접한 영국이 내보인 반응은 기대 이상이었다. 해리스 선장이 보낸 조난 신호는 브라질 선박에 의해 포착되어 이튿날 런던에 도달했다. 10월 4일, 영국 해군 참모 총장 더들리 파운드Sir Dudley Pound 제독은 이 새로운 위협에 대응할 방법을 결정하기 위해 해군성에서 회의를 주재했다. 파운드 제독은 영국 해군에서 거의 반세기를 보낸 인물이었다. 파운드 제독 역시 레더 대제독과 마찬가지로 1차대전 기간에 유틀란트 해전에 참전했는데, 이때 이 전투에서 큰 전공을 세운 전함 콜로서스함Colossus을 지휘했다. 1877년생인 파운드 제독은 레더 대제독과 동시대 인물이었으나 평소 건강에 신경쓰지 않던 터라 10년은 더 늙어 보였다. 특히 그는 엉덩이의 관절염 때문에 약간 절뚝거렸으며 회의가 길어지면 졸기 일쑤였다. 다른 장교들은 그를 현역에서 복무하기에는 지나치게 '나이 든 노인'으로 여겼고, 심지어 '돼지 머리'라고 부르기까지 했으며, 기질 면에서 해군 참모 총장 직책에 적합하지 않다고 말하는 이들도 있었다. 아닌 게 아니라 파운드 스스로도 자신의 직책에 익숙하지 않았다. 레더 대제독이 1928년부터 독일 해군을 지휘한 반면, 파운드 제독은 전쟁이 시작되기 고작 4개월 전인 1939년 여름에 해군 참모 총장에 취임했다.[13]

파운드 제독과 참모들은 대서양에서 접수된 정보에 대한 대응 방안을 논의했다. 캐나다와 미국에서 대서양을 횡단하는 선박을 보호하기 위해 이미 호송 체계가 가동되고 있었지만, 북대서양 호송 임무에 배정된 소형 선박은 그동안 독일 포켓 전함과 대결할 기회가 없었다. 따라서 파운드 제독과 해군성이 내린 첫 결정은 오래된 전함 몇 척을 핼리팩스에 추가로 보내 호위하게 하는 것이었다. 남대서양은 그곳에서 호송 네트워크를 구축할 만큼 호위가 충분하지 않았다. 해군성은 소형 순양함의 호위를 받는 전함 리나운함과 항공모함 아크로열함을 남대서양에 파견해, 다른 형태의 포켓 전함으로 알려진 아트미랄셰어함Admiral Scheer을 수색했다.[14]

조금 광범위하게 이야기하자면, 이 시기에 파운드 제독과 영국 해군성은 바다의 약탈자들로부터 영국 무역을 보호하기 위해 완전히 새로운 프로토콜을 개발하여 도입했다. 한마디로 경찰 차량이 해안 도로에서 임무를 수행하는 것처럼 영국 해군 함정이 해상 항로에서 작전을 수행하는 방식이었다. 영국 해군은 약탈자들에게 대항하기 위해 각각 순양함 2척으로 구성된 6개의 대응 조직을 편성했다. F부대Force F로 명명된 조직은 북아메리카로, H부대는 남아프리카로, G부대는 남아메리카 동쪽 해안으로 향했다. 그리고 M부대는 프랑스령 서아프리카로 향했는데, 이곳에서 전함 됭케르크함Dunkerque을 비롯한 프랑스 해군과 합류했다. 그런데 이러한 영국의 대응은 독일 해군의 레더 대제독이 기대했던 바와 정확하게 일치했다. 다시 말해 영국 해군은 소규모 수상 공격선을 추적하기 위해 전투력을 소규모로 분산했다.[15]

독일군 공격함에 대응하는 대응 조직 편성 관련 서면 명령서에는 다음과 같은 직설적 평가가 적혀 있었다. "각 대응 조직이 보유한 전투력은 도이칠란트함급 포켓 전함이나 히퍼함급 장갑순양함을 파괴하기에 충분하다." 영국 해군 순양함 2척으로 구성된 대응 조직이 독일군 포켓 전함을

더들리 파운드 제독은 전쟁이 발발하기 3개월 전인 1939년 6월에 해군 참모 총장에 취임했다. 그는 46년 동안 영국 해군에서 복무했는데, 취임 당시에도 건강에 무관심한 태도가 우려 사항이었다. (미국 해군연구소)

충분히 격파할 수 있다는 이 같은 주장에는 영국 해군과 해군성이 공유한 잘못된 신념이 반영되어 있었다. 게다가 영국 함정은 뛰어난 기술과 강인한 정신력을 가져서 더 강력한 군대에 맞서 싸워도 이길 수 있다는 주장 역시 근거가 부족한 믿음에 불과했다. 나폴레옹 시대에서 유래한 이 같은 유산은 1차대전 기간에 벌어진 유틀란트 해전의 실망스러울 뿐만 아니라 당황스럽기까지 했던 결과에도 불구하고 계속해서 영국 해군의 사고에 영향을 미쳤다. 이 전투에서는 독일 공해 함대가 영국 대함대에 필적할 만한 전력을 갖추지 못했음에도 그 결과는 실망스러웠다. 아트미랄셰어함(실제로는 그라프

슈페함)을 상대한 영국 함정은 대부분이 8인치 함포 6문과 상당한 성능의 보조 함포를 갖춘 중순양함이었다. 반면에 그라프슈페함은 영국 순양함보다 3킬로미터 남짓 더 멀리 보낼 수 있는 11인치 함포 6문을 보유했다. 달리 말하면, 영국군 순양함이 포격을 개시할 수 있을 만큼 가까이 접근하는 3~4분 사이에 독일군 전함은 벌써 포탄 12발을 포격할 수 있었다. 하지만 영국 순양함들이 여러 갈래로 전개하면 이 독일 전함의 화력은 분산될 테고, 반면 영국군 측은 상대 포켓 전함에 화력을 집중할 수 있을 것이었다. 이처럼 영국 해군성은 영국군 순양함들이 합동 공격하면 독일

군 전함을 제압할 수 있으리라고 보았다.[16]

━━━━━

1939년 10월 14일, 프린 중위가 U-47을 지휘해 스캐퍼플로를 향해 이동하던 바로 그날, 랑스도르프 대령은 부유浮遊 기지 역할을 하기 위해 8월에 대서양으로 출발한 유조선 알트마르크함Altmark과 예정된 시각에 조우했다. 그때까지 그라프슈페함은 클레멘트호를 비롯해 선박 4척을 격침했는데, 그 과정에서 이 전함의 기동 패턴이 잘 확립되었다. 그라프슈페함은 당시로서는 초기 단계였던 레이더를 장착한 독일 해군 함정 4척 중 하나였다. 하지만 랑스도르프는 해저 암초를 회피하기 위해 시각 정찰에 의존했다. 수평선에서 영국 상선이 배출하는 한 줄기 연기를 발견하거나, 혹은 정찰 항공기 조종사에게서 적을 발견했다는 보고를 받으면 즉각 목표물과 접촉하기 위해 전속력으로 기동했고, 동시에 (영어 모스 코드로) 깜박이는 불빛을 보내 운항을 정지하고 아울러 어떠한 무선 신호도 보내지 말라고 통보했다. 하지만 대다수 영국 상선의 선장들은 즉각 영국 해군에 무선 메시지를 보냈다. 이러한 상황은 마치 종국에는 죽음으로 치닫는 고양이-쥐 게임에서 누군가의 의지를 시험하는 것과도 같았다.

그러한 사례 중 하나가 10월 22일에 발생했다. 랑스도르프 대령은 증기선 트레바니안호Trevanian를 바다 한가운데에서 멈춰 세우자마자 곧장 "무선을 전송하면 즉시 발포하겠다"라는 통상적인 경고를 보냈다. 그런데 이 경고가 전송된 직후 그라프슈페함의 무선 통신원은 이 상선이 발신한 무선 메시지를 감지했다. 이에 따라 랑스도르프는 기관총 사수에게 상선의 난간을 향해 경고 사격을 하라고 지시했다. 이 경고 사격은 효과가 있어서 영국 상선의 무선 전송이 바로 중단되었다. 그러나 트레바니안호의 선장 에드워즈J. M. Edwards는 무전실로 들어가 담당 선원에게 메시지를 온전히 전송했느냐고 물었고, 긴장한 선원은 총성이 울리자마자 발신을 중단했다고 보고했다. 에드워즈 선장은 그 선원에게 무선 메시지를 다시 보내라고 지시하고서 메시지가 전송되는 동안 선원의 곁을 지켰다. 그라프슈페함이 메시지 전송을 감지하자 랑스도르프는 또다시 기관총 사격을 지시했다. 이렇게 총알이 무전실을 넘나드는데도 메시지 전송은 완료되었다.[17]

상황이 이렇게 전개되자, 랑스도르프 대령은 영국 상선의 반항에 분개하기보다는 감탄했다. 이 광경을 목격한 한 독일 해군 장교는 이렇게 회상했다. "상대편에 용감한 자가 있을 때에는 기관총 사격도 쓸모가 없다." 그런데 랑스도르프에게 좋은 소식이 있었으니, 그의 무선 통신사가 트레바니안호가 보낸 조난 신호를 감지하지 못한 것이었다. 달리 말하면 잠시나마 이 상선이 보낸 조난 신호를 아무도 수신하지 못했을 것이라는 희망을 품을 수 있었다. 어쨌든 에드워즈 선장이 그라프슈페함에 승선하자 랑스도르프는 그에게 다음과 같이 통상적인 사과의 말을 했다. "당신의 배를 침몰시켜서 미안합니다. 전쟁은 전쟁입니다." 에드워즈 선장은 굳게 침묵했으나, 랑스도르프는 손을 뻗어 그의 손을 잡고 힘차게 흔들었다.[18]

4주 만에 선박 5척을 침몰시킨 랑스도르프 대령은 공격 장소를 변경하기 위해 희망봉을 지나 인도양으로 이동했다. 이를 위해 트리스탄다쿠냐의 작은 외딴섬 근처에서 알트마르크함과 또다시 접촉했다. 그런 뒤 영국 정찰기의 사정권에서 벗어나기 위해 넓은 정박지가 있는 동쪽 바다로 이동했다. 그러다가 인도양에서 소규모 공격 대상을 발견했다. 당시 랑스도르프 대령은 약 일주일 동안 공격 대상을 찾아 헤맸으나 큰 성과가 없던 터였다. 그러던 중 모잠비크 해협에서 소형 유조선 아프리카셸호Africa Shell를 발견하고 기동을 중단시켰다. 이 배의 선장은 자신의 선박이 포르

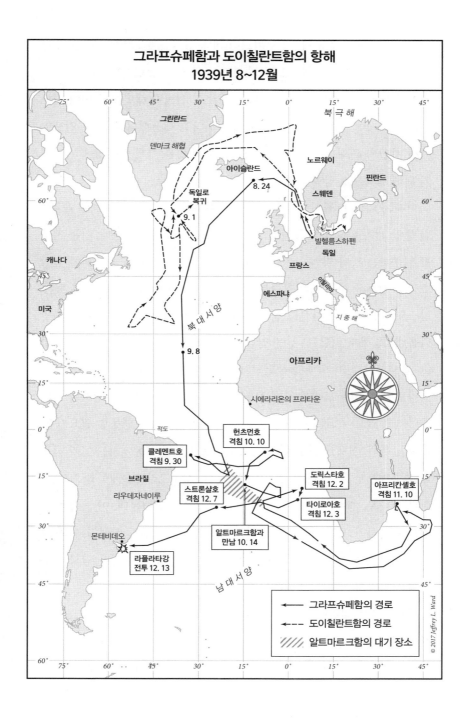

그라프슈페함과 도이칠란트함의 항해
1939년 8~12월

그린란드
덴마크 해협
북극해
노르웨이
아이슬란드
핀란드
8. 24
독일로
복귀
스웨덴
9. 1
빌헬름스하펜
캐나다
독일
프랑스
미국
에스파냐
지중해
아프리카
9. 8
북 대 서 양
시에라리온의 프리타운
적도
헌츠먼호
격침 10. 10
클레멘트호
격침 9. 30
도릭스타호
격침 12. 2
아프리칸셸호
격침 11. 10
브라질
스트론샬호
격침 12. 7
리우데자네이루
타이로아호
격침 12. 3
몬테비데오
알트마르크함과
만남 10. 14
남 대 서 양
라플라타강
전투 12. 13

© 2017 Jeffrey L. Ward

그라프슈페함의 경로
도이칠란트함의 경로
알트마르크함의 대기 장소

투갈령 모잠비크에서 약 5킬로미터 이내에 있다고 항의하면서 포르투갈은 중립국이므로 자신의 선박을 나포하는 것 역시 불법이라고 주장했다. 하지만 랑스도르프는 신중한 조사를 거쳐 이 선박이 해안에서 10여 킬로미터 이격되어 있으므로 공격해도 무방하다고 대응했다. 하지만 인도양에서 자신의 존재를 드러냈던 랑스도르프 대령은 이제 대서양에 진입하기 위해 남쪽으로 방향을 틀었다.[19]

이때는 이미 11월이었다. 그라프슈페함은 전쟁이 개시된 이후 약 4개월 동안 계속 바다에 머물면서 약 5만 킬로미터를 항해했는데, 이는 지구를 일주하는 것과 맞먹는 거리였다. 고작 영국 상선 2척을 파괴하는 실망스러운 항해를 마친 도이칠란트함은 북대서양을 떠나 기지로 귀항했다. 랑스도르프 대령은 자신도 곧 독일로 복귀해야겠다고 생각했다. 하지만 다음해 1월까지 버틸 수 있을 만큼 연료와 보급품을 충분히 가지고 있었고, 실제로 자신이 항해를 중단할 좋은 방법은 적의 군함을 격파하는 것이라고 생각했다. 그래서 11월 24일에 그는 예하 장교들에게 항해가 거의 끝나가고 있으니 더는 적의 군함을 피하느라 신중하게 행동할 필요가 없다고 말했다. 실제로 11월 이후 랑스도르프가 보인 행동에서는 그가 전투를 적극적으로 추구했음이 드러난다. 우선 그는 그라프슈페함을 가짜 연막탄과 나무, 캔버스로 만든 더미 포탑 등으로 위장했는데, 이 모습을 멀리서 관측하면 마치 영국군 순양함 리나운함으로 오인할 만했다. 이와 같은 대담한 행동을 통해 그가 지휘한 전함은 의심을 품지 않은 영국 순양함의 사정거리 이내로 접근할 수 있을 터였다.[20]

랑스도르프 대령이 전투를 시도했을 것이라는 또다른 단서는 그가 자신의 위치를 밝히는 것에 의도적으로 무관심했다는 점이다. 12월 2일 오후, 남대서양의 나미비아 해안에서 수백 킬로미터 떨어진 곳에서 그라프슈페함은 양고기와 양털을 싣고 뉴질랜드에서 영국으로 향하던 블루스타Blue Star 항로의 대형(1만 톤) 증기선 도릭스타호Doric Star와 조우했다. 랑스도르프는 무선을 사용하지 말라는 신호를 깜박이면서, 상선까지 빠르게 기동하는 일상적 관례 대신 여러 차례 장거리 경고 사격을 실시했다. 그사이에 도릭스타호의 선장 윌리엄 스터브스William Stubbs는 여러 차례 상세하고 반복적으로 조난 신호를 보냈다. 랑스도르프는 상선 가까이 접근한 이후에야 비로소 "무선을 멈춰라. 그렇게 하지 않으면 발포하겠다"라는 일상적 신호를 보냈다. 하지만 그때는 이미 스터브스 선장이 조난 신호를 보내고 여러 함선에 이 신호가 도착한 것을 확인한 뒤였다.[21]

도릭스타호를 침몰시킨 랑스도르프 대령은 감시병이 또다른 공격 대상인 증기선 타이로아호Tairoa를 발견하자 곧바로 행동에 나섰다. 이번에도 목표물을 향해 보낸 무전 송신 금지 경고는 별 의미가 없었다. 그라프슈페함에서 기관총이 발사된 이후에도, 갑판에 엎드린 타이로아호의 무선 담당 선원은 자신을 공격하는 선박이 아트미랄셰어함이라고 알리는 등 여러 메시지를 보냈다. 이렇듯 그라프슈페함은 아주 짧은 시간 안에 상선 2척을 나포했으나, 이 과정에서 나포된 두 선박이 독일군 공격선에 대해 자세하게 보고했기 때문에 영국군은 랑스도르프가 지휘하는 전함의 상세한 정보를 확보할 수 있었다. 랑스도르프 대령은 두 달 이상 넓은 공간에서 활동했기에 오히려 평범한 장소에 숨을 수 있었다. 하지만 이 같은 상황은 곧 바뀐다.[22]

=====

상선 도릭스타호와 타이로아호의 보고는 12월 3일 영국 해군 경순양함 에이잭스함의 함교艦橋에 도착했다. 에이잭스함은 독일 해군 공격선에 대항하기 위한 G부대 사령관 헨리 하우드Henry Harwood 준장의 임시 기함이었다. 보기 좋을 정도로 통통하고 턱이 다소 날카로우며 인상적인 눈썹을 가진 하우드 준장은 해군에서 36년간 복무한 베테랑이었다. 그는 원래 순양함 4척으로 구성된 부대를 지휘했으나, 12월 3일에는 모든 함정이 남대서양 전역에 흩어져서 임무를 수행하고 있었다. 순양함 중 2척은 8인치 함포를 장착한 중순양함이었고, 에이잭스함을 비롯해 나머지 2척은 6인치 함포를 장착한 경순양함이었다. 영국 해군성이 구상했던 대로, 이 순양함은 하우드 준장이 적절한 시기와 장소에 집중시키는 상황에서만 그라프슈페함에 대적할 수 있었다. 그는 12월 3일에 에이잭스함에 승선했는데, 원래 자신의 기함이던 중순양함 엑서터함Exeter은 최근에 그라프슈페함이 공격한 현장에서 약 6500킬로미터 떨어진 포클랜드의 포트스탠리에서 수리를 받고 있었다. 또다른 중순양함 컴벌랜드함Cumberland은 북쪽으로 1000여 킬로미터 떨어진 곳에 있었는데, 조만간 포클랜드로 복귀해 출격 준비를 할 예정이었다. 에이잭스함과 동급의 또다른 경순양함은 뉴질랜드인들이 주축이 된 아킬레스함Achilles이었는데, 이 함정은 10월 말에 남태평양에서 마젤란 해협을 통해 복귀해 당시에는 리우데자네이루에 체류하고 있었다.*

독일 해군으로부터 공격받았다는 내용이 포함된 두 보고를 접한 하우드 준장은 상대가 무엇을 원하는지 알아내고자 했다. 그는 독일군 함장이 최대한 빨리 최근의 공격 지역에서 벗어나고자 할 것으로 추정했다. 적장은 필시 다시 서쪽으로 움직여 대서양을 건너 남아메리카로 향할 것

---

* 뉴질랜드 해군은 공식적으로 1941년 9월에 독자적인 군대로 독립해 출범했다. 따라서 1939년 당시 아킬레스함은 편의상 영국 해군 예하 뉴질랜드 사단 소속이었다.

이었다. 만약 독일군 함장이 남대서양 무역에 심각한 타격을 입히고자 한다면 아마도 여러 항로가 만나는 곳으로 기동할 터였다. 남아메리카 해안에는 그러한 장소가 두 군데 있었는데, 하나는 브라질의 리우데자네이루이고 다른 하나는 우루과이의 수도 몬테비데오로 이어지는 라플라타강 어귀의 넓은 하구였다. 하우드 준장은 15노트의 속도로 기동하면서 메모지에 가능한 경로를 스케치하며 독일 군함이 12월 12일 이른 아침에 남아메리카 두 도시 사이의 해안에 도착하리라 예상했다. 이에 따라 그는 예하 지휘관들에게 12월 12일 아침 7시 정각에 몬테비데오와 리우데자네이루 사이의 지정된 위치에 집결하라고 지시했는데, 아직 수리가 끝나지 않은 컴벌랜드함은 제외했다. 자신의 구상이 적중하면 그는 즉시 순양함 3척을 모두 동원해 독일군 포켓 전함을 공격할 생각이었다. 하우드 준장은 예하 지휘관에게 "밤이든 낮이든 즉시 공격하라"라고 명령했다.[23]

하지만 그라프슈페함의 기동에 대한 하우드 준장의 예상은 빗나갔다. 이 독일군 전함은 서쪽으로 기동했는데 이때 속도는 15노트가 아닌 22노트였다. 그런데 랑스도르프 대령은 도중에 알트마르크함과 다시 만나기 위해 항해를 중단했고, 그런 뒤에는 또다른 증기선 스트론샬호Streonshalh를 붙잡았다. 이 과정에서 서쪽으로의 이동이 점차 지체되었다. 달리 말해 하우드 준장의 계산은 분명히 틀렸으나 결론적으로 그가 예측한 내용은 대체로 들어맞았다. 랑스도르프가 당시에 스트론샬호에서 입수한 부에노스아이레스 신문은 영국군이 부에노스아이레스를 호송대의 집결지로 이용하고 있다는 뉴스를 전했다. 그리고 베를린에서 전달된 무선 정보는 영국군 순양함 1척과 구축함 2척의 호위를 받는 호송대가 조만간 라플라타강에서 출발한다는 내용을 전했다. 랑스도르프는 이 호송대를 저지하기 위해 곧장 남아메리카 해안으로 향하는 항로에 올랐다.

그러는 사이 하우드 준장은 자신이 지휘하는 순양함 3척을 지정된 장소에 집결시켰다. 수리를 마친 컴벌랜드함도 이동하는 중이었다. 그리고 12월 13일 아침 6시 10분경, 순양함 관측병들이 수평선에서 연기의 흔적을 발견하고 보고했다. 하우드 준장은 즉시 엑서터함을 보내 조사하게 했는데, 조사 결과 '이 배는 독일 포켓 전함'이었다. 이에 따라 하우드 준장은 즉시 그라프슈페함을 다방면에서 공격하기 위해 3척의 순양함에 속도를 높여 분산하라는 지시를 내렸다.[24]

거의 같은 시각, 랑스도르프 역시 영국 해군을 공격하기로 결심했다. 그는 베를린에서 전달된 정보를 바탕으로, 자신이 영국 순양함 1척과 구축함 2척으로 구성된 호송대를 맞닥뜨리고 있다고 판단했다. 2척의 소형 순양함이 경순양함이라는 점이 정확히 식별된 이후에도 랑스도르프는 계속 공격 항로를 유지하면서 선임 함포 장교 라제네크F. W. Raseneck 중령에게 "저들을 격파할 것이다"라고 말했다. 그는 이 전투의 승리가 전체 항해에서 절정이 되리라 생각했다.[25]

랑스도르프는 함교 위 정면에 설치된 지휘소에서 전투를 지휘했는데, 가로 1미터, 세로 1.5미터 정도 되는 작은 플랫폼이었다. 그곳에서 그는 영국 함정 3척의 항로를 추적할 수 있었지만, 그로 인해 적과 관련된 온갖 데이터를 참고하기가 어려웠을 뿐 아니라 다른 참모 장교의 조언도 들을 수 없었다. 부관인 젊은 중위만 그와 함께 서 있었다. 그라프슈페함의 유일한 장점이었던 11인치 함포의 사거리 우위와 화력은 교전 초기에 큰 장점으로 작용했다. 그라프슈페함에서 두 번째로 발사한 포탄이 엑서터함에 명중했고, 다섯 번째 포탄은 함교 바로 아래의 두 번째 전방 포탑(B포탑)에 명중했다. 영국군 순양함의 포탑은 완전히 파괴되었고, 쌍둥이 8인치 함포는 술에 취한 듯 비스듬하게 무너졌다. 연이은 폭발로 함교가 부서져 함장 프레더릭 벨Frederick S. Bell과 다른 2명을 제외한 나머지 승무원 모두가 사망했다. 또 이 공격으로 함정 내부의 통신이 마비되었다. 그러자 벨 함장은 함교를 포기하고 통제실로 이동해 전투를 지휘했는데, 이때부터는 전령을 통해 연락을 주고받아야 했다. 20분 동안 일곱 차례 포격을 맞은 엑서터함에서 제대로 작동하는 것은 기관총 1정뿐이었고, 선체가 우현으로 심하게 기운 채 가까스로 버티고 있었다. 하지만 벨 함장은 하우드 준장이 철수해서 최대한 빨리 포트스탠리로 복귀하라고 명령할 때까지 계속 전투에 임했다. 상황이 이렇게 되자 하우드 준장은 나머지 두 경순양함으로 독일군 포켓 전함에 맞섰는데, 그 배들 역시 심각한 피해를 입었다. 에이잭스함은 선미에 11인치 포탄을 맞은 뒤로 후미의 포탑이 작동하지 않았으며, 또다른 포탄에 의해 돛대가 부서졌다. 아킬레스함은 11인치 포탄에 함교가 폭파된 이후 파편 때문에 다수의 인명 피해가 발생했다. 함교 위에 서 있던 승무원은 장비 뒤에서 몸을 구부린 채 사망한 승무원을 발견하기도 했다.[26]

이 전투에서 그라프슈페함 역시 심각한 타격을 입었다. 가장 심각한 손상은 엑서터함이 발사한 8인치 포탄 3발이 명중한 뒤에 발생했는데, 그중 1발이 두께 약 8센티미터의 장갑 벨트를 관통했다. 영국군 경순양함에서 발사한 6인치 포탄도 여러 발 명중했으나, 이것들이 입힌 피해는 크지 않았다. 하지만 그라프슈페함의 승무원 중 37명이 사망했고, 랑스도르프 대령을 포함한 57명이 부상을 입었다. 랑스도르프는 의식을 잃고 뇌진탕을 겪었는데도 전방 지휘소를 떠나지 않았다.[27]

하우드 준장이 두 순양함에 어뢰를 발포하라고 명령하자, 랑스도르프는 어뢰를 피하기 위해 선체를 기동했다. 이처럼 랑스도르프가 상황을 판단하는 동안 잠시 전투가 중단되었다. 하우드 준장은 순양함 2척만으로 독일군 포켓 전함을 계속 공격하는 것은 불리하다고 판단했다. 당시에 그는 사정거리 밖에 있었다. 반면 랑스도르프는 엑서터함을 포격하거나 경순양함 2척을 공격하지 않은 채 그저 영국군 함정들이 철수하는 모습을 지켜보았다. 그는 전함의 상태를 조사하라고 지시했는데, 곧 독일까지 항해하기는 어렵다는 보고를 받았다. 무엇보다 갤리선이 파괴되어 1000여 명의 승무원에게 식량을 공급하는 것이 큰 문제였다. 주포의 거리 측정기가 파괴되어 11인치 함포도 신뢰할 수 없었다. 보조 함포의 탄약고도 파괴되었고, 전함의 선체 좌현에 180센티미터 크기의 구멍이 뚫렸는데, 이 상태로는 북대서양을 횡단하는 항해를 견디지 못할 것이었다. 결국 랑스도르프는 참모 장교들과 상의하지 않고 즉시 배를 수리하기 위해 라플라타강 하구로 이동하라고 지시했다.[28]

한편 하우드 준장은 멀리서 독일군 전함을 추격하면서 컴벌랜드함에 서두르라는 무선 메시지를 보냈다. 그리고 리나운함과 아크로열함에도 최대한 빨리 전투에 동참하라고 지시했다. 컴벌랜드함은 다음날 도착할 예정이었지만 다른 두 전함이 도착하려면 5일을 기다려야 했다. 그라프슈페함이 다시 나오기 전까지 라플라타강에 얼마나 머물 것인가? 그리고 이 전함이 출동하면 자신이 보유한 두 중순양함으로 다시 독일군 전함을 상대할 수 있을까? 컴벌랜드함이 예정된 시간에 도착하더라도 또다시 처절한 싸움이 될 터였다. 이 같은 질문들에 대한 답이 무엇이든 간에 하우드 준장은 현재 위치에 머물면서 상황을 파악할 작정이었다.[29]

═══════

그런데 랑스도르프 대령이 선택한 행동은 결국 그 자신을 함정에 가두고 말았다. 당시 국제법에 따르면, 교전 중인 군함은 항해할 수 없을 정도로 크게 손상되지 않는 한 24시간 이상 중립국 항구에 머물 수 없었다. 라플라타강 어귀에 도착한 랑스도르프 대령은 우루과이 당국에 그라프슈페함이 항해할 수 없을 정도로 큰 손실을 입었다는 점을 설명하고자 했다. 당시 그라프슈페함은 전투 수행에는 별다른 문제가 없었으나 원활한 항해 및 기동 능력에 심각한 손상을 입은 상태였다. 하우드 준장은 처음부터 독일군 전함을 격파해 침몰시키기는 쉽지 않겠지만 적을 무력화하거나 탄약을 전부 소모하게 만들면 적을 무력화할 수 있다고 생각했다. 당시 그라프슈페함은 전투를 할 수 없는 것은 아니었으나 공격 능력이 극도로 저하된 상태였다. 그래서 랑스도르프 대령은 우루과이 관리에게 몬테비데오에서 더 오래 머물 수 있게 해달라고 요청했다.

한편 하우드 준장 역시 독일 군함이 우루과이에 오랫동안 체류하기를 희망했다. 독일 전함이 지금 당장 기동하면 앞선 전투에서는 서로 타협하듯 전투를 피했지만, 이번 전투에서는 영국군 경순양함들을 공격할 것이며, 그런 상황이 되면 보유한 탄약을 전부 소모해야 할 터였다. 다음날인 12월 14일에 예정대로 컴벌랜드함이 도착했으나 여전히 영국군이 승리할 수 있을지는 확실치 않았다. 그리고 리나운함과 아크로열함이 도착하기까지는 5일을 더 기다려야 했다. 그런데 우루과이 정부가 랑스도르프 대령에게 12월 17일 저녁 8시까지 출항하지 않으면 이 군함을 억류할 것이라고 최종 통보했고, 이 결정에 독일군과 영국군 모두 실망했다. 그런데 이때 하우드 준장과 몬테비데오 소재 영국 영사관 유진 밀링턴드레이크 Eugen Millington-Drake는 리나운함과 아크로열함이 이미 도착해 바다에서 대기하고 있다는 내용의 허위 정보를 랑스도르프에게 전달하기 위해 교묘한 정보 작전을 벌이기 시작했다.[30]

랑스도르프 대령은 억류는 피하고 싶어했다. 억류될 경우, 전함을 잃고 승무원들이 투옥될 것이며 결국 우루과이가 자신의 전함을 영국에 넘길 가능성이 컸기 때문이다. 그는 자신이 전투에서 승리하여 항구를 빠져나가는 것을 기대하지는 않았지만, 그렇다고 그곳에 더 머무를 수도 없었다. 더는 무선 침묵이 의미 없었기 때문에, 랑스도르프는 베를린의 레더 대제독에게 자신의 딜레마를 보고했다. 8000여 킬로미터 떨어진 곳에 있는 사령관이 구체적인 지시를 하달하는 것은 적절치 않다고 판단한 레더 대제독은 랑스도르프 대령에게 스스로 최선의 판단을 하라고 지시했다. 즉 할 수만 있다면 탈출하기 위해 전투를 수행하거나 필요하다면 전함을 파괴해야겠지만, 어떠한 상황에서도 이 전함이 영국군의 손에 넘어가지 않아야 했다. 상급 지휘관의 지침을 받은 즉시 랑스도르프는 "현재 상황에서 내가 내릴 수 있는 최선의 결정은 이 전함을 침몰시키는 것 외에 다른 대안이 없다"라고 판단했다. 우루과이 당국이 그에게 제시한 시각을 불과 몇 분 앞둔 시점에 랑스도르프는 전함에 커다란 독일 전투 깃발을 올린 채 경계선 6킬로미터 지점까지 이동했다. 그동안 여러 전투에서 그가 파괴한 수많은 상선에 했던 것처럼, 승무원들이 대피하는 동안 선박 폭파 담당자들이 전함 주변에 폭탄을 설치했다. 12월 17일 저녁 7시 54분, 그라프슈페함에서 화려한 폭발이 여섯 차례 일어났다. 약 16킬로미터 떨어진 곳에서 대기하던 영국 순양함 승무원들은 적의 전함이 폭파되면서 타오르는 불꽃을 보며 환호했다.[31]

예인선과 진수선, 독일 상선 타코마호Tacoma에서 지켜보던 독일 장교들과 병사들은 조용히 암울한 표정을 지었다. 그라프슈페함에서 대피한 랑스도르프 대령 역시 상부 구조의 상당 부분이 보이는 전함이 바닥에 가라앉는 모습을 멀리서 지켜보았다. 그 이후 그의 목표는 부하들의 안전을 확보해 아르헨티나로 데려가는 것이었다. 아르헨티나 정부가 그들에게

본국 승무원에 의해 폭파된 그라프슈페함의 잔해가 라플라타강 바닥으로 가라앉는 모습. 자신의 전함을 폭파한 랑스도르프 대령의 결정은 당시는 물론이고 현재까지도 논쟁거리다. (미국 해군 역사유산사령부)

호의적이기를 기대할 뿐이었다. 하지만 랑스도르프의 기대와 달리 그라프슈페함의 승무원들은 전쟁 기간 내내 우루과이에 억류되었다. 실망스러운 결과였다. 그리고 12월 19일에 랑스도르프는 권총으로 자살했는데, 이것 역시 그의 운명이었다. 첫 번째 총알은 빗나가서 머리통을 스쳤고, 이어진 두 번째 시도는 성공했다.

불과 몇 시간 전, 랑스도르프 대령은 아르헨티나 해군 장교와 대화하다가 영국 무역을 공격하기 위해 해군 수상 공격선을 사용하는 것은 큰 잘못임을 깨달았다. 그는 에드바르도 아나만Edwardo Anamann 중령에게 이렇게 말했다. "독일 해군은 현재 추진하는 영국 무역에 대한 전쟁을 포기하는 대신 모든 노력을 잠수함 전쟁에 바쳐야 할 것입니다."[32]

되니츠 제독이 전적으로 동의할 만한 의견이었다.

───

아직 남은 이야기가 있다. 그라프슈페함은 남대서양을 탈출하지 못했지만 이 전함과 함께 건조된 알트마르크함은 탈출에 성공했다. 그라프슈페함에서 인계받은 포로들까지 총 299명의 영국인 포로를 실은 이 함정은 대서양 중심을 향해 북쪽으로 항해한 뒤, 아이슬란드 동쪽을 지나 노르웨이 방향으로 기동했다. 함장 하인리히 다우Heinrich Dau는 알트마르크함이 노르웨이 영해로 진입하자 즉시 함포를 제거하고 상선으로 위장한 뒤 포로를 선체 하단에 숨겨 중립 수역에서 보호받는 상선인 것처럼 항해했다. 그뒤 알트마르크함은 독일 항구에 도착하기 위해 노르웨이의 위험한 해안을 따라 남쪽으로 1000여 킬로미터를 증기로 항해해야 했다.

영국 해군은 계속해서 이 함정을 찾고 있었는데, 2월 19일에 영국군 정찰기가 이 함정이 베르겐 남쪽의 외싱피오르(외싱피오르덴 협만) 근처에 정박한 것을 발견했다. 끈질긴 수색 작전의 성과였다. 그리고 얼마 지나지 않아 영국 해군 전함 3척이 노르웨이 해안으로 기동했다. 당시 노르웨이는 중립국 지위였는데도 영국군 전함은 이를 무시한 채 알트마르크함 뱃머리를 가로질러 2발의 경고 사격을 했다. 하지만 다우 함장은 영국군이 노르웨이의 중립 정책을 위반하지 않을 것이라고 확신해 피오르 방면으로 기동했다.[33]

하지만 다우 함장의 예측은 빗나갔다. 랑스도르프 대령과 마찬가지로 그 역시 스스로 덫에 빠진 것이다. 당시 런던에서는 과거에 해군 장관을 역임했던 윈스턴 처칠Winston Churchill 총리가 알트마르크함이 영국 포로를 억류하고 있는지 확인하기 위해, 영국 해군의 모든 구축함에 이 배를 수색할 권한을 부여하는 명령을 직접 하달했다. 이 명령은 구체적으로 다음과 같았다. 영국 해군은 알트마르크함을 발견할 경우, 함장이 배를 수색하는 것을 허용하지 않더라도 중립 수역 등을 신경쓰지 말고 "직접 알트마르크함에 승선해 포로를 석방하고 배를 나포할 수 있다"라는 내용이었다.[34]

2월 19일 자정 직전, 필립 비안Philip Vian 대령이 지휘하는 영국군 구축함 코사크함Cossack은 대담하게 외싱피오르에 진입한 뒤, 노르웨이 어뢰정 2척을 스치고 지나갔다. 코사크함이 접근하자 다우 함장은 즉시 전속력으로 기동하라고 명령했다. 그는 곧 이 구축함 쪽으로 기동해 육지 방면으로 몰아붙이려 했다. 하지만 알트마르크함은 영국 구축함과 충돌하지 못하고 얼음에 부딪혀 좌초했다. 비안 대령은 독일 군함이 빠르게 접근하자 코사크함을 측방으로 기동해 피했고, 마치 범선 시대를 연상시키는 듯한 기동으로 알트마르크함의 갑판을 선체로 밀어붙였다. 그런 뒤 코사크함의 탐조등 불빛 아래에서 소형 화기가 사격을 가하기 시작했고, 그 결과 독일 승무원 8명이 사망하고 나머지는 얼어붙은 바다를 지나 내륙으로 도주했다. 그러고 나서 알트마르크함에 코사크함의 대원들이 승선해 수색을 벌였다. 브래드웰 터너Bradwell Turner 중위는 승강장으로 통하는 출입구를 열고서 "혹시 아래쪽에 영국인이 있나요?"라고 외쳤다. 그러자 선박 안쪽에서 "예! 우리는 모두 영국인입니다!"라는 소리가 들려왔다. 터너 중위는 곧 "네, 그럼 올라오세요. 영국 해군이 왔습니다" 하는 대화가 오갔다고 회상했다. 비안 대령은 오랜 시간이 지난 후에도 당시의 상황을 생생하게 기억했다. "알트마르크함 상부 갑판의 얼음과 눈 위에 드리워진 긴 그림자들이 보이더니 곧 정면에서 밝게 빛나는 함정 갑판에 영국 포로들이 나타나기 시작했고, 그제야 상황을 온전히 파악한 영국인들이 만족하여 웃고, 환호하고, 손을 흔들었다."[35]

히틀러는 랑스도르프 대령이 영국 해군에 맞서 싸우지 않고 전함을 폭파하기로 결정한 데에 노발대발했다('노발대발indignant'은 레더 대제독이 사용한 단어다). 그는 랑스도르프가 영국 해군과 교전했더라면 적어도 영국 함정 몇 척을 더 침몰시켰을 것이라고 소리쳤다. 그러더니 레더 대제독에게 랑스도르프 대령이 남긴 마지막 말을 무의식적으로 되풀이했다. 영국의 무역을 방해하기 위해 독일군 전함, 더욱이 포켓 전함을 사용하는 것은 자원 낭비이며, 유보트를 활용하는 편이 훨씬 저렴하고 효과적이라는 말이었다. 다소 방어적 입장이던 레더 대제독은 이 같은 히틀러의 발언에 랑스도르프의 순항과 활동을 통해 다수의 영국 해군 전함이 그를 찾느라 분주하게 만듦으로써 독일 해군이 상당한 이득을 추가로 얻을 수 있었다고 강조했다. 하지만 히틀러는 여전히 진정되지 않았다. 결국 레더 대제독은 어쩔 수 없이 전 독일 함대에 새 명령을 하달해야 했다. "독일 군함은 승무원을 총동원한 전투에서 최후의 포탄까지 사용하면서 싸우거나, 승리하거나, 깃발을 휘날리며 침몰해야 한다." 이는 레더 대제독이 2년 전에 예측했던 그대로, '용감하게 죽는 것'을 의미했다.[36]

한편 히틀러는 영국 전함 코사크함이 알트마르크함에 승선하는 등 명백하게 중립을 위반했으나, 노르웨이 정부가 코사크함을 막기 위해 아무런 조치도 취하지 않고 방관한 것에 격분했다. 이 점에는 레더 대제독 역시 히틀러에게 공감했다. 당시 상황에서 노르웨이 정부는 중립국의 의무를 이행하지 않았으므로 이에 대한 합당한 조치가 따를 예정이었다.[37]

3장

노르웨이 전역

레더 대제독은 개전 후 몇 달이 지나자 히틀러에게 노르웨이 점령을 허락
해달라고 촉구했다. 노르웨이 항구를 되니츠 제독이 지휘하는 유보트 기
지로 사용한다면 대서양 항로를 확보하기 위해 반드시 장악해야 할 스코
틀랜드 북쪽 항로에 훨씬 가까이 접근할 수 있을 뿐만 아니라 정박지에
머물 수 있는 시간을 획기적으로 연장할 수 있다는 것이 그러한 요청의
한 가지 이유였다. 그는 또 이를 통해 자신이 애지중지하는 독일 해군이
전쟁 수행 과정에서 중요한 역할을 담당하고 있음을 보여주려 했다.

　하지만 노르웨이 점령이 필요한 진정한 이유는 강철의 주성분인 철이
전차에서 군함에 이르기까지 모든 것을 만드는 데 사용되었기 때문이다.
독일 경제에서는 매년 3000만 톤의 철광석이 소비되었는데 전쟁이 시작
되면 그 양이 점차 증가할 터였다. 하지만 1930년대에 급격히 증가한 독
일 국내 철광석 생산량은 전체 소비량의 절반에도 미치지 못했다. 1939년
9월 이전에 독일은 프랑스, 에스파냐, 룩셈부르크, 뉴펀들랜드에서 철광

석을 수입했으나, 정작 전쟁이 시작되자 철광석을 수입하던 국가와의 거래가 전면 차단되었다. 결국 나머지 철광석은 대부분 스웨덴 북부에서 생산된 것으로 충당했는데, 1939년에는 그 양이 900만 톤이 넘었다. 전쟁이 발발하자 독일은 국내 철광석 생산량을 늘렸을 뿐 아니라 중립국인 스웨덴에서 철광석을 안전하게 수입할 수 있도록 조치를 취해야 했다.[1]

그해 여름 내내 스웨덴 광석을 실은 선박은 룰레오에서 기나긴 보트니아만을 따라 이동한 뒤, 발트해 연안의 독일 항구로 들어왔다. 하지만 동계가 되면 보트니아만의 북쪽 절반이 얼어붙어서 철광석이 철도를 통해 서쪽 나르비크 항구로 운송되었다. 이곳은 만류湾流 덕분에 겨울에도 얼지 않아서 독일 선박들은 이곳 해안을 따라 철광석을 남쪽으로 운반했다. 이러한 상황에서 노르웨이의 중립은 중요했다. 독일 선박들이 중립국인 노르웨이 영해 안에 머무르는 한 적대적 간섭에서 안전했기 때문이다. 그런데 실제로 노르웨이의 보호는 완벽하지 않았다. 레더 대제독의 발언에서 알 수 있듯이, 알트마르크함 사건에서는 노르웨이가 "영국의 중립 위반을 강력하게 저지하려는 확고한 의사가 없음"이 확인되었다. 영국이 독일의 철광석 수송에 간섭하기로 결정하더라도 노르웨이는 이러한 간섭을 저지하지 않을 가능성이 컸다. 따라서 레더 대제독은 히틀러에게 노르웨이 점령이 수세적 태세를 위해 필요한 조치라고 설득했고, 결국 히틀러는 1940년 3월에 베저위붕 작전Operation Weserübung을 승인했다. 그리고 레더는 1940년 4월 첫째 주, 초승달이 어두워지는 시기를 틈타 노르웨이를 공격하라고 명령했다.[2]

노르웨이에서 영국의 의도에 대해 레더가 품었던 우려는 적중했다. 독일 해군 참모 총장이 히틀러에게서 노르웨이 무력 점령 건에 승인을 얻어낸 순간에도 신임 영국 해군 장관 윈스턴 처칠은 영국 정부에 노르웨이에

윈스턴 처칠은 총리가 되기 전에 해군 장관을 두 차례 역임했다. 첫 번째는 1911년에서 1915년까지 갈리 폴리 방면에서 튀르키예 군을 상대로 벌인 연합군의 불운했던 상륙 작전을 주도했을 때였고, 두 번째는 1940년에 노르웨이에서 군사 작전을 펼칠 때였다. (미국 해군 역사유산사령부)

독자적으로 개입할 것을 촉구했다. 전쟁이 시작된 직후 체임벌린 총리가 단행한 첫 번째 조치는 1차대전 초기 15개월 동안 처칠이 담당했던 해군 장관 직책에 그를 다시 임명한 것이었다.* 1915년 11월, 처칠은 프랑스, 오 스트레일리아, 영국의 군대에 엄청난 재앙을 가져온 갈리폴리 전역의 실 패로 말미암아 사임했다. 그러한 실수를 범했는데도 그는 1930년대 내내 영국의 재무장을 웅변적으로 간청했고, 그의 본능적인 영국 해군 사랑에 장교와 사병 모두 절대적 지지를 보냈다. 그리고 마침내 그가 다시 해군

* 해군에서 민간인이 맡는 최고위 직책이자 내각의 일원인 해군 장관(First Lord of the Admiralty) 은 미국 정부의 해군 장관과 유사한 직위다. 이와 달리 해군 참모 총장(First Sea Lord)은 현역 장 교가 맡았으며, 미국 해군 참모 총장처럼 해군의 군사 작전을 지휘하는 직책이다.

장관으로 임명되었다는 소식이 해군에 전해졌다. 그의 복귀는 간단한 문장 하나로 충분했다. "윈스턴이 돌아왔다."

처칠의 적극적인 성격과 공격적 본능이 종종 영국 내각 구성원들을 놀라게 하는 일이 있었지만, 64세에 영국 해군성에 새로운 에너지와 사명을 불어넣은 처칠의 존재는 내각 전체에 활력을 보충하기에 충분했다. 게다가 그는 군사 작전 계획과 전술적 수준의 결정에도 직접 관여하곤 했는데, 비평가들은 이를 간섭이라고 지적했다. 알트마르크함에 탑승해 수색하라는 처칠의 명령은 그의 여러 간섭 중 한 가지 사례였다. 처칠의 이러한 행동은 자연스럽게 해군 참모 총장 더들리 파운드 제독과 마찰을 일으켰다. 흥미롭게도 처칠과 파운드 제독 모두 어머니가 미국인이고 특권적 환경에서 성장한 인물들이다. 파운드 제독은 처칠과 장시간 힘든 과업을 함께 수행할 수 있는 능력은 보유했으나, 처칠과 달리 다른 의견에 관대했고 대체로 수용적인 태도를 보였다. 그 결과 처칠은 온화한 성격의 파운드 제독을 거칠게 대했고, 급기야 파운드 제독은 처칠이라는 일종의 타협하기 힘든 강력한 자연의 힘의 영향 아래에서 해군 참모 총장 임무를 수행해야 했다.[3]

독일의 철광석 수송을 차단하기 위해 처칠이 직감적으로 취한 첫 번째 조치는 강력한 영국 해군의 수상 전투력을 덴마크와 스웨덴 사이의 좁은 통로인 카테가트 해협을 통해 발트해로 보내 이곳의 교역을 완전히 차단하는 것이었다. 하지만 그의 작전 구상은 전술적으로나 논리적으로나 현실 감각이 부족했기에 파운드 제독은 경악을 금치 못했다. 따라서 파운드 제독은 처칠에게 맞서, 이번에 출격한다면 작전에 투입된 전함의 대부분이나 전부를 잃을 것이며, 그 결과 북해와 다른 곳에서 영국의 해군력 우위가 위태로워질 수 있다고 경고했다. 하지만 처칠은 지상군이 나르비크에 상륙한 뒤 철로를 따라 스웨덴 광구鑛口를 점령하기 위한 지상 작전을 실시해야 한다고 계속해서 촉구했다. 이 지상 작전의 구실로는 이른바 '겨울 전쟁'에서 러시아의 침략에 저항하다 궁지에 몰린 핀란드 국민에게 물자를 전달해야 한다고 강조하면 될 것이라고 했다. 영국 내각은 지난 3월 핀란드가 항복할 때까지 처칠의 주장을 진지하게 받아들이지 않더니 결국에는 무위로 만들고 말았다. 마지막으로, 처칠은 노르웨이 해안의 항구와 피오르를 봉쇄하기 위해 기뢰를 설치해야 한다고 주장했다. 그는 "영국이 노르웨이 해안선을 통제하는 것은 가장 중요한 전략적 목표"라고 강조했다. 피오르 주변에 기뢰를 설치해 봉쇄하는 것은 노르웨이의 중립성을 위반하는 행위였지만, 독일의 철광석 운반 선박들이 북해로 나가려고 시도할 경우 덫에 걸리거나 침몰하도록 압박하는 효과를 기대할 수 있었다. 처칠의 이 같은 주장에 대해 영국 내각은 약간의 망설임과 두려움을 내보이며 승인했고, 처칠은 4월 5일에 기뢰 매설 원정대에 출동 명령을 내렸다.[4]

이에 따라 1940년 4월 첫째 주에 독일과 영국은 거의 동시에 중립국 노르웨이로 향하는 해군 원정 작전을 실시했다. 사실 노르웨이에 대한 독일의 계획이 훨씬 야심차고 대담했다. 독일의 작전 계획은 노르웨이와 덴마크에 대한 전면 침략에 이어 점령까지 포괄했다. 더구나 이 계획에는 독일 공군과 공군 수장 헤르만 괴링Hermann Göring 장군이 요구한 유틀란트반도의 비행장을 확보하는 것까지 포함되었다. 독일이 덴마크를 점령할 경우, 더 나아가 역사적으로나 문화적으로 덴마크와 긴밀하게 연결된 아이슬란드를 통제할 경우, 해상 전쟁에 심대한 영향을 미칠 수 있었다. 그러나 레더 대제독은 독일 해군이 노르웨이를 점령하는 것은 상당히 어려운 과업이며, 특히 아이슬란드까지 점령하는 것은 그 당시로서는 불가능하다는 것을 알았다.* 독일은 덴마크와 국경을 공유했기에 이곳을 점령하는 것은 지상군의 진격으로도 완료할 수 있었다. 하지만 노르웨이를 점령하기 위해서는 레더 대제독이 담당하는 해군이 주도하는 작전이 필요했다.

영국 함대 전력의 대부분을 발트해와 연결된 막다른 해협에 투입해 자칫 영국의 해군 패권을 위태롭게 하는 상황을 싫어했던 파운드 제독과 달리, 레더 대제독은 사실상 영국의 호수라고 해도 과언이 아닌 북해에서 독일 해군이 전력을 다해 영국 해군에 맞서게 하기로 결심했다. 이 결정은 비록 대담했으나 무모하고 위험했다. 레더 대제독은 자신의 구상이 '비통한 결정'이었다고 인정하면서도 "독일은 다른 선택의 여지가 없었다"라고 주장했다. 따라서 이 작전이 성공하려면 전적으로 비밀 유지, 기습, 정확한 타이밍, 그리고 상당한 운이 따라야만 할 터였다.[5]

독일군의 공격 계획은 상세하고 복잡했다. 4월 첫째 주에 독일 함정 수십 척이 개별 혹은 그룹으로 복잡한 해상 사중선quadrille을 타고 항해했다. 그중 일부는 상선으로 위장한 보급선이었는데, 노르웨이에 도착한 뒤 공격 부대를 지원하기 위해 여러 항구에 미리 배치되었다. 병력은 6개 그룹으로 나누어 구축함에 탑승시켜서 기동했으며, 노르웨이의 5개 항구에 동시에 집결했다. 이러한 기동의 의도는 영국 본국 함대가 독일군을 방해하기 위해 스캐파플로에서 출격하기 전에 영국군에 (그리고 노르웨이 군대에도) 독일군이 이미 노르웨이를 점령했음을 알리는 것이었다. 물론 이번

---

* 독일이 노르웨이를 공격한 지 한 달 후, 영국 해병대가 아이슬란드를 점령했다. 엄격하게 말하면 아이슬란드는 영국에 군대를 요청하지 않았으니 이는 침략 행위로 볼 수 있다. 따라서 아이슬란드 정부는 영국에 항의했다. 하지만 곧 영국이 해병대를 진주시킨 대가로 재정 보상 방안을 제시하고 전쟁이 끝나자마자 군대를 철수하겠다고 약속하자 아이슬란드는 영국군의 점령을 수용했다. 1년 후, 진주만 전투가 종료된 직후부터 영국군 대신 미국군이 이 섬에 주둔했다. 이처럼 아이슬란드는 2차대전 내내 연합군 세력에 속했으며, 전쟁 중에 대서양 전투에서 중요한 역할을 맡았다.

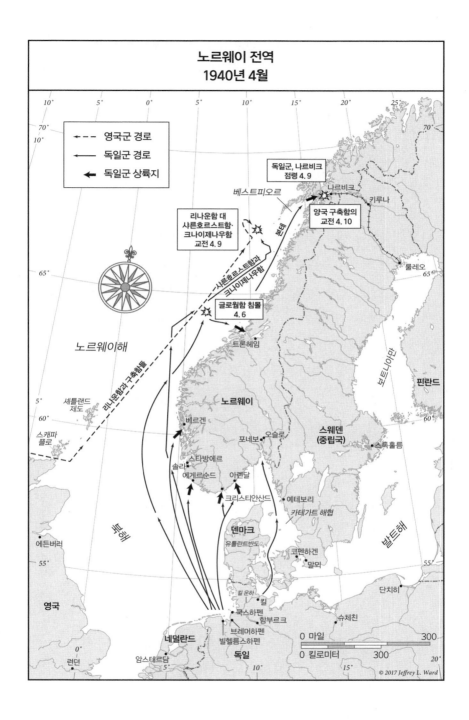

노르웨이 전역
1940년 4월

영국군 경로
독일군 경로
독일군 상륙지

독일군, 나르비크
점령 4. 9

베스트피오르

나르비크

키루나

리나운함 대
샤른호르스트함·
크나이제나우함
교전 4. 9

양국 구축함의
교전 4. 10

룰레오

샤른호르스트함과
크나이제나우함

글로웜함 침몰
4. 6

노르웨이해

트론헤임

노르웨이

리나운함과 구축함들

셰틀랜드
제도

스카파
플로

베르겐

보트니아만

핀란드

포네보

오슬로

스웨덴
(중립국)

스톡홀름

스타방에르

솔라

에게르순드

아렌달

에든버러

크리스티안산

북해

에테보리

카테가트 해협

덴마크

유틀란트반도

발트해

코펜하겐

말뫼

단치히

영국

킬 운하

킬

쿡스하펜

함부르크

슈체친

런던

브레머하펜

빌헬름스하펜

네덜란드

암스테르담

독일

0 마일 300

0 킬로미터 300

© 2017 Jeffrey L. Ward

3장 | 노르웨이 전역 81

침공이 완벽하게 실행된다 해도 영국은 곧 신속하게 대응할 것이 확실했다. 따라서 레더 대제독은 노르웨이 침공 병력이 상륙하는 즉시 해군 전함을 모두 독일로 복귀시킬 예정이었다. 그렇게 하지 않으면 독일군 해군 함정의 상당수가 큰 타격을 입을 것이 분명했다.[6]

독일군 공격 계획의 핵심은 레더 대제독이 독일의 두 전투순양함 샤른호르스트함과 크나이제나우함에 부여한 이중 역할이었다. 그는 독일군 수상 함대가 정렬할 때마다 영국군이 추격 함대를 보내 신속하게 대응했다고 언급했다. 예를 들어 11월에 그가 영국 해군의 관심을 그라프슈페함에서 다른 곳으로 돌리기 위해 샤른호르스트함과 크나이제나우함을 북해로 기동시키자 영국 해군이 이에 신속하게 대응한 바 있었다. 당시에 독일 전투순양함이 영국 무장 상선 라왈핀디함Rawalpindi을 페로 제도 북쪽에서 침몰시키자 영국 본국 함대가 즉시 대대적인 수색 작전을 벌였으나 독일 함정을 발견하지는 못했다. 레더 대제독은 이번에도 영국군이 비슷하게 반응할 것으로 예상했다. 이에 따라 독일 함정들은 나르비크 침공군을 엄호한 후 일종의 기만 임무를 담당하며 노르웨이해에서 위협적으로 기동했다.[7]

다른 주력함들은 노르웨이의 다른 지역에서 공격 작전을 수행했다. 중순양함 히퍼함Hipper과 구축함 4척은 독일군 1700명을 싣고 트론헤임에 상륙했고, 포켓 전함 도이칠란트함은 오슬로 원정을 주도했다. 그런데 히틀러의 명령에 의해 도이칠란트함은 최근에 뤼초브함Lützow으로 개명했다. 이 전함이 붙잡히거나 침몰하는 위험을 히틀러가 감수하고 싶어하지 않았기 때문이다. 특히 도이칠란트함이 침몰하거나 나포된다면 그 이름의 상징성 때문에 영국과 연합국에 승리의 홍보 효과를 더해주지 않을까 걱정했다. 독일 해군은 뤼초브함 외에도 신형 중순양함 블뤼허함Blücher과 경순양함 1척, 그리고 다수의 소형 함정을 오슬로 원정 작전에 투입했다. 또다른 순양함과 다수의 구축함도 베르겐과 크리스티안산드에 상륙할 예정이었다. 한편 유보트 부대 지휘를 담당한 되니츠 제독은 잠수함을 모조리 노르웨이 작전에 투입했는데, 훈련에 사용되는 소형 해안 유보트 6척까지 여기에 포함되었다. 되니츠 제독은 개인적으로 이 같은 방식의 전투력 투입이 비효율적이라고 생각했으나 어쩔 수 없이 수용했다. 이처럼 레더 대제독은 노르웨이 침공 작전에 사실상 독일 해군이 보유한 자산을 전부 투입했다.[8]

노르웨이 침공에 나선 독일 해군 전투 부대가 빌헬름스하펜과 킬 항구를 떠난 때와 거의 동시에 영국군 기뢰 매설 부대도 기동하기 시작했다. 이 부대는 (기뢰를 운반하기 위해 어뢰를 제거해 공간을 마련한) 개조된 구축함 4척으로 구성되었는데, 이 배들을 호위하기 위해 또다른 무장 구축함 4척도 동행했다. 이렇게 총 8척의 구축함을 남대서양에서 복귀한 전투순양함 리나운함이 엄호했고, 추가로 구축함 4척이 이 전함을 호위했다. 이번 작전에 투입된 영국 해군 함대는 윌리엄 휘트워스William Whitworth 중장이 지휘했는데, 그는 동료들에게 '작Jock'이라고 불리는 세련된 56세의 전문 직업 군인이었다. 노르웨이 해안에 기뢰 매설을 지휘할 휘트워스 중장의 임무는 간단했다. 그는 노르웨이인들이 영국 해군의 기뢰 매설 작업에 개입할 것으로 예상했고, 이에 대비해 엄호할 선박을 노르웨이 북부 해안에 주둔시켜 기뢰 매설 작업을 진행할 예정이었다.

그러나 거의 같은 시각에 노르웨이를 침공한 독일 해군 공격 부대 때문에 휘트워스 중장이 지휘하는 영국 기뢰 매설 부대의 임무는 전적으로 변경되었다. 작전이 예상치 못한 방향으로 전개되자 활기찬 신임 해군 장관 처칠을 비롯해 해군성은 전반적으로 상황을 다시 점검했다. 하지만 그 이후 몇 주 동안 시도된 휘트워스 중장의 명령과 반격 명령은 혼란과 불확실성만 키웠고, 결국 독일의 노르웨이 침공에 대한 영국의 대응은 약해졌다.

━━━━

영국 해군과 독일 해군이 출동시킨 함정은 대부분 레이더를 보유하지 않은 데다 4월에는 북해의 시야가 좋지 않으므로 두 해군의 전함이 우연히 맞닥뜨린 것은 놀라운 일이 아니었다. 4월 6일, 리나운함의 호위를 받던 영국군의 구축함 글로웜함Glowworm의 한 갑판 승무원이 실종되자 이 구축함은 그를 구출하기 위해 대형에서 벗어났다. 그런데 당시 바다 상태를 고려하면서 실종 승무원을 구출하는 과정에 상당한 시간이 소요되는 바람에 이 구축함은 본대에서 이탈했다. 구조를 마친 글로웜함은 아침 안개와 간헐적 눈보라 속에서 독일군 구축함 2척을 발견한 즉시 북쪽으로 방향을 변경했다. 그 함정들은 독일군 순양함 히퍼함과 함께 트론헤임 침공 그룹에 배정된 구축함 4척 중 2척이었다. 거의 같은 시각에 독일군 함정들도 영국군의 구축함을 발견했지만, 당시의 혹독한 기상 여건 때문에 사격 성과가 좋지 않았다. 양측은 서로 상대를 향해 여러 차례 포격을 주고받았다. 그러던 중 독일 구축함으로부터 영국군 함정과 접촉한 상황을 보고받은 히퍼함의 헬무트 하이에 함장이 즉시 아군을 지원하기 위해 기동했다.

오전 9시쯤 시야가 좋아지자 히퍼함은 글로웜함을 향해 8인치 함포를 전면에서 포격했다. 당시 영국군 구축함의 주포는 4.7인치[12cm]에 불과했다. 이 대결은 일방적으로 전개되었는데, 글로웜함의 함장 제러드 루프Gerard B. Roope는 즉시 어뢰를 발사해 연막 차장遮障을 한 다음 퇴각했다. 영국군 구축함이 전속력으로 퇴각한다고 판단한 하이에 함장은 곧바로 추격에 나섰다. 그런데 그 순간 글로웜함이 연막 바로 뒤에서 튀어나와 히퍼함의 측면에 충돌하더니 이 배의 측면 장갑을 약 40미터 정도 뜯어냈다. 이 충돌로 독일군 순양함이 크게 손상되었지만, 뱃머리가 찌그러진 영국군 구축함 역시 큰 충격을 입었다. 결국 전선이 끊어지고 화재로 망가진 영국군 구축함은 몇 분 뒤에 폭발했다. 독일군은 영국군 구축함의 승무원 147명 중 38명을 구출했는데, 여기에는 배에 오르려고 시도하다가 다시 바다로 미끄러져서 사망한 루프 함장은 포함되지 않았다. 하이에 함장은 계속해서 히퍼함을 트론헤임으로 이동시켜 승선한 병력을 무사히 상륙시켰으나, 히퍼함 역시 대대적인 수리를 받아야 해서 본국으로 복귀했다. 몇 년 후 전쟁이 끝나자 루프 함장에게는 용맹하게 전사한 공로가 인정되어 빅토리아 십자 훈장이 추서되었다.[9]*

하지만 이것은 서전緖戰에 불과했다. 루프 함장의 무선 보고를 받은 리나운함의 지휘관 휘트워스 중장과 영국 해군성은 북해에서 독일 수상 함정이 작전 중이라는 사실을 간파했다. 휘트워스 중장은 해군성의 새 명령에 따라 리나운함과 기뢰 구축 함대에 소속된 구축함 8척을 배속시켰다. 그런 연후에 자신의 함대를 지휘해 북쪽의 나르비크로 이동했다. 이곳은 전체 작전의 전략 목표가 될 장소였다. 이때 처칠 장관이 휘트워스 중장에게 하달한 '가장 급박하게' 수행할 새로운 임무는 '나르비크로 진격하는 독일군을 저지하는 것'이었다.[10]

4월 8일 늦은 시각, 눈을 뜨기 힘들 정도의 눈보라 속에서 나르비크에 도착한 휘트워스 중장은 독일 해군이 어두운 악천후 상황에서는 좁은 피오르에 진입하지 않으리라 예측하고 동이 트기를 기다리기 위해 해안으

---

* 루프 함장에게 수여된 빅토리아 십자 훈장의 공적서는 그가 의도적으로 독일군의 히퍼함을 들이받은 것으로 가정했는데, 이러한 가정은 설득력이 있으며 매우 그럴듯하다. 그러나 당시의 정황을 고려하면 단순히 두 함정이 충돌했을 가능성도 배제할 수 없다.

로 기동했다. 하지만 그의 예측은 빗나갔다. 나르비크로 향하던 독일 구축함 10척, 그리고 전함 샤른호르스트함과 크나이제나우함을 비롯한 제1집단군의 험상궂고 유머러스한 독일군 사령관 귄터 뤼첸스Günther Lütjens 제독은 그날 저녁에 모든 부대를 베스트피오르(베스트피오르덴 협만)에 집결시켰다. 여기서 그는 기상이 험한데도 상륙 병력을 가득 태운 구축함에 즉시 좁은 해협으로 기동하라고 지시했다. 그런 뒤 큰 함정 2척을 북서쪽으로 보내 바다에 공간을 마련했다. 이는 영국군 함대 사령관 휘트워스 중장이 취한 조치와 동일했다.

뤼첸스 제독과 독일군 순양함 2척은 이 사실을 몰랐지만, 이들은 불과 몇 시간 전에 휘트워스 중장과 리나운함이 예상했던 경로를 따라가고 있었다. 새벽 3시, 휘트워스 중장이 노르웨이 해안으로 돌아가기 위해 180도 선회를 막 끝냈을 무렵, 감시병들이 독일군 순양함 2척이 15킬로미터 떨어진 곳에서 폭설을 뚫고 나오는 모습을 발견했다. 그런데 휘트워스 중장은 이 배들을 전투순양함과 순양함으로 잘못 식별했는데, 그 이유는 그가 일전에 함정 2척이 해외에 있다는 정보 보고를 보았기 때문이다. 당시에 그가 독일군 전투순양함 2척과 대적하고 있다는 사실을 알았다 해도 어쩌면 그런 사실이 그가 그 배들을 상대로 전투를 벌이도록 부추겼을 수도 있다. 전투를 시작하건, 혹은 회피하건 모두 대담한 결정이었다. 당시 리나운함에는 15인치 함포가 있긴 했지만 고작 6문에 불과했다. 반면 독일군 전함 2척에는 11인치 함포 18문이 장착되어 있었다. 한편 휘트워스 중장은 9척의 구축함을 보유한 반면, 뤼첸스 제독은 구축함을 보유하지 않았다. 하지만 영국군 구축함에 장착된 4.7인치 함포는 이 전투에 영향을 미칠 수 없었다. 게다가 당시 북해의 높은 파도가 수시로 영국군 구축함의 상부 구조물 위로 부서졌기 때문에 독일군 전투순양함을 추격할 수

독일 해군의 전투순양함 샤른호르스트함(이 사진 속의 함정)과 크나이제나우함은 동시에 건조되어 쌍둥이로 불렸는데, 이들은 2차대전이 시작되었을 당시 신형 전함이었다. 11인치 함포 9문을 보유하고 31노트의 속도로 기동할 수 있었던 이 함정들은 중순양함보다 강력하고 다른 전함보다 빨랐다. 선미의 포탑 상단과 돛대 바로 앞에 정찰용 수상 항공기까지 구비했다. (미국 해군 역사유산사령부)

없는 상황이었다.

휘트워스 중장은 전투를 수용하며(혹은 전투를 강요하며), 속도를 12노트에서 20노트로 높이고 포격을 개시했다. 리나운함은 차가운 물보라가 함교를 덮칠 정도로 높게 날아오르는 거친 바다를 품은 채 거리를 좁히기 위해 앞으로 돌진했다. 그리고 마침내 리나운함에서 발사한 다섯 번째 포탄이 뤼첸스 제독의 기함인 크나이제나우함을 타격했다. 이 포탄 한 발이 크나이제나우함의 사정거리 측정기와 사격 통제 장치를 파괴했고, 그 결과 이 전함의 함포는 무용지물이 되었다. 이렇게 영국군의 기습 공격을 받은 뤼첸스 제독은 즉시 철수를 은폐하기 위해 샤른호르스트함에 연막 차장을 지시했고, 독일군을 북서쪽으로 기동시켜 영국군을 나르비크에서 더 멀리 유인했다. 뤼첸스 제독의 결정은 처음부터 의도한 것이었을 수도 있다. 혹은 리나운함을 뒤따르는 수많은 호위함이 함께 기동하고 있음을 암시하듯 멀리서부터 영국군 구축함들이 길게 늘어서서 사격하며 기동한 것에 영향을 받아 내린 결정일 수도 있다. 휘트워스 중장은 구축함을 뒤로하고 추격을 벌였는데, 전체적으로는 영국군 순양함 1척이 독일군 순양함 2척을 추격하는 이상한 양상이었다. 하지만 아침 6시 15분이 되자 빠른 속도로 기동하던 독일군 순양함들이 영국군 함정의 시야에서 사라졌다. 결국 독일군 순양함 2척은 안전하게 항구로 돌아왔고, 4월 12일에 손상된 히퍼함과 함께 빌헬름스하펜에 도착했다.[11]

독일군의 노르웨이 침공 초기 며칠 동안, 영국과 노르웨이 해군은 다양한 전술적 성공을 거두었다. 4월 9일에 독일군이 오슬로를 공격할 당시, 노르웨이 해안 포대가 독일군 신형 중순양함 블뤼허함을 침몰시켰는데, 이 함정은 작전에 투입된 지 불과 3일밖에 안 된 상태였다. 다음날에는 영국군 잠수함 스피어피시함Spearfish이 어뢰로 뤼초브함을 타격했는데, 뤼초브함은 간신히 킬 항구로 이동해 그곳에서 1년 동안 수리를 받았다. 또 다른 영국군 잠수함 트루언트함Truant은 독일군 경순양함 카를스루에함에 치명상을 입혔다. 마지막으로, 오크니에 기지를 둔 영국군의 스큐어 급강하急降下 폭격기가 독일군 순양함 쾨니히스베르크함Königsberg을 침몰시켰는데, 이는 전쟁 역사에서 급강하 폭격기가 군함을 격침한 최초의 사례다. 이렇듯 독일 해군의 핵심 전력을 상대로 영국군이 거둔 승리는 만족할 만한 성취였다. 그러나 휘트워스 중장과 리나운함이 샤른호르스트함과 크나이제나우함을 수평선 너머로 추격했음에도 뤼첸스 제독이 베스트피오르로 보낸 10척의 독일 구축함이 전략적 요충지인 나르비크를 확보하도록 허용한 것은 아쉬운 결과였다.

<hr>

이 전투에서 독일군 구축함 10척의 지휘관은 1차대전에 참전했던 44세의 노장 프리드리히 본테Friedrich Bonte인데, 그는 2개월 전에 준장으로 진급했다. 본테 준장은 대담하고 유능한 장교였으나 나치 정권에 대한 회의로 갈등을 겪고 고통스러워했다. 다른 장교들과 마찬가지로 그는 히틀러에게 충성을 맹세했고 복종을 곧 명예로 생각했으나, 그의 명령과 행동에는 숙명론을 암시하는 대목이 있었다. 그래서 그는 구축함 10척을 이끌고 베스트피오르로 기동하라는 뤼첸스 제독의 위압적인 명령을 쉽게 받아들였을 것이다. 그는 어둠 속에서 눈을 뜨기 힘들 정도의 눈보라를 헤치고 좁은 오포트피오르를 지나 나르비크로 향했다. 이 험난한 항해에서 살아남은 본테 준장은 직접 구축함 5척을 나르비크 항구로 인솔했다. 그중에 2척이 병력을 상륙시키기 위해 기동을 멈추자 다른 3척을 붐비는 정박지로 이끌고 갔다. 당시 이곳은 5개 국가에서 온 23척의 상선으로 북적였다. 그리고 이 항구에는 40년 된 노르웨이 해안 방어함 아이드즈볼드함 Eidsvold과 노르웨이함Norge이 각각 8.2인치〔20.8cm〕 함포 2문과 5.9인치 함포 2문을 장착하고 있었는데, 당시 이 함정들은 화재 진압 시스템이 제대로 작동하지 않았다.[12]

본테 준장이 지휘하는 독일군 구축함 3척이 정박지에 접근하자, 아이드즈볼드함을 지휘하던 노르웨이군의 오드 이사크센 빌로크Odd Isaksen Willoch 대령이 경고 사격을 시작했다. 그러자 본테 준장이 타고 있던 구축함은 구동을 멈추었지만 다른 구축함은 배에 탄 병력을 상륙시키기 위해 계속해서 부두로 이동했다. 그사이에 본테 준장은 작은 보트에 사절단을 태워 아이드즈볼드함에 보냈다. 그가 전한 유일한 메시지는 독일군이 영국군으로부터 노르웨이군을 보호하기 위해 왔으며, '저항해도 아무 소용없다'는 내용이었다. 하지만 빌로크 대령이 독일군에 함정을 넘기라는 요구를 완강하게 거부하자 사절단은 복귀할 때 사정거리에서 벗어나자마자 본테 준장에게 어뢰를 발사하라는 신호로 붉은 조명탄을 쏘아 올렸다. 그러자 어뢰 2발이 아이드즈볼드함을 타격해 이 함정은 곧바로 절반으로 쪼개지고 몇 초 만에 승무원 177명을 태운 채 침몰했다. 생존자는 8명에 불과했다. 다른 방어함인 노르웨이함은 북적이는 정박지에서 독일군 구축함과 함포 사격을 주고받았으나, 역시 어뢰에 맞아 100여 명의 승무원을 태운 채 아이드즈볼드함과 같은 속도로 침몰했다. 이로써 전투가 끝나고 독일군은 항구와 도시를 완전히 장악했다.[13]

이렇게 독일군이 나르비크를 점령하자 휘트워스 중장이 맡은 임무는 다시 변경되었다. 그에게 주어진 새로운 임무는 독일군이 이곳으로 들어오지 못하게 하는 것이 아니라, 이제 독일군이 이곳에서 빠져나가지 못하도록 막는 것이었다. 실제로 독일군이 나르비크를 점령했다는 소식이 경고가 되었음은 분명하지만 그로 인해 영국군의 지휘 계통에 혼란이 발생하지는 않았다. 해군성은 처칠이 직접 지시한 수많은 명령을 내려보냈는데, 그 명령들은 휘트워스 중장을 우회해 예하의 두 지휘관, 즉 경순양함 퍼널러피함Penelope을 지휘하는 조지 예이츠George D. Yates 대령과 제2 구축함대 사령관 버나드 워버턴리Bernard Warburton-Lee 대령에게 직접 전달되었다. 44세였지만 소년 같은 워버턴리 대령은 '워시리Wash-Lee', 혹은 간단히 '워시Wash'로 알려졌는데, 그에게 하달된 명령은 특히 예언적이었다. '언론 보도'에서 독일 군함이 나르비크 항구에 도착했다고 언급한 처칠이 워시리 대령에게 보낸 명령은 다음과 같았다. "나르비크로 접근해 독일군 선박을 격침하거나 괴롭힐 것. 병력을 상륙시켜 적에게서 나르비크를 탈환하는 것은 귀관의 재량임."[14]

이 명령의 사본을 받은 휘트워스 중장과 워버턴리 대령 둘 다 '언론 보

독일군 구축함 2척이 나르비크 항구의 잔교 옆에 정박해 있었는데, 1940년 4월에 워버턴리 대령이 지휘하는 영국군 구축함이 이 함정들을 공격했다. 구축함 오른쪽에는 독일군 소해함(掃海艦) 2척도 정박해 있다. 영국군이 나르비크에 도착했을 때, 독일군은 이미 도시와 항구를 완전히 점령한 상태였다. (미국 해군 역사유산사령부)

도'에도 불구하고 처칠이 직접 작성한 명령이 불완전한 정보와 상황에 근거한 것임을 밝혀야 했다. 우선 나르비크에는 1척 이상의 독일군 함정이 주둔하고 있었으며, 워버턴리 대령이 지휘하는 H급 구축함 5척은 당시 영국 해군이 보유한 전투력의 극히 일부에 불과했다. 따라서 지휘 계통 내에서 조율을 거쳐 더 나은 조정이 이루어졌더라면 나르비크에 더 적합하게 공격 자산을 투입할 수 있었을 것이다. 실제로 독일 침략군을 축출하기 위해 좁은 피오르를 통해 워버턴리 대령이 지휘하는 소규모 함대가 기동하는 것은 늑대 소굴에 애완용 비글을 보내는 것과 같았다. 하지만 휘트워스 중장은 해군성이 의도하는 바가 무엇인지 명확하게 알고 있다고 생각했기에 자신의 의견을 드러내지 않았다.

워버턴리 대령은 나르비크를 점령하라는 명령을 받은 직후, 신속하게 베스트피오르를 정찰했다. 그뒤 적어도 대형 독일 구축함 6척과 잠수함 1척이 피오르를 통과했다는 정보를 해안의 노르웨이 조종사 본부로부터 입수했고, 독일 육군 병력이 이 도시를 점령했다는 정보도 입수했다. 당시 그가 보유한 함정 5척은 모두 소형 구축함으로, 배수량 1500톤 미만에 4.7인치 함포 4문으로 무장한 상태였다. 반면 독일 구축함 6척은 배수량이 2200여 톤이었고, 5인치(12.7cm) 함포 5문을 보유했다. 워버턴리 대령은 자신에게 하달된 명령에 항의하는 것이 꼴사납다는 점을 알고 있었으나, 자신이 확보한 정보와 함께 다음과 같은 의견서를 해군성에 보냈다. "노르웨이에서 입수한 정보에 따르면, 독일군이 나르비크를 무력으로 점령해 구축함 6척과 유보트 1척이 그곳에 체류하고 있고 수로에는 기뢰가 설치된 것으로 추정된다. 따라서 날이 밝으면 바로 공격할 예정이다." 전투 현장에서 이와 같은 보고가 올라오자 적어도 해군성은 (이 경우 처칠이 직접) 최초 명령의 실행을 재고하라고 지시했다. 워버턴리 대령은 상부의 명령에 변화가 있으리라 예상했는지도 모른다. 하지만 그에게 전달된 명령은 다음과 같았다. "새벽에 공격하라. 행운을 빈다."[15]

그날 밤 늦은 시각, 실제로는 이튿날 새벽 1시가 넘은 시각에 워버턴리 대령에게 추가 명령이 하달되었다. 구체적으로, 독일군이 어떻게 상륙했는지 파악하고 해안 포대 점령 여부도 확인하라는 지시였다. 이 명령은 대령이 공격하기에 앞서 정찰을 더 해야 한다는 것을 암시했다. 한편 또 다른 후속 메시지는 독일군이 나르비크에서 노르웨이 방어함 2척도 나포했을 수 있다고 언급했는데, 이에 대해 해군성은 "이와 같은 상황에서 공격의 적절성 여부는 귀관이 직접 판단할 것"이라고 지시했다. 당시 상황에서 워버턴리 대령이 독일군의 해안 포대 점령 여부와 노르웨이 군함 장악 여부를 확인할 수 있는 유일한 방법은 나르비크 항구로 직접 들어가서 확인하는 것뿐이었다. 해군성에서 하달한 마지막 명령서는 "귀관이 어떤 결정을 내리든 우리는 지지할 것"이라는 확신으로 끝났다. 따라서 이론적으로 모든 것은 워버턴리 대령에게 위임되었다. 그러나 영국 해군이 지난 400년 동안 쌓아온 전통이 주는 부담을 고려할 때 그가 어떤 결정을 내릴지는 명확했다.[16]

4월 10일 동트기 한참 전, 여전히 폭설이 쏟아지는 가운데 워버턴리 대령은 소형 구축함 5척을 이끌고 베스트피오르를 지나 오포트피오르로 기동했다. 이 배들은 아무것도 보이지 않는 새벽 4시 30분에 6노트의 속도로 항구에 몰래 들어갔다. 당시 항구에는 독일 구축함 5척이 있었는데, 2척은 독일군이 미리 배치한 보급 선박인 유조선 얀벨렘함Jan Wellem에서 급유 중이었다. 그리고 또다른 5척의 구축함은 인접한 입구에 정박해 있었다. 하디함Hardy에 탑승한 워버턴리 대령은 아직 적에게 노출되지 않은 채한 독일 구축함의 우현을 향해 어뢰를 발사했다. 이어서 헌터함Hunter도 항구를 향해 어뢰를 발사했다. 그런 뒤 몇 분 이내에 어뢰가 명중한 독일군 함정 2척에서 폭발이 일어나더니 곧 침몰했다. 그중 하나는 본테 준장의 기함 빌헬름하이트캄프함Wilhelm Heidkamp이었다. 이때 본테 준장도 전사했으며, 결국 자신의 임무에 품었던 의구심은 무의미하게 마무리되었다. 그런 뒤 어둠 속에서 5인치 함포와 4.7인치 함포가 항구를 가로질러 서로 상대를 타격하는 난투극이 벌어졌고, 이 와중에 물속에서 양측 모두 상대를 향해 어뢰를 발사했다. 이 난투극으로 상선들도 큰 타격을 입었는데, 영국군 구축함이 독일군 보급선 6척을 파괴한 반면에 유조선 얀벨렘함은 손상되지 않았다. 한편 항구에 있던 다른 독일군 구축함 3척도 심각한 타격을 입었다. 전투가 시작된 지 40분 정도 지나자 워버턴리 대령의 대담한 공격이 독일 침공군을 심각할 정도로 무력화하여 영국군이 도시를 빠르게 탈환할 길이 확보된 듯이 보였다.[17]

그런데 워버턴리 대령에게는 슬픈 소식이었지만, 당시 나르비크 항구에 주둔한 독일군 구축함은 5~6척이 아니라 총 10척이었다. 영국군 구축함이 항구에서 전투를 끝낸 후 오포트피오르로 귀환하려 하자 나머지 독일군 구축함 5척이 항구 입구에서 좌현과 우현으로 돌진했다. 다시 시작된 이 전투에서 5인치 포탄 하나가 하디함의 함교를 타격했는데, 이때 워버턴리 대령은 머리에 심각한 부상을 입었다. 전하는 바에 따르면 그가 남긴 마지막 말은 "계속 적과 교전하라"였다. 불타는 하디함은 곧 좌초했고 승무원들은 해안으로 탈출했다. 헌터함은 정확하게 얼마나 맞았는지 파악하기 어려울 정도로 파괴되었다. 폭설 탓에 증기를 주입하거나 조종할 수 없었기에, 핫스퍼함Hotspur이 헌터함을 뒤쪽으로 밀어붙였다. 핫스퍼함은 독일군 포탄에 일곱 차례나 맞았지만 놀랍게도 간신히 떠 있었다. 영국군 함정으로서는 이미 최악의 상황이었는데 더 나쁜 상황이 기다리고 있었다. 베스트피오르에 배속된 독일군 유보트 3척이 영국군 구축함이 이곳을 오가는 도중에 여러 차례 공격한 것이었다. 그러나 그들이 발사한 어뢰는 폭발하지 않았다. U-51의 함장 디트리히 크노어Dietrich Knorr는 영국군 구축함 1척을 향해 어뢰 4발을 발사했는데, 2발은 너무 일찍 폭발했고 다른 2발은 불발이었다. 독일군의 어뢰에 상당한 문제가 있음이 확실했다.[18]

이때 적절한 이름을 가진 레이프 커리지Rafe E. Courage 중령이 지휘하는 하복함Havock이 살아남은 영국군 구축함 2척의 철수를 엄호했다. 특히 하복함은 철수하는 길에 독일 탄약선 라우엔펠스함Rauenfels을 파괴해 이 배는 마치 화려한 불덩어리처럼 폭발했다. 본테 준장과 워버턴리 대령에게는 사후에 국가의 최고 훈장이 추서되었다. 본테 준장에게는 기사 십자 훈장이, 워버턴리 대령에게는 루프 대령과 마찬가지로 빅토리아 십자 훈장이 추서되었다.[19]

━━━━━━

찰스 포브스 제독이 지휘하는 영국 본토 함대의 주력은 노르웨이 해안을 따라 나르비크 남쪽과 트론헤임, 베르겐에 상륙하려는 독일군을 방해했다. 포브스 제독은 자신의 전함이 전투력에서 우위에 있으나 독일군이 점령한 노르웨이 비행장에서 독일 항공기가 수시로 날아오는 위험에 처했음을 간파했다. 독일 공군의 괴링 장군은 매일 700대 이상의 전투기를 동원해 영국 해군 함정을 괴롭혔고, 구축함 구르카함Gurkha을 격침했으며, 포브스 제독의 기함인 전함 로드니함Rodney에 심각하게 손상을 입혔다. 영국은 이 작전이 시행되기 시작했을 때 이 지역에서 항공모함을 1척(퓨어리어스함Furious) 보유했는데, 이 항공모함이 탑재한 항공기는 모두 어뢰기였다. 지중해에서 활동하는 또다른 항공모함 아크로열함과 글로리어스함Glorious도 출동 명령을 받았으나 4월 24일에는 도착하지 않았다. 게다가 당시 바다 상황에서는 항공모함 작전을 펼치기가 어려웠고, 대다수가 상대적으로 느린 글로스터 글래디에이터, 양엽기 소드피시, 스큐어 전투 폭격기로 구성된 영국군 항공기들은 독일군 항공기보다 수적으로나 성능 면에서 뛰어났다.[20]

포브스 제독은 작전 초기에 독일군이 트론헤임과 베르겐에 상륙하는 것을 저지하라고 지시했다. 하지만 나르비크에서와 마찬가지로, 독일군은 영국 해군이 도착하기 전에 이미 상륙을 마쳤기 때문에 포브스 제독은 "적군이 항구에서 이탈하는 것을 막도록 베르겐 입구에서 순찰을 유지하

오즈월드 벌리 경(Sir Oswald Birley)이 1947년에 그린 찰스 포브스 제독의 공식 초상화. 역사학자 코렐리 바넷은 포브스 제독에 대해 강인하고 신뢰할 수 있는, "함포 74문을 탑재한 함선을 운용하던 18세기의 인물 같았다"라고 묘사했다.

라"라는 명령을 다시 하달했다. 그러나 노르웨이 해안에는 독일군의 다양한 위협이 도사리고 있어서 영국 해군성(다시 말해 처칠 장관)은 포브스 제독이 지휘하는 함정을 다른 곳의 작전을 돕기 위한 지원군으로 편성했다. 이에 따라 위협받는 다른 지역에 함정 1~2척을 정기적으로 파견했는데, 이 시기에 포브스 제독이 지휘한 '함대'는 퓨어리어스함, 전함 2척, 구축함 6척뿐이었다.[21]

4월 11일, 워버턴리 대령이 나르비크 항구로 출격할 즈음, 포브스 제독은 자신이 지휘하는 함대의 규모를 더 축소하고 전함 워스피트함Warspite과 퓨어리어스함을 휘트워스 중장에게 보내 다시 한번 나르비크 항구를 공격하라는 명령을 받았다. 이제 비글에 이어 아일랜드 사냥개를 내보내려는 것이었다. 휘트워스 중장은 4월 13일에 15인치 함포 8문을 장착한 위스피트함에서 자신의 깃발을 휘날리며 피오르를 통해 나르비크로 진격했다. 위스피트함이 피오르를 향해 웅장하게 공격할 때, 이 전함의 정찰기가 오포트피오르에서 대기하고 있던 독일군 잠수함 U-64를 발견하고서 침몰시킨 뒤, 이 조종사는 위스피트함 사격실에 독일군 목표 정보를 제공했다. 첫 번째 전투에서 살아남은 독일군 구축함들이 용감하게 전투에 나섰지만, 얼마 안 가 영국군에 제압되었다. 독일군 구축함들은 어뢰와 5인치 포탄이 소진되자 오포트피오르의 작은 만灣인 롬바크스피오르로 몰려들었다. 이곳에서 구축함들이 해변으로 밀리자 승무원들은 하선해서 인근 숲으로 피신했다. 반면 영국군의 피해는 훨씬 적었다. 로버트 세인트 빈센트 셔브루크Robert St. Vincent Sherbrooke가 지휘한 구축함 코사크함은 2분 동안 일곱 차례나 타격을 받고 해안으로 떠내려갔다가 나중에 구조되었다. 또 어뢰가 구축함 에스키모함Eskimo의 뱃머리를 한 번 강타했는데, 이 구축함은 더는 피해를 입지 않도록 피오르에서 철수했다.[22]

　나르비크에 주둔한 독일 해군 함정들이 파괴되자 처칠은 이 도시를 탈환할 계획을 세웠다. 처음에 그는 휘트워스 중장이 지휘하는 전함의 승무원 중 일부를 상륙시키라고 지시했다. 하지만 당시 나르비크 인근에는 독일군의 정예 티롤 산악 부대원 2000명이 배치된 상태였는데, 여기에 파괴된 독일군 구축함들에서 나온 승무원 2000명까지 증원되었다. 그러자 처칠은 나르비크에 정규 상륙 부대를 파견하기로 결정했다. 이 부대를 지휘할 피어스 매키지Piers Mackesy 소장은 윌리엄 보일William Boyle 제독이 이끄는 순양함 7척과 구축함 5척의 호위를 받고 있었다. 보일 제독은 아일랜드어로 '코크와 오래리 경Lord Cork and Orrery'이라는 칭호를 지녔는데, 대부분이 그를 '코크 경Lord Cork'이라고 불렀다. 신중하게 계획된 독일의 침공 계획과 대조적으로, 영국인들은 이 원정을 '래시업lash-up'이라고 불렀다.

근처에 산재한 모든 자원을 신속하게 통합해서 사용한다는 의미였다. 구체적으로 말하면 이 계획에는 상륙 부대에 스코틀랜드 근위 여단, 아일랜드 국경 수비대, 웨일스 부대, 프랑스 외인부대, 망명 폴란드인의 2개 대대 등이 포함되었다. 게다가 이들이 사용할 장비와 보급품은 '전투용 적재품'이 아니어서 갑판에 도착한 순서대로 수송선에 싣는 방식이었고, 가장 먼저 필요한 물자가 맨 마지막에 적재되도록 했다. 심지어 어떤 배에 어떤 장비가 적재되었는지를 아는 사람도 없었다. 가장 놀라운 것은 합동 지휘관이 없었다는 점이다. 임무 수행을 위한 항해를 시작하기 전에 서로 얼굴 마주친 적도 없는 매키지 함장과 코크 함장은 긴밀한 협력이 필요했다.[23]

이처럼 영국 해군이 나르비크 원정 작전을 준비하던 바로 그 시각, 영국 내각은 이 작전을 재고하고 나섰다. 특히 핼리팩스Halifax 외무 장관(에드워드 우드Edward Wood)은 트론헤임을 성공적으로 방어하는 것이 정치적으로 더 큰 영향을 미칠 것이라고 언급하며 이곳에 영국의 노력이 집중되어야 한다고 주장했다. 이러한 주장에 처칠은 재빨리 태도를 바꿔 지지를 표명했고, 이를 위해 나르비크 침공군 중 일부를 북쪽 트론헤임(남소스) 방향과 남쪽 온달스네스 방향으로 이동시켰다. 이렇게 해서 장차 나르비크를 협공하려는 의도였다. 영국군 상륙 부대는 원하는 지점에 성공적으로 상륙했지만, 현지의 깊이 쌓인 눈과 험난한 지형 탓에 어려움을 겪었고, 거의 매일 독일군 항공기의 폭격이 이어져 실질적으로 군사 작전의 성과는 크지 않았다. 상황이 이렇게 전개되자, 처칠은 상륙 부대를 지원하기 위해 포브스 제독에게 남은 전함으로 트론헤임을 공격하라고 촉구했는데, 이 작전을 낙관적으로 본 처칠은 여기에 해머 작전Operation Hammer이라는 명칭까지 부여했다. 하지만 포브스 제독은 이 작전의 실행을 망설였다. 공군의 엄호 없이 작전을 수행해야 했기 때문이다. 그는 "적의 지속적인 공습

아래에서 지상군의 상륙 작전을 펼치는 것은 성공 가능성이 희박합니다"라고 주장하며 처칠에게 맞섰다. 처칠은 마지못해 물러섰지만, 포브스 제독의 반항은 그에게 곱지 않은 기억으로 남았다.[24]

한편 매키지 소장은 나머지 상륙 부대와 함께 4월 15일에 나르비크 인근 하르스타드에 상륙했다. 하지만 그 과정에서 약간 혼란이 발생해 예상보다 많은 시간이 소요되었다. 예를 들면 2척의 선박에서 짐을 하역하는 데에만 5일이 소요되었는데, 그사이에 독일군 항공기들이 지속적으로 상륙 부대를 괴롭혔다. 항공모함 글로리어스함과 함께 도착한 퓨어리어스함에서 출격한 영국 공군 2개 편대가 이 지역에서 작전을 수행했으나, 이 부대는 독일군 항공기가 영국 선박 6척을 격파하는 동안 별다른 대응을 하지 못했다. 느린 작전 수행에 처칠이 압력을 가하자 코크 제독은 즉시 매키지 소장에게 도시를 공격하라고 촉구했다. 하지만 당시에 허리까지 눈에 파묻혀 허우적거리던 매키지 소장의 부대는 서두르지 않고 도시를 천천히 포위하는 방법을 택했다. 포브스 제독과 처칠은 코크 제독에게 대규모 함선을 이용해 마을을 폭격하라고 압박했다. 이에 따라 코크 제독은 4월 24일에 함포 사격을 개시했으나 그 효과가 크지 않았다. 결국 4월 말까지 영국군, 프랑스군, 폴란드군으로 구성된 연합군은 나르비크 지역에 3만여 명의 병력을 주둔시켰지만 나르비크 항구는 계속해서 독일군이 점령한 상태였다.[25]

━━━━━

연합군이 지속적으로 병력을 증강했는데도 유럽 대륙에서 독일군이 연합군보다 훨씬 빠르고 강력하게 군사력을 증강하고 있다는 확실한 정보가 런던에 도착했다. 독일군 기갑機甲 사단들이 프랑스와 벨기에의 접경

지대에 집결하던 시기였다. 1939년 9월에 폴란드가 함락된 이후 유럽 대륙에서 전개된 전쟁은 별다른 진전이 없었는데, 이제 독일군이 대대적으로 공세를 시작하려는 것처럼 보였다. 이에 따라 체임벌린과 처칠을 비롯한 영국 내각 구성원들은 영국 해군이 노르웨이에서 전선을 과도하게 확장한 것은 아닐까 하는 의문을 품었다. 그리고 코크 제독이 지휘하는 해군 부대가 나르비크를 폭격한 4월 24일, 영국 내각은 비밀리에 노르웨이 전역을 종료하기로 결정했다. 영국 정부는 이 결정을 프랑스와는 공유했으나 노르웨이 정부에는 알리지 않았다.

그리고 5월 첫째 주, 체임벌린 총리는 자신에 대한 신임 투표를 하원에 요구했다. 그는 다소 수세적 입장에서 하원 의원들에게 "노르웨이 전역의 결과에 성급하게 결론을 내려서는 안된다"라고 강조했으나 이 발언이 오히려 혼란을 초래했다. 하지만 체임벌린은 가까스로 투표를 통해 재신임에 성공했음에도 정부의 변화를 통해 영국 전체의 사기를 진작할 수 있을 거라며 사임했다. 노르웨이 전역에서 발생한 오류는 대부분 처칠의 불필요한 간섭에서 비롯되었으나, 그 과정에서 그는 나치즘의 강력한 적이라는 명성을 얻음으로써 오히려 체임벌린의 후계자로 적합한 인물이라는 인상이 부각되었다(처칠은 종종 나치즘을 '메스꺼움nausea'이라는 단어에서 파생된 것처럼 발음했다). 그 결과 영국 국왕은 5월 10일에 처칠에게 새로운 정부를 구성해달라고 요청했다. 한편 총리에 임명된 처칠은 동시에 국방 장관 역할까지 수행했는데, 이로써 향후에도 지속적으로 해군 문제에 막강한 영향력을 행사했다. 이처럼 그는 전쟁 기간 내내 정부의 주요 정책뿐만 아니라 군사 및 해군 관련 전략을 장악했다.[26]

그런데 5월 10일, 바로 그날, 독일군 전술 항공기의 지원을 받은 기갑 부대가 프랑스와 벨기에의 국경을 넘어 돌격했다. 당시 처칠은 노르웨이에서 철수하기 전에 나르비크를 점령하고 싶어했는데, 프랑스에서 전쟁이 시작된 뒤로 전황이 빠르게 전개되자 이제 프랑스 전역이 그의 주요 관심사로 떠올랐다. 처칠은 노르웨이의 탄광과 철도 시설을 부분적으로 파괴하기를 원했으나, 나르비크를 점령해 최초에 노르웨이에 개입하기로 한 결정을 어떻게든 정당화하려 했다. 그럼으로써 노르웨이 전역이 완전히 실패로 끝난 갈리폴리 전역처럼 되지 않았다는 것을 보여주기를 기대했다. 이를 위해 처칠은 조심스러운 매키지 소장 대신 좀더 활기 넘치는 클로드 오친렉Claude Auchinleck 장군을 투입했고, 이와 동시에 코크 제독에게 "최대한 빨리 나르비크를 점령하라"라고 압박했다.[27]

연합군의 나르비크 지상 공격은 5월 27일에 시작되었다. 히틀러는 독일 수비대에 최후까지 싸우라고 명령했지만, 독일군은 내륙으로 철수하면서 영국군에 대항하며 철도 터널을 파괴했다. 그런데 이러한 행동은 실제로 나르비크 철광석 광산을 무력화하려는 영국의 작전 목표 달성을 돕는 것이었다. 다음날인 5월 28일, 영국군은 나르비크를 점령했으나 이 작전의 중요성은 다른 곳에서 일어난 사건으로 묻히고 말았다. 그리고 영국은 나르비크뿐만 아니라 노르웨이 전역에서 신속하게 철수할 준비에 착수했다. 이때 노르웨이 국왕 호콘 7세Haakon VII는 영국의 망명 정부 제안을 수용해 6월 1일에 금 50톤을 지참하고 트롬쇠에서 몰래 탈출했다. 노르웨이 전함 일부와 1000여 척의 상선이 국왕의 망명에 합류한 것은 중요한 의미가 있다. 전쟁이 시작되어 양측 모두 선박이 부족했는데, 노르웨이 전함과 상선의 망명은 영국의 분투에 큰 힘이 되었다.[28]

영국군이 노르웨이에서 철수함에 따라 레더 대제독은 자신의 목표를 달성했다. 노르웨이, 또는 적어도 노르웨이의 주요 항구 도시를 독일군이 모두 점령했으니 말이다. 하지만 이 목표를 달성하는 과정에서 그는 독일 수상 함대 대부분을 위험한 상황으로 내몰았기에 독일 해군이 입은 타격은 심각했다. 건조된 직후의 블뤼허함을 비롯해 순양함 3척, 나르비크에 파견된 구축함 10척, 그리고 다른 함정 12척이 침몰했다. 그리고 이 전투에서 살아남은 함정과 나머지 자산 역시 심각하게 파손되었다. 결국 1940년 6월에 독일 해군에서 당장 임무를 수행할 수 있는 수상 함정은 고작 12척에 불과했고, 이 함정들 역시 더는 북해나 다른 곳에서 영국 해군을 상대로 의미 있는 위협을 가하기 어려웠다. 한편 레더 대제독은 노르웨이에서 발생한 정치적 결과에 실망했다. 그는 처음부터 초기 군사 작전이 끝나고 공격이 끝나면 노르웨이 국민을 '따뜻하고 우호적인 태도'로 대할 수 있으리라 기대했다. 하지만 히틀러가 임명한 대리인이 노르웨이를 정복지로 취급하자 그는 이러한 상황 전개에 괴로워했다. 그는 히틀러에게 노르웨이에 유화 정책을 펼치라고 지속적으로 설득했으나 별다른 성과는 없었다.[29]

그런데 결국, 그리고 역설적이게도 독일 해군 전체가 위험을 감수할 정도로 노르웨이가 중요했던 상황이 거의 즉시 극적으로 바뀌었다. 독일군이 프랑스를 점령하자 되니츠 제독이 지휘하던 유보트들이 대서양 연안의 프랑스 항구에 접근함으로써 노르웨이의 항구들은 가치가 떨어졌다. 그리고 독일군이 프랑스 로렌 지역의 거대한 철광산 지대를 점령하자, 스웨덴 북부의 광산들 역시 가치가 폭락했다. 몇몇 사람은 독일이 노르웨이 전역에서 승리했다고 평가했으나, 레더 대제독이 모든 것을 걸었던 노르웨이 전역에서 독일은 많은 것을 잃었고 얻은 것은 거의 없었다.[30]

영국 역시 노르웨이 전역에서 많은 것을 잃었는데, 영국이 견뎌야 할 비극이 하나 더 있었다. 6월 8일, 항공모함 글로리어스함은 두 구축함, 즉 아든트함Ardent과 아카스타함Acasta과 함께 트론헤임에서 영국으로 귀환하는 중이었다. 노르웨이에서 복귀한 허리케인 전투기 편대가 글로리어스함에 착륙했는데, 그 과정에서 항공기들은 기체를 잡아줄 후방 후크가 없어서 가까스로 착륙에 성공했다. 그런데 이렇게 글로리어스함의 갑판이 허리케인 전투기로 북적거리는 동안 불현듯 독일군 전투순양함 샤른호르스트함과 크나이제나우함이 출현했다. 레더 대제독은 4일 전에 빌헬름 마르샬Wilhelm Marschall 제독이 지휘하는 두 전함을 출격시키고 영국군 함정들이 나르비크를 떠나는 순간 그들을 공격하라고 지시했지만, 타이밍이 너무 늦어서 수행할 수 없었다. 그런데 이렇게 뜻하지 않은 기회가 우연히 찾아온 것이다.

허리케인 전투기가 비행갑판을 가득 메운 통에 영국군의 승무원들은 어떤 전투기나 폭격기도 이륙시킬 수 없었다. 게다가 엎친 데 덮친 격으로 이날 갑판 상부에서 근무하는 감시병이 없었는데, 이는 이해하기 어려운 일이다. 결국 글로리어스함의 가이 도일리휴스Guy D'Oyly-Hughes 함장은 독일 순양함 2척이 시야에 들어온 지 20분이 지난 후에야 비로소 대응 명령을 하달했다. 그 결과 글로리어스함은 불명예스럽게 수상 함대의 포격으로 침몰한 최초의 항공모함이 되고 말았다. 샤른호르스트함이 사격을 개시한 지 34분 만에 이 항공모함은 우현으로 기울더니 곧 침몰했다.[31]

영국군 구축함 2척은 독일군 전투순양함 2척을 향해 속도를 올려 접근한 뒤, 어뢰를 발사하고 소구경 함포를 발사하며 공격했다. 이는 희망을 바라는 절망적 행동이었다. 아든트함은 곧바로 격침되었으나, 찰스 글래스퍼드Charles E. Glasfurd 함장이 지휘한 아카스타함은 최후의 순간까지 연기를 뿜으며 4.7인치 함포 사격을 멈추지 않았다. 이때 글래스퍼드 함장은 동료 장교에게 "우리는 최소한 쇼는 할 수 있다"라고 말했는데, 실제로 아카스타함은 어뢰로 샤른호르스트함을 명중시켜 상당한 피해를 입혔다. 그리고 거의 동시에 아카스타함 역시 적이 쏜 11인치 포탄에 맞아 침몰했으며, 1명을 제외한 모든 승무원이 사망했다. 글래스퍼드 함장의 최후는 함교에서 담담하게 담뱃불을 붙이는 모습이었다. 침몰한 3척의 영국군 구축함에 탑승한 약 1500여 명의 승무원 중에 생존자는 45명뿐이었다.

이 끔찍한 소식은 한참 뒤에 런던에 도착했다. 글로리어스함은 초기 공격에서 무선 통신이 두절되어 공격받은 상황을 외부에 제대로 전하지 못했고, 그 결과 처칠 역시 며칠 후 독일 라디오 방송에서 이 사실이 방송될 때까지 끔찍한 인명 손실과 해군 자산의 파괴 사실을 알지 못했다. 이 사건은 거의 모든 면에서 수치스러운 일이었다. 그 주에 영국 해협에서 발생한 훨씬 더 심각한 사건이 아니었더라면 국가 차원의 스캔들로 변질될 만한 재앙이었다.[32]

4장

프랑스 함락

1940년 5월 15일 아침 7시 30분, 프랑스의 폴 레노Paul Reynaud 대통령은 런던 다우닝가 10번지에 머물던 윈스턴 처칠 총리에게 전화를 걸었다. 일찍 일어나는 법이 없던 처칠은 이날도 자고 있었고 전화를 받기까지 몇 분이 걸렸다. 그런데 수화기 건너편에서 들려오는 레노 대통령의 첫마디에 처칠은 깜짝 놀라 잠에서 깨어났다. "우리는 패했습니다."

처칠은 곧장 직감적으로 레노 대통령을 안심시키려 했다. 실제 상황은 레노 대통령의 말처럼 그렇게 나쁘지는 않았다. 독일군의 공세는 불과 5일 전에 시작되었고 향후 전황은 호전될 것이었기 때문이다. 처칠이 위로했는데도 레노는 절망에 빠져, "우리는 패했습니다"라고 재차 반복했다. 이튿날 처칠은 직접 파리로 갔는데, 그곳의 모든 프랑스인이 대통령과 비슷한 정신 상태임을 알 수 있었다.[1]

프랑스의 낙담은 당연했다. 오랫동안 연기되었던 독일군의 지상 공격은 선두에서 1800여 대의 전차가 주도했는데, 급기야 마지노선 북쪽의 철옹성으로 여겨지던 아르덴 삼림 지대를 관통했다. 그 이후 스당 전투에서 프랑스 제9군을 격파한 독일군은 전차와 항공기 협공 작전으로 솜강 북동쪽의 넓은 들판을 가로질러 빠르게 전진했다. 20년 전 1차대전에서 독일과 연합군은 이곳에서 수년 동안 싸웠는데, 당시에는 전투의 성과를 누가 몇 미터 전진했는지를 가지고 판정했다. 하지만 이번에는 불과 10일 만에 독일군 기갑 부대가 프랑스를 관통해 대서양까지 진격한 것이다. 영국 원정군과 프랑스 제1군은 독일군의 공격이 시작되자 맞서 싸우기 위해 벨기에로 돌진했으나, 이 부대는 본대와 연락이 단절되었다. 그리고 5월 20일에 이르러 영국군, 프랑스군, 벨기에군 등 50만여 명으로 구성된 연합군이 칼레에서 오스탕드까지 이어지는 해안 포위망에 갇히고 말았다. 두 도시 사이의 중간 지점에는 됭케르크 항구가 있었다.[2]

5월 24일, 포위된 연합군 병사들은 예상치 못한 휴식을 취했다. 연합군 부대를 추격하던 독일군 기갑 부대가 진격을 멈추었던 것이다. 그 덕분에 연합군은 소중한 시간을 확보했는데, 이때 고트 경Lord Gort이라는 별칭으로 알려진 영국군 사령관 존 베레커John Vereker 장군은 빅터 고더드Victor Goddard 공군 대령을 런던으로 보내 해군 참모 총장 파운드 제독을 직접 만나 위기의 심각성을 브리핑하도록 했다. 이 회의에서 파운드 제독은 반드시 포로망에 갇힌 영국 병사들을 구출해야 한다는 데 동의하고 즉시 암호명 다이너모 작전Operation Dynamo을 승인했다. 그는 이 작전을 실행하기 위해 도버 해협의 영국 해군 사령관 버트럼 홈 램지Vertram Home Ramsay 중장에게 지원을 요청했다.[3]

친구들에게 '버티Bertie'로 불린 램지 중장은 평범한 둥근 얼굴에 머리카락 숱이 적은, 보통 키의 소유욕이 많지 않은 사람이었다. 부친과 형이 육군인 가문에서 성장한 그는 15세에 해군에 입대한 뒤 독립했다. 그는 행정 능력이 탁월해 경력의 대부분을 고위 제독의 참모로 복무했다. 그런데 그의 경력은 1930년대에 크나큰 난관에 봉착한 경험이 있었다. 해군 소장 시절 로저 백하우스Roger Backhouse 제독의 참모장으로 재직하다가 사직했기 때문이다. 그가 사직한 이유는 백하우스 제독이 참모가 담당하는 거의 모든 업무를 그 자신이 직접 처리했기 때문이다. 그뒤 램지 소장은 전역자 명단에 올랐고, 잠시 신사 농부gentleman farmer 생활을 하며 휴식을 즐겼다. 하지만 1938년의 뮌헨 협정 이후 위기 상황이 닥치자 현역에 복귀했고, 전쟁이 시작되자 도버 해협에서 작전을 수행하는 부대의 사령관으로 복무했다. 됭케르크에서 위기가 발생했을 당시, 그는 그곳에서 가장 근접한 해군 부대의 사령관이었다. 그의 등장이 연합군으로서는 상당한 행운이었는데, 이번 위기를 해결하기 위해서는 그가 보유한 탁월한 행정 수완과 수준 높은 직업 윤리가 필요했기 때문이다. 파운드 제독을 비롯해 영국 해군성의 다른 제독들은 처음에는 프랑스 해안에 갇힌 40만여 병력 중 고작 4만 명만 구출해도 큰 성공이라고 생각했다. 하지만 다이너모 작전을 통해 구출해낸 인원은 총 33만 8000명이다.[4]

─────

도버 해협의 백악白堊 절벽 인근 초소와 작전 본부에서 근무하던 램지 중장은 됭케르크에서 철수하는 병력을 구출하기 위해 혼신을 다해 조율했다. 나폴레옹 전쟁 기간에 프랑스군 포로들이 구축한 이 절벽 초소에는 도버 해협의 멋진 풍경을 볼 수 있는 발코니가 특징적이었다.* 램지 중장

---

* 당시 램지 제독이 사령부로 사용했던 장소에는 1차대전 기간에 도버 성 전체에 전기를 생산하여 공급하는 발전기(dynamo)가 설치된 방이 있었다. 이것이 독일군에게 포위된 대규모 병력의 구출을 구상하는 다이너모 작전의 기원이자 영감이었다.

은 그 발코니에서 채 30킬로미터도 떨어지지 않은 어느 지점에서 피어오르는 연기와 우르릉대는 소리를 들었다. 그는 이곳에 머무르는 약 2주 동안 절벽 옆 사무실을 이탈하지 않았다. 그와 참모들은 말 그대로 24시간 내내 임무에 매달렸다. 5월 23일에 57세의 램지 중장은 부인에게 보낸 편지에 이렇게 썼다. "지난밤에는 우리 중 누구도 취침하지 않았소. 나는 지금 너무 졸려서 눈을 뜨고 있을 수가 없구려." 램지 중장과 참모들은 샌드위치와 커피로 끼니를 때우면서 쉴 새 없이 자원과 인력을 모으고 선적船籍 일정을 조율했으며, 전례 없는 규모의 구출 작전에서 발생할 만한 혼란을 최소화하기 위한 작업을 담당했다. 이 과정은 마치 훗날 '디데이D-Day' 상륙 작전을 반대로 실행하는 것과 같았다.[5]

램지 중장의 첫 번째 임무는 선적 조정이었다. 영국 원정군이 됭케르크에서 요트와 어선으로 구성된 잡다한 함대를 이용해 철수했다는 전통적인 설명과 달리, 실제로 이 작전에서는 수송선 수십 척과 영국군 구축함 2척이 병력 철수를 담당했다. 그가 가장 먼저 취한 행동은 노르웨이를 비롯한 인근 모든 해군 사령부로부터 구축함을 호출하는 것이었다. 심지어 대서양 호송대를 호위하던 구축함에 싣고 있던 가축을 버리고 신속하게 도버 해협으로 오라고 명령하기까지 했다. 이와 같은 과정과 조율을 통해 구축함 39척, 기뢰 제거함 36척, 예인선 34척, 화물선과 트롤선 113척을 신속하게 집결시켰다. 그러고 나서 프레더릭 웨이크워커Frederick Wake-Walker 해군 소장이 선박 전체를 지휘하도록 조치했고, 윌리엄 조지 '빌' 테넌트William George 'Bill' Tennant 해군 대령에게 해안 전체를 적재하는 과정을 조정하라고 지시했다.[6]

철수 작전은 5월 26일에 시작되었으나 연합군은 됭케르크의 항구 시설을 제대로 이용할 수 없었다. 5월 24일 이후 독일군의 진격이 중단된

버트럼 램지 제독이 도버 성 주변 '제독의 산책로'에서 플랑드르의 해변을 정찰하는 모습. 그는 1940년 됭케르크 철수 작전과 4년 후 연합군의 노르망디 상륙 작전을 조율하고 지휘했다. (영국 제국전쟁박물관 Imperial War Museum)

동안, 독일 공군의 괴링 장군은 히틀러에게 됭케르크의 포위망을 공격하는 데 전차 부대를 위험에 노출시키지 않는 대신 자신이 지휘하는 독일 공군 폭격기가 포위망에 걸린 연합군을 쓸어버릴 수 있다고 주장했다. 하지만 이는 잘못된 생각임이 곧 입증되었다. 독일 공군이 이 지역 항구와 부두, 잔교를 완벽하게 파괴해버려서 대부분이 무용지물이었다. 테넌트 대령은 됭케르크의 거리에는 '온갖 종류의 잔해가 가득하고', 창문이 모조리 박살났으며, 부두는 쓸모없어졌다고 보고했다. 수송선 2척이 항구로 들어오려 했으나, 1척은 침몰하고 다른 1척은 심하게 손상되어서 철수했다. 그래서 램지 중장은 영국군 병사들을 해변으로 대피시켜야 했다.[7]

그런데 됭케르크 인근의 해변 경사도가 너무 완만해서 약 4미터의 구축함은 해안에서 6킬로미터 이상 접근할 수 없어서 또다른 문제가 발생했다. 결국 이 문제로 병력들이 해변에서 작은 배를 타고 이동한 이후 구축함에 올라타야 했다. 지루하고 긴 시간이 소요되는 과정이었다. 작은 보트가 해변에 접근하자, 절망적이라고 느낀 군인들이 서로 먼저 작은 선박에 올라타려 했고 종종 추가로 더해진 하중 때문에 선박이 모랫바닥에 단단하게 접지되는 경우도 있었다. 이런 상황이 발생하면 맨 마지막에 올라탄 사람들 중 일부가 다시 내려야 했지만 어느 누구도 배에서 내리려 하지 않았다. 어쩔 수 없는 일이었다. 해안에서 병력을 실은 작은 선박이 구축함이나 해상 수송선에 도착하면 병사들은 그물이나 사다리를 타고 배위로 올라갔는데, 그러는 사이 독일 공군 항공기가 이들을 공격하곤 했다. 그리고 날이 저물수록 노 젓는 사람들이 지쳐가고 선박의 이동 속도도 느려졌다. 구축함에 타고 있던 한 장교는 그 과정은 '끔찍할 정도로 비효율적'이었다고 회고했다.[8]

이러한 병목 현상에 대한 부분적 해결책은 스하위트여스Schuitjes라는 네덜란드 운하 바지선 40여 척을 활용하는 것이었다. 네덜란드어 단어를 제대로 구분하지 못한 영국 병사들은 이 배를 스쿠트skoot라고 불렀다. 영국 해군 병사들은 철수하는 병력이 해변에서부터 직접 걸어갈 수 있을 정도로 육지 가까이에 스쿠트를 정박시켰다. 그리고 철수 병력이 스쿠트에 올라탄 뒤에 대기 중이던 구축함이나 트롤선으로 그들을 옮겼다. 이따금 영국까지 직접 실어 나르기도 했는데, 이런 경우는 흔치 않았다. 하지만 소형 선박이 더 많이 필요해지자, 5월 27일에 테넌트 대령은 램지 중장에게 "가능한 모든 선박을 즉시 됭케르크 동쪽 해변으로 보내달라"라고 재촉했다. 램지 중장과 참모들은 템스강을 오가는 왕립 해양 레이싱 클럽의 요트에서 작고 가벼운 보트에 이르기까지 약 300여 척의 소형 선박을 끌어모았다. 구조대의 동력 구명정은 야간에 기다란 줄을 이용해 해협을 가로질러 견인했는데, 해변에서 구축함으로 군사를 나르는 소형 선박으로도 사용되었다. 이 작은 선박들을 작동시키기 위해 램지 중장과 참모들은 퇴역 해군 장교, 어부, 심지어 민간 요트 조종사까지 끌어모았다. 열정이 앞선 지원자도 많았지만, 신뢰할 수 있는 숙달된 인재도 상당수 확보되었다. 그런데 해변에서 폭탄과 포탄이 작렬하는 위험천만한 상황에서 첫 번째 임무를 마치자 지원자 중 일부는 또다시 임무에 나서기를 거부하기도 했다. 결국 위험한 임무를 숙달된 사람에게 다시 수행하도록 설득하는 과정에는 종종 총검이 필요했다.[9]

규모가 작은 스쿠트와 선단보다 훨씬 더 중요한 것은 큰 바위를 이용해서 만든 긴 방파제 2개였다. 이것들은 도착하는 선박을 끌어당기는 가느다란 팔처럼 됭케르크 항구의 양편에서 영국 해협으로 손을 뻗었다. 이 방파제들은 해협에서 정기적으로 발생하는 폭풍으로부터 항구를 보호하기 위해 설치된 것으로, 잔교로 사용할 의도로 설계되지는 않았다. 하지만 철수 병력이 방파제 상부를 따라 설치된 좁은 나무 통로에 길게 늘어섰는데, 이들이 늘어선 거리는 해변에서 방파제 끝까지 3킬로미터가 넘었다. 철수 병력이 긴 줄에서 막연하게 시키는 대로 무작정 기다리는 데에는 놀라울 정도의 인내심과 고도의 극기심이 필요했다. 방파제에 발을 내딛고 나면 다시는 돌아갈 수 없었을 뿐만 아니라 독일 항공기에 완전히 노출되었기 때문이다. 어떤 생존자는 당시 배를 기다리며 서 있던 긴 줄에서의 상황을 이렇게 회상했다. "해변에서 기다렸던 1시간, 2시간, 3시간, 4시간, 5시간, 6시간. 드디어 이동하는 것인가? 그래! 방파제를 향해." 6미터 높이의 파고와 3노트 속도의 해류와 싸우면서 노출된 방파제 옆으로 접근하는 구축함 함장들도 매 순간 위험을 감수해야 했다. 이 구출 작전에서 방파제는 중요한 역할을 했다. 방파제를 이용한 첫날인 5월 28일에 영국 해군 구축함들은 시간당 2000여 명을 승선시켰으며, 그날 하루에만 약 1만 8000여 명의 철수 병력을 구출했다.[10]

램지 중장과 참모들이 철수 병력을 최대한 많이 승선시키는 동안, 독일 육군이 다시 연합군 방어선을 공격했다. 저항할 수 없을 정도의 강력한 압박에 직면한 벨기에군은 5월 28일에 항복했다. 벨기에군이 돌출부의 동쪽 측면을 담당했기에 고트 경은 방어선을 축소해야 했다. 이제 이 축소된 방어선이 갇힌 병사들이 탈출할 수 있을 만큼 충분히 독일군을 저지할 수 있는지가 관건이었다. 램지 중장이 해군성에 더 많은 구축함을 요청하자 파운드 제독은 5월 29일에 그에게 영국 해군이 보유한 구축함 전체의 지휘권을 이양했다.[11]

한편 지친 연합군 병사들이 배에 올라타자 많은 이들은 이제 자신들의 임무가 끝났다고 생각했다. 하지만 도버 해협을 건너 영국까지 안전하게 도착하기란 됭케르크 해변에서 배에 어렵게 올라탄 것만큼이나 어려운 일이었다. 다만 독일 해군은 노르웨이 전역에서 심각한 손실을 입은 탓에 연합군 병력의 철수를 직접적으로 방해할 수상 함대와 전투력이 부족했다. 하지만 당시 바다에는 독일 공군 항공기, 기뢰, 되니츠 제독이 운용하는 유보트, 연합군이 S보트 또는 E보트라고 부르던 쾌속정Schnellbooten 등 연합군 병력의 철수를 저지하는 수많은 위험이 도사리고 있었다. 길이 30미터에 7500마력의 다임러-벤츠 엔진으로 구동된 독일군 E보트는 미국군의 PT보트보다 조금 더 컸다. 이 배에는 20밀리미터 기관총도 장착되어 있었으나 실제로 이 장비의 주요 무기는 어뢰였다. 모든 E보트는 약 6킬로미터의 사거리에서 발사할 수 있는 어뢰 4발을 보유했다. 하지만 이

1940년 5월 30일 해변에서 막 구조된 군인들로 가득한 프랑스 구축함 부라스크함이 니외포르 앞바다에서 침몰하는 장면. 뱃머리에서 한 병사가 뛰어내리는 모습이 보인다. (미국 해군연구소)

보트들은 크기가 작고 부서지기 쉬웠기에 비밀리에 작전에 쓰이거나 주로 야간에 운항했다.[12]

이미 한 차례 해협을 횡단하여 철수 임무를 마친 구축함 웨이크풀함 Wakeful이 철수 병력을 가득 싣고 두 번째 항해를 시작한 5월 28일과 29일 사이 자정이 막 지났을 무렵, E보트(S-30)가 발사한 어뢰가 이 구축함 선체 중앙에 명중했다. 곧 폭발이 일어나 두 동강이 난 구축함은 1분을 버티지 못하고 침몰했다. 승무원 110명 중에 구조된 사람은 25명에 불과했다. 하지만 정작 더 비극적인 사고는 철수 병력 640명이 정어리처럼 빽빽하게 들어찬 갑판 아래쪽에서 발생했다. 이들은 불과 몇 시간 전에 됭케르크의 방파제에서 구조되었는데, 웨이크풀함이 빠르게 침몰하는 동안 단 한 사람을 제외하고 모든 이가 사망하고 말았다. 이 사고가 발생하자 철수 병력 700여 명을 태우고 항해하던 구축함 그래프턴함Grafton이 즉시 운항을 중단하고 생존자들을 구출했다. 하지만 곧 이 구축함도 독일군이 쏜 어뢰에 맞고 말았다. 순식간에 침몰한 웨이크풀함과 달리 그래프턴함은 다행히 천천히 침몰해 또다른 구축함 아이반호함Ivanhoe이 대다수 철수 병력과 승무원을 무사히 구출했다. 됭케르크 항구에서 독일군의 폭격에 의해 파괴된 아이반호함은 3일 후인 6월 1일에 다른 선박의 도움을 받지 않고 해협을 건너 영국에 도착해 철수 병력을 안전하게 하선시켰다. 그다음날에는 연합군 철수 병력을 가득 태운 프랑스 구축함 부라스크함Bourrasque이 독일군이 매설한 기뢰에 걸려 침몰했는데, 이 과정에서도 약 150여 명의 인명 손실이 발생했다.[13]

　다이너모 작전이 펼쳐지는 동안 영국군 구축함 6척, 프랑스군 구축함 3척이 침몰했고, 손상된 구축함은 19척이었다. 즉, 이 작전에 참여한 영국군 구축함 39척 중 25척은 임무 수행이 불가능했다. 이처럼 끔찍한 손실이 발생하자 파운드 제독은 더는 구축함을 병력 철수에 투입하지 않으려 했다. 영국 본토에 대한 독일군 침공에 대항하려면 구축함을 보존해야 했기 때문이다. 하지만 램지 중장이 이러한 결정에 항의하자 파운드 제독은 곧 생각을 바꾸었다.[14]

　다이너모 작전을 통해 하루에 약 5만 명에서 6만 명씩 구출된 병력은 대부분 영국인이었다. 프랑스 병력의 철수는 부라스크함을 비롯해 몇몇 프랑스군 함정이 맡았다. 하지만 개전 당시 프랑스군 함대는 대부분 지중해에 배치되어 있었던 터라 철수 작전에 투입되지 않았다. 이 과정에서 구출이 늦어진 프랑스 군인들은 영국이 자신들을 버렸다고 생각할 수 있었다. 그러던 중 5월 29일에 일부 프랑스 철수 병력이 영국 상륙정에 다급하게 탑승했는데, 영국 군인의 총구에 밀려 쫓겨나는 추악한 사건이 발생했다. 처칠은 이 같은 불상사로 영국과 프랑스 사이의 동맹이 돌이킬 수 없을 정도로 손상될 수 있다고 우려했다. 그리고 향후 철수 과정에서는 프랑스군과 영국군을 동일한 순서로 대우하라고 지시했다. 그런데 철수 작전을 지휘하던 고트 경은 자신의 지휘권을 지키는 것을 우선시하여 영국군 함정에는 영국군 병력을, 프랑스군 함정에는 프랑스군 철수 병력을 수송해야 한다고 주장했다. 그러나 총리가 그의 주장을 기각하자 마지못해 총리의 지침을 따랐다.[15]

그 결과 6월 1일에는 됭케르크에서 철수한 프랑스군 병사의 수가 영국군 병사보다 많았는데, 당시에 영국군은 대부분 철수한 뒤였다. 다이너모 작전의 종료 단계인 6월 2일부터 3일 사이에 영국군 후방 경비대 4000여 명이 야간을 이용해 철수했다. 그리고 철수 작전이 공식적으로 끝난 시점인 6월 4일에도 영국군 병사 265명이 됭케르크 해안에 남아 있었는데, 이들은 대부분 이동하기 어려울 정도의 심각한 부상자들이었다. 총 9일 동안 진행된 다이너모 작전을 통해 연합군은 됭케르크 포위망에서 총 33만 8226명의 병사를 구출했다. 이 수치에는 프랑스군 12만 3095명이 포함되었으나, 40만여 명의 프랑스군은 철수하지 못했다. 이들은 대부분 냉정하게 자신들의 운명을 받아들였고, 됭케르크 외곽에서 전선을 유지한 채 독일군의 도착을 기다렸다.[16]

다이너모 작전은 승리한 작전은 아니었다. 예상했거나 기대했던 것보다 훨씬 많은 병력이 구조된 상황에 영국인들은 안도하며 이 작전을 '됭케르크의 기적'이라고 홍보하기에 바빴다. 하지만 어떻게 보더라도 이 작전이 재앙에 가까운 결말을 가져온 군사 작전의 정점이었다는 사실을 숨길 수는 없었다. 영국군은 대규모 병력을 구출했으나, 차량 12만여 대, 포병 화기 2472문, 전차 445대, 소총 9만여 정, 수백여 톤의 탄약을 비롯해 모든 중장비를 포기해야 했다.* 처칠 총리는 하원에서 행한 감동적인 연설에서 "철수 성공이 곧 전쟁 승리는 아니다"라는 문장으로 다이너모 작전을 평가했다.[17]

영국 원정군이 됭케르크 철수에 성공한 것이 승리의 일부 혹은 승리와 유사한 일로 인식된 것은 훨씬 오랜 시간이 지난 뒤였다. 6월 8일에 영국군 항공모함 글로리어스함의 침몰과 영국 원정군이 대륙에서 쫓겨 나온 이 시점이 영국으로선 가장 불운한 상황이었던 반면, 의기양양한 독일의 행운은 최고점에 도달한 시기였다. 이틀 후인 6월 6일에 이탈리아가 영국과 프랑스에 선전 포고를 했고, 12일 후인 6월 22일에 프랑스가 공식적으로 항복했다. 불과 몇 주 만에 독일군은 노르웨이, 덴마크, 네덜란드, 벨기에, 프랑스까지 정복한 것이다. 나르비크 항구와 다이너모 작전 중에 발생한 영국 해군 구축함이 입은 피해로 영국의 생존을 결정할 대서양 방어가 위협받는 상황이었다. 게다가 영국은 해군을 북해에 집중시키기 위해 전쟁이 발발하기 직전에 서부 지중해의 통제권을 프랑스 해군에 넘겨주었는데, 프랑스의 붕괴와 이탈리아의 참전으로 에스파냐 왕위 계승 전쟁 이후 줄곧 영국 해군력의 중심이었던 지중해의 안전 역시 위태로워졌다. 영국이 지중해를 잃는다면 지브롤터에서 수에즈로 가는 중요한 해로가 차단될 텐데, 그러면 인도, 싱가포르, 중동으로 향하는 영국 선박들은 희망봉을 우회하여 몇 주에 걸쳐 3만여 킬로미터를 추가로 항해해야 할 것이었다. 처칠의 처지에서는 휴식을 취하거나 회복할 시간이 없었고 당장 긴

---

* 됭케르크 철수 이후 프랭클린 루스벨트 미국 대통령은 법무 장관 대행으로부터 중립법(Neutrality Law)을 위반하지 않고도 '잉여' 무기를 영국에 보낼 수 있다는 해석을 받았다. 이에 따라 그는 영국에 소총 60만 정, 75밀리미터 야포 약 900문, 기관총 8만여 정을 보냈다. 이 무기들은 영국군이 됭케르크 해변에서 잃어버린 무기들을 대체하는 데 도움이 되었다.

급 조치가 필요했다. 첫 번째는 프랑스 해군이 독일군의 손에 들어가지 않도록 조치해야 했고, 두 번째는 이탈리아 해군의 위협에 맞서야 했다.

======

프랑스 해군에 대한 조치가 우선이었다. 1940년 6월 기준, 프랑스 해군은 15인치 함포를 장착한 새롭고 강력한 리슐리외Richelieu급 전함 2척과 됭케르크Dunkerque급 전함 2척을 포함한 주력함 8척 등 만만찮은 해군력을 보유한 강군이었다. 특히 이 전함들은 전방의 거대한 포탑에 13인치 함포 8문을 장착한 최신형이었다. 한편 프랑스 해군은 초대형 구축함 32척을 보유했는데 경순양함과 비슷한 크기였다. 이 구축함들의 배수량은 3000톤이 넘었고, 일부 함정은 5.5인치〔14cm〕 함포를 장착하기도 했다. 세계 해군 강대국 순위에서 프랑스는 영국, 미국, 일본에 이어 4위였다. 히틀러가 비시 프랑스 정권을 옹립하면서 프랑스에 명목상의 자치권을 허용한 결정은 만약 독일이 프랑스 전체를 점령하면 프랑스 함대가 영국으로 넘어가 영국 해군 전투력을 강화할 것이라는 우려에서 나왔다. 프랑스 해군이 독일에 대항하지 않고 중립을 지킨다면 히틀러가 가장 바람직하게 생각하는 상황이 될 터였다.[18]

반면 처칠에게는 그러한 상황이 최악이었다. 그는 지중해에 강력한 적대적 해군력이 존재하는 것은 받아들일 수 없었다. 약 150년 전 나폴레옹과 영국 사이의 전쟁이 한창일 때, 호레이쇼 넬슨Horatio Nelson 제독이 이끄는 영국 함대가 코펜하겐에서 중립국 덴마크의 함대를 공격한 적이 있었다. 영국 해군성은 나폴레옹이 어떻게든 덴마크의 선박을 빼앗아 영국 해군의 제해권制海權에 도전하기 위해 사용할 것이라고 우려했던 것이다. 넬슨 제독은 신경질적인 상관 하이드 파커Hyde Parker 제독이 멀리서 전투를 중단하라고 명령했으나, 이를 무시하고 덴마크 함대를 전멸시켰다. 그때 넬슨 제독은 망원경을 보이지 않는 눈에 맞추고선 파커 제독이 보낸 호출 신호를 볼 수 없었다고 항변했다. 이 역사적 사례에서 영감을 받은 처칠은 프랑스 함대를 똑같이 처리하는 방안을 고민했다.

6월 22일에 콩피에뉴에서 서명된 프랑스의 항복 문서에 따르면 프랑스 해군 함대는 "독일과 이탈리아의 통제에 따라 해체되고 무장 해제"될 예정이었다. 그런데 이것이 무엇을 의미하는지는 명확하지 않았다. 프랑스 항복 협정문에 사용된 프랑스어 단어 'contrôle'은 감독과 검증을 의미했지만, 영국인들은 이를 영어 단어 'control(통제)'로 이해하는 경향이 강했다. 그래서 독일이 어떻게든 프랑스 선박을 소유하고 운용할 것이라고 두려워했다. 독일군은 "프랑스 해군을 우리의 목적을 위해 사용할 의도는 없다"라고 명확하게 선언했으나, 처칠은 나치의 엄숙한 선언을 믿지 않았다. 그는 프랑스 대통령 레노와 회담을 마치고 6월 12일에 파리를 떠날 무렵 프랑스 해군의 장프랑수아 다를랑Jean-François Darlan 제독을 따로 만나 프랑스가 항복을 강요받더라도 "당신은 절대로 독일군이 프랑스 함대를 장악하도록 해서는 안 됩니다"라고 강조했다. 다를랑 제독은 처칠의 주장에 동의했다. 그는 어떠한 경우에도 "우리 해군을 독일이나 이탈리아에 넘겨주지 않겠습니다. 위험한 상황이 닥치면 도주하라는 명령을 내리겠습니다"라고 말했다. 그런데도 처칠의 우려는 끝나지 않았다. 그는 나중에 "이 문제는 영국 제국 전체의 안전을 좌우하는 중요한 문제이며 우리는 다를랑 제독의 말에 의존할 여유가 없었다"라고 회고했다.[19]

실제로 6월 22일 이후 프랑스 군함 여러 척이 독일군에 장악되지 않으려고 영국으로 향했다. 구형 전함 2척(쿠르베함Courbet과 파리함Pais), 대형 구축함 몇 척, 잠수함 7척 등이었다. 하지만 대부분의 프랑스 군함은 유럽

기지를 떠나 아프리카 항구로 향했다. 그중에서도 가장 많은 군함이 찾아 간 곳은 오랑 서쪽 프랑스령 알제리 해안의 메르스엘케비르 항구였다. 따 라서 6월 말에 프랑스에 주둔한 해군 전투력은 구형 전함 2척(브르타뉴함 Bretagne, 프로방스함Provence)과 새로운 전함 됭케르크함과 스트라스부르함 Strasbourg, 구축함 6척이 전부였다. 리슐리외함은 아프리카 서해안의 다카 르로 이동했고, 장바르트함Jean Bart은 카사블랑카로 이동했다. 다른 소규 모 함정들은 오랑과 알제에 주둔했다. 이집트 알렉산드리아의 영국-프랑 스 연합 해군에 속하는, X부대라는 이름의 편대는 영국 해군 앤드루 브라 운 커닝햄Sir Andrew Browne Cunningham 제독의 지휘를 받았다. 동맹국과 협 력국은 6월 21일에, 프랑스 군함은 6월 22일에 중립 지위를 얻었는데, 이 들이 적이 될 가능성이 전혀 없지는 않았다. 처칠은 아마 위험을 무릅쓸 생각이 없었을 것이다. 그와 영국이 지중해를 잃는 것은 영국 해협을 잃 는 것만큼이나 막중하고 비참한 손실이 될 터였기 때문이다.[20]

우선 영국은 프랑스의 항복으로 야기된 서부 지중해의 공백을 메워야 했다. 파운드 제독은 알렉산드리아에 주둔한 커닝햄 제독의 함대를 지브 롤터로 철수시키자고 주장했으나, 이러한 조치는 근본적으로 지중해 동 부를 포기하는 것이었다. 처칠은 이 의견을 수용하지 않았다. 그는 내각을 설득해 커닝햄 제독은 현재 위치에 잔류시키고 새 편대를 지브롤터로 보 내라고 지시했다. H부대로 명명된 이 편대는 전함 2척(밸리언트함Valiant과 레절루션함Resolution), 4만 8000톤급의 거대한 전함인 후드함과 아크로열 함, 경순양함 2척, 구축함 11척으로 구성되었다. 본국 함대에서 이처럼 소 중한 해군 자산을 선발할 수 있었던 것은 노르웨이 전역에서 독일 해군이 막대한 손실을 입었기 때문이다. 이 새 부대의 지휘관은 제임스 서머빌Sir James Somerville 중장이었는데, 그는 동료와 부하의 충성심을 끌어내는 재주를 지닌, 인기 많고 경험 풍부한 장교였다. 그는 1939년에 결핵이 의심되어 은퇴했으나 곧 건강을 회복했고, 그해 말에 전쟁이 발발하자 다시 현역으로 복귀했다.[21]

처칠은 서머빌 중장이 지휘하는 함대가 지브롤터에 주둔했는데도 계속해서 프랑스 함대의 불안정한 지위를 걱정했다. 심지어 6월 27일에 개최된 중요한 내각 회의에서는 1801년 넬슨 제독의 코펜하겐 공격을 언급하기까지 했다. 그는 프랑스 군함을 무력화하거나 파괴해야 한다고 주장했다. 그도 아니라면, 가장 이상적인 해결책은 프랑스 해군 사령관들이 프랑스 정부의 항복에 반대하며 영국과 함께 나치에 대항하는 전쟁에 참전하는 것이었다. 이 방법이 실패한다면, 1919년에 독일군이 스캐퍼플로에서 그랬듯이 프랑스 군함을 영국 항구에 정박시키거나 서인도 제도로 보내는 것도 가능했다. 처칠은 만약 프랑스 군함들이 앞에서 열거한 그런 선택 사항을 다 거부하면 그들을 제거해야 한다고 주장했다. 몇몇 각료가 심각한 우려를 표명했음에도 불구하고 그는 이런 뜻을 골자로 하는 캐터펄트 작전Operation Catapult에 만장일치의 동의를 얻어냈다. 그런 뒤 즉시 지브롤터에 있던 서머빌 중장과 알렉산드리아에 있던 커닝햄 제독에게 새 명령을 하달했다.[22]

커닝햄 제독의 상황은 특히 더 걱정스러웠다. 제10군으로 알려진 프랑스 편대는 구식 전함 로렌함Lorraine, 중순양함 3척, 경순양함 1척, 구축함 3척으로 구성되었다. 이 함정들은 모두 르네에밀 고드프루아René-Emile Godfroy 제독이 직접 지휘권을 행사했으나, 동시에 커닝햄 제독 휘하의 영국-프랑스 연합 함대의 일부이기도 했다. 처칠 총리의 새 명령이 도착하기도 전에 고드프루아 제독과 커닝햄 제독은 난처한 상황에 직면했다. 6월 23일, 다를랑 제독은 독일과 프랑스 사이에 휴전 협정이 체결되었으

나중에 해군 참모 총장에 오르는 앤드루 브라운 커닝햄 제독은 수에즈 인근 알렉산드리아에서 영국 해군 함대를 지휘했다. 그는 프랑스 항복 이후의 미묘한 상황에서 복무했다. (브리타니아 왕립해군대학박물관Britannia Royal Naval College Museum)

니 함대를 이끌고 알렉산드리아를 떠나 프랑스의 항구로 이동하라고 고드프루아 제독에게 명령했다. 하지만 같은 날 파운드 제독은 커닝햄 제독에게 고드프루아 제독이 지휘하는 프랑스 함대의 출항을 허용하지 말라고 지시했다.[23]

커닝햄 제독의 명성은 외교관의 명성은 아니었다. 그는 엄격한 기준, 자신감 있는 태도, 단단한 외양을 지닌 인물로, 해군 역사학자 코렐리 바넷Correlli Barnett은 그의 외모를 두고 '전함의 뱃머리와 같은 턱선'을 지녔다고 서술했다. 하지만 그는 해군성의 명령이 지나치게 대립적이라고 생각해, 프랑스군 함정을 공격하는 것은 '불필요하고, 무분별하며, 완전한 배신행위'라고 믿었다. 그래서 그는 다양한 선택 사항을 논의하기 위해 고드프루아 제독에게 공감하는 태도로 다가갔다. 처칠은 계속해서 "실패하지 말라"라고 명령했지만, 커닝햄 제독은 조용히 프랑스군 동료와 다양한 선택지를 가지고 논의했다. 또한 그는 예하 영국군 지휘관들에게 각자 담당하는 프랑스군 함장을 만나 가능한 해법을 찾도록 노력하라고 강조했다. 그리고 이러한 노력은 실제로 큰 성과가 있었다. 며칠 후, 고드프루아 제독은 프랑스 군함의 무장 해제와 함선 억류에 동의했고, 나중에 양측은 외교적 관용을 끌어낸 주역들을 높이 평가했다. 처칠도 제3자를 통해 커닝햄 제독이 보여준 위기관리에 감사를 표하고 축하의 뜻을 전했다.[24]

————

더 심각한 것은 메르스엘케비르 항구에 주둔한 프랑스 함대였다. 이 부대는 고드프루아 제독이 지휘하는 함대보다 규모가 큰 데다 영국-프랑스 연합 사령부가 통제하는 부대도 아니었다. 서머빌 제독 역시 커닝햄 제독처럼 폭력이 아닌 다른 방식으로 문제를 해결하고자 했다. 따라서 그는 이 문제를 해결하기 위해 대립적이지 않고 원만한 해결을 제안하는 각서를 런던에 보냈다. 하지만 처칠은 서머빌 제독의 제안을 거절하면서 영국 정부가 프랑스 해군에 제시한 대안을 수용하지 않으면 '그들의 함정을 파괴하는' 것이 영국 정부의 '확고한 의도'라고 통보했다.[25]

처칠의 강경 노선에서 주목할 점은 영국의 결의를 보여주고자 하는 그의 열망이었다. 그는 6월 4일에 하원에서 싸우겠다는 강한 의지를 밝힌 연설을 했는데, 이를 통해 국내에서 높아지는 불안과 해외에서 확대되는 불확실성을 제거하고자 했다. 그는 하원 의원들에게 격하게 으르렁거리는 어조로 다음과 같이 말했다. "우리는 어떤 대가를 치르더라도 우리 섬을 지킬 것입니다. 우리는 해변에서 싸울 것이고, 상륙 장소에서 싸울 것이고, 들판과 거리에서 싸울 것이고, 언덕에서도 싸울 것입니다. 우리는 절대 항복하지 않을 것입니다." 프랑스 함대에 대한 공격적인 행동 조치는 이러한 결정과 의지를 두드러지게 드러낸 것이었다.[26]

하지만 프랑스로서는 이것이 감정의 문제였다. 고드프루아 제독과 마찬가지로, 메르스엘케비르 항구의 마르셀브뤼노 장술Marcel-Bruno Gensoul 중장 역시 조국 프랑스의 패배를 개인적으로 깊은 굴욕으로 느꼈다. 지브롤터의 영국군 사령관 더들리 노스Sir Dudley North 제독은 6월 24일에 장술 중장을 방문했는데, 이때 그는 프랑스 군인들이 '충격으로 멍한 고통에 빠져 있다'라고 생각했다. 노스 제독은 장술 중장이 여러 차례 눈물을 글썽였다고 생각했다. 대화가 끝날 무렵, 프랑스 해군 사령관은 절대로 독일이나 이탈리아에 항복해 자신의 함대를 내주지 않겠다고 맹세했다. 하지만 문제는 아무리 프랑스 사령관의 약속이 진실하다 해도 처칠에게는 충분치 않다는 것이었다.[27]

처칠은 서머빌 제독에게 7월 3일까지 위기를 해결하라고 명령했다. 당시 상황에서는 신속한 해결책이 필요했다. 독일군이 도버 해협을 건너 영국 본토로 침공을 시도할 가능성이 높아 보였기 때문이다. 이런 상황이라면 서머빌 제독이 지휘하는 영국 함대는 도버 해협으로 출동해야만 했다. 서머빌 제독은 구축함 폭스하운드함Foxhound을 앞세워 세드릭 홀랜드 Cedric Holland 대령을 보내 장술 중장을 만나게 한 후, 런던에서 하달한 대안을 제시했다. 당시 상황을 고려하면 홀랜드 대령(그의 친구들은 커다란 매부리코에 감탄하며 그를 '후키Hooky'라고 불렀다)은 이 임무를 수행하는 데 적임자였다. 그가 파리에서 2년간 영국 해군 무관으로 지낸 적이 있어서 프랑스어가 유창했기 때문이다. 하지만 자존심 강한 장술 중장은 서머빌 제독이 직접 오지 않고 하급 지휘관을 보낸 것을 자신을 무시하는 처사로 여겨 처음에는 홀랜드 대령과의 접견 자체를 거부했다. 홀랜드 대령은 자신이 가져온 전문을 장술 중장의 부관에게 전달했다. 장술 중장은 그 문서를 읽고 나서야 비로소 위기의 심각성을 파악했고 곧 홀랜드 대령을 만났다.

프랑스 해군은 신형 고속 전투순양함 됭케르크함(사진)과 스트라스부르함을 건조했는데, 이 전함들에 장착된 대형 함포는 4문씩 2개 포대로 구성되었다. 이 함포들은 모두 전방을 향하는 것이 특징이었다. 영국군이 메르스엘케비르 항구에서 이 전함들을 공격했을 때, 전방을 향한 이 함포들이 아무런 대응도 하지 못해 결국 재앙에 가까운 결과를 맞았다. (미국 해군연구소)

그러나 이때까지도 고국의 항복으로 감정의 격랑 속에 놓여 있던 장술 중장은 영국의 최후통첩을 곧이곧대로 수용할 기분이 아니었다. 그는 프랑스 군함이 독일군에 절대로 넘어가지 않도록 할 것이고, 또 영국군에도 넘겨주지도 않겠다고 홀랜드 대령에게 말했다. 결국 이렇게 하여 장술 중장과 프랑스 함대는 '힘과 힘이 대결하는 순간'에 직면했다.[28]

그날 오후에 장술 중장은 툴롱에 있는 프랑스 해군 본부로부터 그의 독립적 태도와 대응을 지지한다는 메시지를 받았는데, 여기에는 지중해 전역의 프랑스 해군이 그를 중심으로 집결할 것이라는 내용도 포함되었다. 그런데 런던에서 이 메시지를 도청했고, 이에 놀란 처칠은 서머빌 제독에게 무선 통신을 보내 다음과 같이 사태를 신속하게 해결하라고 지시했다. "프랑스 군함은 어두워지기 전에 영국이 제시하는 조건에 따르거나, 프랑스군이 자체적으로 침몰시키거나, 귀관이 침몰시켜야 한다." 서머빌 제독은 홀랜드 대령에게 장술 중장과의 회담을 중단하라고 지시했다. 이에 실

망한 홀랜드 대령이 오후 5시 25분에 됭케르크함을 떠날 즈음 그의 귀에
나팔소리가 들려왔다.[29]

홀랜드 대령이 지휘하는 구축함이 프랑스 항구를 떠나자마자 서머빌
제독이 발포 명령을 내린 것이다. 긴 회담에도 불구하고 장술 중장은 영
국군이 자신을 공격할 것이라고는 미처 생각하지 못했다. 새 전함 2척을
포함해 그의 주력함 4척 모두가 육지 방향으로 묶여 있었다. 프랑스 군함
에 장착된 13인치 함포 8문은 모두 전방을 향하도록 설계되어 이 군함들
중 어느 것도 항해하기 전까지는 바다 방향에서 다가오는 공격에 맞설 수
없었다. 그런데 서머빌 제독이 지휘하는 영국군 전함들이 15인치 함포로
포탄을 36발 사격해 프랑스 군함들을 파괴했다. 프랑스 해군은 이에 전혀
대응하지 못했다.[30]

구식 프랑스 전함 2척은 최악의 상황을 맞았다. 1차대전 이전인 1912년
에 건조된 브르타뉴함은 순식간에 네 차례나 연속적으로 타격을 입었다.
특히 네 번째 포탄 때문에 이 전함의 탄약고가 폭발해 곧이어 거대한 폭
음과 함께 전함 전체가 폭발했다. 이로써 승무원 1000여 명이 사망하고
이 전함은 빠르게 침몰했다. 이 전함과 함께 건조된 프로방스함 역시 침
몰했으나 인명 피해는 크지 않았다. 장술 중장의 기함 됭케르크함도 심각
한 손상을 입어, 만약 승무원들이 즉시 이 배를 얕은 곳으로 이동시키지
않았다면 아마도 좌초했을 것이다. 순양함 스트라스부르함과 구축함
5척은 간신히 바다로 나섰다. 그들은 점점 어두워지는 항구를 떠나 해안
을 따라 동쪽으로 이동하다가 북쪽의 툴롱 항으로 향했다. 서머빌 제독
은 순양함 후드함을 보내 그 전함을 추격했고 항공모함 아크로열함에서
이륙한 항공기가 그들을 공격했다. 하지만 스트라스부르함은 손상된 채
7월 4일 저녁에 툴롱 항에 도착했다.

훗날 서머빌 제독은 부인에게 쓴 편지에서 "너나없이 모두가 지저분했소. 창피할 지경이오"라고 쓰면서 비참함을 토로했다. 하지만 그는 3일 후에 다시 프랑스 군함을 향해 선제공격을 이어갔고, 아크로열함에서 출격한 항공기에 육지 인근에 버려진 됭케르크함을 어뢰로 공격하라고 지시했다. 7월 7일에는 서아프리카 다카르에서 약 1600킬로미터 떨어진 곳에서 소형 항공모함 헤르메스함Hermes에서 출격한 항공기들이 프랑스 전함 리슐리외함을 향해 어뢰를 발사했다. 이 공격에서 리슐리외함의 방향타와 프로펠러가 손상되었고, 큰 인명 손실 없이 작동 불능 상태가 되었다. 카사블랑카에 머물던 장바르트함은 항해할 수 없는 상황인 데다 무장도 부족했기에 파괴하지 않고 내버려두었다.*

메르스엘케비르 항구에서 집계된 프랑스군 인명 손실은 전사자 1297명과 부상자 351명이었는데, 이들은 대부분 브르타뉴함의 폭발 과정에서 발생했다. 장술 중장은 그 공격에서 생존했는데, 후일에 그는 영국에 저항한 공적이 인정되어 제독으로 진급했다. 하지만 그는 다시는 바다에서 복무하지 않았고 죽기 전까지 한 번도 7월 3일의 사건을 거론하지 않았다.[31]

한편 미리 계획했던 대로, 포츠머스 항과 플리머스 항에 주둔한 영국군은 7월 3일에 거기에 자발적으로 입항한 프랑스 군함에 승선해서 나포했다. 대부분 별다른 충돌 없이 진행되었으나, 일부 프랑스 군인이 저항함에

---

* 다른 프랑스 군함들은 프랑스가 함락되자 해외에 발이 묶였다. 1920년에 진수된 항공모함 베아른함(Béarn)은 서인도 제도 마르티니크 항구에 정박 중이었는데, 이 항공모함의 존재는 영국과 미국 모두의 관심사였다. 미국 해군 기획자들은 필요한 경우 이 항공모함을 공격해 점령하는 인디아 작전(Operation India)을 수립하기도 했다. 하지만 조르주 로베르(Georges Robert) 프랑스 해군 제독이 미국의 선상 감독관을 수용하기로 동의함에 따라 별다른 조치가 필요하지는 않았다. 이 항공모함은 1943년 6월까지 이 항구에 머물렀고, 그 이후 공식적으로 자유 프랑스에 합류했으나 어떤 전투에도 참여하지 않았다.

따라 양측에서 소수의 사망자가 발생하기도 했다. 나머지 프랑스 군인들은 영국군에 가담하거나 억류되었는데, 억류된 이들은 전쟁 포로로 취급되었다.[32]

전술적으로 성공하긴 했지만, 프랑스군은 영국군의 메르스엘케비르 항구 공격에 분노했다. 이 소식에 화가 난 다를랑 제독은 즉시 프랑스 군함을 향해 "모든 영국군 군함을 공격하라"라는 명령을 내렸다가 그다음 날 자신의 성급한 지시를 취소했다. 그리고 나서 몇 주 후에 두 국가와 두 해군은 냉랭한 우호 관계를 회복했다. 공식적으로, 그리고 법적으로 프랑스는 중립을 지켰으나 '위협 작전Operation Menace'이라고 불리는 기간에 새로 형성된 관계의 불확실성과 불안정성이 더 명확해졌다. 처칠이 열정을 많이 쏟은 일 중 하나는 전함 2척(레절루션함과 바람함Barham)과 아크로열함으로 구성된 영국 기동 부대가 비시가 통제하는 다카르 항구를 점령한 뒤, 그곳에 자유 프랑스의 근거지를 건설하는 것이었다. 툴롱의 함대에서 프랑스 경순양함 3척과 구축함 3척이 도착하자 처칠은 이 배들을 이용해 자신이 구상한 다카르 점령을 달성할 수 있으리라 기대했다. 지브롤터에 있던 노스 제독은 9월 10일에 프랑스와 영국의 우호 관계가 회복되었다는 점을 근거로 그들의 해협 통과를 허락했다. 하지만 영국군과 자유 프랑스 군대의 다카르 공격이 실패하자, 처칠은 노스 제독을 이 작전 실패의 희생양으로 지목해 전역시켰다.[33]

───

처칠은 메르스엘케비르 항구에서 벌어진 참사에 대해 사과하지 않았다. 그는 당시 상황에서는 달리 선택할 방안이 없었다고 믿었다. 제해권은 영국의 생존에 필수적이었고, 추축국의 거대한 힘에 맞서 사실상 홀로 선

당시 영국으로서는 어쩔 수 없는 일이었다는 주장이다. 프랑스군은 자신들의 전함이 독일군의 지배를 받지 않도록 하겠다고 맹세했지만, 처칠은 그 약속에 근거해 영국 제국의 미래를 위태롭게 둘 수는 없었다. 그는 하원에서 자신은 기꺼이 역사의 심판을 받겠다고 말했다. "나는 국가가 나를 평가하도록 맡기겠습니다. 나에 대한 평가를 미국에, 그리고 전 세계와 역사에 맡기겠습니다."[34]

2년 후, 프랑스군은 연합군에 충성할 기회를 잡았다. 1942년 11월에 연합군이 북아프리카를 침공하자(자세한 내용은 16장을 참고할 것) 독일군이 비시 프랑스를 휩쓸었다. 이때 프랑스 해군은 됭케르크함과 스트라스부르함을 비롯해 자국 군함 77척을 자발적으로 침몰시켜 2년 전에 한 약속을 이행했다. 다를랑 제독이 약속한 대로, 프랑스 군함 중 그 어느 것도 나치 정권 아래에서 복무하지 않았다.[35]

5장

이탈리아 해군

프랑스 함대의 무력화만으로 영국 해군의 지중해 장악이 완성되지는 않았다. 1940년 6월 10일, 영국과 프랑스에 전쟁을 선포한 이탈리아 독재자 베니토 무솔리니Benito Mussolini는 독일 승리의 전리품을 공유하기 위해 파리가 함락될 때까지 기다렸다. 무솔리니의 결정은 전적으로 기회주의적이었으나 이탈리아가 참전함에 따라 지중해에서 해군력 균형이 극적으로 바뀌었다. 이탈리아가 보유한 해군력이 프랑스 해군력과 유사할 정도로 막강했기 때문이다. '레자 마리나Regia Marina'라고 불린 이탈리아 해군은 현대적 전함 6척, 순양함 19척, 구축함 59척, 잠수함 116척을 보유했고, 그밖에도 수많은 잠수함과 소형 해안 함정을 보유했다. 이렇듯 이탈리아는 세계 5위의 대규모 해군을 갖춘 국가였고, 이탈리아 해군의 규모는 독일 해군의 그것보다 컸다. 이탈리아 군함은 외관이 멋지고 빠른 속도로 기동했으나, 외부에 보호 장갑이 없는 경우도 있고 만성적 연료 부족 탓에 증기 기관을 사용할 수 있는 시간이 제한적이었다. 게다가 이탈리

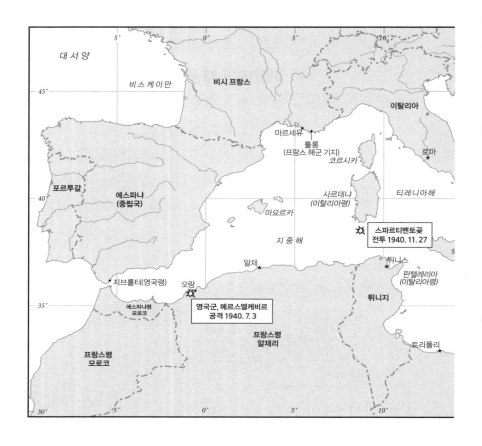

아 해군 승무원은 영국 해군 승무원에 비해 전투 경험이 적어서 작전 효
율성이 낮았다. 하지만 프랑스군이 전략 체스판에서 제외되자 이탈리아
해군이 지중해에서 가장 강력한 해군으로 부상했다. 한편 1930년대에 이
탈리아가 리비아를 확실히 통제한 덕분에 이탈리아의 시칠리아 해협 지
배권이 강화되었으며, 이를 바탕으로 무솔리니는 지중해 지배력을 확장
하는 데 그치지 않고 나아가 지중해를 이탈리아의 호수로 만들고자 했다.
그렇게 하면 로마 제국 시대와 마찬가지로 지중해가 '마레 노스트룸Mare
Nostrum(우리의 바다)'이 될 터였다.[1]

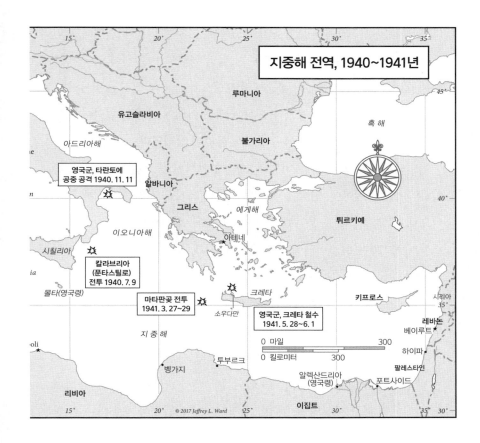

지중해 전역, 1940~1941년

루마니아

유고슬라비아

아드리아해

흑해

불가리아

영국군, 타란토에
공중 공격 1940. 11. 11

알바니아

그리스

에게해

튀르키예

이오니아해

아테네

칼라브리아
(푼타스틸로)
전투 1940. 7. 9

시칠리아

몰타(영국령)

마타판곶 전투
1941. 3. 27~29

크레타

소우다만

키프로스

시리아

영국군, 크레타 철수
1941. 5. 28~6. 1

레바논
베이루트

지 중 해

0 마일   300
0 킬로미터   300

하이파

팔레스타인
포트사이드

벵가지

투부르크

리비아

알렉산드리아
(영국령)

이집트

© 2017 Jeffrey L. Ward

영국과 이탈리아의 해상 전투에 크게 영향을 미친 지리적 요소는 지중
해 전역이 지상에서 출격하는 항공기의 사정권 안이라는 단순한 사실이
었다. 이탈리아 해군 최고 사령부(수페르마리나Supermarina)는 사르데냐, 시
칠리아, 리비아뿐만 아니라 이탈리아 영토의 여러 육상 기지에서 출격하
는 항공기를 이용해 수상 함대를 엄호했다. 이러한 조건 덕분에 이탈리아
는 항공모함을 건조하지 않았다. 영국 역시 지중해, 서쪽 끝의 지브롤터,
동쪽 끝의 이집트 알렉산드리아, 그리고 지중해 중앙의 시칠리아에서 남
쪽으로 80여 킬로미터 떨어진 몰타섬에 중요한 공군 기지를 보유했다. 게

다가 영국은 다수의 항공모함을 보유했는데, 이것이 나중에 결정적 요인으로 작용한다. 또다른 요인은 2차대전 발발 직전인 1939년에 영국 국방부를 개편할 때, 해군 항공이 공군에서 해군으로 소속이 변경된 것이었다. 이로써 영국군은 해군 항공기와 수상 함대 사이의 효과적인 협력이 가능했으나, 이탈리아에서는 이 둘이 완전히 분리된 상태였다.

　이탈리아와 영국 양측은 지중해 연안에 설치된 중요한 전초 기지, 즉 이탈리아는 리비아에, 영국은 몰타에 설치한 기지를 지원하기 위해 정기적으로 해상 호송대를 운영했다. 시칠리아 마르살라에서 튀니지의 튀니스까지는 270여 킬로미터에 불과했으나, 알렉산드리아에서 몰타까지는 1500여 킬로미터, 지브롤터에서는 2000여 킬로미터 떨어졌으므로 해상 호송대 운영에서는 이탈리아가 유리했다. 하지만 다른 요인이 이탈리아 호송대가 북아프리카에 드리우는 효과에 영향을 미쳤다. 우선 무솔리니가 자국 상선에 선전 포고 의사를 알리지 않았는데, 그 결과 전쟁이 시작된 날 이탈리아 상선 중 3분의 1이 외국 항구에서 나포되었다. 둘째, 튀니지와 리비아 항구 시설의 수용력이 한정되어서 이탈리아 호송대는 한 번에 3∼4척만 항구에 접안할 수 있었다. 따라서 당시 이탈리아 '호송대'는 선박 2척으로 구성되었다. 마지막이자 가장 결정적 요인은 이탈리아의 계속된 연료 부족이었다. 외관이 수려한 이탈리아 해군 함정들은 정작 작전을 수행하는 데 필요한 연료가 부족해 항구에서 나른하게 체류하는 경우가 많았다. 전쟁 시작 이전부터 문제로 지목되었던 이 같은 연료 부족은 전쟁이 장기화하면서 더욱 악화되었다.[2]

　영국군은 연료가 충분했지만, 지브롤터나 알렉산드리아에서 몰타 사이의 해군 호송대는 초기에는 이탈리아, 나중에는 독일까지 가세한 항공기의 공습을 받으면서 1500여 킬로미터에 걸쳐 위험한 임무를 수행해야 했다. 따라서 영국 해군성에서는 위험하고 어려운 병참 유지 때문에 몰타를 방어할 수 없으니 이 섬을 포기하자고 주장하는 목소리도 나왔다. 하지만 처칠은 이러한 주장을 무시했고, 몰타는 전쟁 내내 지중해에서 해군 전투의 핵심이 되었다. 전쟁 초기였던 1940년 여름에 크고 작은 교전이 빈번히 발발하더니 가을이 되자 산발적 전투로 바뀌었다. 어떤 전문가는 지중해에서의 해전이 게릴라전처럼 진행되었다고 평가하기도 했다.[3]

이 전쟁에서 무솔리니는 이탈리아 지상 항공력의 우위가 자국에 결정적으로 유리하게 작용한다고 믿었다. 하지만 그의 믿음은 두 가지 측면에서 잘못된 것이었다. 첫째, 앞서 언급한 바와 같이, 이탈리아 해군과 공군은 운영 체계 면에서 완전히 독립된 조직이었다. 이들 사이에는 중복되는 명령 구조나 공통된 신호 코드가 없었으며, 심지어 두 조직 사이에 전술 통신 연락망조차 갖춰지지 않았다. 아무도 예상치 못한 놀라운 문제였다. 예를 들면 이탈리아 해군 부대 지휘관이 공중 지원이 필요한 경우, 이 요구를 지휘 계통을 거쳐 로마의 해군 본부에 제출해야 했다. 그런 뒤 이 요청을 받은 해군 본부 장교들이 공군 본부와 연락을 취하면 공군 본부가 작전 중인 공군 지휘관에게 지원 명령을 하달하는 복잡한 체계였다. 어떤 관료가 '조직의 기능 장애'라고 칭한 이 같은 번거로운 프로토콜 때문에 효과적으로 전술 협력을 하기가 불가능했다. 이러한 현실에 대해 무솔리니의 사위이자 외무 장관이었던 갈레아초 차노Galeazzo Ciano는 자신의 일기에 이렇게 썼다. "해군 전쟁에서 진정한 논쟁이 발생하는 곳은 우리 해군과 영국 해군 사이가 아니라, 우리 공군과 해군 사이이다."[4]

두 번째 문제는 이탈리아 공군 조종사들이 주로 지상 전투를 지원하기 위해 교육과 훈련을 받았다는 점이다. 에티오피아 정복 과정에서 확인했던 것처럼, 특히 그들이 조종하는 항공기는 지상 목표물에 대한 공격에서는 효과적이었으나, 바다에서 움직이는 군함을 공격하기는 훨씬 힘들었다. 당시 이탈리아 공군이 바다에서 기동하는 선박을 공격하는 과정을 다룬 프로토콜에 따르면, 폭격기는 높은 고도에서 비행하다가 공격 목표 위에서 촘촘한 대형을 형성해 그중 1대 이상의 항공기가 목표물을 정확하게 타격할 수 있다는 기대와 확신이 들면 항공기 전체가 함께 폭탄을 투하하는 식이었다. 이 같은 프로토콜 때문에 이탈리아 항공기들은 군함의 대공 사격 범위에서 벗어나는 장점이 있었고, 커닝햄 제독은 그렇게 기동하는 이탈리아 조종사들의 규율이 인상적이라고 생각했다. 그러나 2차대전 내내 지중해를 비롯한 바다에서 높은 고도에서 비행하던 항공기가 해상에서 기동하는 군함을 폭격하려는 시도는 무용지물일 정도로 비효율적이었음은 널리 알려진 바다.[5]

2차대전에서 교전국 사이의 첫 번째 해상 교전은 영국 해군 서머빌 제독이 메르스엘케비르 기지에서 프랑스 함대를 무력화한 지 5일 후인 7월 둘째 주에 시작되었다. 7월 6일, 이탈리아 해군 호송대가 경순양함 2척과 구축함 8척의 호위를 받으며 나폴리를 떠나 벵가지로 향했다. 이들을 엄호하기 위해 이니고 캄피오니Inigo Campioni 해군 중장이 지휘하는 이탈리아 전투 함대는 전함 2척, 중순양함 6척, 경순양함 8척, 구축함 16척으로 구성되어 출격했다. 비슷한 시기에 영국 해군 호송대는 몰타를 떠나 이집트로 향했고, 커닝햄 제독은 전함 3척, 항공모함 이글함Eagle, 순양함 5척, 구축함 15척을 지휘해 알렉산드리아에서 출항했다. 이틀 후인 7월 8일, 이탈리아 해안에서 50여 킬로미터 떨어진 곳에서, 영국은 칼라브리아 전투Battle of Calabria라고 명명하고 이탈리아는 푼타스틸로 전투Battle of Punta Stilo

라고 부르는 교전이 시작되었다.[6]

영국은 전함 전투력에서 3 대 2 정도 우위였으나, 이탈리아 해군이 근접 전투를 수행할 경우 캄피오니 중장은 중순양함 전력에서 유리할 것으로 예측되었다. 커닝햄 제독은 항공모함 이글함에서 어뢰기를 내보내 공격했으나, 이것들은 이탈리아 함대의 대형을 방해하는 정도에 그쳤다. 양측의 전함은 먼 거리에서 대구경 함포 사격을 주고받았는데, 연기가 무럭무럭 나고 큰 포탄이 물에 튀었지만 양측 모두 피해는 없었다. 그러던 중 오후 4시경에 커닝햄 제독의 기함이자 나르비크 공격에 참여했던 워스피트함이 발사한 15인치 포탄이 캄피오니 중장의 기함 줄리오체사레함 Giulio Cesare에 명중했다. 이 포탄이 이탈리아 전함의 보일러 8개 중 4개를 파괴해 이 함정의 속도는 18노트로 느려졌다. 캄피오니 중장은 즉시 피해를 입은 함정의 방향을 돌린 뒤 예하 구축함에 적에게 어뢰 공격을 실시하고 철수를 엄호하도록 연막 차장을 지시했다. 그는 또 이탈리아 본토에서 출격한 항공기들이 전투 지원에 나서주기를 바랐다. 그런데 40분 후에 이탈리아 공군 항공기들이 나타나더니 갑자기 양측 모두에게 무차별적으로 폭탄을 떨어뜨리기 시작했다. 3000미터가 넘는 상공에서 항공기가 떨어뜨린 폭탄에 의한 섬광과 바닷물의 간헐천은 제법 인상적인 광경을 연출했다. 이를 목격한 항공기 조종사들은 자신들이 투하한 폭탄이 영국군 함정에 다수 명중했다고 주장했다. 폭탄 하나가 이글함 갑판에 떨어진 것은 사실이지만, 실제로 함정을 타격할 뻔한 폭탄은 많지 않았다. 이 같은 공중 지원에 좌절한 캄피오니 중장은 곧바로 이탈리아로 복귀했고 커닝햄 제독도 몰타로 복귀했다. 영국군은 승리를 주장했지만, 양측 호송대 모두 무사히 항구에 도착했다. 이 해상 전투가 지중해의 전략적 균형에 미친 영향은 크지 않았다.[7]

그다음 몇 달 동안 영국에서는 무선 방향 탐지기RDF라고 부르고 미국에서는 레이더라고 부르는 새로운 장치가 영국군 함정에 장착되었다. 이로써 영국군 함정들은 상당한 수준의 기술적 이점을 확보했다. 이 새로운 기술은 도입 당시에는 실용성에 문제가 제기되기도 했다. 그러던 중 8월 마지막 날, 레이더를 장착한 영국 순양함 셰필드함Sheffield이 무선으로 항공모함 아크로열함에 적의 공습을 경고했다. 그런데 아크로열함의 당직 근무자가 이 메시지를 무시했다. 결국 이 항공모함이 공격을 받은 뒤부터 레이더의 효용에 대한 재평가가 활발하게 진행되었다. 셰필드함은 그날 오후 늦게 또다른 경고를 전달했고, 이번에는 아크로열함이 도중에 전투기를 발진시켜 공격하는 이탈리아 항공기들을 중간에서 격퇴했다. 이 전투 직후, 아크로열함의 장교들은 이처럼 놀라운 장치와 기술을 더 배우기 위해 셰필드함을 찾아오기도 했다. 그뒤 1940년 10월까지 영국의 모든 항공모함에 레이더가 장착되었다. 초기에는 이 장비가 초보적이었고 매번 신뢰할 수 있는 것은 아니었지만, 시간이 지날수록 작전 지휘관들은 점차 이 장비를 신뢰하고 더 깊이 의존하게 되었다.[8]

한편 무솔리니는 리비아 주둔 이탈리아 제10군 사령관 로돌포 그라치아니Rodolfo Graziani 원수에게 국경을 넘어 이집트로 진입하여 알렉산드리아와 수에즈를 공격하라고 거듭 압박했다. 하지만 그라치아니 원수는 자신이 지휘하는 부대가 그 같은 대규모 작전을 수행하기에는 전투력이 너무 부족하며, 특히 시칠리아의 좁은 해협을 가로지르는 보급선이 불안정하다고 주장했다. 하지만 무솔리니가 전진하라는 명령을 계속해서 하달하자 그라치아니 원수는 어쩔 수 없이 9월 9일에 이집트를 침공했다. 이 명령에 대한 의견을 차노 장관은 일기에 이렇게 밝혀놓았다. "이번처럼 지휘관이 반대하는데도 시작된 군사 작전은 없었다."[9]

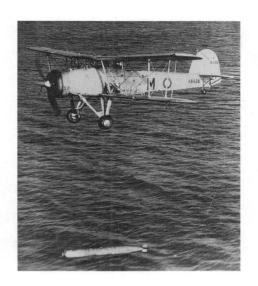

1939년에 페어리 소드피시 복엽기가 함대 훈련 중에 어뢰를 투하하는 모습. 이 다목적 항공기는 외양은 구식이었으나 장거리 정찰기, 급강하 폭격기, 어뢰 폭격기 등으로 다양하게 운용되었고, 실제로 영국 해군 함대 항공의 중추였다. (미국 해군 역사유산사령부)

그라치아니 원수의 우려대로, 이에 대한 대응으로 커닝햄 제독은 시칠리아 해협을 건너 리비아로 향하는 이탈리아 수송선, 벵가지에서 전선으로 이어지는 긴 해안 도로를 이용하는 이탈리아 트럭 수송단을 죄다 공격했다. 영국 해군 순양함과 구축함이 해안 도로를 포격했고, 항공모함 일러스트리어스함Illustrious에서 출격한 항공기들이 트럭 수송대와 보급 창고를 공습했다.

이 공격에 참여한 항공기들은 1930년대 페어리 항공사가 설계하고 제작한 소드피시 복엽기複葉機였다. 천으로 덮인 쌍둥이 날개, 열린 조종석, 고정된 착륙 장비 등을 보면 이 항공기가 1차대전에서 사용되었던 다른 기종과 흡사하다는 것을 알 수 있다. 이 항공기의 날개는 끈과 와이어로 연결되어 있는데, 사람들이 이 기종에 붙인 '스트링백stringbag'이라는 별명은 그러한 특징에서 유래한 것으로 추정된다. 특히 이 항공기의 다재다능함에 많은 찬사가 뒤따랐는데, 확장 가능한 스트링백에 구매품을 넣고 다니는 영국 쇼핑객의 습관을 연구해서 참고한 것이었다. 원래 소드피시 기종은 정찰기로 설계되었지만, 강하 폭격기와 어뢰 폭격기로도 운용되곤 했다. 비록 외형은 고풍스러웠으나 이 기종은 영국 해군 함대의 표준 공격기였다.[10]

그라치아니 원수가 침공을 개시한 몇 주 전인 8월, 3대의 소드피시 항공기가 이집트 사막의 시디바라니에서 투부르크와 벵가지 사이에 있는 봄바 항구에 정박한 이탈리아 선박을 공격하기 위해 이륙했다. 소드피시 항공기들은 어뢰 3발로 선박 4척을 침몰시켰는데, 이때 잠수함 보급선 1척이 폭발하고 그 옆에 있던 잠수함과 또다른 보급 선박도 파괴되었다.[11]

여기서 더 주목할 점은 3개월 후에 영국군 소드피시 항공기가 장화처럼 생긴 이탈리아 영토 안쪽 뒤꿈치에 자리잡은 타란토에서 이탈리아 주력 전투 함대를 공격하는 장면이다. 역사학자들은 이 공격을 항공모함에서 출격한 항공기가 현대 해군의 주요 공격 부대로 등장한 결정적·혁명적 사건으로 평가한다. 1930년대 이후 영국 해군은 항공모함을 이용해 정박 중인 해군 전투 함대를 공습하는 방안을 지속적으로 검토하고 발전시켰다. 이 계획에 근거해 지중해에서 작전 중이던 항공모함을 지휘했던 럼리 리스터Lumley Lyster 해군 소장은 커닝햄 제독에게 타란토에 정박한 캄피오니 중장의 전함 6척을 공격하도록 승인해달라고 요청했다. 캄피오니 중장은 자신이 지휘하는 함대를 나폴리가 아닌 타란토에 주둔시켰는데, 타란토가 영국 호송대의 경로에 근접했기 때문이다. 달리 말하면, 캄피오니 중장의 함대가 타란토에 주둔함에 따라 영국군 공군의 위협에도 근접했다. 처음에 리스터 소장은 항공모함 2척을 모두 투입해 폭격 작전을 수행할 계획이었으나, 칼라브리아(푼타스틸로)에서 이글함이 피해를 입어서 이 작전에는 일러스트리어스함만 참여했다. 다만 원활한 폭격 작전을 수행하기 위해 이글함에서 항공기 5대가 일시적으로 일러스트리어스함으로 이동했다.

커닝햄 제독은 다른 호송대를 몰타로 보낸 뒤 1차대전 휴전 기념일인 11월 11일에 일러스트리어스함을 순양함 4척과 구축함 4척에서 분리해 신속하게 북쪽으로 기동하도록 했다. 리스터 소장은 '트라팔가르의 날'인 10월 21일(1805년 10월 21일에 호레이쇼 넬슨 제독이 지휘한 영국 해군이 프랑스-에스파냐 연합 함대를 상대로 트라팔가르 해전에서 승리를 거뒀다)에 공습이 시작되기를 희망했지만, 일러스트리어스함에서 화재가 일어나는 바람에 항공기 여러 대가 손상되어 작전을 연기했다. 한편 그사이에 소드피시 항공기에 장거리 비행에 대비해 약 4리터 크기의 보조 연료 탱크를 장착했고 조종사들은 야간 공격을 연습했다.[12]

11월 중순, 이미 어두워진 밤 8시가 막 지났을 무렵, 일러스트리어스함은 항공기를 이륙시키기 위해 뱃머리를 바람이 불어오는 방향으로 바꾸었다. 훗날의 기준으로 볼 때 이날 공습은 결코 대규모가 아니었다. 스트링백 항공기 21대가 이륙했는데, 절반은 폭탄으로 무장하고 나머지 절반은 어뢰로 무장했다. 케네스 윌리엄슨Kenneth Williamson 중령이 항공기 12대로 구성된 제1진을 지휘했고, '진저' 헤일J. W. 'Ginger' Hale 중령이 지휘한 제2진은 항공기 9대로 구성되었다. 폭격 작전에 참여한 영국 항공기들은 2시간 동안 1500미터 상공에서 시속 약 150킬로미터 속도로 느리게 비행했는데, 무거운 무기를 운반할 때 연료 효율이 가장 높은 속도였다. 그리고 밤 11시 직전에 목표 지점에 도달했다. 이탈리아군에는 레이더가 없었지만, 본진에서 일찍 이탈해 목표 지점에 도달한 영국군 항공기 1대를 식별한 이탈리아 부대가 방어 태세를 강화했다. 곧 이탈리아군은 마치 구름을 생성하듯이 대공 사격을 개시했는데, 이 모습을 목격한 영국

군 한 조종사는 마치 에트나 화산의 분화구가 폭발하는 것 같다고 생각했다.[13]

제1진 항공기들이 항구를 비추기 위해 낙하산 조명탄을 투하하고 이어서 해안가의 연료 탱크를 폭격했다. 당시 전체적으로 이탈리아 해군은 연료가 부족한 상태였기에 유류 탱크가 파괴된 것은 큰 손실이었다. 이탈리아 함선에 가해진 강하 폭격기의 공격은 별로 성과가 없었다. 투하한 폭탄 중 1개만 구축함 리베초함Libeccio을 강타했으나, 이 함정에서는 폭발이 일어나지 않았다. 그런 뒤 어뢰를 장착한 항공기들이 도착했다. 총 21대의 항공기 중에 11대에 길이 5미터에 무게 700킬로그램의 마크 12호 어뢰가 탑재되었다. 이처럼 크고 무거운 어뢰를 발사하기 위해 조종사는 목표물에 천천히 접근해야 했는데, 어뢰를 약 50미터 고도 또는 70노트 이상의 속도에서 투하할 경우 물과 충돌하는 과정에서 작동 불능이 되거나 불발될 수 있었기 때문이다. 실제로 스트링백 항공기들은 지나칠 정도로 낮게 비행했다. 훗날 한 조종사는 자기가 조종하던 기체의 바퀴가 수면에 닿았다고 주장하기도 했다. 영국군 항공기가 이처럼 낮게 비행하자 이탈리아 함정의 함포병들은 난처했다. 저공 비행하는 영국군 항공기를 겨냥해 각 함정이 함포를 발사할 경우, 자칫 아군 함정을 향해 사격하는 위험한 상황이 될 수 있었기 때문이다. 이탈리아군이 어뢰 그물을 준비했더라면 아찔할 정도로 낮게 비행한 영국군 조종사들의 대범함은 헛수고로 끝날 수도 있었겠지만, 그날 이탈리아 함정들은 이튿날 출격하기 위해 어뢰 그물을 제거한 상태였다.

스파크P. J. D. Sparke 중위는 2만 3000톤급 구형 전함 콘테디카보우르함 Conte di Cavour을 향해 자신이 조종하는 어뢰기를 정렬했다. 그는 어뢰를 발사하는 순간 몸이 굽어지는 듯한 반동을 느꼈다. 하지만 그가 발사한

이탈리아 전함 콘테디카보우르함이 1940년 11월 11~12일에 진행된 영국군의 공습으로 타란토 항구 바닥에 잠긴 모습. 이탈리아 해군이 이 전함을 수면으로 끌어올렸으나 수리하는 데 매우 긴 시간이 소요되어서, 독일군이 1943년 9월에 이 전함을 탈취했을 때도 여전히 트리에스테의 수리소에 있었다. (미국군 해군연구소)

어뢰는 직선으로 움직였고, 11시 14분에 폭발한 뒤 수면 아래에 약 8미터 크기의 구멍을 만들어 계류장에 정박한 콘테디카보우르함을 침몰시켰다. 불과 몇 분 후에 또다른 어뢰가 15인치 함포를 장착한 4만 톤급 최신형 대형 전함 리토리오함Littorio에 명중했다. 이 전함 승무원들이 폭발에 대응하려 할 즈음 또다른 어뢰가 명중했다. 그리고 자정 직전에 소드피시 항공기 제2진이 도착했을 때, 세 번째 어뢰가 리토리오함을 타격했다. 다행히 이 전함은 침몰하지 않았지만 이 공격으로 입은 심각한 피해 때문에 향후 5개월 동안 작전에 투입될 수 없었다. 한편 또다른 어뢰가 구식 전함 카이오두일리오함Caio Duilio에 명중하자 이 배는 화재를 막기 위해 탄약고 2개를 침수시켰고 격침되는 것을 피하기 위해 스스로 좌초했다. 한편 이번 공격에서 영국군의 소드피시 항공기 2대가 격추되었고, 전사자 2명,

포로 2명(윌리엄슨과 노먼 스칼릿스트리트필드 중위)이 발생했다. 이러한 피해 속에서도 불과 몇 분 만에 소수의 영국군 스트링백 항공기가 이탈리아 해군의 주력함 중 정확히 절반에 해당하는 전함 3척을 불구로 만들었다. 나중에 커닝햄 제독은 영국군 항공기 20대가 "타란토에서 이탈리아 함대에 큰 피해를 입혔는데, 이는 영국 해군이 유틀란트 해전에서 독일 공해 함대를 파괴한 것보다 많았다"라고 분석했다. 차노 장관은 이날 자신의 일기에 간략하게 '암흑의 날'이라고 적었다.[14]

영국군 항공기가 시도한 극적 공습의 효과에 관심을 보인 전문가 중에는 1941년 5월에 타란토를 방문한 일본 대표단도 있었다. 이들은 특히 타란토 항의 얕은 바닥에서 어뢰가 효과를 발휘한다는 점에 주목했다.[15]

이 공습 이후의 정치적 파장도 작지 않았다. 1934년 이래 이탈리아 해군의 참모 총장을 역임했으며, 항공모함을 포기하는 대신 전함 건조에 몰두했던 도메니코 카바냐리Domenico Cavagnari 제독이 해임되고 후임으로 아르투로 리카르디Arturo Riccardi 제독이 임명되었다. 리카르디 제독은 이탈리아가 항복하는 순간까지 해군 참모 총장 직책을 수행한 인물이다. 런던에서는 처칠이 이 소식에 감격했다. 그는 하원에서 행한 연설에서 타란토 공습은 "지중해의 해군력 균형에 결정적 영향을 미쳤으며, 더 나아가 전 세계 모든 지역의 해군이 처한 상황에 영향을 미쳤다"라고 강조했다.[16]

━━━━━━

11월 11일 타란토에서 발생한 영국군의 공습 직후, 이탈리아 해군은 캄피오니 중장에게 그의 함대에 남아 있는 함정들을 타란토에서 서쪽으로 300여 킬로미터 떨어진 나폴리에 재배치하라고 지시했다. 그러나 그 함정들은 캄피오니 중장이 주도한 영국 호송대 요격 시도를 막지 못했다. 영국군의 타란토 공습 이후 일주일 정도 지났을 때 캄피오니 중장은 에스파냐의 친파시스트 스파이로부터 서머빌 제독이 지휘하는 H부대가 지브롤터를 떠나 동쪽 몰타섬으로 가는 호송대를 엄호할 것이라는 정보를 입수했다. 당시 서머빌 제독이 지휘하는 병력은 7월에 비하면 대폭 축소된 상태여서, 기함으로 사용하던 전함 리나운함과 전함 아크로열함, 경순양함 몇 척뿐이었다. 캄피오니 중장은 나폴리의 새로운 기지에서 전함 2척과 중순양함 6척을 이끌고 출격해 영국군 호송대를 공격하기로 결정했다. 그는 커닝햄 제독이 서머빌 제독의 호송대를 엄호하기 위해 인근에서 구식 R급 전함 라밀리함Ramillies, 순양함 3척, 구축함 3척으로 구성된 영국군 제2 수상 함대를 지휘하는 것도 알고 있었다. 그런데 이 정보를 검토한 캄피오니 중장은 작전을 포기하지 않고 오히려 좋은 기회로 여겼다. 그는 먼저 서머빌 제독의 호송대를 격파하고, 이 작전이 제대로 수행되면 자신의 전투 피해 정도를 감안해 복귀하는 과정에서 커닝햄 제독의 제2 수상 함대도 공격할 수 있으리라 예상했다. 캄피오니 중장의 예측과 전망은 탁월했다.[17]

서머빌 제독은 11월 27일 아침에 캄피오니 중장이 지휘하는 이탈리아 해군이 접근한다는 사실을 간파했다. 하지만 그는 동쪽으로 계속 기동했다. 알렉산드리아에 파견된 영국 공군 병력 700명을 위시해 귀중한 호송대를 엄호하기 위한 긴 전투가 벌어질 것으로 생각했기 때문이다. 그리고 그날 아침 늦게서야 커닝햄 제독이 지휘하는 제2 수상 함대가 50여 킬로미터 떨어진 곳에 있으며 점차 근접한다는 것을 알고 크게 안도했다. 한편 캄피오니 중장은 커닝햄 제독이 지휘하는 영국군 제2 수상 함대가 가까이 다가왔다는 것을 파악하자 이 점을 고려해 전체 상황을 다시 평가했다. 그 결과 두 함대를 개별적으로 상대하는 것이 아니라 서머빌 제독과 커닝햄 제독이 지휘하는 두 연합 함대와 동시에 대결할 가능성이 높아 보였다. 분명한 것은 이탈리아 해군이 영국군 해군 함대를 분리해 각개 격파할 기회를 놓친 것이었다. 당시 이탈리아군 전함이 영국군 전함보다 신형이고 더 빠르고 순양함 전투력에서도 우세였다는 점을 생각해보면 캄피오니 중장은 충분히 영국 해군과 정면 대결을 시도할 수 있었다. 하지만 그는 모든 공격을 취소하고 돌연 기지로 복귀하기로 결정했다.[18]

캄피오니 중장이 지휘하는 이탈리아 전함은 30노트 이상의 속도로 기동할 수 있었으나, 25년 전에 진수된 영국군 전함 라밀리함의 최고 속도는 21노트에 불과했기 때문에 캄피오니 중장으로선 충분히 승산이 있었다. 하지만 서머빌 제독은 이탈리아 해군을 추격하기 위해 아크로열함에서 소드피시 폭격기 11대를 보내 공격함으로써 캄피오니 중장 쪽의 속도를 늦추려 했다. 그러나 고속으로 기동하는 적의 함대를 공격하는 것은 닻을 내리고 정박한 선박을 공격하는 것보다 훨씬 어려웠기에 항공기 공격은 그다지 성과가 없었다. 만약 영국 항공기들이 이탈리아 전함 중 하나에 손상을 입혀 속도를 늦췄다면 서머빌 제독은 계속 추격했을지도 모른다. 그러나 이탈리아 함정들이 빠른 속도로 철수하자 서머빌 제독도 더는 추격하지 않았다. 그가 수행할 주요 임무는 호송대를 엄호하는 것이었고, 게다가 언제든지 이탈리아군 잠수함에 의한 매복 공격의 위험에 처할 수 있었기 때문이다.[19]

이처럼 별다른 결론 없이 끝난 스파르티벤토곶 전투Battle of Cape Spartivento에 대해 로마와 런던 모두 불만이었다. 이탈리아 해군 제독들은 큰 기대 속에서 시작한 전투가 이렇다 할 성과 없이 끝나자 실망하고 좌절했다. 그리고 12월 10일에 캄피오니 중장은 참모 총장 보좌관이라는 직책으로 좌천되었고, 함대 지휘권은 캄피오니 중장 예하에서 순양 함대 사령관이었던 안젤로 이아키노Angelo Iachino 중장에게 이양되었다.

처칠의 실망은 더 컸다. 그는 공격성이 부족하다고 판단되는 사람에게 본능적으로 직설적으로 대했는데, 이 상황에서는 서머빌 제독이 캄피오니 중장을 끝까지 밀어붙였어야 한다고 생각했다. 처칠은 서머빌 제독이 메르스엘케비르 항구에서 프랑스군을 공격할 때 보인 불안을 떠올리며 그가 공격적 성향이 부족하다고 판단했다. 처칠은 조사 위원회를 소집해 서머빌 제독을 해임하고 후임으로 라플라타강 전투에서 그라프슈페함을 격파해 승리한 헨리 하우드 제독으로 대체하자고 제안했다. 하지만 이번에는 해군이 국민으로부터 인기 높은 서머빌 제독을 보호하기 위해 목소리를 높이자 처칠의 의견은 수용되지 않았다. 서머빌 제독은 지위를 보존했으나, 이 전투를 계기로 전투 실적을 중시하는 처칠의 성향이 명확하게 드러났다.[20]

이렇듯 처칠의 불만을 사긴 했지만 영국 해군은 7월에 프랑스 해군에, 11월에는 이탈리아 해군에 치명적 타격을 가함으로써 지중해의 지배권을 확보하는 데 성공했다. 물론 그뒤에도 몰타와 지브롤터에서 알렉산드리아로 향하는 수송선과 호송대는 적의 공습을 받았으나, 내부에서 지중해를 포기해야 한다고 주장하는 목소리가 더는 들려오지 않았다. 게다가 12월 8일에 이집트에 주둔한 영국군이 그라치아니 장군이 지휘하는 이탈리아 부대에 반격을 가하기 시작해 이탈리아군을 엘아게일라까지 1000여 킬로미터를 밀어붙였다. 그리고 이 작전의 패배로 그라치아니 장군이 해임되었다. 이 전투 직후 커닝햄 제독은 지중해에서 "1940년이 큰 희망 속에서 끝났다"라고 평가했다. 당시 북아프리카의 상황은 전략적으로 완전히 역전되었고, 무솔리니는 자신이 지나치게 전장戰場을 확장했다는 것을 깨닫고 히틀러에게 지지를 요청할 수밖에 없었다. 이에 히틀러는 에르빈 로멜Erwin Rommel 장군이 지휘하는 제15 기갑 사단을 북아프리카로 보냈고, 로멜은 그곳에서 '사막의 여우'라는 명성을 얻었다.[21]

─────

한편 프랑스 함락 직후에 처칠과 영국인들은 줄곧 독일군의 도버 해협 횡단 침공에 대비했는데, 독일 최고 사령부는 이것을 바다사자 작전Operation Seelöwe으로 명명했다. 독일군은 이 작전을 수행하기 위해 영국-프랑스 해협을 가로질러 병력 50만 명, 대량의 탄약과 장비를 수송해야 했는데, 여기에 필요한 대형 수송선 200척과 모터보트 1700여 척을 해협의 항구에 집결시켰다. 하지만 병력과 장비의 실제 기동은 괴링이 지휘하는 독일 공군이 해협 상공의 제공권制空權을 장악하기 전에는 시작하지 못했다. 괴링은 히틀러에게 독일 공군 항공기가 눈부신 성과를 거두고 있다고 거듭 장담했으나, 실제로 영국 공군 조종사들은 임무를 훌륭하게 수행해 그들의 손실보다는 독일 공군이 입은 피해가 더 컸다. 게다가 8월 말에는 독일군이 영국을 침략하기 위해 프랑스와 네덜란드 해안에 집결시킨 수송 선박에 영국 폭격기가 정기적으로 야간 폭격을 개시했다. 이 작전에서 영국 공군은 수송선 21척, 모터 달린 바지선 200여 척을 파괴했다.

그러다 영국이 8월 25일에 베를린을 공습하자 영국을 둘러싼 공중전은 새로운 국면에 접어들었다. 영국 공군의 베를린 공습에 화가 난 히틀러는 괴링에게 영국에서의 공격 목표를 비행장이 아닌 런던을 비롯한 도시로 바꾸라고 지시했다. 이 같은 변화로 런던 시민들은 갑작스러운 공습과 그로 인한 파괴로 괴로웠지만, 그동안 힘겹게 공중전을 수행하며 압박을 받던 스핏파이어 기종과 허리케인 기종의 조종사들은 잠시나마 휴식을 취할 수 있었다. 그러다 9월 중순에 접어들자 독일 공군이 영국을 상대로 하는 공중전에서 승리할 수 없음이 점차 명백해졌다. 처칠은 나중에 알게된 사실이지만, 히틀러는 9월 17일에 영국 침공 계획을 보류했다. 그 대신관심을 동쪽으로 돌리기로 결심했다.[22]

히틀러는 유럽 지배권을 차지하기 위한 궁극적 투쟁의 대상은 소련이될 것이라고 늘 가정했다. 소련의 넓은 영토는 그가《나의 투쟁Mein Kampf》에서 독일 국민에게 약속한 '레벤스라움Lebensraum'이 될 것이었다. 영국침공을 골자로 하는 바다사자 작전의 비현실적인 성격이 밝혀지자 히틀러는 장군들에게 독일군의 주력을 영국-프랑스 해협에서 철수시켜 동쪽으로 재배치하라고 지시했다. 그런 뒤 곧바로 소련을 침략·정복·점령하기 위한 바르바로사 작전Operation Barbarossa 준비에 착수했다. 그는 1941년5월 중순에 소련에 대한 공격을 개시하기를 희망했지만, 지중해와 발칸반도에서 발생한 사건 때문에 지연되었다.

독일의 소련 침공이 지연된 직접적 원인은 히틀러의 골치 아픈 동맹국이탈리아였다. 1940년 9월에 실시한 이집트 원정이 실망스러운 결과를낳았음에도 무솔리니는 불과 한 달 만에 이탈리아 육군과 해군을 동원해그리스 침공에 나섰다. 하지만 정작 이 사실을 베를린에는 알리지 않았다.독일군이 사전 통보 없이 루마니아를 침공한 데에 화가 난 무솔리니가 독일에 알리지 않은 채 그리스를 침공함으로써 히틀러에게 상황이 바뀐 것을 알리고자 한 것이다. 그는 자신의 사위에게 "히틀러는 내가 그리스를점령했다는 사실을 신문을 보고 알게 될 것이야"라고 말했다. 이렇듯 동맹을 맺은 세력들이 상호 협력하지 않고 조율된 행동에서 벗어나 일방적으로 행동하는 것이 당시 추축국樞軸國 연합의 특징이었다. 달리 말하면그들은 같은 편이긴 해도 진정한 동맹은 아니었다.[23]

이탈리아군의 그리스 침공 작전은 초기에는 꽤 성공적이었다. 이탈리아 해군은 병력 약 50만 명에 장비와 물자 50만 톤을 아드리아해를 가로질러 알바니아로 수송했다. 하지만 정작 지상 작전에서 문제가 생겼다. 그리스 육군이 이탈리아군의 공격을 격퇴해 알바니아까지 몰아붙인 것이다. 한편 추축국과 단독으로 전쟁을 수행하면서 함께 맞서 싸울 동맹국을 찾던 영국은 즉각 그리스 지원에 나섰다. 이에 따라 '러스터 작전Operation Lustre'의 일환으로 병력, 장비, 보급품을 수송하는 영국 수송 부대가 지중해 동부를 가로질러 알렉산드리아에서 피레우스(현 피레에프스)까지 북쪽으로 정기적으로 운행했다. 독일 해군 참모 총장 레더 대제독은 발칸반도의 상황에 고통스러워했다. 1941년 1월에 히틀러에게 보낸 메모에서 그는 이탈리아의 그리스 침공을 '심각한 전략적 실수'라고 규정하고 "이탈리아의 전쟁 지도력이 형편없다"라고 비난했다.[24]

게다가 겨울에도 이탈리아의 상황은 나아지지 않았고, 무솔리니 군단이 그리스에서 또다른 진퇴양난에 빠졌음이 분명해졌다. 레더 대제독은 이러한 상황을 수습하기 위해 히틀러에게 독일군이 그리스 전선을 완전히 장악하게 하라고 촉구했다. 그뿐만 아니라 수에즈 운하를 점령하기 위해 독일 육군과 해군이 합동 작전을 추진해야 한다고 주장했다. 한편 히틀러의 시선은 처음부터 러시아군의 스텝 지대에 고정되어 있었지만, 그리스에서 이탈리아군이 펼친 형편없는 군사 작전, 추축국 연합 반대 세력이 주도한 유고슬라비아의 쿠데타 때문에 어쩔 수 없이 독일 지상군을 발칸반도로 보내야 했다. 히틀러는 이러한 상황에 짜증이 났지만 수렁에 빠진 이탈리아군을 구해야 했기에 소련 침공 작전, 즉 바르바로사 작전을 연기할 수밖에 없었다.[25]

발칸반도에 개입할 준비를 하던 독일군은 그리스로 보급품을 운반하는 영국 호송대에 대해 적절한 조치를 취하라고 이탈리아 해군을 압박했다. 이탈리아 해군 대다수는 동계에 접어들자 한가한 시간을 보내고 있었다. 그렇게 한 공식 이유는 연료 부족이었다. 이처럼 정당한 이유가 없는 것은 아니었으나 독일은 이탈리아 해군이 그 핑계로 아무런 행동도 취하려 하지 않는다고 의심했다. 이미 전후 평화 협상을 기대하고 있던 무솔리니는 해군을 최대한 많이 보존하려 했고, 협상이 시작되면 그 해군 전투력을 이용해 자신의 영향력을 높일 심산이었다. 하지만 독일은 상황을 대충 얼버무리려는 이탈리아의 조치에 특별히 동정심을 보이지 않았다. 그래서 1941년 2월 13~14일에 이탈리아 알프스의 메라노에서 열린 전략 회의에서 독일군의 지중해 동부에 대한 지상 공격을 승인하라고 리카르디 제독을 압박했다. 그러자 리카르디 제독은 독일군이 루마니아 유전에서 확보한 연료 중 일부를 이탈리아에 제공하면 그 공격이 가능할 것이라고 넌지시 말했다. 레더 대제독은 즉시 논의해보겠다고 말했지만, 실제로 바르바로사 작전이 보류 중인 상황에서 이탈리아에 유류 제공을 더 늘릴 가능성은 높지 않았다.[26]

　1941년 1월에 노르웨이에서 시칠리아로 이동한 독일 공군 폭격기 부대가 몰타섬 인근의 영국 호송대를 공격해 성공한 뒤로 지중해 동부에 대한 독일의 공격 압박은 커졌다. 독일 공군 제10비행단 소속의 폭격기가 수행한 주요 임무는 몰타섬으로 향하는 영국 보급선을 차단하는 것이었다. 영국 해군의 해상 수송선 호위는 점차 강화되었으나 독일 공군, 특히 스투카 급강하 폭격기는 위협적이었다. 독일 공군 폭격기들은 1월 11일에 영국군 경순양함 사우샘프턴함Southampton을 침몰시켰고, 항공모함 일러스트리어스함에 폭탄을 6개 이상 떨어뜨려 심각한 손상을 입혔다. 이 공격으로 타란토에서 큰 피해를 입은 이탈리아 해군을 대신해 어느 정도 복수한 셈이었다. 이 공격으로 손상된 일러스트리어스함은 화재를 진압하지 못한 채 몰타 항구에 입항했으나, 전반적으로 수리를 받기 위해 다시 미국으로 이동했다. 1월 말까지 독일군은 시칠리아와 이탈리아에 200여 대의 항공기를 주둔시켰는데, 그 수는 봄까지 계속 늘어났다.[27]

1941년 3월, 독일 해군 대표들은 지중해에서 영국 호송대를 차단하기 위해 독일 폭격기들이 이탈리아 해군보다 더 많은 임무를 수행하고 있다고 주장했다. 독일 공군은 커닝햄 제독이 지휘하는 전함들인 바함함과 워스피트함을 파괴했으니 지중해 동부에 남아 있는 영국군 전함은 이제 1척뿐이라고 믿었다. 하지만 독일군은 그리스군이 알렉산드리아에서 "지속적으로 병력과 장비를 증원받고 있다"라고 분석했다. 로마에 있는 독일 해군 연락관은 영국군 호송대가 '이탈리아 해군에 매우 가치 있는 목표'가 될 것이라는 내용을 전달하며 넌지시 암시했다. 하지만 그 말은 실제로는 조롱이었다.[28]

이즈음 이아키노 제독은 이탈리아 해군 본부에 지중해 동부를 소탕할 수 있도록 허가해달라고 요청했으나, 공식적으로 연료 부족을 이유로 반려되었다. 하지만 그는 곧 로마로 소환되었고 그가 제안한 작전이 실행될 것이라는 소식을 들었다. 그가 처음에 계획을 수립할 때 가장 신경썼던 사항은 연료 부족 외에도 신뢰할 만한 공군의 엄호가 부족한 점이었다. 당시 이탈리아 공군의 실력은 여러모로 신뢰할 수 없는 상태였다. 그러나 이집트와 그리스 양쪽에서 영국 항공기가 쉽게 접근할 수 있는 공간에서 지중해 동부를 향해 모험적인 작전을 감행하려면 좀더 신뢰할 만한 항공 지원이 필요했다. 이탈리아 해군 참모들은 이아키노 제독에게 독일 공군 제10비행단 소속 항공기와 시칠리아 기지의 장거리 항공기들이 그의 작

이아키노 제독이 지중해 동부로 출격할 때 기함으로 사용한 신형 전함 비토리오베네토함. 이 사진은 1940년 이 전함이 취역한 직후에 촬영된 것인데, 어뢰 공격에 대비해 측면을 두껍게 보강한 모습을 볼 수 있다. (미국 해군 역사유산사령부)

전을 지원할 수 있을 것이라고 장담했다. 그는 이 같은 의견에 회의적이었지만 비난을 무릅쓰지 않고서는 반박할 수 없는 처지였다. 결국 3월 26일, 이아키노 제독은 날이 어두워지고서야 나폴리를 떠나 출발했다.[29]

이아키노 제독이 지휘하는 함대의 규모는 상당했다. 그의 기함은 4만 톤급 비토리오베네토함Vittorio Veneto이었는데, 이 함정에는 15인치 함포 9문이 장착되었고 최대 30노트까지 속도를 낼 수 있었다. 여기에 중순양함 6척, 경순양함 2척, 구축함 13척이 동행했다. 독일군의 보고에 따르면, 이아키노 제독은 커닝햄 제독이 지휘하는 알렉산드리아 주둔 영국 해군이 대형 전함 1척(밸리언트함)과 소형 전함 몇 척만 보유해 이탈리아 함대와 맞서기에는 전투력이 약하다고 믿었다.[30]

그런데 독일군 항공기가 커닝햄 제독이 지휘한 전함에 가한 피해는 열성적인 독일 조종사들이 과장해서 보고한 만큼 심각하지는 않았다. 실제로 당시 영국 전함 3척 모두 완벽하게 정상적인 작전이 가능했다. 이 전함들은 1916년 유틀란트 해전에 참전했을 정도로 오래되어서 기동 속도는 느렸으나, 각각 15인치 함포를 가지고 있었다. 따라서 일상적인 속도를 감안할 때, 영국군 전함들은 15인치 함포를 사용할 수 있을 정도로 가까이 접근할 것이었다. 이와 더불어 커닝햄 제독은 아테네 근교의 피레우스에 배치된 경순양함 4척과 구축함 4척에 대한 작전 통제권도 가지고 있었다. 커닝햄 제독의 약점은 중순양함을 보유하지 않았다는 점인데, 이는 이 작전이 지중해 전역에서, 혹은 어쩌면 전쟁 전체에서 가장 대담한 작전이었기 때문이다.

이아키노 제독이 나폴리에서 항해를 시작하던 날, 이탈리아 특공대원 8명이 폭발물을 가득 실은 작은 모터보트인 '모토스카포 투리스모스 motoscafo turismos'를 조종해 크레타 북부 해안 소우다만의 좁다란 물길에서 대담하게 침투했다. 이곳에는 중순양함 요크함York이 정박해 있었다. 개전 첫 달에 귄터 프린이 스캐퍼플로를 침투했던 일을 떠올리게 하는 이 작전에서 이탈리아 특공대는 경계 중인 항구에 몰래 천천히 진입했다. 그런 뒤 정박 중인 군함들을 향해 작은 모터보트를 정렬시키고 모터보트의 속도를 올려서 다가간 다음, 충돌하기 직전에 뛰어내렸다. 해안으로 이동한 특공대원들은 곧 포로가 되었지만, 이들이 타고 온 소형 모터보트들이 목표점에 도달했다. 그중 2척이 중순양함 요크함을 강타했고, 이어서 발생한 폭발로 요크함의 보일러실과 엔진실이 물에 잠겼다. 결국 요크함의 승무원들은 이 함정이 침몰하는 것을 막기 위해 해변으로 이동했다. 이 대담한 기습 작전 때문에 그다음날 밤에 커닝햄 제독이 지휘하는 전함 3척이 바다로 출격할 때 영국 해군은 중순양함 없이 구축함 9척만으로 출동해야 했다.[31]

그런데 당시 커닝햄 제독은 손상된 일러스트리어스함을 대체하기 위해 본국에서 보낸 새로운 항공모함 포미더블함Formidable도 가지고 있었다. 포미더블함은 지중해 동부에 도착하기 위해 아프리카 남쪽을 돌아 인도양을 거쳐 홍해로 가는 먼 거리를 항해했다. 독일 항공기들이 수에즈 운하에 기뢰를 투하해 조금 지연되었으나 기뢰는 곧 제거되었다. 그리고 이아키노 제독이 지휘하는 이탈리아 함대가 나폴리를 떠나기 2주 전인 3월 10일에 이미 알렉산드리아에 도착한 상태였다.[32]

이아키노 제독과 이탈리아 함대는 3월 26일 늦은 시각에 이탈리아와 시칠리아 사이의 메시나 해협을 지나 동쪽의 이오니아해로 향했다. 이튿날 아침, 전쟁 발발 전에는 대서양을 가로질러 승객과 우편물 운송에 사용되던 영국의 장거리 쾌속선 선덜랜드호Sunderland가 이아키노 제독의 함대 중 일부를 발견하고 즉시 커닝햄 제독에게 적 순양함과 구축함 3척이 칼라브리아 동쪽 약 130킬로미터 지점에서 동쪽으로 항해 중이라고 보고했다. 커닝햄 제독은 이미 전 함대에 엄중 경계 태세를 강화하라고 지시했는데, 이런 방식은 2차대전 중 암호 해독을 작전에 유용하게 활용한 초기 사례 중 하나다. 영국의 암호 분석가들이 런던에서 북서쪽으로 80여 킬로미터 떨어진 블레츨리 파크에서 이아키노 제독의 출동 관련 전문을 가로챈 후 해독해서 해군성에 전달한 것이다.* 이 정보가 전해지자 커닝햄 제독은 우선 그리스로 향하는 호송대의 이동을 전면 취소했다. 당시 이아키노 제독이 지정한 목표가 영국 호송대였으므로, 이제 이탈리아 해군은

---

* 이탈리아 해군의 이아키노 제독은 적에게 도청될 수 있는 무선(전자) 통신이 아닌 유선 통신을 사용해 명령을 하달했으나, 이탈리아 공군은 크레타와 알렉산드리아 사이에서 정찰 비행을 수행하기 위해 여러 비행장에 무선 전송을 사용했다. 블레츨리 파크의 영국 암호 해독가들은 이 무선 통신을 가로채 해독했다. 암호 해독의 후속 역할, 특히 해전에서의 울트라 정보에 대해서는 12장에서 자세히 다룰 것이다.

목표를 달성할 가능성이 희박했다. 그러고 나서 함대 전체에 항해를 준비하라고 명령했다. 커닝햄 제독은 자신의 출동 계획이 눈에 띄지 않게 하려고 언뜻 볼 때 그날 오후에 외박할 것처럼 기함 워스피트함을 떠날 때 여행 가방을 들고 나갔다가 어두워진 뒤에 은밀하게 복귀해 기함에 승선했다. 그리고 그날 밤 늦게 커닝햄 제독이 지휘하는 영국군 함대도 출항했다.[33]

그런데 그 시각에 이아키노 제독은 공격에 대해 다른 생각을 하고 있었다. 그날 밤 10시 30분에서 11시 30분 사이에 그는 알렉산드리아의 영국군 함대는 전함을 1척이 아닌 3척을 가지고 있으며 영국군이 이탈리아 함대의 접근을 알고 있다는 최신 정보를 입수했다. 하지만 이아키노 제독은 아침까지 계속 동쪽으로 기동하다가 나중에 방향을 바꾸었다. 그가 지휘하는 이탈리아 함대는 세 그룹이었는데, 구축함의 호위를 받는 기함이 핵심 전투 부대이고 중순양함 6척이 두 그룹으로 나뉘어 또다른 전투 부대를 구성했다. 그날 아침 선덜랜드호가 목격해 커닝햄 제독에게 보고한 순양함이 그중 하나였다.[34]

커닝햄 제독 역시 자신의 함대를 정비했는데, 피레우스에서 온 경순양함 4척과 구축함 4척을 헨리 대니얼 프리덤휘펠Henry Daniel Pridham-Whippell 중장이 지휘하는 정찰대로 편성해 150킬로미터 전방에서 기동하도록 했다. 이렇듯 양측 부대는 어두운 야간에는 서로의 위치나 규모를 알지 못했지만, 장차 날이 밝아오면서 맞닥뜨릴 지점으로 이동하는 중이었다.

═════

그리스 본토에서 남쪽으로 뻗은 세 반도의 중간 지점에서 시작된 이 전투는 훗날 마타판곶 전투Battle of Cape Matapan로 알려졌다. 군사 작전은 3월 28일 새벽에 시작되었는데, 양측은 적을 찾고 식별하기 위해 항공 정찰을 실시했다. 시칠리아에서 보내주겠다고 약속한 이탈리아 공군 항공기가 도착하지 않은 것은 놀라운 일이 아니었다. 이아키노 제독은 어쩔 수 없이 자신의 기함에 소속된 수상 정찰기를 이용해 수색을 진행했다. 당시 영국 전함이 보유한 수상기는 나중에 다시 끌어올려져 회수할 수 있었으나, 이탈리아 해군, 특히 비토리오베네토함에는 회수 장비가 부족해서 조종사가 정찰을 마치고 나면 수상 정찰기가 그 지역을 떠나 해안 기지에 착륙해야 했다. 달리 말하면 이아키노 제독이 지휘하는 이탈리아 해군 함대가 적을 정찰할 기회는 단 한 번뿐이었다.[35]

그날 아침 6시 35분에 이탈리아 해군 정찰기 조종사는 프리덤휘펠 중장이 지휘하는 영국군 경순양함 그룹을 발견한 즉시 이 사실을 이탈리아 해군 기함에 무선으로 전송했다. 20분 후에는 영국군 항공모함 포미더블함에서 이륙한 8대의 항공기 중 1대가 이탈리아의 두 순양함 그룹 중 선두의 함정을 발견했다. 그런데 이상하게도 양측 모두 상대 지휘관의 전략적 의도와 상황을 명확하게 파악하고 있었다. 이탈리아 정찰기 조종사는 처음에 영국군 프리덤휘펠 중장의 함대를 이탈리아군 순양함 그룹 중 하나로 착각했고, 워스피트함의 커닝햄 제독은 포미더블함에서 출격한 항공기가 보고한 순양함이 프리덤휘펠 중장이 지휘하는 영국군 정찰대일지 모른다고 생각했다. 그리고 두 번째 영국군 항공기가 첫 번째 항공기가 발견한 곳에서 30여 킬로미터 떨어진 곳에서 또다른 순양함 그룹을 목격했다고 보고했을 때도 상황이 명확하지 않았다. 새로 발견한 적 순양함이 새로운 그룹인가, 아니면 이미 보고된 그룹인가? 그것도 아니면 프리덤휘펠 중장이 지휘하는 영국군 정찰대인가?[36]

아침 8시에 이르러서야 루이지 산소네티Luigi Sansonetti 이탈리아 해군 중장이 지휘하는 중순양함 3척의 감시병이 프리덤휘펠 중장이 지휘하는 영국군 경순양함을 발견하자 모든 의심이 해소되었다. 거의 같은 시각, 영국군 경순양함의 감시병도 이탈리아 함정을 발견했다. 영국군 함정 4척이 산소네티 중장이 지휘하는 이탈리아 함정 3척과 대치한 상황이었다. 하지만 이탈리아 군함이 보유한 8인치 함포는 영국군 경순양함이 보유한 6인치 함포를 사거리 면에서 능가했기에 프리덤휘펠 중장이 커닝햄 제독에게 이탈리아 함대(약 30킬로미터 떨어진 곳에 있던, 정체가 식별되지 않은 3척의 선박)와 맞닥뜨린 상황을 보고하자 프리덤휘펠 중장은 순양함의 방향을 돌리고 속도를 높여 이탈하고자 했다. 이러한 조치는 사거리를 늘려 적의 함포에서 멀어지기 위한 조치이자 커닝햄 제독의 전함 방향으로 이탈리아군을 끌어들이기 위한 것이었다. 도망치는 영국 군함의 모습에 환호한 산소네티 중장은 곧장 추격하라고 지시했고, 8시 12분에 포격을 개시했다. 프리덤휘펠 중장의 함대는 8시 30분까지 포탄이 사방으로 튀는 것을 피하기 위해 지그재그로 기동했는데, 이때 산소네티 중장은 이아키노 제독으로부터 영국군에 대한 추격을 중단하고 기함 근처로 오라는 명령을 받았다. 이아키노 제독은 영국군이 산소네티 중장을 함정으로 유인한다고 의심해 그를 소환한 것이다. 이아키노 제독은 숨어 있는 잠수함을 포함한 대규모 영국군 함대가 있을 것이라고 의심했던 것이다. 하지만 그는 커닝햄 제독이 지휘하는 전함이 그렇게 가까이 있는지는 전혀 알아차리지 못했다.[37]

한편 산소네티 중장이 지휘하는 이탈리아 함대가 방향을 바꾸자, 프리덤휘펠 중장 역시 방향을 돌려 그를 추격했는데, 이때도 이탈리아군의 함포가 닿지 않는 범위에 머물도록 주의했다. 이처럼 이탈리아 함대와 영국 함대가 북쪽으로 이동하던 중, 11시경에 프리덤휘펠 중장은 멀리서 비토리오베네토함의 꼭대기 돛대가 수평선 위로 올라오는 것을 발견하고 다시 한번 놀랐다. 프리덤휘펠 제독의 기함 오리온함Orion 선교에서 샌드위치를 먹고 있던 장교가 북서쪽으로 손짓하며 "저기 있는 전함은 뭘까요? 아군 전함은 아직 몇 킬로미터 떨어진 곳에 있는 줄 압니다만…"이라고 말했다. 갑자기 적군 전함이 등장하자 프리덤휘펠 중장은 즉시 방향을 동남쪽으로 선회하라고 지시하고 최대한 빨리 도주했다. 게다가 "전함 2척이 보인다"라는 잘못된 내용의 보고를 했다.[38]

이 보고를 받은 커닝햄 제독은 항공기를 바로 출격시켜 이탈리아 전함을 공격하게 했다. 포미더블함은 맞바람 방향으로 선회한 후 공격용 항공기 6대를 출격시켰다. 이때 이륙한 항공기들은 앨버코어Albacore 기종(조종사들은 애플코어Applecore라고 불렀다)이었는데, 실용적인 스트링백 기종에서 성능이 개선된 항공기였다. 이 항공기는 여전히 복엽기였지만 소드피시 기종보다 빨랐고, 운항 거리가 늘었으며, 더 무거운 폭탄을 운반할 수 있었다. 게다가 이 기종의 조종석은 밀폐식이었다. 앨버코어 항공기 6대는 11시 30분경에 비토리오베네토함을 발견하자 어뢰 공격을 개시했다. 처음 발사한 어뢰 공격은 실패했으나 이 공격으로 이탈리아 함대는 어떤 상황에서도 기습으로 영국군 호송대를 제압할 수 없다는 이아키노 제독의 의심을 확인할 수 있었다. 게다가 영국 공군의 공습이 시작되었는데 이탈리아 공군의 지원을 받을 수 없는 상황임을 고려할 때, 지금 계속해서 공격하는 것은 이익보다는 더 큰 위험이 뒤따를 터였다. 따라서 그는 이탈리아 함대에 곧장 방향을 서쪽으로 돌리라고 지시했다.[39]

이 결정으로 이제 사냥꾼이 사냥감으로 바뀌었다. 영국 항공기는 그날 오후에 다시 이탈리아 함대를 공격했다. 이아키노 제독의 기함은 이날 항공모함 포미더블함에서 출격한 어뢰기와 그리스에서 출격한 고공 폭격기로부터 8차례나 공격을 받았다. 그날 오후 늦게, 햇빛에 노출되지 않는 곳에서 어뢰 폭격기 3대가 이탈리아 전함의 우현을 공격했다. 항공기를 육안으로 볼 수 있다는 것은 공격을 피하기에는 너무 늦었음을 의미했기에 이아키노 제독은 폭격기를 그저 바라보았을 따름이다. 그는 이때 일을 이렇게 회상했다. "우리는 너무 놀라고 걱정스러운 마음에 항공기에 시선을 고정했는데, 찰나의 순간이 한없이 이어지는 것 같았다." 어뢰 중 2발은 빗나갔지만 1발은 이 전함의 좌현 나사 바로 위를 명중해 방향타를 방해했다. 이 타격으로 이탈리아의 대형 전함이 물에 잠기기 시작했고 좌현으로 약간 기울었다. 이 배는 일시적으로 기동을 멈추었다가 6분 후에 우현 엔진만 사용해서 다시 항해를 시작했고, 5시에는 19노트의 속도를 낼 수 있었다. 나중에 독일 공군 메서슈미트 전투기가 공중 엄호를 하기 위해 인근에 도착했지만, 연료를 보급받을 때까지 고작 50분밖에 머물지 못했다.[40]

전함 비토리오베네토함 후방 약 90킬로미터 지점에서 기동하던 커닝햄 제독은 이 유혹적인 목표물이 달아날까 우려했다. 그래서 일몰 무렵 이탈리아 전함을 공습하라고 또다시 명령했다. 이에 따라 출동한 알바코어 항공기 6대와 소드피시 항공기 3대는 이탈리아군의 수상함들이 전함 가까이 붙어서 한 대형을 이루어 이동하는 모습을 발견했다. 석양이 떨어지기 몇 분 전, 영국군 항공기들은 공격을 개시했다. 당시 출격한 한 조종사는 "이탈리아군 함정이 서쪽의 석양을 배경으로 실루엣을 드러냈다"라고 회상했다. 날이 어두워지고 있어서 영국군 항공기의 공격이 어떤 영향을 미쳤는지 알 수 없었고, 몇몇 조종사는 자신의 공격이 적에게 명중했다고 보고했다. 이 공격에서 유일하게 타격을 입은 선박은 중순양함 폴라함Pola뿐이었다. 구체적으로 이 중순양함의 보일러 5개가 무력화되었고, 주요 증기 파이프라인이 파괴되었으며, 전기가 완전히 차단되는 손실을 입었다. 이것이 이 전투에서 가장 결정적인 타격이었으며, 얼마 못 가서 이 함정은 침몰했다. 자신이 지휘하는 함대 본대와 함께 계속 서쪽으로 기동하던 이아키노 제독은 폴라함이 영국군의 폭격에 맞아 침몰한 사실을 30분이 지나도록 알지 못했다. 그는 카를로 카타네오Carlo Cattaneo 해군 소장이 지휘하는 순양함 부대에 폴라함으로 돌아가 되도록이면 이 함정을 구출하고, 필요한 경우 승무원을 구출하라고 지시했다.[41]

그날 내내, 그리고 특히 '2척의 전함'에 대한 프리덤휘펠 중장의 짜릿한 보고를 받은 이후 커닝햄 제독은 자신이 지휘하는 전함 3척을 22노트보다 더 빠른 속도로 기동시키려고 했지만 실패했다. 비토리오베네토함이 어뢰에 맞았을 때 그는 이 전함을 잡을 수 있으리라 생각했지만, 이 배가 다시 19노트로 기동하자 따라잡기는 불가능해 보였다. 그는 비토리오베네토함을 어뢰로 공격하기 위해 쾌속 구축함을 앞서 보냈지만, 자신이 보유한 15인치 함포를 사용하는 것은 생각하지 못했다. 그런데 침몰하는 폴라함을 지원하기 위해 카타네오 소장이 지휘하는 순양함을 돌려보내기로 한 이아키노 제독의 결정 덕분에 전혀 생각지도 못한 새로운 기회가 생긴 것이다.[42]

저녁 8시 15분경부터 처음에는 폴라함, 그다음에는 카타네오 소장이 지휘하는 다른 함정들이 영국군의 레이더 화면에 나타나기 시작했다. 이탈리아군은 레이더를 가지고 있지 않았기 때문에 카타네오 소장은 영국군 수상 함대가 그렇게 가까운 곳에서 기동하는지 알 수 없었다. 이탈리아 함정들은 영국 전함들이 어둠 속에서 자신들에게 접근한다는 것을 전혀 알아차리지 못했다. 커닝햄 제독은 그 순간을 생생하게 기억했다. 그의 기함 워스피트함 선교에는 "손에 잡힐 듯" 무거운 침묵이 흘렀다. 이 침묵을 깬 것은 "새로운 목표에 총을 겨누는 사격 통제 요원의 목소리"였다. 뱃머리 쪽을 바라보던 커닝햄 제독은 "15인치 함포가 적 순양함을 겨눌 때 포탑이 흔들리더니 곧 안정적으로 움직이는 모습"을 보았다. 평생을 전함에서 복무했던 그에게 이 순간이 그의 경력에서 절정이었다. 그는 나중에 "내 인생을 통틀어 이보다 더 짜릿한 순간을 경험한 적은 없다"라고 썼다.[43]

카타네오 소장과 동료 장교들이 표류하는 폴라함을 구조하는 방안에 집중하고 있던 10시 28분경, 영국군 탐조등에서 나오는 밝고 하얀 빛의 손가락이 갑자기 어둠을 뚫고 카타네오 소장의 기함 차라함Zara을 비추었다. 몇 초 후, 15인치 함포 12문에서 오렌지색 불꽃이 튀기 시작했다. 떨어진 거리가 고작 3~4킬로미터에 불과했으니, 영국군은 이제 어떤 경우에도 목표를 놓치지 않을 것이었다. 워스피트함이 발사한 첫 포탄 6발 중 5발이 이탈리아군 중순양함 피우메함Fiume에 명중했다. 일반적으로 초기 집중 사격은 대체로 표적까지의 거리와 범위를 결정하기 위해 실시하는 경우가 많았기에, 워스피트함의 선임 함포 장교 더글러스 피셔Douglas Fisher 대위는 깜짝 놀라며 "맙소사! 명중이다!"라고 소리쳤다. 피우메함의 장교와 승무원이 자신들이 전투 중이라는 사실을 깨닫기도 전에 이미 이 배의 상부 구조물이 산산조각 났고 후방 포탑이 옆으로 날아갔다. 한편 차라함도 채 5분도 되지 않아 20발이나 맞았다. 커닝햄 제독은 워스피트함 선교에서 이탈리아 군함의 "포탑 전체와 다른 무거운 잔해들이 공중에서 빙글빙글 돌면서 바다로 튀는 모습"을 보았다.[44]

완전히 파괴된 차라함은 선박의 앞부분부터 가라앉기 시작했고, 카타네오 소장은 그곳에 모여 있던 승무원에게 연설하기 위해 선미로 나아갔다. 그는 부하들에게 이 배가 적의 손에 넘어가지 않도록 자신이 다른 함정에 차라함 주위에서 돌격하라고 지시했다고 말했다. 그러더니 이탈리아를 위해 만세 삼창을 요청하고 배를 포기하라고 명령했다. 이에 승무원들이 배의 측면으로 이동했고, 그는 배와 함께 침몰하기 위해 함교 쪽으로 되돌아갔다. 카타네오 소장의 기함장 루이지 코르시Luigi Corsi가 기관장교에게 담배를 요청하려고 멈춰서자 그가 담배와 성냥을 건넸다. 그는 담배를 한 대 이상 피울 시간이 없다는 것을 알았기에 맥없이 웃으며 "담배가 너무 많은데…"라고 말했다. 차라함은 새벽 2시 40분에 침몰했고, 카타네오 소장과 코르시 기함장을 포함한 승무원 783명도 사망했다.[45]

오스트레일리아 해군의 헥터 월러Hector Waller 대령이 지휘하는 연합군 구축함들도 이 전투에 참여했는데, 이들은 불타는 잔해 속으로 어뢰를 발사해 이탈리아 구축함을 공격함으로써 2척을 격침하는 전과를 거두었다. 커닝햄 제독은 보고서에서 연합군 구축함들이 "흥미로운 시간을 보냈으며 상당할 전과를 올렸다"라고 기술했다. 그다음날 오전 11시, 커닝햄 제독은 흩어져서 기동하던 전함을 모두 소환했는데, 이 과정에서 밝혀진 바로는 카타네오 소장이 지휘했던 전체 함대에서 오직 구축함 2척만 살아남았다. 영국 구축함 뉴비언함Nubian과 저비스함Jervis은 격파된 폴라함에 접근해 이탈리아군 생존자들을 구조했고, 폴라함은 전복되어 4시 10분에 침몰했다. 다른 구축함들도 더 많은 이탈리아 승무원을 구출했다. 이날 영국군 함정들이 구출한 이탈리아 해군 장교와 승무원은 약 900명에 달했다. 독일 폭격기 여러 대가 뒤늦게 나타나 영국군 함정을 공격하자 구조 작업이 중단되었다. 그뒤 커닝햄 제독이 지휘하는 영국군 함대는 동쪽으로 철수했지만, 그는 이탈리아 해군에 전투 현장의 좌표를 전달했다. 이에 따라 출동한 이탈리아 병원선 그라디스카호Gradisca가 생존자 160명을 추가로 구조했다.[46]

그날, 3월 29일 아침, 커닝햄 제독이 간밤의 전투에서 승리를 거두고 알렉산드리아로 돌아왔을 즈음, 이아키노 제독에게는 그가 받기로 약속된 강력한 공중 엄호가 도착했다. 하지만 너무 늦게 도착한 100여 대의 이탈리아 공군과 독일 공군의 항공기는 이아키노 제독이 지휘하는 함대가 복귀하는 동안 공중에서 엄호하는 역할을 했다. 이아키노 제독은 피해를 입은 비토리오베네토함과 함께 탈출했지만, 그의 함대는 마타판곶 전투에서 중순양함 3척, 구축함 2척, 병력 2400여 명을 잃었다. 반면 영국군의 손실은 항공기 1대에 불과했다. 이 전투로 중부 지중해를 장악하려던 이탈리아의 희망은 사라졌고, 이탈리아군은 사기와 위신에 큰 타격을 입었다. 마타판곶 해전 이후 무솔리니는 육상에서 출격하는 항공기의 사정권 내 해안에서만 작전을 수행하라고 이탈리아 해군에 지시했다.[47]

그리고 6일 뒤에 독일 지상군이 발칸반도를 침공했다.

═════

그리스 전쟁에 대한 독일의 개입은 결정적이었다. 독일군이 침공한 지 며칠 만에 영국군과 그리스군 지상군은 전면 후퇴했다. 만약 독일군이 이아키노 제독의 함대에 공중 엄호를 제공하지 않았다면, 독일 항공기들은 지상전 지원에 더 큰 효과를 발휘했을 것이고, 스투카 폭격기와 융커스 폭격기가 공중을 장악했을 것이다. 됭케르크 철수 작전 축소판과 같은 상황에서 영국의 수송선과 구축함은 위기에 처한 연합군 병력을 구출하기 위해 최선을 다했다. 이들은 그리스 본토에서 5만여 명의 병력을 성공적으로 대피시킨 뒤, 크레타까지 남쪽으로 약 400킬로미터를 이동했다. 하지만 영국군 4000여 명과 영국령 팔레스타인 식민지 출신 병력 2000여 명이 전쟁포로가 되었다.

커닝햄 제독은 "적군은 누구라도 해상을 통해 크레타섬에 접근하면 안 된다"라고 명령했다. 적들 역시 마찬가지였다. 수상 전력을 보유하지 못한 독일군은 에게해를 건너 영국군을 추격할 수는 없었다. 그런데 5월 20일, 독일군 공수 부대원 1만 3000명이 공중을 통해 이 섬에 침투했다. 이 작전을 수행하는 과정에서 이들의 인명 피해는 막심했고, 영국과 그리스 지휘관들은 이들을 저지할 수 있다고 생각했다. 그러나 연합군 사이의 협조가 원활치 않은 틈을 이용해 독일군이 비행장을 확보했고, 결국 독일군은 이 비행장을 이용해 증원군에 지급할 보급품을 가득 실은 수송기를 운용할 수 있었다. 결국 연합군은 며칠 뒤에 크레타섬에서 철수했다.[48]

1년 전 됭케르크 작전에서와 마찬가지로 가용한 구축함은 전부 전투 임무에 투입되었고, 독일군이 제공권을 장악했기에 연합군 병력의 크레타섬 탈출과 철수 작전은 야간에만 이루어졌다. 연합군 구축함들은 5월 28일에서 6월 1일까지 4일 연속으로 자정에 몰래 들어와 부두에서 병력을 실어 날랐고, 동트기 한참 전에 지치고 굶주린 병사들을 데리고 바다로 나갔다. 이렇게 해서 약 1만 6500명은 대피시켰지만, 5000여 명의 병력은 구출할 수 없었다. 독일 공군은 지중해 전역에서 연합군 함대를 추격해 공격했는데, 커닝햄 제독이 지휘하는 영국군 함대가 독일군 공군으로부터 입은 피해는 마타판곶 해전에서 이탈리아 해군이 입은 피해 규모보다 컸다. 영국군은 경순양함 3척과 구축함 6척을 비롯해 16척의 함정이 심각하게 파손되었다. 여기에는 전함 워스피트함과 바함함, 그리고 신형 항공모함 포미더블함도 포함된다. 이외에도 영국 승무원 2400여 명이 목숨을 잃었다.[49]

이탈리아 해군이 기울인 노력에도 불구하고 영국은 여전히 지중해를 통제했다. 하지만 독일군이 지중해 인근 지역의 제공권을 장악했기 때문에 영국 해군은 이탈리아 해군과 마찬가지로 육지에서 출격한 항공기의 공중 엄호를 벗어난 지역에서는 작전을 효과적으로 수행하기가 어려웠다. 영국 공군의 아서 테더Arthur Tedder 소장은 "해군 함정이 알렉산드리아 동쪽과 북쪽으로 반경 240킬로미터 밖으로 나가는 것은 값비싼 모험"이라고 말했다. 영국 해군은 지중해 동부에 주둔했지만 그들이 아우르는 범위는 매우 한정적이었다.[50]

6장

무역 전쟁 1

영국 해군이 지중해에서 추축국과 제해권을 다투는 동안 북대서양의 제
해권을 장악하기 위한 대결은 새롭고 위험한 국면에 접어들었다. 프랑스
가 항복한 다음날인 1940년 6월 23일, 되니츠 제독은 기차를 타고 서쪽으
로 향했다. 초기 결전에서 독일에 패배하고 낙담한 프랑스를 가로질러 대
서양 연안 항구들을 방문해 유보트 기지로서의 가능성과 적합성을 평가
하기 위해서였다. 독일 해군의 유보트를 비스케이만 항구에서 운용한다
면 대서양 항로에 약 80킬로미터 정도 더 접근할 수 있었다. 그러면 유보
트가 사냥터로 이동하는 시간이 극적으로 단축될 것이고 주둔지에 머무
는 시간도 늘어날 것이다. 2주 후인 7월 7일, 독일군 잠수함 U-30은 브르
타뉴 남서부 해안의 로리앙 항구에 진입했다. 그리고 8월에 독일군이 이
항구 근처 케르네벨에 방폭 유보트 본부를 건설하기 시작했다.* 그리고
그해 가을에 독일군 유보트는 프랑스의 다섯 항구, 즉 브레스트, 로리앙,
생나제르, 라로셀, 보르도에서 운용되었다. 이것은 독일이 영국의 무역을

상대로 치르는 전쟁의 성격과 강도에 극적 변화가 생겼음을 의미했다.[1]

영국 본토에서 생산되는 식량은 영국 인구의 절반만 먹여 살릴 수 있었다. 따라서 개전 이전부터 되니츠 제독은 독일군 유보트가 연합국에서 선박을 새로 만드는 것보다 더 빠른 속도로 연합군의 무역선을 격침할 수 있다면 영국이 항복할 것이라고 주장했다. 이 배들이 미국에서 가져온 중요한 전쟁 물자로 채워져 있는지, 아니면 그냥 빈 배로 귀항하는지는 중요하지 않았다. 중요한 것은 배를 무조건 격침하는 것이었다. 되니츠 제독은 진행 상황을 가늠하기 위해 유보트가 침몰시켜야 할 목표량을 정했다. 1940년에는 매달 목표량을 10만 톤에서 20만 톤으로 설정했으나, 미국이 참전한 이후에는 2배 증가했다. 예를 들면 그는 1943년에 유보트가 한 달에 70만 톤을 침몰시켜야 한다고 주장했다. 그런데 그러한 기준 설정과 상관없이, 독일이 이와 같은 톤수 전략(토나게슐라흐트Tonnageschlacht)을 실행하기 위해서는 당시 보유한 유보트보다 더 많은 유보트가 필요했다. 그리고 되니츠 제독은 보유한 유보트 전부를 북대서양 작전에 투입해 연합군 상선을 공격하는 데 집중해야 한다고 주장했다. 이 두 가지 사안을 두고 되니츠 제독과 레더 대제독은 수시로 충돌했다.

되니츠 제독은 1918년부터 생각해왔던 유보트의 새로운 전술 프로토콜을 구현했다. 그는 유보트를 1척씩 출격해 단독으로 순찰하는 대신 다수의 유보트로 구성된 작전 그룹을 조직해 순찰하는 계획을 세웠는데, 이들을 늑대 무리(울팩wolf pack)라고 불렀다. 이 계획은 울팩 부대를 남북으로 길게 배치해 정찰하는 것이 핵심이었다. 이 계획에 따르면 대서양에

---

* 영국 공군 폭격기들이 독일군이 신설한 해군 기지의 유보트를 정기적으로 폭격하자, 독일군은 지붕 두께 약 5미터의 거대한 콘크리트 '펜스'를 설치했다. 그 뒤로 유보트들은 연합군의 반복된 공습 속에서도 비스케이 해안의 항구에서는 안전했다.

배치된 여러 유보트 중 하나가 연합군의 대서양 횡단 호송대를 발견해 해당 위치를 보고할 가능성이 높아졌다. 이미 1930년대 후반에 되니츠 제독은 각 유보트 그룹의 사령관이 상호 무선으로 직접 소통할 수 있으리라 생각했는데, 1939년 가을에 이런 추정이 실험을 통해 성공했다. 그러나 얼마 지나지 않아 케르네벨 작전 본부에서 모든 유보트를 직접 조율하는 것이 훨씬 효율적이라는 결론에 도달했다. 그리고 이 작전이 전쟁의 판도를 바꿔놓았다. 기존에는 유보트 1척이 연합군 호송대에 속한 상선 1~2척을 침몰시킬 수 있었지만, 울팩 부대는 잠재적으로 10~15척의 상선, 심지어 호송대 전체를 침몰시킬 수 있었기 때문이다.[2]

독일이 프랑스 북부를 점령한 덕분에 유보트가 해안 기지에서 작전 중인 장거리 포케불프 200 콘도어Focke-Wulf 200 Condor 정찰 항공기에 의한 정보 수집도 가능했다. 원래 베를린에서 뉴욕까지 중단 없이 부유층 승객들을 실어 나르기 위해 만들어진 이 날렵한 4발 엔진 항공기는 영국 호송대의 위치를 파악하고 추적했으며, 때때로 바다에서 호송대를 직접 공격하기도 했다. 하지만 유보트와 정찰 항공기의 협조는 완벽하지 않았다. 200 콘도어 항공기 수가 부족했고, 괴링이 이 정찰기를 독일 공군만의 소유물로 간주했기 때문이다. 독일 해군과 공군의 관계는 협력 관계 측면에서 이탈리아 해군과 공군만큼 나쁘지는 않았지만, 그렇다고 이들의 협력이 완벽했던 것은 아니다. 당시, 특히 7월은 괴링이 독일 공군 자산 전체를 영국의 도시를 공격하는 이른바 '블리체Blize 작전'에 집중하던 시기였다. 한편 도버 해협의 반대쪽 영국에서는 1941년 2월에 영국 해군과 해안 사령부Costal Command로 알려진 공군 부대들이 리버풀에 합동 본부를 설치했다. 그러나 독일군과 마찬가지로 영국군도 장거리 항공기 수가 제한적이었기에 영국 공군은 처칠 총리가 제시한 우선순위인 독일 폭격 임무에

장거리 항공기를 모두 투입했다. 그 결과 무역선을 방어하는 책임은 대부분 해상 호위대가 맡아야 했다.[3]

1940년 여름, 독일이 영국 무역에 맹렬한 공격을 퍼붓기 전에 되니츠 제독은 두 가지 문제를 사전에 해결해야 했다. 하나는 기술 문제였고, 다른 하나는 제도 문제였다. 우선 기술 문제는 지속적으로 신뢰도에 문제가 제기되던 어뢰 탄두의 성능을 향상시키는 것이었다. 되니츠 제독은 노르웨이 전역을 수행하는 과정에서 어뢰의 자기磁氣 격발기가 여러 차례 실패한 이유를 자북磁北에 근접한 곳에서 작전을 펼쳤기 때문이라고 생각했다. 그런데 그해 4월과 5월에 남쪽에서 운행하던 유보트가 발사한 어뢰도 작동하지 않는다는 보고가 접수되었다. 유보트 함장들은 조심스럽게 사격을 정렬하고 어뢰 4발을 근거리에서 발사했는데, 조기에 폭발하거나 목표를 벗어나 수중 깊은 곳으로 빗나가는 바람에 효과를 거두지 못하자 분노를 터뜨릴 정도로 좌절했다. 역시 화가 난 되니츠 제독은 자신의 일기에 이렇게 기록했다. "나는 전쟁 역사상 이토록 쓸모없는 무기를 가지고 적들을 상대로 부하를 투입했다는 사실을 믿을 수 없다."[4]

그런데 역설적이게도 이 문제에 대한 해결책의 실마리를 제공한 쪽은 영국군이었다. 그해 5월 초, 독일 기술자들은 나포된 영국 잠수함 실함Seal에서 포획한 어뢰를 조사했는데, 영국 어뢰의 격발 디자인이 독일 어뢰에 비해 단순해도 훨씬 신뢰할 만하다고 판단했다. 그리고 곧 되니츠 제독은 어뢰에 영국식 접촉 방아쇠를 전부 장착하라고 지시했다. 한편 어뢰가 목표물을 타격하지 못하고 깊숙이 처박히는 문제는 기술자들이 어뢰 균형관의 누수를 간파한 1942년에 해결되었다.

하지만 쉽게 해결되지 않은 것은 제도 문제였다. 먼저 독일 해군이 이용할 수 있는 유보트 수가 지나치게 부족했다. 되니츠 제독은 전쟁이 시작된 1940년 9월 이전보다 더 적은 수의 유보트로 작전을 수행했다. 28척이 새로 건조되었지만 그사이에 28척이 적과의 전투에서 손실되었기 때문이다. 전쟁 초기부터 그는 "강력한 유보트 함대를 만드는 것이 독일 해군의 가장 시급한 임무"라고 주장해온 터였다. 이에 따라 해군 참모 총장 레더 대제독은 물론이고 최종적으로 히틀러에게 이르기까지 매달 25척의 유보트를 건조할 수 있도록 승인했으나, 이 목표는 결코 달성되지 못했다. 처음에는 영국 침공이 최우선이어서 다른 사안에 밀렸고, 9월에 히틀러가 영국 침공을 보류한 뒤로는 숙련된 노동자와 공작 기계의 부족으로 유보트를 제작하기가 어려웠다. 그 결과 되니츠 제독이 대서양의 새 해안 기지에서 운용한 유보트는 21척에 불과했다.[5]

이처럼 제한된 수량이었음에도 독일 해군 유보트들은 1940년 6월에만 아일랜드와 영국 선박 31척을 침몰시켰는데, 이중에 프린 중위가 지휘한 U-47은 단독으로 7척을 침몰시켰다. 7월에는 오토 크레치머Otto Kretschmer가 지휘한 U-99가 한 번의 출격에서 6만 5137톤의 선박을 침몰시키는 기록을 세우고 로리앙 항구로 복귀했다. 유보트 함장들은 이 시기를 '행복한 시간glückliche Zei'이라고 불렀고, 그들이 로리앙이나 브레스트 항구로 돌아오면 되니츠 제독은 지휘관에게 훈장을 나누어 주며 승무원들을 격려했다. 이 같은 작전의 성공은 계속된 어뢰 문제로 낙담하던 유보트 승무원들의 사기를 회복하는 데 도움이 되었다. 유보트는 장교와 병사를 합해 45명이 폐소 공포증이 생길 정도로 좁은 철관 내부에서 생활하면서 작전을 수행해야 했기에 이들에게 사기는 중요했다. 때로는 건장한 남자들이 한 칸에서 다른 칸으로 무릎을 꿇고 기어가야 하기도 했다. 또 몇 주 동안 샤워도 할 수 없었고, 퀴퀴한 공기를 마시며 생활했으며, 잠도 교대로 번갈아 가며 같은 침대에서 잤다. 그런 환경에서 생활하는 승무원

들은 형제가 되거나 서로에게 등을 돌리는 관계가 되곤 했다.[6]

하지만 유보트가 6월에 거둔 놀라운 성공은 여름까지 지속되지 못했다. 해군이 작전에 투입할 수 있을 만큼 유보트가 충분치 않았기 때문이다. 또한 6월에만 작전 중에 유보트 3척을 잃었고, 더 많은 수의 유보트는 수리하느라 작전에 투입할 수 없었다. 결국 7월까지 되니츠 제독이 영국 인근의 주요 해역에서 운용한 유보트는 4척에 불과했다. 그나마 이탈리아가 참전한 후, 이탈리아 해군이 보유한 116척의 잠수함이 유보트를 보충할 수 있을 것으로 예상되었다. 그해 여름에 이탈리아 잠수함 1개 중대가 보르도 인근에서 작전을 수행했다. 그런데 이탈리아 잠수함은 대규모에 외형은 인상적이었지만, 8월에 고작 연합군 상선 4척을 침몰시키는 등 작전 수행에 열성적이지 않았다. 그러자 되니츠 제독은 이탈리아 잠수함은 쓸모없는 존재라며 일축했다. 하지만 대서양 연안 프랑스 항구에서 운용된 유보트가 초기에 거둔 성공으로 연합군 무역을 상대로 벌인 전면적 유보트 전쟁의 잠재력을 확인할 수 있었다.[7]

═══════

유보트를 활용한 독일군의 위협에 영국은 호송 체계 구축으로 맞섰다. '대항해 시대' 이래로 많은 해상 국가가 자국의 무역을 보호하기 위해 호송선을 이용했는데, 영국 해군성은 1차대전 때는 이런 정책을 받아들이려 하지 않았다. 호송대는 상선들을 모아서 운항하는 방식을 취했는데, 이 선단을 추격하는 유보트에 의해 쉽게 공격당할 수 있었기 때문이다. 게다가 호위를 맡는 해군 함정이 선단에 속한 선박 중 가장 느린 선박의 속도에 맞추어서 운항해야 하는 문제도 있었다. 그러나 이처럼 명백한 결함이 있음에도 1917~1918년에 발생한 일련의 사건 때문에 유보트의 위협에 가장 효과적인 대응책은 바로 호송 체계라는 점이 입증되었다. 이에 따라 영국은 전쟁이 시작되기 전인 1939년에 이미 그런 체계를 구축했다.

처음부터 각 호송대는 출발지, 목적지, 순번을 나타내는 코드로 식별되었다. 예를 들어 리버풀에서 출발하는 첫 번째 해외 호송대는 OB-1이었다. 또 지브롤터(HG), 자메이카(KJ), 시에라리온의 프리타운(SL) 및 기타 여러 노선에도 정기 호송대가 운영되었다. 그중에서도 가장 바쁘고 중요한 노선은 대서양 횡단 노선으로, 핼리팩스-노바스코샤-리버풀 또는 스코틀랜드의 클라이드만(혹은 글래스고)을 연결하는 것이었다. 캐나다에서 영국으로 향하는 호송대는 HX 호송대(핼리팩스에서 본국으로 향함)로 지정되었고, 서쪽으로 향하는 호송대는 ON 호송대(북아프리카로 향함)였다. 일반적으로 한 호송대는 총 20~40척의 상선을 4~5척씩 묶어서 7~10개의 열로 조직했다. 거친 바다와 짙은 안개 속에서 충돌을 피하기 위해 각 열에 있는 선박들은 400~600미터 간격으로 항해했고, 열과 열 사이는 1킬로미터 정도 간격을 두었다. 이에 따라 선박 40척으로 구성된 호송대는 너비 8킬로미터, 길이 3~5킬로미터의 직사각형으로 바다를 채웠는데, 그 면적이 약 40제곱킬로미터에 달했다.[8]

선단에 소속된 상선은 호송대 지휘관이 감독했는데, 이들은 통상 영국 해군의 퇴역 장교 출신 민간인으로, 상선 1척에서 사령관을 맡았다. 그의 임무는 호송대 내의 질서를 유지하고 정기적 항로 변경을 위해 깃발을 게양하거나 깜박이 불빛을 밝혀 바다를 지그재그로 가로지르게 하는 것이었다. 이것은 잠재적 공격자의 공격에서 벗어나기 위해 고안된 프로토콜이었다. 상선의 민간인 선장들이 40척의 선박을 새로운 항로로 동시에 이동시키는 데 필요한 전술적 기동을 정확히 해내는 데 익숙하지 않았기에 때로는 호송대 전체의 질서를 유지하는 것 자체가 쉽지 않았다. 따라서 사령관들이 코스를 변경하라고 명령할 때마다, 각 선박이 이를 즉각 실행에 옮길 것이라고 기대하기는 어려웠다.

큰 직사각형 대형으로 구성된 호송대의 전방과 측방에서는 해군의 무장 함정이 호위했고, 때때로 무장 선박이 개별적으로 기동하기도 했다. 되니츠 제독이 보유한 작전 가능한 유보트가 부족했듯이, 영국군 역시 이용 가능한 호위함이 부족했다. 가장 효과적인 호위함은 구축함이었지만 구축함은 모든 곳에서 필요했다. 그리고 구축함은 노르웨이 전역과 됭케르크 근해에서 큰 손실을 입었기 때문에 영국 해군은 어디에서나 중요한 역할을 담당할 구축함이 심각하게 부족했다. 결국 부족한 구축함을 보충하기 위해 다양한 종류의 군함이 호송 임무에 동원되었다.

호송을 맡은 군함 중에는 코르벳함corvette이라는 새로운 형태의 작은 군함도 있었다. 제1세대 코르벳함은 모두 꽃 이름으로 명명되어 플라워급Flower-class 함정으로 알려졌는데, 어제일리어함Azalea(진달래), 베고니아함Begonia, 블루벨함Bluebell, 버터컵함Buttercup(미나리아재비) 등 대부분 전쟁과 어울리지 않는 이름이었다. 고작 940톤에 불과했던 이 함정은 크기가 작고 4인치〔10.2cm〕 함포 1정과 0.5구경 쌍기관총을 보유했는데, 독일군의 재래식 군함과 맞서는 경우조차 화력에서 열세였다. 게다가 이들은 선체가 크지 않고 기동 속도가 느렸다. 최대 속도가 16노트로, 유보트가 수면 위에서 기동할 때보다 느렸다. 또한 이 함정은 평온한 바다에서도 여러 부유물처럼 이리저리 튕겨 나갔는데, 특히 변덕스러운 북대서양에서는 최악이었다. 로더덴드론함Rhododendron의 한 승무원은 코르벳함 위에 서 있는 것은 "테리어 강아지가 흔드는 헝겊 조각이 된 것 같았다. 오래된 배가 파도 위로 올라가면 당신은 높은 곳에서 내려다보면서 탄성을 지를 것이다. 그다음에는 당신이 파도 아래에 있을 것이고, 거대한 파도가 높이

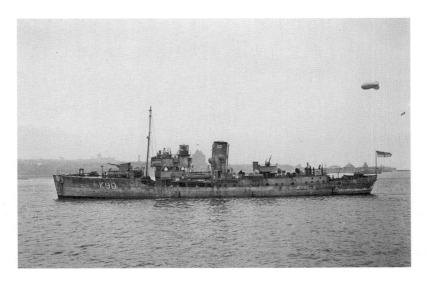

이 사진에 보이는 젠티언함(Gentian)은 1940년에 호위함으로 제작된 최초의 플라워급 코르벳함 중 하나였다. 이 함정들은 작고 불편했지만 2차대전의 첫 2년 동안 중요한 역할을 했다. 젠티언함은 북대서양에서 70여 차례 호위 임무를 수행했다. (영국 제국전쟁박물관)

솟구칠 것이다"라고 회상했다. 게다가 50명의 승무원이 길이 약 60미터인 선박에 탑승해 임무를 수행하는 것은 물리적으로 무리한 도전이었다. 코르벳함에서 3년간 복무한 소설가 니컬러스 먼서랫Nicholas Monsarrat은 코르벳함에서 식사하는 것마저 도전의 연속이라고 회상했다. "물을 마시려고 하면 컵이 당신 앞으로 튀어오른 뒤 엎어진다. 식사를 하려고 하면 음식이 접시 밖으로 쏟아진다. 물건들이 굴러다니고 쿵쿵 소리를 내며 미친 듯이 미끄러진다." 이 함정의 상부에서 일하던 감시병은 또다른 시련을 극복해야 했다. "17일 동안 갑판의 고참이 매일 밤 10시에 깨워서 강제로 일어난 뒤로 새벽 4시까지 갑판 머리를 응시하며 이렇게 생각한다. '세상에, 어둡고 더러운 빗속에서 다시 거기에 올라가 4시간을 견딜 수는 없어.' 하지만 어쩔 수 없는 일이었다." 감시병 먼서랫의 회상이다.[9]

코르벳함의 장점은 저렴하고 신속하게 제작할 수 있을 뿐만 아니라 아스딕과 폭뢰를 장착할 수 있다는 점이었다. 처칠은 코르벳함이 "저렴하고 고약하다Cheap and Nasties"라고 칭찬했는데, 적은 비용으로 제작 가능하면서도 적을 불쾌하게 만드는 함정이라는 의미다. 코르벳함 중에 56척은 1939년 9월 3일 이전에, 41척은 전쟁이 시작된 직후에 추가로 제작되었다. 개전 이후 영국과 캐나다는 총 269척의 코르벳함을 건조했는데, 여기에는 캐나다 해군이 사용할 목적으로 건조한 130척도 포함된다. 작은 함선에 붙여진 꽃 이름, 최소한의 무장, 비좁은 숙소에도 불구하고 코르벳함은 외부 세계로 향하는 영국의 해상 생명선을 유지하는 데 결정적으로 기여했다.[10]

호위 임무에 투입된 또다른 선박 가운데 2척은 대항해 시대로 거슬러 올라가는 이름을 가지고 있었다. 하나는 '전쟁의 서막'이라는 이름을 가졌는데, 1940년에 건조된 이 배는 전방과 후방에 각각 4인치 함포를 1문씩 장착한 소형(1000톤) 구축함이었다. 다른 하나는 처음에는 '쌍나사 코르벳'으로 불렸다가 나중에 '프리깃frigate'이라고 불린, 약간 더 큰(1350톤) 선박이었다. 이처럼 영국은 수백 척의 소형 선박을 건조했지만, 1940년에는 호위함이 부족해 무장 상선 순양함AMC: armed merchant cruiser을 고용하기도 했다.

이 대형(종종 1만 4000~1만 6000톤) 선박은 애초에 화물선이나 여객선이었는데, 여기에 6인치 함포 몇 문을 장착하고서 군함으로 전환했다. 이런 선박이 존재했다는 점에서 당시 영국의 절박한 상황을 엿볼 수 있다. 화물선에 함포 몇 문 설치하는 것만으로 효과적인 군함이 되었던 시기는 이미 지났으니 말이다. 이 상선들에는 장갑이 설치되지 않았고, 함포는 낡고 보호 장치가 없었으며, 가끔 제대로 훈련받지 않은 승무원이 운용하곤 했

기존에 앵커라인(Anchor Line) 선박사 소속 여객선이었던 실리셔호(Cilicia)는 1940~1941년에 무장 상선 순양함으로 개조된 많은 선박 중 하나다. 개조된 후 이름이 애틀랜틱아일함(Atlantic Isle)으로 바뀌었다. 전쟁 후반에 더 많은 재래식 호위함이 투입되자 이 선박은 해군 수송선으로 사용되었다. (미국 해군 역사유산사령부)

다. 이와 같은 유사 전함의 승무원들은 자신들 전함의 이니셜인 AMC를 '해군이 만든 관Admiralty-made coffin'이라고 부르기도 했다. 무장 상선 순양함의 승무원들은 대체로 상선의 승무원과 유사하게 구성되었는데, 이들이 해군에 입대하기 위해 서명한 문서의 번호가 T-124여서 'T-124 수병'이라고 불리기도 했다. 이와 같은 임무를 수락한 상선 해병대 장교들은 해군 자원병 예비대RNVR에서 임관했는데, 이들이 입은 군복은 전통적인 남색 제복이었으나, 소매에 달린 금줄은 파도처럼 물결치는 모양이었다. 그래서 이들에게는 '웨이비 해군Wavy Navy'이라는 별명이 붙었다.[11]

이처럼 선박이 추가되고 보강되었는데도 영국의 호송 자산은 부족했다. 이때 캐나다가 영국을 지원했다. 그런데 1940년에 왕립 캐나다 해군Royal Canadian Navy이라는 거창한 이름으로 불린 조직은 실상 보잘것없었고, 1933년까지만 하더라도 캐나다 정부는 비용 절감을 위해 해군을 완전히 폐지하는 방안을 심각하게 고민했다. 하지만 전쟁이 발발하자 캐나다 해군은 처음에는 천천히, 그리고 나중에는 매우 적극적으로 해군 확장에 나섰다. 전쟁이 시작된 1939년 9월, 캐나다 해군이 보유한 함정은 구축함 6척과 코르벳함 10척에 불과했으나, 캐나다 정부는 곧 신형 코르벳함 54척과 기뢰 제거함 25척의 건조를 허가했다. 새로 건조된 선박 중 일부는 작전 투입까지 수개월이 필요한 것도 있었으나 대다수는 곧바로 투입되었다.[12]

이런 상황에서 처칠은 미국을 바라보고 있었다. 미국에서는 1차대전 중에 건조한 구축함 120척이 동부의 여러 항구에 길게 늘어서서 대기하고 있었기 때문이다. 미국 구축함의 가장 큰 특징은 4개의 굴뚝이어서 이 구축함은 포파이퍼스four-pipers 혹은 포스태커스four-stackers로 불렸다. 이 전함들은 대부분 낡은 데다 효율성이 낮아 수리가 필요했으나, 아예 없는 것보다는 나았다. 따라서 처칠은 '삶과 죽음의 문제'라는 표현을 동원해가며 루스벨트에게 이것들을 지원해달라고 요청했다. 영국 국왕 조지 5세는 미국 대통령에게 보내는 서한에서 이렇게 썼다. "더 늦기 전에 귀하께서 이 구축함들을 영국에게 지원해주리라 확신하는 바입니다." 루스벨트는 미국의 국가 안보가 영국의 운명에 묶여 있다고 확신하여 이 구축함을 기꺼이 지원하려 했다. 하지만 의구심을 품은 미국 의회가 그를 영국을 상대로 한 힘든 협상으로 내몰았다.[13]

마침내 몇 가지 절차를 거쳐 1940년 9월에 이른바 구축함 기지 협정이 체결되었다. 미국은 이 협정에 근거해 버뮤다, 안티과, 바하마를 비롯해 서반구의 다른 지역에 99년 동안 기지권을 갖는 대가로 구축함 50척을 영국에 양도했다. 영국 의회는 과도한 대가를 수락한 것에 불만이 없지 않

링컨함(과거 미국 해군의 야낼함)은 미국이 서반구 해군 기지 장기 임대의 대가로 영국 해군에 넘겨준 구축함 50척 중 하나다. 이 함정들은 구식이고 긴급한 보수가 필요했으나, 영국의 대서양 횡단 호송대를 유지하는 데 크게 기여했다. (미국 해군연구소)

았으나, 처칠은 루스벨트에게 "귀하께서 우리에게 나눠주신 구축함은 하나하나가 루비처럼 소중합니다"라는 감사 서한을 보냈다. 영국 해군에 반입된 미국 구축함들은 곧 타운급Town-class 구축함으로 지정되었는데, 모두 미국과 영국 연방에 실제로 존재하는 마을 이름으로 함정명을 변경했기 때문이다. 기존에 미국 해군에서 헌던함Herndon(DD-198)이었던 구축함은 영국 해군에서 처칠함Churchill으로 개명했는데, 이 배는 1944년에 소련 해군으로 이전된 후 다시 데야텔니함Deyatelny으로 변경되었다. 이 함정은 1945년 1월에 U-286에 의해 격침되었다. 더 기구한 운명을 겪은 것은 야낼함Yarnall인데, 이 함정은 영국 해군에서 링컨함Lincoln으로 취역했다가 다시 노르웨이 해군을 거쳐 드루즈니함Druzhny이라는 이름으로 소련 해군에 이전되었다. 그뒤 소련 해군이 1952년에 이 구축함을 영국에 돌려보냈는데, 그 이후 44년 동안 복무를 마친 이 구축함은 고철로 매각되었다. 미국이 영국에 넘겨준 이 같은 구축함에서는 플라워급 코르벳함과 마찬가지로 복무 여건이 나빴다. 구체적으로 말하면 과도할 정도로 요동이 심했고 조종하기도 힘들었다. 하지만 이들이 영국의 소중한 호송대를 호위하기 위해 50개의 해상 플랫폼 역할을 수행했다는 것은 분명하다.[14]

각 호송대의 상선마다 사령관 1명이 탑승한 것처럼 각 선박에는 현역 장교인 호위 사령관이 탑승했는데, 통상 이들은 영국 해군의 대령이나 중령 계급이었다. 따라서 민간인 사령관과 호위 사령관의 관계가 미묘했다. 상선에 탑승한 사령관은 종종 전역한 사령관 출신이었는데, 이들은 현역인 호위 사령관보다 훨씬 나이도 많고 계급도 높았다. 하지만 그는 퇴역한 상태였으므로 자신의 과거 계급과 무관하게 각 선박에 탑승한 현역 사령관에게 명령을 내릴 수는 없었다. 또 일부 호위 사령관은 전직 사령관에게 명령 내리기를 꺼리기도 했다. 이처럼 일부 혼란과 충돌 가능성이 없지는 않았으나, 대부분의 경우 구분된 지휘 체계는 제대로 작동했다.[15]

전쟁 초기 6개월 동안 빌헬름스하펜에서 출발해 스코틀랜드의 북쪽 끝을 돌아가는 긴 여정은 유보트가 대서양 중부까지 항해하기에 너무 멀리 돌아가는 모험이어서 자제하는 편이었다. 이러한 상황을 인지한 연합군 호위 함정들은 아일랜드 바로 너머에서 서경 12도까지 외부로 나가는 호송대와 동행했다. 그런 뒤 원양에 접어든 상선들은 자신들이 향하는 목적지를 향해 운항하기 시작했다. 그리고 호위함들은 항구로 진입할 때 위험을 감수해야 하는, 핼리팩스에서 출발한 HX 호송대를 만나기 위해 기다렸다. 이처럼 거의 끊임없이 계속되는 임무의 인수인계는 해군성의 '무역 조정실Trade Plot'에서 조율하고 정리하여 진행했다. 이 조직에서는 복잡한 선박 호송 관련 업무를 조율하는 장교들이 전 세계의 모든 호송대와 호위함을 추적하기 위해 24시간 교대로 일하면서 복잡한 영국의 세계 무역망을 조정했다.[16]

프랑스가 함락되고 비스케이만에 새로운 유보트 기지가 설립된 직후, 영국 해군성은 영국으로 진입하는 수송선의 집결지를 서쪽으로 600여 킬로미터 떨어진 서경 20도 지점으로 옮겼다. 전쟁 기간에 이 보이지 않는 선과 영국 제도 사이의 지역은 서부 접근로로 알려졌는데, 이곳은 호송대와 호위함이 유보트와 벌이는 지속적이고 치명적인 고양이-쥐 놀이 과정에서 살육의 공간으로 변했다.

서부 접근로를 통한 호송대와 호위함의 조율은 '불완전한 과학'이었다. 호송대는 엄격한 무선 침묵 상태에서 운영되었기에 무역 조정실에서 활동하는 통제 장교들은 호송대의 도착 시간과 장소를 계산하기가 어려웠다. 또 최적의 항로를 결정하는 장교들이 마치 돈을 돌려막듯이 때때로 이 호송대에서 저 호송대 사이를 왕복하는 등 호위가 충분히 이루어진 적은 거의 없다. 예를 들면 1940년 9월 중에 HX-72 호송대가 경도 20도 지점에 접근했을 때를 들 수 있다. 영국 해군은 자체 무장 상선 저비스베이함Jervis Bay에 그동안 호위하던 상선 대신 핼리팩스로 돌아가 다른 호송대를 호위하라고 지시했다. 영국으로부터 또다른 구조 호위함이 오기까지 24시간 이상 걸릴 예정이었기에 HX-72 호송대에 속한 선박들은 거의 밤낮을 호위함이 없는 상태로 계속 항해했다. 그런데 마치 운명처럼, 그날 밤에 U-47을 지휘하던 프린 중위가 이 선박들을 발견해 그 위치를 무선으로 다른 유보트에 알렸다. 그런 후 24시간 만에 프린 중위와 다른 유보트들이 선박 11척, 총 톤수 7만 2000톤의 화물을 침몰시켰다. 이 사건은

앞으로 다가올 수많은 사건의 전조에 불과했다.[17]

===

대서양 전투Battle of the Atlantic라는 명칭은 연합군 호송대와 유보트 사이의 격돌이 마치 하나의 사건인 것처럼 암시하기 때문에 다소 잘못된 이름이다. 실제로 이 전투는 4년 이상 지속된, 반복적이고 가차 없는 투쟁이었다. 이 과정은 지리적 경계와 기술 혁신으로 특징지을 수 있는 여러 단계를 거쳤다. 그리고 이 전투에서는 양측 모두가 상대의 해군 코드를 읽고자 애썼다. 1940년 가을, 독일 공군 폭격기가 투하한 폭탄이 런던을 비롯한 영국 도시들에 밤마다 떨어졌을 때, 이 오래된 분쟁의 초기 역학이 막드러나고 있었다. 이러한 역학의 유용한 사례는 1940년 10월 셋째 주에 서부 접근로에서 발생한 대결이었다.

SC-7 호송대는 10월 5일에 노바스코샤를 출발해 리버풀로 향했다. SC라는 명칭은 호송대가 시드니(S)에서 출발해 핼리팩스에서 북동쪽으로 300여 킬로미터 떨어진, 노바스코샤 북서쪽 끝에 자리잡은 케이프 브레튼(C, 브레튼곶)으로 향한다는 것을 의미한다. 하지만 SC라는 명칭은 '느린 호송대slow convoy'를 뜻했을 수도 있다. 35척의 상선 전부가 핼리팩스에서 출발하는 정규 HX 호송대에 필요한 속도를 내지 못했으니 말이다. 호송대에 소속된 모든 선박은 시속 9노트 이상의 속도를 유지할 수 있어야 했다.* 공식적으로 HX 호송대는 '빠른 호송대fast convoy'라는 의미인데, 9노트는 다소 느린 속도였다. 그러나 SC-7이 느린 호송대로 지정된 것은

---

* 유보트는 청명한 날이면 16~17노트까지 속도를 낼 수 있었지만, 15노트 혹은 그보다 빠른 속도를 낼 수 있는 선박은 독자적으로 항해했다. 유보트들이 15노트로 항해하는 선박을 공격할 위치를 잡는 것은 불가능하지는 않아도 매우 어려운 일이었다.

적절한 조치였다. 이론적으로 느린 호송대는 평균 7노트의 속도로 항해했는데, 그 속도를 항상 유지한 것도 아니었다. 다른 느린 호송대인 ON-126은 '몰아치는 강풍' 탓에 마치 거의 정지한 것처럼 처음에는 4노트로, 그다음에는 1.25노트로 속도가 줄어서, 어떤 승무원은 "호송대가 거의 움직이지 않고 서 있었다"라고 말하기도 했다. SC-7 호송대의 평균 속도는 6.6노트였다.[18]

SC-7에 소속된 35척의 선박은 다른 호송대와 마찬가지로 대부분 영국 국적이었지만, 노르웨이 선박 6척, 그리스 선박 4척, 스웨덴 선박 3척, 네덜란드 선박 2척, 덴마크 선박 1척 등 총 16척의 외국 선박도 껴 있었다. 이 선박들은 크기가 1500톤에서 1만 톤까지 다양했고, 자동차부터 곡물까지 다양한 화물을 운반했다. 많은 배가 이른바 '구덩이 소품'을 운반했다. 이것은 석탄 갱도의 상부를 지탱하는 데 사용되는 목재로, 캐나다 숲에서 잘라낸 것이었다. 영국 광부들은 이 목재를 이용해 겨울에 가정의 난방에 필요한 석탄을 캐낼 수 있었다.[19]

SC-7의 사령관 래클런 매키넌Lachlan MacKinnon은 2년 전에 영국 해군에서 중장 계급으로 전역한 인물로, 1920년대에 전투순양함 후드함을 지휘했다. 그는 화물선 어시리언호Assyrian에 탑승했는데, 독일에서 튼튼하게 잘 건조한 선박이었다. 시드니 항구에는 많은 선박이 집결했으나, SC-7 호송대의 호위함은 범선인 스카버러함Scarborough 1척이었는데, 이 함정의 함장은 40세의 해군 중령 노먼 디킨슨Norman Dickinson이었다. 스카버러함은 1930년대에 측량선으로 바뀌었다가 개전 직후에 신속히 군함으로 개조되었다. 그런데 이 함정에는 보통 전쟁 중에 사용되던 함포 2문이 아닌 4인치 함포 1문만 있었다. 또 이 함정에는 아스딕 장치가 없었지만 그리 큰 문제는 아니었다.[20]

호송 작전 초기에 상선 4척이 악천후나 엔진 문제로 호송대에서 이탈했다. 매키넌도 디킨슨도 몰랐지만, 그 배들 중 2척은 유보트에 발각된 직후에 해저로 침몰했다. 호송대는 북대서양 특유의 통상적인 해상 상황에 직면했다. "우리가 파도 꼭대기를 넘을 때면 때로는 선미가 물에 잠겼고, 공중에서 잠시 불안정하게 균형을 유지한 후 흰색과 녹색의 거품 속에서 미끄러지듯 내려간다." 어느 승무원의 이 같은 표현처럼 바다가 요동친 것이다. 출발한 지 11일 후인 10월 16일 밤, 디킨슨 중령은 서부 접근로를 통과하는 위험한 임무를 수행하기 위해 자신과 합류한 새 호위함 2척을 보고 깊이 안심했다. 새로 도착한 함정들은 소형 군함 포이함Fowey과 코르벳함 블루벨함Bulebell이었다. 이 함정들 덕분에 디킨슨 중령은 호송대의 전방뿐만 아니라 양 측면도 엄호할 수 있었다. 더구나 새 함정들에는 아스딕 장비도 갖추어져 있었다. 디킨슨 중령은 새 호위함들의 도착으로 최악의 상황은 지나갔다고 생각했다. 하지만 머지않아 그의 생각은 잘못임이 밝혀진다.[21]

그다음 날 밤 자정 직전, U-48에 탑승한 독일군 감시병이 좌현에서 어두운 물체 몇 개를 발견했다. 보고를 받은 U-48의 함장 하인리히 블라이히로트Heinrich Bleichrodt는 직접 확인하기 위해 조종탑으로 올라가 확신이 들 때까지 한참 동안 그것들을 미행했다. 그 물체들의 정체는 새로운 프로토콜을 적용하기 직전의 영국 호송대였다. 블라이히로트 함장은 케르네벨의 되니츠 제독에게 무선 메시지를 보냈다. 그런 뒤 그는 공격 준비를 했다. 당시 영국 호송대에 속한 상선들과 호위함 3척은 U-48이 자신들을 발견한 후 미행하는 것을 전혀 알아채지 못했다. 새로 합류한 호위함에 장착된 아스딕 시스템이 활성 모드였는데도 U-48이 수상에서 이동했기 때문에 발각되지 않았던 것이다. 또 호송대에 포함된 어느 선박에도 레이더가 없었으며, 특히 밤에는 육안으로 유보트의 낮은 옆모습을 식별하기가 불가능했다. 위험이 임박했다는 첫 번째 징후는 새벽 4시에 연료유를 운반하던 1만 톤급 랑그도크호Languedoc의 갑작스런 폭발이었다. 그리고 몇 분 후 갑판에 구덩이 소품이 가득 쌓여 있던 스코어즈비호Scoresby도 공격을 받았다. 매키넌 사령관은 호송대에 우측으로 비상 선회하라고 명령했고, 디킨슨 중령은 3척의 호위함에 어뢰 공격 현장으로 이동하라고 지시했다. 아스딕 시스템에는 아무것도 나타나지 않았으므로 호위함이 조치할 수 있는 일이라고는 유보트의 옆모습을 찾는 것과 침몰하는 두 선박에서 생존자를 구하는 것뿐이었다.[22]

그날 밤 더는 폭발이 일어나지 않았다. 그리고 얼마 후 날이 밝자, 디킨슨 중령은 영국의 장거리 정찰기로부터 수면 위에 올라온 유보트가 멀지 않은 곳에 있다는 정보를 받았다. 그는 그 잠수함 U-48을 뒤쫓았다. 그러자 유보트는 잠수했고, 영국군은 곧이어 그 지역 일대에 수중 공격을 시도했다. 디킨슨 중령은 수중 공격을 통해 U-48을 격침하지는 못했지만 이를 통해 U-48을 수중에 계속 잡아두어 배터리를 방전시켰고, 동쪽으로 이동하는 영국군 호송대로부터 이격시켰다.[23]

케르네벨에서 이 소식을 들은 되니츠 제독은 실망했다. U-48이 다른 유보트를 기다리지 않고 단독으로 공격했고, 그러는 동안 공격해야 할 영국 호송대와의 접촉이 끊겼기 때문이다. 하지만 되니츠 제독은 영국 호송대가 항해하는 진로를 계산한 뒤, 해당 좌표에 추가로 유보트 5척을 투입했다. 추가된 이 잠수함들 중에는 뛰어난 유보트 함장으로 독일에서 유명한, 바꿔 말하면 영국에서는 악명 높은 장교들이 지휘하는 3척도 포함되었다. 이 장교들은 U-99의 오토 크레치머, U-100의 요아힘 셰프케Joachim Schepke, 프린 중위의 부함장이었다가 당시에는 U-46을 지휘하던 엥겔베르트 엔드라스였다.

유보트 5척이 SC-7에 접근했을 때, 영국에서 호위함 2척이 더 도착해 호위함은 5척으로 늘어났다. 새로 도착한 호위함에는 리스함Leith도 포함되었다. 이 함정의 함장 롤런드 앨런Roland C. Allen 중령은 디킨슨 중령보다 상급자였기 때문에, 두 사람은 호위 사령관 직책을 인수인계했다. 그런데 갑작스런 지휘관 교체로 호위함 사이의 협력 관계가 약화되었다. 갑자기 집결한 유보트들 역시 상호 간의 협력적 전술 운용에 서툴렀다. 여러 척의 유보트를 한꺼번에 운용하려는 되니츠 제독의 의도에 따라 일단 집결하기는 했지만, 조율된 작전 대신 유보트 함장마다 독자적으로 공격을 시작한 것이다.[24]

유보트의 공격은 자정 즈음 엔드라스가 지휘하는 U-46이 영국 호송대에 어뢰 4발을 발사하면서 시작되었다. 어뢰에 맞은 선박 중 소형 화물선으로 펄프 목재를 실은 스웨덴 국적의 증기선 콘발라리아호Convallaria는 5분도 안 되어 침몰했다. 또다른 어뢰가 목재, 강철, 비행기를 실은 영국 증기선 베이아터스호Beatus를 명중했고, 이어서 다른 선박들이 차례로 어뢰에 맞았다. 호송대는 어디에 위험이 도사리고 있는지 파악하지 못했다. 훗날 호송대의 생존자가 말했듯이, "어떤 선박이든 호송대에 속한 다른 배들이 알지 못하는 사이에 적의 어뢰에 맞아 침몰할 수 있었다. … 어디에선가 폭발이 발생하면 모두 듣고 느낄 수는 있는데, 그런 일이 어딘가에서 일어나고 있다는 것을 의미했을 뿐이다." 유보트 전체가 수중이 아닌 물 위에서 공격했기 때문에 아스딕 시스템은 이번에도 무용지물이었다. 유보트는 적어도 1척 이상이었으며, 상선에 탄 선원들의 눈에 언뜻 보였다가 어둠 속에서 낮은 그림자처럼 스쳐 지나갔다. 각 상선은 후방에 4인치 함포를 장착하고 있었는데, 그런 그림자를 발견한 승무원들이 즉시 함포를 발사했으나 그다지 효과가 없었다. 호위함은 밤중에 어둠을 밝히기 위해 야광탄을 쏘았다. 이 틈을 이용해 호위병들도 4인치 함포를 사격했으나, 상선에서 쏜 함포처럼 별다른 성과는 없었다. 야광탄에서 뿜어져 나오는 백린白燐의 눈부신 빛과 이따금 총구에서 나오는 오렌지색 섬광이 밤을 밝히며 검은 물에 반사되었다. 그리고 주기적으로 다른 선박이 폭발할 때 확연히 밝은 섬광이 발생했다. 크레치머는 어뢰 중 하나가 6000톤급 엠파이어미니버호Empire Miniver를 타격한 직후의 상황을 자신의 일기에 다음과 같이 묘사했다. "어뢰 폭발은 곧 높은 화염과 폭발로 이어졌고, 선박의 함교까지 찢어져 200미터 높이의 연기구름을 남겼다." 몇 분 후 그는 "배는 여전히 녹색 불꽃으로 맹렬하게 타오르고 있다"라고 덧붙였다.[25]

자정에서 새벽 2시까지 약 2시간 동안, 호송대에서 9척의 선박이 침몰했다. 그중에 6척을 크레치머가 지휘하는 유보트가 침몰시켰다. 이런 상황에서 호위 사령관은 구조대원의 역할을 맡았는데, 구조된 선원 수가 원래 선원보다 많을 때까지 최대한 많은 생존자를 구했다. 코르벳함 블루벨함은 203명의 생존자를 수용했는데, 이는 원래 이 함정에 탑승한 승무원 수의 4배였다. 유보트의 어뢰 공격은 계속되어 총 16척의 영국 선박을 침몰시켰다. 이전에 손실된 4척을 포함하면, 노바스코샤를 떠난 35척 중에 무려 20척이 침몰한 것이다. 하지만 학살은 여전히 끝나지 않고 계속된다.[26]

한편 유보트는 어느 것도 파괴되지 않았으며, 그중 3척은 어뢰를 전부 다 사용해 재장전하기 위해 비스케이 항구로 향했다. 셰프케가 지휘하는 U-100과 엔드라스가 지휘하는 U-46은 블라이히로트가 지휘하는 U-48과 함께 계속 임무를 수행했다. 그리고 얼마 지나지 않아 이들은 로리앙에서 두 번째 호송대가 접근하고 있다는 전갈을 받았다. 되니츠 제독은 보고된 지역에 유보트 2척을 더 보냈는데, 그중 하나가 프린 중위가 지휘하는 U-47이었다.

다시 빠르게 조직된 울팩 부대, 즉 유보트들의 목표는 '빠른' 호송대인 HX-79였다. 이 호송대는 무려 49척의 상선이 포함된 대규모였다. 이 호송대는 SC-7과 마찬가지로 무장 상선 2척의 호위를 받으며 10월 8일에 핼리팩스를 출발했고, 유보트의 공격이 가해지기 직전에 구축함 2척, 코르벳함 4척, 무장 기뢰함 1척, 무인 저인망 어선 3척 등 특별히 대규모의 호위 부대가 보강되었다. 이번에도 유보트들은 자정이 지났을 때 어둠 속에서 공격을 시작했고, 모두 수면에서 공격했다. 이 공격으로 연료유 1만 3500톤을 실은 유조선 카프렐라호Caprella를 비롯해 13척의 선박이 추가로 침몰했다. 이 호송대에 초대형 호위 함정이 추가되었는데도 유보트는 1척도 손상되지 않았다.[27]

HX-79 호송대에 이어 HX-79A가 뒤따랐는데, 여기에는 앞 선단에 포함되지 않은 수많은 선박이 포함되었다. 이들 역시 유보트에 발각되어 7척이 추가로 침몰했다. 만약 유보트가 보유한 어뢰가 충분했다면 영국 선박이 입은 피해는 더 심각했을 것이다. 이상의 상황을 종합하면 불과 3일 만에 유보트 8척이 영국 선박 37척을 격침시켰으며, 유보트는 단 1척도 손상되지 않았다. 유보트 8척이 이 정도 손실과 대혼란을 일으킬 수 있다면, 만약 유보트가 80척 혹은 100척이라면 어떤 상황이 전개될까? 이 같은 생각은 독일의 전시 생산 프로그램에서 유보트를 가장 우선적으로 고려해야 한다고 주장한 되니츠 제독이 제시하는 비전을 뒷받침했다.

1940년 9월 2일부터 12월 2일까지 3개월 동안 유보트는 주로 서부 접근로에서 영국과 연합군의 선박 총 140척을 침몰시켰고, 동일한 기간에 소규모 연안 함정들이 또다른 연합군 선박 17척을 격침했다. 이렇게 해서 독일 유보트는 총 85만 톤의 선박을 파괴했는데, 이러한 손실은 영국으로서는 감당하기 힘든 규모였다.

영국과 연합군이 입은 인명 피해 역시 심각했다. 그라프슈페함이 항해하는 동안 랑스도르프 대령이 자신의 공격으로 희생된 자들을 대했던 것과 같은 인간적인 겉모습은 오래전에 사라졌다. 되니츠 제독은 유보트의 승무원들을 위험에 빠트리지 않기 위해 함장들에게 생존자를 구조하지 말라고 명령했다. 그는 부하들에게 "오직 너 자신과 잠수함의 안전만 신경써라"라고 지시하며 "우리는 이 전쟁에서 강해져야 한다"라고 말했다. 이에 따라 연합군 선박이 처음 침몰했을 때 수많은 인명 손실이 발생하는데, 생존자들은 서서히 굶어 죽거나 갈증으로 죽어가면서 기록되지 않은 며칠과 몇 주 동안 고통에 노출되었다.[28]

다행히 적의 공격을 받지 않은 선박들 역시 물속으로 뛰어든 생존자들을 태우기 위해 멈출 수는 없었다. 생존자들을 구하려 하면 호송대 전체가 혼란에 빠질 수 있었기 때문이다. 더구나 그들 자신이 유보트의 다음 희생자가 될 가능성이 컸다. 따라서 일반적으로 호송대에 소속된 선박들은 생존자 구조 임무를 호위함에 맡기고 호송대 내에서 자신의 위치를 지켜야 했다. 하지만 물속에서 몸부림치며 도움을 요청하는 사람들을 그냥 지나치기는 어려웠다. 다른 배들이 생존자들을 구하지 않고 지나가는 모습을 지켜보다가 정작 자신들이 그런 상황에 처하게 된 선원들은 혼란에 빠졌다. 여러 차례 호송대에서 임무를 수행한 한 선원은 물속에 빠져 구조를 요청하는 생존자에 대한 다양한 반응을 이렇게 회상했다. "내가 그들에게서 30미터도 안 되는 곳에서 지나갈 때 그들 중 일부는 욕설을 했고, 기도하는 사람도 있었으며, 어떤 이들은 조롱하듯 엄지손가락을 내밀며 "갈 길 가세요, 아저씨" 하고 말했다."[29]

호송대가 위험을 피할 수 있는 단 한 가지 유예 조건은 기후 혹은 기상이었다. 북대서양의 겨울 폭풍은 유보트의 활동에 막대한 지장을 주었다. 특히 고작 750톤에 불과한 유보트들은 사실상 활동이 불가능했다. 따라서 혹독한 날씨에는 침몰하는 선박 수가 급격히 감소했다. 하지만 가을과 겨울의 바다에는 또다른 위험들이 도사리고 있었다.

========

되니츠 제독이 더 많은 유보트를 요구하는 동안, 해군 참모 총장 레더 대제독은 영국과 연합군 상선에 대한 공격을 강화하기 위해 다시 수상 함대를 운용하는 전략을 강조했다. 히틀러는 연합군 상선을 공격하는 데 크고 값비싼 전함을 투입하는 것에 회의적이었지만, 바다에서 독일 함정들이 영국의 상선을 공격해 침몰시키기를 희망하는 레더 대제독은 "영국의 막강한 해군력을 분리해 그중 일부를 공해상에 분산시켜 영국의 주력 함대를 약화시키고 지치게 해야 한다"라고 주장했다. 그는 수상 공격함을 영국 상선을 공격하는 데에 투입하는 것을 일시적 대안으로 고려했다. 구체적으로, 되니츠 제독이 요구하는 정도로 유보트가 충원될 때까지만 수상 함대를 영국 상선 공격에 활용하려는 것이었다.[30]

레더 대제독은 SC-7과 HX-79에서 영국 호송대가 큰 타격을 입은 지 불과 4일 만에 이 두 가지 목표를 추구하기 위해 테오도어 크랑케Theodor Krancke 소령이 지휘하는 포켓 전함 아트미랄셰어함을 북대서양에 파견해 연합국 상선 파괴 임무에 투입했다. 영국 정찰기의 이륙을 방해하는 악천후에 힘입은 크랑케 소령은 아트미랄셰어함을 타고 북해를 지나 스코틀랜드와 아이슬란드 주변을 항해했다. 그리고 아이슬란드와 그린란드 사이의 덴마크 해협을 통해 남쪽으로 이동했으나, 연합군 상선을 발견하지

도이칠란트함(나중에 뤼초브함으로 개칭)의 자매선 포켓 전함 아트미랄셰어함이 1941년에 연합국 상선을 공격할 때의 모습. (미국 해군 역사유산사령부)

못했다. 11월 1일에 그는 그린란드의 남쪽, 경도 20도에서 한참 떨어진 서쪽에 자리잡고 있었다. 그런데 그곳을 지나가던 연합군 호송대는 자신들이 상대적으로 안전하다고 믿고 있었다. 동쪽으로 향하는 두 HX 호송대가 이동 중이라는 무선 정보가 베를린에서 크랑케 소령에게 전달되자 그는 즉시 그들을 요격하기 위해 기동했다. 그리고 그가 지휘하는 전함의 감시병들이 11월 3일과 4일에 연합군 호송대를 발견했는데, 크랑케 소령은 자신을 노출하지 않을 만큼 충분히 떨어진 거리에 머물면서 그들을 놓아주었다. 사실 그는 더 큰 목표를 노리고 있었다. 11월 5일에 아트미랄셰어함은 증기선 모한호Mohan를 마주쳤는데, 이 선박은 바나나 7만 줄기를 수송하는 중이어서 말 그대로 '바나나 보트'였다. 아트미랄셰어함은 포격으로 모한호를 격침시키고 그 즉시 정찰기를 발진시켜 가장 가능성이 높은 지역을 탐색하라고 지시했다. 잠시 후 정찰기가 복귀하더니 조종사가 중요한 소식을 전달하기 위해 비행기 날개를 흔들었다. 조종사는 전함 인근에 착륙한 뒤 곧 배에 탑승해 신속하게 함교로 달려가 180여 킬로미터 전방에서 연합군의 대형 호송대를 발견했다고 보고했다.[31]

호송대 HX-84는 캐나다 구축함 2척의 호위를 받으며 8일 전에 핼리팩스를 출발했다. 호송대가 바다로 나가자마자 구축함들은 복귀했지만, 선단에는 여전히 무장 상선인 순양함 저비스베이함이 바다 한가운데에서 호위 임무를 수행하고 있었다. 영국의 무역 조정실에서 HX-72에 지시한 새로운 임무를 수행하기 위해 서둘러 핼리팩스로 이동하던 함정이었다. 무역 조정실은 보강된 호위 임무를 수행하기 위해 최근 미국에서 입수한 파이퍼 선박 4척 중 3척을 함께 보내려 했으나 이 선박들은 아스딕 시스템 장착을 비롯해 여전히 여러 가지 수리가 필요했다. 게다가 10월 28일에 호송대가 항해하기 시작했을 때조차 여전히 항해 준비가 끝나지 않은 상태였다. 저비스베이함에는 6인치 함포 7문이 있었지만 오래되어 낡은 것들이어서 중앙 화력 통제 시스템에 연결되어 있지 않았으며, 포탑에 장착되지 않고 갑판에 고정되어 용도가 명확하지 않은 화기에 불과했다. 이 무장 순양함은 레이더, 아스딕, 어뢰관, 폭뢰 중 어느 것도 가지고 있지 않았다. 저비스베이함의 함장은 49세의 에드워드 페건Edward S. F. Fegan 대령이었는데, 티퍼러리 카운티 출신의 아일랜드인으로 3대째 해군을 배출한 가문 출신이었다.[32]

11월 5일, 페건 대령은 호송대 최북단의 브라이어우드함Briarwood에서 깜박이는 신호를 받았다. 북쪽 수평선에서 군함으로 보이는 선박의 돛대를 발견했다는 보고였다. 발견한 선박이 가까이 다가오자 페건 대령은 이 선박을 향해 수하誰何 신호로 그날의 인식 신호인 M-A-G를 깜박였다. 그런데 낯선 선박은 세 글자로 응신하긴 했으나 기다리던 신호가 아니었다. 이에 따라 페건 대령은 곧장 다음 세 가지 일을 동시에 실행했다. 첫째, 호송대의 선박들에 흩어지라는 신호로 빨간 로켓을 발사했고, 둘째, 호송대가 적 수상 함대의 공격(RRRR)을 받고 있다고 해군성에 무선으로 보고했으며, 마지막으로 호송대를 향해 다가오는 적 군함을 향해 전속력으로 돌격하라고 저비스베이함에 명령했다. 페건 대령은 자신의 함정이 독일군 포켓 전함과 정면 대결할 수 없다는 것을 알았다. 그는 상선들이 탈출할 시간을 벌기 위해 기꺼이 자신과 함정을 희생할 각오였다.[33]

페건 대령은 독일군 전함의 주의를 끌기 위해 사정거리 밖에서 발포하기 시작했는데, 이 행동은 매우 적절했다. 크랑케 소령은 저비스베이함이 전체 호송대에서 자신을 위협할 수 있는 큰 함포를 가진 유일한 함정이라는 사실을 간파했다. 또 독일에 우호적인 기지에서 약 3000여 킬로미터 이격된 대서양 한가운데에서는 아무리 미미한 피해라도 큰 문제가 될 것이라고 판단했다. 따라서 그는 자신이 공격해야 할 모든 관심을 대형 무장 화물선에 집중했다. 아트미랄셰어함에서 발사한 포탄이 장갑을 전혀 갖추지 못한 저비스베이함을 타격했고, 첫 번째 공격에서만 약 300발 이상의 포탄이 이 함정에 쏟아졌다. 저비스베이함은 곧 검은 연기를 길게 내뿜으며 힘없이 떠내려갔고 불길은 점점 걷잡을 수 없이 타올랐다. 불타오르는 저비스베이함의 함포가 계속해서 발사했으나 6인치 포탄은 아트미랄셰어함 갑판에 바닷물을 튀기는 정도여서 실제로 별다른 피해를 입히지 못했다. 크랑케 소령은 적 수장의 결단력에 깊은 인상을 받았다. 훗날 크랑케 소령은 페건 대령에 대해 "그가 누구였든 간에 그는 진정한 넬슨 제독의 핏줄을 물려받았다"라고 평가했다.[34]

불길이 저비스베이함의 뱃머리에서 선미까지 뒤덮었고 이 함정의 함포는 모두 작동하지 않았다. 이미 치명상을 당한 페건 대령 대신, 부상을 입었으나 생존한 고위 장교가 승무원들에게 배를 포기하라고 지시했다. 독일군 전함은 저비스베이함의 화재가 인근 상선에 옮겨 붙기 전에 몇 차례 더 공격했다. 이렇게 전투가 끝나가는 동안 호송대에 속한 상선들은 도주할 때 적어도 22분을 확보했다. 페건 대령에게는 이 전투에서 세운

공로가 인정되어 빅토리아 십자 훈장이 추서되었는데, 그는 이 훈장의 마지막 수훈자였다.[35]

크랑케 소령은 이제 사방으로 도망가는 상선에 주의를 돌렸다. 모든 상선이 탈출을 은폐하기 위해 연기를 내뿜은 데다 불타는 저비스베이함에서 솟아오르는 연기와 합해져서 아트미랄셰어함의 관측은 한정적이었다. 그러던 중 한 상선이 크랑케 소령의 눈에 들어왔다. 대형 화물선인 그 배는 선미에 4인치 함포와 뱃머리에 3인치 함포가 있었는데 모두 자신을 향해 쏘고 있었다. 이 배가 쏜 함포가 아트미랄셰어함에 심각한 손상을 입히지는 않았지만 하마터면 해치 덮개 중 일부가 벗겨질 뻔했다. 그래서 크랑케 소령은 이 선박을 먼저 공격하기로 결정했는데, 이 선박을 격침시키는 과정은 예상보다 훨씬 어려웠다. 그 선박은 스코틀랜드 태생의 캐나다인 휴 페티그루Hugh Pettigrew가 지휘하는 비버퍼드함Beaverford이었다. 페티그루 함장과 비버퍼드함은 짙은 연기를 피하면서 답답할 정도로 고집이 세다는 것을 입증했다. 결국 아트미랄셰어함은 비버퍼드함을 향해 11인치 포탄과 5.9인치 포탄을 19발 퍼붓고 어뢰까지 발사해 마침내 이 함정도 침몰시켰다. 비버퍼드함에 어뢰가 명중되자 이 배는 물 밖으로 떠올랐다. 훗날 크랑케 소령은 이 선박의 침몰 과정을 이렇게 회상했다. "터지고 갈라지는 큰 소리가 났고 … 선미가 물 밖으로 높이 솟아올랐다. 그리고 배 전체가 수면 아래로 미끄러졌다." 비버퍼드함의 무선 교환원이 보낸 마지막 라디오 메시지는 이러했다. "이제 우리 차례군요. 안녕히 계세요." 이 함정의 생존자는 없었다.[36]

저비스베이함과 마찬가지로 비버퍼드함이 시간을 오래 끈 덕분에 호송대에 소속된 다른 선박들이 도피할 시간은 충분했다. 그뒤로 크랑케 소령은 4척의 선박을 더 추격하고 나서 그날 밤에는 더는 공격하지 않았다.

테오도어 크랑케 소령은 1940년에 대서양에서 순항하다가 포켓 전함 아트미랄셰어함을 지휘했다. 레더 대제독은 크랑케 소령이 거둔 공적을 앞세워 독일의 대형 수상 전함 전투력을 투입해 영국의 무역을 공격하는 전략이 옳다고 생각했다. (Alamy)

그는 6시간 만에 영국 선박을 총 52만 톤 침몰시켰는데, 이는 랑스도르프 대령이 6주 동안 침몰시킨 것보다 더 많은 양이었다. 저비스베이함과 비버퍼드함의 희생이 없었다면 연합군 호송대에 속한 선박들의 피해는 더 컸을 것이다.[37]

영국에서는 페건 대령이 보낸 섬광 신호(RRRR)가 해군성 전체를 자극했고, 이에 따라 독일군 포켓 전함을 추적하고 파괴하기 위해 여러 사냥꾼을 보냈다. 그런데 처칠은 히틀러가 바다사자 작전을 취소한 것을 몰랐기에 이것이 도버 해협에서 주의를 딴 데로 돌리기 위한 술책이 아닌가 하는 두려움이 있었다. 그럼에도 그는 전함 후드함과 리펄스함, 그리고 순양함 3척과 구축함 6척을 보내 아트미랄셰어함을 추적하도록 한 포브스 제독의 결정을 승인했다. 이와 동시에 아트미랄셰어함이 독일로 돌아가는 것을 막기 위해 아일랜드 북서쪽 해역을 순찰하도록 전함 로드니함과 넬슨함을 파견했다. 이처럼 레더 대제독이 바라던 대로, 독일군 수상 전함

1척이 영국 해군으로부터 지나칠 정도로 많은 관심을 끌었다.[38]

=====

11월 5일 밤에 아트미랄셰어함이 함포 사격으로 공격한 선박 중에는 8000톤급 유조선 산데메트리오호San Demetrio도 있었다. 이 선박은 네덜란드령 서인도 제도의 퀴라소섬에서 출발한 후 바다에서 발생한 대참사를 경험했다. 그런데 이 유조선에는 '영국 전투'에서 독일 공군을 방어하는 허리케인 항공기와 스핏파이어 항공기가 사용할 고高옥탄octane 항공 연료 1만 1200톤이 선적되어 있었다. 이 연료를 감안할 때, 이 배는 말 그대로 떠다니는 폭탄이었다. 이 배의 선장 조지 웨이트George Waite는 어떤 선원이 묘사한 대로 "50대 초반의 크고 건장한 남자로, 허리둘레가 어깨보다 넓은" 인물이었다. 그는 적의 포탄이 자신이 운반하는 화물에 불을 붙인다면 즉시 배가 폭발할 것이고, 배에 탄 모든 사람이 죽을 것이라는 점을 잘 알았다. 그래서 그는 선원들에게 배가 적의 포탄에 맞으면 즉시 배를 버리라고 명령했다. 5시 30분경, 아트미랄셰어함에서 쏜 포탄이 해수면 바로 위에 있는 산데메트리오호에 명중했다. 당시에 18세였던 선원 캘럼 맥닐Calum MacNeil은 그 순간 "배가 떨리고, 삐걱거리고, 신음을 냈다"라고 회상했다. 그리고 "복도와 식당의 도자기 그릇과 조리 기구가 충돌해 여기저기서 달그락거렸다. 배 전체에 불이 켜지지 않았다"라고 덧붙였다. 몇 초 후, 두 번째 포탄이 유조선의 한가운데를 강타해 여기저기서 화재가 더 발생했다. 이제 배를 버리고 탈출할 시간이었다. 선원들은 서둘러 구명정을 띄워 물속에서 맹렬하게 불타 파괴된 배에서 멀어졌다. 웨이트 선장은 처음에는 배에 남아 자신의 선박과 함께 죽겠다고 결정했으나, 구명정에 탄 몇몇 승무원이 간청하여 그를 구조했다. 이렇게 유조선에서 탈

출한 덕분에 웨이트 선장은 뉴펀들랜드로 안전하게 돌아왔다.[39]

그는 산데메트리오호의 구명정에서 아트미랄셰어함이 호송대에 속한 다른 선박을 공격하는 것을 지켜보았는데, 그사이에 황혼이 점점 완연한 밤으로 바뀌었다. 그후 구명정에 탄 선원들은 거친 바다와 싸워야 했다. 한 승무원은 당시 상황을 이렇게 회상했다. "물방울과 거품 덩어리가 끊임없이 구명정 위를 덮쳤다. 그래서 우리 모두가 흠뻑 젖었고 마치 추위가 몸속으로 침투하는 것 같았다." 게다가 밤사이에 날씨가 나빠지자 구명정에 의지하던 선원들은 작은 구명정에서 노 젓고 페달 밟는 수고를 덜기 위해 닻을 설치했다.[40]

이튿날 동이 텄을 때 선원들의 시야에 텅 빈 바다만이 눈에 들어왔다. 그러나 그날 오후에는 수평선에서 연기가 번지는 모습이 목격되었다. 이따금 노를 저으면서 더 가까이 표류해 간 선원들은 연기 나는 물체가 선박이라는 것을 알아보았다. 자세히 관찰해보니, 물속에서 낮게 가라앉은 채 타고 있어서 검은 연기가 쏟아져 나오고 있었다. 잠시 뒤에 한 승무원이 이 검은 연기를 내뿜는 배가 산데메트리오호라는 것을 알아보고 "빌어먹을!"이라고 큰 소리로 중얼거렸다. 이 배 주변의 바다는 배에서 흘러나온 고옥탄 연료로 가득 차 있었는데, 불꽃 하나가 연료를 점화할 뻔한 상황이었다. 따라서 이들이 그 배에 올라가 불을 끄기로 결정하지 않았다면 그들은 또다시 추운 밤을 한 차례 더 견뎌야 했을 것이다.[41]

배는 엉망이었다. 갑판 도금은 "판지처럼 찌그러지고 구겨졌으며, 여기저기에 포탄 구멍이 뚫려 있었다." 기관실과 다른 중요한 공간들은 허리까지 바닷물에 잠겨 있었다. 하지만 아서 호킨스Arthur Hawkins 소위와 수석 엔지니어 찰스 폴러드Charles Pollard의 지시에 따라 승무원들이 펌프를 작동하기에 앞서 전력을 복구하는 작업을 하고 물도 충분히 퍼내 엔진을 다시 가동시킬 수 있었다. 하지만 나침반이 파손되어 방향을 판단하기가 어려웠기에 별빛으로 방향을 정한 후 천천히 동쪽으로 이동했다. 그리고 닷새 후인 11월 13일 수요일 새벽에 감시병이 전방에 육지가 있다고 소리쳤다. 무역 조정실의 통제관들은 8일 전에 침몰한 것으로 보고된 이 선박이 아일랜드 해안에 도착했다는 소식에 깜짝 놀라지 않을 수 없었다. 이렇게 산데메트리오호는 대부분의 화물이 손상되지 않은 채 로스시만에 입항했다. 항해 출발점인 클라이드만에서 선적한 거의 그대로였다.[42]

한편 크랑케 소령은 남쪽으로 방향을 바꾸어 전해에 그라프슈페함이 난동을 피웠던 남대서양 방향으로 이동했다. 랑스도르프 대령이 그랬던 것처럼, 크랑케 소령도 희망봉을 지나 인도양으로 진입한 뒤에 연합군 선박을 공격했다. 더 중요하게도, 그는 랑스도르프가 해내지 못한 일을 달성했다. 바로 독일 기지로의 복귀였다. 1941년 4월 1일, 아트미랄셰어함은 7만 5000여 킬로미터를 순항하며 연합군 선박 17척을 침몰시킨 후 킬 항구로 들어섰다. 레더 대제독은 직접 함정에 올라와 축하의 말을 한참 쏟아냈고, 승무원들은 영국 냉장선 두케사호Duquesa에서 가져온 스테이크와 계란을 크랑케 소령에게 대접하며 화답했다.[43]

레더 대제독은 아트미랄셰어함의 순항이 그가 제시한 영국 무역에 대한 약탈 전략이 지닌 중요성을 입증했다고 믿었다. 그는 크랑케 소령의 성공으로 "다른 함대가 실시하는 새로운 공격에 유리한 전제 조건"이 완결되었다고 적었다. 또한 그는 이 기회를 이용하기 위해 1940년 12월과 1941년 2월에 중순양함 히퍼함을 두 차례 파견해 기습 작전을 실시했으나, 두 번 다 이렇다 할 성과는 거두지 못했다. 한편 그는 뤼첸스 제독이 지휘하는 전함 샤른호르스트함과 크나이제나우함을 출격시켜 연합군의 대서양 호송대를 공격하라고 지시했다. 1941년 1월에서 3월까지 3개월 동안 이 두 순양함은 연합국 선박 21척을 격침시켰는데, 그중에 16척은 3월 15~16일 이틀 만에 침몰했다. 그리고 나서 이 순양함들은 3월 22일에 브레스트 항구에 무사히 복귀했다. 레더 대제독은 이번에도 순양함 함대가 영국 해군 전투력 분산에 '매우 성공적이었다'라고 평가하며 기뻐했다. 그러한 인식은 독일군이 이탈리아 해군 참모 총장 리카르디 제독에게 이아키노 제독의 수상 함대를 출격하도록 압력을 가하는 데 영향을 미쳤고, 그러한 압력은 지중해 마타판곶 해전에서 절정에 달했다.[44]

독일군의 유보트와 수상 공격 전함 외에도 영국 무역을 방해하는 데 사용한 세 번째 전력은 보조 순양함(독일어로 힐프스크로이처Hilfskreuzer)이었다. 기존에 상선으로 사용되던 선박에 해군 함포를 장착해 공격용 군함으로 개조한 이 함정은 순항 거리를 늘리기 위해 대규모 연료 탱크를 장착해 개조한 것이었다. 독일이 이 보조 순양함을 마치 완전히 다른 전함처럼 취급한 점을 제외하면, 이 함정은 저비스베이함처럼 영국 무장 상선 순양함과 동일한 개념의 선박이다. 이 배들 중에는 함포를 가짜 격벽 뒤에 숨겨서 마치 갑판 화물 상자로 보이게 한 것도 있었는데, 중립국 선박처럼 위장한 채 바다에서 항해하다가 영국과 연합군 수송선에 접근해 발포하기 직전에 위장을 제거하고 본색을 드러냈다. 독일 해군은 1940년 여름과 가을에 보조 순양함 10여 척을 운용했는데, 이 함정들은 5월에서 11월 사이에 약 50만 톤에 해당하는 영국과 연합군 선박 80척 이상을 침몰시키거나 나포했다. 함정 대 함정 대결을 시도한 작전에서 이 선박들은 유보트보다 연합국의 무역에 더 파괴적인 효과를 낸 것으로 입증되었다.[45]

　독일 해군이 운용한 첫 번째 보조 순양함은 이른 봄에 기존 화물선 골

덴펠스호Goldenfels를 군함으로 개조한 아틀란티스함Atlantis이었다. 이 보조 순양함을 지휘한 베른하르트 로게Bernhard Rogge 중령은 아트미랄셰어함이 이용한 항로를 따라 항해했다. 또다른 보조 순양함은 덴마크 해협을 거쳐서 항해하다가 희망봉을 향해 남쪽으로 이동했다. 연료를 절약하기 위해 10노트의 속도로 항해하던 아틀란티스함은 도중에 여러 차례 카멜레온처럼 변장했다. 이 함정의 마스트, 혹은 굴뚝까지도 올리거나 내릴 수 있었는데, 승무원들은 선박의 실루엣과 외양을 변형하기 위해 목재 프레임, 캔버스 시트, 페인트까지 동원했다. 북해를 항해하는 동안 이 선박은 노르웨이 화물선 크누트넬손호Knute Nelson였다가, 그린란드를 향해 스코틀랜드 북쪽 항로를 횡단할 때는 러시아 해군 보조선 킴호Kim가 되었고, 남대서양에서 활동한 1941년 4월 말에는 일본 국적 가시마루호橿丸로 행세했다. 그리고 그로부터 몇 주 후 이 선박은 인도양에서 항해하던 중 구성과 색상을 네덜란드 화물선 아베커르크호Abbekerk로 변장했다.[46]

아틀란티스함은 독일군의 프랑스 지상 공세가 시작되기 불과 며칠 전인 5월 3일에 첫 번째 포획을 시작했다. 6200톤급 화물선 사이언티스트호Scientist에 자연스럽게 접근한 로게 중령은 즉시 위장 격벽을 제거한 뒤 함포를 앞세워 위협하며 화물선에 무선을 사용하지 말라고 명령했다. 하지만 사이언티스트호의 윈저G. R. Winsor 선장은 즉시 코드 QQQ를 사용해 경보를 내보내며 자신이 무장 상선 순양함으로부터 공격받고 있음을 알렸다.* 이에 따라 아틀란티스함은 즉시 발포했고, 사이언티스트호의 선원들은 배를 버리고 탈출했다. 그후 로게 중령은 포로들을 구한 뒤 화물선

---

* QQQ 신호 코드는 1차대전 시기에 숨겨진 갑판 함포로 무장한 상선을 Q-보트라고 불렀던 데에서 유래했다. 1914~1915년에 영국군은 Q보트로 유보트를 수면으로 유인한 뒤에 격침했다.

을 어뢰로 침몰시켰다.[47]

한편 아틀란티스함은 케이프타운 앞바다에 기뢰 92개를 매설해 6개월 동안 선박 10척, 화물 7만 2165톤을 침몰시켰으며, 선박 3척을 포획해 화물 2만 1300톤을 압수했다. 이때 침몰한 선박 중 하나가 이집트 증기여객선 잠잠호Zam Zam였는데, 이 배에는 미국인 140명이 타고 있었다. 미국인 중에 목숨을 잃은 사람은 없었으나 이 사건은 미국의 분노를 자아냈다. 하지만 아틀란티스함이 거둔 가장 큰 성공은 1940년 11월 11일 인도양에서 나포한 영국 증기선 아우토메돈호Automedon였다. 나포되기 직전에 아우토메돈호의 선장이 RRRR 무선 경고를 보내자 아틀란티스함은 즉시 발포했다. 첫 번째 사격에서 아우토메돈호의 함교에 있던 승무원이 모두 사망하고 배의 일부가 찢겨 나갔는데, 훗날 한 독일 승무원은 이 광경을 두고 "대검으로 얇은 깡통을 여는 것과 같았다"라고 묘사했다. 이 공격 직후 독일 승무원들이 영국 선박에 올라탈 때까지 아무도 이 선박이 보유한 비밀문서 보관소를 처리하지 않았는데, 여기에는 태평양에서의 영국 방어 작전과 관련된 상세 문서와 정보가 들어 있었다. 한 달 후, 아틀란티스함은 일본 고베 항에 도착했다. 이때 로게 중령은 당시에 공식적으로는 중립을 표방했지만 이미 남태평양 인근 영국과 네덜란드의 식민지를 굶주린 눈으로 바라보던 일본에 이 정보를 넘겨주었다.[48]

태평양 지역에서 작전을 수행한 독일군 보조 공격함은 아틀란티스함 외에도 많았다. 여러 척의 보조 공격선 중에 오리온함Orion과 코메트함Komet은 노르웨이의 노르카프곶에서 소련의 북쪽 해안을 따라 북극해를 거쳐 항해하는 동안 쇄빙선의 도움을 받으며 불가능에 가까운 항해를 했다. 그런 뒤에는 베링 해협을 거쳐 태평양 남쪽까지 이동했다. 그곳에서 이 보조 공격선들은 영국, 네덜란드, 오스트레일리아 국적의 선박을 공격한 뒤 혼곶을 돌아 다시 독일로 복귀했다. 이렇게 해서 지구 일주 항해가 완성되었다. 또다른 상선 순양함 코르모란함Kormoran은 오스트레일리아 서부 해안에서 경순양함 시드니함Sydney과 필사적으로 전투를 벌였다. 격렬하게 진행된 포격전 끝에 시드니함이 코르모란함을 침몰시켰지만, 시드니함 역시 큰 타격을 입었다. 전방과 후방 포탑이 심하게 부서진 시드니함은 불이 붙고 우측으로 기울었으나 값진 승리의 현장을 절뚝거리며 떠났다. 하지만 그뒤로 이 함정의 모습은 발견되지 않았고 별다른 소식도 전해지지 않았다. 그리고 마침내 2008년에 이 함정의 잔해가 오스트레일리아 서해안의 샤크만에서 발견되었다.[49]

이처럼 독일 해군의 유보트, 수상 공격 전함, 보조 순양함이 결합해 펼친 공격은 1940년 여름과 가을에 영국의 해상 생명선을 심각할 정도로 긴장시켰으나 완전히 차단하지는 못했다. 더구나 평소에는 연합군의 상선과 호송대 선원들이 자주 저주를 퍼붓곤 했던 북대서양의 잔인한 날씨가 그해 겨울에는 귀중한 동맹이 되어주었다. 북대서양의 악천후 때문에 독일 해군 공격 부대의 효율성이 떨어진 것이다. 1941년 1월은 1944년 중반까지 지속된 유보트 전쟁 중에 공격 효율성이 가장 낮은 달이었다.

하지만 되니츠 제독의 관점에서 가장 심각한 것은 자신이 육성한 최고의 유보트 지휘관 프린, 크레치머, 셰프케가 3월 초에 죽거나 포로로 잡힌 일이었다. 프린은 3월 7일에 아일랜드 서부에서 해외 호송대 OB-293을 공격하다가 실종되었다. 그에 맞선 영국군 구축함 울버린함 Wolverine과 베러티함Verity은 아스딕과 폭뢰를 이용해 추격했고, 이로 인해 U-47은 물속에서 뒤틀리고 전복되었다. 울버린함의 제임스 롤런드James Rowland 중령은 여러 차례 공격을 반복하고 난 뒤 수면 바로 아래에서 '희미한 오렌지 빛'을 보았다. 이 빛은 U-47의 부서진 잔해일 수도 있었지만 자세한 상황은 확인할 수 없었다. 롤런드 중령의 판단은 정확했던 것으로 추정되는데, 그 이후 프린 함장에 대한 다른 소식은 전해지지 않았다.[50]

10일 후에는 크레치머가 지휘한 U-99와 셰프케가 지휘한 U-100이 U-70과 함께 동쪽으로 향하는 호송대 HX-112를 공격했다. 이 호송대에는 구축함 5척과 코르벳함 2척(블루벨함과 하이드렌저함Hydrangea)으로 구성된 강력한 호위 함대가 동행했다. 크레치머는 선박 5척을 침몰시켰으나 그의 유보트는 영국군의 폭뢰에 의해 손상되어 어쩔 수 없이 수면 위로 올라왔다. 그 이후 유보트를 조종하는 것이 불가능해 움직일 수 없는 상태가 되자 크레치머는 즉시 승무원들에게 잠수함을 포기하라고 명령했다. 결국 함장과 승무원은 대다수가 포로가 되었다. 셰프케 함장의 운명은 더 극적이었다. 영국 구축함은 그가 지휘하는 U-100을 수면으로 끌어올리기 위해 합동 공격을 실시했는데, 이 작전에 참여한 구축함 배녹함Vanoc은 수상 탐색 레이더를 장착한 최초의 영국 해군 구축함 중 하나였다. 배녹함의 현두가 U-100의 조종탑을 강타하여 박살내자 셰프케 함장은 승무원들에게 "배를 버려라!"라고 외칠 시간밖에 없었다. 이 공격으로 그들 모두가 사망했다. 그런가 하면 나중에 영국 호위함들은 U-70을 추격해 침몰시켰다. 되니츠 제독은 가장 경험 많고 성공적으로 작전을 수행해 기사 십자 훈장을 받은 유보트 지휘관 3명과 유보트 4척을 잃어서 큰 충격을 받았다. 특히 프린 중위 전사 소식에 충격이 컸는데, 그의 사망 소식이 국가 전체의 사기에 미칠 영향을 우려해 독일 대중에게는 2개월 이상 비밀로 했다.[51]

이와 같이 유보트에 손실이 발생하자 독일 해군 지도부는 심각한 고민에 빠졌다. 하지만 레더 대제독은 여전히 비장의 카드를 2장 가지고 있었다. 그는 독일의 새 전함 비스마르크함과 티르피츠함을 브레스트 항구로 보내 순양함 샤른호르스트함과 크나이제나우함과 함께 집결하라고 지시할 계획이었다. 이처럼 강력한 독일 전함 4척이 모두 대서양에 집결하면 영국 선박들이 대서양에서 제대로 활동하기 어려울 만큼 막강한 전투력을 형성하게 될 터였다.

7장

비스마르크함

1936년 여름, 전함 비스마르크함과 티르피츠함의 용골龍骨〔선박 바닥의 중앙에 놓여 선체를 받치는 길고 큰 부분)이 건조되기 시작했을 때, 독일 해군 참모 총장 레더 대제독은 이것들이 장차 모습을 드러내고 초대형 전함 함대의 일부가 되는 시기를 떠올려보았다. 전쟁 발발 직전인 1939년에 히틀러가 승인한 'Z계획'에 따르면 향후 이 같은 전함이 총 10척 건조될 예정이었다. 그런데 전쟁이 시작되어 상황과 조건이 바뀌자 독일 해군은 적어도 당분간은 이 2척 이외에는 전함을 건조하지 않기로 했다. 하지만 레더 대제독은 독일 해군이 상당한 정도로 승리에 기여해 해군의 가치를 스스로 증명한다면 세계적인 해군을 건설하겠다는 여전한 자신의 꿈을 이룰 수 있으리라 생각했다. 다만 당장 해결해야 할 긴급한 목표는 이 전함들을 완성한 후 장비를 갖추고 취역하는 것이었다.[1]

신형 전함 2척은 150여 킬로미터 이격된 곳에서 건조되었다. 비스마르크함은 함부르크 엘베강 건너편에 있는 블롬플루스포스 해군 조선소에서 건조되었고, 티르피츠함은 샤른호르스트함과 철갑 함정 3척이 건조되었던 빌헬름스하펜 인근에 있는 기존 제국 조선소에서 건조되었다. 처음부터 영국 해군성은 이러한 진행 상황을 주의 깊게 추적했고, 이 두 함정이 해군력 균형에 미칠 영향을 검토했다. 이 함정들은 제작하는 데 2년 넘게 걸려서 1939년 2월에 비스마르크함이, 4월에 티르피츠함이 완성되었다. 하지만 1941년까지도 실제 작전에 투입할 수 있을 정도로 준비가 되지 않았다.[2]

이 두 전함은 크기 면에서 예상을 뛰어넘었다. 완전 무장한 채 연료를 가득 채우면 각각 배수량이 5만 톤이 넘었는데, 이는 세계에서 가장 큰 규모였다. 20년 전인 1920년에 취역할 때 영국 해군의 자랑거리였던 전투순양함 후드함은 신형 독일 전함보다 선체가 22미터 길었으나 장갑이 두껍지 않았고 배수량도 적었다. 후드함과 마찬가지로 독일의 신형 전함도 15인치 함포 4문으로 구성된 포탑을 앞뒤에 2개씩 장착했다. 각 함포는 길이 약 17미터, 무게 122톤이었고, 중량 800여 킬로그램의 포탄을 사거리 30여 킬로미터 지점까지 발사할 수 있었다. 게다가 사격 통제 기술이 향상되어 영국 전함 후드함에 장착된 함포보다 정확하고 신뢰할 만했다. 한편 두 전함 모두 주력 함포 외에도 6인치 12문, 4인치 16문, 1.5인치〔3.8cm〕 16문 등 다양한 보조 함포를 보유했다. 또 내부 방수 구역과 약 33센티미터 두께의 장갑 벨트도 설계되었는데, 레더 대제독의 표현에 따르면이런 점이 이 전함들은 '침몰하지 않는unsinkable' 선박이라고 믿게 한 특징이었다.[3]

전쟁이 시작된 지 1년이 지난 시점에 비스마르크함은 함부르크 인근조선소를 떠나 킬 운하를 거쳐, 발트해에서 이 배의 함장 에른스트 린데만Ernst Lindemann의 지휘 아래 최초로 해상 운행 시험을 마쳤다. 그리고

1941년 1월 중순에 임무에 투입할 준비가 완료되었다고 보고했다. 한편 티르피츠함을 완성하는 데에는 더 긴 시간이 걸렸고, 이 전함은 1942년 3월까지 임무에 투입되지 못했다. 게다가 해상 운행 시험에서 발견된 몇 가지 문제 탓에 임무에 투입되기 위해서는 향후 몇 달이 더 필요했다. 레더 대제독은 기다리기가 괴로웠다. 그는 샤른호르스트함과 크나이제나우함이 최근에 실시한 대규모 공격 방식을 참고하여 신형 전함들도 북대서양으로 출격시키려 했다. 그는 기존 전함을 이용해 기습 작전을 지휘한 바 있는 뤼첸스 제독을 신형 전함 2척으로 구성될 작전 부대의 지휘관으로 임명했다. 레더 대제독은 뤼첸스 제독이 먼저 연합군의 대서양 호송대를 공격한 다음에 브레스트 항구로 이동해 그곳에서 샤른호르스트함과 크나이제나우함에 합류하는 작전을 구상했다. 이렇게 해서 4척의 전함이 뭉치면 대서양 항로를 지배할 정도로 강력한 수상 함대를 구성할 수 있다고 생각했다.[4]

하지만 그렇게 매혹적인 시각은 금세 사라지기 시작했다. 티르피츠함이 아직 출격 준비가 되지 않았을 뿐 아니라, 그해 4월에 실시된 영국 공군의 공습으로 브레스트 항구에 체류하던 크나이제나우함이 심각하게 손상을 입은 것이다. 크나이제나우함 함장은 이번 폭격에서 입은 피해를 복구하기 위해 적어도 10월까지 임무를 수행하기가 불가능할 것이라고 보고했다. 한편 샤른호르스트함에는 또다른 문제가 있었는데, 이 배의 보일러 튜브가 심하게 부식되어 발전기를 분해해야 했고, 이에 따라 이 함정 역시 몇 달 동안 출격할 수 없는 상태였다. 이처럼 레더 대제독이 새로운 수상 해군 전력의 능력을 보여주기 위한 계획에 포함된 4척의 주력함 중에 오직 비스마르크함만이 그해 봄에 전투에 투입될 준비가 완료된 상태였다. 그는 일기장에 '절망적 타격'이라고 털어놓았다.[5]

레더 대제독은 다른 함정 중 하나 이상이 항해할 수 있을 때까지 출격을 연기할 수 있었고, 뤼첸스 제독 역시 레더 대제독에게 티르피츠함을 완전히 가동할 수 있을 때까지 기다려야 한다고 주장했다. 하지만 레더 대제독은 훗날 "내가 스스로 내린 여러 결정 중 가장 어려웠던 결정"이라고 설명한 대로, 티르피츠함이 준비되지 않은 상태에서 비스마르크함을 투입하기로 결정했다. 그가 이 같은 운명적 결정을 내리는 과정에는 몇 가지 고려 사항이 있었다. 첫째, 영국의 무역을 저지하기 위한 전쟁에서 대형 수상 전투력의 유용성을 입증하려는 그 자신의 열망이었다. 애초에 히틀러는 적의 수송선을 공격하기 위해 수상 함정을 투입하겠다는 의견에 회의적이었다. 물론 최종 결정은 레더 대제독에게 맡겨졌지만, 4월에 레더가 자신의 계획을 설명한 시점에도 히틀러의 태도에는 변함이 없었다. 당시 히틀러는 소련 침공 계획인 바르바로사 작전에 몰두하고 있었는데, 이 점 역시 레더를 압박하는 요소였다. 독일 육군이 새로이 승리를 거둔다면 독일 해군의 성취가 더욱더 무색해질 터였다. 따라서 레더가 추진한 대형 전함들이 조만간 효용성을 입증하지 못한다면 해군에 대한 히틀러의 미온적 지원마저 완전히 사라질지도 몰랐다. 레더는 빌헬름 마르샬 Wilhelm Marschall 제독에게 "만약 전함들을 실전에 투입하지 않으면, 우리는 앞으로 아무것도 얻지 못할 것"이라고 털어놓기도 했다.[6]

한편 레더 대제독은 1919년에 독일 제국 공해 함대의 함정을 최종적으로 처리했던 악몽에 시달렸다. 이 함대는 1차대전의 마지막 2년에 승무원의 사기가 저하되는 동안 쓸데없이 닻을 내리고 있었으며, 결국 바다로 나가라는 명령이 하달되었을 때는 정작 승무원들이 이 명령을 거부했다. 그는 대서양의 전략적 상황이 확실히 바뀐 여름에도 비스마르크함이 게으름을 피운다면 이 전함의 운명은 여기까지일 것이라고 우려했다. 또

5만 톤 규모로 건조된 전함 비스마르크함은 레더 대제독이 부활시킨 독일 전쟁해군의 자랑이었다. 이 사진은 1941년 5월 19일에 이 전함의 동료인 중순양함 프린츠오이겐함에서 찍은 것인데, 이 함정들은 영국 무역 상선을 공격하기 위해 노르웨이 방면으로 항해하는 중이었다. (미국 해군 역사유산사령부)

한 머지않아 미국이 적극적으로 참전해 독일의 적대국이 될 가능성이 높다고 생각했으며, 그렇게 된다면 영국과 미국의 연합 함대는 독일의 대형 전함들을 발트해에 무기한 가둬두려 할 것으로 예측했다. 따라서 상황이 바뀌어 두 전함 다 무용지물이 되는 위험을 감수하기보다는 지금 당장 한 척이라도 작전에 투입하는 편이 낫다고 판단했다.[7]

결국 레더 대제독은 임무에 투입할 수 없는 티르피츠함은 놔두고 뤼첸스 제독이 지휘하는 함대에 신형 중순양함 프린츠오이겐함Prinz Eugen을 추가했다. 프린츠오이겐함은 전함은 아니었으나 1만 8000톤급 포켓 전함의 절반 크기 정도였기에 비스마르크함과 함께 작전에 투입하기에 적절한 동반자였다. 레더 대제독은 뤼첸스 제독이 영국 무역 상선을 상대로 한 항해를 마무리할 무렵이면, 브레스트 항구의 전투순양함들이 그와 합류할 준비가 되어 있을 것으로 예상했다. 비스마르크함, 샤른호르스트함, 크나이제나우함, 프린츠오이겐함으로 구성된 독일 해군의 전투 함대는 영국의 본국 함대를 제외한 어떤 함대와도 겨룰 수 있을 정도로 강력한 전투력을 갖추게 될 것이었다. 이러한 야망을 실현하기 위한 첫걸음으로 비스마르크함, 프린츠오이겐함, 구축함 3척이 1941년 5월 19일 단치히 항구를 출발해 덴마크와 스웨덴 사이의 좁은 통로인 카테가트 해협을 지나 북해로 향했다.[8]

===

이즈음 영국 본국 함대에 새로운 사령관이 임명되었다. 처칠은 영국 해군에 공격적이며 타협을 시도하지 않는 지도력을 부여하기 위한 지속적인 노력의 일환으로, 강인하지만 개성을 강하게 드러내지 않던 찰스 포브스 제독의 후임으로 존 '잭' 토비John 'Jack' Tovey 제독을 임명했다. 55세의 마르고 험상궂게 생긴 토비 제독은 전임자보다 나이가 다섯 살 적었으며, 호전적 성향의 해군 장교라는 강한 이미지를 내세운 인물이었다. 실제로 그는 영국 해군에서 경이로운 존재였다. 그는 1차대전 중 유틀란트 해전에서 독일 함대를 상대로 대담한 어뢰 공격을 감행했는데, 이 공로로 31세에 공로 훈장을 받고 중령으로 특진했다. 그는 또한 여러 측면에서 처칠과 공통점이 많았다. 영국이 제국주의 정책을 통해 얻은 이익에 대해 사과하지 않는 제국주의 옹호자였고, 좋은 음식과 와인을 사랑하는 미식가였다. 1941년 5월에 독일군 신형 전함 비스마르크함을 수색하고, 추적하고, 궁극적으로 파괴하는 것은 이제 그가 담당할 임무였다.[9]

토비 제독은 우회적 경로를 통해 비스마르크함의 출정을 처음 알았다. 5월 20일, 비스마르크함이 카테가트 해협을 통과하는 것을 목격한 스웨덴 감시병들이 노르웨이군에 소식을 전했는데, 이 소식이 영국에까지 전

기함 조지5세함에서 해안으로 걸어 내려가고 있는 사진 속의 토비 제독은 1940년 11월에 포브스 제독의 후임으로 영국 본국 함대 사령관으로 취임했다. 그는 1941년 5월에 독일군 전함 비스마르크함을 추격하는 작전을 지휘했다. (영국 제국전쟁박물관)

해졌다. 그다음날 영국 공군 조종사가 특수 장비를 장착한 장거리 스핏파이어 기종을 타고 베르겐 인근 그림스타드피오르를 정찰하던 중 '순양함 2척'을 발견하고 보고했다. 조종사가 기지로 돌아와 사진을 현상해보니 '순양함'으로 보고된 선박은 비스마르크함과 프린츠오이겐함이었다. 영국 공군은 이 함정들이 이동하기 전에 공격하기 위해 즉시 폭격기를 출동시켰으나, 정작 노르웨이의 해당 지역이 구름에 가려 가시거리가 제로에 가까웠다. 결국 영국군 폭격기들은 독일 군함을 찾지 못했다.[10]

토비 제독은 독일군 함대 지휘관 뤼첸스 제독이 악천후를 이용해 대서양으로 돌진할 것으로 예상했으나, 다만 어떤 경로를 통해 대서양에 진출할지가 명확하지 않았다. 가장 짧고 빠른 경로는 셰틀랜드 제도를 지나 서쪽으로 향하는 것이었고, 그다음은 아일랜드 서해안을 따라 남쪽으로 가는 것이었다. 독일 함대는 서부 접근로로 직접 접근할 수도 있었으나, 이 경로는 스캐파플로에 주둔한 토비 제독의 근거지와 위험할 정도로 가까웠다. 한편 가능성이 높은 대안은 독일 함대가 페로 제도의 북쪽을 지나 페로-아이슬란드 통로를 거쳐 남쪽으로 방향을 바꾸는 것이었다. 혹은 과거에 이용했던 덴마크 해협을 통과하는 긴 경로를 선택할수도 있었다. 이것이 가장 긴 거리의 간접 경로였는데, 이 경로는 영국 제도에서 가장 멀었을 뿐만 아니라 발견하기도 힘들었다. 영국 공군 항공기들이 날씨 때문에 지상에 상륙하자 토비 제독은 경계 목적으로 앞서 언급한 여러 경로에 소규모 지상군을 파견했다. 그는 지상군의 지휘관에게 독일 함대를 찾아서 그 위치를 보고하고 영국 해군의 대규모 함대가 그곳에 도착할 때까지 추적하라고 지시했다. 토비 제독은 가장 가능성이 높은 덴마크 해협을 통과하는 경로를 관찰하기 위해 중순양함 노퍽함 Norfolk과 서퍽함 Suffolk을 파견했는데, 지휘관은 정확히 1년 전에 됭케르크 철수 작전에서 결정적 역할을 한 프레더릭 웨이크워커 소장이었다.[*]

토비 제독이 가장 중요하게 고려한 사안은 영국의 모든 대형 군함이 주로 북해에서 임무를 수행할 목적으로 설계되어서 '짧은 다리 short legged'를 지녔다는 점이었다. 다시 말해 영국 대형 전함이 가지고 다니는 연료를

---

[*] 처칠은 독일 전함 비스마르크함을 찾기 위해 미국에까지 도움을 요청했다. 그는 5월 23일에 루스벨트에게 편지를 보내 미국 해군 군함들이 비스마르크함과 이 전함을 지원하기 위한 독일 해군 보급선을 감시해줄 수 있는지 물었다. 처칠은 루스벨트에게 "독일군 전함을 발견하고 위치를 알려주면 우리가 처단하겠습니다"라고 썼다. 처칠은 개인적으로 미국이 비스마르크함을 영국군보다 먼저 발견해 서로 포격을 주고받으면서 자연스럽게 전쟁에 말려들기를 바랐다. 루스벨트는 몇몇 장거리 PBY 항공기의 정찰을 승인하고 해군 지휘관들에게 그들이 발견한 정보를 전달하라고 지시했다. 하지만 그들에게 적극적으로 수색하라는 지시는 내리지 않았다.

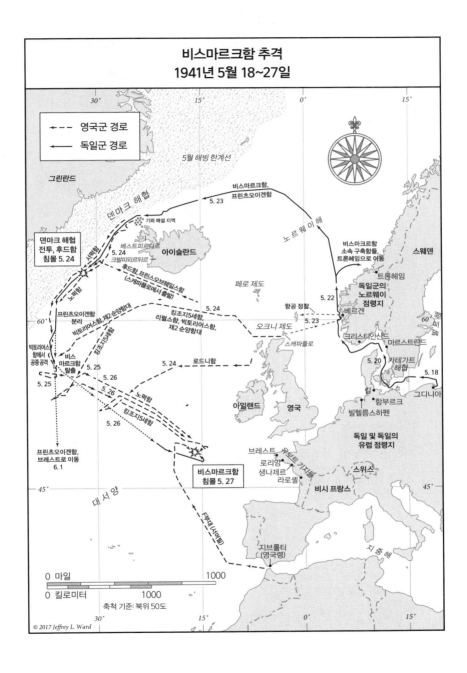

비스마르크함 추격
1941년 5월 18~27일

영국군 경로
독일군 경로

5월 해빙 한계선

그린란드

덴마크 해협

기뢰 매설 지역

베스트피르디르
크빌피외르뒤르

아이슬란드

덴마크 해협
전투, 후드함
침몰 5. 24

서퍽함

노퍽함

프린츠오이겐함
분리, 제2순양함대

빅토리어스함

비스마르크함,
프린츠오이겐함
5. 23

후드함, 프린스오브웨일스함
(스캐파플로에서 출발)

킹조지5세함,
리펄스함, 빅토리어스함,
제2순양함대

페로 제도

노르웨이 해

비스마르크함
소속 구축함들,
트론헤임으로 이동

스웨덴

트론헤임

독일군의
노르웨이
점령지

5. 22

항공 정찰

베르겐

오크니 제도

5. 23

5. 24

5. 24

5. 24

빅토리어스
함에서
공중공격
5. 25

비스
마르크함
탈출

5. 25

5. 26

킹조지5세함

5. 26

5. 26

노펄함

프린츠오이겐함,
브레스트로 이동
6. 1

로드니함

스캐파플로

크리스티안산

카테가트
해협
5. 20

마르스트란드

60°

비스케이 만

그디니아
5. 18

아일랜드

영국

킬

함부르크

빌헬름스하펜

60°

대서양

비스마르크함
침몰 5. 27

브레스트
로리앙
생나제르
라로셸

U보트 기지들

독일 및 독일의
유럽 점령지

스위스

비시 프랑스

45°

45°

지브롤터
(영국령)

지중해

도싯셔 (5월 26일)

0 마일   1000
0 킬로미터   1000
축척 기준: 북위 50도

© 2017 Jeffrey L. Ward

30°   15°   0°   15°

기준으로 볼 때 이 군함들의 최대 운항 거리는 6500여 킬로미터인데, 이는 비스마르크함 운항 거리의 절반에 불과했다. 따라서 비스마르크함을 수색하기 위해 영국군 대형 전함이 즉시 함께 바다로 출동한다면 적을 발견하기도 전에 연료가 바닥나거나, 전투 중에 연료가 고갈되는 최악의 상황을 맞을 수도 있었다. 반면 덴마크 해협은 스캐파플로에서 1000여 킬로미터 떨어져 있어서 28노트로 기동하는 독일군 전함이 그곳에 도착하기까지 24시간 이상 걸릴 수 있었다. 토비 제독은 도박은 피하기로 결정했다. 그는 스핏파이어 조종사가 그림스타드피오르의 순양함 2척을 보고하기 한참 전에 이미 대형 전함 2척에 스캐파플로를 떠나 서쪽으로 이동하라고 명령했다. 이때 그가 보낸 군함은 순양함 후드함과 전함 프린스오브웨일스Prince of Wales함인데, 이 함정들은 인부들이 탑승해 건조 작업을 마무리하면서 항해를 진행할 만큼 신형 전함이었다. 이 선박이 전쟁에 뛰어드는 순간에도 탑승한 인부들이 여전히 용접에 열중할 정도였다. 토비 제독은 독일군 함대가 항해를 시작했다는 점이 확실해지자 곧바로 나머지 함대와 함께 출동할 예정이었다.[11]

5월 22일 아침, 그림스타드피오르 상공에서 또다른 영국 공군 정찰기가 뤼첸스 제독이 지휘하는 독일군 함대가 항해에 나선 것을 직접 확인했다. 이에 따라 토비 제독은 다음날 아침 10시에 스캐파플로를 출발해, 그의 기함 킹조지5세함King George V, 순양함 리펄스Repulse함, 항공모함 빅토리어스함Victorious과 구축함 7척을 지휘하며 서쪽으로 향했다. 이때 후드함과 프린스오브웨일스함은 토비 제독보다 800여 킬로미터 앞서 기동해 덴마크 해협 가까이에 있었다.[12]

토비 제독은 이 두 군함의 지휘를 랜슬럿 홀랜드Lancelot Holland 중장에게 맡겼다. 홀랜드 중장은 비스마르크함과 대결하기를 열망하는 인물이었다. 그는 토비 제독과 달리 화려한 전투 경력은 없었으며, 주로 참모와 외교 분야에서 탁월한 성과를 내어 진급한 인물이었다. 따라서 이번 기회에 자신의 전투 경력 부족을 만회할 수 있으리라 기대했다. 그의 열망에 불을 붙인 경험이 한 가지 더 있었다. 1년 전 지중해에서 벌어진 스파르티벤토곶 전투에서 서머빌 제독 휘하의 순양함 그룹을 지휘하는 동안 처칠에게 철저하게 조사를 받은 경험이었다. 당시 처칠은 도주하는 이탈리아 전함을 추격하지 않은 서머빌 제독의 결정에 실망했고, 곧이어 그 파장이 홀랜드 중장을 비롯해 서머빌 제독 예하의 지휘관들에게까지 미쳤다. 서머빌 제독과 마찬가지로 홀랜드 중장 역시 조사에서 살아남았으나, 이 경험은 그에게 처칠의 기대를 충족시키려면 공격적이고 대담하게 행동해야 한다는 것을 일깨웠다.[13]

─────

그린란드와 아이슬란드 사이의 덴마크 해협은 폭이 300여 킬로미터에 이르렀지만 5월에는 서쪽의 3분의 2가 통행할 수 없을 만큼 평평하게 얼어붙는 빙붕ice shelf으로 막혀 있었다. 또 동쪽에는 영국이 설치한 기뢰 지대가 있어서 항해 가능한 통로의 폭은 80여 킬로미터 미만에 불과했다. 뤼첸스 제독이 과거처럼 이 항로를 선택한다면 상대적으로 좁은 깔때기를 통과해야 하므로, 이에 대비하기 위해 토비 제독은 노퍽함과 서퍽함을 웨이크워커 소장 휘하에 배치해 경계하라고 지시했다. 경계 임무를 부여받은 이 순양함들이 보유한 레이더는 최근에 도입된 것이었으나, 서퍽함의 레이더 장비는 신뢰할 만했지만 전방만 스캔할 수 있었다. 그런데 서퍽함이 남쪽으로 방향을 막 돌린 5월 23일 저녁 7시 22분에 상부 감시병이 자욱한 안개 사이에서 커다란 회색 물체가 나타나는 것을 발견했다. 웨이

크워커 소장은 즉시 적을 발견했다는 보고를 했고, 저녁 8시가 되자 영국 순양함 2척은 독일 군함을 미행했다. 이들은 비스마르크함의 15인치 함포의 사정권 밖에 머물면서 짙은 안개와 간헐적 눈보라를 뚫고 추적할 수 있을 정도로만 접근해 계속 뒤따랐다.[14]

이때 홀랜드 제독은 500여 킬로미터 떨어진 곳에서 자신의 기함 후드함에 타고서 참모 장교들과 함께 차트 테이블의 지도를 보며 북쪽에서 접근하는 비스마르크함의 위치를 확인했다. 홀랜드 제독은 독일군 전함을 북대서양에서 차단하기 위해 서쪽으로 계속 기동할 수도 있었지만, 처칠의 공격적 성향을 잘 알고 있었기에 방향을 북서쪽으로 변경하고 속도를 28노트까지 올려서 최대한 빨리 적의 전함에 접근하고자 했다. 이와 동시에 프린스오브웨일스함의 존 리치John Leach 대령에게 자신을 뒤따르라고 지시했다. 북극해 근처의 짧은 야간 시간 내내 독일과 영국의 해군 함대는 이렇게 서로를 향해 약 50노트의 속도로 무시무시하게 접근하고 있었다.[15]

5월 말, 덴마크 해협에서는 이른 시각에 해가 뜬다. 5월 24일 새벽 5시 35분, 이미 해가 떴을 즈음 양측 함대는 거의 동시에 약 30킬로미터 떨어진 거리에서 서로를 목격했다. 프린스오브웨일스함에 승선한 군종 목사 파커W. G. Parker는 함정의 확성기를 통해 기도문을 읽었다. 1642년의 에지힐 전투Battle of Edgehill에서 의회군이 바친 기도였다. "주님, 당신은 오늘 우리가 얼마나 바쁠지 알고 계십니다. 우리가 당신을 잊어도 당신은 우리를 잊지 마십시오."[16]

1939년에 다른 각도에서 그라프슈페함을 공격하기 위해 예하 함정들을 분리했던 헨리 하우드 제독과 달리, 홀랜드 제독은 사격에 집중하기 위해 두 함정을 함께 기동시켰다. 후드함이 먼저 함포를 발사했는데, 목표는 적 함대의 선두에 나선 선박이었다. 홀랜드 제독은 이 배가 비스마르크함이 틀림없다고 생각했지만 실제로는 프린츠오이겐함이었다. 프린츠오이겐함이 반격하기 위해 함포를 발사했는데, 이때 쏜 8인치 포탄이 후드함의 신호 로켓 보관함에 떨어졌을 가능성은 거의 없었다. 그래서 이 사격으로 후드함에서 화려한 폭약 연기가 피어나긴 했으나 실제로 심각한 손상은 없었다. 비스마르크함에 탑승한 뤼첸스 제독은 린데만 대령에게 이 전함이 보유한 8문의 15인치 함포가 안전을 확보할 때까지 최대한 견디면서 사격하지 말라고 지시했다. 그리고 선임 포병 장교의 참을성 없는 재촉이 이어졌는데도 비스마르크함의 함포 사격은 몇 분 후에 개시되었다. 비스마르크함이 사격을 시작하자, 곧 후드함의 얇은 장갑에서 예상치 못한 문제가 드러났다. 특히 5시 55분에 비스마르크함이 쏜 여섯 번째 포탄이 후드함에 명중해 탄약고에서 폭발이 발생했다.[17]

후드함은 마치 거대한 망치가 한가운데를 박살낸 것처럼 두 동강 났고, 불꽃과 연기가 하늘로 치솟는 동안 선체가 45도 각도 위로 잘린 것처럼 올라갔다. 비스마르크함에서 지켜보던 린데만 대령의 부관 부르카르트 뮐렌하임레히베르크Burkard Müllenheim-Rechberg는 이때 상황을 이렇게 회상했다. "산더미 같은 불꽃과 황백색 불덩어리가 이 선박의 돛대 사이에서 터져 나와 하늘로 치솟았다. 검은 연기 속에서 녹아내린 금속 조각들이 뿜어져 나와 불꽃처럼 타올랐고 그중에 주 포탑처럼 생긴 거대한 파편이 장난감처럼 공중에서 빙빙 돌았다." 그리고 나서 불과 몇 초 후에 후드함은 침몰했다. 영국 해군에서 가장 큰 함정이자 20년 이상 함대의 자존심이던 함정이 사라진 것이다. 1500명이 넘는 승무원 중에 생존자는 3명에 불과했다.[18]

이처럼 놀라운 광경을 잠시 멈출 겨를도 없이 바라보던 린데만 대령은 비스마르크함의 함포가 프린스오브웨일스함을 향해 겨누자 자신도 몸을 틀었다. 그리고 15인치 함포가 쏜 포탄이 영국 전함의 함교에 명중했는데, 이로 인해 함장, 선임 승무원, 주요 신호원을 제외한 모든 승무원이 사망했다. 함교 위에 사상자가 너무 많아서 확성기 관을 통해 피가 흘러내려 작전용 테이블 위로 떨어졌다. 또다른 포탄 3발이 빠른 속도로 프린스오브웨일스함을 강타했다. 이 포탄들은 이 배의 사격 통제 시스템을 파괴하고 정찰기를 격파했으며, 해수면 아랫부분의 선체를 관통하자 바닷물 400톤이 선체로 유입되었다. 한편 프린츠오이겐함의 8인치 포탄과 비스마르크함 보조 포대의 6인치 포탄 등 소구경 포탄도 프린스오브웨일스함을 향해 발사했다. 그런데 설상가상으로 프린스오브웨일스함 선미의 거대한 4개 함포의 포탑이 작동하지 않았다. 함정의 주 배터리가 손상되는 바람에 적이 쏟아붓는 끔찍한 공격을 고스란히 흡수해야 했던 리치 대령은 엔진실에 연막 차장을 지시한 뒤 철수하기 시작했다.[19]

린데만 대령은 도주하는 영국 군함을 추격해 격침하고 싶어했으나 뤼첸스 제독이 저지했다. 뤼첸스 제독은 상관의 명령을 신성하게 여기는 음울하고 심각한 인물이었다. 애초에 레더 대제독은 그에게 적 수상 함대와의 전투를 회피하고 무역 선박에 대한 공격에 집중하라고 지시했다. 이것이 바로 그 순간에 그가 실천하려는 지시 사항이었다. 하지만 린데만 대령은 뤼첸스 제독의 지침을 받아들이기가 힘들었다. 당시 상황에서 가장 최신 전함이며 후드함 다음으로 규모가 컸던 영국 해군의 두 번째 주력함을 침몰시킬 수 있는 기회였기 때문이다. 만약 이 전함까지 파괴된다면 영국 해군의 영광스러운 과거에 불명예스러운 낙인을 찍을 수 있었다. 하지만 뤼첸스 제독은 언제나처럼 강한 표정과 어조로 "아니다"라고 말했다. 뤼첸스 제독이 논쟁에서 이겼고, 린데만 대령은 조용히 억누르고 있는

사이에 비스마르크함과 프린츠오이겐함은 계속 남쪽으로 나아갔다.[20]

========

처칠은 5월 24일 아침 7시에 런던 북쪽 체커스에 있는 본가에서 자고 있다가 후드함이 침몰했다는 소식에 놀라서 일어났다. 전쟁 중에 그는 이 같은 쓰라린 충격을 여러 번 경험했는데, 이것이 마지막은 아니었다. 그는 나중에 후드함이 폭발한 후 독일 해군이 리치 대령에 대한 추격을 중단했고 그사이에 프린스오브웨일스함이 탈출한 정황을 파악했다. 그는 당시 상황을 두고 '극도로 실망스러운 일'이라고 썼다. 그는 해군 지휘관들이 끝까지 전투를 수행하지 않으려 하는 불안한 마음을 배신으로 여겼다. 파운드 제독 역시 리치 대령뿐만 아니라 홀랜드 제독이 사망한 직후 고위 장교 직책을 대행한 웨이크워커 소장에게도 실망했다. 웨이크워커 소장은 2척의 순양함, 크게 파손된 프린스오브웨일스함과 함께 전투를 재개하기는커녕 독일 함정을 멀리서 미행하기만 했기 때문이다. 토비 제독이 킹조지5세함과 함께 전투순양함, 수송선 등을 지휘해 동쪽에서 접근한 것을 알고 있던 웨이크워커 소장은 자신이 토비 제독을 기다리는 편이 현명하다고 생각했다.[21]

뤼첸스 제독 역시 몇 가지 결정에 직면했다. 영국 전함 프린스오브웨일스함이 쏜 14인치 포탄 때문에 비스마르크함의 전방 선체에 1.5미터 크기의 구멍이 생겨서 이 전함에 방수 구역이 있었는데도 수백 톤의 바닷물이 선체로 유입되었기 때문이다. 결과적으로 비스마르크함의 뱃머리가 눈에 띄게 아래로 기울고 좌현으로도 9도 정도 기울었다. 그리고 또다른 포탄이 이 전함의 연료 탱크 2개를 파괴해 후미에서 기름이 줄줄 샜고, 연료가 손실되자 가능한 항해 거리가 심각하게 줄어들었다. 전체적으로 해상 습

전함 비스마르크함 전투단을 지휘할 당시의 귄터 뤼첸스 제독. 내성적이고 냉담한 태도 때문에 그에게는 '철면'이라는 별명이 붙었다. 하지만 (혹은 바로 그 점 때문에) 레더 대제독과 되니츠 제독 모두 그를 높이 평가했다. (독일 연방기록보관소Bundesarchiv)

격 임무를 담당하는 전함에는 잠재적으로 치명적인 타격이었다.

언제나 그랬듯이, 뤼첸스 제독은 혼자서 결정했다. 당시에 어떤 생각을 했든지 간에 그는 자신의 생각을 린데만 대령 혹은 다른 누구와도 공유하지 않았다. 중부 대서양에 위치한 독일군 보급선과 만나기 위해 남쪽으로 계속 간다면 연료 문제는 해결할 수 있었다. 하지만 영국 순양함들이 자신을 추격할 것이며, 그러면 독일군 보급선을 만날 가능성은 거의 없었다. 이번 전투에서 입은 피해로 연합국 수송선을 약탈하려던 비스마르크함의 잠재력은 제한되었고, 이 전함을 보호하기 위해 함께 항해하는 한 프린츠오이겐함의 역할 역시 제한될 것이 확실했다. 따라서 뤼첸스 제독은 전투단을 분리하기로 결정했다. 그는 손상되지 않은 프린츠오이겐함을 접촉점 남쪽으로 보내고, 영국군의 추격을 따돌리기 위해 비스마르크함을 남동쪽으로 돌려 프랑스 해안을 향해 항해하도록 했다. 이 전함이 브레스트나 생나제르에서 수리를 마치면 운항하다가 프린츠오이겐함과 다시 합류할 수 있을 것이었다. 뤼첸스 제독은 레더 대제독에게 발송한 장문의 보고서에서 영국군의 후드함 파괴 소식과 비스케이만의 항구로 기동하겠다는 자신의 계획을 설명했다. 레더 대제독은 이 보고서를 히틀러와 공유했는데, 처칠과 마찬가지로 히틀러 역시 왜 해군 지휘관이 덴마크 해협에서 계속 전투를 진행하지 않았는지, 특히 도망가는 적의 전함을 추격해 격침시키지 않았는지 궁금해했다. 이에 대해 레더 대제독은 이번 작전의 궁극적 목표가 영국의 무역을 급습하는 것이라고 설명했으나, 히틀러는 이 대답에 별로 만족하지 않았다.[22]

독일 전함 2척은 저녁 6시 15분쯤 폭풍우가 몰아치는 가운데 개별적으로 기동했다. 그때부터 비스마르크함은 영국 순양함 2척과 프린스오브웨일스함에 주기적으로 장거리 사격을 주고받으며 단독으로 항해했다. 달리 말하면 영국 군함 3척 모두가 프린츠오이겐함이 아닌 비스마르크함을 추격한 것이다. 그사이에 토비 제독은 동쪽에서 접근했다. 그런데 비스마르크함은 연료를 절약하기 위해 21노트의 속도로 항해했다. 독일군 전함의 속도를 더 늦추기 위해 토비 제독은 경순양함 4척이 호위하는 항공모함 빅토리어스함이 비스마르크함 방향으로 빨리 기동하도록 독려하고 그사이에 공중 어뢰 공격을 실시했다. 또한 자신의 주력함들이 독일군의 신형 전함을 요격할 수 있도록 계속 남서쪽으로 기동시켰다.

5월 14일에 취역한 빅토리어스함은 최근에 투입된 프린스오브웨일스함보다 신형이었다. 이 항공모함이 보유한 작전용 항공기 9대는 모두 복엽기 소드피시 기종이었다. 그런데 항공기 조종사들은 시험을 거치지 않은 초보인 데다 대다수가 배치되기 전에 한두 차례 착륙 연습만 마친 상태였다. 게다가 야간 임무를 한 경험이 전혀 없었다. 비스마르크함을 향한 출격은 영국 조종사들에게 첫 번째 전투 임무였는데, 처음 시도하는 야간 임무였을 뿐 아니라 악천후 속에서의 첫 출격이었다. 더구나 처음으로 무거운 마크 12형 어뢰까지 탑재한 상태였다. 밤 10시 15분에 헨리 보벨 Henry C. Bovell 대령이 항공모함의 항로를 바람 방향으로 바꾸자, 오랫동안 숨을 죽이고 기다리던 소드피시 항공기 9대 모두가 이륙했다.[23]

유진 에스먼드Eugene Esmonde 중령이 이끄는 스트링백 항공기와 초보 조종사들은 점점 어두워가는 황혼 속에서 강한 역풍을 맞으며 서쪽으로 비행했다. 그리고 칠흑 같은 어둠 속에서 자정 30분 전에 비스마르크함을 발견했다. 에스먼드 중령은 자신이 지휘하는 편대를 세 그룹으로 나누어 첫 번째 공식 공격을 개시했다. 비스마르크함이 즉시 보유한 모든 대공 화기 對空火器를 발사하자 초록색 추적기가 밤하늘을 밝혔다. 소드피시 항공기보다 앞서 15인치 대형 함포들도 바다로 어뢰를 발사해 거대한 포말을 만들어냈다. 이때 항공기 조종사들은 의도적으로 어뢰를 천천히 발사했다. 비스마르크함에 타고 있던 포병 장교는 영국군 항공기가 "너무 느리게 움직여서 마치 가만히 있는 것처럼 보였다"라고 회상했다. 하지만 초보 조종사들은 인내하며 어뢰를 발사했고, 어뢰 발사는 성공적이었다. 어둠 속에서, 그리고 비스마르크함이 신속하게 기동하는 가운데 여러 어뢰 중 하나가 비스마르크함을 추격하더니 두꺼운 장갑 벨트 부분에 명중했다. 비스마르크함은 '약간의 충격'만 받았는데, 이 충격으로 한 승무원이 뇌진탕으로 사망했으나 전함에 미친 구조적 손상은 없었다. 이에 대해 뤼첸스 제독은 영국군 어뢰는 단지 페인트만 긁었을 뿐이라고 자랑했고, 베를린에 "명중한 적의 어뢰가 별다른 충격을 주지 않았다"라고 보고했다.[24]

하지만 이 공격은 뤼첸스 제독 자신과 관련이 있었다. 그를 따라오는 영국 군함 3척 외에도 그로부터 150킬로미터 이내에 또다른 영국 해군 기동대가 있었다. 더구나 그는 브레스트나 생나제르에서 거의 2000킬로미터나 떨어져 있었다. 비스마르크함이 21노트의 속도로 기동하면 육지에서 출격한 독일 공군 항공기의 엄호를 받을 수 있을 만큼 충분히 가까이 접근할 때까지 48시간 정도 걸릴 수 있었다. 또한 영국 항공기가 공습하는 동안 비스마르크함이 난폭하게 방향을 바꾸며 기동하는 과정에서 피해 통제팀이 선체의 포탄 구멍에 임시로 덧붙인 패치들이 느슨해졌다. 린데만 대령은 패치가 수리되는 동안 속도를 일시적으로 16노트로 줄여야 했다. 한편 뤼첸스 제독은 독일 해군 암호 해독 기구인 B-딘스트B-Dienst로부터 영국 해군이 웨이크워커 소장과 토비 제독 휘하의 함선뿐만 아니라 지브롤터에서 서머빌 제독의 H부대까지 비스마르크함을 찾기 위해 대규모 함대를 배치했다는 내용을 전달받았다. 당시 H부대는 병력을 호송하고 있었지만, 영국 해군성은 이 부대에 즉시 비스마르크함을 공격하도록 북쪽으로 기동하라고 명령했다. 이에 따라 영국군이 이 작전에 투입한 전력은 전함 4척, 전투순양함 2척, 항공모함 2척, 순양함 13척, 구축함 21척이었다.[25]

5월 25일은 뤼첸스 제독의 52번째 생일이었는데, 새벽 3시경에 그는 생일 선물 비슷한 것을 받았다. 비스마르크함이 프린츠오이겐함에서 분리된 이후 그를 추격하던 영국 순양함들은 유보트의 표적이 되는 것을 막기 위해 지그재그로 항해했다. 되니츠 제독이 비스마르크함을 지원하기 위해 유보트 7척을 보낸 것인데, 이는 현명한 예방책이었다. 이와 더불어 뤼첸스 제독의 계획에는 영국 해군의 추격자들을 유보트 함정으로 끌어들이는 것도 포함되어 있었다.* 따라서 영국군 순양함들은 비스마르크함

---

* 되니츠 제독이 이 지역으로 우회시킨 일부 유보트가 작전 순찰을 마치고 복귀하고 있었는데, 이들은 어뢰를 전부 소진한 상태였다. U-556의 함장은 5월 26일에 아크로열함과 킹조지5세함을 발견했을 때 자신의 전쟁 일기에 다음과 같이 썼다. "나는 공격할 준비를 완전히 마쳤다. … 어뢰만 몇 발 있으면 된다!"

에서 서퍽함의 284형 레이더 시스템의 한계 범위까지 지그재그로 벗어났다가 다시 비스듬하게 복귀하면서 항해했다. 새벽 3시경에 뤼첸스 제독은 서퍽함이 불규칙 항해의 가장 바깥쪽 지점에 도달할 때까지 기다렸다가 갑자기 방향을 틀어 전속력으로 기동했다. 이에 따라 서퍽함의 레이더 화면에서 비스마르크함을 나타내는 불빛이 사라졌는데, 서퍽함의 로버트 엘리스Robert Ellis 함장은 비스마르크함이 서쪽으로 항로를 변경했다고 추측해 남서쪽으로 방향을 변경했다. 하지만 비스마르크함은 완벽하게 원을 그리며 처음에는 서쪽으로, 다음에는 북쪽으로 기동하고 있었다. 그리고 남동쪽 코스로 돌아가기 직전에 다시 동쪽으로 방향을 변경했다. 한편 비스마르크함의 속도도 더 빨라졌다. 이렇게 하여 대규모 전함 비스마르크함은 간단히 사라지고 말았다.[26]

 뤼첸스 제독은 정오가 되자 승무원들의 사기를 높이기 위해 공식 발표를 했다. 그는 영국 전함 후드함이 파괴된 것을 축하하고, 자신들이 지금 프랑스로 향하고 있다고 장담하며, 머지않아 독일 공군 항공기의 엄호를 받을 것이라고 밝혔다. 사실 그는 거기서 멈췄어야 했다. 하지만 아무런 의심도 없이 승무원들에게 격려의 말로 영국 해군이 반드시 온 힘을 다해 이 전함에 집중할 것이라고 하며, "우리의 총구가 빨갛게 달아오르고 마지막 포탄이 함포를 떠날 때까지 싸울 것"이라며 결의를 다졌다. 그는 "승리 아니면 죽음!"이라는 외침으로 연설을 끝냈다. 그의 연설은 사기를 높이기는커녕 많은 승무원에게 그들이 위험에 처했음을 알려준 셈이 되었다.[27]

토비 제독은 비스마르크함이 사라졌다는 놀라운 보고를 받자 즉시 독일군 전함이 어디로 갔을지 추측에 나섰다. 그러는 동안 그는 현재 자신이

할 수 있는 것, 그리고 영국의 이익을 가장 심각하게 위협하는 것이 무엇인지를 고려했다. 비스마르크함이 대서양 항로를 통해 탈출하는 것이 가장 위험한 시나리오였는데, 바로 그러한 이유에서 토비 제독 역시 웨이크워커 소장과 마찬가지로 서쪽을 수색하기로 결정했다. 5월 25일 이른 아침, 남서쪽으로 향하던 토비 제독은 실제로 남동쪽으로 이동하던 비스마르크함을 마주쳤다. 정확히 말하면 양측은 말 그대로, 야간에 아무도 모르게 서로를 지나쳤다. 더 남쪽에서는 서머빌 제독이 지휘하는 H부대가 거친 바다와 거센 역풍을 뚫고 북쪽으로 접근하고 있었다. 이처럼 복잡하고 혼란한 바다에서 비스마르크함에 가장 근접한 영국 해군 함정은 프레더릭 댈림플해밀턴Sir Frederick Dalrymple-Hamilton이 지휘하는 20년 된 전함 로드니함이었다. 하지만 당시에는 아무도 이러한 사실을 알지 못했다. 로드니함이 비스마르크함 인근까지 접근할 수 있다면 이 전함이 보유한 16인치 대형 함포가 결정적 무기로 사용될 수 있었다. 하지만 문제는 낡고 오래된 로드니함의 최고 속도가 고작 21노트였기에 비스마르크함이 로드니함으로부터 손쉽게 달아날 수 있다는 것이었다. 영국 해군이 보유한 퍼즐의 마지막 조각은 1년 전 외싱피오르에서 알트마르크함을 붙잡았던 필립 비안이 지휘하는 구축함 부대였다. 비스마르크함을 사냥할 목적으로 배치된 영국 구축함 모두가 연료 부족으로 작전 지역을 이탈해야 하는 상황이어서 영국 해군성은 즉시 그 함정들을 대체하기 위해 비안 함장이 지휘하는 구축함 6척을 그쪽으로 보냈다. 그리고 5월 25일에 비안은 자신이 지휘하는 구축함들이 거친 바다에서 최대한 빨리 수색 지역에 도착할 수 있도록 속도를 높였다.[28]

　한편 영국군이 이 모든 작전을 펼치는 대상인 비스마르크함은 생나제르로 가는 직항로에서 아무도 모르게 홀로 항해하는 중이었다. 뤼첸스 제독이 애써 감추지 않았는데도 많은 영국군 추적자들에게 그의 위치와 진로는 베일에 싸여 있었다. 그런데 아이러니하게도 뤼첸스 제독은 그런 사실을 몰랐다. 비스마르크함이 보유한 레이더 탐지기는 서퍽함의 레이더에서 나온 파장이 여전히 거대한 독일 전함에 도달하고 있음을 보여주었다. 하지만 뤼첸스 제독과 비스마르크함에 타고 있던 어느 누구도 그러한 파장이 다시 서퍽함으로 돌아갈 수 있을 만큼 강하지 않다는 사실을 몰랐다. 따라서 뤼첸스 제독은 자신이 아직도 미행당한다고 생각했고, 이에 따라 무선 침묵을 유지하려 애쓰지도 않았다. 하지만 이러한 판단은 전적으로 착오였다. 왜냐하면 그가 베를린으로 보낸 암호화된 메시지는 실제로는 쓸모없는 전파 송출에 불과했다. 이에 따라 영국의 수상 및 해안 라디오 수신기는 고주파 방향 탐지기를 이용해 방송이 흘러나오는 방향을 추적했다.[29] 그뒤 여러 수신기에 입력된 정보를 종합한 결과, 비스마르크함의 대략적 위치를 삼각 측량할 수 있게 되었다. 그 결과 영국 해군성은 토비 제독에게 그가 독일군 전함에서 멀어지고 있다고 통보할 수 있었다.*

토비 제독은 참모들에게 데이터를 계산하라고 명령한 뒤, 짧은 토의 끝에 비스마르크함이 프랑스 해안을 향하고 있다고 판단했다. 그는 저녁 6시 직전에 방향을 선회했다. 당시 비스마르크함은 자신이 극복할 수 없는 수준의 능력을 가지고 있었기 때문이다. 한편 리펄스함과 빅토리어스함을 비롯한 토이 제독과 동행했던 함정들 대부분이 추격을 중단하고 연료를 보급받기 위해 아이슬란드로 이동했다. 이렇듯 토비 제독의 구축함

---

* 초기에 암호 해독된 울트라 정보에 바탕을 둔 런던 블레츨리 파크의 암호 해독가들은, 무선을 가로챈 정보에 근거하여 비스마르크함이 프랑스 해안 방향으로 이동할 가능성이 크다고 저녁 6시 12분에 해군성에 알렸다. 그러나 이 소식이 토비 제독에게 전해졌을 즈음 비스마르크함은 이미 방향을 변경한 뒤였다.

이 일찍 떠났기 때문에 토비 제독과 조지5세함은 한동안 단독으로 항해했다. 그뒤 토비 제독은 평행으로 항해하던 로드니함을 따라잡아 공격력을 2배로 보강했다. 이 조치는 중요했을 뿐만 아니라 영국 해군에 다행스러운 일이었다. 토비 제독은 로드니함이 보유한 16인치 함포 9문에 만족스러웠지만, 이 구식 전함과 함께 기동하기 위해 속도를 줄여야 했다. 속도가 줄어들자 연료를 절약할 수는 있었으나, 사냥꾼과 사냥감 모두가 21노트의 속도로 항해했기에 이제 영국 해군이 비스마르크함을 추월할 가능성은 희박했다. 기적에 가까운 개입이 없는 한 비스마르크함의 탈출은 거의 확실히 성공한 듯이 보였다.[30]

그리고 그러한 개입은 서머빌 제독이 지휘하는 H부대에서 나왔다. 서머빌 제독 역시 구축함의 호위 없이 작전을 수행하고 있었다. 그는 전투순양함 리나운함, 경순양함 셰필드함, 항공모함 아크로열함을 보유했으나, 이것들만으로는 수상 전투에서 비스마르크함을 상대할 수 없었다. 따라서 항해 속도를 늦춰 토비 제독에게 추월할 기회를 주었다. 그리고 아크로열함을 지휘하는 로벤 몬드Loben E. H. Maund 대령에게 항공기로 어뢰 공격을 하라고 지시했다.

하지만 공중에서 항공기를 이용해 적의 전함을 공습하기 위한 조건들, 실제로 모든 종류의 항공 작전을 수행하기 위한 기상 조건이 최악이었다. 바람이 시속 56킬로미터로 돌풍에 가까워서 아크로열함은 3미터 높이의 파도 속에 곤두박질쳤다. 이 항공모함의 선체는 바람 때문에 바닷물 스프레이가 비행갑판 위로 날아올 때마다 20미터까지 오르내렸다. 한편 기상이 악화되자 뤼첸스 제독은 자신에게 공중 엄호를 제공하기로 했던 독일 공군 항공기들이 다시 프랑스 해안으로 복귀했다는 보고를 받았다. 아크로열함에서 이륙한 영국 항공기 조종사들은 비스마르크함을 발견하고서

항공모함 아크로열함 상공 위에 스트링백 항공기 편대가 비행 중이다. 1941년 5월의 바다 상황은 전쟁 전인 1939년에 촬영된 이 사진보다 훨씬 더 위압적이었다. (미국 해군 역사유산사령부)

이 전함의 위치를 보고했다. 소드피시 항공기 2대는 비스마르크함 위에 남아 천천히 선회하며 주기적으로 독일군 전함의 위치 변경을 파악해서 보고했고, 다른 2대는 어뢰로 무장하기 위해 아크로열함으로 복귀했다. 서머빌 제독은 또다시 비스마르크함을 놓치지 않기 위해 셰필드함을 보내 이 전함을 뒤따르게 했다. 그날 정오까지 몬드 대령은 소드피시 항공기 15대에 어뢰를 장착했고, 오후 3시가 되자 항공기들을 발진시키기 위해 항공모함을 바람이 부는 방향으로 틀었다. 그런데 바람이 너무 강해서 소드피시 항공기 1대가 뱃머리를 향해 돌진하자 마치 바람이 이 항공기를 거의 똑바로 들어 올려 공중으로 띄우는 것처럼 보였다. 이어서 다른 항공기도 하나둘씩 이륙하여 편대를 이룬 뒤 목표물을 향해 북쪽으로 이동했다.[31]

공격에 나선 항공기 편대의 선두에 선 항공기는 당시로서는 드물게 레이더를 가지고 있었다. 특히 공격 당시의 시야가 좋지 않았기에 이 항공기에 장착된 레이더 시스템이 중요한 역할을 했다. 하지만 그것 때문에 하마터면 대참사가 발생할 뻔했다. 항공기를 조종하던 쿠퍼N. C. Cooper 중위는 레이더 화면이 전방에 있던 적의 위치를 가리키자 그것이 비스마르크함이 틀림없다고 생각했다. 그가 조종하던 소드피시 항공기의 무전기는 항공기끼리 직접 통신할 수 없게 되어 있었기에 그는 일어나서 조종석을 연 후에 오른쪽을 가리키며 팔을 흔들었다. 그뒤 영국 항공기들이 구름 아래로 내려왔을 때 바로 몇몇 조종사는 그 배가 비스마르크함이 확실히 아님을 알아차렸으며, 또다른 이들은 이 배가 영국군의 셰필드함인 것을 파악했다.* 하지만 이를 알지 못한 조종사 11명이 어뢰를 발사하고 말았다. 절체절명의 순간에 내몰린 셰필드함은 대부분의 어뢰가 조기에 폭발하는 불안정한 바다 상황, 찰스 래컴Charles Larcom 함장의 신속한 대처 덕분에 나머지 어뢰를 피하고 다행히 격침을 모면했다. 뒤늦게 자신들의 실수를 알아차린 소드피시 조종사들은 심한 질책을 받고 5시 20분경에 아크로열함으로 복귀했다. 그곳에서 이들은 다시 연료를 주입하고 재장전한 뒤, 이번에는 조종사들이 어뢰에 접촉 방아쇠를 걸고 조종석에 올라탔다.[32]

이때 이륙한 소드피시 항공기가 비스마르크함을 급습한 시각은 저녁 7시경이다. 독일 전함의 함포병들은 화력을 총동원해 공격해 오는 항공기에 대응했다. 함교 위에 있던 린데만 대령은 방향타를 좌현과 우현으로 번갈아 세게 던지며 마구 움직였고, 자신의 명령에 따라 엔진실에서 최대한 빨리 반응할 수 있도록 속도를 바꾸었다. 영국 조종사들은 비스마르크함이 어뢰를 피하지 못하도록 서로 다른 방향에서 접근하며 3인 1개 조로 공격했다. 항공기의 공격은 30분 동안 계속되었으나, 지휘관은 아크로열

---

* 공교롭게도 미국 해안 경비대 범선 모독함(Modoc)은 침몰한 화물선의 생존자를 구출하기 위해 이 지역에 있었다. 그리고 한때 이 범선에 타고 있던 승무원들이 독일군의 큰 전함을 잠깐 목격했으나, 모독함은 독일군 전함을 수색하거나 공격하지 않았다.

함에 무전을 통해 '타격 실패'라는 우울한 메시지를 보고했다. 그러나 이 보고는 제1진 항공기의 공격 결과만 포함된 것이었다. 그뒤 용감한 소드피시 조종사들이 발사한 어뢰 중 일부, 특히 2개가 비스마르크함을 직접 타격했다. 하나는 비스마르크함 선체 중간에 명중했고, 거기에서 전함의 중무장 장갑 벨트가 또다시 격파되었다. 두 번째 어뢰는 장갑이 얇은 선미 근처에 명중했는데, 이 공격이 결정적이었다.[33]

비스마르크함의 우현 선미를 명중시킨 두 번째 어뢰는 이 전함의 옆구리에 커다란 구멍을 만들었고 곧 엔진실이 침수되었다. 더 중요하게도 이 전함의 커다란 방향타가 모두 먹통이 되었다. 당시 방향타는 린데만 대령의 마지막 명령에 따라 맨 우측을 향해 틀어진 상태였다. 방향타가 그 위치에서 정지되자 비스마르크함은 시계 반대 방향으로 거대한 원을 그리며 증기를 내뿜기 시작했다. 이에 따라 린데만 대령은 엔진을 사용해 고장 난 방향타 문제를 해결해보려 했지만, 커다란 방향타의 압력을 극복하기는 불가능했다. 무전기를 사용하지 않을 수 없는 최악의 상황에 처한 뤼첸스 제독은 베를린에 "이 배는 움직일 수 없다"라는 짤막한 메시지를 보냈다. 비스마르크함은 안전한 곳으로부터 불과 600여 킬로미터 외곽에 있었지만 더는 프랑스 해안을 향해 기동할 수 없었다. 그리고 30분 후, 방향타를 수리하기 위한 필사의 노력이 실패하자 뤼첸스 제독은 다시 동일한 메시지를 보냈다. "이 배는 움직일 수 없다. 우리는 끝까지 싸울 것이다. 총통 만세."[34]

━━━━━

영국 군함들은 한동안 독일군 전함이 얼마나 피해를 입었는지 파악하지 못했다. 하지만 곧 비스마르크함이 불규칙하게 기동하고 이에 관련된 추가 보고가 이어진 뒤에야 비로소 토비 제독은 독일 해군의 최신형 전함이 치명적 타격을 입었음을 간파했다. 그러한 상황이 파악되자 토비 제독의 기분은 깊은 낙담에서 극적인 환호로 바뀌었다. 그러나 그는 다시 속도를 높여 귀중한 연료를 소모하는 대신 비스마르크함이 제자리에서 움직이지 않는 시점에 공격하기 위해 새벽까지 기다리기로 결정했다. 그의 결정에 따라 영국 전함들은 새벽의 어둠을 이용해 서쪽에서 비스마르크함에 접근했고, 독일 전함은 떠오르는 태양을 배경으로 점차 실루엣을 드러냈다. 그사이 다른 영국 군함들도 도착했다. 비안 제독이 지휘하는 구축함 6척은 야간에 도착했다. 그런 뒤 몇 시간 동안 영국 군함들은 돌아가면서 비스마르크함을 향해 규칙적으로 어뢰를 발사했다. 이 모습은 마치 상처 입은 사자가 여러 마리의 자칼에게 포위된 것과도 같았다.[35]

5월 27일의 일출 시각은 7시 22분이었다. 일출 이후 약 1시간 21분 후에 킹조지5세함의 관측병이 몹시 흥분되는 상황을 보고했다. "적이 보인다!" 비스마르크함은 움직이지 않고 그대로 있었다. 아마 고장 난 것이었겠지만, 비스마르크함에는 여전히 강력한 함포가 다수 있었고 거대한 깃발도 여전히 휘날렸다. 그리고 4분 후에 로드니함이 전투를 개시했고, 킹조지5세함도 뒤를 이었다. 4일 내내 북쪽에서 비스마르크함을 추격한 노퍽함의 웨이크워커 소장도 포격을 개시했다. 4개 함정에 장착된 함포 포구에서 밝은 오렌지색 불꽃이 뿜어져 나왔다. 천둥 같은 진동이 적의 날카로운 포탄 소리와 섞여 근처에 떨어지더니 곧 엄청난 양의 바닷물을 공중 높이 날려 보냈다. 비스마르크함에서는 린데만 대령이 배의 이동을 통제할 수 없었기 때문에 함포병들이 사격을 조절하는 데 어려움을 겪었으며, 포탑은 목표물을 추적하기 위해 끊임없이 회전해야 했다.[36]

오전 9시 2분에 로드니함에서 발사한 첫 번째 16인치 포탄이 비스마르크함 전방 상부 구조물에 명중하자 첫 번째 사상자가 발생했다. 전방 포탑 2개 모두 부서졌는데, 하나는 바다 쪽으로 꺾이고 다른 하나는 쓸데없이 하늘을 겨냥했다. 초기 포격에서 뤼첸스 제독과 린데만 대령 둘 다 사망했기에 그 이후 함교에서는 새로운 명령이 하달되지 않았다. 그래도 전투는 계속되었다. 비스마르크함은 이제 후방 함포 4문만 사용할 수 있었는데 곧 이것들마저 침묵에 빠졌다. 비스마르크함에 있던 작은 구경의 함포 중 일부는 포를 계속 발사했고 깃발도 여전히 펄럭였다. 따라서 영국 전함들은 계속해서 이 전함을 공격했고, 오전 10시까지 영국군이 쏜 포탄 400여 발이 독일군 전함에 맞았다. 이때쯤 승무원들이 측면으로 뛰어내리는 모습이 보였고, 거대한 전함은 긴 선체를 따라 걷잡을 수 없이 타오르는 불길과 함께 좌현으로 무겁게 기울었다.[37]

영국군은 오전 10시 21분에 사격을 중단했다. 비스마르크함은 여전히 떠 있었으나 토비 제독은 연료 공급에 불안을 느꼈고, 항구로 끌려가는 수치를 겪지 않기 위해 영국으로 복귀하고자 했다. 그는 당장 북쪽으로 항로를 잡고 어뢰를 발사해 비스마르크함을 해치우라고 중순양함 도싯셔함Dorsetshire에 명령했다. 이에 따라 도싯셔함이 발사한 어뢰 중 3발이 비스마르크함 옆구리에 부딪혀 폭발했고, 결국 10시 40분에 결코 침몰하지 않을 것 같던 독일 해군의 신형 전함은 좌현으로 느릿느릿 굴러 침몰했다. 도싯셔함과 비안 제독의 구축함 중 1척이 독일군 승무원 110명을 태웠으나, 그후 영국군 함정들은 곧 유보트가 도착할 것을 우려해 구조 활동을 중단했다. 나중에 U-74가 생존자 5명을 추가로 구조했다. 결국 뤼첸스 제독과 린데만 대령을 포함한 독일군 2000여 명은 목숨을 잃었다.[38]

이토록 역사적인 5월 27일 당일에 영국 하원은 개회한 상태였다. 그런

1943년에 몬터규 도슨(Montague Dawson)이 비스마르크함의 마지막 순간을 묘사한 그림을 그렸다. 절망적인 타격을 입고 불이 났지만, 비스마르크함은 여전히 떠 있다. 전면에 있는 영국 해군 순양함 도싯셔함이 발사한 어뢰 여러 발 중 비스마르크함에 결정타를 날린 어뢰의 궤적이 흐릿하게나마 그림에 표현되어 있다. (미국 해군연구소)

데 이날은 의원들이 의사당이 있는 웨스트민스터 사원 건물이 아닌 바로 옆에 있는 교회 건물에서 모였다. 독일 폭격기들이 17일 전에 하원 건물을 파괴했기 때문이다. 발언에 나선 처칠은 대서양 동부에서 영국 해군과 비스마르크함 사이에 대규모 전투가 진행되고 있다고 설명했다. 그리고 그가 자리에 앉자 잠시 후 메시지를 전달하는 사람이 성큼성큼 들어와 그에게 종이 한 장을 건넸다. 처칠은 전달된 메시지를 재빨리 읽고 곧 다시 발언을 요청했다. 그가 "방금 비스마르크함이 침몰했다는 소식이 들어왔습니다"라고 발표하자 의원들이 일어서서 환호했다. 안도한 처칠은 조용히 서서 그 순간을 즐겼다.[39]

히틀러는 베르히테스가덴 근처의 바이에른 알프스에 있던 저택 베르크호프에서 이 소식을 들었다. 그런데 그는 그 소식을 듣고도 별로 놀라지 않았다. 뤼첸스 제독의 마지막 보고서를 받은 순간, 곧바로 비스마르크함을 포기했기 때문이다. 그는 곧 ('모든 독일인이 당신들과 함께'라는) 격려가 담긴 어조로 답변했으나, 실제로는 레더 대제독의 전략 계획이 이와 같은 재앙을 초래한 것에 격분했다. 히틀러는 화가 폭발할 지경에 이른 뒤, "다시는 전함이나 순양함을 대서양으로 내보내지 않겠다"라고 맹세했다. 그리고 이 맹세를 지켰다. 프린츠오이겐함이 6월 1일에 브레스트 항구에 도착한 뒤로 독일 해군은 더는 다른 주력함을 대서양 항로로 보내지 않았다. 레더 대제독은 이것이 자신에게도 전환점이라는 것을 인지했고, 강력한 독일 수상 해군에 대한 자신의 꿈이 비스마르크함이 파도 아래로 침몰할 때 함께 사라졌음을 절감했다.[40]

비스마르크함이 죽음의 진통을 겪는 동안 히틀러는 계속해서 동쪽을 바라보았다. 그곳에서는 독일 장군들이 소련 국경을 따라 군대를 집결시키고 있었다. 히틀러는 지난 20여 년 동안 볼셰비키 러시아를 군사적·이념적으로 독일의 진정한 적으로 생각했다. 독일 사람들이 원료와 레벤스라움 둘 다를 찾을 수 있는 곳은 바로 러시아라고 보았다. 영국은 본토 섬에서 패하지 않고 도전적 태도를 유지하고 있었지만, 히틀러는 영국을 효과적으로 무력화했다고 여겼다. 따라서 그는 오랫동안 기다려온 독일의 치명적 상대와 이제 막 대결을 시작할 수 있게 되었다. 그는 승리를 보장하기 위해 최대 규모의 군사력을 집결시켰다. 역사학자 앤드루 로버츠 Andrew Roberts는 "바르바로사 작전의 규모는 전쟁 역사에서 다른 모든 작전의 규모를 왜소하게 만든다"라고 평가했다. 6월 중순까지 독일과 소련 국경에는 183개 사단, 400만여 명의 병력, 4000여 대의 전차가 배치되었다. 그리고 6월 22일 새벽 3시 15분, 그들은 앞으로 나아가며 공격하기 시작했다.[41]

2부

전장 확대

동쪽을 바라본 사람이 히틀러만은 아니었다. 지구의 절반쯤 떨어진 섬 제국에서 일본인들은 드넓은 태평양 건너 미국을 불안하고 계산적인 시선으로 바라보고 있었다. 이 과정에서 일본의 서양 정책, 특히 미국에 대한 정책을 결정하는 데에는 경제와 문화가 중요한 역할을 했다. 경제 문제의 핵심은 석유를 위시해 철, 구리, 주석, 아연, 고무 등 현대 산업 경제를 유지하는 데 필요한 원자재의 대부분이 일본에서는 나오지 않는다는 것이었다. 물론 이것들은 미국을 비롯한 다른 나라에서 구입해 들여올 수 있었지만, 많은 일본인이 그렇게 하는 것은 불편할 뿐만 아니라 받아들이기 힘들 정도로 미국에 의존하는 일이라고 생각했다. 일본에서 이 같은 분위기가 형성된 것은 이들 품목의 지속적 판매에 조건을 부과하면서 시작되었는데, 이는 미국이 일본의 외교 및 군사 정책에 영향을 미치는 방법과 유사했다. 1930년대까지 많은 일본인은 일본이 필요로 하는 원자재를 구매할 수 있는 특권의 대가로 미국이 요구하는 모든 것을 수용해야 한다는 생각, 그리고 원자재를 다른 곳에서 찾음으로써 일본만의 경제적 독립을 확립해야 한다는 생각 중 하나를 선택해야 한다고 믿었다.

일본의 국가 정책에 포함된 문화적 구성 요소에는 훨씬 미묘한 요소가 반영되었다. 일본이 역사적으로 19세기 말에 반半봉건 체제에서 근대 산업 국가로 빠르게 전환한 것은 흥분되지만 혼란스러운 경험이었다. 그 변화의 일환으로 메이지明治 천황(1867~1912)은 일본의 근대적 해군의 발전을 위해 영국인을 초대해 지도를 받게 했다. 일본은 자체적으로 독특한 문화를 유지하면서도 일본의 군함, 무기, 제복, 계급 구조, 감시 의정서, 일본 제국 해군의 많은 요소를 영국 해군에서 수용했다. 심지어 에타지마 해군 사관 학교를 짓는 데 사용한 벽돌까지 영국에서 수입했다. 쓰시마 해전에서 러시아 함대를 누르고 불가능할 것 같았던 승리를 결정적으로 이룩한 경험, 중국(1894~1895)과 러시아 (1904~1905)를 상대로 연이어 거둔 승리를 통해 일본을 세계적인 강대국으로 성장했다. 그리고 1차대전에서 연합국과 일본의 협력은 일본 국민의 이 같은 생각을 더욱더 확고하게 각인시켰다. 실제로 1930년까지 일본은 세계 3대 해군 강대국 중 하나였다.

하지만 1922년에 워싱턴에서, 1930년에 런던에서 체결된 해군 조약에서 일본은 명확하게 자신들이 서양 세력의 종속적 위치라는 점을 다시 확인했다. 극도로 국수주의적 성향의 젊은 장교들은 이런 사실을 수용하기 힘들어했고, 그들 중 다수는 워싱턴 조약에서 부과한 조건을 직접적인 고통으로 생각했다. 이와 같은 자칭 애국자들은 1930년의 런던 조약에서 일본의 열등한 지위를 재차 확인하자 폭력적 반란을 일으킬 정도로 불쾌함을 드러냈다. 한편 해군 장교들은 상반된 두 분파로 분리되었다. 런던 조약을 합리적 타협으로 받아들이고 영어를 사용하는 초강대국과 협력하고자 했던 이들은 '조약파Treaty Faction'에 속했고, 조약 조건이 굴욕적이고 불명예스럽다고 생각한 이들은 '함대파Fleet Faction'에 속했다. 그뒤로 10년 동안 이 두 파벌 사이의 적대감은 정체성에 대한 근본적 위기를 염려할 정도로 가열되었다.

8장

떠오르는 태양

1930년 여름에 일본 대표단이 런던 회담에서 귀국하기 이전부터 일본 제국 해군 내부에서 대립하던 파벌들은 적극적으로 세력을 확대했다. 조약파 제독들은 해군의 정책 결정 기관인 해군성을 장악했고, 함대파 제독들은 작전을 감독하는 해군 총참모부를 장악했다. 그들은 같은 제복을 입고 동일한 천황에게 충성을 맹세한 군인이었지만, 그들 사이의 거리는 멀었고 상호 타협을 기대하기 어려웠다.[1]

해군 총참모장이자 함대파의 핵심 인물은 가토 간지加藤寛治 제독이었다. 1930년에 60세였던 가토 제독은 머리를 짧게 깎고 콧수염을 다듬는 등 외모를 통해 진지함을 암시하는 세심한 인물이었다. 그는 1891년에 에타지마 해군 사관 학교를 수석으로 졸업한 뒤 연합 함대 사령관(1926~1928)을 거쳐 해군 참모 총장과 대본영 군 최고 참사관이 되었다. 그는 런던에서 해군 무관으로 복무했지만, 영국이 1차대전 이후 일본과의 동맹을 포기한 방식에 분개하는 한편, 독일 해군 지도자들의 회복력에 깊은 인상을 받았다. 1920년대에 그는 잠수함 관련 기술 정보를 교환하기 위해 비밀리에 독일 해군 기술자들과 협력하기도 했으나, 일본 해군성은 이 협정을 비준하지 않았다. 1929년 말, 일본 대표단이 런던으로 떠나기 직전에 그는 일본 해군이 영국 및 미국 해군과 절대적으로 동등한 규모를 확보해야 한다고 주장했다. 이에 실패할 경우 대표단은 적어도 70퍼센트 비율을 포기해서는 안 된다고 강조했다. 실제로 일본 대표단은 이에 비근한 협상 결과를 달성해, 런던 조약에 포함된 절충안은 일본 해군에 미국 해군력(367,050~526,200톤)의 69.75퍼센트를 부여했다. 하지만 가토 제독은 이에 반발해 천황에게 사표를 제출하는 등 과장된 태도를 취했다. 이처럼 사임 혹은 사임 위협은 일본 육군과 해군의 고위 장교들이 정부의 정책에 자신의 영향을 행사하기 위해 자주 사용하던 꼼수였다.[2]

하지만 이번에는 가토 제독의 의도가 통하지 않았다. 히로히토 천황은 가토 제독의 사임을 받아들이지는 않았으나 해군 장관, 하마구치 오사치浜口雄幸 총리와 함께 일본의 취약한 경제가 해군 감축에 따라 다소 활력을 얻을 것이라는 데 동의했고, 런던 조약의 합의 사항을 법률로 제정했다. 이러한 결정에서 천황의 역할은 비밀로 유지되었다. 신성한 존재였던 천황은 오류를 범하지 않기 때문에 잘못된 정책을 그의 탓으로 돌리는 것은 상상할 수 없었기 때문이다. 그러는 대신 가토 제독과 함대파 제독들은 하마구치 총리에게 분노를 표출했다. 당시에 일본 정치의 변덕스러운 풍토를 고려할 때 이러한 행위는 총리에게 가시적 위험이 임박했음을 암시했다. 결국 1930년 11월 4일, 하마구치 총리는 도쿄역 승강장에서 암살용의자에 의해 저격되었다. 총리는 살아남았지만, 이 같은 암살 기도는 군대에 맞서는 것이 위험하고 치명적일 수도 있다는 일본 정치의 현실을 암시했다.[3]

해군과 마찬가지로 일본 제국 육군 역시 두 파벌로 나뉘었다. 비교적 온건한 성향의 '통제파'는 강력한 군사력 건설에 헌신하며 기존 헌법의 구조 안에서 그 목표를 달성하려 했다. 반면 급진적 성향의 '천황파'는 민간 관료들이 자신들을 방해하는 것에 분개하며 자주 분노를 표출했다. 이른바 '영혼의 전사'로 알려진 이들은 이상화·신화화된 과거를 옹호하며 국가를 더 높은 곳으로 이끌고자 했다. 특히 이들은 천황이 주변에 포진한 심약한 조언자들의 포로가 되었다고 지적하면서 그 같은 민간인 관료의 음흉한 영향력을 제거하면 과거 일본 제국의 빛나는 영광을 되찾을 수 있다고 주장했다. 그들은 필요하다면 열광적으로 독자적 행동을 취할 의사도 있었다. 이와 관련한 한 가지 사례는 1931년 9월에 일본이 만주에 건설한 철도 인근에서 일본군이 폭발을 일으켜 만주 점령의 빌미로 삼은 만주 사변을 들 수 있다.[4]

젊은 해군 장교들도 이 문제를 자신들의 힘으로 해결하려 했다. 1932년 5월 15일 밤, 일본 육군과 해군의 젊은 장교 후보생 11명이 도쿄 황궁 근처의 야스쿠니 신사에 모였다. 이곳은 일본이 신성하게 섬겨온 곳으로, 제국을 위해 목숨을 바친 사람들을 추모하는 장소였다. 이곳에 묻힌 영령에게 경의를 표한 젊은 장교들은 77세의 신임 총리 이누카이 쓰요시大養毅의 자택으로 향했다. 총리의 집에 무단으로 들어간 그들은 총리에게 온 나라가 잠들어 있으며 "피를 흘리지 않는 한 나라의 처지가 개선될 수 없다"라고 말했다. 정작 그들이 목표로 했던 것은 총리의 피였다. 이누카이 총리는 변명할 기회를 달라고 애원했다. 그의 마지막 말은 "내가 말을 하면 당신들은 이해할 것이다"였다. 하지만 젊은 장교들은 "대화는 소용없다"라고 말한 뒤 그를 사살했다. 그런 뒤 장교들은 택시를 타고 도쿄의 헌병대 본부로 가서 범행을 자수했다.[5]

이와 같은 폭행을 저지른 젊은 장교들은 자신들의 행동을 하극상下剋上이라고 부르며 정당화했는데, 이는 명예로운 직책을 수행하는 사람들이 상관의 잘못을 만회하기 위해 대담하게 행동하는 일종의 원칙 불복종이었다. 이것은 일본의 독특한 관례였지만 서양 문화권에서도 완전히 생소한 것은 아니었다. 해군 역사학자 스티븐 하워스Stephen Howarth가 지적하듯, 호레이쇼 넬슨 제독은 상관의 소환 명령을 부정하기 위해 코펜하겐을 향해 자신의 보이지 않는 눈을 망원경에 가져다 대면서 이 원칙을 실행했다. 영국 해군 내에서는 넬슨 제독의 행동에 대해 반동이나 반항이라기보다 영웅적 행동이라는 찬사가 많았고, 오늘날에도 대담한 행동의 사례로 거론되곤 한다. 물론 이 전투에서 넬슨 제독이 거둔 승리가 그의 행동을 세상 사람들이 이해하고 수용하게 하는 데 큰 도움이 된 것도 사실이다. 일본에서는 폭력과 살인을 비롯한 결코 용납할 수 없는 불복종 행위도 높은 수준의 원칙과 목표에 의해 동기 부여가 되었고, '일본인의 정신'으로 번역할 수 있는 대화혼大和魂 정신에 근거한다면 용납될 뿐만 아니라 존경의 대상이 될 수도 있었다.[6]

이누카이 총리를 살해한 젊은 장교들은 재판에서 자신들이 일본 육군과 해군의 5가지 기본 덕목인 예의, 용기, 천황에 대한 복종, 충성, 용맹에 따라 행동했다고 주장했다. 그들은 천황에 대한 자신들의 사랑이 너무 커서 천황에게 조언하는 민간 정치인 때문에 일본이 비겁한 정책을 수행하는 것을 더는 용납할 수 없다고 주장했다. 그들은 자신들의 충성심은 일시적으로 성립된 정부가 아닌, 천황과 대화혼을 향한다고 주장했다. 그런데 이와 같은 젊은 장교들의 전문 직업적 행동과 순수함이 전체 장교단과 일반 대중의 동정심을 자극했다. 훗날 미국 주재 일본 대사를 역임한 온건파 노무라 기치사부로野村吉三郎 제독마저 "나도 한때 열혈 청년이었다"

라고 주장하며 이들을 동정적으로 바라보는 데 가세했다. 이에 따라 가해자들에게 가벼운 형이 선고되었고, 일부에서는 이들을 영웅 혹은 순교자로 추앙하기도 했다.[7]

훗날 5·15사건으로 알려진 이 사건은 일본이 입헌 군주제에서 군사 독재로 전환하는 과정에 큰 영향을 미쳤다. 함대파 제독들은 일본 정부가 각 군의 야망을 수용하지 않을 경우, 지나치게 국수적 성향의 젊은 장교들을 통제하기 어려울 것이라고 엄중하게 경고했다. 각 군을 대표하는 각료들이 현역 장교였기에 육군과 해군에서 단순히 각 군의 장관을 철수시키기만 하면 정부를 견제할 수 있다는 점도 정치적 전환의 또다른 요인이었다. 이러한 정치적 구조 때문에 실제로는 육군과 해군이 정부의 정책에 일종의 거부권을 행사할 수 있었다. 결국 5·15사건 이후 함대파는 해군 내부에서 실권을 장악했고, 그 이후 약 10년 동안 조약파 장교들 대다수는 해군에서 추방되거나 주요 직위에서 배제되었다.[8]

━━━━━━

숙청에서 살아남은 몇 안 되는 조약파 제독 중 한 사람은 키가 작고 영리하며 자신감이 넘치는 제1 항공모함 사단의 사령관 야마모토 이소로쿠山本五十六였다. 야마모토는 1930년 런던 회담에 일본 대표단으로 참석했는데, 처음에는 함대파가 경멸하는 타협안에 반대했다가 나중에 수정된 10：10：7 비율이 일본이 기대할 수 있는 최선이며 이 안이 일본이 반드시 수용해야 하는 최고 수준이라고 판단했다. 야마모토 제독은 여러 가지 면에서 독특한 인물이었다. 그는 두 차례나 미국을 여행했는데, 특히 디트로이트에 있는 헨리 포드Henry Ford의 자동차 조립 공장과 텍사스 유전의 풍부함에 기초한 미국의 산업 생산력에 깊은 인상을 받았다. 따라서 그는 이처럼 대단한 힘과 잠재력을 보유한 국가를 상대로 전쟁을 벌이는 것은 어리석은 결정이라고 생각했다. 하지만 가토 제독을 포함한 함대파 제독들은 미국의 물질적·경제적 우위를 완전히 무시하지는 않더라도 일본은 대화혼 정신을 통해 표면적인 부富와 숫자는 극복할 수 있다고 주장했다. 섬터 요새 전투 이후 남부군이 남군 1명이 북군 5명을 이길 수 있다고 자랑했던 것처럼, 함대파 지휘관들은 물질적 우위보다 상무 정신과 군사 문화적 요소를 중시했다. 미국이 일본보다 더 많은 전투기를 보유한 것이 염려되느냐는 질문을 받은 항공모함 아카기함赤城의 전투기 편대 지휘관은 이렇게 대답했다. "일본 항공기 1대는 미국 항공기 3대를 이길 수 있다." 가토 제독은 1934년 7월의 연설에서, "적이 아무리 물리적으로 아군을 압도하더라도" 군대의 사기와 자신감이 "가상의 적을 상대로 확실한 승리를 가져다줄 것이다"라고 강조했다. 하지만 야마모토 제독은 그러한 발상이 순진하고 위험하다고 생각했다.'

야마모토 제독이 함대파가 공유한 철학에 도전한 또다른 분야는 전함 제일주의였다. 구경이 큰 중포를 탑재한 대형 전함이 해군력의 주요 지표가 된 것은 20세기 초 이후로, 독일의 비스마르크함과 티르피츠함 건조, 영국의 킹조지5세함급 전함 등에 의해 정형화된 가정이었다. 1890년에 출판된 영향력 있는 저서에서 이러한 가정을 성문화한 사람은 미국 해군 장교 앨프리드 세이어 매헌Alfred Thayer Mahan 대령(나중에 해군 소장으로 진급)이다. 그가 저술한《해군력이 역사에 미치는 영향, 1660~1783The Influence of Sea Power upon History, 1660-1783》이라는 책은 영국이 보유한 함대, 즉 대항해 시대의 전함이 네덜란드와 프랑스를 차례차례 물리치고 세계의 지배적 국가로 성장하는 과정을 보여주었다. 영국의 제해制海 능력은 부와 영향력, 패권으로 연결되었다. 일본과 영국의 지리적 여건이 여러 측면에서

일본 제국 해군의 연합 함대 사령관 야마모토 이소로쿠 제독은 일본 해군 내에서 우상이었다. 그는 가토 제독을 비롯한 함대파 세력의 야망과 해군 전투에서 전함의 우월성에 대해 의문을 제기했다. (미국 해군 역사유산사령부)

비슷하다는 점이 일본인에게 깊은 영감을 주었으며, 특히 매헌은 다른 국가도 영국처럼 전함 중심의 함대를 건설하고 유지하는 데 집중하면 영국의 성공을 재현할 수 있다고 암시했다. 매헌의 책은 빠르게 일본어로 번역되었고, 이 책의 핵심 주장은 곧 일본 제국 해군 내에서 하나의 도그마로 자리잡았다.[10]

같은 세대의 다른 일본 해군 장교처럼 야마모토 제독 역시 해군 사관학교에서 매헌의 책을 읽고 처음에는 매헌의 교리를 수용했다. 그러나 1930년에 타고난 회의론이 매헌의 교리를 고민하게 만들었다. 그는 런던 회담에 참석하기 전에 대형 항공모함 아카기함의 함장이었고 나중에는 작은 항공모함 류조함龍驤과 호쇼함鳳翔으로 구성된 제1 항공모함 사단을 지휘했다. 부분적으로는 이와 같은 경험을 바탕으로 그는 항공기가 전함의 중요성을 대신할 수 있다는 생각에 확신을 가졌다. 그는 1934년에 해

군 항공 생도들에게 전함은 부유층 가문의 방문객에게 깊은 인상을 남기기 위해 거실에 전시하는 값비싼 예술품과 같다고 말했다. 쉽게 말해 아름답지만 실용적이지 않다는 뜻이었다. 또한 그는 이른바 함포 클럽Gun Club 혹은 뎃포야鉄砲や라는 대형 전함 옹호자들을 '멍청이들'로 간주하며 "큰 배와 큰 함포는 쓸모없어질 것"이라고 예측했다. 한편 그는 일본 제국 육군도 비판했다. 그는 천황파의 야망과 허세에 의문을 제기했고, 한때 공개적으로 '제국 육군의 빌어먹을 바보들'이 시도한 만주에서의 전쟁을 공개적으로 반대하기도 했다.[11]

야마모토 제독은 이런 생각을 밝힐 때 유혹적인 운명에 특히 기쁨을 느끼는 것 같았다. 그는 본능적으로 위험에 맞서는 성격이었는데, 거의 모든 것에 자신의 운명을 거는 자세도 그 일면이었다. 그는 브리지나 체스처럼 두뇌를 사용하는 게임을 즐겼는데, 특히 오랫동안 지속할 수 있는 미국식 포커 게임을 좋아해 밤을 지새우며 포커를 치기도 했다. 자신의 거침없는 발언이 육군과 해군에서 '성급한 사람들'의 분노를 자극한다는 것을 알았지만 어떤 경우에도 야마모토 제독의 비판적 행보를 막지는 못했다. 사실 그들의 행동은 고압적이었다. 한 무리의 음모자들이 그를 암살하려고 했는데, 거사 당일에 그가 마을을 떠나 피해를 모면한 적도 있다.[12]

일본 해군에서 항공기가 전함을 대체할 것이라는 주장에 동조한 사람이 야마모토 제독만은 아니었다. 예를 들어 이노우에 시게요시井上成美 제독은 가토 제독을 비롯한 함대파의 '비율 노이로제'를 비판하며 미크로네시아의 수많은 작은 섬에서 작전을 펼칠 경우, 육지에서 출격한 항공기가 적 전투 함대를 효과적으로 공격할 수 있다고 주장했다. 이노우에와 야마모토는 서태평양으로 기선을 이동시키려는 미국 함대를 공격하는 데 사용할 수 있는 지상 출격 장거리 폭격기 개발을 지원했다. 그와 같은 최초의 항공기는 1936년에 실전에 투입된 쌍발 엔진 미쓰비시 G3M 기종(공식적으로 96식)이었는데, 미국은 이것을 '넬Nell'이라고 불렀다. 그리고 4년 후에 역시 미쓰비시가 제작한 훨씬 빠르고 잘 무장된 G4M1 '베티Betty' 기종이 투입되었다. 그러나 야마모토 제독은 해군에 공군력을 배치해 운용하는 가장 효과적인 방법은 항공모함이라고 생각했다.[13]

1922년에 일본의 첫 항공모함 호쇼함이 건조되었는데 그 과정에서 영국의 조언이 결정적이었다. 초기 형태의 영국 항공모함과 마찬가지로 호쇼함은 적재량이 1만 톤 미만으로 비교적 크기가 작았으며, 탑재한 항공기도 15대에 불과했다. 그러나 1930년대까지 미국과 일본은 영국군 항공모함보다 더 큰 규모의 대형 항공모함을 보유했다. 1922년에 체결된 워싱턴 조약에서 두 국가에 특별한 예외를 인정했던 것이다. 이 조약에 의해 일본과 미국은 새 군함이나 부분적으로 완성된 군함을 폐기해야 했으나, 이에 대한 보상으로 이미 완성된 여러 선체를 항공모함으로 개조할 수 있도록 허용되었다. 일본은 미완성 전함 가가함加賀의 선체를 항공모함으로 변경했고, 전함 아카기함의 선체를 항공모함으로 제공했다. 미국 해군도 이 기회를 이용해 거대한 렉싱턴함과 새러토가함을 건조했다. 이들 항공모함 4척의 배수량은 각각 4만여 톤이었고 항공기 90대를 탑재할 수 있었다. 실제로 이 배들은 너무 커서 항공모함의 기능 자체를 변형시켰다. 다시 말해 항공모함이 전함을 보조하는 역할을 하기보다는 그 자체로 강력한 타격 무기 역할을 했다. 이러한 현상은 1929년 1월 미국 해군 연례 함대 훈련이 한창일 때 메이슨 리브스Mason Reeves 제독이 파나마 운하에 독자적 '공습'을 실행하기 위해 새러토가함을 본대에서 분리하면서 입증되었다. 그가 시행한 공격을 주목한 사람들은 이 실험이 향후 어떻게 발전

1936년에 촬영된 이 사진에서 알 수 있듯이, 일본 해군 항공모함 가가함은 미완성 전함의 선체 위에 건조되었다. 1920년대에 미국과 일본은 각각 2척의 대형 항공모함을 건조했다. 사진에서 높은 비행갑판, 상대적으로 작은 통제소, 그리고 항공모함 우현에서 아래쪽으로 연기를 내뿜는 연기통을 참고할 것. (미국 해군 역사유산사령부)

할지를 고민했다. 하지만 매헌의 원칙에 집착했던 일본과 미국 해군의 제독들은 대부분 리브스 제독이 시도한 공군력에 기반한 항공모함의 단독 작전에 내재된 진정한 가치를 제대로 평가하지 못했다. 이들에게는 그것이 단순한 묘기에 지나지 않았다.[14]

런던 조약이 부과한 제약에 좌절한 일본 해군 총참모부를 장악한 함대파 제독들은 겉으로는 조약의 범위를 수용하되 일본 해군을 강화하기 위한 다양한 방법을 모색했다. 이러한 시도는 주로 질적 개선으로 이어졌다. 일본 해군은 후소함扶桑(1932), 곤고함金剛(1935), 이세함伊勢(1935), 무쓰함陸奧(1936) 같은 기존 전함을 현대화했는데, 석유 보유량이 감소했는데도 전함의 속도를 높이기 위해 석탄 보일러를 석유 보일러로 교체했다. 또한 각 전함에 어뢰 방호용 기포를 추가하고 장갑의 두께도 늘렸다. 이 과정에서 일본 해군이 내세운 가장 중요한 목표는 일본 전함의 성능이 미국 전함을 능가하는 것이었는데, 이 목표를 달성하기 위해 모든 전함의 포탑을 개조해 40도 각도까지 사격할 수 있도록 향상시켰다.[15]

순양함의 전력 역시 강화되고 규모도 확대되었다. 당시 일본 해군은 이미 8인치 함포를 장착한 순양함의 허용 한계에 도달한 상태였기에 1931년에서 1936년까지 추진된 추가 순양함 건조 계획에서는 새로운 종류의 중무장 경순양함을 건조하는 것이 핵심이었다. 이 모가미最上급 순양함은 6인치 이상의 함포를 탑재하지는 않았지만, 15문의 함포가 각각 전방에 3개, 후방에 2개, 총 5개씩 배치되었다. 게다가 이 포탑들은 전쟁이 발발하면 신속하게 6인치 함포를 8인치 함포로 대체할 수 있도록 설계되었다.[16]

기존 어뢰보다 훨씬 크고 효율적인 신형 어뢰를 개발한 기술의 진보는 워싱턴 조약과 런던 조약의 제약 사항에 해당하지 않았다. 1930년대 중반까지 일본인들은 어뢰에서 압축 산소를 추진제로 사용하는 방법을 알아냈다. 이를 통해 압축 공기에 의존하는 서양 국가의 어뢰보다 더 긴 사거리와 더 강력한 추진력을 확보할 수 있었다. 가장 큰 것은 93식 어뢰였는데, 영국과 미국에서는 이를 장창長槍을 의미하는 '롱 랜스Long Lance'라고 불렀다. 길이 9미터에 무게 약 3톤에 달했던 롱 랜스 어뢰는 최대 사거리가 30여 킬로미터였다. 달리 말하면 이 어뢰는 당시에 가장 큰 해군 함포를 제외한 다른 무기의 사정거리 밖에서 발사할 수 있었다. 그 탄두는 약 500킬로그램으로, 미국 어뢰보다 약 2배 정도 컸다. 롱 랜스 어뢰는 순양함과 구축함에 장착되었으며, 소형 어뢰는 잠수함용(95식)과 어뢰기용(91식)으로 개발되었다. 훗날 이 어뢰들은 서양 국가들의 어뢰에 비해 좋은 성능과 효과를 입증했다.[17]

일본 함대를 런던 회담에서 제시한 목표까지 완전히 증강하려는 일본의 야욕은 대공황 시기에 미국이 해군의 발전에 보인 무관심과 결부되었고, 그 결과 1934년까지 일본 해군력은 미국 해군력의 70퍼센트를 넘어 80퍼센트에 가까워지고 있었다. 게다가 미국은 해군 전투력을 두 바다에 나눠서 배치해야 했기에 실제로 태평양에서는 일본의 해군력이 우위였다. 하지만 만주 점령에 대한 미국의 항의에 놀란 일본 해군 지도자들은 미국과의 대결이 불가피하다고 확신했고, 정부에 런던 조약 의정서를 완전히 폐기하라고 압박했다. 그해에 강대국들이 1930년의 조약을 갱신하도록 런던에서 또다른 회담을 개최하기 위한 예비 절차를 가동하기 시작했을 때 일본 정부는 대표단에게 반드시 서양 국가와 동등한 비율을 인정받아야 하며, 만약 그렇지 못하면 회담에서 철수하라고 지시했다.[18]

당시 해군 중장이었던 야마모토가 일본 대표단을 이끌었지만, 자신이 받은 지침에 따른다면 그 스스로 협상할 여지는 거의 없었다. 그는 영국과 미국이 일본의 동등 비율 요구를 받아들일 가능성이 전혀 없다는 것을 알았고, 이로 인해 이 회담은 시작부터 가망이 없었다. 결국 일본 대표단은 2년 후에 워싱턴 조약에서 탈퇴하겠다고 통보했다. 워싱턴 조약 탈퇴 의사는 일본의 만주 점령에 대한 국제연맹의 비난에 항의하며 국제연맹에서 탈퇴한 것과 더불어 일본이 집단 안보 정책을 포기했음을 의미했다. 이러한 결정에 대한 대안은 미국과의 해군 군비 경쟁이었지만, 함대파 제독들은 그런 전망에 겁먹지 않았다. 그리고 그해 겨울에 또다시 발생한 쿠데타 실패의 여파로 일본 정부에 대한 군부의 지배는 더욱 강화되었다.[19]

1936년 2월 26일, 대부분 20대였던 하급 장교로 구성된 일본 육군 '영혼의 전사' 수백 명이 정부 공무원들을 대상으로 무차별 공격을 가하는 사건이 발생했다. 이들은 최근 선거에서 자유당이 승리하자 군사비 지출의 감소를 우려해 정부를 무너뜨리기로 결심했다. 그들은 재무 장관, 육군 교육 총감, 내대신內大臣을 살해했다. 총리까지도 제거 대상으로 선정했으나, 거사 과정에서 실수로 그의 친척이 잘못 살해되었다.[20]

이전에 발생한 5·15사건 주모자들과 달리 이 사건의 살인범들은 일본 정신에 대해 진술하려 들지는 않았다. 그들의 목표는 권력을 장악하는 것이었다. 따라서 일본 국민의 여론은 이들을 동정하지 않았고 그들이 일으킨 폭동에 강하게 비난을 퍼부었다. 그 결과 17명의 공모자가 사형을 선고받았고, 천황파의 영향력은 타격을 입었다. 그런데 역설적으로 이 쿠데타를 주도한 세력은 이 사건을 계기로 훨씬 큰 목표를 달성할 수 있었다. 육군 지도부가 그러한 폭동의 재발을 막기 위해 엄격한 규율을 유지할 수 있도록 육군의 힘과 권위를 강화해야 한다는 입장을 내세웠기 때문이다. 우연한 기회에 암살 위기를 모면한 총리는 정부 내에서 또다른 쿠데타 시도에 대한 두려움이 만연하자 육군에 권력을 넘겼다. 결국 일본은 이 같은 과정을 거쳐 1936년 말이 되면 사실상 군사 독재 국가가 된다. 총통이라는 인물에게 궁극적 권위와 통제력이 집중된 독일의 히틀러 정권과 달리, 일본에서의 독재는 국가의 정책이 육군과 해군 총참모부 사이의 복잡하며 종종 논쟁의 여지가 있는 협상 과정에서 결정되는, 실질적 군사 과두 정치였다. 천황을 비롯한 민간인 관료의 역할은 대부분 제복 입은 군인이 이미 내린 결정을 승인하는 것으로 축소되었다. 일본 주재 미국 대사 조지프 그루Joseph Grew는 이것을 '테러리즘에 의한 독재'로 불렀다.[21]

그리고 이러한 상황을 이용해 '육군의 어리석은 바보들'이 또다른 전쟁을 벌이기 시작했다.

========

1937년에 일본은 제2차 중일전쟁에 돌입했는데, 첫 번째 중일전쟁(청일전쟁)은 1894~1895년에 발발했다. 이 전쟁은 페이핑(오늘날의 베이징)에 주둔한 일본군이 완핑성 근처의 마르코폴로 다리(루거우차오蘆溝橋)에서 중국군과 총격전을 벌이면서 시작되었다. 6년 전의 만주 사변과 달리 이번 교전은 전쟁을 정당화하기 위해 고안된 의도적 도발은 아니었다. 하지만 양측 모두 전쟁을 막기 위해 노력하지 않았기 때문에 결국 확전되었다. 긴장이 고조되는 가운데 상하이에서 일본 해군 장교가 중국인의 총에 맞아 사망했고, 이를 계기로 공개적 적대 행위가 벌어지기 시작했다. 이 전쟁은 8년 동안 지속된 전면전의 시작이었으나, 일본은 의도적으로 '지나 사변China Incident'이라는 무미건조한 명칭으로 불렀다. 나중에 적절한 시기가 되자 일본은 이 전쟁을 '대동아 전쟁Great East Asia War'이라고 명명했는데, 이는 서양에서 2차대전이라는 더 큰 전쟁에 포함된다.[22]

중국에서 시작된 전쟁은 대부분 지상전이었다. 일본 해군이 칭다오, 아모이, 푸저우, 광둥 등지에 상륙했으나 중국군의 저항은 없었다. 그리고 일본이 중국의 해안을 봉쇄함에 따라 중국군에게 간절하게 필요한 군사 장비의 공급이 줄었고, 관세를 차단해 중국 정부의 수입이 감소했다. 이러한 조치들 때문에 중국 경제의 인플레이션이 급증했다. 그런 와중에 일본군 항공기의 폭격 작전에 맞서 중국 전투기가 예상치 못한 역할을 해냄에 따라, 일본군 내에서는 폭격기를 호위할 수 있을 만큼 장거리 운항 능력과 뛰어난 기동성을 보유한 새로운 전투기의 필요성이 제기되었다. 이에 따라 A6M2 00식 전투기가 만들어졌고, 이 기종은 태평양 전쟁 시기 내내 제로기Zero로 알려진다. 제로기는 실제로 경이로운 전투기였다. 이 기종이 도입된 1940년 당시에는 다른 어떤 전투기보다 멀리 비행할 수 있었고, 더 빠르게 상승해 신속하게 회전할 수 있었다. 게다가 날개를 2정의 20밀리미터 기관총을 비롯해 성능 좋은 무기로 무장했다. 하지만 제한적인 장갑 때문에 방호에 취약해 적이 사격하면 조종사가 희생될 가능성이 높았다.[23]

중국에서 전쟁이 시작되기도 전인 1936년에 일본은 〈국가 정책 기본 원칙〉이라는 문서를 발표했다. 이것은 "명목상으로나 실제로나 동아시아의 평화를 보장하기 위한 안정적 힘"이 되려는 국가의 목표 수립을 의미하며, "이를 통해 궁극적으로 인류의 평화와 복지에 기여"한다는 것이었다. 일본은 이 계획과 목표를 '일본의 먼로주의'로 규정했지만, 미국은 이를 동아시아와 서태평양을 지배하려는 일본의 야욕을 드러낸 선언으로 받아들였다.[24]

일본 제국 해군은 중일전쟁에서 부차적 역할을 담당했고, 이 시기에 일본 해군 장교들은 대부분 동쪽의 잠재 적국인 미국에 시선을 고정하고 있었다. 이들은 미국이 중일전쟁을 자신들이 개입하기 위한 구실로 삼을 가능성이 높다고 보았는데, 그렇게 되면 새로이 시작될 군사 작전은 미국과의 전면 해전이 될 터였다. 특히 함대파 장교들은 그 같은 대결이 불가피하다고 생각했다. 이 전쟁에서 승리하기 위해 일본은 미크로네시아의 섬 기지에서 작전 중인 항공기와 잠수함을 이용해, 미국 함대가 서태평양 어딘가에서 최후의 결전을 향해 나아갈 때 미국 해군을 약화시킬 계획이었다. 그 대결에서 확실하게 승리하기 위해 일본은 새로운 무기를 구상했고, 중일전쟁이 시작된 1937년부터 그것을 만들기 시작했다.

내해(일본어로는 세토나이카이瀬戸内海)는 일본의 주요 4개 섬 가운데 근접한 세 섬, 즉 혼슈, 시코쿠, 규슈 사이에 형성된 넓은 항행 수역이다. 길이 450킬로미터, 폭 50킬로미터에 이르는 보호되는 거대한 정박지로, 영국의 스캐파플로처럼 몇 개의 잘 보호된 통로를 통해 접근할 수 있었다. 이곳에는 시코쿠와 규슈 사이에 분고 수도豊後水道로 알려진 통로가 있었다. 그러나 스캐파플로와 달리 일본 내해에는 숲이 우거진 섬이 약 3000여 개 있으며, 그중 하나인 노미섬이 에타지마 해군 사관 학교의 본거지였다. 내해 주변에는 히로시마에서 남동쪽으로 약 10킬로미터 떨어진 구레 항구를 포함해 12개의 중요한 항구가 있었다.

공식적으로 구레 해군 공창으로 지정된 구레 항에는 광범위한 선박 수리 시설, 자체 제철소, 무기 공장, 일본 최대의 조선 건조 부두 등이 있었다. 그런데 1937년 늦여름부터 수백 명의 노동자가 선박 건조 부두를 확장하는 데 몇 달을 보내더니, 드디어 11월 4일에 새로운 전함의 용골을 제작하기 시작했다. 일반적으로 그런 행사는 공식 의식의 일환으로 국가 발전의 이정표가 되는 축하 및 문화 행사가 따랐다. 하지만 이번에는 조선소 부지에 거대한 사이잘삼 커튼을 드리워서 작업 과정을 숨겼다. 이 장벽을 세우기 위해 사이잘삼이 너무 많이 사용된 바람에 일본 어부들이 어망을 만들거나 고칠 수 없어서 한동안 이 지역 해산물이 귀하고 가격이 오를 정도였다. 새로운 선박 건조에 배정된 노동자들은 비밀 서약을 해야 했고 번호가 매겨진 완장을 받았다. 또 각 출입구에 배치된 무장 경비원들이 작업 구역에 들어가는 모든 사람의 출입 가능 여부를 확인했다.[25]

오랜 시간이 지나지 않아 새 함정의 규격과 치수가 드러났고, 이에 따라 노동자들은 그러한 예방 조치가 필요했던 이유를 납득했다. 한마디로 예상을 훌쩍 뛰어넘는 크기의 선박이었다. 구레 조선소에서 제작된 이 함정은 처음에는 전함 '1호'로 명명되었다. 이 배는 당시 지구 반대편인 함부르크 조선소에서 건조하던 독일의 비스마르크함보다 12미터 더 길고 3미터 더 넓었으며 훨씬 무거웠다. 구레 조선소에서 건조 중인 이 함정의 배수량은 7만여 톤으로, 영국과 미국의 전함보다 2배가량 많았다. 그러나 이 함정의 가장 두드러진 특징은 무장이었다. 비스마르크함의 15인치 함포나 로드니함의 16인치 함포가 아니었다. 이 새 군함은 3개의 삼중 포탑에 18.1인치(46cm) 함포를 9문 장착했다. 이 함포들은 저마다 약 1500킬로그램의 포탄을 40킬로미터 사거리 너머로 발사할 수 있었다. 쉽게 말해 미국 전함이 사격을 시작하기도 전에 타격해 침몰시킬 수 있는 등 미국 전함보다 월등한 능력을 갖추었다. 한편 1938년 3월 29일, 규슈 서쪽 끝의 나가사키 항구에 두 번째 함정인 '2호'의 용골이 부설되었다.[*] 이곳에서도 전함 건조가 비밀리에 진행되어, 주변 산봉우리에 오른 등산객들은 격리되거나 구금되어 심문을 받기도 했다.[26]

구레와 나가사키에서 건조된 전함들은 나중에 야마토함大和과 무사시함武藏으로 명명되었는데, 그 크기와 질적 수준에서 미국의 수적 우위를 무력화하려는 일본의 노력을 대표하는 거대 전함이었다. 일본은 미국에는 파나마 운하를 통과할 수 없을 만큼 큰 전함이 없으므로 일본의 거대 전함에 맞서지 않을 것이라고 확신했다. 따라서 야마토함과 무사시함은 미국이 건조할 수 있는 모든 함정을 능가할 것이니, 결국 양국의 피할 수 없는 대결이 발생하면 일본에 결정적 승리를 가져다줄 것이라고 믿었다. 하지만 이 같은 일본 해군의 기대와 달리, 1941년과 1942년에 거대 전함

---

[*] 일본 해군이 건조한 2척의 대형 전함이 히로시마와 나가사키에서 건조된 것은 역사의 많은 아이러니 중 하나다. 히로시마와 나가사키는 완전히 다른 이유로 역사적 도시가 될 운명이었다.

1941년 10월, 진주만 공격 두 달 전에 건조된 일본의 거대 전함 야마토함이 시험 운행하는 모습. 이 전함은 지금까지 건조된 함정 가운데 가장 아름다운 함정으로 꼽힌다. 일본군은 야마토함이 보유한 18.1인치 함포 9문이 향후 미국 해군과의 결정적 전투에서 우위를 점하는 데 기여할 것으로 기대했다. (미국 국립문서 보관소 no. 80-G-704702)

이 취역하던 이 시기에 전함은 더이상 해군력의 지표를 정의하는 요소가 아니었다. 그러한 점을 인정해 세 번째 거대 전함은 건조되는 도중에 항공모함으로 변경되었다. 구체적으로 말하면 독일이 서유럽을 공격하던 1941년 5월이었다. 그러나 1937년에 전 세계의 해군 전문가들은 계속해서 전함을 해전의 결정적 요소로 평가했으며, 이와 동시에 일본은 야마토함과 무사시함이 태평양을 횡단해 자신들과 경쟁할 미국 해군을 격퇴할 열쇠가 될 것이라고 굳게 믿었다.[27]

이때도 중국에서의 전쟁은 계속되었다. 일본군은 사실상 모든 전투에서 승리했지만, 장제스 총통이 지휘한 중국군은 패배해 영토를 내준 뒤 다시 싸우기 위해 집결하며 계속 대응했다. 이 같은 중국군의 전술에 좌절한 일본군은 배은망덕한 중국인들이 일본이 제시하는 온건한 해방을 받아들이기를 거부하고 있다는 자신들의 선전을 확신했다. 그뒤로 일본군은 더 강력하게 대응하며, 항공기와 대포를 동원해 중국 도시들을 무차별적으로 파괴했다. 중국의 무고한 민간인들과 전쟁을 벌이는 이러한 전략은 행방을 알 수 없는 장제스의 군대를 상대하기 위함이었다. 일본군의 무차별적이며 악명 높은 이러한 행동에는 1937년 12월에 발생한 '난징 대학살'도 포함된다. 이 사건으로 일본군의 공격에 의해 여성과 어린이를 비롯해 약 20만 명에 달하는 중국인 인명 피해가 발생했다. 일본군이 자행한 이 악행의 사진이 미국의 수많은 신문과 뉴스를 통해 외부에 전달되었고, 결과적으로 이 사건으로 미국과 일본의 관계는 긴장 국면에 접어들었다. 한편 같은 달에 일본 전투기가 난징 근처의 양쯔강에서 작전 중이던 미국 군함 파나이함Panay을 공격해 침몰시키는 사건이 발생했다. 일본은 미국 군함이 정보를 수집하기 위해 그곳에 진입했다고 의심했는데, 사건이 발생한 직후 일본은 미국 군함에 대한 공격이 실수라고 주장하며 사과와 보상을 제안했다. 하지만 이 사건으로 미국의 태도는 한층 심각해졌다. 그사이에 일본군은 중국 내륙으로 깊숙이 밀고 들어갔다. 1939년에 이르자 점령한 광활한 영토를 관리하느라 어려움을 겪을 정도였다. 이에 따라 일본군 지도자들은 그동안 수렁처럼 느껴진 곳에서 벗어날 방법을 찾기 시작했다.[28]

이즈음 유럽에서 본격적으로 전쟁이 시작되었다. 일본은 이 전쟁에서 중립을 지켰지만, 일본군 지도자들은 독일군이 1939년 9월에 폴란드를 점령하고 1940년 4월에 노르웨이를 점령한 뒤 됭케르크 해변에서 영국군을 몰아내고 프랑스를 점령한 방식을 인상 깊게 지켜보았다. 이전에 소련을 목표로 독일과 반反코민테른 협정*을 체결했던 일본 지도자들은 이제 한 걸음 더 나아갔다. 1940년 9월, 유럽에서 전쟁이 발발한 지 1년 만에 독일, 이탈리아, 일본 대표가 베를린에 모여 '삼국 동맹 조약Tripartite Pact'에 서명한 것이다. 이 조약에 서명한 국가들은 '상호 지원하고 협력'하기로 합의했다. 일본은 '유럽의 새로운 질서 확립'에서 독일과 이탈리아의 우월한 지위를 인정했고, 독일과 이탈리아는 '대동아의 새로운 질서 확립에서 일본의 지도력'을 인정했다. 이 조약은 참가국들이 '현재 유럽 전쟁에 관여하지 않는 강대국'의 공격을 받을 경우 '상호 원조'를 의무화했다. 이러한 조건에 맞는 강대국은 미국과 소련 두 나라뿐이었다. 그런데 독일이 소련과 불가침 조약을 체결한 상태였기 때문에 삼국 동맹 조약에서 명시적으로 지목한 강대국은 미국이었다.[29]

유럽에서 독일군이 극적으로 성공함에 따라 아시아에서 일본에 기회가 주어졌다. 프랑스와 네덜란드가 패배하고 영국이 곤경에 처하자, 이들 유럽 국가가 남아시아에서 보유하던 식민지의 주인이 사라진 것이다. 그런데 영국의 식민지였던 말라야뿐만 아니라 네덜란드령 동인도 제도의 보르네오, 자바, 수마트라 모두 석유 매장량이 풍부했다. 프랑스령 인도차이나는 고무와 주석의 핵심 공급지였다. 이처럼 귀중하면서도 취약한 식민지를 점령하는 것은 일본인들에게 거부할 수 없는 유혹이었다. 특히 일본 육군 장교들은 남아시아 진출이 경제적으로 매력적일 뿐만 아니라 이

---

* 1936년 11월 25일에 체결한 반코민테른 협정을 통해 일본과 독일은 소비에트 국가를 '세계 평화에 대한 위협'으로 규정하고 '공산주의 전복 활동'에 맞서 협력하기로 약속했다.

를 통해 중국에서 처한 곤란한 상황에서 벗어날 해법이 될 수 있다고 생각했다. 그런데 사실 이러한 시도는 호기심을 잔뜩 품고는 있었으나 여러 가지 면에서 모순된 비전이었다. 일본은 중국을 격파하기 위해 남아시아의 유럽 식민지가 보유한 자원에 자유롭게 접근해야 했다. 이 자원을 얻으려는 것이 영국과 네덜란드, 그리고 미국과의 전쟁을 의미하는 것이라 할지라도 일본 육군 지도자들은 이를 통해 중국에서의 상황을 해결할 수 있다면 기꺼이 수용할 수 있다는 입장이었다.[30]

한편 일본이 유럽 국가들의 식민지를 점령하기 위해 남쪽으로 이동하는 것이 미국과의 전쟁을 의미하는지는 확실치 않았다. 왜냐하면 미국이 영국의 식민 제국을 방어하기 위해 전쟁에 나서는 것을 꺼릴 수도 있었기 때문이다. 문제는 보르네오, 수마트라, 말라야에서 일본으로 석유를 운송하는 일본 유조선이 반드시 미국이 소유한 필리핀과 그 주변을 통과해야 한다는 점이었다. 달리 말하면 미국은 중요한 자원이 산지에서 일본으로 이동하는 흐름을 통제하는 밸브를 여전히 쥐고 있었다. 따라서 일본은 반드시 필리핀을 점령해야 했다. 다시 말해 미국과의 전쟁은 불가피했다. 이러한 논리를 옹호하는 사람들은 미국과의 전쟁은 어떠한 경우에도 피할 수 없다고 생각했는데, 적어도 일본이 시기와 상황을 선택할 수 있도록 남쪽에서 선제 조치를 취하는 것이 유리하다고 주장했다.[31]

일본 육군이 미국과의 전쟁을 갈망할 때, 해군은 암묵적 경고의 방식을 통해 좀더 조심스러운 태도를 보였다. 1936년 이래 일본 해군은 비약적으로 발전했음에도 해군 지도자들은 일본 함대가 특히 장기전에서 미국 해군을 이길 만큼 충분히 강하지 않다는 것을 잘 알았다. 다른 한편으로 해군 지도자들은 만약 자신들이 미국 해군과 전쟁할 수 있을 만한 능력을 보유했다고 인정할 경우, 정부를 장악한 육군 장성들이 지속적인 해군력

1939년에 나가노 오사미 제독은 가토 제독에 이어 해군 참모 총장에 임명되었다. 가토 제독만큼 전쟁에 열성적이지 않던 나가노 제독은 전쟁에 대해 운명론적 입장이었다. 그는 "상황이 … 점차 우리에게 전쟁의 결단을 강요했다"라고 주장했다. (미국 해군연구소)

증강에 필요한 자금을 차단할까 우려했다. 전쟁이 끝난 후 한 해군 장교는 다음과 같이 항변했다. "해군 내부의 의견은 영국이나 미국 열강과 싸우기 힘들다는 쪽이었지만, 그렇다고 그처럼 분명하게 말할 수는 없었다. 우리는 육군 지도자들이 '해군이 싸울 수 없다면, 육군에게 물자와 예산을 달라'라고 말할까봐 두려웠기 때문이다."[32]

1939년에 해군 참모 총장을 역임한 가토 간지 제독이 사망하자, 1941년에 새 해군 참모 총장에 '코끼리'라는 별명을 가진 거구의 나가노 오사미 永野修身 제독이 임명되었다. 나가노 제독은 비록 위협적인 몸집을 가졌지만 그의 주요 목표 중 하나는 업무 상대인 육군 참모 총장의 적대적 태도를 피하는 것이었다. 독일이 소련을 침공한 지 10일 만인 1941년 7월에 개최된 회의에서 육군 장성들은 이제 미국과 영국을 상대로 한 전쟁은 불가피하다고 주장했다. 그러자 나가노 제독은 "글쎄요, 우리 정부가 그렇게 결정한 것을 보니 우리도 그 결정에 동의해야 할 것 같습니다"라고 대답했다. 이 말을 들은 야마모토 제독은 동료 장교에게 "나가노 제독은 대책 없는 사람"이라며 혐오감을 드러냈다. 그러면서 그는 "이제 우리가 할 수 있는 일은 아무것도 없다"라고 운명적인 어조로 말했다. 야마모토 제독은 '육군의 어리석은 바보들'이 일본을 미국과의 전쟁에 끌어들인다면, 일본이 그 전쟁에서 살아남을 수 있는 최선의 기회, 어쩌면 유일한 기회는 초기에 압도적 선제공격을 하는 것이라고 확신했다. 나중에 그는 1941년 1월 초부터 개전 첫날에 일본의 대형 항공모함 6척 모두가 하와이의 진주만 해군 기지에 정박한 미국 전함 함대를 공격하는 것을 골자로 하는 9쪽 분량의 작전 계획을 연구하기 시작했다.[33]

이 같은 공격 계획은 그해 늦여름에 일본과 미국의 관계가 위기에 접어들었을 때도 여전히 발전하는 중이었다. 그해 8월 1일에 일본군이 프랑스령 인도차이나에 군대를 보낸 직후, 미국은 일본이 일상적으로 미국에서 수입하는 긴 목록의 필수품에 대해 경제 금수 조치를 발표했다. 일본이 미국의 요구에 굴복할지, 아니면 영국과 네덜란드의 남아시아 식민지에서 자원을 탈취할지 선택해야 할 순간이 온 것이다. 그리고 10월이 되자, 육군 대장 도조 히데키東條英機가 총리로 임명되었다. 이 순간부터 일본의 정책 방향은 의심의 여지 없이 전쟁으로 기울었다. 일본 해군 총참모부는 작전 지휘관들에게 전투에 대비하라고 명령했고, 항공모함 조종사들은 진주만과 지형이 비슷한 가고시마 항구에 정박한 선박을 상대로 훈련을 시작했다.

9장

양면 전쟁에 처한 미국 해군

프랭클린 루스벨트Franklin D. Roosevelt는 평생 해군을 사랑한 남자였다. 1907년에 세계 일주 항해를 위해 그레이트화이트 함대Great White Fleet를 파견한 사촌(나중에 결혼으로 삼촌이 됨) 시어도어 '테디' 루스벨트Theodore 'Teddy' Roosevelt 대통령처럼 프랭클린 루스벨트는 소년 시절부터 해군 역사에 매료되었다. 하이드 파크 주변 허드슨강 강둑에서 자란 루스벨트는 걷기 시작하면서부터 작은 배를 조종하면서 성장했다. 그는 어렸을 때 사촌 테드가 가지고 있던 《1812년 해전The Naval War of 1812》을 읽었고, 15세 때는 앨프리드 매헌의 저서를 공부하며 전함 함대의 보유 여부가 국가의 위대성을 어떻게 결정하는지를 생각했다. 그는 특히 '대항해 시대'의 선박 모형과 해군 회화를 열광적으로 수집했다. 1차대전 시기에는 우드로 윌슨Woodrow Wilson 대통령의 해군 차관보로 복무했고, 제독들과 함께 뛰어다니며 군함 갑판에서 즐거운 시간을 보냈다. 심지어 직접 구축함을 운전해서 메인주 해안의 꼬불꼬불한 통로를 항해하기도 했다. 말년에 루스벨트는 자신이 차관으로 재직했던 시기를 "내가 해군에 있을 때"라고 말하기도 했다. 그는 1933년 3월 4일에 미국의 제32대 대통령에 취임했다.[1]

미국 국민은 경제 대공황의 피해에 대응하기 위해 압도적 표차로 루스벨트를 대통령으로 선출했으며, 국가를 대공황에서 구해낼 그의 방안이 무엇인지 애태우며 듣고 싶어했다. 그런데 루스벨트는 취임 연설에서 발표할 상세하고 응집력 있는 정책을 가지고 있지는 않았으며, 오히려 대중의 신뢰 회복에 집중했다. "우리가 두려워해야 하는 유일한 것은"이라고 말한 뒤 극적 효과를 위해 잠시 말을 멈춘 루스벨트는, "두려움 그 자체입니다"라고 이어갔다. 그러나 그가 제시한 구체적인 제안은 국가 금융 기관들의 출혈을 막기 위한 은행 휴무, 예산 균형을 돕기 위한 공무원 급여 삭감, 군사비 지출 감소에 이르기까지 대부분 보수적 성향의 해법이었다. 하지만 새 대통령은 곧 급진적 성향을 드러냈고, 도움이 필요한 사람들에게 즉각적인 구호를 제공했으며, 경제 활성화를 위해 고안된 일련의 혁신 프로그램을 후원했다. 그는 실업 보험, 농장 지원, 공공사업 프로그램, 국가 산업 회복 법안을 요구했는데, 이 모든 것은 그의 행정부가 첫 100일 동안 고분고분하던 당시 의회를 움직여 빠르게 조처했던 일이다. 이처럼 신속한 정책 입안과 법 집행은 훗날까지 널리 회자되었다.[2]

미국 국내 경제 이슈가 신임 대통령의 의제에서 핵심이긴 했지만, 그는 해외에서 부상하는 위협도 좌시하지 않았다. 그가 대통령에 취임한 다음 날 독일에서 치러진 선거에서 나치당이 독일의 유일한 합법적 정치 조직으로 등극하고 히틀러 정부는 절대적 통제권을 확보했다. 한편 일본에서는 육군 천황파의 지배권이 강화되었다. 루스벨트는 전임 국무 장관 헨리 스팀슨이 설정한 대로 일본 괴뢰국인 만주국에 대한 인정을 거부하는 정책을 승인했는데, 이를 통해 미국은 어떤 경우에도 정복 전쟁을 반대한다는 의사를 일관되게 천명했다. 루스벨트는 보다 실질적 차원에서 미국 해군의 확장에 앞장섰다. 그렇게 함으로써 공공사업에 대한 헌신과 자신이 사랑하는 해군을 확장하려는 열망을 결합할 수 있었다. 조지아주 출신 민주당 하원 해군 위원회 회장 칼 빈슨Carl Vinson의 격려에 힘입은 루스벨트는 취임 첫해에 238억 달러의 공공사업 자금을 해군 건설에 쏟아부었고, 그다음해에는 워싱턴 조약과 런던 조약이 허용하는 한도까지 해군을 확장하는 법안을 지지했다. 곧 '빈슨-트레멀 법안Vinson-Trammell Act'에 따라 새로운 항공모함 1척, 구축함 65척, 잠수함 30척, 항공기 1200대를 건조했는데, 2년 후 일본이 워싱턴 조약 탈퇴를 선언하자 루스벨트는 곧바로 의회에 항공모함 2척과 중순양함 6척을 추가로 건조하도록 설득했다. 하지만 1929년에 대공황이 발발해 이전에 승인된 함정 건조가 중단되었다. 그리고 이러한 과정은 미국이 궁극적으로 결전을 준비하며 무장하고 있다고 생각하는 일본인들의 확신을 더욱 자극했다.[3]

=====

사실 일본이 완전히 잘못 생각했던 것은 아니다. 미국 해군은 지난 20년 이상 수많은 작전 계획, 훈련, 전쟁 연습에서 일본과의 전쟁 가능성에 집중했다. 다만 이런 일들은 대부분 해군 장교들이 미래의 비상사태에 대비한 비상 계획을 준비하는 간단한 훈련의 일부였다. 1920년대에 미국 해군은 이른바 '색상 부호 전쟁 계획'이라는 것을 개발했다. 예컨대 빨간색은 영국, 검은색은 독일, 초록색은 멕시코, 오렌지색은 일본, 그리고 기타 각각의 색상은 각각의 적국을 상징했다. 그리고 일본 해군 장교들 대다수가 미국을 미래의 적으로 여겼듯이 미국 해군 장교들도 그렇게 생각했으며, 일본을 가상 적국으로 상정한 '오렌지 플랜Plan Orange'에 가장 관심이 쏠렸다.[4]

1911년에 구상된 오렌지 플랜 초안은 정기적으로 수정되고 조정되긴 했지만 최초 계획에서 제시된 기본 골격은 유지되었다. 이 작전은 일본의 필리핀 공격을 가정하고 미국군과 필리핀 지상군이 마닐라 근처 바탄반도에서 방어 진지로 철수하여 6개월 동안 버티는 것이 포함된 대응이었다. 이렇게 시간을 확보하는 사이, 미국 해군 전함으로 구성된 함대가 하와이 진주만에 집결한 뒤 태평양을 횡단해 일본 전함 함대와 결전을 벌일 것이고, 이 전투가 전쟁의 승패를 결정한다는 시나리오였다. 이 작전은 미국 정부의 정책이 아닌 전쟁부의 비상 작전이었으나, 20년 동안 미국 해군이 예산과 작전 수립을 위해 제시한 요청 사항의 근거가 되었다.

하지만 작전 지역에 대한 군수 지원이 항상 문제로 지적되었다. 하와이에서 8000여 킬로미터 떨어진 필리핀해까지 전함 함대를 보내기에는 보급선이 불안정했다. 따라서 태평양에서 보급선을 유지하고 보급 지원 부대의 전진을 지원하기 위해 하나 이상의 섬을 점령해 기지로 개발하는 것이 긴요한 일로 보였다. 일찍이 1921년에 미국 해병대 소속 얼 '피트' 엘리스Earl 'Pete' Ellis 소령은 〈미크로네시아의 전진 기지 작전Advance Base Operations in Micronesia〉이라는 글을 작성했는데, 미국 해병대 특수 부대 상륙 작전의 필요성을 강조하는 내용이었다. 루스벨트가 대통령에 취임할 즈음 제시된 오렌지 플랜의 최신 버전은 마닐라로 이동하는 도중에 최소한 임시 기지 두 곳을 점령하는 것을 가정했는데, 이때 선정된 곳이 마셜 제도의 에니워토크와 캐롤라인 제도의 트루크섬이었다. 하지만 그 섬들에 임시 기지를 만들어 운용하기란 쉬운 일이 아니었다. 이 두 섬은 1차대전 이후 국제연맹이 일본에 감독권을 승인했고, 1922년에 체결된 워싱턴 조약은 그곳들에 방어 시설 건설을 금지했지만, 일본은 이를 무시하고 비밀리에 요새를 지어놓았기 때문이다. 게다가 워싱턴 조약을 탈퇴한 직후

인 1936년부터 이 섬의 요새화에 박차를 가했다.[5]

미국 해군은 전쟁 계획을 발전시키는 것 외에도 함대의 준비 상태를 시험하기 위해 매년 대규모 훈련을 실시했다. 이 같은 함대 훈련을 계획하고, 실행하고, 평가하는 것이 양차 대전 사이에 이루어진 활동의 핵심이었다. 이 훈련을 지휘하기 위해 최고 사령부는 함대를 비교적 균등한 2개의 기동 부대로 나눴는데, 그중 하나는 보통 아군을 상징하는 '백색' 함대 혹은 '청색' 함대라고 불렀다. 또다른 하나는 침략자 역할을 맡았고 '흑색' 함대 또는 '오렌지' 함대로 명명했다.* 심판을 맡은 장교들은 훈련 기간 내내 추정된 타격과 가상의 손실을 계산했다. 1929년 메이슨 리브스 제독이 항공모함 새러토가함에서 항공기를 출격시켜 파나마 운하를 공격함으로써 항공모함의 전술적 유연성을 보여주었던 사례처럼, 종종 파나마 운하에 대한 방어도 포함되었다. 1937년에 미국 해군은 하와이와 알래스카 사이의 북태평양에서 함정 152척과 항공기 496대를 동원한 대규모 훈련을 계획했다. 일본은 미국이 자국과 상당히 근접한 곳에서 워게임war game(전쟁이 일어난 상황을 가정한 시뮬레이션)을 실시하는 것은 의도적 도발이라고 주장하며 반발했다. 하지만 이 훈련은 아무렇지 않은 듯이 실시되었는데, 그중에 공격 쪽 함대가 항공모함을 이용해 하와이 공습을 감행하는 대목은 주목할 만했다.[6]

이미 위태로웠던 일본과 미국의 관계는 그해 후반 난징 대학살과 미국 전함 파나이함에 대한 일본의 공격 소식으로 극도로 악화되었다. 루스벨트 내각에서는 평소 평온했던 클로드 스완슨Claude Swanson 해군 장관이 파

---

* 예외도 있었다. 1939년 봄에 실시된 '함대 훈련 20(Fleet Problem XX)'에서 아군은 '흑색'이었고, 침략군(독일 추정)은 '백색'이었다. 한편 일본군의 워게임에서 아군(일본)은 종종 '청색'으로 표시되고, 적(미국)은 '적색'으로 표시되었다.

나이함에 대한 일본의 공격은 전쟁 행위이며, 미국은 이에 대응해야 한다고 주장했다. 그러나 루스벨트는 국민의 여론에 앞질러서 어떤 정책을 펼치기를 꺼려서 일본에 경제 제재를 결정했는데, 제재의 명칭은 다른 말로 수정했다. 그는 기자들에게 "우리는 이것을 경제 제재라고 부르지 않습니다"라고 지적하며, "이것은 검역quarantines입니다. 우리는 전쟁으로 이어지는 기술 개발을 원하지 않습니다"라고 강조했다. 그러나 그는 군사비 지출을 위해 추가로 예산 증액을 시도했고, 4개월 후인 1938년 5월에 미국 의회는 해군 규모를 전체적으로 20퍼센트 증강하는 데 동의했다.[7]

═══

유럽에서 전쟁이 발발하자, 미국 전쟁부와 해군의 작전 계획이 복잡해졌다. 독일이 초기에 거둔 성공에서 가능성을 엿본 일본이 히틀러 정권과 관계를 공고히 다지려고 서둘렀던 반면, 미국은 전쟁에 참여하지 않겠다는 일반적 결정으로 일관했고, 루스벨트 역시 즉각 중립을 선언했다. 그러나 이것이 무관심은 아니었다. 그는 처음부터 영국의 생존이 미국의 안보에 필수적이라고 판단했다. 영국 총리는 미국 대통령에게 전쟁의 진행 상황, 특히 해군의 행동을 정기적으로 보고하며 그러한 견해를 배양했다. 예를 들면 라플라타강 전투에서 독일군의 그라프슈페함이 파괴된 직후, 처칠은 루스벨트에게 이 전투를 생생하게 묘사한 장문의 편지를 보냈다. 이에 대해 루스벨트는 '매우 흥미로운 설명'을 전해준 '전직 해군 인사Former Naval Person'(처칠이 종종 편지에서 자신을 가리켜 썼던 표현)에게 감사의 답장을 보냈다. 일본의 진주만 공습이 발발하기 1년 전, 영국 총리는 미국 대통령에게 이러한 주장을 펼쳤다. "우리 두 나라 민주주의의 미래는 물론이고 우리 두 나라가 기반한 문명과 미국의 안전은 영연방의 생존 및 독립과 결부되어 있습니다." 루스벨트는 처칠의 의견에 동의했고, 공식적으로는 중립을 표방한 2년여 동안 영국의 생존을 보장하고 법의 한계를 시험하고 확장했다. 이에 더해 이러한 목표를 달성하기 위해 심지어 헌법을 수정하는 등 할 수 있는 모든 조치를 취했다.[8]

1935년과 1937년의 '중립법Neutrality Act'은 미국이 영국을 포함한 모든 교전국에 외상으로 무기를 파는 행위와 미국 선박의 무기 운반을 금지했다. 루스벨트가 취할 수 있는 최선의 조치는 의회로부터 '현금 구매' 방식으로 영국에 무기를 판매할 수 있도록 허락을 구하는 것이었다. 또한 그가 할 수 있었던 조치이자 실제로 실행한 일은 행정부의 권한을 이용해 미국 해안으로부터 300여 킬로미터 떨어진 곳에 미국 해군이 순찰해야 할 '안전 구역'을 선포하는 것이었다. 루스벨트는 이런 조치가 미국 해안에서의 전쟁을 막기 위한 방어 수단이라고 밝혔는데, 실제로 이 조치는 독일 군함을 추적하려는 영국의 노력에 협력하는 행위였다. 미국 해군 함정들은 (암호화되지 않은 영어 메시지로) 미국 안전 구역 내에서 교전국 함선의 위치와 성격을 감시하고 보고했다. 미국 구축함 주엣함Jouett의 함장 프랭크 휠러Frank K. B. Wheeler는 "미국의 함정 발견 보고의 목적은 보고된 표적을 영국 해군 함정이 추적하게 하는 것"임을 인정했다.[9]

미국 해군 함정이 규정까지는 아니었어도 엄격한 중립 정신을 어떤 식으로 위반했는지를 보여주는 한 가지 사례는 독일 여객선 콜롬부스호Columbus 사건이다. 전쟁이 시작되었을 때 카리브해에 발이 묶인 콜롬부스호는 중립국인 멕시코의 베라크루스 항구로 피신했다. 승객들은 이곳에서 내륙으로 이동했지만, 미국 해군 구축함들이 해안에서 정박한 약 1년 동안 콜롬부스호는 이 항구에 머물렀다. 그런데 1940년 12월에 독일 정부는 이 여객선 선장에게 영국군에 의해 요격될 가능성을 배제할 수 없으니 어찌 되었든 간에 이 배를 다시 독일로 데려오라는 명령을 하달했다. 그런데 콜롬부스호가 베라크루스 항구를 떠날 때부터 미국 군함들이 4시간마다 이 배의 위치를 보고하더니 나중에는 멕시코만을 가로질러 대서양까지 미행했다. 영국군 구축함 하이페리온함Hyperion이 나타났을 즈음, 콜롬부스호는 뉴저지주 메이곶에서 700여 킬로미터 떨어진 곳에 있었다. 하이페리온함은 미국 순양함 1척이 인근에서 대기하고 있는 가운데 콜롬부스호의 뱃머리를 가로질러 함포를 몇 발 발사해 운항을 멈추게 했다. 나포되는 것을 원치 않은 독일 여객선 승무원들은 구명정에 옮겨 타기 전에 배에 불을 지르고 선박 밸브를 개방했다. 미국 함정은 독일인 승무원들을 구출해 미국으로 데려갔고 그들은 그곳에서 풀려났다. 이 사건이 진행되는 과정에서 미국 해군은 총을 단 한 발도 쏘지 않았지만 그렇다고 신중하게 중립을 지켰던 것도 아니다.[10]

그뒤 몇 달 동안 루스벨트는 미국 군함의 행동 자유, 안전 구역의 범위와 규모를 점진적으로 확대했다. 기자들이 그에게 미국의 중립 지대가 어디까지 확장될 수 있느냐고 묻자 그는 밝은 표정으로 '필요한 만큼 확대될 것'이라고 대답했다. 그런데 이 임무는 평시 미국 해군에 상당한 부담을 주어, 해군 참모 총장 해럴드 스타크Harold Stark 제독은 1차대전 때 사용하던 구축함 4척을 재가동했다. 이 작전에 투입된 모든 이에게 대대적인 준비와 재정비가 필요했는데, 먼바다에 나가 임무를 수행한 이들은 대다수가 초보 승무원이었다. 한마디로 '중립 순찰대Neutrality Patrols'는 불안하고 부진하게 출범했다.[11]

그러던 중 1940년 6월에 프랑스가 붕괴되자 미국 의회의 태도에 극적 변화, 심지어 혁명적 변화가 생겼다. 의회의 태도 변화가 전쟁에 참여하지 않겠다는 대중의 결정에 영향을 미치지는 않았다. 하지만 프랑스군의 예상치 못한 패배, 그리고 됭케르크에서 이루어진 영국군의 철수 조치는 많은 미국 국민에게 유럽에서 독일군의 승리가 가능하며, 어쩌면 임박했을지 모른다는 인상을 심어주었다. 따라서 미국이 군사적 준비에 착수한 것은 신중한 처사로 보였다. 이는 참전하기 위한 것이 아니라 독일이 승리할 경우 서반구를 방어하기 위한 일로 비친 것이다. 프랑스가 항복한 지한 달이 안 된 1940년 7월 19일, 미국 의회는 역사상 가장 큰 규모의 단일해군 예산을 통과시켰고, 이에 따라 군함 257척의 추가 건조가 결정되었다. 사실상 기존 예산을 2배 가까이 증액하는 결정이었다. '양 대양 해군법Two-Ocean Navy Act'으로 불린 이 법안은 항공모함 18척, 전함 7척, 순양함 33척, 구축함 115척을 새로 건조하도록 승인했다. 이 법안에 따라 승인된신축 함대의 규모는 일본 해군 전체와 유사했고, 독일 해군은 비교하기조차 어려웠다. 이 결정을 실행하는 과정에는 85억 달러 이상이 필요했는데, 하원은 이 법안을 316 대 0으로 통과시켰다.

이에 따라 일본이 워싱턴 조약 의정서를 포기한 결정과 이를 계기로미국을 해군 건조 경쟁에 끌어들인 것은 완전히 잘못된 결정으로 판명되었다. 1940년에 추가 건조가 승인된 함정 중에 오랜 건조 기간 때문에 어떤 군함은 몇 년 동안이나 실전에 투입되지 못했다. 그나마 이 기간에는일본 해군이 여전히 좁은 기회의 창을 가지고 있었던 셈이다. 모든 군함이 건조되어 투입되기 전에는 미국이 대서양과 태평양 두 곳에 해군력을분할해야 했기 때문에 일본 함대가 미국 해군을 상대로 경쟁력을 유지할수 있었던 것이다. 1942년 중반, 일본은 자국 해군이 미국 해군에 비해 전투력 면에서 우세하다고 계산했다. 하지만 그 이후에는 미국 해군 전투력이 급상승할 것이고 점차 시간이 지날수록 두 국가의 해군력 격차는 빠르게 벌어질 전망이었다. 결국 미국과의 전쟁이 불가피하다고 믿었던 일본

으로서는 소중한 시간이 지나가고 있었다.[12]

━━━━━

미국 본토 양쪽 해안에 자리잡은 조선소들이 새로운 활동으로 분주한 동안, 기존의 미국 해군 함정들은 대서양에서 중립 지대 순찰 활동을 이어갔다. 그러던 중 1940년 9월, 루스벨트 대통령은 영국과 구축함 기지 협정을 발표했다(6장 참고). 의회가 거부할까봐 두려워서 이 계획을 제출하지 않으려 했던 루스벨트는 이 조치를 실행하기 위해 자신의 행정 권한을 활용했다. 그런데 이 절차는 해군 참모 총장 스타크 제독을 난처하게 만들었다. 호기심 많은 '베티Betty'라는 별명*이 붙은 스타크 제독은 양심적인 인물이었는데, 그는 법령이 요구하는 대로 대상 구축함들이 '오래되고 쓸모없다'는 점을 인정하는 과정에서 망설였다. 이 구축함들이 오래된 것이기는 하지만 그중 몇 척은 중립 지대 순찰에 참여하고 있었다. 따라서 문제의 구축함들이 완전히 '무용지물'은 아니었다. 게다가 1940년 여름에 대다수 사람들이 의문을 품었듯이 스타크 제독 역시 영국이 독일의 강력한 전쟁 수행 능력에 대항하여 버틸 수 있을지 의구심을 가졌다. 영국이 독일에 맞서 싸울 능력이 부족하다면, 미국은 현재 보유한 오래된 구축함도 모두 필요할 터였다. 루스벨트는 스타크 제독을 1차대전 이후부터 알고 지낸 데다 어느 정도 그가 충직할 것이라고 생각했기 때문에 다른 장

---

* 스타크 장관에게 '베티'라는 별명이 붙은 계기는 그가 해군 사관 학교 1학년 때 상급생에게서 미국 독립전쟁 시기에 활약한 존 스타크(John Stark) 장군과 친척이냐는 질문을 받았을 때다. 스타크 생도는 존 스타크 장군을 잘 모른다고 대답했으나, 상급생은 그에게 베닝턴 전투(Battle of Bennington) 직전에 존 스타크 장군이 "오늘 우리가 승리하지 않으면 베티 스타크(Betty Stark)가 과부가 될 것"이라고 말했다고 알려주었다. 그뒤 그 상급생도는 스타크에게 1학년 내내 누군가 그를 부르면 이름이 '베티'라고 대답하라고 지시했다. 그때부터 해럴드 스타크는 '베티'로 알려졌다.

교들을 제치고 그를 해군의 최고 직위에 임명했다. 대통령의 이 같은 기대에 충실하게 스타크 제독은 영국으로부터 얻은 해군 기지가 미국이 영국에 인도할 50척의 오래된 구축함보다 국가에 더 확실한 안전을 가져다줄 것이라고 믿기로 했다. 또한 총사령관인 대통령이 낡은 구축함이 쓸모없다는 것을 증명하기를 원한다면, 그는 대통령의 의도에 맞추어 행동할 작정이었다.[13]

한편 스타크 제독은 1940년 가을에 미국 전쟁 계획의 방향을 바꾸는 과정에서 중요한 역할을 했다. 그는 11월에 루스벨트 행정부의 신임 해군 장관에 지명된 프랭크 녹스Frank Knox(제1 지원병 기병 사단 출신으로, 시카고 신문사의 실력자였다)에게 제출할 보고서를 준비했다. 이 보고서에는 극적으로 변화 중인 세계 정세와 관련된 자료가 들어 있었는데, 스타크 제독이 직접 작성한 것이었다. 미국 해군 참모 총장인 그는 미국이 본질적으로 4가지 전략적 대안을 가지고 있다고 분석했다.

A. 서반구에 대한 강력한 방어력 유지
B. 일본과의 전쟁 가능성에 대한 기존의 기조 유지
C. 대서양과 태평양 양쪽에서 경쟁력 있는 해군력 유지를 위한 노력
D. 독일의 위협에 집중

지난 20년간 미국 해군이 일본에 집중했음에도 스타크 제독은 히틀러가 통치하는 독일이 미국에 보다 크고 즉각적인 위험을 초래했다고 결론 지었다. 그리고 이러한 대안 중 네 번째인 '플랜 D' 혹은 해군 언어로 '도그 플랜Plan Dog'이 미국에 최선의 선택이라고 주장했다. 그는 "우리가 일본과 전쟁을 벌여야만 한다면 극동 지역이나 중앙 태평양에서의 작전은

1942년 4월, 프랭클린 루스벨트 대통령이 백악관 내 대통령 집무실에서 해럴드 스타크 제독에게 두 번째 해군 공로 훈장을 수여했다. 스타크 제독은 미국 전략 계획의 향방을 바꾸는 과정에서 중요한 역할을 했으나, 정작 전쟁이 시작되자 어니스트 킹 제독에게 해군 참모 총장 직책을 물려주었다. (미국 해군 역사유산사령부)

피해야 한다"라고 언급하며, "이러한 작전에 말려들면 영국이 붕괴할 경우 미국의 이익과 정책을 보호하기에 충분할 정도로 해군을 신속하게 대서양으로 이동하는 데 지장이 생길 것"이라고 결론지었다. 이러한 결론은 미국 해군이 지난 20년 동안 준비한 계획을 완전히 뒤집는 내용이었다.[14]

한편 스타크 제독은 독일을 상대하기 위해서는 미국과 영국이 반드시 협력해야 하니 양국 사이의 연합 계획 수립에 필요한 비공식 참모 회의를 촉구했다. 이것이 바람직한 전략이라면, 이는 정치적으로 강력한 파괴력을 갖는 요구일 터였다. 미국이 현재 전쟁 중인 국가와 협력하고 있다는 암시만으로도 대중과 의회는 당장 고립주의를 표방해야 한다는 강한 반대와 로비를 시작할지 몰랐다. 따라서 루스벨트는 영국과 미국 사이에 회담이 성사된다 하더라도 반드시 비공식, 비공개, 구속력 없는 회의여야 한다고 주장했다. 하지만 이러한 논의 자체는 미국의 적극적 개입을 향한 또 하나의 큰 발걸음이었다.[15]

결국 미국과 영국의 참모 회의는 1941년 1~3월에 워싱턴에서 개최되었다. 영국은 미국이 독일이 주적이라는 데에 동의하자 안도했고, 미국이 "전략적 정책과 계획 수립, 실행 과정에 지속적으로 협력"하기로 동의하자 역시 기뻐했다. 이를 위해 양국은 상대국 수도에 해군 연락 책임자를 두기로 합의했다. 루스벨트는 양국 해군이 맺은 합의에 따른 권고를 수용하지 않았다. 공식적으로 약속하는 것을 경계해서 그런 것인데, 그렇다고 약속을 거부하지도 않았다. 모든 선택지를 열어놓고 상황이 어떻게 돌아가는지 두고 보는 것을 선호했던 그의 독특한 관리 스타일이었다. 그러나 로버트 곰리Robert L. Ghormley 제독을 런던으로 파견해 비공식 연락책으로 활동하도록 승인했다.[16]

1941년 가을, 루스벨트는 미국 해군 함대를 재편성했다. 한 세대 이상 미국 해군은 '강대국은 절대로 자국 전함 함대를 분할하지 않는다'는 앨프리드 매헌의 지침에 따라 자국 함대를 편성했다. 그 결과 미국은 하나의 통합된 전투 함대와 작은 규모의 '정찰 부대'를 보유했다. 표면적으로 통합된 전투 함대는 파나마 운하를 통해 한 대양에서 다른 대양으로 위협이 가장 큰 곳으로 이동할 수 있었다. 이것이 바로 파나마 운하가 미국의 안보 이익에서 핵심인 이유였다. 그런데 정작 일본이 적극적으로 태평양에서 확장하겠다고 위협하고 유보트가 대서양에서 호송대를 약탈하는 등 미국을 위협하는 위험이 동시에 발생했다. 이에 따라 1941년 초에 루스벨트 대통령은 미국 해군을 2개의 사령부, 즉 대서양 함대와 태평양 함대로 분리하라고 지시했다. (그리고 세 번째로 훨씬 소규모인 아시아 함대가 필리핀 외곽에서 작전을 수행했다.) 이 같은 결정은 함대를 한 대양에서 다른 대양으로 이동시키는 것이 더는 실행 가능하지 않음을 인정하는 결정이었다.

루스벨트 대통령은 대서양 함대 사령관으로 어니스트 킹Ernest J. King 해군 소장을 임명했다. 그는 효율적이고 근면했지만, 그의 행동은 해군 내에서 악명이 높았다. 냉랭하고 무뚝뚝한 킹 소장은 비효율을 참지 못했고 게으름도 용서하지 않았다. 게다가 부하들이 자신이 제시한 엄격한 기준을 충족시키지 못하면 공개적으로 핀잔을 주곤 했다. 육군 참모 총장 조지 마셜George C. Marshall 장군은 그를 '본질적으로 비열한 사람'이라고 평가했고, 마셜의 기획 참모였으며 누구에게도 나쁜 평가를 하지 않기로 유명한 드와이트 아이젠하워Dwight Eisenhower 장군 역시 킹 소장을 '이상하리만큼 무례한 사람'이라고 평가했다. 이러한 평가 때문에 그는 1937년 해군 참모 총장 선발 과정에서 야망이 좌절되었고, 외교적이고 절제된 인물로 평가받던 스타크 제독이 적임자로 선발되었다. 따라서 킹 소장은 자신의 경력이 끝났다고 생각했으며, 해군 내에서 명성은 있지만 영향력이 미미했던 해군 일반 위원회에서 몇 개월 동안 마지막 보직을 수행하는 중이었다. 그러던 중 1940년 12월에 해군 참모 총장과 해군 장관이 루스벨트에게 킹 소장이 새로운 대서양 함대에 필요한 사람이라고 설득해 그에게 재기의 기회가 찾아왔다. 스타크 제독은 킹 소장이 "수단과 방법을 가리지 않고 원하는 결과를 가져올 것"이라고 평가했다.[17]

그리고 킹 소장은 스타크 제독이 예측한 대로 행동했다. 그는 야간에 함정들이 소등한 상태에서 지그재그로 기동할 것 등이 포함된 전시 프로토콜을 제정해 잠복한 유보트를 파괴할 수 있는 훈련을 하라고 지시했다.

루스벨트 대통령은 어니스트 킹 제독을 새롭게 창설된 대서양 함대 지휘관으로 임명했다. 킹 제독은 함대를 신속하게 전시 태세에 돌입시킨 엄격하고 근엄한 지휘관이었다. 그의 딸은 아버지에 대해 유명한 말을 남겼다. "아버지는 미국 해군 중에 성격이 가장 일관된 사람입니다. 그는 항상 화가 나 있어요." (미국 국립문서보관소 no. 80-G-K-13715)

각 함정 승무원을 정기적으로 전원 배치 장소에 투입했고, 포격 훈련과 어뢰 훈련도 빈번히 실시했다. 한편 그는 예하 지휘관에게 루스벨트조차 감히 엄두를 낼 수 없을 만큼 강력한 일반 명령을 하달했다. 예를 들면 그는 다음과 같이 강조했다. "우리는 (일반적으로 전쟁이라고 불리는) 실제 작전을 준비하고 있으며 지금 그러한 상황인데, 전쟁에서는 지휘권을 가진 모든 장교가 권한과 능력을 행사하고 활용해야 한다." 그러고 나서 며칠 후 아무도 자신이 강조했던 사항을 놓치지 않도록 확인하기 위해, "우리는 이제 평화로운 시대를 살아가지 못한다"라고 재차 강조했다.[18]

한편 태평양 함대는 킹 소장이 지휘하는 대서양 함대에 비해 훨씬 큰 규모였다. 그리고 이 함대의 사령관은 '미국 함대 최고 사령관Commander-in-Chief, United States Fleet' 혹은 CINCUS라는 직함을 보유했다. 1941년에는 제임스 리처드슨James O. Richardson 제독이 CINCUS였다. 직선적이고 단호한, 텍사스 출신의 리처드슨 제독은 킹 소장과 마찬가지로 일 처리를 어떻게 해야 하는지에 대해 강고한 고정 관념을 지닌 인물이었다. 하지만 지휘관으로서 리처드슨 제독의 임기는 짧았다. 태평양 전함 함대는 1941년 봄에 하와이의 진주만에 도착했다. 그리고 최초 계획으로는 이곳에 체류하기 시작한 지 몇 주 후에 서해안 영구 기지로 복귀해야 했지만, 루스벨트 대통령은 제한적으로라도 일본에 영향력을 행사하기 위해 이 함대를 진주만에 남겨두어야 한다고 생각했다. 그런데 리처드슨 제독은 이 결정에 불만을 표출했다. 함대가 진주만에 주둔하면 병참과 훈련 체계 모두 복잡해졌기 때문이다. 그는 또 태평양 함대가 진주만에 체류하는 기간이 연장된 이유를 감추기 위해, 미국 정부가 함대 지휘관의 요청으로 이 함대가 하와이에 남는다는 내용으로 거짓 발표한 데에도 불만을 드러냈다. 사실 그는 그런 요청을 하지 않았기 때문이다. 그래서 그러한 결정과 그것이 대중에게 알려진 방식 등 모든 것에 항의할 목적으로 워싱턴으로 향했다. 그는 대통령과 대화하던 중 갑자기 자기도 모르게 진짜 속마음을 내뱉어버렸다. "해군 고위 장교들은 태평양에서 전쟁을 성공적으로 수행하기 위해 필요한 국가의 지도자에 대한 신뢰와 확신이 부족하다"라는 내용이었다. 해군 장교가 미국 대통령, 특히 자신을 해군이라고 생각했던 루스벨트에게 한 발언으로는 충격적이었다. 루스벨트는 개인적 대립을 싫어하고 기피하는 성격이었기에 당시에는 아무런 반응을 보이지 않았지만, 그 순간부터 리처드슨 제독의 지휘관 임기는 얼마 남지 않게 되었다. 1941년 2월 1일, 킹 소장은 제독으로 진급했고, 루스벨트는 리처드슨 제독 후임으로 태평양 함대를 지휘할 사령관에 허즈번드 키멀Husband Kimmel 제독을 임명했다. 해임 결정에 화가 난 리처드슨 제독은 사유를 알려달라고 요구했다. 이에 대해 녹스 해군 장관은 이렇게 답변했다. "지난번에 당

신이 워싱턴에 와서 대통령의 감정을 상하게 했소."¹⁹

─────

1941년 봄, 히틀러의 독일 육군이 그리스를 점령하고 유고슬라비아의 반대 세력을 제압한 뒤 크레타섬에서 영국군을 몰아내는 동안, 미국은 북대서양에서 교전 행위에 더 가까이 다가갔다. 3월에 급속히 분열된 의회가 영국에 대한 미국의 원조 물꼬를 튼 '무기 대여법Lend-Lease Act'을 승인하자 루스벨트 대통령은 중요한 정치적 승리를 거두었다. 그러나 대여할 대상 무기들이 북대서양을 가로질러 영국에 도착할 수 없다면 미국의 원조는 아무런 의미가 없었다. 1941년 4월에 유보트에 의한 연합군의 선박 손실은 1개월에 36만 5000톤에서 68만 7000톤으로 2배 가까이 증가했다. 그러자 스팀슨 전쟁부 장관(1930년대 초 국무장관을 지낸 스팀슨은 2차대전 초반 루스벨트 대통령의 요청에 따라 전쟁부 장관을 맡았다)은 루스벨트에게 미국 해군이 무기 대여법에 따른 물자를 실은 수송선을 호위할 수 있도록 승인해달라고 촉구했다.

그런데 두 가지 사안이 루스벨트의 발목을 잡았다. 하나는 4월 1일에 한 공화당 상원 의원이 미국 군함의 호송대 호위 임무를 불법화하는 법안을 제출한 것이고, 다른 하나는 소련이 일본과 불가침 조약을 체결함에 따라 일본의 남태평양 진출 가능성이 확대된 것이다. 국내 및 해외에서 가해지는 이러한 압박 속에서 루스벨트는 대서양에서 적극적인 호위 임무의 허가를 포기하는 대신, 단순하게 미국 중립 지역 순찰대의 영역을 확장했다. 그는 순찰 군함이 정확히 무슨 일을 하는지에 대해 특유의 수줍은 태도를 유지했다. 4월 25일 기자 회견에서 미국 해군 전함을 호위 임무에 투입하고 있는 것 아니냐는 국민의 비판적 질문에 그는 '순찰'은 호송이 아니라고 주장했다. 그는 "만약 소를 말이라고 부르면 … 당신은 소를 말로 만든다고 생각하나요?"라고 빈정거리면서 "저는 그렇게 생각하지 않습니다"라고 선을 그었다. 하지만 정작 소를 말이라고 부르는 사람은 루스벨트 자신이었다. 한 기자가 그에게 "대통령님, 순찰과 호송의 차이가 뭡니까?"라고 묻자 루스벨트는 "소와 말의 차이를 아십니까?"라며 반격했다.[20]

국민이 뭐라고 부르든 간에 킹 소장은 확대 및 강화된 순찰 임무를 조정해야 했고, 그렇게 하기 위해 공개적으로 대서양 함대의 활동에 필요한 '전쟁 동원'을 선언했다. 루스벨트 대통령은 항공모함 요크타운함Yorktown과 구축함 4척을 태평양에서 대서양으로 이동시켜 킹 소장의 지휘권을 강화했다. 그리고 6월에는 전함 3척과 순양함 4척을 비롯해 대규모 전투력이 추가로 증원되었다. 그는 전투력 전환을 조용히 추진했고, 해당 함정들은 비밀 명령에 따라 한 번에 몇 척씩 조용히 이동했다. 특히 루스벨트는 명시적이거나 의도적인 도발적 사안을 멀리했다. 그는 5월 23일, 즉 독일의 비스마르크함이 영국의 후드함을 침몰시키기 전날에 개최된 각료 회의에서 "나는 선제공격할 의사가 없습니다"라고 말했다. 이는 잘못된 판단일 수 있었는데, 그는 아슬아슬한 행보를 취하고 있었다. 내무 장관 해럴드 이커스Harold Ickes는 루스벨트 대통령이 "독일이 (미국이 참전하게 될 만한) 빌미를 만들기를 기다리고 있다"라고 생각했다.[21]

하지만 히틀러는 그럴 생각이 전혀 없었다. 그는 발칸반도가 평정되자 곧 소련 침공을 결정했는데, 적어도 스탈린이 패배하기 전까지는 미국을 전쟁에 끌어들이는 어떠한 조치도 취하지 않을 작정이었다. 독일군의 소련 침공일 며칠 전인 6월 중순, 미국이 해병대를 보내 아이슬란드를 점령하자 레더 대제독은 히틀러에게 미국의 이러한 행동은 전쟁 행위나 마찬가지니 독일 해군, 특히 유보트가 미국의 간섭을 공격해야 한다고 주장하며 격렬하게 논쟁을 벌였다. 하지만 히틀러는 레더 대제독의 주장을 수용하지 않았다. 그는 러시아가 먼저라고 명확하게 말한 뒤, 모든 유보트 함장에게 도발 여부와 상관없이 미국을 상대로 "공격 행위를 하지 말라"라고 지시했다.[22]

그런데 그해 6월, 독일 해군 유보트 U-69가 미국 상선 로빈무어호Robin Moor를 침몰시켰다는 소식이 워싱턴에 도착했다. 다행히 1936년에 합의된 규칙에 따라 사상자는 없었지만, 유보트 지휘관은 로빈무어호의 운행을 중단시킨 뒤 관련 서류를 보여달라고 요구했다. 그리고 나서 이 배가 밀수품(일부 조준 소총과 탄약)을 운반하고 있다는 것을 확인하자 선박을 침몰시키기 전에 승객과 선원에게 구명정으로 모두 옮겨 타라고 했다. 이 사건이 알려진 것은 사건이 발생하고 나서 몇 주 후로, 구명정이 발견되고 승객이 구조된 것은 훨씬 나중이었다. 이 사건에서 1915년 루시타니아호Lusitania 침몰 사건처럼 극적 요소와 인명 손실은 없었지만, 루스벨트 대통령이 이 사건을 빌미로 삼고 싶었다면 명백한 개전 사유가 될 만했다. 하지만 루스벨트는 의회에 도전적 메시지만 전달했다. 그는 한층 더 대결적인 자세로 자신을 지지하는 국가의 의지를 의심했을 뿐만 아니라, 미국이 적극적인 교전국이 되지 않더라도 영국이 대서양 전투에서 승리할 수 있으리라는 희망을 포기하지 않았다.[23]

6월 22일, 독일 육군 사단들이 소련 국경을 돌파하면서 히틀러의 관심이 완전히 동쪽으로 향하고 있다는 것이 명백해지자 스타크 제독은 미국 해군이 대서양에서 공개적으로 호위 임무를 시작할 때가 왔다고 판단했다. 루스벨트는 처음에는 스타크 제독의 의견에 동의했지만, 일본이 프랑스령 인도차이나를 점령하자 다시 신중한 자세를 취했다. 태평양과 대서양에서 동시에 위기에 직면한 그는 태평양의 전황이 악화된 상황에서 대서양에 완전히 전념하기를 망설였다. 이커스 내무 장관에게 보낸 서한에서 그는 "모든 위협에 대처할 수 있을 만큼 미국 해군력이 충분하지 않습니다"라고 한탄했다.[24]

그러나 루스벨트는 마침내 영국과 대서양 호송대를 방어하는 호위 임무를 분담하기로 결정했다. 몇 주 후인 7월 중순, 그는 해리 홉킨스Harry Hopkins와 함께 백악관에 앉아 있다가,《내셔널 지오그래픽》에 실린 대서양 지도를 찢어냈다. 그런 뒤 지도를 탁자 위에 펼쳐놓고 연필로 아이슬란드에서 서쪽으로 300여 킬로미터 떨어진 아소레스강까지 남북으로 선을 그었는데, 대략 동경 26도에 가까웠다. 그는 홉킨스를 통해 처칠 총리에게 미국 해군이 동경 26도의 서쪽을 담당할 것이라고 전달하게 했는데, 이 결정은 군사비가 부족한 영국 해군이 유럽에서 가까운 지역에서 노력을 집중할 수 있도록 하는 조치였다. 이는 미국 해군과 영국 해군을 연결하는 또 하나의 중요한 연결고리였다.[25]

━━━━━

1941년 9월 4일, 미국이 영국에 위임한 4단 파이퍼 구축함 중 하나인 그리어함Greer은 6월에 아이슬란드에 파견된 미국 해병대 6000명에게 전달할 우편물과 물자를 싣고 항해 중이었다. 험준한 바다 위에서 영국 공군 장거리 초계기哨戒機가 머리 위로 날아올라 불빛을 깜박이며 유보트가 전방 16킬로미터 떨어진 곳에서 활동하고 있다는 신호를 보냈다. 그리어함의 함장 로런스 프로스트Laurence H. Frost 소령은 유보트 위로 가까이 접근하기 위해 항로 변경을 지시했다. 프로스트 소령은 유보트를 공격하려는 의도는 아니었으며 상부의 지침대로 적의 위치를 추적해서 보

고할 생각이었다.[26]

현장에 도착한 프로스트 소령이 유보트를 발견했을 때, 유보트가 깊이 잠수하자 미국군 구축함은 즉시 수중 음파 탐지기로 적을 추적하기 시작했다. 그리어함의 음파 탐지기가 귀를 사정없이 울렸고, 배터리가 바닥난 U-652의 함장은 자신을 쫓아오는 선박의 국적을 알지 못했다. 영국 공군 초계기가 폭뢰를 투하했으나 모두 빗나갔다. 하지만 물속 깊은 곳에 머물러 있던 유보트 함장은 폭뢰가 투하된 출처를 정확히 확인할 수 없었기에 바로 위에서 정지한 구축함이 폭뢰를 발사한 것으로 추정했다. 그리고 나서 3시간 30분 후, 유보트는 자신을 괴롭히는 적을 향해 2발의 어뢰를 발사하기 위해 더 좋은 위치로 기동했다. 하지만 어뢰는 모두 빗나갔다. 그리고 독일군의 공격을 받은 미국군 구축함은 즉시 폭뢰를 발사하여 대응했다. 이처럼 서로를 향해 주고받은 공격에서 양측 모두 피해는 없었으나 독일군과 미국군은 처음으로 직접 교전을 벌였다.[27]

루스벨트 대통령은 일주일 후 라디오의 한 한담 프로그램에서 독일군의 모욕에 분노를 표출했다. 그의 분노가 진짜인지 가짜인지 명확하지는 않았으나, 그는 청취자들에게 그리어함이 "정당한 임무를 수행하고 있었다"라고 주장하며, 유보트는 "미국군 함정을 침몰시키기 위해 의도적으로" 어뢰를 발사했다고 말했다. 마침내 그는 북대서양의 미국군 함정은 이제 근접 위협을 기다리지 않고 포격하겠다고 공표했다. 그는 성경 문구를 인용하여 "너는 방울뱀을 보면 그가 너를 부수기 위해 공격하기를 기다리지 말고 곧바로 격파하라"라고 말한 뒤, 이제부터 대서양에 있는 미국 군함들이 먼저 독일군에 사격할 것이라고 선포했다.[28]

레더 대제독은 이 발표가 적어도 해상에서는 실제로 선전 포고라고 이해했고, 동프로이센에 있는 히틀러의 본부인 '늑대 은신처'를 방문해 히틀러와 논의했다. 이때 레더 대제독은 루스벨트 대통령의 발표를 볼 때 "더는 영국과 미국의 선박에 차이가 없다"라고 주장하며, 독일의 유보트가 '작전 지역에서는 언제든지' 호송대를 호위하는 군함을 공격할 수 있도록 허용해달라고 촉구했다. 하지만 히틀러는 이번에도 레더 대제독의 요청을 거절했다. 히틀러는 곧 러시아에서 결정적인 결과가 나오리라 기대한다면서 그때까지 유보트 공격을 자제하라고 지시했다.[29]

이즈음 루스벨트는 처칠을 직접 만날 때가 되었다고 생각했다. 그는 낚시 여행을 한다며 몰래 수도를 탈출한 뒤, 마서스비니어드섬 인근에서 킹 제독이 지휘하는 대서양 함대의 기함인 중순양함 오거스타함Augusta에 승선했다. 오거스타함은 루스벨트를 뉴펀들랜드 남쪽 해안의 플라센티아만으로 데려갔고, 그곳에서 그는 8월 5일부터 나흘간 처칠과 회담을 했다. 처칠은 전함 프린스오브웨일스함을 타고 이곳으로 왔는데, 이 배는 약 10주 전에 덴마크 해협에서 비스마르크함과 뒤엉켰던 전함이다. 시간이 지나 회담이 끝나고 이 소식이 일반에게 공개되자 루스벨트와 처칠의 정상 회담은 대서양 양쪽에서 큰 뉴스가 되었다. 두 나라는 아직 동맹은 아니었으며, 여기에서 유일하게 도출된 공식 문서는 양측이 전후 합의에서 이끌어내기로 동의한 원칙의 목록인 이른바 '대서양 헌장Atlantic Charter'이었다. 여기에는 "모든 국민이 그들이 살 정부의 형태를 선택할 권리"도 포함되었다. 하지만 처칠이 명확하게 인정했듯이 이 회담의 진정한 의미는 양국 지도자의 만남 그 자체였다.[30]

그다음달부터 미국 해군은 루스벨트의 지시에 따라 북대서양의 서쪽 절반에서 호송대를 호위하는 임무를 시작했다. 호송대 중 첫 번째인 HX-150은 원래 50여 척의 선박으로 구성되어 핼리팩스에서 출발한 신속 호송대였는데, 일부 선박이 엔진 고장 등으로 탈락한 상태였다. 캐나다군 구축함이 뉴펀들랜드 남쪽 지점으로 이 호송대를 인도한 뒤, 9월 16일에 미국 해군 구축함 5척이 호위 임무를 인계받았다. 호송대는 10일 동안 북대서양의 거친 날씨를 뚫고 9노트 속도로 동쪽으로 지그재그로 이동했다. 명확하지 않은 적 발견 보고가 끝없이 올라오고 다수의 폭뢰 공격이 시도되었으나 유보트의 공격은 없었다. 그래서 미국 군함은 9월 25일에 미리 지정된 중간 해상 집결지에서 호송대를 영국군에 인계했다. 그곳에서 미국 군함들이 연료를 보급하기 위해 아이슬란드로 돌아가기 전에 영국 해군 동료들이 감사와 활기찬 '응원'을 보냈다.[31]

2주 후 시드니를 떠난 SC-48 호송대는 운이 나빴다. 이번에도 캐나다 군함들이 며칠 동안 호송대를 호위한 뒤 미국 함정에 넘겨주었다. 그런데 10월 15일 밤 늦게 유보트의 공격이 시작되었다. 호송대에 소속된 상선 1척이 갑자기 폭발한 것으로 미루어 적어도 1척 이상의 유보트가 존재하는 것이 분명했다. 그후 몇 시간 동안 매우 익숙한 패턴으로 유보트들이 어둠을 틈타 수면 위로 올라와 공격했다. 미국 호위 사령관들은 밤하늘에 조명탄을 발사하거나 의도적으로 증기를 뿜었지만 소용없었고, 밤새 폭발이 주기적으로 이어졌다. 동이 트자 잠시 휴식을 취한 호송대는 10월 16일 낮에 끈질기게 동쪽으로 항해했다.

하지만 그날 밤이 되자 유보트가 공격을 재개했다. 이제 서쪽으로 향하던 호송대 ON-24의 추가 호위대 SC-48이 이 지역에 집결했는데, 이 호위대는 구축함 7척과 플라워급 코르벳함 7척으로 구성되었다. 새로 도착한 호위대에는 구축함 커니함Kearny도 포함되었는데, 이 신형 구축함은 글리브스Gleaves급으로 기존의 4단 파이퍼 구축함보다 10여 미터 더 길고 배수량도 600여 톤 많았다. 조명탄이 표류하고 이따끔 상선이 폭파되는 등 야간 전투가 혼란스럽게 진행되는 가운데 커니함의 함장 앤서니 대니스

Anthony L. Danis 소령은 갑자기 영국군 코르벳함이 자신의 함정 뱃머리를 가로질러 침몰하는 모습을 목격했고, 그 즉시 좌측으로 급선회하라고 명령했다. 불타는 화물선을 배경으로 실루엣을 드러내며 급선회하는 커니함은 U-568을 지휘하는 요아힘 프로이스Joachim Preuss 대위에게는 거부할 수 없는 목표였다. 프로이스 대위는 어뢰 3발을 발사했고, 두 번째 어뢰가 커니함 우현에 명중했다.[32]

이 공격으로 생겨난 폭발이 미국 구축함의 소방실을 파괴해 뜨거운 증기가 선교 높이까지 분출했다. 또한 전력과 통신이 완전히 차단되었다. 구축함이 침몰할지도 모르겠다는 생각이 들 정도의 큰 충격이었다. 하지만 곧 피해 통제팀이 무너지는 격벽을 지지했고, (흔히 '흑인 갱black gang'이라고 부르는) 엔진팀이 좌현 쪽 엔진을 작동했다. 이러한 노력을 통해 1시간 이내에 이 구축함은 다시 3노트 속도로 항해했고 새벽에는 10노트까지 속도를 높였다. 그리어함의 호위를 받은 커니함은 사망자 11명, 부상자 22명을 실은 채 절뚝거리며 아이슬란드 항구로 들어갔다.[33]

이 사건에서 발생한 인명 피해는 2차대전에서 미국군이 입은 최초이자 공식적인 피해였다. 루스벨트는 커니함이 전투에 적극 참여했다는 사실은 무시한 채 "역사는 누가 먼저 발사했는지를 기록한다"라고 발표했다. 또 "미국이 공격받았다"라고 주장하며, "우리는 이러한 상황을 좌시하지 않겠다"라고 선언했다. 심지어 "빌어먹을 어뢰!"라는 표현을 사용해 극적 효과를 연출했다. 그는 1864년에 모빌만에서 패러것Farragut 제독이 했던, "최대 속도로 전진하라!"라는 유명한 대사를 자신의 말을 듣는 사람들이 조용히 덧붙이기를 기대했다.[34]

이 사건의 여파로 독일과 미국 해군의 지도자들은 저마다 자기 정부에 선전 포고를 촉구했다. 레더 대제독은 다시 한번 히틀러에게 유보트 작

구축함 커니함(사진)은 아이슬란드 레이캬비크에서 구축함 몬센함(Monssen)과 함께 1941년 10월 17일에 U-568로부터 어뢰 공격을 받았다. 사진에서 우현에 어뢰가 뚫은 구멍이 보인다. (미국 국립문서보관소 no. 80-G-28788)

전의 제한을 철폐해달라고 간청했다. 그는 북대서양에서 일어난 일은 공식 전쟁 행위라고 주장하며, 유보트 작전에 가해진 제한으로 독일군은 공격할 수 없는 적의 공격에 노출되어 불리한 상황에 처할 것이라고 주장했다. 한편 스타크 제독 역시 루스벨트 대통령에게 의회에 선전 포고 승인 요청을 고민해달라고 촉구했다. 스타크 제독은 영국은 미국의 도움 없이는 전쟁에서 이길 수 없다고 확신하여 기꺼이 전쟁에 뛰어들고자 했다. 하지만 히틀러와 루스벨트 모두 움직이지 않았다. 히틀러는 먼저 러시아를 점령하기로 결정한 상태였고, 루스벨트는 대중의 지지가 없으면 행동하지 않을 생각이었다.[35]

그러는 사이에 미국 해군 함정의 호위 임무는 계속되었다. 커니함이 어뢰에 맞은 지 6일이 지나 HX-156 호송대는 핼리팩스를 출발한 다음날 거센 파도와 시야가 좋지 않은 상황에서 미국 호송대와 합류했다. 이 호송대는 일주일 동안 동쪽으로 항해했는데, 사나운 날씨 탓에 지루한 임무 수행이 평소보다 더 어려웠다. 미국 구축함 루번제임스함Reuben James이 호송대의 좌측에서 위태롭게 흔들렸고, 승무원들은 위험한 갑판에서 활동하기 위해 구명줄을 꽉 붙잡아야 했다.

10월 30일 새벽 3시경, U-552의 에리히 토프Erich Topp 대위가 라이츠 쌍안경을 통해 언뜻 호송대를 발견했다. 그는 케르네벨에 있던 되니츠 제독에게 무선으로 좌표를 전송한 뒤, 호송대를 추격하기 시작했다. 동이 트기 직전인 5시 30분경, 토프 대위는 해가 뜨기 전에 한 차례 빠르게 공격하기로 결정했다. U-522와 가장 가까운 함정은 호송대의 좌측을 지키던 4단 파이퍼 구축함이었다. 토프 대위는 어뢰 스프레드를 2개 발사하고서 잠수하기 직전에 또다른 접촉 보고서를 재빨리 전송했다. 루번제임스함이 전파 차단에 대응해 좌측으로 선회하자 어뢰 중 하나가 이 군함 앞쪽에 충돌했다. 어뢰가 폭발한 직후 곧바로 거대한 2차 폭발이 이어졌는데, 어뢰가 함교 바로 아래쪽에서 함선의 탄약고에 불을 붙인 것이다. 원인이 무엇이든 간에 루번제임스함의 앞부분 전체가 산산조각 났다. 생존한 승무원들은 구명보트를 띄우려고 애쓰거나, 이미 두껍고 무거운 기름으로 뒤덮인 차가운 물속으로 미끄러졌다. 루번제임스함의 함미가 침몰하자 지정된 깊이에서 폭발하도록 미리 설정된 장약裝藥이 폭발했고, 이로 인해 물속에서 고군분투하던 많은 승무원이 사망했다. 승무원 160명 중 115명이 목숨을 잃었다.[36]

불과 몇 달 만에 대서양에서 미국 군함의 역할은 '순찰'에서 적극적 호위, 그리고 전면전으로 확대되었다. 하지만 상황이 이렇게 바뀐 뒤에도 양쪽 모두 무슨 일이 일어나고 있는지 공식적으로 인정하지 않았다. 히틀러는 동부 전선에서 예상했던 승리가 러시아군의 초토화 전술 때문에 느려지자 좌절했다. 인명 피해가 많았던 오데사 포위전 이후, 10월 16일에 독일군 사단들이 도시에 진입하자 여기저기서 연기가 자욱한 폐허가 드러났다. 러시아에서의 전쟁은 히틀러가 계획했던 것보다 더 오래 걸리고 점차 많은 비용이 필요하다는 것이 분명했다. 한편 루스벨트는 여전히 미국의 참전에 대중적 합의가 이루어지지 않았다는 데 주목했다. 이커스 내무장관은 자신의 일기에 이렇게 적었다. "분명히 대통령은 기다릴 것이다. 얼마나 오래 걸릴지는 아무도 모른다."[37]

한편 일본도 준비 중이었다. 미국 해군 구축함 커니함이 독일군 어뢰에 맞은 날, 그리고 독일군이 오데사에 진입한 날, 도조 히데키 장군이 일본 정부의 총리에 취임했다. 이 사건은 일본 정부가 군대의 통제에 항복했음을 의미했다. 도조가 취임하자 대서양 전투에서 영국을 지원하며 일본과는 거리를 유지하려던 루스벨트의 심정이 한층 복잡해졌다. 자신이 태평양 함대를 하와이로 옮기고 일본에 경제 제재를 가하는 목표를 달성하기 위해 채택한 정책들이 일본인들에게 깊은 인상을 주지 못했기 때문이다. 하지만 루스벨트는 비장의 카드를 들고 있었는데, 바로 미국산 석유였다. 1941년에 미국은 세계 최대 규모 원유 생산국이자 수출국이었다. 즉, 루스벨트는 석유가 절실하게 필요한 일본에 큰 영향력을 미치는 존재였다.*

---

* 1940년에 미국은 약 15억 배럴의 석유를 생산했는데, 이 양은 세계 생산국 2위였던 베네수엘라 석유 생산량의 6배가 넘었다. 1940~1941년 당시 중동 국가들의 석유 생산량은 비교적 적었다.

그러나 그렇게 하는 것이 최종적이고 돌이킬 수 없는 위기를 유발할 수 있다는 점을 인지했기에 이 카드를 사용하지 않으려 했다.

루스벨트는 자신이 자제하는 데에도 한계가 있다고 일본에 경고했다. 도조 히데키가 총리로 취임하기 3개월 전인 1941년 7월에 일본은 프랑스군과 태국군 사이의 교전을 빌미 삼아 인도차이나에 군대를 파견했다. 7월 24일, 루스벨트는 주미 일본 대사 노무라 기치사부로를 만났고, 미국이 평화를 유지하기 위해 지금까지는 일본에 석유 판매를 허용했으나 일본의 인도차이나 진출은 '미국에 심각한 불안을 야기하는 상황'이 될 것이라고 지적했다. 그것은 암묵적이지만 분명한 위협이었다. 노무라 대사는 자유 프랑스 세력과 인도차이나에 중국이 미치는 영향 때문에 일본이 자국의 이익을 보호하기 위해 이 지역을 점령했다는 일본 정부의 공식 입장을 밝혔다. 루스벨트는 그러한 합리화를 즉각 기각했지만, 가능한 해결책을 제시했다. 일본이 인도차이나에서 군대를 철수한다면 미국과 영국은 일본과 함께 인도차이나의 중립을 보장하는 데 동참할 수 있으며, 이를 통해 이 지역을 일종의 '아시아의 스위스'(루스벨트의 표현)로 만들 수 있다고 제안했다. 노무라는 "일본의 체면상 이 조치를 수용하는 것은 현재로서는 매우 어려운 일"이라고 인정했으나, 루스벨트의 제안을 도쿄에 충실하게 전달했다. 그러나 도쿄에서 진행 중이던 전쟁을 향한 추진력은 돌이킬 수 없는 상황이었기에 미국에서 전한 생각은 수용되지 않았다.[38]

루스벨트는 일주일 후인 1941년 8월 1일에 일본 자산의 동결을 명령하며 한층 강하게 압박했다. 하지만 이번에도 석유 수출 금지 카드는 쓰지 않았다. 헨리 모건타우Henry Morgenthau 재무 장관을 비롯한 내각의 일부 매파가 수출을 전면 중단하라고 압박했지만, 다른 각료들은 그러한 조치가 일본을 궁지로 몰아넣어 전쟁을 촉발할 것이라고 경고했다. 루스벨트는 자신은 해법을 찾기 어려우니 각료들더러 일본 문제를 해결하라고 촉구했다. 고옥탄 항공 연료를 금수하는 계획이 제시되었으나, 실제로 채택된 것은 일본이 오직 현금으로만 과거와 같은 분량의 원유를 구매할 수 있도록 제한하는 것이었다. 역사학자 조너선 어틀리Jonathan Utley는 루스벨트가 "일본이 무릎 꿇는 대신 정신 차리기를 원했다"라고 분석했다. 그런데 루스벨트가 뉴펀들랜드에서 처칠과 만나는 동안 또다른 강경파이자 외국 자금 관리 위원회를 이끌던 딘 애치슨Dean Acheson 국무 차관보가 일본의 현금 접근을 중단시켰다. 그리고 이 조치 때문에 일본의 수입에 약 한 달 넘게 실질적인 효과가 발생했다. 루스벨트는 처칠과의 회담 이후 복귀해서 무슨 일이 일어났는지 파악했고, 우유부단해 보이지 않으면서 정책을 뒤집기에는 너무 늦은 점을 감안해 사실상의 금수 조치를 결정했다.[39]

이 조치가 결정적이었다. 일본은 18개월 분량의 석유를 비축해두었으나 금수 조치 때문에 미국에 굴복할지, 아니면 남아시아 정복을 강행할지를 선택해야 했다. 도조와 장군들은 이제 영국령 말라야와 네덜란드령 동인도 제도에 고립된 유럽 식민지에서 직접 필요한 원유를 얻는 것 말고는 해법이 없다고 주장했다. 그리고 그 결과 영국, 네덜란드, 심지어 미국을 상대로 전쟁을 시작하게 된다 하더라도 그렇게 할 태세였다.[40]

일본 정부의 결정과 야마모토 제독이 주도하는 진주만 공격 계획 모두에 무지했던 노무라 대사는 평화를 구하기 위해 최후의 노력으로 워싱턴에 남았다. 도조 정부는 11월 20일에 그에게 새로운 제안서를 보냈지만, 그 조건이 너무 일방적이어서 코델 헐Cordell Hull 미국 국무 장관은 그 제안서가 '터무니없다'라고 평가했다. 일본 역시 미국의 역제안을 받아들일 수 없다고 주장했다. 헐 장관도 더는 회담이 필요 없으며 일본 정부가 합의안을 도출하는 데 진지하지 않다고 판단했다.[41]

헐 장관은 노무라 대사가 데드라인에 맞춰 일한다는 것도 알고 있었다. 한동안 미국 국무부는 일본 외무성의 외교 메시지를 도청한다는 것을 비밀에 부쳤다.* 그는 일본 정부가 노무라에게 11월 29일 이전에 외교적 해결책이 도출되어야 한다고 통보한 것을 알고 있었다. 그 이후에는 '일이 자동적으로 시작될 것'이었기 때문이다. 이 정보만으로도 스타크 제독은 모든 태평양 사령관에게 경보를 발령하기에 충분했다. 11월 27일에 발송된 경보의 내용은 이러했다. "이번 전문은 전쟁 경고로 간주된다. 태평양 정세 안정을 위한 일본과의 협상은 중단됐으며, 향후 며칠 안에 일본의 공격적 움직임이 예상된다." 스타크 제독은 이러한 일본의 공격적 움직임의 대상이 필리핀, 태국, 말라야 또는 보르네오일 수 있다고 생각했다. 그는 후속 경보에서 태평양 지역 사령관들에게 "일본이 명백한 행동을 보이기 전에는 공격 행동을 취하지 말라"라고 경고했다.[42]

그런데 이 시각에 일본 항공모함 타격 부대는 이미 해상에서 미국을 향해 기동하고 있었다.

---

* 일본 외교와 관련된 이 같은 매직(MAGIC) 또는 퍼플(Purple) 감청은 13장에서 논의되는 일본의 군사 작전 코드와는 다른 것이다.

10장

진주만 공격

11월에 에토로프섬〔러시아어로는 이투루프섬〕의 히토캇푸만은 해군 함정 정박지로는 최악의 장소였다. 쿠릴 열도에서 가장 큰 섬인 에토로프는 일본 본토에서 북쪽으로 시베리아의 캄차카반도까지 긴 사슬처럼 뻗은, 외롭고 외진 전초 기지였다. 그러나 1941년 11월 26일 해가 뜨자 히토캇푸만은 항공모함 6척, 우뚝 솟은 전함 2척, 중순양함 2척으로 붐볐고, 여기에 소형 전함 12척과 보급선 8척이 더해졌는데 이중에 7척이 유조선이었다. 몇 주 동안 비밀리에 다양한 종류의 항공기 400여 대를 보유한 이 일본 전투 부대에 세계에서 가장 큰 규모의 해군력이 집결했다.

주미 일본 대사 노무라가 워싱턴에서 협상을 성사시키기 위해 고군분투하는 동안, 그리고 일본 정부를 좌지우지하는 장군들이 남방 지역 공격을 위해 세부 사항을 조율하는 동안 야마모토 제독은 미국과의 전쟁이 불가피하다면 진주만의 미국 함대를 선제공격할 필요가 있다고 주장했다. 그는 진주만 공격이 미국과의 대결에서 반드시 승리를 보장하지는 않지만, 이 공격은 일본이 상당 기간 미국의 간섭 없이 남방 자원 지대를 정복할 수 있도록 미국을 무력화하리라 생각했다. 야마모토 제독의 계획을 비판하는 사람들은 일본의 대형 항공모함 6척을 모두 하와이로 보낸다면 일본군은 항공모함 없이 남태평양 섬들을 탈취하고 점령해야 한다고 지적했다. 게다가 6500여 킬로미터 떨어진 진주만을 목표로 공격하는 것은 매우 위험하다고 주장했다. 특히 일본 항공모함들이 하와이까지 발각되지 않고 도착하는 것도 불확실한데, 정작 진주만에 도착하더라도 미국 전투 함대와의 결전이 불가피하다고 비판했다. 하지만 야마모토 제독은 자신의 주장을 굽히지 않았고, 종국에는 그의 성격이 결정적 요소로 작용했다. 히토캇푸만에 집결한 전투력이 진주만을 공격하는 핵심 도구가 될 예정이었다.

일본이 보유한 대형 항공모함 6척을 모두 단일 부대에 집중해서 운용하는 것은 항공모함 운용과 관련된 기존의 관행과 교리에서 크게 벗어난 일이었다. 미국 해군이 통상적으로 함대 훈련에서 그랬듯이, 그리고 영국 해군이 이탈리아 타란토에서 이탈리아 전함을 공격했을 때 그랬듯이 미국과 영국은 항공모함을 단독으로 운용했다. 일본의 대형 항공모함을 하나의 공격 부대에 전부 합치는 아이디어를 구상한 사람은 총명하고 명석한 겐다 미노루源田實 중령이다. 훗날 그는 미국 항공모함 4척이 함께 기동하는 모습을 촬영한 미국 뉴스영화newsreel film를 보고 이 아이디어를 얻었다고 주장했다. 이 영화는 단순한 홍보용이었지만, 전투를 위해 항공모함을 배치하는 것이 매헌이 제시한 집중의 원칙을 공중전에 적용하는 방법이 될 수 있겠다고 겐다 중령은 생각했다. 9월에 최신 항공모함 2척이 함대에 합류하여 항공모함은 총 6척이 되었는데, 야마모토 제독은 이 전함들을 행정적으로는 제1 항공 함대라는 하나의 부대에 포함시켰다. 전투를

나구모 주이치 해군 중장은 진주만 공습과 미드웨이 전투를 수행하기 위해 항공모함을 주축으로 조직된 기동 타격대를 지휘했다. 1942년에 촬영된 이 사진은 그의 침울한 미래를 암시하는 듯하다. (미국 해군 역사유산사령부)

위해 배치되었을 때, 이 전함들은 '기동 타격대' 역할을 했다.[1]

　이처럼 놀라울 정도로 대규모의 해상 공군력을 지휘할 지휘관은 나구모 주이치南雲忠一 중장이었다. 자신만만하고 의기양양했던 야마모토 제독과 달리, 나구모 중장은 사소한 일에도 끊임없이 조바심을 내는, 태생이 걱정이 많은 사람이었다. 그는 자주 하급 장교를 직접 불러 그들이 맡은 일이 제대로 진행되고 있는지 확인하고 부탁할 정도로 치밀한 성격이었다. 겐다 중령은 나구모 중장을 '너무 조심스러운' 사람이라고 일축했고, 야마모토 제독의 참모장인 우가키 마토메宇垣纏 장군은 나구모 사령관이 "죽음 앞에서도 전진하며 죽음의 문턱으로 뛰어들어 2~3배 더 큰 결과를 성취할 수 있을 만큼 완벽하게 준비하지 못했다"라고 자신의 일기에서 평가했다. 하지만 나구모 중장은 30척의 기동 타격대를 이끌고 태평양을 정면으로 가로질러 진주만으로 데려가는 '아이 작전Operation AI'의 지휘를 맡았다.[2]

　조직 체계 측면에서 기동 타격대에 포함된 항공모함 6척은 각각 2척의 항공모함으로 구성된 3개의 항공모함 전단戰團(CARDIV)으로 나뉘었다. 첫 번째 전단은 규모는 크지만 다소 오래된 가가함과 아카기함으로 구성되었는데, 아카기함은 나구모 사령관의 기함이었다. 1920년대에 전투순양함 선체 위에 건조되어 완성된 이 대형 항공모함들은 각각 배수량 4만여 톤의 거대 함정이었다. 그런데 이 구조는 나중에 여러 측면에서 다행스러운 역할을 했다. 한편 이 함정들은 다수의 항공기를 탑재했는데, 가가함에는 90대가 적재되었다. 하지만 1930년대에 현대화되고 성능도 개량된 이 항공모함들은 속도가 28노트 정도에 불과해서 약 34노트로 이동하는 신형 항공모함에는 미치지 못했다.[3]

　두 번째 전단은 소형 항공모함 히류함飛龍과 소류함蒼龍으로 구성되었는데, 이들의 수송량은 대형 항공모함의 절반 정도였다. 하지만 1936~1937년에 애초부터 항공모함으로 설계되어 건조된 이 함정들은 각각 항공기 60~70대를 적재한 채 최대 34노트로 기동할 수 있었다. 세 번째와 네 번째 전단은 일본 해군의 소형 항공모함으로 구성되었으나, 기동 함대에 속하지는 않았다. 다섯 번째 전단은 최신 항공모함 쇼카쿠함翔鶴과 주이카쿠함瑞鶴으로 구성되었다. 불과 두 달 전인 1941년 9월에 취역한 이 항공모함들은 적재량이 각각 3만 톤에 이르고 항공기를 72대씩 적재했다. 이처럼 항공모함 6척을 동시에 운용하면 이론적으로는 총 430대의 항공기를 동시에 활용할 수 있었다.

이들 항공모함은 전투기, 급강하 폭격기, 어뢰기 등 세 종류의 항공기를 보유했는데, 1941년 당시 세계에서 가장 정교한 항공모함 탑재용 항공기들이었다. 실제로 항공기들은 영국 해군이 공격기로 사용한 스트링백 기종이나 영국의 풀머 전투기나 스큐어 전투기보다 기술적으로 한 세대 앞선 기동력을 구사했다. 일본의 핵심 전투기 기종은 중국에서 그 효과가 입증되어 이미 유명한 제로기였다. 해상에서 제로기가 맡은 임무는 기동 전함 상공에서 전투 항공 순찰을 수행하고 공격 부대를 목표 지점까지 호위함으로써 적의 폭격기로부터 기동 전함을 보호하는 것이었다. 또 공격 임무를 수행할 때는 일반적으로 폭격기와 어뢰기 위 4500여 미터 상공에서 비행하다가 이 무기들을 저지하기 위해 출격하는 적의 전투기를 향해 급강하했다.

일본 항공모함에 장착된 급강하 폭격기는 아이치 D3A1 99식으로, 미국인들이 '발Val'이라는 코드명을 붙였다. 앞쪽에 조종사가 있고 뒷좌석에 무전병이자 폭탄병이 탑승하는 2인승 단엽기인 이 기종은 250킬로그램짜리 폭탄 1개와 60킬로그램짜리 폭탄 2개를 양쪽 날개 아래에 장착할 수 있었다. 일본은 동맹국 독일에서 여러 가지 설계 요소를 차용했는데, 하인켈과 같은 낮은 타원형 날개, 지중해 동부에서 커닝햄 사령관에게 대항하는 과정에서 효과적인 기종으로 입증된 급강하 스투카 폭격기가 보유한 고정 착륙 장치를 가지고 있었다. 예를 들면 발 폭격기는 스투카 폭격기와 마찬가지로 고도 약 5000미터에서 목표물에 접근하도록 설계되었는데, 거의 곧장 아래로 급강하하며 운동량을 이용해 폭탄을 조준하고 약 500여 미터 상공에서 폭탄을 투하했다. 이 폭격기는 중국에서 작전을 수행하는 동안 지상 목표물과 적의 약점을 공격할 때는 신뢰할 만한 무기

항공모함에서 운용한 일본 해군 항공기 나카지마 B5N2 97식은 일본 해군 항공대에서 최고의 항공기였다. 미국인들은 이 기종에 '케이트'라는 별명을 붙였다. 1941년에 세계 최고의 어뢰기였던 이 항공기는 대형 폭탄 혹은 사진에서 보이는 91식 어뢰 투하가 가능했다. (미국 해군연구소)

임이 입증되었지만, 최고 속도가 시속 390킬로미터 정도에 불과해 다른 기종의 현대적 전투기보다 취약했다.[4]

더 인상적인 것은 미국에서 '케이트Kate'라고 부른 97식 항공모함 탑재 공격용 폭격기다. 케이트 폭격기는 발 폭격기보다 현저하게 크거나 빠르지는 않지만 900여 킬로그램에 달하는 무거운 폭탄을 운반할 수 있었다. 높은 고도에서 800킬로그램짜리 무거운 폭탄을 떨어뜨리는 수평 폭격기 역할을 할 수 있다는 점에서, 혹은 더 무거운 91식 공중 어뢰기보다 낮게 비행하는 어뢰기로 사용될 수 있다는 점에서 이 항공기는 눈길을 끌었다. 진주만 공격에서 케이트 폭격기는 이 두 가지 능력을 모두 발휘할 수 있었다. 900여 킬로그램에 달하는 16인치 전함 폭탄으로 무장한 이 목격기들은 높은 고도에서 비행했다. 3000여 미터 고도에서 투하되었을 때 생성된 운동량으로 미국 전함의 장갑 갑판을 파괴할 수 있다는 계산에서 나온 조치였다.[5]

이탈리아 타란토 항구를 위시해 다른 곳에서 증명되었듯이 공중 발사 어뢰는 선박을 파괴하는 무기인데, 이것이 일본군 전투 교리의 핵심이었다. 그러나 진주만의 얕은 물에서 공중 발사 어뢰를 사용하는 데에는 심각한 문제가 있었다. 어뢰는 항공기에서 출발한 뒤 수심 25~30미터 깊이까지 가라앉았다가 다시 약간 부상하여 수중 6~9미터 깊이에서 목표물을 향해 나아갔는데, 당시 진주만 항구의 깊이는 12미터에 불과했다. 몇 달 동안 일본인들은 타란토에서 영국 스트링백 항공기의 성공을 주의 깊게 연구하면서 이 문제에 대한 해법을 찾는 데 몰두해 이 문제를 시의적절하게 해결했다. 어뢰에 부착된 분리된 나무 지느러미가 어뢰의 하강을 저지해 약 9~12미터까지만 잠수하도록 조율하게 만든 것이다. 새 어뢰들은 항공모함이 출항하기 위해 닻을 올리기 며칠 전에 히토캇푸만에 배치되었다. 진주만에 정박한 함정들에 대한 공격은 새로 개발된 어뢰들이 최초로 선을 보이는 작전이 될 예정이었다.[6]

═══════

기동 타격대는 11월 26일 아침 6시에 출항했다. (같은 날 미국의 수도 워싱턴에서는 루스벨트 대통령이 11월 넷째 주 목요일을 공식 추수감사절로 정하는 법안에 서명했다.) 일본 해군 군함들이 항구를 떠나자, 수송선들은 각각 3척의 함정으로 이루어진 2개 열로 정렬했다. 구축함은 전함과 중순양함이 좌현과 우현으로 진격하는 동안 전방을 정찰했고, 소수의 유조선이 뒤따랐다.

타고나길 걱정이 많은 사람인 나구모 중장은 몇 가지 걱정거리로 골치가 아팠다. 첫째 걱정은 자신이 지휘하는 기동 함대가 거의 6500여 킬로미터를 항해하여 하와이에 접근해 항공기를 띄우기 전에 누군가에게 목격될 것이라는 우려였다. 기동 함대가 북위 40도선 이상에서 집결한 가장

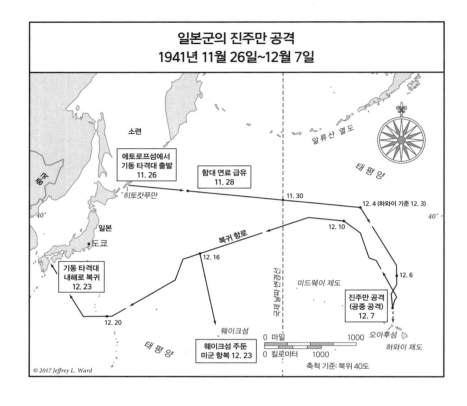

일본군의 진주만 공격
1941년 11월 26일~12월 7일

소련

알류샨 열도

태평양

에토로프섬에서
기동 타격대 출발
11. 26

함대 연료 급유
11. 28

히토캇푸만

11. 30

12. 4 (하와이 기준 12. 3)

40°

40°

일본

도쿄

복귀 항로

12. 10

기동 타격대
내해로 복귀
12. 23

12. 16

12. 6

국제 날짜 변경선

미드웨이 제도

진주만 공격
(공중 공격)
12. 7

12. 20

웨이크섬

오아후섬

하와이 제도

태평양

웨이크섬 주둔
미군 항복 12. 23

0 마일   1000

0 킬로미터   1000

축척 기준: 북위 40도

© 2017 Jeffrey L. Ward

큰 이유는 은밀하게 기동해야 했기 때문이다. 이곳은 지나가는 선박이 드
물고 잦은 비바람으로 엄폐 장막이 제공되는 곳이었다. 게다가 나구모 중
장이 지휘하는 모든 군함은 엄격한 무선 침묵 속에서 기동했고, 기도비닉
企圖秘匿을 유지하기 위해 모든 함선의 변속기 열쇠가 봉인된 상태였다. 하
지만 함정들은 여전히 메시지를 받을 수 있었는데, 이는 매우 중요했다.
왜냐하면 주미 일본 대사 노무라가 어떻게든 미국 정부가 금수 조치를 철
회하도록 설득하면 나구모 중장이 지휘하는 기동 함대는 다시 소환될 수
도 있었기 때문이다. 하지만 당시에는 아무도 그런 일이 일어날 것이라고
예상하지 않았다.[7]

한편 나구모 중장은 기동 함대의 연료가 부족할까봐 안절부절했다. 그의 대형 항공모함들은 출발하기 전에 여분의 연료를 상당량 보유했으나, 14노트의 느린 속도로 기동한다 하더라도 하와이까지 왕복 1만 1000여 킬로미터를 항해하려면 중간에 여러 차례 급유를 해야 했다. 특히 이번 항해는 바다 상황이 가장 어려운 시기에 수행하는 임무였으며, 40도선을 따라 거친 바다를 헤치고 항해해야 했다. 첫 번째 급유는 이틀 전인 11월 28일에 마쳤다. 군함들이 유조선과 지지선에 매달린 연료 호스를 조심스럽게 따라올 때 전선 중 하나가 끊어져 갑판을 가로질러 휙 지나가면서 승무원 몇 명을 배 밖으로 쓸어버렸다. 이러한 광경은 나구모 중장의 복잡한 심정을 달래는 데 전혀 도움이 되지 못했다.[8]

나구모 중장을 괴롭힌 또다른 걱정은 자신이 지휘하는 기동 함대가 적에게 발견되지 않고 진주만을 공격할 수 있는 거리에 도달한 다음에 일본군 항공기가 출격해 진주만에 도착했을 때, 미국 해군의 주력 전투 함대가 그곳에 없을지도 모른다는 것이었다. 미국 해군은 바다에서 항해 중이거나, 혹은 마우이섬 앞바다의 라하이나로즈에 정박할 수도 있었다. 일본 정보 당국은 미국이 태평양에서 항공모함 4척과 전함 8척을 보유한 것으로 추정했고, 야마모토 제독은 나구모 중장에게 그 절반인 항공모함 2척과 전함 4척만 파괴하더라도 전략적 성공이라고 말했다. 나구모 중장이 지휘하는 기동 함대가 이 정도 성과를 거둔다면, 미국은 일본이 이미 진행하고 있는 남태평양으로의 확장을 방해할 수 없을 것이다. 진주만에 주둔한 전함 수에 대한 일본의 정보 추정치는 꽤 정확했지만 미국 항공모함은 4척이 아닌 2척만 정박하고 있었다. 앞서 언급했듯이 루스벨트는 조용히 요크타운함을 대서양으로 보냈고 새러토가함은 수리받기 위해 서부 해안에 정박하고 있었다. 그런데 일본의 계획에 더 최악의 영향을 미친 것은 나구모 중장이 지휘하는 기동 함대가 진주만으로 이동하는 도중에 나머지 미국 항공모함 2척마저 진주만을 떠난 것이었다. 11월 27일에 나온 스타크 해군 참모 총장의 '전쟁 경고'에 대한 반응으로, 허즈번드 키멀 제독은 두 외딴 전초 기지인 웨이크섬과 미드웨이 제도에 각각 전투기 편대를 파견해 그곳들의 방어를 강화하려 했다. 키멀 제독은 11월 28일에 항공모함 엔터프라이즈함Enterprise을 서쪽으로 3000여 킬로미터 떨어진 웨이크섬으로 급파했고, 이로부터 일주일 후인 12월 5일에는 렉싱턴함을 북쪽으로 2000여 킬로미터 떨어진 미드웨이 제도로 보냈다. 처음부터 야마모토 제독은 "우리의 주요 목표는 미국의 항공모함이어야 한다"라고 역설했지만, 12월 6일 나구모 중장의 기동 함대가 오아후섬 북쪽 항공기 출격 지점에 접근했을 무렵 진주만에는 미국의 항공모함이 단 한 척도 없었다.[9]

당시 미국인들은 일본과의 전쟁이 언제든지 일어날 수 있다는 것을 잘 알고 있었으나, 워싱턴이나 다른 곳에서 근무하는 어느 누구도 하와이가 공격 대상이 될 것이라고는 생각하지 않았다. 만약 미국 영토가 위험에 처한다면 필리핀이 가장 유력한 표적이 될 것으로 예상했다. 11월 27일에 발령된 전쟁 경고에 자극받은 하와이 주둔 미국 육군 사령관 월터 쇼트 Walter C. Short 중장은 하와이에 거주하고 있는 16만여 명의 일본계 주민이 시도할지 모르는 집단 파괴 행위를 막는 방안을 구상했다. 이를 위해 육군 항공기를 활주로에 줄지어 정렬시키고 삼엄하게 경계했다. 쇼트 중장은 키멀 제독을 불쾌하게 여겼다. 공식적으로 진주만 방어는 미국 육군 소관이었으며, 키멀 제독의 임무는 미국 함대가 일본이 점령한 마셜 제도를 공격하도록 준비하는 것이었다. 당시 키멀 제독은 태평양에서 대서양으로 승무원을 정기적으로 이동시키는 정책 탓에 한층 어려워진 강도 높은 훈련 프로그램에 집중하고 있었다. 하지만 진주만에 주둔하고 있던 두 사령관, 즉 쇼트 중장과 키멀 제독 모두 일본이 하와이를 공격하면서 전쟁을 시작하리라고는 생각하지 않았다. 제2 순찰 비행단의 지휘관 패트릭 벨린저Patrick Bellinger 중장은 수십 대의 장거리 카탈리나 정찰기를 운용했으나 당시에 고작 7대만 공중에 있었고, 4대는 정찰이 아닌 훈련용이었다.[10]

한편 미국 정부의 정보 부서는 일본 대형 항공모함의 행방을 파악하지 못했다. 일본군이 기만적인 무선 전송을 이용하고 나구모 중장의 기동 함대를 인적 드문 북쪽 항로에 투입함으로써 기동 함대의 비밀 항해가 발각되지 않도록 한 것이 효과를 발휘했다. 키멀 제독이 정보 장교 에드윈 레이턴Edwin Layton 중령에게 일본군 항공모함의 위치를 묻자, 레이턴 중령은 모른다고 보고했다. 이에 대해 키멀 제독은 놀라는 척하며 대꾸했다. "뭐라고? 모른다고?" 이어진 키멀 제독의 말은 그뒤로 널리 인용되었다. "그들이 지금 다이아몬드헤드〔하와이에 있는 거대한 분화구〕를 돌고 있을 수 있는데, 그것을 모른다는 건가?" 이때 키멀 제독이 한 발언은 질책보다는 농담에 가까웠다. 그는 자신의 정보 장교가 이용할 수 있는 제한된 조각 정보를 이용해 최선을 다해 업무를 수행한다는 것을 잘 알았다. 당시 미국군은 일본 해군의 작전 암호를 해독하지 못했으며, 설령 해독했다 하더라도 일본의 무선 통신 규율은 기동 함대의 위치와 활동을 위장했을 것이다. 게다가 키멀 제독과 레이턴 중령은 워싱턴에서나 있을 법한 일본의 외교 서한을 비밀리에 파악할 수 있는 처지도 아니었다.[11]

일본군이 대규모 공세를 펼치기 직전이라는 최초의 증거는 무전 메시지나 기동 함대의 발견이 아니라, 남중국해에서 대규모 침공 함대를 발견한 영국 감시병의 보고였다. 그가 발견한 일본 군함은 총 100척이 넘는 함정으로 구성된 함대의 일부였는데, 일본 본국 해역에서 타이완 해협을 향해 남쪽으로 항해하는 중이었다. 이 함대는 당시까지 발견된 것 중에서 가장 큰 규모였는데, 루스벨트는 일본의 이중 거래를 드러내는 이 같은 명백한 증거에 분노했다. 워싱턴에서 양국 외교관들이 평화를 논의하는 동안 일본 공격 부대가 벌써 남쪽의 무더운 바다에 들어섰으니 말이다. 스타크 제독은 일본 함대의 공격이 미국의 군사적 대응을 정당화하기에 충분한지에 의문을 품었다. 해리 홉킨스 재무 장관은 전쟁을 피할 수 없는 상황이 임박하자, "미국이 선제 타격을 할 수 없어서 유감입니다"라고 말했다. 루스벨트는 생각에 잠겨 고개를 끄덕이며 이렇게 말했다. "그럴 수는 없지요. 우리나라는 민주주의 국가이며 우리 국민은 평화를 사랑합니다." 그는 대서양에서 유보트와 전쟁을 벌였을 때처럼 이번에도 미국이 먼저 공격하지는 않겠다고 결심했다.[12]

반면 일본은 완벽한 기습을 시도했다. 12월 7일 아침 6시, 오아후섬 북쪽 350여 킬로미터 지점에서 기동 함대 소속의 항공모함 6척이 바람을 타고 속도를 25노트로 높여 함재기艦載機를 발진시켰다. 제로 전투기들이 먼저 출발해 신속하게 함대 위에서 원을 그리며 올라갔고, 이어서 무거운 폭탄을 적재한 발 폭격기들과 케이트 폭격기들이 조심스럽게 정해진 순서대로 6척의 항공모함 갑판에서 굉음을 내며 이륙했다. 일본군 기동 함대는 15분 만에 183대의 항공기를 발진시켰고, 6시 45분에는 이륙한 항공기들이 오아후섬을 향해 남쪽으로 비행했다.[13]

바로 그 순간, 진주만 입구를 순찰하던 미국 구축함 워드함Ward의 경계병이 명확하게 잠수함의 잠망경으로 추정되는 것을 발견했다. 취임 이틀

째를 맞은 워드함의 함장 윌리엄 아우터브리지William W. Outerbridge 중령은 이 정찰 보고를 받은 즉시 발포하라고 명령했고, 두 번째 포탄이 잠수함의 부서지기 쉬운 선체를 관통했다. 정체불명의 잠수함이 워드함 뒤로 미끄러져 들어가자, 아우터브리지 중령은 그 위에 폭뢰 몇 개를 떨어뜨렸다. 적의 잠수함이 침몰한 것에 만족한 그는 6시 53분에 상급 부대에 관련 사실을 보고했다.

워드함이 침몰시킨 것은 일본의 진주만 공격에 가담한 소형 잠수함 5척 가운데 하나였다. 일본에서 이곳까지 이동한 잠수함 함대에 속한 20여 미터 길이의 2인승 잠수함은 12월 6일 늦은 시각에 진주만 입구에서 호스트 잠수함에서 분리되었다. 야마모토 제독은 소형 잠수함을 운용하는 것은 자원 낭비라고 생각했지만, 다른 제독과 참모들은 적의 은신처에 몰래 숨어 들어가 일본군의 공격 중에 발생할 생존자들을 구출하는 것은 좋은 아이디어라고 생각했다. 야마모토 제독의 참모장 우가키 마토메 소장은 국가를 위해 자신을 희생하기를 열망하는 잠수함의 젊은 지원병들에게 존경을 표하며, 그들이 수행하는 임무에 큰 기대를 걸었다. 하지만 기대와 달리 이들 소형 잠수함은 일본군의 진주만 공습을 조기에 노출해 일본의 공격을 경보하는 역할을 했다. 그런데 아우터브리지 중령의 보고는 진주만 전체에 경보가 울릴 정도로 관심을 끌지 못했다. 그가 제출한 보고서는 일요일 아침 지휘 계통을 통해 보고되는 과정에서 지체되었고, 각 단계마다 회의, 불확실, 주의 등의 심사를 거쳐야 해서 결국 변화를 일으키기엔 너무 늦었다.[14]

몇 분 후에는 오아후섬 북쪽 해안의 카후쿠 포인트에 있는 레이더 기지가 아침 7시 2분에 북쪽 방향에서 섬을 향해 다가오는 다수의 항공기를 감지했으나 이번에도 역시 경보가 울리지 않았다. 이 레이더들은 최근에 설치된 시설인 데다 레이더를 운용하는 병사들이 숙련되지 않은 훈련생이어서 이들이 보고한 내용의 정확성을 의심했을 가능성이 없지 않다. 게다가 그날 아침 캘리포니아에서 같은 궤도를 따라 B-17 항공기가 오아후섬으로 오도록 예정되었던 터라 당직 장교는 레이더 담당 병사들에게 무시하라고 말했다.[15]

결국 진주만 입구에서 순찰하는 소수의 구축함과 정기 순찰 중인 카탈리나 수상 정찰기 3대를 제외하면 진주만에 있는 거대한 미국 해군 기지는 완전히 잠든 상태였다. 일본 정보부는 나구모 사령관에게 진주만에 미국 전함이 9척 있다고 보고했다. 9척 중 하나는 이번 공격의 표적이 된 전함 유타함Utah이었고, 또다른 전함은 수리를 위해 건조 부두에 정박 중이던 펜실베이니아함Pennsylvania이었다. 나머지 7척은 모두 포드섬 남쪽 정박지에 있었다. 네바다함Nevada은 동쪽 끝에 정박했고, 애리조나함Arizona은 수리선 베스털함Vestal 바로 앞에 있었다. 나머지 쌍으로 묶인 4척, 즉 테네시함Tennessee과 메릴랜드함Maryland은 웨스트버지니아함West Virginia과 오클라호마함Oklahoma은 중앙 방향으로 정박했다. 한편 캘리포니아함California은 네바다함처럼 단독으로 서쪽 선단에 정박해 있었다. 북쪽 방향에서 진주만을 급습한 일본 조종사들은 이 광경을 목격하고 짜릿함을 느꼈다. 항공 공격대의 지휘관 후치다 미쓰오淵田美津雄 중령은 이번 공격이 완벽한 기습 작전을 달성했다는 것을 보고할 목적으로, 기동 함대가 미리 정한 암호 신호를 전송하기 위해 히토캇푸만을 떠난 이후 처음으로 무선 침묵을 깼다. "도라, 도라, 도라Tora, tora, tora(호랑이, 호랑이, 호랑이)."[16]

일본의 원래 공격 계획에서는 폭격기와 어뢰기가 따로 출격하기로 되어 있었지만, 마지막 순간에 발생한 혼란으로 동시다발적으로 공격이 진행되었다. 하지만 이것이 문제가 되지는 않았다. 케이트 폭격기를 비롯해 모든 폭격기가 3000여 미터 상공에서 비행했고, 반면 어뢰기는 남쪽에서 접근하기 위해 1500미터 상공에서 비행하며 정박지 주변을 휩쓸었다. 진주만 상공에 출현한 일본군 항공기를 발견한 미국인들은 비행 훈련 중인 미국군 항공기로 생각했다. 그중에서 일부 장교들은 일요일 아침에 몇몇 잘난 척하는 조종사들이 과감할 정도로 낮게 과시 비행하는 것에 화가 나 비행기 일련번호를 파악해 편대 지휘관들에게 보고하려 했다. 그러던 중 첫 번째 폭탄이 터졌다. 그후에는 흥분 속에서 형식적 의전은 생략되었다. 네바다함은 공중 방송을 통해 다음과 같은 방송을 내보냈다. "이것은 실제로 일본군의 공습이다."[17]

몇 분 안에 메릴랜드함과 테네시함에는 각각 2개씩 폭탄이 떨어졌고, 애리조나함 인근에는 폭탄 3개가 폭발했다. 네 번째는 직격탄이었다. 8시 10분에 장갑 관통용 16인치 폭탄이 3000여 미터 높이에서 떨어져 애리조나함의 약 13센티미터 두께의 장갑 갑판을 관통한 뒤, 탄약고에 떨어져 폭발했다. 이 폭발로 생긴 불덩어리가 애리조나함의 한가운데를 찢어놓았다. 애리조나함은 곧바로 침몰했고 대다수 승무원이 전함 안에서 사망했다.[18]

한편 남쪽으로 선회하던 케이트 어뢰기들은 특수하게 개조된 어뢰를 투하하기 위해 미국 전투기들의 방해를 받지 않고 정박지 상공으로 낮게 들어왔다. 그런데 그 순간까지도 케이트 폭격기 조종사들은 자신들이 투하할 어뢰가 진주만의 얕은 바다에서 작동할지 어떨지 알지 못했다. 그리고 곧 신형 어뢰들이 제대로 작동하는 것을 확인했다. 이들이 발사한 어뢰 중 7발은 웨스트버지니아함에 명중했고, 5발은 오클라호마함을 직격했다. 서쪽으로 몇백 미터 떨어진 곳에서는 2발의 어뢰가 캘리포니아함을 명중시켰다. 일본군 조종사들은 유타함을 향해서도 어뢰를 여러 번

3000여 미터 상공에서 투하된 16인치 폭탄이 애리조나함의 선두 탄약고에 떨어져 폭발한 후 불이 붙었다. 빠르게 침몰한 이 전함에 타고 있던 미국 해군과 해병대 장병 1177명 가운데 1102명이 사망했다. (미국 해군 역사유산사령부)

발사했다.

애리조나함이 폭발하자 네바다함 주변의 바닷물은 잔해와 불타는 기름으로 가득했다. 네바다함의 함장은 일요일 아침이라 다른 곳에서 휴식을 취하고 있었으며, 전함에 승선 중이던 최고위 장교는 토머스J. F. Thomas 중령이었다. 그는 전함을 다른 곳으로 이동시키는 것이 가장 안전한 조치라고 판단했다. 그뒤 네바다함은 조지프 타우시그Joseph Taussig 소위의 활약으로 보일러 2대를 연결한 덕분에 천천히 수로를 빠져나갈 수 있었다. 이 장면을 목격한 일본군 항공기 조종사들은 진주만 항구를 봉쇄하기 위해 네바다함을 항구 입구에서 침몰시키려 했다. 네바다함에는 폭탄 5개와 어뢰 1개가 집중되었고, 토머스 중령은 자신의 전함이 안전하게 항구를 빠져나갈 수 없음을 깨달았다. 그래서 큰 배가 좌초된 호스피털 포인트를 향해 전함의 방향을 틀었다.[19]

일본 해군 항공대의 첫 번째 습격은 약 30분 동안 지속되었다. 그리고 얼마 지나지 않아 167대의 항공기가 투입된 두 번째 공격이 시작되었다. 이 공격은 여전히 물 위에 떠 있거나 부분적으로 손상된 주력함들에 대한 공격을 마무리하는 데 집중했다. 이번에는 미국군이 경계 태세를 갖추어 일본군 항공기 24대를 격추했으나, 10시가 되었을 때 미국 해군 전함 4척이 침몰하고 3척은 심각하게 파괴되었다. 두 차례에 걸쳐 진행된 공격에서 일본군은 미국 해군 함선 18척을 침몰시키거나 파괴했고, 미국 군용기 188대(육군 96대, 해군 92대)와 다른 항공기 159대도 파괴했다. 이 공격으로 미국 군인 2403명이 사망했는데, 그중 절반이 불운한 애리조나함에서 발생했다.[20]

일본군에게 이번 공격은 가장 낙관적인 기획자들이 예측했던 것보다도 적은 손실로 거둔 완벽한 승리였다. 전투 전 피해 추정치는 일본군 항공모함 2척 손실을 가정했는데, 이는 전체 기동 함대 전력의 3분의 1에 해당했다. 하지만 실제로는 소형 잠수함 5척과 항공기 29대만 잃었다. 유일하게 아쉬웠던 것은, 애초에 목표로 했던 미국 해군 항공모함이 진주만에 있지 않았다는 것이었다. 항공기들이 항공모함으로 복귀했을 때, 아직 흥분을 털어내지 못한 일본군 조종사들 사이에서 이번 임무를 완수하기 위해 인근에 주둔해야 한다는 이야기가 돌고 있었다. 오아후섬에서 미국 공군력을 사실상 제거한 일본 기동 함대는 제공권을 장악했고, 해군 기지와 다른 표적을 파괴하는 데 시간을 쓸 수 있었다. 하지만 나구모 중령은 이러한 계획은 고려하지 않았다. 그는 처음부터 이번 기습 공격이 장기적으로는 절망적 결과를 불러일으킬 것으로 생각했는데, 점차 공격이 순조롭게 진행되자 크게 안도하면서도 많이 놀랐다. 그의 임무는 일본이 남아시아로 확장하는 것을 미국 해군이 방해할 수 없을 정도로 진주만의 미국 함대를 무력화하는 것이었다. 따라서 이번 공격으로 그러한 임무가 달성되었다고 판단하자, 이제 이동할 시간이라고 결정했다. 그는 두 번째 공격에서 복귀한 항공기가 착륙하자 즉시 일본으로 돌아가기 위해 기동 함대가 이동할 항로를 설정했다.

일본군 항공모함 6척에 탑승한 축복받은 조종사 중 어느 누구도 바로 전날에 지구 반대편에서 러시아 육군 게오르기 주코프Georgii Zhukov 원수가 50만여 러시아 병력을 모스크바 외곽에 투입해 독일군을 반격하라고 지시했다는 사실을 알지 못했다. 러시아는 겨울이 끝나기 전에 독일군을 서쪽으로 300여 킬로미터 밀어냈다. 이처럼 일본은 독일군의 파괴력이 약점으로 변하는 바로 그 순간 참전했다.

———

일본군의 진주만 공격이 진행되고 있을 때 이 사실이 루스벨트 대통령에게 보고되었다. 프랭크 녹스 해군 장관은 이날 오후 1시 17분(워싱턴 시각)에 백악관에 전화를 걸어 이 소식을 전했다. 루스벨트는 처음에는 이 보고를 믿지 않았다. 그는 "안 돼!"라고 소리치며 손으로 책상을 내리쳤다. 그러나 곧 그의 놀라움과 회의감은 비장한 결심으로 바뀌었다. 처칠은 총리 별장에서 머물다가 일본의 공격이 시작된 지 몇 시간 후에 흘러나온 라디오 보도를 통해 이 소식을 들었다. 공교롭게도 그는 주영 미국 대사 존 '길' 위넌트John G. 'Gil' Winant를 초대해 만찬을 드는 중이었다. 처칠은 곧바로 루스벨트에게 전화를 걸어 "대통령 귀하, 일본의 이러한 행동이 사실입니까?"라고 질문했다. 이에 대해 루스벨트는 상당히 침착해진 상태에서 "네, 사실입니다"라고 대답했다. 그리고 이렇게 덧붙였다. "일본이 진주만에서 우리를 공격했습니다. 이제 우리는 한배를 탔습니다."[21]

전술적으로 아무리 성공적이었다 할지라도 일본의 진주만 공격은 전쟁 역사상 가장 무모하고 무책임한 결정 중 하나이며, 히틀러가 주도한 소련 침공에 맞먹을 정도의 사건이다. 그리고 모스크바 외곽에서 시작된 러시아군의 반격과 더불어 2차대전의 결정적 전환점이 된 사건이었다. 게다가 이 사건은 미국과 미국의 거대한 산업 자원을 완전히 전쟁에 끌어들였으며, 전쟁에서 연합군의 승리를 보장할 뿐만 아니라 루스벨트가 12월 8일의 의회 연설에서 '절대적 승리'를 언급할 수 있도록 미국 여론을 자극했다.[22]

그러한 시각에서 보면 진주만 공습이 일본의 대전략 중 하나의 요소에 불과했다는 사실이 간과되곤 한다. 실제로 일본군은 그들의 항공기가 미국 전투 함대를 무력화함과 동시에 전체 전쟁 계획의 실제 목표였던 남아시아 자원 지대 점령에 나섰다. 12월 4일과 5일, 나구모 중장은 자신이 지휘하던 전함을 남동쪽으로 기동시켰다. 이때 일본군은 남중국해의 하이난섬과 인도차이나의 캄란만을 떠나 시암만으로 남하했다. (같은 날, 소련의 주코프 원수는 모스크바 외곽에 대규모 병력을 집결시켰다.) 첫 번째 항공기가 나구모 중장이 지휘하는 항공모함에서 이륙했을 때, 경순양함 1척과 구축함 4척의 호위를 받는 총 21척 규모의 일본군 수송 함대는 태국(이전에 시암으로 불린 곳)과 국경 바로 아래 코타바루의 영국령 말라야 북쪽 해안에 병력을 상륙시키기 시작했다. 1시간 30분 뒤(후치다의 항공기들이 전함 로함Row을 공격하기 위해 정렬하고 있을 무렵), 전함 1척과 순양함 5척, 구축함 7척의 호위를 받는 22척의 수송선으로 구성된 두 번째 공격 부대가 크라반도에서 200여 킬로미터 떨어진 시암의 싱고라

해변에 병사들을 상륙시키기 시작했다.[23]

=====

크라반도는 아시아 본토에서 네덜란드령 동인도 제도의 주요 섬들을 향해 남쪽으로 뻗은 거대한 부속 영토였다. 이 반도의 북쪽 절반은 시암의 일부였고, 남쪽 절반은 영국령 말라야였다. 또 최남단에는 싱가포르의 보루堡壘가 있었는데, 영국은 지브롤터와 마찬가지로 태평양에서 인도양으로 가는 가장 직접적인 항로이자 중요한 해상 요충지인 말라카 해협을 보호하고 있었고, 이곳을 '태평양의 지브롤터'라고 부르곤 했다. 바로 이런 점 때문에, 그리고 네덜란드령 동인도에서 일본군이 계획한 군사 작전을 측면에서 공격할 수 있었기에 싱가포르는 일본의 남하 과정에서 반드시 점령해야 할 특별한 목표였다. 영국은 지난 100년 동안 싱가포르를 정치적·사회적으로 통치했으며, 현지인과 원주민을 별다른 차별 없이 대했다. 그러한 상황이 싱가포르 정책 결정자들 사이에 자만심까지는 아니더라도 자신감을 키웠다. 한 역사학자는 이런 이유로 일본의 위협에 '느리고 조율 안 된' 상태에서 대응했다고 지적했다. 일본군이 영국령 말라야의 코타바루에 상륙했다는 것이 알려지자 싱가포르의 영국군 사령관 아서 어니스트 퍼시벌Arthur Ernest Percival 중장은 당장 '꼬맹이들'을 바다로 몰아내라고 영국 제국군에 촉구했다.[24]

한편 싱고라에서는 태국 정부가 당시 상황에 대처하는 가장 현명한 방법은 일본 점령을 받아들이는 것이라고 결정하기 이전까지, 태국군 방어 부대가 몇 시간 동안 건성으로 싸우고 있었다. 그리고 얼마 지나지 않아 시암은 일본에 국가의 운영과 교통 체계의 사용을 허락하는 협정에 서명했다.

하지만 코타바루에서는 전투가 계속되었고, 영국 제8 인도 여단은 일본군 수송선 1척을 격침시키고 2척을 손상시킨 뒤에야 항복했다. 악천후 때문에 영국이 공중에서 반격을 시도하기는 여의치 않았다. 일본군의 제로 전투기는 영국군이 투입한 미국제 브루스터 B-339 버펄로 전투기보다 훨씬 우수했다. 일본군은 12월 9일에 코타바루의 해변을 완전히 장악했고, 그뒤 내륙으로 이동했다.[25]

더들리 파운드 제독과 처칠을 포함한 런던의 영국 정책 결정자들은 말라야에 대한 일본의 위협을 오래전부터 알고 있었으나, 유럽에서의 전쟁 압박을 고려할 때 다른 전선이나 다른 적을 추가하기를 꺼렸다. 그리고 미국과 마찬가지로 영국 정부는 애초에 일본의 공격 개시를 저지하는 데 중점을 두었다. 파운드 제독은 영국 해군의 구식 전함 몇 척을 싱가포르에 보내자고 제안했다. 그는 실론 동쪽 해안에 있는 도시 트링코말리에서 도움을 받을 수 있을 것으로 생각했다. 이 전함들은 그곳에서 일본군을 억제할 뿐만 아니라 인도양에서 호송대의 호위 임무를 수행할 수도 있을 것이었다.[26]

하지만 처칠이 이 제안을 거절했다. 그는 소수의 구식 전함이 새롭고 강력해진 킹조지5세급 전함과 유사한 심리적 영향을 미칠 것이라고는 생각하지 않았다. 그는 특별히 루스벨트를 직접 만나기 위해 뉴펀들랜드로 이동할 때 이용하고 덴마크 해협에서 독일군의 비스마르크함과 싸웠던 전함 프린스오브웨일스함을 파견할 생각이었다. 외무 장관 앤서니 이든 Anthony Eden은 이때 일을 자신의 일기장에 이렇게 적어놓았다. "현대식 전함 한두 척이 싱가포르에 도착하는 것만큼 영국과 일본의 관계에 유익한 것은 없다." 파운드 제독은 발트해의 티르피츠 항구나 브레스트 항구에 주둔한 쌍둥이 순양함 샤른호르스트함과 크나이제나우함에 맞서기 위해 프린스오브웨일스함을 본국에 남겨두려 했다. 그러나 평소와 마찬가지로 처칠의 당당한 주장과 강력한 성품 앞에 굴복하고 말았다. 이에 따라 프린스오브웨일스함은 싱가포르로 향하기 전에 우선 남아프리카공화국의 케이프타운으로 향했고, 그곳에서 인도양에 들러 순양함 리펄스함을 만나 함께 항해하게 되었다.[27]

다른 순양함과 마찬가지로 리펄스함 역시 중무장은 가능했으나 장갑이 취약했다. 이 순양함은 15인치 함포 6문으로 구성된 강력한 포대를 보유했으나, 방어 갑판의 두께가 2.5~5센티미터에 불과했다. 이는 이 함정이 적 항공기의 급강하 사격이나 공중 공격에 취약하다는 것을 의미했다. 처음에 처칠은 새 항공모함 인다미터블함Indomitable을 이 기동 함대에 추가하려 했으나, 이 항공모함은 해상 시험 도중에 서인도 제도에서 좌초되어 수리받기 위해 조선소로 복귀했다. 이에 따라 결국 프린스오브웨일스함, 리펄스함, 구축함 4척이 싱가포르를 향해 기동하여 12월 2일에 도착했다. 이 함대에는 항공모함이 없었으나, 말레이시아 해안 기지에서 출격한 항공기들이 필요한 공중 엄호를 제공할 수 있었기에 항공모함을 추가해야 한다는 주장이 더는 나오지 않았다. 게다가 이 항공기들이 포함된 함대(Z부대라고 불렀다)를 보낸 이유는 일본군에 깊은 인상을 주기 위함이지 그들과 싸우기 위함이 아니었다.[28]

프린스오브웨일스함은 여전히 존 리치 대령이 지휘했으나, Z부대의 전체 지휘관은 톰 필립스Tom Phillips 제독이었다. 그는 162센티미터라는 작은 키 때문에 함대에서 '엄지 톰Tom Thumb'으로 알려진 인물이었다. 12월 2일에 싱가포르에 도착한 필립스 제독이 가장 먼저 마닐라로 날아가 자신의 미국 해군 상대인 토머스 하트Thomas C. Hart 제독과 계획을 조율했다. 그러고는 12월 7일에 싱가포르로 복귀했다. 하지만 불과 몇 시간 뒤에 그는 일본군이 진주만에서 미국 전투 함대를 격파했으며, 이제 새로이 공동의 적이 된 일본군이 코타바루에 상륙하고 있다는 정보를 입수했다. 그러한 상황에서 그가 지휘하는 함대가 억제력을 가질 수 있다는 생각은 완전히 잘못된 것이었으며, 새로운 상황에서 자신이 담당할 임무가 무엇인지 명확하지 않았다. 당시에 그가 선택할 수 있는 것은 즉시 싱가포르에서 철수해 매헌이 구상했던 '존재 함대fleet in being'*를 구성하기 위해 영국 함대를 네덜란드, 미국 전력과 결합하는 것이었다. 이 함대는 적어도 일본의 추가 공세를 복잡하게 만들 수 있을 만큼 강력한 전투력을 보유할 터였다. 하지만 필립스 제독은 이러한 구상이 소심하다고 생각했다. 그는 가끔 처칠과 주말을 함께 보낼 만큼 보수적이고 규율을 중시하는 전통주의자였던 만큼 처칠이 대담하고 용기 있는 행동을 선호하는 것을 이해하고 높이 평가했다. 그러니 그가 시암만으로 진격해 일본 공격 부대에 도전하듯 대응하기로 결정한 것은 불가피한 선택이었을 것이다. 운이 좋다면, 그는 해변에서 적 공격 함대의 취약점을 간파할 수 있을지도 몰랐다.[29]

12월 8일 저녁, 필립스 제독은 주력함 2척과 구축함 4척을 이끌고 바다로 나갔고, 남중국해를 향해 북동쪽으로 이동했다. 그는 북쪽으로 항해해 일본군이 상륙한 해안가 맞은편에 도착한 뒤, 다시 서쪽으로 방향을 틀어서 일본군 함대 쪽으로 기동할 계획이었다. 두 주력함이 싱가포르 항구를 떠날 즈음 리펄스함의 함장 윌리엄 테넌트William Tennant는 승무원들에게 다음과 같이 짧게 연설했다. "우리는 문제를 찾아 떠난다. 그리고 우리는

---

* 항구나 기지에 안전하게 주둔하면서 주변 지역에 대한 영향과 통제를 계속 확장하는 함대. 함대가 항구를 떠나 적과 대면할 경우, 자칫 적에게 패배해 더는 적의 행동에 영향을 미치지 못할 수 있지만, 항구에 안전하게 머무르면 상대는 계속 병력을 배치해 대응할 것이라는 생각에서 마련되었다. —옮긴이

반드시 그것을 찾을 것이다."[30]

항해를 시작한 지 고작 7시간 만인 11시 몇 분 전에 그는 싱가포르에서
놀라운 무전 보고를 받았다. "12월 10일, 수요일, 전투기에 의한 엄호 불
가. 반복하지 않음." 일본군이 코타바루의 비행장을 점령하자 생존한 영
국 항공기들이 남쪽으로 후퇴했다. 하지만 필립스 제독은 적에게 조기에
발견되지 않는다면 일본군을 기습할 수 있으리라 생각했다. 그의 유일한
희망이자 최상의 상황은 영국군 함대가 일본군 항공기에 포착되기 전에
일본군 함대를 발견하는 것이었다. 하지만 그가 몰랐던 것은 일본군 잠수
함 I-56이 벌써 영국군 함대의 위치, 진로, 속도 등을 파악했다는 사실이
었다.[31]

영국군 함대가 접근하고 있다는 보고를 접한 남부 인도차이나의 제22
항공 전대를 지휘하던 마쓰나가 사다이치淵田美津雄 해군 중장은 넬 폭격
기와 베티 폭격기를 이용한 공격을 준비했다. 대형 쌍발 엔진 폭격기들이
군함에 사용할 장갑 관통 폭탄을 재장전하는 데 약간의 지연이 발생했다.
이들이 이륙할 즈음에는 날이 흐리고 달이 없는 야간이었다. 결국 일본
폭격기들은 영국 함대를 발견하지 못했다. 이 같은 결과는 필립스 제독이
철수하는 일본 함대를 놓쳤다고 분석하고서 공중 엄호 없이는 더는 행운
을 빌지 않기로 결심하고 기지로 돌아가기 위해 남쪽으로 방향을 변경했
기 때문에 나타난 일이었다.

그뒤 자정이 조금 지났을 때 필립스 제독은 싱가포르의 퍼시벌 제독으
로부터 일본군이 코타바루에서 반도의 절반 아래에 있는 쿠안탄에 상륙
중이며, 현재 위치에서 서쪽으로 250여 킬로미터 떨어진 지점이라는 또
다른 무전 메시지를 받았다. 필립스 제독은 퍼시벌 제독의 무전에 제한적
정보만 담겨 있으며, 퍼시벌 제독이 싱가포르에서 항공기를 보내 일본군

부대를 공격할 것이라고 생각했다. 그러나 그는 무선 침묵을 유지하기 위해 자세한 사항은 확인하지 않았다. 이에 따라 그는 말레이 해안을 향해 서쪽으로 방향을 틀었고, 새벽 무렵에 상륙 함대가 도착할 것으로 예상했다. 그는 여전히 무선 침묵을 유지했으며, 퍼시벌 제독에게도 자신의 기동을 알리지 않았다. 북대서양에서 비스마르크함을 지휘하던 뤼첸스 함장이 지나치게 자주 무선을 사용한 것이 문제였다면, 필립스 제독은 무선 사용을 아예 거부함으로써 또다른 문제를 만들고 있었다. 결국 퍼시벌 제독은 필립스 제독이 쿠안탄에 접근하는 것을 몰라서 공중 지원을 명령하지 않았다.[32]

12월 10일의 일출은 아침 6시에 시작되었고, 프린스오브웨일스함과 리펄스함은 신속하게 말레이 해안에 접근했다. 1시간이 지나도 필립스 제독은 쿠안탄에서 일본군을 발견하지 못했고, 그전에 왔던 흔적도 찾지 못했다. 퍼시벌 제독이 정확하지 않고 확인되지 않은 정보를 전달했던 것이다. 하지만 이러한 정보 착오는 치명적이었다. 왜냐하면 필립스 제독이 쿠안탄에서 순탄한 해안선을 바라보던 순간, 마쓰나가 중령이 영국 전함의 위치를 찾기 위해 넬 폭격기와 베티 폭격기로 구성된 항공 전력을 투입했기 때문이다. 그리고 12월 10일 오전 10시경, 일본 항공기들이 영국군 함대를 발견했다.[33]

불과 20여 년 전인 1919년, 미국의 윌리엄 '빌리' 미첼William 'Billy' Mitchell 준장은 미국 공군의 독립을 추진하며 육상에서 출격한 항공기가 해상에서 전함을 침몰시킬 수 있다고 주장했다. 그것이 사실이라면, 해군이 미국 해안선의 방어자로서 불필요한 존재가 될 수 있었기에 해군력을 강조했던 사람들은 본능적으로 미첼 준장의 주장에 회의적 태도를 보이거나 심지어 경멸을 표했다. 당시 해군 차관이었던 프랭클린 루스벨트 역시 미첼 준장을 '위험한 인물'로 여겼다. 미첼의 이론을 실험하기 위해 육군과 해군은 1921년에 미첼 준장이 지휘하는 항공기들이 바다에 정박한 전함, 즉 기존 독일의 드레드노트dreadnaught 선박인 오스트프리슬란트함Ostfriesland을 폭격하는 실험에 나섰다. 항공기가 출격하고 이틀 후에 오스트프리슬란트함은 실제로 침몰했다. 하지만 해군 관계자들은 이 배가 말 그대로 움직이지 않는 상태(닻을 내리고 있었고, 아무도 타지 않았으며, 반격하지 않는 조건)였기 때문에 이 실험이 무의미하다고 평가했다. 그로부터 약 20년 후에 이탈리아 타란토에서 어뢰 폭격기의 공격 성공과 최근 진주만에서 어뢰 폭격기의 성공적 공격은 전함에 대한 항공기의 대항력을 잘 입증했다. 이 같은 사례들에서도 전함은 닻을 내린 상태에서 기습을 당했다. 그러나 12월 10일에 프린스오브웨일스함과 리펄스함은 완전한 경계 태세를 갖춘 상태였고, 최고의 승무원이 배치되었다. 미첼 준장은 1936년에 사망했지만, 마침내 이곳에서 육상에서 이륙한 항공기가 바다의 전함에 대항하여 무엇을 할 수 있는지에 대한 진정한 실험이 시작된 셈이었다.[34]

일본군은 2척의 영국 전함을 공격하기 위해 68대의 항공기를 보냈으며, 그중에서 61대는 어뢰로 무장했다. 첫 번째 공격에서는 넬 폭격기 9대가 3000여 미터 상공에서 촘촘한 패턴으로 폭탄을 투하했다. 두 함선 주변의 바다는 가까스로 빗나간 폭탄이 폭발하자 여기저기서 끓어올랐다. 폭탄 하나가 리펄스함 선체 중간에 떨어졌으나 경미한 피해만 입혔다. 15분 후에는 베티 폭격기 16대가 대공 포화의 화염을 뚫고 프린스오브웨일스함에 어뢰 공격을 가했다. 수많은 항공기가 서로 다른 벡터에서 공격했기 때문에 리치 함장이 그것들을 피하기 위해 항로를 변경하기는 불가능했다. 프린스오브웨일스함에 타고 있던 한 중위는 '좁고 옅은 초록색 거품이 피어오르는 것'이 전함의 뱃머리로 향하는 광경을 지켜보았다. 그는

1941년 12월 10일 아침, 높은 상공에서 공격하던 일본 폭격기가 촬영한 이 사진에서 프린스오브웨일스함 (위쪽)은 포위망에 갇힌 반면, 리펄스함(아래쪽)은 폭격기를 뿌리치고 기동하고 있다. (미국 해군 역사유산 사령부)

'이렇게 무력감을 느낀 적이 없었다'라고 회상했다. 그리고 어뢰는 전함에 '탁, 탁, 탁' 하고 부딪쳤다. 이어서 또다른 어뢰가 도착하더니 곧 폭발했다. 여러 어뢰 중 하나가 선미 근처에 명중했고, 7개월 전 비스마르크함에 대한 공격에서처럼 그 결과는 엄청났다. 좌현의 프로펠러 2개 모두 파괴되었고, 바깥쪽 프로펠러 샤프트는 계속 회전했지만 절반으로 쪼개져 선체의 장갑을 뚫고 나갔다. 이 와중에 방향타가 제자리에 끼어서 배가 움직이지 않았다. 몇 톤의 바닷물이 선체 내부에 쏟아져 들어오자 프린스오브웨일스함은 약 13도 기울더니 속도가 15노트로 줄었다. 리치 함장은 즉시 '선박이 통제되지 않음'을 의미하는 신호 깃발을 올렸다. 비스마르크함과 마찬가지로 프린스오브웨일스함이 바다에 갇히자, 일본군은 마치 여가라도 즐기는 듯이 이 전함을 완전히 파괴했다.[35]

약 1시간 후에 일본군은 공격을 재개했다. 그제야 리펄스함은 오랜 무선 침묵을 깨고 '적 항공기가 폭격 중'이라고 보고했다. 싱가포르에 주둔하고 있던 지휘부는 이 보고를 받은 즉시 항공기를 출격시켰으나 영국 항공기들은 너무 늦게 도착했다. 어뢰가 선두, 중앙, 선미에 각 1발씩 총 3발이 프린스오브웨일스함에 명중했고, 곧이어 리펄스함에도 어뢰 3발이 명중했다. 리펄스함의 테넌트 함장은 하단에서 근무하던 승무원들에게 위로 올라오라고 지시했다. 이 대형 순양함은 12시 33분에 전복되어 침몰했으나, 다행히 함장의 조치 덕분에 수백 명의 승무원이 목숨을 구할 수 있었다. 프린스오브웨일스함은 오후 1시 18분에 침몰하기 시작해 45분 후에 완전히 가라앉았다. 즉시 영국 구축함이 투입되어 일본군의 방해를 받지 않는 상태에서 2000여 명의 생존자를 구조했지만, 리치 함장과 필립스 제독을 비롯한 840명이 사망했다. 항공기 3대를 손실한 일본군은 싱가포르에서 출격한 버펄로 전투기 편대가 도착하자 곧 퇴각했다.[36]

이 같은 비극적 소식은 런던의 처칠에게 크나큰 충격을 안겨주었다. 그는 나중에 "나는 전쟁 때 이보다 더 직접적인 충격을 받은 적은 없다"라고 회고했다. 그가 받은 충격은 주력함 2척을 잃은 것 이상이었고, 840명의 병사를 잃은 것보다도 훨씬 심각했다. 그는 이 패배를 통해 영국 제국이 남아시아에서 완전히 철수할 수밖에 없음을 깨달았다. 진주만에서 미국 함대가 파괴된 것까지 합치면 이제 실론과 하와이 사이, 즉 지구 둘레의

3분의 1에 해당하는 1만 3000여 킬로미터 안에 연합군의 주력함은 존재하지 않는 셈이었다. 그는 나중에 이렇게 회상했다. "이 넓은 바다에서 일본이 최고였고, 우리는 모든 곳에서 약하고 벌거벗은 상태였다."[37]

그다음날 히틀러는 미국에 선전 포고를 했다.

폭주하는 일본군

역사적이었던 1941년 12월 내내 서방 연합국은 일본의 강력한 군사력의 연속 타격에 비틀거렸다. 힘들이지 않고 진행되는 것처럼 보이는 일본군의 계속된 정복과 점령에 일본인들조차 놀랄 정도였다. 12월 10일에는 영국군 전함 프린스오브웨일스함과 리펄스함이 시암만에서 침몰했는데, 이때 일본 폭격기들이 필리핀의 미국 육군 클라크 기지에 주둔한 많은 항공기를 파괴했다. 바로 그날 일본군은 필리핀의 여러 섬 중에서 가장 큰 루손섬 북쪽 해안에 상륙했고, 이틀 뒤에는 또다른 병력이 남쪽 해안에 상륙했다. 그로부터 일주일 후에는 훨씬 큰 규모의 세 번째 부대가 루손섬 서쪽의 링가옌만에 상륙했는데, 이 부대는 수송선 84척과 5만여 병력을 갖춘 규모였다. 필리핀의 미국군 사령관 더글러스 맥아더Douglas MacArthur 장군은 오렌지 플랜에 따라 바탄반도에서 실시할 예정인 방어 작전을 시도하기 위해 해변에서 상륙하는 일본군을 후퇴 없이 격퇴하고자 했다. 하지만 그의 판단은 오산이었다. 결국 미국군은 많은 장비를 잃고 뒤로 물러서야 했다.

일본의 공격은 계속되었다. 12월 14일에는 영국령 북보르네오섬을 침공했고, 12월 20일에는 필리핀 제도의 최남단 민다나오섬에 있는 다바오에 상륙하고서 이곳을 핵심 기지로 삼았다. 홍콩은 크리스마스에 항복했고, 그다음날 맥아더 장군이 마닐라를 버리자 이 도시는 무방비 상태가 되었다. 필리핀에 주둔하던 소규모 미국 해군은 토머스 하트 제독이 지휘했는데, 이 부대는 자바섬 북쪽 해안 수라바야 남쪽으로 대피했다. 이와 같은 일련의 사건은 서방 연합군에 아찔한 패배와 좌절의 연속이었다. 한 영국 역사학자는 이를 두고 '패배와 후퇴, 혼란과 상실, 죽음과 비참'의 시기였다고 평가했다.[1]

이처럼 다사다난한 몇 주 동안에도 연합군에게는 몇 가지 덧없는 희망이 있었다. 하나는 필리핀에서 동쪽으로 5000여 킬로미터 떨어진 중부 태평양의 웨이크섬을 미국이 초기에 방어하는 데 성공했다는 것이다. 미국 해병대원 약 450명이 건설 노동자 1200명과 함께 이 작은 섬을 점령했다. 그리고 미국 해병대는 12월 11일에 일본군 함정이 근거리에 도착할 때까지 지속적인 사격으로 일본군의 최초 상륙 시도를 저지했고, 그 이후에는 5인치 위장 대포를 이용해 일본군 구축함 1척을 침몰시키고 다른 1척에 큰 타격을 입혔다. 그뒤 일본군의 공습에도 불구하고 살아남은 미국군 항공기 4대가 이륙하여 일본군 구축함 1척을 침몰시켰다. 이 구축함은 일본 제국 해군이 태평양 전쟁에서 최초로 잃은 군함이다.

이에 고무된 키멀 제독은 12월 16일에 항공모함 새러토가함 중심의 구원 부대인 TF14Task Force 14를 조직해 이 섬으로 보냈다. 하지만 일본군은 이 섬에 공격을 재개했고, 이번에는 순양함 함대와 진주만 공격에 가담했던 대형 항공모함인 히류함와 소류함을 투입했다. 이처럼 12월 22일에 웨이크섬이 처한 위험이 고조되자 새러토가함이 웨이크섬에서 1000여 킬로미터 지점까지 항해한 시점에 키멀 제독의 임시 후임 윌리엄 파이William S. Pye 제독이 새러토가함에 회항하라고 지시했다. 미국 기동 부대 사령관 프랭크 잭 플레처Frank Jack Fletcher 해군 소장은 이 메시지를 받았을 때 좌절감을 느끼며 모자를 갑판에 던졌지만 어쩔 수 없이 복종했다. 이튿날 일본군은 웨이크섬을 점령했다.[2]

한편 잠시나마 수세에 몰렸던 연합군에 격려가 된 또다른 사건은 한 달후 보르네오 동부 해안의 중요한 석유 항구인 발릭파판에서 일어났다. 일본군은 1942년 1월 24일에 이 항구를 아무런 저항도 받지 않고 점령했다. 그런데 네덜란드인들이 유전과 정유소를 파괴해 일본군이 점령하기 전에 불을 질렀다는 사실을 파악하자 격분했다. 그날 밤, 이 항구에 주둔했던 일본 수송선과 보급선이 해안가의 화재로 실루엣이 드러났을 때, 폴 탤벗Paul H. Talbot 중령이 지휘하는 미국 구축함 4척이 도착했다. 미국 구축함의 한 승무원은 나중에 이렇게 회상했다. "그런 일은 구축함 승무원의 꿈이었다. 우리가 적 공격 함대의 내부에 들어갔는데, 분명히 우리에게 대항할 적 전투함은 없었다. 적들이 깜짝 놀랄 정도였다." 미국 구축함들은 보유한 어뢰 48발을 좌우로 전부 발사했는데, 구축함 존포드함John D. Ford에 명중한 4인치 포탄 한 발을 제외하고는 아무도 다치지 않고 벗어날 수 있었다. 당시 상황에서 미국은 전과를 더 올리기를 기대했다. 이번 공격에서 미국 구축함이 발사한 어뢰가 일본 화물선 4척을 격침시켰는데, 이중에 폭발한 선박 1척은 탄약 운반선이었다.[3]

서양 연합군의 세 번째 성공은 중부 태평양에서 시작되었다. 12월 31일, 태평양 함대의 영국 사령관 파이 제독을 대신하여 임명된 체스터 니미츠 Chester Nimitz 제독이 미크로네시아 소재 일본군 기지를 급습하라고 명령

11장 | 폭주하는 일본군 325

했을 때였다. 그는 별도의 작전 부대로 운영되던 항공모함 3척에 미크로네시아의 일본 기지를 급습하라고 지시했다. 그중에 1척은 연료 문제가 발생해 복귀했지만, 1942년 2월 1일에 요크타운함에서 출격한 미국 폭격기들이 길버트 제도의 일본군 전초 기지에 적지 않은 피해를 입혔다. 그리고 엔터프라이즈함에서 출격한 항공기들은 마셜 제도의 콰절레인 석호에서 일본군 수송선과 추격선을 침몰시키고 다른 군함 몇 척도 파괴했다. 이 공격 과정에서 미국군이 콰절레인에 투하한 폭탄에 일본군 야쓰시로 스케요시八代祐吉 제독이 사망했는데, 그는 전쟁에서 가장 먼저 전사한 일본 해군 장성 중 한 명이다.[4]

일본군은 이러한 위협에 아랑곳하지 않았다. 그들은 향후 몇 달 동안 남부 자원 지대 인근에서 수행할 전역을 계획했다. 그런 뒤 시계처럼 정확한 일정에 따라 효율적으로 이 계획을 실행했고, 신중하게 계산된 단계 구분으로 성과를 거두었다. 또한 차후의 모든 움직임이 제공권 장악의 이점을 최대한 활용해 실행될 수 있도록 각각의 침략 장소를 공습한 뒤에 점령하고 확장했다. 1942년 1월 내내, 그리고 2월에 이르기까지 일본군은 방어가 튼튼하지 않은 전초 기지를 차례로 가볍게 점령했는데, 구체적으로 사라왁과 졸로, 브루네이와 제셀턴, 타라칸과 암본 등이었다. 그리고 1월 23일에 일본군은 싱가포르에서 동쪽으로 4800여 킬로미터 떨어진 비스마르크 제도의 뉴브리튼섬 북쪽 끝의 거점 항구 라바울을 점령했다. 이 과정에서 연합군은 효과적으로 대응하지 못했고, 일본군이 점령을 확대한 지점이 어디인지 구체적으로 파악할 시간이나 여유조차 없었다.[5]

전쟁 전체에서 가장 중요한 일본군 군사 작전의 최종 목표는 네덜란드

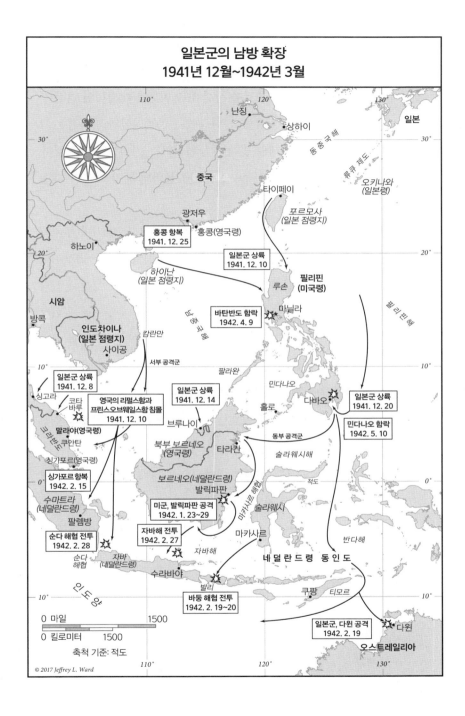

일본군의 남방 확장
1941년 12월~1942년 3월

일본

중국

난징

상하이

동중국해

타이페이

류큐 제도

오키나와
(일본령)

광저우

포르모사
(일본 점령지)

하노이

홍콩 항복
1941. 12. 25

홍콩(영국령)

일본군 상륙
1941. 12. 10

하이난
(일본 점령지)

남중국해

루손

필리핀
(미국령)

시암

방콕

인도차이나
(일본 점령지)

사이공

캄란만

서부 공격군

마닐라

바탄반도 함락
1942. 4. 9

필리핀해

팔라완

일본군 상륙
1941. 12. 8

싱고라

코타
바루

영국의 리펄스함과
프린스오브웨일스함 침몰
1941. 12. 10

말라야(영국령)

크라반도

쿠안탄

싱가포르(영국령)

싱가포르 항복
1942. 2. 15

일본군 상륙
1941. 12. 14

브루나이

북부 보르네오
(영국령)

타라칸

보르네오(네덜란드령)

발릭파판

미군, 발릭파판 공격
1942. 1. 23~29

민다나오

홀로

다바오

일본군 상륙
1941. 12. 20

민다나오 함락
1942. 5. 10

슬라웨시해

동부 공격군

술라웨시

마카사르

적도

수마트라
(네덜란드령)

팔렘방

순다 해협 전투
1942. 2. 28

순다
해협

자바해 전투
1942. 2. 27

자바
(네덜란드령)

자바해

수라바야

발리

바동 해협 전투
1942. 2. 19~20

마카사르 해협

쿠팡

티모르

반다해

네덜란드령 동인도

인도양

0 마일 1500

0 킬로미터 1500

축척 기준: 적도

© 2017 Jeffrey L. Ward

일본군, 다윈 공격
1942. 2. 19

다윈

오스트레일리아

령 동인도 제도로, 보르네오, 술라웨시, 자바, 수마트라 등 4개의 큰 섬으로 구성된 지역이었다. 이 섬들은 설탕, 후추, 쌀, 차 수출지로서의 가치 외에도 세계 고무 공급량의 35퍼센트를 생산했고, 미국을 제외하면 가장 생산적이었던 유전 중 일부를 보유했다. 나중에 수마트라섬과 자바섬은 크라반도와 뒤쪽의 볼록한 방패인 말레이 방벽이라는 방어선을 형성했다. 이것이 바로 일본이 확보하려고 추구했던 난공불락의 해양 제국인 '대동아공영권大東亞共榮圈'이다.

그런데 네덜란드인들은 자신들이 소유한 아시아 영토 방어에 무기력하지 않았다. 네덜란드 본국은 18개월 전에 나치가 점령했지만, 빌헬미나 여왕과 네덜란드 정부는 런던으로 탈출해 전쟁을 이어갔다. 그리고 상당수의 네덜란드 군함은 유보트 전쟁에 직면해 영국 해군과 협력하기 위해 노르웨이와 폴란드 등 다른 점령국 함대에 합류했다. 앞의 4장에서 언급한 대로, 네덜란드의 스하위트여스함은 됭케르크에서 영국군이 철수하는 데 크게 기여했다. 한편 동아시아에서 활동하던 네덜란드 해군은 경순양함 3척, 구축함 7척, 잠수함 몇 척으로 구성된 함대였는데, 이들은 모두 콘라트 헬프리히Conrad Helfrich 해군 중장이 지휘했다.[6]

헬프리히 중장이 지휘하는 소규모 네덜란드 함대가 일본 해군에 정면으로 대결할 수 없다는 것은 자명했기에 영국과 네덜란드 해군 관계자들은 11월에 최선의 협력 방법을 모색하기 위한 참모 회의를 열었다. 일본군의 진주만 공습 이후 미국 수도에서 연합군 사이에 더 많은 논의가 시작되었고, 이 과정에서 ABDA라는 조직이 등장했다. ABDA는 미국, 영국, 네덜란드, 오스트레일리아(American, British, Dutch, Australian) 연합군의 약자다. 이 국가들 모두가 통일된 사령관을 추대하기로 동의한 것은 그들이 절망적 상황에 처했음을 보여준다. 전통적으로 해군 장교들은 자신이 지휘하는 함정을 육군 장군, 특히 외국 육군 장군의 감독하에 두기를 꺼렸다. 하지만 1942년 1월에 네 국가는 합의를 통해 인도 주둔 영국 사령관 아치볼드 웨이벌Sir Archibald Wavell 대장을 ABDA 총사령관으로 추대했다.* 웨이벌 대장은 자바섬에 사령부를 설치하고 충실하게 임무를 수행했으나, 기실 그는 이에 대해 별다른 희망이나 기대를 걸지 않았다. 영국 역사학자 스티븐 로스킬은 "불행한 상황에 총사령관이 큰 책임을 질 수 있는 경우는 흔치 않다"라고 분석했다.[7]

ABDA는 이론적으로는 통일된 지휘부를 결성하도록 합의했으나, 여러 국가들 사이에서 생겨나는 질투는 완전히 해결하지 못했다. 빈번하지는 않았지만 미국 해군은 영국군의 웨이벌 대장을 '거만한 장군'이라고 생각했고, 그의 참모장 헨리 포널Sir Henry Pownall을 '속 좁은 자'라고 불렀다. 특히 미국인들은 ABDA 함대를 일본군에 대한 공격보다는 싱가포르로 오가는 수송선 호위에 사용하기로 한 웨이벌 대장의 결정에 이의를 제기했다. 한편 오스트레일리아 정부는 "이 협정이 자신들과 직접 협의를 거친 것은 아니다"라고 유감을 표명하며 강한 불만을 내비쳤다. 네덜란드인들은 ABDA에 속한 자국 해군 자산의 지휘권이 미국인 하트 제독에게 맡겨진 점, 그리고 또다른 미국인 윌리엄 글래스퍼드William Glassford 소장이 순양함과 구축함으로 구성된 ABDA 강습強襲 부대 사령관에 임명된 것에도 분개했다. 그런데 1월 말에 글래스퍼드 소장이 중장으로 진급하여 새로운 보직에 임명된 후, 네덜란드군 카럴 도르만Karel Doorman 중장이 강습

---

* 통일된 지휘 체계를 가장 강력하게 옹호했던 인물은 미국인, 특히 미국 육군 참모 총장 조지 마셜 장군이었는데, 이는 이해하기 힘든 일이었다. 이에 대해 영국인, 특히 처칠은 이러한 지침에 문제를 제기하며 마셜 장군에게 도전적으로 물었다. "육군 장군이 함정 운용을 얼마나 알고 있을까요?" 하지만 처칠은 나중에 많은 부분을 양보하며 "우리가 미국의 견해를 이해하고 수용한 것은 필요한 일이었다"라고 썼다.

네덜란드 해군 콘라트 헬프리히 중장(왼쪽)은 미국이 ABDA 해군을 지휘하는 것에 매우 분개했다. 부분적으로는 그를 달래기 위해 미국 토머스 하트 제독(오른쪽)이 미국으로 소환되었고, 하트 제독은 이 조치를 원망했다. 1년 후 빌헬미나 네덜란드 여왕이 미국을 방문했을 때 하트 제독은 여왕이 자신에게 수여하기로 한 훈장을 거부했다. 그러다 루스벨트 대통령이 그에게 훈장을 받으라고 요청하자 비로소 훈장을 받았다. (미국 해군 역사유산사령부)

부대를 지휘했다. 그리고 헬프리히 중장은 흠잡을 데 없던 하트 제독의 전반적인 지휘권 행사에 계속해서 불평을 토로했다.[8]

헬프리히 중장의 불행은 부분적으로 지나치게 강한 헌신에서 비롯되었다. 그는 ABDA의 연합군 해군 지휘관들 중에 유일하게 1886년에 자바 섬에서 태어난 인물이었다. 그는 암스테르담 인근 덴헬더르 소재 해군 사관 학교에서 공부하고 가르쳤지만 동인도 제도를 자신의 조국으로 여겼다. 그에게 말레이 방벽을 방어하는 임무는 단순한 전략적 도박이 아니라 고향을 지키는 십자군의 임무 수행이었다. 이런 상황에서 작은 키에 큰 턱, 그것도 2개의 턱을 지닌 헬프리히 중장이 볼 때 큰 키에 잘생기고 귀족적으로 보이는 하트 제독이 일용마가 아니라 겉만 화려한 장식용 말로 보였을 가능성도 있다. 이처럼 부분적으로는 네덜란드의 압력 탓에 하트 제독은 워싱턴으로 소환되었고, 이어서 헬프리히 중장이 ABDA 해군 사령관에 임명되었다. 그는 계산을 앞세우지 않고 강인한 결단력으로 연합군 병사들, 승무원들과 함께 최후까지 싸우겠다고 결심했다.

ABDA 강습 부대 사령관 도르만 중장은 자바 출신이 아니었다. 그는 독일 육군이 네덜란드를 휩쓸던 1940년에 동인도 제도로 전출되었다. 지난 5월에 비스마르크함과 함께 침몰한 독일군 뤼첸스 제독처럼 조용하고 열정적이었던 도르만 중장은 현실 감각이 부족한 헬프리히 중장의 기대를 수용하기로 결심했다.

도르만 중장이 보유한 작은 함대에는 전함과 수송선이 없었으며, 고작해야 영어권 동맹국들이 제공한 중순양함 2척이 전부였다. 그중 하나는 엑서터함인데, 이 함정은 개전 첫 달에 몬테비데오 앞바다에서 그라프슈페함과 전투를 벌였던 군함이다. 다른 1척은 휴스턴함Houston이었다. 이 함정 모두 1928년에 조약 순양함treaty cruiser*으로 건조된 구식 선박으로, 배수량은 1만 톤이고 8인치 함포가 장착되었다. 휴스턴함은 8인치 함포 9문을 보유했으나, 2월 4일 마카사르 해협에서 이 군함의 후방 포탑은 일본군의 폭격을 받아 6문만 작동할 수 있었다. 한편 도르만 중장은 중순양함 2척 외에 경순양함 10척(영국군 4척, 미국군 2척, 오스트레일리아군 2척, 네덜란드군 2척)을 보유했는데, 이중에 더위터르함De Ruyter이 기함이었다. 모든 함정은 자바 동쪽 수라바야에 주둔했다.[9]

그런데 ABDA 타격 함대의 진정한 약점은 함정들 사이의 상호 협력에 필요한 상비 프로토콜 등 신뢰할 수 있는 통신 시스템의 부재였다. 도르만 중장이 지휘하는 함정들은 지나치게 빨리 조직되는 바람에 이들 사이에서 사용할 공통된 신호 코드를 공유하지 못했다. 도르만 중장 자신은

---

* 1922년 체결된 위싱턴 해군 군축 조약에서 규정한 '포 구경 5～8인치 이하, 기준 배수량 1만 톤 이하의 함정'을 뜻한다.─옮긴이

네덜란드어뿐만 아니라 영어까지 유창하게 구사했지만, 다른 지휘관 중에는 그런 능력을 보유한 사람이 거의 없었다. 연락 장교들은 다른 함정이 어떤 행동을 취하기 전에 메시지를 번역하고 해독해야 했는데, 이러한 절차 탓에 최적의 순간에 필요한 전술 기동이 불가능했다. 이에 대해 한 오스트레일리아인 역사학자는 "실제로 연합군의 공격 함대에 소속된 함정들은 앞뒤로 서로를 따라가는 것 이상의 능력은 없었다"라고 평가했다.[10]

이와 더불어 해군과 공군 자산 사이의 효과적인 협력도 기대할 수 없었다. 안 그래도 일본 공군력보다 열세인 마당에 영국-네덜란드 지상군과 협력하기 위해 미국 육군 B-17 폭격기와 P-40 전투기를 파견한 것은 지중해에서 이탈리아 공군과 지상군 사이의 관계만큼이나 번거롭고 복잡했다. 초기 해군 참모 회의에서 도르만 중장은 향후 군사 작전에서 연합군 공군 사이의 협력 가능성 및 필요성을 제안했는데, 그의 발언은 자연스럽게 회의 참석자들의 웃음거리가 되고 말았다.

━━━━━

2월 15일, 싱가포르가 항복했다. 이것은 영국에 충격적인 일격이어서 영국이 가장 힘들고 어려운 순간에도 이것을 사실로 받아들이기는 쉽지 않았다. 처칠 총리는 "전투는 어떤 대가를 치르더라도 끝까지 지속해야 한다"라고 명령했고, 심지어 "지휘관과 고위 장교들은 그들의 군대와 함께 죽어야 한다"라고 주장했다. 아서 퍼시벌 대장은 요새화된 진지에서 10만 명을 지휘했으나 5만 명 미만의 일본군에게 항복했다. 이 전투 결과는 영국군 지휘부가 얼마나 심각하게 사기가 저하되었는지를 보여주는 척도였다. 이러한 상황에 직면한 처칠은 제정신이 아니었다.[11]

싱가포르를 점령한 일본군은 이를 자축하느라 시간을 낭비하지 않았다. 싱가포르가 함락되기도 전에 해상에서 일본 해군 기동대 4개 부대가 말레이 방벽으로 항해했다. 그중에 세 기동대는 순양함과 구축함의 호위를 받는 수송선과 보급선 수십 척으로 구성된 상륙 함대였고, 네 번째는 기동 함대였다.

연합군의 공격을 미리 제압하기 위해 야마모토 제독은 오스트레일리아 북쪽 해안의 다윈 항구에 있던 연합군 해군 기지를 파괴하라고 명령했다. 이를 위해 나가모 중장이 지휘하는 항공모함 4척(아카기함, 가가함, 히류함, 소류함)은 필리핀 남부 다바오에서 출발해 말레이 방벽 동쪽 끝을 지나 인도양으로 접근했고, 2월 19일 아침 6시에 다윈 항을 대규모로 공습하기 위해 항공기 188대를 발진시켰다. 채 2시간도 지나지 않아 이 항공기들은 미국 구축함 피어리함Peary을 비롯해 함정 8척을 침몰시켰다. 피어리함은 이전에 필리핀에서도 두 차례나 폭격을 당했는데, 다윈 항에 도착하기까지 참혹한 여정을 거치면서도 생존한 선박이었다. 하지만 이 구축함은 여기서 88명의 승무원과 함께 침몰했다. 한편 이번 공격에서 일본군의 핵심 목표는 다윈 항이었는데, 이 항구는 완전히 파괴되어 ABDA 부대의 기지로 사용할 수 없었다. 일본군은 다윈 시가지도 공격했는데, 대부분 목조 건물로 이루어진 이 도시는 일본군의 공격으로 발생한 화재로 심하게 손상되었다. 반면 일본군의 손실은 항공기 2대에 불과했다.[12]

나구모 중장이 주도하는 항공모함이 이 공격을 시도하는 동안 일본군의 세 함대는 저마다 목표물에 접근했다. 가장 규모가 큰 함대는 구리타 다케오栗田健男 제독이 지휘한 서부 공격군이었는데, 구리타 제독은 학자 같은 태도가 사나운 표정 속에 감추어진 인물이었다. 구리타 제독이 지휘하는 함대는 10일 전인 2월 9~10일에 인도차이나의 캄란만을 출발한 뒤 수마트라섬을 향해 정남쪽으로 10노트 속도로 항해했다. 이 부대는 병력 수송선 56척과 보급선을 비롯해 약 100척의 선박으로 구성된 인상적인 함대로, 경순양함 3척과 25척이 넘는 구축함의 호위를 받았다. 한편 오자와 지사부로小澤治三郎 제독이 지휘한 중순양함과 소형 항공모함 류조함이 포함된 별도의 함대가 이들을 엄호했다.

이 거대한 기동대는 남쪽으로 기동하는 동안 싱가포르에서 탈출한 여러 척의 선박과 함께 항해했다. 대다수 선박에는 피란민이 가득 탑승했지만, 그중 1척은 영국 해군의 토머스 윌킨슨Thomas Wilkinson 중위가 지휘하는 700톤 규모의 무장 내륙 증기선 리워함Li Wo이었다. 2월 14일에 일본군의 침공을 목격한 윌킨슨 중위는 성급하게 그 한가운데로 돌진해 4인치 함포를 발사했다. 그는 자신이 지휘하는 작은 함선이 전복되기 전에 일본군의 한 수송선에 불을 지르고 또다른 수송선 몇 척을 손상시켰다. 그리고 최후의 필사적 행동으로 고장 난 자신의 증기선을 불타는 적군 수송선에 들이박았다. 이 공격으로 일본군 수송선은 침몰하고 리워함 역시 침몰했으며, 윌킨슨 중위뿐만 아니라 84명의 승무원 중 77명이 목숨을 잃었다. 추후에 윌킨슨 중위는 빅토리아 십자 훈장이 추서된 최후의 해군 장교로 기록되었다.[13]

한편 헬프리히 중장의 압박으로 접근하는 일본군 함대에 맞서게 된 도르만 중장은 엑서터함(휴스턴함은 다윈 항에서 아직 항해 중이었다), 경순양함 4척, 구축함 10척과 함께 수라바야에서 출항했다. 하지만 그의 출항은 윌킨슨 중위의 돌격만큼이나 성급했다. 오자와 제독이 지휘하는 엄호 부대가 동행하지는 않았으나, 일본군 호위 부대의 전력은 연합군 함대의 2배에 가까웠다. 게다가 시암만의 필립스 사령관처럼 도르만 중장 역시 효과적인 공중 엄호가 부족했다. 그뒤 몇 시간 동안 도르만 중장이 지휘하는

1942년 2월에 카를 도르만 중장은 ABDA 타격 함대를 이끌고 일본 침략 부대와 여러 차례 전투를 벌였다. 수적으로 크게 열세인 데다 공중 엄호도 받지 못했던 그의 순양함과 구축함은 매번 압도되었다. (네덜란드 국립문서보관소)

함정들은 항공모함 류조함에서 출격한 케이트 폭격기, 일본군 전방 공군 기지에서 출격한 넬 폭격기와 베티 폭격기로부터 다섯 차례에 걸쳐 공격을 받았다. 항공기의 폭격으로 간접 타격을 받은 연합군 구축함 2척이 손상을 입고 퇴각했으나, 이번 폭격에서는 어떠한 직접적 타격도 이루어지지 않았다. 적의 병력 수송선을 공격하려고 접근을 시도했으나 실패한 도르만 중장은 함정들에 항구로 복귀하라고 명령했다.[14]

구리타 제독이 지휘하는 공격 함대의 목표는 세계에서 가장 크고 생산성이 높은 유전의 중심지인 수마트라 동부의 팔렘방이었다. 발릭파판에서처럼 네덜란드군이 유전과 정유 시설 파괴하는 행위를 미연에 방지하기 위해 일본군은 팔렘방 유전 시설에 직접 공수 부대를 투하해 공격했다. 낙하산 부대는 일본군 주요 상륙 부대가 도착할 때까지 격렬한 저항에 직면했으나, 상륙 부대가 도착한 이후 재빨리 통제권을 장악하고 도시와 유전을 확보했다.[15]

거의 같은 시각, 동쪽으로 1500킬로미터 떨어진 발리섬을 공격한 일본 군은 자바섬에서 동쪽으로 불과 몇 킬로미터, 그리고 도르만 중장의 수라 바야 기지에서 150킬로미터도 채 떨어지지 않은 곳을 목표로 공격할 계 획이었다. 도르만 중장은 출항하기 전에 연료를 보급할 시간도 충분하지 않았다. 그는 즉시 투입할 수 있는 함정을 분류했는데, 경순양함 2척과 구 축함 3척(네덜란드 군함 1척, 미국 군함 2척) 정도를 투입할 수 있었다. 혼란 스럽고 어수선한 상황에서 벌어진 바둥 해협 전투Battle of Badung Strait(2월 19~20일)에서 도르만 중장이 지휘하는 함대는 수적으로 우세했으나 최악 의 상황에 직면했다. 이 전투에서 일본군은 93식 롱 랜스 어뢰의 탁월한 성능과 월등한 야간 교전 실력을 최초로 입증했다. 롱 랜스 어뢰 1발이 네 덜란드 구축함 피트헤인함Piet Hein을 공격해 절반으로 절단해 이 구축함 의 함장과 승무원 64명이 목숨을 잃었다. 일본군 구축함은 또 네덜란드군 경순양함 트롬프함Tromp을 파괴했으나, 이 함정은 다행히 힘겹게 스스로 기지까지 복귀했다. 결과적으로 도르만 중장의 출항은 일본군의 상륙을 저지할 수 없었으며, 타격을 입은 연합군 함대가 수라바야 항으로 복귀함 에 따라 일본군의 발리섬 점령이 완료되었다.[16]

이것이 끝이 아니었다. 이틀 후인 2월 22일, 미국 해군 함정 랭리함 Langley을 포함한 연합군 호송대가 오스트레일리아 프리맨틀을 떠나 실론 으로 향했다. 1912년에 운반선으로 건조된 이후 1920년에 미국 최초의 항공모함으로 개조된 랭리함은 1937년에 다시 수상기 모함으로 개조되 었다. 이렇게 역량이 향상된 랭리함은 실론에 주둔하는 영국 수비대를 지 원하기 위해 전투기 화물을 운송하는 임무를 수행했다. 하지만 전투기가 턱없이 부족했던 헬프리히 중장은 이 함정에 기존 임무 대신 호송대도 없 이 자바 남부 해안의 칠라차프로 기동하라고 지시했다. 결국 연합군 사령부의 혼란스러운 지휘 체계로 인해 랭리함은 자바섬 남쪽 해안을 배회하다가 곧 일본군에게 적발되었다. 2월 27일 정오가 되자 일본군 베티 폭격기 9대가 이 군함을 공격했는데, 놀라운 폭격 기술이건 혹은 그저 행운이건 간에 9대 중 5대가 랭리함에 직격탄을 날렸다. 결국 그날 오후에 랭리함은 침몰했고, 이 함정에 적재된 항공기도 모두 침몰했다.[17]

일본군은 ABDA 방어의 요충지이자 네덜란드 식민지의 수도 바타비아(현재 자카르타)와 수라바야에 주둔한 도르만 중장의 해군 기지 본거지인 자바섬을 공격했다. 이렇게 중요한 임무는 니시무라 쇼지西村祥治 소장이 이끄는 41척의 수송선과 12척의 구축함으로 구성된 동부 공격군이 담당했고, 다카기 다케오高木武雄 소장이 지휘하는 10척의 순양함과 구축함으로 구성된 엄호 부대가 이들을 지원했다. 이 공격 부대는 팔렘방 점령에 투입된 부대에 비해 강하지는 않았지만, 야마모토 제독은 이 부대의 성공을 확신하며 자바 남쪽에 머물던 나구모 중장의 항공모함 부대에 서쪽의 인도양으로 이동하여 그곳에 주둔한 영국군을 공격하라고 명령했다.[18]

　야마모토 제독은 수라바야에 남아 있는 연합군 전함이 대부분 낡은 데다 병력의 사기 역시 형편없으니 더는 일본군에 심각한 위협이 되지 않을 것이라는 가정하에 이러한 결정을 내렸다. 하지만 그의 생각은 부분적으로만 옳았다. 도르만 중장이 지휘하는 연합군 함정은 낡았어도 승무원의 사기는 꺾이지 않았다. 또다른 일본군 함대가 접근한다는 것을 알게 된 도르만 중장은 2월 26일 해질녘에 다시 바다로 출격해 새 함대를 찾아 공격했다. 그가 북서쪽으로 기동하는 동안 헬프리히 중장은 도르만 중장에게 지속적으로 "적을 격멸할 때까지 계속 공격하라"라는 신호를 보냈다.[19]

50세의 다카기 다케오 해군 소장은 일본의 필리핀 침략과 네덜란드령 동인도 제도 공격을 위한 엄호 부대를 지휘했다. 그는 자바 해 전투 승리의 공로가 인정되어 중장으로 진급했다. (미국 해군연구소)

그러나 2월 27일 해가 뜨자 눈에 보이는 것이라고는 더 늘어난 일본군 폭격기뿐이었다. 그들의 반복적 공격이 심각한 피해를 주지는 않았지만, 도르만 중장이 지휘하는 부대의 지친 승무원들은 온종일 함정이 아닌 외부 숙소에서 체류했다. 적의 함대가 없다는 사실을 파악한 도르만 중장은 정찰 보고가 잘못되었다고 결론짓고 수라바야로 복귀하려 했다. 하지만 헬프리히 중장은 이러한 결정에 화를 냈다. 그는 무전 메시지를 통해 도르만 중장에게 "적이 공중에서 공격하고 있지만, 귀관은 계속 동쪽으로 이동하며 적을 수색하고 공격하라"라는 명령을 하달했다. 그런데 헬프리히 중장이 지시한 내용은 말은 쉬웠지만, 실제로 수라바야에서 현장을 지휘하던 도르만 중장은 부하들이 무엇을 할 수 있고 무엇을 할 수 없는지 잘 알았다. 사실 현지 상황을 제대로 파악하지 못한 상급 지휘관의 그러한 지시는 합리적이지 못했다. 따라서 도르만 중장은 오히려 대담하게 헬프리히 중장에게 다음과 같은 무전 메시지를 보냈다. "오늘 승무원의 인내는 한계에 도달했습니다." 그런 뒤 계속 동쪽으로 전진하며 일본군 함대를 수색했다.[20]

도르만 중장은 그날 오후 2시 30분쯤 수라바야 입구에 도착했다. 그러나 그가 확보된 통로를 통해 항구로 들어가려 할 때 또다른 적 발견 보고가 들어왔는데, 이번 보고는 훨씬 구체적이고 상세했다. 수송선 25척, 순양함 2척, 구축함 6척으로 구성된 일본군 공격 함대가 불과 몇 시간 걸리는 거리에 있으며, 현재 자바를 향해 정남쪽으로 기동하고 있다는 내용이었다. 이 같은 정찰 결과를 보고받은 도르만 중장은 이 사실을 받아들이기에 앞서 심호흡을 했을지도 모른다. 그는 각 함정 함장들과 접촉할 시간도 없이 입구 통로에서 돌아서서 다른 함정들을 향해 다음과 같은 메시지를 보냈다. "나를 따를 것. 자세한 건 나중에."[21]

다카기 제독은 연합군의 수상 함대가 접근하고 있다는 정찰기 보고를 받자 예상은 했으나 다른 한편으로는 놀랐다. 야마모토 제독과 마찬가지로 그는 연합군의 전투력이 별로 남아 있지 않다고 생각했다. 이것이 그가 보유한 중순양함 2척이 호송대 300여 킬로미터 뒤에서 어슬렁거리는 이유였다. 그는 곧 41척의 호송대에 북쪽으로 방향을 돌려 피하라고 지시하고, 경순양함과 구축함으로 구성된 호위 전력을 따라잡기 위해 중순양함에 속도를 28노트까지 올리라고 지시했다.[22]

반면 신속하게 "나를 따르라"라는 메시지를 넘어서 다른 무엇을 준비할 겨를도 없었던 도르만 중장이 지휘하는 순양함 5척은 기함 뒤로 일렬로 정렬했다. 더라위터르함 뒤에는 중순양함 엑서터함과 휴스턴함이 따랐고, 이어서 경순양함인 오스트레일리아군 소속 퍼스함Perth과 네덜란드군 소속 자바함Java이 뒤따랐다. 그리고 영국군 구축함 3척이 전방을 정찰했고, 미국군 구축함 4척이 뒤따랐다. 이러한 배치는 무척 흥미로운데, 미국군 구축함이 가장 많은 어뢰를 보유하고 있었고, 또 당시까지의 전투에서 대부분 해군 함포에 의존하기보다는 특히 야간에 어뢰 공격으로 전투를 개시하는 것이 더 효과적이었기 때문이다. 반면 도르만 중장은 예하 함정과 통신할 수 있는 시간과 능력이 부족해 복잡한 작전 계획을 이행하기가 어려웠다.[23]

자바해 전투Battle of the Java Sea(1942년 2월 27일)는 새벽 4시가 조금 넘어 영국군 구축함이 니시무라 소장이 지휘하는 차단 부대의 돛대를 발견하면서 시작되었다. 하지만 영국군이 일본군을 발견한 즉시 다카기 제독이 지휘하는 중순양함 나치함那智과 하구로함羽黒이 도착하자 양측 전력의 균형이 결정적으로 무너졌다. 다카기 제독이 지휘하는 함대에 소속된 대형 순양함들은 각각 8인치 함포 10문을 가지고 있었지만, 연합군 함대에는 엑서터함이 6문, 휴스턴함이 6문을 보유했을 뿐이었다. 이로써 일본은 중요한 장거리 함포에서 21 대 12로 우세했다. 도르만 중장은 연합군 경순양함에 장착된 6인치 함포를 실전에 투입하기 위해 거리를 좁히는 것이 급선무라고 생각했다. 그의 궁극적 목표는 북서쪽에서 활동하는 일본군 수송대를 파괴하는 것이었으나, 최종 목표에 도달하기 전에 호위함과 싸워서 통로를 개척해야만 했다.

양측은 새벽 4시 15분쯤에 사격을 개시했다. 한 일본 구축함 함장은 훗날 "포탄이 쏟아지면서 물기둥이 사방에서 솟아올랐다"라고 회상했다. 포탄 중 일부는 선명한 색을 띠고 있었다. 연합군 함정이 사용한 8인치 포탄에는 작은 염료 봉지가 들어 있어서 포탄이 만드는 물보라 중 어느 쪽이 아군의 것인지를 확인한 뒤 사거리를 조정하는 장치가 있었기 때문이다.

예를 들어 휴스턴함은 붉은색 염료를 사용했는데, 일본 군함 주변에서 피처럼 붉은 포탄이 터지자 이 모습을 본 일본군 승무원들은 미국이 새로운 비밀 무기를 개발한 줄 알고 깜짝 놀라기도 했다.[24]

이 전투의 결정적 전환점은 하구로함에서 발사한 것으로 추정되는 8인치 포탄이 엑서터함에 명중한 뒤 보일러실까지 침투한 새벽 5시경에 발생했다. 처음에는 폭발하지 않았던 이 포탄은 과열된 보일러에서 나온 증기 때문에 불이 붙었고, 뒤이어 일어난 폭발로 보일러 8개 가운데 6개가 파괴되었다. 그러자 엑서터함의 속도가 10노트로 떨어졌다. 그리고 바로 뒤에 있던 휴스턴함과의 충돌을 예방하기 위해 엑서터함의 함장 올리버 고든Oliver Gordon 대령은 갑자기 항구로 복귀하라고 지시했다. 전투 과정에서 발생한 연기와 혼란 속에서 작전을 보고 기함의 신호를 놓쳤을 거라고 가정한 휴스턴함의 앨버트 룩스Albert Rooks 대령, 그리고 퍼스함과 자바함 역시 항구로 복귀했다. 하지만 그뒤 몇 분 동안 무슨 일이 일어났는지 파악할 때까지 도르만 중장은 혼자서 더라위터르함을 이끌고 계속 전진했다.[25]

다카기 제독은 즉시 어뢰 공격을 명령했고, 일본군은 총 64발의 어뢰를 도르만 중장이 탑승한 순양함을 향해 발사했다. 하지만 이번 공격에서는 롱 랜스 어뢰 여러 발 중 고작 하나만 목표에 명중해 이 어뢰의 사정거리가 너무 길다는 점이 입증되었다. 결국 네덜란드 구축함 코르테나르함Kortenaer은 두 동강이 나더니 곧바로 침몰했다. 비스마르크함과의 전투에서 살아남았고 프린스오브웨일스함이 침몰할 때도 용케 살아남았던 영국의 또다른 구축함 엘렉트라함Electra은 이번 공격에서는 그런 행운이 따르지 않았고, 여러 포탄에 맞아 동력을 잃은 뒤 여전히 깃발을 휘날리면서 침몰했다. 도르만 중장은 심각하게 격파되어 피해를 입은 엑서터함을 호위 구축함과 함께 수라바야로 돌려보냈다. 그 결과 8인치 포대가 12문에서 6문으로 줄었다. 더 심각한 문제가 발생했다. 유일하게 레이더를 보유한 엑서터함이 복귀했기 때문에 이제 도르만 중장이 지휘하는 함대는 날이 저물면 적에 대한 정보가 없는 암흑 상태에서 작전을 수행해야 했다. 저녁 6시 15분, 도르만 중장은 미국 구축함에 어뢰 공격을 실행하라고 명령했고, 순양함들의 후퇴를 엄호하도록 연막 차장을 실시했다.[26]

이 와중에 연합군의 항공 지원이 도착했는데, 공격기 12대와 이들을 지원하는 브루스터 버펄로 전투기 5대였다. 하지만 이 항공기들은 도르만 제독의 함대와 협력하지 않고 독자적으로 일본군 호송대를 공격하다가 실패했다. 그런데 연합군 함대의 심각한 상황을 파악하지 못한 다카기 제독은 일본군 호송대의 안전을 염려해 도르만 중장의 함선을 남쪽으로 추격하지 않기로 결정했다.

다카기 제독의 추격 중단 결정으로 이 전투는 종료되었다. 이 정도에서 전투가 종료된 것은 도르만 중장에게 무척 다행스러운 일임이 확실했다. 그는 어뢰를 모두 소모한 상태였고, 연료가 부족한 미국군 구축함 4척을 수라바야로 돌려보냈다. 이에 따라 그에게는 순양함 4척, 영국군 구축함 2척(주피터함Jupiter, 인카운터함Encounter)만 남았다. 이처럼 함대의 전투력이 축소되었으나, 도르만 중장은 밤 9시에 일본군 공격 호송대를 찾기 위해 다시 북쪽으로 출발했다. 그의 함대가 막 출발할 무렵, 주피터함이 기뢰에 걸려 침몰했고, 인카운터함이 생존자들을 태우기 위해 주피터함 인근에 머물렀다. 결국 도르만 중장이 지휘하는 함대는 휴스턴함과 경순양함 3척만 남은 셈이었다. 그런데도 그는 4척의 함정을 일렬로 세우고 다시 "나를 따르라!"라는 신호를 보내고 북쪽으로 출발했다. 그의 함대는 레이더가 없고 구축함 차장 부대와 공중 엄호도 없는 상태에서 마치 불이 들

어오지 않는 지하실에서 팔을 뻗어 앞을 더듬듯이 전진했다.[27]

밤 11시경, 도르만 중장은 일본군 호송대가 아닌 다카기 제독이 지휘하는 중순양함 2척을 발견했다. 양측 모두 이 뜻밖의 조우에 놀랐다. 일본군 순양함들은 그들의 수색 항공기를 복구하는 동안 운항을 멈춘 상태였다. 다카기 제독은 그런 상태에서 붙잡히는 것이 너무 괴로워서 입술을 피가 나올 정도로 세게 깨물었다. 그러나 항공기가 수리되자 그는 다시 한 번 교전 준비를 했다. 그리고 뒤이어 양측 사이에 활발한 사격이 진행되는 동안 또다시 어뢰 공격을 명령했는데, 이번에는 롱 랜스 어뢰가 치명적 효과를 발휘했다. 일본군의 어뢰 공격으로 처음에는 자바함이 폭발했고 그다음에는 더위터르함이 폭발하더니 곧 침몰했다. 오스트레일리아군의 퍼스함에서 이 장면을 목격한 헥터 월러 대령은 갑작스럽게 숨 막히게 전개되는 장면이 마치 어둠 속에서 담배 라이터가 '탁탁 타오르는 불꽃처럼' 터지는 것 같다고 생각했다. 침몰한 더위터르함에서는 도르만 중장이 휴스턴함과 퍼스함에 생존자를 태우지 말고 즉시 자바 서부의 바타비아로 가라고 명령했다. 이것이 그의 생전 마지막 결정이었다.[28]

선체가 파손된 엑서터함이 절뚝거리며 동쪽 수라바야로 돌아가는 동안, 휴스턴함과 퍼스함은 서쪽으로 항해했다. 승리한 일본군은 자바섬을 점령지로 확보하기 위해 상륙 작전을 개시했다. 도르만 중장의 대담한 출격으로 이 섬에서의 일본군 상륙은 24시간가량 지연되었다.

━━━━━

하지만 전투는 끝나지 않았다. 도르만 중장이 더위터르함의 침몰로 사망하자, 퍼스함의 월러 함장이 수상 함대 최고위 장교가 되었다. 오스트레일리아군 출신 월러 함장은 42세에 불과했지만 이미 마타판곶 해전에서 중요한 역할을 담당했고 탁월한 명성을 쌓았다(5장 참조). 하지만 그는 궁지에 몰린 상태였기에 앞으로 24시간 동안 절대적으로 침착하게 대처해야 했다. 그가 지휘하는 2척의 함정은 연료와 탄약이 부족한 데다 승무원들은 지쳐 있었다. 자신이 지휘하는 함대를 구하려면 함선을 바타비아 인근 탄중 프리옥 해군 기지로 옮겨 연료를 보급받은 뒤, 자바의 서쪽 끝을 돌아 순다 해협을 통과해 남쪽으로 돌아서 인도양으로 향해야 했다. 그곳에서 일본군 항공기의 공격을 피할 수 있다면 오스트레일리아로 향할 수 있을 터였다. 하지만 훗날 헬프리히 중장은 윌러 대령이 전투를 계속하지 않기로 결정한 것에 대해 '유감스럽다'라고 비판했다. 그는 윌러 대령이 "적이 파괴될 때까지 공격을 계속하라"라고 한 자신의 명령에 복종하지 않았다고 주장했다. 하지만 헬프리히 중장의 발언은 현실성이 부족했고 적절치 않은 비판이었다.[29]

2월 28일 오후, 윌러 대령이 지휘하는 연합군 함정 2척은 더는 사고 없이 바타비아에 도착했으나, 곧 이곳이 안전한 피신처가 아님이 밝혀졌다. 인근에 일본군 폭격기가 주둔했을 뿐 아니라 항구에 난파되고 침몰한 상선이 널려 있었다. 보급 시설이 손상된 데다 네덜란드인들이 자국 함정을 위해 연료를 비축하고자 했기 때문에 연료를 보충하기도 어려웠다. 윌러 대령이 그들에게 네덜란드 함정이 전혀 남아 있지 않다고 설명하자 그제야 담당자들이 필요한 연료 제공에 동의했다. 하지만 시간이 부족해 고작 절반 정도 채울 수 있었다.[30]

윌러 대령은 일본 항공기를 피하기 위해 날이 저문 뒤에 항구를 떠나 순다 해협으로 가는 항로를 찾기 시작했다. 퍼스함을 선두로 한 일행이 밤 11시 15분경에 해협 입구에 접근하자, 일본군 구축함 후부키함吹雪이 연합군 순양함 2척을 발견하고서 몇 킬로미터를 계속 미행했다. 이 순양

마타판곶 전투에서 구축함 편대를 지휘했던 오스트레일리아 해군의 헥터 월러 대령은 자바해 전투와 순다 해협 전투 마지막 단계에서 ABDA 공격 함대의 잔여 부대를 지휘했다. (오스트레일리아 전쟁기념관)

함들은 곧 일본군의 미행을 알아차렸다. 하지만 더 큰 불행은 아직 시작되지 않았다. 이 순양함들은 전투로 지치고 연료도 부족하고 탄약이 부족한 상태였는데, 6척의 중순양함을 포함해 50척이 넘는 수송선과 호위함으로 구성된 일본 서부 공격군의 한가운데로 비틀거리며 들어갔던 것이다. 수마트라 동부 정복을 마친 일본군은 순다 해협을 건너 자바의 서쪽 끝에 있는 반텐만에 상륙했다. 월러 대령은 아이러니하게도 일본 호송대를 찾기 위해 일주일 넘게 수색한 끝에 마침내 가장 불행한 순간에 일본 호송대를 발견한 것을 쓸쓸하게 생각했으리라. 그래도 적에게 적발된 이 순간에 그가 할 수 있는 것은 끝까지 싸우는 것뿐이었다. 휴스턴함은 밤 11시 30분에 룩스 대령이 보낸 마지막 무전 메시지를 받았다. "적과 교전 중."[31]

순다 해협 전투Battle of the Sunda Strait(1942년 2월 28일)는 조명탄이 하늘을 밝히고, 사방에 총성이 울리고, 어뢰가 물을 헤집는 혼란스러운 야간 전투였다. 퍼스함의 수석 병참 장교는 그 전투를 인상적으로 기억했다. "탐조등의 눈부신 빛, 아군 함포의 섬광, 폭발과 굉음, 하늘을 가로지르는 추적기의 사격, 얽히고설킨 인광 발광체, 불타는 함정." 일본군 구축함이 연합군 순양함에 발사한 어뢰 중 몇 발이 반텐만의 일본군 수송선에 명중할 정도로 혼란스러웠는데, 그중 2척이 침몰하고 다른 2척은 침몰을 피하기 위해 해변으로 이동했다.[32]

이 같은 혼란 속에서 전투의 결과를 예상하기는 어렵지 않았다. 전투가 시작된 지 몇 분 만에 8인치 포탄이 수로에 진입하는 퍼스함과 휴스턴함의 전방 갑판에 명중했다. 그리고 곧바로 휴스턴함은 롱 랜스 어뢰에 맞아 보일러의 급수기가 파괴되어 속도가 급격히 떨어졌다. 또다른 어뢰가 퍼스함에 명중해 이 선박의 전방 기관실을 파괴했다. 당시 연합군의 두 함정은 탄약이 떨어진 상태여서 적을 향해 연습탄과 조명탄만 발사했다. 그후 퍼스함에 일본군 어뢰 3발이 연달아 명중했다. 그때마다 월러 대령은 냉정하게 "매우 좋다"라고 보고했다. 그러나 네 번째 어뢰가 명중한 뒤 퍼스함이 우현으로 급격히 기울자 그는 "세상에! 어뢰가 함정을 찢었다. 배를 버려라"라고 소리쳤다. 그리고 얼마 지나지 않아 오스트레일리아 순양함은 옆으로 몸을 돌려 뱃머리부터 침몰했는데 여전히 전진하고 있었다.[33]

그후 룩스 대령은 휴스턴함을 해안 쪽으로 방향을 틀었는데, 아마도 침몰하기 전에 수송선에 최대한 많이 피해를 입히려는 의도였거나, 아니면 아마도 부하들에게 생존할 기회를 주려고 내린 조치였을 것이다. 하지만 그는 이런 의도를 실현시킬 수 있을 정도로 멀리 가지는 못했다. 불길이 걷잡을 수 없이 타오르고 배가 물에 잠기자, 파편에 치명상을 입기 몇 초 전에 그는 배를 포기하라고 명령했다. 휴스턴함의 행정 장교 데이비드 로버츠David W. Roberts 중령은 포기 명령을 철회하고 계속 전투하려 했으나, 불과 몇 분 만에 절망적인 상황임을 깨닫고 승무원들에게 배를 포기하라고 재차 명령했다. 퍼스함과 마찬가지로 휴스턴함의 승무원들은 측면을 기어오른 뒤 뱃머리로 먼저 내려갔다. 휴스턴함에 있던 1087명의 장교와 병사 중 룩스 대령을 비롯한 721명이 배와 함께 침몰했고, 366명이 해안으로 나왔으나 모두 포로가 되었다. 몇 차례 과정을 거쳐 룩스 대령에게는 미국 명예 훈장이 추서되었다.[34]

수라바야의 ABDA 공격 부대에 소속된 나머지 함정들은 휴스턴함과 퍼스함의 운명을 알지 못한 채 남쪽으로 탈출했다. 도르만 중장이 수라바야로 돌려보낸 4척의 미국군 구축함은 발리 해협을 통해 자바섬 동쪽 끝을 지나 오스트레일리아에 도착했다. 그 통로는 이미 심각하게 파손된 엑서터함이 통과하기에는 너무 얕았기에 이 함정의 함장은 순다 해협을 통해 휴스턴함과 퍼스함을 따라가려 했다. 3월 1일 일요일 오전, 엑서터함은 4척의 일본 중순양함과 구축함 사단의 포격과 어뢰에 맞아 침몰했다. 엑서터함의 침몰로 ABDA는 종료되었다. 헬프리히 중장은 이날 공식적으로 사임했는데, 이 시점에 그가 지휘할 함정은 단 한 척도 남아 있지 않았다. 일주일 전에 웨이벌 제독은 처칠에게 "이 본부에서 제가 사용할 함정이 더는 없습니다"라고 보고했다. 이처럼 연합군 해군 자산을 통합해서 지휘하는 실험은 고작 39일 동안 지속되었다. 통일된 지휘 개념 자체에 문제가 있었던 것은 아니었으나, 서방 연합군에는 일본군

의 맹공에 대항할 수단이 부족했다.[35]

⸻

일본군이 자원이 풍부한 네덜란드령 동인도 제도를 정복하는 과정은 예상보다 빨랐고 손실은 크지 않았다. 군사 작전이 너무 빠르게 성공을 거두자 일본군 최고 사령부는 다음에 무엇을 해야 할지 막막할 정도였다. 이 시점에서 그들이 고려해야 할 중요한 사안은 원거리 자원 획득을 통합하는 것, 그리고 예견되는 연합군의 반격을 반드시 물리칠 수 있도록 방어를 준비하는 것이었다. 이는 남방 자원 지대에서 전역을 시작하기로 최초에 결정한 순간부터 예정된 가장 중요한 가정이었다. 일본이 예견된 연합군의 반격을 물리치겠다는 방침을 세운 것은 작전의 주도권을 연합군에 넘겨주는 것을 의미했는데, 일본이 명확하게 수세적 입장으로 전환하는 동안 연합군이 다시 공격하지 않은 것은 어리석은 결정이었다.

일본 해군 총참모부 중에는 남쪽을 바라보는 이들도 있었다. 나가노 오사미 제독은 미국군이 반격을 시작하면 오스트레일리아를 기지로 사용할 테니 이곳을 미리 점령하면 미국군의 반격을 미연에 방지할 수 있다고 생각했다. 그러나 일본군은 중국에서 진행 중인 전쟁으로 큰 어려움을 겪고 있었기에 또다른 대륙을 정복하려 들지는 않았다. 다른 선택은 공격 방향을 서쪽 인도양으로 돌려 영국령 실론을 점령하는 것이었다. 이를 통해 인도 국민에 의한 봉기를 유발하면 인도에서 어려움을 겪고 있던 영국 제국을 위협할 수 있을 터였다. 그러나 일본군은 다시 한번 그런 의견은 거부했다. 만약 일본 육군이 다른 어떤 곳에서 정복해야 할 새로운 영역을 찾는다면 그곳은 북쪽 소련이어야 했다. 최근 모스크바 외곽에서 '붉은군대'가 성공적 반격을 수행했음에도 러시아를 붕괴시키는 것은 여전

히 가능한 일로 상정되었다.[36]

일본 육군의 저항은 도쿄의 해군 총참모부뿐만 아니라 내해에 있는 야마모토 제독의 기함에 탑승한 연합 함대 사령부에서도 분노를 불러일으켰다. 야마모토 제독의 한 참모 장교는 이렇게 불평했다. "우리는 실론을 침공하고 싶다. 하지만 우리는 승인을 받을 수 없다! 우리는 오스트레일리아를 침략하고 싶다. 역시 안 돼! 우리는 하와이를 공격하고 싶다. 우리는 그럴 수도 없어! 모두 다 필요한 병력을 차출하는 데 육군이 동의하지 않을 것이라서 그렇다." 야마모토 제독의 한 병참 장교는 훗날 "육군과 해군이 2단계 작전에 공동의 합의를 도출할 수 없었기에 해군은 점차 독자적으로 할 수 있는 일을 더 많이 고려했다"라고 회상했다.[37]

야마모토 제독은 해군의 독자적 기습을 위해 육군의 승인이 필요하지 않았고, 이미 나구모 중장이 지휘하는 대형 항공모함 6척 중 5척(암초에 부딪힌 가가함은 수리를 받고 있었다)에 실론의 영국 기지를 기습 공격하라고 지시했다. 결과적으로 일본군이 네덜란드령 동인도 제도에서 정복을 강화하는 동안에도 나구모 중장은 다시 공격하기 위해 서쪽으로 향했다.

싱가포르 함락 이후 영국은 동부 함대Eastern Fleet의 기지를 인도양으로 이전했는데, 새 기지는 실론 북동쪽 해안가의 트링코말리와 서쪽 해안의 콜롬보로 가는 도중에 설립되었다. 이 함대는 구식에 속도가 느린 R급 전함 4척(레절루션함, 라밀리함, 로열소버린함Royal Sovereign, 리벤지함Revenge)과 더 오래된 워스피트함, 신형 항공모함인 인다미터블함과 포미더블함으로 구성되어 상당한 전력을 갖추었다. 이 함대의 지휘관은 제임스 서머빌 경이었는데, 그는 2년 전에 프랑스 메르스엘케비르에서 마지못해 프랑스군을 공격한 인물이다. 영국군이 제공한 일본군 함대의 접근 관련 정보에 경계심을 품은 서머빌 제독은 항구에 체류하는 동안 기습 공격을 받을까봐 우려했다. 그래서 일본군 기동 함대가 접근할 때 오히려 매복 공격으로 적에게 '한 방'을 먹일 수 있으리라 희망하며 실론 남서쪽을 향해 함대를 이동시켰다. 그는 일본군에 맞서 싸울 수 없는 것은 알았지만, 야간 어뢰 공격을 통해 나구모 중장이 지휘하는 기동 함대가 철수할 정도로 큰 피해를 입힐 수 있기를 희망했다. 그는 4월 1일 무렵에 일본군의 공격이 있을 것으로 예상했는데 며칠이 지나도 일본군이 도착하지 않자 점차 영국 동부 함대의 연료와 물이 부족해졌다. 그러자 중순양함 도싯셔함 Dorsetshire과 콘월함Cornwall을 콜롬보로 보낸 다음, 주요 함대를 실론에서 남서쪽으로 1000여 킬로미터 떨어진 몰디브 제도 최남단 아두 환초에 자리잡은 비밀 정박지로 이동시켰다.[38]

나구모 중장이 지휘하는 기동 함대는 마침내 부활절 일요일이었던 4월 5일에 나타났다. 그날 300여 대의 일본군 항공기가 콜롬보의 영국 해군 기지를 공격했다. 이에 대해 영국군 사령관 제프리 레이턴Geoffrey Layton 제독이 영국군 스핏파이어 전투기의 사촌 격인 호커 허리케인 전투기 2개 중대와 풀머 해군 전투기 42대를 출동시켰다. 출격한 영국 항공기들은 일본군 제로 전투기에 맞서서 형편없이 싸워서, 일본군은 영국 전투기 19대를 격추시키는 동안 7대만 손실했다. 한편 레이턴 제독은 일본군 함대를 공격하기 위해 소드피시 어뢰기 6대와 스트링백 항공기를 출격시켰으나, 스트링백 항공기는 제로 전투기에 손쉽게 제압되고 말았고, 소드피시 어뢰기들은 너무 먼 거리에서 어뢰를 전부 투하하고 말았다. 반면 일본 폭격기와 어뢰기는 영국 군함 3척을 격침했으나, 진주만 공격에서와 마찬가지로 그들의 주요 목표였던 서머빌 제독의 전함과 항공모함은 그곳에 없었다. 그러자 일본군은 다윈 항에서처럼 콜롬보에서도 대부분의 항구 시설과 도시를 파괴했다.[39]

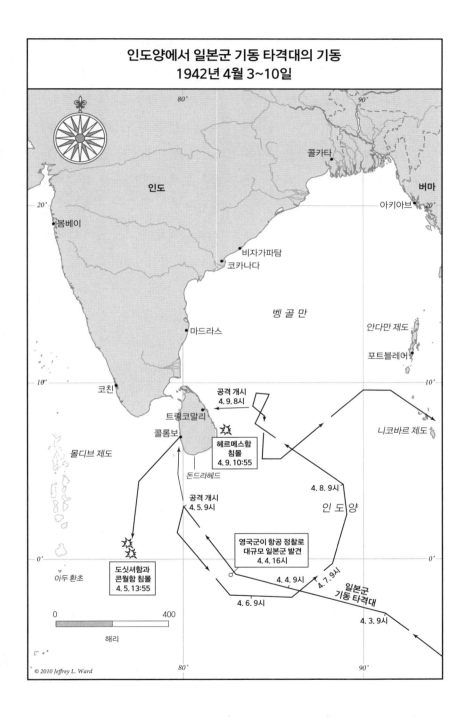

인도양에서 일본군 기동 타격대의 기동
1942년 4월 3~10일

인도

버마

콜카타

아키아브

봄베이

비자가파탐
코카나다

마드라스

벵 골 만

안다만 제도

포트블레어

코친

니코바르 제도

공격 개시
4. 9. 8시

트링코말리
콜롬보

헤르메스함
침몰
4. 9. 10:55

몰디브 제도

돈드라헤드

4. 8. 9시

인 도 양

공격 개시
4. 5. 9시

영국군이 항공 정찰로
대규모 일본군 발견
4. 4. 16시

아두 환초

도싯셔함과
콘월함 침몰
4. 5. 13:55

4. 7. 9시

4. 4. 9시

일본군
기동 타격대

4. 6. 9시

4. 3. 9시

0   400

해리

© 2010 Jeffrey L. Ward

같은 날 오후, 일본 정찰기가 서머빌 제독이 콜롬보를 향해 보낸 중순양함 2척을 발견했다. 나구모 중장은 보고된 좌표를 향해 88대의 항공기로 구성된 타격대를 급파했고, 영국군 순양함들은 일본군의 공중 공격으로부터 벗어날 수 없었다. 지난해 12월에 침몰한 프린스오브웨일스함과 리펄스함처럼, 이들은 항공 지원이 전혀 없는 상황에서 물 위에 떠 있는 좋은 사냥감에 불과했다. 폭탄 10개를 맞은 도싯셔함은 몇 분 만에 가라앉았고, 9개를 맞은 콘월함도 뒤이어 침몰했다.[40]

3일 후인 4월 9일, 일본군은 트링코말리를 공격했다. 다시 한번 영국 전투기들은 제로 전투기에 의해 격추되어 바다로 떨어지거나 손상을 입고 숲에 처박혔다. 영국군은 블레넘 폭격기 9대를 보내 일본군 항공모함을 공격했지만, 5대가 격추되는 동안 목표물에 투하된 폭탄은 1발도 없었다. 반면 일본군은 구축함 단 한 척의 호위를 받으며 실론의 동쪽 해안을 따라 남쪽으로 달아나던 영국의 소형 항공모함 헤르메스함Hermes을 발견하고 침몰시켰다.[41]

그후 서머빌 제독은 자신의 함대 일부를 당시 영국령 동아프리카의 몸바사(오늘날 케냐의 도시)로 보냈고, 수송선 2척을 포함한 나머지 함대를 북쪽 봄베이(오늘날의 뭄바이)로 이동시켰는데, 그 결과 인도양 동부와 벵골만을 일본에게 내준 셈이 되었다. 그는 "실론을 수호하기 위해 동부 함대와 과도한 모험을 시도하는 것은 좋은 정책이 아니라고 확신한다"라고 적었다. 그런데 이번 기동을 끝으로 나구모 중장의 인도양 서부에서의 기동은 종료되었다. 일본의 서쪽 측면을 확보한 뒤, 그는 기동 함대를 동쪽으로 돌려 말라카 해협을 통과했는데, 더는 영국의 보루가 존재하지 않는 이 해협을 통해 태평양으로 복귀했다.[42]

일본인들은 4개월 만에 2만 6000제곱킬로미터에 달하는 섬 제국을 세웠다. 이를 통해 그들은 경제적으로 자립하고 군사적으로 막강해지기 위해 필요한 자원의 기반을 확보했다. 그들은 6척의 연합군 주력 함정(4척은 진주만에서, 그리고 프린스오브웨일스함과 리펄스함)과 ABDA 공격 함대라고 명명된 5척의 순양함을 격파했다. 또한 2척의 중순양함과 서머빌 제독이 지휘하는 항공모함 1척, 17척의 구축함과 셀 수 없을 정도로 많은 화물선과 수송선을 파괴했다. 한편 지역적으로는 말레이시아와 네덜란드령 동인도 제도 외에도 서쪽으로는 태국과 버마, 동쪽으로는 비스마르크 제도를 점령했다. 이 과정에서 일본군이 입은 손실은 구축함 4척과 경비정 1척에 불과했다. 1942년 3월 말, 일본은 세계의 3분의 1을 지배했다. 그 순간, 영국, 네덜란드, 미국과 동시에 전쟁을 벌이겠다던 그들의 결정이 탁월했다는 것 말고 다른 설명은 필요 없었다.

12장

무역 전쟁 2

유럽에서 시작된 전쟁은 적대 행위가 태평양과 인도양까지 확대됨에 따라 이제 세계대전으로 확장되었다. 이 과정에서 무역을 둘러싼 전쟁 역시 변화를 맞았다. 나구모 중장이 지휘한 일본군 항공모함이 실론의 영국 해군 시설을 폭격했을 때, 수마트라와 자바를 점령한 오자와 지사부로 제독이 지휘하는 5척의 중순양함은 강력한 지상군을 이끌고 벵골만으로 들어가 마드라스와 콜카타 사이의 인도 동부 해안을 따라 영국과 연합국 선박을 공격했다. 오자와 제독의 함대는 5일 만에 연합군 상선 23척과 11만 2312톤의 화물을 침몰시켰고, 일본군 잠수함도 선박 5척과 3만 2404톤의 화물을 침몰시켰다.[1]

연합국 역시 무역 전쟁을 시작했다. 영국 수상 함대는 지중해의 몰타에서 순양함과 구축함을 이용해 적극적인 소탕 작전을 수행했다. 11월에는 윌리엄 애그뉴William G. Agnew 대령이 지휘하는 영국군 순양함 2척과 구축함 2척이 이오니아해에서 7척의 상선으로 구성된 이탈리아 호송대를 공격했고, 애그뉴 대령은 상선 7척과 호위함 3척을 모두 침몰시켰다. 몇 주 후에 또다른 호송대가 침몰하자 이탈리아군은 일시적으로 시칠리아 해협을 가로지르는 야간 호송대 운항을 취소했다. 그 시점부터 전쟁이 끝날 때까지 추축국은 북아프리카에 주둔한 이탈리아군과 독일군에 보급을 지원하고 유지하는 데 어려움을 겪었다.

대서양의 무역 전쟁은 미국 동부 해안으로 확대되었다. 레더 대제독은 히틀러에게 되니츠 제독이 지휘하는 유보트가 영국으로 가는 영국 호송대를 호위하는 미국 구축함을 공격할 수 있도록 승인하고 유보트의 사냥터를 대서양 서부로 확장하게 해달라고 몇 달에 걸쳐 건의했다. 하지만 그때마다 히틀러는 소련군이 패배하기 전에 전쟁이 확대될까 우려하여 이 건의를 묵살했다. 그러나 1941년 12월 9일, 일본이 진주만을 공격한 지 이틀 만에 히틀러는 이러한 제한을 해제했다. 이제부터 독일 해군은 북대서양과 또다른 곳에서 활동하는 모든 미국 선박을 동일하게 대했다. 바로 그날, 되니츠 제독은 미국 동부 해안에서 원정 작전을 실시하라고 유보트에 명령했다.[2]

그리고 미국 역시 일본의 무역 선박을 상대로 잠수함 전쟁을 시작했다. 1917년에 미국이 제국주의 독일과 전쟁을 벌인 표면적인 이유가 당시 독일의 무제한 잠수함 전쟁 선언 때문이었던 것을 떠올려보면, 진주만 공습 이후 워싱턴에서 하달한 첫 번째 작전 명령이 '일본에 대한 무제한 공중전 및 잠수함 전쟁 수행'이었다는 사실은 역사의 아이러니가 아닐 수 없다. 그 작전을 수행하면서 미국군은 독일군이 대서양에서 그랬듯이 태평양에서 가차 없이 작전을 수행했고, 그 결과 무역을 둘러싼 전쟁은 새로운 국면에 접어들었다. 1942년에 접어들자 전 세계 모든 바다에서 상선은 위험에 직면했다.[3]

1941년 하반기에 유보트의 실적이 좋지 않았던 되니츠 제독에게 대서양 서부에서 새로운 기회가 때맞춰 찾아왔다. 그는 이런 기회가 너무 늦게 다가온 것을 베를린의 독일군 최고 사령부 탓으로 돌렸다. 처음부터 되니츠 제독은 자신이 지휘하는 유보트가 북대서양에서 활동하는 상선을 공격하는 임무에 전력해야 한다고 주장했다. 그는 '독일 해군의 가장 중요한 임무'이자, "그리고 다른 모든 사안의 중요성을 무색하게 하는 것은 바로 대서양을 가로지르는 영국 병참선에 대한 공격 작전이었다"라고 적었다. 그러나 이와 같은 핵심 사안에 초점을 맞추는 대신, 독일군 최고 사령부는 정기적으로 유보트를 보조 작전에 투입했다. 때로는 기상 관측소 역할을 하도록 했고, 때로는 수상 함대의 호위 역할을 담당하게 하기도 했다. 되니츠는 이러한 간섭에 분개했는데, 그중에서도 가장 한심한 지시는 유보트 23척을 지중해로 보내라는 명령이었다. 이 명령은 추축국의 화물 수송선이 몰타에서 연합군 항공기와 잠수함으로부터 손실을 입은 직후에 나온 대응이었다. 1941년 10월, 로멜 장군이 지휘하는 아프리카 군단을 위해 보급품을 싣고 이탈리아에서 출발한 선박 중 목적지에 도착한 선박은 절반 미만이었다.[4]

지중해에 파견된 유보트들은 이곳에서 중요한 역할을 했다. 1941년 11월 13일, U-81은 어뢰 1발로 영국군 항공모함 아크로열함을 격침했고, 11일 후에는 U-331이 어뢰 3발로 전함 바함함을 침몰시켰다. 이러한 손실은 12월 19일에 실시된 이탈리아군의 공격으로 영국군에 더욱더 파괴적 효과를 냈다. 이탈리아 잠수부들이 이집트 알렉산드리아의 영국 해군 기지에 침투해 전함 퀸엘리자베스함Queen Elizabeth과 밸리언트함의 선체에 지뢰를 부착해 폭파했는데, 이 작전은 이번 전쟁에서 매우 대담한 작전 중 하나였다. 폭탄을 설치한 이탈리아 잠수부들은 붙잡혔지만, 그들의 대담한 모험 덕분에 함정 2척이 침몰했다. 이 함정들은 나중에 인양되었는데, 1척은 6개월 동안, 다른 1척은 9개월 동안 작전에 투입될 수 없었다. 추축국의 몰타 포위전이 중대한 순간에 이르자, 일시적으로 영국 해군이 지중해 동부에서 보유한 주력함은 전무한 상황이었다. 1942년 3월에 포위된 영국 수비대는 식량, 연료, 탄약이 절실히 필요했기에 보급선을 실은 배가 3월 20일에 알렉산드리아에서 출발했다.[5]

이 호송대, 즉 MW-10은 상선 3척과 유조선 1척으로 구성되었는데, 몰타에 안전하게 도착하는 것이 가장 중요했기 때문에 영국군은 경순양함 3척, 구축함 17척, 그리고 대공 무기로 무장한 순양함 칼라일함Carlisle을 추가로 투입해 호위했다. 호송대의 거대한 규모는 이 호송대의 중요성뿐만 아니라 가용성 향상을 보여주는 척도이기도 했다. 2년 전인 1940년 봄, 영국 해군은 대서양 횡단 호송대에 동행할 호위함 1척을 물색하느라 큰 어려움을 겪었지만, 이제는 호위 함정 21척을 상선 4척을 보호하기 위해 투입할 수 있었다.

영국군의 호송대를 저지하기 위해 안젤로 이아키노 제독은 마침내 타란토 공격에서 입은 피해를 완전히 복구한 전함 리토리오함Littorio을 지휘해 출격했는데, 여기에 중순양함 2척, 경순양함 1척, 구축함 10척이 추가되었다. MW-10 호송대는 독일군 최고 사령부가 지중해로 보낸 23척의 유보트와 시칠리아에서 작전 중인 독일 항공기와도 전투를 치러야 했다. 이러한 입체적 공격을 막기 위해 필립 비안 해군 소장은 3월 22일 하루 종일 전투를 수행할 수 있도록 준비했는데, 이 전투는 제2차 시르테 전투 Second Battle of Sirte(시르테는 리비아 해안 근처의 만)로 알려진다. 지난 12월에 있었던 제1차 시르테 전투의 규모는 상대적으로 크지 않았고, 이 기간에 상대측 호송대에 대한 양측의 공격은 별다른 효과가 없었다. 하지만 이번에 추축국은 영국 호송대를 완전히 파괴하기로 작정했다.

이탈리아군의 공격이 시작되자, 비안 소장은 칼라일함과 헌트급 구축함 6척을 투입하여 상선 4척을 호위해 몰타로 이동하라고 명령했다. 그는 또 대담하게 경순양함과 대형 구축함을 호송대와 이아키노 함대 사이에 기동시켰다. 이탈리아군의 주의를 분산시키기 위한 필사의 노력으로 비안 소장이 지휘하는 함선들은 연기를 내뿜으며 어뢰를 발사했다. 리토리오함의 대형 15인치 함포는 연합군 함포에 비해 사거리가 길어서 영국군 순양함 주변 곳곳에서 거대한 포탄이 튀었다. 훗날 비안 소장은 이탈리아 해군 함포들이 짙은 연기를 내뿜으며 쏜 포탄 때문에 "물기둥이 높이 솟구쳤다"라고 회상했다. 비안 소장의 경순양함과 구축함은 약 4시간 동안 연막 속을 드나들며 적의 공격을 받으면서도 기회 있을 때마다 대응했다. 영국군의 어뢰 공격을 받은 이아키노 제독이 이를 피하기 위해 잠시 함정의 방향을 변경하자 일시적으로 전투가 중단되기도 했다. 하지만 그날 오후에 이탈리아 해군은 대형 함정의 공격으로 영국군 순양함 3척과 구축함 6척에 큰 피해를 입혔다. 그러나 이것만으로는 영국군 호위함을 제압하지 못해 결국 석양 무렵에 이아키노 제독은 공격을 취소했다. 전투가 진행되는 동안 시칠리아에서 온 독일 폭격기들이 도망치는 영국 수송선을 공격해 화물선 1척을 침몰시키고 유조선을 심각하게 마비시켜 해안으로 밀어냈다. 결국 보급선 4척 중 2척만 몰타섬의 항구 도시 발레타에 도착했다. 그러나 무사히 도착한 2척의 수송선이 가져온 보급품 덕택에 이 섬의 수비대는 향후 몇 주 동안 충분히 버틸 수 있었다. 이번 교전을 승리라고 하기는 어려웠지만, 처칠은 비안 소장에게 축하의 서신을 보냈다.[6]

하지만 몰타의 운명은 여전히 불확실했다. 소모전이 진행된 탓에 이 섬에 남은 전투기가 허리케인기 6대에 불과했던 영국군은 4월에 미국 항공모함 와스프함Wasp이 스핏파이어 전투기를 갑판에 싣고 와 몰타의 비행장에 배달하자 진정으로 고마움을 표시했다. 그리고 5월에 와스프함이 다시 어려운 과업을 반복하자, 처칠은 "항공모함 와스프함이 두 번이나 임무를 수행하지 못할 것이라고 말했던 사람이 누구였죠?"라고 비꼬았다.[7]

되니츠 제독은 지중해에서 발생한 몇 차례 교전의 중요성을 이해하지 못했으며, 유보트를 지중해에 보내는 것은 '근본적으로 잘못된 정책'이라고 주장했다. 그가 보기에 중동은 전략적으로나 지리적으로나 '쥐덫'이었다. 지브롤터 해협의 강한 물살은 서쪽에서 동쪽으로 흘렀는데, 이로 인해 유보트가 지중해로 갈 때는 물살을 탈 수 있지만 다시 돌아오는 것은 느리고 시간이 오래 걸려서 순찰하는 영국 항공기에 노출되는 시간이 늘었다. 되니츠 제독에게 좌절감을 더한 것은 독일군 최고 사령부가 지브롤터 입구에서 유보트 몇 척을 더 분산 배치하더니 그중에 4척을 노르웨이 해안으로 보낸 결정이었다.[8]

이러한 배치로 늦여름까지 되니츠 제독이 북대서양 해로에 투입할 수 있는 유보트는 20척 미만이었다. 게다가 그중 절반은 유보트 기지로 가거나 돌아오는 중이었기 때문에 전체 유보트 중 8~12척만 정찰 임무에 투입되었다. 하지만 이 정도로는 전쟁에 영향을 미치기에 역부족이었다.

물론 되니츠 제독의 목표 중 일부는 영국에 물자가 전달되는 것을 막는 것이었다. 1942년 미국 해군 훈련 교범에서 지적했듯이, 소형 화물 선박 2척의 손실은 "전차 42대, 6인치 곡사포 8문, 11킬로그램짜리 기관총 88문, 1킬로그램짜리 기관총 40정, 장갑 차량 24대, 수송 장갑차 50대, 탄약 5210톤, 소총 600정, 전차 용품 428톤, 군수품 2000개를 잃는 것"을 의미했다. 그러나 이와 별개로 되니츠 제독은 자신의 유보트가 만선이든 텅 빈 선박이든 간에 선박을 공격해야 한다고 생각했다. 따라서 유보트는 동쪽으로 향하는 호송대뿐만 아니라 서쪽으로 향하는 호송대도 공격했다. 이 같은 이른바 톤수 전략은 독일이 수행하는 무역 전쟁의 핵심이었다.[9]

이 작전은 1942년 상반기에는 꽤 유망해서, 당시 유보트는 선박 263척을 격침시켰는데 이때의 총 배수량은 150만 톤에 달했다. 그러나 그해 하반기에는 그 수치가 169척에 72만 톤으로 감소해 매월 약 12만 톤에 불과했다. 되니츠 제독은 유보트 작전의 성과가 좋지 않은 이유로 독일군 최고 사령부가 유보트를 잘못 배치했고, 여름이 유독 길었으며, 3월에 프린, 셰프케, 크레치머 등 유능한 유보트 함장 몇 명이 사망했기 때문이라고 지적했다. 그럼에도 불구하고 그는 하반기 결과는 더 나아졌어야 한다고 생각했다. 그는 때때로 연합군의 대형 호송대 하나나 둘에 유보트를 집중시킬 수 있었지만, 그런 일은 자주 있지 않았다. 마치 연합군 호송대가 유보트가 어디에 있는지 파악하고서 그것들을 피하기 위해 기동하는 것처럼 보였다.[10]

그리고 그것은 사실이었다.

════

독일어로 '집단 전술Rudeltaktik'이라고 불린 되니츠 제독의 전술은 전적으로 무선 통신에 의존했다. 케르네벨 사령부에서 최초의 목격 보고를 입수하면 다른 유보트에 이 소식을 전달해 울팩 부대로 결합시켰는데, 이를 위해서는 반드시 무선 통신을 광범위하게 이용해야 했다. 메시지는 구두로 전달된 것이 아니라 일련의 점(·)과 대시(-)로 된 전신 키를 사용해서 전송했다. 전쟁 중에는 서로 상대의 무선 메시지를 가로채려 했기 때문에 메시지가 일상적으로 암호화되었다.

연합군은 독일군의 메시지를 읽을 수 없었지만 트래픽 분석TA: traffic analysis으로 알려진 방법으로 정보를 수집했다. 여기에는 몇 가지 주목할 만한 요소가 있었다. 그중 하나는 단순히 전송량을 모니터링하는 것이었다. 즉, 무선 메시지의 수가 갑자기 증가할 경우, 그것은 중대한 작전이 임박했음을 의미했다. 트래픽 분석의 또다른 요소는 고주파 방향 탐지HF/DF: high-frequency direction finding를 사용해 무선이 나오는 출처를 추적하는 것이었다. 이 탐지법은 구어체로 '허프-더프huff-duff'라고 부르기도 했다. 여기에는 각 독일 무선 신호의 나침반 방위를 추적하고 광범위하게 분리된 방송국의 유사한 데이터와 비교해 결과를 삼각 측량하는 작업도 포함되었다. 1942년까지 모든 선박에 HF/DF 장치를 장착한 영국군은 무선 메시지의 출처를 추적할 수 있는 데이터를 더 많이 습득했다.

한편 경험이 풍부한 무선 청취사 집단인 왕립 여성 해군 부서인 렌스 WRNS의 직원 중에는 적군의 특정 무선사가 가진 특유의 템포와 운율을 식별할 줄 아는 이들이 있었다. 케르네벨의 되니츠 제독 사령부에서 수많은 메시지가 발령되자, 메시지를 도청하던 렌스 요원들은 자신들이 식별할 수 있는 특정 운율을 지닌 개별 무선사마다 고유 명칭을 붙였다. 물론 특정 유보트에 배정되었다고 알려진 무선사의 운율을 정확히 식별하는 경우는 흔치 않았지만, 그러한 정보를 HF/DF 결합과 조합해 때때로 유보트의 위치를 알아내는 경우도 있었다. 이 작업은 흡사 모래밭에서 특정한 모래알을 찾아내는 것과 같았다.[11]

양측 모두 상대방의 무선 메시지 내용을 읽기 위해 코드를 해독하려고

전쟁 후에 찍은 에니그마 기계의 사진. 전면에 부착된 세 개의 로터(바퀴)가 키보드 뒤의 슬롯과 결합되어 회전한다. 1942년 2월, 독일 해군은 에니그마 기계에 네 번째 바퀴를 달았고, 그 결과 연합국은 1943년 3월까지 독일 해군의 메시지 내용을 해독할 수 없었다. (미국 해군연구소)

노력했으나, 이러한 절차는 점점 더 어려워졌다. 독일군은 초기에 영국군의 암호를 해독하는 데 몇 차례 성공했다. 예를 들면 1940년 봄에 나르비크 앞바다에서 벌어진 전투 중에 독일 해군 정보국Beobachtungsdienst('B-딘스트'로 알려진 조직) 소속 분석가들은 영국 해군이 주고받은 많은 메시지를 파악했다. 독일군은 1940년 11월에 수상 공격함 아틀란티스함이 인도양에서 증기선 아우토메돈호의 암호책을 나포한 뒤부터 영국군 정보를 해독하는 방법이 향상되었다(6장 참조). 곧이어 B-딘스트는 무역 조정실이 호송대 지휘관에게 보내는 암호화된 메시지를 해독했다. 이런 메시지들은 종종 일기예보처럼 비교적 가벼운 주제에 관한 것들이었지만 때로는 코스 변경을 제안하는 메시지도 있어서 일부 호송대의 이동 경로를 밝히는 데 도움이 되었다.[12]

독일어 메시지 전송은 당시까지 만들어진 가장 정교한 암호화 장치로 암호화되었는데, 연합군은 이를 '에니그마 기계Enigma machine'라고 불렀다.

이 암호화 기계는 1920년대에 상업용으로 처음 판매되었다가 1930년대에 독일군의 관심을 끌었고, 전쟁이 시작되자 독일 육군·해군·공군이 무선 메시지를 인코딩할 목적으로 저마다 에니그마 기계의 다른 기종을 사용했다.

이 장치는 나무 상자 안에 들어간 타자기 자판과 유사할 정도로 외관은 믿을 수 없을 만큼 단순했다. 작업자가 키를 누르면 기계 상단에 있는 금속 로터 3개를 통과하는 전기 충격이 발생했다. 각 디스크는 26가지 설정이 가능했기에 원래의 문자를 1만 7576가지(26×26×26) 방식으로 변경할 수 있었다. 게다가 각각의 키를 입력한 후 디스크가 한두 자리씩 회전하기 때문에 가능한 결과의 수가 또 한 번 늘었다. 이게 다가 아니었다. 전화 교환원이 사용하는 플러그와 유사한 플러그가 장치 전면에 다양한 패턴으로 배열되었다. 전기 회로가 완성되면 연산자가 처음 입력한 문자는 160조 가지를 통과하여 가능한 결과를 얻었다. 이렇게 무작위로 생성된 문자는 네 글자 그룹으로 묶여 전신 키로 전송되었다. 이 문자들은 수신기에 에니그마 기계가 설치된 경우에만 일관된 메시지로 재조합할 수 있었으며, 이 기계는 어떤 디스크가 사용 중이며 어떤 순서로 사용되는지, 그리고 설정이 매일 어떻게 바뀌는지 파악할 수 있었다.[13]

연합군이 에니그마 암호를 어떻게 해독했는지는 2차대전과 관련된 이야기 중 가장 중요한 것에 속한다. 27세의 폴란드 수학자 마리안 레예프스키Marian Rejewski가 그 발단을 제공했다. 레예프스키는 1920년대에 폴란드 정보부가 구입한 초기 상업용 에니그마 기계에서 비밀의 첫 번째 단서를 찾아냈다. 1939년 7월에 폴란드는 레예프스키가 발견한 사실을 영국과 공유했고, 이를 이용해 런던에서 북서쪽으로 80여 킬로미터 떨어진 블레츨리 파크에 있던 영국 정부 암호 및 해독 학교GC&CS: Government Code and Cypher School의 분석가들은 전쟁이 시작되기 전부터 에니그마 시스템을 해독하는 작업을 시작한 상태였다.[14]

그러한 노력 중에 한 가지 분명한 목표는 에니그마 기계를 제대로 확보하는 것이었다. 이를 위해 1941년 3월에 영국군 특공대가 독일 트롤선 크렙스호Krebs를 표적 삼아 승선했다. 크렙스호의 선장이 에니그마 기계를 배의 바깥으로 던졌지만 특공대는 예비 로터 몇 개를 성공적으로 탈취했다. 두 달 후에는 독일 기상선 뮌헨호München를 나포하면서 6월에 사용할 에니그마 키의 복사본을 입수했다. 그러던 중 1940년 5월 9일에 영국군 구축함이 그린란드 앞바다에서 유보트 U-110을 나포했는데, 이것이 에니그마 해독에서 가장 중요한 계기였다. U-110의 함장은 개전 첫날 여객선 아테니아호를 침몰시킨 프리츠율리우스 렘프 중위였다. 그가 그린란드 근해에서 OB-318 호송대를 공격하던 중 연합군의 폭뢰 공격으로 유보트의 배터리가 손상되었다. 배터리에서 나온 황산에 바닷물이 섞여서 독성 가스를 생성해 승무원들을 질식시킬 위험이 있다고 판단한 렘프 중위는 유보트를 수면 위로 떠오르게 했다. 그리고 승무원들에게 배를 포기하라고 명령하기 직전, 그는 승무원들에게 U-110이 침몰했는지 확인하기 위해 환기구를 열고 해치를 열어두라고 지시했다. 그러나 이에 앞서 영국 구축함 불독함Bulldog의 승무원들이 U-110에 탑승해 환기구를 폐쇄한 뒤 신속하게 내부를 조사했다. 이때 탑승한 승무원 중에 불독함의 전신 기사 앨런 롱Allen O. Long도 있었는데, 잠수함의 무전실에 들어간 그는 온전한 에니그마 기계와 로터, 당일에 사용한 코드를 함께 발견했다. 그와 동료 승무원들은 에니그마를 책상에 고정시킨 볼트를 풀고 이 기계를 불독함으로 운반하기 위해 작은 배까지 인간 사슬을 만들었다. 포로로 잡힌 U-110의 승무원들이 불독함 갑판 아래로 빠르게 움직인 덕분에, 영국군은 자신들이

작동하는 에니그마 기계를 확보했다는 사실을 비밀에 부칠 수 있었다.[15]*

이처럼 독일군이 사용하던 귀중한 에니그마 기계를 입수하기 이전에도 28세의 앨런 튜링Alan Turing을 비롯한 블레츨리 파크 연구팀은 이른바 '봄브bombe'를 제작했다. 이것은 에니그마 메시지를 모방하고 처리할 수 있는 초기 형태의 전자 기계 컴퓨터였다. 나중에 블레츨리 파크 연구팀은 봄브를 여러 대 제작했다. 독일군에게서 온전하게 확보한 에니그마 기계에서 얻은 정보를 이용하자 봄브의 해독 절차가 빨라지더니 결국 영국군은 1941년 여름에 이르자 36시간 이내에 선별된 메시지를 해독할 수 있을 정도로 발전했다. 다만 영국군이 독일군의 메시지를 안정적이고 신속하게 해독하기는 여전히 어려웠다. 이처럼 영국군이 일부나마 독일군의 메시지를 해독할 수 있었던 것은 영국 정부가 이를 위해 새로운 분류 카테고리를 생성할 정도로 비밀리에 일을 처리한 덕분이었다. 그들은 이러한 과정을 통해 얻은 정보를 '울트라Ultra' 정보로 분류했다.[16]

블레츨리 파크의 암호 분석가들은 울트라 정보의 유용성을 확인한 경우에 그것을 폴몰 인근에 있던 해군성 작전 정보 센터OIC: Operational Intelligence Center에 전달했다. 이 조직의 핵심 인물은 프랭클린 루스벨트와 마찬가지로 소아마비로 장애인이 된 로저 윈Rodger Winn이었는데, 그는 평시에 변호사로 활동한 인물이었다. 그는 통역관으로 지원해 전쟁에 참여하기 시작했지만, 신체적 어려움과 해군 교육을 전혀 받지 못했음에도 불구하고 놀라운 분석 능력 덕분에 빠르게 중령으로 진급했다. 1941년까지

---

* U-110이 침몰하지 않은 사실을 확인한 렘프 중위는 이 잠수함에 보관된 비밀문서를 파괴하기 위해 필사적으로 그곳으로 되돌아갔다. 당시에 그 장면을 목격한 사람에 따르면 렘프 중위는 다시 배에 오르려다 탐승한 영국군의 총에 맞아 사망했다. 역사학자들은 이 이야기를 수용했지만, 영국인들은 일관되게 렘프 중위가 단순히 익사했다고 주장하며 이 목격담을 부인했다.

그는 첩보 추적실에서 책임자로 근무했는데, 이곳은 북대서양의 모든 선박과 (당시까지 알려진) 모든 유보트의 위치를 추적하고 감시했다. 한편 윈 중령은 울트라 정보 탐지 관련 작전 명령을 바꾼 사람도 그였다.[17]

1941년 6월, 블레츨리 파크의 암호 해독가들은 독일 잠수함 사령부가 호송대 HX-133의 예상 경로를 우회하여 접근하라고 유보트 10척에 명령한 것을 간파했다. 되니츠 제독이 단일 호송대를 상대로 배치한 유보트 중 가장 많은 수였다. 윈 중령은 호송 지휘관에게 항로를 바꾸라는 메시지를 보내는 동시에 다른 호송대의 호위함에 HX-133에 합류하라고 명령했다. 하지만 호송대는 완전히 탈출하지 못하고 선박 64척 중 6척이 침몰하고 말았다. 그러나 특별히 강화된 호위 부대가 유보트 2척을 침몰시킨 것을 고려할 때 최악의 손실은 아니었다.[18]

이때부터 대서양 전투는 북대서양에서 유보트와 호위대 사이에 벌어지는 혼란스럽고 치명적인 한밤중 대결과 더불어, 상대의 암호 해독을 둘러싼 영국과 독일의 비밀 경쟁도 가세했다. 독일군은 영국군의 메시지를 해독해 호송대를 찾았고, 영국군은 독일군의 메시지를 해독해 유보트 무리를 피했다. 에니그마 코드가 해독되었다고 해서 운명이 완전히 뒤바뀌는 것은 아니었다. 예를 들어 9월에 유보트 그룹이 그린란드 근해에서 호송대 SC-42를 발견하고 공격해 선박 19척과 화물 7만 3574톤을 침몰시켰는데, 이는 전쟁 중에 발생한 매우 치명적인 유보트 공격 중 하나였다. 그러나 이와 동시에 그러한 기회가 점차 줄어들고 있음을 의미했다. 독일 역사학자 위르겐 로버Jürgen Rohwer는 연합군이 울트라 첩보를 해독해 호송대의 경로를 변경함에 따라 전쟁 중에 200만 톤에 달하는 선박을 구할 수 있었다고 추정했다.[19]

하지만 연합군의 암호 해독이 1941년 하반기에 일어난 되니츠 제독의 유보트 전쟁이 거둔 실망스러운 결과를 설명할 수 있는 유일한 요인은 아니다. 연합군의 호위함 수가 늘어나고 연합군 지휘관과 승무원의 효율성이 향상되었을 뿐만 아니라 독일군이 투입할 수 있는 유보트 수가 제한된 것도 그러한 요인으로 작용했다. 하지만 에니그마 코드를 해독한 것은 결정타였으며 중요한 역할을 했다.

<hr />

되니츠 제독은 북대서양에서 거둔 실망스러운 결과를 만회하기 위해 지브롤터에서 영국으로 이동하는 HG 호송대를 타격할 목적으로 유보트를 남쪽으로 이동시켰다. 구축함 13척과 코르벳함의 강력한 호위에도 불구하고 9월에 HG-73 호송대가 함선 10척을 상실한 이후 영국 해군성은 12월에 HG-76 호송대의 호위를 강화했다. 이 호위에는 수상함 16척과 더불어 소형 항공모함 오더시티함Audacity도 투입되었다. 오더시티함은 배수량이 1만 2000톤에 불과하고 고작 항공기 6대를 적재했지만, 이 항공모함은 리버풀로 가는 항해 내내 공중 엄호를 제공했다. 이 시기에는 항공기가 유보트 공격에 대항하는 가장 효과적인 무기라는 사실이 입증되었다. HG-76 호송대는 1941년 12월 14일에 지브롤터를 출발했는데, 일본군이 진주만을 공습한 지 일주일 뒤였다. 그리고 출발한 지 사흘 후부터 유보트 7척의 공격이 시작되었다. 일주일 넘게 밤잠을 못 이루고 참혹한 어둠 속에서 계속된 전투에서 프레더릭 존 '조니' 워커Frederic John 'Johnny' Walker 중령이 지휘하는 호송대는 수면 위와 아래에서 가해지는 막강한 공격을 막아냈다. 그럼에도 유보트는 오더시티함과 상선 4척을 침몰시켰다. 하지만 더 중요한 것은 엥겔베르트 엔드라스가 지휘하는 U-567을 포함한 7척의 유보트 중 4척이 손실된 것이었다.[20]

그리고 1942년 2월, 연합국 측에서 마침내 무역 전쟁에서 우위를 점한 것이 분명해진 시점에 독일 해군은 운용하던 에니그마 기계에 네 번째 바퀴를 추가했다. 이에 따라 영국 블레츨리 파크의 암호 해독기가 더는 독일군의 암호를 해독할 수 없게 되었다. 암호 분석가들은 이를 '대정전Great Blackout'이라고 불렀다. 그 영향으로 유보트에 의해 입은 손실이 1월에 32만 7000톤에서 2월에는 47만 6000톤으로, 3월에는 53만 7000톤으로 가파르게 증가했다. 유보트 승무원들은 이 시기를 '두 번째로 행복했던 시간'이라고 불렀다.[21]

이 기간에 유보트 작전이 성공했던 이유는 영국군이 일시적으로 울트라 정보 해독에서 어려움을 겪었기 때문만은 아니다. 그중 일부, 실제로 가장 큰 이유는 무역 전쟁의 범위가 대서양 동부에서 미국 수역으로 확대되었기 때문이다.

═══════

되니츠 제독은 이것을 '북소리' 혹은 '북 연타'를 의미하는 '파우켄슐라크 작전Operation Paukenschlag'으로 명명했다. 또한 새로운 유보트가 실전에 투입되면서, 그리고 미국을 공식 적국으로 상대하면서 되니츠 제독은 진주만 공격처럼 미국 해안선을 오르내리는 극적이고 결정적인 유보트 작전을 구상했다. 물론 여기에는 심각한 보급 문제가 수반되었다. 로리엔트에서 뉴욕까지 거리는 5000여 킬로미터였는데, 이 거리를 750톤급 7호 유보트가 항해하기는 어려웠다. 한편 되니츠 제독은 20척의 대형(1100톤) 유보트를 보유했는데, 그중 11척은 연료 절약형으로 표면 속도 10노트로 항해할 경우 항송 거리가 2만 킬로미터가 넘는 IX-C 보트였다. 1941년 12월 9일, 히틀러가 유보트를 풀어 미국 선박을 공격하라고 명령한 날, 되니츠 제독은 미국 영해에서 작전을 수행하려면 대형 유보트 12척을 출격해야 한다고 독일군 총사령부에 요청했다. 하지만 최고 사령부는 그에게 6척만 할당하고 나머지는 지브롤터 근교에서 계속 임무를 수행하라고 결정했다. 게다가 그 6척 중 1척에서 기름이 새는 사고가 발생했다. 그래서 결국 12월에 총 5척의 유보트가 미국 동부 해안으로 출격했다. 이와 더불어 되니츠 제독은 여분의 연료와 보급품을 실은 7형 소형 유보트 10척을 노바스코샤 근해로 보냈는데, 이곳은 유보트의 작전 범위 이내 지점이었다. 이렇게 확보된 유보트 15척은 당시 독일이 보유한 전체 유보트 전력에서 상당 부분을 차지했다.*

유보트를 타고 수상으로 대서양을 횡단하는 것은 끔찍한 일이었다. U-333의 함장 페터르에리히 크레머Peter-Erich Cremer는 "파도가 집채보다 높았다"라고 회상했다. 거대한 파도가 계속해서 밀려올 때마다 유보트들은 큰 충격을 받으며 격렬하게 흔들렸고, 이따금 승무원이 선체에서 떨어지기도 했다. 어떤 때는 좌우로 120도 정도 구르기까지 했다. 바다가 유보트의 안전을 위협할 정도로 거칠어지면 함장은 난폭한 수면 아래 비교적 잔잔한 물속으로 잠수하라고 지시했다. 하지만 이런 경우 유보트 속도가 약 5노트로 감소했다. 또 항해 시간이 과도하게 늘어나 비축된 연료와 식량, 물이 부족할까 걱정이었다. 되니츠 제독은 모든 유보트가 1월 13일에 동시에 공격을 시작하기를 원했으나 상당 기간 물속에서 항해했던 유보트들은 그 기한을 맞출 수 없었다.[22]

---

* 1942년 1월 1일, 독일군이 보유한 유보트는 총 259척이었다. 그중 절반 이상은 신형이거나, 아직 해상 시험이나 운항 테스트를 받는 중이었다. 나머지 26척은 지중해에 있거나 지중해로 가는 중이었고, 6척은 지브롤터 근해에, 4척은 노르웨이 근해에, 33척은 조선소에서 다양한 종류의 수리를 받고 있었다. 이에 따라 되니츠 제독이 보유한 유보트 중 대서양에서 활동하는 유보트는 22척뿐이었는데, 그중에 15척이 미국으로 파견된 것이다.

되니츠 제독은 유보트 함장들에게 목표물이 특별히 가치가 있지 않다면, 즉 1만 톤을 초과하는 선박이 아니면 이동하는 중에는 그 배들을 공격하지 말라고 명령했다. 유보트에 의한 합동 및 동시 공격이 시작되기 이틀 전인 1월 11일, U-123의 함장 리하르트 하르데겐Richard Hardegen은 노바스코샤 앞바다에서 영국 증기선 사이클롭스호Cyclops를 발견했다. 그는 이 선박을 최소 1만 톤(실제는 9076톤)으로 판단해 어뢰 2발로 침몰시켰다. 이 상선의 침몰 소식은 그다음날 워싱턴에 도착했는데, 그곳에서 영국과 미국은 '아르카디아Arcadia'로 알려진 전략 회의를 하는 중이었다. 이 회의에서는 미국 동부 해안에서 연합군의 선박을 보호하는 최선의 방안에 대한 논의가 포함되었다.[23]

이 문제를 해결할 핵심 인물은 미국 해군의 새로운 최고 작전 사령관 어니스트 킹 제독이었는데, 그는 2주 전인 12월 30일에 이 직책으로 승진되어 임명되었다. 이 보직을 수락한 직후, 그는 자신이 지휘하는 사령부의 두문자 약어를 그동안 "우리를 침몰시켜라sink us"처럼 장난삼아 불렀던 CINCUSCommander-in-Chief, United States Fleet(미국 함대 최고 사령관)에서 COMINCH로 변경했다. 엄밀히 말하면 킹 제독은 해군 참모 총장 해럴드 스타크 제독의 통제를 받는 직책이었으나, 엄연한 해군 작전 책임자였다. 물론 몇 달 뒤 킹 제독이 스타크 제독이 수행하는 해군 참모 총장 직책에 임명될 것이며, 게다가 그가 나머지 전쟁 기간 내내 미국 해군의 행정 사령관이자 작전 사령관이라는 두 가지 역할을 담당할 예정이었다. 이 임무는 엄청난 것이었지만, 강인한 킹 제독은 묵묵히 그런 결정을 수용했다. 스타크 제독은 조만간 유럽에서 활동할 미국 해군 최고 지휘관으로 임명되어 런던으로 갔다. 그는 자신의 좌천을 우아하게 받아들였다. 동맹에 그가 기여한 바도 컸으나, 치욕스러운 진주만 기습을 허용한 12월 7일에 미국 해군을 지휘한 해군 참모 총장이 그였다는 것은 감출 수 없는 사실이었다. 그리고 가장 결정적으로, 전쟁 중에 국가가 그를 더는 신뢰하기 어려웠다.[24]

킹 제독은 참모 총장이 된 첫날부터 임무 수행이 불가능한 수준의 자산을 가지고 두 바다에서 진행되는 양면 전쟁을 조율하기 위해 고심했다. 1940년에 통과된 '양 대양 해군 법안' 덕분에 수많은 구축함이 합류했지만, 그 법안에 의해 생성될 주요 전투력은 적어도 향후 1년 동안은 실전에 투입하기가 어려웠다. 루스벨트가 항공모함 요크타운함과 구축함 11척을 태평양으로 돌려보내라고 지시했으나, 이는 아이슬란드와 아일랜드로 향하는 미국 호송대에 강력한 호위를 제공해야 하는 킹 제독과 대서양 함대의 전투력이 급격하게 감소하는 것을 의미했다. 결국 영국은 사이클롭스호 침몰에 대응해 킹 제독에게 미국 해안에서 호송 체계를 구축하라고 압력을 가했으나, 그는 호위가 부족하거나 최소한의 호위만 주어지는 호송대는 호위가 전혀 없는 상황보다 더 나쁘다고 반박했다. 영국군은 북대서양에서 자신들이 경험한 바에 비추어 볼 때, 호위함이 없는 호송대들이 단독으로 항해하는 선박보다 더 나은 성과를 거두었다고 주장하며 킹 제독의 견해에 이의를 제기했다. 물론 이러한 계산은 거친 바다의 호송대에 비해 경로 예측이 훨씬 쉬운 해안 호송대에는 적용되지 않았을 수도 있다. 이와 더불어 킹 제독은 영국과 공유할 수 없는 두 번째 반대 의견을 제시했다. 영국이 해안 호송 체계를 옹호하는 이유가 부분적으로는 모든 대서양 호송대를 영국 해군 제독이 지휘할 수 있는 단일 조직으로 통합하려는 열망에 근거한 것 아니냐는 의심이었다.[25]

독일군이 영국군과 미국군을 상대로 싸우는 동안 파우켄슐라크 작전이 실행되기 시작했으나, 되니츠 제독이 상상했던 바와 같은 파괴적인 충격은 나타나지 않았다. 그 이유는 주로 9형 유보트 5척이 최초의 목표였던 1월 13일까지 제 위치에 도착하지 못했기 때문이다. 1월 14일에 하르데겐이 지휘하는 U-123이 파나마 유조선 노르네스호Norness를 롱아일랜드 앞바다에서 침몰시켰으나, 5척의 유보트 중 마지막 1척은 1월 18일까지도 노스캐롤라이나주 해터러스곶 앞바다의 지정된 위치에 도착하지 못했다.

해터러스곶은 미국 해안 무역의 중요한 길목이었다. 1942년 1월, 루이지애나와 텍사스 유전에서 뽑아낸 기름의 95퍼센트가 해터러스곶을 통과하는 유조선에 실려 동부 해안으로 올라갔는데, 이곳은 여울 때문에 수로가 50킬로미터 정도로 좁았다. 그래서 결국 미국은 국내 석유 수송의 상당량을 철도 차량과 파이프라인으로 대체했다. 그런데 1월 18일에 되니츠 제독의 유보트들이 해터러스곶에 도착했을 때 그곳에 수많은 선박이 있었기 때문에 유보트들은 수면 위로 올라왔다. 하르데겐은 "적어도 20척 이상의 증기선이 이동 중이며, 심지어 몇몇은 불까지 켜고" 있는 것을 보고 놀랐다. 그날 밤, 그는 선박 4척을 침몰시켰다.[26]

되니츠 제독이 제안한 프로토콜에 따라 유보트들은 낮에는 대륙붕 바닥에 조용히 누워 있고 밤에 지나가는 화물선, 특히 유조선을 찾기 위해 수면 위로 올라왔다. 목표 선박이 대부분 독자적으로 운항했을 뿐만 아니라, 하르데겐 함장이 지적한 대로 선박들이 여전히 밝게 라이트를 켠 채 항해했기 때문에 대체로 유보트가 거부하기 힘든 목표물이었다. 심지어 불을 끄고 항해하는 선박들도 해안에서 타오르는 불빛을 배경으로 항해하면 적나라하게 실루엣이 드러났는데, 마이애미에서 뉴욕에 이르는 미

영국 증기선 엠파이어트러시호(Empire Thrush)는 1942년에 해터러스곶에서 침몰한 연합국 함정 가운데 하나다. 이곳의 수심은 이 배가 바닥에 가라앉은 후에도 배의 돛대와 굴뚝이 보일 정도로 매우 얕았다. (미국 해군 역사유산사령부)

국 동부의 해안 도시들은 대부분 야간에 정전을 시행하지 않았다. 2년 넘게 유럽에서 전쟁을 벌인 유보트 함장들은 미국 국민의 부주의에 어이없어했으며, 해안 도로를 따라 지나가는 자동차 헤드라이트의 광경에 넋을 잃기도 했다. U-333을 지휘하던 크레머 함장은 "우리는 야시경夜視鏡을 통해 큰 호텔과 저렴한 여관을 명확하게 구별할 수 있었고, 깜박이는 네온사인까지 읽을 수 있었다"라고 회상했다. 쌍안경으로 뉴욕 항구를 들여다본 하르데겐 함장은 승무원들에게 엠파이어스테이트 빌딩 꼭대기의 댄서들을 볼 수 있다고 농담하기도 했다. 그러한 상황에서 유보트는 자주는 아니었지만 미국 선박을 공격할 기회가 왔다. 1월의 마지막 2주 동안 그들은 23척의 선박을 침몰시켰는데, 그중 13척이 유조선이었다. 소형

7형 유보트에 의해 캐나다 해역에서 침몰한 선박 수를 계산할 경우, 파우켄슐라크 작전에 투입된 유보트는 2주 만에 41척의 연합군 선박과 화물 23만 6000톤을 침몰시켰다. 이는 충격적인 결과였고, 이 손실 중 대부분이 미국 해안선 인근에서 발생했다는 점에서 더 충격적이었다.[27]

이에 따라 킹 제독은 동부 해양 경계선을 조정하기 위해 1901년에 자신과 함께 해군 사관 학교를 졸업한 어돌퍼스 앤드루스Adolphus Andrews 중장을 임명했다. 하지만 앤드루스 중장으로선 이 결정이 감사할 일은 아니었다. 호위 함대 부족, 비협조적인 민간 선박 경영진, 해군과의 협조를 꺼리는 고집 센 상선 선장들 같은 조건 외에도 초기에는 육군 항공대의 항공 지원이 없는 상태에서 임무를 수행해야 했기 때문이다. 유보트 함장들은 어떤 기종이건 간에 수평선에 항공기가 나타나는 순간 급히 잠수했기에 항공기는 대잠수함 작전에 유용했다. 킹 제독은 앤드루스 중장에게 장거리 카탈리나 항공기 44대를 배정했는데, 이 기종은 대잠수함 초계 작전에 이상적이었다. 다만 항공기 44대만으로 노바스코샤에서 플로리다까지 2500여 킬로미터나 뻗은 미국 동부 해안선을 감당하기는 어려웠다.[28]

한편 앤드루스 중장은 상선의 연안 항해를 보호하기 위해 즉시 수상 호위대를 조직했다. 그는 소수의 미국 구축함, 그리고 전쟁 중에 루스벨트가 해군의 통제하에 두었던 미국 해안 경비대의 빠른 구명정을 보유했다. 또 영국이 영국과 노르웨이 해안에서 유보트에 대항하여 우수한 성능을 발휘한 24척의 무장 트롤선을 파견했다. 석탄을 연료로 쓰는 이 배들은 길이 50여 미터에 속도 12노트로 작고 느렸으나 아스딕과 폭뢰를 갖추고 있었다. 게다가 이 선박에는 숙련된 영국 해군 승무원이 배치되었다. 그런데 폭풍이 몰아치는 대서양 횡단 중에 갖은 노력에도 트롤선 1척이 침몰하고 말았다. 나머지는 도착한 직후 조선소에서 수리를 끝내고 4월 중순부터 미국 해안에 투입되어 임무를 수행했다. 이 배들은 루스벨트 대통령이 1940년에 영국에 보낸 구형 4-스택 구축함 50척에 대한 일종의 보상이었는데, 미국은 대단치 않아 보이던 이 배들이 훌륭하게 임무를 수행했다고 인정했다.[29]

미국 영해에서 작전을 수행하던 유보트의 활약은 1942년 4월에 최고조에 달했는데, 총 31척(9형 14척, 7형 17척)이 연합국 함선 133척, 화물 64만 1053톤을 격침하거나 침몰시켰다. 이토록 무섭고 전략적으로 중대한 손실에 대처하기 위해 킹 제독은 앤드루스 중장에게 구축함 2척을 추가로 제공했다. 하지만 다른 함정들과 마찬가지로 이 함정들은 빈번한 SSSS 무선 통신을 추적하느라 많은 시간을 허비한 뒤에 너무 늦게 도착해 바다에서 살아남은 승무원들을 구하는 것 외에는 별다른 성과를 내지 못했다. 가끔 음파 탐지기를 가동하고 대량의 폭뢰를 투하했으나, 점차 공격의 성공률이 낮아졌고 기존에 파괴한 유보트를 다시 타격하는 경우조차 있었다.[30]

앤드루스 중장은 임시변통에 가까운 해결책을 마련하려고 했다. 그러한 노력 중 하나는 Q선박Q ship의 부활이었다. 케이폭나무kapok나 다른 부력 물질로 가득 찬 화물선의 캔버스 뒤에 3인치 포를 숨겨 무장한 것이다. 연합국 선박을 공격하는 유보트들은 종종 선박을 어뢰로 공격한 직후에 수면 위로 올라왔는데, 어뢰에 맞은 뒤 유보트가 올라올 때까지 기다렸다가 캔버스 뒤에 숨겨놓은 포로 공격하겠다는 의도였다. 이렇게 준비된 3척의 Q선박이 출동했지만, 운이 따르지 않았다. 그중 2척은 유보트를 마주칠 기회조차 없었으며, 나머지 하나는 케이폭나무 화물에도 불구하고 숨겨진 포를 사용하지 못한 채 유보트에 의해 침몰하고 말았다.[31]

또다른 불운한 노력은 '훌리건 해군Hooligan Navy'이라는 조직의 결성이었다. 이 조직은 미국 동부 연안에서 유보트를 찾겠다고 자원한 사람들로 구성되었다. 구체적으로 자원자들이 가져온 비무장 민간 어선과 돛단배를 모은 선단이었다. 이 자원자들 중에 가장 유명한 사람은 어니스트 헤밍웨이다. 그는 '기관총, 소총, 리볼버, 폭발물'을 가지고 자신의 요트 필라호Pilar를 타고 바다로 나갔고, '유보트의 조종탑에 수류탄을 던질 계획'을 세우기도 했다. 이 같은 자원자들의 열망에도 불구하고 이러한 시도는 소수의 열성적인 자원자들에게 약간의 흥분과 만족을 제공한 것 이상의 효과를 기대하기는 어려웠다.[32]

연합군은 4월 14일에 몇 가지 성공을 거두었다. 구축함 로퍼함Roper이 U-58을 침몰시켰고, 5월 9일에는 해안 경비대의 커터cutter(소형 쾌속정) 이카루스함Icarus이 해터러스곶 앞바다에서 U-352를 침몰시켰다. 그러나 유보트는 자주 그리고 반복적으로 공격한 뒤 어둠 속으로 사라졌고, 유보트가 사라진 바다는 잔해로 가득했으며, 생존자를 한가득 실은 구명보트가 흔들렸다. 특히 유조선의 피해가 가장 컸는데, 3월과 4월에 수많은 유조선이 침몰하자 루스벨트 행정부는 효과적인 대응책이 마련될 때까지 모든 유조선을 항구에 정박하도록 조치했다.[33]

앤드루스 중장은 완벽한 수준의 호송 체계를 발전시키기 이전 중간 단계로 해터러스곶 인근을 통과하는 위험한 지점을 보호하기 위한 호위대를 조직했다. 북쪽으로 운행하는 화물선들과 유조선들은 노스캐롤라이나주 모어헤드 앞바다의 룩아웃곶에 집결했다. 선박들은 그곳에서 해터러스곶에서 북쪽으로 30여 킬로미터 떨어진 윔블숄스까지 항해하기 직전에 호위함들과 합류했다. 이 호위함들은 어린이들이 위험한 교차로를 가로질러 걸어가는 것을 보호하는 횡단 경비원과 유사한 임무를 수행했다.[34]

미국이 이렇게 대응하자 유보트들은 남쪽으로 더 이동해 선박들을 공격했다. 당시까지 되니츠 제독은 해상에서 1600톤급 대형 유조 잠수함을 투입해 소형 7형 유보트에 연료를 주입하는 프로토콜을 유지해왔다. 임무를 수행하던 사람들은 이 14형 유보트들을 '젖소'라고 불렀다. 그중 첫 번째 유보트인 U-459는 3월에 미국 해안에 배치되었다. 이 유보트는 연료 약 450톤을 담을 수 있는 보조 연료 탱크를 보유했으며, 임무 중에 유보트 승무원에게 신선한 음식을 제공할 수 있도록 신선한 공급품을 운반했다. 하지만 이들은 대체로 어뢰는 가지고 있지 않았다. 해상에서 길이 7미터, 무게 약 1500킬로그램의 어뢰를 수송하는 것은 사실상 불가능했기에 공격하는 유보트가 어뢰를 전부 소모한 후에는 새로운 어뢰를 장착하기 위해 프랑스 기지로 돌아가야 했다. 그 대신 이 '젖소' 보급 잠수함은 유보트가 미국 해안을 따라 더 남쪽으로 이동하는 데 필요한 식량과 연료를 제공했다. 1942년 5월 1일, 9형 U-109를 지휘한 베테랑 함장 하인리히 블라이히로트는 마이애미에서 영국 유조선 라파스호La Paz를 침몰시켰다. 5일 후, U-333의 크레머 함장은 플로리다 해협에서 6시간 동안 연합군 선박 3척을 침몰시켰다. 같은 달, U-507을 지휘하던 하로 샤흐트Harro Schacht 소위는 멕시코만에서 6일 동안 8척의 선박을 침몰시켰는데, 여기에는 미시시피강 하구에서 침몰한 1만 톤급 버지니아호Virginia도 포함되었다. 이렇게 해서 연합군 화물 손실이 두 달 연속 60만 톤이 넘었다.[35]

이 수치는 너무나 충격적이어서, 관련 세부 사항은 미국 대중에게 비밀로 유지되었다. 그러면서 공개 보도에서는 미국 해군이 유보트에 '강력한 대응 방안'을 취하고 있다고 강조했다. 그리고 2월에 프랭크 녹스 해군 장관이 적어도 유보트 3척을 격침했고 4척에 손상을 입혔다는 '상당히 보수적인 추정치'를 발표했다. 흥미로운 사실은 미국 언론의 관심이 밴쿠버에서 샌디에이고까지 미국 서해안에서 활동했으나 파괴력이 크지 않던 일본 잠수함 9척에 집중된 점이다. 미국 서해안의 I-보트가 3만 톤의 화물을 격침했는데, 이에 대해 실제적 위협의 강도에 비례하지 않는 정도로 높은 경계령이 발령되었다. 미국 국민은 2월에 I-17이 샌타바버라 근처 정유 공장에 포탄 10발을 발사했을 때 큰 충격을 받았다. 이튿날 언론 헤드라인은 다음과 같았다. "일본군 잠수함, 캘리포니아 석유 공장을 폭격하다." 결국 이 사건으로 공황이 발생하자 루스벨트 행정부는 일본계 미국인을 해안 지역에서 멀리 떨어진 장소로 이주시켜 수용하는 계획을 승인했다. 이 조치는 요즘에는 악명 높은 계획으로 평가된다.[36]

5월이 되자 마침내 미국 해군은 동부 해안에서 본격적인 호송 체계를 구축했다. 키웨스트에서 햄프턴 로즈(KN) 사이에서 북부행 호송대와 남부행 호송대가 대략 45척의 상선과 7~8척의 호위를 받는 유조선으로 구성되어 있었다. 일반적으로 이 호송대는 해군 구축함 2척, 해안 경비대 범선 2척, 영국 트롤선 2척, 코르벳함 1척으로 구성되었다. 이러한 조치를 통해 미국 해안에서 침몰하는 선박 수는 크게 감소했는데, 어느 정도는 그때쯤에 유보트들이 카리브해를 배회하고 있었기 때문이기도 했다.[37]

═══════

파우켄슐라크 작전 개시 전날인 1942년 1월 12일 밤, 히틀러는 독일군 최고 지휘관들에게 노르웨이가 '운명의 지대'라고 강조했다. 영국군 특공대가 12월 27~28일 노르웨이 남부 해안을 기습하자 그는 영국군이 그곳에서 대규모 공세를 계획하고 있다고 확신했다. 사실 영국군 지휘관들이 결사적으로 반대했지만, 노르웨이 침공은 그해 겨울에 처칠이 특히 선호했던 공격 작전 중 하나였다. 이러한 사실을 간파하지 못한 히틀러는 '대규모 노르웨이-러시아 공세'가 시작될 것으로 예상했다. 그는 "노르웨이에 배치되지 않은 함정은 모두 잘못된 곳에 있는 것이다"라고 주장하며 독일 해군의 전투력을 노르웨이 해안에 집중하라고 지시했다. 그리고 얼마 지나지 않아 독일군 최고 사령부는 되니츠 제독에게 8척의 유보트를 노르웨이에 추가로 파견하라고 지시했다. 노르웨이라니? 되니츠 제독은 그러한 조치를 도저히 믿을 수 없었다. 그는 격하게 항의했지만, 총통의 명령에 문제를 제기할 수는 없었다. 체념한 되니츠 제독은 공식 전쟁 일지에 히틀러와 독일군 최고 사령부의 간섭 덕분에 "대서양 작전 기지에서 활동하는 16척의 유보트 중 고작 6척만 독일 해군의 가장 중요한 임무인 연합군 선박을 침몰시키는 임무를 수행하고 있다"라고 불평하듯 적었다.[38]

물론 노르웨이 근해에서도 적들이 배를 타고 지나갔고, 가끔 노르웨이 노르카프곶 주변 아이슬란드에서 무르만스크까지 가는 연합군 호송대도 있었다. 이곳은 영어권 연합국이 절실히 필요한 전쟁 물자를 미국에서 러시아로 공급하기 위해 사용한 세 가지 경로 중 하나였다. 또다른 경로는 남아프리카를 돌아 인도양과 페르시아만을 거쳐 이란으로, 나머지는 태평양을 건너 블라디보스토크로 가는 멀고 긴 경로였다. 그중 마지막 항로는 일본 해군이 통제하는 지역을 통과해야 해서 특히 문제가 있었다. 하지만 일본은 소련과 대결을 피해야 하는 나름의 이유가 있었기에 일본 해역을 통해 미국의 임대 화물을 운송하는 러시아 국적 선박에 별다른 조치를 취하지 않았다. 어떤 경우에는 배들이 종종 주행등까지 켠 상태에서 홋카이도와 혼슈 사이 쓰가루 해협을 통과하기도 했다.[39]

히틀러는 독일 함대를 노르웨이 앞바다에 집중시키기 위해 레더 대제독에게 전함 티르피츠함을 발트해에서 트론헤임으로 이동시키라고 명령했다. 또 여전히 프랑스 브레스트 항구에 남아 있던 3척의 대형 전함, 즉 샤른호르스트함과 크나이제나우함과 프린츠오이겐함을 즉시 노르웨이 앞바다로 데려와야 한다고 주장했다. 당시 레더 대제독은 이 함정들을 비스마르크함과 함께 대서양에 대규모 수상 함대를 집중시키려는 계획을 세우고 있었던 터라 이 세 함정은 지난 5월부터 브레스트 항구에서 별다른 임무를 수행하지 않고 정박한 상태였다. 그 이후 연합군 항공기는 주기적으로 이 세 함정을 폭격했다. 이렇듯 영국 해군과 공군의 관심을 유지하는 것 외에는 전쟁에 별다른 기여를 하지 못하고 있었다. 그러자 히틀러는 자연스럽게 수상 함대의 가치를 회의적으로 여기게 되었고, 결국 레더 대제독에게 수상 함대를 본국으로 복귀시키라고 명령했다.[40]

레더 대제독은 독일 해군의 대형 전함을 이용해 러시아로 향하는 연합군 호송대를 공격하려 했으며, 실제로 구체적인 작전을 구상하기도 했다. 또 대형 전함이 아이슬란드와 페로 제도 사이의 해로, 그리고 스코틀랜드 북쪽을 거쳐 본국으로 복귀할 것으로 생각했다. 하지만 히틀러의 명령에 따르자면 영국 해협을 따라 곧장 도버의 좁은 항로를 통과하는 최단 경로로 기동해야 했다. 레더 대제독은 이 결정에 반대했지만, 그의 표현대로 "히틀러는 단호했다." 사실 이러한 기동은 지나치게 대담한 결정이었다. 독일군 대형 전함들은 플리머스와 포츠머스에 있는 영국 해군의 주요 항구를 지나쳐야 했을 뿐만 아니라 전체 경로가 기뢰밭으로 막혀 있었으며, 영국 항공기의 순찰을 계속해서 통과해야 했다. 게다가 이 전함들은 비밀을 유지하기 위해 밤중에 브레스트 항구를 떠나야 했다. 달리 말하면 주간에 도버 해협을 통과해야 한다는 뜻이었다.[41]

이에 따라 독일군 대형 전함들은 2월 11일에서 12일 사이의 한밤중에 출발했고, 12일 아침 8시에는 3척의 대형 전함, 6척의 구축함, 10척의 어뢰정이 프랑스 해안을 따라 센만 동쪽으로 진격했다. 영국군이 도버 해협에 진입하는 독일군 함대를 발견한 것은 오전 10시 42분이었으며, 이 함대에 대한 첫 번째 공격은 정오경 소드피시 항공기 6대에 의한 공습으로 시작되었다. 프랑스 기지에서 출격한 독일 공군 전투기들이 독일 함선을 엄호했기 때문에, 영국 공군 소드피시 어뢰기들은 어뢰를 발사할 수 있을 만큼 가까이 접근하기 전에 격추되었다. 또한 이날 오후 2시 30분경에 영국 구축함 6척이 시도한 어뢰 공격도 실패했다. 독일 함대가 일시적으로 전투를 멈춘 것은 샤른호르스트함이 기뢰에 부딪혔을 때뿐이었다. 그리고 오후 4시경에는 독일의 대형 전함 3척과 호위함 모두가 로테르담 동쪽에서 30노트가 넘는 속도로 항해하고 있었다.[42]

도버 해협 방어 임무의 책임을 맡은 영국 공군은 독일군 함대의 이동을 파악한 이후 몇 시간 동안 총 400여 대의 항공기를 동원해 높은 고도에서 폭탄을 투하하거나 수면 가까이에서 어뢰를 발사해 독일군 수상 함대를 공격했다. 하지만 영국군이 투하하거나 발사한 폭탄과 어뢰는 목표물에 도달하지 못했고, 독일군 메서슈미트 전투기들이 영국군 폭격기 17대를 격추했다. 그러던 중 저녁이 되자 어둠 속에서 본국으로 귀환하던 샤른호르스트함이 9시 30분에 두 번째로 기뢰에 걸렸다. 이 전함은 심하게 손상되어 기체가 흔들렸지만 여전히 물에 뜬 채 빌헬름스하펜 항구로 들어갔고, 이 함정을 제외한 나머지 함대는 킬 항구에 안전하게 도착했다.

훗날 '해협 돌파'로 알려진 이 작전이 영국 해군으로서는 굴욕적인 사건이었다. 《런던 타임스》는 에스파냐 함대가 실패한 곳에서 독일 해군은 성공했다고 보도했다. 한편 독일에서는 대형 전함이 성공적으로 복귀하자 히틀러를 상대하던 해군과 레더 대제독의 영향력이 더 약화되었다. 다시 한번, 전문가들은 총통이 선호하는 행동 방침은 재앙이 될 것이라

고 경고했지만, 이번 사건은 영국의 위신과 사기를 제외하면 재앙과는 거리가 멀었다.[43]

========

하지만 연합군이 노르웨이를 공격할 것이라는 히틀러의 예측은 빗나갔다. 독일 해군을 노르웨이 해안에 집중시키라는 그의 명령은 영국이 곧 항복하거나 소련을 쉽게 무너뜨릴 수 있다는 그의 확신처럼 근거가 부족했다. 사실 영국이 프랑스 함락 이후에 협상 테이블에 나올 것이라거나, 소련이 카드로 만든 집처럼 쉽게 무너질 것이라고 했던 육군 장군들의 주장에 대한 히틀러의 확신은 근거가 명확하지 않았다. 하지만 전함 티르피츠함과 유보트 12척이 노르웨이 해안으로 이동함에 따라 독일 해군이 북극 호송대를 방해할 수 있었는데, 이 호송대는 무기 대여 물품을 소련으로 운반하던 중이었다. 이에 따라 1942년 상반기에 노르웨이 북쪽 북극해는 세계 무역 전쟁의 또다른 전쟁터가 되어갔다.

1941년 8월, 노르웨이 노르카프곶 주변에서 러시아를 향한 호송이 시작되었다. PQ 호송대로 명명된 이들은 영국으로 향하는 HX 호송대에 비해 소규모였고 빈번히 활동하지도 않았다. 미국 육군의 공식 기록에 따르면 이 호송대는 다른 곳의 '선적 요건과 지속적으로 경쟁하는 것'이 문제였다. 하지만 북극해 운항과 호송은 중요했다. 여전히 육상에서는 독일군에 맞서 최전선을 견뎌내고 있었지만 독일군에 포위된 소련군은 보급품 부족에 시달렸기 때문이다. 게다가 러시아와 독일이 서로를 죽이는 동안, 영국과 미국은 단순히 참전할 시간을 기다리는 것 아니냐는 스탈린의 의심을 풀어주기 위해서도 필요했다. 이에 따라 평균적으로 매달 미국에서 전차, 항공기, 포병 화기를 실은 30~40척의 선박으로 구성된 두 호송대가 아이슬란드를 떠나 노르웨이의 노르카프곶을 돌아 바렌츠해의 무르만스크나 백해의 아르한겔스크로 향하는 힘든 항해를 했다. 이 항해는 동계에는 무척이나 힘들었다. 날씨가 험악했을뿐더러 점차 확대된 북극의 빙상이 호송대를 노르카프곶 위쪽 좁은 통로로 운행하도록 제한했기 때문이다. 잦은 폭설로 독일 공군 항공기들은 이륙할 수 없는 날이 잦았다. 무르만스크 활주로의 한 승무원은 "새 썰매를 받은 소년처럼, 눈이 오는 날이면 작업이 중단되어서 모두 좋아했다"라고 회상했다.[44]

1942년 1월, 처칠과 토비 제독은 독일의 티르피츠함이 발트해를 떠나 노르웨이 해안을 따라 북쪽으로 향했다는 것을 알았을 때 처음에 이 전함이 작년에 비스마르크함이 기동했던 것과 마찬가지로 다시 대서양 항로로 이동할지 모른다고 우려했다. 그리고 얼마 지나지 않아 포켓 전투함 아트미랄셰어함과 뤼초브함(기존 도이칠란트함)이 추가로 위협을 가하기 위해 나르비크에 들어왔다. 그후 몇 달 동안 처칠, 토비 제독, 무역 조정실 소속의 장교들은 그 전함들을 예의 주시하며 매일 경계 태세를 유지했다.[45]

6500여 킬로미터 떨어진 노스캐롤라이나 해터러스곶에서 항해하는 선박처럼, PQ 호송대에 속한 선박들은 유보트로부터 지속적으로 위협을 받는 동안에도 위험한 돌출부를 우회해야 했다. 하지만 두 지역에서 항해하는 선박들 사이에는 유사점이 더 많았다. 미국 동부 해안을 따라 항해하는 것과 달리, PQ 호송대는 25년 만에 최악의 상황이었던 북극 지역 북쪽의 사나운 날씨와 싸워야 했다. 그리고 (해터러스곶과 달리) 노르카프곶이 독일군 수중에 있었기에 그들은 육상에서 출격한 항공기의 위협에도 직면했다. 해터러스곶 앞바다의 항공기들이 연합군 상선에게는 반가운 존재였지만, 노르웨이 앞바다에 나타난 독일군 항공기는 유보트보다 훨씬 위험한 존재였다. 그리고 그러한 위험에 더해 독일 주력 함대의 잠복이

비스마르크함과 함께 건조된 전함 티르피츠함은 격렬하게 전투를 벌이지는 않았으나, 이 전함의 존재 자체만으로도 영국 해군 본부 실무자들은 늘 야간에 긴장했다. 레더 대제독은 이 전함의 위상을 '존재 함대'로 이용하려 했지만, 히틀러는 이 전함이 실질적 목적을 달성하지 못했다고 평가했다. (미국 해군연구소)

추가되었다.[46]

티르피츠함은 3월에 두 번 출격했는데, 그럴 때마다 토비 제독은 이 전함에 맞서기 위해 영국 본국 함대를 출격시켰다. 그러나 북극해의 얼음과 안개 탓에 티르피츠함은 연합군 호송선을 발견하지 못했고, 토비 제독 역시 티르피츠함을 발견하지 못했다. 그런데 블레츨리 파크의 암호 해독가들이 토비 제독에게 또다른 기회를 제공했다. 3월 9일, 작전 정보 센터의 제보로 토비 제독은 항공모함 빅토리어스함에서 12대의 앨버코어 어뢰 폭격기를 출격시켜 티르피츠함을 공격하도록 명령했다. 하지만 이 어뢰기의 공격은 별다른 성과가 없었고, 티르피츠함은 손상 없이 복귀했다. 3월 내내, 그리고 4월까지 처칠은 트론헤임의 은신처에 있는 티르피츠함을 계속 공격하라고 지시하면서 이 전함의 가치가 항공기 100대에 승무원 500명 이상이라고 강조했다. 영국군이 시도한 공습에서 독일군 대형 전함을 손상시킨 적이 없었는데, 하물며 이 전함을 완전히 파괴하는 것은 가능성이 희박한 구상이었다. 하지만 독일군 대형 전함은 연합군의 정기 PQ 호송대에 지속적이고 잠재적인 위협 요소였다. 이에 따라 연합군 호송대는 유보트와 폭격기의 위험을 방어하면서 노르카프곶을 지나 무르만스크로 항해해야 했다.[47]

6월 27일, 아이슬란드 크발피외르뒤르에서 백해의 아르한겔스크 항구를 향해 PQ-17 호송대가 출발했을 때였다. 34척의 상선으로 구성된 이 호송대는 구축함 6척, 코르벳함 4척, 대공 순양함 2척, 무장 기뢰 제거함 4척, 잠수함 2척 등 실질적이고도 당당한 호위대를 대동했다. 한편 토비 제독은 전함 2척, 즉 기함인 듀크오브요크함Duke of York과 미국의 신형 전함 워싱턴함Washington(첫 출격이었다)으로 구성된 엄호 부대와 순양함 2척, 항공모함 1척, 구축함 14척으로 구성된 함대를 이끌고 출격했다.[48]

히틀러는 비스마르크함을 잃은 이후 독일 해군이 대형 전함을 사용하는 데 엄격한 제한을 두었지만, 레더 대제독은 연합군의 노르카프곶 호송대에 맞서 이 전함들을 투입하려 했다. 그는 이 목표를 추구하기 위해 히틀러의 허락을 받아 트론헤임에서 나르비크 근처의 베스트피오르를 향해 전함 티르피츠함과 중순양함 히퍼함을 북쪽으로 이동시켰고, 이 두 함정이 합류할 노르카프곶 끝에 있는 알텐피오르(알텐피오르덴 협만)에 포켓전함 아트미랄셰어함과 뤼초브함을 집결시키라고 명령했다. 그런데 히틀러는 레더 대제독에게 영국의 공격 거리 이내에 항공모함이 없다는 것을 확인하지 않은 채 독일 해군의 전함을 출격시키지는 말라고 지시했다. 뤼초브함은 꼬불꼬불한 해안을 통과하는 동안 좌초했지만, 다른 함정들은 모두 7월 초에 알텐피오르에 도착했다. 그리고 그곳에서 연합군 PQ 호송대의 측면과 조우했다.[49]

1942년 7월 4일 정오, PQ-17은 알텐피오르의 북쪽에서 동쪽을 향해 이동하는 중이었는데, 이때 독일군 장거리 초계기가 이들을 발견하고 위치를 보고했다. 사격 통제 장치를 장착한 미국 해군 구축함 웨인라이트함Wainwright은 이 항공기를 교전 거리 밖에서 발견했으나, 이 항공기의 무전 보고가 독일군 기지에 도달했다. 머지않아 하인켈 111 폭격기 26대가 도착해 어뢰 공격을 감행했고, 곧 크리스토퍼뉴포트호Christopher Newport 가 어뢰에 맞아 침몰했다. 그리고 약 1시간 뒤 두 번째 공습에서 선박 2척이 더 침몰했다. 그러나 연합군 호송대는 이러한 손실은 받아들일 만하다고 생각했고, 그 이후에도 느릿느릿 계속 전진했다. 호위대의 잭 브룸Jack Broome 사령관은 웨인라이트함의 지원에 감사하며, 미국 순양함에 "원래 7월 4일이 이렇게 시끄러웠나요?"라는 메시지를 보냈다.[50]

그런데 바로 그날 독일군이 훨씬 중요한 메시지를 보냈고, 블레츨리 파크의 암호 분석가들은 가능한 한 빨리 이 메시지를 분석하려 했다. 그날 새벽 2시 40분경에 작전 정보 센터는 토비 제독에게 이례적으로 많은 무선 통신이 오가는 것을 근거로 독일 부대가 대규모로 투입되는 작전이 임박했다고 보고했다. 그리고 18시간 후, 암호 분석가들은 알텐피오르의 당국이 대형 군함의 연료 탱크에 연료를 가득 채우라고 명령하는 메시지를 가로챘다. 이 메시지가 블레츨리 파크에서 작전 정보 센터로 곧장 전달되었고, 그날 밤 9시에 해군 참모 총장 더들리 파운드 제독이 그것을 읽었다. 이 메시지가 의미하는 바는 명백했다. 독일군의 티르피츠함과 2척의 포켓 전함이 아마도 순양함 히퍼함과 함께 연합군의 호송대 PQ-17을 향해 공격할 준비에 나섰다는 뜻이었다. 그때쯤이면 항공모함 빅토리어스함을 포함한 토비 제독의 대형 함정들이 본국으로 복귀할 것이고 근접 지원을 하는 순양함과 구축함은 독일 대형 전함의 상대가 되지 않을 것이었다. 난감한 상황에 처한 영국 해군 참모들은 고민에 빠졌다. 부참모 총장 헨리 무어 경Sir Henry Moore은 당시 파운드 제독이 눈을 감은 채 토론에 귀를 기울였다고 회상했다. 좋은 선택은 아니었지만, 파운드 제독은 적어도 순양함들이 위험한 지역에서 빠져나와야 한다는 의견을 제시했다. 9시 11분에 그는 순양함에 서쪽을 향해 '빠른 속도로' 철수하라고 명령했다. 그리고 12분 후에는 브룸 사령관에게 "수상 선박 호송대를 향한 위협을 피해 분산해서 러시아 항구로 이동한다"라는 중요한 메시지를 보냈다. 그리고 1분도 채 지나지 않아 그는 훨씬 간결하게 "호송대는 분산한다"라는 명령을 반복했다.[51]

이 같은 경고 메시지가 차례로 신속하게 도착하자 호송대의 기함 케펠함Keppel에는 긴장감이 흘렀다. 훗날 브룸 사령관은 파운드 제독이 보낸 메시지가 마치 '전기 충격'과도 같았다고 썼다. 최고 등급의 비밀 메시지가 가장 급박하게, 그리고 채 1분도 지나지 않아 또다른 메시지가 전달됨에 따라 곧 독일군의 티르피츠함이 도착해 돛대가 수평선에 나타날 것이라고 생각했다. 메시지를 받은 브룸 사령관은 명령에 따랐는데, 이것은 그가 평생 후회한 결정이었다. 그는 즉시 상선 선장들에게 흩어져서 러시아 항구를 향해 출발하라고 지시했다.[52]

결국 상선들이 독자적으로 항해하기 시작하자 그들은 위와 아래로부터의 공격 모두에 취약해져서 무방비 상태가 되었다. 미국 화물선 아이언클래드호Ironclad에 탑승한 한 장교가 훗날 말했듯이, "이들에 대한 공격은 너무나 쉬웠다." 7월의 늦은 일몰 때문에 독일군 항공기들은 도망치는 상선을 추격하기 위해 바렌츠해 전역을 순찰했으며, 그뒤 24시간 동안 호송대에 속한 선박 12척 중 절반은 항공기가, 절반은 유보트가 침몰시켰다. 북쪽으로 도망친 선박 몇 척은 빙산으로 들어가 선체를 하얗게 칠해 위장한 뒤에 아르한겔스크로 회항했다. 그러나 전차 430대, 폭격기 210대, 차량 3550대, 군수품 10만 톤을 실은 선박 23척이 사라졌다. 이 과정에서 승무원 153명도 실종되었다. 이들은 구조되기 전까지 표류하는 얼음 틈에서 작은 배를 타고 비참하게 항해했지만, 다행히도 더 많은 승무원들은 생존했다. 같은 주에 러시아에서 아이슬란드로 귀환하던 호송대 QP-13에서도 선박 4척이 기뢰에 걸려 침몰했다. 이처럼 손실이 너무도 심각해서 연합군은 다음에 떠나기로 한 노르카프곶 호송대의 운항을 취소했다. 하지만 이러한 결정은 연합군의 약속에 대해 크렘린 내부에서 자리잡은 오래된 회의론을 더 부추겼고 러시아인들은 열정적으로 항의했다.[53]

1942년 7월에 있었던 호송대 PQ-17의 학살은 세계적인 양상의 일부로, 그때까지 연합군과 중립국의 선박은 전 세계적으로 역사상 전례 없는 수가 침몰되고 있었다. 불과 며칠 전에는 이아키노 제독 휘하의 이탈리아 수상 함대와 시칠리아에서 온 독일 항공기가 연합군 호송대 2개를 공격했다. 하나는 지브롤터에서 몰타로, 또 하나는 알렉산드리아에서 몰타로 향하는 것이었는데, 이탈리아인들은 이를 판텔레리아 전투Battle of Pantelleria라고 불렀다. 이 전투는 이탈리아 해군이 영국 해군을 상대로 거둔 몇 안 되는 완벽한 승리 중 하나로, 영국군의 구축함 2척이 침몰하고 순양함 2척과 또다른 구축함 3척이 심각하게 파손되었다. 그리고 화물선 2척만 발레타 항구에 도착했다. 다른 곳의 상황도 유사했다. 노르웨이 북부에서 카리브해에 이르기까지, 되니츠 제독이 지휘한 유보트는 적은 수로도 연합군에 심각한 손실을 가져다주었다. 5월과 6월에 연합군의 선박 손실은 60만 톤이 넘었다. 독일과 이탈리아의 항공기와 기뢰에 의한 손실을 추가하면 6월에 전 세계적으로 연합군이 입은 손실은 무려 85만 톤이 넘었다. 1942년 여름에 추축국이 무역 전쟁에서 승리했다는 것에는 이론의 여지가 없다.[54]

3부

분수령

연합국에게 1942년 상반기는 참담한 시기였다. 일본군은 태평양과 인도양에서 5개월 동안 단 한 차례도 공격받지 않고 계속 전세를 확장했다. 이탈리아군과 독일군은 동부 지중해에서 활동하는 영국 해군의 주력함을 무력화했고, 몰타로 연결되는 보급선을 한계점까지 압박했다. 대서양, 특히 미국 동부 해안과 카리브해에서 연합군 선박의 손실은 지속 불가능한 수준으로 커졌다. 그리고 바렌츠해에서 호송선단 PQ-17이 파괴되면서 소련으로 향하는 노르카프곶 호송대 운용은 일시적으로 중단되었고, 모스크바 외곽에서 치러진 성공적인 반격에도 소련군은 여전히 약 200개에 달하는 추축국 사단과 대치해야 했다.

서방 언론들은 전체적인 전황을 최대한 긍정적으로 조명했지만, 연합군의 전망이 너무 어두워서 영국과 미국 지도자들은 국내의 사기를 북돋기 위해 반격할 방법을 시급히 모색했다. 이와 같은 배경에서 4월에 미국은, 일본에는 매우 위험하지만 전략적 효과가 의심스러웠던 일본 본토 폭격 작전을 감행하기로 결정했고, 8월에 처칠은 독일이 점령한 프랑스 해안 항구 도시 디에프를 공격하기로 결정했다. 그사이 미국 해군은 태평양에서 두 차례의 중요한 방어 작전에 나섰는데, 이 전투에서는 해상 전투의 핵심 장비 및 무기로 부각된 항공모함에 탑재된 항공기의 출현과 역할을 다시 확인할 수 있었다. 1942년 말까지, 영미 연합군은 태평양의 과달카날섬과 대서양 북아프리카 해안에서 전쟁의 첫 번째 전략적 반격을 시작할 수 있는 전투력을 준비하기 위해 분발했다.

이런 사건들이 당시 추축국에는 치명적이거나 심각한 타격을 입히지 않았기 때문에 이것들을 일종의 분수령으로 해석하는 것은 전후의 평가에 따른 것이다. 당시에 이런 사건들이 중요했던 이유는, 연합국이 개전 초기인 1940~1941년의 심각한 충격을 극복하고 이제 점차 주도권을 잡을 수 있다는 것을 양측 모두에게 명확하게 보여주었기 때문이다. 1942년 말, 동부 전선에서 소련군의 전황은 점차 회복되었는데, 향후 미국에서 거의 무제한의 물적 자원이 제공될 것이므로 결국은 연합국이 승리할 것이라는 전망이, 밝지는 않더라도 적어도 완전히 암울하지는 않았다. 시간이 지나면 영국의 강한 정신력과 투지, 러시아의 풍부한 인력, 미국의 산업 생산성이 결합되어 언젠가 추축국을 압도할 수 있을 것이라는 믿음이 생겼다.

하지만 아직은 아니었다. 최종 승리를 거두기 전까지 파괴와 실망, 불붙었다 꺼지는 희망, 인명 손실과 비참함 등 전쟁은 앞으로 3년 이상 지속되어야 했다. 처칠이 1942년 11월의 연설에서 했던 말과 같았다. "이것은 끝이 아닙니다. 끝의 시작조차 아닙니다. 하지만 아마도 시작의 끝일 것입니다."

13장

뒤집힌 판세

1942년 1월 31일, 어니스트 킹 제독의 항공 장교 도널드 던컨Donald Duncan 대령은 버지니아 노퍽 항에 정박한 최신 항공모함 호넷함Hornet에 승선했다. 항공모함 새러토가함이 20일 전에 일본 잠수함으로부터 어뢰 공격을 받아 수리하기 위해 서해안으로 가야 했기 때문에, 호넷함은 당시 임무를 수행할 수 있는 미국군 대형 항공모함 4척 중 하나였다. 당시 미국은 대서양에 2척의 소형 항공모함(레인저함과 와스프함)이 있었다. 몇 주 후 와스프함은 영국에서 스핏파이어 전투기를 싣고 지중해로 이동해 포위된 몰타섬에 전달했다. 그러나 태평양에는 요크타운함과 자매선 엔터프라이즈함, 그리고 더 크지만 오래된 렉싱턴함('레이디 렉스Lady Lex')만 배치되어 있었다.

던컨 대령은 먼저 호넷함의 깃발에 경례한 뒤 갑판 장교에게 경례를 했다. 그를 맞이한 사람은 마크 '피트' 미처Marc 'Pete' Mitscher 함장이었다. 55세의 미처 함장은 창백하고 수척했으며 무척 깡마른 사람이었다. 그는 햇볕에 손상된 피부가 더 나빠지지 않도록 커다란 맞춤형 야구 모자로 벗겨진 머리를 덮었다. 그는 1916년에 미국 해군 조종사 고유번호 33번을 받았으며 일정한 경력이 쌓인 조종사에게 수여되는 골드 윙을 받은 베테랑 조종사였다. 미처 함장이 던컨 대령을 태워 자신의 사무실로 안내하자 던컨 대령은 곧바로 요점을 말했다. "이 항공모함에 적재된 B-25기가 일반 갑판을 주행한 후 공중으로 이륙할 수 있겠습니까?" 그러자 미처 함장은 "몇 대가 이륙합니까?"라고 다시 물었고, 던컨 대령은 즉시 "15대입니다" 라고 대답했다.

미처 함장은 대답에 신중을 기했다. 그는 호넷함 비행갑판의 윤곽이 그려진 커다란 목제 표정판標定板을 유심히 들여다보았고, 날개 길이가 20여 미터인 육군의 B-25 미첼 폭격기의 사양을 확인했다. 호넷함의 비행갑판은 좌우 폭이 26미터여서 문제는 없었다. 하지만 미첼 폭격기가 너무 커서 항공모함의 엘리베이터에 들어갈 수 없었는데, 이는 곧 이 항공기가 격납고 갑판까지 내려갈 수 없다는 것을 의미했다. 따라서 폭격기 15대를 비행갑판에 올려놓으면 항공기들이 이륙할 공간이 거의 없으므로 다른 항공기의 정상 이륙이 어려웠다. 미처 함장은 한참을 암산으로 계산을 하더니 던컨 대령에게 "네, 가능할 것 같습니다"라고 대답했다.[1]

━━━━━━

일본의 진주만 공격이 실시된 바로 그날부터 루스벨트 대통령은 전략적 패배를 초래하지 않고 미국 국민의 사기를 되살릴 방법을 찾고 있었는데, 그는 이것이 몇 년은 아니더라도 몇 달은 걸릴 것이라고 생각했다. 일본이 미국을 폭격했으니, 아니 적어도 미국의 중요 시설을 폭격했으니 미국도 일본에 폭격으로 되갚아줘야만 했다. 그는 중국 비행장에서 미국 폭격기를 출격시켜 일본 본토를 폭격하는 것을 고려했지만, 항공기를 중국으로 보내는 것은 힘든 문제였다. 또 어떤 경우에도 이번 기회를 놓치면 너무 오랜 시간이 걸리는 것도 문제였다. 일본을 폭격할 수 있을 정도로 가까운 곳까지 미국이 보유한 몇 척 안 되는 귀중한 항공모함을 보내 일본을 폭격하는 방안도 고려되었으나 이것 역시 매우 위험한 임무였다. 공격이 끝난 폭격기를 회수하려면 미국 항공모함이 일본 해안에 체류해야 할 것이기 때문이었다. 갑판에서 폭격기를 이륙시킨 이후 항공모함이 본국으로 복귀하는 동안 임무를 끝낸 폭격기를 중국 비행장에 착륙시킨다는 보완책을 생각해낸 사람은 세스 로Seth Low 해군 대령이다.[2]

이 프로젝트를 담당한 지휘관이자 지도자는 '지미Jimmy'로 널리 알려진 미국 육군 중령 제임스 둘리틀James H. Doolittle이다. 그는 전직 권투 선수이자 육군 시험 조종사였고, 셸 정유 회사의 시험 조종사였다. 전쟁이 발발하자 그는 현역에 복귀했고, 미국 육군 항공대 수장이던 헨리 아널드Henry H. Arnold 대장의 참모로 임명되었다. 던컨 대령이 B-25 폭격기를 항공모함 갑판에서 이륙시키는 것이 실제로 가능하다고 보고하자, 둘리틀 중령은 즉시 플로리다의 에글린 필드에서 B-25 승무원 그룹을 규합해 프로젝트에 착수했다. 그는 조종사들에게 그들이 극비이자 매우 위험한 임무에 선발되었고, 오직 지원자만 임무를 수행할 수 있다고 말했다. 당연히, 모든 승무원이 지원했다. 공식적으로 승무원들은 자신들이 수행할 임무와 목표를 알지 못했다. 하지만 일부 조종사가 행크 밀러Hank Miller 해군 중위로부터 훈련을 받았는데, 75미터 길이의 짧은 활주로에서 이륙하는 훈련을 집중적으로 받았기에 항공모함 이륙과 관련이 있을 것임을 금방 눈치챘다.[3]

둘리틀 중령은 지원한 조종사들에게 솔직하게 이번 임무의 위험에 대

미국 해군 체스터 니미츠 제독은 1941년 크리스마스에 진주만 사령부에 도착해 전쟁 기간 내내 태평양 지역 사령관으로 재직했다. 조용한 위엄과 겉으로 보이는 평온함에, 대담한 결정을 하는 그의 강한 의지가 가려지곤 했다. (미국 해군 역사유산사령부)

해 털어놓았으나, 그들이 수행할 임무는 다른 측면에서도 위험했다. 호넷함은 긴 태평양 횡단 기간에 기동대 상공에서 전투 항공 순찰(CAP)을 운용할 수 없었기 때문에 다른 항공모함이 함께 기동해야 했다. 달리 말하면 미국 항공모함 전체 전력의 절반을 차지하는 항공모함 2척이 미국 국민의 사기를 북돋우는 임무에 투입된 것이다. 태평양 전역의 미국군 지휘관 체스터 니미츠 제독은 이 임무에 과도한 전투력을 할당하는 데에 회의적이었지만, 그는 백악관에서 지시한 프로젝트를 방해할 경우 그 결과가 어떠할지를 잘 알았다.

니미츠 제독은 조용한 태도로 행동하는, 소란스럽지 않은 지휘관이었다. 진주만의 태평양 사령부에서 그를 상대했던 많은 이들은 그의 창백하고 파란 눈의 차가운 시선에 약간 겁을 먹기도 했다. 고위급 집안 태생으로서 권위를 행사하는 처칠 총리나 주변 사람들과 행복과 친절을 즐기려 했던 루스벨트 대통령과 달리, 니미츠 제독은 조용히 듣고 상황을 평가한 뒤에 결정을 내리는 성향의 지휘관이었다. 하지만 강인함과 결단력이 부드러운 말투 속에 감춰져 있었기에 그의 결정과 결심은 매번 놀라울 정도로 대담하게 느껴졌다. 2척의 항공모함으로 일본을 폭격하자는 제안을 받은 후, 니미츠 제독은 윌리엄 핼시William F. Halsey 해군 소장을 파견했다. 핼시 소장은 엔터프라이즈함 근처에 구축된 기동 부대 사령관이었다. 니미츠 제독이 그 계획이 잘될 것 같냐고 묻자 핼시 소장은 "조종사들에게 운이 많이 따라야 할 겁니다"라고 대답했다. 니미츠는 다시 물었다. "그럼에도 그들을 그곳으로 보낼 거요?" 핼시 소장은 주저하지 않고 "네, 그렇습니다"라고 대답했다. 그러자 니미츠 제독은 "좋소. 이제 귀관에게 모든 것을 맡기겠소"라고 말했다.[4]

한편 항공모함 호넷함은 2월에 버지니아 노퍽 항을 떠나 남쪽으로 항해하더니 파나마 운하를 통해 카리브해로, 그리고 3월 20일에는 태평양 해안을 따라 이동한 후 샌프란시스코만의 앨러미다에 도착했다. 플로리다에서 미국을 횡단한 B-25 폭격기는 부두까지 지상으로 이동한 다음, 크레인을 이용해 항공모함에 실렸다. 호넷함의 비행갑판에 탑재된 쌍발엔진의 대형 폭격기들은 언뜻 보면 어울리지 않는 것처럼 보였지만 이들은 서로 잘 맞았다. 사실 육군 소속 조종사를 훈련시킨 해군 조종사 밀러 중위는 항공기를 1대 더 추가하자고 제안했다. 그가 제안한 열여섯 번째 항공기는 항공모함 호넷함이 바다에 나가 작전을 수행하기 직전에 먼저 항공모함에서 항공기가 이륙할 수 있다는 것을 증명하기 위한 용도였다. 미처 함장도 이 의견에 동의해 결국 4월 2일에 호넷함이 금문교 아래를 지나 태평양에 접어들 시점에 항공모함 갑판에는 폭격기 16대가 탑재되었다. 그러나 실제로 작전이 시행될 시점에는 열여섯 번째 항공기에 이륙 시범이 아닌 일본에 대한 공습에 참가하라는 임무가 부여되었다.[5]

1942년 4월 18일, B-25 미첼 폭격기가 항공모함 호넷함에서 이륙하는 모습. 이 사진에서 바다는 비교적 평온해 보이지만, 사실 날씨가 불안정했고 이륙 역시 불안했다. (미국 해군 역사유산사령부)

순양함 2척, 구축함 4척, 유조선 1척을 동반한 호넷 기동대Hornet Task Force는 4월 12일에 하와이 방향인 서쪽으로 항해를 시작해 이내 핼시 제독이 지휘하는 엔터프라이즈함과 합류했다. (같은 주에 인도양에서는 일본군 항공모함들이 실론에 있던 영국 해군 기지를 파괴했다.) 엔터프라이즈함에 탑재된 항공기가 엄호하는 가운데, 합류한 2척의 항공모함으로 구성된 기동부대는 태평양을 가로질러 계속해서 서쪽으로 이동했다. 닷새 뒤인 4월 17일, 동행한 유조선이 항공모함과 순양함에 주유한 뒤로 대형 항공모함들은 목표물을 향해 고속 질주를 시작했다. 그러나 그날 밤 이와 같은 만일의 사태를 대비해 바다에 배치되었던 일본 피켓 전투함들이 미국 항공모함이 일본을 향해 기동하는 것을 발견하고 이 사실을 본국에 보고한 직후, 미국군 순양함 내슈빌함Nashville이 일본군 전함들을 격침했다. 이로 인해 핼시 제독과 둘리틀 중령은 더는 주저할 시간이 없다고 확신했다. 자신들이 원하는 항공기 출격 위치에서 아직 150킬로미터 정도 떨어져 있었지만, 호넷함에서 경고음이 울려 퍼지더니 "조종사들은 즉시 항공기를 조종할 것"이라는 방송이 나왔다.[6]

폭격기의 이륙은 어려웠다. 바다는 거칠었고 호넷함이 지나치게 크게 흔들려서 신호 담당 승무원은 생명줄로 갑판에 묶인 채 항공기의 급상승과 하강에 맞춰 이륙 시간을 조정했다. 하지만 이러한 기상 조건과 어려움 속에서도 폭격기 16대가 모두 성공적으로 이륙했고, 배를 한 바퀴 돈 다음에 서쪽으로 향했다. 이들은 시간과 연료를 낭비할까 우려하여 그룹으로 이동하는 대신 개별적으로 출발했다.[7]

폭격기마다 200여 킬로그램짜리 폭탄을 4개씩 가져와 그것들로 5개 도시를 공격했다. 결과적으로 이들이 가한 피해는 전략적이라기보다는 상징적이었다. 게다가 부분적으로 예정보다 빠르게 이륙한 바람에 폭격기 16대 중에 처음 계획했던 대로 중국 비행장에 도착한 항공기는 없었다. 대부분 연료가 떨어진 뒤에 중국 대륙이나 해안에 불시착했기에 승무원들은 어둠 속에서 탈출했다. 둘리틀 공습 임무에 참가한 승무원 중 6명은 착륙 중에 사망했다. 항공기 1대는 블라디보스토크에 착륙했는데, 소련은 태평양 전쟁에서 공식적으로 중립을 지켰기 때문에 이 미국 폭격기와 승무원은 소련 정부에 의해 억류되었다. 둘리틀 공습에 참가한 승무원 8명이 일본군에 붙잡혔는데, 3명은 처형되고 1명은 감옥에서 죽었으며 4명은 전쟁 포로로 살아남았다. 둘리틀 중령을 포함한 나머지 승무원은 안전하게 미국으로 돌아왔다. 루스벨트는 그들에게 백악관에서 명예 훈장을 수여했다.[8]

둘리틀 공습 결과에 대해 일본인들은 미국군 폭격기가 학교와 병원을 목표로 폭격했다고 주장했지만, 일본을 제외한 다른 국가에서는 이 주장을 심각하게 받아들이지 않았다. 전반적으로 둘리틀 공습은 루스벨트가 추구한 효과를 정확하게 달성했다. 이 공격은 미국 여론을 자극하는 기폭제가 되었고, 일본 정부를 당혹스럽게 했다. 야마모토 제독은 황궁이 표적이 되지는 않았지만 일본 상공에 미국군 폭격기가 등장한 만큼 천황의 목숨을 위험에 빠뜨렸다는 점을 수치스러워했다.[9]

━━━━

니미츠 제독은 자신이 보유한 항공모함 전투력의 절반을 둘리틀 공습에 할애한 것을 걱정했다. 그 결과 태평양의 나머지 지역을 다른 항공모함 2척으로 담당해야 했기 때문이다. 그리고 4월 중순 일본이 남태평양에서 또다른 대규모 공세를 계획하고 있다는 정보를 입수할 즈음 그의 우려는 확실한 명분이 생겼다. 이 소식은 하와이에 위치한 스테이션 하이포Station Hypo라는 미국 암호 해독 기구가 전달했는데, 이들은 블레츨리 파크의 영국 암호 해독팀이 대서양 전투에 공헌했던 것처럼 태평양 전쟁에 크게 영향을 끼쳤다.

JN-25b로 알려진 일본 해군의 작전 코드는 독일군의 에니그마처럼 암호화하기 위해 기계 장치에 의존하지는 않았지만, 진주만 공격 직후까지 이 암호를 해독하기 위한 온갖 노력이 별다른 효과가 없었다. 따라서 니미츠 사령부의 수석 암호 분석가 조지프 로슈포르Joseph Rochefort 중령은 최선의 노력을 기울여 일본군의 작전 코드를 분석하고 있었다. 하지만 그것은 그의 잘못이나 문제가 아니었다. 한 가지 예로, 워싱턴에서 파악된 일본 외교 메시지의 암호화된 문자는 '퍼플Purple'이라는 코드를 사용했는데, 진주만의 사령부와는 이것이 공유되지 않았다. 따라서 로슈포르 중령은 나중에 이 외교 메시지에 대한 접근이 가능하다면 자신이 일본군 작전 코드를 해독하는 데 도움이 되리라 생각했다. 그뒤 워싱턴의 해군 정보 사령부(Op-20-G)도 로슈포르 중령을 어느 부서에 배치하는 것이 좋을지를 고민하면서 그가 암호 해독 임무에 집중할 수 있도록 조처했다. 하지만 그는 아직 일본의 특수 코드를 심도 깊게 분석할 전략을 확보하지 못한 상태였다. 그는 1941년 12월 7일에 개시된 일본군의 진주만 습격을 예방하거나 예측할 수 없었던 것을 자책하며, 향후 일본이 추진할 작전 계획에 관련된 힌트를 찾기 위해 거의 매일 업무에 몰두했다.[10]

헬시 제독과 엔터프라이즈함이 진주만을 떠나 호넷함과 합류한 뒤 일본으로 향하기 사흘 전이었던 4월 5일, 로슈포르 중령은 일본 내해에 있는 야마모토 제독의 연합 함대 사령부가 사세보에서 수리 중인 항공모함 가가함에 보낸 요격 메시지를 해독하는 데 몰두하고 있었다. 당시 로슈포르 중령은 '침공 그룹'을 가리키는 네 글자 코드를 해독한 상태였으며, 이제 그 코드가 RZP라는 문자와 밀접하게 연관되어 사용되는 것도 파악했다. 과거에 일본인들이 뉴기니 남쪽 해안의 포트모르즈비를 언급하는 과정에서 이 글자들을 사용한 적이 있었기에 그는 일본군의 다음 목표가 포트모르즈비가 될 것이라고 추측했다.[11]

로슈포르 중령은 니미츠 제독의 정보 장교 에드윈 레이턴 중령에게 전화를 걸어 '중요한 정보'가 있다고 말했다. 그뒤 레이턴 중령은 로슈포르 중령과 니미츠 제독의 만남을 주선했고, 이 자리에서 로슈포르 중령은 자신이 발견한 내용을 보고했다. 이 보고를 들은 니미츠 제독은 그 분석을 신뢰했다. 그러나 자신의 항공모함 중 2척이 도쿄로 가는 중간 지점에 있었고, 세 번째 항공모함 렉싱턴함은 더 많은 대공 포대를 설치하기 위한 공간을 확보할 때 8인치 함포를 제거한 채로 작업 중이어서 당장은 그가 새로 습득한 정보에 대처할 마땅한 방안이 없었다. 게다가 워싱턴에서는 로슈포르 중령의 분석에 대한 신뢰도가 그리 높지 않은 편이었다. 해군 통신 책임자 조지프 레드먼Joseph Redman 해군 중장과 그의 동생 존 레드먼 John Redman 대령은 로슈포르 중령의 예측이 분석보다는 추측에 가깝다고 우려했다. 이들의 평가는 사실이었지만, 로슈포르의 추측은 정보에 근거한 것이었다. 니미츠 제독은 일단 자신의 정보팀을 신뢰하기로 결정하고, 이에 따라 렉싱턴함을 뉴기니 동쪽 끝 산호해에 주둔한 요크타운함에 보내 일본 침략군을 사전 요격할 수 있을지 파악할 수 있도록 킹 제독에게 승인을 받았다. 그는 프랭크 플레처 해군 소장 지휘하에 TF17로 지정된 두 항공모함을 배치했다. 1906년에 해군 사관 학교를 졸업한 플레처 소장 (니미츠 제독보다 1년, 킹 제독보다 5년 후배였다)은 원래 수상 함대에서 근무 했으나, 점차 근무 환경에 따라 항공모함 부대를 지휘하는 지휘관으로 성 장했다. 그는 개방적인 태도를 지닌, 유능하고 솔직한 해군 장교였다.[12]

워싱턴에서 제기된 회의론에도 불구하고 로슈포르 중령의 분석은 정 확했다. 일본군 최고 사령부는 명확하게 다음 정복지를 포트모르즈비로 정했고, 뉴기니를 따라 길게 흐르는 오언스탠리산맥의 정상을 넘어서 공 격하는 대신 섬의 동쪽 끝을 돌아 바다 방향에서 포트모르즈비를 공격할 예정이었다. 일본군은 주력 부대의 접근에 앞서 산호해 방면에서 미국 해 군의 활동을 추적하기 위해 솔로몬 제도의 작은 섬인 툴라기를 수상 항공 기 기지로 사용하기 위해 점령할 계획도 수립했다. 툴라기섬에 투입된 기 동대는 나중에 포트모르즈비를 공격할 부대의 차장 임무를 맡을 예정이 었다. 일본의 대형 항공모함 2척(쇼카쿠함과 주이카쿠함)은 이러한 작전을 수행하기 위한 장거리 엄호 임무를 맡았으나, 포트모르즈비 북쪽 800여 킬로미터 지점의 뉴브리튼섬 북쪽 끝에 있는 라바울의 일본 기지에 항공기를 전달한 후 겨우 도착했다. 이처럼 일본군은 이 방면에 투입된 여러 작전 부대에 크고 작은 여러 가지 목표를 부여했다. 그런데 이는 해군 작전 성공의 핵심은 군사력 집중이라는 매헌의 금언을 간과한 것이었다.[13]

5월 초, 일본군 함대에 포함된 다양한 부대가 움직이기 시작하자, 사모아에서 보급을 받던 플레처 소장 지휘하의 요크타운함 그룹은 오스트레일리아 정찰기로부터 툴라기로 향하는 일본 공격 부대의 움직임을 보고받았다. 플레처 소장은 이 부대를 공격하기 위해 북쪽으로 기동했고, 5월 4일에 미국 폭격기와 어뢰기가 수차례 공중 공격을 펼쳐서 이 항구에 주둔 중이던 일본 선박들을 파괴했다. 그뒤 항공기가 모두 복귀하자 플레처 소장은 렉싱턴함과 만나기 위해 요크타운함을 다시 남쪽으로 돌렸고, 두 항공모함 모두 유조선 네오쇼함Neosho으로부터 연료를 보급받은 이후 함께 서쪽, 산호해 방면으로 기동했다.[14]

미국 해군이 툴라기섬에서 일본군 선박을 공격했을 때도 다카기 다케오 제독은 쇼카쿠함과 주이카쿠함을 지휘하여 산호해로 이동하는 중이었다. 다카기 제독은 캐롤라인 제도 트루크섬에 있는 일본 기지에서 남쪽으로 이동하는 대신 항공모함 2척을 솔로몬 제도 동쪽 끝으로 기동시켰다. 그렇게 해서 5월 6일에 플레처 소장이 지휘하는 TF17의 뒤쪽까지 접근했다. 어느 순간 이들은 서로 100여 킬로미터 안쪽에서 지나쳤는데도 어느 쪽도 상대를 발견하지 못하고 지나쳤다. 다카기 제독은 니미츠 제독처럼 전직 잠수함 장교였고, 2개월 전 자바해 전투에서 도르만 제독의 ABDA 지휘부를 사실상 전멸시키는 등 최근에는 순양함 부대를 지휘하고 있었다. 그는 가까운 친구이자 제5 항공모함 사단장 하라 추이치原忠一 소장에게 항공 작전을 위임했는데, 하라 소장은 함대에서 '킹콩'이라는 별명으로

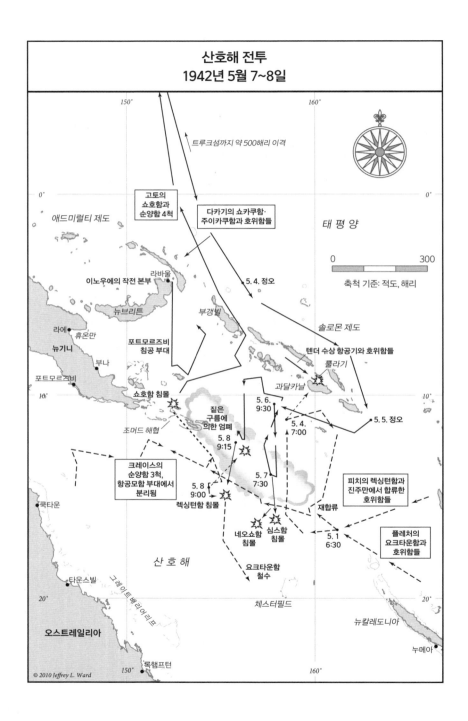

산호해 전투
1942년 5월 7~8일

150°

160°

트루크섬까지 약 500해리 이격

0°

0°

애드미럴티 제도

태 평 양

고토의
쇼호함과
순양함 4척

다카기의 쇼카쿠함·
주이카쿠함과 호위함들

5. 4. 정오

0   300

축척 기준: 적도, 해리

라바울

이노우에의 작전 본부

뉴브리튼

부갱빌

솔로몬 제도

라에

휴온만

뉴기니

부나

포트모르즈비
침공 부대

텐더 수상 항공기와 호위함들

툴라기

과달카날

5. 5. 정오

포트모르즈비

쇼호함 침몰

10°

10°

짙은
구름에
의한 엄폐

5. 6.
9:30

5. 4.
7:00

조머드 해협

5. 8
9:15

크레이스의
순양함 3척,
항공모함 부대에서
분리됨

5. 8
9:00

렉싱턴함 침몰

5. 7
7:30

피치의 렉싱턴함과
진주만에서 합류한
호위함들

재합류

네오쇼함
침몰

심스함
침몰

5. 1
6:30

플레처의
요크타운함과
호위함들

쿡타운

요크타운함
철수

산 호 해

타운스빌

체스터필드

뉴칼레도니아

20°

20°

오스트레일리아

누메아

© 2010 Jeffrey L. Ward

150°

록햄프턴

160°

불릴 만큼 크고 건장한 체격을 가진 사람이었다.[15]

5월 7일 동트기 전, 양측은 항공기를 출격시켜 수색 및 정찰을 실시했다. 양측 모두 적의 주력을 찾지 못했지만, 요크타운함에서 출격한 한 정찰기가 뉴기니 동쪽 끝에서 순양함 2척과 구축함 4척을 비롯해 일본군의 포트모르즈비 침공 부대의 일부를 발견했다. 그런데 2척의 순양함을 보고하는 과정에서 미국군 통신 운영자가 잘못된 암호 키를 사용하는 바람에 2척의 항공모함으로 보고되는 실수가 발생했다. 이렇게 엄청난 정찰 보고서가 전달되자 플레처 소장은 즉시 자신이 지휘하는 미국 해군 항공모함 2척에 전면 공습을 지시했고, 그날 오전 10시 15분에 미국군 항공기 93대가 출격하여 적이 발견된 곳으로 보고된 좌표 지점으로 접근했다.[16]

플레처 소장이 무선 통신 과정의 착오 때문에 적에 대한 정보가 과장되었음을 파악했을 즈음, 이미 출격한 항공기를 송환하기에는 시간적으로 너무 늦었다. 그런데 미국군 수색기가 보고한 또다른 정찰 결과에 따르면 일본 항공모함이 최초에 보고된 목표에서 고작 30여 킬로미터 지점에 있었다. 플레처 소장은 즉시 무선 침묵을 깨고 공격에 나선 항공기들에 새로운 목표를 전달했는데, 바로 일본군 침공 부대와 동행한 소형 항공모함 쇼호함神鳳이었다. 결국 미국 항공기 90여 대의 공격을 받은 쇼호함은 버텨내지 못했다. 렉싱턴함에서 출격한 조종사들은 폭탄 공격 5회, 어뢰 공격 9회를 실시했고, 요크타운함에서 출격한 조종사들은 폭탄 공격 14회와 어뢰 공격 10회를 실시했다고 보고했다. 열성적인 조종사의 보고에 포함된 일부 과장된 전과를 고려하더라도 쇼호함은 산산조각 난 것이 사실이었고 736명의 승무원 중 204명만 살아남았다. 쇼호함은 태평양 전쟁에서 일본이 손실한 첫 번째 항공모함으로, 실제로 일본군에 최초로 심각한 타격을 입혔다. 렉싱턴함에서 출격한 정찰 폭격기를 지휘한 로버트 딕슨

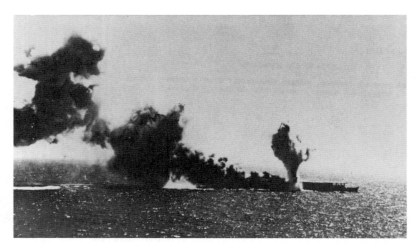

1942년 5월 7일 산호해 전투에서 일본군 쇼호함이 공격받은 직후 화재가 발생한 모습. 2척의 미국 항공모함에서 출격한 항공기들에 압도된 쇼호함은 승무원 532명과 함께 침몰했다. 이 항공모함은 태평양 전쟁에서 일본이 잃은 최초의 중요 전투 자산이었다. (미국 국립문서보관소 no. 80-G-17026)

Robert Dixon 소령은 공격 후 훗날 유명해진 무선 보고를 했다. "적 항공모함 1척 격파 성공."[17]

한편 일본군도 그날 아침에 잘못된 정찰 보고를 근거로 타격 부대를 출격시켰다. 아침 7시 22분, 일본 정찰기가 미국 항공모함과 순양함이 타격 가능한 거리 안에 있다고 보고하자, 하라 함장은 플레처 소장과 마찬가지로 보고된 좌표를 향해 전면 공습을 감행하라고 2척의 항공모함에 지시했다. 그러나 일본군 정찰기 조종사가 본 것은 유조선 네오쇼함과 이 함정을 호위하는 구축함 심스함Sims이었다. 미국 항공기들이 쇼호함을 격파했듯이 일본군 조종사들 역시 심스함을 침몰시키고 네오쇼함을 파괴했다. 네오쇼함은 심하게 부서져 연료 탱크가 반쯤 비고 불타는 잔해가 표류할 정도였다.[18]

5월 7일에 실시된 양측의 공격은 예비 교전에 불과했다. 그다음날 양측 정찰기는 상대 항공모함을 발견했고, 거의 같은 순간에 미국군과 일본군은 상대를 향해 모든 공격기를 출격시켰다. 양측 항공기들은 심지어 목표물을 향해 이동하는 도중에 서로를 지나치기도 했다. 먼저 도착한 미국 항공기들은 일본군 제로기의 맹렬한 반격에 직면했다. 한 조종사는 그때 상황을 이렇게 회상했다. "말 그대로 놀라운 난장판이었다. 무전을 통해 들려오는 고함이 뒤죽박죽이었고, 누가 누구 위에 있는지 전혀 알 수 없는 혼란스러운 상황이었다." 이러한 혼란 속에서, 그리고 제로기의 격렬한 저항에 당황스러웠던 어뢰기들은 아무런 성과를 거두지 못했다. 그러나 수직 강하 폭격기들이 4000여 미터 상공에서 거의 직선으로 하강하더니, 항공모함 쇼카쿠함에 약 500여 킬로그램짜리 폭탄 3개를 투하해 이 항공모함의 비행갑판을 완전히 파괴했다. 결국 이 항공모함은 가까스로 물에 떠 있는 상태가 될 정도로 파괴되었다. 반면 짙은 구름에 가려졌던 주이카쿠함은 온전하게 탈출했다.[19]

한편 일본 항공기들은 TF17을 공격했다. 훈련 수준이 높은 일본군 조종사들은 대부분 부사관과 영관 장교였는데, 이들은 2척의 미국 항공모함에 '모루 공격'을 가했다. 다시 말해 항공모함 양쪽에서 동시에 공격했기 때문에 미국 항공모함은 어뢰를 피하기가 어려웠다. 렉싱턴함은 어뢰를 피하기 위해 열심히 기동했지만, 중량이 무거운 전투순양함 선체 위에 설계된 탓에 회전 속도가 느렸다. 렉싱턴함의 함장 프레더릭 셔먼Frederick Sherman이 나중에 회상한 대로 결국 "키를 세게 돌리는 데에만 30~40초가 걸렸"고, 심지어 그런 때조차 거대한 항공모함은 '거대하고 무겁게' 방향을 틀었다. 결국 일본군의 공격이 개시된 지 불과 몇 분 만에 렉싱턴함은 폭탄 2발과 어뢰 2발을 맞았다. 엔진실 아래에서 그 공격을 실감한 기계공 구스타브 셈브리츠키Gustave Sembritzky는 나중에 이렇게 회상했다. "폭탄이 배에 부딪치면 단지 배가 흔들릴 뿐이다. 하지만 어뢰에 맞으면 배가 위로 들어 올려졌다. 그때 그 둘의 차이를 알 수 있었다."[20]

불길이 렉싱턴함 전체에 강렬하게 퍼지더니, 곧 이 항공모함은 약 7도 기운 채로 수면 위에 떠 있게 되었다. 피해 통제팀이 화재를 진압하고 역류로 항공모함이 다시 안정적인 상태가 되자, 이제 일본 항공모함을 공격할 수 있었고 복귀하는 항공기들도 착륙할 수 있었다. 그러다 12시 47분에 파열된 연료 탱크에서 발생한 대규모 내부 폭발로 비행갑판에 거대한 구멍이 터졌고, 몇 톤 무게의 엘리베이터 플랫폼이 아래로 내려오기 전에 항공기 1대와 큰 소리를 내며 충돌하더니 공중에서 회전했다. 1시간 후에 발생한 또다른 내부 폭발은 이 함정이 심각한 손상을 입었음을 짐작케 했다. 셔먼 함장은 마지못해 승무원들에게 배를 포기하라고 명령했고, 모든 승무원이 안전을 확보하자 미국 구축함 펠프스함Phelps이 불타오르는 렉싱턴함에 어뢰를 5발 발사해 침몰시켰다.[21]

요크타운함 역시 치명적이지는 않았지만 상당한 타격을 입었다. 능수능란한 조종을 통해 적어도 8발 이상의 어뢰를 회피했으나, 수면 아래에서 공격한 어뢰가 여러 차례 폭발할 때마다 선체가 격렬하게 흔들렸다. 게다가 폭탄 1발이 항공모함 비행갑판에 직접 떨어지더니 폭발하기 전에 엔진실 깊숙이 침투했다. 이 폭발로 66명이 사망한 뒤에야 화재가 진압되었으며, 보일러 6개 중 3개를 교체해야 했다. 요크타운함은 물에 떠있었지만 연료 탱크에서 검은 기름이 길게 흘러나와 점차 긴 띠를 형성했다.[22]

5월 8일의 전투가 끝나고 플레처 소장은 두 번째 공습을 잠시 고민했으나, 당시 남아 있는 미국군의 자산을 냉정하게 평가하고서 더는 공격하지 않기로 결정했다. 일본군 지휘관인 다카기 제독과 하라 제독 역시 전투를 중단했다. 이 시점에 그들이 고려한 가장 중요한 사안은 라바울에 위치한 사령부에서 작전을 총괄한 이노우에 시게요시井上成美 제독이 일본군 기동부대에 북쪽으로 퇴각하라고 한 명령이었다. 그런데 일본군이 의도한 목표를 달성하지 못한 것은 전쟁 발발 이후 처음이었으며, 일본군은 실제로 포트모르즈비를 점령하지 못했다. 이에 따라 훗날 2차대전을 다룬 교과서들은 일본의 최대 정복 지역을 나타낸 지도에서 포트모르즈비를 제외했다. 당시에는 아무도 몰랐지만, 이때가 일본 해군이 최대로 확장했던 점령의 한계에 도달한 시점이었다.

일본군 지휘관들은 조종사의 보고에 근거해 미국 항공모함 2척 모두 침몰한 것으로 파악했다. 그리고 일본 국내 언론은 일본 해군이 거둔 또 다른 승리를 자랑하며, 전쟁에서 승리하기 위한 불가피한 행진에서 한 걸음 더 나아갔다고 보도했다. 그러나 야마모토 제독은 실제로 하라 제독이 미국 항공모함 2척을 확실하게 파괴하도록 전술적 승리를 추구하지 않은 것에 실망했고, 이노우에 제독이 포트모르즈비에 대한 공격을 취소한 것에도 실망했다. 그는 이노우에 제독에게 무선으로 명확하고 공식적으로 질책하며 "추가 전진과 공격이 필요할 때 그런 [후퇴] 명령을 내린 이유"가 무엇이냐고 물었다.[23]

미국 해군도 산호해 전투에서 거둔 승리를 부풀렸다. 《뉴욕 타임스》의 헤드라인은 미국군 폭격기들이 "일본군 항공모함 2척, 순양함 1척, 구축함 6척을 확실하게 파괴"했으며, 적어도 일본군 함정 17척을 격침했다고 주장했다. 그러면서 언론사들은 처음에는 미국군이 입은 손실이 적에 비해 "비교적 가볍다"라며 진실을 보도하지 않았다. 사실 산호해 전투에서 미국군이 입은 손실은 일본군의 손실보다 더 컸다. 특히 태평양에서 가용 공격력의 4분의 1을 차지하던 렉싱턴함의 손실은 심각했다. 하지만 당시 미국 국민과 대중은 좋은 소식에 굶주려 있었기에 해군성은 국가적 수준에서 고양되는 축하 분위기에 찬물을 끼얹지 않으려 했다.[24]

━━━━━

산호해 전투에서는 당시에는 식별되지 않았던 다른 결과가 파악되었다. 일본군 항공모함 쇼카쿠함이 입은 피해는 미국군 항공모함 요크타운함이 입은 피해보다 약간 심각한 정도였지만, 일본은 쇼카쿠함을 조선소로 보내 전면 수리하도록 결정했다. 반면 미국, 특히 니미츠 제독은 요크타운함을 신속하게 진주만에서 수리하라고 지시했고, 이 항공모함이 최대한 빨리 전투에 복귀할 수 있도록 필요한 모든 조치를 강구했다. 니미츠 제독은 로슈포르 중령이 가져온 또다른 결정적 정보에 근거하여 요크타운함의 신속한 수리와 전투 투입을 결정했다. 렉싱턴함이 산호해에서 침몰한 바로 그날, 로슈포르 중령이 지휘하는 정보팀은 일본군이 다른 대형 항공모함 4척과 쾌속 전함 2척, 그리고 더 많은 수의 호위함으로 구성된 새로운 전투 부대를 창설할 것을 암시하는 암호화된 메시지를 가로챘다. 이 무적 함대의 목표는 메시지에 'AF'로 표시되었는데, 로슈포르 중령은 이 목표가 진주만에서 북서쪽으로 1700여 킬로미터 떨어진 미드웨이 제도의 작은 환초環礁라고 판단했다.

하지만 워싱턴의 행정 관료 상관들은 로슈포르 중령의 판단을 또다시 회의적으로 보았다. 만약 그의 예측이 잘못되었다면 일본의 다음 타격 목표가 미국령 사모아, 뉴칼레도니아, 심지어 미국 서해안으로 이어질 수 있다고 그들은 반박했다. 하지만 로슈포르 중령은 자신의 예측을 확신했고, 그것을 증명하기 위해 속임수까지 꾸며야 했다. 그는 지하 케이블을 통해 미드웨이에 메시지를 보내, 그곳 미국군 부대의 염분 증발기가 고장 났다는 내용의 무선 메시지를 하와이 태평양 사령부로 보내달라고 요청했다. 그리고 나서 기다렸다. 그리고 그의 예상대로 일본군은 미드웨이에 주둔한 미국 부대가 하와이로 보낸 메시지를 가로챘고, 곧이어 하이포 기지의 미국 정보팀은 AF의 식수가 부족하다는 일본어 메시지를 가로채서 확인했다.[25]

5월 중순까지, 하이포 기지는 수십 번의 일본 무선 송신에서 다양한 정보 조각을 수집했다. 로슈포르 중령은 자신이 일본의 의도를 명확하게 이해했다고 만족할 때까지 그 정보들을 조합했다. 그런 후 니미츠 제독에게 일본군이 항공모함 4~5척이 포함된 전투력으로 미드웨이 환초를 공격하여 점령을 시도할 것이라고 보고했으며, 구체적인 공격 시기는 5월 말이나 6월 첫째 주가 될 것으로 예측했다.[26]

그러나 니미츠 제독이 이 정보를 이용해 무엇을 할 수 있는지, 혹은 무엇을 해야 하는지는 여전히 명확하지 않았다. 우선 항공모함 새러토가함은 계속 서부 해안에서 수리 중이었고, 렉싱턴함은 산호해 해전에서 침몰했으며, 그 전투에서 손상을 입은 요크타운함은 15킬로미터 길이의 기름띠를 만들며 진주만을 향해 절뚝거리며 항해 중이었다. 태평양에 주둔한 항공모함 엔터프라이즈함과 호넷함은 둘리틀 공습 이후 아직 귀환하는 중이었는데, 5월 25일경에야 비로소 진주만에 도착할 예정이었다. 이 함정들이 제시간에 복귀해 니미츠 제독이 다시 미드웨이의 방어 작전에 출동시킨다 하더라도 최소한 2배의 일본군 항공모함, 그리고 전함 2척과 대결해야 할 것이다. 그러한 상황을 감안할 때, 로슈포르 중령의 정보 보고는 니미츠 제독에게는 깊은 딜레마였음이 분명하다. 한편 당시 연합군에게 가장 중요한 전략은 독일을 먼저 격파하는 것이었기에 니미츠 제독에게 가장 안전한 방법은 아직 피해를 입지 않은 항공모함 2척을 전쟁의 혼란으로부터 안전하게 보호하는 것이었다.

하지만 니미츠 제독은 이 상황을 다른 시각에서 접근했다. 그는 보수적 시각의 전략을 거부하고 요크타운함의 선체가 빨리 수리될 수만 있다면 큰 손실을 입은 항공기와 조종사를 새러토가함에서 보충할 수 있을 것이라고 계산했다. 이렇게 될 경우, 그는 3척의 항공모함을 보유할 수 있고, 여기에 미드웨이의 비행장이 네 번째 항공모함 역할을 할 수 있을 것이었다. 미드웨이는 기동할 수는 없지만, 그렇다고 침몰하는 것도 아니었다. 이 같은 계산을 통해 미국군은 일본군 항공모함 4척에 맞서 네 곳의 항공기 이륙장을 마련할 수 있었다. 또한 니미츠 제독은 로슈포르 중령의 정보팀이 제공하는 사전 정보라는 이점을 확보했다. 치밀하고 계산적이었던 니미츠 제독은 일본의 공격에 대항하기로 결심했다. 그는 상황을 역전시키고 적어도 일본군 항공모함 중 일부를 침몰시킬 계획을 수립했다.[27]

하지만 고민거리가 하나 더 생겼다. 엔터프라이즈함과 호넷함이 함께 진주만으로 복귀한 5월 25일, 니미츠 제독은 핼시 제독이 너무 초췌하고 지쳐 있는 것을 보고 그에게 곧장 병원에 가라고 지시했다. 그런데 진료 결과 핼시 제독은 심각한 대상포진을 앓고 있었으며, 의사들은 그가 직무를 계속 수행해서는 안 된다고 진단했다. 결국 니미츠 제독이 핼시 제독에게 임박한 전투에서 누가 자신의 두 항공모함을 지휘해야 하느냐고 물었고, 핼시 제독은 주저하지 않고 곧바로 자기 휘하에서 순양함과 구축함 사령관을 지낸 경력이 있는 레이먼드 스프루언스Raymond A. Spruance 소장을 지목했다. 침착하고 예의바른 스프루언스 소장은 평판 좋은 전투 경력을 가지고 있었다. 하지만 문제는 그가 플레처 소장처럼 해군 조종사의 금빛 날개를 달아본 적이 없고 수상전 교리에 익숙한 장교라는 점이었다. 다시 말해 이 중요한 항공모함 전투에서 미국군 항공모함을 이끌 지휘관

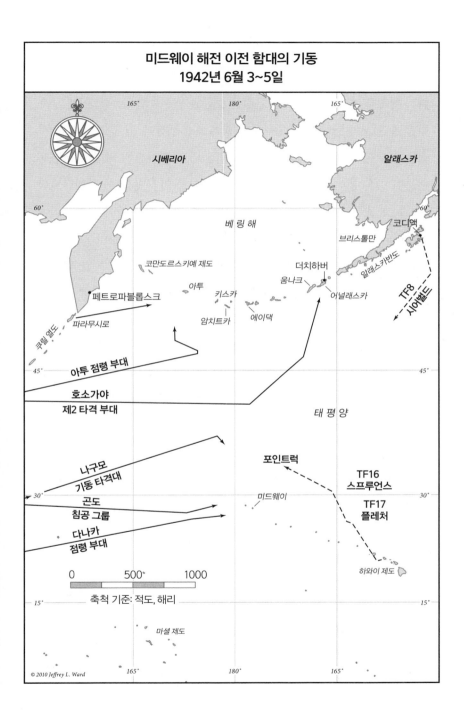

미드웨이 해전 이전 함대의 기동
1942년 6월 3~5일

165° 180° 165°

시베리아

알래스카

베 링 해

60° 60°

코디액

브리스톨만

코만도르스키예 제도

더치하버

움나크

아투 키스카 어닐래스카

페트로파블롭스크 암치트카 에이댁

파라무시로

쿠릴 열도

45° 45°

아투 점령 부대

호소가야
제2 타격 부대

태 평 양

나구모
기동 타격대

포인트럭

TF16
스프루언스

미드웨이

TF17
플레처

곤도
침공 그룹

다나카
점령 부대

30° 30°

TF8
시애틀

알래스카반도

0 500° 1000

축척 기준: 적도, 해리

하와이 제도

15° 15°

© 2010 Jeffrey L. Ward

마셜 제도

165° 180° 165°

2명 다 조종사 출신이 아닌 수상전 교리에 익숙한 장교였다.[28]

호넷함과 엔터프라이즈함은 보급과 급유를 빠르게 마치고 5월 28일에 다시 항해를 시작했다. 요크타운함은 5월 29일에 출발했는데, 이때도 수리팀 중 일부가 탑승해 수리와 보완에 계속 몰두했다. 이 함정이 선박 시험용 통로를 통과할 때 해안에서도 함정 내부 작업장에 켜진 아세틸렌 횃불의 밝은 불빛을 볼 수 있었다. 그리고 다음 며칠 동안 미국 항공모함 3척과 그 호위함은 포인트럭Point Luck으로 지정된, 미드웨이 북쪽 500여 킬로미터 지점의 미리 선정된 접선 장소를 향해 북상했다. 이 지점은 일본군이 미국군을 발견할 가능성이 전혀 없는 곳이었다. 몇 주 전, 일본군이 앞으로 발생할 전투를 위해 실시한 위게임 중 하나에서 미국 사령관 역할이 부여된 장교는 청군 항공모함을 현재의 포인트럭으로 지정된 지점 바로 근처에 배치했다. 이 위게임의 심판을 맡은 사람은 야마모토 제독의 참모장 우가키 마토메 제독이었는데, 그는 미국이 항공모함을 이곳에 배치하는 것은 전적으로 논리에서 어긋난다고 판정하며 그 같은 기동을 수용하지 않았다.[29]

미드웨이 작전을 승인하고 주장했던 야마모토 제독이 추구한 핵심 목표는 진주만 공습에서 탈출한 미국 항공모함의 격침이었다. 미드웨이에 대한 공격은 미국 항공모함을 그들의 해군 기지에서 끌어낸 뒤 바다 깊숙이 격침하기 위한 미끼였다. 미국 항공모함이 파괴될 경우 태평양에서 일본 해군의 우위가 더욱 공고해질 것이며, 이를 통해 그동안 일본이 정복한 지역의 방어를 강화할 수 있을 것이었다. 그는 미국이 항공모함을 2척 보유했다고 믿었기에 일본이 대형 항공모함 6척을 전부 보낼 필요는 없다고 생각했다. 바로 그러한 판단에서 산호해 전투에서 심각하게 손상된 쇼카쿠함을 이번 작전에 투입하지 않았던 것이다. 하지만 가장 크게 논란이 된 결정은 아무런 피해를 입지 않은 주이카쿠함까지 산호해 전투에서 많은 항공기를 잃은 바람에 이번 작전에 투입하지 않은 것이었다. 만약 이 항공모함들이 필요했다면 일본군 역시 미국군이 요크타운함에서 그랬듯이 운항 중에 수리를 병행하면서 기동할 수도 있었고, 주이카쿠함의 부족한 항공력을 보완하기 위해 다른 항공모함의 항공기 부대로 보강할 수도 있었지만, 그런 조치를 취하지 않았다. 게다가 그런 조치는 자칫 일본군 내부의 위계와 지휘 계통의 혼란을 초래할 수 있었다. 결과적으로 일본군은 4척의 항공모함만 미드웨이로 보냈는데, 기동 함대를 지휘하여 진주만 공격을 이끌었던 나구모 주이치 중장이 지휘했다.[30]

나구모 중장이 지휘하는 대형 항공모함 4척으로 구성된 함대는 일본이 작전에 투입한 4개의 기동 부대 가운데 하나였다. 곤도 노부타케近藤信竹 중장의 지휘하에 전함 2척, 순양함 4척, 구축함 8척, 소형 항공모함 1척으로 구성된, '침공 부대'로 불린 전투 부대, 4척의 대형 순양함으로 구성된 '근접 지원 부대', 야마모토 제독이 직접 탑승한 거대한 전함 야마토함을 비롯해 3척의 전함으로 구성된 '본대'는 저마다 독자적으로 항해했다. 더욱 의문스러운 것은 알류샨 열도에 있는 2개의 작은 섬을 점령하기 위해 다섯 번째 부대를 파견한 결정이었다. 종종 미드웨이 공격을 위한 우회 공격으로 묘사되는 아투섬과 키스카 제도 점령은 '태평양 제국Pacific empire'의 방어 경계를 점령하고 유지하기 위한 노력의 일부였다. 알류샨 열도의 고립된 소수 전초 기지가 지닌 가치가 무엇이든 간에, 이 작전은 미드웨이 작전이 완료될 때까지 연기하는 것이 합리적이었을 것이다.

한편 미국군은 암호 해독가들이 제공한 정보에 따라 미리 기동한 이점을 활용해 PBY 카탈리나 장거리 항공기로 미드웨이 북쪽과 서쪽 지역 공중을 계속 수색했다. 그리고 일본 항공기들이 북쪽으로 4000여 킬로미터 떨어진 알래스카 지역의 더치하버를 폭격한 6월 3일 아침, PBY의 조종사 제월 '잭' 리드Jewell 'Jack' Reid는 '적 본대 발견'이라는 놀라운 보고를 무선으로 전송했다. 그러나 그는 후속 보고를 통해 자신이 식별한 부대가 '소형 항공모함 1척, 수상 비행기 1척, 전함 2척, 순양함 여러 척, 그리고 다수의 구축함'으로 구성되었다고 알렸다. 따라서 조종사 리드가 발견한 것은 '본대'가 아니라 곤도 중장의 '침공 부대'였다. 진주만으로 돌아와 이러한 상황을 파악한 니미츠 제독은 플레처 소장과 스프루언스 소장에게 무선으로 경고 메시지를 전송했다. "그들은 적의 공격 부대가 아니다. 반복한다, 공격 부대가 아니다." 그리고 이렇게 덧붙였다. "그들은 상륙 부대다. 타격 부대는 내일 새벽에 북서쪽에서 공격할 것이다."[31]

니미츠 제독의 판단은 정확했다. 일본군이 6월 4일 새벽에 미드웨이의 미국군 비행장을 공습하는 것으로 전투가 시작되었다. 그러나 비행장에 도착한 일본군 조종사들은 항공기가 없다는 것을 발견했다. 대부분 오래된 기종의 브루스터 버펄로로 구성된 미국 해병대 전투기들은 일본군 항공기의 공격에 맞서기 위해 공중에 출격한 상태였고, 폭격기들은 일본 항공모함을 향해 날아가고 있었다. 이날 아침 5시 30분에 또다른 PBY 조종사 하워드 에이디Howard Ady가 일본 항공모함의 위치를 보고했던 것이다. 결과적으로 일본의 제로 전투기가 미국 전투기 대부분을 격추시키고 일본 폭격기가 미드웨이의 시설을 심각할 정도로 파괴했다. 하지만 편대 지휘관 도모나가 조이치友永丈市 중위는 비행장을 무력화하기 위해서는 두 번째 공습이 필요하다고 나구모 사령관에게 보고했다.[32]

이 보고에 나구모 중장은 딜레마에 빠졌다. 처음에 도모나가 중위는 나구모 중장이 보유한 항공기 중 절반을 이끌고 미드웨이를 공격했다. 그 항공기들이 떠난 후, 나구모 중장은 차후에 미국 항공모함을 공격하기 위해 나머지 절반의 항공기를 대함정 무기로 무장하라고 지시했다. 그러나 아직 미국 항공모함은 발견되지 않았으며, 그 사이에 도모나가 중위가 미드웨이에 대한 두 번째 공격을 요청했다. 나구모 중장이 이 요청을 숙고하는 동안 미드웨이에서 출격한 미국군 폭격기들이 자신의 머리 위에 도착했다. 물론 제로 전투기가 비행하는 정찰 항공기를 대부분 격추했기 때문에 미국군 항공기에 의한 피해는 없었다. 하지만 여전히 이들의 존재는 미드웨이 비행장이 무력화되지 않았음을 알려주었다. 따라서 나구모 중장은 미드웨이에 대한 두 번째 공격을 실시하도록 격납고 갑판에 있던 폭격기를 지상 공격용 무기로 다시 무장하라고 지시했다.[33]

무장을 교체하는 도중에 나구모 제독은 그날 아침 미국 항공모함을 찾기 위해 보낸 6대의 수상기 중 1대로부터 정찰 내용을 보고받았다. 그 정찰기 조종사는 미드웨이 북쪽에서 적의 수상 함대 10척을 목격했다고 보고했다. 그런데 그 조종사는 자신이 목격한 함정이 어떤 종류인지를 명시하지 않았다. 따라서 나구모 중장은 그에게 내용을 더 명확하게 파악해서 보고하라고 지시했다. 또한 추가 보고가 있을 때까지 항공기의 무장 교체를 일시적으로 전면 중단하라고 지시했다. 만약 정찰기 조종사가 목격한 함정들 중 하나라도 항공모함이라면 일본군 폭격기들은 당장 이륙해서 그 항공모함을 공격해야 할 것이었다. 불안이 감도는 10분 정도의 시간이 지난 후, 그 조종사는 자신이 목격한 함대가 순양함 5척과 구축함 5척으로 구성되었다고 보고했다. 나구모 중장은 이 보고를 받은 즉시 무장 교체를 계속하라고 지시했다. 어쩌면 그는 미드웨이에서 북쪽으로 500여 킬로미터 떨어진 곳에 미국 군함 10척이 과연 존재하는지 자문했는지도 모른다.

그 함대는 일상적 순찰 함대라고 하기에는 너무 강력한 부대였고, 특정 목표를 공격하기 위한 공격 부대로는 약했기 때문이다. 다만 그들이 항공모함을 보호하기 위해 그곳에 존재하는 것이라면 납득할 만했다. 그리고 실제로 미국 군함 10척의 임무는 바로 그것이었다. 일본군 정찰기 조종사가 포착한 것은 플레처 소장이 지휘하는 항공모함 요크타운함이 주축이 된 부대가 이동하는 모습이었는데, 그는 요크타운함을 식별하지 못했다. 그런데 10분이 더 지난 후에 그 조종사가 나구모 중장에게 수정해서 보고한 내용은 더욱 놀라웠다. "적은 항공모함으로 보이는 것과 함께 이동 중입니다."[34]

　미국군 항공모함이 함께 기동 중이라는 내용이 포함된 새로운 정찰 보고서는 모든 것을 바꿔놓았다. 나구모 중장은 이토록 놀라운 정보를 직면한 순간에 무엇을 해야 할지 결정해야 했다. 그는 즉시 폭격기들에 대함정 무기를 장착하라고 명령하고 미국 항공모함을 공격할 준비에 착수했다. 사실 이것이 그가 수행해야 할 핵심 임무였다. 하지만 문제는 지금쯤 미드웨이를 폭격하고 복귀하는 도모나가 중위의 폭격기들이 항공모함에 착륙해야 했다. 게다가 오전 내내 미국군 정찰 항공기를 공격하느라 연료가 부족했던 제로 전투기도 착륙하는 상황이었다. 다시 말해 나구모 중장은 복귀하는 항공기의 착륙과 공격용 폭격기의 이륙을 동시에 수행할 수 없었다. 결국 그는 하나를 선택해야 했다. 평소 나구모 중장은 어떤 일을 절반쯤 하는 것을 좋아하지 않았는데, 결국 도모나가 중위가 지휘하는 폭격기와 선회하는 제로 전투기의 착륙을 먼저 진행하도록 지시했다. 그사이에 미국 항공모함 1척 혹은 다수의 항공모함을 공격하기 위해 모든 항공기에 재급유와 재장전을 실시하기로 결정했다. 물론 상당한 시간이 걸리겠지만, 나구모 중장은 미국 항공모함에 대한 대응까지는 시간이 충분

하다고 믿었다.[35]

하지만 그의 믿음은 잘못된 것이었다. 일본군 항공모함들은 미드웨이에 대한 공격에서 복귀하는 폭격기를 성공적으로 회수한 뒤 미국 정찰 항공기를 쫓아보내기 위해 제로 전투기를 출격시켰지만, 격납고 갑판에서 허둥지둥하던 승무원들은 미국군 항공모함에서 출격한 폭격기들이 일본군 기동 함대 상공에 도착한 시각에도 여전히 무기를 옮기고 있었다. 9시 18분에 도착한 첫 번째 폭격기 부대는 항공모함 호닛함에서 출격한 15대의 TBD 데버스테이터 어뢰기였다.

================

미국 항공모함에서는 폭격기들이 그날 아침 7시에 이륙했는데, 엔터프라이즈함과 호닛함에서 먼저 출격했다. 이들 항공모함에서는 모든 항공기가 공중으로 날아올라 편대를 갖추는 데 거의 1시간이 걸렸는데, 스프루언스 소장은 7시 45분 즈음에 시간 손실을 우려하여 먼저 이륙한 폭격기에 어뢰기를 기다리지 말고 출동하라고 지시했다. 결과적으로 급강하 폭격기 편대는 6000여 미터 상공에서 목표물을 향해 날아갔고, 늦게 출격한 어뢰기들은 목표물을 향해 별도로 기동했다. 그런데 실제로는 500여 미터 상공으로 비행하는 느린 어뢰기들이 직접 목표물을 향해 기동했기에 폭격기보다 일찍 도착했다. 가장 먼저 도착한 항공기는 호닛함에서 출발한 제8 어뢰 비행 대대 소속 15대였는데, 이 항공기들의 비행경로에 대한 설명은 미드웨이 전투에서 풀리지 않는 미스터리 중 하나다.[36]

호닛함에서 출격한 어뢰기 편대의 지휘관은 존 월드런John C. Waldron 중령으로, 아메리카 원주민의 유산을 자랑스러워하는, 양심적이고 자신감 넘치는 조종사였다. 그는 보고된 적 항공모함의 좌표에 따라 자신이 조종하는 항공기의 진로를 계산해냈다. 그런데 월드런 중령은 호넷함의 공군 지휘관 스탠호프 링Stanhope Ring 사령관이 폭격기들을 자신이 계산한 남서쪽이 아닌 거의 서쪽으로 지휘하는 것을 보고 깜짝 놀랐다. 월드런 중령은 무선 침묵을 깨고 링 사령관에게 항의했지만, 링 사령관은 월드런 중령에게 침묵을 유지하면서 공격 부대와 함께 기동하라고 지시했다. 하지만 결국 월드런 중령은 자신이 지휘하는 어뢰기를 모두 데리고 남서쪽으로 기동했다. 그리고 실제로 월드런 중령은 적의 위치를 정확히 파악했으며, 강한 의지를 지닌 그는 전투기 엄호나 급강하 폭격기의 협조 없이 일본군 기동 함대에 먼저 도착했다.[37]

미국 TBD 데버스테이터 어뢰기의 프로토콜은 영국 소드피시 기종이나 앨버코어 기종의 프로토콜과 유사해서 어뢰를 떨어뜨리려면 목표물을 향해 낮고 느리게 접근해야 했다. 하지만 이런 경우 일본군의 민첩한 제로 전투기에 취약했다. 월드런 중령이 지휘하는 전투 편대 뒷좌석 사수들은 일본군 전투기를 막기 위해 최선을 다했지만 제로 전투기는 빠르고 민첩했다. 미국군 어뢰기들은 이러한 상황에서도 어뢰를 발사하기 위해 똑바로 비행해야 했다. 일본군은 월드런 중령이 지휘하는 어뢰기 15대를 1대씩 모두 격추시켰고, 가라앉는 비행기에서 빠져나와 구명조끼를 부풀린 편대 항해사 조지 게이George Gay를 제외한 조종사와 승무원을 모두 사살했다.[38]

그리고 몇 분 후 엔터프라이즈함과 요크타운함에서 출격한 어뢰기가 도착했는데 이들 역시 제로 전투기에 의해 격추되었다. 그날 아침 미국 항공모함에서 출격한 어뢰기 41대 중에 귀환한 항공기는 4대에 불과했다. 그리고 이 같은 끔찍한 희생에도 불구하고 그들 중 어느 누구도 정상적으로 어뢰를 발사해 일본군 항공모함을 공격하지 못했다. 미드웨이에서 출격한 폭격기를 세어보면 미국군이 일본군 함대를 공격하기 위해 보낸 항공기가 총 94대였다. 이중 일부를 제외하고 모두 격추되었는데, 일본 군함을 폭탄이나 어뢰로 공격해 성공한 항공기는 없었다. 1942년 6월 4일 오전 10시 20분, 나구모 중장은 그가 이 전투에서 승리하고 있다고 믿을 만한 이유가 있었다. 그는 이 승리를 완수하기 위해 격납고 내부에서 폭격기의 무장 교체를 완료한 뒤 갑판으로 끌어올려 미국 항공모함을 파괴하기 위해 출격시켜야 했다.

그런데 나구모 제독이 지휘하는 수많은 선박 중 레이더를 보유한 함정은 없었다. 오전 10시 22분경, 기함 아카기함의 한 감시병이 하늘을 가리키며 소리쳤다. "폭격기다!"[39]

══════

미국 해군 항공모함 부대의 주요 타격 무기는 SBD 던틀리스 급강하 폭격기였다. 이 폭격기는 일본군의 발 폭격기보다 튼튼하고 성능이 좋았으며 더 무거운 폭탄을 운반할 수 있었다. 이 폭격기의 승무원은 2명이었는데, 앞좌석에 탄 조종사는 통상 장교였고 뒷좌석에는 무전과 기관총을 맡는 병사가 탑승했다. 던틀리스 급강하 폭격기는 어뢰기와 달리 4500~6000여 미터 상공에서 비행하다가 목표물 인근에서 약 70도 각도로 하강했고, 목표물에서 이탈하기 전 500여 미터 높이에서 폭탄을 투하했다.[40]

항공모함 엔터프라이즈함과 호넷함에서 출격한 급강하 폭격기는 거의 동시에 출발한 뒤, 다른 방향과 경로로 목표물에 접근했다. 엔터프라이즈함과 나중에 요크타운함에서 출격한 항공기들이 남서쪽으로 비행하는 동안, 호넷함에서 출격한 폭격기와 전투기는 265도 각도로 서쪽으로 비행했다. 그 결과 월드런 중령이 지휘하는 어뢰기를 제외하고 호넷함에서 출발한 항공기 모두가 일본군 항공모함을 완전히 놓치고 말았다. 링 사령관은 자신의 계산에 따라 이 코스를 비행하지 않았다. 그가 가지고 있던 지도는 회의에 참석한 미국 최고위 항공 장교 피트 미처가 제공한 것이었는데, 그는 아침 정찰 보고서와 정보 추정치에 근거하여 일본군 항공모함 4척 중 2척이 다른 항공모함보다 약 130~160킬로미터 늦게 기동하고 있다고 결론지었다. 실제로 일본군이 여러 그룹으로 병력을 나누었기 때문에 이 역시 무리한 추론은 아니었지만, 당일 아침에는 항공모함 4척 모두가 함께 작전을 수행하고 있었다. 그 결과 링 사령관과 호넷함에서 출격한 미국 항공기들은 서쪽으로 이동하여 '전혀 쓸모없는 곳으로의 비행', 즉 전투와 무관한 비행을 하고 말았다.[41]

링 사령관과 호넷함에서 출격한 급강하 폭격기가 지나치게 북쪽으로 비행하는 동안, 클래런스 웨이드 매클러스키Clarence Wade McClusky 중령이 지휘하는 엔터프라이즈함 소속 폭격기들은 지나치게 남쪽으로 기동했다. 매클러스키 중령의 폭격기가 공격 목표를 향해 정상적으로 비행하는 동안 9시 17분에 나구모 중장이 함대의 기동 방향을 북쪽으로 변경했던 것이다. 그 결과 매클러스키 중령은 자신이 계산한 좌표에 도착했는데도 아무것도 발견할 수 없었다. 그와 조종사들은 이미 연료의 절반 이상을 소비했지만, 그는 표준 박스 검색standard box search을 시작했다. 이 과정에서 그는 푸른 바다에 밝고 흰 뱃머리 물결을 일으키며 30노트로 북상하는 일본 구축함을 단독으로 정찰했다. 그는 그 구축함의 함장이 본체를 따라잡기 위해 속도를 내고 있다고 추정해 그 방향으로 자신이 지휘하는 폭격기 편대를 기동시켰다. 그리고 오전 10시 20분에 일본군 기동 함대를 발견했다.

매클러스키 중령이 지휘하는 폭격기들은 대체로 일본군 항공모함 중 가장 규모가 큰 가가함을 공격하는 동안 낮은 고도로 하강하여 비행하던 일본군 제로 전투기의 방해를 받지 않았다. 미국의 급강하 폭격기들은 가 가함의 격납고 갑판에 쌓여 있던 무기뿐만 아니라 이 항공모함의 항공기 탱크를 채운 항공 연료에 불을 붙이기 위해 다수의 폭탄을 투하했다. 결 국 가가함은 기나긴 격납고 갑판을 따라 폭발이 일어나기 시작해 몇 분 안에 불타오르며 연기가 자욱한 난파선이 되었다.[42]

32세의 리처드 베스트Richard Best 중위가 선도하는 매클러스키 중령 편 대 소속의 폭격기 3대는 가가함을 우회해 나구모 중장의 기함 아카기함 을 공격했다. 베스트 중위가 이끄는 폭격기의 윙맨들은 아쉽게도 직접적 폭격에는 실패했으나 아카기함에 심각한 수중 손상을 입혔다. 그리고 베 스트 중위가 투하한 500여 킬로그램짜리 폭탄이 이 항공모함의 정중앙 을 강타했는데, 이것이 큰 충격을 주었다. 이 폭탄은 격납고 갑판으로 침 투한 뒤, 무기를 가득 싣고 휘발성 항공 연료를 가득 채운 18대의 케이트 어뢰기 사이에서 폭발했다. 가가함과 마찬가지로 아카기함에서도 연속적 으로 2차 폭발이 발생했고, 곧바로 대규모 화재가 뒤따랐다. 일반적으로 항공모함은 한 번의 폭탄 공격에서는 살아남을 수 있는데, 산호해 전투에 서 쇼카쿠함은 세 차례나 폭탄을 맞았으나 버텨냈다. 하지만 이번처럼 특 정한 상황에서는 단 한 번의 공격으로도 치명적 결과가 발생했다. 이렇게 해서 불과 몇 분 만에 일본이 보유한 가장 규모가 크고 성능이 뛰어난 항 공모함 2척이 회복될 수 없을 정도로 손상되었다.[43]

이것이 다가 아니었다. 매클러스키 중령과 베스트 중위가 목표물을 향 해 강하를 시작했을 때, 요크타운함에서 출격한 맥스 레슬리Max Leslie가 지휘하는 급강하 폭격기 대대도 전투 현장에 도착했다. 요크타운함에서 출격한 항공기들은 그날 아침 늦게 출발했지만, 매클러스키 중령이 했던

1943년 8월, 클래런스 웨이드 매클러스키 중령이 F4F 와일드캣 전투기 날개에서 내부를 들여다보고 있다. 그는 미드웨이 전투 중 엔터프라이즈함에서 출격한 폭격기 편대를 지휘했다. 이 전투에서는 일본 항공모함 방향으로 이동하는 일본 구축함을 발견한 뒤, 북쪽을 향해 비행하기로 결정한 그의 판단이 중요했다. 이 사진에서 매클러스키 중령은 해군 항공사의 진한 녹색 제복을 입고 있다. (미국 해군 역사유산사령부)

것처럼 일본군 기동 함대를 찾을 필요가 없어서 거의 같은 시각에 도착했다. 또한 이들은 매클러스키 중령처럼 남쪽에서 접근한 것이 아니라, 항공모함 소류함을 직접 공격하기 위해 북동쪽에서 접근했다. 첫 번째 폭탄은 소류함 앞쪽 엘리베이터에 정확히 떨어졌고, 두 번째 폭탄은 이 항공모함의 비행갑판을 뚫고 들어가 엔진실에서 폭발했다. 레슬리의 증언에 따르면 소류함은 문자 그대로 '화염의 지옥'이 되었다. 불과 5~8분 만에 미국 급강하 폭격기들은 전방에 배치된 일본 항공모함 3척을 파괴했는데, 이는 일본 해군이 보유한 전체 대형 항공모함 중 정확히 절반이었다.[44]

일본군 역시 반격했다. 단 한 척 남은 작전용 항공모함으로 미국 항공모함 요크타운함을 공격했다. 고바야시 미치오小林道雄 중위가 제로 전투기 6대의 엄호를 받는 18대의 급강하 폭격기로 공격을 이끌었다. 일본군 폭격기들은 요크타운함에서 출격한 미국 전투기들의 격렬한 저항과 맹렬한 대공포 사격 속에서도 요크타운함의 비행갑판에 3개의 폭탄을 투하했다. 폭탄 하나가 투하된 아카기함은 파괴되었으나, 요크타운함은 3개나 맞고도 간신히 살아남았다. 여기에는 세 가지 이유가 있었다. 우선 이 항공모함의 레이더 체계가 다가오는 일본군 폭격기의 공격을 사전에 경고하여 연료관의 방호를 보강하고 전투기를 사전에 출격시키는 등 요크타운함의 승무원들은 적의 공격에 충분히 대비할 수 있었다. 둘째, 일본군의 발 폭격기가 운반해서 투하한 폭탄은 250킬로그램이었는데, 이것은 미국의 던틀리스 폭격기가 투하한 500여 킬로그램짜리 폭탄에 비해 규모가 작았다. 셋째, 요크타운함 피해 통제팀의 효율적 대처에 따른 효과였다. 일본군은 공격 전술에 집중한 나머지 미국군에 비해 피해 통제 프로토콜에 시간과 에너지를 적게 투자했다. 그 결과 많은 시간과 에너지를 피해 통제에 투자한 미국군은 신속하고 효율적인 방법으로 요크타운함을 구할 수 있었다.

그날 오후, 일본군은 요크타운함을 두 번째로 공격했다. 케이트 어뢰기 10대가 공격을 실시했는데, 사실상 이것이 당시 일본군이 보유한 공격력의 전부였다. 어뢰기를 지휘한 사람은 그날 아침에 미드웨이 환초 공격을 지휘한 도모나가 중위였다. 그는 히류함에서 요크타운함을 공격하러 출격할 때 자신은 돌아오지 못할 것이라고 생각했다. 그가 조종하는 항공기 왼쪽 날개의 연료 탱크가 전투 초기에 구멍이 났는데, 이 상태라면 그가 보유한 연료는 미국군 항공모함을 공격하러 가는 것만 가능했다. 그리고 그가 요크타운함에 접근했을 때 미국 전투기로부터 여러 차례 타격을 입었다. 자신의 폭격기가 불이 붙은 상태였는데도 도모가나 중위는 어려움을 무릅쓰고 바다에 추락하기 전에 어뢰를 발사할 수 있을 정도로 오랫동안 기체를 안정되게 유지했다.[45]

도모나가 중위가 조종한 폭격기가 발사한 어뢰는 요크타운함을 강타한 2발의 어뢰 중 하나였는데, 그것이 요크타운함의 옆구리에 큰 구멍을 만들고 비상 발전기를 파괴했다. 결국 요크타운함은 26도 정도 기울었고, 급기야 엘리엇 벅매스터Elliott Buckmaster 대령은 어쩔 수 없이 승무원에게 배를 포기하라고 명령했다. 하지만 이때도 요크타운함은 침몰하지 않았으며, 그다음날 벅마스터 대령은 이 항공모함이 구조될 수 있는지 살펴보기 위해 지원자들을 다시 배에 태웠다. 그런데 바로 이 시점에 불구가 된 요크타운함에 일본군 잠수함이 최후의 일격을 가했다. 6월 5일 오후, 요크타운함이 진주만으로 예인되고 있을 때 다나베 야하치田辺弥八 중령이 지휘하는 일본군 잠수함 I-68이 미국 구축함의 방어막을 뚫고 접근해 발사한 어뢰 3발이 요크타운함에 명중했다. 이 공격이 결정적 충격을 주어 요크타운함은 결국 침몰했다.[46]

그런데 요크타운함이 침몰할 즈음, 미국군은 일본의 네 번째 항공모함 히류함을 격침했다. 엔터프라이즈함에서 출격한 급강하 폭격기 편대가 요크타운함에서 출격한 폭격기 일부와 합류하여 6월 4일 오후 5시가 조금 넘은 시각에 히류함을 강타했다. 4개의 폭탄이 이 항공모함 비행갑판 중앙에 떨어졌고, 그 결과 선박의 중앙 부분이 완전히 사라졌다. 일본군 기동 함대에 소속된 다른 3척의 항공모함과 마찬가지로 히류함 역시 회복할 수 없을 정도로 파괴되었다. 하루 사이에 4척의 항공모함을 손실한 것은 일본 해군에 치명적 타격이었다. 게다가 숙달된 조종사와 항공 승무원 110명의 인명 손실은 재앙에 가까운 손실이었는데, 대부분 히류함에서 발생한 인명 피해였다.[47]

미드웨이 해전은 세계사에서 가장 중요한 해상 전투 중 하나로, 살라미스 해전, 트라팔가르 해전, 쓰시마 해전과 함께 전술적으로 결정적이었으며, 전략적으로 강한 영향력을 지닌 전투로 평가받는다. 1942년 6월 4일 이후에도 일본 해군은 위험한 상대였으나, 개전 초기 6개월 동안 태평양을 지배했던 기동 함대는 쇼카쿠함과 주이카쿠함 등 고작 2척의 항공모함으로 축소되었다. 1942년 6월 4일 오전 10시 22분에서 10시 27분까지 중요한 5분 사이에 태평양 전역의 전략적 주도권이 일본에서 미국과 연합국으로 넘어간 것이다.

14장

두 섬에서의 격전

1942년 여름, 세계의 관심이 소련에 쏠렸다. 그곳에는 200만여 명의 독일 군인(그중 80퍼센트는 독일 육군이었다)과 헝가리, 루마니아, 그리고 독일의 다른 동맹국들에서 끌려온 100만여 명의 병력이 소련의 붉은군대 예하 500만여 병력과 발트해에서 흑해에 이르기까지 1500여 킬로미터의 전선에서 맞섰기 때문이다. 이 지상 대결에서 해군의 역할은 크지 않았다.

이른바 '겨울 전쟁'(1939~1940)에서 소련에 영토를 빼앗긴 핀란드인들은 공식적으로는 중립을 선포했지만, 궁극적으로는 러시아인에게 맞서기 위해 독일을 지지하며 상실한 영토를 되찾기 위한 기회를 엿보고 있었다. 독일과 핀란드 사이에 공식 동맹은 없었으나 독일 군함들은 헬싱키를 해군 기지로 사용했고, 이를 통해 독일은 발트해를 지배했다. 반면 소련 역시 전함 2척과 중순양함 2척이 포함된 '붉은 깃발 함대Red Banner Fleet'를 앞세워 발트해에서 상당한 해군력을 보유했다. 독일은 소련의 함정들이 중립국인 스웨덴으로 탈출하는 것을 막기 위해 즉시 티르피츠함을 발트해로 파견했다.

그러나 러시아 해군은 탈출할 의사가 없었다. 그들은 오로지 도시 방어에 필요한 화력을 보강하기 위해 발트해에서 전력을 유지했다. 1941년 9월 8일 독일군 전차 부대가 레닌그라드에 접근하자 전함 마라트함Marat (기존의 페트로파블롭스크함Petropavlovsk)의 12인치〔약 30.5cm〕 함포가 장거리 사격으로 이들의 진격을 일시적으로 중단시키기도 했다. 9월 23일, 독일군은 이 전함을 공격하기 위해 급강하 폭격기를 보냈고, 스투카 폭격기가 500여 킬로그램짜리 폭탄 2개로 마라트함을 타격했다. 이 전함은 크론슈타트 항구에서 침몰했지만 후방 포탑은 계속 물 위에 떠 있어서 러시아군은 2년 반에 걸친 레닌그라드 포위 공격을 저지하는 과정에서 이 함포를 사용했다. 발트해의 다른 곳들, 즉 핀란드만, 그리고 더 남쪽인 흑해에서는 러시아군이 기뢰 매설에 의존했다.[1]

러시아 전역은 12월 6일(일본군이 진주만을 공격하기 전날)에 새로운 국면에 접어들었다. 이때 게오르기 주코프 원수가 모스크바 외곽에서 기습적으로 반격을 지시하자 독일 육군은 서쪽으로 수백 킬로미터 후퇴했고, 그 결과 독일군의 군수 체계는 극한에 내몰렸다. 이 작전의 여파로 독일군은 1942년 하계 전역에서 절대적으로 필요하지만 점차 감소하는 원료 공급을 보충해야 했다. 결국 히틀러는 남쪽 지역의 석유와 밀을 확보하기 위해 그곳으로 방향을 바꿔 진격하라고 독일군에 지시했다. 1942년 6월 (미국 폭격기가 미드웨이에서 일본군 기동 함대를 파괴한 달)에 독일군 야전군 두 부대, 제4군과 제6군은 캅카스 지역 침공에 앞장섰으며, 7월에는 스탈린그라드를 공격했다.

이 공격과 함께, 히틀러는 지중해를 통해 이집트까지 동시에 공격할 수 있도록 해군 참모 총장 레더 대제독이 오랫동안 주장해온 계획을 승인했다. 레더 대제독의 계획이 성공한다면, 중동 지역 전체가 거대한 집게 모양의 기동으로 포위될 터였다. 그러나 이 목적을 달성하기 위해 로멜 장군이 지휘하는 아프리카 군단은 지중해를 횡단하는 신뢰할 만한 보급선이 필요했는데, 이 같은 안전한 보급로를 몰타섬의 영국군 전초 기지가 가로막았다. 이 골치 아픈 연합군 기지를 무력화하기 위해 독일 폭격기들은 몰타섬 공습을 강화했다. 결국 7월까지 몰타섬은 심각할 정도로 폭격을 당했고 군인들이 굶주려서 굴복할 위험에 처했다. 만약 이 섬이 항복한다면 추축국이 지중해 전체를 장악할 수 있었다.[2]

한편 거의 같은 시점에 지구 반대쪽에서는 다른 섬 하나가 연합군, 특히 미국의 관심사로 떠올랐다. 지리상 몰타섬에서 지구 반대쪽에 있는 과달카날섬은 비록 규모는 컸으나 인구가 희박하고 사실상 열대 우림으로 뒤덮여 있었다. 그런데 1942년 8월에 몰타와 과달카날은 해상과 공중 모두 독일과 일본으로부터 지속적으로 공격받는 불안정한 연합군 전초 기지가 되었다. 연합군이 점령한 두 섬의 생존은 전적으로 그들에게 필요한 물품을 계속 공급할 수 있는 서구 연합군 해군의 능력에 달려 있었으며, 연합국의 선박 부족과 추축국의 맹렬한 공격을 고려할 때 과연 이들이 얼마나 버틸 수 있을지 확실하지 않았다.

<hr>

과달카날섬에는 운하가 없었다. 뉴브리튼섬에서 비스마르크 제도에 이르는 남태평양의 다른 섬들처럼 과달카날이라는 이름 역시 유럽에서 온 '발견자'가 명명했는데, 1568년에 에스파냐의 페드로 데 오르테가 발렌시아 Pedro de Ortega Valencia가 자신의 고향 세비야에 있는 마을 이름을 그대로 붙인 것이다. 이런 유래와 달리 과달카날은 사실 세비야와 닮지 않았다. 1년

내내 평균 기온이 섭씨 30도에 달하고 연중 평균 197일 동안 비가 내렸으며, 바닷가에서 불과 몇 미터 떨어진 곳에서 시작해 섬 전체를 뒤덮은 두꺼운 나뭇잎에 숨이 막혔다. 그리고 봉우리를 가리는 구름 속으로 2000미터 넘게 솟아오른 산에는 가파른 비탈과 계곡도 발달했다. 거대한 수목들 사이로 만경목 덩굴, 면도날 같은 쿠나이 풀, 대나무가 거미줄처럼 얽혀서 뚫고 지나가기 힘들 정도로 깊은 정글을 이루었고, 다양한 종류의 새, 뱀, 도마뱀, 고양이 크기만 한 설치류가 살고 있었다. 길이 140여 킬로미터에 달하는 이 섬에는 1942년 당시 사냥과 낚시로 먹고살던 수천 명의 멜라네시아인과, 섬의 유일한 평지인 북쪽 해안에서 코프라와 코코넛 플랜테이션을 관리하던 소수의 유럽인만 거주했다.

과달카날은 수십 개의 작은 섬과 함께 솔로몬 제도를 구성하는 7개 큰 섬 가운데 하나였다. 전쟁 전에 솔로몬 제도는 영국 보호령이었는데, 영국 관리들은 과달카날에서 북쪽으로 30여 킬로미터 떨어진 작은 섬 툴라기에 솔로몬 제도에 대한 느슨한 지배권 행사에 필요한 장교 클럽, 골프 코스, 크리켓 경기장과 행정 본부 등을 설치했다. 일본은 1942년 5월 초에 이 지역에서 영국인들을 쫓아낸 뒤, 산호해 전투 직전에 수상 항공 기지를 설치했다. 툴라기, 과달카날, 솔로몬 제도의 전략적 중요성은 일반적으로 그곳에서 운항하는 항공기가 하와이와 오스트레일리아 사이의 중요한 바닷길을 순찰하고 잠재적으로 통제하는 것에서 확인할 수 있다. 바로 그러한 이유에서 일본군은 가장 먼저 툴라기섬을 점령했고, 미드웨이 해전 직후인 그해 6월에 과달카날에 비행장을 건설하려 했다.[3]

7월 6일, 일본 선박 12척이 과달카날 북쪽 해안에 도착하여 100여 대의 트럭, 로드롤러 6대, 한 쌍의 협궤 철도 엔진, 트랙 및 일부 호퍼 차량을 비롯한 건설 장비를 하역했다. 영국군 해안 감시병 마틴 클레멘스Martin

Clemens는 해변 높은 곳에 자리잡은 정글 휴양지에서 무선으로 오스트레일리아 타운스빌로 일본군 관련 정보를 보냈고, 그뒤 이 소식은 다시 빠르게 미국군에 전달되었다. 그날 하루가 끝날 무렵(국제 날짜 변경선의 동쪽에서는 7월 5일), 미국의 수도 워싱턴에서 해군 참모 총장 킹 제독은 이 보고 내용을 확인했다.[4]

미드웨이 전투에서 미국군이 승리하기 전에도 킹 제독은 태평양에서 일본의 공격을 반격할 방안을 모색했는데, 특히 솔로몬 제도의 상황을 고심했다. 일본군이 툴라기를 점령한 후, 킹 제독은 니미츠 제독에게 툴라기를 탈환하기 위한 작전을 구상하고 그 근처 산타크루스섬을 점령하라고 지시했다. 그리고 이제 막 과달카날에서 정보가 도착하자 킹 제독의 관심은 이 섬에 집중되었다.

그러나 공세를 계속하려던 킹 제독의 열망은 진주만에 주둔한 미국 전투 함대가 큰 손실을 입은 데다, 1941년 1월에 태평양에서 방어 태세를 유지하는 동안 독일과의 결전에 우선권을 부여하는 것을 골자로 체결된 영국과 미국 사이의 협정에 의해서도 방해를 받았다. 하지만 과달카날에서 온 보고가 그동안 영국과 미국 사이의 협정을 가로막던 제한을 회피할 수 있는 적절한 계기가 되었다. 일본의 비행장 건설을 막는 것은 독일 우선 정책을 위반하지 않는 방어 조치라고 주장할 수 있었기 때문이다.

그런데 킹 제독은 과달카날이 미국 해군의 작전 지역에 속하지 않는다는 또다른 문제에 직면했다. ABDA가 2월 말에 붕괴된 이후 영국, 네덜란드, 오스트레일리아는 공식적으로 태평양 전쟁의 책임을 미국에 넘겼으며, 그 결과 4월 18일(둘리틀의 폭격기가 도쿄를 공격한 날과 같은 날)에 미국 합동 참모 본부는 맥아더 장군이 지휘하는 남서 태평양 지역 사령부 SoWesPac와 니미츠 제독이 지휘하는 태평양 지역 사령부POA: Pacific Ocean

Area를 별도로 창설했다. 솔로몬 제도는 오스트레일리아, 네덜란드령 동인도 제도, 뉴기니, 필리핀과 함께 맥아더 장군이 지휘하는 사령부가 담당하는 지역이었다. 따라서 킹 제독은 과달카날이 해군 작전 구역 안으로 들어올 수 있도록 담당 지역을 정하는 선을 이동시키려 했다. 그는 미국 육군이 유럽에서 진행 중인 전쟁의 주도권을 갖는 데에 반대하지 않는다고 발언한 바 있다. 다만 태평양 지역에서 작전은 주로 해군이 맡아야 한다는 것이 그의 확고한 신념이었다. 하지만 맥아더 장군은 미국 해군과 킹 제독이 태평양 전쟁을 완전히 장악한 뒤, 자신이 지휘하는 미국 육군은 적의 영토를 점령하기 위한 점령군 역할만 시키면서 강등하려 한다고 비난하며 그 제안에 반대했다.[5]

결국 이 문제는 육군 참모 총장 조지 마셜 장군의 중재가 필요했고, 킹 제독은 자신이 원하는 바를 달성했다. 과달카날을 해군 담당 지역에 포함시킬 수 있도록 경계선을 서쪽으로 1도 이동한 것이다. 그 대가로 킹 제독은 맥아더 장군이 지휘하는 부대가 라바울의 일본군 요새를 점령하는 작전을 비롯해 솔로몬 제도에서 이루어질 차후 기동에 전반적으로 책임져야 한다는 조건을 수용했다. 한편 마셜 장군은 각 군은 다른 군에게 '가능한 모든 지원'을 상호 제공하라고 강조했다. 한마디로 공군과 해군이 작전을 펼치면서 성공할 방법을 찾으라는 뜻이었다.[6]

육군과의 행정 전투에서 (당시까지는) 승리를 거둔 킹 제독은 더 빠른 속도로 작전 수행을 위한 시간 계획을 확정했다. 무엇보다 과달카날의 일본군 비행장이 운영된다면 이를 통해 일본군은 차후 작전의 공격 지역에서 항공 우위를 확보할 터였다. 그런 일이 일어나지 않도록 하기 위해 킹 제독은 불과 3주 후인 1942년 8월 1일을 과달카날에 대한 공격 개시일로 정했다. 실제로 이 계획은 놀랍도록 야심찬 것이어서 많은 이들이 비현실적이라고 생각했다. 상륙 부대 준비, 이들을 운송할 함정과 호위할 다른 군함, 이 과정에서 필요한 연료와 보급품, 그리고 이 과정을 지탱할 탄약 등 복잡한 상륙 작전에 필요한 모든 구성 요소가 놀라울 정도로 짧은 시간 안에 파악·수집·정리되어 전달되어야 했다. 이러한 과정은 어떤 상황에서도 벅찬 일이었겠지만, 특히 1942년 중반에는 극심한 수송력 부족으로 상황이 더 심각했다. 이 공격에는 '망루 작전Operation Watchtower' 혹은 '구두 끈 작전Operation Shoestring'이라는 코드명이 부여되었다.[7]

이 작전의 지휘는 킹 제독과 니미츠 제독이 아닌 로버트 곰리 제독이 맡았는데, 그는 1940년에 루스벨트 대통령이 영국과 협력할 목적으로 런던에 파견했던 장교다. 그가 런던에서 2년 동안 수행한 업무는 기본적으로 외교 업무의 일부였다. 하지만 곰리 제독은 이제 뉴칼레도니아의 누메아에서, 자신이 여태까지 경험하지 못했던 완전히 새로운 임무를 수행할 사령부를 조직하기 위해 지구의 절반을 가로질러 날아갔다. 하지만 예하의 작전 지휘관 3명은 아직 조직을 구성하지 못한 상황이었다. 미국 해병대 1개 사단(약 1만 9000명 규모)의 공격 부대는 알렉산더 밴더그리프트 Alexander A. Vandegrift 소장이 지휘했다. 조용한 버지니아 말투와 쾌활한 기질(그의 별명은 '서니 짐Sunny Jim'이었다)의 밴더그리프트 소장은 니카라과와 아이티에서 벌어진 이른바 '바나나 전쟁'에서 30년 이상 참전한 경험에서 우러난 전사戰士의 기질이 몸에 배어 있었다. 그는 자신이 지휘하는 예하 부대를 해변으로 실어나르기 위해 킹 제독의 참모 중에 가장 최근에 임무를 수행했던 무뚝뚝하고 자기중심적인 포병 전문가 리치먼드 켈리 터너 Richmond Kelly Turner 소장을 임명했다. 터너 소장은 미국 해군의 수송선 22척과 보급선을 지휘할 예정이었다. 터너 소장의 무자비한 전투 행위는 킹 제독의 지휘 스타일과 유사했는데, 터너 소장과 같은 시대를 보낸 어떤

수상 함대 출신 장교('검은 신발'로 불리곤 했다)였던 프랭크 플레처 소장은 미국 항공 모함 함대 지휘관으로 산호해 전투와 미드웨이 해전에 참전했다. 맥아더 장군처럼, 그 역시 고향 아이오와에서 수십 개씩 보내주는 옥수수 속대 파이프(corncob pipe)를 사용했다. (미국 해군 역사유산사령부)

사람은 그가 "실수를 용납하지 않으며, 가해자들을 힐난할 때 신랄했다" 라고 평가했다. 미국군 공격 부대의 세 번째 구성 요소는 미드웨이 전투에 참전했던 엔터프라이즈함과 수리를 마친 새러토가함, 그보다 작은 와스프함 등 3척의 항공모함으로 구성되었고, 플레처 소장이 통솔했다.[8]

킹 제독은 플레처 소장이 항공모함 부대를 지휘하는 것에 우려를 표명했다. 처칠과 마찬가지로 킹 제독은 해전에 임하는 지휘관의 능력을 가늠할 유일한 잣대를 가지고 있었는데, 그것은 바로 끊임없이 강한 공격성이었다. 그런데 플레처 소장이 그러한 기준을 충족하는지에 대해 의구심을 가졌던 것이다. 킹 제독은 3월에 플레처 소장이 공격을 계속하는 대신 연료를 보급하고 휘하의 기동 부대를 누메아로 이전하자 불만을 드러냈다. 당시 킹 제독은 플레처 소장에게 "귀관은 왜 머뭇거리느라 적 바로 앞에서 물러섰는가?"라는 무전을 보냈다. 플레처 소장이 산호해 전투에서 일본 항공모함에 야간 공격을 진행하지 않기로 결정하고서 구축함 출격을 중지하자 그에 대한 킹 제독의 의심은 더욱 커졌다. 두 사람 중 누구의 결정이 현명했는지는 명확하지 않으나, 킹 제독은 플레처 소장의 전사적 본능에 의문을 제기했다. 다만 니미츠 제독은 플레처 소장을 변호하기 위해 그가 "훌륭하고 항해를 잘하는 전투적 해군 장교이며, 나는 그를 특수 임무 부대 지휘관에 유임하기를 희망한다"라는 의사를 킹 소장에게 피력했다. 킹 제독은 플레처 소장에 대해 여전히 회의적이었으나 어쩔 수 없이 그에게 과달카날 작전에 필요한 항공모함 기동대의 지휘권을 맡기는 데 동의했다.[9]

킹 제독이 플레처 소장의 용맹성을 의심하는 사이, 플레처 소장은 해군 참모 총장이 자신에게 지나치게 벅찬 일정을 강요한다고 불평했다. 그는 예하 수송 부대가 과달카날에 장기간 묶일까봐 우려했으며, 자신의 항공모함이 일본의 반격에 대응할 수 있도록 기동의 자유를 확보하는 것이 중요하다고 믿었다. 그래서 7월 27일에 주력 항공모함인 새러토가함에서 개최된 회의에서 플레처 소장은 터너 소장과 밴더그리프트 소장에게 자신의 항공모함은 해변 근처에서 이틀만 머물 계획이라고 말했다. 그러자 두 사람 모두 강력하게 항의했다. 터너 소장은 자신의 수송선에서 하역하는 데 5일이 필요하다고 주장했고, 밴더그리프트 소장 역시 과달카날의 비행장을 점령해 작전이 가능해질 때까지 해안에서 임무를 수행하는 해병대를 공중에서 엄호해줄 필요가 있다고 맞섰다. 결국 플레처 소장은 마지못해 항공모함이 사흘 동안 체류하기로 동의했지만, 그는 자신의 주요 임무는 항공모함 부대의 안전을 확보하는 것이라고 생각했다. 터너 소장과 밴더그리프트 소장은 상급 지휘관의 성향을 달가워하지 않았지만, 곰리 제독이 개입하지 않는 한 자신들이 해결하거나 조율할 방법은 없었다.[10]

이 전쟁에서 미국이 수행하는 첫 반격 작전의 초기 단계에서 공격 부대에 여러 가지 행운이 겹쳤다. 짙은 구름 탓에 일본군 정찰기가 터너 소장이 지휘하는 부대의 접근을 정찰할 수 없었다. 그 덕분에 8월 7일에 미국 해병대의 해안 상륙은 거의 완벽한 전술적 기습으로 완료되었다. 수적으로 열세였던 일본군은 정규군이 아닌 건설에 투입된 병력이 다수였는데, 병사들 대다수가 정글로 도망쳤다. 그다음날 미국 해병대는 아직 완공되지 않은 비행장을 점령하고서 방어선 경계를 설정했다. 하지만 해병 부대가 이 점령 지역을 계속 방어할 수 있을지는 두고 봐야 했다.

━━━━━

라바울의 일본군은 미국군이 과달카날에 상륙했다는 사실을 알게 된 직후부터 신속하게 대응했다. 처음부터 태평양 전쟁에 대한 일본의 포괄적·전략적 청사진은 자신들이 필요로 하는 자원 기지를 점령해 강력한 방어선을 구축한 뒤, 그것을 되찾으려는 미국과 연합국의 공격을 막아내는 것이었다. 이처럼 미국이 첫 번째 반격을 취하자 제11 항공 함대 사령관 쓰카하라 니시조塚原二四三 중장은 라바울에 주둔하는 항공기들에 "적군을 파괴하라"라고 명령했다. 미국군이 처음 상륙한 지 3시간이 지나 제로 전투기 18대의 호위를 받는 양발 엔진 베티 폭격기 27대가 라바울에서 이륙했다. 이들이 목표물을 향해 이동할 때, 오스트레일리아 해안 감시원 폴 메이슨Paul Mason이 그 모습을 발견하고 무선 경고를 보냈다. "24대의 폭격기가 귀측 방향으로 이동 중."[11]

일본군 폭격기의 주요 목표는 상륙 지역에 정박한 터너 소장의 수송선과 보급선이었다. 그중 19척은 과달카날에 있었고 5척은 툴라기에 있었다. 이 함정들은 대구경 함포는 가지고 있지 않았으나 상당한 규모의 대공 무기를 가지고 있었고, 순양함과 구축함으로 구성된 강력한 수상 호위함의 지원도 받았다. 감시원 메이슨의 경고에 경각심을 느낀 터너 소장의 함정들이 전투 대형을 취했기 때문에 일본군 베티 폭격기는 기동 중이던 수송선을 목표로 선정하기가 어려웠다. 또한 미국군 함정들이 대규모 대공 사격을 실시하자 일본군 폭격기들은 위험한 상황에 놓였다. 미국군 순양함에 탑승했던 한 승무원은 이때 상황을 이렇게 회상했다. "하늘은 하나의 검은 덩어리였고, 폭발하는 포탄의 무늬가 겹쳐졌다." 그런 상황에서 일본군 폭격기들은 대부분의 폭탄을 미국군 선박에서 상당히 이격된 바다에 투하하는 등 공격의 정확성이 떨어졌다.[12]

게다가 일본군 폭격기들은 미국 항공모함에서 출격한 전투기들과 싸워야 했다. 그 결과 공습이 끝났을 무렵 일본군은 베티 폭격기 14대와 제로 전투기 2대를 잃었고, 미국군은 9대의 와일드캣 전투기를 잃었다. 또한 심각하게 파손된 와일드캣 전투기도 5대였다. 일본군은 이날 오후 어뢰기로 다시 공격했지만, 고공 폭격기의 공습에 비해 효과가 크지 않았다. 하지만 복귀한 일본군 조종사들은 모든 국가의 조종사들이 해오던 방식으로 이번 공격에서 순양함 7척, 구축함 2척, 수송선 3척을 파괴했다고 주장하며 자신들이 세운 전공을 과장해서 보고했다. 그러자 실제로 이들이 파손한 함정은 고작 2척으로, 나중에 침몰한 수송선 엘리엇함과 구축함 1척뿐이었다.[13]

그런데 공중전은 다른 두 가지 중요한 결과를 가져왔다. 첫째, 일본군의 공중 공격이 진행되는 동안 플레처 소장은, 일본의 공중 공격에 매번 베티 폭격기와 제로 전투기 외에도 항공모함에서 출격한 99식 발 급강하 폭격기 9대가 포함되어 있다는 보고를 받았다. 와일드캣 전투기가 그중 9대를 격추했는데도 급강하 폭격기가 출격했다는 것은 인근 바다에 일본군 항공모함이 존재할 가능성을 시사했다. 실제로 발 폭격기들은 라바울에서 출격해 편도 임무를 수행했는데, 목표물에 폭탄을 투하한 폭격기들은 곧바로 쇼트랜드섬에 있던 수상 여객기 아키쓰시마호秋津洲 인근에 착륙했다. 하지만 플레처 소장은 이 사실을 파악하지 못했다. 공습의 두 번째 결과는 조종사들이 과장해서 보고한 내용을 신뢰한 일본군 최고 사령부에서 터너 소장이 지휘하는 공격 함대가 사실상 파괴되었다고 확신하게 된 것이다. 이 같은 잘못된 믿음은 그다음날 밤의 전투에서 중요한 결과를 초래하는 요소로 작용했다.[14]

미국군 함정의 수송과 기동은 일본군의 공습을 피하기 위해 시작되었기에 해변가 물자를 하역하는 일정이 다소 지연되었다. 하지만 터너 소장은 '디데이D-Day'(8월 7일) 저녁 무렵까지 하역을 완전히 마칠 것으로 예상했다.* 이에 따라 그는 곰리 제독에게 보낸 메시지(플레처 소장이 복사해서 보낸 메시지)에서 "모든 부대가 해안에 상륙했다"라고 보고했다. 그리고 그 다음날인 8월 8일 아침에는 곰리 사령관에게 대부분의 수송 함대를 되돌려 보낼 계획이라고 보고했다.[15]

플레처 소장은 상륙 작전 엄호 임무가 끝났다고 판단했다. 그래서 8월 8일 오후 6시에 터너 소장과 밴더그리프트 소장에게 수송 함대의 철수 허가를 요청하는 사본과 자신의 메시지를 곰리 사령관에게 보냈다. 연료 부족과 20대 이상의 항공기 손실 등에 대한 보고서였다. 여전히 누메아에 머물던 곰리 사령관은 9시간 이상 응답하지 않다가 8월 9일 새벽 3시 30분에 플레처 소장의 요청을 승인했다. 그런데 당시에는 과달카날 해변

---

* 2차대전이 끝난 이후, 1944년 6월 6일에 연합군의 노르망디 상륙일을 의미하는 'D-Day'의 사용이 관례화되었다. 그러나 실제로 이 용어는 2차대전 내내(오늘날에도 여전히 사용되고 있다) 주요 작전이 시작되는 날짜를 나타내기 위해 사용했으며, 'H-hour'는 공격이 시작되는 순간을 의미한다.

의 북쪽과 서쪽 바다에서 여러 가지 변화가 일어나고 있었다.[16]

터너 소장은 플레처 소장의 철수 요청 명령서를 수령하자마자 화를 냈다. 그는 훗날 플레처 소장이 지휘하는 수송 선단의 출발을 '탈영'이나 다름없다고 평가했다. 실제로 사적인 자리에서는 더 심한 용어를 사용하기도 했다. 그 순간 그의 가장 시급한 관심사는 하역 시간표를 다시 조정하는 것이었다. 그는 이튿날 아침에 텅 빈 수송선을 보내기로 결정했다. 그리고 아직 완전히 하역하지 않은 화물선들을 보낼지, 아니면 항공기 엄호도 없는 해변에 이들을 하루 더 방치할지를 결정해야 했다. 이 결정은 부분적으로 해병대가 해안에서 무엇이 필요한지에 달려 있었는데, 터너 소장은 무선을 통해 밴더그리프트 소장에게 직접 묻지 않고 자신의 기함인 공격용 수송선 매컬리함McCawley을 밴더그리프트 소장에게 보내 회의에 참석하게 했다.[17]

한편 터너 소장은 영국 해군 빅터 크러츨리Victor Crutchley 소장에게도 회의에 참석하라고 지시했는데, 당시 크러츨리 소장은 상륙 해변을 해상에서 방어하는 순양함과 구축함 부대를 지휘하고 있었다. 금발에 수염이 덥수룩한 크러츨리 소장은 몇 주 전에 오스트레일리아 해군에 배속된 인물이었다. 1차대전에 참전하여 하급 장교 시절에 빅토리아 십자 훈장을 받은 바 있는 그는 나르비크 항구를 향해 용감하게 출격했던 전함 워스피트함을 지휘한 적이 있었다(3장 참조). 플레처 소장의 임무가 일본 항공모함의 공격을 막아내고 공중 엄호를 제공하는 것이었다면, 크러츨리 소장의 임무는 일본군의 해상 공격으로부터 해안을 방어하는 것이었다. 이 임무를 수행하기 위해 그에게 총 8척의 순양함이 할당되었는데, 미국 순양함 5척과 오스트레일리아 순양함 3척으로 구성되었다.

크러츨리 소장은 일본군이 접근할 가능성이 높은 예상 접근로를 자신

과달카날 작전을 수행하는 동안 리치먼드 터너 해군 소장의 기함인 공격 수송선 매컬리함에서 터너 소장 (앞쪽)과 밴더그리프트 해병대 소장이 함께 지도를 살펴보는 모습. (미국 국립문서보관소 no. 80-CF-112-4-63)

이 직접 맡았는데, 과달카날의 서쪽 끝에 있는 에스페란스곶과 사보섬의 둥근 돌출부 사이에 있는 폭 16킬로미터의 통로였다. 그는 이곳에 대형 순양함 6척 중 오스트레일리아의 캔버라함Canberra, 미국의 시카고함Chicago, 자신의 기함 오스트레일리아함Australia까지 총 3척을 배치했다. 그리고 일본군이 사보섬 북쪽으로 빙 돌아서 해안가로 접근하는 경우에 대비해, 이곳에 미국 해군 사관 학교를 졸업한 최초의 푸에르토리코 태생 미국 해군 장교 프레더릭 리프콜Frederick Riefkohl 소장이 지휘하는 다른 중순양함 3척을 배치했다. 크러츨리 소장은 각 순양함 그룹에 사전 경고를 제공할 목적으로 순양함 서쪽에 피켓 구축함을 배치했다. 그는 나머지 순양함 2척(미국의 대공 순양함 산후안함San Juan과 오스트레일리아의 경순양함 호바트함Hobart)을 미국 해군 노먼 스콧Norman Scott 소장에게 지휘를 맡겨, 비교적 위험도가 낮은 것으로 추정되는 동쪽 해변을 순찰하게 했다.

훗날 역사학자들은 크러츨리 소장의 전투력 배치를 비판하며, 그가 "6척의 중순양함을 단일 대형 전투력으로 통합 운용했어야 한다"라는 그럴듯한 의견을 제시했다. 그러한 배치의 장점이 무엇이든 간에 크러츨리 소장은 그날 밤 또다른 의심스러운 행동을 했다. 터너 소장이 회의를 소집하자, 그는 보트나 구축함을 타고 회의에 참석하는 대신 자신의 기함을 직접 이끌고 갔다. 이에 따라 미국 순양함 시카고함의 하워드 보드Howard Bode 대령이 임시로 첫 번째 순양함 그룹을 지휘했고, 이 그룹의 전투력은 순양함 3척에서 2척으로 축소되었다. 더 나쁜 것은, 그가 자신이 그 지역을 떠난다는 것을 리프콜 소장에게도 알리지 않았다는 것이다.[18]

그런데 연합군 지휘관 중 아무도 모르게 크러츨리 소장이 터너 소장과 회의하기 위해 오스트레일리아 동쪽으로 이동하는 동안, 그리고 플레처 소장이 철수 요청에 대한 곰리 사령관의 답변을 기다리는 동안 대규모 일본 수상 함대가 서쪽에서 과달카날로 접근했다.

═══════

과달카날로 접근하는 일본군 수상 함대의 지휘관은 몇 주 전에 라바울에 설치된 일본 제8함대를 이끌었던 미카와 군이치三川軍一 중장이었다. 천성적으로 공격적 성향의 미카와 중장은 툴라기에 주둔한 일본 수비대의 반항적 마지막 보고("우리는 죽을 때까지 현재 위치를 지킬 것입니다")에 자극받아 직접 출동했다. 이 보고는 그날 아침 6시 5분에 라바울에 도착했고, 미카와 중장은 중순양함 5척, 경순양함 2척, 구축함 1척으로 구성된 수상 함

1942년 8월 8~9일에 진행된 사보섬 전투에서 미카와 군이치 중장은 라바울에서 출발한 7척의 순양함을 이끌고 과달카날 앞바다에서 연합군 엄호 부대를 공격했다. (미국 해군 역사유산사령부)

대를 8시까지 라바울에 집결시키라고 지시했다. 그는 정오에 도쿄의 해군 참모 총장 나가노 오사미 제독에게 출격 허가를 요청하는 전투 계획을 보고했다. 이 요청에 나가노 제독은 초기에 이토록 급박한 공격은 위험할 뿐만 아니라 '무모하다'고 판단했다. 하지만 그는 스스로 결정하지 않고 지역 사령관에게 판단과 권한을 위임했다. 그리고 그날 오후 2시 30분, 미카와 중장은 24노트 속도로 남동쪽을 향해 함대를 이끌고 이동했다.[19]

1942년에 53세였던(그달 말에 54세가 될) 미카와 중장은 나구모 중장과 함께 진주만 공격에서 전함 부대를 지휘했고, 인도양에서의 폭주, 미드웨이에서 기동 함대에 대한 전함 차단 작전을 지휘했다. 그는 미드웨이 전투에서 미국군 급강하 폭격기의 파괴적 효과를 직접 목격하고 경험했는데, 그것이 향후 미국 항공모함의 위협에 민감하게 대응하는 계기가 되었다. 그는 목표 지점으로 이동하는 도중에 두 차례나 무선 침묵을 깨고 라바울 사령부에 미국 항공모함의 위치 정보를 요청했으나, 라바울에서는 그 정보를 확보하지 못한 상태였다.[20]

오후 늦게 밀른만에서 맥아더 사령부 소속 장거리 허드슨 정찰기 1대가 머리 위를 지나가자, 미카와 제독은 미국군 조종사가 자신의 기동 의도를 혼동하도록 유도하기 위해 일시적으로 동쪽에서 북쪽으로 항로를 변경했다. 하지만 그것은 기우였다. 그 조종사는 미카와 제독이 지휘하는 함대 규모가 순양함 3척, 구축함 3척, 수상 항공모함 2척이라고 잘못 파악했으니 말이다. 게다가 그의 보고는 전송 과정에서 9시간 이상 지연되었는데, 이는 남서 태평양의 번거롭고 분할된 지휘 체계에서 발생한 불가피한 결과였다. 그 때문인지 누메아의 존 매케인John S. McCain 해군 소장 휘하의 카탈리나 정찰기와 B-17 폭격기로 구성된 정찰 부대는 후속 수색을 하지 않았는데, 훗날 터너 소장은 이를 '대표적인 항공 정찰 실패'로 평가했다. 결과적으로 사보섬 북쪽과 남쪽의 미국군 수상 함대는 미카와 중장의 접근과 관련해 어떠한 사전 경고도 받지 못했다.[21]

8월 9일 자정에서 40분이 경과한 시각에 미카와 중장이 지휘하는 함대가 순양함과 그의 기함 초카이함鳥海을 선두로 과달카날섬과 사보섬 사이의 통로에 진입했을 때 바다는 칠흑같이 어두웠다. 미카와 중장의 참모장 오마에 도시카즈大前敏一는 나중에 "가시거리가 좋았다"라고 회고했는데, 사실 그날 밤에는 월광이 전혀 없었다. 이 같은 위협에 조기 경보를 제공할 목적으로 정확한 지점에 배치되었던 미국군 구축함 블루함Blue의 레이더는 활성화되었지만, 이 레이더는 공중 탐색용 SC 레이더여서 해협 양

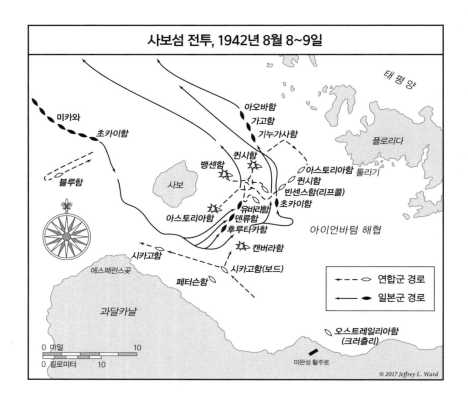

사보섬 전투, 1942년 8월 8~9일

태평양

미카와

초카이함

아오바함
가고함
기누가사함

플로리다

블루함

뱅센함

퀸시함

사보

아스토리아함 툴라기
퀸시함
빈센스함(리프콜)
초카이함

아스토리아함

유비리함
덴류함
후루타카함

아이언바텀 해협

시카고함

캔버라함

에스페란스곶

시카고함(보드)

연합군 경로
일본군 경로

페터슨함

과달카날

0 마일   10
0 킬로미터   10

오스트레일리아함
(크러츨리)

미완성 활주로

© 2017 Jeffrey L. Ward

쪽의 지상에서 반사된 잘못된 정보 탓에 정확한 판독을 하기가 어려웠다. 초카이함은 레이더를 보유하지 않았으나, 배 위의 명민한 감시병들이 블루함이 해협 입구를 가로질러 순찰하는 모습을 발견했다. 미카와 중장은 속도를 줄이고 자신이 발각되는지를 지켜보기 위해 기다렸다. 참모장 오마에는 훗날 전 대원이 묵묵히 푸른색 증기를 내뿜으며 지나가는 모습을 바라보았고, 함교에서는 "호흡이 완전히 멈추는 것 같았다"라고 회고했다. 초카이함에서 '다시 정상 호흡'이 시작되자 미카와 중장은 함대의 이동 속도를 30노트로 높였다. 그리고 새벽 1시 36분, 일본군 함대는 미국군 순양함 시카고함과 캔버라함을 발견했다.[22]

1시 45분에 구축함 패터슨함Patterson이 무전으로 "경고, 경고. 이상한 선박이 항구로 들어오고 있음"이라는 메시지를 보냈을 때, 시카고함의 함장 보드 대령은 적이 근처에 있을지 모른다는 첫 징후를 간파했다. 곧이어 패터슨함이 침입자를 식별하기 위해 조명탄을 발사했다. 하지만 시카고함은 그 경고에 특별한 조치를 취하지 않았다. 또한 마타판곶의 카타네오 소장과 마찬가지로 보드 대령 역시 적이 발사한 대형 포탄이 자기 주변에서 거대한 간헐천을 형성하자 그제야 비로소 적이 근접한 것을 깨달았다.[23]

미카와 중장은 사격을 시작하기 전에 예하 함정에 롱 랜스 어뢰를 가득 실어서 발사하라고 지시했다. 참모장 오마에는 어뢰들이 '하나씩 물을 짫는' 소리를 냈다고 회상했다. 이에 따라 일본군의 첫 번째 포탄이 보드 대령 주변에 떨어지기 전에 물속에서 이미 여러 차례 일본군의 어뢰 공격이 진행되었다. 그러자 보드 대령은 시카고함 승무원들에게 적 어뢰의 궤도를 추적하라고 지시했다. 시카고함은 일본군의 어뢰 몇 발이 가까스로 빗나간 틈을 이용해 기동할 수 있었으나, 결국 1발이 뱃머리를 강타했다. 크러츨리 소장의 부재로 자신이 현재 최상급자가 되었다는 사실을 마치 잊어버린 듯이, 보드 대령은 적과 접전한 사실을 상부에 보고하지도 않고 오직 자신이 승선한 함정을 지휘하는 데에만 열중했다. 순간의 혼란 속에서 그는 몇 분 동안 계속 서쪽으로 기동했고, 결국 적 어뢰에 맞은 시카고함은 전투에서 벗어나고 말았다. 나중에 미국 해군 정보국이 작성한 공식 보고서는 "시카고함이 아직 상황을 파악하지 못한 것으로 보인다"라는 판단을 적시했다. 더 한심했던 것은 이 함정의 한 승무원이 "아무도 상황을 정확하게 파악하지 못해서 함교가 매우 혼란스러웠다"라고 회고했던 상황이었다. 시카고함이 갑자기 우회하자 미카와 중장이 지휘하는 일본군 순양함은 오스트레일리아군의 캔버라함에 불과 4분 만에 24발의 포탄을 집중 사격했다. 시카고함이 전투에서 이탈하고 캔버라함이 불타서 침몰하자, 미카와 중장은 북쪽으로 방향을 바꾸어 사보섬을 시계 반대 방향으로 우회하더니 곧 리프콜 소장이 지휘하는 순양함 3척을 공격했다.[24]

보드 대령이 적과의 교전 사실을 상부에 보고하지 않았기 때문에 리프콜 소장이 지휘하는 순양함들 역시 시카고함과 캔버라함처럼 기습 공격을 당했다. 북쪽 그룹들 사이에 도착한 미카와 중장은 서치라이트를 켜서 방향 지시용으로 사용했다. 밤중에 빛나는 하얀 손가락이 마치 "여기 … 이 배를 사격하라"라고 말하는 것처럼 미국 함정을 차례차례 비추었다. 순양함 아스토리아함Astoria이 첫 번째 희생자였다. 첫 번째 집중 사격으로 이 순양함의 항공기 격납고에서 화재가 발생했고, 어두운 밤중에 피어난 밝은 불꽃이 일본군에게 생생한 표적 노릇을 했다. 결국 8인치 포탄의 연속 타격으로 아스토리아함은 동력을 잃고 침몰했다. 그다음 희생자는 새뮤얼 무어Samuel Moore 대령이 지휘하는 퀸시함Quincy이었다. 이 함정 역시 일본군의 치명적인 십자 포화에 휘말리더니 주포를 적 방향으로 겨냥하기도 전에 적의 포탄에 의해 산산조각 났다. 무어 대령은 수많은 인명 피해를 일으킨 적 포탄의 함교 강타로 심각한 부상을 입었다. 치명상을 입은 그는 조타수에게 마지막 명령을 내려 피해를 입은 함정을 사보섬에 착륙시켜 침몰을 피하려 했다. 하지만 그의 도박은 실패했고, 일본군 어뢰가 퀸시함의 탄약고를 타격하자 한 생존자의 회상대로 이 순양함은 "물위로 솟구쳐 튀어올랐다." 퀸시함은 2시 35분에 침몰했다.[25]

리프콜 소장의 기함 빈센스함Vincennes도 침몰했다. 초기에 적의 포탄이 함교를 강타한 직후부터 통신이 두절되어 적과의 접촉 보고를 받을 수 없었던 리프콜 소장은 불과 몇 분 만에 빈센스함이 일본군의 강력한 함포 공격과 함께 어뢰 2∼3발을 맞자 새벽 2시 14분에 배를 포기하라고 명령했다. 아스토리아함은 밤새 물에 떠 있었으나 이튿날 전복되어 침몰했다.[26]

══════

미카와 중장은 날이 밝기 전에 전투 현장에서 이탈했다. 그는 연합군 수상 함대를 약탈한 이후 계속해서 연합군 수송선을 공격할 수도 있었다. 당시 그가 지휘한 함대에 탄약이 많이 남아 있었지만 일본군의 주요 공격 무기인 어뢰는 남아 있지 않았다. 하지만 연합군 수송선을 공격하기 위해 흩어진 예하 함대를 재편성하려면 몇 시간이 소요될 텐데, 그때쯤이면 날이 밝을 것이라는 점이 미카와 중장의 가장 큰 우려 사항이었다. 새벽이 되면 미국군 항공모함에서 출격한 항공기가 자신을 향해 공격하리라 생각한 것이다. 그는 나중에 자신도 "미드웨이에서 일본군 항공모함이 겪었던 것과 같은 운명이 될 수 있다"고 생각했다고 회상했다. 더구나 직전에 출격한 폭격기 조종사들이 이미 연합군 침공 함대의 거의 모든 선박을 제거했다고 보고하지 않았던가? 그는 자신이 시작한 공격 임무를 완수했다고 판단한 후, 여명이 밝기 전 연합군 항공기의 사정거리에서 벗어나기 위해 새벽 2시 25분에 모든 함정에 북서쪽으로 철수하라고 지시했다.[27]

그 순간 미카와 중장이 그토록 두려워했던 미국군 항공모함들은 여전히 과달카날 남쪽의 엄호 위치에 있었지만, 보드 대령과 리프콜 소장이 적과의 교전 사실과 전투 여부를 보고하지 않았기 때문에 플레처 소장이 자세한 상황을 간파한 것은 터너 소장에게서 시카고함이 어뢰에 맞았고 캔버라함에 화재가 발생했다는 소식을 들은 3시 15분경이었다. 플레처 소장은 이 소식을 즉시 곰리 제독에게 전달했지만, 플레처 소장의 철수 요청에 대해 곰리 제독은 3시 30분에 발송한 전문에서도 긍정적인 답변을 바꾸지 않았다. 1시간 뒤에 미카와 중장이 서쪽으로 도주했을 때, 플레처 소장은 동쪽으로 이동해 유조선으로부터 연료를 보급받았다. 터너 소장은 나중에 사보섬 전투에서 발생한 참사와 관련해 플레처 소장을 비난했지만, 미국군 항공모함들은 전투가 끝날 때까지 철수하지 않았다. 다만 터너 소장이 지휘하는 수송 선단이 상당한 정도의 손상과 파괴에서 벗어날 수 있었던 것은 미국군 항공모함에 대한 미카와 중장의 두려움 덕분이었음이 분명하다.[28]

사보섬 전투는 연합국에 굴욕적인 패배를 안겼다. 진주만 기습을 제외하면 미국 해군 역사에서 최악의 패배였다. 미드웨이 전투 직후 일본 정부가 그랬듯이, 미국 정부도 이 전투의 결과를 공식적으로 비밀로 취급했다. 《뉴욕 타임스》는 8월 18일에 해군의 공식 브리핑을 바탕으로 다음과 같이 보도했다. "우리의 상륙 작전을 방해하려는 일본 군함의 시도는 … 좌절되었다. 아군 군함이 연합군의 수송선과 화물선을 공격하려던 일본 수상 함대를 가로막자 이들은 곧바로 퇴각했다." 이 같은 보도는 기술적으로는 정확하지만 의도적으로 오해를 불러일으키는 표현이었다. 미국 해군은 국민의 반응을 우려했으며, 이를 위해 침몰한 순양함에서 생존한 승무원을 격리시켰다. 그리고 미국 정부가 이번 참사를 인정하기까지 두 달이나 걸렸다.[29]

이 전투의 여파로 많은 결점이 인지되고 문제가 지적되었다. 결국 미국 해군은 참모 총장 킹 제독의 지시에 따라 전前 미국 함대 사령관 아서 헵번 Arthur J. Hepburn 제독에게 조사를 맡겼다. 이 조사는 이듬해 봄까지 이어졌고, 이때 작성된 보고서에는 부적절한 항공 수색, 통신 부족 및 불량, 충분한 '전투 의지' 부족 등 수많은 문제가 지적되었다. 터너 소장은 당시 현장에서 전투를 지휘한 최고위 장교였지만, 범인이 아닌 희생자로 분류되었다. 또한 연합군 회의에 참석한 이후 전투가 끝나자마자 복귀한 크러츨리 소장도 비난을 면할 수 있었다. 훗날 킹 제독은 이들에게 "두 사람 모두 자신들이 어려운 상황에 처한 것을 알게 되었고, 또한 자신들이 할 수 있는 모든 수단을 동원하여 최선을 다했다"라고 평가했다. 하지만 킹 제독과 조사 위원장 헵번 제독은 플레처 소장과 보드 대령에게는 날카로운 판정을 내렸다. 헵번 위원장은 보드 대령에게 '잘못을 초래한 비효율성'을 이유로 유죄를 판결했다. 조사 위원회의 최종 보고서가 공개되고 며칠이 지나 보드 대령은 자살했다. 이로써 그는 이 전투의 마지막 사상자가 되었다.[30]

헵번 위원장이 제출한 조사 보고서에서 알 수 있듯이, 이 전투 중에 발생한 미국 해군의 보고 누락과 권한 위임 등 다양한 실수가 이 패전에 결정적 역할을 했다. 게다가 이 전투가 단순히 연합군의 패배가 아닌 일본군의 승리였다고 인정한 것 역시 주목할 만하다. 미카와 중장이 지휘한 함대와 승무원은 잘 준비해서 놀라울 정도로 경계 활동을 잘 해냈고, 훈련 수준도 월등했으며, 효율적이었고, 작전 수행에 성공했다. 일본은 자국 함대와 항공기, 특히 훈련받은 전투원이 미국 해군에 비해 질적으로 우수하다는 확고한 믿음을 바탕으로 전쟁에 돌입했다. 사보섬 전투의 결과는 그러한 일본의 자신감이 완전히 잘못된 것은 아님을 입증했다.*

---

* 미국 남북전쟁 중에 발생한 게티즈버그 전투의 결과에 실망한 남부연합 지도자들은 남군의 패배에 대한 설명을 요구했다. 잠재적 실수와 책임은 모두 남부군 지휘관의 몫이었다. 어떤 이들은 로버트 리(Robert E. Lee) 장군에게 필요한 정보를 제대로 제공하지 않은 기병 부대장 '제브' 스튜어트('Jeb' Stuart) 장군을 비난했고, 어떤 이들은 리처드 이월(Richard Ewell) 장군이 전투 첫날에 세미트리 힐 점령에 실패한 것을 비난했다. 또 어떤 이들은 제임스 롱스트리트(James Longstreet) 장군이 둘째 날 공격을 지연시킨 것을 비난했다. 반면 누가 가장 잘못했느냐는 질문을 받은 조지 피켓(George Pickett) 장군은 "나는 북군이 잘했기 때문에 그들이 승리했다고 생각한다"라고 대답했다.

이 비참한 패배에서도 연합국에 희망의 빛이 있었다면, 그것은 터너 제독이 지휘하는 수송선이 거의 손상되지 않았다는 것이었다. 이 수송선들은 1942년에 미국이 운용할 수 있는 전체 대형 수송선의 절반에 해당했다. 미카와 중장이 만약 라바울을 향해 후퇴하지 않고 이 수송선들을 공격해 상당수를 침몰시키거나 파괴하기 위해 압박을 가했다면, 과달카날 전투뿐만 아니라 당시 전 세계에서 진행되던 연합군의 군사 작전이 위태로웠을 것이다. 한편 미국군의 수송선은 손상되지 않았으나, 과달카날에서 작전을 수행하던 미국 해병대는 불안한 상황에 처했다. 미국 해병대가 이 섬에서 교두보를 유지하려면 연합국은 일본과 분쟁 중인 바다를 가로질러 지원군과 보급품을 계속 제공해야 했기 때문이다. 그러한 측면에서 미국 해병대의 상황은 지중해 한가운데의 몰타섬에서 포위된 영국 수비대의 상황과 크게 다르지 않았다.

몰타는 물리적·문화적 측면에서 과달카날섬과 달랐다. 우선 2개의 작은 섬인 몰타섬과 고조섬으로 이루어지고 총면적은 316제곱킬로미터로 과달카날의 20분의 1에 불과했지만, 거주 인구는 약 27만 명으로 훨씬 많았다. 열대 우림이 과달카날의 특징이라면, 몰타 여름의 가장 두드러진 특징은 하늘을 뒤덮는 먼지였다. 1530년에 처음 시작된 이후 250여 년 동안 이 두 작은 섬은 성 요한 기사단의 근거지 역할을 했다. 에스파냐 황제 카를로스 5세가 '이슬람 세력에 대한 버팀목'이라고 부르며 십자군 원정을 위해 소집된 기사단에 이 섬의 지배권을 부여했다. 기사단의 지배는 1798년에 나폴레옹이 이 섬을 정복하면서 종료되었는데, 프랑스의 지배는 1815년에 나폴레옹 전쟁에서 영국이 승리하자 끝났다. 그뒤 이 섬은 영국 제국의 전초 기지가 되었다. 이 섬의 위치, 그리고 입지 좋은 발레타 항구 때문에 지중해에 대한 영국의 관심에서 이 섬은 지브롤터나 수에즈만큼이나 중요했다. 그리고 약 100년 후인 1940년에 전쟁이 선포된 순간부터 몰타섬은 이탈리아가 점령하기 위해 눈독을 들였고, 1942년에 이르러 실제로 거의 포위된 상태였다. 약 2년 동안 영국 해군은 몰타에 정기적으로 보급 호송대를 파견했는데, 호송대가 갈 때마다 수많은 교전이 발생했고, 앞선 5장에서 언급했듯이 몇 차례 전면전이 벌어지기도 했다.[31]

　몰타에서 출격하는 함정과 항공기는 추축국에 골칫거리 이상이었다. 로멜 장군이 이집트에서 영국과의 전쟁을 수행할 때 의존한 나폴리와 북아프리카 사이의 식량과 연료 수송선을 집중 공격했기 때문이다. 레더 대제독은 "몰타에 있는 영국군 기지를 없애기 전에는 이 병참선이 절대로 안전하지 않을 것"이라고 생각했다. 독일 호송대를 보호하기 위해 히틀러는 항공기를 대량 증원했고, 이와 더불어 독일 공군의 알베르트 케셀링 Albert Kesselring 대장을 사르데냐와 시칠리아에 파견했다. 케셀링 대장은 전투기를 이용해 호송하는 것은 수동적이고 방어적이라며 싫어했다. 그가 선호하는 전략은 몰타를 점령하는 것이었다. 이를 위해 '헤라클레스 작전 Operation Hercules'을 계획했으나 실제로 실행에 옮기지는 못했다. 독일군 공수 부대를 동원해 크레타섬을 점령하는 과정에서 발생한 끔찍한 인명 피해 때문에 케셀링 장군은 몰타에서 비슷한 유형의 공격을 시도하는 것 자체를 부담스러워했다. 역사학자 거하드 와인버그 Gerhard Weinberg가 말한 대로, "크레타섬의 실패한 방어 작전이 몰타에 대한 성공적 방어에 기여"한 셈이었다. 이와 더불어 히틀러는 동부 전선에 몰두했고, 이탈리아인들은 열정적이지 않았으며, 그사이에 독일군이 몰타를 점령할 기회는 지나가고 말았다.[32]

자신이 선호했던 전략을 실행할 수 없었던 케셀링 대장은 대규모 폭격 작전으로 몰타의 항구와 비행장을 파괴해 섬 자체를 무력화하려 했다. 독일군이 1942년 4월에 이 섬에 투하한 폭탄은 1940년 내내 런던에 떨어진 양보다 많은 약 6700톤이다. 4월 14일에는 아침 6시 30분에 공습이 시작되어 그날 밤 8시까지 계속되었다. 이 공격에서 시작된 공습경보는 전체 전쟁 기간 중에 단일 경보로는 가장 오랫동안 지속된 것이다. 섬 주민들은 동굴과 터널로 피신했다. 당시 이 섬을 방문한 한 미국 해군 제독은 "내가 여태까지 본 것 중에 가장 완벽한 파괴였다"라고 평가했다. 또한 그는 "발레타는 도시 자체가 잔해 더미였고, 수많은 사람이 지하 동굴에 의지해서 살아간다"라고 전했다. 매 순간 끊이지 않는 공습 때문에 대공 포병들은 탄약을 잘 배분해서 사용해야 했다. 스핏파이어와 허리케인 전투기들은 독일군 폭격기를 막기 위해 몰타에 있는 분화구 모양의 비행장에서 이륙했으나, 섬의 연료 비축량이 부족했기에 지역 지휘관들은 항공기의 연료가 바닥 날 것을 우려한 나머지 전투기를 공중에 띄우는 것 자체를 꺼렸다.[33]

몰타 주둔 연합군의 보급 물자가 점차 떨어지자 추축국 호송대는 비교적 자유롭게 활동을 재개했다. 추축국의 호송대 손실은 1941년 10월에 60퍼센트 이상이었으나 1942년 3월에는 5퍼센트 미만으로 감소했다. 이러한 과정을 통해 원활한 병참과 보급을 지원받은 로멜 장군은 북아프리카에서 공세를 재개했고, 6월 21일에 영국의 투브루크 요새를 점령했다. 이때 3만여 명의 영국군과 영국 연방군이 포로로 잡혔는데, 이 사건은 영국군에게 싱가포르 함락 이후 가장 큰 재앙이었다.[34]

한편 몰타는 그 자체가 항복 직전의 상황과 유사했다. 이 섬의 도시와 마을, 특히 발레타 항구는 잔해로 가득했고, 필수품을 가지고 들어오는 선박 수가 점차 줄어들어 식량도 부족했다. 6월에 도착한 보급선은 고작 2척이었다. 영국 잠수함들이 소량의 분유와 의약품, 약간의 방공용 탄약을 전달했지만, 이것만으로는 섬 주민과 수비대를 유지할 수 없었다. 주민들은 일주일에 고기 170그램, 쌀 30그램 정도의 배급으로 연명했다. 몰타섬의 부지사 에드워드 잭슨 경Sir Edward Jackson은 "우리의 안전은 다른 어떤 것보다 우리가 먹을 식량이 얼마나 오랫동안 지속될지에 달려 있다"라고 말했다. 몰타섬의 공군 부대를 지휘한 키스 파크Keith Park 공군 소장은 7월 현재 연료가 약 7주 미만 분량이 남았다고 주장하며, 그 기간에 재보급이 이루어지지 않으면 몰타는 항복해야 한다고 보고했다.[35]

이에 따라 영국 해군성은 구조 임무를 골자로 하는 '페디스털 작전 Operation Pedestal'을 승인했다. 미국 공격 호송대가 남태평양에서 과달카날에 접근하고 히틀러의 군대가 캅카스 유전에 접근하던 시기에 영국은 스코틀랜드의 클라이드 하구에 14척의 보급선으로 구성된 호송대를 집결시켰다. 각 보급선은 항공기용 연료 1500톤을 비롯해 음식과 연료를 혼합한 화물을 적재했다. 따라서 보급선 중 한 척 또는 몇 척을 잃더라도 몰타에 물자를 골고루 배달할 수 있을 터였다. 유일한 예외는 텍사코 석유 회사가 건조해 운영하던 미국 유조선 오하이오호Ohio였다. 파크 소장이 보고한 대로 몰타의 생존에 중요한 물자는 연료였기에 처칠이 직접 루스벨트에게 오하이오호를 호송대에 포함시켜줄 것을 요청했고, 루스벨트는 이에 동의했다. 처칠과 영국 정부는 이 유조선의 원래 선원이 배에 남아서 작전을 수행하기를 희망했지만, 킹 제독은 이 의견을 수용하지 않았다. 그는 영국이 이 유조선을 원한다면 영국 선원이 직접 운영하라고 제안했다. 그에 따라 오하이오호가 글래스고에 정박하는 동안 미국 선원들은 하선하고 영국 선원들이 탑승했다. 이 유조선의 새로운 선장은 39세의 더들리 메이슨Dudley W. Mason으로, 상선 선장 출신이었다. 그와 승무원들은 오하이오호가 전체 호송대에서 중요한 존재임을 잘 알았다. 몰타로 연료가 공급되지 않으면 스핏파이어와 허리케인 전투기가 이륙하지 못할 뿐만 아니라 섬 전체가 무방비 상태가 될 것이었다.[36]

오하이오호를 비롯해 모든 수송선이 8월 2일에 출항하자 수송선들을 위한 대규모 호위 부대가 도착했다. 전함 2척, 항공모함 4척, 경순양함 7척, 구축함 32척으로 구성되고 네빌 시프렛Neville Syfret 소장이 지휘한 이 호위 함대는 화물선보다 3배 더 많았다.* 영국 해군은 본국 함대의 주력을 이 호송대 호위에 할당했고, 독일군의 티르피츠함이 여전히 잠재적 위협 요소인 북해와 발트해를 감시하는 데에는 겨우 전함 2척만 남겨두었다. 통상적인 호송대 명칭을 삭제한 이 선단은 특별히 처칠을 기리기 위해 WS(윈스턴 스페셜Winston Special) 호송대로 불렸다. 8월 10일(일본군 미카와 중장이 사보섬 앞바다에서 연합군 순양함 4척을 격침시킨 다음날), 몰타로 향하는 영국 호송대는 지브롤터 해협을 통과했다.[37]

══════

그 이후 5일 동안 영국 호송대가 15노트 속도로 지중해 동쪽으로 지그재그로 이동하는 동안 하늘, 바닷속, 해상에서 다양한 공격이 이어졌다. 수상 함대에 의한 해상 공격은 이탈리아 해군의 연료 부족으로 제한적이었다. 따라서 가장 큰 위협은 시칠리아와 사르데냐 기지에서 출격한 제2 해안 작전 항공대 소속의 폭격기와 어뢰기 500여 대와 독일과 이탈리아 잠

---

* 항공모함 인다미터블함은 도중에 호위 부대에 합류했다. 영국 해군이 단일 작전에 5척의 항공모함을 동시에 투입한 것은 이때가 처음이다.

수함들이었다.

첫 번째 희생자는 항공모함 이글함이었다. 8월 11일 아침, 마요르카 남쪽에서 에드먼드 러시브루크Edmund Rushbrooke 대령은 이글함을 바람이 불어오는 방향으로 돌려 몰타의 전투기 편대를 강화하기 위해 장거리 스핏파이어 전투기를 출격시켰다. 이때 유보트 U-73을 지휘하던 독일군 헬무트 로젠바움Helmut Rosenbaum 중위가 영국군 호위 구축함 2척 사이로 기동하더니 이 항공모함을 향해 어뢰 4발을 발사했다. 그러자 측면을 따라 큰 폭발이 연달아 4회 일어나더니 이글함은 곧장 옆으로 미끄러지면서 비행 갑판이 좌현으로 기울어 승무원과 항공기가 바다로 굴러 떨어졌다. 인근에 있던 인다미터블함은 전혀 도움을 줄 수 없는 상황이어서 이글함의 선체가 옆으로 구르다가 '물살과 연기 속으로 사라지는 모습'을 그저 지켜봐야 했다. 결국 이글함은 공격받은 지 8분도 안 되어서 231명의 사상자와 함께 침몰했다. 승무원 중 일부는 영국군 구축함이 유보트를 발견했을 때 이것을 침몰시키기 위해 투하한 수많은 폭뢰가 폭발하는 과정에서 발생한 충격파에 의해 사망하기도 했다.[38]

그날 야간에 진행된 공격은 상공에서 시작되었다. 시칠리아와 사르데냐에는 추축국 항공기가 540대 있었는데, 해질녘이 되자 독일과 이탈리아의 급강하 폭격기, 고도 폭격기, 어뢰 폭격기가 영국군 호송대를 공격했다. 다른 항공기들은 호위함 진행 방향에 기뢰를 투하했는데, 이때 전쟁 중 처음으로 모토봄베moto-bombe라는 이탈리아산 어뢰 기뢰가 사용되었다. 낙하산에 매달려 있다가 호송대 앞에 떨어진 이 기뢰는 불규칙하게 선회했기 때문에 예측하기 어려운 위협 요소였다. 적의 공습이 진행되는 경우, 영국군 항공 탐색 레이더는 공격하는 적 항공기를 식별한 뒤에 이를 요격하기 위해 아군 전투기를 출격시켰다. 그런 뒤 요란한 공중전이

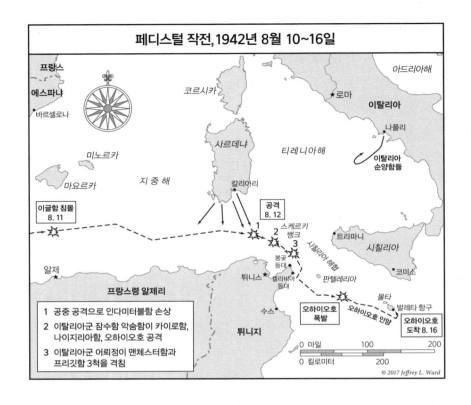

페디스털 작전, 1942년 8월 10~16일

프랑스
에스파냐
바르셀로나
미노르카
마요르카
지 중 해
코르시카
사르데냐
칼리아리
티레니아해
아드리아해
로마
이탈리아
나폴리
이탈리아
순양함들
이글함 침몰
8. 11
공격
8. 12
스케르키
뱅크
시칠리아 해협
봉곶
등대
켈리비아
등대
튀니스
판텔레리아
트라파니
시칠리아
코미소
몰타
발레타 항구
오하이오호
폭발
오하이오호 인양
오하이오호
도착 8. 16
알제
프랑스령 알제리
1 공중 공격으로 인다미터블함 손상
2 이탈리아군 잠수함 악숨함이 카이로함,
   나이지리아함, 오하이오호 공격
3 이탈리아군 어뢰정이 맨체스터함과
   프리깃함 3척을 격침
수스
튀니지
0 마일   100   200
0 킬로미터   200
© 2017 Jeffrey L. Ward

점차 호송대에 가까워지자 호위선과 수송선 모두에 장착된 20밀리미터 신형 오리콘 대공포가 엄청난 분량의 포탄을 쏟아냈다. 이때의 목격자는 다음과 같이 회상했다. "추격기가 사방에서 하늘을 가로지르며 비명을 지르고 말 그대로 수천 개의 검은 포탄이 머리 위에서 터졌다." 심지어 전함에 장착된 16인치 함포조차 다가오는 적 항공기를 향해 발사했다. 대공포 對空砲들은 공격하는 모든 것을 향해 발포했기에 일부 영국 전투기가 아군의 포격을 받기도 했다.[39]

그뒤 독일군 폭격기들은 항공모함 인다미터블함을 집중적으로 공격했는데, 이때 폭탄 3개가 이 항공모함의 비행갑판에 떨어졌다. 한 목격자는 이 항공모함이 "뚜껑이 뒤로 젖혀진, 오래된 정어리 통조림처럼 보였다"라고 말했다. 인다미터블함은 이름의 뜻에 걸맞게 침몰하지는 않았지만〔indomitable은 '불굴의'라는 뜻〕간신히 바다에 떠 있었고, 출격했던 항공기가 그날 밤에 복귀했으나 착륙등이 파괴되고 선임 이착륙 유도 장교가 사망해 후임자는 '두 손과 입에 손전등을 들고' 손상된 갑판에 착륙을 지시해야 했다. 결국 호송대에서 분리된 인다미터블함은 구축함의 호위를 받으며 지브롤터로 복귀했다.[40]

영국 해군 함정들이 레이더와 아스딕 모두 사용했기 때문에 추축국 잠수함의 활약은 제한되었으나, 이번 전투에도 유보트들이 적극적으로 가담해 공격했다. 구축함 울버린함Wolverine의 피터 그렛Peter Grett 중령은 자신의 신형 271형 레이더 세트를 활용해 이탈리아 잠수함 다가부르함Dagabur을 수면 위에서 놀라게 했다. 그렛 중령은 이 잠수함이 잠수하기 전에 급습하려고 전속력으로 들이받았다. 이 충돌로 이 잠수함은 치명적 충격을 받았고, 울버린함 역시 측면이 9미터 정도 손상되었다. 몇 시간 후, 또다른 영국군 구축함 이서리얼함Ithuriel은 울버린함이 했던 방식과 동일하게 이탈리아 잠수함 코발토함Cobalto을 격침했다. 하지만 이 충돌한 구축함들은 수리하기 위해 호송대에서 철수해 지브롤터로 복귀했다. 이처럼 구축함에 의한 차장이 점차 줄어드는 것을 본 시프렛 소장은 긴장하기 시작했다. 특히 그날(8월 12일) 저녁 7시에 전함과 항공모함이 원래 계획대로 지브롤터로 복귀했기 때문에 더욱더 걱정스러웠는데, 그뒤로는 해럴드 버로Harold Burrough 제독이 지휘하는 경순양함과 구축함이 호위 임무를 전담했다.[41]

이탈리아 잠수함 5척이 튀니지의 북쪽 끝 봉곶과 시칠리아 남단 사이의 좁은 통로를 가로질러 일선으로 배치되었다. 그중에 레나토 페리니

Renato Ferrini 중위가 지휘하는 악숨함Axum은 3척의 연합군 함정에 어뢰를 명중시켰는데, 가장 먼저 경순양함 카이로함Cairo이 그 피해자가 되었다. 이 함정은 심각한 타격을 입고 곧 침몰했다. 두 번째 함정은 버로 제독의 기함인 경순양함 나이지리아함Nigeria이었다. 이 함정은 어뢰 공격을 받은 직후에는 물 위에 떠 있었으나, 버로 제독은 나이지리아함을 구축함 3척의 호위를 받으며 지브롤터로 복귀하도록 조처하고 다른 구축함을 자신의 기함으로 삼았다. 그 결과 버로 제독의 전투력은 더 약화되었다. 페리니 중위가 어뢰로 공격한 세 번째 함정은 유조선 오하이오호였는데, 이 정유선 옆구리에 가로 8미터, 세로 7미터의 구멍이 뚫려서 여러 칸이 물에 잠겼다. 또한 폭발로 유조선 보일러에서 화재가 발생했고, 조종 장치와 회전 나침반이 파괴되었다. 그뒤 이 유조선은 추축국 폭격기의 공격을 받고 물속에 죽은 듯이 누워 있었다.[42]

오하이오호의 메이슨 선장은 이 배가 곧 침몰하리라 여겨 선원들에게 대피를 위해 보트 탑승장에 집합하라고 지시했다. 그 대신 엔지니어들이 보일러를 다시 켜 엔진을 작동시켰지만, 호송대의 다른 선박보다 상당히 뒤처진 상황이었다. 바로 그런 이유에서 추축국 공격자가 다른 선박과 함정, 특히 화물선을 집중적으로 공격하는 동안 이 유조선에는 추가 공격이 이루어지지 않았다. 탄약선 클랜퍼거슨함Clan Ferguson에 가해진 직접 타격은 곧바로 거대한 폭발로 이어졌고, 이 배는 '연기와 불꽃의 버섯'을 태우며 사라졌다. 또다른 폭탄이 수송선 와이마라나호Waimarana를 강타해 휘발성이 강한 항공 연료가 폭발했다. 이 선박 역시 클랜퍼거슨함처럼 사실상 격파되었다. 세 번째 수송선 데우칼리온호Deucalion도 침몰했는데, 이 배는 초기 공습에서 이미 손상을 입은 상태였다.[43]

야간이 되자 공중에서 활동하는 폭격기의 공격은 멈추었으나 새로운 위험이 시작되었다. 봉곶에서 북쪽으로 몇십 킬로미터 떨어진 곳에서 이탈리아 어뢰정 22척과 독일 모터 어뢰정 2척이 함께 대규모 공격을 감행한 것이다. 공습 과정에서 연합군 함정이 개별적으로 기동한 뒤 분리되자 이 어뢰정들은 이 함정들을 하나씩 표적으로 삼았다. 이탈리아 모토실루란티motosiluranti(MS) 보트 2척(MS-16, MS-22)은 어뢰를 발사하기 위해 순양함 맨체스터함Manchester의 50여 미터 이내 거리까지 대담하게 접근했다. 이 어뢰정 중 1척은 오작동으로 공격에 실패했고, 다른 1척은 순양함을 들이받았으나 곧 엔진실이 침수되어 침몰했다. 침몰한 어뢰정의 승무원들은 배를 구하려 노력했으나 결국 함정에서 탈출해야 했다. 다른 어뢰정들은 연합군 수송선을 공격해 4척이 침몰했고, 다섯 번째 선박은 항해 불능 상태가 되었다.[44]

8월 14일 오전에 심각하게 타격을 입은 호송대에는 상선 4척과 고장으로 속도가 느려진 오하이오호만 남았다. 게다가 전투 피해로 파괴된 선박을 지브롤터로 호송하거나 생존자 수색을 위해 구축함을 보내야 했기 때문에 호위 함정은 경순양함 2척과 구축함 6척으로 줄어들었다. 그때 버로 제독은 이탈리아 순양함 6척이 북쪽에서 접근한다는 정보를 입수했다.

로마에서는 이탈리아 해군 참모 총장 리카르디 제독이 이탈리아 전함을 호송대와 맞서는 임무에 투입할 수 없다고 판단했다. 왕복할 수 있는 연료가 충분하지 않아서였다. 그럼에도 알베르토 다 차라Alberto Da Zara 제독 휘하의 중순양함 3척과 경순양함 3척의 출격은 승인했으나 다 차라 제독의 함대에 대한 공중 엄호를 걱정했다. 이탈리아 공군은 기존의 다른 전투에서 신뢰할 수 없다는 점이 입증된 상황이었고, 독일군은 이탈리아 해군의 '말도 안 되는 요청'을 지원하기 위해 독일 공군 자산을 투입하는 데 난색을 표했다. 결국 이탈리아 함대는 항공 지원 없이 기동했는데, 머지않아 몰타에서 출격한 영국 정찰기 몇 대가 다 차라 제독이 지휘하는 순양함 함대를 지목하기 위해 신호탄 몇 발을 투하하더니 곧 대규모 공격기 편대를 이곳으로 불러오는 것으로 추정되는 암호화되지 않은 무선 메시지를 보냈다. 이러한 상황을 파악한 이탈리아 함대는 심각한 우려를 표명했다. 그런데 영국군 정찰기의 행동은 의도된 허세였다. 당시 몰타에는 공격기가 15대밖에 없었고, 그중에 이탈리아 순양함의 공격을 막기 위해 투입할 수 있는 항공기는 전혀 없었다. 하지만 무솔리니가 이탈리아 순양함 편대의 복귀를 최종적으로 결정했기에 다 차라 제독은 상부의 결정을 따를 수밖에 없었다. 한편 출격했던 이탈리아 순양함 함대는 복귀하는 도중에 영국 잠수함의 공격을 받아 2척이 손상을 입었다. 이러한 상황을 파악한 이탈리아 해군 참모부에 파견된 독일군 대표는 출격 자체가 '쓸모없는 전투력 낭비'에 불과했다고 평가했다.[45]

이처럼 아슬아슬한 탈출이었음에도 영국군 호송대는 여전히 심각한 위험에 처해 있었다. 아직 이동해야 할 거리가 150킬로미터 이상 남은 데다 더 많은 독일 폭격기의 공격이 예상되었기 때문이다. 이번에는 폭격기의 공격이 이미 심각하게 파괴된 오하이오호에 집중되었다. 몇 차례 공격은 가까스로 빗나갔으나 선체가 점차 수면 아래로 가라앉았고, 대공 화기의 사격으로 격추된 폭격기가 이 선박 상부 구조물에 충돌했다. 이 융커 88 폭격기는 폭발하지는 않았지만 오하이오호에 부서진 파편을 남겼다. 이 선박 상부에 남아 있는 잔해는 함교와는 어울리지 않는 장식이었다. 얼마 지나지 않아 또다른 폭탄이 이 유조선의 선미 근처에서 갑판을 뚫고 들어가 엔진실에서 폭발했다. 당시에 전혀 동력 없이 위험할 정도로 깊숙이 잠겨 이동하던 오하이오호는 구축함 펜함Penn에 의해 끌려갔는데, 오하이오호 내부 공간에 바닷물이 유입되면서 전체적으로 무게가 늘어나 견인할 때 느리고 다루기 힘들어지면서 점차 상황이 어려워졌다. 펜함의 견인줄이 압력을 가하자 오하이오호는 우현으로 급격히 선회해 펜함은 다시 이 선박을 옆으로 끌어당겨야 했다. 결국 두 배를 연결한 줄이 팽팽해졌고, 펜함이 가지고 있던 가장 큰 두께 25센티미터짜리 마닐라 호저 manila hawser 견인 줄이 큰 소리를 내며 끊어지기도 했다.[46]

그사이 독일 폭격기가 다시 공격했다. 독일군의 폭탄은 오하이오호 주변에 떨어졌는데, 가까스로 빗나간 폭탄이 이 유조선 갑판 위에 분수처럼 물을 튀겼다. 그중 폭탄 1개는 선체에서 선미가 비스듬히 꺾이는 중간 부분에 떨어졌는데, 이로 인해 오하이오호의 선미는 선체의 나머지 부분에서 일정한 각도로 구부러졌다. 결국 이 유조선이 침몰하는 모습이 육안으로도 확인되었다. 하지만 호위함들은 이 유조선을 견인하기 위해 계속 노력했다. 이번에는 이 선박의 요동을 최소화하기 위해 1척은 앞에서 당기고 다른 1척이 옆에서 결박한 채로 이동했다. 이 조치에 따라 견인 선박들은 오하이오호와 함께 약 5노트 속도로 이동했다. 오하이오호에 탑승한 민간인 선원들은 초기에는 두 차례나 배를 포기하려고 하선했으나, 이 선박이 계속 물 위에 떠 있는 것으로 판단되자 다시 배에 오르라는 명령이 하달되었다. 호위함의 한 사령관은 지난달 영국 해군이 PQ-17 호송대를 바렌츠해에서 잃어버린 일에 가해진 비난을 상기하며 "단 한 척의 상선이라도 떠 있는 한 호송대 곁에 머물 것"이라고 소리쳤다.[47]

견인선이 다시 양쪽으로 갈라지자 이번에는 구축함 2척이 나란히 다가왔다. 그리고 좌현과 우현에 선체를 묶은 이 구축함들이 오하이오호를 앞으로 밀면서 떠받치기 위해 물 날개처럼 기동했다. 오하이오호는 갑판이 물에 잠기고, 등이 부러지고, 엔진과 조향 장치와 나침반이 없는 상태에서 겨우 8월 14일에서 15일까지 물에 떠 있었고, 고통스러울 정도로 느

갑판이 뜯겨나가다시피 한 유조선 오하이오호가 호위함에 의해 인양되어 발레타 항구에 들어서는 모습. 페디스털 작전을 수행하는 중에 수많은 선박이 파괴되고 격침되었으나, 오하이오호가 몰타섬에 도착함에 따라 영국 전초 기지는 몇 주 더 버틸 수 있었다. (미국 해군 역사유산사령부)

린 속도로 몰타를 향해 천천히 이동했다. 8월 15일 아침 7시 55분, 메이슨 선장과 선원들이 지쳐서 비틀거리고 잠이 부족해 눈이 침침할 무렵, 오하이오호는 드디어 조심스럽게 발레타 항구로 가는 해협에 들어섰다. 이 배가 마지막 커브를 돌 때 줄을 선 군중이 손을 흔들고 환호하며 환영했고, 브라스 밴드는 〈지배하라, 브리타니아여!Rule Britannia!〉를 연주했다.[48]

2주 전 영국을 출발한 화물선 14척 중에 몰타에 도착한 것은 유조선 오하이오호를 비롯해 5척뿐이었다. 그 과정에서 영국 해군은 항공모함 1척을 잃었고, 또다른 항공모함 1척은 심각하게 파손되었으며, 순양함 2척과 구축함 2척도 손상을 입었다. 다른 6척의 함정도 크고 작은 피해를 입었다. 그리고 수송선 9척이 침몰했는데, 오하이오호 역시 귀중한 화물을 하역한 이후 바다로 예인하여 심해에서 침몰시켰다. 이것으로 이 유조선의 임무는 완료되었다. 실제로 이번 임무에서 입은 손실은 끔찍했다. 사보섬 앞바다에서 4척의 순양함을 잃은 것, 심지어 PQ-17을 포기한 것보다 훨씬 심각한 손실이었다. 하지만 몰타에 도착한 소수의 화물선은 이 섬이 향후 9주 이상 버틸 수 있는 물자를 제공했다. 처칠은 개인적으로 축하를 보냈지만, 이것을 승리라고 할 수는 없었다. 하지만 낭만적인 처칠의 마음을 사로잡은 것은 역경과 맞선 일종의 영웅적 반항이었다. 그후 영국 민간인 승무원의 비범한 영웅적 행위를 인정하기 위해 메이슨 선장에게 조지 6세가 승인해서 만든 조지 십자 훈장이 수여되는 등 오하이오호의 선원에게 총 14개의 훈장이 수여되었다.[49]

1942년 8월 초에 태평양의 과달카날과 지중해의 몰타 인근에서 연합군 해군은 놀라울 정도로 전술적 상황을 역전시켰다. 두 차례의 대결에서 추축국은 전략적 이득을 확보하지 못했다. 미카와 중장이 동트기 전에 미국군 항공모함에서 벗어나기로 결정함에 따라 터너 소장이 지휘하던 수송 함대는 과달카날에서 안전하게 보전되었으며, 그 결과 미국군은 이 섬에 주둔을 유지할 수 있었다. 그뒤 약 6개월 동안 과달카날을 점령하기 위한 전역에서 일본군의 전투력은 약해졌고, 일본 국가 전체와 해군이 감당할 수 없을 만큼 막대한 손실이 발생하는 고통스러운 살육의 현장으로 변했다.

　이와 마찬가지로, 끊임없는 공중 및 해상 공격 속에서도 몰타로 향하는 페디스털 작전 호송대를 밀고 나가려는 영국 호위대의 비장한 결의 덕분에 몰타에 충분한 물자가 전달되었다. 그 결과 몰타의 영국군 전초 기지는 이탈리아에서 아프리카로 연결되는 추축국 호송대에 계속해서 걸림돌이 되었다. 독일의 로멜 장군은 8월 말에 아프리카 북부에서 공격을 시작했을 때 연료 비축량 부족으로 자주 작전을 중단해야 했다. 결국 이런 상황이 영국의 반격이 시작되는 토대가 되었다.[50]

돌이켜보건대 1942년 늦여름 태평양의 사보섬 인근, 그리고 지중해의 몰타섬 인근에서 발생한 해상 교전은 추축국이 전술적 성공을 거두었음에도 전략적 승리는 거두지 못한 전투로 해석할 수 있다. 두 작전에서 추축국은 세계의 모든 바다를 연합국 선박이 항해하기에 위험한 장소로 만들 수 있음을 증명했지만, 그러한 상황은 곧 바뀐다. 불과 몇 달 후에 미국 조선소에서 새로 건조된 선박들이 쏟아져 나오고, 이 새 함정들이 향후 해상에서의 전쟁을 극적으로 다시 구성한다.

15장

양 대양 전쟁

'독일 우선 전략Germany First'. 이것은 1941년 1월에 영국과 미국이 공식 채택한 첫 번째 전략적 결정이었고, 미국이 마침내 그리고 완전히 전쟁에 참전한 지 1년 후에 열린 아르카디아 회의에서 확정되었다. 당시 독일군은 소련 내륙까지 깊숙이 진입했고, 12월에 주코프 장군이 주도한 반격이 시작되었으나 소련이 계속 버틸 수 있을지 확신할 수 없었기에 이러한 결정의 논리는 매우 설득력이 있었다. 하지만 1942년 내내 전 세계적 압박 속에서 독일 우선 전략은 원칙적으로는 존중되었어도 실제로는 포기 상태였다.

그 이유는 부분적으로 동부 전선만이 아니라 태평양, 지중해, 버마, 중국, 그리고 당시에 진행 중이던 유보트와의 전쟁 위협이 어디에나 존재했기 때문이다. 결과적으로 서방 연합국은 1942년 거의 내내 추축국에 대응하는 태도로 임했다. 그러나 이 시기에 영국과 미국은 나치 독일을 상대로 조기에 공세를 시작하려면 막대한 자금이 필요하다는 엄연한 현실에 직면했다. 상당한 규모와 상당한 수의 미국 전투 사단이 독일 지상군을 상대할 준비가 되기까지는 수년은 아니더라도 적어도 몇 달은 더 필요했다. 그리고 필요한 병력을 확보한다 하더라도 이들을 대서양 건너 영국으로 운반하고, 보급을 유지하고, 영국-프랑스 해협을 건너 상륙 작전을 실시할 해변까지 수송하는 데 필요한 선박이 부족했다. 영국 해군은 나르비크·됭케르크·크레타 철수, 페디스털 작전 등에서 큰 손실을 입었는데, 특히 수송선과 구축함의 전력이 크게 약화된 상태였다. 한편 미국의 경우, 1940년에 제정된 '양 대양 해군법'에 근거해 생산되기 시작한 결과물들은 1943년 초부터나 전쟁에 투입할 수 있어서 그때까지는 대서양과 태평양 양편에서 선박 부족으로 어쩔 수 없이 병목 현상을 겪어야 했다.[1]

또다른 어려움은 미국과 영국의 우선순위가 다르거나 상호 우선순위를 공유하지 않았다는 점이다. 진주만이 공격받은 것 때문에 참을성이 사라지고 울화가 치민 미국은 뭐라도 빨리 성취하기 위해 신속한 조치와 행동을 취하고자 했다. 하지만 이미 2년 이상 전쟁을 수행해온 영국은 장기적 관점을 취했다. 영국과 미국이 선택한 전략의 큰 틀은 양국 정부 수장들의 의견을 따랐지만, 세부 사항은 연합 참모 본부CCS: Combined Chiefs of Staff로 알려진 조직에서 결정했다. 이 조직은 워싱턴에서 정기적으로 소집된 고위 관리들로 구성된 상설 실무 위원회였다. 미국 합동 참모 본부의 모든 참모와 영국 육군·해군·공군의 고위 대표가 이 기구의 구성원이었다. 이 연합 참모 본부의 정기 회의에서는 신속한 반격을 시도해야 한다는 미국인들의 본능과 한층 더 계산적인 접근이 필요하다고 맞서는 영국인들의 견해가 충돌하곤 했다.

이 조직에서 유럽에서 빠른 공격이 필요하다고 주장하며 강한 영향력을 행사한 사람은 미국 육군 참모 총장 조지 마셜 대장이다. 그는 1942년에 나치가 점령한 프랑스에 대한 공격은 소련 붉은군대의 붕괴가 임박한 상황과 같은 비상사태(그가 '슬레지해머Sledgehammer'라는 명칭의 비상 작전을 준비했던 상황)를 제외하면 실용적이지 않다는 의견을 제시할 정도로 현실적인 시각을 가진 인물이었다. 하지만 마셜 장군은 꼭 비상사태가 아니더라도 1943년 봄에 프랑스에 대한 전면 공격 실행에 필요한 자원을 구축하려면 되도록 빨리 미국의 병력과 군사 장비를 영국에 보내야 한다고 주장했다. 문제는, 미국의 병력과 전쟁 물자를 영국으로 보낸다는 것은 동시에 다른 곳, 실제로는 거의 모든 곳에서 병력과 물자가 절실하게 필요한 1년 또는 그 이상의 시간에 대비해야 한다는 것을 의미했다.[2]

루스벨트 대통령은 미국 국민이 1943년까지 반격을 기다리는 것을 용납하지 않을 것이라고 생각했다. 이것이 그가 1942년 4월에 일본을 향해 둘리틀 공습을 명령한 주된 이유였다. 그의 생각에 따르자면 연합국은 1942년 말 이전에 어떤 형태로든 독일을 공격하기 시작해야 하며, 만약 그렇게 하지 않는다면 미국 대통령은 킹 제독, 미국 해군, 미국 국민으로부터 미국의 국력을 일본과의 전쟁에 완전히 집중하라는 저항하기 힘든 압력에 직면하게 될 터였다. 그후 루스벨트는 소련 외무 장관 뱌체슬라프 몰로토프Vyacheslav Molotov에게 1942년 안에 서방이 독일에 대항해 제2전선을 개시하겠다고 약속했다.

영국인들은 마셜 장군이 언급한 프랑스 상륙 작전 계획에 전적으로 전념하겠다고 선언했지만, 1914~1917년에 참호 속에서 벌어진 끔찍한 유혈 사태를 생생하게 떠올렸다. 그것은 미국인들은 대체로 놓쳤던 일이다. 그리고 영국인들은 불과 2년 전에 됭케르크에서 불명예스럽게 쫓겨난 일도 잊지 않았다. 그들의 이 같은 경험은 앞으로 다가올 기회가 절대적으로 유리하지 않다면 프랑스와 유럽 대륙에서의 반격을 열망하지 않겠다는 태도로 표출되기도 했다. 처칠 총리는 독일을 상대로 한 해상 봉쇄, 지속적인 공중 폭격, 유럽 해안 주변 지역에 대한 공습이 결국 나치의 회복력을 약화하리라 기대했고, 연합군의 반격이 시작되는 시점이 언제가 되었든 이미 상당한 정도로 타격을 입은 독일 제국의 조각들을 주워서 끼워 맞추는 문제가 되리라 예상했다.[3]

처칠은 이러한 비전을 뒷받침하기 위해 1942년에 독일이 장악한 유럽 해안에서 여러 차례 특정 목표물에 대한 공격을 실시했다. 특히 3월에 영국 특공대가 폭발물을 가득 실은 캠벨타운함Campbeltown(기존에는 미국군의 뷰캐넌함Buchanan)을 조종해 프랑스의 항구 도시 생나제르의 선박 건선거乾船渠(드라이 독)를 공격했다. 이 공격의 목적은 부두를 파괴해 전함 티르피츠함이 건선거를 사용할 수 없도록 하려는 것이었다. 이 공격은 임무를 완수했지만, 작전을 수행한 지원자 622명 중 3분의 2가 사망하거나 부상당했다. 또한 5월에는 영국군이 프랑스령 마다가스카르섬을 점령했는데, 이 작전의 목적은 페르시아만을 통해 러시아로 가는 연합군 호송대에 대항하기 위해 그곳에 유보트 기지를 세우려던 독일군의 계획을 저지하는 것이었다. 8월 19일(페디스털 작전의 호송대가 몰타에 도착한 지 4일 후)에는 5000여 명의 캐나다 병력이 칼레와 노르망디 사이의 중간 지점인 디에프섬에 상륙했다. 이 습격 작전은 캐나다군 1000여 명이 사망하고 2000여 명이 포로로 잡히는 재앙으로 끝났다. 이 같은 경험을 통해 영국과 미국, 오스트레일리아 등 영어권 연합국들은 아직 유럽 대륙에서 대규모 공격을 벌일 준비가 부족하다는 것을 확인했다.[4]

1942년, 처칠은 무엇인가를 해야 한다면 연합군의 프랑스령 북아프리카 식민지를 공격해야 한다고 제안했다. 비시 프랑스는 중립을 표명했지만, 처칠은 연합군이 북아프리카 식민지를 점령하면 유럽의 나치 제국을 효과적으로 포위할 수 있을 것이고, 이를 통해 프랑스가 다시 전쟁에 참여하도록 독려할 수 있으리라 기대했다. 북아프리카 전역은 영국이 전략적 이익을 확보한 지중해 지역에 미국군을 투입하는 것을 의미했다. 하지만 마셜 장군은 이 제안에 반발하며 미국이 독일 우선 전략의 골자인 의정서를 완전히 포기하더라도 태평양 우선 공세를 펼쳐야 한다고 맞섰다. 그런데 이때 루스벨트가 개입해 마셜 장군의 주장에 맞서며 그에게 "1942년에 미국 지상군과 해군이 독일 지상군을 상대로 작전을 펼칠 수 있는 구체적이고 확실한 전역"을 찾으라고 지시했다. 7월 27일(플레처 소장, 터너 소장, 밴더그리프트 소장이 과달카날 상륙 작전을 논의하기 위해 새러토가함에서 만났던 날), 마셜 장군은 향후 연합군에 필요한 전략을 수립하기 위해 런던으로 건너가 영국군 참모들과 회동했다. 이처럼 마셜 장군은 정치적 압력, 병참 및 보급 문제에 굴복했다. 그리고 드디어 영국과 미국의 합동 참모본부는 11월 첫째 주에 프랑스령 북아프리카를 침공하는 계획을 승인했다. 이 계획의 암호명은 '횃불 작전Operation Torch'이었다.[5]

횃불 작전은 연합군의 북아프리카 상륙이 성공할 것이라고 가정한 뒤, 1942년 연말 이전에 연합군을 유럽 전역에 투입할 계획이었다. 하지만 이 공격은 동부 전선에서 소련 군대에 가해지는 압력을 해소할 수 있을 만큼 강력한 제2전선을 형성하기에는 매우 미흡했다. 예를 들면 1942년 가을에 북아프리카 프랑스령 식민지에는 독일군이 주둔하지 않았기 때문에 미국군이 독일 지상군에 맞서 작전을 수행해야 한다는 루스벨트의 지시는 이행될 수 없었다.

게다가 중립 지역 점령을 위해 수립한 계획조차 악화된 병참 지원으로 실행하기 어려울 뻔했다. 같은 시기에 태평양 전역의 과달카날에서 공격하는 미국 해병대를 동시에 지원해야 했기 때문이다. 미국 해병대가 정글 전초 기지에서 불안정한 교두보를 더 확장하고 유지하려면 호송대와 호위대에 의한 정기 재보급이 대폭 강화되어야 했다. 독일 우선 전략을 공식적으로 천명했지만, 영국과 미국은 이 두 가지 중요한 사안, 즉 북아프리카에 대규모 상륙 작전을 실행하기 위한 정치적 필요성과 과달카날에 대한 보급을 지속하기 위한 병참상 필요성 사이의 충돌에 직면해 자신들이 사실은 양면 전쟁을 수행하고 있음을 새삼 자각했다. 이 전쟁에서는 해양 수송 능력이 필수 요소이자 주요 취약점이었다.

———

대서양 전역에서 횃불 작전을 실행하기 위한 계획이 수립되는 동안, 미국과 일본은 지속적으로 남태평양의 과달카날에서 상대의 지원을 차단하는 데 집중했다. 주로 낮에는 미국의 지원이 차단되었고, 밤에는 일본의 병력과 물자 지원이 차단되었다. 미국은 최초에 상륙한 해변 인근에 근거지를 세운 뒤 주변 경계를 확장하고 강화했으며, 일본은 섬의 서쪽 끝에 기지를 세운 뒤 주변을 강화했다. 미국군과 일본군이 주둔한 섬의 중간 지대는 대부분 사람이 살지 않는 거친 정글이었다. 이 섬에 주둔하는 동안 운송 수단의 부족은 양측 모두에게 골칫거리였다. 달리 표현하자면 양측 모두 다른 지역의 전략 계획을 조정할 수밖에 없었다. 일본은 인도양에서 추진하려던 군사 작전을 취소했고, 미국은 횃불 작전의 요구에도 불구하고 터너 소장이 지휘하는 수송선들을 태평양 지역에서 모두 그대로 유지했다. 게다가 플레처 소장은 항공모함의 전투력을 강화하기 위해 와스프함을 과달카날로 이동시켰다. 이렇게 발전하는 과달카날 전역의 상황은 남태평양뿐만 아니라 세계 전쟁 전체에 영향을 미쳤다.[6]

과달카날 전역의 핵심 요소는 미국의 공군력 우위였다. 미국군 주둔지의 규모는 상대적으로 작았지만 일본군이 완성하지 못한 활주로가 포함되어 있었다. 나중에 미국군은 이 비행장을 점령하여 완공했고, 미드웨이 전투에서 사망한 해병대 소령의 이름을 붙여 '헨더슨 비행장'으로 명명했다. 8월 20일에 해병대 조종사들이 조종한 미국군 전투기가 최초로 영구 주둔하기 위해 이 비행장에 착륙했다. 과달카날의 암호가 '선인장Cactus'이어서, 이 항공기들은 '선인장 공군Cactus Air Force'으로 불렸다. 일본군은 미국군 항공기의 등장으로 생긴 충격을 완화하기 위해 미국군이 주둔한 해안가, 특히 헨더슨 비행장에 정기적으로 야간 공습을 시도했는데, 실제로는 심각한 위협이 아닌 성가신 방해 정도에 불과했다. 한 미국군 해병대 조종사는 "매일 밤 빌어먹을 일본군 폭격기가 내려와 비행장과 근처 지역에 폭탄 몇 개를 떨어뜨린 후 다시 날아갈 것"이라고 생각했다.[7]

일본군이 야간에만 과달카날에 지원 병력과 물자를 보내야 했던 이유는 선인장 공군 항공기의 위협 때문이었다. 실제로 일본군은 구축함 1척에 약 200명의 병사를 태워 라바울에서 과달카날의 서쪽 끝 에스페란스곶까지 1000여 킬로미터를 항해했는데, 구축함 승무원들은 자신들의 함정이 수송선으로 사용되는 것을 싫어했다. 한 참모 장교는 "우리는 요즘 전투 편대보다는 화물 수송대에 가깝다"라고 한탄했다. 한편 구축함을 타고 이동하는 일본군 병사들도 심한 뱃멀미를 일으키는 좁은 구축함을 타고 이동하는 것에 노골적으로 불만을 표출했다. 그러나 수송선 자체가 부족한 데다 10~12노트 속도로밖에 기동할 수 없었던 반면, 그래도 구축함은 30노트 이상으로 기동할 수 있었다. 일본군 구축함들은 선인장 공군의 공격을 피할 목적으로 라바울에서 출발하는 시각을 일몰 직전으로 정했고, 헨더슨 비행장에서 300여 킬로미터 이격된 곳에서 공중 엄호를 받으며 출발했다. 그런 뒤 이들은 어둠 속에서 과달카날을 향해 고속으로

과달카날섬의 헨더슨 비행장 전경. 처음에 일본군이 건설하기 시작했다가 미국군이 완공한 이 비행장은 1942년 여름과 가을 사이에 과달카날섬에 교두보를 설치해 강화, 유지하기 위해 미국군이 들인 노력의 핵심이었다. 바나나 야자수 대열 너머 멀리 아이언바텀 해협이 보인다. (미국 국립문서보관소 no. 80-G-12216)

기동하여 멀미에 지친 병력을 내려주고 곧바로 날이 밝기 전에 300여 킬로미터 경계를 넘어가기 위해 신속하게 항해했다. 과달카날에 주둔한 일본군 해병대가 이 같은 구축함의 항해를 '도쿄 익스프레스'라고 부를 정도로 이 활동은 정기적으로 시행되었다.[8]

이 섬에 처음 파견된 일본군 증원 병력 중에는 이치키 기요나오―木淸直 대령이 지휘하는 916명으로 구성된 대대가 있었다. 이치키 대령은 상황을 성급하게 판단하고는 상급 부대의 지원을 기다리지 않고 8월 21일 야간에 미국군 해병대 방어선을 공격했다. 그가 지휘한 부대는 패배한 정도가 아니라 전멸했기에 라바울의 일본군 지휘관들은 혼란에 빠졌다. 야마모토 제독은 8월 28일에 자신의 기함인 거대한 야마토함을 캐롤라인 제도의 트루크섬으로 이동시켜 그곳에서 '가고ヵ號 작전Operation KA'을 하달했다. 처음에 이 작전은 미드웨이를 점령하기 위해 할당된 5800명의 병력을 과달카날로 바꾸어 보내려는 대규모 증원 작전이었다. 야마모토 제독은 나구모 중장이 지휘하는 항공모함 부대에 병력 호송대를 엄호하라고 지시했는데, 이 결정은 태평양 전쟁 중에 일본군과 미국군 사이의 세 번째 항공모함 전투로 이어진다.⁹

이 병력 증원에서 가장 주목할 것은 증원 병력을 전달하기 위한 일본의 계획이 복잡하지만 정교했던 점이다. 호송 부대는 수송선 1척과 구식 구축함 4척으로 구성되었는데, 이 함정에는 유능하고 냉정한 것으로 유명한 다나카 라이조田中賴三 소장이 지휘하는 제2 구축함 사단의 호위를 받는 병력으로 가득 차 있었다. 호송 부대와 호위함을 엄호하기 위해 하라 주이치 소장은 소형 항공모함 류조함과 경순양함 1척, 구축함 2척으로 구성된 양동 부대를 지휘했다. 이들 뒤에는 곤도 노부타케 중장이 지휘하는 순양함 6척, 아베 히로아키阿部弘毅 중장이 지휘하는 대형 전함과 중순양함, 그리고 나구모 중장이 지휘하는 주력 항공모함들이 있었다. 그런데 미드웨이 전투에서와 마찬가지로 일본 전함들은 상호간의 지원이 어려울 정도로 분산되어 있었다.

플레처 소장이 일본군에 대항하기 위해 보유한 항공모함은 3척이었는데, 그는 각 항공모함의 연료 탱크를 채우기 위해 교대로 누메아로 보냈다. 이에 따라 당장 전투가 벌어진다면 투입 가능한 항공모함은 2척뿐이었다. 그 주에는 와스프함이 주유할 차례여서 급유하기 위해 전날 누메아로 떠났다. 한편 플레처 소장은 새 전함 노스캐롤라이나함North Carolina과 중순양함 3척을 포함한 상당한 규모의 수상 함대를 보유했다. 노스캐롤라이나함은 16인치 함포 9문을 가지고 있었지만, 그보다 플레처 소장에게 더욱 중요했던 사안은 이 전함이 수십 개의 신형 대공 함포를 보유한 점이었다.[10]

동솔로몬 제도 전투Battle of the Eastern Solomons로 알려진 이 대결은 8월 마지막 주에 시작되었는데, 지난 5월의 산호해 전투와 흡사하게 전개되었다. 산호해 전투와 마찬가지로, 양측의 대형 항공모함 함대의 함재기들은 서로를 찾느라고 첫날의 대부분을 보냈다. 미국의 PBY 항공기 1대가 오전 9시가 조금 넘은 시각에 하라 소장이 지휘하는 류조함의 위치를 발견해 보고했지만, 이 보고는 플레처 소장에게 전달되지 않았다. 플레처 소장은 자신이 보낸 수색 항공기로부터 경순양함 2척과 구축함 1척을 발견했다는 정찰 보고를 받았으나, 그는 이보다 더 큰 목표물을 찾는 중이었다. 그는 산호해 전투에서 소형 항공모함 쇼호함으로 알려진 함정을 공격하기 위해 휘하의 항공기를 전부 투입한 적이 있었다. 따라서 이번에는 해당 지역에 더 중요한 목표물이 존재하는지 확인하기 위해 몇 시간을 기다렸다. 그사이 하라 소장은 류조함에서 폭격기 6대와 전투기 15대로 구성된 공격 부대를 파견해 헨더슨 비행장을 공격했다. 하지만 류조함이 기동함대를 보호하기 위해 남겨둔 전투기가 9대에 불과한 데다 미국 항공모함 새러토가함의 레이더가 일본 항공기를 식별해 플레처 소장에게 일본 항공모함의 존재를 경고했기 때문에 이 공격은 실수였다. 다른 정찰기에서 아무런 소식도 듣지 못한 플레처 소장은 오후 1시 40분에 일본군 항공모함 류조함을 공습하라고 지시했다.[11]

플레처 소장이 보낸 미국군 항공기 38대는 비행갑판에 항공기가 여전히 남아 있는 류조함을 발견했다. 나중에 류조함이 뒤늦게 항공기를 이륙시키기 위해 바람이 불어오는 방향으로 위치를 전환하려 할 때까지 미국군은 항공기를 1대도 잃지 않고 500여 킬로그램짜리 폭탄 4개와 어뢰 1발로 류조함을 타격했다. 근처에서 기동하던 일본 구축함에서 이 광경을 목격한 사람은 이렇게 회상했다. "류조함은 이제 선박이라고 부를 수 없을 정도로, 섬뜩하고 붉은 불꽃을 내뿜는 구멍으로 가득 찬 거대한 난로 같았다." 결국 류조함은 그날 밤 침몰했다(미국을 비롯한 연합국은 1년 후까지도 이 사실을 알지 못했다). 피해가 크지 않았던 헨더슨 비행장을 공격하기 위해 류조함에서 출격한 일본군 항공기들은 라바울의 중간 지점인 부카로 날아가거나 해상에서 착륙을 시도했고, 호위 구축함이 조종사들을 거의 다 구조했다.[12]

한편 쇼카쿠함에 타고 있던 나구모 중장은 수색기가 미국 항공모함을 목격했다는 보고를 접수하자 곧바로 직접 공격을 개시했다. 미국군 함정에 장착된 레이더는 오후 4시가 조금 넘은 시각에 150여 킬로미터 전방에서 발 급강하 폭격기 27대와 제로 전투기 10대로 구성된 일본군 공격편대 제1진을 식별했는데, 이것은 꽤 소중한 정보였다. 미국군은 보유한 모든 항공기를 발진시켜 와일드캣 폭격기를 53대로 늘렸고, 나구모 중장의 항공모함을 공격하기 위해 폭격기를 보냈다.

하늘은 높고 태양은 빛나 공격 조건은 최상이었다. 하지만 미국의 방공망은 실제 능력보다 훨씬 효과가 떨어졌는데, 항공기 조종사들이 평소에 무전 사용 훈련을 거의 하지 않았기 때문이다. 이들이 '조심할 것'과 '좌측에 보기bogy 항공기 2대 출현' 등의 호출로 무전 회로를 혼란스럽게 만드는 바람에 엔터프라이즈함의 전투기 책임자는 방어 조정에 어려움을 겪었다. 와일드캣 폭격기가 일본군 항공모함에 폭탄을 투하할 만큼 가까워지기 전에 일본군 발 폭격기 몇 대가 출격했다. 그중 많은 수가 노스캐롤라이나함에서 발사한 방공포의 맹렬한 포화를 이겨내고 엔터프라이즈함에 접근해 폭탄 3개를 연속해서 투하했다. 당시 엔터프라이즈함에 탑승했던 한 승무원은 "우리는 아주 대단하게 폭파되었다"라고 회상했다. 그래도 피해 통제팀의 노력으로 항공모함은 계속 운용되었고, 그뒤 불과 30분 만에 이륙했던 항공기를 모두 회수할 수 있었다. 하지만 플레처 소장에게 엔터프라이즈함을 수리하기 위해 진주만으로 복귀하는 것 말고 다른 대안은 없었다. 미국군에게는 다행스럽게도 일본군 공격 편대에 포함된 제2진 폭격기들은 미국 함정을 발견하지 못한 채 장착된 무기와 함께 자국 항공모함으로 복귀했다.[13]

날이 저물자 플레처 소장에게는 마비된 엔터프라이즈함과, 누메아의 곰리 제독으로부터 받은 "가능한 한 빨리 기동대에 연료를 공급하라"라는 명령이 있었다. 따라서 그는 전투를 계속 진행하지 않고 남쪽으로 퇴각하기로 결정했다. 2척의 전함과 10척의 중순양함으로 이루어진, 아베 중장이 지휘하는 수상 함대가 시속 25노트로 그를 향해 이동하고 있었으므로 이 판단은 적절했다. 하지만 이 결정이 킹 제독의 분노를 불러일으킬 것임을 플레처 소장은 잘 알았다. 플레처 소장의 정보 장교였던 길 슬로님Gil Slonim 중위의 말에 따르면 플레처 소장은 의자에 주저앉아 이렇게 중얼거렸다. "이보게! 나는 오늘 밤 두 가지 연락을 받을 것이네. 하나는 니미츠 제독이 우리가 얼마나 대단한 업적을 성취했는지를 칭찬하는 내용일 것이고, 다른 하나는 킹 제독이 구축함을 이용하지 않고 야간 어뢰 공격도 하지 않은 이유가 무엇인지 따져 묻는 내용일 것이네. 그리고 하느님께 맹세코, 그들의 평가는 둘 다 옳은 것이네."[14]

일본은 류조함 외에도 교전에서 함재기 33대를 잃었는데, 이와 양상이 유사했던 산호해 전투의 경험이 있었기에 나구모 중장은 자신이 지휘하는 함대를 북쪽으로 철수시켜야 했다. 다나카 제독이 지휘하는 병력 호송대는 과달카날을 향해 몇 시간 더 버티며 나아갔지만, 그날 오후 늦게 선인장 공군 항공기들이 이 호송대를 공격했다. 항공기 1대가 다나카 제독의 기함인 경순양함 진쓰함神通 갑판에 폭탄을 투하했고, 또다른 폭격기는 약 1000명을 태운 수송선 긴류마루함金龍丸을 폭격했다. 그리고 이어서 B-17 폭격기도 여러 대 공격했다. 3000여 미터 상공에서 시도한 공격이 드물게 성공하기도 했다. 폭탄 하나가 구축함 무쓰키함睦月에 정면으로 떨어져 이 함정을 절반으로 가르고 침몰시켰다. 이 공격 직후 다나카 제독에게는 항로를 즉시 바꾸어 북쪽으로 철수하라는 명령이 하달되었다.[15]

산호해 전투의 결과와 마찬가지로, 이번 전투 역시 무승부였다. 일본군은 류조함, 무쓰키함, 1척의 병력 수송선, 33대의 항공기를 잃었다. 반면 미국군은 항공기 17대를 잃었고, 항공모함 엔터프라이즈함이 일시적으로 운용이 불가능할 정도로 파손되었다. 하지만 가장 중요한 결과는 이 전투를 계기로 일본군이 과달카날에 상륙하려던 계획을 취소한 것이었다. 미국군은 지난 5월 일본군이 산호해 전투를 치른 후 포트모르즈비 침공을 취소하자 이 전투에서 아군이 승리했다고 선전했다. 하지만 이번 동솔로몬 제도 전투의 결과 역시 비슷했음에도 킹 제독은 결과에 만족하지 못했고, 플레처 소장의 소심함 탓에 빚어진 결과라고 생각했다. 킹 제독의 불만은 미국군 조종사들이 일본군 항공기를 실제로 파괴된 것보다 2배 이상 많은 80대를 파괴했다고 주장한 데에서도 어느 정도는 기인했다. 만약 실상이 그들의 전과 보고와 같았다면, 일본군의 공격 잠재력은 상당히 사라졌을 것이고, 플레처 소장은 상대적으로 제한이 덜한 상황에서 일본군 항공모함을 다시 공격할 수 있었을 것이다. 하지만 플레처 소장이 지휘하는 함대는 여전히 아베 중장이 지휘하는 수상 함대와 대결해야 했다.

지금까지 플레처 소장은 3개의 주요 전투, 즉 산호해 전투, 미드웨이 전투, 동솔로몬 제도 전투에서 미국 항공모함 부대를 지휘했다. 이 세 전투 중에 확실하게 승리한 것은 미드웨이에서의 전투뿐이었는데, 킹 제독은 이 승리에 가장 많이 기여한 사람으로 스프루언스 소장을 꼽았다. 그때까지는 니미츠 제독이 플레처 소장을 방어하거나 보호했지만 플레처 소장에 대한 킹 제독의 인내심은 결국 바닥 났고, 이제 좀더 공격적인 지휘관으로 대체해야 한다고 판단했다. 5일 후인 8월 31일에 일본군 잠수함이 항공모함 새러토가함을 어뢰로 공격하자 킹 제독은 새러토가함을 수리하기 위해 엔터프라이즈함과 함께 진주만으로 복귀시켰는데, 바로 이때 플레처 소장에게 이 항공모함으로 이동해 복귀를 지휘하도록 했다. 그뒤 플레처 소장은 다시는 바다에서 지휘할 기회를 얻지 못했다.[16]

새러토가함이 진주만으로 출발하기 전에 많은 항공기가 과달카날의 선인장 공군을 지원하기 위해 헨더슨 비행장으로 날아간 것은 큰 도움이 되었으나, 새러토가함의 일시적 손실 때문에 이제 막 도착한 호넷함과 와스프함이 당시 남태평양에서 운용 중인 미국 항공모함 전투력의 전부였다. 3개월 전의 미드웨이처럼, 과달카날은 항공모함 전력을 증강하는 데 필요한 항공기 플랫폼이었다. 과달카날에 주둔한 해병 부대는 9월 1일에 해군 공병 부대가 도착함에 따라 중요한 증원이 이루어졌다. 이들은 일본군의 정기적 공습 속에서도 헨더슨 비행장을 정상적으로 운용할 수 있도록 작업한 부대였다. 역사학자 존 코스텔로John Costello가 지적했듯이, "미국군 항공기가 작전을 수행할 수 있도록 활주로를 개방한 것은 해병대가 자신들의 자리를 방어하는 것만큼이나 과달카날 전투의 강도를 높이는 데 중요한 역할을 했다."[17]

선인장 공군은 2주 후에 훨씬 더 중요한 역할을 했다. 9월 15일 아침, 일본군 잠수함 I-19의 기나시 다카이치木梨鷹一 중령은 과달카날로 향하는 병력 수송선 6척을 보호하는 미국 호송대를 발견하고 깜짝 놀랐다. 그들은 제7 해병 연대 병력을 수송하고 있었는데, 이 병력과 화물의 가치를 고려하여 항공모함과 전함, 여러 척의 순양함과 구축함이 호위하고 있었다. 기나시 중령은 먼저 가장 가까운 항공모함을 향해 어뢰 6발을 발사했다. 2차대전 시기에 가장 파괴적인 어뢰로 기록된 이 어뢰 중 1발은 전함 노스캐롤라이나함을 강타했고, 또 1발은 구축함 오브라이언함O'Brien을, 나머지 가운데 3발은 항공모함 와스프함을 강타했다. 노스캐롤라이나함을 겨냥한 어뢰가 이 전함의 장갑 벨트 아랫부분에 명중했고, 곧 좌현에 큰 구멍이 생겼다. 그 직후 이 전함은 5도가량 기울었는데, 다행히 효과적인 홍수 대응 조치로 다시 평형을 되찾아 속도는 유지할 수 있었다. 오브라이언함 역시 물 위에 떠 있었지만, 수리를 위해 진주만으로 복귀하던 도중에 침몰하고 말았다.

95식 대형 어뢰가 항공모함 와스프함을 두 차례 직접 타격한 뒤, 마지막 1발이 비스듬하게 타격하는 사이에 이 항공모함 내부에서 여러 차례 화재가 발생했다. 그리고 미드웨이 전투에서의 일본군 항공모함처럼 이때 발생한 화재는 와스프함의 격납고 갑판에 쌓인 탄약과 항공 연료에 옮겨 붙어 대규모 2차 폭발로 이어졌다. 일부 승무원들이 용감하게 피해를 줄이려고 노력했지만 이 대규모 항공모함은 치명적 피해를 입었다. 결

1942년 9월 15일, 일본 잠수함 I-19에서 발사된 3발의 어뢰에 맞아 고통스럽게 연기를 뿜는 미국 항공모함 와스프함의 모습. 함께 발사된 어뢰가 전함 노스캐롤라이나함을 타격했고, 구축함 오브라이언함을 침몰시켰다. (미국 국립문서보관소 no. 80-G-16331)

국 와스프함의 함장 셔먼 제독은 승무원들에게 배에서 탈출하라고 명령했다.*

증강된 병력의 호송대가 과달카날에 도착했고, 해병대 제7연대가 도착해 밴더그리프트 소장의 지휘권은 크게 강화되었다. 한편 이 호송대는 차량 147대와 항공 연료 400드럼을 선인장 공군에 전달했다. 하지만 항공모함 와스프함이 손실됨에 따라 이제 태평양에서 유일하게 완전한 상태에서 운용할 수 있는 항공모함은 호넷함뿐이었다.[18]

---

* 포레스트 셔먼(Forrest Sherman)은 산호해 전투에서 항공모함 렉싱턴함이 침몰했을 때 이 배를 지휘했던 프레더릭 '테드' 셔먼(Frederick C. 'Ted' Sherman) 함장과 관련 없는 인물이다.

대서양은 미국 해군이 유일하게 보유한 항공모함인 소형 레인저함Ranger
이 운용될 수 있는 최적의 장소였다. 페디스털 작전 중 지중해에서 영국
항공모함이 손실되자 횃불 작전에 충분한 공중 엄호를 제공하는 것이 문
제로 확인되었다. 실제로 연합국은 다가올 공격을 준비하는 과정에서 모
든 종류의 선박, 병력을 해안가로 실어나르는 함정, 장비와 물자를 운송하
는 화물선, 즉 수송 중에 그들을 보호할 호위함, 그리고 병력과 그들의 장
비를 상륙 해변으로 운반하고 그곳에서 그들을 지탱하는 데 필요한 전문
수륙 양용 선박 등을 긁어모으느라 어려움을 겪었다. 횃불 작전의 미국군
부사령관 마크 클라크Mark Clark 장군이 지적했듯이, "지속적으로 선적 공
간에 위기가 발생했고, 매번 선박 부족 문제를 해결하기 위해 계획을 자
주 변경했다." 북아프리카에 상륙하기로 한 것은 논쟁적이었으나 쉬운 결
정이었던 반면, 정작 이 결정을 실행에 옮기는 과정에서 심각한 보급 지
원 문제가 부각되었다.[19]

　미국과 영국 사이의 전략 논쟁에서 미국이 양보했기 때문에 이에 대
한 보상으로 횃불 작전 지휘관으로 미국 육군 참모 총장 마셜 장군의 기
획 참모 드와이트 아이젠하워 장군이 임명되었다. 그는 미국 해병대가 과
달카날에 상륙하기 바로 전날인 8월 6일에 임명되었다. 그는 수많은 보급
세부 사항과 관련된 복잡한 행정 퍼즐을 해결함으로써 유명해졌다. 한편
그가 맡은 임무의 특성은 영국군과 미국군이 조화롭게 협력하는 데 필요
한 외교적 민감성도 요구되었다. 그런데 아이젠하워 장군은 아직 검증되
지 않은 전투 지도자였다. 전투에서 대규모 병력을 지휘한 적은 없었지만,
인격을 갖춘 유능한 관리자였던 그가 각 국가의 야망을 연합국 전체의 목

표에 종속시킨 결단은 매우 중요했다.[20]

횃불 작전의 해군 사령관은 영국 해군의 앤드루 커닝햄 제독이었다. 1940년에 이탈리아 타란토 항구에서 대담하고 성공적인 공격을 펼쳤고 1941년에 마타판곶에서 거둔 승리로 영국 해군이 축배를 들게 했던 커닝햄 제독은 처칠의 총애를 잃고 말았다. 처칠은 크레타섬에서 비참하게 철수한 커닝햄 제독에게 화를 냈고, 이에 대한 책임을 물어 그를 연합 총사령관의 참모로 임명하여 워싱턴으로 보냈다. 한편 지중해 사령부의 지휘는 그라프슈페함과의 전투에서 영웅이 된 헨리 하우드 제독에게 맡겼다. 하지만 하우드 제독 역시 처칠의 기대에 미치지 못하자 다시 커닝햄 제독이 복귀했다. 커닝햄 제독의 횃불 작전을 실행에 옮길 참모장은 됭케르크에서 철수 작전을 지휘했던 버트럼 램지 제독이었다.[21]

연합국은 물자 부족, 특히 선적 부족으로 체계적이고 조직적인 운용에 많은 제약이 따랐다. 영국군은 대형 항공모함과 소형 항공모함을 각각 3척씩 보유했으나, 미국군이 보유한 항공모함은 레인저함뿐이었다. 이 단 하나뿐인 항공모함을 보완하기 위해 미국군은 정유선 4척을 개조해 비행갑판을 설치해 보조 항공모함으로 지정했다. 일반 항공모함에 비해 현저하게 작은 규모인 데다 격납고 갑판도 보유하지 않은 이 보조 항공모함에는 약 30대의 항공기를 적재할 수 있었는데, 모두 비행갑판에 실렸다.

병력 수송은 또다른 문제였다. 영국군이 보유한 상륙함은 나르비크와 됭케르크에서 파손되었고, 미국 수송선은 대부분 과달카날에 보급품을 운반하느라 지구 반대쪽에 가 있었다. 결국 이것은 한쪽에 필요한 함정을 다른 쪽에서 가져와야 하는 제로섬 게임이었다. 이 전역을 다룬 영국군 공식 역사서에서 지적한 대로, "신중한 계산을 통해 파악되어야 할 수송, 상품 이동, 모든 종류의 보조품 때문에 전 세계에서 연합군의 해운 프로그램에 심각한 혼란이 발생했다." 연합국은 보유한 모든 자산을 동원했다. 북아프리카에 병력을 수송하기 위해서는 전쟁 전에 유람선으로 사용되던 선박이 투입되었는데, 영국은 글래스고-벨파스트 항로에서 운항하던 여객선을 징발했다. 미국 역시 민간 화물선을 '공격 수송선'으로 탈바꿈시켜 사용했다. 횃불 작전을 수행하기 위한 공격 함대는 미국식 표현으로는 배심원 모집, 영국 관용구로는 '채찍질' 방식으로 모집하여 운영되었다.²²

당연히 꽉 채운 병력 운반선과 화물선은 수천 킬로미터에 이르는 위험한 바다를 건너 상륙 해변으로 이동하려면 상당한 정도의 호위가 필요했는데, 이 역시 다른 전역에서 병력과 함정을 가져와야만 수행할 수 있었다. 영국은 이처럼 급박한 임무에도 페디스털 작전과 마찬가지로 본국 함대 중심의 호위 부대를 구성했다. 여기에는 3척의 전함(듀크오브요크함, 넬슨함, 로드니함)과 전투순양함 리나운함, 5척의 순양함, 그리고 영국 해군 항공모함 5척과 구축함 31척이 포함되었다. 영국 해군은 이 임무를 수행하기 위해 대서양 횡단 호송대를 호위하는 임무를 축소했고 러시아로의 호송은 전면 중단했다. 미국 동부 해안에서 북아프리카로 직접 항해하는 미국 병력 수송선의 호위에는 전함 3척(매사추세츠함, 뉴욕함, 텍사스함)과 순양함 7척, 구축함 38척이 투입되었다. 더 많은 구축함이 필요했으나, 1942년 늦여름 솔로몬 제도를 비롯해 거의 모든 곳에서 구축함이 필요했기에 증원은 어려웠다.²³

일단 병력을 실은 함정과 화물선이 상륙 해안에 도착하면 병력과 장비, 차량을 해변으로 운송하는 문제가 남았다. 미국 해병대는 1930년대에 몇 년간 상륙 연습을 했기 때문에, 과달카날 상륙 작전은 평시 훈련과 크게 다르지 않았다. 말하자면 해병들은 단순하게 상륙 보트에서 내려 해안에 접근하기만 했다. 그러나 북아프리카에 상륙하는 부대는 해병대가 아니라 육군 병력이었고 더 큰 규모였다. 그들이 배에서 해안으로 가려면 우선 개별 전투원이 수송선에서 밧줄이나 그물을 타고 내려와 작은 합판 보트에 올라탄 다음, 해변까지 몇 킬로미터를 이동해야 했다.

　이 과정을 담당할 선박 역시 부족했다. 이런 종류의 소형 상륙정을 영국에서는 '돌격 상륙정LCA: landing craft, assult'이라고 불렀고, 미국에서는 '병력 상륙정LCP: landing craft, personnel'으로 분류했다. 이 상륙정은 한 번에 36명의 병력을 태울 수 있었으며, 상륙 부대가 해안에 교두보를 완성할 때까지 해군 승무원들이 상륙정을 선박과 해안 사이를 왕복하며 운용했다. 미국의 LCP는 앤드루 잭슨 히긴스Andrew Jackson Higgins가 설계하고 제작했기 때문에 사람들은 이 배를 '히긴스 보트'라고 불렀다(이 책에서도 이렇게 표현했다). 전쟁 후반에 사용된 영국군과 미국군의 상륙 보트에는 병력이 배에서 해변으로 직접 뛰어내릴 수 있도록 고안된 장갑 하강판이 장착되었다. 하지만 초기 모델들은 단순히 직사각형 합판 상자 뒷면에 모터가 설치된 형태였다. 그리고 이 보트의 바닥이 모래에 접지하면, 미국 해병대가 과달카날 상륙 작전에서 경험했던 것처럼, 병사들은 각자 30~40킬로그램 나가는 장비와 소총을 들고 허리까지 차오르는 물속으로 뛰어내려 해변으로 달려가야 했다.[24]

　장갑차량 상륙은 더 큰 문젯거리였다. 1940년 프랑스와 플랑드르 전역에서는 2차대전의 지상 전투에서 장갑차와 전차가 중요한 역할을 했음을 알 수 있다. 전차를 수송선에서 해안까지 옮기는 것은 병력을 실어나르는 것보다 훨씬 어려웠다. 영국인들은 베네수엘라의 마라카이보 호수에서 사용된 얕은 유조선을 개조한 전차 운반선을 시험했다. 다른 수많은 혁신과 마찬가지로 이러한 시도는 처칠의 창의적 조치에서 나온 것이어서 이 보트를 '윈스턴'이라고 이름 붙였고, 더 작은 보트는 '위네트Winette'라고 불렀다. 이 보트들의 특징적인 요소는 찬장처럼 열리는 거대한 출입문이었다. 보트들은 해변에 최대한 가까이 접안한 뒤, 이 커다란 출입문을 열어 긴 경사로를 만들었다. 이론적으로는 전차와 트럭은 직접 운전해서 해변으로 운행할 수 있었다. 나중에 나온 상륙정 모델에서 알 수 있듯이, 이 개념은 전장에서 매우 유용했다. 그러나 초기 모델은 번거롭고 전차 하역도 어려워서, 실제로 디에프 방면 기습 작전에서는 실망을 넘어 재앙에 가까운 결과가 나타났다.[25]

반면 미국군은 이 문제를 다르게 접근해, 대형 화물선 시트레인뉴저지함Seatrain New Jersey을 이용했다. 이 화물선은 애초에 뉴욕에서 쿠바까지 철도 차량을 운반하기 위해 설계되었는데, 나중에 전차를 운반하도록 개조되었다. 하지만 이 화물선은 진정한 수륙 양용 선박은 아니었다. 선체가 깊은 V자 모양이어서 해변 가까이에 접근하기가 쉽지 않았기 때문이다. 따라서 이 화물선은 오직 항구에 접안해야만 전차 등을 하역할 수 있었다.

영국과 미국은 항공모함, 전함, 순양함, 군함, 화물선, 구축함, 상륙함 등을 총동원하면 거의 600척에 이르는 선박을 확보하고 히긴스 보트까지 이용할 수 있었기에 전쟁 중 처음으로 중요한 전략적 수준의 반격을 펼칠 조건이 되었다. 이를 위해 처음부터 지휘관들은 병력과 장비, 특히 수송선을 찾느라 분주히 움직였다. 과달카날 상륙 작전에 적용되었던 '구두끈 작전'이 횃불 작전에도 쉽게 적용될 것이었다.

━━━━━━

아이젠하워 장군과 참모들이 북아프리카 상륙 부대에 필요한 다양한 요소를 통합하기 위해 고군분투하는 동안, 과달카날에 더 많은 병력을 투입하기 위한 노력도 계속되었다. 동시에 '도쿄 익스프레스'도 끈질기게 지속되어, 10월까지 2만여 명의 일본군 병력과 장비가 증원되었다. 미국군 역시 병력을 증강했다. 10월 둘째 주에 미국군은 주 방위군 예하 육군 제164 보병 연대를 추가했다. 노먼 스콧Norman Scott 소장 휘하의 대형 순양함 2척과 경순양함 2척, TF64에 소속된 5척의 구축함이 이들을 호위했다.[26]

미국 호송선이 과달카날로 이동하는 동안, 일본군은 라바울에서 구축함 6척으로 이루어진 원형 차단선circular screen을 갖춘 항공모함 니신함日進과 치토세함千歲으로 구성된 병력 증강 호송선을 파견했는데, 모두 함재기를 가득 태운 상태였다. 일본 항공모함들은 평소와 마찬가지로 헨더슨 비행장에서 300여 킬로미터 떨어진 보이지 않는 선에 도달할 때까지 15노트의 여유로운 속도로 이동했고, 그 지점에서 과달카날까지는 25노트로 기동했다. 그런데 그날 오전 10시 30분에 순찰 중이던 미국군의 B-17 폭격기가 일본 호송대를 발견해 그 위치와 경로를 보고했다. 이 정찰 보고를 근거로 과달카날에 안전하게 병력을 하역한 스콧 소장 예하 무장한 TF64는 일본 항공모함을 요격하기 위해 북쪽으로 이동했다.

53세의 스콧 소장은 야간 전투에서 일본군이 보인 기량과 용맹함을 익히 알았지만, 만약 B-17의 정찰 보고가 정확하다면 미국군이 적보다 확실하게 우위라는 것 역시 알았다. 이 같은 판단에는 두 가지 근거가 있었다. 첫째, 당시 모든 미국 함정은 레이더를 갖추고 있었는데, 특히 경순양함 2척(보이즈함Boise과 헬레나함Helena)에는 신형 SG 레이더가 장착되어 친숙한 회전 접시가 표면 접촉에 범위와 방위를 제공했을 뿐만 아니라 PPI(평면 위치 표시기) 스코프를 지도에 표시할 수 있었다. 둘째 요소는 기습이었다. 사보섬 전투와 달리 이번에 전투를 시도하는 쪽은 미국군이고 기습을 당하는 쪽은 일본군이었다. 스콧 소장은 전투 현장에서 멀리 떨어

1942년 10월 11~12일에 벌어진 에스페란스곶 전투에서 노먼 스콧 미국 해군 소장(왼쪽)과 고토 아리토모 일본 해군 소장(오른쪽)이 격돌했다. 이 전투에서는 미국군이 보유한 레이더가 중요한 역할을 했으나, 야간의 불안정한 날씨 속에서 진행되어 양측 모두 많은 실수를 범했다. (미국 해군연구소)

진 동부 함대에서 2척의 순양함을 지휘했기에 사보섬 전투에는 참여하지 못했다. 그는 이번 전투에서 지난 패배를 설욕하고자 결심했다. 그래서 적을 발견했다는 보고를 받은 스콧 소장의 부대는 과달카날 서쪽 끝을 돌아서 일본 호송대를 매복하기로 하고 북쪽으로 기동했다.[27]

스콧 소장은 일본군 병력을 실은 함정이 포함된 호송대 뒤에 3척의 대형 순양함으로 구성된 두 번째 병력이 있다는 것은 알지 못했는데, 모두 사보섬 전투에 참여했던 함정들이었다. 또한 사보섬 전투에 참전한 고토 아리토모五藤存知 소장이 지휘하는 구축함 2척도 있었다. 고토 소장이 지휘하는 함대는 병력 증원 함정과 헨더슨 비행장 폭격이라는 또다른 임무를 수행할 계획이었다.

달도 없고 구름이 잔뜩 껴서 어두운 밤이었다. 스콧 소장의 함대는 한 줄로 늘어선 뒤 소등한 상태에서 이동했다. 이따금 소나기가 함선 위를 휩쓸었고, 유일하게 눈에 보이는 것은 간간이 멀리서 내리치는 번개뿐이었다. 자정 15분 전, 미국군 함정들이 사보섬에 접근하자 스콧 소장은 이

섬과 에스페란스곶 사이의 해로를 지나기 위해 항로를 변경하라고 명령했다. 그의 명령에 선두 구축함은 키를 잡아 함정들이 뒤따라올 수 있게 했고, 각 함정은 같은 지점에서 선회해 일직선 전진 대형을 유지했다. 그런데 기함 샌프란시스코함을 조종하는 장교가 어느 지점에서 너무 일찍 방향을 틀었고, 그러자 바로 뒤에 있던 보이즈함도 즉각 방향을 틀어 뒤를 따랐다. 이 실수로 인해 선두의 구축함 3척이 본대 우측에 이격된 형국이 되었다. 스콧 소장은 대형을 재조정하려고 시도하면서 단거리 TBS 무선으로 구축함 3척의 위치를 확인했다. 그는 구축함들을 향해 "선두에서 방향을 변경했는가?"라고 물었다.* 돌아온 대답은 "그렇다. 우측으로 접근 중"이었다. 따라서 스콧 소장은 헬레네함과 보이즈함이 각각 우현에서의 강한 레이더 접촉을 보고했을 때도 그 배들이 미국군 구축함 3척이라고 생각했다.[28]

그런데 두 순양함의 신형 레이더가 파악한 것은 미국 구축함이 아니었다. 경순양함에 장착된 SG 레이더는 미국 구축함 3척과 스콧 제독이 찾고 있던 일본 보급 호송선을 포착하지 못했다. 레이더 화면 속에 나타난 점들은 고토 소장이 지휘하는 일본 대형 순양함들이었다. 이는 미국군에게 매우 소중한 기회였다. 레이더를 전혀 갖추지 못한 고토 소장은 미국군이 그곳에 있다는 것을 전혀 몰랐기 때문이다. 미국군 경순양함의 포병 대원들은 주포를 장전하고 우현으로 포를 정렬한 뒤 사격 명령이 떨어지기를 기다렸다. 헬레네함의 무전수는 계속해서 기함에 사격 허가를 요청했다. 하지만 스콧 소장은 여전히 구축함 3척의 위치를 확신하지 못해 이에 응답하지 않았다. 결국 전투는 통신 장애 때문에 시작되었다.

---

* 저전력 초고주파(VHF: very-high-frequency) 무선 시스템인 TBS 메시지는 시야에서 약 40킬로미터 떨어진 곳의 수신자에게만 전송될 수 있었다. 적이 이 메시지를 가로채거나 수신하는 것은 불가능했다.

구술 TBS 시스템이 구현되기 전, 사격을 개시하기 위해 사용하던 모스 신호는 '점-대시-점dot-dash-dot'(알파벳 R 또는 '로저Roger')이었다. 헬레네함의 무전수가 발사 허가 요청을 반복하면서 이 단축형을 사용하여 단순히 "질문 로저Interrogatory Roger"라고 물었는데, '발사해도 되는가?'라는 의미였다. 이에 기함의 무선수가 "로저"라는 답을 보내 질문을 수신했음을 알렸는데, 발신자는 이것을 발사 허가로 해석했다. 이에 따라 헬레네함은 즉시 6인치 함포 15문의 사격을 개시했다. 이어서 다른 모든 미국 함정들도 사격에 동참하고 기함도 사격을 시작했다.[29]

이처럼 예기치 못한 미국군 함정의 사격에 스콧 소장은 깜짝 놀랐다. 그는 자신이 지휘하는 순양함이 미국 구축함을 향해 발포했을까봐 두려워 필사적으로 사격을 중지하라고 명령했다. 시끄러운 탄막의 불협화음 속에서 오직 그가 승선한 함정의 함포들만 사격을 중지했다. 사격이 모두 멈춘 것은 그가 사격 중지 명령을 수차례 반복한 뒤였다.[30]

미국군 함정들이 선택한 목표물은 고토 제독이 탑승한 일본군 순양함이었는데, 이 함정은 미국군 구축함에서 몇 킬로미터 떨어진 곳에 있었다. 스콧 소장의 함대 전투 대열은 우연히 고토 제독이 지휘하는 함대의 뱃머리를 넘어 에스페란스곶과 사보섬 사이의 통로로 들어섰는데, 바로 두 달 전에 미카와 중장이 승리한 자리였다. 고토 제독은 스콧 소장만큼이나 두려움에 떨었다. 자신에게 사격하는 함정들이 앞서 기동하던 일본군 함정들이라고 생각해 화를 내며 신호를 보내 사격을 중지하라고 했다. 그는 "바보 같은 놈들"이라며 중얼거렸는데, 그것이 그의 마지막 말이었다. 샌프란시스코함의 두 번째 포격에서 나온 9인치(22.8cm) 포탄 모두가 고토 제독의 기함 아오바함青葉에 명중해 고토 제독은 전투 초반에 사망했다.[31]

스콧 소장의 사격 중지 명령은 자신에게 다가온 엄청난 행운을 날려버릴 뻔했지만, 그는 곧 미국군 구축함의 위치를 확인하더니 사격 중지 명령을 내린 지 4분 만에 사격을 재개하라고 지시했다. 해군에서 근무한 경험이 있는 역사학자 찰스 쿡Charles Cook은 이 전투에서 벌어진 사격 순서를 다음과 같이 설명했다. "탄약통을 끌어올리는 달그락거리는 소리, 포탄이 장진기裝塡機에 밀려 포구로 견고하게 들어갈 때 나는 날카롭지만 박자감 있는 소리가 났다. 화약 봉지가 포탄 뒤로 빠르게 밀려 들어갔고, 탄약통은 뒤로 당겨졌으며, 노리쇠가 닫혔다." 포탑이 준비 완료를 알리자 경고 버저가 두 번 울리고 나서 다시 한번 울린 다음, 각 함정의 사격 반장이 사격을 개시했다. 함포 포구에서 오렌지색 불꽃이 튀었고, 장갑을 관통하는 몇 톤짜리 포탄이 어둠을 뚫고 날아갔다.[32]

당시 미국 경순양함 포탑의 발사 속도는 분당 10발이었다. 5개의 포탑이 모두 작동하는 가운데, 헬레네함과 보이즈함은 6인치 포탄을 분당 300발 발사했다. 이와 같은 공격 속도에 놀란 일본군 역시 곧 자세를 가다듬고 반격을 시작했는데, 그들의 사격 역시 정확했다. 8인치 포탄을 비롯해 일본군 포탄 여러 발이 보이즈함의 전방 포탑에 명중하더니, 전방 탄약고에 도달할 정도로 큰 화재가 발생했다. 운 좋게도 다른 포탄들이 이 함정의 옆구리에 구멍을 내 그 탄약고를 침수시켰다. 스콧 소장이 걱정했던 미국군 구축함 2척은 양 진영 사이에 위치하는 바람에 미국군과 일본군의 포탄에 맞아 어쩔 수 없이 퇴각해야 했다. 우세한 미국 해군 함대에 압도된 일본군 함정 몇 척이 불타고 있었고, 첫 번째 사격이 시작된 지 30분도 지나지 않아 일본군은 치명적 부상을 입은 지휘관과 함께 퇴로를 향해 도망하기 시작했다.[33]

1942년 10월 11일에 발생한 이 에스페란스곶 전투Battle of Cape Esperance는 두 달 전에 사보섬에서 미카와 중장의 함대가 연합군을 놀라게 했던 상황을 완전히 뒤집어놓은 것이었다. 이 전투가 시작될 당시 미국군은 준비된 상태였고, 기습을 당한 쪽은 일본군이었다. 이 상황에서 미국 해군에 크게 기여한 것은 신형 레이더 장비였다. 하지만 미카와 중장이 실수했던 것처럼 미국군 역시 적에게서 일방적 승리를 얻을 기회를 놓치고 말았다. 스콧 소장은 일본군 순양함 4척과 구축함 2척을 침몰시켰다고 보고했지만, 실제로는 순양함 후루타카함古鷹과 구축함 후부키함만 격침되었다. 고토 제독의 기함 아오바함은 40회 이상 포격을 당하고도 여전히 물 위에 떠 있었고 자력으로 라바울까지 복귀했다. 한편 미카와 중장이 사보섬 전투 이후 미국군 수송을 방해하는 데 실패했던 것처럼, 스콧 소장 역시 일본군 증원 함정들을 발견하지 못했다. 그가 타격하려던 핵심 목표였던, 일본군의 과달카날 증원 병력과 물자는 성공적으로 상륙했다. 자정이 지나서야 두 일본 전함 곤고함과 하루나함榛名이 14인치(35.6cm) 포탄으로 헨더슨 비행장을 폭격해 선인장 공군 소속의 항공기가 다수 파괴되고 손상을 입었으며, 새벽에는 고작 11대만 출격할 수 있었다. 새뮤얼 엘리엇 모리슨은 1949년에 이런 글을 남겼다. "사보섬 전투는 일본군이 승리했지만, 미국 해군 수송선은 건드리지 못했다. 에스페란스곶 전투는 미국 해군이 승리했지만, 일본군은 그들의 핵심 목표를 달성했다."[34]

━━━━━━

일주일 후인 10월 18일, 윌리엄 핼시 해군 소장은 누메아에서 시찰하면서 현지를 파악하고 있을 때 곰리 제독을 해임한 니미츠 제독으로부터 자신이 남태평양 미국 해군 사령관에 임명될 것이라는 소식을 들었다. 핼시 중장은 "예수 그리스도와 잭슨 장군!"이라고 소리쳤다. 그리고 "이것은 그들이 내게 전해준 소식 중에 가장 뜨거운 감자입니다"라고 말했다. 워싱턴과 진주만의 미국 해군 지도부는 곰리 제독이 외교관으로서는 효율적이고 조심스럽고 신중하지만, 실제 전역 사령관에게 필요한 공격적 기질이 부족하다고 판단했다. 니미츠 제독은 킹 제독에게 그의 해임을 요청했고, 킹 제독은 니미츠의 의견에 동의했다.[35]

가장 최근에 발간된 핼시 소장의 전기 작가는 그를 '화려하고, 미신적이며, 감상적인' 인물로 평가했다. 함대에서 대담한 행동으로 널리 알려진 그의 명성은 그가 사령관에 임명된 것 자체만으로도 전역 전체에 사기 진작 효과를 크게 불러왔다. 이 소식을 전해들은 과달카날의 해병대는 참호에서 뛰어나와 서로 축하하기도 했다. 미국 해군이 이 전역에서 더 공격적으로 임하기 위해 자신을 이 직위에 임명한 것을 잘 아는 핼시 소장은 당시 항공모함 호넷함을 지휘하던 토머스 킨케이드Thomas J. Kinkaid 해군 소장과 수리를 마친 엔터프라이즈함에 승선한 조지 머리George D. Murray 장군에게 산타크루즈 제도 북쪽과 동쪽으로 신속하게 항해하라고 지시했다. 이러한 기동은 무모할 만큼 대담했으나, 미국 전략의 새로운 방향을 예고했다. 한편 핼시 소장은 새 전함인 워싱턴함을 비롯해 TF64의 수상함정을 지휘하던 윌리스 리Willis Lee 소장에게 급습으로 일본군의 보급 지원(도쿄 익스프레스)을 방해하라고 지시했다. 이처럼 핼시 소장은 앉아서 적이 오기를 기다리지 않고 작전의 주도권을 잡기로 결심했다.[36]

한편 당시 일본군은 최소한 이론적으로는 육군과 해군이 협력하는 새로운 작전을 계획하고 있었다. 도쿄 익스프레스를 통해 라바울에 집결한 지상군의 규모가 2만 2000명이 넘자 일본군은 헨더슨 비행장을 점령해 미국의 선인장 공군을 무력화하는 계획을 수립했는데, 이때 일본 해군이 미국 해군 함대를 차단할 예정이었다. 일본군이 헨더슨 비행장을 차지하면 일본 항공모함 함재기들이 항공 우위를 확보하기 위해 이 비행장에 착

윌리엄 핼시 소장은 예상치 못한 상황에서 남태평양 사령부를 지휘하는 사령관에 임명되었다. 그는 해군 참모 총장 킹 제독과 태평양 함대 사령관 니미츠 제독이 자신에게 전임자보다 더 공격적인 작전을 기대한다는 것을 잘 알았다. (미국 국립문서보관소 no. 80-G-205279)

류한다는 계획이었다. 일본군은 이 임무를 달성하기 위해 미드웨이 해전 이후 가장 강력한 함대를 구성했다. 곤도 노부타케 중장 휘하의 선발대에는 전함 2척(곤고함과 하루나함), 중순양함 4척, 그리고 대형 항공모함에 비하면 소형이라고 할 수 있지만 항공기 45대를 거뜬히 탑재할 수 있는 신형 항공모함 준요함隼鷹이 포함되었다. 나구모 중장 휘하의 '타격 함대'에는 대형 항공모함 쇼카쿠함과 주이카쿠함, 소형 항공모함 주이호함瑞鳳 등이 포함되었다. 이들을 모두 합하면 일본군은 미국군보다 57대가 더 많은 194대의 항공기를 공중에 띄울 수 있었으며, 전함과 순양함 전력에서도 일본 해군이 미국 해군을 앞섰다.[37]

야마모토 제독은 일본 육군이 헨더슨 비행장을 점령했다는 소식을 듣기 위해 이 강력한 함대가 과달카날 북쪽에서 집결한 채로 기다려야 한다는 것에 짜증이 났다. 그는 일본 육군 참모 총장에게 만약 육군이 헨더슨 비행장을 신속하게 장악하지 못할 경우, 해군 함정들은 연료 재보급을 위해 섬을 떠나야 한다고 경고했다. 일본 육군 지휘관들은 그날 밤에 헨더슨 비행장을 점령할 것이라고 장담했으나, 실제로 일본군의 공격은 10월 24일 밤 9시 30분 폭풍우가 몰아치는 동안 시작되었다. 이 비행장을 방어하던 미국 해병 부대는 루이스 '체스티' 풀러Lewis B. 'Chesty' Puller 중령 휘하약 700명 규모의 대대급 부대였는데, 이들은 일본군 1개 사단의 공격을 계속 물리쳤다. 짙은 밀림과 폭우 속에서 치러진 전투는 혼란스러웠다. 그 와중에 일본군 작전 장교 마쓰모토 히로시Hiroshi Matsumoto 대령은 일본군이 헨더슨 비행장을 탈취했다고 잘못 보고하기도 했다. 그런데 이 소식이 라바울을 통해 일본군 함대에까지 전달되는 바람에 일본 해군 함정들이 과달카날에 접근하기 시작했다. 항공모함 주이호함의 함장 오바야시 수에오大林末雄 대령은 일본군이 점령한 활주로에 착륙하기 위해 제로 전투기 14대와 폭격기 몇 대를 과달카날로 보냈는데, 이 전투기들의 조종사들은 미국 해병대 전투기들과 마주쳤을 때 깜짝 놀랐다. 제로 전투기는 모두 격추되었다. 핼시 소장은 일본 해군의 주요 병력이 과달카날에 접근하고 있다는 것을 간파하자 휘하의 항공모함 부대에 "공격, 반복, 공격"이라는 간결한 명령을 하달했다.[38]

1942년 10월 26~27일에 계속된 이 전투를 미국은 산타크루스 제도 전투Battle of the Santa Cruz Islands, 일본은 남태평양 전투Battle of the South Pacific라고 부른다. 이제 익숙한 전투 양상이 전개되어, 양쪽 정찰기가 적의 항공모함을 발견해서 보고하면 양측 지휘관은 보고된 좌표를 향해 타격 부대를 보냈다. 미국군은 스턱턴 스트롱Stockton B. Strong 중위가 조종하는 정찰기가 주이호함에 200여 킬로그램짜리 폭탄을 투하하여 공격을 시작했는데, 이 폭탄이 이 항공모함의 비행갑판을 무력화해 더는 항공기의 이착륙이 불가능했다.

미국군이 20분 거리에 있었는데도 효율적인 일본군 승무원들은 항공기를 신속하게 출격시켜 공격에 동참하게 했다. 산호해 전투에서와 마찬가지로, 양측의 공격 편대는 서로가 자신들의 목표물로 향하는 도중에 상대를 지나쳤다. 그리고 지난번에도 그랬듯이, 제로 전투기 9대가 대형을 이탈해 미국군 폭격기를 공격했지만, 와일드캣 폭격기는 도망치기 전에 이미 3대의 어뢰 비행기를 격추시키고 4번째 폭격기를 손상시켰다.[39]

미국군은 항공모함 2척을 각각 별도의 기동 부대에 포함시켜 운용했는데, 갑작스런 폭우로 엔터프라이즈함의 위치가 명확히 파악되지 않자 일본군의 공격이 호넷함에 집중되었다. 순양함 4척과 구축함 6척이 대공포를 가동했으나, 단호한 발 폭격기 조종사들은 대공 포탄을 통과해 미국 항공모함에 폭탄 3개를 투하했다. 또 대공포의 사격으로 파손된 일본군 폭격기 조종사가 의도적으로 호넷함에 충돌해 항공모함의 비행갑판에 불타는 항공 연료를 흩뜨렸고, 나중에 불구가 된 발 폭격기는 호넷함 전방 5인치 함포 포상gun galley을 박살낸 후 엘리베이터 구덩이에 처박혔다.*
그러나 이보다 더 심각한 충격은 연이은 케이트 어뢰기의 공격이었다. 두 방향에서 동시에 시작된 고전적 타격을 시도한 일본군 항공기들은 어뢰 2발을 호넷함에 명중시켰다. 이 공격으로 호넷함은 동력을 잃더니 작동을 멈췄다. 이에 따라 중순양함 노샘프턴함Northampton이 호넷함을 안전한 곳으로 견인하려고 시도했다. 그런데 그사이 또다른 어뢰 폭격기가 도착

---

* 종종 초기 가미카제 공격으로 언급되는 이 시기의 자살 충돌은 일본군 전투 전술의 일부로 보기 어렵다. 자신의 항공기가 너무 심하게 손상되어 자국 항공모함으로 복귀할 수 없다고 계산한 조종사들이 죽기 전에 적에게 가장 큰 피해를 입힐 의도로 생각해낸 자발적 결정이었다. 일본군은 1944년 10월 이전에는 항공기를 의도적인 자살 특공대 용도로 사용하지 않았다. 일본군이 가미카제 전술을 채택한 시기는 1945년 봄이다(27장 참조).

1942년 10월 26일 산타크루스 제도 전투 중에 타격을 입은 일본군의 발 급강하 폭격기(항공모함 바로 위)가 미국 항공모함 호넷함 비행갑판에 충돌하기 직전의 상황. (미국 국립문서보관소 no. 80-G-33947)

해 공격을 퍼부었다. 여덟 번째 폭격기까지는 빗나갔으나 아홉 번째 폭격기가 세 번째 어뢰를 호넷함 우현 쪽에 명중시켰다. 그런 뒤 이 폭격기가 호넷함의 갑판 위로 낮게 급강하하자 즉시 대공포가 이 폭격기를 격추해 불길과 화염이 피어올랐다. 폭탄 3발, 어뢰 3발, 항공기 2대로부터 공격받은 호넷함은 곧 침몰할 듯이 보였다. 게다가 나중에 도착한 곤도 중장의 구축함 2척이 어뢰를 더 발사하자 결국 이 항공모함은 침몰했다.[40]

한편 호넷함에서 출격한 항공기 조종사들은 자신들이 복귀할 항공모함이 침몰하고 있다는 것을 알지 못한 채 쇼카쿠함 비행갑판에 500여 킬로그램짜리 폭탄 3개를 투하해 상당한 정도로 복수했다. 이 대형 항공모함은 물에 뜨긴 했지만 비행갑판이 완전히 파괴되었고, 주이호함과 마찬가지로 더는 전투를 수행할 수 없는 상태가 되었다.[41]

한편 남쪽으로 300여 킬로미터 떨어진 곳에서는 일본군 항공기들이 엔터프라이즈함에 관심을 돌렸다. 엔터프라이즈함 주변 호위 부대에는 신형 전함 사우스다코타함South Dakota이 있었는데, 이 전함은 대규모 레이더 유도 대공 사격을 실시했다. 이 전투에서 격추된 30여 대의 일본 항공기 중 상당수는 이 전함이 격추했다. 그러나 살아남은 일본군 조종사들이 엔터프라이즈함에 폭탄 3개를 투하했으나, 어뢰 공격은 없었다. 만약 엔터프라이즈함이 일본군의 어뢰 공격까지 받았다면 이 항공모함 역시 호넷함처럼 침몰했을 가능성이 크다. 하지만 쇼카쿠함처럼 엔터프라이즈함 역시 계속 떠다니기는 했지만 더는 전투를 수행할 상태가 아니었다.[42]

평소 전쟁에서 호전성으로 유명하며 상관의 기대를 충족시키려고 했던 핼시 소장은 자신이 보유한 항공모함 2척을 전부 압도적 전투력을 보유한 일본군과의 대결에 투입했으나 결과는 비참했다. 호넷함은 침몰했고, 엔터프라이즈함은 물에 떠 있었지만 부서진 앞쪽 갑판 엘리베이터가 제자리에서 멈추어 효율성이 현저하게 떨어졌다. 작전 부대를 지휘한 킨케이드 소장은 엘리베이터를 갑판 위까지 올리지 못하면 항공모함이 더는 작전을 수행할 수 없을 것이라고 우려하여 항공기를 갑판 아래쪽으로 내리려 하지 않았다. 결국 엔터프라이즈함이 수리될 때까지 미국군은 태평양에서 작전에 투입할 수 있는 항공모함을 보유하지 못하게 되었다. 마침내 야마모토 제독이 미드웨이 작전에 나서기 전에 수립했던 목표가 실현된 셈이었다.[43]

일본은 남태평양 해전을 일본 해군이 거둔 위대한 승리로 자축했다. 일본의 열성적인 조종사들은 항공모함 4척과 전함 3척을 침몰시켰다고 보고했다. 야마모토 제독은 이처럼 과장된 전과 보고를 무시했으나, 일본 언론은 그대로 발표하며 여론을 부추겼다. 하지만 일본군 역시 심각한 손실을 입었다. 항공모함 주이호함과 쇼카쿠함은 더 싸우려고 했지만 수리가 완료될 때까지 전쟁에 투입될 수 없었는데, 특히 쇼카쿠함은 다시 전장에 투입되기까지 9개월이 걸렸다. 더 심각한 것은 일본군의 항공기 손실이었다. 총 97대가 격추되었고, 급강하 폭격기 승무원 절반과 어뢰 폭격기 승무원 40퍼센트를 비롯해 148명의 조종사와 승무원이 실종되었다. 미국군 역시 항공기 손실이 총 81대로 심각했으나 일본군에 비해 비교적 쉽게 항공기를 교체할 수 있었고, 더 중요한 자산인 항공 승무원도 보충할 수 있었다. 달리 말하면 일본군은 항공기, 중요하게는 조종사 손실이 누적되기 시작했는데, 이는 일본이 감당할 수 없는 손실이었다. 이 시점에서 간과할 수 없는 점은 일본 육군과 해군이 지속적으로 노력을 기울였음에도 미국이 과달카날과 헨더슨 비행장을 점령한 것 자체가 결정적 역할을 했다는 것이다. 일본의 전술적 승리가 전략적 목표 확보로 연결되지 않은 것은 또다른 실패였다.[44]

전투에서 발생한 사상자에는 진주만 기습부터 솔로몬 제도 전투까지 모든 전투에서 기동 함대를 지휘하느라 지치고 쇠약해진 나구모 주이치 중장도 포함되었다. 야마모토 제독은 미드웨이 해전에서 대패한 이후 나구모 중장에게 만회할 기회를 주었고, 그는 동솔로몬 제도 인근에서 두 차례 전술적 승리를 거두었다. 그러나 두 승리 모두 전략적 성공으로 연결되지 못했고, 플레처 소장과 유사하게 해안 임무를 맡는 직책으로 좌천되었다. 그의 후임에는 신장이 2미터가 넘는 거구 오자와 지사부로 제독이 임명되었다.

한편 미국군과 일본군 조종사들이 태평양에서 상대의 항공모함을 공격하던 바로 그 주에, 3만 3000여 명의 병력을 가득 채운 미국 수송선 28척이 순양함과 구축함의 호위를 받으며 버지니아주 노퍽 항을 떠나 대서양을 건너 프랑스령 모로코까지 6500여 킬로미터의 여정을 시작했다. 바야흐로 2차대전 해전이 전 세계에 걸쳐 유기적으로 전개되고 있었다.

16장

전환점

1942년 10월 셋째 주, 일본군과 미국군 조종사들이 산타크루스 제도 인근에서 한창 전투 중일 때, 스코틀랜드와 미국에서 출발한 연합군 상륙부대 호송대가 북아프리카에 집결하자 이집트에서 영국 제8군을 지휘하던 버나드 로 몽고메리Bernard Law Montgomery 장군은 알알라메인에 주둔한 독일군 에르빈 로멜 장군이 지휘하는 부대를 공격하라고 명령했다. 그가 이 공격을 개시할 수 있었던 것은 압도적으로 많은 장비와 물자를 보유한 덕분이었는데, 대부분 미국에서 출발한 호송대가 북아프리카로 가져온 것들이었다. 물자와 장비가 그에게 전달되는 과정에서 미국 호송대는 남대서양을 가로질러 케이프타운까지, 인도양을 거쳐 홍해까지, 그리고 수에즈 운하를 거쳐 알렉산드리아까지 3만여 킬로미터의 경로를 따라 항해했다. 이 호송대는 9월과 10월에만 25만 톤이 넘는 군수품과 차량 1만 8480대를 수송했다. 그중에는 루스벨트가 투브루크 함락 이후 처칠에게 약속한 셔먼 전차 318대도 포함되었다. 이 전차를 받은 영국군 전차 부대의 전력은 1000대 이상으로 늘었는데, 당시 로멜 장군이 지휘하는 독일군의 전차 수는 영국군의 절반 이하였다.[1]

추축국은 이 같은 연합군의 증강에 대적할 수 없었다. 울트라 정보 감청을 통해 몰타에서 출격한 영국 해군과 공군은 이탈리아에서 출발하는 로멜 장군 측 보급 호송대를 파괴하기 위해 계속해서 공격했다. 9월에 영국군은 추축국이 운용하는 호송대 선박 중 30퍼센트를 침몰시켰으며, 10월에는 그 비율이 40퍼센트가 넘었다. 이는 유보트가 북대서양에서 연합군 호송대 소속 선박을 침몰시키는 비율의 2배가 넘었다. 결국 로멜 장군이 지휘하는 부대는 사실상 거의 모든 물자, 즉 전차는 물론이고 탄약과 휘발유 등이 모자랐다. 10월에 추축국의 유조선 손실률은 60퍼센트가 넘었다. 결과적으로 몽고메리 장군이 지휘하는 부대는 전투력이 더욱 보강되어 강화되었고, 이후 알알라메인에서 2주 동안 수적으로 열세한 독일군을 몰아붙여 상징적 승리를 거두었다. 이번 전쟁에서 영국군이 독일군과 맞서 싸워 얻은 최초의 중요한 승전이었다. 이 승전으로 몽고메리 장군은 자작 작위를 받았는데, 연합군의 해상 수송이 제대로 작동하지 않았다면 그가 승리를 거두기는 불가능했을지도 모른다.[2]

해상 수송은 횃불 작전의 핵심 요소였다. 이집트 사막에서 전투가 시작될 무렵, 100여 척의 연합군 수송선과 화물선, 그리고 수많은 호위함이 영국 해군의 네빌 시프렛 중장의 지휘 아래 스캐파플로와 스코틀랜드 항구에서부터 10개의 개별 호송대를 구성해 프랑스령 북아프리카로 향했다. 이들 호송대는 독일군을 속이고 유보트를 피하기 위해 지브롤터를 향해 남동쪽으로 방향을 바꾸기 전에 다시 서쪽으로 항해했다. 10월 26일, 유보트가 영국 호송대 중 하나를 발견하자 되니츠 제독은 유보트 5척에 이 호송대를 추격하라고 지시했으나 유보트는 호송대를 발견하지 못했다. 한편 또다른 유보트가 시에라리온에서 리버풀로 향하던 다른 호송대 (SL-125)를 발견하고 공격했다. 10월 27일에서 31일까지 5일 동안 10척의 유보트가 이 호송대를 공격해 연합군의 선박 13척을 침몰시키고 7척을 파괴해 큰 피해를 입혔다. 그런데 이 호송대에서 막심한 피해가 발생하는 동안 독일군이 훨씬 중요한 횃불 작전 호송대에 관심을 갖지 못하도록 유도하는 긍정적 측면도 있었다. 훗날 어떤 사람들은 SL-125 호송대를 독일군의 주의를 분산하기 위해 의도적으로 희생시켰다고 추측하기도 했다. 이러한 추측은 사실과 달랐으나, 이 호송대는 제 역할을 한 셈이었다.[3]

영국 상륙 호송대는 지브롤터 해협을 통과한 뒤에 두 그룹으로 나뉘어 집결했다. 한 그룹은 지중해 안쪽 약 430킬로미터 지점인 오랑으로, 다른 그룹은 동쪽 320여 킬로미터 지점인 알제로 향했다. 영국군은 튀니지 국경 근처의 본Bône을 비롯한 지중해 깊숙한 지점에 상륙해야 한다고 주장했지만, 미국군은 이 의견에 동의하지 않았다. 그래서 연합군의 상륙은 대서양 연안의 사피에서 1000여 킬로미터 떨어진 지중해 안쪽의 알제까지 분산해서 이루어졌다.

오랑으로 향하는 호송대 지휘관은 토머스 호프 트루브리지Thomas Hope Troubridge 준장이었는데, 그의 선조 중 많은 사람이 영국 해군의 제독이었다 (그들 중 가장 먼저 제독이 된 사람은 토머스 트루브리지Thomas Troubridge로, 1797년에 넬슨 제독과 함께 세인트빈센트곶 해전Battle of Cape St. Vincent에서 싸웠다). 알제로 향하는 대규모 호송대는 해럴드 버로 제독이 지휘했다. 그는 3개월 전에 페디스털 작전에서 호송대를 지휘하며 몰타섬으로 향하는 참혹한 항해를 경험한 인물이었다.

영국군 함선들이 지브롤터 해협을 통과할 때 에스파냐 관측자들이 이

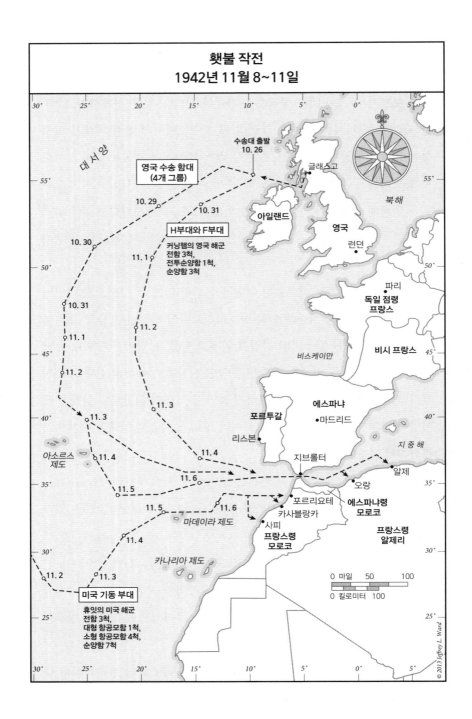

횃불 작전
1942년 11월 8~11일

대서양

수송대 출발
10. 26

글래스고

영국 수송 함대
(4개 그룹)

10. 29

10. 31

아일랜드

북해

영국

H부대와 F부대

커닝햄의 영국 해군
전함 3척,
전투순양함 1척,
순양함 3척

10. 30

10. 31

11. 1

11. 1

11. 2

11. 2

런던

파리

독일 점령
프랑스

비스케이만

비시 프랑스

11. 2

11. 3

11. 3

에스파냐

마드리드

아소르스
제도

11. 4

포르투갈

지 중 해

11. 4

11. 4

리스본

지브롤터

알제

11. 5

11. 6

오랑

11. 5

11. 6

포르리요테

에스파냐령
모로코

카사블랑카

마데이라 제도

사피

프랑스령
모로코

프랑스령
알제리

11. 4

카나리아 제도

0 마일   50   100

0 킬로미터 100

11. 2

11. 3

미국 기동 부대

휴잇의 미국 해군
전함 3척,
대형 항공모함 1척,
소형 항공모함 4척,
순양함 7척

© 2013 Jeffrey L. Ward

들의 이동을 주목하더니 그 정보를 추축국에 전달했다. 곧 9척의 독일 잠수함과 21척의 이탈리아 잠수함이 영국군 선박을 공격하기 위해 준비했다. 이탈리아군은 이 선박들이 몰타로 향하는 증원 호송대일 것으로 추측했다. 영국군 함선들이 몰타 방향으로 항해하다가 실제 상륙 지점의 북쪽에 도달하더니 갑자기 남쪽으로 방향을 변경한 경험에 따른 추론이었다. 이러한 속임수 때문에 이탈리아 해군은 봉곶과 시칠리아 사이의 좁은 통로에 함대를 집중시켰다. 그 결과 영국군 상륙 호송대는 이탈리아 해군 함대를 완벽하게 따돌릴 수 있었다. 한편 유보트 역시 연합군의 호송을 방해하려 했으나 호위함이 유보트의 방해를 극복하고 항해를 이어갔다.[4]

한편 추축국 군대는 페디스털 작전에서와 달리 제공권을 보유하지 못한 상태였다. 영국은 자국 해군 항공모함에 탑재된 항공기 외에도 지브롤터에 350대를 더 가지고 있었고, 그보다 더 많은 수의 항공기가 미국에서 상자로 운송되어 지브롤터의 단일 활주로에서 조립되는 중이었다. 그럼에도 가장 먼저 연합군을 공격한 것은 11월 7일에 사르데냐에서 출격한 독일 공군이었다. 알제로 향하는 버로 제독의 호송대에 포함된 미국 수송선 토머스스톤호Thomas Stone를 하인켈 111 폭격기 1대가 어뢰로 공격한 것이다. 이 어뢰는 수송선의 엔진실 근처에서 폭발했고 곧 수송선 프로펠러의 축이 부서졌다. 결국 토머스스톤호는 멈춰섰고 임무를 계속 수행할 수 없었다. 그러자 버로 제독은 리버급 호위함 스페이함Spey에 이 수송선을 지키라고 하고 나머지 상륙 호송대는 계속 항해하게 했다.[5]

토머스스톤호에 승선한 미국군 사령관 월터 오크스Walter M. Oakes 소령은 본대에서 뒤처지지 않기로 결심했다. 그는 선장 올턴 베네호프Olton R. Bennehoff를 설득해 24척의 히긴스 보트를 내린 후 스페이함의 호위를 받으며 약 250킬로미터 떨어진 상륙 해변으로 이동하라고 지시했다. 오크스 소령의 열정은 칭찬할 만했지만, 그의 결정은 어리석었다. 히긴스 보트는 그처럼 긴 항해를 위해 만들어진 보트가 아니어서 결국 거친 바다에서 밤을 지새우기는 불가능하다는 것이 밝혀진다. 얼마 지나지 않아 히긴스 보트에 물이 차 오르고 일부는 고장 나기 시작했다. 결국 보트들이 하나둘 침몰하자 동행하던 스페이함이 각 보트의 병력을 태웠는데, 1400톤에 달하는 이 수송선이 금세 가득 찰 정도였다. 오크스 소령과 이 승무원들은 15시간 후에 알제에 도착했다.[6]

영국군 상륙 호송대가 상륙 해변에 접근하는 동안 해안에서는 치열한 협상이 진행되고 있었다. 알제리 주재 미국 총영사 로버트 머피Robert Murphy는 프랑스 북아프리카 식민지 관료들에게 연합군을 해방자로 환영하라고 설득했으나 실패해 자포자기한 상태였다. 11월 8일 이른 시각, 머피 대사는 알제리 주둔 프랑스 육군 사령관 알퐁스 주앵Alhponse Juin 장군을 만나 연합군 50만여 명의 상륙이 임박했다고 말했다. 주앵 장군은 1차 대전에서 전투를 치르다 오른팔을 잃어 왼손으로 경례하는 자존심 강한 민족주의자였다. 자신이 맹세한 의무와 역사의식 사이에서 고민하던 주앵 장군은 먼저, 최근에 소아마비에 걸린 아들을 만나기 위해 아내와 함께 알제에 도착한 프랑스 해군 사령관 장 프랑수아 다를랑 제독과 상의하겠다고 대답했다. 다를랑 제독이 주앵 장군의 집에 도착했을 무렵, 다를랑은 마치 영국인들이 메르스엘케비르에서 프랑스에 그랬듯이 미국인들이 도발하지 않고 중립국을 공격할 것이라는 생각이 들었다. 다만 그는 페탱 원수와 상의하는 데 동의했다. 그런데 이즈음에 루스벨트는 페탱에게 독일과 이탈리아가 북아프리카를 침공하려 하기 때문에 미국은 프랑스를 보호하기 위해 개입할 수밖에 없었다는 메시지를 보냈다. 이 메시지는 사실이었다. 이에 페탱의 친독일 성향 대리인 피에르 라발Pierre Laval은 다음과 같은 공식 서한을 작성했다. "프랑스와 프랑스의 명예가 위태롭다. 현재 우리는 공격받고 있으며, 스스로 방어할 것이다."[7]

프랑스군의 저항에 맞선 최초의 연합군 부대는 미국과 영국의 특공대였는데, 이들은 동트기 직전의 어둠 속에서 오랑과 알제 항구를 점령하고 항구 시설을 확보하기 위해 지원한 대원들이었다. 연합국 지휘부는 이 특수 임무가 발각되지 않고 비밀리에 수행되기를 희망했다. 그러나 특공대원들을 태운 작은 함정 2척이 오랑 항구에 들어서자 사이렌이 울렸으며, 어둠을 뚫고 탐조등이 켜지면서 프랑스 포대의 발포가 시작되었다. 결국 상륙한 특공대원 393명 중 189명이 사망하고 157명이 부상을 입어 인명 피해 비율이 88퍼센트에 달했다.[8]

프랑스 해군도 반격에 나섰다. 앙드레 조르주 리우André Georges Rioult 소장은 전투 준비를 마친 구축함 3척에 출동 명령을 하달했고, 트루브리지 준장의 말마따나 그들은 '더 나은 대의명분에 따른 용기로 무장한 후' 항구에서 돌격했다. 그런데 이들이 출격할 즈음, 프랑스 측 구축함인 트라몽탄함Tramontane을 향해 영국군 경순양함 오로라함Aurora이 쏜 6인치 포탄이 떨어졌다. 오로라함의 함장 윌리엄 애그뉴는 즉시 300미터 이내로 접근해 트라몽탄함이 가라앉을 때까지 공격했다. 다른 프랑스 구축함들은 어뢰를 발사하며 영국군 함대와 계속해서 전투를 벌였는데, 이 과정에서 또 1척이 좌초하고 아직 멀쩡한 세 번째 구축함은 철수했다. 11월 9일에 시도된 두 번째 출격 역시 동일한 결과를 낳았다. 하지만 리우 소장은 끝까지 포기하지 않았다. 그는 일단 영국과 미국 연합군이 상륙에 성공할 것으로 예상되자 나머지 항구에 주둔하고 있던 프랑스 함정을 전부 출동시켰다. 이들은 난파되어 해안으로의 진로를 가로막았을 뿐만 아니라 선적이 중요한 연합군에게서 대형 수송선 13척을 탈취했다.[9]

연합군이 알제 항구 시설을 점령하려고 시도한 결과는 최악이었다. 이곳의 결과가 오랑 항구에서보다 나쁘지 않았다면, 그 이유는 단지 알제의 항구 점령 임무에 투입된 함정 2척 중 1척이 아예 항구에 진입할 수 없었기 때문일 것이다. 다행스럽게도 다른 하나는 진입에 성공했다. 결국 세 번에 걸친 시도 끝에 브로크함Broke에 타고 있던 미국 특공대는 착륙했으나, 곧바로 프랑스 식민지 군대에 포위되어 항복했다. 그리고 망가져서 못 쓰게 된 브로크함은 바다로 끌려나간 뒤 침몰당했다.[10]

연합군은 주력 부대를 알제에 상륙시키는 과정에서 도시에 인접하거나 접근 가능한(또한 예측 가능한) 해변을 피하는 대신 동쪽과 서쪽의 외딴 해변에 상륙했다. 하지만 여러 부대가 엉뚱한 해변에 상륙한 뒤 뒤엉키면서 일시적으로 혼란과 무질서가 빚어졌다. 이 과정에서 튼튼하지 않던 상륙정은 적의 포화로 입은 것보다 더 큰 피해를 입었다. 미국군 부대가 상륙한 도시 서쪽의 시디페루치에서는 상륙한 104척 가운데 98척이 작전 도중에 난파되었다. 프랑스군이 제대로 저항했더라면 연합군의 상륙은 재앙에 가까운 결과를 보았을 것이다. 실제로 당시 현지의 반응은 다양했다. 소수의 영국 특공대가 해안 포대를 탈취하기 위해 격렬한 저항에 맞서는 동안, 약 20킬로미터 떨어진 곳에서는 미국군 부대가 상륙하자 여기저기서 "미국 만세!"라는 환영의 소리가 들리기도 했다. 이렇게 엇갈린 반응이 나온 이유는 그들이 영국과 미국 연합군을 공개적으로 환영한 뒤에 디에프에서와 같은 습격이 침공으로 판명되면, 훗날 독일군이 돌아와 무섭게 복수할 것이라는 우려 때문이었다. 나중에 연합군의 잔류가 확실해지자 다를랑 제독은 주앵 장군에게 미국 지상군 사령관 찰스 라이더Charles Ryder 소장과 국지적 휴전 협상을 벌일 권한을 부여했다.[11]

다를랑 제독은 계속해서 자신의 선택을 저울질했다. 그는 영국을 불신했지만 역사의 잘못된 편에 서고 싶지 않았다. 그래서 11월 10일에 북아프리카 주둔 프랑스 군대에 저항을 멈추라고 명령했다. 이틀 후, 그는 자신이 '고위 관료'로서 북아프리카 주둔 프랑스군을 지휘한다는 합의를 통해 연합국과 공개적으로 동맹을 맺었다.[12]

───

한편 프랑스령 모로코의 대서양 해안을 따라 상륙한 미국군 역시 힘든 시간을 맞았다. 영국군은 알제에서 성공하면 모로코는 저절로 확보할 수 있다고 주장하며 모로코 상륙에 반대했다. 그러나 미국군은 지중해의 막다른 골목을 따라가며 동일한 곳에 상륙하기를 꺼려서 적어도 일부 부대는 대서양 연안에 상륙해야 한다고 주장했다. 특히 루스벨트 대통령도 개인적으로 이 주장을 지지했다.[13]

이 상륙 작전을 수행할 부대의 호송대가 출발한 곳은 영국이 아니라 목표 해변에서 6000여 킬로미터 떨어진 미국 동부 해안이었다. 이것은 1519년 코르테스가 멕시코를 침공한 이후 반대 방향으로 대서양을 횡단해서 실시한 최초의 상륙 작전이었다. 공식적으로 TF34로 불린 미국 호송대는 켄트 휴잇H. Kent Hewitt 소장이 지휘했다. 그는 느긋한 태도와 흐트러진 외모를 가져서 예리하고 분석적인 두뇌를 상상하기 어려운 인물이었다.

10월 25일에 미국 상륙 함대의 모든 부대가 노퍽 항에 합류했을 때, 수송선과 화물선은 약 1킬로미터 간격으로 서로를 뒤따르며 9개 열을 이루어 대열을 형성했다. 영국군과 마찬가지로 미국군은 전함 3척, 순양함 7척, 구축함 38척, 그리고 레인저함과 석유 수송선을 개조한 보조 항공모함 4척이 포함된 대규모 호위 함대를 편성했다. 전체적으로 그 대형은

1500여 제곱킬로미터나 되어서 마치 바다를 덮은 것처럼 보였다. 게다가 영국군과 마찬가지로 미국군 역시 목표 해변을 우회해 아프리카 돌출부를 향해 남쪽으로 가는 척하다 다시 북동쪽으로 방향을 틀어 남서쪽에서 프랑스령 모로코로 접근했다. 그 덕분인지 운이 좋았는지 미국 호송대는 유보트의 방해를 받지 않은 채 모로코 해변에 예정된 일정대로 도착했다.[14]

그러나 미국 상륙군은 예상 지점에 도착한 뒤 대규모 상륙 작전을 준비하는 과정에서 험난한 시련에 직면했다. 11월 8일 동트기 전, 미국 수송선은 카사블랑카에서 북쪽으로 약 25킬로미터 떨어진 페달라에서 닻을 내리고 히긴스 보트를 띄우기 시작했다. 그런 뒤 병사들이 측면으로 내린 쇠사슬이나 밧줄 그물을 타고 히긴스 보트로 내려갔다. 이때 알제 인근에서와 마찬가지로 약간의 혼란과 지연이 발생했다. 히긴스 보트에 태우는 과정에 예정보다 시간이 많이 걸렸고, 보트를 몰고 가던 미국 해군 조타수들이 엉뚱한 해변에 도착한 것이다. 연합국이 상륙하기 전에 수행한 유일한 해안 정찰은 잠수함의 잠망경을 통해 목표로 삼은 해변을 조사하는 것이었는데, 모호하게 작성된 지도 탓에 실제로 작전을 수행하는 과정에서 조타수들이 상륙 지역의 지형을 제대로 이해하지 못한 채 보트를 운전하는 문제가 확인되었다.[15]

페달라 지역의 파도가 예상보다 낮아서 착륙은 별다른 문제 없이 진행되었다. 하지만 상륙 병력이 배에서 나오자마자 큰 파도에 휩쓸려 발을 헛디뎠고 무거운 장비를 들고 있었기에 어떤 병사들은 100미터가 넘는 깊이의 물에 빠져 사망하기도 했다. 그리고 강한 파도가 합판으로 제작된 히긴스 보트에 큰 피해를 입혔다. 알제 인근 시디페루치에서와 마찬가지로, 큰 파도 때문에 히긴스 보트끼리 충돌하거나, 혹은 해변에서 지나치게 멀리 올라가 파손되기도 했다. 그럼에도 미국군은 병력과 장비 대부분을

미국이 카사블랑카를 점령한 지 4일 후에 카사블랑카 항구에서 촬영한 미완성 프랑스 전함 장바르트함. 이 전함의 우현에 있는 손상된 폭탄 잔해는 미국 항공모함 레인저함에서 출격한 항공기의 공격으로 발생한 것이다. 매사추세츠함이 발사한 16인치 포탄이 이 전함에서 유일하게 작동하는 포탑을 파괴했다. 이 함정의 좌현에서 어뢰 그물을 확인할 수 있다. (미국 국립문서보관소 no. 80-G-31605)

해안으로 끌어올렸고, 첫날 7750여 명의 병력이 해안에 상륙했다.[16]

알제에서와 마찬가지로, 모로코의 프랑스인들에게 미국군을 환영하는 것이 그들에게 최선의 이익이라고 설득하려는 노력은 의무나 명예의 개념과 상충했다. 프랑스는 아직 완성되지 않은 전함 장바르트함Jean Bart을 포함해 카사블랑카 항구에 중요한 해군 주둔지를 보유하고 있었다. 장바르트함은 작동하는 포탑이 하나밖에 없어도 15인치 함포 4문을 장착했는데, 이 함포들이 전함 매사추세츠함과 중순양함 터스칼루사함Tuscaloosa, 위치타함Wichita을 비롯해 해안에 정박한 미국 함정에 아홉 차례 이상 집중 포격을 가했다. 그러나 매사추세츠함에서 발사한 16인치 포탄이 장바르트함의 포탑 근처를 명중하자 이 포탑은 더는 움직이지 않고 작동 불능 상태가 되었고, 항공모함 레인저함에서 출격한 항공기들이 장바르트함을 무력화했다.[17]

이것이 이 해전의 끝은 아니었다. 항구에 갇히는 것을 꺼린 제르베 드 라퐁Gervais de Lafond 중장은 7척의 구축함을 이끌고 기동에 나섰는데, 여기에 경순양함도 동참했다. 프랑스 함대는 항구를 벗어나자 탈출을 염두에 두고 해안을 따라 북쪽으로 기동했는데, 이 방향으로 계속 항해하면 페달라에 상륙한 미국군 부대 방향으로 가게 되어 있었다. 지휘관 드 라퐁 제독은 레인저함의 와일드캣 폭격기가 초기에 프랑스 함대를 향해 기총소사機銃掃射를 시도할 때 부상을 입었다. 프랑스 구축함도 카사블랑카 앞바다에서 미국군 군함의 표적이 되었고, 점차 페달라에 가까워지자 상륙 부대를 지키던 미국 순양함 오거스타함과 브루클린함Brooklyn이 전투에 합류했다. 그날 아침 브루클린함에 타고 있던 새뮤얼 엘리엇 모리슨은 미국 함정들이 "개 떼가 풀어놓은 것처럼 행동하기 시작했다"라고 당시 상황을 묘사했다.[18]

사실 이 전투는 일방적으로 진행되었다. 매사추세츠함에서 발사한 16인치 포탄이 구축함 푸괴함Fougueux을 타격한 직후 이 군함은 몇 분 만에 침몰했고, 드 라퐁 제독의 기함 밀랑함Milan 역시 심각하게 손상되었다. 프랑스군 함정들은 기동을 위장하기 위해 연기 차장으로 접근해 미국군의 상륙함 1척을 침몰시켰으나, 프랑스군은 규모 면에서 미국 상륙 함대의 적수가 되지 못했다. 반복적으로 타격을 입은 프랑스 함정 중 몇 척은 침몰을 피하기 위해 좌초되었고, 결국 구축함 랄시옹함L'Alcyon만 남았다. 이 구축함은 생존자를 찾는 데 집중했다. 이 전투에서 발생한 프랑스군 인명 피해는 사망자가 800여 명, 부상자가 1000여 명이었다. 하지만 가장 큰

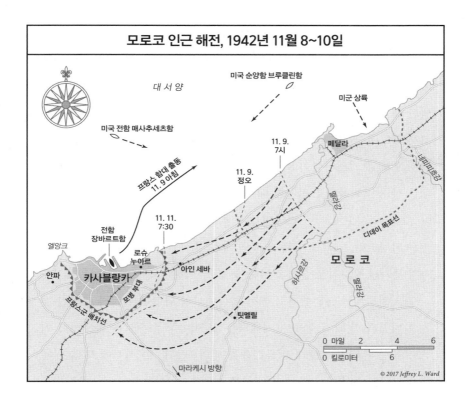

모로코 인근 해전, 1942년 11월 8~10일

대 서 양

미국 순양함 브루클린함

미군 상륙

미국 전함 매사추세츠함

11. 9.
7시

페달라

프랑스 함대 출동
11. 9 어침

11. 9.
정오

디데이 목표선

11. 11.
7:30

전함
장바르트함

엘앙크

로슈
누아르

모 로 코

안파

카사블랑카

아인 세바

프랑스군 배치선

포병부대

틧멜릴

0   마일   2   4   6

0   킬로미터   6

마라케시 방향

© 2017 Jeffrey L. Ward

비극은 명예를 위한 연고가 아니라면 이런 저항 자체가 불필요했다는 것
이다. 한 프랑스 해군 제독은 훗날 이러한 행동을 다음과 같이 정당화했
다. "모든 국가가 존재하기 위해 반드시 필요한 소중한 가치, 즉 충성, 규
율, 애국심, 국가적 단결에 대한 존중 등을 수호하느라 해군이 순교했다."[19]

반면 미국군은 순양함 2척이 경미하게 파손되었고, 구축함 러들로함
Ludlow이 비교적 심각한 피해를 입었다. 또한 미국군은 수많은 탄약을 소
비했는데, 6000킬로미터 이상 길게 형성된 보급 라인을 고려할 때 심각한
문제였다.[20]

휴잇 제독의 기함 오거스타함에 탑승해 프랑스군의 공격이 시작되자

상륙을 준비하던 조지 패튼George S. Patton 육군 소장은 양국 해군이 교전하는 모습을 지켜보다가 오전 어느 시간에 아내에게 편지를 썼다. "우리는 아침 8시부터 해전을 치르는 중인데 여전히 진행 중이오." 그는 자신이 경험한 첫 해전이 흥미로운 듯했다. 미국 함정들이 "모두 사격하며 크게 지그재그로 전진하는 모습이 마치 지옥을 향해 가는 것만 같소"라고 썼다. 전투 중에 오거스타함이 8인치 함포를 사격하는 중에 발생한 충격으로 패튼 장군이 해안으로 접근할 때 사용할 예정이던 작은 보트가 파손되었다. 그는 이 사고로 개인 장비의 일부를 잃었으나 손잡이가 상아로 된 권총은 되찾았다. 그러고 나서 조금 후에 프랑스군이 쏜 포탄이 약간 빗나가며 생겨난 물보라로 흠뻑 젖었다.[21]

수상 전투에서 승리했다고 해서 바다에서의 위협이 완전히 사라진 것은 아니었다. 병력의 상륙이 지체되는 것은 미국 수송선과 화물선이 예상보다 상륙 해변에 오래 머물렀음을 의미하는데, 이 시간에 되니츠 제독이 모로코 해변에서 유보트 15척을 이곳으로 보냈다. 11월 11일 저녁, U-173의 하인츠엘러 보이케Heinz-Ehler Beuke 대위는 불과 10분 만에 미국 선박 3척, 즉 수송선 조지프휴스호Joseph Hewes, 유조선 위누스키호Winooski, 구축함 햄블턴함Hambleton을 향해 어뢰를 발사했다. 이튿날에는 U-130에서 발사한 어뢰가 3척 이상의 병력 수송선에 명중해 모두 침몰시켰다. 이 선박들은 침몰되기 전에 선적한 병력을 하역하긴 했으나 이 손실은 전반적으로 선박이 부족한 연합군으로선 타격이었다. 그날 늦게(아이러니하게도 1차대전 휴전일이었던 11월 11일이었다) 패튼 장군이 지휘하는 지상군이 카사블랑카에 접근했을 때, 다를랑 제독의 휴전 명령이 떨어졌다. 이에 따라 연합국은 11월 12일에 알제와 모로코 양쪽에서 거점을 확보할 수 있었다.[22]

해변 점령은 첫 단계에 불과했다. 연합국의 상륙을 전략적으로 의미 있게 확대하기 위해서는 점차 거점을 강화해 동쪽 튀니지로 진격해야 했다. 이러한 움직임은 연합군이 병력을 증강해야 할 뿐 아니라 길고 불안정한 해양 경로를 통해 지속적인 지원과 보급으로 증강된 병력을 유지해야 한다는 것을 의미했다. 한편 연합군이 북아프리카에 상륙했다는 소식이 로마와 베를린에 전해지자 추축국도 곧장 항공기를 이용해 북아프리카에 병력과 물자를 급파했다. 과달카날에서와 마찬가지로 양측은 결정적 이익을 얻기 위해 어느 쪽이 전투 지역에 더 많은 병력을 증강할 수 있는지를 다투는 경주를 벌이기 시작했다.[23]

이 경주에서는 추축국이 지리적으로 유리했다. 시칠리아에서 지중해의 좁은 해협을 건너면 튀니지까지 300여 킬로미터에 불과했지만, 연합국은 먼 영국과 미국에서 병력과 물자를 실어 와야 했다. 한편 연합군의 해상 수송은 긴장의 연속이었고, 추축국의 해상 수송 능력은 훨씬 제한적이었다. 추축국이 북아프리카뿐만 아니라 크레타, 시칠리아, 사르데냐에서 군대를 유지하기 위해서는 그들이 감당할 수 있는 수송 능력을 초과하는 지중해 운송이 필요했다. 게다가 몰타에 주둔한 영국군이 추축국의 운송을 지속적으로 방해했다. 독일군은 이탈리아군이 해군 통신으로 에니그마 체계를 채택하도록 했기에 블레츨리 파크의 영국 무선 감청 조직은 독일군 통신뿐만 아니라 이탈리아군 메시지까지 해독하고 있었다. 그리고 이렇게 입수된 정보를 바탕으로 영국 항공기, 잠수함, 수상 선박이 추축국의 호송대를 찾아 공격할 수 있었다.

추축국은 연료가 여전히 심각한 문제였다. 전쟁 발발 첫날부터 이탈리아군은 자국 함대를 적극적으로 활용하지 못했다. 북아프리카로 향하는 수송선을 유지하는 데에 매달 5만 톤의 연료가 필요했는데, 1942년 8월 당시 이탈리아가 보유한 석유 비축량은 고작 1만 2100톤에 불과했다. 따라서 이탈리아 해군과 북아프리카에서 어렵게 군사 작전을 펼치는 로멜 장군 휘하의 지상군 부대에 보급을 지원하기가 어려웠다. 이러한 상황을 인지한 연합국은 추축국의 유조선을 집중적으로 공격했다. 11월 21일에 이탈리아 해군 함정 조르다니함Giordani과 연료유 8800톤이 침몰한 것은 로멜 장군에게 큰 타격이었다. 동쪽으로 몽고메리 장군의 영국군 제8군을, 서쪽으로 아이젠하워 장군이 지휘하는 영미 연합군에 맞선 로멜 장군은 겨우 전차를 움직일 정도의 연료만 보유한 상황이었다.[24]

추축국에서 고려할 수 있는 대안은 로멜 장군의 군대를 아프리카에서 완전히 철수하는 것이었는데, 당시 지중해를 통한 해상 수송 상황을 고려할 때 이는 불가피한 일이었다. 그러나 레더 대제독은 연합국이 지중해에서 자유롭게 운행하는 것을 막기 위해 독일 지상군이 최대한 오래 북아프리카에 주둔하기를 원했다. 11월 17일에 레더 대제독은 히틀러에게 이렇게 보고했다. "튀니지에 우리 군대가 주둔함으로써 적의 성공을 방해할 수 있습니다. 적의 지중해 관통을 막을 수 있기 때문입니다." 추축국이 시칠리아와 튀니지 사이의 좁은 통로를 통제하는 한 연합국은 희망봉 주변의 긴 경로를 통해 중동으로 물자를 보낼 수밖에 없었다.[25]

북아프리카를 포기하면 안 된다고 판단한 것은 케셀링 원수도 마찬가지였다. 그는 독일 공군이 해상 운송의 약점을 충분히 보완할 수 있다고 생각했다. 연합군의 상륙이 시작된 지 불과 몇 시간 후, 시칠리아와 사르데냐에서 독일군 병력을 실은 융커스-52 수송기가 튀니지로 공수를 시작했는데, 이들은 하루 평균 750명의 병력을 실어 날랐다. 그런데 북아프리

거대한 메서슈미트 323 수송기가 북아프리카에 착륙하는 장면. 이 기종은 2차대전에서 사용된 수송기 중 가장 컸지만, 추축국의 부족한 해상 운송력을 온전히 보완하기에는 역부족이었다. (독일 연방기록보관소)

카로의 병력 수송에 투입된 많은 수송기는 불과 몇 주 전까지만 해도 스탈린그라드에 갇힌 독일 제6군에 보급품을 전달하던 항공기들이었다. 추축국은 북아프리카로 경전차와 트럭 등 차량을 수송하기 위해 융커스 외에도 세계에서 가장 큰 6엔진 메서슈미트 323 수송기를 투입했다. 이처럼 추축국은 공군의 수송 작전 덕분에 튀니지에 신속하게 군대를 주둔시킬 수 있었다. 그러나 장기적으로 볼 때 공군의 수송은 해상 수송과 결코 경쟁이 안 되었다. 화물을 최대 20톤까지 운반할 수 있는 메서슈미트 323 대형 수송기는 해상 수송선 1척에 필적하려면 많은 양의 연료를 사용하면서 무려 200번이나 왕복 비행을 해야 했다.[26]

한편 독일군은 보급 활동을 강화하기 위해 군용 수송선(크릭스트란슈포르터Kriegstransporter) 또는 KT 보트라는 것을 사용했는데, 시칠리아에서 튀니지까지 야간에 14노트로 운행할 수 있는 약 850톤 규모(영국군 코르벳함 크기)의 소형 무장 수송선이었다. 이보다 훨씬 창의적인 수단은 수십여 척의 지벨 페리였는데, 이 배의 제작자 프리츠 지벨Fritz Siebel의 이름을 따서 만든 이 소형 선박은 영국 침공을 계획할 때 제작된 것이었다. 매우 작은 이 선박은 분해된 뒤에 도버 해협에서 지중해까지 철도로 운송되었다. 지벨 페리는 두 개의 거룻배 폰툰pontoon이 평평한 갑판을 연결하는 형태였다. 엄밀히 말하면 쌍동선이었는데, 낮고 볼품없는 선박에 적합한 이름은 아니었다. 하지만 이 작은 선박은 한 척당 50~100톤의 화물 또는 중차량(트럭이나 전차) 1대와 수십 명의 병력을 수송할 수 있었다. 한편 이탈리아는 구축함을 수송선으로 사용했다. 과달카날에서 일본군이 그랬듯이 이탈리아 구축함은 시칠리아에서 튀니지까지 야간 고속 운행에 투입되었는데, 이러한 고속 운행으로 고질적인 연료 문제가 더 악화되었다. 이처럼 어려운 상황에서도 추축국은 고군분투하며 그달 말까지 튀니지에 독일군 3개 사단과 이탈리아군 2개 사단, 총 5개 사단을 상륙시켰다.[27]

물론 연합군은 추축국 호송대를 저지했다. 영국 해군 경순양함 3척이 12월 2일에 가로챈 울트라 정보를 이용해 수송선 4척으로 구성된 이탈리아 호송대를 공격했다. 영국군은 호위함 1척과 보급선 4척을 모두 침몰시켰는데, 그중 1척은 추축국 병사 2000여 명을 잃고 침몰한 군함이었다.[28]

이와 대조적으로 미국에서 출발한 연합군 호송대는 유보트의 위협이 효과적으로 진압된 덕분에 정기적으로 북아프리카에 도착할 수 있었다. 11월 2일에 첫 번째 보급품 호송대가 뉴욕에서 출발해 11월 18일에 병력 3만 명과 16만 1000톤의 보급품을 가지고 도착했다. 그뒤 12월 1일, 24일, 30일에도 호송대가 도착했고, 그다음에는 약 4주 간격으로 도착했다. 병력으로 가득 찬 신속한 호송대와 보급품으로 가득 찬 느린 호송대가 번갈아 오는 방식이었다. 하지만 한 가지 목적을 위해 그렇게 많은 선박을 투입하는 것은 다른 곳과 타협이 이루어져야 가능한 일이었다. 실제로 영국으로 향하는 호송대는 줄어들었고, 소련으로 향하는 호송대는 더 많이 감소했다. 물론 소량의 보급품이 페르시아만을 통해 계속 소련에 전달되었고 또 나중에는 이란을 거쳐 육로로도 전달되었다. 하지만 1942년에 연합군이 제2전선을 형성할 것이라 믿었던 스탈린은 소련군에 들어오는 보급품이 줄어들자 차츰 연합군의 아프리카의 프랑스 식민지 점령을 중요하게 여기지 않게 된다.[29]

아이젠하워 장군은 병력이 상륙한 초기에 '멈추지 말고 곧장 동쪽으로 진격'해서 튀니지, 특히 튀니스 항구를 점령하려 했다. 하지만 그의 희망은 이루어지지 않았다. 무엇보다 비행장을 수리하거나 건설해야 했는데, 모로코에 상륙한 미국군과 장비는 다시 긴 단선 철도를 따라 알제로 이동해야 했다. 게다가 연합군 상륙 부대가 야전군으로 재편성될 즈음 겨울비가 내리기 시작했다. 그 결과 북아프리카 작전은 신속한 공격 대신 길고 지루한 군사 작전으로 바뀌었다.[30]

겨울비로 연합군의 이동 속도가 느려지고, 로멜 장군은 보급 문제로 장애를 겪으면서 북아프리카에서의 동계 작전은 실질적으로 중단되었다. 2월에 로멜 장군은 아틀라스산맥을 관통하는 카세린 협곡에서 미국군과 프랑스 동맹국 군대를 공격해 주도권을 확보하려 했다. 그가 지휘하는 기갑 부대가 미국군을 서쪽으로 80여 킬로미터 밀어내는 과정에서 미국군의 작전 미숙이 드러났던 것이다. 그러나 로멜 장군의 전술적 성공은 전략적 돌파구를 만들어낼 정도로 결정적이지 않았다. 그가 승리를 계속 이어갈 수 있는 보급 및 군수품의 여분이 부족했기 때문이다.

연합국에게 또다른 실망스러운 상황은 프랑스 함대의 최종 상태였다. 히틀러가 비시 정권하에서 프랑스에 최소한의 독립을 유지하도록 허용한 이유 중 하나는 독일이 프랑스를 완전히 점령하면 프랑스 해군이 공개적으로 연합국에 가담할까 우려했기 때문이다. 1940년 협정에 따라 툴롱의 공해 함대는 비시가 통제했지만 대부분 항구에만 머물러 있었다. 그러나 연합국이 북아프리카로 이동한 뒤에 다를랑 장군이 이들과 합류하자 이에 격분한 히틀러는 독일군에게 자유 지역을 점령하고 툴롱에 주둔한 프랑스 함대를 장악하라고 지시했다. 그는 프랑스 함대를 이탈리아군에 넘길 계획이었다.

이 같은 상황에 처한 당사자는 가브리엘 오팡Gabriel Auphan 제독이었는데, 그는 다를랑 제독이 연합군에 가담한 직후 프랑스 해군의 수장이 되었다. 오팡 제독은 적어도 다를랑 제독에게 합류하는 것을 고려할 의향은 있었지만, 툴롱에서 공해 함대를 지휘했던 반영국 성향의 인물이었다. 또 비시 정권에 충성했던 장 드 라보르드Jean de Laborde 제독은 페탱 원수의 특별한 명령 없이는 행동하지 않겠다고 거부했다. 그는 자신이 지휘하는 함대를 독일에 넘겨주지 않을 것이라고 공언했지만, 그 역시 악의적인 알비온(영국)과 손을 잡고 싶어하지는 않았다. 하지만 그것은 11월 말까지만 그가 선택할 수 있는 대안이었다. 11월 27일에 독일 제7 기갑 사단이 툴롱 해군 기지에 접근하자 그는 프랑스 함대 승무원에게 모든 함정을 기동하라고 명령했다. 그리고 나서 독일군이 도착하기 몇 시간 전에 프랑스군 전함 3척, 순양함 7척, 구축함 15척, 소함정 50여 척을 모두 침몰시켰다. 1919년에 독일 해군이 영국 해군에 자국 함정이 넘어갈 것을 우려해 자국 함대를 해체했듯이, 이제 프랑스 해군은 독일군에 점령될까봐 스스로 주요 함대를 해체했다. 프랑스의 막심 베강Maxime Weygand 장군은 훗날 이렇게 썼다. "해군은 팔다리 중 하나를 절단했지만 영혼은 구했다."[31]

다른 곳에서는 연합국과 프랑스가 좀더 우호적인 합의에 도달했다. 특히 카사블랑카의 펠릭스 미슐리에Félix Michelier 제독은 협조적이었다. 그의 목표는 손상된 전함, 특히 장바르트함을 수리한 후 연합군의 일부로 전쟁에 참전하는 것이었다. 게다가 루스벨트 대통령은 미국 정부가 프랑스 장교 및 병사의 봉급을 미국 해군과 동일한 수준으로 지급하겠다고 발표했는데, 미슐리에 제독은 이 제안을 거절하고 프랑스군 함정들이 대서양을 건너 미국 조선소에서 다시 회복될 수 있도록 물질적 지원만 해달라고 요청했다. 연합국은 고드프루아 제독에게 1940년 이후 비교적 잘 간수해온 알렉산드리아 소재 프랑스 비행 대대를 선례에 따르게 하라고 촉구했다. 하지만 고드프루아 제독은 연합국의 제안을 경계했다. 그는 아직 페탱에게서 아무 말도 듣지 못했고, 연합국의 계획을 확신하지 못했으며, 그가 싫어하고 불신했던 샤를 드골Charles de Gaulle 장군을 의심했다. 그래서 그때까지 그와 그의 함정은 그곳에 남았다.[32]

1940년에 다를랑 제독은 처칠 총리에게 다른 어떤 일이 일어나더라도 프랑스 함대를 결코 독일에 넘기지 않겠다고 약속한 바 있었다. 이후 그는 비시 정부하에서 복무하고, 히틀러 정부에 협력하고, 1942년에 기회주의적 태도를 보였지만 적어도 처칠에게 했던 약속은 이행했다. 하지만 다를랑 제독의 태세 변화가 정작 자신에게는 별로 도움이 되지 못했다. 크리스마스이브에 왕정 복고를 주장하는 20세의 젊은 프랑스인에 의해 암살된 것이다.

―――――

한편 북아프리카에서 1만 5000킬로미터 떨어진 태평양에서는 미국과 일본이 과달카날을 강화하기 위한 경쟁을 계속 펼쳤다. 지중해에서처럼 남태평양에서도 긴장하여 뱃멀미하는 젊은이들이 전투복을 입고 철제 보트를 타고서 전선으로 이동했지만, 이곳은 사막이 아니라 정글이었다. 남태평양에서도 추축국은 연합국보다 해상 수송을 하기가 훨씬 어려웠다. 이른바 도쿄 익스프레스는 과달카날까지 정기적으로 야간에 운행했는데, 병력과 물자를 수송하기 위해 구축함을 사용하는 것은 결코 효율적이지 않았다. 구축함이 수송할 수 있는 병력의 수는 병력 수송선의 20분의 1에 불과했다. 한편 구축함으로 화물을 운반하는 것에는 또다른 문제도 있었다. 구축함이 해변에 접근하면 승무원들은 보급품으로 가득 찬 밀폐된 드럼통을 바다로 던졌는데, 물살이 드럼통을 해안으로 옮겨주어 일본군 병사들이 찾아갈 수 있기를 바랄 뿐이었다.[33]

이와 같은 비효율적인 관행과 현상을 파악한 야마모토 제독은 3만여 명을 가득 실은 11대의 병력 수송대를 파견해 과달카날에서 일본군 전투력을 강화하기로 결정했다. 그는 또 병력을 실은 구축함을 엄호하기 위해 영국과 미국이 북아프리카에 상륙하는 과정에서 사용했던 함대 규모와 유사한 규모의 함대를 보냈다. 여기에는 병력을 실은 구축함 12척, 곤도 중장 휘하의 전함 4척, 중순양함 3척, 경순양함 3척, 구축함 21척, 미카와 제독 휘하의 중순양함 4척으로 구성된 지원군이 포함되었다. 이 작전에 투입된 유일한 항공모함은 준요함이었는데, 당시 미국군은 제 기능을 발휘하기 힘든 엔터프라이즈함만 투입했기 때문에 일본군이 공중 우세를 점할 것으로 예상했다. 일본군이 과달카날의 미국군 비행장을 무력화할 수 있다면 이번 작전의 공중 우세를 완벽하게 장악할 수 있을 듯이 보였다. 이를 위해 곤도 중장이 지휘하는 전함 2척이 헨더슨 비행장을 14인치 함포로 폭격할 계획이었다. 그렇게 되면 선인장 공군을 지상에 묶어둘

수 있을 것이며, 그사이에 일본군 병력 수송선이 에스페란스곶 인근에 병력을 하역할 예정이었다.[34]

하와이 하이포 기지의 암호 분석가들을 통해 일본군의 계획을 간파한 핼시 제독은 과달카날의 미국군 병력을 증강했다. 이에 따라 11월 9일 (미국군이 모로코에 상륙하고 있을 때)에 제182 보병 연대의 절반에 해당하는 약 6000명을 태운 7척의 수송선이 뉴헤브리디스 제도와 뉴칼레도니아에서 과달카날로 이동했다. 수송선은 무사히 도착했고, 곤도 중장이 지휘하는 함대가 접근하고 있다는 사실을 알아차린 켈리 터너 소장은 일본 함대에 맞서기 위한 공격 부대를 호송대의 호위병 중에서 뽑아 편성했다. 하지만 그것은 힘든 임무였다. 새로 도착한 대니얼 캘러헌Daniel J. Callaghan 대령이 지휘하는 미국 수상 함대는 고작 중순양함 2척, 경순양함 3척, 구축함 8척으로 이루어져 있었다. 이 호위대로는 곤도 중장이 지휘하는 일본군 전함에 심각하게 불리했다.[35]

그리고 그곳에 캘러헌 대령이 있었다. 백발의 인상적인 인물인 그는 루스벨트 대통령의 해군 보좌관을 지낸 이후 곰리 제독의 참모장으로 근무했다. 전투 장교로서 명성을 쌓고자 했던 그는 행정 업무에서 벗어나 해상에서 지휘하고 싶어했다. 그러한 의욕은 칭찬할 만했지만, 과달카날 주변 바다에서 전투한 경험이 없었으며 이전에 벌어진 에스페란스곶 전투에서 승리하여 존경받던 노먼 스콧 소장의 후임으로 온 것이었다. 캘러헌 대령이 임명되자, 스콧 소장은 경순양함 애틀랜타함 함장으로 좌천되었다. 스콧 소장은 공식적으로는 지휘에서 2인자였지만, 사실 작전에는 전혀 책임이 없었다. 11월 12일 저녁(미국군이 카사블랑카를 확보한 날), 캘러헌 대령은 접근하는 일본군 함대에 맞서기 위해 과달카날의 룽가 포인트에서 출발했다. 그는 적의 전함과 대적하기 힘들다는 것을 알았기에 추구할 수 있

흰색 군복을 입은 대니얼 캘러헌 대령이 그가 사망한 장소 가까이에 있던 중순양함 샌프란시스코함 함교 부근에서 찍은 사진. 그는 1942년 11월 13일에 과달카날 해전에서 일본 전함 히에이함이 쏜 14인치 포탄에 의해 사망했다. (미국 국립문서보관소 no. 80-G-20824)

는 최대 목표는 일본군이 폭격을 취소하도록 충분히 피해를 입히는 것이었다. 그 목표는 헛된 것은 아니었을지언정 과도한 희망이었다.

캘러헌 대령이 북쪽으로 향할 때, 아베 히로아키 중장은 곤도 중장이 지휘하는 함대 중에 전함 2척(히에이함比叡과 기리시마함霧島)과 경순양함 1척, 구축함 11척의 호위를 받으며 남쪽으로 기동했다. 아베 중장은 조심성이 있다는 평판(일부에서는 과도할 정도로 그렇게 생각했다)이 있었지만, 불과 11일 전에 해군 중장으로 승진한 어뢰 전문가였다. 사실 야간에 이루어지는 해안 폭격은 대담함이나 참신함이 필요한 임무는 아니었다. 그런데 11월 12일 늦은 시각에 아베 중장이 지휘하는 함대가 과달카날 인근에 접근할 무렵 일본군 함정들은 억수같이 쏟아지는 비와 열대 폭풍에 휩싸여 곧 뿔뿔이 흩어지고 말았다. 이러한 기상 요건과 마지막 순간의 기동 때문에 일본군 함대는 혼란에 빠졌다. 폭우 속에서도 미국군이 보유한 레이더는 제대로 작동했고, 11월 13일 금요일 새벽 1시 30분에 헬레나함에 장착된 신

형 SG 레이더는 약 20킬로미터 떨어진 곳에서 일본군 함대를 발견했다.[36]

미국군 함정들은 20노트 속도로 북쪽으로 항해하고 일본군 함대는 18노트로 남쪽으로 기동하면서 양측 모두 사거리가 빠르게 근접했다. 헬레나함의 레이더 작동 담당관은 이 상황을 파악하고 "9000미터 … 5400미터 … 3600미터!"라고 적시에 보고했다. 미국군 구축함에 탑승한 어뢰 전문가와 순양함의 포수들 모두 발포 명령을 기다렸지만, 발포 명령이 떨어지지 않았다. 레이더는 미국 함대에서도 너무나 새로운 장비여서 이 장비의 능력과 기능에 익숙하지 않은 캘러헌 대령을 포함한 장교들은 레이더에 의존하기를 주저하는 경향이 있었기 때문이다. 그는 당시 상황에 대한 심리적 확신이 부족했기에 명령할 생각은 하지 않고 그저 적진을 향해 계속 돌진했다. 결과적으로 이러한 기동은 기습의 이점을 포기하는 행위였다.[37]

비가 멈추자 아베 중장의 기함 히에이함의 감시병이 "전방에 4개의 검은 물체가 … 군함처럼 보입니다. 우현으로 5도 이동"이라고 보고했다. 5도! 그것은 전방의 물체가 바로 앞에 있다는 것을 의미했다. 당시 상황의 목격자에 따르면, 아베 중장은 손으로 자신의 얼굴을 가렸다. 그의 첫 번째 명령은 해안 폭격을 위해 이미 함포에 장전된 포탄을 적 함정에 사용하도록 장갑을 관통할 수 있는 탄약으로 바꾸라는 것이었다. 그러자 일본군 전함의 승무원들은 필사적으로 무기를 바꾸려 했는데, 어떤 관찰자의 표현에 따르면 탄창에 우르르 몰려드는 모습이 마치 잡지에 스탬프를 찍는 것처럼 보였다. 미드웨이 전투에 참가했던 나구모 중장의 항공모함과 마찬가지로 일본 전함들은 엘리베이터 근처에 쌓아둔 두 종류의 폭탄 때문에 한동안 취약한 상태였다. 이처럼 두 함대가 빠른 속도로 가까워졌으나 미국군 함정들은 계속해서 사격을 보류한 채 그대로 있었다.[38]

마침내 겨우 1800여 미터 떨어진 거리에서 일본 군함들은 탐조등을 탁

탁 두드렸으며, 양측 군함들은 충돌을 피하거나 더 나은 각도를 확보하려고 미친 듯이 움직였다. 두 함대는 거의 동시에 서로 피를 흘리며 응집력을 상실했다. 훗날 새뮤얼 모리슨이 말한 대로, 그들은 마치 "물통 속의 송사리 떼 같았다." 미국 구축함 오배넌함O'Bannon의 작전 장교는 훗날 이렇게 회상했다. "어느 누구도 한밤중에 근거리에서 벌어진 대규모 해전의 충격과 공포, 엄청난 충격을 적절하게 묘사하기는 힘들었다." 구축함 쿠싱함Cushing을 지휘했던 에드워드 파커Edward N. Parker 함장은 당시 상황을 '불 꺼진 술집에서 일어난 싸움'에 비유했다. 캘러헌 대령은 한참 뒤에야 '홀수' 함정은 우측으로 발사하고 '짝수' 함정은 좌측으로 발사하라고 명령해 혼란을 정리하려 했다. 하지만 당시에 이미 기둥이 고장 난 함정이 있었기에 함장들이 저마다 자신의 배가 홀수인지 짝수인지 알아내느라 혼란이 가중되었다. 구축함 애런워드함Aaron Ward의 함장은 "장착된 모든 함포를 발사했고, 어뢰를 좌측과 우측으로 발사했다"라고 회상했다. 헬레나함에서 하달된 명령은 다음과 같이 혼란스러우면서도 활기찼다. "전속력 전진! 우현으로 발사! 표적 이동! 좌현 뱃머리 방향 공격! 적이 아군을 향해 발포 중! 전속력 후진!"[39]

이처럼 특이한 상황에서 더 황당했던 일은 작은 선박 몇 척이 전함들 사이에 껴 있었다는 것이다. 헬레나함에 탑승한 한 장교는 그때 상황을 이렇게 기억했다. "우리는 너무 가까이 붙어 있어서 사격이 시작되었을 때 배에 탄 일본군을 정말로 육안으로 볼 수 있었다." 실제로 양측 사이의 거리는 매우 가까웠다. 그 결과 아베 중장의 기함에 장착된 큰 함포가 더 작은 미국 함정을 향해 발사 가능한 각도로 포신을 낮출 수가 없었다. 또한 히에이함을 겨냥한 미국군 어뢰는 발화 시간이 부족해 전함의 옆구리를 맞힌 뒤 튕겨나갔다. 하지만 헬레나함과 미국군 구축함 4척은 5인치와

6인치 포탄 수백 발을 히에이함에 쏟아부었다. 구축함 래피함Laffey은 20밀리미터 기관총을 사용했는데, 이 기관총이 히에이함의 함교를 타격했을 때 아베 중장이 심하게 부상을 입었고 그의 참모장은 사망했다. 히에이함과 같은 대형 전함이 이 정도의 공격으로 침몰하지는 않았지만, 이 전함의 조종 체계와 사격 통제 체계가 파괴되었고, 상부 구조물에서 발생한 화재로 캘러헌 대령의 기함 샌프란시스코함을 비롯한 더 큰 미국 함정의 표적이 되었다.[40]

혼란 속에서 우군 사이에서 여러 차례 사격이 발생하기도 했다. 헬레나함에 탑승한 한 장교는 이렇게 회고했다. "목표물을 찾아서 쏘았다. 그것이 적이기를 바랐다." 하지만 종종 그렇지 않은 경우가 있었다. 중순양함 포틀랜드함Portland의 함장 로런스 뒤 보즈Laurence Du Bose는 "함정을 불태우고 부수는 혼란 속에서 아군과 적군을 구별하는 것 자체가 불가능했다"라고 회상했다. 애틀랜타함은 일본군 기함과의 포격전에서 초기에 타격을 입었다. 이런 상황에서 캘러헌 대령은 재빨리 "아군 함정에 사격 중지!"라고 명령했으나, 샌프란시스코함을 제외한 모든 함정이 이 명령을 무시하고 계속 사격했다. 그 결과 2발의 어뢰와 양쪽에서 날아온 포탄에 맞은 애틀랜타함은 구조하기 힘들 정도로 난파되어 많은 사망자가 발생했는데, 그중에 노먼 스콧 소장도 있었다. 그리고 다음 희생자는 샌프란시스코함이었다. 히에이함에서 발포한 14인치 포탄 중 4발이 함교를 타격했는데, 이때 캘러헌 대령을 비롯해 거의 모든 승무원이 전사했다.* 결국 이 전투에 참가한 함정의 수와 규모, 크기 면에서 모두 우위였던 일본군이 신속하게 승기를 잡기 시작했다. 불과 몇 분 만에 순양함 포틀랜드

* 이 전투에 참가해 전사한 공로가 인정되어 스콧 소장과 캘러헌 대령에게 명예 훈장이 추서되었다.

함과 주노함Juneau이 어뢰 공격에 당했고, 구축함 스트렛함Sterett과 래피함이 불탔다. 래피함에서 발생한 화재가 탄약고에 옮겨 붙자 곧 거대한 폭발이 일어났다. 이 전투는 총 34분 동안 지속되었다. 미국 군함 중 경순양함 헬레나함과 구축함 플레처함에서는 피해가 거의 발생하지 않았다.[41]

캘러헌 대령이 지휘하는 순양함과 구축함 편대가 아베 중장이 지휘하는 일본군의 대규모 함대와 험난한 전투를 치른 것은 피하기 힘든 일이었다. 그런데 미국군이 히에이함을 맹렬하게 공격하자 이 과정에서 부상을 입은 아베 중장이 헨더슨 비행장 폭격 작전을 취소하고 철수했다. 사보섬 전투 직후의 미카와 중장처럼 아베 중장 역시 너무 빨리 작전을 포기했다. 헬레나함을 제외한 모든 미국 군함이 심각하게 손상된 상황이었으니 아베 중장은 아무런 위험이 없을 때 아직 손상되지 않은 전함 기리시마함을 전면에 투입할 수도 있었다. 만약 가용 전투력을 이용해 헨더슨 비행장을 포격한 후 이 비행장을 사용할 수 없도록 만들어 선인장 공군을 지상에 묶어두었다면 아마도 그는 계속 지휘할 수 있었을 것이다. 하지만 이미 예상되었던 대로 아베 중장은 지나치게 신중했고, 순양함으로 옮겨탄 뒤 북쪽으로 철수했다. 전투 중에 피해를 입어 약 5노트밖에 속도를 낼 수 없던 히에이함은 뒤처졌는데, 11월 13일 금요일 해가 떴을 무렵 선인장 공군 항공기가 300여 킬로미터 떨어진 곳에서 절뚝거리는 이 전함을 발견했다. 2년 전, 육지에서 출격한 일본군 항공기들이 시암만에서 영국 전함 프린스오브웨일스함을 침몰시킨 바 있었는데, 이번에는 전술적 상황이 역전되었다. 과달카날에서 온 어뢰 폭격기와 뉴헤브리디스의 에스피리투산토에서 출격한 고고도高高度 전용 B-17 폭격기가 여러 차례 공격한 끝에 3만 6600톤급 전함 히에이함을 침몰시켰다.[42]

이 전투 결과를 전해듣고 화가 치민 야마모토 제독은 아베 중장이 항구로 돌아오기도 전에 무전으로 그의 지휘권을 박탈했다. 4일 후 아베 중장은 여전히 얼굴에 붕대를 감은 채 트루크에서 야마토함에 탑승한 직후, 야마모토 제독의 참모장에게 자신도 전함과 함께 죽었어야 했다고 털어놓았다.[43]

미국군 함정 중 여전히 물 위에 떠 있는 함정들조차 심각하게 부서진 상태였다. 함정을 최대한 많이 구하기 위해 부서진 함정들 대부분은 에스피리투산토로 보내 수리하기로 했다. 이 함정들이 그곳으로 가는 동안, 지난 8월에 새러토가함을 파괴했던 잠수함 I-26의 요코타 미노루横田稔 중령은 샌프란시스코함을 향해 어뢰를 발사했다. 그런데 이 어뢰는 의도된 목표를 벗어나 경순양함 주노함에 명중했다. 이 어뢰가 주노함의 탄약고에서 폭발했는지는 명확하지 않지만, 어뢰가 폭발한 즉시 주노함은 산산조각 났다. 그 순간 "마치 화산에서 뿜어져 나오는 것처럼 하늘을 향해 치솟은 연기의 탑"을 보았다고 한 목격자는 회상했다. 다른 함정에 탄 사람은 어느 누구도 생존하는 것이 불가능했다고 말했다. 헬레나함에 탑승한 길버트 후버Gilbert Hoover 대령은 생존자를 찾기 위해 멈추면 오히려 다른 함정이 위험에 빠질 것이라고 판단해 상급 부대에 생존자의 위치 좌표를 보고하고 나서 즉시 에스피리투산토로 이동했다. 며칠 후 구조 부대가 도착했을 때 주노함의 승무원 660명 중 생존자는 10명에 불과했다. 사망자 중에는 훗날 유명해진 설리번 5형제*도 있었다.[44]

---

* 미국 아이오와주 출신의 설리번 5형제는 입대 당시부터 모두 함께 근무하기를 희망했다. 당시 미국 해군은 형제를 같은 부대에 배치하는 것을 금지했으나, 이들의 요청은 받아들여 모두 주노함에 배치했다. —옮긴이

하지만 전투는 아직 끝나지 않았다. 일본군이 폭격으로 헨더슨 비행장을 무력화하는 데 실패했지만, 다나카 제독의 수송 부대는 과달카날을 향해 계속 전진했다. 미국군의 지상 폭격기들은 모든 수단을 동원해 일본군 수송 함대를 공격했다. 다나카 제독은 훗날 '높게 비행하는 B-17기에서 요동치며 떨어지는 폭탄'과 급강하 폭격기가 '폭탄을 투하한 뒤 간신히 제시간에 철수하는' 장면을 기억했다. 그는 이와 같은 미국군 폭격기의 맹공으로 6척의 수송선을 잃었는데도 여전히 나머지 4척의 수송선을 끈질기게 밀고 나갔다. 야마모토 제독은 이 배들을 엄호하기 위해 곤도 중장에게 부서진 기리시마함과 2척의 중순양함(아타고함愛宕과 다카오함高雄)을 끌고 가서 다시 헨더슨 비행장을 포격하라고 명령했다.[45]

진주만에서 해독된 무선 통신으로부터 다시 일본군의 공격 징후를 보고받은 핼시 제독은 새로운 위협에 대응할 전투력이 거의 남지 않은 상태였다. 캘러헌 대령의 함대가 사실상 파괴되어 핼시 제독으로선 워싱턴함과 사우스다코타함을 투입하는 것 말고 선택의 여지가 없었다. 따라서 핼시 제독은 이 두 전함을 섬 남쪽에 주둔하고 있던, 아직 파괴되지 않은 엔터프라이즈함을 엄호하는 임무에서 끌어내 구축함 4척의 호위를 받게 하면서 전투에 투입했다. 이 최중량급 기동 부대 지휘관은 윌리스 리 중장이었다. 그는 '둥근 금속 테 안경'을 써야 할 만큼 시력이 나빴는데도 1920년에 올림픽 사격 종목에서 금메달 5개를 딴 선수 출신이었다. 따라서 총기와 화포가 그의 전문 분야였고, 워싱턴에서 신형 레이더 유도 포격 시스템을 사용하는 방법에 대한 특별 연구를 수행한 바 있었다. 캘러헌 대령이 레이더 사용에 실패했다면, 리 제독은 새로운 장비의 성능을 한껏 시험하기를 열망하는 기술 및 장비 친화적 군인이었다.[46]

이 전투의 초반은 미국군에게 불리하게 전개되었다. 11월 13일 자정 직전에 리 중장이 지휘하는 구축함 4척이 일본군 구축함과 충돌했다. 미국군 구축함 중 1척은 완전히 침몰했고, 다른 2척은 전투 과정에서 입은 피해로 나중에 가라앉았다. 한편 리 중장이 보유한 2척의 전함 중 사우스다코타함은 전력 운용에 문제가 발생해 보유한 대형 함포를 사용할 수 없었다. 불타는 구축함 앞에 실루엣을 드러낸 사우스다코타함은 곤도 중장이 지휘하는 모든 일본 함정의 표적이 되었다. 곧 5인치와 14인치 포탄으로 뒤덮인 이 전함은 자신을 향해 발사된 34발의 롱 랜스 어뢰를 피하려고 이리저리 기동해 가까스로 파괴는 면할 수 있었다.[47]

사우스다코타함이 곤도 중장의 대형 함정들로부터 공격받는 동안, 워싱턴함을 지휘하던 리 중장은 자신의 기함에서 주력 포대를 준비했다. 레이더팀은 관련 정보를 함정의 마크 8 사격 통제 시스템에 제공했다. 16인치 포탄의 무게는 1200여 킬로그램이었는데, 두 전함의 주력 포대에서 발사된 이 포탄 한 발은 적에게 12톤이 넘는 장갑 관통 파괴력을 발휘했다. 사우스다코타함이 첫 번째 측면 함포를 발사하자 그 충격이 너무 커서 승무원들이 함대에서 떨어지는가 하면, 총구가 폭발하는 과정에서 함정에 선적된 정찰 항공기에 불이 붙기도 했다. 두 번째 포격이 시작되자 항공기들이 옆으로 완전히 미끄러질 정도로 큰 충격이 가해졌다. 불과 8킬로미터 이내 거리에서 발사된 16인치 포탄의 살상력은 대단했다. 워싱턴함이 발사한 처음 2발의 포탄은 기리시마함의 무선실, 포탑, 조종 및 기계 공간을 강타했다. 총 20발이 넘는 16인치 포탄이 불과 몇 분 만에 일본 전함을 강타했다. 이 포격으로 수백 명이 사망했고, 걷잡을 수 없이 타오르는 불길에 휩싸이면서 곤도 중장의 기함은 심하게 기울었고 기동이 불가능할 정도로 속도가 떨어졌다. 기리시마함도 계속 발포했지만, 발사한 포탄이 모두 하늘로 향하는 통에 워싱턴함에 전혀 피해를 입히지 못했다.

윌리스 리 해군 소장이 자신의 기함인 고속 전함 워싱턴함 함교에 있을 때 촬영한 사진. 그는 권총과 소총 사격에서 명사수였으며, 전투에서 레이더로 유도된 함포를 사용한 최초의 인물이었다. (미국 해군연구소)

곤도 중장은 경순양함 나가라함長良에 기리시마함을 견인하라고 지시했으나, 이 전함은 심하게 격파되어 물에 떠 있지도 못하다가 결국 11월 15일 오전 3시 25분에 침몰했다.[48]

아베 중장과 마찬가지로 곤도 중장 역시 참모 총장 야마모토 제독에게 실망스러운 결과를 보고했다. 전 해군 참모 대학 총장과 연합 함대 참모장 등을 역임했던 곤도 중장의 위상을 고려할 때, 그는 간단히 해임시킬 수 없는 인물이었다. 그래서 트루크에서 단 한 척의 함정을 지휘하는 직책으로 좌천되었다.

━━━━━

불과 24시간 만에 전함 2척이 침몰한 전황은 일본군에 정신을 번쩍 차리게 하는 경종이자 과달카날 전역의 결정적 전환점이었다. 2주 후, 다나카 라이조 제독은 타사파롱가 해전에서 순양함과 구축함으로 구성된 미국

군 함대를 상대하여 대승을 거두었다. 하지만 야마모토 제독과 일본 해군 총참모부는 일본군 함대의 손실을 줄여야 했다. 과달카날이 마치 자석처럼 누구도 상상하지 못할 만큼 오랜 기간 지나치게 많은 자원을 끌어들였던 것이다. 과달카날 전역이 시작된 지난 8월에 이치키 기요나오 대령은 900명의 병력으로 과달카날에 있는 미국인 거주지를 파괴할 수 있을 것으로 예상했다. 하지만 한 달 후 가와구치 기요타케川口清健 소장은 6000여 명의 병력을 지휘해 피의 능선을 방어하는 미국 해병대를 공격했다. 그리고 11월까지 일본군은 이 섬에 3만여 명의 병력을 보유했다. 그러나 미국 지상군의 병력 충원은 일본군보다 빨라서, 같은 시점에 이 섬에서 4만여 명의 병력을 보유했다. 12월에 일본 최고 사령부는 3만 병력이면 충분하다고 판단했다. 추후에 조심스럽게 진행된 일련의 철수를 통해 일본 지상군은 미국인 거주지 주변의 방어선에서 철수한 뒤 체계적인 철수 작전인 '게호ヶ號 작전Operation KE'을 펼치기 시작했다. 그러다 마침내 2월 7일에 일본군은 완전히 철수했다. 양측은 끔찍한 상황에서 6개월 동안 영웅적 용기와 희생을 보였지만, 궁극적으로 연합군이 과달카날 전역에서 성공할 수 있었던 요인은 육상에서 출격한 공군력에 의해 보호된 우수한 해상 수송 덕분이었다.[49]

1942년 11월은 2차대전의 역사에서 분수령이었다. 연합군의 북아프리카 상륙, 과달카날 주변 해역에서 미국 해군이 거둔 승리는 두 전역에서 전세가 연합국에 유리하게 전개되기 시작한 명백한 증거였다. 특히 전함 기리시마함의 침몰은 상징적 사건이었다. 윌리스 리 중장의 레이더 지향 사격은 그동안 일본군이 수많은 훈련과 우수한 광학을 이용해 야간 해상 교

전에서 보여준 장점을 압도했다. 이는 또 새로운 기술을 습득하면 그동안 가장 영감을 주었던 용기라는 요소를 능가할 수 있음을 시사했다. 일본군은 미국의 회복력과 산업 생산성을 과소평가했을 뿐만 아니라 기술적으로 정교한 신무기를 개발하는 미국의 독창성을 이해하지 못했다.

17장

무역 전쟁 3

1942년 가을은 무역 전쟁에서 또 한 번의 전환점이었는데, 그 이유는 연합군이 이 시기에 잠수함 전쟁에서 우위를 차지했기 때문이다. 처음에는 그럴 가능성이 크지 않았다. 유보트는 10월에 연합군 선박 89척과 화물 58만 3690톤을 침몰시켰는데, 그중 15척은 SC-107 호송대에서 발생했다. 그리고 11월에는 총 126척의 선박과 8만여 톤의 화물을 침몰시켰다. 처칠 총리는 루스벨트 대통령에게 "이 모든 훌륭한 선박이 건조되어 값비싼 음식과 군수품을 가득 싣고 항해에 나섰는데, 매일 3~4척씩 침몰하는 것 때문에 저는 밤낮으로 괴롭습니다"라고 썼다.[1]

고통과 고뇌는 무역 전쟁의 피할 수 없는 부산물이었다. 12년 전인 1930년의 런던 회담에서 당시 미국 국무 장관이자 루스벨트 행정부의 전쟁부 장관이었던 헨리 스팀슨은 "잠수함 사용은 세계의 양심에 맞지 않는다"라고 발언한 바 있다. 그는 어떤 규칙으로 잠수함을 사용하든 간에 "잠수함을 사용하는 자들은 목적을 즉각적으로 달성하기 위해 잠수함을 가장 효과적인 방식으로 사용하려는 강한 유혹, 거부할 수 없는 유혹에 빠질 것"이라고 예측한 바 있다. 그가 지적한 것은 바로 비무장 상선을 무자비하게 파괴하는 것이었다. 그의 예측은 전쟁이 발발한 직후에 곧 입증되었고, 주기적으로 발생한 특정한 사건이 잠수함 전쟁의 특별한 위험성을 조명했다. 그런 사건 중 하나가 1942년 9월 중순에 일어났다.[2]

그달에 되니츠 제독은 희망봉 방면으로 대형 9형 유보트 몇 척을 파견해 중동을 오가는 영국 선박을 저지했다. 목적지로 가는 길에서 유보트 U-156의 함장 베르너 하르텐슈타인Werner Hartenstein 대위는 9월 12일에 시에라리온 남쪽에서 대형 정기선(1만 9650톤) 라코니아함Laconia을 정찰했다. 라코니아함은 과거 영국의 호화 여객선이었는데 중동 지역으로 병력을 실어나르는 군대 수송선으로 개조된 선박이었다. 하르텐슈타인 대위는 어두워지기를 기다리면서 몇 시간 동안 이 수송선을 추적하다가 저녁 8시가 막 넘었을 무렵 어뢰 2발을 발사했다. 2발 모두 목표물에 명중했다. 하르텐슈타인 대위는 파괴된 라코니아함 주위를 돌면서 이 배가 어뢰에 맞은 충격으로 기울어 구명보트를 띄우기가 어려워지자 수백 명의 병력과 승무원이 물속으로 뛰어드는 모습을 목격했다. 그들 중 일부는 이탈리아어로 도움을 청했다. 하르텐슈타인 대위는 이탈리아인 몇 명을 유보트에 태웠는데, 영국 수송선이 명목상 독일의 동맹국인 이탈리아 병력 1800명을 전쟁 포로로 잡아 이집트에서 영국으로 운반하고 있었다는 사실을 알고 소름이 끼쳤다. 그는 가능한 한 많은 이탈리아 병사들을 구출하기로 결심하고 케르네벨의 되니츠 제독에게 더 많은 유보트를 해당 좌표로 보내달라는 무선 전신을 보냈다. 되니츠 제독은 이 요청에 응했고, 수많은 생존자를 U-156과 다른 유보트가 구조했다. 하르텐슈타인 대위는 바다에서 400명 이상을 구했는데, 그들 대다수는 이탈리아인이었지만 여성과 아동을 비롯해 몇몇 영국인과 폴란드인도 있었다. 그는 최대한 많은 사람을 유보트에 태우고 나머지는 구명보트에도 태웠는데, 아이들이 끄는 장난감처럼 유보트에 긴 끈을 연결하여 구명보트를 끌었다. 그는 자신의 권한으로 생존자들을 구조할 의사를 밝히고 이들에게 도움을 주기 위해 도착한 연합군 선박은 공격하지 않겠다고 약속하는 영어 메시지를 발송했다.[3]

연합군은 이 메시지를 들었지만 이것을 함정이라고 의심했다. 그리고 하르텐슈타인 대위의 제안을 들은 베를린의 되니츠 제독 역시 이를 즉시 부인했다. 그는 다카르에서 구조선을 보낸 비시 프랑스(엄밀하게 말하면 당시에는 중립국이었다)에 도움을 요청했다. 그러나 비시 프랑스가 보낸 구조선이 도착하기 전에 어센션섬에서 출격한 미국군 폭격기가 바다 위에서 이동하는 U-156을 발견했다. 하르텐슈타인 대위는 잠수함 갑판 앞에 빨간 십자가가 새겨진 커다란 흰색 깃발을 설치했으나, 미국군 폭격기는 U-156을 공격했다. 폭탄 하나가 선미에서 끌려가는 구명보트 사이에 떨어져 탑승자 중 일부가 사망했고, 또다른 일부는 바닷속으로 떨어졌다. U-156은 약간의 손상을 입었지만 크게 파손되지는 않았다. 그뒤 하르텐슈타인 대위는 구명보트를 절단하고 구조 활동을 포기한 채 현장을 탈출했다. 이 과정에서 수천 명의 이탈리아인 포로, 그리고 600명의 승객과 승무원까지 사망했다.[4]

되니츠 제독은 이 같은 비극을 경험하면서 하르텐슈타인 대위가 생존자들을 구하기 위해 자신의 잠수함을 위험에 빠뜨린 행동이 어리석었다고 판단했다. 생존자를 무시하라는 기존의 명령에도 불구하고 유보트 함장들은 당연히 구명보트에 탄 사람들이 음식과 물을 가지고 있는지 확인하려 했고, 때때로 가장 가까운 육지로 가는 항로를 제공하기도 했다. 그리하여 되니츠 제독은 좀더 명확한 새로운 지침을 하달한다. 훗날 '라코니아 명령'으로 알려진 이 지시에서 그는 "침몰하는 선박에서 생존자를 구조하거나, 바다에서 그들을 구조하거나, 구명보트에 태우는 것 등을 포함한 모든 시도"를 중단하라고 지시했다. '음식과 물을 전달하는 것'도 금지되었다. 그는 "적이 독일 도시를 상대로 벌이는 폭격에서 여성들과 아이들을 전혀 고려하지 않는 점을 염두에 두고 (바다 위 생존자에게) 엄격하게 대하라"라고 명령했다.[5]*

하르텐슈타인 대위가 지휘한 U-156은 남아프리카 기지에 배정된 다른 유보트와 함께 임무를 계속 수행해 희망봉에서는 총 27척의 선박을 침몰시켰다. 되니츠 제독은 이러한 결과에 기뻐하고 이 업적을 '완전한 성공'으로 여겼다. 실제로 1942년 11월에 침몰한 80만 2160톤의 화물은 지금까지 독일군이 유보트 공격으로 달성한 기록 중 최고로, 앞에서 언급한 처칠이 루스벨트에게 쓴 혼란스러운 편지를 촉발한 계기였다. 그러나 되니츠 제독은 그달에 침몰한 126척의 연합군 선박 중 29척만이 핼리팩스가 아닌 뉴욕을 서부 종착역으로 삼은 핵심 HX 호송대와 SC 호송대에서 나온 것에 실망했다. 그는 무역 전쟁의 결정적 장소가 북대서양이라고 확신했고, 이 생명선을 끊기 위해서는 더 많은 유보트를 연합국의 무역에 최대의 영향을 미칠 수 있는 곳에 배치하는 등 자유로운 권한이 필요하다고 생각했다. 하지만 그는 이 문제를 해결하지 못하고 그저 기회를 잡으려 애쓰고 있었다. 그런데 아이러니하게도 호송대를 가로챈 해군의 공격

---

* 종전 후 뉘른베르크 전범 재판에서 1942년 9월 17일에 되니츠 제독이 발령한 명령이 핵심 안건으로 부각되었다. 법원은 그에게 '침략 전쟁을 벌인 죄'에 유죄 판결을 내렸으나, 전쟁 중 미국군 잠수함 함장도 침몰한 선박의 승객이나 선원의 구조를 거부했다는 니미츠 제독의 서면 증언을 들어 되니츠 제독에게 제기된 '반인도적 범죄'에는 무죄 판결이 내려졌다.

실패로 다시 유보트에 기회가 찾아왔다.[6]

━━━━━━

호송대 JW-51B가 그 대상이었다. 영국과 미국이 북아프리카에서 전세 역전을 위한 발판을 확보한 후, 연합국은 러시아로 가는 노르카프곶 호송대 운용을 재개했다. 1942년 7월에 호송대 PQ-17이 침몰한 이후 9월에 시도된 단 한 차례의 호송을 제외하면 사실상 러시아로 향하는 호송대는 중단되었다. 새 호송대는 아이슬란드가 아닌 스코틀랜드의 에베 호수에서 출발했는데, 이 호송대에 51번이 붙되, PQ에서 JW로 명칭이 변경되었다. 따라서 갱신된 호송대 중 첫 번째는 JW-51이었고, 12월에는 51A와 51B라는 표식이 붙은 두 그룹으로 나뉘어 항해했다. 16척의 선박으로 구성된 첫 번째 호송대에 대한 공격은 전혀 없어서 크리스마스에 안전하게 무르만스크 항구에 도착했다. 두 번째 그룹인 JW-51B는 구축함 6척과 소형 선박 5척, 영국 경순양함 2척(셰필드함과 자메이카함)이 호위하는 14척의 상선으로 구성되었다. 하지만 독일군은 이 호송대를 발견하자 공격하기 위해 바렌츠해에 수상 함대를 파견했다.

독일군 공격 부대는 중순양함 히퍼함, 포켓 전함 뤼초브함, 6척의 구축함으로 구성되었다. 베를린의 해군 총사령부는 이처럼 충분히 강력한 전투력을 갖춘 공격 부대를 편성해 투입하면 연합군 호송대를 완전히 파괴할 수 있을 것이라고 확신했다. 하지만 히퍼함이 구축함 어케이티스함 Achates과 기뢰 제거함 브램블함Bramble을 침몰시키는 데 그쳤고, 연합군 구축함들의 대담한 방어와 히퍼함의 엔진룸에 포탄을 명중시킨 영국 경순양함 2척의 반격으로 독일군은 전투를 중단하고 철수했다. 마침내 연합군 호송대에 포함된 14척의 상선은 모두 1월 6일에 무르만스크에 안전하게 도착했다. 이 소식이 베를린에 도착하자 히틀러는 격분했다. 하지만 레더 대제독이 지휘하는 규모가 크고 비용이 많이 소모되지만 실제 작전에서는 별로 쓸모가 없는 수상 함대의 굴욕적인 작전은 계속되었다.[7]

결국 해군 참모 총장 레더 대제독, 그리고 그의 전함과 순양함 등 수상 함대에 대한 히틀러의 불안감은 몇 달 사이에 한층 더 깊어졌다. 그리고 이 같은 히틀러의 의심은 괴링과 괴벨스에 의해 증폭되었다. 괴링은 대형 선박을 보호하기 위한 임무에 독일 공군이 지나치게 많이 투입되는데, 그가 볼 때 이러한 임무는 연료를 낭비하며 공군의 활동을 제약하는 요구 사항이었다. 게다가 그는 해군이 가끔 선전 부서를 거치지 않고 자체 언론 보도를 발표하는 것이 불만이었다. 이러한 비판 속에서 12월 31일에 노르카프곶 호송대를 상대로 벌인 독일 해군의 공격 실패가 결정적 단초가 되었으며, 이에 격노한 히틀러는 분을 참지 못하고 몹시 호통을 쳤다.[8]

히틀러의 격분을 직접 보고 들은 사람은 1940년에 장기간 지속된 상선 공격에서 아트미랄셰어함을 지휘했던 테오도어 크랑케 제독이었다. 그는 히퍼함과 뤼초브함이 호송대에 아무런 피해도 입히지 못한 채 불명예스럽게 철수했다는 소식이 당도한 그 시각에 근무한 해군 장교였기에 불운하게도 히틀러가 고함을 지르는 자리에 있었다. 히틀러의 사무실로 소환된 그는 히틀러가 독일 해군을 국가적 수치라고 소리 지르는 것을 차렷 자세로 묵묵히 들어야 했다. 히틀러는 해군을 완전히 폐기하고 함포를 해안에 배치할 것이며 해군 승무원을 모조리 잠수함에 투입할 것이라고 소리쳤다. 그런데 대담하게도 크랑케 제독은 히틀러가 말하는 대로 조치가 이루어지면 영국은 아무런 노력 없이 전쟁에서 가장 값진 승리를 성취하게 될 것이라는 의견을 제시했다. 하지만 히틀러는 흔들리지 않았다. 그는 새 명령을 내리기 위해 레더 대제독을 불렀지만, 레더는 총통이 며칠 지

나면 진정되기를 기대하며 병을 핑계로 소환에 응하지 않았다.[9]

하지만 시간이 지나도 히틀러의 화는 누그러지지 않았다. 5일 후, 베르히테스가덴 근처 사령부(이른바 '독수리 둥지')에서 히틀러는 크랑케 제독에게 소리쳤던 것과 동일한 내용을 레더 대제독에게 반복해서 지시했다. 레더 대제독은 그 지시가 자신에게 내리는 벌이라고 생각했다. 세계사와 해군 전략을 다룬 약 1시간짜리 강의에서 히틀러는 레더 대제독에게 해군이 다른 군대의 짐에 불과하다고 말했다. 그는 "지금까지 소형 함대가 대부분의 전투를 해왔다"라고 지적하며, "대형 함정들이 바다로 나갈 때마다 소형 군함들이 그들과 동행해야 한다. 지금까지는 대형 함정이 소형 함정을 보호하는 것이 아니라, 오히려 그 반대였다"라고 말했다. 레더 대제독은 독일 해군이 전투하는 방법을 완전히 잊어버렸다는 히틀러의 주장에 화가 났다. 작전에 투입된 함정들 대부분이 전투에 착수하지 못한 채 순순히 철수하기 일쑤였다는 주장이었다. 히틀러는 그런 대형 함정들은 유용성이 떨어지는데도 너무 오래 존속했다고 주장했다. 그는 또 기병과 마찬가지로 대형 함정이 더는 현대 전쟁에서 유의미하게 사용될 수 없다고 강조했다. 결론적으로, 히틀러는 대규모 함정을 전부 다 퇴역시킬 계획을 준비하고 함정이 보유한 함포를 어느 해안에 배치할지 구상하라고 레더 대제독에게 지시했다.[10]

이 지시에 레더 대제독은 즉시 사직서를 제출하며 맞섰다. 그는 과거에도 두 차례나 사직하겠다고 건의한 적이 있었는데, 그때마다 히틀러가 그를 설득했다. 하지만 이번에는 히틀러도 말리지 않았다. 66세의 레더 대제독은 자신의 후임자로 롤프 카를스Rolf Carls 제독이나 되니츠 제독이 적당하다고 추천했다. 카를스 제독은 레더 대제독과 마찬가지로 전함 출신이었기에 히틀러는 유보트 부대 사령관 되니츠 제독을 독일 해군의 새 수장으로 선택했다. 이렇게 해서 되니츠 제독은 자신이 오랫동안 주장했던 무역 전쟁을 전면적으로 실행할 수 있는 직책을 차지했다.[11]*

═══════

전쟁이 시작되었을 때 되니츠 제독은 유보트 300척으로 영국을 굴복시킬 수 있다고 주장했다. 이 수는 100척을 대서양에서 적극적으로 정찰 작전에 투입하는 것을 가정해서 나온 것이며, 나머지 200척은 훈련을 받거나 수리 및 보완 등 관리 중인 수에 해당한다. 1943년 1월, 되니츠 제독이 해군을 지휘했을 때 독일 해군이 보유한 유보트는 300척이었는데, 그중 많은 수가 1940년에 배치한 유보트들보다 기술적으로 뛰어난 최신형이었다. 또한 독일 기술자들이 어뢰 문제를 해결했고, FAT(지역 탐색 어뢰 Federapparat)를 개발했는데, 이것은 호송대가 예측할 수 없는 구불구불한 경로로 운행하도록 제조된 어뢰였다.

그런데 이 유보트 300척 중에 극히 소수만 대서양 항로에 투입되었고, 상당히 많은 수, 정확히 말하면 되니츠 제독이 보기에 너무 많은 수가 북극이나 지중해 또는 발트해에 배치되었다. 북대서양에 배치된 잠수함은 고작 50~60척에 불과했다. 게다가 1942년 내내 유보트 전체 전력에 큰 손실이 발생해 새로 투입된 많은 잠수함을 비교적 경험이 많지 않은 신임 장교, 그중에서도 20대의 젊은 장교가 지휘했다. 또 승무원 중에는 훈련을 거의 받지 않았거나 아예 훈련을 받지 않은 이들도 있었다. U-353의 함장 볼프강 뢰머Wolfgang Römer는 첫 임무에 투입된 승무원 중 80퍼센트가

---

* 되니츠 제독은 히틀러가 대형 함정을 전부 해체하라는 명령을 내리자 그를 설득해서 무마시켰고, 더는 대형 군함을 건조하지 않았다. 그 대신 새 함정 건조의 우선순위에서 유보트가 가장 중시되었다. 자세한 내용은 20장 참조.

10대의 초보자라고 한탄하기도 했다. 이들이 바로 되니츠 제독이 1943년 봄과 여름에 연합군 호송대와 최후의 결전을 시도한 시기의 독일군 잠수함 부대의 주축이었다.[12]

연합군 역시 결전을 준비했다. 3월 1일, 영어권 국가의 해군 제독들이 대서양 전투의 책임과 관할 영역을 결정하기 위해 워싱턴에서 회동했다. 그들은 미국이 서반구와 대서양 중부(노퍽에서 북아프리카까지) 호송대를 담당하고, 영국과 캐나다가 북대서양 호송대에 대한 주요 책임을 맡는 데 동의했다. 한편 연합국도 여러 기술적 진보를 이루었다. 모든 호위함에 장착된 수중 음파 탐지기인 아스딕의 성능이 향상되었고, 많은 호위함이 수면 접촉의 범위와 방위를 제공하는 원형 PPI 스코프가 장착된 신형 271형 레이더 세트를 보유했다. 이 장비를 보유한 호위함은 어둠 속에서도 유보트를 관측할 수 있었기에 이제 유보트가 기존처럼 야간에 수면에서 공격할 수 없었다.

또다른 연합군의 발명품은 '헤지호그Hedgehog'(고슴도치)라는 별명으로 불리는 것이었다. 그전에는 유보트를 폭뢰로 공격할 때 유보트 위를 통과하면서 선미 랙에서 회전하는 통 모양의 폭뢰를 투하했다. 헤지호그는 타원형 모양으로 배 앞쪽에 설치되어, 양쪽으로 약 30킬로그램짜리 폭뢰 24개를 발사하는 박격포였다. (포탄이 발사된 뒤 빈 박격포 선반의 뾰족한 모양에서 그런 별명이 유래했다.) 마지막으로 항공기 사용이 확대되어 무역 전쟁에서 방어 작전을 펼치기가 용이해졌다. 레이더를 장착한 카탈리나 정찰기, 영국의 선덜랜드 기종, 주로 아이슬란드에서 작전을 수행한 미국의 B-24 리버레이터 기종 등이 호송대에 정찰 결과를 제공했다. 여기에다 조만간 수많은 항공기가 수중에서 유보트의 프로펠러 소리를 추적할 수 있는 음향 유도 장치를 갖춘 새로운 공중 발사 어뢰를 보유할 예정이었다.[13]

미국 승무원들이 약 30킬로그램 나가는 폭뢰를 헤지호그 박격포에 장착하는 모습. 이 폭뢰는 접촉하면 폭발하는 무게 15킬로그램의 토펙스 탄두를 장착했는데, 한 번의 타격으로도 잠수함을 침몰시키기에 충분했다. 헤지호그 박격포 덕분에 호송대는 잠수함과 대치할 때 주도권을 잡을 수 있었다. (미국 해군 역사유산사령부)

악천후는 양측 모두의 작전에 큰 영향을 미치는 중요한 요소였는데, 호송대보다는 유보트에 미치는 영향이 더 컸다. 상선의 선원들은 북대서양을 가로질러 항해하며 공해상과 얼어붙은 물보라를 저주했겠지만, 그보다 규모가 훨씬 작은 유보트들은 파도가 높은 바다에 떠 있기 위해 사투를 벌여야 했다. 되니츠 제독은 1943년 1월에 자신의 전쟁 일기에 "많은 것들이 걷잡을 수 없이 분노하는 것 같다"라고 불평했고, 한 유보트 지휘관은 '산처럼 높은 바다'가 유보트를 '이리저리 요동치는 강철 조가비'로 만들었다고 썼다. 조종탑의 좁은 함교 난간에서 안전선을 벗어날 수 없는 장교들은 구름이 별을 가려 항해할 수가 없었고, 감시병들 역시 거대한 파도를 간신히 피해 주위를 관찰해야 했다. 훗날 되니츠 제독은 "이러한 조건에서 달성할 수 있는 것은 크지 않았다"라고 적었다.[14]

그리고 유보트가 거둔 승리의 결과 역시 기대 이하였다. 유보트는 1942년 12월에 호송대 ONS-154의 13척을 비롯해 연합군 선박 23척을 침몰시킨 뒤, 1월 내내 겨우 8척을 침몰시켰다. 한편 2월에는 성과가 향상되었는데, 선적 화물을 하역한 후 복귀하는 서부행(따라서 비어 있는 상태였다) 호송대 ON-166에 속한 선박 14척을 비롯해 35척을 침몰시켰다. 그러나 미국 해안 경비대 소속의 커터 범선 2척과 구축함 6척(캐나다 4척, 영국 1척, 폴란드 1척)으로 구성된 연합군 호위함이 유보트 3척을 침몰시켜서 그뒤로는 케르네벨에서 환호성을 들을 수 없었다. 이와 같은 손실 비율, 즉 화물선 4.6척당 유보트 1척은 지속 가능하지 않았다. 되니츠 제독은 승리를 보장하기 위해서는 그러한 손실 비율이 필요하다고 믿었다. 다시 말해 이는 매달 120척의 연합군 선박을 침몰시키는 동안 26척의 유보트를 잃는 것을 의미했다. 그런데 당시 독일군이 북대서양에서 보유한 유보트는 47척에 불과했다. 마침내 날씨가 누그러진 3월이 되어서야 유보트 공격은 성과를 발휘했는데, 대부분 유럽으로 향하는 호송대 HX-229를 상대로 거둔 성과였다.[15]

HX-229 호송대는 40척의 상선과 함께 3월 8일에 뉴욕에서 출항한 고속 호송대였다. 처음에는 현지 호위함이 동행했지만, 3월 14일부터는 구축함 4척과 코르벳함으로 구성된 대양 호위 함대가 임무를 수행했다. 독일군 암호 해독 조직 B-딘스트는 이 호송대의 진로와 속도 관련 신호를 가로챘고, 3월 15일에는 U-91의 하인츠 발케를링Heinz Walkerling 대위가 이들을 발견하고 케르네벨 본부에 좌표를 보고했다. 되니츠 제독은 이 호송대를 공격하기 위해 하나가 아닌 3개의 울팩 부대를 파견했다. 게다가 그들이 도착했을 때 HX-229는 3월 5일에 뉴욕을 떠난 60척의 느린 호송대 SC-122를 추월한 상태였다. 이에 따라 울팩 부대가 가까이 접근할 즈음 240여 킬로미터 이내에 총 14척의 호위함이 보호하는 연합군 상선 100척이 이동하고 있었다. 이처럼 많은 목표물을 섬멸하기 위해 되니츠 제독은 인근에서 활동하던 거의 모든 유보트를 그 두 호송대 쪽으로 보냈는데, 총 37척이었다.[16]

HX-229 호송대에 소속된 승무원들은 당시 바다 상황 때문에 어려운 항해를 하고 있었다. 선박들은 북동쪽으로 항해했는데, 선체를 쥐고 흔들어대는 파도 때문에 쉴 새 없이 곤두박질쳤다. 때때로 선박 위에서 파도가 부서지곤 했는데, 승무원들은 이 현상을 "지렸다pooped"라고 표현했다. 이때마다 배는 갑판을 따라 앞에서 밀려오는 엄청난 양의 바닷물에 잠기곤 했다. 그러던 중 3월 16일에 유보트의 공격이 시작되었다. 보름달 아래 자정이 막 지났을 무렵 한 하급 장교가 '평행하고 빠르게 움직이고 비스듬히 들어오는 번들거리는 두 줄기 빛'을 발견했다. 경보를 울릴 틈도 없이 그는 레일을 잡으며 무기력하게 지켜봤는데, "한순간에 잠수함의 상부 선체가 보이더니 곧이어 큰 충돌이 발생했다."[17]

일단 유보트의 공격이 시작되자 상선의 측면을 따라 주기적인 폭발이 밤새 계속되었다. 그리고 새벽까지 유보트는 7만 7500톤을 선적한 10척의 선박을 침몰시켰다. 그다음날 연합국은 아이슬란드에서 온 장거리 폭격기와 호송대에 합류할 추가 호위선을 파견했다. 3월 17일 내내 호송선들은 유보트로 의심되는 것에 폭뢰를 투하했고, 울팩 부대의 접근을 막기 위해 바다에 헤지호그 박격포를 쏘며 회피 기동을 시도했다. 유보트 2척은 호송대를 앞질러 질주해 물속에서 대기하고 있다가, 호송대가 접근하자 2척의 선박을 추가로 침몰시켰다. 아이슬란드에서 온 항공기들은 주간에 여러 가지 임무를 수행했지만, 되니츠 제독의 공격은 가차 없이 진행되었다. 그는 적 항공기를 무시한 채 "최고 속도로 추격하라"라고 명령했다. 그날의 대학살은 어두워진 후에 다시 시작되어 3일 밤낮 동안 계속 맹위를 떨쳤다. 3월 19일에 되니츠 제독이 이 작전의 중단을 승인했을 때 유보트 중에 파손된 것은 1척에 불과했으나, 연합국 측은 선박 22척이 파손되거나 침몰했고 적재된 14만 6500톤의 화물이 손상되었다. 이에 대해 되니츠 제독은 "지금까지 연합군 호송대를 상대로 기록한 것 가운데 가장 큰 성공"이라며 만족스러워했다.[18]

그달 내내 유보트들은 총 84척의 선박과 50만 톤 이상의 화물을 격침했다고 주장했다. 다른 전역에서 발생한 손실을 더하면, 연합국이 전 세계적으로 입은 피해는 63만 5000톤이나 되었다. 어떤 사람들은 독일군이 전략적 돌파구를 찾기 직전이라고 우려했다. 되니츠 제독은 HX-229와 SC-122에 대한 공격이 무역 전쟁에서 전환점이 되기를 희망했다. 하지만 이번 공격은 앞으로 일어날 일들의 전조가 아닌, 유보트 작전의 정점이었다. 그다음 두 달 동안 기상 조건이 크게 개선되었음에도 북대서양에서 유보트에 의해 침몰한 선박은 4월에 32척, 5월에는 6척으로 감소했다.[19]

여기에는 몇 가지 이유가 있었다. 271형 레이더와 헤지호그 박격포 외에도, 영국과 미국은 그해 봄에 호송대를 방어하기 위해 두 종류의 새로운 함정을 추가했다. 하나는 새로운 종류의 소형 보조 항공모함이었다. 처음에는 화물선 선체 위에 건조된 이 '소형 항공모함baby flattop'은 대서양을 횡단하는 동안 호송대에 공중 엄호를 제공했는데, 특히 기상이 좋은 경우에는 효과적으로 임무를 수행했다. 소형 항공모함에는 18~20대의 항공기가 탑재되었는데, 폭뢰를 운반하는 신형 미국제 어벤저 어뢰 항공기였

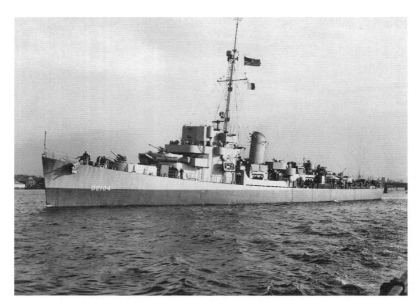

미국은 호위와 대잠수함 임무를 위해 여러 종류의 작고 날렵한 함정을 건조했는데, 그중 다수가 영국과 프랑스에서 복무했다. 사진 속 브리먼함(Breeman, DE-104)과 같은 호위 구축함은 영국 순양함보다 약간 더 큰 함정이었다. 열린 함교와 2개의 3인치 함포를 주목할 것. (미국 해군연구소)

다. 1942년 9월에 첫 소형 호위함인 보그함Bogue이 취역해 1943년 2월에 함대에 합류했고, 3월에는 HX-228에 포함되어 첫 호위 임무를 수행했다. 그뒤 다른 소형 항공모함들이 호위 임무에 합류했는데, 5월이 되자 보조 항공모함이 호송대 호위함의 일부로 정착했다. 이를 통해 호송대 방어의 역학 관계가 극적으로 변화했다. U-230의 함장 헤르베르트 베르너 Herbert Werner는 자신의 고전적 회고록 《철관Iron Coffins》에서 "자체 방공망을 갖춘 호송대를 보유하겠다는 발상이 유보트 전쟁의 기본 개념을 박살냈다"라고 평가했다.[20]

다른 새로운 호송대 방어함은 호위 구축함DE: destroyer escort으로 알려진 소형 구축함의 일종으로, 최초의 호위 구축함 베인턴함Bayntun은 1942년

6월 말에 진수되어 1943년 1월에 영국 해군에 양도되었다. 1360톤 규모의 이 호위 구축함들은 영국 코르벳함보다는 크고 미국의 대형 구축함보다는 작았다. 3인치 함포로 무장했기에 수상 작전에서는 무장이 부족했지만, 수중 음파 탐지기, 레이더, 폭뢰 선반, 헤지호그 박격포 등을 갖추고 있어서 대잠수함 임무에 최적화된 함정이었다. 미국은 이 작고 날렵한 함정을 500척 이상 건조해 그중 78척을 영국 해군에 양도했는데, 영국 해군은 이 함정을 '프리깃frigate' 함정이라고 불렀다. 이 함정들은 1943년부터 전쟁이 끝날 때까지 내내 호송대를 보호한 핵심 자산이었다.

이 두 종류의 새 함정들은 호송대 방어에 중요했으나, 3월 19일에 호송대 HX-299와 SC-122를 보호하기 위해 수행한 전투의 마지막 날에는 이들보다 더 결정적인 발전이 있었다. 바로 블레츨리 파크의 암호 분석가들이 해군의 에니그마 암호에 다시 접근할 수 있게 된 것이다. 1942년 2월에 독일군이 해군 에니그마 기계에 네 번째 바퀴를 추가한 이후 연합국은 되니츠 제독이 발신하는 메시지 내용을 해독할 수 없었다. 그러다 13개월 후에 영국 암호 분석가들이 다시 독일 해군 본부가 발송한 중요한 메시지들을 읽어낼 수 있게 된 것이다. 이를 통해 무역 조정실의 통제관들은 유보트의 위치를 파악한 뒤 호송대를 그들로부터 멀리 우회시켰다. 되니츠 제독은 호송대가 자신이 보낸 유보트를 피하려고 이리저리 움직인다는 것을 알아차렸다. 하지만 독일군 암호 해독 조직 B-딘스트가 그에게 에니그마 코드는 절대 깨지지 않는다고 확신에 찬 보고를 한 터라 되니츠 제독은 이를 굳게 믿었다. 그래서 그는 영국과 미국이 자신이 보낸 울팩 부대를 추적하기 위해 장거리 공중 레이더를 사용하고 있고, 그를 통해 연합군 호송대가 회피 기동을 할 만큼 정확하게 유보트 편대를 찾을 수 있는 것이라고 생각했다. 당시에는 아무도 실체를 몰랐지만, 실제로는 영국과 독일 모두 서로의 메시지 내용을 간파하고 있었으며, 이는 역사학자 클레이 블레어Clay Blair가 '해군의 거대한 체스 게임'이라고 부르는 상황으로 이어졌다. 되니츠 제독은 울팩 부대를 연합군 호송대 방향으로 보냈고, 영국군은 이들을 피해 호송대의 경로를 변경했다. 그리고 이 체스 게임에서는 연합국이 대체로 우세했다.[21]

=========

이러한 모든 요소는 5월 초에 발생한 호송대 전투에서 명확하게 입증되었다. 여기서 특히 주목할 것은 두 가지 요소였다. 첫째, 호송대 ONS-5의 사례인데, 이 호송대는 영국과 캐나다 해군 호위 함정 8척이 지키는 42척의 상선으로 구성되었다. 이 호송대는 7.5노트 속도로 지그재그로 추운 날씨 속에서 작은 빙산을 지나가면서 서쪽으로 느릿느릿 이동했다. 4월 28일, 유보트 U-650이 이 호송대를 발견하고 케르네벨에 보고했고, 되니츠 제독은 유보트 14척을 보냈다. 유보트 함장들은 10노트에 달하는 강풍 탓에 연합군 항공기가 이륙하지 못하리라 예측하고 작전의 성공을 예상했다. 유보트는 4월 28일에서 29일 야간 사이에 호송대 좌측과 우측에서 각각 2~3개 조로 공격했으나 연합군의 방어선을 뚫지 못했다. 이 과정에서 격추된 선박은 1척에 불과했다. 그후 이틀 동안 느린 속도로 이동하던 호송대는 유보트가 측면을 공격하는 동안에도 계속 서쪽으로 항해했다. 계속되는 악천후로 연합군 항공기들이 이륙하지 못했으나, 유보트들 역시 공격 위치를 잡기가 어려웠다. 그러나 이게 끝이 아니었다. 되니츠 제독은 다른 호송대를 요격하기 위해 다른 유보트 그룹을 서쪽으로 더 멀리 배치했는데, 그들이 5월 4일에 호송대 ONS-5와 마주친 것이다.

　그날 밤 이 호송대는 43척이 넘는 유보트로부터 공격을 받았는데, 2차대전을 통틀어서 가장 많은 유보트가 집중적으로 공격한 사례였다. 유보트 대수는 호송대에 포함된 함정 수보다도 많았는데, 그날 밤 6척의 선박을 침몰시켰다. 미국 유조선 사펠로호Sapelo의 한 승무원은 어뢰 2발이 불과 몇 미터 떨어진 곳에서 자신이 탄 배의 뱃머리를 스쳐 지나가는 것을 지켜봤다. 독일군 어뢰는 계속 전진하더니 뒤쪽 열에 있는 선박에 명중한 뒤 폭발했다. 몇 초 사이에 어뢰 2발을 연달아 맞은 샤펠로호는 순식간에 침몰했는데, 마치 "고독한 뗏목 하나가 더러운 물속에서 천천히 돌고 있는 것 같았다."[22]

되니츠 제독은 연합군 호송대가 뉴펀들랜드에서 출격하는 연합군 항공기의 엄호 방호막 안으로 들어가기 전에 호송대를 완전히 끝장내라고 유보트에 지시했다. 이에 따라 유보트들은 5월 5일 밤에 25차례나 개별 공격을 하는 등 최선을 다했지만, 시야가 거의 제로에 가까울 정도로 짙은 안개가 심각한 방해 요소였다. 연합군의 선박들은 레이더 덕분에 안개를 뚫고 유보트의 위치를 파악할 수 있었으나, 유보트들은 완전히 눈먼 상태였다. 게다가 이런 악천후 속에서도 레이더를 보유한 호위 함정들이 유보트들을 공격할 수 있었다. 구축함 비데트함Vidette은 U-125를 침몰시키기 위해 장착된 헤지호그 박격포를 사용했고, 오리비함Oribi이 U-531을 격침했다. 펠리컨함Pelican은 폭뢰로 U-438을 파괴했다. 결국 전황은 이런 식으로 전개되었다. 호위 사령관인 영국 해군 피터 그레턴Peter Gretton 대령은 임무 수행 후 작성한 보고서에서 다음과 같이 분석했다. "모든 함정이 공격적이었고 주도적으로 작전을 수행했다. 무엇을 해야 하는지 지시할 필요가 없었고, 간결하고 재치 있는 신호도 큰 역할을 했다." 아침까지 연합군 호위함들은 상선을 1척도 잃지 않고 6척의 유보트를 침몰시켰고, 다른 유보트 7척에는 심각한 피해를 입혔다. 이에 따라 되니츠 제독은 유보트 공격을 취소했다. 최종 집계 결과, 독일군은 유보트 7척을 잃고 (뉴펀들랜드에서 출격한 항공기가 1척을 파괴했다) 7척이 심각하게 손상되었는데, 파괴된 연합군의 상선은 13척에 불과했다. 느리고 방어력이 약한 호송대를 파괴하기 위해 40척 이상의 유보트를 투입했으나, 오히려 독일군이 더 큰 손실을 입은 전투였다.[23]

2주 후, 동쪽으로 향하는 SC-130에 대한 공격의 결과는 더욱더 결정적이었다. 되니츠 제독은 8척의 호위함이 지키는, 37척의 선박으로 구성된 느린 호송대를 향해 시도한 이 공격에 25척의 유보트를 투입했다. 그런데 5월 19일에서 20일까지 이틀 동안 시도된 반복적인 공격에도 연합군은 단 1척의 상선도 잃지 않았다. 오히려 유보트 3척을 침몰시키고 4척을 손상시켰다. 모든 승무원이 손을 잡은 채 침몰한 신형 유보트 U-954의 감시 장교는 해군 참모 총장의 아들 페터 되니츠Peter Dönitz로, 고작 19세였다.[24]

비통한 되니츠 제독은 SC-130에 대한 완벽한 공격 실패를 계기로 연합군의 북대서양 호송대가 완벽한 방어 수단을 갖추고 있기 때문에 자신이 운용하는 유보트 공격으로는 이제 전략적 성공을 거두기 어렵다는 것을 간파했다. 1943년 5월에 호송대를 상대로 벌인 전투를 종합했을 때 41척의 유보트와 그 승무원을 잃었고, "적의 방어력에 의한 압도적 우위"가 증명되었다고 되니츠 제독은 평가했다. 그는 유보트를 북대서양 대신 남쪽에 재배치하라고 지시했다. 그가 그러한 명령을 내릴 당시엔 언젠가 북대서양에서 공격을 재개할 생각이었지만, 몇 년 후에 다시 검토했을 때도 역시 "우리는 대서양 전투에서 패배했다"라고 결론지었다.[25]

당시에 되니츠 제독은 미처 몰랐으나, 북대서양에서 발생한 여러 사건과 전혀 관련 없는 상황 때문에 사실 오래전에 이 전투에서 패배했다. 호위부대 ONS-5와 SC-130을 지휘한 영국 해군 피터 그레턴 대령은 연합군이 유보트를 상대로 승리한 것은 '호위 함대가 보여준 기술과 용기'뿐만 아니라 정보, 기술, 공중 엄호와 같은 여러 요소 덕분이라고 밝혔다. 유보트 승무원의 '기술과 용기'도 뛰어났지만, 그의 평가는 명백한 사실이었다. 그러나 이러한 요소들 외에도 무역 전쟁의 승패를 결정한 가장 중요한 요소로 지목된 것이 있었다. 바로 선박 건조 능력이었다.[26]

되니츠 제독도 이 점을 인정했다. 1943년 4월에 그는 히틀러에게 "적이 건조할 수 있는 것보다 더 많은 선박을 침몰시키지 않으면 잠수함 전쟁은 실패할 것입니다"라고 보고했다. 1942년 가을에 연합국, 특히 미국은 유보트가 침몰시킬 수 있는 것보다 더 빠른 속도로 새 선박을 진수했기에 결국 선박 건조 능력이 무역 전쟁의 핵심임이 입증되었다. 사실 이것은 잔인한 계산이었다. 유럽으로 향하는 호송대의 재료와 물자의 충격적인 손실을 과소평가했을 뿐만 아니라, 작은 뗏목이나 구명보트를 타고 추운 북대서양을 떠도는 선원들이 구조될 때까지, 아니면 목마름과 굶주림으로 죽거나 적에게 발각되어 죽을 때까지 그들이 겪어야 하는 고통을 간과했으니 말이다. 그렇긴 하지만 어쨌든 추축국이 침몰시킬 수 있는 양보다 연합국이 더 빨리 선박을 만들 수 있는 한, 되니츠 제독은 결코 연합군의 보급 능력을 격파할 수 없었다.[27]

전쟁이 시작된 지 불과 5일 후인 1939년 9월 8일, 루스벨트 대통령은 확대된 조선 프로그램을 정당화하기 위해 '제한적 국가 비상사태'를 선포했다. 그리고 2년 후인 1941년 5월 27일에 '역사상 최대 규모의 무기 생산'을 시작하기 위해 '무제한 국가 비상사태'를 선포했다. 미국이 전쟁에 완전히 참전한 이후 루스벨트는 에머리 스콧 랜드Emory Scott Land 중장이 지휘하는 전시 선박 관리국War Shipping Administration을 창설해 그에게 선박 건조를 획기적으로 늘리라고 주문했고, 1942년에는 선박 500만 톤을, 1943년에는 700만 톤을 새로 건조하라고 지시했다. 이 계획은 매우 야심 찼다. 1943년 생산 목표는 매달 58만 3000톤의 선박을 새로 진수해야 하는 것으로 계산할 수 있는데, 전쟁 기간을 통틀어 유보트 작전으로는 고작 세 차례만 그렇게 많은 선박을 침몰시킨 적이 있었다. 몇몇 전문가들은 이와 같은 목표가 비현실적이며 터무니없다고까지 주장했으나, 루스벨트는 오히려 곧 기준을 더 높였다. 1942년 2월, 육군 참모 총장 조지 마셜 장군은 루스벨트 대통령에게 편지를 써서 선박 생산이 더 늘지 않는 한 궁극적으로 점령된 프랑스에 상륙하는 데 필요한 병력과 장비를 영국으로 운반하기는 불가능하다고 보고했다. 마셜 장군은 1개 보병 사단을 옮기는 데 14만 4000톤의 운송이 필요하며, 기갑 사단은 2배가 더 필요하다고 설명했다. 따라서 75만 병력을 영국에 파견하려면 당시 예정된 것보다 매달 18척의 선박이 더 필요하다고 주장했다. 이러한 보고에 자극받은 루스벨트는 랜드 중장에게 1942년에 900만 톤, 1943년에 1500만 톤의 선박을 진수하라고 지시했다. 1943년에 건조한 선박은 매달 125만 톤에 달했는데, 이는 유보트가 결코 감당할 수 없는 엄청난 양이었다. 훗날 영국의 한 역사학자가 언급했듯이, "미국의 선박 건조 프로그램은 대다수 사람들의 예상을 뛰어넘었다."[28]

　이토록 벅찬 선박 건조 목표를 달성하는 데 핵심적으로 기여한 것은 표준화였다. 전쟁 전에 선박 건조 과정은 높은 건물을 세우는 것과 유사했다. 다시 말해 건설사들이 각자 독특한 건물을 설계한 뒤에 저마다 건물을 건축하는 방식이었다. 하지만 이러한 관행은 1941년 5월 루스벨트가 발령한 '무제한 국가 비상사태' 선포와 더불어 막을 내렸다. 그후로 선박 제조는 국가의 모델로 표준화되어, 헨리 포드가 자동차를 대량 생산하는 방식으로 조립하기 시작했다. 예를 들면 선박 설계 청사진 하나로 수백 개의 선체를 생산했는데, 각 부품은 전국 각지 공장에서 대량 생산되어 철도를 통해 조선소로 운송되었고, 나사는 용접으로 대체했다. 전쟁에서 가장 유명한 수송선은 영국의 설계로 개발된 것인데, 길이가 130여 미터에 이르고 무게 1만 톤의 화물을 운반할 수 있으며 11노트의 속도로 항해할 수 있었다. 이 시기에 건조된 배들은 아름다운 선박은 아니어서 이들의 비공식적 명칭은 '미운 오리 새끼Ugly Duckling'였다. 나중에 그 이름을 '리버티선Liberty Ship'으로 바꾼 것은 홍보 때문이었다.[29]

랜드 중장은 루스벨트의 목표를 달성하기 위한 노력의 일환으로 수십 개의 새로운 조선소에 (정부의 지원을 받아) 대규모 투자를 하는 다수의 건설업자와 계약을 맺었다. 이 신규 조선소들은 대부분 여섯 군데 이상의 제작소를 보유했다. 신체 등급 4-F를 받아 군대에서 복무할 수 없는 남자들과 더불어 여자들까지 수만 명이 이 공장들에 새로 고용되었다. 조선업은 전통적으로 남성 중심의 문화가 지배하는 사업이어서 여성 노동자를 고용하는 데 약간의 저항이 있었다. 하지만 현실의 필요성은 사회적 혁명을 일으켰고, 조선소에서는 '용접공 웬디Wendy the Welder'가 '리벳공 로지Rosie the Riveter' 버전으로 발전하기도 했다. 1944년까지 전체 조선소 노동자 중 여성은 약 20퍼센트에 달했다.[30]

이처럼 인프라가 구축되자 선박 생산량이 크게 증가했다. 수많은 칸이 이어진 긴 열차가 조선소에 원자재를 수송해왔고, 강철부터 보관 창고에 적재되었다. 전시의 조선 프로그램 전문 역사학자 프레더릭 레인Frederic C. Lane은 후속 과정을 이렇게 설명했다. "강판은 먼저 보관 선반으로 옮겨진

볼티모어의 페어필드 베들레헴 조선소에서 리버티선이 건조되는 모습. 1942년 4월 19일에 브렛하르트함 (Bret Harte)의 용골이 놓였고, 40일 후인 5월 29일에 진수되었다. 이 함정은 전쟁에서 온전하게 살아남아 1963년에 퇴역했다. (미국 해군 역사유산사령부)

다음, 제조 공장으로 옮겨져 절단하고 구부러졌다. 이 제조 공장에서 무게 가 10~20톤 나가는 덩어리들을 함께 용접하는 조립 건물로 보내졌다. 그 런 후 그 덩어리들은 통로의 맨 앞쪽에 있는 스키드skid나 판판한 테이블 platen 위에 쌓이거나, 혹은 더 큰 덩어리로 용접되었다. 이 경우 무게가 약

45톤에 달했다. 그다음에 이것들을 선체 안 각각의 위치에 배치했다."[31]

이러한 조립 라인이 정립되자 새 선박의 생산이 더욱 빨라졌다. 1942년 1월에는 리버티선을 건조하는 과정이 용골 건조에서 진수까지 250일 걸렸으나, 12월에는 50일도 채 걸리지 않았다. 11월에 로버트피어리함Robert E. Peary은 고작 4일 15시간 29분 만에 진수되었는데, 이 배는 홍보용이었다. 수십 개의 조선소와 양측 해안에 자리잡은 수백 개 라인에서 노동자들은 24시간 3교대로 끊임없이 선박을 건조했다. 그 결과 전례 없는, 실제로 전에는 상상조차 할 수 없던 속도로 새로운 선박들이 쏟아져 나왔다. 1942년 12월, 되니츠 제독의 유보트가 연합군 선박을 40만 톤 조금 넘게 침몰시킨 그달에 미국 조선소들은 최초로 100만 톤 이상을 생산했다. 그 이후로도 거의 매달 100만 톤 이상의 선박이 생산되었고, 되니츠 제독이 유보트를 활용해 어떤 작전을 수행하든 간에 미국의 선박 생산 곡선(그래프 참조)을 앞지를 수는 없었다.[32]

동부 전선에서 소련군이 보인 회복력과 함께 미국의 산업 생산성은 2차대전에서 연합군이 승리를 거두는 데 가장 결정적인 요소였다. 그렇지만 미국의 산업 구조도 무한하지는 않았다. 항공기와 전차, 특히 승리를 확보하는 데 필요한 선박을 생산하는 데 필요한 원자재를 확보하기 위한 다양한 프로그램 사이에서 치열한 경쟁이 나타나는 현상은 불가피했다. 모든 종류의 선박에는 전기 모터, 용접봉, 발전기, 감속 기어, 베어링, 펌프, 특히 강판 등 동일한 부속품이 필요했다. 이렇게 중요한 구성 요소의 전부 또는 대부분이 새로운 운송 수단 건조에 투입된다는 것은 필연적으로 군함을 비롯해 건조 중이던 다른 유형의 선박 생산이 감소되는 것을 의미했다. 미국 해군 장관 프랭크 녹스는 이렇게 강조했다. "우리 호송대가 출항할 때 그들을 보호할 수 있는 호위함을 그달에 충분히 생산하

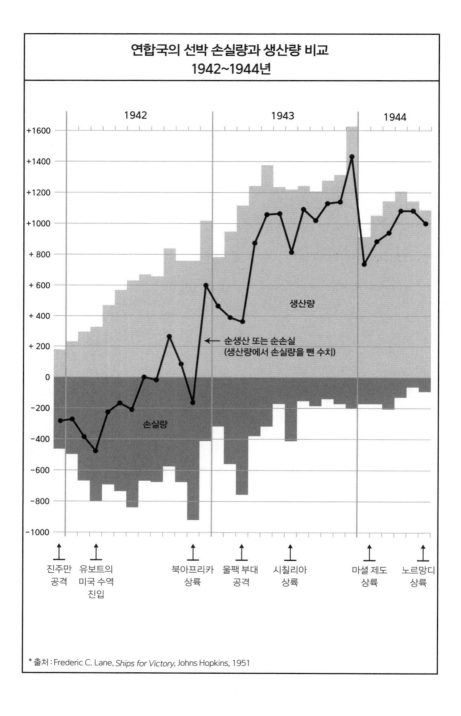

연합국의 선박 손실량과 생산량 비교
1942~1944년

1942   1943   1944

+1600
+1400
+1200
+1000
+ 800
+ 600
+ 400
+ 200
0
−200
−400
−600
−800
−1000

생산량

← 순생산 또는 순손실
(생산량에서 손실량을 뺀 수치)

손실량

진주만
공격

유보트의
미국 수역
진입

북아프리카
상륙

울팩 부대
공격

시칠리아
상륙

마셜 제도
상륙

노르망디
상륙

* 출처 : Frederic C. Lane, *Ships for Victory*, Johns Hopkins, 1951

지 않으면, 한 달에 화물선을 100척 생산하더라도 실제로는 아무런 도움이 되지 않는다." 처칠은 루스벨트에게 '최대 규모의 호위 함정 건조'를 촉구하는 편지를 보내 녹스 장관의 발언에 동의했다. 선박 손실을 분석해보니, 9척의 호위함을 보유한 호송대가 6척의 호위함을 보유한 호송대에 비해 25퍼센트가량 손실이 감소했다. 달리 말하면 호위함 1척이 추가로 건조될 때마다 파괴될 상선 2척을 구원한 셈이다. 이에 대해 킹 제독은 "구한 선박 1척은 침몰한 선박 2척의 가치가 있다"라고 분석했다. 전쟁 기간 내내 어떤 선박에 어떤 종류의 화물을 먼저 투입해야 하는지에 대한 논쟁이 계속되었지만, 미국의 선박 건조 과정에서는 명확하게 호위함이 화물선보다 우선순위에 놓였다.[33]

이와 같은 견해차에도 불구하고 수송선, 호위함, 항공모함, 순양함, 상륙함, 상륙정 등 모든 종류의 선박을 생산할 수 있는 미국의 선박 건조 능력은 무역 전쟁, 그리고 전쟁 준비에서 결정적 요소로 작용했다.

———

태평양에서는 또다른 무역 전쟁이 벌어졌다. 1943년 봄, 대서양에서 유보트의 성공률이 떨어지고 미국 조선업의 발전이 가속화하면서 일본 무역에 대한 미국의 잠수함 전쟁도 새로운 국면에 접어들었다. 미국은 전쟁 첫날 무제한 잠수함전을 시작했지만, 초기 결과는 실망스러웠다. 태평양 전역은 광활한 지역에서 펼쳐졌기에 미국 잠수함은 독일 잠수함보다 훨씬 넓은 범위에서 작전을 수행했으며, 더 나은 해상 유지 능력을 보유했다. 하지만 문제는 미국이 보유한 잠수함 수가 상대적으로 적다는 것이었다. 고작 55척의 대형 잠수함과 1920년대에 건조된 18척의 구형 및 소형 S급 잠수함은 유럽에서 전쟁이 시작된 1939년에 독일이 보유한 대수와 비슷했다.* 상대적으로 잠수함 수가 적었을 뿐만 아니라, 미국 해군이 보유한 어뢰 개수도 크게 부족했다. 미국은 개전 첫 주에 필리핀 마닐라 인근 카비테 해군 조선소에서 서둘러 대피할 때 230척 이상의 잠수함을 포기해야 했고, 미국 내에 비축한 잠수함도 많지 않았다. 게다가 미국에서 태평양으로 잠수함을 보내는 것 역시 국가에 과중한 운송 부담을 더했다. 이와 더불어 워싱턴에서 어뢰를 보존하라는 지시를 하달했다. 이에 잠수함 함장은 자신이 보유한 3~4발의 어뢰를 넓은 방향으로 발사하지 말고 한 번에 하나씩 개별적으로 발사하라는 지침을 받았으나, 함장들은 대부분 이 지시를 무시했다.[34]

더 중요한 문제는 미국이 보유한 어뢰가 종종 폭발하지 않는 결함이 있었다는 것이다. 잠수함에서 근무하다 퇴역한 한 군인은 이렇게 지적했다. "한 가지 문제가 있었다. 어뢰가 작동하지 않았다." 1940년의 독일 어뢰처럼, 미국군이 사용한 마크 14형 어뢰는 표시된 설정보다 3.3미터 더 깊이 목표물의 선체 아래를 통과했으나, 자석 방아쇠가 폭발을 일으킬 정도로 선체에 충분히 가까워지지 않았다. 더 심각한 상황은 몇몇 어뢰가 예측할 수 없는 쪽으로 방향을 바꾸거나, 심지어 부메랑처럼 원을 그리며 어뢰를 발사한 잠수함을 향해 되돌아가는 등 불규칙한 경로로 이동하는 것이었다. 잠수함 승무원들은 순항지까지 5000여 킬로미터를 이동해 목표물을 발견하고 조심스럽게 추적하여 사격하기 위한 자세를 잡았다. 하지만 그들은 어뢰가 조기에 폭발해 목표물 아래를 통과하거나, 목표에 명중하

---

* 미국의 S-보트는 규모와 구성 면에서 독일 7형 유보트와 유사했고, 명칭 역시 S-37, S-38 등 숫자에 의해서만 구별 가능했다. 반면 더 큰 함대 선박들은 저마다 개별 이름을 가지고 있었는데, 대부분 해양 요소(예컨대 사수어Archerfish, 바다사자Sealion, 날개다랑어Albacore 등)를 반영해서 명명했다. S-보트는 크기는 작아도 전쟁에서 중요한 역할을 했다. 1942년 8월 8일에는 S-44가 사보섬 전투에서 복귀한 일본 순양함 가코함(加古)을 침몰시켰다.

더라도 적에게 아무런 피해를 입히지 못한 채 튕겨나가는 광경을 지켜보곤 했다. 게다가 어뢰가 적 함정의 선체에 박혀 꼼짝하지 않는 경우도 있었다. 폭발하지 않은 미국군 어뢰를 선체에서 옮겨 싣고 항구로 들어오는 일본군 선박이 있을 정도였다.[35]

최악의 상황은 빈번한 어뢰 고장으로 적으로부터 무자비한 반격을 받는 경우였다. 1942년 8월 14일, 찰스 '위어리' 윌킨스Charles 'Weary' Wilkins 중령이 지휘하는 나르왈함Narwhal은 혼슈 앞바다를 정찰하던 중 어뢰를 발사했는데, 잠수함을 떠난 지 12초 만에 폭발했다. 이 폭발은 일본 호위함에 경각심을 불러일으켜 몇 척이 즉시 미국 잠수함에 반격을 가했다. 게다가 항공기의 도움을 받은 일본 호위함들이 나르왈함에 총 124개의 폭뢰를 투하했는데, 나르왈함의 한 승무원이 '난동'을 부려 그를 제압해야 할 정도로 불안한 상황이었다. 다행히 나르왈함은 적의 공격으로부터 살아남았지만, 기지로 복귀한 윌킨스 중령은 어뢰 결함에 강한 불만을 제기했다. 다른 잠수함 함장들의 불만도 이미 여러 차례 제기된 상황이었다. 그런데 무기국Bureau of Ordnance 소속 기술자들은 잠수함 함장들의 이 같은 주장을 무시하지는 않더라도 회의적이었고, 모든 어뢰의 실패를 사격 미숙 탓으로 돌렸다. 그러자 잔뜩 화가 난 잠수함 승무원들은 기술자들의 태도가 '정당한 책임이 자신들에게 있다는 것을 증명할 때까지 어뢰 결함에 대해 불평하지 말라'는 것이라고 비판했다. 이와 같은 관료적 저항을 극복하고 어뢰에 내재된 기술적 문제를 파악해 해결하기까지는 1년여가 소요되었다.[36]

실망스러운 결과에 기여한 또다른 요소는 일본군 함정들의 미국 잠수함을 향한 집중 공격이었다. 1939년에 공포된 미국의 공식 잠수함 교리는 "잠수함의 주요 임무는 전투함, 전투순양함 또는 항공모함 등 적의 대형 함정을 공격하는 것"이었다. 되니츠 제독이 이러한 지시를 어떻게 생각했을지 궁금하지 않을 수 없다. 그는 섬나라 영국에 대항해서 잠수함 전쟁을 수행하는 것은 곧 그들의 화물선, 특히 유조선을 목표로 하는 것을 의미했다. 그리고 이러한 생각은 태평양에서도 고스란히 적용되었다. 애초에 일본이 전쟁을 시작한 명분 중 하나는 석유를 확보해야 한다는 것이었기 때문이다. 그런데 개전 이후 몇 달 동안 미국 잠수함들은 수많은 상선이나 유조선이 아니라 대형 군함을 뒤쫓았다. 게다가 미국군은 되니츠 제독이 부차적이고 경박한 임무라고 평가했을 상륙, 습격대 탑승, 물자 수송 등의 작전에 그렇잖아도 부족한 잠수함을 투입하기도 했다. 결국 이 같은 우선순위는 곧 변경되었지만, 태평양 전쟁의 첫해에 미국 해군은 잠수함 부대를 제대로 활용하지 못해 그 효과가 크지 않았다.[37]

태평양에서는 대서양 전투에서와 유사한 규모의 호송대를 둘러싼 대규모 전투는 없었다. 가장 큰 이유는 일본의 상선들은 대규모 호위함의 보호를 받지 않은 채 운항했기 때문이다. 일본 해군 함정의 호위가 집중된 선박은 병력 수송선이었으며, 일본 상선은 대체로 단독으로, 또는 종종 구축함 1척이 2~3척의 상선을 호위하면서 운항하는 경우가 많았다. 유조선의 경우에는 2~3척의 호위함이 동행하기도 했다. 미국 잠수함 역시 독자적으로 활동했기 때문에 잠수함으로 구성된 이른바 울팩 부대는 존재하지 않았다. 잠수함을 지휘했던 한 미국군 함장은 이렇게 회상했다. "모든 잠수함에 지리적 영역이 할당되었는데, 그 안에 들어온 선박은 무엇이든 침몰시킬 수 있었다." 전쟁 후반에 잠수함이 더 늘어나자 독일군을 의도적으로 모방해서 2~3척으로 구성된 울팩 부대를 만들어 협력하기도 했다. 하지만 1942~1943년에는 대다수 잠수함이 독자적으로 활동했다.[38]

이론적으로, 수많은 미국군 잠수함에서 복무한 장교와 승무원들은 보통 해군 지원자였지만, 이들 중 다수는 잠수함이 아닌 수상 해군에 지원한 이들이었다. 계급이 낮은 한 병사는 전쟁 초기에 잠수함 기초 훈련에 입소했을 때 이런 일을 겪었다. "우리는 어뢰 학교에 가고 싶냐는 질문을 받았다. 하지만 아무도 지원하지 않았다. 그 관계자는 아무도 잠수함 부대에 지원하지 않는 것이 안타깝다고 말했다. 그러더니 내게 '귀관은 내일 아침 6시에 워싱턴주 키포트로 이동해야 하니 해군 배낭과 더플백을 챙기게'라고 말했다." 한편 시간이 지날수록 잠수함 복무를 위한 기준이 엄격하게 적용되었다. 한 번 탑승한 후 60일 동안 잠수함에서 생활하는 것은 육체적으로 힘들 뿐만 아니라 승무원의 역동성에 부담을 주었다. 커틀피시함Cuttlefish의 데이비드 벨David B. Bell 함장은 이렇게 회상했다. "공간이 넓지 않았다. 마치 스위스 시계 안에서 사는 것 같았다." 오랜 기간 밀집 구역을 정찰하는 경우, 잠수함 승무원은 모나지 않은 성격이어야 하며 쉽게 공황에 빠지지 않아야 했다. 한 승무원은 손가락으로 테이블을 두드리는 등 '긴장한 기색을 보이면' 자동으로 탈락하니 '매우 침착해야 했다'라고 보고했다.[39]

미국 잠수함은 순찰할 때면 작은 조종탑을 앞뒤로 주시하면서 수면 위에서 기동했다. 바슈롬Bausch and Lomb 쌍안경을 가진 정찰병들은 끊임없이 수평선을 관찰했다. 잠수함이 잠수해야 할 경우를 대비해 신속하게 안으로 돌아갈 수 있도록 안전선을 확보하는 데 실패하는 경우도 있었다. 출렁이는 해상 4~5미터 위에 설치된 조종탑은 위험했다. 적의 영토에서 작전을 수행할 때, 특히 적의 기지에서 800여 킬로미터 이내에서 활동할 때, 잠수함은 일반적으로 (유보트가 해터러스곶 앞바다에서 그랬던 것처럼) 낮에는 물속에 잠겨 있었고 밤에는 무기를 장전하고 공격 대상을 찾기 위해 수면 위로 올라왔다. 물에 잠긴 지 20시간이나 되는 긴 시간 동안, 잠수함은 누군가 "디젤 연료, 담배 연기, 음식 냄새, 페인트, 그리고 인간의 향기가 결합된 독특한 잠수함 냄새"라고 말한 냄새를 풍겼다. 날이 어두워진 후 마침내 보트가 수면 위로 올라오면 승무원들은 "휴, 공기가 어쩜 이렇게 달콤하고 신선한가!" 하고 외치곤 했다. 잠수함 승무원들은 대체로 저녁 식사 시간에 신선한 공기를 마시곤 했다. 어떤 승무원은 "잠수함이 밤중에 수면 위로 올라오면 우리는 큰 냄비에 오트밀 같은 음식을 담아 와서 먹곤 했다"라고 회상했다. "왜냐하면 우리는 배터리를 아껴야 했기 때문이다. 아침에 잠수함이 잠수할 때는 최대한 많이 먹었는데, 하루 중 가장 배불리 먹는 식사였다."[40]

승무원의 근무 조건은 간단했다. 두발에는 거의 신경쓰지 않았고 샤워도 하지 않았다. 샤워기가 있는 신형 잠수함에서도 깨끗한 물을 절약하기 위해 작전 기간에 샤워기는 봉인되곤 했다. 승무원들은 약 10리터짜리 양동이에 들어갈 수 있는 경우에만 목욕이 가능했다. 구어로 '선반'이라고 불린 침상은 어뢰 사이에 배치되거나, 약 20센티미터의 공간을 사이에 두고 격벽을 따라 6층 높이로 쌓아 올려졌다. 맨 위쪽 침대가 가장 좋았다. 고참 병사가 전역하면 신병이 보충되는데, 이때마다 고참들이 저마다 한 칸씩 위쪽 침대로 올라갔고, 신병은 맨 아래쪽 침대에 배치되었다. 승무원 수보다 침대 수가 적었기 때문에 장교를 제외한 모든 병사가 다른 사람과 침대를 공유했다. 감시탑에서 임무를 마치고 복귀하는 병사들은 감시 임무를 위해 방금 일어난 병사의 침대를 차지했다. 병사들은 잠자리에 들 때 보통 하루종일 입었던 옷을 그대로 입고 잠자리에 들곤 했다. 어떤 승무원은 "벗을 것은 신발뿐이었다"라고 회상했다. 크기가 작은 S-보트에는 식탁조차 없었다. 병사들은 음식을 받은 후 구석에 앉아서 식사를 했다. 유보트에서와 마찬가지로 군사 의전은 대부분 변형된 형태로 유지되었다. 장교들은 군용 반바지와 티셔츠를 입은 승무원들과 함께 생활했다. 어떤 고참 병사는 이런 말을 했다. "잠수함에 탑승한 장교들은 군사적 형식에 얽매인 사람들은 아니었다. 우리는 항상 경례를 해야 했지만 장교는 답례하지 않아도 아무런 처벌을 받지 않았다."[41]

대서양에서 활동한 유보트와 마찬가지로 미국 잠수함은 침몰한 배에서 생존자를 구조하거나, 그들에게 필수품을 제공하기 위해 별도의 노력을 기울이지 않았다. 어느 잠수함 함장은 훗날 "그저 그들에게 미안함을 느꼈으며, 그것이 우리가 할 수 있는 전부였다"라고 회상했다. 그리고 일본인에게 뿌리 깊은 인종적 적대감을 품고 있었음에도 그들은 매번 물속에서 일본군 생존자를 죽이려 하지는 않았다. 예외가 있긴 했지만 말이다. 이와 관련된 가장 악명 높은 사건이 1943년 1월에 발생했다.[42]

1월 26일, 잠수함 와후함Wahoo을 지휘한 지 불과 10일 만에 더들리 '머시' 모턴Dudley 'Mush' Morton 중령은 대담하게 뉴기니 북쪽 해안의 웨와크 항구에 잠입해 일본군 구축함을 격침시켰다. 침몰한 구축함을 향해 정면으로 돌진하며 발사한 어뢰가 명중했다. 그뒤 모턴 중령은 성공적으로 와후함을 웨와크에서 탈출시켰는데, 이튿날 4척의 일본 호송선과 마주쳤다. 그는 이 함정들을 모두 침몰시켰는데, 그중 1척은 일본군 병력으로 가득 찬 병력 수송선 부요마루함武洋이었다. 모턴 중령은 즉시 현장을 벗어났다가, 20여 척의 구명정에 가득 들어찬 생존자들을 발견하고서 복귀했다. 그는 "전투 준비, 적에게 사격 준비"라고 암울하게 명령했다. 이때 작전 장교 리처드 오케인Richard H. O'Kane은 모턴 중령을 의심스러운 눈으로 쳐다보며 이해할 수 없다는 표정을 지었다. 그러자 모턴 중령은 이렇게 설명했다. "작전 장교, 육군은 전략 지역을 폭격하고 공군은 지역 폭격을 실시하는데 … 두 경우 모두 민간인 사상자가 발생한다. 이제 다른 사상자 없이, 나는 이들이 해안에 상륙하지 못하도록 하겠다. 만약 해안에 상륙하는 일본인이 있다면 이들이 미국인의 삶에 영향을 미칠 수 있기 때문이다." 모턴 중령은 잠수함에 장착된 4인치 함포병에게 가장 큰 구명정을 향해 발포하라고 명령했고, 그곳에서 반격이 시작되자 즉시 전면 사격을 명령했다. 작전 장교 오케인의 말에 따르면 와후함에 있던 기관총이 '거리를 청소하는 소방 호스처럼' 그 지역을 거의 1시간 동안 휩쓸었다. 모든 구명정이 산산조각 난 후에야 모턴 중령은 사격을 중지시켰다. 그가 몰랐던 것은 600명의 일본군 외에도 부요마루함에는 500명의 영국인과 인도인 포로가 타고 있었는데, 그중 195명도 함께 사망했다는 사실이다. 그러나 모턴 중령과 와후함은 비난이 아니라 니미츠 제독으로부터 '잘했다'라는 칭찬을 들었고, 성공적인 정찰 작전이었다면서 핼시 제독에게서 '축하'를 받았다. 모턴 중령은 용감한 행동으로 해군 십자 훈장을 받았고, 와후함에는 '수송선 1척과 탑승 인원을 파괴한 공적'으로 대통령 부대 표창이 수여되었다.[43]*

　　미국 잠수함은 어뢰를 모두 소모하는 데는 대략 40~60일이 걸렸는데, 그러고 나면 기지로 복귀해 정찰 결과를 보고했다. 전쟁 초기에는 보고할 내용이 없는 경우가 많았다. 어떤 잠수함은 적의 선박 1~2척을 파괴했다고 주장했는데, 작은 화물선의 경우 평균 4000톤 정도 되었다. 이때도 후

---

* 당시에 공식적으로 많은 찬사를 받았으나, 물속의 생존자에게 기관총을 쏘기로 한 모턴 중령의 결정은 해군 내부에서 논쟁거리였다. 그리고 이 결정은 그의 명예 훈장 수훈에 차질을 줄 가능성이 컸다. 종전 후, 유보트 함장 하인츠빌헬름 에크(Heinz-Wilhelm Eck) 대위는 공격 장소를 위장하기 위해 침몰한 배에서 뗏목과 구명보트를 파괴한 혐의로 재판에 넘겨졌고, 유죄 판결을 받아 처형되었다. 하지만 1943년 10월 한국의 동해에서 와후함이 침몰할 당시 모턴 중령이 사망했기 때문에 그에 대한 전후 조사는 이루어지지 않았다.

1943년 2월에 더들리 모턴 중령(오른쪽)이 작전 장교 리처드 오케인 중위와 함께 잠수함 와후함의 조종탑에서 찍은 사진. (미국 국립문서보관소 no. 80-G-35725)

속 조사를 통해 잠수함들의 전과 보고와 추정치가 과장되었음이 드러났다. 몇몇 함장은 성공적으로 정찰했지만, 와후함의 모턴 중령처럼, 트라우트함Trout의 프랭크 펜노Frank W. Fenno, 트리턴함Triton의 찰스 커크패트릭Charles C. Kirkpatrick 등 1942년에 잠수함 함장들이 거둔 실적은 전반적으로 실망스러웠다. 1942년 상반기 6개월 동안에는 56척의 선박을 침몰시켰는데, 이중 대다수는 소규모 소해함선掃海艦船이었고 총 배수량은 21만 6150톤이었다. 평균적으로 한 달에 고작 3만 6000톤을 침몰시킨 셈이었다. 이 수치는 되니츠의 유보트가 대서양에서 거둔 실적의 10분의 1 수준이었다. 그뒤 미국 잠수함의 실적은 장교와 승무원의 경험이 쌓이면서 1942년 하반기에는 다소 개선되었다. 1942년 7월에서 12월까지는 선박 105척, 배수량 39만 7700톤(매달 6만 6000톤)을 침몰시켰는데, 1942년 10월에 진주만을 떠난 10척의 함대 잠수함 중 8척은 단 한 척도 침몰시키지 못하고 돌아왔다. 일본이 새로 건조한 선박까지 감안하면, 1년 동안 일본이 입은 선박의 순손실은 8만 9000톤에 불과했다. 역사학자 클레이 블레어가 언급했듯이, 이 수치는 "무의미할 정도로 경미했다."[44]

그러나 1943년 초에 일본을 상대로 한 미국의 무역 전쟁은 새로운 분기점에 도달했다. 그중 하나는 찰스 록우드Charles Lockwood 중장이 남태평양 잠수함 사령관COMSUBPAC에 부임한 것이었다. 처음에 태평양에서 활동하던 미국 잠수함들은 로버트 잉글리시Robert H. English 소장의 지휘를 받았는데, 1943년 1월에 그가 비행기 추락 사고로 사망하자 록우드 중장이 후임이 된 것이다. '엉클 찰리'라고 불리며 많은 인기를 누리던 록우드 중장은 어뢰 성능에 관해 잠수함 승무원들이 표출한 불만을 심각하게 받아들였다. (그는 전쟁 후에 발간한 회고록 첫 장에 '빌어먹을 어뢰Damn the Torpedoes'라는 제목을 붙였다.) 록우드 중장은 새 어뢰를 시험 감독했는데, 이 결과를 눈여겨본 한 잠수함 함장은 '워싱턴의 책상에 앉은 나리님들'이 내린 결론이라고 비꼬았다. 당시까지도 기술 전문가의 반발이 있었지만, 결국 니미츠 제독(그는 과거 잠수함에서 근무했다)은 잠수함에 자기 근접 퓨즈를 비활성화하고 접촉 트리거에만 의존하라고 지시했다.[45]

그런데 접촉 퓨즈 역시 문제가 있었다. 마크 14형 어뢰가 측면을 향해 돌진할 때 그 충격이 종종 발사 핀을 으스러뜨려 탄두가 폭발하지 않는 문제로 이어졌다. 1943년 7월, 티노사함Tinosa에 타고 있던 댄 대스피트Dan Daspit 중령은 어뢰로 열한 차례나 일본 포경선을 타격했으나 단 한 발도 폭발하지 않았다. 록우드 중장은 나중에 대스피트 중령이 진주만으로 복귀했을 때 "그는 너무 화가 나서 거의 말문이 막혀 있었다"라고 회상했다. 록우드 중장은 더 많은 시험을 하라고 지시했고, 45도 미만의 각도에서 목표물에 명중했을 때 발사 핀이 가장 잘 작동한다는 사실을 알아냈다. 새로운 발사 핀이 설계되고 설치될 때까지, 그는 잠수함 함장들에게 목표물에 예각으로 어뢰를 발사하라고 조언했다.[46]

1943년에 잠수함 성능을 향상시킨 또다른 계기는 더 많은 새로운 잠수함의 합류였다. 1943년 2월에는 고작 47척만 정찰 활동에 투입되었으나, 3개월 후인 5월에는 총 107척으로 늘었다. 그중 상당수는 독일의 소형 잠수함과 달리 냉방 시설과 냉장고를 갖춘 신형 가토급 잠수함으로, 80명의 승무원에게 장기간 정찰 작전에 다양한 편의를 제공했다. 이러한 개선의 결과는 즉시, 그리고 명확하게 드러났다. 1943년 4월에 24척의 잠수함이 출항해 26척의 일본 선박과 12만 1800톤의 화물을 침몰시켰다.[47]

━━━━━

이처럼 미국 잠수함 부대의 활동이 늘어난 것은 대서양에서 유보트의 효율성이 감소된 시기와 겹쳤다. 1943년 4월과 5월, 되니츠 제독은 전 세계에서 통상 58척의 유보트를 잃었고, 그중 53척은 대서양에서 실종되었다. 이처럼 독일은 많은 수의 유보트를 손실했고, 연합군 호송대에 대한 공격도 점차 감소했다. 결국 되니츠 제독은 "두 해상 강대국을 상대로 한 승리는 달성될 수 없다"라고 인정했고, 심지어 유보트 전쟁을 완전히 포기하는 것까지 고려했다. 그는 나중에 "모든 지역에서 유보트를 철수시키고 유보트 전쟁을 그만둘지, 아니면 적절히 수정된 형태로 계속할지 결정해야 했다"라고 회고했다. 하지만 아무리 절망적이더라도 작전을 계속하는 것 말고는 대안이 없다고 판단했다. 그는 지난 5월 ONS-5와 SC-130에 대한 공격에서 실패했을 때 히틀러에게 "유보트 전쟁은 목표를 달성할 수 없더라도 계속되어야 합니다"라고 주장하며, "유보트가 흡수하는 적군의 전력이 엄청나게 크기 때문"이라고 보고했다. 이에 대해 히틀러는 "당연히 유보트 전쟁을 포기해서는 안 된다"라고 동의했다. "유보트 전쟁이 유럽 해안에서 독일을 방어하는 것보다는 낫다"라는 것이 그 이유였다. 하지만 이는 완전히 잘못된 계산이었다. 젊고 대부분 경험이 부족한 유보트 승무원들은 계속해서 바다로 출격했고 그중 많은 이가 돌아올 수 없었으며, 수송선은 계속해서 목표물이 되고 침몰했다. 수송선들이 전쟁의 결과나 그 궤적에 영향을 미칠 수 있어서가 아니라, 수송대에 연합국의 선박, 함정, 항공기를 계속 묶어두어야 했기 때문이다. 미국의 활주로와 공장에서 새로 건조된 선박과 항공기가 쏟아져 나온 것을 감안할 때 어떤 경우에도 전략적 변화는 기대하기 어려웠다.[48]

1943년 봄, 연합국의 무역에 대한 되니츠 제독의 전쟁이 서서히 지속적으로 효과가 감소하던 시기, 반대로 일본 무역에 대한 미국의 전쟁 효과는 계속 증가하기 시작했다. 미국의 잠수함 작전은 아직 최고조에 이르지 않았으나 조만간 절정에 도달하게 되며, 결국 쓰나미와 같은 커다란 충격으로 다가온다.

4부

연합군의 반격

1943년 초부터 연합국이 전쟁의 주도권을 장악했다. 2월에 과달카날에서 마지막 일본군 부대가 철수했고, 같은 달에 독일 제6군의 굶주린 잔여 병력이 스탈린그라드에서 항복했다. 5월에는 이탈리아와 독일 병사 25만여 명이 튀니지에서 항복하자 북아프리카 전역도 끝났다. 당시에도 앤드루 커닝햄 제독은 "역사학자들은 1943년 4월과 5월을 진자가 흔들리는 시기로 평가할 것"이라고 생각했다. 전체적으로 이 사건들은 전쟁의 성격을 바꾸었고, 연합국에 다음에 무엇을 해야 할지 고민하고 논쟁하는 계기가 되었다.

처음부터 연합국의 주요 동맹 세 나라는 독일이 '최우선 적국'이라는 의견에 동의했다. 특히 1941년 6월 독일의 침공 이후 생존이 위태로워진 러시아인들에게 이런 생각은 당연한 것이었다. 따라서 그들은 일본과의 전쟁에서 중립을 지키며 독일과의 투쟁에 모든 노력과 에너지를 집중했다. 하지만 원칙적으로 독일 우선 전략을 계속 지지하면서도 여러 전선에서 세계적 규모의 전쟁에 직면한 영국과 미국으로서는 훨씬 복잡한 문제가 아닐 수 없었다. 게다가 서방 연합국은 여전히 훈련된 병력, 무기, 특히 유럽에서 독일군을 직접 공격할 수 있는 해상 수송 능력이 부족했다. 바로 이 점 때문에 연합군이 북아프리카에 상륙한 것이다. 횃불 작전 이후 지중해는 과달카날과 마찬가지로 물류의 블랙홀이 되어 병력과 자원을 탐욕스럽게 흡수했고, 결국 1943년에 이르자 유럽 대륙을 공격할 수 없다는 점이 명백했다. 한편 미국은 남태평양에서 일본군을 상대로 계속 진격했는데, 이러한 움직임은 이제 방어적 성격이 아니었다.

동시에 유럽에서의 전쟁은 폭력의 새로운 정점 혹은 밑바닥에 도달했다. 그해 7월, 독일군은 80만여 명의 병력과 3000여 대의 전차를 투입해 동부 전선의 주도권을 되찾으려 애썼다(시타델 작전Operation Citadel). 소련군은 8월에 200만여 명의 병력과 8000여 대의 전차로 반격했다. 영어권 연합국은 대규모 공습인 '고모라 작전Operation Gomorrah'으로 함부르크에 대한 폭격을 강화했다. 7월 24일에서 31일까지 일주일 동안 영국과 미국의 장거리 폭격기가 9000톤의 폭탄을 투하해 4만 2000여 명이 사망했고, 비스마르크가 건설한 블롬과 포스의 조선소를 위시해 도시의 많은 시설이 파괴되었다. 그리고 이 모든 작전이 수행되는 동안 수십만 명이 나치의 죽음의 수용소에서 조직적으로 살해되었다는 사실을 결코 잊어서는 안 된다.

한편 해상에서는 영국과 미국 군대가 지중해와 남태평양 양쪽에서 공세를 취했다. '허스키 작전Operation Husky'을 통해 튀니지에서 지중해를 건너 시칠리아에 상륙했으며, '카트휠 작전Operation Cartwheel'으로 솔로몬 제도의 섬들을 오르내렸는데, 이 작전 지역들의 지형을 고려해가면서 연합국은 상륙 공격을 여러 차례 실시했다. 이 모든 노력과 과정에서 공통의 관심사이자 병참의 구심점이 된 사항은 끊임없이 지속되는 수륙 양용 선박에 대한 수요였다.

18장

항공기와 호송대

태평양 전쟁 첫날에 시암만에서 일본 항공기에 의해 파괴된 프린스오브 웨일스함은 공중 엄호를 받지 못하는 상태에서 기동하는 수상 함정에 항공기가 치명적 효과를 낼 수 있음을 잘 보여주었다. 이 전투의 교훈은 미국의 헨더슨 비행장 확보와 선인장 공군이 '도쿄 익스프레스'를 좌절시켰던 과달카날 전역을 수행하는 과정에서 재차 확인되었다. 1943년 봄, 일본군이 과달카날에서 철수한 이후 남태평양 전역은 새로운 국면에 접어들어 다시 공군의 우세가 결정적 요소로 부각되었다.

일본인들은 진주만 공격이 시작된 날부터 미국이 언젠가는 반드시 반격하리라 예측했다. 이를 격퇴하기 위해 일본군은 미국이 남태평양 전역의 섬 기지 네트워크 내의 수많은 거점을 공격하도록 유도해 미국군을 지치게 하는 계획을 구상했다. 일본은 미국이 이 작전에서 전술적 승리를 거둘 가능성은 인정했으나, 무모한 작전 수행 중에 발생할 수많은 손실로 인해 미국인들은 곧 지칠 것이고 결국 협상에 의한 전쟁 종결을 수용하리라 예측했다. 그래서 과달카날을 상실한 뒤로 일본은 더 많은 전진 기지를 보강하기 위해 애썼다. 그중 하나는 뉴기니 북부의 항구 도시 라에였는데, 이곳은 내륙에서 불과 80여 킬로미터 떨어진 와우에 오스트레일리아군이 주둔한 탓에 압박을 받았다. 1943년 1월에 일본군은 라바울에서 라에까지 병사 4000명을 수송하기 위해 호송대를 세 차례 보냈고, 2월에는 야마모토 제독이 대규모의 호송대 파견을 승인했다. 이번에는 기무라 마사토미木村昌福 소장 휘하의 구축함 8척이 병력 6000명을 태운 수송선 8척을 호위했다. 화려한 바다코끼리 같은 콧수염이 무성한 기무라 소장은 묘하게도 1차대전 때 발행된 수천 장의 모집 포스터에서 도전적인 표정을 지었던 영국 육군 허버트 키치너 경Sir Herbert Kitchener과 닮은 듯하다. 기무라 소장은 비스마르크해의 불안정한 일기가 자신의 함대에 유리한 엄호 역할을 해주리라 기대했는데, 오히려 수송선에 정어리처럼 가득 들어찬 병사들의 불편함만 가중시켰다.[1]

그러나 그런 악천후는 미국의 암호 해독기에게는 전혀 장애가 되지 않았다. 이때까지 하이포 기지는 빠른 속도로 성장했는데, 조만간 직원을 1000여 명 두는 태평양 지역 합동 정보 센터JICPOA: Joint Intelligence Center Pacific Ocean Area로 명칭을 변경할 예정이었다. 이 센터 덕분에 미국이 간파할 수 있는 일본군의 메시지 수가 늘고 해독 속도도 빨라진다. 1943년 2월, 암호 해독가들은 일본군의 메시지를 충분히 해독한 다음, 뉴기니 동쪽 끝 밀른만에서 맥아더 사령부의 공군을 지휘하는 조지 케니George Kenney 소장에게 라에의 방어를 강화하라고 조치했다. 케니 소장은 미국군과 오스트레일리아군 폭격기에 일본군 호송대를 요격하라고 명령했다. 3월 1일, 기무라 소장이 기대했던 대로 일본군 호송대는 짙은 구름 덕분에 연합군 수색기의 정찰로부터 안전을 확보했으나, 그다음날에는 항공 정찰에 노출되었다. 연합군 폭격기 1대가 병력 1200명과 2000세제곱미터 분량의 군수품을 실은 수송선 교쿠세이마루호旭盛丸에 폭탄을 투하한 것이다. 그 결과 군수품이 폭발하고 수송선까지 침몰했다. 그러자 호위하던 일본 구축함 2척이 생존자 875명을 태우고 라에로 인도하기 위해 호송대에 앞서 질주했다. 생존자들은 운이 좋았다.[2]

그다음날인 3월 3일, 케니 소장은 100대가 넘는 폭격기를 보내 일본군 호송대를 공격했는데, 주요 전투는 오전 10시경 하늘이 밝아졌을 때 시작되었다. 당시 일본군 함정들은 휴온만에 진입했는데, 그곳은 목표 지점에서 불과 수십 킬로미터 떨어진 곳이었다. 하지만 남쪽 수평선에서 뉴기니의 해안을 바라보던 5000명 병력을 태운 수송선은 단 한 척도 도착하지 못한 상태였다.

이번 공습에서 연합국은 '스킵 폭격skipbombing'이라고 알려진 새로운 전술을 사용했다. 특히 B-25C 미첼 폭격기는 5초 지연 퓨즈를 장착한 폭탄을 투하해 고요한 호수를 가로질러 던져진 조약돌처럼 목표물 측면에 부딪칠 때까지 수면을 가로질러 건너뛰었다. 미국군 조종사들은 이 프로토콜에 따라 투하한 폭탄 37개 중에 17개가 목표에 명중했다고 주장했다. 연합군 항공기가 수송선을 파괴하는 장면을 목격한 호위함의 한 일본인 승무원은 이렇게 회상했다. "수송선의 돛대가 넘어지고 함교가 산산조각이 났으며, 그들이 운반하던 탄약이 폭탄에 맞아 배 전체가 폭발했다."[3]

한편 더 크고 높게 비행하던 B-17 플라잉 포트리스 항공기는 6000여 미터 상공에서 폭탄을 투하했다. 높은 고도에서 선박을 공격하는 일은 드물었는데, 이때 투하된 폭탄 2개가 아이요마루함愛洋丸을 강타했고, 그중 하나는 이 배의 보일러실까지 침투한 뒤에 폭발했다. 구축함 아라시오함荒潮이 생존자들을 태우기 위해 기동을 멈추자 아주 짧은 시간 안에 이 구축함의 갑판은 500여 명의 생존자로 가득 들어찼다. 그러나 생존자들의 안식은 그리 길지 못했다. 곧바로 8발의 전방 사격용 50구경 기관총을 장착한 미첼 폭격기가 아라시오함을 반복해서 공격했다. 마스다 레이지增田禮二는 당시 상황을 이렇게 회상했다. "총알 탄두와 파편이 마치 벌집 같았다. 증기 파이프가 전부 터지고 배가 펄펄 끓었다." 방향타가 고장 나서 조종이 불가능해진 아라시오함은 다른 구축함과 충돌했다. 아이요마루함에서 막 구조된 일본군 병사들은 또다시 배를 버려야 했다. 하지만 그들이 구명보트와 바지선에 오를 때 미국군 폭격기가 그들을 또다시 공격했다. 마스다는 "우리는 배를 버리려고 했지만 거의 돛대 높이로 낮게 비행하던 미국군 항공기가 기관총으로 우리를 공격했다"라고 회상했다. 케니 소장은 나중에 물속 생존자를 향해 사격한 것을 정당화하려고 뉴기니 해안이 가까워서 구명보트가 목적지까지 일본군 병사들을 실어나를 수 있었다는 것을 그 사유로 제시했다. 하지만 모턴 중령이 두 달 전 구명보트를 파괴했던 경우와 마찬가지로, 물에 빠진 생존자를 공격하는 것은 전쟁의 폭력이 어떻게 인간 행동의 경계를 흐리게 했는지 보여주는 또 하나의 예였다.[4]

다른 사례도 있었다. 일본군 제로 전투기들이 호위함을 엄호하며 우드로 윌슨 무어Woodrow Wilson Moore 육군 중위가 조종하던 B-17 폭격기를 격추하자, 무어 중위와 승무원 11명이 탈출했다. 그들이 낙하산을 타고 바다 위에서 표류할 때 공중에서 3대의 제로 전투기가 미국군 승무원들을 기관총으로 공격했다. 분노한 미국인들이 보기에 일본군의 이 같은 공격은 구명정에 올라탄 생존자들을 목표로 삼는 것보다 더 나빴고, 이 소식은 비행 대대를 통해 미국군 전체에 빠르게 퍼졌다. 그다음날 아침 브리핑에서 미국군 조종사들에게는 바다에 떠다니는 모든 것을 공격하라는 지시

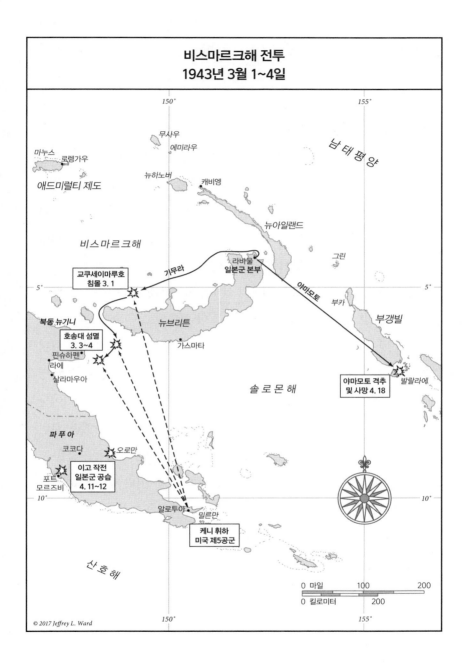

비스마르크해 전투
1943년 3월 1~4일

남 태 평 양

무사우
에미라우
마누스
로렝가우
애드미럴티 제도
뉴하노버
캐비엥
뉴아일랜드
그린
비스마르크해
기무라
라바울
일본군 본부
부카
교쿠세이마루호
침몰 3.1
야마모토
5°
5°
북동 뉴기니
뉴브리튼
부갱빌
호송대 섬멸
3. 3~4
핀슈하펜
가스마타
라에
솔 로 몬 해
살라마우아
야마모토 격추
및 사망 4. 18
발랄라에
파 푸 아
코코다
오로만
이고 작전
일본군 공습
4. 11~12
포트
모르즈비
10°
10°
알로투야
밀른만
케니 휘하
미국 제5공군
산 호 해

0 마일 100 200
0 킬로미터 200

© 2017 Jeffrey L. Ward

150°
155°

가 내려졌다. 3월 4일, 미국군 폭격기들이 바다 위를 낮게 날다가 곳곳에 흩어져 뗏목과 잔해에 매달린 사람들을 발견하자 곧 그들을 향해 발포해 사살했다. 이 사격에 참여한 조종사들은 과거 일본군 조종사의 행위에 화가 난 사람들이었다. 한 조종사는 이렇게 말했다. "내가 찾을 수 있는 일본인 개자식들을 모조리 죽이고 싶었다." 또다른 조종사는 그러한 공격이 '내키지 않았지만' 의무감에서 그렇게 했다고 말했다. 케니 소장은 "일본군은 어떤 것도 요구하지 않고, 아무것도 기대하지 않는다"라고 간단히 말했다. 항공기가 떠난 이후 미국 PT보트 편대가 도착하자, 훗날 새뮤얼 모리슨이 "보트, 뗏목, 잔해 가운데에서 생존자를 죽이는 역겨운 일"이라고 표현했던 그 일을 마무리했다. 당시에도 나중에도 이와 같은 잔혹행위에 대한 조사는 이루어지지 않았다. 모두 전쟁의 실제가 어떤지를 잘 보여주는 사례다.[5]

3월 4일 밤, 일본군 수송선 8척이 전부 다 침몰했고, 구축함 8척 중 4척도 침몰했다. 교쿠세이마루함의 생존자 875명이 라에에 도착했고, 나머지 1400명은 구축함에 실려 라바울로 귀환했다. 일본 잠수함은 수백 명을 더 구출했다. 인근 섬으로 밀려온 소수의 병사들은 오스트레일리아군 순찰대에 의해 사살되었다. 나머지 3000여 명은 바다에서 사망했다. 한편 미국은 항공기 6대와 무어 중위가 조종하던 B-17 항공기 승무원들을 포함해 총 13명의 인명 손실을 입었다. 그뒤 미국군은 이와 같은 일본군 호송대 파괴를 '비스마르크해 전투'라고 불렀다. 이는 통상적 의미에서의 전투는 아니었지만, 공중 엄호가 이루어지지 않은 채 기동하는 수상 함대는 취약하며, 심지어 무방비 상태의 표적이 될 수 있다는 것을 다시 한번 확인할 수 있는 사건이었다.[6]

이 사건은 양쪽 모두에게 적용할 수 있는 교훈을 안겼다. 그후 야마모토 제독은 예상되는 미국의 공세를 무디게 하기 위해 일본 공군력을 투입할 예정이었다. 그는 캐롤라인 제도의 트루크섬에 정박 중인 초대형 신형 전투함 무사시함에 마련된 사령부에서 남태평양의 연합군 전방 진지를 타격하는 대규모 공습인 '이고ぃ號 작전Operation I-Go'을 승인했다. 그는 지상에서 출격하는 넬 폭격기와 베티 폭격기가 전략적으로 상당한 타격을 가할 수 있을지 회의적이었다. 그의 참모장 우가키 마토메는 일기에 "부분적으로 그들의 수동적 분위기 때문에 우리는 지상 출격 공군에게 많은 것을 기대할 수 없었다"라고 썼는데, 여기에는 여지없이 자기가 모시는 상사의 편견이 반영되었다. 야마모토 제독이 항공모함을 공격대에 추가하자고 주장하자 이 같은 '수동적 분위기'는 기정사실이 되었다. 일본 항공모함 사령관 오자와 지사부로 제독은 이 임무를 수행하기 위해 항공모함을 해체하는 것을 꺼렸지만, 야마모토 제독은 미국군에 의미 있는 영향을 미치기 위해 이 작전이 필요하다고 강조했다. 야마모토 제독과 오자와 제독은 공습을 감독하기 위해 4월 3일에 라바울로 날아갔다. 겉으로는 희망적으로 보였지만, 야마모토 제독은 현실을 받아들여야 했다. 그날 우가키가 쓴 일기에는 "이 시도가 만족스러운 결과를 얻지 못한다면 이 방면에서 미래에 성공하리라는 희망은 없을 것이다"라는, 숙명론이 엿보이는 대목도 포함되었다.[7]

야마모토 제독이 공격에 투입할 수 있는 항공기는 총 350대였다. 케니 소장이 라에로 가는 호송대를 파괴할 때 동원했던 것보다 훨씬 대규모 공군력이었지만, 양측 공군 사이에는 몇 가지 중요한 차이가 있었다. 첫째, 지금까지 전쟁을 수행하는 과정에서 경험이 풍부한 일본군 조종사들이 다수 손실되어 이 새로운 공격은 대부분 초보 조종사들이 담당할 예정이었다. 참모장 우가키는 한 전투기 그룹의 조종사 60명 중 44명이 자신에게 할당된 항공기를 조종해서 참전했던 경험이 없다고 언급했다. 두 번째 차이점은 조종사들 대다수가 뎅기열, 설사, 특히 말라리아를 앓는 등 건강 상태에 문제가 많았다. 역사학자 브루스 갬블Bruce Gamble은 "라바울에 배치된 군인, 선원, 공군의 95퍼센트가 적어도 한 번은 말라리아를 겪었다"라고 지적했다. 하지만 당시 야마모토 제독이 보유한 다른 수단은 없었다.[8]

이고 작전은 4월 7일 동트기 전에 라바울 비행장에서 177대의 항공기가 이륙하면서 시작되었는데, 110대의 제로 전투기가 67대의 폭격기를 호위했다. 이 항공기들의 목표물은 일본군 정찰기가 과달카날 앞바다에 있다고 보고한 31척의 연합군 함정이었다. 이번 작전은 진주만 공격 이후 가장 큰 규모의 공습이었다. 암호 해독가와 레이더를 통해 미리 경고를 받은 미국군은 일본군 항공기의 공격에 맞설 준비를 하고 있었다. 미국 해군 공병단 덕분에 과달카날에는 비행장이 세 군데 건설되었는데, 미국군은 공격자를 차단하기 위해 76대의 전투기를 그 비행장에 이륙시켰다. 이 전투기들이 일본군의 제로 전투기 12대와 발 폭격기 9대를 격추했다. 와일드캣 전투기를 조종하던 제임스 스웨트James E. Swett 해병 중위는 혼자서 7대의 발 폭격기를 격추했는데, 이 공적이 인정되어 훗날 명예 훈장을 받았다. 이와 같은 단호한 반격에도 불구하고 일본군 조종사들은 미국군 전투기의 대응을 뚫고 싸웠으며, 툴라기와 과달카날에서는 미국군 함정을 공격했다. 라바울로 돌아온 일본군은 10척의 수송선, 순양함, 구축함을 침몰시켰다고 보고했다.[9]

양측의 전장 지휘관들은 지금까지 조종사들의 전과 보고가 과장되었던 점을 감안해서 이를 받아들여야 한다는 것을 잘 알았다. 실제로 연합군 함정이 입은 손실은 수송선 2척, 구축함 1척, 뉴질랜드 해군 코르벳함

1척으로, 일본군 조종사들의 전과 보고에 비해 훨씬 적었다. 한편 야마모토 제독은 전략을 강화하기로 결심하고 4월 11일에 뉴기니 북쪽 해안에 있는 오로만을 공격하기 위해 94대의 항공기를 보냈다. 그리고 4월 12일에 포트모르즈비를 공격하기 위해 항공기 174대를, 4월 14일에는 밀른만을 공격하기 위해 항공기 188대를 투입했다. 처음부터 항공모함의 전략적 중요성을 강조했던 야마모토 제독이 향후 벌어질 항공모함 전투를 위해 항공기를 보존하지 않고 지상 기지를 공격하기 위해 그렇잖아도 부족한, 훈련된 조종사들을 투입한 것은 흥미로운 결정이다. 영국의 역사학자 스티븐 로스킬은 이를 '공군력 남용을 보여주는 좋은 사례'로 평가했다.[10]

작전 성과는 크지 않았지만, 야마모토 제독은 공식적으로 이고 작전을 성공적으로 평가했다. 개인적으로 그는 조종사들의 부풀려진 전과 보고에 회의적이었지만, 별도의 언급 없이 그대로 도쿄에 보고했다. 그러자 일본의 언론은 일본 군사력이 또다시 거둔 승리라고 보도했다. 천황도 이러한 결과와 보도에 만족을 표했다. 그러나 야마모토 제독은 일본 공군의 공습이 향후 다가올 미국군의 공세를 지연시키거나 취소시킬 정도의 피해를 입히지 못했다는 것을 알았다. 미국군이 일본의 각 전초 기지를 하나씩 함락시키는 과정에서 입은 손실이 막대해서 이 전쟁을 계속하겠다는 의지를 포기할 수 있도록 일본군이 매번 격렬하게 방어하는 전략에 의존하는 것 말고는 대안이 없었다. 야마모토 제독은 목숨을 바쳐 이 전략을 실행해야 하는 불운한 전투원들의 사기를 북돋고자 그들을 잊지 않았음을 보여주기 위해 개인적으로 이 전진 기지들을 방문했다. 그가 방문할 첫 번째 구간은 부갱빌섬 남동쪽의 공군 기지가 있는 작은 발랄라에섬이었다.*

4월 14일 수요일, 미국 해병대의 앨바 래스웰Alva Lasswell 중령은 진주만의 통신 부대 지하실에서 일하던 중 갑자기 의자에서 벌떡 일어나 "대박이다!" 하고 소리쳤다. 그의 손에는 야마모토 제독의 여행 일정으로 보이는, 부분적으로 해독된 메시지가 들려 있었다. 래스웰 중령이 소리친 이후 암호 분석팀의 다른 요원들이 그가 확보한 메시지의 나머지 부분을 해독했다. 그리고 마침내 모든 조각이 제자리에 놓이자, 그들은 야마모토 제독이 4월 18일 아침 6시에 제로 전투기 6대의 호위를 받으면서 베티로 추정되는 중형 항공기를 이용해 라바울을 출발할 것이라는 일정을 파악했다. 그는 아침 8시에 발랄라에에 도착해 짧게 시설을 둘러본 뒤, 부상자들을 방문하고 11시에 출발해서 다음 목적지로 이동할 예정이었다. 이때 미국의 한 암호 분석가는 이 메시지를 읽으며 이렇게 중얼거렸다. "이 개자식(S.O.B.)을 잡아야 할 텐데."[11]

에드윈 레이턴 중령은 즉시 해독된 암호 메시지를 니미츠 제독에게 전달했다. 레이턴 중령에 따르면 니미츠 제독은 이 보고서를 읽더니 고개를 들어 말했다. "그를 잡을 시도를 해봐야겠지?" 반대할 만한 충분한 근거는 있었다. 한 가지 예로 헨더슨 비행장에서 부갱빌까지는 600여 킬로미터였는데, 이 거리는 미국 최장거리 전투기의 기동 범위를 벗어났다. 이 작전을 시도할 수 있는 유일한 항공기는 미국 육군이 보유한 P-38 라이트닝이었는데, 이 기종은 독특한 쌍둥이 동체 때문에 즉시 적에게 간파될 수 있는 데다 보조 연료 탱크를 장착해야만 비행할 수 있었다. 더 심각한 문제는 미국군 전투기 편대가 기지에서 멀리 떨어져 있는 것이었으며, 게

---

* 발랄라에섬은 전쟁 잔학행위의 현장이었다. 싱가포르가 함락되자 일본군은 비행장을 건설하기 위해 500여 명의 영국군 포로를 그곳으로 보냈다. 비행장이 완공되자 일본군은 이 포로들을 일렬로 세운 뒤 모두 처형했다.

다가 야마모토 제독이 나타날 장소에 미국군 항공기가 갑자기 출현한다면 일본은 미국이 자신들의 작전 암호를 해독했다고 의심할 가능성이 컸다. 만약 그렇게 되면 일본은 즉시 암호를 바꿀 것이고 연합국은 귀중한 정보의 출처를 잃게 될 것이다. 그런데 야마모토 제독을 죽이는 것이 그렇게 중요했을까? 사실 여기에는 도덕적 문제도 있었다. 매일매일 치러지는 전투에서도 물론 전투원이 죽지만, 이렇게 특정 개인을 목표로 삼는 것은 사실상 암살에 가까웠다. 이런 행위가 과연 미국이 할 만한 일인가?[12]

니미츠 제독은 야마모토 제독을 죽이는 것이 합법적 군사 작전이며, 그 이익이 위험보다 크다고 판단했다.* 이 작전에 포함된 여러 가지 요소(미국 국민은 야마모토 제독이 진주만 공격의 설계자였다는 것을 알고 있었다)와는 별개로, 야마모토 제독을 제거할 경우 일본군의 사기와 향후 일본군 작전의 효율성에 심각한 타격을 입힐 가능성이 있었다.

니미츠 제독은 핼시 제독에게 명령서를 보냈고, 최종적으로 이 명령서는 당시 선인장 공군을 지휘하던 마크 미처 장군에게 전달되었는데, 이 조직의 공식 명칭은 솔로몬 지구 항공 사령부AirSols: Air Command Solomons였다. 4월 17일에 미처 장군은 과달카날에서 P-38 전투기 조종사들과 회동했다. 조종사들은 야마모토 제독이 정확히 아침 8시에 발랄라에 도착할 것이라는 특별한 예측에 큰 관심을 보였다. 그가 정시에 그곳에 도착한다 하더라도 그가 도착했을 때 탑승한 항공기를 격추하는 것이 좋을지,

---

* 전쟁이 끝난 후 니미츠 제독이 미국 정부에 야마모토 제독에 대한 표적 공격의 법적·도덕적 영향에 대해 질문했다는 이야기가 나왔다. 해군 장관 프랭크 녹스는 루스벨트 대통령과 한밤중에 만나 이 문제를 논의했다고 한다. 이 이야기에 따르면, 야마모토 제독에 대한 공격을 결정한 사람은 루스벨트였다. 하지만 니미츠 제독의 질문, 녹스 장관과 루스벨트 대통령의 만남, 미국 정부의 지시 등에 대한 공식 기록은 찾을 수 없다. 그 같은 명령 관련 서류나 자료가 모두 파기되었을 수도 있지만, 니미츠 제독이 스스로 내린 결정이었을 가능성이 더 크다.

아니면 그가 착륙한 후에 지상 매복을 통해 제거하는 것이 좋을지 논의했는데, 야마모토 제독의 추락사 쪽으로 의견이 모여 그가 탑승한 항공기를 격추하기로 결정했다. 존 미첼John W. Mitchell 소령이 지휘하는 P-38 전투기 18대는 과달카날 비행장에서 이륙했고, 밤새 비행한 뒤 이튿날 아침 7시 25분에 부갱빌 앞바다에 도착했다.[13]

야마모토 제독은 정시에 도착했다. 일본 항공기 대형을 발견한 미국 P-38 전투기 조종사들은 외부 연료 탱크를 떨어뜨린 뒤, 두 그룹으로 갈라졌다. 미첼 소령은 4대를 제외한 항공기 전체를 이끌고 높은 곳으로 기동했다. 제로기를 유도하기 위해서였다. 토머스 랜피어Thomas G. Lanphier 대위가 나머지 4대를 지휘했는데, 폭격기 2대는 부갱빌 내륙을 비행했고, 다른 1대는 바다로 기동하면서 분리되었다. 랜피어 대위와 그의 윙맨 렉스 바버Rex T. Barber 중위가 내륙으로 비행했다. 랜피어 대위는 엄호하는 일본군 제로 전투기를 공격했고, 바버 중위는 일본군 폭격기를 향해 공격했다. 폭격기의 꼬리 부분을 향해 발사한 바버 중위는 자신이 공격한 "일본군 폭격기의 방향타와 수직 지느러미의 상당 부분이 떨어져 나가는 것"을 지켜보았다. 이어 일본군의 그 베티 폭격기는 밀림 속으로 굴러떨어져 폭발했다.[14]

그러고 나서 바버 중위는 기체를 돌려 다른 폭격기를 뒤쫓았다. 하지만 야마모토 제독이 어느 항공기에 탑승했는지 파악할 수가 없었다. 이에 따라 바버 중위를 위시해 P-38 전투기 조종사들은 두 번째 베티 폭격기를 바다 위에서 추격했는데, 이 폭격기는 너무 낮게 날아서 수면에 파도를 일으킬 정도였다. 다른 미국군 조종사들은 제로 전투기를 뒤쫓는 데 집중했는데, 그사이에 일본군 폭격기를 바버 중위와 베스비 홈스Besby Holmes 중위가 명중시켰다. 두 사람 모두 50구경 기관총을 사격하고 20밀리미터 대포로 포격했다. 홈스 중위는 포탄이 폭격기의 동체에 부딪히는 것을 보고 들을 수 있었지만, 베티 폭격기는 강하하려 하지 않았다. 그는 "제발 터져라!"라고 소리 질렀다. "내가 더 할 수 있는 것이 뭐지?" 마침내 "오렌지색 불꽃에 이어 거대한 연기가 오른쪽 엔진 덮개에서 터져 나왔다." 그러더니 베티 폭격기가 바다로 추락했다. 위에서 상황을 지켜보고 있던 미첼 소령은 무전기를 통해 "임무 완료, 모두 기지로 복귀할 것"이라고 지시했다.[15]

그후 이 전투에 대해 미국군은 오스트레일리아 해안 감시원이 부갱빌을 통과하면서 비행하는 일본군 항공기 무리를 발견했다고 발표했다. 이 보고를 근거로 연합군은 전투기 편대를 보내 일본군 항공기를 공격하기로 결정했다는 것이었다. 이런 언론 보도를 믿어서인지 일본군은 자신들의 통신 암호와 코드를 바꾸지 않았다.

공교롭게도 야마모토 제독은 정글에서 추락한 첫 번째 폭격기에 탑승하고 있었고, 거의 틀림없이 비행기가 추락하기 전에 이미 사망했을 것으로 추정된다. 일본군이 그의 사체를 발견했을 때, 50구경 기관총이 그의 머리를 관통한 상태였다. 바다에 추락한 두 번째 비행기에 탄 참모장 우가키 장군은 심각한 부상을 당했지만 살아남았다. 그는 자신이 모시는 사령관이 사망한 것을 알고 심하게 자책했다. 일본 정부는 야마모토 제독의 사망 소식을 한 달 넘게 비밀에 부쳤다. 그리고 마침내 이 사실이 공개된 5월 22일, 일본 정부는 그의 시신이 장갑 낀 손을 칼자루에 얹은 채 똑바로 앉은 상태에서 발견되었다고 발표했다. 그의 유골은 도쿄로 돌아왔고, 6월 5일에 일본 정부는 예의를 갖춘 국장으로 장례를 치렀다. 또한 그에게는 일본과 독일 정부의 가장 높은 단계의 훈장이 선물처럼 추서되었다. 일본의 훈장이 '국화 훈장'인 반면, 독일 훈장에는 '참나

1943년 4월에 야마모토 제독이 사망한 이후 고가 미네이치 제독이 일본군 연합 함대 사령관에 임명되었다. 그는 미국을 상대로 허상에 가까운 '결전'을 추구했으나, 솔로몬 제도 전역에서 발생한 막대한 손실 때문에 그러한 열망이 실현 불가능하다는 것을 인식할 만큼은 현실적이었다. (미국 국립문서보관소 no. 80-G-35135)

무 잎과 검을 든 기사 십자장'이라는 칭호가 붙은 것에서 두 나라의 문화적 차이를 알 수 있다.[16]

사망한 야마모토 제독의 후임으로 연합 함대 사령관에 취임한 고가 미네이치古賀峯一 제독은 군대 생활 경력의 대부분을 행정직과 해군 총참모부에서 보냈다. 따라서 그는 전투 경험이 부족했다. 그는 트루크로 날아가 무사시함의 전임 사령관 선실을 차지했다. 취임 초기에 고가 제독은 또다른 대규모 함대 교전을 모색할 궁리를 했다. 그러나 당연히 곧 미국이 필리핀에 접근할 때 미국 해군에 큰 패배를 안겨줄 수 있다고 판단해, 일본 해군의 자산을 보존하는 더 현실적인 전략을 채택했다. 야마모토 제독이 살아 있었다 해도 특별한 선택지는 별로 없었을 것이다. 일본군은 과달카날 전투에서 함정, 항공기, 특히 조종사를 많이 잃었는데, 이 때문에 남태평양 전역의 궤적은 이미 바뀐 상황이었다. 그리고 미드웨이 전투 1년 하고도 하루 뒤에 거행된 야마모토 제독의 장례식은 태평양 전쟁의 주도권이 완전히, 그리고 돌이킬 수 없이 미국으로 넘어갔다는 것을 보여주는 상징적 이정표였다.

========

연합군의 공중 우위는 북아프리카 전역을 해결하는 과정에서도 핵심 요소였다. 그곳에서 독일군 로멜 장군이 지휘하는 사령부에는 새로운 명칭이 부여되었다. 독일 제5기갑군과 이탈리아 제1군으로 구성된 '아프리카 집단군'이었다. 사령부의 칭호는 광범위했으나, 로멜 장군과 그가 지휘하는 부대는 궁지에 몰려 있었다. 몽고메리 장군이 지휘하는 영국 제8군이 동쪽에서 진격해 오고 미국군은 서쪽에서 접근해 왔기 때문이다. 16장에서 언급한 바와 같이, 로멜 장군은 1943년 2월 카세린 협곡에서 미국군을 공격해 주도권을 되찾으려 했으나, 작전 초기의 성공에 필요한 후방 지원이 부족했다. 그러자 영국 제8군과 대치하면서 이 지역에 대한 영국군의 공격을 막아내려 했다. 하지만 선제공격이 성공하지 못했고, 3월에는 튀니스와 비제르트 주변의 점차 줄어드는 영토에 갇히고 말았다. 그곳에서 로멜 장군은 대규모 병력을 계속 공급하는 것이 점차 더 어려워지는 것을 실감했다.

햇불 작전에 대응한 독일군의 초기 병력 증강은 주로 공수 방식에 의존했다. 그러나 공군에 의한 공수는 병력 수송은 가능해도 그 병력을 유지하는 데 필요한 물자 수송에는 한계가 있었다. 물자는 바다를 통한 선박 수송에 의존해야 했다. 1943년 1월과 2월에 추축국이 북아프리카로 보낸 탄약 14만 4000톤과 보급품 중 6퍼센트 미만(8000톤)이 항공편으로 오고 나머지는 지중해를 건넜다. 하지만 연합국이 바다와 하늘에서 추축국 수송대를 무자비하게 공격했기 때문에 추축국의 보급품 지원은 급격히 감소했다. 북아프리카에서 작전을 수행하는 로멜 장군의 부대뿐만 아니라 알바니아, 그리스 본토와 섬들, 심지어 흑해를 통해 크림반도에서 작전을 펼치는 독일군 부대를 지원해야 해서 추축국의 해상 수송 능력은 한계점에 도달했다. 이처럼 여러 지역의 군수 지원을 모두 담당하기에는 추축국의 선박이 충분치 않았다. 독일군 보급 및 수송 책임자는 아프리카에서 군대를 유지하기 위해 한 달에 14만 톤의 보급품이 필요하다고 추정했다. 그러나 2월에 도착한 보급품은 그 절반도 안 되는 6만 4000톤에 불과했고, 3월에는 4만 3000톤, 4월에는 2만 9000톤이었다. 독일군은 3월에 3만 명을 증원해 튀니지에 보냈지만, 그 병력에 식량을 공급하거나 차량에 연료를 공급하지는 못했다.[17]

추축국 보급선들은 위험을 무릅쓰고 바다로 나갔다. 3월 7일, 로멜 장군이 주도한 영국군에 대한 역습이 실패한 다음날(케니 소장의 폭격기가 비스마르크해에서 일본군 호송대를 파괴한 지 3일 후), 미국군 B-25 미첼 폭격기가 전투기 14척의 호위를 받으며 봉곶 북동쪽에서 이탈리아 호송대를 발견하고 화물선 3척을 모두 침몰시켰다. 5일 후, 영국의 보퍼트 전투기 편대가 4000톤의 귀중한 연료유를 실은 유조선 스테로페호Sterope를 파괴했다. 침몰하지 않은 유조선은 물에 뜬 상태로 절뚝거리며 시칠리아 북쪽 해안의 팔레르모 항구로 이동했으나 튀니지에는 도착하지 못했다. 항공기가 놓친 나머지 호송대는 몰타에서 작전 중이던 영국 해군 잠수함과 수상 함정들이 휩쓸었다. 추축국이 3월에 지중해에서 잃은 선박 36척 중 연합군 항공기가 18척을 격침시켰고, 잠수함이 16척을 침몰시켰다. 커닝햄 제독은 "이탈리아 선원들이 자신들을 위협하는 위험에 직면한 채 계속해서 선박을 운항한 것"에 놀라움을 표했다.[18]

한편 연합군 폭격기들은 추축국 함정이 적재하거나 하역하는 항구도 폭격했다. 나폴리나 팔레르모에서 출발한 후 위험한 여정에서 살아남은 선박들이 튀니스나 비제르트에서 화물을 하역하다가 연합군 폭격기에 의해 파괴되기도 했다. 3월 말 즈음 이탈리아 상선은 완전히 파괴되었고, 남은 몇 척의 선박은 연료 부족으로 출항을 연기해야 했다. 수송 수단이 부족했던 이탈리아는 (과달카날에서 일본군이 그랬던 것처럼) 구축함이나 호위 구축함을 동원해 이탈리아에서 아프리카까지 보급품과 병력을 수송했다. 그러나 이런 방식은 비용이 너무 컸고, 이 임무를 수행하는 동안 13척의 구축함이 손실되었다. 이에 추축국이 얼마나 절망했는지는 5월 중순에 로마를 방문한 되니츠 제독이 리카르디 제독과 나눈 대화에서 확인할 수 있다. 되니츠 제독은 "보급품을 수송할 수 있는 소형 선박이 충분하지 않다면 잠수함을 사용해야 할 것"이라고 제안했다. 잠수함은 연합군 선박의 격침 외에 다른 목적으로 사용되어서는 안 된다고 오랫동안 주장해온 사람에게서 나온 이 같은 놀라운 주장에 리카르디 제독은 믿을 수 없다는 표정이었다. 리카르디 제독은 "보급품 수송을 위해 잠수함을 이용한다고요?"라고 되물었다. 이에 되니츠 제독은 "그렇소. 순양함도 보급품 수송을 위해 빠른 속도로 항해해야 합니다"라고 답했다.[19]

이탈리아 해군은 보급품 수송을 위해 잠수함까지 활용했지만 그것만으로는 충분치 않았다. 3월, 북아프리카에서 작전 중이던 이탈리아 군인들은 독일군에게 식량을 구걸해야 했고, 4월이 되자 독일군도 식량이 부족했다. 게다가 다른 상황도 나빠졌는데, 북아프리카 주둔 추축국 군대의 차량은 고작 60여 킬로미터 이동할 연료만 가지고 있어서 이 차량들은 사실 거의 움직일 수 없는 고철이나 마찬가지였다. 한때 로멜 장군 휘하 공포의 아프리카 군단이 바야흐로 무력해지고 말았다.

북아프리카에서 독일군의 전황이 호전될 수 없다는 것을 파악한 로멜 장군은 3월 9일에 베를린으로 날아가 히틀러에게 작전 지역과 방향을 바꾸라고 설득했다. 하지만 히틀러는 움직이지 않았고, 오히려 북아프리카 군단이 마지막 병력과 총탄이 남을 때까지 끝까지 싸워야 한다고 특유의 어법으로 강조했다. 그러고서 로멜 장군에게 베를린에 체류하라고 명령한 뒤, 그를 대신해 한스위르겐 폰 아르님Hans-Jürgen von Arnim 대장을 보내 절망적 상황에 처한 북아프리카 군단을 지휘하게 했다.

폰 아르님 대장은 부족한 수송력을 보충하기 위해 항공 수송에 더욱더 의존했다. 4월에 독일군은 이탈리아와 시칠리아에서 튀니지로 하루에 200대의 항공기를 운용했다. 그는 6개의 엔진을 보유한 Me-323 수송기 21대에 공중 급유기를 이용해 각각 10톤의 연료를 적재했다. 이 수송기들은 4월 22일에 첫 비행을 시작했으나, 영국군과 미국군 전투기들의 공격을 받아 16대가 격추되었다. 격추된 수송기들은 화물과 함께 거대한 폭발을 일으켰고, 횃불처럼 타오르면서 바다에 추락했다. 그러나 공수에 성공했더라도 폰 아르님 대장의 연료 문제를 해결하기에는 역부족이었을 것이다.[20]

히틀러가 폰 아르님 대장이 지휘하는 부대의 병사들에게 끝까지 싸우다 죽으라고 명령했다는 것을 알 길 없는 연합국은 그들이 다음 기회를 찾기 위해 탈출할 것이라고 추측했다. 그런 일이 일어나지 않도록 하기 위해 커닝햄 제독은 '보복 작전Operation Retribution'을 명령했고, 튀니스와 시칠리아 사이의 탈출로에 구축함을 배치한 뒤, "침몰시키고, 불태우고, 파괴하라. 아무것도 통과시키지 마라"라는 명령을 하달했다. 실제로는 아무도 탈출하지 않았다. 5월 13일, 폰 아르님 대장은 돌이킬 수 없는 상황임을 받아들였고, 25만여 독일군과 이탈리아군의 지휘권을 포기했다. 폰 아르님 대장은 전쟁의 나머지 기간을 미국 미시시피주의 캠프 클린턴 포로 수용소에서 보냈다. 5월 12일에 열린 리카르디 제독과의 회담에서 되니츠 제독은 "우리는 보급 체계가 실패해서 패배했습니다"라고 솔직하게 털어놓았다.[21]

미국은 일본군을 과달카날에서 몰아내는 데 6개월이 걸렸고, 영미 연합군(새로 구성된 자유 프랑스군도 합류)이 아프리카에서 추축국을 몰아내는 데에도 6개월이 걸렸다. 하지만 북아프리카 전투를 종결하는 과정에서는 더 많은 군사가 필요했고, 수많은 사상자가 발생했다. 과달카날 전역에서는 미국군이 7000명 전사한 반면에 북아프리카 전역에서는 7만여 명의 연합군 병사가 전사했다.[*] 그러나 두 전역 모두 해상 수송에 크게 의존하고 전시 생산의 핵심 부문에서 연합군이 우세한 덕분에 승리할 수 있었다.[22]

과달카날과 북아프리카에서 미국이 거둔 승리는 두 전역 모두에서 전쟁이 연합국에 유리하도록 전개되는 데 기여했다. 그리고 북아프리카 전역의 승리 덕분에 지브롤터에서 수에즈로 이어지는 중요한 해상 통신 라인을 다시 가동할 수 있었다. 5월 17일, 연합군의 호송대가 지브롤터를 떠나 9일 후 알렉산드리아에 도착했다. 이 두 작전이 모두 해결되었으므로 연합국에 시급한 문제는 다음에 향할 곳을 찾는 것이었다.

────

북아프리카 전역이 진행되던 1월, 영어권 연합국 지도자들이 회동했다. 루스벨트와 처칠, 그리고 수많은 성공을 조율한 참모들이 모로코의 카사

---

[*] 영국군이 작전에서 주도적 역할을 한 점은 사상자 비율에서 드러난다. 영국군의 사망자와 실종자는 3만 8000명이었고, 프랑스군과 미국군에서는 각각 약 1만 9500명의 인명 손실이 발생했다.

블랑카 인근 작은 호텔에 모였다. 여기서 다룬 의제 중 하나는 '자유 프랑스' 운동의 경쟁자였던 앙리 지로Henri Giraud와 샤를 드골에게 부여한 작위적 협정이었다. 다를랑 제독이 사망한 이후 지로와 드골의 이른바 '마지못해 수용한 타협'을 계기로 북아프리카 전역의 남은 기간에 프랑스군이 영국과 미국에 합류할 계기가 마련되었다. 6월이 되자 알렉산드리아에서 거의 1년 동안 체류하던 고드프루아 제독의 프랑스 해군 함대도 연합군에 합류했다. 루스벨트가 연합국은 추축국 세력의 무조건 항복만을 받아들이겠다고 공개적으로 발표한 곳도 카사블랑카였다. 그의 선언은 당시에도 그 이후에도 논쟁을 불러일으켰으며, 비판자들은 이 요구가 나치 지도자들로 하여금 협상에 의한 평화를 추구할 마음을 먹지 못하게 할 것이라는 의견을 제시하기도 했다. 그 비판의 실질적인 이점이 무엇이었을지 알 수는 없지만, 더 즉각적인 결과를 가져온 결정은 연합군 작전 기획자들이 시칠리아섬에 대규모 상륙 공격을 감행해 지중해에서 공세를 지속하기로 한 결정이었다. 그것이 바로 허스키 작전이다.[23]

이 작전은 북아프리카가 평정되면 연합국이 영국에 병력을 증강시켜 영국-프랑스 해협을 건너 독일이 점령한 프랑스를 공격할 수 있다는 가정에서 벗어난, 전략의 변화였다. 1943년에는 연합군의 프랑스 상륙이 불가능하다는 것이 이미 확실했고, 미국은 북아프리카에 주둔한 50만여 연합군 병사를 시칠리아에 상륙시키는 것이 영국에 필요한 수천 척의 선박을 찾는 것보다 훨씬 실용적이라는 영국의 견해에 암묵적으로 동의했다. 하지만 이 결정은 미국 국민이 보기에 실망스러운 것이었고, 특히 스탈린을 화나게 할 터였다. 소련 군대가 독일군에 맞서 싸우는 동안 영국과 미국 군대는 고작 지중해에 있는 이탈리아의 섬을 공격하기로 결정했으니 말이다. 처칠은 남유럽을 추축국의 '부드러운 아랫배'라고 말하기를 좋아

1943년 1월에 열린 카사블랑카 회담에서 사진 촬영을 하는 동안 루스벨트 대통령과 처칠 총리가 서류를 훑어보고 있다. 루스벨트 바로 뒤에 조지 마셜 장군이 서 있고, 그 오른쪽에 어니스트 킹 제독, 왼쪽에 더들리 파운드 제독이 있다. (미국 해군 역사유산사령부)

했지만, 연합국은 아이젠하워 장군의 해군 부관 해리 버처Harry Butcher의 표현대로, "아랫배의 배꼽을 갉아먹었을 뿐"이었다.[24]

영국군은 처음에 프랑스 남부로 진격하는 데 디딤돌이 될 수 있는 사르데냐에 대한 공격을 옹호했으나, 시칠리아가 더 가까운 데다가 이 섬이 연합군의 자원을 소모시키는 또다른 자석이 될 가능성은 낮았다. 하지만 사르데냐는 연합군의 공격 계획에서 독특한 역할을 맡았다. 영국군 유언 몬태규Ewen Montagu 중령은 추축국 쪽에서 사르데냐, 그리스, 또는 둘 다를 연합군의 목표로 삼는다고 착각하게 할 계획을 세웠다. 이를 위해 그가 이끄는 팀은 영국군 해병대 소령으로 추정되는 윌리엄 마틴William Martin

이라는 베일에 싸인 장교의 신분증을 준비했다. 그들은 최근에 사망한 웨일스인의 시신을 준비한 뒤, 시신에 제복을 입히고 그 신분증을 제복 주머니에 넣은 뒤 손목에 밀봉된 서류 가방을 수갑으로 채웠다. 서류 가방 속에는 공식적인 것처럼 보이는 가짜 서류가 들어 있었는데, 여기에는 조만간 진행될 연합군의 사르데냐 침공에 대한 우회적 언급도 포함되었다. 이 시신은 에스파냐 카디스 앞바다에 버려졌는데, 얼마 전 PBY 카탈리나 정찰기가 추락한 곳 근처였다. 머지않아 그 시신은 에스파냐 해안으로 밀려왔고, 에스파냐 당국은 서류 가방에서 그 서류를 조심스럽게 꺼내 복사한 뒤 독일군에 사본을 넘겨주었고, 서류 가방에서 원본을 교체한 뒤에 시신을 영국 대사관에 인도했다. 독일군에 전달된 사본은 히틀러에게까지 전해졌고, 히틀러는 이 서류가 진짜라고 확신했다. 이탈리아 해군은 면밀한 분석과 연구를 통해 "연합군의 다음 목표는 시칠리아를 점령하는 것"이라고 명확하게 예측했으나, 히틀러는 연합군이 사르데냐와 펠로폰네소스를 향하고 있다고 주장했다. 결국 추축국은 코르시카뿐만 아니라 그 두 섬 사이에 증원군을 분산시켰다.[25]

루스벨트와 처칠은 폰 아르님 대장이 항복한 직후인 5월에 다시 만났다. 워싱턴에서 열린 그 회담은 '트라이던트 회담Trident Conference'으로 알려진다. 처칠은 카사블랑카에서 얻은 외교적 승리를 바탕으로 시칠리아를 점령하면 영국과 미국 군대가 이탈리아 본토를 공격한 뒤, 이탈리아를 전쟁에서 축출하도록 지중해에서 계속 작전을 수행해야 한다고 주장했다. 이번에는 루스벨트와 미국인들이 반격했다. 뛰어난 언변을 자랑하던 마셜 대장은 이탈리아를 전쟁에서 몰아내기보다는 '우선 독일을 전쟁에서 몰아내는 데'에 집중해야 한다고 잘라 말했다. 킹 제독은 이탈리아로 진출할 경우 북아프리카에서처럼 '우리 군대가 빨려 들어갈 진공 상태'가 될

지 모른다고 우려했는데, 그는 어쩌면 당시 과달카날의 전황이 그러한 진공 상태가 되고 있음을 간파했는지도 모른다. 이때 미국은 처칠에게 1944년 봄에 시행될 도버 해협 횡단 공격에 대해 구체적인 약속을 요구했다. 미국이 연합군의 모든 작전이 지속 가능하도록 군수품을 가장 많이 생산하고 있다는 사실은 루스벨트와 마셜 대장이 회담에서 큰 영향력을 행사할 수 있는 근간이었다. 결국 처칠은 1944년 5월 1일에 영국군과 미국군이 프랑스 북부를 공격하도록 지원하겠다고 서약하기에 이르렀다.[26]

이탈리아의 경우, 허스키 작전이 얼마나 성공하느냐에 따라 많은 것이 달렸기에 이탈리아 본토 공격에 대한 결정은 연합군의 전역 지휘관 아이젠하워 장군에게 위임하는 것이 최선이었다.[27]

시칠리아 상륙 작전

시칠리아는 지중해에서 가장 큰 섬이다. 삼각형 혹은 오른쪽으로 기울어진 피라미드처럼 생긴 이 섬의 전략적 중요성은 시칠리아 해협을 지키는 위치에서 확연히 알 수 있다. 남서쪽 모서리는 아프리카의 봉곳에서 160킬로미터도 채 안 되고, 북쪽 끝은 메시나 해협 너머로 3킬로미터도 채 안 되는, 장화를 닮은 이탈리아 지형의 발끝을 가리킨다. 연합국은 처음에는 피라미드의 끝부분, 즉 이탈리아반도와 맞닿은 곳에 상륙하는 것을 고려했다. 그러면 추축국 수비대는 육지에서 차단한 채로 시칠리아의 모든 지역을 포위할 수 있을 것이었다. 하지만 이는 너무 대담한 시도였다. 물론 오랫동안 북아프리카에서 전투를 벌인 연합군 작전 참모들은 그다지 대담하다고 여기지 않았지만 말이다. TF141(이 번호는 알제의 세인트조지 호텔 객실 번호였다)은 다른 작전 계획을 구상했다. 피라미드의 양 측면 쪽 여러 지점에 상륙하겠다는 생각이었다. 구체적으로, 영국군은 동쪽 카타니아 인근에, 미국군은 서쪽 팔레르모 근처에. 메시나가 북아프리카에서 출격하는 연합군 전투기의 사정권 밖에 있었기 때문에 세운 계획이었다.

아이젠하워 장군은 튀니지를 점령하기 위한 작전에 집중하느라 시칠리아 상륙 작전 계획을 수립하는 과정에는 별다른 역할을 맡지 않고 당면 임무에 집중했다. 연합군 사령관으로서 그가 지닌 가장 큰 강점은 능숙한 부하 관리였다. 또한 그는 민족주의 분쟁을 해결하거나 최소화하는 재판관이자 협상가였고, 육군·해군·공군 지휘관들 사이의 민감한 개인적 분쟁을 진정시키는 조정자였다. 이번에도 마찬가지였다. 왜냐하면 TF141이 제시한 계획에 모두가 만족하지는 않았기 때문이다.[1]

해군 총사령관 헨리 하우드 제독의 후임으로 최근 지중해로 돌아온 커닝햄 제독은 이 계획을 좋아했는데, 가장 큰 이유는 추축국 비행장의 조기 점령, 그리고 여러모로 유용한 팔레르모 항구의 점령이 포함되었기 때문이다. 그러나 육군 지휘관들은 이 계획이 번거롭고 위험하다고 보았다. 작전에 따르면 수백 킬로미터에 이르는 험난한 지형으로 분리된 섬의 반대편에 연합군 지상군을 배치해야 했기 때문이다. 특히 몽고메리 장군은 이 계획이 '뒤죽박죽'이라고 비판했다. 그는 영국군이 아볼라 인근 동쪽에 상륙하고 미국군이 젤라만의 남쪽에 상륙하는 등 피라미드의 남동쪽 모퉁이를 집중적으로 공격하고, 캐나다 사단은 파키노 근처 해변을 공격하는 것이 좋겠다고 생각했다. 이처럼 몽고메리 장군의 계획에서 팔레르모 점령은 빠져 있었다.

몽고메리 장군은 아이젠하워 장군뿐만 아니라 연합군 지상 사령관 해럴드 알렉산더 장군의 부하였지만, 그는 자신의 의견을 최후통첩처럼 제시할 정도로 상관들을 편하게 대했다. 그는 자신의 계획을 내놓으면서 이것이 시칠리아를 점령하는 '유일하게 가능성 있는 방법'이며 "지금 수립된 계획을 실행하면 실패하고 내가 내놓은 계획은 성공할 것"이라고 장담

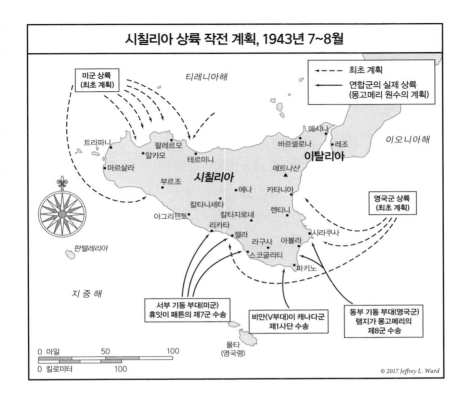

시칠리아 상륙 작전 계획, 1943년 7~8월

- - - ▶ 최초 계획

───▶ 연합군의 실제 상륙
(몽고메리 원수의 계획)

미군 상륙
(최초 계획)

티레니아해

트라파니
팔레르모
알카모
마르살라
테르미니
부르조
시칠리아
아그리젠토
칼타니세타
칼타지로네
리카타
젤라
스코글리티
판텔레리아
라구사
아볼라
파키노

메시나
바르셀로나
레조
에트나산▲
에나
카타니아
렌티니
시라쿠사

이탈리아
이오니아해
영국군 상륙
(최초 계획)

지 중 해

서부 기동 부대(미군)
휴잇이 패튼의 제7군 수송

비안(V부대)이 캐나다군
제1사단 수송

동부 기동 부대(영국군)
램지가 몽고메리의
제8군 수송

0 마일   50   100
0 킬로미터   100

몰타
(영국령)

© 2017 Jeffrey L. Ward

했다. 그는 미국군과 캐나다군 상륙 부대가 자신이 지휘하는 제8군의 왼쪽 측면을 보호하는 방패가 될 것이며, 그뒤 제8군(과 자신)은 메시나를 향해 북쪽으로 돌진하는 창이 될 수 있으리라 생각했다. 미국군은 2월에 카세린 협곡에서 굴욕을 당한 이후 인상적인 전진에 성공했지만, 몽고메리 장군을 비롯한 많은 영국군 장교가 미국군은 주공이 아니라 조공을 담당해야 한다고 생각했다. 따라서 독일군 부대에 직접 대항해 치러야 하는 어려운 전투에서는 당연히 영국군을 투입해야 한다는 생각이었다. 이처럼 몽고메리 장군은 주공 방향을 정하는 논쟁에서는 이겼지만, 이 과정에서 그와 우호적 친분을 쌓은 사람은 거의 없었다. 커닝햄 제독은 파운드 장군에게 이렇게 불평했다. "몽고메리는 좀 성가신 자인 것 같습니다. 모두가 자기 장단에 맞추어 춤추는 것을 당연하게 여기는 듯합니다." 한 회의에서 말다툼에 진저리가 난 커닝햄 제독은 "육군이 동의할 수 없다면 단독으로 작전을 수행하라고 하시오"라고 짜증을 내기도 했다.[2]

커닝햄 제독의 이 말은 육군, 더 정확하게 말해 지상군은 '단독으로 작전을 수행할 수 없다'는 명백한 사실을 지적한 것이었다. 히틀러가 1940년에 '바다사자 작전'을 처음 계획했다가 폐기하면서 배웠듯이, 해군은 상륙 작전의 핵심 요소였다. 튀니지에서 아프리카 군단이 오랜 기간에 걸쳐 질식사한 것에서 알 수 있듯이, 아무리 훌륭하게 잘 지휘하더라도 바다를 통한 병참 지원이 없으면 지상군은 어떤 경우에도 오래 유지할 수 없었다. 시칠리아 공격의 첫 단계에서는 영국과 미국에서 북아프리카의 여러 항구로 전쟁에 필요한 도구를 들여와야 했는데, 이 과정에서 추축국의 유보트와 항공기의 도전을 극복하는 것이 관건이었다. 그중에서도 특히 공중 위협이 심각했다. 당시에 이탈리아 공군은 이빨이 빠진 것이나 마찬가지였으나, 독일 공군은 사르데냐, 코르시카, 시칠리아 등지에서 1000여 대의 전투기를 보유한 상황이었다. 이 전투기들이 하역하는 항구로 향하는 연합군 호송대를 공격할 것임이 분명했다.[3]

연합군의 시칠리아 상륙 작전인 허스키 작전에 투입된 전투력은 병력 16만여 명, 차량 1만 4000대, 전차 600대, 대포 1800문, 식량, 연료, 탄약 등으로 구성된 7개 사단 규모였다. 연합군 해군은 이 같은 대규모 원정 부대를 적이 장악한 해안으로 수송하고 그곳에서 이를 유지하기 위해, 북아프리카에 상륙한 연합군을 비롯해 기존의 모든 공격을 축소했다. 전체적으로 약 2590척의 선박과 수백 척의 소형 상륙정이 참여할 예정이었다. 이 작전에 투입된 대규모 함대의 주축은 미국과 영국의 선박이었고 벨기에, 네덜란드, 그리스, 노르웨이, 폴란드에서 온 함정도 포함되었다. 명실 공히 그때까지 집결한 해군 전투력 중 가장 큰 규모였다.[4]

해군과 관련된 모든 사항을 주관하고 감독한 사람은 커닝햄 제독이었다. 그는 1943년 1월에 다섯 번째 별을 달았고 해군 원수로 진급해 더들리 파운드 제독, 조지 6세와 같은 계급이 되었다. 그는 아이젠하워 대장보다 별을 더 많이 달았으나 아이젠하워의 지휘를 받았다. 그는 북아프리카 전역이 진행되는 도중에 "우리는 아이젠하워 사령관의 지시에 복종하는 것을 특권으로 여긴다"라고 발언하기도 했다. 1805년에 트라팔가르에서 지휘를 맡았던 넬슨 제독이나 1916년에 유틀란트 해전에서 지휘했던 존 젤리코John Jellicoe 제독과 달리, 커닝햄 제독은 자신이 관할하는 대규모 해군력을 모두 지휘한 것은 아니었다. 커닝햄 제독이 담당한 일은 아이젠하워 대장처럼 수백 개의 부품을 조정하는 것이었는데, 그는 알제에 있는 세인트조지 호텔의 사무실에서 이 업무에 몰두했다. (미국 해군 사령관 켄트 휴잇 중장이 바로 옆 사무실을 사용했다.) 실제로 상륙 작전이 실행되었을 때 커닝햄 제독과 아이젠하워 장군은 몰타에서 모래벼룩이 들끓는 항구 아래쪽 터널의 방폭 성능을 갖춘 사령부를 사용했는데, 커닝햄 제독처럼 오랫동안 해군에서 복무한 장교에게는 숨이 막히는 일이었다.[5]

시칠리아 공격 9일 전인 7월 1일, 커닝햄 제독은 4척의 전함과 2척의 항공모함으로 구성된 엄호 부대인 H부대를 동쪽으로 파견했다. 이 조치에는 대체로 정세 전환의 의미도 있었지만, 남아 있는 이탈리아 전투 함대를 끌어내려는 의도도 강했다. 하지만 이탈리아 해군은 유혹에 넘어가지 않았다. 지속적인 연료 부족과는 별개로, 6월 5일 연합군이 로마에서 북쪽으로 400여 킬로미터 떨어진 라스페차의 이탈리아 해군 기지를 공습했는데, 이 공격에서 이탈리아 전함 3척이 손상을 입었다. 당시 이탈리아 해군은 소형 전함 3척과 경순양함 5척만 운용하고 있었다. 게다가 튀니지에서 추축국 군대를 지원하기 위해 많은 구축함을 투입했기에 자국 방어를 위한 구축함은 10척만 할당했다. 그리고 이탈리아군 최고 사령부 중 일부는 연합국과의 평화 협상 가능성을 염두에 두고 있었는데, 이러한 판단에서 자국의 협상력을 높이기 위해 최대한 많은 함대를 보존하고자 했다.

지중해에 남은 소수의 이탈리아 잠수함과 유보트 6척은 최선을 다해 연합군 함대의 집결을 방해하려 했다. 6월 22일, U-593이 미국 화물선 2척을 격침했고, 일주일 후 U-375가 제1 캐나다 사단과 함께 지브롤터에서 몰타까지 항해하던 필립 비안 제독의 V부대 소속 수송선 3척을 격침했다. 캐나다군은 인명 피해는 크지 않았지만 다수의 대포를 잃었다. 하지만 연합국은 곧 반격했고, 그후 몇 주 동안 영국과 미국의 호위함은 총 13척의 추축국 잠수함(이탈리아 9척, 독일 4척)을 격침해 잠수함의 위협은 크게 줄었다.[6]

커닝햄 제독이 몰타에서 지휘하는 동안, 시칠리아 상륙군 함대의 작전 지휘권은 다른 두 지휘관이 행사했다. 됭케르크의 영웅 버트럼 램지 제독은 몽고메리 장군이 지휘하는 제8군을 태우고 동부(영국) 기동 부대를 이끌었고, 모로코 상륙을 지휘한 휴잇 중장은 패튼 장군의 제7군을 이끌고 서부 기동 부대를 지휘했다. 커닝햄 제독과 마찬가지로 휴잇 중장은 수정된 공격 계획에 우려를 표명했다. 연합군이 조기에 팔레르모 항구를 점령하지 못할 경우, 패튼 장군이 지휘하는 3개 사단을 해변에서 유지하고 보급해야 했기 때문이다. 달리 말하면 교각이나 무거운 기중기에 접근할 수 없는 상태에서 7만 5000여 병사에게 필요한 보급품, 식량, 연료, 탄약을 상륙하는 것은 매우 힘들 것임이 분명했다. 이는 벅찬 과제였지만, 이것이

가능했던 것은 선박 설계와 상륙 작전에서 혁명을 일으킨 완전히 새로운 형태의 함정 덕분이었다.

===========

8개월 전 북아프리카에서 연합국이 연락선과 여객선 등 모든 선박을 동원해 수행한 횃불 상륙 작전의 과정과 결과는 아주 아찔한 것이었다. 미국 육군의 루션 트러스콧Lucian Truscott 소장이 언급한 대로, 횃불 상륙 작전은 "저항할 의도를 가지고 잘 무장된 적이었다면 재앙을 초래했을지도 모를, 장담할 수 없는 작전"이었다. 병력을 상륙시키는 것 자체도 혼란스러웠지만, 훨씬 더 심각한 문제는 지프, 트럭, 특히 전차의 하역이었다. 영국군이 디에프에서 배웠던 것처럼, 전차를 적의 해변에 상륙시키기란 매우 어려운 일이었다. 이러한 경험은 영국과 미국의 선박 설계자들이 그러한 기능을 수행하기에 적합한 상륙함을 제조하도록 자극했다. 그 결과 다양한 상륙 작전 전용 함정이 등장했고, 각각의 전용 선박은 보통 약자로 식별되었다.[7]

그중 가장 크고 중요한 것은 '전차 상륙함LST: landing ship, tank'이었다. 크고 느리고 보기 흉한 LST는 적의 해변에 다수의 무거운 전차를 착륙시키는 문제를 해결하기 위해 특별히 설계된 상륙 함정이다. 기존에는 이 임무를 '기계화 부대 상륙정LCM: landing craft, mechanized' 또는 마이크 보트Mike boat라는 작은 함정이 담당했다. 이것들은 통상 '전차 바지선tank lighter'으로 불렸는데, LCM에는 33톤짜리 셔먼 전차 1대만 탑재할 수 있었다. 적이 강력하게 방어하는 해변에 전차를 한 번에 1대씩 상륙시키는 것은 적절한 방식이 아니었다. 하지만 LST는 한 번에 셔먼 전차 20대 또는 2.5톤 트럭('듀스앤드어하프deuce and a half'로 잘 알려진) 30대를 실을 수 있었으며, 기상 데크에 지프나 포병 화기 30~40대를 더 실을 수 있었다. 한편 LST는 크기는 거대했지만 바닥이 평평하게 설계되어서(한 베테랑의 말을 빌리면 '욕조처럼 생겨서') 상륙 해변의 모래 위에 바로 하역할 수 있었다. 모래 해변에서 거대한 선수문船首門을 열어 짧은 경사판을 설치하면 전차와 트럭 운전병이 직접 운전해서 기동했다. 화물을 내리고 나면 LST는 선수문을 닫고 해안에 떨어진 닻을 끌어올리는 선미의 강력한 윈치를 이용해 해변에서 철수했다. 처칠 총리가 지적했듯이, LST는 "미래의 모든 상륙 작전의 기본"이 되었다."[8]

미국은 전쟁이 끝나기 전까지 1000여 대의 LST를 건조했지만, 1943년 4월과 5월에 연합국이 시칠리아 상륙 작전 계획을 세울 때까지는 고작 200척도 완성되지 않았고 그중 다수는 여전히 항해 및 운항 시험 중이었다. 허스키 작전에 투입된 상륙 부대는 모두 LST를 최대한 활용하려고 했다. 상륙 작전 훈련에서 연합군 작전 참모들은 LST 1척에 450명의 병력과 장비를 실었고, 이 장비가 여전히 작동하는지 확인하기 위해 차량 94대도 선적하고자 했다. 그리고 이 모든 것을 선적할 수 있다는 것을 확인했다.[9]

또다른 새로운 상륙 장비는 영국에서 '전차 상륙정TLC: tank landing craft'이라고 부르고 미국에서는 '전차 상륙정LCT: landing craft, tank'이라고 부르는 것이었다.* 길이는 LST의 절반이고 배수량은 3분의 1인 LCT는 전차나 트럭을 5대까지 갑판에 선적해서 운반했다. 이 튼튼한 상륙정은 처음 몇 차례의 강력한 파도를 극복하고 전차를 해안에 상륙시켰는데, 대개는 규모가 크고 수량이 부족하며 값비싼 LST를 적의 해안포 사격에 노출하는 것

---

* 공식 분류에 따르면 배의 배수량이 200톤 이상이면 선박(ship)이고, 200톤 미만이면 함정(craft)이다. 그런데 LCT와 뒤에 나오는 LCI 모두 배수량이 500톤 이상이었지만, 여전히 함정으로 분류되었다. 그래서 이와 같은 보편적 용례는 여기에 적용하지 않았다.

LST-77에서 내리는 M-4 셔먼 전차. 히긴스 보트들이 우현 기둥에 매달려 있다. (미국 국립문서보관소 no. SC 189668)

이 너무 위험한 경우에 이 상륙정을 투입하곤 했다.

한편 연합국은 병력을 해안에 상륙시키기 위해 다시 LCA(영국) 또는 LCVP(미국)라고 불리는 소형 상륙정에 의존했는데, 바로 이 책 앞부분에서 히긴스 보트라고 부른 것이다. 이 보트의 최신 버전에는 병력이 해변에 상륙할 때 보트의 측면이나 전면의 가장자리를 뛰어넘거나 올라가지 않아도 되게 전방에 장갑 선수문이 설치되어 있었다. 작고 값싼 일회용 장비였던 히긴스 보트는 최초의 몇몇 상륙 부대에는 이상적이었지만, 그뒤 연합국은 병력을 신속하게 상륙시키기 위해 '보병 상륙정LCI: landing craft, infantry'이라고 부르는 더 큰 병력 수송선을 보유했다. 이 대형 상륙정의 승무원들은 이 장비를 LC 또는 친근하게 '엘시Elsie'라고 불렀다. 가장

1943년에 지프와 의료용 차량을 실은 LCT-410이 해변으로 향하는 모습. (미국 해군연구소)

LCI-326에서 보병 부대가 상륙하는 모습. 승무원들은 이 상륙정을 '엘시'라고 불렀는데, 한 번에 병사 200명을 태울 수 있었으나 차량은 실을 수 없었다. (미국 해안경비대)

DUKW 수륙 양용 트럭이 의약품 화물을 해변으로 나르는 모습(상자에 '보존 혈액Stored Blood'이라고 적혀 있다). 멀리 LST, LCT, LSI 등 다양한 상륙 함정이 보인다. (미국 국립문서보관소 no. SC 429012)

일반적인 유형은 LCI(L)인데, 괄호의 L은 '대형'을 의미한다. 대형 LCI는 한 번에 병사 200명을 수송할 수 있었으나, 이 상륙정에는 선수문이 없어서 차량은 선적할 수 없었다. 이 상륙정은 해변으로 선체를 밀고 올라간 뒤 뱃머리 양쪽에 각각 하나씩 좁은 경사판을 설치했고, 승선한 병력이 이 경사판을 따라 해변으로 돌격했다. 20밀리미터 포 4문으로 무장한 LCI 는 적의 해안 포화에 무력했지만, 대규모 보병을 상륙시키는 데에는 필수 품이었다.[10]

새로운 상륙 장비 중 가장 창의적인 것은 어색하게 'DUKW'라는 약자가 붙은 것인데, 사람들은 이것을 '오리duck'라는 별칭으로 부르곤 했다. 길이 9미터 정도에 무게가 6톤에 이르는 이 트럭은 기본적으로 수륙 양용이었다. 이것은 보급품(종종 탄약)을 싣고 수십 킬로미터 떨어진 해안에서 LST 경사판을 벗어나 자체 동력으로 6노트 속도로 해변까지 이동한 후, 마치 양서류처럼 모래 위로 기어 올라간 뒤에도 계속 전진할 수 있었다.[11]

이와 같은 새로운 상륙 장비들은 상륙 작전의 판도를 바꿔놓았다. 불과 몇 년 전만 해도 바다에서 공격할 때 병사들은 포경선이나 다른 작은 함정을 타고 이동한 다음, 파도를 뚫고 해변으로 기동하여 장애물을 뛰어넘어 통과한 뒤 소총을 들고 방어 부대를 향해 돌격해야 했다. 하지만 새로운 특수 상륙함과 전용 함정 등이 개발됨에 따라 상륙 작전의 성격이 재정립되었다.

━━━━━

다양한 선박에 병력, 차량, 장비를 싣는 과정은 늘 복잡했다. 최초의 시칠리아 공격에 참여한 7개 사단(영국군 3개, 미국군 3개, 캐나다군 1개)은 여섯 군데 다른 지중해 항구에서 각각 출발했는데, 그중 한 공격 부대(캐나다 제1사단과 함께 비안 장군이 지휘하는 V부대)는 멀리 스코틀랜드에서 출발했다. 물자와 장비의 배분과 선적은 여러 함대 사이뿐만 아니라 개별 선박 사이에서도 세심한 관심이 필요한 사안이었다. 단 한 척이라도 중요하지 않은 선박이 없었기 때문이다. 한편 각 함정은 전투용 물자와 장비를 선적했는데, 이때는 즉각적인 수요가 있는 확실한 물품, 에컨대 무기와 탄약을 먼저 하역할 수 있도록 가장 마지막에 적재했다. 이어 각 함정은 자신들이 어느 호송대에 소속되며 어떤 항로로 이동하는지, 이에 따라 정확히 어떤 속도로 항해할지 신중하게 계산했다. 이에 대해 커닝햄 제독은 "그들은 적절한 시간과 순서에 따라 최종 목적지에 도착했다"라고 평가했다. 모든 병력과 물자를 적절한 선적 항구로 보내 함정에 선적하고, 그리고 여섯 군데 다른 항구에서 온 함정들이 26개의 다른 상륙 해변을 공격하기 위해 이들을 작은 함대로 편성하는 것은 어렵고 복잡한 행정 퍼즐이었다. 커닝햄 제독은 이때를 두고 "복잡함은 끝이 없었다"라고 회고록에 썼다.[12]

더구나 이런 절차는 합동 및 연합 작전인 만큼 각 군 사이의 소통과 협업이 필수적이었다. 영국 해군이 영국군 병력과 장비의 운반을 맡았고, 미국 해군이 미국군 병력과 장비의 운반을 담당했다. 물론 예외가 없지는 않았다. 휴잇 중장이 지휘하는 사령부는 37척의 영국 해군 함정을 보유했고, 램지 제독 사령부는 25척의 미국 리버티선을 보유했다. 모든 사람이 같은 언어를 사용했지만, 거의 매 순간 육군과 해군, 육군과 공군, 해군과 공군 사이에서 오해와 의견 충돌이 발생했다. 한 가지 공통의 어려움은 장군들이 각 함정에 선적할 목록에 계속 새로운 요구 사항을 추가하는 것이었다. 한때 미국 해군 특수 부대를 지휘했던 앨런 커크Alan Kirk 소장은 자신의 육군 담당관 트로이 미들턴Troy Middleton 소장에게 이렇게 설명했다. "이 배의 재질이 고무가 아니라는 점을 기억하기 바랍니다. 당신은 이 배를 정해진 크기 이상으로 확장할 수 없습니다."[13]

이런 식의 오해 중 하나는 트러스콧 소장이 지휘하는 미국군 제3사단 병력 2만 7000명을 시칠리아 남쪽 리카타 해변으로 수송하기 위해 파견된 기동 부대에서 발생했다. 이 함정들은 리처드 코널리Richard L. Conolly 소장이 지휘했다. 코널리 소장과 트러스콧 소장은 대체로 사이가 나쁘지 않았지만, 병력과 장비를 선적하는 과정에서 한 차례 사고가 있었다. 트러스콧 소장은 지도에 상륙 해변 너머의 지형이 산이 많고 도로가 거의 없다고 기록했다. 따라서 자신이 지휘하는 사단의 장비를 험준한 지형을 통해 운반하는 것을 돕기 위해 동물 몇 마리를 데리고 가는 것이 유용하리라 판단했다. 그래서 그는 코널리 소장이 지휘하는 선단에 소속된 LCI에 각

각 당나귀를 8~10마리씩 실으라고 명령했다.[14]

뒤늦게 이 지시를 안 코널리 소장은 격분했다. 미국 해군 사관 학교를 졸업한 그는 트러스콧 소장이 진지하게 해군 함정에 군용 노새를 선적해야 한다고 제안하자 깜짝 놀랐다. 코널리 소장은 태평양에서 핼시 제독 밑에서, 더 최근에는 워싱턴에서 킹 제독의 참모로 근무했는데, 그러한 경력을 고려할 때 그가 즉각적으로 반응한 것은 놀라운 일이 아니었다. 그는 트러스콧 소장에게 전화를 걸어 이해하기 어려운 행동에 대해 따졌다. 그는 전화기에 대고 이렇게 소리쳤다. "당신이 내 배에 빌어먹을 당나귀 한 무리를 실었소? 게다가 내게 아무런 보고도 하지 않은 채, 어떻게 그런 결정을 했는지 이해할 수 없소." 그러자 트러스콧 소장은 코널리 소장을 달래면서 이렇게 답했다. "제가 제독님께 이 조치에 대해 보고하지 않았다면, 그건 제가 깊이 후회하는 단순한 실수입니다." 하지만 이 변명은 코널리 소장의 화를 더 부채질했다. 코널리 소장은 이렇게 대꾸했다. "당나귀를 함정에 태우면 나는 전 해군의 웃음거리가 될 것이오. 그런 일은 용납할 수 없소." 그러자 트러스콧 소장은 당나귀를 데리고 가지 않는 것에 동의하면서 다음과 같이 받아쳤다. "제독님이 당나귀를 함정에 태우기를 거부하신다면 데리고 가지 않겠습니다. 그런데 다만 제가 궁금한 것은, 만약 제독님이 보병 박격포, 전차 또는 해군이 보통 운반하지 않는 다른 장비 품목을 운반하는 것까지 반대하신다면 제가 내일 작전을 어떻게 진행해야 할까 하는 것입니다." 트러스콧 소장이 이 사건을 기억하는 것이 정확하다면, 그가 말한 지 약 1분 이상 침묵이 흐른 뒤, 마침내 코널리 소장이 다시 입을 열었다. "젠장, 그래요. 당신이 옳소. 우리는 빌어먹을 당나귀를 포함해 당신이 가져가고 싶은 모든 것을 운반하겠소!" 결국 당나귀는 시칠리아의 험난한 산지에서 유용했던 것으로 판명되었다. 두 사람 모두 인정한 대로, 이것이 두 사람 사이에 있었던 유일한 의견 불일치였다. 훗날 트러스콧 장군은 회고록에서 이렇게 썼다. "어떤 육군 사령관도 코널리 소장보다 더 유능한 해군 지휘관과 함께 작전을 수행하지는 않았을 것이다."[15]

반면 공군과의 협력 과정은 훨씬 어려웠다. 지난 2월 지중해 공군 사령관으로 부임한 영국 공군 아서 테더Sir Arthur Tedder 원수는 영국 공군과 미국 육군 항공단을 하나의 작전 사령부로 통합해 놀라운 성과를 거두었다. 당시 연합국은 모든 종류의 항공기 4000여 대를 동원해 압도적 공중 우위를 점할 수 있을 것 같았다. 하지만 테더 장군과 그의 미국군 상대인 칼 '투이' 스파츠Carl 'Tooey' Spaatz 장군 모두 자신만의 독자적 행정을 유지하고자 했다. 그들은 육군이나 해군의 단순한 보조가 되기를 꺼렸고, 자신들은 다른 어느 군과도 협력할 필요가 없다고 생각했다. 그들의 임무는 하늘에서 적의 항공기를 제거하는 것이었기 때문이다. 그래서 일단 그 목적이 달성되면 임무를 수행한 셈이다. 휴잇 중장은 공군의 공중 지원을 받기 위해서는 공군 본부에 공중 지원 요청서를 제출한 뒤 검토를 받아야 했는데, 그런 경우에도 자신의 요청이 반드시 승인되리라 장담할 수 없는 것에 한탄했다. 그는 "에어쇼는 독자적으로 운영되었다"라며 불만을 쏟아냈다. 커크 장군은 "우리는 우리가 통제할 수 있는 독자적인 공군 전력을 갖기를 바랐다"라고 비판했고, 젤라만 상륙 부대를 지휘했던 존 레슬리 홀 주니어John Lesslie Hall Jr. 소장은 다음과 같이 훨씬 노골적으로 말했다. "내가 생각하기에 해안이나 해상 전투에서 승리하고 싶어하는 사람이 항공기를 자신의 지휘 아래 두지 않는 체계는 오른손 없이 싸우려는 사람과 같다." 미국 상륙군의 총사령관이었던 패튼 중장은 휴잇 중장에게 미국 돌격 함대에 적어도 항공모함을 한 척만이라도 추가해달라고 간청했다.

그는 휴잇 중장에게 다음과 같이 의견을 개진했다. "당신은 해군 항공기로 원하는 것은 무엇이든 할 수 있지만, 우리는 공군으로 아무것도 할 수 없습니다." 결국 상륙 부대에 포함된 유일한 미국 항공모함은 개량된 LST 뿐이었는데, 승무원들은 작은 단좌 파이퍼컵스 정찰기 2대가 정찰을 수행할 수 있도록 대체 비행갑판을 설치했다.[16]

========

시칠리아 상륙 작전에서 연합국은 이탈리아의 작은 섬 판텔레리아와 람페두사를 점령했다. 연합군이 19일 동안 두 섬을 연속해서 폭격하자, 이 섬에 있던 7000여 이탈리아 병사들은 첫 번째 연합군 부대가 상륙하기 전에 항복했다. 이어서 7월 9일에 시칠리아 작전의 상륙 호송대가 몰타 서쪽에 집결했다. 또다른 사전 조치로서 공수 부대와 글라이더 부대를 해변 뒤쪽에 투입했다. 글라이더 부대는 높은 바람과 낮은 시야 때문에 대부분 착륙 지점을 놓쳤는데, 그들 중 절반은 바다에 착륙하고 말았다.* 몹시 혼란스러웠던 한 글라이더 조종사는 자신이 시칠리아라고 여긴 단단한 육지에 착륙했지만, 그가 착륙한 곳은 시칠리아에서 남쪽으로 80여 킬로미터 떨어진 몰타섬이었다.[17]

이 작전에 투입된 함정들 역시 휴잇 중장이 말한 '극도로 불리한 기상

---

* 연합군 공군이 육군이나 해군과 완전히 협력하기를 꺼렸던 이 작전에서는 비극적 결과가 발생했다. 이 작전의 핵심 요소는 공수 부대와 해변 뒤쪽의 글라이더 낙하였지만, 공군은 해군 사령관에게 항공기가 사용할 비행경로에 대한 구체적인 정보를 제공하지 않았다. 커닝햄 제독은 이러한 정보가 없다면 해군 함정이 항공 수송기를 적으로 오인해 사격하게 될 수도 있다고 경고했다. 7월 11일 밤, 아니나 다를까 연합군 함정이 맹렬하게 발포해 23대의 수송기가 격추되었고, 찰스 키런스 주니어(Charles L. Keerans Jr.) 준장을 포함한 60명의 공군과 81명의 공수 부대원이 사망했다. 역사학자 카를로 데스테(Carlo D'Este)는 이 사건을 "전쟁 중에 펼쳐진 각 군 사이의 합동 작전 중 최악의 사례"로 평가했다.

조건' 때문에 고통을 겪었다. 파도가 3~4미터 높이로 치솟으면서, 특히 작은 LCT와 LCI의 뱃머리 위로 푸른 바닷물이 끝없이 흘러내렸다. 그런 조건에서 일부 함정은 겨우 2.5노트밖에 속도를 낼 수 없었고, 그 결과 전체 운항이 예정보다 지연되었다. 이 과정에서 탑승한 병사들은 비참한 고통을 겪었다. 트러스콧 소장은 "모든 배에는 멀미와 구토에 시달리고 바닷물로 흠뻑 젖은 병사들로 가득 차 있었다"라고 회고했다. 많은 장교들과 병사들은 1588년 에스파냐 함대의 운명을 떠올렸다. 불안해진 아이젠하워 장군은 작전 연기도 고려했지만, 그러한 폭풍은 종종 빠르게 지나가는 데다 작전 연기가 혼란을 가중할 것이라는 점을 고려해 일정을 고수했다. 함정들은 집결 예정 장소로 이동하기 위해 고군분투했고, 드디어 7월 9일에서 10일로 넘어가는 자정이 몇 분 지난 시각에 지정된 해변에 도착했다.[18]

3개의 미국 해군 기동 부대(코드명 조스Joss, 다임Dime, 센트Cent)는 각각 증강된 미국 육군 사단을 수송했는데, 그들의 목표는 젤라만의 시칠리아 남부 해안 지역이었다. 영국 해군 특수 부대('애시드와 바크Acid and Bark'로 지정된)는 영국군 사단을 섬 동쪽 해변으로 이동시켰다.* 비안 제독 휘하의 V부대는 캐나다 제1사단을 스코틀랜드의 클라이드 하구에서 시칠리아 삼각 지대 남동쪽 모퉁이의 파사로곶 근처 해변까지 수송했다. 여섯 번 시행된 상륙 중 두 번은 완전히 적재된 상륙정이 승선 항구를 출발한 뒤 직접 목표 해변에 상륙하는 방식이었다. 코널리 소장이 담당한 기동 부대 '조스'는 리카타의 작은 마을 근처 해변에 상륙하는 임무를 맡았다. 트러

---

* 이러한 특정 코드 명칭의 출처는 명확하지 않다. 휴잇 소장은 나중에 "나는 최고위 참모부 기획자가 할당한 이상한 코드명 조스, 다임, 센트의 기원이 무엇인지 들은 적이 없다"라고 말했다.

스콧 소장이 지휘하는 부대의 차량은 LST 38척, LCI 54척, LCT 80척에 적재되었고, 소해정과 순시선도 동반했다. 그리고 순양함과 구축함의 호위를 받는 총 267척으로 구성된 함대가 지중해를 건넜다.[19]

이 상륙 작전은 대체로 함정에서 해안으로 상륙하는 것이었는데, 병력과 장비를 대규모 수송단에 선적해 지중해 허리를 가로질러 운반한 다음, 마지막에 해안에 상륙하기 위해 히긴스 보트에 옮겨 실어야 했다. 어떤 함정에서는 병력이 먼저 측면에 매달린 상륙정에 올라탄 뒤에 아래로 내리기도 했다. 불안정한 바다 위에서 한가득 적재된 상륙정은 하강하는 동안 걱정스러울 정도로 앞뒤로 흔들렸다. 제51 하이랜드 사단에 소속되었던 한 영국군 장교는 이렇게 회상했다. "우리는 소용돌이치는 파도를 향해 아래로 내려갔고, 때때로 무게가 약 14톤에 이르는 강철 상륙정이 선박과 충돌하기도 했다. 그러더니 물방울을 튀기며 물속에 빠진 후 불안하게 오르내렸다." 미국의 한 LST에서는 병력이 승선하는 도중에 닻을 달아 올리는 기둥이 부러지면서 선박에 실린 모든 짐이 물에 빠졌고, 이 과정에서 9명이 사망했다.[20]

그러나 대다수 수송선과 LST에서는 상륙용 보트에 병력을 태우지 않고 텅 빈 상태로 바다에 내려진 다음, 병사들이 밧줄 그물을 타고 상륙 보트로 내려왔다. 이 역시 어려운 과정이었다. 특히 병사들이 칠흑 같은 어둠 속에서 각자 물 두 캔, 방독면, 며칠 동안 먹을 전투 식량, 여분의 탄약과 소총 등을 휴대한 채 불안정하게 바다에 머문 수송선에서 하강하기란 쉬운 일이 아니었다. 어둠 속에서 병사들이 미끄러운 밧줄 사다리를 더듬어 내려갈 때, 배 옆에 있던 작은 상륙 보트들이 파도에 휩쓸려 마구 오르내렸다. 마지막 점프 타이밍을 놓치면 심한 타박상을 입거나 다리가 부러질 수도 있었다. 미국 수송선 제퍼슨함Jafferson에서는 마닐라 로프 사다리가 여러 차례 군데군데 끊어졌고, 이때마다 병사들이 바닷물 속으로 떨어지거나 끊어진 그물에 매달려야 했다.[21]

게다가 날씨 때문에 일정에 큰 차질이 빚어져 또다시 긴 기다림이 필요했다. 먼저 수송선에 올라탄 병사들은 때때로 상륙 보트 전체가 만원이 되는 통에 해안에 도착할 때까지 몇 시간 동안 주변을 빙빙 돌아야 했다. 두 번째 상륙 부대로 해안에 상륙한 종군 기자 잭 벨든Jack Belden은 이렇게 회상했다. "우리는 원을 그리며 함대의 그림자 속을 빙빙 돌다가 상륙 보트가 완전히 준비되었다는 확신이 들 때쯤 원형을 깨고 한 줄로 대형을 갖춰 해안을 향해 나아갔다." 벨든은 그러한 여정을 묘사할 때(아마도 현란한 어휘로 설명하려 했을 것이다) 그 배는 "요동치고, 구르고, 흔들리고, 부딪치고, 좌우로 흔들리고, 위아래로 흔들리고, 진동하고, 미친 듯이 춤을 추었다"라고 썼다. H시간(공격 개시 시각)이 지나자 제독들은 긴장했고, 비안 제독 역시 초조하게 신호를 깜박였다. "도대체 공격은 언제 시작합니까?"라는 의미였다.[22]

마침내 예정보다 1시간 늦은 새벽 4시 30분에 첫 번째 상륙 부대가 해변에 도착했다. 보름달은 이미 지고 해가 뜨기까지 30분 정도 남은 시점이었다. 해안선에서는 캄캄한 바다 위에 약간 어두운 그림자들이 간신히 감지될 정도였다. 이 바다의 유일한 불빛은 해변 뒤쪽 고지대에 설치된 기관총의 빨간 추적기에서 나왔는데, 이 기관총 사격으로 인한 손실은 거의 없었지만, 리카타에서 LCI-1은 고장이 나 조종이 불가능한 채로 선미부터 모래 위에 접근했다. LCI-1에 타고 있던 해군 병사들이 대응 사격을 퍼붓는 동안 승선한 병사들은 상륙함 뒤쪽에서 해변으로 뛰어내렸다. 전체적으로 저항은 가벼웠고, 상륙은 큰 무리 없이 진행되었다. 혹은 어둠이 깔린 낯선 해안에 적의 사격이 가해지는 상황에서 진행되는 상륙 작전처

럼 예상 범위 안의 상황이었다.[23]

존 홀 준장이 지휘하는 기동 부대 '다임'은 서쪽으로 30여 킬로미터 떨어진 젤라만에 미국 보병 제1사단의 병력을 상륙시켰다. 이 사단은 선명한 빨간색 부대 표지로 유명해서 '파이팅 퍼스트The Fighting First' 또는 '빅레드 원The Big Red One'으로 불렸다. 연합국은 젤라 항구의 부두를 이용해 상륙하려 했으나 이탈리아군이 이곳을 폭파해 모든 병력과 장비가 해변에 상륙해야 했다. 그로부터 몇십 킬로미터 떨어진 곳에 커크 제독 휘하의 기동 부대 '센트'가 미들턴 소장이 지휘하는 보병 제45사단 병력을 스코글리티 인근에 상륙시켰다. 그곳에서는 대다수 상륙정이 지도에 표시되지 않은 모래톱에 착륙했다. 그들이 아직 해변에서 100여 미터 떨어진 곳에 있을 때 병사들은 히긴스 보트의 측면으로 뛰어내려 1~1.5미터 깊이의 바닷물을 헤치며 해변으로 터벅터벅 걸어갔다. 예상치 못한 상황이었으나, 미국군 병사들은 적의 포격보다 전장의 혼란과 불확실성 때문에 더 어려움을 겪었다. 한 병사는 해변에서 불과 130여 미터 떨어진 곳에서 기관총을 소지하고 있던 이탈리아 병사들이 "우리에게 발포하기를 거부하고 스스로 투항했다"라고 회상했다.[24]

영국군이 상륙한 해변인 섬 동쪽 파키노반도에서는 순풍이 불어 날씨가 문제되지는 않았다. 하지만 이곳에서도 일부 LCT에 탄 병사들은 함정이 가라앉지 않도록 계속해서 물을 퍼내야 했다. 미국군 상륙 해변에서와 마찬가지로, 상륙 병력에게는 적 방어 부대보다 작전 중에 발생한 혼란스러운 상황이 훨씬 심각한 장애물이었다. 병력 수송선 중 일부는 계획했던 해안에서 약 10킬로미터 떨어진 곳에 정박해 병사들은 히긴스 보트를 타고 예정된 해변까지 먼 거리를 이동해야 했다. 어둠 속에서 많은 소형 상륙정은 길을 잃어 엉뚱한 해변에 도착하기도 했다. 부대들은 섞였고, 해안가에서 온갖 것을 정리하느라 오히려 혼란이 가중되었다.

영국 해군의 로더릭 맥그리거Rhoderick McGrigor 준장은 상륙 함정으로 마일스 뎀프시Miles Dempsey 중장이 지휘하는 제5사단과 제50사단을 시라쿠사와 아볼라 사이의 16킬로미터에 달하는 여러 해변에 상륙시켰다. 그 사이 1942년 11월에 오랑에서 상륙을 지휘했던 토머스 트루브리지 준장은 기동 부대 '바크'를 지휘해 제51 하이랜드 사단을 파키노 남쪽에 상륙시켰다. 순양함과 구축함은 이 모든 상륙을 지원했다. 캐나다군은 파키노 반대편 육지에 도착하는 바람에 영국군이 '모니터monitor'라고 부르는 특이한 모양의 선박으로부터 추가 지원을 받아야 했다. 15인치 포탑을 앞쪽 갑판에 장착한 경순양함 로버츠함Roberts은 캐나다군 부대가 점령할 첫날의 목표였던 파키노 비행장을 향해 거대한 포탄을 발포했다.[25]

히긴스 보트와 LCI가 병력을 상륙시킨 직후, LCT가 전차를 상륙시키기 시작했다. 일부 전차 운반선은 모래톱에 걸렸고, 대형 LST는 접안하기가 훨씬 어려웠다. LST 중 일부는 상륙 목표 지점에서 너무 멀리 떨어진 곳에 도착했는데, 무거운 전차들이 이동하기에는 먼 거리였다. 이러한 문제를 예상한 일부 LST는 서로 연결하면 부유식 둑길을 조성할 수 있는 철제 폰툰을 운반했다. 이런 방식은 효과적이긴 했지만, 전체적으로 상륙 과정은 매우 더뎠고, 결국 전차와 자주포自走砲의 상륙이 지연될 수밖에 없었다. 만약 해안에서 방어 부대가 심각하게 저항했더라면 작전 자체가 큰 재앙으로 끝날 수도 있었다.[26]

상륙 작전 초기 단계에서 가장 큰 위험은 추축국 항공기였다. 이 항공기들은 아직 어두운 이른 아침에도 연합군의 상륙 함대를 공격하기 시작해 오전 내내 공격했다. 그래서 각 함정의 포병들은 프로펠러 소리가 나는 쪽으로 총을 겨누고 아직 어두운 하늘을 향해 맹목적으로 사격을 했다. 사전에 연합군의 강력한 공중 지원을 약속받았던 포병들은 독자적으로 대공 사격을 진행하면서 아군 공군력의 부재에 분노의 저주를 퍼부었는데, 그 시각에 아군 공군은 추축국 비행장을 폭격하느라 바빴다. 가장 먼저 피해를 본 함정은 미국 구축함 매덕스함Maddox이었다. 해가 뜨자마자 스투카 급강하 폭격기가 이 구축함의 선미에 폭탄을 투하했다. 이 폭탄이 구축함의 탄약고를 관통하더니 거기서 폭발이 일어났다. 이 구축함이 침몰하는 데는 2분도 채 걸리지 않았다. 또 독일군은 시라쿠사에서 탈룸바함Talumba을 침몰시켰는데, 이 배에는 영국군 병원선 마크가 선명하게 표시되어 있었다. 그날 오후, Me-109가 해가 지면서 어두워지는 시간을 이용해 공격했는데, 해변으로 들어서던 화물로 가득 찬 LST-313이 폭탄을 맞아 '격렬한 불길과 죽음의 덫'이 되어버렸다. 그다음날 오후에는 융커스 88 항공기가 리버티선 로버트로완함Robert Rowan에 폭탄을 투하했는데, 탄약을 가득 실은 이 선박에서 어마어마한 폭발이 일어났다. 하지만 그 무엇도 상륙을 중단시키지는 못했다.[27]

상륙을 지연시키는 문제는 다양했다. 그중 하나는 해변에 깔린 지뢰였는데, 내륙으로 통하는 길을 개척하기 위해 쓰이는 수많은 장비와 불도저도 소용없었다. 다른 곳에서는 해변의 모래가 너무 부드러워서 바퀴 달린 차량이 모래에 빠졌고, 여기서 벗어나려면 지렛대가 필요했다. 이에 연합국은 트럭과 지프 같은 차량이 통과할 수 있는 통로를 만들기 위해 긴 철망 롤을 가져와서 대처했는데 그 결과 하역 과정에서 병목 현상이 발생했다. 마침내 대부분의 병력과 차량이 안전하게 해안에 도착했지만, 그들 모두가 사전에 자신들에게 할당된 해변에 상륙한 것은 아니었다. 해군의 상륙 작전 담당 지휘관들은 상륙 지점으로 함정들을 안내하기 위해 최선을 다했고, 육군 장교들은 하역을 감독했으며, 다른 장교들은 때때로 중복된

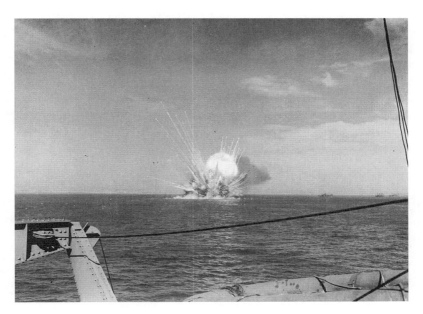

1943년 7월 11일, 탄약 화물을 실은 리버티선 로버트로완함이 젤라 해변에서 독일군 융커스 88 폭격기가 투하한 폭탄에 맞아 폭발하는 모습. (미국 해군 역사유산사령부)

임무를 수행하는 과정에서 상륙지의 교통을 통제했다. 오후가 되자 해변이 너무 붐벼서 나중에 상륙할 장소를 찾는 선박 중 몇몇은 상륙을 포기한 채 출발 지점으로 복귀하기도 했다. 젤라 항구 인근 해변에 도착한 한 종군 기자는 이렇게 썼다. "버려진 트럭, 뒤집힌 지프, 부서진 보트, 모래 위에 남겨진 폭파된 차량, 바퀴 빠진 전차, 수송을 기다리는 군인들이 앉아 있는 침구와 짐 더미, 고장 난 차량을 살펴보면서 고군분투하는 정비사들, 그리고 부서진 식량 상자를 모으는 보급 부대원들이 있었다." 이러한 과정은 복잡해 보였고, 실제로도 혼란스러웠다. 하지만 어떻게든 모든 것이 해결되었고, 정오가 되자 병력과 전차, 트럭이 내륙을 향해 이동했다.[28]

시칠리아에는 독일군 2개 사단과 이탈리아군 4개 사단 등 총 6개 사단, 25만여 명의 병력이 주둔하고 있었다. 추축국의 방어 계획은 해안선에서 섬을 방어하기보다는 연합국의 주공 부대가 공격하는 곳이 정확히 어디인지 알 때까지 기다리는 것이었다. 그뒤 상륙 부대를 다시 바다로 몰아내기 위해 공동으로 반격을 시작했다. 이 공격은 그다음날 아침 8시에 독일군 헤르만괴링사단이 미국군이 상륙한 젤라 동쪽 상륙 해변을 세 방면에서 공격하면서 시작되었다. 묵직한 티거 전차를 앞세운 이 공격은 연합국에 심각한 위협이었다. 이 공격으로 미국 전차의 하역이 어느 정도 지연된 데다 연합군의 대전차포對戰車砲 대다수가 LST-313의 폭발로 파괴되었기 때문이다. 위기는 오전 11시경에 시작되었는데, 이때는 독일 전차가 해변에서 채 3킬로미터도 안 되는 해안 도로까지 진출했다. 자칫 미국군이 상륙한 뒤 확보한 지역이 절반으로 축소될 위기였다. 최전선에서 미국 제1사단 본부로 들어온 보고는 간단하게 "심각한 상황임, 적 전차에 압도당하고 있음"이었다.[29]

연합국을 구한 것은 해군의 포격이었다. 4척의 미국군 구축함(비티함 Beatty, 카위함Cowie, 로브함Laub, 틸먼함Tillman)이 해변을 봉쇄하고 포격을 개시해 독일 전차에 5인치 포탄 1176발을 퍼부었다. 지난해 10월 에스페란스곶 전투에서 패배한 뒤 절뚝거리며 필라델피아로 복귀했던 경순양함 보이즈함도 전투에 참가했다. 거기서 5개월 동안 수리를 받고 6월 8일에 복귀한 이 군함은 불과 한 달 후에 과달카날에서 세계를 반 바퀴 돌아온 지점인 젤라 해변에서 독일 보병 부대에 6인치 공중 폭발 포탄을 발사했다. 연합군 함정들은 육지에서 적과 아군을 구분할 수 없을 정도로 뒤섞이자 포격을 잠시 중단했다. 그러다 이른 오후에 새로 도착한 연합군 전차들이 전투에 합류했는데, 어떤 전차들은 상륙함에서 곧바로 전투 현장에 투입되기도 했다. 오후 2시가 되자 독일군이 철수하기 시작했고, 그뒤로 독일군의 공격은 서서히 잦아들었다. 헤르만괴링사단의 한 대령은 "우리는 해군의 포격 때문에 철수했다"라고 말했다.[30]

해군은 직접 사격, 즉 눈에 보이는 목표물에 대한 사격은 물론 간접 사격 즉 눈에 보이지 않는 목표물에 대한 사격도 실시했다. 특히 1943년 여름에는 두 가지 요소 덕분에 간접 사격이 가능했다. 하나는 선박들이 적의 위치를 지속적이고 정확하게 추적할 수 있도록 하는 더욱더 효과적인 레이더 시스템을 개발한 것이고, 다른 하나는 육지에서 활동하는 정찰병들이 적의 정확한 위치를 전달하도록 해군 포병들과 통신할 수 있는 격자무늬 지도와 차트를 준비한 것이었다. 순양함과 구축함에서 목표물의 방위각과 사거리에 대한 데이터가 컴퓨터에 입력되었고, 사격 통제 책임자들이 목표를 겨냥하기 위해 그 데이터를 각 함정의 속도와 항로에 맞추었다. 당시까지만 하더라도 육군 지휘관들은 병력이 해변을 떠난 후에 실시되는 해군 포격 지원의 효과에 회의적이었다. 시칠리아 상륙 작전 이전까지 육군 작전 기획자들은 휴잇 준장에게 "해군의 사격은 지상 폭격을 위해 설계된 것이 아니다"라고 말했다. 하지만 1943년 7월 11일에 발생한 여러 사례는 그러한 가정을 완전히 뒤집었다.[31]

젤라 서쪽 지역에 대한 추축국의 반격은 이탈리아 리보르노 사단이 담당했는데, 전차가 진두지휘했다. 휴잇 제독이 지휘한 몬로비아함Monrovia에서 내려 방금 상륙한 패튼 장군은 해변 뒤쪽 고지대에서 이탈리아 전차 대열이 자신을 향해 진격하는 광경을 보았다. 그는 해군 보좌관에게 고개를 돌리며 이렇게 말했다. "귀관이 해군과 연락할 수 있으면 즉시 적 전차들이 접근하는 도로를 포격하라고 하시오." 기함은 순양함과 구축함에 무선으로 좌표를 전송했고, 몇 분 만에 5인치와 6인치 포탄이 이탈리아군 전차들 사이에 떨어지기 시작했다. 구축함 2척(슈브릭함Shubrick, 제퍼스함 Jeffers)과 경순양함 사바나함Savannah, 보이즈함에서 발사한 포탄들이었다. 경순양함은 각각 3문짜리 포탑 5세트로 구성되어 6초마다 15발을 발사할 수 있었다. 5분 이내에 6인치 포탄이 1000발 이상 발사되었고, 이로써 이탈리아군 부대는 궤멸했다. 그후 보이즈함의 승무원들은 전에 배의 상부 구조에 그려뒀던 일본 선박과 항공기의 실루엣 옆에 이탈리아 전차의 실루엣을 덧붙였다. 평소 해군과 껄끄러운 관계였던 패튼 장군도 일기에 "해군의 포격 지원이 훌륭했다"라고 썼다.[32]

해군 함정의 포격 지원은 결정적이었다. 휴잇 제독은 "실제로 순양함이 위기를 해소했다"라고 평가했다. 이와 관련해 가장 포괄적 분석을 제공한 사람은 아이젠하워 장군이다. "해군의 포격은 그 효과가 너무나 파괴적이어서, 해군 함포가 해안 포격에 적절한가 하는 의구심을 지웠다." 전차 지휘관으로 오래 복무했던 그는 "포격 지원에 할당된 함대의 화력은 공격할 때 상륙한 포병의 화력을 능가했고, … 포병이 초기에 달성할 수 있는 것보다 더 큰 화력을 집중했다"라고 분석했다.[33]

═════

해변이 확보되자 연합국은 내륙으로 진격했다. 영국군은 독일 방어군 주력과 맞서기 위해 시칠리아 동쪽 해안을 따라 북쪽으로 향했으나, 독일군은 곧 이탈리아에서 달려온 증강 부대로 강화되었다. 카타니아에서는 전함 워스피트함과 경순양함 에우리알루스함Euryalus이 영국군의 지상 공격을 지원했지만, 몽고메리 장군은 해군 자원을 더 이용하지 않고 시칠리아의 험준한 내륙을 통해 기동해 독일군의 측면을 공격하고자 했다. 북아프리카에서는 사막을 통해 '우회 기동'을 실행하는 것이 결정적이었으나, 이곳에서는 그때와 비슷한 기동이 그가 지휘하는 부대 전체의 전진을 크게 지연시켰다.

미국군은 아그리젠토와 포르토 엠페도클레의 항구를 점령하고 서쪽으로 향했다. 적을 추격하고 자신이 지휘하는 제7군의 역할을 확대하려던 패튼 장군은 북아프리카로 날아가 연합군 지상 사령관 해럴드 알렉산더 장군에게 자신에게 처음에 부과된 임무를 확장해달라고 요청했다. 알렉산더 장군은 친절하고 신사적인 옛 지휘관 스타일이어서 사람들 사이의 대립을 싫어해 즉시 패튼 장군의 성급한 요청을 수락했다. 이렇게 초기 작전 한계선이 확대된 패튼 장군과 미국군 부대는 시칠리아 삼각 지대의 서쪽 모퉁이를 돌아 7월 22일에 함락된 팔레르모를 향해 서쪽 해안으로 진격했다. 당시에 이탈리아인들은 대체로 전쟁에 지친 상태여서 패튼 장군이 도시로 접근하자 "무솔리니를 타도하라!" "미국 만세" 하고 외쳤다. 팔레르모 항구의 시설은 대부분 연합군의 폭탄과 후퇴하는 독일군에 의해 파괴되었다. 항구에서 탄약선이 폭발하면서 해일이 발생해 바다로 항해하던 화물선 2척이 물 밖으로 떠오른 뒤 부두에서 침몰하기도 했다. 하지만 연합군은 이 항구를 일주일 후에 다시 가동시켰다.[34]

한편 시칠리아 전역을 영국군과의 경쟁으로 생각한 패튼 장군은 메시나를 향해 동쪽으로 진격했다. 그는 몽고메리 장군이 생각했던 것처럼 육지 방향으로 돌아가지 않고 바다 쪽 측면을 우회하기 위한 상륙 작전을 택했다. 미국군의 LST는 팔레르모 북쪽의 추축국 방어선 뒤에 전차 부대를 상륙시켰다. 이에 독일군이 즉시 반격을 벌였고, 다시 한번 해군의 포격이 독일군을 격퇴하는 데 결정적 역할을 했다. 현장에 있던 한 미국인 기자는 해군의 함포 지원에 감사하는 미국군 병사의 말을 녹음했다. 그는 "관록 있는 해군The Good old navy"이라고 말하며 "정말이지 해군 함포만 한게 없습니다!"라고 소리쳤다. 커닝햄 제독은 패튼 장군의 상륙 작전을 활용한 공격을 '해군력을 적절하게 이용한 대표적 사례'라며 동의했다.[35]

　시칠리아 정복에서 연합군 해군이 수행한 중요한 역할은 독일군의 주력이 포로가 되기 전에 대부분 메시나 해협을 건너 탈출하는 바람에 다소 희석되었다. 약 10만 명의 이탈리아인이 포로로 잡혔는데 이들은 전쟁에서 벗어난 것을 기뻐했다. 하지만 6만여 명의 이탈리아군, 5만 5000여 명의 독일군, 9789대의 차량과 51대의 전차가 좁은 해협을 건너 이탈리아로 이동했다. 구스타프 폰 리벤슈타인Gustav von Liebenstein 장군은 에르자츠 함대와 수송선을 이용해 대담하고 극적인 주간 탈출을 시도했는데, 마치 크레타에서 영국군이 벌였던 철수, 과달카날에서 일본군이 벌였던 철수와 유사한 기막힌 작전이었다. 영국의 어뢰정과 연합군 공군은 독일군의 철수를 막으려고 어정쩡하게 시도했으나 성과를 거두지 못했다. 어찌 되었든 시칠리아는 연합군의 수중에 들어왔으며, 이러한 상황은 곧 극적으로 전략적·정치적 영향을 미쳤다. 7월 24일, 로마의 파시스트 대평의회는 무솔리니에 대한 불신임 투표를 실시했고, 그다음날 이탈리아 국왕 비토리오 에마누엘레 3세Vittorio Emanuele III는 무솔리니를 직위에서 해임하고 체포했으며, 피에트로 바돌리오Pietro Badoglio를 그 후계자로 지명했다.[36]

20장

두 해군의 몰락

자신이 전쟁을 선포한 날부터 베니토 무솔리니는 이탈리아 함대 전체를 협상 수단으로 사용할 계획이었는데, 그 시점은 프랑스 함락 직후가 될 것으로 예측했다. 하지만 이 전쟁은 점차 소모전 혹은 소진전으로 확대되었다. 그는 이탈리아 함대의 상당 부분과 아프리카 식민지 전체를 잃었을 뿐만 아니라 무역 해운과 시칠리아 땅 대부분을 상실했다. 그 무렵 무솔리니를 대신해 피에트로 바돌리오는 (무솔리니와 마찬가지로) 계속 군복을 입은 채 정부 수반을 맡고 있었다. 바돌리오는 표면적으로는 이탈리아가 추축국 동맹을 고수할 것이라고 발표했지만, 휴전을 논의하기 위해 연합국과 접촉을 시도했다. 그는 항복이 아니라 진영을 바꾸고 싶어했다. 그러나 영국과 미국 군대가 독일군의 보복으로부터 이탈리아를 보호할 수 있을 때까지는 연합군 진영에 뛰어들지 않으려 했기에 타이밍이 완벽해야 했다. 이런 구상은 섬세한 책략이 될 터인데, 다른 사건들이 증명하는 바와 같이, 바돌리오는 이를 실행하기 위한 정치적 민첩성이나 이에 필요한 지렛대가 부족했다.

1940년 12월 이후 이탈리아 해군을 이끌었던 아르투로 리카르디 제독은 해임되었다. 그는 무솔리니 정권과 밀접한 인사였기에 직책을 유지하기 어려웠다. 그의 후임자는 무솔리니와 친분이 없는 참모 차장 라파엘레 데 코우르텐Raffaele de Courten 제독이었는데, 외가 쪽이 독일계여서 독일어를 완벽하게 구사하는 인물이었다. 그러한 이유 때문인지, 아니면 단순히 자신의 계획을 다른 사람에게 비밀로 하기 위해서인지 바돌리오는 데 코우르텐 제독에게 동맹을 변경하려는 자신의 은밀한 노력을 알리지 않았다.

처음에 바돌리오는 바티칸이 연합국과의 거래에서 중재자 역할을 할 수 있기를 희망했다. 그러나 그의 구상은 영국과 미국 군대가 이탈리아 본토 침공을 적극적으로 준비하는 것이 명백해지자 더이상 진전되지 못했다.

지난 5월의 트라이던트 회담에서 처칠은 당시 회담 참석자들이 결정을 주저하던 이탈리아 상륙에 대한 의견을 적극적으로 개진한 바 있었는데, 시칠리아 점령 이후 연합국은 계속 이탈리아반도로 상륙하기로 결정했다. 이 계획은 '애벌랜치(눈사태) 작전Operation Avalanche'으로 명명되었다. 이러한 상황은 바돌리오의 노력에 새롭게 긴박감을 불어넣는 요소로 작용했고, 주세페 카스텔라노Giuseppe Castellano 준장이 스스로 문제를 해결하고자 하는 계기가 되었다.[1]

카스텔라노 준장은 독일군이 자신을 포함한 이탈리아 장교들을 대하는 태도에 분개했다. 무솔리니를 무너뜨리는 과정에서 소소한 역할을 했던 그는 바돌리오에게서 연합국에 직접 접촉해도 좋다는 허락을 받았다. 위장을 하고 마드리드로 건너간 카스텔라노 준장은 영국 대사관을 방문해 이탈리아가 연합국에 합류할 의사가 있다고 제안했다. 그의 제안은 런던과 워싱턴으로 빠르게 전달되었는데, 런던은 처음에는 이 제안에 회의적이었다. 루스벨트는 이 접근을 이탈리아가 항복하기 위한 시도로 보고 아이젠하워 장군이 이 사안을 처리하는 것이 최선이라고 판단했다. 처칠은 처음에는 이 결정을 '현장 총사령관'에게 위임하기를 꺼렸지만, 종국에는 아이젠하워 장군이 "이 문제에 대한 결정 권한을 지닌 이탈리아 당국과 직접 거래"하는 데에 동의했다.[2]

아이젠하워 장군은 부관 월터 베델 '비틀' 스미스Walter Bedell 'Beetle' Smith 소장을 영국 사업가로 위장시켜 리스본에서 카스텔라노 준장을 만나게 했다. 그는 부관에게 어떠한 약속도 하지 말라고 지시하고 이탈리아 장군에게 그들에게 가능한 유일한 선택은 무조건 항복이라고 전달하게 했다. 아이젠하워 장군의 말을 직접 인용하자면 이는 "연합국 정부들의 품위와 정의감에 따른 결정"이었다.[3]

리스본에서 스미스 소장은 카스텔라노 준장에게 자신은 협상이 아니라 이탈리아의 항복을 받기 위해 그곳에 왔다는 점을 명확히 밝혔다. 다른 한편으로 그는 몇 가지 구체적인 요구 사항을 제시했다. 그중 하나는 "이탈리아 정부는 정전이 이루어지는 바로 그 시각부터 이탈리아 함대와 그들의 상선을 연합군의 항구로 최대한 많이 보내도록 명령할 것"이었다. 또한 "어떤 이탈리아 군함도 독일군의 손에 넘어가지 않게 할 것"이라고 말했다. 카스텔라노 준장은 그 말은 "함대의 '항복'을 의미한다"라고 지적하며 부드럽게 항의했다. 그의 목적은 항복이 아니라 나치 독일에 대항하는 전쟁에서 이탈리아가 연합국에 합류하는 것이었기 때문이다. 하지만 스미스 소장은 "논의 중인 주제는 이탈리아의 군사적 항복에 한정되며, 이탈리아가 연합국에 합류하기 위한 어떠한 사항도 논의하지 않는다"라고 명확하게 선을 그었다. 카스텔라노 준장은 이어 이탈리아 군함이 연합군의 항구로 항해하는 것은 가능하지만, 그중 일부는 연료가 충분치 않다고 말했다.[4]

문제의 이탈리아 해군을 지휘한 데 코우르텐 제독은 이 같은 사실을 전혀 알지 못했다. 그와 이탈리아 해군 장교들은 여전히 제노바 인근 리구리아해의 라스페치아에 머물고 있던 이탈리아군 핵심 함대 스콰드라 나발레Squadra Navale를 동원해 연합군의 상륙 함대에 맞설 계획을 세우고 있었다. 당시 이 함대는 시칠리아의 팔레르모 항구뿐만 아니라 몇몇 북아프리카 항구에 집결해 있었다. 이 함대가 임무를 수행하기 위해 출발할 때, 그는 그것이 이탈리아 해군의 마지막 임무가 되리라는 것을 잘 알았다. 이탈리아군은 절망적일 정도로 수가 부족했을 뿐만 아니라, 마지막 작전을 수행하기 위한 연료를 극히 소량만 보유한 상태였기 때문이다.[5]

연합국과의 접촉이 데 코우르텐 제독에게만 비밀이었던 것은 아니다. 바돌리오는 독일군에게도 당연히 이 사실을 비밀로 했는데, 그럼에도 독일군은 그의 충성심을 의심하기 시작했다. 카스텔라노 준장이 마드리드로 가기 전부터 히틀러는 되니츠 제독에게 이탈리아군이 시간을 끌고 있으며, "작전을 시작하기 전에 영국 및 미국과 협상할 시간을 기다리고 있다"라고 말했다. 히틀러는 소련이 독일의 동맹국이었을 때 소련을 침략하는 것에 죄책감을 느끼지 않았지만, "이탈리아 정부가 우리를 배신하는 것이 혐오스럽다"라고 말했다. 되니츠 제독은 그러한 상황이라면 이탈리아 해군이 되도록 빨리 독일군의 지휘를 받아야 한다고 제안했다. 그는 이탈리아 해군의 지휘부를 '우수한 독일군 참모진을 갖춘 새로운 사령부'로 교체하자고 제안하면서, 협력을 설득할 수 있는 젊은 이탈리아 제독 몇 명의 이름을 거론했다. 히틀러는 되니츠 제독의 계획에 동의하면서 두

가지를 지시했다. 첫째는 바돌리오 정부에 의해 포로로 잡힌 무솔리니를 구출하는 것이었고, 다른 하나는 로멜 사령부가 이탈리아 군대를 포위해 무장 해제한 후 48시간 이내에 라스페치아에서 이탈리아 함대를 탈취하는 '악세 작전Operation Achse'이었다.[6]

데 코우르텐 제독은 자신이 지휘하는 해군이 양측으로부터 비밀스러운 음모의 대상이라는 것을 몰랐으며, 그와 무관하게 연합군 상륙 함대에 맞서 최후의 소탕 작전을 준비하는 데 박차를 가했다. 8월 6일, 그는 3척의 전함과 경순양함, 8척의 구축함으로 연합군의 침략에 맞서겠다는 자신의 의도를 되니츠 제독에게 알렸다. 되니츠 제독은 데 코우르텐 제독의 말을 수용한 뒤, 히틀러에게 이탈리아 해군은 "어떠한 정치적 음모에 대해서도 알지 못하며 우리와 선의로 협력하고 있을 것"이라고 보고했다. 그러자 히틀러는 자신의 '직관'은 이탈리아군이 '반역'을 계획하고 있는 것 같다며 되니츠 제독에게 회의적인 의견을 내비쳤다.[7]

히틀러의 직관은 맞았다. 로마에서는 바돌리오가 협상을 시작하기 전에 연합국으로부터 더 강력한 확답을 얻고 싶어했다. 그는 이탈리아가 연합국에 가세하기 전에 연합군이 이탈리아 본토에 상당한 병력을 상륙시키기를 원했다. 특히 독일의 보복으로부터 로마를 보호하기 위해 강력한 병력이 주둔하기를 바랐다. 8월 31일에 팔레르모에서 카스텔라노 준장이 스미스 소장을 다시 만나기로 했을 때, 그는 이 같은 두 가지 사항을 강조하라고 지시했다.

하지만 스미스 소장은 어떠한 확답이나 약속도 거부했다. 연합국은 이미 계획을 수립한 상태이며, 그 작전 계획은 이탈리아 정부의 요청에 의해 수정될 수 있는 것이 아니라고 말했다. 그는 또 연합국의 계획을 공유하지도 않았다. 카스텔라노 준장은 연합군의 항구로 이탈리아 함정들을 보내는 대신, 이탈리아 함대가 사르데냐 북쪽 해안의 이탈리아 해군 시설인 라마달레나로 이동하는 것은 어떤지 문의했다. 하지만 스미스 소장의 대답은 '아니오'였다. 스미스 소장은 "협상의 여지는 없소. 택할지 말지만 정하시오"라고 밀어붙였다. 카스텔라노 준장은 보안이 유지되는 전화로 바돌리오에게 직접 연락해 이 요구 사항의 수락 여부를 물었다. 독일군의 보복에 겁을 먹어 협상을 원한 바돌리오는 카스텔라노 준장에게 합의문에 서명할 권한을 부여했다.[8]*

━━━━

9월 첫째 주에 상황이 급박해졌다. 영국의 선전 포고 4주년인 9월 3일 새벽 4시, 영국군은 그다지 강하지 않은 방어 부대를 뚫고 메시나 해협을 건너 이탈리아의 발끝에 상륙했다. 같은 날 오후, 바돌리오는 데 코우르텐 제독을 사무실로 불러 "폐하께서 정전 협상을 수용하기로 결정했다"라고 전달했다. 사실 바돌리오의 발언은 완전히 솔직한 것은 아니었다. 이미 정전에 대한 합의까지 완료된 상태였기 때문이다. 이 합의에 포함된 사항 중에는 "이탈리아 해군의 모든 함정, 보조함, 수송 수단이 연합군 총사령관이 지정하는 항구에 집결"해야 한다는 조항도 포함되었고, 여기에 '모든 이탈리아 상선' 역시 양호한 상태 그대로 연합국에 인도될 예정이었다. 바돌리오는 해군 참모 총장에게 이 같은 정보를 숨겼을 뿐만 아니라 참모장 루이지 산소네티Luigi Sansonetti 제독을 비롯해 어느 누구에게도 협

---

* 협상은 추가된 두 가지 문제 때문에 복잡해졌다. 하나는 시간 제한으로 많은 사안이 생략된 '축약된 형태'로 작성된 합의문에 서명한 것이었다. 다른 하나는 이탈리아의 두 번째 협상가인 자코모 차누시(Giacomo Zanussi) 장군이 도착해 연합국과 자신만의 협상을 시작한 것이었다. 양측은 상대를 향해 계속되는 의견 불일치와 이중성 등 비난의 여지를 남겼다.

상이 고려되고 있다는 것을 누설하지 말라고 지시했다.[9]

사흘 후, 바돌리오는 데 코우르텐 제독을 다시 불러 이번에는 정전 협상이 완료되었다고 알렸으며, 정전은 그달 10일에서 15일 사이에 발표될 것이라고 말했다. 그는 데 코우르텐 제독에게 독일군이 점령을 시도할 경우를 대비해 작성한 자신의 명령을 요약한 '프로메모리아 1호Promemoria No. 1' 사본을 건넸다. 이 명령은 이탈리아 해군이 독일 해군에 맞서 스스로 방어할 수 있도록 권한을 부여하는 근거였다. 하지만 이 문서는 데 코우르텐 제독이 예하 장교들에게 자세한 내용을 공유하지 말아야 한다고 명시했다. 그런데 바로 그때 이탈리아 해군은 바다에서 연합군의 상륙 함대에 맞서기 위해 출격 준비를 하고 있었다.[10]

데 코우르텐 제독은 이탈리아 정부가 자신과 상의하지도 않고, 심지어 자신에게 알리지도 않은 채 자신이 지휘하는 해군을 흥정한 것에 화가 치밀었다. 그래서 이탈리아 합동 참모 본부의 수장 비토리오 암브로시오 Vittorio Ambrosio 장군에게 공식적으로 항의했다. 암브로시오 장군은 그를 달래기 위해 이탈리아 함대를 사르데냐의 라마달레나로 보낼 수 있다고 제안했는데, 이는 명확하게 스미스 소장이 거절한 사안이었다. 데 코우르텐 제독은 여전히 괴로웠지만, 동료 장교의 말을 빌리자면 그는 전문 직업 군인이었고, "해군은 … 결정된 사항에만 따를 수 있다"는 규칙을 신봉하는 장교였다.[11]

그러나 협상 관련 모든 사안이 비밀에 얽매여 있었기 때문에 데 코우르텐 제독은 구체적인 사안이 공개될 때까지 기다려야 했다. 바돌리오는 그에게 연합군의 이탈리아 침공 예상일인 9월 12일로 넘어가는 밤에 공식 발표가 날 것이라고 말했다. 그 일시는 스미스 소장이 일부러 누설한 몇 가지 암시를 근거로 카스텔라노 준장이 추측하여 바돌리오에게 보고한 것이었다. 따라서 9월 8일 저녁 연합국과 이탈리아 사이의 정전을 선포한 아이젠하워 장군의 북아프리카 라디오 방송 연설은 모두에게 충격을 안겼다. 아이젠하워 장군은 평이한 중서부 억양으로 "이탈리아 정부는 조건 없이 항복하기로 했으며, 연합군과 이탈리아군 사이의 적대 관계는 즉시 종료된다"라고 발표했다.[12]

이 발표는 그것을 기다리고 있던 몇몇 사람들에게조차 충격적이었다. 바돌리오는 12일까지 자신의 정부를 준비해야 한다고 생각하고 있었다. 또한 연합군 사단이 로마에 상륙해 독일군의 보복으로부터 보호해주리라 기대했다. 실제로 그러기 위해 연합군은 제82 공수 사단의 상륙을 계획하고 있었으나, 로마를 향해 비밀 임무를 수행 중이던 미국 육군 맥스웰 테일러Maxwell Taylor 준장이 무전을 통해 이탈리아 부대가 미국군이 착륙하기로 한 비행장을 확보할 수 없을 것이라고 견해를 밝히자, 이 작전은 마지막 순간에 취소되었다. 테일러 준장은 어떤 경우에도 미국군 1개 사단이 근처에 배치된 독일군에 맞서 로마를 지킬 수는 없다고 판단했다.[13]

협정에 따르면 바돌리오는 아이젠하워 장군의 발표 직후 자신이 직접 라디오 방송을 통해 정전의 성사를 확인할 예정이었다. 그런데 바돌리오는 바로 그 순간 망설였다. 그는 연합국에서 상륙 날짜와 장소 밝히기를 거부하거나, 로마를 점령해야 마땅한 병력을 상륙시키는 것을 보면서 자신이 예상했던 바와 다르게 움직이고 있다고 판단했다. 게다가 지난주에 로멜 장군이 지휘하는 수만 명의 독일군이 이탈리아에 도착한 상황이었기에, 자신이 정전 협정을 승인하면 로멜 장군의 군대가 즉시 이탈리아 전체나 최소 북쪽 3분의 2를 차지할 터였다. 이러한 상황에서 바돌리오는 용기를 잃었다. 그는 아이젠하워 장군에게 전보를 보내 로마 근처에 독일군이 배치되었으니 '즉각 정전 수용'은 불가능하다고 주장했다.[14]

아이젠하워의 반응은 즉각적이고 명백했다. 그는 즉시 "본인은 귀측의 의사를 수용하지 않습니다"라는 전보로 응답했다. "서명된 협정에 포함된 어떤 의무든 이행하지 않는 것은 당신 국가에 매우 심각한 결과를 초래할 것입니다"라는 내용도 포함되었다. 정전을 거부하면 이탈리아는 독일과 연합국을 상대로 양면 전쟁을 벌여야 할 판이었다. 이에 따라 국왕 비토리오 에마누엘레는 "다시 편을 바꾸기에는 너무 늦었다"라고 결심한 뒤, 바돌리오에게 1시간 뒤인 7시 45분에 정전 협정 수락을 발표하라고 지시했다. 이러한 혼란 속에서 이탈리아군에 내려진 명령은, 만약 독일군이 공격한다면 스스로 방어하라는 막연한 지시뿐이었다. 그러고선 바돌리오와 국왕 모두 로마를 떠나 타란토 인근, 이탈리아 장화 뒤꿈치에 있는 항구 도시 브린디시로 향했다. 이탈리아군은 상부의 명확한 지시가 없는 데다 연료, 탄약, 심지어 군화도 부족했기 때문에 연합군 상륙 부대에 중요한 도움이 될 만한 전력이었음에도 소극적이고 의기소침한 상태였고, 많은 군인이 전쟁이 끝났다고 생각해 무기를 버리고 집으로 돌아갔다.[15]

바돌리오의 발표는 이탈리아 군복을 입은 모든 군인을 당혹스럽게 했다. 이탈리아 해군 본부에 있던 데 코우르텐 제독의 작전 부장은 이러한 상황을 믿을 수 없었다. 그는 "믿을 수 없어!"라고 소리쳤다. "우리 전함들이 살레르노로 떠날 준비를 하고 있는데, 우리가 정전에 대해 아무것도 모른다는 것이 가당한 일이야?" 그때 전화벨이 울렸는데, 정전이 사실임을 전달하는 산소네티 제독의 전화였다. 이탈리아 함대는 계획대로 출격할 예정이었으나, 전투를 위해 출격하는 것이 아니라 억류되기 위해 북아프리카로 향할 예정이었으며 독일군이 함정을 탈취하기 전에 곧장 출발해야 했다.[16]

이탈리아 해군 장교들은 행동 방침을 결정할 시간이 길지 않았다. 정전

조건에 따르면 그들은 즉각 바다로 출항해야 했는데, 함정들은 북아프리카 해안 도시 본 근처에서 연합군 함대와 만나기 위해 라스페치아에, 그리고 몰타로 향하기 위해 타란토에 정박할 예정이었다. 이때 일부 장교는 그러한 명령에 반대하며 '영국군에 함대를 넘기느니 차라리 프랑스군이 그랬던 것처럼 함정을 침몰시키자'고 소리쳤다.

라스페치아에서는 이아키노 제독의 뒤를 이은 카를로 베르가미니Carlo Bergamini 제독이 예하 장교들을 불러 모아 그들을 설득했다. "이것은 우리가 상상했던 일이 아니다. 하지만 이것이 나아가야 하는 길이다. … 왜냐하면 한 민족의 역사에서 중요한 것은 꿈과 희망이 아니라 … 쓰라린 최후까지 수행해야 할 의무이기 때문이다." 그는 바다로 항해하라고 함정에 명령을 내렸고 규율은 유지되었다. 베르가미니 제독의 기함인 4만 6000톤급 신형 로마함Roma을 포함해 전함 3척과 경순양함 6척, 구축함 8척이 항해를 시작했다. 그들이 기동한 자정 무렵, 로멜 장군이 지휘하는 독일군 부대가 도시 외곽으로 진입했다. 독일군이 항구에 도착했을 때 이탈리아 해군 함정은 그곳에 없었다.[17]

새벽 무렵에 베르가미니 제독이 지휘하는 함대에 제노바에서 출발한 순양함 3척이 합류해 코르시카 서해안을 따라 남쪽으로 함께 이동했다. 함대를 지휘한 베르가미니 제독은 사르데냐의 라마달레나를 향해 기동하고 있었다. 그런데 독일군이 바돌리오의 무전 연락에 대한 응답으로 이 도시와 항구를 이미 점령했다는 사실이 밝혀지자 이 함대가 선택할 수 있는 다른 대안은 없었다. 오로지 북아프리카 앞바다에서 영국 해군과 맞닥뜨리는 일만 남았다.

베르가미니 제독이 지휘하는 함대는 강력했으나 공중 엄호가 부실했다. 이탈리아 공군이 작동을 멈춘 것이다. 연합군 공군도 살레르노 남쪽의

1943년 9월, 카를로 베르가미니 제독은 정치적·도덕적으로 곤란한 책임을 감수하며 이탈리아 함대를 영국-미국 연합군에 넘겼다. (Alamy)

상륙 해변을 엄호하느라 바빴다. 그날 오전 11시경 독일군 폭격기가 이탈리아 함대의 상공에 도착했을 때, 이탈리아군은 처음에는 독일군 폭격기를 격퇴했다. 하지만 그날 오후에 독일군 항공기들이 돌아와 이번에는 그때까지 공개되지 않은 무기였던 FX-1400 유도 폭탄이라는 새로운 무기를 사용했는데, 이것은 나중에 프리츠X로 알려진다. 이 폭탄은 함선의 대공 사격 범위를 넘어 몇 킬로미터 떨어진 곳에서 발사되었는데, 폭격기 조종사가 300여 킬로그램짜리 탄두를 가진 이 폭탄을 무선으로 조종하여 목표까지 유도했다. 말하자면 유도 미사일이었다. 이 폭탄 중 하나가 로마함 전방 탄약고 부근을 타격하자 함정 전체가 화재에 휩싸였다. 그리고 20분 후 화재는 탄약고로 번졌다. 순양함 아틸리오레골로함Attilio Regolo의 한 목격자는 이 폭발을 생생하게 기억하며 다음과 같이 현재 시점으로 묘사했다. "끔찍한 황적색 불꽃이 터져 나와 아름다운 배의 뱃머리를 온통 감싸고, 거대한 연기 기둥이 수백 미터 상공으로 올라가고, 이제 수천 개의 쇳조각이 계속 바다로 떨어진다." 전투를 벌이기는커녕 함

1942년 진수한 직후에 찍은 이탈리아 전함 로마함. 베르가미니 제독이 지휘하는 스콰드라 나발레 함대의 기함이었던 이 전함은 1943년 9월 9일 영국 해군에 억류되기 위해 북아프리카로 가던 도중 프리츠X 유도탄에 맞아 침몰했다. 이 전함에 장착된 15인치 함포 9문은 실전에서 한 번도 쓰이지 못했다. (미국 해군 역사유산사령부)

포를 발사한 적조차 없던 신형 전함 로마함은 순식간에 침몰했다. 베르가미니 제독은 약속한 대로 '최후의 순간까지' 자신에게 주어진 의무를 수행한 1300여 명의 전사자 중 한 명이었다. 이탈리아함Italia과 다른 두 순양함 역시 치명적이지는 않아도 어느 정도 피해를 입었으나, 함대의 나머지 함정들과 함께 북아프리카 앞바다의 합류 지점을 향해 이동했다. 여기서부터 영국 함대가 그들을 비제르트로 호송했다. 항복한 이탈리아 함대에 대한 영국 해군의 접견과 호위 작전의 명칭은 고전《로마 제국 흥망사The Decline and Fall of the Roman Empire》의 저자 에드워드 기번Edward Gibbon의 이름을 따 '기번 작전Operation Gibbon'으로 명명되었다.[18]

알베르토 다 차라 제독이 지휘하는 함대는 두 전함 안드레아도리아함 Andrea Doria과 카이오두일리오함, 순양함 2척과 구축함 1척으로 구성되어 몰타로 향했다. 영국 제1 공수 사단을 태우고 2척의 전함과 여러 척의 순양함으로 구성되어 타란토로 진격하는 영국 해군 기동 부대를 이탈리아 함대가 지나칠 때는 긴장감이 흘렀다. 새뮤얼 모리슨이 서술한 대로, "어느 쪽이든 방아쇠를 당기는 총성이 한 번이라도 있었다면 곧바로 또 하나의 작은 유틀란트 해전이 될 뻔했다." 하지만 두 함대는 서로를 무사히 지나쳤다. 한쪽은 정복자이고 다른 한쪽은 억류자 신세였다.[19]

이처럼 이탈리아의 소규모 전함 몇 척은 연합군의 항구로 향했고, 일부는 시에라리온의 프리타운으로 향했다. 그러나 많은 함정이 바다로 나갈 연료가 부족했고 어떤 함정들은 단순히 가기를 거부했으므로 이탈리아군 함정 전부가 이탈리아 땅에서 도주한 것은 아니었다. 다른 장소로 피신하지 못한 함정이 독일군에 넘어가는 것을 막기 위해 이탈리아 승무원들은 함정을 파괴했다. 독일군은 주력 함대의 탈출과 함정을 침몰시킨 자들의 '배신'에 분노했다. 그들은 파괴된 모든 선박의 함장들을 체포해 총살했다.[20]

이탈리아 해군 함정의 시각에서 보자면 전쟁이 완전히 끝난 것은 아니었고, 적어도 그중 하나는 추후에도 기이한 역사의 주인공이 되었다. 영국군에 함정을 넘기는 데 분개한 줄리오체사레함의 장교들과 병사들은 결국 몰타로 가는 도중에 반란을 일으켜 함정을 침몰시킬 의도로 배를 장악했다. 그들은 어떤 상황에서도 영국군에 이 함정의 소유권을 넘기는 것을 허용하지 않겠다고 함장이 엄숙하게 약속한 후에야 물러났다. 함장은 가까스로 자신의 약속을 지킬 수 있었다. 한편 연합군은 스탈린을 달래기 위한 지속적인 노력의 일환으로 전리품 중에 이탈리아 전함 1척, 순양함 1척, 구축함 8척을 소련 몫으로 돌리겠다고 약속했다. 처칠은 되도록 이 약속을 지켜서 스탈린을 만족시켜야 한다고 생각하는 동시에 새로운 동맹국을 배신하는 것도 꺼렸다. 그리하여 그는 스탈린에게 영국 전함 로열 소버린함을 받는 것이 어떠냐고 제안했고, 루스벨트도 미국 순양함을 기부하기로 동의했다. 처칠은 스탈린에게 이탈리아 구축함 8척은 디데이 상륙[노르망디 상륙 작전] 직후에 보내겠다고 약속했는데, 이에 스탈린도 동의했다. 이에 따라 줄리오체사레함은 여전히 이탈리아 국기를 달게 되었다. 이 이야기는 여기서 끝나지 않는다. 1949년, 소련 측은 대여한 로열 소버린함을 영국에 반환하는 대신 줄리오체사레함은 영구 점유를 요청했다. 결국 이 전함은 소련으로 넘어갔고 나중에 소련 해군에 의해 노보로시스크함Novorossiysk이라는 이름으로 바뀌어 5년 더 복무했다. 그러던 중 1955년 10월 28일에서 29일 사이 한밤중에 세바스토폴에서 폭발이 일어난 후 전복되었다. 그러자 이탈리아 해군 잠수부들이 이탈리아 해군의 명예를 되찾기 위해 벌인 파괴였다는 추측이 나돌았다.

이탈리아 순양함과 구축함 대다수는 이탈리아 장교의 통제하에 있었고, 여전히 이탈리아 국기를 휘날리며 지중해에서 연합군 함대와 합류했다. 이 함정들은 그곳에서 미국과 영국, 그리고 벨기에, 프랑스, 그리스, 네덜란드, 노르웨이, 폴란드에서 온 함정들과 함께 전쟁을 수행했다. 독일군은 볼차노함Bolzano과 고리치아함Gorizia을 비롯해 항구를 떠나지 않은 이탈리아 함정 몇 척을 확보했다. (1년 후인 1944년 6월 21일 밤, 영국과 이탈리아의 잠수부들이 대담하게 스페치아 항구에 잠입해 이 순양함 2척을 침몰시켰다.) 연합군에 생긴 추가 이익은 이탈리아 최고의 항구인 타란토와 브린디시를 무혈로 확보한 것이었다. 데 코우르텐 제독은 9월 12일에 브린디시에서 국왕과 바돌리오 측과 합류했다.

같은 날, 독일 특수 부대는 아펜니노산맥의 산봉우리에 있는 외딴 산장에서 무솔리니를 구출했다. 히틀러는 가르다 호수에 위치한 북부 이탈리

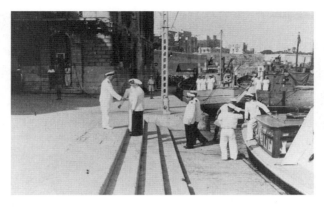

항복 협정에 따라 이탈리아 해군 알베르토 다 차라 제독과 그의 참모들(어두운 색 바지를 입은 사람들)이 1943년 9월 10일에 몰타의 발레타 항구 세관에 도착하는 모습. (미국 국립문서보관소 no. SC 188573)

아의 작은 마을 살로에서 무솔리니를 수반으로 하는 '이탈리아 사회 공화
국'을 수립했다. 이에 따라 브린디시에는 비토리오 에마누엘레 국왕이 이
끌면서 연합군의 지원을 받는 정부가 있었고, 살로에 독일의 지원을 받는
무솔리니가 이끄는 또다른 정부가 등장했다.[21]

이 드라마의 에필로그는 9월 29일에 몰타의 발레타 항구에서 쓰였다.
3년 동안 독일군과 이탈리아군의 폭격으로 나온 잔해에 둘러싸인 이곳에
서, 전함 넬슨함의 갑판 위에서 바돌리오와 아이젠하워 장군은 제복을 입
은 채 공식적으로 항복 문서에 서명했다. 다만 항복과 관련된 모든 조건
은 이탈리아 국민의 정서를 고려해 전쟁이 끝날 때까지 비밀을 유지하기
로 했다. 데 코우르텐 제독과 커닝햄 제독은 그 자리에 참석했지만, 카스
텔라노 준장은 참석하지 않았다. 2주 후인 10월 13일, 브린디시의 바돌리
오 정부는 독일에 공식적으로 선전 포고를 했다.

그때까지 연합국은 이탈리아 본토에 교두보를 마련했으나, 그 과정이 쉽지는 않았다. 워싱턴의 연합 참모 본부는 병력과 자원을 묶어두어 소모시키는, 마치 자석과 같은 전선을 지중해에 하나 더 만들기를 꺼렸다. 그래서 애벌랜치 작전에 투입되는 아이젠하워 장군의 병력과 자원을 의도적으로 제한했다. 아이젠하워 장군은 총 27개 사단을 보유했지만, 상륙 작전이 종료된 이후 채 2개월도 지나지 않은 봄에 프랑스 북부 지역을 침공하기 위한 준비의 일환으로 그중에 7개 사단을 영국에 보낼 예정이었다. 그런데 해군 전투력에서는 지중해에 보유한 함대 말고는 추가 전투력을 기대하기 어려웠지만, 이탈리아 해군이 무력화되어 연합군이 해상 패권을 장악했으니 이제 군함에서는 문제가 되지 않았다. 다만 상륙함과 상륙정이 여전히 해결하기 어려운 과제였다. 연합군은 시칠리아 상륙 당시 다수의 상륙함과 상륙정을 잃은 터라 이탈리아 상륙 작전에서도 여러 가지 문제로 고생했다. 퀘벡에 모인 연합국 참모들은 "상륙함과 상륙정은 승인된 작전에서 공격의 전체 범위를 제한하는 병목 현상을 유발할 것"이라는 데에 동의했다.[22]

허스키 작전이 그랬듯이, 애벌랜치 작전 역시 영국군과 미국군의 연합 작전이었다. 영국군은 살레르노 바로 아래쪽 해변을 점령했고, 미국군은 남쪽으로 20여 킬로미터 떨어진 고대 그리스의 도시 파에스툼 근처 해변에 상륙했다. 휴잇 제독은 627척의 수송선과 상륙함을 지휘했으며, 영국 해군의 앨저넌 윌리스Sir Algernon Willis 중장은 4척의 전함과 2척의 항공모함, 20척의 구축함으로 이루어진 엄호 부대를 지휘했다. 상륙 해변으로 가는 동안 승선한 연합군 병사들은 함정의 확성기를 통해 이탈리아군이 '무조건' 항복했다는 아이젠하워 장군의 발표를 들었다. 이 발표가 울려 퍼지자 함대 전체에 환호와 축하가 이어졌다. 휴잇 제독은 "이 발표는 일부 병사들이 적의 저항을 받지 않고 해안으로 걸어갈 수 있으리라는 기대를 하게 만드는, 좋지 않은 심리적 영향"을 미치지 않을까 하고 우려했다. 미국군이 상륙할 해변을 엄호하는 부대를 지휘했던 홀 제독은 몇몇 병사가 수류탄 벨트가 더는 필요하지 않다며 벗어버리던 일을 회상했다. 하지만 당시 현장에서 작전을 지휘하던 장교들은 다가올 전황을 어렴풋이나마 예측할 수 있었다. 연합국과 이탈리아 사이에 맺은 협정이 낳은 실질적 결과는 이탈리아인들이 낙담에 빠져 있는 동안 연합군 상륙 부대가 전투 경험이 많은 독일군에 맞서야 하는 상황이었다.[23]

로멜은 바돌리오의 라디오 방송 직후 악세 작전을 실행했는데, 이 작전은 기본적으로 독일이 이탈리아 군사 자산을 인수하는 것이었다. 그럼으로써 그는 북부 이탈리아를 담당하는 지역 사령관이 되었다. 독일 공군의 케셀링 대장은 이탈리아 남부를 효과적으로 통제했다. 히틀러는 처음에 이탈리아 군화의 남쪽 절반을 방어할 계획은 없었다. 그런데 케셀링 장군은 그럴 수 있다고 확신했고, 적어도 살레르노와 나폴리를 지나는 길을 계속 열어서 제26 기갑 사단을 이탈리아 지형의 발가락에 해당하는 칼라브리아에서 철수시키고 싶어했다. 히틀러는 이에 동의했고, 케셀링 장군은 살레르노를 러시아 전선을 경험한 하인리히 폰 피팅호프Heinrich von Vietinghoff 장군 휘하에서 새롭게 구성된 제10군에 맡겼다. 그는 총통에게 경의를 표하며 짧은 턱수염을 뽐내는 인물이었다.[24]

나폴리에서 남쪽으로 30여 킬로미터 떨어진 살레르노의 해변은 모래와 자갈로 이루어진, 길이 50킬로미터의 초승달 모양 해변이었다. 연합군의 작전 기획자들은 로마에 더 근접한 북쪽 해변에 상륙하는 것을 고려했으나, 시칠리아에서와 마찬가지로 지상에서 출격하는 연합군 전투기의 활동 범위를 벗어나려 하지 않았다. 이 작전에서는 미국군 마크 클라크 대장이 전체 지휘권을 가졌는데, 휴잇 제독의 간청에도 클라크 대장은 적을 기습 공격하기 위해 공군 및 해군이 사전 폭격하는 것에 반대했다. 하지만 그 작전으로 독일군을 기습하는 데 실패했기 때문에 클라크 대장의 결정은 실수임이 드러났다. 게다가 사전 폭격이 없었다는 것은 피팅호프 장군이 지휘하는 독일군이 연합군의 공격에 대비해 만반의 준비를 하고 기다리고 있었음을 의미한다. 9월 9일에 미국군 상륙정이 해변에 접근했을 때 해안의 확성기에서는 완벽한 영어로 다음과 같은 방송이 흘러나왔다. "어서 와서 항복해. 이제부터 내가 맡아줄게(Come on in and give up. We have you covered)."[25]

그 말은 허풍이 아니었다. 미국의 첫 번째 상륙 부대는 해변에 도착하자마자 곧바로 독일군 중전차, 기관총, 이동식 88밀리미터 포병의 반격에 직면했다. 그중에 88밀리미터 포병 부대의 저항이 강력했는데, 젤라만에서 그랬던 것처럼 연합군은 구축함과 경순양함을 해안에 접근시켜 독일군을 공격했다. 미국군이 상륙한 파에스톰 해변 인근에서는 경순양함 필라델피아함과 사바나함이 크게 활약했다. 필라델피아함이 독일군 전차 35대의 반격에 맞서 포격하자 7대는 파괴되었고, 나머지는 언덕 뒤쪽으로 도망갔다. 사바나함은 열한 차례의 직접 화력 지원 요청에 따라 6인치 포탄 645발을 발사하며 지원했다. 영국 해군의 감시함 에버크롬비함 Abercrombie은 기뢰에 부딪혀 퇴각할 때까지 고지에 있는 독일 포병대를 15인치 포탄으로 공격했다. 그럼에도 해안에서의 전투는 치열했고, 연합군의 진격은 느렸다. 한 병사는 "정전 없이 원래대로 싸우는 편이 우리에게 더 좋을지도 모르겠어"라고 중얼거렸다.[26]

북쪽 해변에서도 독일군의 88밀리미터 포병의 저항이 거세지자 커닝햄 제독이 '침착하고 동요하지 않으며 매우 낙관적'이라고 평가했던 영국 해군의 제프리 올리버Geoffrey Oliver 준장은 구축함 래포리함Laforey, 로열함 Loyal, 타르타르함Tartar, 뉴비언함Nubian을 해안으로 보내 독일군을 공격하 도록 했다. 뉴비언함은 독일군의 전차 공격을 단독으로 격퇴했다. 몇몇 소 형 헌트급 구축함도 전투에 참여했고, 심지어 코널리 소장까지도 전투에 참여했다. 코널리 소장은 올리버 준장보다 상급자였지만, 상륙 작전 당시 에는 올리버 준장의 지휘에 따르기로 동의했다. 그는 독일군의 포병 부대 가 강력하게 저항한다는 사실을 파악한 뒤, 무전기로 구축함에 직접 연락 할 수 없자 자신이 지휘하는 비스케인함Biscayne에 5인치 함포 2문을 장착 하고 해변까지 접근해 포격하라고 명령했다. 그뒤로 그는 '근접 거리 코널 리Close-in Conolly'라는 별명을 얻었는데, 이 별명은 평생 그를 따라다녔다.[27]

이 전투에서도 역시 공중 지원이 골칫거리였다. 살레르노는 지상에서 출격하는 연합군의 전투기가 지원할 수 있는 곳이어서 선정된 상륙 지점 이었다. 그러나 시칠리아에서 출격한 항공기가 도착하기까지 비행 시간 이 너무 오래 걸려서 테더 장군은 해변 상공에 있던 장거리 전투기 9대만 제공할 수 있다고 말했다. 그러자 커닝햄 제독은 미국이 영국에 제공하기 로 한 무기 가운데 미국제 소형 호위 항공모함 몇 척을 제공해달라고 영 국 해군에 요청했다. 이에 따라 파운드 제독은 필립 비안 제독이 지휘하 는 호위 항공모함 4척을 영국 해군에 제공했는데, 이 함정들에는 썰매를 끄는 사냥개처럼 스토커함Stalker, 헌터함Hunter, 어태커함Attacker, 배틀러함 Battler, 유니콘함Unicorn(항공기 수리선) 같은 이름이 붙여졌다. 이 호위 항공 모함들은 각각 18대의 시파이어Seafire 전투기를 탑재했는데, 이 전투기는 유명한 스핏파이어 기종의 해군 버전이었다.* 상륙 작전이 시작되고 첫 사

---

* 호위 항공모함의 비행갑판이 짧은 문제로 많은 시파이어 항공기가 착륙할 때 손상을 입었다. 이

홀 동안 이 항공기들은 해변 위에서 총 713회나 임무를 수행했다. 그리고 상륙 지점 해변이 완전히 확보될 때까지 상륙 부대에 공중 지원을 제공했으나, 이 과정에서 절반이나 손실되었다.[28]

아이젠하워 사령관이 육군 참모 총장 마셜 장군에게 보고한 바와 같이, 해변에서의 전투는 늘 '조마조마'했다. 미국 육군 윌리엄 다비William O. Darby 중령이 지휘하는 연합군 레인저 부대는 살레르노 북쪽의 험준한 소렌토반도를 점령했다. 하지만 피팅호프 장군 휘하 독일군은 해변 너머 고지에서 끝까지 저항했고, 그들의 대포는 상륙 부대를 원형 지형에 치명적으로 가두었다. 쌍둥이 상륙 해변은 서로를 지지하기에는 너무 멀리 떨어져 있어서 클라크 장군은 곧 둘 중 하나를 대피시켜 이들을 통합하는 방안을 진지하게 고려했다. 하지만 그처럼 위험한 부대 이동을 지휘해야 할 지휘관들이 그를 설득해 최악의 결정이 내려지지는 않았다. 휴잇 제독은 클라크 장군에게 적재된 LST를 해변으로 보내 하역하는 것이 빈 LST를 해변으로 보내 적재한 다음 철수시키는 것보다 훨씬 쉽다고 보고했다. 그 대신 연합군 구축함이 발사한 짙은 연막 차장을 이용해 수송선과 LST는 인력, 보급품, 탄약을 두 해변으로 계속 수송했다. 이 과정에서 연기가 LST의 환기구로 빨려 들어가는 바람에 탑승한 병사들이 기관지 경련을 일으키기도 했다.[29]

독일군은 작고 신속한 E-보트(그중 하나가 9월 10일에 미국 구축함을 격침했다)로 수송선과 포격 지원함에 반격을 가했는데, 이 과정에서 연합군에 가장 큰 위협이 되는 위험 요소는 유도 폭탄으로 무장한 독일군의 항공기

전투기가 갑판 활주로 끝부분에서 앞으로 전진할 때 프로펠러 날개의 끝이 구부러졌던 것이다. 이 문제를 해결하기 위해 각 날개 끝을 약 23센티미터 잘라냈고, 이러한 조치 때문에 최고 속도가 약간 줄었지만 사고 없이 착륙할 수 있었다.

경순양함 필라델피아함의 갑판에서 촬영한 사진으로, 어느 미국 해군 구축함이 상륙 당시 살레르노 해변에 연막 차장을 하는 장면. 필라델피아함은 9월 9일에 살레르노에서 독일군의 전차 공격을 격파하는 등 중요한 역할을 했다. (미국 국립문서보관소 no. 80-G-83243)

였다. 이 폭탄 중 하나가 9월 11일에 사바나함을 강타해 매우 심각한 손상을 입었다. 그후 이 함정은 몰타로 견인되었다가 제대로 수리받기 위해 다시 미국으로 돌아갔다. 또다른 폭탄이 영국군 순양함 우간다함Uganda을 타격했는데, 이 폭탄은 7중 갑판을 관통한 뒤 선체 아래쪽에서 폭발했다. 이 함정 역시 절뚝거리며 몰타로 견인되었다. 다른 함정들도 근거리 미사일에 의해 피해를 입었다. 한편 독일군은 병원선 2척까지 폭격해 그중 하나가 침몰했다. 포격 지원함의 손실이 너무 커서 상륙한 부대가 자신들이 점한 자리를 유지할 수 없을 가능성도 높았다. 휴잇 제독은 간결하게 "해안과 해상 상황 모두 우호적이지 않았다"라고 적었다.[30]

연합군의 해상 화력 지원이 약화된 사실을 파악한 피팅호프 장군은 9월 12일에 연합군의 포위망을 분리해서 차단하기 위해 지상 공격을 명령했다. 독일군 전차들은 셀레강 계곡을 따라 전진해 해안가 3킬로미터 이내까지 접근했으나, 해안에서 약간 이격된 곳에서 실시된 연합군 해군 함정의 포격으로 격퇴되었다. 커닝햄 제독은 사후 보고서에서 해군 함정이 이 과정에서 중요한 역할을 했다고 평가하며, "적이 해변 인근으로 근접할 위험이 있을 때 교두보를 확보할 수 있었던 것은 해군의 끊임없는 포격 덕분이었다"라고 분석했다.[31]

해상 손실을 우려한 휴잇 제독은 커닝햄 사령관에게 추가로 전함 몇 척을 요청했다. 커닝햄 제독은 그에게 밸리언트함과 '오래된 대형 함정' 워스피트함을 보냈다. 워스피트함의 15인치 함포는 언덕에 자리잡은 독일군 포진지를 공격했다. 만약 로멜 장군이 이때까지도 주요 방어 부대를 좀더 북쪽에 배치해야 한다고 확신했다면, 연합군의 상륙은 무산되었을지도 모른다. 바로 그러한 이유에서 로멜 장군은 케셀링 장군에게 추가 병력 지원을 거절했고, 9월 16일(밸리언트함과 워스피트함이 도착한 다음날)에 독일군은 언덕에서 철수하며 사실상 해변에서의 전투를 포기했다. 케셀링 장군은 베를린에 '함대의 효과적인 포격을 피하기 위해' 후퇴했다고 보고했다. 같은 날, 무선 유도 폭탄 2개가 워스피트함을 강타해 이 전함은 구축함 5척의 호위를 받으며 몰타로 예인되었다.[32]

해변에서 해방된 연합군 지상군은 나폴리를 점령하기 위해 북쪽으로 기동했으나, 독일군이 살레르노와 나폴리의 항구를 완전히 파괴했기 때문에 연합군에 제공되는 증원 부대와 보급품은 계속해서 상륙 부대를 통해 해변으로 들어와야 했다. 커닝햄 제독은 살레르노 해변을 "선박과 해안 사이를 오가는 보트와 상륙정의 흐름이 계속되는 개미둥지"로 묘사했다. 이어서 3주 동안 LST, LCI, LCT가 거의 지속적으로 교대하면서 22만 5000명의 병력과 3만 4000대의 차량, 11만 8000톤의 보급품을 해변에 전달했다.[33]

살레르노에서 추축국이 보인 저항은 연합군의 작전 기획자들의 예상보다 훨씬 강력했는데, 이곳과 지중해 전역에서 연합군이 궁극적으로 성공하기 위해서는 반드시 제해권이 확보되어야 했다. 새로운 FX-1400 유도 폭탄을 사용하는 독일 항공기들이 심각한 위협 요소였지만, 연합군은 해안의 상륙 부대를 보호하기 위해 해상에서 해군 함포를 효과적으로 활용했고, 상륙 작전 기간과 그 이후 며칠, 몇 주에 걸쳐 보급할 수 있는 충분한 해상 수송 능력을 갖추고 있었다. 그러나 12월 2일에 독일 융커 88 폭격기 105대가 아드리아해 연안, 브린디시 북쪽으로 약 100킬로미터 떨어진 바리 항구에 정박한 연합군 함선을 공격해 27척의 수송선과 보급선을 침몰시켰다. 독일 공군이 무능하지 않음을 잘 보여준 공격이었다. 그 결과 연합군은 전쟁 기간 중에 가장 큰 해상 손실을 입었다.*

시칠리아에서 연합군은 성공적인 상륙을 통해 빠르게 섬을 정복할 수 있었다. 하지만 이탈리아 본토 상륙 작전에서는 그러한 결과를 기대하기가 어려웠다. 연합군은 이탈리아반도에 발판을 마련했지만, 이탈리아 원정은 향후 1년 반 동안 계속되었다. 마셜 장군이 우려했던 대로 연합군이 이탈리아반도에 상륙하기로 결정함에 따라 병력과 자원은 물론이고 희귀하고 소중하며 필수적인 상륙함을 끌어들이는 또 하나의 블랙홀이 되고 말았다. 그리고 이것은 연합군의 다른 전역 계획에 극적인 영향을 미친다.

========

---

* 바리에서 희생된 연합군 함정 중에는 겨자 가스 폭탄을 싣고 있던 리버티선 존하비함(John Harvey)도 있었다. 이 함정은 독일군이 가스전을 실행할 경우에 대비해 체류하고 있었다. 존하비함이 공격받은 후 방출된 겨자 가스 때문에 600명이 넘는 아군 사상자가 발생했다. 연합국은 당연히 이 사고를 비밀에 부치려 했고, 아예 겨자 가스 폭탄의 존재 자체를 감추려 했다. 하지만 너무 많은 사상자가 발생했기 때문에 1944년 2월에 미국의 각군 참모 총장은 이 사실을 인정했다.

살레르노 해변과 북부 노르웨이의 피오르 해변은 위도로는 30도, 온도는 섭씨 20도 정도의 차이가 있었는데, 추축국의 주력함이 마지막으로 정박한 곳은 노르카프곶 근처의 알텐피오르였다. 해군 참모 총장을 레더 대제독에서 되니츠 제독으로 교체한 1943년 1월, 히틀러는 레더 대제독이 중시했던 수상 함대를 폐기하라고 명령했다. 그는 "대형 함정은 과거의 유산이다"라고 주장하며, 크나이제나우함, 히퍼함, 라이프치히함 등 대형 전함들을 해체하고 함포를 제거했으며, 승무원을 다른 임무에 배정했다. 되니츠 제독은 평생 유보트에 헌신했음에도 히틀러에게 수상 해군을 완전히 없애면 안 된다고 설득했다. 그런데 1943년 가을, 알텐피오르에서 해군 전략가들은 '존재 함대'라고 부르는 함정 3척을 구성했다. 하나는 비스마르크함의 자매함 격인 티르피츠함, 또 하나는 대형 전투순양함 샤른호르스트함, 나머지 하나는 1929년에 함명이 변경된 유서 깊은 뤼초브함이었다. 거의 항구를 떠나지 않고 주둔한 이 대형 전함들 때문에 영국 해군은 감시하고 견제할 목적으로 북해에 우세한 전투력을 유지해야만 했다.[34]

그러던 중 9월 6일(바돌리오가 데 코우르텐 제독에게 연합국과의 합의가 임박했음을 알린 날), 10척의 구축함과 함께 이 3척의 전함 모두 알텐피오르를 떠나 14개월 만에 처음으로 독일 해군이 수행할 대규모 전투를 위해 출동했다. 그들의 목표는 북극권과 북극 사이, 얼음으로 덮여 있고 척박한 노르웨이 전초 기지 스피츠베르겐이었다. 이곳에는 탄광과 기상 관측소가 있었지만 별다른 영향력이 없는 목표였다. 되니츠 제독은 독일군 함대를 심각한 위험에 빠뜨리지 않으면서도 함대가 여전히 존재한다는 것을 상기시키기 위해 공습을 명령했다. 독일군은 탄광과 기상대를 파괴하고 9월 10일에 알텐피오르 기지로 귀환했다.[35]

그다음날 영국 해군의 X-함정X-craft이라고 불리는 초소형 잠수함 6척이 재래식 잠수함에 의해 예인되어 스코틀랜드의 케어바운 호수를 출발했다. 길이 약 15미터에 두께 1.7미터의 빔을 가진 X-함정에는 승무원 4명이 탑승했는데 모두가 지원병이었다. 이 함정의 유일한 무기는 적함의 선체 아래에 장착할 수 있는, 분리 가능한 기뢰 한 쌍으로 무게가 900킬로그램에 달했다. 이 함정들은 견인되어 알텐피오르에 도착하는 데 10일이 걸렸는데, 그중 2척은 도중에 길을 잃었다. 이 잠수함들이 도착할 때까지 독일군의 세 전함 중 1척이 정박해 있었다. 뤼초브함은 수리를 위해 독일로 복귀했고, 남은 전쟁 기간 내내 발트해에서 훈련선으로 사용되었다. 뤼초브함이 요격과 파괴 없이 노르카프곶에서 발트해까지 이동했다는 정보는 영국 해군 본부 내부에서 상당한 좌절과 비난을 불러일으켰다. 게다가 샤른호르스트함은 정박지에 있지 않았다. 이 전함의 프리드리히 휘프마이어Friedrich Hüffmeier 함장은 스피츠베르겐 폭격 당시 전함의 형편없는 함포 사격 솜씨에 실망해 사격 훈련을 실시하기 위해 출동했던 것이다. 하지만 티르피츠함은 알텐피오르의 좁은 정박지에 머물러 있었다.[36]

1943년 9월 22일 한밤중에 독일 대형 전함의 한 감시병이 '길고 검은 잠수함 같은 물체'가 인근에 나타난 것을 발견했다. 이 낯선 물체가 전함에 너무 근접했기 때문에 독일군은 함포를 겨눌 수 없어서 소형 화기와 수류탄으로 공격했다. '잠수함 같은 물체'는 독일군의 맹공격으로 표면으로 떠오른 영국군의 X-6이었는데, 함장 도널드 캐머런Donald Cameron 중위가 기뢰를 설치한 직후에 승무원 4명은 포로가 되었다. 영국군 포로들은 아래로 끌려가 뜨거운 커피와 증류주인 슈납스를 대접받았다. 영어를 할 줄 아는 몇몇 독일 승무원이 그들의 대담함을 칭찬했지만, 한 승무원은 영국인들이 시계를 자주 확인하는 것 같다고 지적했다. 한편 또다른 초소형 잠수함 X-7은 잠항하면서 티르피츠함과 충돌했다가 이

전함 아래쪽을 지나, 가지고 온 기뢰 2개를 선체 아래쪽에 붙이는 데 성공했다.[37]

8시 12분, 약 1초 간격으로 두 번의 거대한 폭발이 티르피츠함을 뒤흔들었다. 이 광경을 목격한 사람은 "배 전체가 물 밖으로 상당한 높이로 튀어 나갔고 약간 기울어지더니 다시 아래로 튕겨 내려갔다"라고 회상했다. 티르피츠함은 바닥에 큰 구멍이 뚫렸지만 가라앉지는 않았다. 한스 마이어Hans Meyer 함장이 X-6을 목격한 즉시 방수문을 닫으라고 조치한 덕분이었다. 그러나 티르피츠함이 입은 피해는 막대했다. 이 전함에 장착된 거대한 포탑 중 하나가 베어링에서 분리되어 파괴되었고, 기계 장치도 망가졌다. 터빈 엔진도 고정 틀에서 떨어져 나와 흔들거렸다. 이 전함을 파괴한 X-7 잠수함은 코피오르를 떠나려 했으나 곧 어뢰 그물에 걸려 수면 위로 떠올랐다. 이 잠수함의 함장 배질 플레이스Basil Place 중위는 티르피츠함이 가라앉았는지 확인하기 위해 그쪽을 바라보았다. 그는 이 전함이 아직 떠 있는 것을 보고 "피곤하겠군"이라고 말했다. 그와 승무원들은 독일군에 포로로 잡혔는데, 티르피츠함이 폭파된 이후 영국군 포로에 대한 독일군의 환대는 이전만 못했다.[38]

노르웨이에는 손상된 포탑을 들어 올릴 수 있을 만큼 큰 크레인이 없어서 손상된 전함을 완전히 수리할 수가 없었다. 그런데 티르피츠함이 독일로 돌아가려 한다면 걱정스럽고 위험한 시도가 될 것이고 북해를 영국에 넘겨주는 꼴이 될 수 있었다. 히틀러와 되니츠제독은 영국군이 티르피츠함의 항해 여부를 계속 추측하도록 이 전함이 있던 자리에 그대로 남겨두기로 결정했다. 런던에서는 당장 티르피츠함의 파괴 정도를 정확하게 알 수 없었다. 울트라 암호에서 해독된 메시지를 통해 이 전함이 적어도 6개월 동안 임무를 수행할 수 없다는 정도만 파악했다. 이렇게 해서

북해에서 유일하게 작전 가능한 독일의 주력함은 샤른호르스트함밖에 남지 않게 되었다.[39]*

==========

1943년 가을, 영국 해군은 새로운 지휘 체계로 개편되었다. 5월에 처칠은 브루스 프레이저Sir Bruce Fraser 제독을 본국 함대의 사령관으로 임명했다. 처칠은 존 토비 제독을 신뢰하지 않았는데, 공격성이 부족하다는 인상 (그의 평소 비판이었다)을 주는 데다 전략 폭격의 효과에 의문을 제기할 정도로 적절치 않은 인물이었기 때문이다. 처칠은 여전히 전략 폭격을 통해 전쟁에서 승리를 거두어 대륙을 침략할 필요가 없어졌으면 하는 희망을 포기하지 않았다. 그래서 토비 제독을 '고집스럽고 완고한 사람'으로 여겨 그를 템스강 어귀 노어 지역의 해안 방어를 담당하는 사령관으로 좌천했다. 그리고 몇 달이 지나 프레이저 제독에게 해군의 최고 직책인 해군 참모 총장을 맡아달라고 제안했다. 그런데 건강이 악화된 파운드 제독이 업무를 계속 수행할 수 없게 되자 10월에 사직서를 제출했다.** 프레이저 제독은 처칠의 제안을 거절한 뒤, 해군 전체에서 연륜이 높으며 많은 이들에게 사랑받는 앤드루 커닝햄 제독을 임명하라고 촉구했다. 프레이저 제독은 처칠에게 이렇게 말했다. "저의 자신감은 제 함대에 국한되지만, 커닝햄 제독의 자신감은 해군 전체를 포괄합니다." 처칠은 프레이저 제독이 커닝햄의 태도를 칭찬했다면서 커닝햄 제독을 해군 참모 총장으로 임명

---

* 1944년 봄에 영국군은 항공기로 티르피츠함을 다시 공격했다. 1944년 4월 3일, 배러쿠다 폭격기가 폭탄 14개로 이 독일군 전함을 공격했는데, 그중 3개는 중량이 700여 킬로그램이었다. 이 공격을 받은 티르피츠함은 또다시 여러 기능에 타격을 입어 바다에 나갈 수 없었다.

** 파운드 제독은 겨우 몇 주 더 살았는데, 10월에는 심각한 뇌졸중을 겪었다. 그의 사망 일자는 적절하게도 그해 '트라팔가르의 날'이었던 1943년 10월 21일이다.

했다. 묘하게도 지중해에서 앤드루 커닝햄의 지휘권을 넘겨받은 사람은 또다른 커닝햄인 존 커닝햄Sir John Cunningham 제독이었는데, 이들은 친척 관계는 아니었다.[40]

그해 가을 처칠은 노르카프곶 호송대를 재편성했다. 티르피츠함이 무력화됨에 따라 심각한 수상 위협이 사라졌고, 겨울이 되면서 날이 짧아진 북극해에는 거의 햇빛이 사라졌기 때문이다. 한낮에도 미미한 황혼이 몇 시간 지속될 뿐이었다. 이러한 기상 변화는 독일 공군의 공습을 제한하는 요소였던 데다, 이들은 이미 소련군과 싸우기 위해 대부분 노르웨이에서 철수했기에 과거처럼 위협적이지 않았다. 한편 유보트는 북극의 겨울 동안 혹독한 날씨로 운행이 제한되었다. 750톤급 소형 잠수함이 수면에서 효과적으로 활동하기란 사실상 불가능했다.

소련으로 향하는 연합군 호송대를 다시 가동시킨 가장 큰 이유는 최근에 무례한 조롱에 가까울 정도로 대립적 관계로 발전한 스탈린의 끈질긴 불평 때문이었다. 스탈린이 자신의 부하들을 그런 식으로 대했던 것은 의심의 여지가 없지만, 처칠을 이와 유사하게 대한 것은 좋지 않은 전술이었다. 처칠은 소련 지도자에게 보급품 수송대를 보내는 것은 연합군의 의무가 아니라 영국과 미국이 보여주는 결의의 상징이라는 사실을 주지시켰다. 그런데 이를 스탈린은 매우 불쾌하게 받아들였다. 처칠은 스탈린이 보낸 메시지를 다시 소련 대사에게 돌려주면서 공식적으로 수령하기를 거부했다. 하지만 지상전에서 계속 어려움을 겪고 있는 소련군의 상황을 감안할 때 소련군에 보급을 지원하기로 한 것은 현명한 결정이었다.[41]

11월 15일, 스코틀랜드 서해안의 에베 호수에서 첫 번째 호송대 JW-54A가 출발했는데, 이 호송대는 9척의 구축함, 코르벳함 기뢰 제거함이 호위하는 19척의 수송선으로 구성되었다. 프레이저 제독은 근접 호위 외에도 독일군의 샤른호르스트함이 간섭할 경우에 대비해 본국 함대 소속의 함정 여러 척과 함께 출발했다. 그리고 처음 출발한 두 호송대는 아무런 공격도 받지 않은 채 안전하게 무르만스크에 도착했다.[42]

히틀러는 다시 한번 격분했다. 동부 전선에서 소련군의 지속적인 진전에 점점 좌절하던 히틀러는 필사적으로 붉은군대의 보급품을 차단하려 했다. 12월 20일에 베르히테스가덴에서 열린 회의에서 그는 되니츠 제독에게 무엇을 할 수 있느냐고 물었다. 히틀러 주변의 수많은 참모처럼, 되니츠 제독 역시 총통에게 성공, 특히 해군의 성공 소식을 전하고 싶어했다. 샤른호르스트함이 알텐피오르를 뛰쳐나와 연합군 호송대를 파괴한 뒤에 안전하게 귀환한다면 히틀러는 해군에 훨씬 호의적인 태도를 보일지 몰랐다. 이런 생각을 염두에 둔 되니츠 제독은 히틀러에게 "샤른호르스트함과 구축함이 영국에서 북쪽 경로를 통해 러시아로 향한 다음, 연합군 호송대를 공격할 것"이라고 약속했다.[43]

이틀 후인 12월 22일, 독일 정찰기가 연합군의 겨울 호송대(JW-55B)를 발견해 보고했다. 이에 되니츠 제독은 북부군 사령관 에리히 바이Erich Bey 제독에게 샤른호르스트함을 출격시키라고 명령했다. 이 명령서에는 되니츠 제독이 영국 호송대를 상대로 무언가를 성취하려는 열망과 독일 해군이 보유한 마지막 주력함을 잃지 않으려는 우려가 반영되어 있었다. 그는 바이 제독에게 이렇게 전했다. "반드시 기회를 잡아야 합니다. 샤른호르스트함의 뛰어난 화력을 잘 활용하면 반드시 성공할 수 있을 것이오." 또 샤른호르스트함을 위험에 빠뜨려서는 안 된다고 강조하기 위해 "만약 우세한 적과 마주치면 즉시 철수하시오"라고 써 보냈다.[44]

바이 제독은 12월 25일 저녁 8시에 샤른호르스트함과 구축함 5척을 이끌고 바다로 나가기 위해 승무원들에게 크리스마스 만찬을 빨리 끝내라고 지시했다. 그러고서 25노트 속도로 북쪽으로 기동했는데, 동계 악천후 탓에 구축함들은 거대한 파도 사이로 선수를 움직이며 간신히 따라갔다. 영하의 기온으로 바다의 물보라가 순식간에 함포 총신과 함정의 상부 작업대에 얼어붙어 환상적인 얼음 성과 비슷한 모양새였다.

북쪽으로 향하던 바이 제독은 그날 밤에 호송대와 호위 함정 말고도 영국 해군 함대 2개가 인근에서 기동하고 있다는 것을 알지 못했다. 그중 하나는 로버트 버넷Robert Burnett 제독이 지휘하는 순양함 3척과 구축함 몇 척으로 구성된 함대로, 동쪽에서 접근하고 있었다. 이 함대는 첫 번째 동계 호송대 임무를 마치고 복귀하는 텅 빈 선박들을 엄호하는 중이었다. 다른 함대는 서쪽에서 접근하는 프레이저 제독의 엄호 부대로, 여기에는 전함 듀크오브요크함이 포함되어 있었다. 이러한 상황을 전혀 모른 채 바이 제독은 자신도 모르는 사이에 점차 집결하는 영국 해군의 세 함대 사이로 들어섰다.[45]

자정 즈음 기상 상황이 심각하게 악화되어 바이 제독은 속도를 줄였다. 그가 지휘하던 구축함들이 너무 많이 뒤처졌을 뿐만 아니라 적에게 압도될 위기에 처했다. 따라서 그는 이 상황을 보고하기 위해 무선 침묵을 깼다. 되니츠 제독에게서 작전을 취소하라는 명령이 내려오기를 기대했다면, 그는 실망했을 것이다. 되니츠 제독은 "구축함들이 해상에 머물 수 없다면 샤른호르스트함이 단독으로 임무를 완수할 가능성을 고려해야 한다"라고 답신했다. 이 의견은 바이 제독에게 전혀 도움이 되지 않았다. 바이 제독이 스스로 임무 수행 여부를 결정하라는 지시에 불과했기 때문이다. '강력한 적군이 출현'하면 연락을 끊으라는 이전의 명령과 결합할 때, 바이 제독은 필요하다고 판단되면 혼자서라도 반드시 이 문제를 해결해

1939년과 1940년 사이 발트해에서 촬영된, 얼음으로 뒤덮인 전함 샤른호르스트함의 중앙 함포. 이 사진을 통해 1943년 크리스마스 전투 당시 노르카프곶 인근의 상황을 짐작할 수 있다. (미국 해군 역사유산사령부)

야 한다는 것이었다. 하지만 그는 자신의 함대를 위험에 빠뜨려서는 안 되었으며, 여기서 발생한 일의 책임은 전적으로 그에게 있었다.[46]

블레츨리 파크의 암호 해독가들이 되니츠 제독에게 보낸 바이 제독의 메시지를 가로챘고, 겨우 3시간 후인 새벽 4시경에 영국 해군 본부는 프레이저 제독에게 현재 샤른호르스트함이 바다에 나와 있으며 호송대를 향해 북쪽으로 이동하고 있다고 알렸다. 프레이저 제독은 무선 침묵을 깨고 호송대에 샤른호르스트함에서 멀리 떨어져 북쪽으로 기동하라고 명령했다. 그리고 동시에 듀크오브요크함을 포함해 자신이 지휘하는 모든 함정에 이동 속도를 19노트에서 24노트로 올리라고 명령했다. 하지만 버넷 제독의 순양함 그룹이 어떻게든 독일군 전함의 속도를 늦출 수 없다면 이 속도로는 샤른호르스트함을 추격하기 힘들 것 같았다.[47]

이와 같은 상황에 대처하기 위해 버넷 제독은 대형 순양함 노퍽함을 보유하고 있었다. 이 순양함은 3년 전 비스마르크함과 경순양함 2척을 추격하는 과정에서 중요한 역할을 담당한 바 있었다. 버넷 제독은 서쪽으로 향하는 호송대를 구축함에 맡긴 후, 샤른호르스트함이 나타날 가장 유력한 위치를 향해 돌격했다. 12월 26일 아침 8시 40분, 그의 기함인 경순양함 벨파스트함Belfast의 레이더가 적을 발견해 보고했다. 20분 후, 셰필드함의 감시병이 "적이 시야에 들어왔다"라고 외쳤고, 9시 30분에 버넷 제독은 발포하라고 지시했다.[48]

바이 제독은 완전히 깜짝 놀랐다. 프레이저 제독은 무선 침묵을 깼지만, B-딘스트의 독일군 암호 분석실에서는 영국군의 무선 교신 내용을 파악하지 못했다. 악천후 때문에 독일군 정찰기들이 이륙하지 못했기 때문이다. 또 샤른호르스트함은 자체 레이더를 가지고 있었지만, 이 레이더들은 전쟁 발발 직전 기술로 제작된 오래된 것이어서 탐지 범위가 제한적이었다. 게다가 보유한 레이더 두 세트 중 하나가 작동하지 않았다. 버넷 제독의 순양함 3척의 매복에 직면한 바이 제독은 즉시 본능적으로 그 자리를 벗어나려 했다. 하지만 사격을 개시한 노퍽함의 8인치 함포 2발이 독일군 전함에 명중했고, 그중 하나가 그 전함에서 유일하게 작동하는 레이더 세트의 안테나를 파괴했다. 그때 바이 제독은 남아서 끝까지 싸우기로 결정했을 수도 있다. 영국군이 비록 순양함 3척을 투입했지만, 샤른호르스트함은 더 큰 함포와 두꺼운 장갑을 가진 대형 전함이었다. 사실 양측 함정들 사이의 힘의 균형은 한스 랑스도르프 대령과 그라프슈페함이 전쟁 초기 몇 달 동안 라플라타강에서 대결했던 상황과 유사했다. 그리고 바이 제독은 랑스도르프 대령이 사후에 이 사건을 제대로 해결하지 못해 비난받았다는 것도 잘 알았다. 한편 그는 영국군 호송대가 자신의 공격 목표이며, 되니츠 제독이 자신에게 독일군 전함을 위험에 빠뜨리지 말라고 경고한 것도 숙지했다. 그래서 그는 전함을 돌려 버넷 제독 함대의 주위를 돌아 호송대를 향해 되돌아가는 경로를 선택했다.[49]

버넷 제독은 샤른호르스트함을 풀어주었다. 그는 샤른호르스트함을 추격할 정도로 빠르지 않았으나, 바이 제독이 영국군 호송대를 찾고 있다고 (정확하게) 의심했다. 그래서 독일군의 경로를 가로질러 호송대 쪽으로 직접 기동할 생각이었다. 그러는 동안에 다시 적의 전함과 마주치기를 고대했다. 그리고 약 2시간이 지났을 때 다시 독일군 전함과 마주쳤다. 버넷 제독은 즉시 함포를 발사했고, 이번에는 샤른호르스트함이 반격해 노퍽함의 포탑 하나를 파괴하는 심각한 피해를 입혔다. 하지만 바이 제독은 휘하 구축함들과 이격된 상태에서 3척의 영국군 함정과 마주친 데다 겨울 해상의 야간 강풍 속에서 영국 호송대를 발견한 것에 절망해 퇴각하기로 결정했다.[50]

하지만 그가 자신의 결정과 행동을 이행하기에는 너무 늦은 시각이었다. 버넷 제독이 지휘하는 순양함을 피해 북쪽으로 이동한 바이 제독의 작전은 프레이저 제독에게 듀크오브요크함과의 거리를 좁히는 데 필요한 시간을 제공했다. 그리고 그날 오후 4시 17분, 이미 완전히 어둠에 잠긴 북국의 겨울 오후에 프레이저 제독은 레이더로 샤른호르스트함을 발견했다. 하지만 근처에 영국 전함이 있다는 사실을 전혀 알지 못한 바이 제독은 4시 40분에 자신의 머리 위에서 조명탄이 터져 자신을 비추자 다시 한번 놀랐다. 15분 후, 듀크오브요크함이 발포했다. 바이 제독은 베를린에 "본인은 전함과 함께 전투 중"이라고 간결하지만 불길하게 보고했다.[51]

샤른호르스트함의 속도가 듀크오브요크함보다 빨랐기에 바이 제독의 유일한 방어 수단은 속도밖에 없었다. 그러나 그가 철수하기 시작했을 때 듀크오브요크함에서 발사한 14인치 포탄 3발이 샤른호르스트함에 명중했다. 하나는 이 전함의 중앙 보일러실을 강타해 증기 파이프를 절단하는 바람에 전함의 속도가 10노트로 줄었다. 독일군 기술 승무원들이 파열된 파이프의 경로를 변경해 이 함정의 속도를 22노트까지 올렸으나, 이로써 탈출할 기회는 사라지고 말았다. 영국 구축함 몇 척과 노르웨이 구축함 1척이 어뢰를 발사할 수 있을 만큼 가까이 접근해 왔고, 그중 몇 척이 요격을 시도했다. 영국 구축함 새비지함Savage의 함포수는 당시 상황을 이렇게 회상했다. "샤른호르스트함이 얼마나 아름다워 보였는지 모른다. 차가운 북극광 아래에서 찬연한 은빛으로 빛났다." 하지만 대형 독일군 전함은 가망이 없었고, 바이 제독도 그 사실을 잘 알았다. 그는 비스마르크함이 침몰할 때 뤼첸스 제독이 보낸 메시지를 반복하듯 다음과 같은 무선 메시지를 보냈다. "우리는 최후의 순간까지 싸우겠다. 총통 만세."[52]

샤른호르스트함의 속도가 5노트로 느려지자, 듀크오브요크함은 14인치 포탄으로 독일군 전함을 공격했다. 프레이저 제독의 부관 버넌 메리 Vernon Merry는 이 장면을 목격했다. "집중 사격 포탄이 독일군 전함을 타격할 때마다, 큰불을 지피려고 부지깽이로 쑤실 때처럼 거대한 화염 기둥이 하늘로 치솟았다." 프레이저 제독은 순양함과 구축함에도 어뢰로 공격하라고 명령했고, 이에 따라 총 56발이 발사되어 그중에 8~10발이 독일군 전함을 타격했다. 약 2시간 동안 샤른호르스트함에 가혹한 처벌이 가해졌다. 이 전함도 함포를 계속 발사했으나 사격 효과는 크지 않았고, 저녁 6시 20분경에 사격이 완전히 중단되었다. 그리고 7시 45분에 이 전함의 선미가 수면 위로 완전히 떠올랐다. 프로펠러는 천천히 회전했으나, 뱃머리가 먼저 가라앉기 시작했다. 승무원 1968명 중 살아남은 사람은 36명이었다. 이 전함의 침몰로 레더 대제독의 독일 수상 해군의 마지막 자산이 사라졌다. 군사력으로 활용할 수 있는 이탈리아 해군과 독일의 수상 해군은 이제 존재하지 않았다.[53]

21장

방어선 돌파

1943년에 독일과 이탈리아 해군이 절망에 빠졌을 무렵 여전히 위험한 존재였던 일본 해군 역시 암울한 전망에 직면했다. 오래 지속된 과달카날 전역에서 함정과 항공기가 계속해서 소모되어 일본 해군의 전투력은 눈에 띄게 하강 궤도에 접어들었고, 반면 이 시기에 미국 태평양 함대는 거의 매일 확장되고 있었다. 이러한 상황을 강조하는 듯, 1943년 6월 1일에 완전히 새로운 항공모함 에식스함Essex이 진주만으로 기동했는데, 이 항공모함은 추후에 건조된 24척의 동급 기종 중 첫 번째였다. 에식스함에 탑재된 항공기는 90대가 넘었는데, F6F 헬캣, F4U 코세어 전투기, SB2C 헬다이버 폭격기, TBF 어벤저 어뢰기 등 모두 최신 기종이었다. 이러한 기종의 항공기들은 이전 세대의 기종에 비해 더 크고 빠르고 효율적이었으며, 일본군 항공기보다 성능이 훨씬 좋았다. 1941년에 제로 전투기가 태평양 전역에서 최고의 전투기였다면, 새롭게 등장한 헬캣 전투기는 더 빠르고 더 많이 무장할 수 있었으며, 성능이 더 좋은 장갑이 부착되었다.

자신의 항공기를 사랑한 조종사들은 '헬캣은 완벽한 항공모함용 항공기'라고 말했다. 두 달 새 에식스급 항공모함 2척이 추가로 미국군 함대에 합류했고, 1943년 말까지 태평양에서 총 6척의 항공모함이 활동할 예정이었다. 그중 2척은 산호해 전투와 미드웨이 전투에서 침몰한 렉싱턴함과 요크타운함을 기리는 의미에서 명명되었다. 1942년 5월, 산호해 전투에서 일본군은 요크타운함을 공격했다가 6월에 미드웨이에서 이 항공모함을 다시 침몰시켜야 한다는 것에 좌절한 적이 있었다. 그런데 마치 불사조처럼 더 큰 새 항공모함 요크타운함이 또다시 나타난 것이다.[1]*

1943년에 일본군이 가진 또다른 문제는 과도하게 확장한 전선이었다. 그들은 1942년에 광범위한 해상 제국을 비교적 쉽게 점령했으나 이제 널리 흩어진 전초 기지의 수비대에 보급하는 것이 쉽지 않다는 것을 절감했다. 가장 위험한 곳은 알류샨 열도의 끝에 있는 아투섬과 키스카섬이었는데, 미드웨이 전투의 참담한 패배 이후 점령한 영토였다. 이 섬들에 2600여 명의 일본군이 고립된 전초 기지에 배치되어 있었는데, 이들은 차라리 미국군 포로 수용소에 있는 편이 나을 정도였다. 그들이 전쟁 포로였다면 오히려 일본의 전쟁 노력에 기여했을지 모른다. 그렇게 되면 미국군이 그들에 대한 보급, 식량 공급 등의 책임을 져야 했을 테니 말이다. 하지만 당시 상황에서 이 전초 기지는 과도하게 확장된 일본의 해상 수송에서 부담스러운 존재였다.

미국군은 아투섬과 키스카섬으로 가는 일본 호송대를 막기 위해 찰스

---

* '요크타운'으로 명명된 항공모함은 둘인데, 많은 이들이 혼동하곤 한다. 항공모함 요크타운함 (CV-5)이 미드웨이 전투에서 침몰한 이후, 미국 독립 전쟁 당시 존 폴 존스(John Paul Jones)의 기함을 기리기 위해 보놈리처드(Bonhomme Richard)라는 이름으로 건조 중이던 항공모함을 요크타운함으로 개명했는데, 이 신형 항공모함은 다른 선체 번호인 CV-10이다. 이 항공모함은 지금도 바다 위에 뜬 채 사우스캐롤라이나주 찰스턴 인근 페트리어츠 포인트에서 방문객을 맞고 있다.

맥모리스Charles H. McMorris 소장이 지휘하는 잠수함 여러 척과 순양함 2척, 구축함 4척으로 구성된 수상 함대를 보냈다(맥모리스 소장은 해군 사관 학교에서 자신의 학문적 재능을 인정받아 '소크라테스' 또는 줄여서 '소크'라는 별명이 붙은 인물이었다). 1943년 3월 26일, 맥모리스 소장의 기함 경순양함 리치먼드함Richmond의 레이더 담당자들은 아투섬 서쪽 코만도르스키예 제도 근처에서 대형 수송선 2척과 경순양함 2척, 구축함 1척을 발견해 보고했다. 이에 맥모리스 소장은 즉시 함대의 방향을 그쪽으로 돌렸다. 그러나 이 2척의 '수송선'은 사실 일본군 중순양함이었는데, 이 사실은 나중에 육안으로 직접 이 함정들을 확인한 후에 밝혀졌다. 맥모리스 소장은 눈앞의 일본군이 자신이 상대하기에 벅차다는 점을 인정하고, 즉시 방향을 남서쪽으로 바꾸어 25노트의 속도로 기동했다. 그러자 일본군 사령관 호소가야 부시로細萱戊子郎 중장이 곧장 추격에 나섰다.

거의 4시간 동안 이어진 전투에서 일본군은 미국의 대형 순양함 솔트레이크시티함에 사격을 집중했다. 이 순양함은 여러 차례 함포를 맞아 기울기 시작하더니 속도가 느려졌고, 결국 멈춰섰다. 맥모리스 소장은 구축함들에 짙은 연막으로 차장하게 해서 공격받은 순양함이 처한 위험을 간신히 감추었다. 그래서 일본군이 발사한 여러 발의 어뢰는 모두 빗나갔다. 그런데 호소가야 중장은 미국군 함정이 발사한 포탄을 눈에 보이지 않는 (실제로도 존재하지 않는) 폭격기가 발사한 것으로 오인하더니 추적을 포기하기로 결정했다. 미국 해군은 이번 코만도르스키예 제도 전투를 승리라고 주장했는데, 실은 호소가야 중장이 지키던 보급선이 본국으로 되돌아가 맥모리스 소장이 지휘하는 함정이 더는 피해를 보지 않은 덕분이었다. 도쿄의 일본 해군 본부도 이런 평가에 동의해 호소가야 중장을 해임했다.[2]

두 달 후 짙은 안개와 매서운 추위 속에서, 진주만 기습 공격에서 살아

남아 수리된 오래된 전함 3척을 비롯해 미국 해군 특수 임무 부대가 아투섬에 상륙하는 미국군을 엄호했다. 그리고 끔찍한 상황에서 진행된 몇 주간의 치열한 전투 끝에 미국인들은 굶주리고 사기가 떨어진 일본군 수비대로부터 이 섬을 탈환했다. 얼마 지나지 않아 일본군은 키스카섬도 포기했다.

=====

남쪽으로 6500여 킬로미터 떨어진 곳에서는 미국 해군과 오스트레일리아 해군이 그해 여름 남태평양에서 함께 서로를 보완하며 공격을 개시했다. 그곳 상황은 알류샨 열도의 상황과 크게 다르지 않았다. 한 미국 승무원은 "끔찍히도 뜨거운 날이었다"라고 말했다. 미국 군함에서는 군인들이 '땀 속에서 수영하는' 것 같은 날씨에 속옷 차림으로 임무를 수행했다. 오후에 내리는 소나기도 기온을 그다지 낮추지 못했을뿐더러 도리어 습도를 높였다. 승무원들은 식사 시간 외에는 아래로 내려가지 않았는데, 아래로 내려가기만 하면 "식사를 끝내기도 전에 모두가 흠뻑 젖었다." 밤에도 열대야로 쉬기가 어려웠다. 한 장교의 회상에 따르면, "철판이 대낮의 열대열을 그대로 간직하고 있어서 갑판 아래 공간이 견딜 수 없을 정도로 뜨거웠다." 그래서 많은 승무원이 선반에서 취침하는 대신 케이폭kapok 구명조끼를 베개 삼아 엎드려서 잠을 청했다. 미국군 구축함의 함장은 당시 상황에 대해 이렇게 말했다. "우리는 건조한 상태를 유지할 수 없었다. 시원한 상태도 유지할 수 없었다. 그리고 휴식도 없었다."[3]

　남태평양 전역은 두 전선에서 진행되었다. 하나는 솔로몬 제도를 통해 과달카날에서 북서쪽으로 향하는 미국 해군의 단일 공격 방향이었고, 다른 하나는 뉴기니 북쪽 해안을 따라 진격한 연합군의 공격 방향이었다.

두 공격의 최종 목표는 뉴브리튼섬 북쪽 끝에 자리잡은 일본의 라바울 요새였다. 남태평양의 일본군 핵심 기지인 라바울에는 전천후 비행장 4군데와 사라져서 물에 잠긴 화산 칼데라(화구)에 의해 만들어진 최고의 항구가 있었다. 독일 우선 전략을 채택했음에도 영국과 미국 연합군은 스탈린이 특별히 온갖 상황을 주시하는 북유럽을 제외한 거의 모든 곳, 곧 지중해, 뉴기니, 솔로몬 제도, 중앙 태평양 등에서 공개적으로 공세를 취했다.

남태평양에서 시작된 두 방향에서의 진격으로 연합군의 지휘 체계는 어색하고 복잡해졌다. 킹 제독이 1942년 여름에 맥아더 장군에게서 과달카날 전역의 통제권을 되찾았지만, 1943년 라바울을 향한 두 번의 공격은 모두 맥아더 장군이 지휘하는 구역 내에서 진행되었다.

더글러스 맥아더 장군은 그 당시에도 그랬고 오늘날에도 여전히 지지자와 비평가로부터 관심의 대상이다. 남북전쟁 중 미셔너리산맥에서 영웅적인 전투 행동으로 명예 훈장을 받은 미국 육군 아서 맥아더Arthur MacArthur 장군의 아들인 더글러스 맥아더는 1903년에 미국 육군 사관 학교를 수석으로 졸업했으며, 사관생도 시절에 이미 유명 인사였다. 그뒤로 1차대전에 참전해 훌륭하게 임무를 수행했고, 1919년 39세의 나이에 준장으로 진급했다. 그는 이때 이미 육군 수훈 훈장 2개와 은성 훈장을 7개까지 받은 상태였다. 미국 육군 사관 학교 학교장을 역임한 그는 50세 때인 1930년에 육군 참모 총장으로 취임했다. 이와 같은 빛나는 복무 기록을 지녔음에도 1941년 12월에 그가 필리핀에서 보여준 방어 작전은 놀라울 정도로 서툴렀을뿐더러 결국 성공하지 못했다. 1942년 3월, 루스벨트는 그에게 필리핀을 떠나 오스트레일리아로 가라고 명령했다. 그런데 이 시기에 루스벨트는 그에게 명예 훈장을 수여했는데, 사실 이것은 어려운 시절에 미국 국민에게 영웅을 만들어주기 위한 일종의 제스처였다. 1차대전에서 맥아더 장군이 받은 훈장은 그가 세운 공적에 합당하게 수여된 것이었으나, 1942년에 수여된 명예 훈장은 전적으로 홍보 목적이었다.[4]

한편 맥아더에게 필리핀은 특별한 국가였다. 그의 부친이 필리핀에서 군사 총독으로 근무했을 뿐 아니라 젊은 소위 시절에 그 자신이 첫 현역 복무를 이곳에서 했기 때문이다. 1920년대에 젊은 맥아더는 마닐라 군관구軍管區 사령관으로서 필리핀에 돌아왔는데, 일부 미국 관리들은 이를 두고 필리핀 사회에 대한 맥아더의 발언이 주로 사회와 정치 분야에 집중되었다고 의심했다.

맥아더는 또한 독특한 인물이었다. 탁월한 지적 재능을 갖추었지만 개인적인 행동이 너무나 자기중심적이어서 다른 사람들을 화나게 했다. 그는 자신을 마치 역사적 인물로 의식하는 듯한 행동을 했다. 심지어 사적인 자리에서도 마치 무대 위에서처럼 행동했으며, 옥수수 모양의 파이프를 물고서 앞뒤로 서성이며 연극적인 제스처를 취하기도 했다. 다른 사람의 의견을 무시하고 폄하하는가 하면, 자신에 대한 비판을 항명이나 반역으로 받아들이곤 했다. 역사학자 맥스 헤이스팅스Max Hastings는 "자신에 대한 비판이 틀린 걸 넘어서 사악한 것이라는 맥아더의 믿음은 정신 이상에 가까웠다"라고 평가했다. 이러한 면모로 그는 킹 제독과 니미츠 제독을 비롯해 수많은 해군 장군들을 제압했다. 맥아더 장군은 놀라운 기억력, 역사에 대한 깊은 지식, 빠르고 예리한 두뇌를 소유했다. 그러나 그가 여러 나라의 육군과 해군을 조율하는 외교적 민감성을 가졌더라면 얼마나 좋았을까 하는 아쉬움이 남는다. 한때 그의 보좌관을 지낸 드와이트 아이젠하워는 맥아더가 부족했던 그러한 재능을 보유한 인물이었다.[5]

맥아더 장군은 자신의 전역에서 미국 육군과 해군뿐만 아니라 오스트레일리아 군대와 뉴질랜드 군대를 포함해 연합군 전체에 대한 지휘권을

1944년 2월, 미국 육군 더글러스 맥아더 대장이 애드미럴티 제도의 로스네그로스섬에서 지형을 둘러보는 모습. 맥아더 장군은 태평양 전쟁에서 지지자와 비판자 모두를 끌어들인 전설적 인물이다. 그의 뒤에 있는 사람은 보좌관 로이드 레러버스(Lloyd Lehrabas) 대령이다. (미국 국립문서보관소 no. SC 187355)

행사했다. 가장 중요한 것은 그가 핼시 제독의 남태평양 부대에 대한 '전략적 통제권'까지 가지고 있었다는 점이었다. 핼시 제독은 공식적으로 니미츠 제독의 지휘 체계에 속했지만, 실제로는 남서 태평양 지역에서 작전을 수행할 때마다 맥아더 장군의 지시를 받아야 했다. 카트휠 작전에서, 맥아더 장군이 뉴기니 해안으로 진격하는 동안 핼시 제독은 솔로몬 제도를 통과하는 공격을 감독했다. 따라서 두 사람이 우호적으로 협력하는 것이 연합군의 작전 성공에 필수적이었는데, 강하고 지배적이기까지 한 그들의 성격을 고려할 때 과연 우호적으로 협력할 수 있을지 미지수였다. 1943년 2월, 핼시 제독은 니미츠 제독에게 매주 보내는 비공식 편지에서 맥아더 장군에 대해 "자기 자랑만 늘어놓는 개자식(a self-advertising Son of a Bitch)"이라고 썼다. 두 달 후, 핼시 제독이 브리즈번으로 날아가 두 사람은 처음 대면했다.[6]

그런데 매우 놀랍게도 그들은 곧바로 죽이 잘 맞았다. 핼시 제독은 나중에 이렇게 썼다. "나는 그보다 더 빠르고, 강하고, 좋은 인상을 주는 남자를 본 적이 거의 없다. … 내가 보고한 지 5분도 지나지 않아 나는 우리가 평생 친구인 것처럼 느꼈다." 맥아더 장군 역시 마찬가지였다. 그는 다른 어떤 부하보다 핼시 제독에게 이례적으로 행동의 자유를 크게 부여했고, 때로는 그의 요구를 대체로 수용하기도 했다. 예를 들어 몇 달 후에 니미츠 제독이 킹 제독에게 전화를 걸어, 해군 건설단이 비스마르크해 북쪽 끝에 있는 마누스섬에서 핼시 제독의 함대를 위한 전방 해군 기지를 건설하고 있으니 그 기지에 대한 행정 통제권이 맥아더 장군에게서 해군으로 이양되어야 한다고 요청했다. 그러자 킹 제독은 그 요청을 육군 참모 총장 마셜 장군에게 전달했고, 마셜 장군은 다시 육군 지휘 체계를 통해 맥아더 장군에게 전달했다. 자신을 무시한다고 생각한 맥아더 장군은 민감하게 반응하며 핼시 제독을 자신의 본부로 불렀다. 맥아더 장군은 참모들에게 둘러싸인 그 자리에서 왜 마누스섬이 자신이 지휘하는 사령부 관할로 남아 있어야 하는지 설명했다. (자주 그랬듯이) 그는 웅변적으로 길게 발언했는데, 핼시 제독이 기억하는 바에 따르면 발언의 끝에 "파이프 줄기를 내게 겨누고서는 '내가 틀렸는가, 빌?' 하고 물었다." 이에 대해 핼시 제독은 "네, 잘못되었습니다!"라고 대답했다. 그러자 맥아더 장군의 참모들이 수군거리기 시작했다. 핼시 제독은 그 의견에 동의하지 않았을뿐더러 맥아더 장군이 현장에서 업무를 수행하는 관계자들에게서 행정 통제권을 빼앗는 바람에 '전쟁 노력을 방해'한다고 맞섰다. 그들은 몇 시간 동안 이 문제를 가지고 토론했고 그다음날 다시 대화를 시작했다. 그리고 마침내 맥아더 장군은 미소를 지으며 이렇게 말했다. "자네가 이겼네, 빌." 맥아더 장군은 진심으로 설득당했을 수도 있고, 단순히 자신의 자리를 지키려는 핼시 제독의 의지에 감탄했을 수도 있다. 그 이유가 무엇이든 간에 두 사람은 계속된 전역에서 원만한 관계를 유지했다.[7]

이처럼 미국군의 지휘 관계는 개인적 요소가 작용하기도 했으나, 남태평양에서 작전을 수행한 일본군의 지휘 관계에는 각 군별 지침이 크게 영향을 미쳤다. 당시 일본 정부를 완전히 장악한 도쿄의 육군 장성들이 태평양을 비롯해 모든 전역에서 전략적 결정을 담당했다. 육군은 '새로운 작전 방침'을 의무화했는데, 공격하는 쪽을 지치게 하기 위해 마지막 순간까지 개별 거점을 방어하는 조치였다. 고가 제독은 여전히 해상 전투에서 결정적 승리를 거두기를 희망했지만, 그럴 기회를 쉽게 잡을 수 없었기 때문에 라바울에 주둔한 구사카 진이치草鹿任— 중장에게 육군에서 하달한 지침을 고수하되, 죽을 때까지 전초 기지를 지키라고 지시했다. 미드웨이 전투 이후 수많은 역전을 겪었으나, 일본군 지휘관들은 대화혼과 같은 불멸의 정신이 미국의 부와 수적 우세를 이길 것이라고 믿었거나, 최소한 그러기를 바랐다. 일본 제17군 사령관 햐쿠타케 하루키치百武晴吉 대장의 말처럼, "전투 계획은 우리의 정신적 힘을 발휘하면서 인내심으로 적의 물질적 힘에 저항하는 것이었다."[8]

═══════

솔로몬 제도의 섬들은 종종 사다리에 비유되는데, 평행하게 배열된 섬들이 사다리 양쪽의 기둥을 떠올리게 하기 때문이다. 카트휠 작전을 수행하려면 핼시 제독이 지휘하는 부대가 과달카날에서 부갱빌까지 사다리를 타고 오르내려야 했는데, 두 거점 사이에 있는 렌도바, 콜롬방가라, 벨라 라벨라 등 이국적인 이름의 섬들에 여러 차례에 걸쳐 상륙 작전을 펼쳐야 했다. 한편 오스트레일리아군과 미국군이 포함된 맥아더 장군의 부대는 뉴기니 북부 해안을 따라 일본군 진지를 공격했는데, 라에, 부나, 고나, 살라마우아, 핀슈하펜 등 역시 이국적인 이름의 섬들이었다.

이러한 전역을 완전하고 충실하게 목록화하려면 연합군의 상륙, 일본군의 반격, 매일 밤 벌어진 지상 작전, 치열한 전투가 벌어진 정글의 점령 지역 등을 상세히 설명해야 하지만, 개별 작전과 전투가 너무 많아서 각 사건과 참여한 부대를 동일한 분량으로 다루는 것은 불가능하다. 많은 작전, 특히 해전은 대부분 공통적인 패턴에 따라 진행되었다. 첫째, 미국 해군은 수십 개가 넘는 상륙 가능한 지역에서 공격 대상을 선정할 수 있었기 때문에 대다수 상륙 해변에서는 일본군의 저항이 상대적으로 강하지 않았다. 하지만 얼마 지나지 않아 일본군의 주력이 대응했는데, 처음에는 공중 공격, 그다음에는 해군 수상 함대, 그리고 마지막에는 정글을 통한 육지의 공격 순서였다. 연합군이 상륙하는 순간부터 일본군의 반격은 시간문제일 뿐, 매번 아주 빠르게 전개되었다. 상륙 부대에 가장 큰 위험이 닥치는 순간은 큰 상륙함이 하역할 때였기에 수송선과 상륙정이 얼마나 빨리 들어오고, 얼마나 빨리 병력과 물자를 하역한 뒤, 얼마나 빨리 철수하느냐가 관건이었다.

시칠리아에서처럼, 연합군 상륙함에는 신형 LST가 다수 포함되었다. '전차 상륙정'이라는 이름을 지녔음에도 카트휠 작전에 투입된 LST는 전차보다 보급품 상자를 더 많이 운반했다. 전차는 솔로몬 제도의 열대 우림에서 발생하는 전투에 효용이 크지 않았기 때문이다. LST가 목표로 삼은 해변에 도착하면 보급품을 실은 트럭들이 경사로에서 굴러 나와 짐을

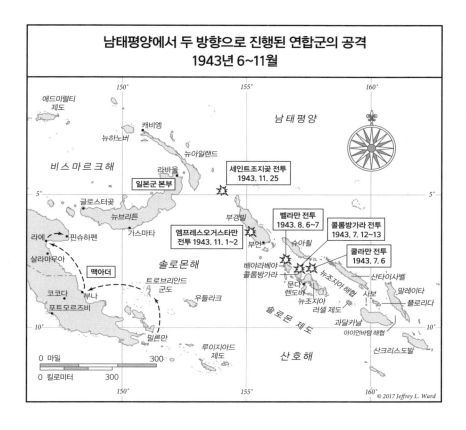

남태평양에서 두 방향으로 진행된 연합군의 공격
1943년 6~11월

애드미럴티
제도
남 태 평 양

뉴하노버
캐비엥

비 스 마 르 크 해
뉴아일랜드

란바울
세인트조지곶 전투
1943. 11. 25

일본군 본부

글로스터곶
뉴브리튼

뉴조지아 해협

엠프레스오거스타만
전투 1943. 11. 1~2

벨라만 전투
1943. 8. 6~7

콜롬방가라 전투
1943. 7. 12~13

쿨라만 전투
1943. 7. 6

부갱빌

부인

슈아쥘

라에
핀슈하펜

가스마타

살라마우아

맥아더

솔 로 몬 해

코코다

부나

트로브리안드
군도

우들라크

포트모르즈비

베야라베야
콜롬방가라

문다
렌도바

뉴조지아

산타이사벨

말레이타

사보

러셀 제도

플로리다

과달카날

솔 로 몬 제 도

밀른만

루이지아드
제도

아이언바텀 해협

산 호 해

산크리스토발

0 마일   300

0 킬로미터   300

© 2017 Jeffrey L. Ward

내리기에 적합한 장소로 이동한 뒤, 다시 복귀해서 두 번째, 세 번째 짐을
싣고 운행했다. 처음 몇 번의 상륙이 진행된 뒤에 이 프로토콜은 LST에
많게는 30여 대나 되는 트레일러와 여러 대의 트럭을 탑재함으로써 한층
개선되었다. 트럭들은 상륙하자마자 첫 번째 트레일러를 싣고 해안에 내
려둔 다음, 더 많은 트레일러를 하역하기 위해 LST로 돌아왔다. 그렇게
해서 보급선, 특히 LST의 하역이 현저히 빨라졌다. 1년 전 과달카날에서
리치먼드 켈리 터너 제독은 5일 동안 화물을 하역해야 한다고 주장했지
만, 이제 그들은 하루 만에 하역을 마칠 수 있었다. 그러나 그마저도 일본

의 공습을 피할 수 있을 만큼 빠르지는 못했다.[9]

일본 공군의 공습 다음에는 바다에서 새로운 위협이 등장했다. 구사카 제독은 라바울에서 미국군의 상륙 선단을 공격하기 위해 순양함과 구축함으로 구성된 전투 부대, 그리고 위협 지역을 강화하기 위한 병력을 가득 채운 수송 구축함으로 구성된 호송대를 파견했다. 1942년처럼 정기적으로 진행되거나 예측 가능한 것은 아니었지만, 연합군은 계속해서 이 보급품 수송선을 '도쿄 익스프레스'라고 불렀다. 연합군 엄호 부대는 하는 수 없이 이런 출격에 도전했으며, 그 결과 1943년 여름과 가을에 솔로몬 제도 인근 바다에서 한밤중에 격렬한 해전을 치렀다. 칠흑 같은 어둠 속에서 해전은 종종 혼란스럽게 진행되었고, 심지어 전투를 지휘하는 사람들조차 정확히 무슨 일이 일어나는지 명확하게 알지 못하는 때도 있었다. 한 참전 병사는 이를 '대규모로 진행되는 숨바꼭질'이라고 설명했다.[10]

이러한 전투의 원형이 되는 모델은 1943년 7월 첫째 주에 확립되었다. 그 주(연합군 병력이 시칠리아 해안으로 상륙했던 주)에 미국 육군과 해병대는 과달카날 북쪽에 있는 뉴조지아 군도의 몇몇 섬에 상륙해 '발톱 작전 Operation Toenails'을 실행했다. 남쪽으로는 방구누, 서쪽으로는 렌도바, 그리고 문다에 일본군이 주요 기지를 설치한 뉴조지아 군도 전체가 그 대상이었다. 구사카 제독은 항공기를 보내 연합군 상륙 부대를 공격했다. 이어서 4척의 구축함이 호위하는 2600명의 병력으로 구성된 수송 구축함 6척을 증원했는데, 이 함대는 아키야마 데루오秋山輝男 소장이 지휘했다. 미국군 정찰기가 도중에 일본군 호송대를 발견하고 즉시 핼시 제독에게 경고 메시지를 보냈다. 핼시 제독은 월든 아인스워스Walden Ainsworth 소장 휘하의 경순양함 3척과 구축함 4척에 출격을 명령했고, 이들은 급유와 폭탄 재장전을 마친 뒤에 그쪽으로 항로를 변경했다.[11]

그해 여름에 수행된 모든 해군 작전에서 그랬듯이, 이 전투에서 미국 해군은 일본의 롱 랜스 어뢰에 대한 레이더 통제 사격을 실시했다. 이 시기에는 모든 미국 군함에 레이더가 장착되었다. PPI 스코프는 사용자들이 쓰기 편하게 처음에 '레이더 플롯radar plot'이라고 불리는 곳에 모았는데, 통상 함교 바로 아래에 설치되었다. 그리고 레이더를 비롯해 정보원이 수집한 정보를 수신하고 평가하기 위해 '전투 작전 센터CIO: Combat Operations Center'를 설치했다. 이 연습을 공식화하도록 제안한 사람은 니미츠 제독인데, 1943년 중반에 이 기구의 명칭이 '전투 정보 센터CIC: Combat Information Center'로 변경되었다. 이 기구는 미국군 지휘관이 '어둠 속에서도 볼 수 있게' 해주었을 뿐만 아니라 가시거리가 제로에 가까울 때도 함교에서 전술 상황을 전자적 개요로 변환해서 제공했다. 일본군은 치명적인 대함정 무기 롱 랜스 어뢰를 보유했고 수송 구축함에도 이를 장착하고 있었지만, 대규모 함정만 레이더를 가지고 있었기 때문에 많은 경우 시야가 매우 한정적이었다.[12]

아키야마 소장의 증원 호송대와 아인스워스 소장이 지휘하는 수상 함대 사이의 대치는 7월 6일 이른 아침에 시작되었는데, 역사는 이 전투를 쿨라만 전투Battle of Kula Gulf로 기록한다. 낮은 구름 덮개가 달과 별을 가려 칠흑같이 어두웠다. 한 참전 용사는 바다가 '거칠고 험악했다'라고 회상했다. 미국군은 레이더 덕분에 약 10킬로미터 떨어진 곳에서 첫 번째 포격을 실시했는데, 이 거리에서는 상대를 육안으로는 확인할 수 없었다. 미국군의 경순양함은 1분에 10발씩 발사할 수 있었고, 1분당 총 450발의 포탄이 발사되었다. 일본군은 이것을 6인치 기관총이라고 불렀다.[13]

이렇게 5분 동안 2000발 넘게 발포한 후, 에인스워스 소장은 일본군이 '사실상 궤멸'되었으리라 생각했다. 그런데 이 맹공격에 의해 침몰한 것은 아키야마 소장이 승선한 니즈키함新月을 비롯해 일본 구축함 2척뿐이었다. 아키야마 소장이 승선한 채 니즈키함이 침몰하고 있을 때, 일본군이 발사한 어뢰 수십 발이 물속에서 49노트로 미국군 함정을 향해 돌진했다. 세인트루이스함St. Louis에 탑승한 한 미국 종군 기자는 "칠판을 가로질러 그어진 분필 선마냥 우리에게 똑바로 다가오는 굵고 흰 손가락"을 지켜봤다. 어뢰는 세인트루이스함 측면에서 폭발했는데, 이 함정은 가까스로 물 위에 머물 수 있었다. 하지만 순양함 헬레나함은 운이 나빴다. 어뢰 1발은 뱃머리를 벗어났으나 다른 2발이 함정 한가운데에 거의 동시에 명중했다. 이 순양함은 공중으로 튀어올랐다가 다시 떨어지면서 허리가 꺾였다. 함정의 앞과 뒤가 잭나이프처럼 위로 치솟았고, 13분 후 배를 포기하라는 명령이 내려졌다.* 양측 모두 이 전투에서 막대한 손실을 입었지만, 일본군은 2600명의 승선 병력을 콜롬방가라에 상륙시켜 다음 임무를 준비했다.[14]

6일 후에 발발한 콜롬방가라 전투(7월 12~13일) 역시 비슷한 방식으로 진행되었다. 다시 한번 미국 해군의 레이더 통제 사격은 연합군에게 전투 초기에 이점을 가져다주었지만, 일본군의 롱 랜스 어뢰가 연합군의 순양함 호놀룰루함Honolulu과 리앤더함Leander, 구축함 그윈함Gwin을 타격하자 전황이 역전되었다. 순양함들은 몇 달 동안 작전을 수행하지 못할 만큼 큰 피해를 입고 그윈함은 침몰했다. 또다른 야간 전투의 혼란 속에서 양측은 적에게 실제보다 더 많은 피해를 주었다고 보고했다. 새뮤얼 모리슨

---

* 약 900명에 달하는 헬레나함 승무원 중 168명이 사망했고, 생존자들은 오랫동안 시련을 겪었다. 처음에는 미국 구축함 니컬러스함과 래드퍼드함이 275명을 인양했지만, 근처의 일본 군함을 추격하기 위해 구조 작업을 중단했다. 수백 명의 생존자가 탄 뗏목과 구명정이 근처 섬을 향해 노를 젓는 데 며칠이 걸렸다. 그들은 그곳에서 오스트레일리아 해안 감시병의 도움을 받아 구조되었다.

에 따르면, "양측 모두 적에게 가해진 상상의 피해에서 자신이 실제로 입은 손실에 대한 위안을 찾았다."[15]

미국은 3주 후 벨라만 전투Battle of Vella Gulf(8월 6~7일)에서 훨씬 나은 성과를 거두었다. 구축함 6척을 이끈 프레더릭 무스브루거Frederick Moosbrugger 대령이 4척으로 구성된 일본군 함대를 공격해 3척을 격침했다. 미국 해군의 피해는 크지 않았다. 하지만 이 전투 역시 대체로 일본군의 승리로 기록되었다. 양측 모두 손실을 입었으나 일본군이 지상전 수행에 필요한 증원군을 상륙시키는 데 성공했기 때문이다. 다만 앞에서 말했다시피 미국군은 전투에서 입은 손실을 대체할 수 있었으나, 일본군은 그럴 수 없었다.*

━━━━━━

미국 육군 병력 3만 2000명과 해병대 1700명이 투입되어 일본군 수비대 5000명을 물리치고 문다를 점령하는 데에는 5주가 걸렸다. 이 과정에서 미국군 측에 약 1200명에 달하는 사망자와 2배 이상의 부상자가 발생했다. 이러한 결과는 일본군이 남태평양 지역에서 치를 전쟁의 시나리오로 예측했던 바와 일치했다. 이에 따라 핼시 제독은, 스스로 말한 대로, '또다른 대규모 공격을 조심'했다. 사다리의 다음 줄은 1만 명의 일본군이 주둔하여 잘 요새화된 콜롬방가라였다. 니미츠 제독과 핼시 제독은 일본군 250명이 점령한 벨라라벨라로 우회하는 방안을 논의했다. 이렇게 하면

---

* 이처럼 범위가 확대된 전역에서 발생한 수많은 작은 교전 중에 일본 구축함 아마기리함(天霧)이 미국 PT보트를 절반으로 절단한 일도 있었다. PT-109의 지휘관이 당시 소위이자 장차 미국 대통령이 되는 존 F. 케네디(John F. Kennedy)가 아니었다면, 상대적으로 소규모였던 이 작은 충돌은 역사에서 완전히 사라졌을 것이다. 이 충돌에서 케네디 소위는 승무원 대다수를 구출했다.

강력한 일본 육군과의 직접적인 대치를 피할 수 있을 뿐만 아니라 그 육군 부대가 더는 지원을 받지 못하게 할 수 있을 테니 맥아더 장군의 표현대로 전략적으로 낙후된 지역에 남겨두어 좌절하게 할 수 있을 것이었다. 만약 성공한다면, 야구 용어로 '그들이 없는 곳을 공격한다hitting'em where they ain't'에 해당하는 이 새로운 작전 구상은 미국군이 전진하면서 마주칠 수많은 섬마다 미국군이 감당할 수 없을 만큼 치명적 손실을 안기려 했던 일본의 전략 계획을 완전히 무산시킬 수 있을 터였다. 이것은 태평양 전쟁에서 가장 중요한 전략적 결정이었다.[16]

이 발상은 사실 새로운 것이 아니라, 전쟁 전에 미국 해군 대학에서 이루어진 많은 연구의 핵심 주제였다. 자신의 회고록에서 이 작전 구상에 대한 책임감을 언급한 맥아더 장군을 비롯한 몇몇 사람들에게 카트휠 작전에 이 작전 구상을 적용한 공로가 있다는 것은 널리 인정된다. 다만 맥아더 장군은 처음에는 이 전술에 반대했다가 나중에 생각을 바꾸었다. 당시 문서 증거로 판단했을 때, 집중적으로 요새화된 목표를 우회하는 전략 수립에 가장 크게 기여한 사람은 핼시 제독의 부사령관 테오도르 윌킨슨 Theodore S. Wilkinson 소장이다. 전직 해군 정보국 국장이었던 그는 7월 15일에 터너 제독에게서 상륙 부대를 인계받았다.

한 달 후인 8월 15일, 윌킨슨 소장 휘하의 LST 3척과 LCT 12척이 4600명의 미국군 병력을 벨라라벨라에 상륙시켰다. 일본군은 처음에는 대응하지 않다가 언제나 그랬듯이 신속하게 평소처럼 공군의 공습으로 대응했다. 그뒤 3주 동안 미국 해군 공병 부대는 라바울로부터 콜롬방가라를 효과적으로 고립시키기 위해 벨라라벨라에 비행장을 건설했다. 그러자 일본군은 9월 말에 콜롬방가라에서 철수했다. 연합군 병력은 단 한 명도 그 섬에 발을 들여놓지 않았으나, 일본군이 포기한 것이다.[17]

맥아더 장군이 지휘하는 미국-오스트레일리아 연합군 역시 뉴기니 해안을 따라 원정할 때 이와 유사한 전술을 채택했다. 8월에 토머스 블레이미Thomas Blamey 대장 휘하의 오스트레일리아군은 정글을 통해 육로로 라에에 접근했으며, 9월에는 대니얼 바비Daniel E. Barbey 소장이 이끄는 미국 상륙 선단이 7800명의 오스트레일리아군을 이끌고 일본군 진지 서쪽의 해변으로 접근했다. 이 작전은 1915년 갈리폴리에서 벌어진 불운한 작전 이후 오스트레일리아 군대가 참여한 첫 번째 상륙 작전이었다. 맥아더 장군은 버려진 정글 활주로를 점령하기 위해 1700명의 미국군 낙하산 부대를 파견해 라에를 포위했다. 9월 8일(영국군과 미국군이 살레르노에 상륙한 날과 같은 날), 미국 해군 함정들이 라에를 향해 포격을 시작했고, 동시에 연합군 지상군이 동쪽과 서쪽에서 육로로 집결했다. 일본군은 포위를 피하기 위해 마을에서 철수했는데, 콜롬방가라에서와 마찬가지로 별다른 저항 없이 마을을 포기했다.[18]

다음은 핀슈하펜이었다. 블레이미 대장이 지휘하는 오스트레일리아군은 육로로 진격했고, 바비 소장의 상륙함은 구축함 10척의 호위를 받으며 4000명의 오스트레일리아군을 일본 기지에서 북쪽으로 8킬로미터 떨어진 해변에 상륙시켰다. 일본군은 10월 17일에 반격했지만, LST를 이용해 상륙한 오스트레일리아군의 '마틸다' 전차가 큰 역할을 해낸 다음에 오스트레일리아군이 일본군을 물리쳤다. 연합군은 마을을 확보하자 서쪽으로 진출하기 위한 주요 기지로 삼았다.[19]

━━━━

부갱빌은 솔로몬 제도에서 가장 크고, 라바울에서 가장 가까운 섬이다. 연합군은 일본군의 강점을 우회하는 데 성공했지만, 이 섬은 완전히 우회하기에는 지나치게 컸다. 일본군은 연합군의 공격이 부엥 근처 부갱빌 남쪽 해안 어딘가에서 시작될 것이라고 예상했다. 이 섬에서 가장 큰 카힐리 비행장 근처에 훌륭한 항구가 있었기에 일본군은 4만여 병력의 주력을 그곳에 배치했다. 하지만 연합군은 섬 서쪽의 엠프레스오거스타만에 있는 외딴 장소를 목표로 삼았다. 그곳에는 항구도 비행장도 없었고 일본군 주둔 병력은 소규모였다(전투 병력이 고작 270여 명에 불과했다). 미국군은 일단 교두보를 확보하면 벨라라벨라에서처럼 자신들이 이용할 수 있는 비행장을 건설할 수 있을 것으로 추정했다. 부갱빌의 울창한 밀림은 일본군의 신속한 반격으로부터 미국군 주둔지를 보호해줄 것이고, 정글은 미국군이 섬의 나머지 지역을 확보하기 위해 자신들의 교두보를 확장하는 것을 막을 수도 있었지만 교두보 확장이 미국군의 목표는 아니었다. 실제로 연합군은 부갱빌의 나머지 지역을 점령하지 않았고, 부엥과 카힐리에는 2년 후 전쟁이 끝날 때까지 여전히 공격을 기다리던 일본군이 주둔했다.[20]

엠프레스오거스타만이 라바울의 일본군 비행장에서 330여 킬로미터 밖에 떨어져 있지 않았기 때문에, 연합군 상륙 부대는 일본 공군이 조만간 이곳을 공격할 것이라고 예상했다. 이러한 위협을 최소화하기 위해 케니 제독이 지휘하는 폭격기들이 10월 12일에 349대의 대규모 공습을 포함해 10월에만 라바울에 수차례 선제 공습을 실시했다. 동시에 당시 미국 육군의 네이선 트와이닝Nathan Twining 소장이 지휘하는 솔로몬 지구 항공 사령부 예하 항공기가 카힐리와 발랄라에를 포함한 부갱빌의 일본군 비행장을 공격했는데, 지난 4월 야마모토 제독이 탑승한 항공기가 격추될 당시 향했던 지점이었다. 항공모함 새러토가함과 새로운 인디펜던스급 소형 항공모함 프린스턴함에서 출발한 항공기들이 일본군 비행장을 폭격하자 핼시 제독이 지휘하는 항공모함들도 행동에 나섰다. 상륙 전 2주 동안은 연합군 항공기가 일본군 기지와 비행장을 60차례 이상 공습했다. 이와 동시에 애런 메릴Aaron Merrill 소장이 지휘하는 경순양함으로 이루어진 TF39가 부갱빌 북쪽 부카에서 일본군 진지를 포격했다. 이 모든 활동은 일본 공군력을 억제하고 연합군의 공격 목표가 어디인지를 위장하기 위한 것이었다.[21]

부갱빌 침공은 11월 1일에 제3 해병 사단이 엠프레스오거스타만의 토로키나곶 인근에 상륙하면서 시작되었다. 일본군의 저항은 미미했으나 험준한 지형이 위험 요소로 판명되었다. 이 지역을 가장 잘 파악한 미국 항해도는 1841년에 제작된 것이었는데, 이 지도는 12킬로미터 정도 오차가 있음이 밝혀졌다. 한번은 함장이 항해사에게 차트에서 현재 위치를 묻자 "약 5킬로미터 정도 내륙에 있습니다"라고 대답하기도 했다. 그래도 감시 장교들이 PPI 스코프를 지켜보면서 해안선을 항해할 수 있었고, 미국의 레이더는 다시 한번 그 가치를 입증했다.[22]

연합군은 병사 수가 부족할 뿐만 아니라 귀중한 LST를 라바울 공습에 노출하는 것이 타당한지 의구심을 품어서 이번 공격에서는 LST를 사용하지 않았다. 그 대신 병력을 수송선 8척에 싣고 화물선 4척으로 보급품을 수송했으며, 이들에 대한 호위는 2개의 구축함 사단이 맡았다. 평소처럼 히긴스 보트가 먼저 들어갔지만, 다수의 보트가 높은 파도와 가파른 해변 경사지에서 표류했고, 이 과정에서 마이크 보트(LCM) 22척과 히긴스 보트 64척이 파손되었다. 완벽한 기습 공격에 놀란 일본군은 같은 날 아침 라바울에서 항공기 50대를 지원하고 오후에는 100대를 더 보내는 등 신속하게 대응했다. 이 같은 일본군의 공습으로 미국군 보급선의 하역이 지연되었으나 피해는 거의 없었다.[23]

여느 때처럼 일본 해군의 수상 공격도 곧 시작되었다. 고가 제독은 구사카 소장에게 최근 도착한 2척의 중순양함(묘코함妙高과 하구로함), 오모리 센타로大森仙太郎 중장이 지휘하는 경순양함 2척과 구축함 6척을 함께 출격시키라고 지시했다. 오모리 제독은 최근까지 어뢰 학교 교관으로 있었던 인물이라 해전에 참전한 경험이 없었다. 출발하기 전에 그는 예하 함장들에게 자신의 신뢰를 표현하기 위해 "우리가 이길 것이라고 믿는다"라고 격려 연설을 했다. 하지만 함장들은 그리 깊이 확신하지 않았다. 회의를 마치고 떠날 때 이들 중 한 사람이 다른 이들에게 "수영할 준비를 하고 상어 기피제를 충분히 가지고 갑시다"라고 말하기도 했다. 블랙 유머를 주고받을 기분이 아니었던 어떤 함장은 "부갱빌이 함락되면 일본은 무너질 걸세"라고 대꾸했다.[24]

오모리 중장은 날이 어두워지자 곧바로 공격을 시작해 사보섬에서 미카와 제독이 달성한 위업을 재현할 작정으로 그날 오후에 남쪽으로 향했다. 그는 미카와 제독과 달리 미국군의 수송을 간과하지 않겠다고 결심했다. 그는 상륙 해변에 미국군 수송선이 없는 것을 알지 못했다. 윌킨슨 제독이 해질녘에 수송선을 모두 내보내면서 그다음날 복귀하라고 지시했던 것이다. 또한 미카와 제독이 그랬던 것처럼, 오모리 중장은 연합군의 공중 감시 때문에 연합군에 기습 공격을 할 수 없었다. 결국 그는 레이더를 장착한 미국군 정찰기가 자신을 발견하고 보고했다는 것을 무선 전신을 통해 파악했다. 그럼에도 남쪽으로 계속 진격했다.[25]

11월 2일 새벽 2시 30분, 양측은 또 한 차례 야간에 충돌했다. 짙은 먹구름과 계속 흩뿌리는 가랑비 때문에 시야가 약 5킬로미터 미만이었지만, 이러한 기상 조건은 레이더를 보유한 미국군에는 크게 장애가 되지 않았다. 반면 일본군은 눈이 먼 사람이 눈이 보이는 상대와 싸우는 꼴이었다. 2시 45분경, 미국군 순양함이 처음 발사한 포탄이 일본군 경순양함

센다이함內川을 타격했는데, 구축함 시구레함時雨에 탑승한 한 목격자는 미국군이 '환상적일 정도로 정확하게' 공격하는 것에 놀랐다. 1년 전, 사보섬 전투에서 일본군은 야간 전투를 지배했으나, 이제는 아니었다. 하라 다메이치原爲一 대령은 "미국군 레이더가 기존에 야간 전투에서 우세했던 일본 해군의 장점을 완전히 빼앗았다"라고 씁쓸하지만 정확하게 평가했다.[26]

　일본군의 또다른 문제는 오모리 중장이 전술적 상황을 제대로 파악하지 못한 것이었다. 미국군이 놀라울 정도로 정확하게 포격하자, 그는 미국군과의 거리가 실제보다 가깝다고 믿었다. 일본군의 포탄은 대부분 사거리가 짧았는데, 이런 상황에서도 일본의 8인치 포탄 3발이 미국군 순양함 덴버함에 명중했다. 이러한 혼란 속에서 중순양함 묘코함이 구축함 하쓰카제함初風과 충돌해 구축함의 뱃머리가 절단되었다. 미국군 측에서도 대처함Thatcher이 스펜스함Spence과 충돌했고, 그 결과 두 함정 모두 심각한 피해를 입는 등 혼란스러웠다. 그런데 스펜스함의 불운은 여기서 끝나지 않았다. 미국의 레이더 탐지기가 바다 곳곳을 탐지하는 가운데 아군과 적을 구별하기 어려웠는데, 메릴 소장의 구축함 2개 사단 중 하나를 지휘하는 알레이 버크Arleigh Burke 대령은 파괴된 일본 구축함일 것으로 추정되는 물체를 향해 포격을 가했다. 이와 거의 동시에 스펜스함의 버나드 오스틴 Bernard L. Austin 대령이 TBS 무선을 잡고 고함을 질렀다. "사격 중지! 사격 중지! 젠장, 그거 나야!" 질책을 받은 버크 대령은 "맞았나?"라고 물었고, 오스틴은 "아니, 하지만 아직 포탄이 도착하지 않았다"라고 대답했다. 버크 대령은 "미안하지만 방금 네 번째 일제 사격을 했으니 양해해주기 바란다"라고 응답했다. 다행히 나중에 발사한 포탄 중에서 명중한 것은 없었다.[27]

1시간 후 무슨 일이 일어났는지, 혹은 무슨 일이 일어나고 있는지 여전히 확실히 파악하지 못한 오모리 중장은 방향을 바꿔 라바울로 복귀했다. 따라서 제2의 사보섬 전투는 벌어지지 않았으며, 일본군의 증강된 호송대 상륙도 성공하지 못했다. 버크 대령이 지휘하는 구축함들은 메릴 소장이 그들을 소환할 때까지 상당 시간 오모리 중장의 함대를 추격했다. 날이 밝으면 일본군 항공기에 의한 공습이 불가피한 상황이었기에 버크 대령은 일출 전에 자신이 지휘하는 기동 부대를 방어 대형으로 배치하고자 했다. 아니나 다를까, 오전 8시경에 라바울에서 출격한 일본군 항공기 100대가 메릴 소장의 함대에 접근했다. 그러나 함대는 피해를 조금 입었고 메릴 소장은 보급과 연료 보충을 위해 철수했다. 나중에 라바울에서 오모리 중장의 지휘권은 박탈되었다.[28]

고가 제독은 엠프레스아우구스타만 전투의 결과에 실망했지만, 다른 모험을 시도하기로 결정했다. 그는 트루크에서 더 강력한 수상 함대를 라바울로 보내 다시 공격했다. 이번에 파견한 함대는 7척의 중순양함과 1척의 경순양함으로 구성되었고, 전투 경험이 많은 구리타 다케오 중장이 지휘했다. 순찰 중이던 정찰기 B-24에 의해 일본군 함대의 증강을 보고받은 핼시 제독은 대규모 함대를 격퇴할 만큼 전투력이 충분하지 않다고 걱정했다. 나중에 그는 그 순간을 "남태평양 지구 사령관으로 재직하는 동안 내게 닥친 가장 절망적인 비상사태였다"라고 서술했다. 그는 항공모함 새러토가함과 프린스턴함의 공습으로 구리타 중장의 수상 함대 공격을 사전에 차단하려 했다. 11월 5일, 항공모함 2척에서 라바울을 향해 항공기 97대가 출격했다. 솔로몬 지구 항공 사령부가 이 항공모함들을 위해 전투

1943년 11월 5일에 라바울의 심슨 항구에서 미국군이 일본군 선박을 공격하는 모습. 오른쪽에서 불타는 일본군 순양함을 볼 수 있다. (미국 국립문서보관소 no. 80-G-89104)

기 정찰을 제공하겠다고 약속했기 때문에 이 같은 작전이 가능했다. 하지만 항공모함에서 출격한 미국군 항공기들은 구리타 중장이 지휘하는 함정 중 어느 것도 침몰시키지 못했다. 도리어 아군 항공기 10대만 희생시키고 일본 해군의 중순양함 4척과 경순양함 2척에 심각한 손상을 입히는 데 그쳤다. 일본군은 원래 계획된 출격을 연기했는데, 결국 실현되지 못했다.[29]

한편 라바울에서 출격한 일본군 항공기들이 미국군 항공모함에 보복 공격을 시작했는데, 그들은 고작 보병 상륙정 건십gunship과 PT보트 1척을 발견했을 뿐이다. 이 함정들은 피해를 입었으나 어느 것도 침몰하지 않았다. 그런데 일본군 조종사들은 복귀해서 미국 항공모함 2척과 대형 순양함 2척을 격침했다고 보고했다. 양측 모두 조종사들은 자신들의 전과를 계속 과장했지만, 새뮤얼 모리슨은 이번 사례가 "태평양 전쟁 전체에서 나온 거짓말 중 가장 심각했다"라고 평가했다. 이와 같은 과장 보고는 미국군보다 일본군에 더 크게 영향을 미쳤다. 미국의 전략 결정자들은 일반적으로 대다수 전과 보고서가 부풀려졌다고 생각했지만, 일본의 최고 사령부는 그러한 보고를 문자 그대로 받아들여 후속 계획에 반영했다.[30]

11월 5일의 공습 이후 6일이 지났을 때 핼시 제독은 또다시 공습을 실시했다. 이 공습에는 신형 에식스급 항공모함 2척과 소형 항공모함 인디펜던스함이 새러토가함과 프린스턴함에 합류해 라바울을 급습했다. 이는 미국 해군의 우위를 확고히 하기 위한 또다른 조치였다.

11월의 나머지 기간에 연합군은 계속해서 일본군을 압박했다. 연합군의 폭탄은 거의 매일 일본군 기지를 폭격했다. 라바울의 일본군 한 조종사는 "낮이든 밤이든 악몽의 연속이었다"라고 회상했다. 한편 연합군 함정도 작전에 투입되었다. 11월 25일, 버크 대령이 지휘하는 구축함 5척이 증원군을 내려주어 상륙했고, 그 부대가 부카에서 라바울로 돌아오는 수송 구축함 5척으로 구성된 일본 호송대를 공격했다. 이 전투는 세인트조지곶 전투Battle of Cape St. George로 알려지는데, 버크 대령의 구축함들이 일본군 함정 3척을 침몰시켰다.* 끊임없는 공격을 통해 라바울에 있던 일본

---

* 이 작전이 진행되는 도중에 버크 대령은 자신의 함정이 '31노트로 기동 중'이라고 보고했다. 이 메시지를 보고 핼시 제독은 웃음을 터뜨렸다. 과거 버크 대령은 공식적으로 35노트까지 속도를 낼 수 있는 자신의 함정이 수리가 필요한 상황이라 최대 30노트로만 기동해야 한다는 지침을 받고서, 미묘한 항의로서 으레 보고의 끝에 '30노트로 기동 중'이라고 덧붙였다. 그런데 이번에는 넌지시 속도를 1노트 더 높였다고 보고한 것이다. 그뒤로 핼시 제독은 매번 그를 '31노트 버크(31-Knot Burke)'라고 부르며 놀렸다. 이 별명은 그가 해군 참모 총장이었던 1950년대뿐만 아니라 여생 내내 따라다녔다.

군 자산이 감소되었고, 그 결과 라바울을 정복할 필요가 있는지, 혹은 공격 자체가 바람직한지에 대해 의문이 제기되기도 했다. 맥아더 장군은 라바울 점령을 열망했다. 그는 라바울이 보유한 훌륭한 항구와 전천후 비행장 4곳 등을 언급하며, 이것들이 차후 작전에 필수적이라고 주장했다. 그러나 퀘벡 회의에서 연합 참모 본부는 콜롬방가라와 부갱빌 남부에서처럼 라바울을 우회해야 한다고 주장했다. 맥아더 장군은 자신이 담당한 지역에서 다음에 점령해야 할 연합군의 작전 목표가 필리핀 민다나오라는 소식에 당황했다.[31]

1944년 1월, 연합군은 라바울에 또다른 폭격 작전을 펼치기 시작했는데, 이번에는 항구와 비행장을 반복적으로 공격해 일본군이 나머지 전함을 항구에서 철수시켜야 했다. 하지만 일본군이 연합군의 공격에 맞서기 위해 출격시키는 항공기 수는 점차 줄어들었다. 그리고 2월 20일에 일본군은 마지막 전투기까지 철수시켰다. 라바울에는 여전히 10만여 일본군이 주둔하고 있었다. 배고픔과 말라리아로 고통받는 동안 그들은 미국군의 지속적인 폭격으로부터 자신을 보호하기 위해 터널을 파는 데 많은 시간을 쏟았다. 한 목격자는 당시 고립된 라바울의 일본 군인들은 "정신적·육체적 힘을 잃은, 살아 있는 시체들"이었다고 비유했다. 그들은 전쟁이 끝날 때까지 그곳에 남아 있었다.[32]

───────

이 작전이 끝나기 한참 전, 연합군은 태평양에서 세 번째 공세를 개시했다. 1920년대 이래 미국 해군 대학과 다른 부서에서 수립한 미국 해군 작전 계획의 중요한 특징이자 핵심 주제는 중앙 태평양을 가로지르는 대공세였고, 필리핀해 어딘가에서 일본과 결전을 벌이는 것이었다. 하지만 이러한 비전은 전쟁의 첫 2년에는 보류되었는데, 미국이 다른 연합국과 마찬가지로 추축국의 초기 공세 직후에 물러섰기 때문이다. 그러나 이제 미국이 전쟁의 주도권을 잡았고, 미국의 조선소에서 새로운 선박들이 쏟아져 나오는 데 힘을 얻은 해군 참모 총장 킹 제독은 과거의 기조를 되살릴 때라고 판단했다. 하지만 영국군은 이러한 공격이 이미 심각하게 손상된 독일 우선 전략의 또다른 우회로가 되지 않을까 걱정했다. 퀘벡 회의에서 킹 제독이 미국의 중앙 태평양 공격 사안에 대해 심각하게 논쟁하자 영국 해군 참모 총장 제임스 서머빌 제독은 "이봐, 어니, 당신도 헛소리라는 것 알잖아!"라고 불쑥 말했다. 다른 사람 못지않게 화려한 화법을 구사했던 킹 제독은 부드럽게 대꾸했다.[33]

또다른 회의론자는 맥아더 장군이었다. 그는 남태평양 작전이 아직 진행 중인데 중앙 태평양에서 새로운 작전을 벌이는 것은 어리석을뿐더러 잠재적 재앙을 불러올 것이라고 주장했다. 첫째, 그것은 적 앞에서 군대를 분리하면 안 된다는 전략적 원칙을 위반하는 것이기 때문인데, 어떤 면에서는 연합군이 솔로몬 제도와 뉴기니에서 동시다발적 작전을 수행하면서 이미 이 원칙을 위반하고 있었다. 한편 그는 솔로몬 제도가 정복되고 라바울이 무력화되었으니 이제 필리핀 침공을 위한 무대가 마련되었다고 믿었고, 누가 그곳을 지휘해야 하는지에 대해 의심하지 않았다. 맥아더 장군은 스팀슨 전쟁부 장관에게 "태평양 전쟁의 중심 방향을 알려주십시오"라고 편지를 썼다. 그는 "직책만 차지하려는 해군의 뻔뻔함과 무식함이 이 거대한 비극을 지속하게 하지 말아주십시오"라고 주장했다. 하지만 그의 탄원은 묵살되었다. 그 대신 합동 참모 본부는 핼시 제독의 남태평양군과 제1 해병 사단을 맥아더 장군의 사령부에서 제외시킨 뒤, 새로운 추진력을 갖기 위해 이들을 중앙 태평양으로 보내는 방안을 제안했다.

사실 이들이 태평양 전역에서 주공이 될 것이고, 맥아더와 그의 지휘부는 조공으로 좌천될 예정이었다.[34]

그러자 맥아더 장군은 해군을 수상쩍게 보았다. 그는 킹 제독이 중앙 태평양 공격을 추진하는 이유는 미국 육군, 특히 자신의 위상을 깎아내리기 위함이라고 생각했다. 심지어 전쟁에서 승승장구하는 자신이 1944년 대통령 선거에 출마해 대항할 것을 우려한 루스벨트가 일부러 남태평양 전역을 방해하려 한다고까지 의심했다. 게다가 과달카날 전역 이후 자신의 전역에서 싸워온 제1 해병 사단을 잃게 된다는 소식까지 듣자 화가 치밀어올랐다. 합동 참모 본부는 맥아더를 달래기 위해 그에게 제1 해병 사단을 계속 지휘하게 하고, 마셜 육군 참모 총장이 니미츠 제독에게 육군 제27사단 지휘권을 부여하며 양해를 구했다.[35]

이러한 의견 대립은 단지 자원과 전투력을 둘러싼 대결이 아니었다. 맥아더 장군의 신중한 단계별 진격에 좌절한 킹 제독은 그의 진격을 '소심하다inch-by-inch'라고 비아냥거렸다. 킹 제독은 중앙 태평양을 가로질러 한 번에 약 1000~3000킬로미터 되는 엄청난 거리를 도약하는 전역을 구상했다. 그는 중앙 태평양 전략이 일본으로 향하는 직접적인 경로이며 병사들에게도 훨씬 건강한 환경이라고 주장했다. 또한 결정적 승리를 거둘 수 있는 일본군 함대와의 대결 기회를 만들 수 있다고 말했다. 마지막으로, 일본과 가까운 섬을 점령함으로써 일본 도시에 전략 폭격을 할 수도 있다고 생각했다. 물론 보급 및 병참 문제는 해결해야 할 난관이었다. 기존의 연합군 상륙 작전은 태평양뿐만 아니라 지중해 모두 아군 비행장의 보호 반경 내에서 실시되었다. 반면 길버트 제도는 연합군의 가장 가까운 비행장에서 1000여 킬로미터 떨어져 있었다. 따라서 연합군 상륙 부대는 매번 공중 엄호 부대와 함께 기동해야 했다.

이러한 작전은 새로 건조된 미국 함정, 특히 항공모함이 태평양 전역에 유입되었기에 가능했다. 미국의 조선소들이 유보트가 대서양에서 침몰시킬 수 있는 것보다 더 빠른 속도로 수송선, 화물선, 호위선을 생산했던 것처럼, 태평양에서도 일본 해군이 파괴할 수 있는 것보다 더 빨리 전함, 순양함, 항공모함을 생산했다. 미국 해군은 새로운 에식스급 항공모함 외에도 이미 건조 중인 9척의 순양함 선체를 인디펜던스급 소형 항공모함으로 개조했다.

이 새로운 함정에는 수만 명의 신병이 배치되었는데, 그들 중 다수는 해군 신병 훈련소에서 배출되었다. 한 장교는 그들에 대해 "점원, 잡화상, 탄산음료 중독자, 호텔 직원, 고교 운동선수, 농장 소년 등"이라고 설명했다. 그들 중 70퍼센트는 이전에 바다에 가본 적도 없는 이들이었다. 이제까지 미국 태평양 함대의 규모와 수용 능력이 이처럼 갑작스럽게 향상된 적은 없었다. 1943년 11월, 미국 해군 장관 프랭크 녹스는 그해 초부터 미국은 40척의 새 항공모함을 포함해 419척의 새 함정을 추가했다고 발표했는데, 여기에는 소형 항공모함도 포함되었다. 이러한 상황을 고려할 때 태평양 전쟁에서 새로운 전선을 추가하겠다는 합동 참모 본부의 결정은 분명 대담했지만, 영국인들이 의심했던 것처럼 어리석지 않았으며, 맥아더 장군이 주장한 것처럼 사악하지도 않았다.[36]

이 작전을 수행하기 위해 니미츠 제독은 8월에 새로운 함대 조직을 창설했다. 헬시 제독은 라바울의 일본군 기지 무력화를 완료하기 위해 남태평양 해군의 지휘권을 유지했다. 그리고 니미츠 제독은 중앙 태평양을 관통하기 위해 처음에는 TF50이라는 부대를 승인하더니, 곧 '중앙 태평양 함대Central Pacific Force'로 명칭을 변경하고 최종적으로 '제5함대Fifth Fleet'로 명명했다. 전함 12척(그중 5척은 신형 고속 전함), 항공모함 9척, 소형 항공모

레이먼드 스프루언스 해군 중장(왼쪽)과 홀랜드 스미스 해병 중장(오른쪽)은 1943년 11월 타라와에서 시작된 중앙 태평양 진격 작전에서 함께 작전을 지휘했다. 이 사진은 1944년 7월에 사이판에서 찍은 것으로, 스미스 중장은 자신의 별명인 '울부짖는 미치광이'와는 거리가 매우 멀어 보인다. (미국 국립문서보관소 no. 80-G-287225)

함 11척, 순양함 12척, 대형 수송선과 상륙함 37척으로 구성된 초거대 함대 사령부였다. 이 함대는 미국이 창설한 전투 함대 중 가장 큰 규모였으며, 해군 항공력 면에서도 역사상 가장 큰 규모였다. 이 부대의 지휘를 맡을 인물로 니미츠 제독은 레이먼드 스프루언스 중장을 선임했다.[37]

수척한 외모의 스프루언스 중장은 핼시 제독이나 맥아더 장군의 대담함이나 기개와는 거리가 먼, 내성적이고 사색적이며 심사숙고하는 지휘관이었다. 스프루언스 중장의 전기 작가 토머스 뷰얼Thomas B. Buell은 자신이 쓴 책에《조용한 전사The Quiet Warrior》라는 제목을 붙였는데, 인터뷰 진행자는 스프루언스 중장의 태도를 '부드럽게 말하는 대학 교수'에 비유했다. 약 2년 전 미드웨이 전투 이후 스프루언스 중장은 니미츠 제독의 참모장으로 복무했다. 니미츠 제독은 스프루언스 중장의 근면함과 침착한 효율성을 높이 평가하고 존중했지만 처음에는 그의 해상 근무 투입을 꺼렸다.

하지만 결국 스프루언스 중장을 중앙 태평양 함대 사령관으로 임명했으며, 그가 맡은 새 임무는 11월에 길버트 제도를 확보하는 것이라고 알렸다.[38]

======

길버트 제도는 적도로 양분된 800여 킬로미터의 바다에 흩어진 16개의 산호초로 구성되어 있다. 태평양 지역의 환초들이나 또다른 군도처럼 길 버트 제도 역시 소규모여서 이 지역을 보통 '미크로네시아'라고 불렀다. 원래 이 섬들은 주변에 산호 군락이 자라는 더 큰 화산섬이었다. 하지만 수백 년 동안 화산들이 휴면 상태로 성장하고 섬들이 가라앉으면서 산호 골격이 제자리에 남아 중앙 석호 주변에 환초라는 거대한 원형 암초를 형 성했다. 어떤 암초들은 수면 위로 올라오지 못했고 어떤 암초들은 드문드 문 초목을 지탱할 수 있을 정도로 자랐다. 길버트 제도에 있는 환초 중 하 나인 타라와에는 여러 섬이 딸려 있었는데, 그중 베티오섬에는 1943년 1월에 일본군이 활주로를 건설해 운용하고 있었다. 베티오섬은 2제곱킬 로미터도 안 되는 작은 섬이어서 비행장이 이 섬을 가득 채웠다. 3000여 미터 상공에서 내려다보면 이 섬은 마치 꼬리를 가진 대형 항공모함 주변 에 야자수가 돋아난 것처럼 보였다. 작은 이 섬을 2600명의 일본 해군 육 전대陸戰隊(미국 해병대와 유사한 해군 특수 상륙 부대)와 2200명의 건설 부대 가 방어하고 있었다. 이 섬의 요새는 견고하게 구축되었고, 방어 부대 사 령관 시바자키 게이지柴崎惠次 소장은 부하들에게 100만 명이 100년 동안 공격해와도 이 요새를 점령할 수 없다고 말했다.[39]

그런데 타라와에 대한 미국의 공격은 몇 가지 요소 때문에 기존의 상륙 작전과 다르게 진행되었다. 지금까지 진행된 모든 상륙 작전의 관건은 내 륙으로 진격하기 위해 강화할 수 있는 발판, 즉 교두보를 확보하는 것이었다. 하지만 타라와 상륙에서는 연합군 기지에서 가장 가까운 길버트 제도가 멀리 떨어져 있었기 때문에 장비와 보급품을 비롯해 모든 병력이 최초의 상륙 함대에 승선해야 했다. 게다가 교두보가 충분히 확보될 수 없어서 상륙 부대는 처음부터 섬 전체를 점령할 수 없거나 상륙에 실패할 가능성이 높았다.[40]

또다른 요소는 수면 바로 아래 있는 평층平層의 일종인 산호초의 존재였는데, 이것이 섬에서 400~700미터 거리까지 뻗어 있었다. 심지어 만조에도 이 평층의 깊이는 겨우 1미터 남짓에 불과했다. 달리 말하면 LST가 사람이나 장비를 해변으로 운반할 수 없었다. 이 사실을 알게 된 미국 제5 상륙 군단 사령관 홀랜드 스미스Holland M. Smith 중장*은 일반적으로 앰프트랙amphtrack 또는 앨리게이터alligator라고 부르는 '궤도 상륙 장갑차LVT: landing vehicle, tracked'으로 알려진 특수 상륙 차량을 사용하고자 했다. 이 상륙 차량은 작은 노가 달린, 전차의 발판과 같은 것이 있어서 상륙 부대가 이 차량을 이용하면 물속에서도 이동할 수 있었고(6노트로), 산호초를 가로질러 기어갈 수 있었다(시속 16킬로미터로). 이 상륙 차량은 한 번에 20명의 병력을 수송할 수 있었는데, 견고한 상륙용 경사판이 없어서 다른 차량이나 포병은 수송할 수 없었다. 스미스 중장은 터너 제독에게 이 상륙 차량이 제공되지 않으면 상륙 작전을 거부하겠다고 주장해 이 장비의 효용을 회의적으로 보는 해군의 반대를 극복했다. 다행히 터너 제독은 그 의견을 수긍했으나, 스미스 중장은 고작 125대의 LVT만으로 상륙 작전

---

* 타라와 상륙 작전에는 3명의 스미스 장군이 참전해 종종 혼란을 불러일으킨다. 홀랜드 스미스 중장은 제5군단의 총사령관이었는데, 여기에는 베티오섬을 공격한 줄리언 스미스(Julian M. Smith) 소장이 지휘하는 제2 해병 사단과 마킨섬을 공격한 랠프 스미스(Ralph C. Smith) 소장이 지휘하는 육군 제27군 사단도 포함되었다.

타라와 환초의 일부인 베티오섬은 너무 작아서 비행장의 활주로가 섬 전체를 가득 채웠다. 이 항공사진에서 연합군 상륙 부대를 많이 힘들게 한 산호초를 볼 수 있다. (미국 국립문서보관소 no. 80-G-83771)

을 이행해야 했다. 스미스 중장이 필요로 하는 LVT를 제작해 남태평양으로 신속하게 선적하여 배달할 수 있는 가장 가까운 장소가 미국 서부 해안의 샌디에이고였기 때문이다. 스미스 중장은 초기 세 차례 상륙 부대에 LVT를 사용하도록 배정하고 그뒤에 상륙하는 부대는 히긴스 보트를 타고 접근하게 해서 병력이 파도를 극복하고 암초를 건널 수 있기를 바랄 뿐이었다. 이 상륙 작전에 투입된 병력은 대부분 과달카날 전역을 경험한 제2 해병 사단 소속이었는데, 이들에게는 해안까지 걸어가야 할 확률이 절반 정도 된다고 미리 경고해두었다.[41]

타라와 공격은 부갱빌에 상륙하고 3주가 지난 11월 20일에 시작되었다. 스미스 중장은 해병대원들에게 이 섬은 "전쟁 역사상 가장 많은 공중 폭격과 해군의 포격을 받을 것"이라고 약속했다. 해군 사령관 해리 힐Harry Hill 소장은 전함 메릴랜드함에서 지휘했는데, 이 전함은 새벽 5시 직후부터 폭격을 개시했다. 그런데 첫 폭격의 충격으로 기내의 모든 통신이 마비되어 힐 소장과 승선한 해병대 사령관 줄리언 스미스 소장은 통신이 두절되어 지휘권이 마비되었다. 그 결과 힐 소장은 사전 폭격을 하는 내내 관찰자 역할을 하는 데 그쳤다.[42]

총구 속도가 초속 800여 미터였는데도 메릴랜드함에서 발사된 16인치 포탄은 새벽녘 여명 속에서 둥글게 호를 그리며 지나가는 것처럼 보였는데, 이를 목격한 사람은 "마치 테니스공을 높이 띄운 것 같다"라고 회상했다. 이렇게 포격이 얼마간 이어지다가 몇 초 만에 함대 내 다른 함정들도 일제히 포격을 개시했다. 전함, 순양함, 심지어 구축함까지 거의 1시간 동안 이 섬을 쉴 새 없이 포격했다. 뒤이어 또다른 함정들도 사격을 시작했고, 잠시 후에는 항공모함에서 이륙한 항공기가 이 섬에 수백 톤의 폭탄을 투하했으며, 이어서 다시 함정들이 사격했다. 짧은 시간 동안 좁은 공간에 엄청나게 많은 포탄이 쏟아졌으니, 이 광경을 관찰하던 사람들은 일본군 수비대가 사라졌으리라고 추측했다. 《타임》 기자 로버트 셰러드 Robert Sherrod는 이 장면을 다음과 같이 회상했다. "이처럼 파괴적인 포격과 폭격 속에서 살아남을 사람은 없을 것이다." 한편 폭격을 받았던 일본군 병사 오타 기요스키 Kiyoski Ota는 "무섭고 끔찍한 경험이었다! 폭격이 멈추지 않고 계속되었다"라고 회상했다.[43]

그러나 실제로는 그 엄청난 소리와 화염에도 불구하고 사전 폭격의 피해는 셰러드 기자와 일본군 병사, 또 거기 있던 다른 사람들이 상상했던 것보다 훨씬 적었다. 우선 일본군의 요새는 미국군이 예상했던 것보다 더 견고했고 빨리 복원되었다. 해군 포병과 조종사가 특정 시설보다는 섬 자체를 타격하는 경향이 강해서 그런 결과가 나오기도 했다. 미국 해병대의 한 장교는 이렇게 지적했다. "해군 포병 장교들은 육지의 목표물이 배와 같다고 가정하는 실수를 하곤 한다. 배는 폭격되면 침몰하면서 모든 것이 사라지지만, 육지의 목표물을 제거하려면 정확하게 폭격해야 한다." 해군의 포격으로 일본의 8인치 함포 1문이 파괴되고 시바자키 제독의 통신 시스템은 파괴되었지만, 일본군의 방어 시설은 거의 손상되지 않았다.[44]

첫 번째 상륙 부대는 LVT에 탑승해 아침 8시 30분에 산호초를 가로질러 해안으로 접근했다. 일본군은 LVT가 약 800미터 거리 이내로 접근하자 대응 사격을 시작했는데, 이 사격은 치명적이고 효율적이었다. 미국군 LVT는 일본군 포병의 포탄을 맞았으나 계속 밀고 나갔으며, 그날이 저물 무렵에 최초에 투입된 132대 중에서 고작 35대만 계속 작전을 수행했다. 히긴스 보트에 탑승한 네 번째 상륙 부대가 해안에 도착했을 때 해군 조종사들은 대다수 히긴스 보트가 암초를 넘지 못했음을 확인했다. 해와 달이 지구와 직각을 이룰 때 발생하는 썰물이 산호초 평층 위의 수위를 몇 미터로 낮추었고, 그로 인해 히긴스 보트는 앞으로 나아갈 수 없었던 것이다. 해병대원들은 배의 측면을 넘어 300~400미터 떨어진 곳에서 해변을 향해 걸어가기 시작했는데, 그러는 동안 일본군의 기관총 사격에 노출되었다. 한 해병대원은 자기 주위의 수면에 총알이 부딪치는 소리가 '빗방울 소리'처럼 들렸다고 회상했다. 일부 상륙 부대에서는 해변에 도착하기도 전에 사상자가 70퍼센트 이상 발생하기도 했다. 37밀리미터 포병 화기의 상륙은 더 어려운 일이었다. 해병대는 이 화기를 히긴스 보트와 마이크 보트에서 유인한 뒤, 체력이 강한 병사들이 해안 쪽으로 끌고 갔다. 12명 남짓 되는 해병대원들이 예인선을 끌어 이 화기들이 울퉁불퉁한 산호 평층을 따라 느린 속도로 튕기며 굴러가게 했다.* 대원 중 한 사람이 넘

---

* 해병대는 포병 화기 중 일부를 수중에서 해안으로 끌고 가야 할 것으로 예상했다. 그래서 포병 화기의 내구성을 시험하기 위해 화기를 물에 장시간 담가도 여전히 발사가 되는지 확인했다.

어지면 다른 사람이 그의 자리를 대신하는 식이었다.[45]

미국군은 어떻게든 교두보를 확보하기 위해 병력과 화기를 해안에 충분히 가져왔고, 3일 동안 해안에 도착한 부대는 점차 인원이 보강되고 재보급되면서 점차 앞으로 진격했다. 이 과정에서 해군의 사격 지원, 특히 섬의 석호 쪽에서 실시된 사격이 효율적이었다. 두 구축함 링골드함 Ringgold과 대실함Dashiell이 그곳 해안에서 불과 1킬로미터 정도 떨어진 곳에서 5인치 포탄 600발을 일본군 진지에 퍼부었다. 하지만 함정과 해안 사이에서 이루어지는 통신은 위험한 데다 전투 거리가 근접해 통신선이 뒤섞인 탓에 사격 요청에 응하기가 어려웠다. 그럼에도 시간이 지나면서 결국 2만여 명의 해병대원이 점차 일본군 방어 병력을 섬의 작은 구석으로 몰아붙였다. 시바자키 중장은 미국군의 폭격으로부터 안전한 본부의 진지에서 마지막 메시지를 송출했다. "모든 병력이 최후의 돌격을 시도하고 있다. … 일본이 영원하기를…." 공격이 시작되고 76시간이 지나 전투가 끝났을 무렵 섬에 있던 일본군 수비대원 4800명 중 17명만이 생포되었다.[46]

미국군은 목표물을 확보했지만, 이 과정에서 발생한 손실은 상륙하기 전에 예상했던 수준을 훌쩍 뛰어넘었다. 1000명 이상이 사망하고 부상자도 3000명에 이를 만큼 인명 피해가 막대했다. 과달카날 전투에서 발생한 손실보다 작았지만, 타라와에서 발생한 손실은 6개월이 아닌 고작 3일 만에 발생한 데다 섬 크기가 2제곱킬로미터도 안 된다는 점을 고려할 때 심각한 손실이 아닐 수 없었다.

마킨섬도 함락했는데 여기서는 64명이 사망하고 120명이 부상을 입었다. 홀랜드 스미스 중장은 랠프 스미스 소장이 지휘하는 육군 부대의 느린 공격 속도에 화가 치밀었다. 훗날 그는 만약 랠프 스미스 소장이 해병

구축함들이 일본군 진지를 먼저 공격한 뒤, 해병을 가득 태운 미국 해군 상륙함과 상륙정이 베티오섬 해변으로 향했다. 사전 폭격을 실시했음에도 일본군의 방어는 미국군의 예측보다 훨씬 효과적이어서 상륙 과정에서 미국군 사상자가 다수 발생했다. (미국 해군연구소)

이었다면 "그 자리에서 그의 지휘권을 박탈했을 것이다"라고 회고했다. 육군의 공격 속도가 지연되자 일본군 잠수함이 미국군 상륙 함대를 공격할 기회가 생겼는데, 11월 23일에 일본군 잠수함 I-175가 어뢰 1발을 미국 해군 신형 호위 항공모함 리스컴베이함Liscome Bay에 명중시켰다. 어뢰가 탄약고 하단부를 강타해 폭발한 후 이 항공모함은 크게 손상되었다. 근처의 구축함에서 이 광경을 목격한 한 승무원은 "폭발한 항공모함이 주황색 불꽃 덩어리가 되었다"라고 회상했다. 이 폭발로 917명의 승무원 중 272명만 살아남았다.[47]

연합군은 뉴조지아 군도의 문다와 길버트 제도의 타라와에서 중요한 승리를 거두었다. 그러나 일본군이 예상했던 대로 이 승리의 대가는 컸다.

일본군의 손실이 훨씬 컸지만, 일본 군인들은 미국군이 계속해서 그러한 희생을 감수할 만큼 강한 의지나 성향이 있으리라고 보지 않았다. 그들은 타라와에서 자신들이 거둔 것과 같은 많은 '승리'가 미국을 협상 테이블로 불러낼 수 있을 것으로 생각했다.

실제로 타라와에서 발생한 사상자 규모를 두고 미국 내부에서 상당한 정치적 파장이 일었다. 《뉴욕 타임스》는 "해병대 역사상 1제곱미터당 가장 혹독한 인명 대가를 치렀다"라고 지적했다. 이 모든 작전을 '비극적이고 불필요한 미국인 학살'로 간주한 맥아더 장군은 태평양 전체의 지휘권을 자신에게 달라고 재차 요청했다. 상원 의원들은 조사를 요구했다. 유나이티드 필름이 군악과 승리를 앞세운 웅장한 서사의 새 영화를 미국 극장에서 상영했지만, 이것만으로는 미국 해병대가 작은 섬을 점령하면서 치른 막대한 희생을 숨길 수 없었다. 그보다는 〈타라와에서 해병과 함께With the Marines at Tarawa〉라는 컬러 영화가 훨씬 영향력 있었다. 워너브라더스 영화사가 제작 및 편집한 이 영화는 해병대가 섬에서 촬영한 영상을 바탕으로 삼은 것인데, 해변에서 죽어가는 미국 군인들의 참혹한 장면이 삽입되어 있었다. 이 장면이 너무나 생생해서 미국 정부 관료들은 이런 장면을 대중에게 공개하지 않으려 했으나, 루스벨트는 이 영화 전체를 공개하라고 지시했다. 나중에 이 영화는 아카데미 시상식에서 단편 다큐멘터리 부문 최우수상을 수상했다. 끔찍했을지 모르는 이 영화는 평화를 향한 갈망을 불러오기보다는 오히려 보복 욕구를 자극했다.[48]

———

1943년 말까지 끔찍한 전투가 러시아 전선과 이탈리아를 따라 계속되면서 태평양의 연합군은 이제 막 일본의 방어막을 뚫었다. 처음에는 북태평양 아투섬에서, 그다음에는 남태평양 라바울에서, 그리고 이제 중앙 태평양 타라와에서. 일본군은 미국군에 많은 대가를 치르게 했지만 연합군의 결의는 약해지지 않았다. 타라와에서 도쿄만까지는 아직 5000여 킬로미터가 남았지만, 연합군은 1943년 말에 드디어 첫걸음을 내디뎠다.

22장

'크고 느린 표적'

해군 병사는 불손하기로 악명 높다. 그들은 장교를 조롱하고, 군대 의례의 부조리함을 조롱하고, 식사를 조롱하고, 마치 어둠 속에서 휘파람을 불듯이 위험이나 죽음의 온갖 가능성을 조롱한다. 무장 상선 순양함AMC에 타고 있던 영국 승무원들은 자신들이 타고 있는 배가 '해군이 만든 관Admiralty-made coffin'의 약자라고 농담하고, 유보트 승무원들은 자신들이 승선한 잠수함을 '철로 만든 관'이라고 불렀다. 그리고 '전차 상륙정LST'에 탑승한 미국 승무원들은 그것을 '크고 느린 표적large slow target'이라고 부르곤 했다.

그들의 평가는 틀리지 않았다. LST는 길이 100여 미터로 실제로 컸고, 최대 속도는 10노트로 느렸다. 게다가 상륙 작전에서 이것의 중요성이 입증되었기에 늘 방어 부대의 주요 목표가 되었다. LST 승무원들은 자신들이 운행하는 어설픈 선박의 항해 특성을 풍자하곤 했다. 그들의 무딘 선체(한 LST 승무원은 '물도 가르지 못하는 끔찍한 눈삽 주둥이'라고 불렀다), 얕은 흘수, 평평한 바닥 때문에 놀라울 정도로 기동하기가 어려웠고, 어떤 파도에도 요란하게 요동쳤다. 비교적 온화한 지중해에서조차 모든 LST 탑승자가 뱃멀미로 고생했다. LST에서 근무했던 한 승무원은 LST 하면 '디젤 냄새, 더러운 화장실, 구토물'이 떠오른다고 말했다.[1]

하지만 LST는 1944년까지 지중해에서 중앙 태평양에 이르는 연합군의 상륙 작전에서 매우 중요한 요소로 떠올랐다. 그리고 각 지역의 작전 지휘관들은 LST가 병력과 차량의 수송부터 해상 적재까지 온갖 종류의 다양한 임무에 유용하다는 것을 파악했다. 그런데 문제는 정작 작전에 투입할 수 있는 LST가 충분치 않다는 점이었다. 미국의 산업 생산성은 놀라울 정도로 높았음에도 전쟁의 결정적 순간에, 매력적이지 않으나 반드시 필요한 이 상륙 함정이 부족했다. 1942년 루스벨트 대통령이 전쟁 동원을 감독하기 위해 설립한 전쟁 생산국은 미국 전시 건설 프로그램에서 LST에 가장 높은 순위를 부여했다. 그러나 횃불 작전 직후인 1943년에 영국-프랑스 해협을 건너 프랑스 북부에 상륙하는 것이 불가능해지자, 그리고 대서양 전투가 절정에 이르자 전쟁 생산 위원회는 호위 구축함을 최우선 순위로 올리고 LST는 기뢰 제거함 다음인 12위로 낮추었다.[2]

신형 호위함이 대서양 전투의 전세를 역전시키는 데 도움을 주었으므로 이 결정은 효과적이었다(17장 참조). 1943년 봄, 연합국은 유보트의 위협을 완전히 제압하지는 못해도 점차 전황을 통제할 수 있게 되자 다시 LST 건조 프로그램을 활성화하고자 했다. 구축함을 건조하기 위해 출범한 미국 조선소 중 네 군데에 다시 리버티선과 LST를 건조하라는 지침이 하달되었다. 그러나 조선소 개조는 단순한 전환으로 해결할 수 있는 문제가 아니었다. LST 구축에 3만 개가 넘는 부품이 투입되었고, 이렇게 긴 공급망을 다시 구축하는 과정에는 오랜 시간이 걸렸다. 게다가 LST 건조 프로그램은 다른 중요한 프로그램들과 경쟁해야 했다. 태평양으로 보내는

LST는 미국 중서부의 '옥수수밭 조선소'(피츠버그 아래 오하이오강 강변에 있던 네빌섬 조선소)에서 건조된 후에 오하이오강으로 진수되었다. 이곳에서 신형 LST는 장비를 갖추기 위해 강을 따라 뉴올리언스 건너편의 알제까지 이동했다. (미국 해군연구소)

새로운 에식스급 항공모함과 인디펜던스급 항공모함은 LST 건조에 필요한 부품과 동일한 부품을 많이 사용했다. 특히 선박 건조뿐만 아니라 전차, 항공기, 그리고 거의 모든 20세기 전쟁 무기에 필요한 강철 판을 둘러싸고 치열한 경쟁이 벌어졌다. 한편 미국의 거대한 산업 규모는 훌륭하고 전례가 없을 정도였지만 그렇다고 무한하지는 않았으며, 1943년 말까지 LST의 부족은 연합군의 야망을 달성하는 데 가장 큰 걸림돌로 작용했다.[3]

대다수 LST는 오하이오강과 일리노이강을 따라 건설된 이른바 '옥수수밭 조선소'에서 건조되었다. 이 조선소들은 새 LST를 매달 평균 24척 생산했다. 이는 매우 인상적인 생산량이었지만, 필요한 대수와는 상당한 격차가 있었다. 켄트 휴잇 장군은 살레르노 침공에 90척의 LST를 사용했고, 니미츠 제독과 맥아더 장군은 태평양에 더 많은 LST를 보내달라고 요구했다. 또 1944년 5월 1일로 예정된 '오버로드 작전Operation Overlord'은 프랑스 북부 지역에 230척의 LST를 투입해야 하는 상륙 작전이었다. 1944년 새해가 밝으면서 이러한 목표는 먼 수평선 위의 환상에 불과했다. 지중해, 태평양, 영국-프랑스 해협에서 복무하는 작전 지휘관들은 저마다 더 많은 LST를 요구했으나 그 수가 충분치 않았다.[4]

결국 이러한 상황에서 연합군의 전략 기획자들이 다양한 품목의 경쟁적 요구에서 LST 건조를 우선순위에 두자고 합의했다. 이에 따라 몇 가지 작업이 취소되었다. 미국은 몇 달 동안 장제스의 중국 군대에 보급로를 열기 위해 버마 침공을 추진했고, 이를 통해 100만 명이 넘는 일본군을 묶어두는 효과가 있었다. 그러나 영국군은 이 작전에 별로 열정을 보이지 않아서 이곳에 할당된 LST 15척을 다른 곳으로 보냈다. 한편 워싱턴의 연합군 참모 총장들은 LST가 여러 전역에서 공유될 수 있기를 희망했다. 태평양 전역과 영국-프랑스 해협은 거리가 너무 멀었으나 지중해는 영국과 가까우니 시칠리아와 살레르노에 상륙할 때 사용한 LST를 오버로드 작전에 사용할 수 있을 듯했다. 하지만 무리한 기대가 아니었음에도 여러 가지 문제로 그러한 조치는 이루어지지 않았다.[5]

━━━━━

히틀러는 이탈리아 남부를 방어할 계획이 전혀 없었다. 반도 아래쪽에 있는 방어 진지는 바다를 통해 우회하면 쉽게 통과할 수 있었기 때문이다. 그러나 그는 살레르노에서 케셀링 장군이 주도한 강력한 방어 작전에 감명을 받아 마음을 바꾸었다. 게다가 되니츠 제독은 히틀러에게 연합군이 이탈리아를 '발칸반도로 가는 다리'로서 확보하려 한다며 이탈리아에서 최대한 오래 버텨야 한다고 주장했다. 히틀러는 이 의견에 동의했다. 그는 로멜 장군을 이탈리아에서 소환해 프랑스로 보내고, 그 대신 케셀링 장군을 이탈리아반도를 방어할 지휘관으로 승급시켰다. 케셀링 장군은 나폴리에서 북쪽으로 80여 킬로미터 떨어진 곳에다 강력한 방어 진지를 구축했다. 아드리아해의 오르토나에서 티레니아해의 가에타만까지 이탈리아 전역을 가로지르는 방어선이었다. 마치 1915~1916년의 서부 전선이 그랬듯이, 이 방어선은 전쟁의 향방을 좌우할 요충지인 만큼 윈터 라인Winter Line, 히틀러 라인Hitler Line 등 여러 가지 버전과 이름으로 불렸는데, 가장 자주 불린 명칭은 구스타프 라인Gustav Line이었다. 이 방어선은 이탈리아의 작은 마을 카시노에서 시작하는 견고한 방어 진지와 벙커와 지뢰밭으로 구성되었는데, 몬테카시노로 알려진 베네딕토회 수도원에서 내려다보이는 위치였다. 9월에 살레르노에 상륙한 연합군은 이 요새에 접근했으나 갑자기 공격을 멈추었다. 그 시점에 구스타프 라인 인근에 상륙해 우회하는 것이 연합군 작전 계획의 중요한 요소로 급부상했기 때문이다.[6]

문제는 구스타프 라인 후방에 상륙하려면 오버로드 작전을 수행하기 위해 영국에 보내기로 했던 LST를 모두 사용해야 한다는 것이었다. 이탈리아에서 LST를 서둘러 사용한다면 두 곳의 작전 모두에 LST를 사용할 수 있을 것 같았다. 그러려면 이탈리아에서 상륙 작전을 신속하게 마친 뒤에 LST를 재빨리 노르망디로 보내야 했다. 이 문제를 충분히 고려할 가치가 있다고 생각한 아이젠하워 장군은 영국-프랑스 해협 횡단 및 상륙 작전을 지휘하기 위해 몇 주 안에 직접 영국에 가기로 했다. 그는 연합군 참모 총장들에게 1944년 1월 15일까지 영국군 56척, 미국군 12척, 총 68척의 LST를 지중해에서 사용할 수 있도록 허가를 요청했다. 이 LST들을 사용할 수 있다면 구스타프 라인 후방 100여 킬로미터 지점인 안치오에 연합군 사단을 상륙시킬 수 있는데, 그렇게 하면 몬테카시노 인근에서 마크 클라크 장군이 지휘하는 미국 제5군의 돌파를 통해 케셀링 장군이 지휘하는 독일군의 방어선을 무너뜨릴 수 있을 것으로 보였다. 그러나 이 계획은 몬테카시노에서 연합군의 신속한 돌파가 불가능했기에 오래 지속될 수 없었고, 결국 보류되었다.[7]

그런데 이 계획을 처칠이 되살렸다. 그해 겨울(11월 28일~12월 1일) 처칠, 루스벨트, 스탈린이 처음으로 대면한 테헤란 회담에서 그는 지중해 전역을 로마와 그 너머로 확장해야 한다고 열정적으로 주장했다.[*] 그의 간청은 미국과 소련 측으로부터 단호하고 강력한 반대에 부딪혔는데, 그들은 처칠의 주장을 영국-프랑스 해협을 횡단하는 상륙 작전을 지연시키거나 연기하려는 시도로 의심했다. 하지만 처칠은 의기소침해 하지 않고 끝까지 밀어붙였다. 그는 몬테카시노의 교착 상태를 '비참하다'라고 평가하며, 이탈리아에서 연합군이 연이어 결정적 승리를 얻을 수 있을 것이라는 희망을 불어넣었다. 심지어 그는 이탈리아에서 극적으로 승리한다면 노르망디 상륙이 필요 없어질 상황까지 상상했다.[8]

1944년 1월, 처칠이 지중해 지역 군사 작전에 미치는 영향력은 더 커졌

---

[*] 테헤란 회담장으로 향하는 도중에 루스벨트는 새 전함 아이오와함에 탑승했다. 그런데 11월 14일에 버지니아 해안에서 1000여 킬로미터 떨어진 곳에서 루스벨트가 휠체어를 탄 채 사격 연습을 지켜보던 중 전함의 중앙방송에서 "물속의 어뢰. 이것은 훈련 상황이 아님"이라는 방송이 흘러나왔다. 그런데 루스벨트는 이 방송을 듣고도 걱정하기는커녕 즉시 부관에게 "아서! 나를 우현 레일 쪽으로 데려다주게. 어뢰를 보고 싶네!"라고 소리쳤다. 그런데 어뢰를 발사한 주체는 유보트가 아니라 미국 구축함 윌리엄포터함(William D. Porter)이었다. 이 구축함은 훈련 중에 우연히 아이오와함을 향해 어뢰를 발사했던 것이다. 아이오와함의 함장은 이 어뢰를 피하기 위해 기동했고, 다행히 어뢰는 피해를 주지 않고 폭발했다. 나중에 윌리엄포터함의 어뢰 사격 담당관은 14년의 중노동형을 선고받았지만, 루스벨트의 선처로 면제되었다.

이탈리아 전투, 1943년 9월

치비타베키아 · 로마 · **케셀링** · 페스카라 · 오르토나 · **아드리아해** · 테르몰리 · 페스키치

구스타프 라인 · 카시노 · **이탈리아** · 포자 · 바리

안치오 교두보 · 안치오 · 가에타 · 나폴리 · **폰 피팅호프** · 살레르노 · 포텐차 · 브린디시 · 타란토 · 오트란토

안치오에 '고양이 발' 작전 1944. 1. 20 · 9. 9

미국 육군 레인저스 · 영국군 상륙 9. 9 · 미군 상륙 9. 9 · **클라크** · 사프리 · 코릴리아노 · 9. 5

9. 13 · 카탄차로 · 9. 8 · 피초 · **몽고메리** · 매서나 · 레조 · 9. 10

티레니아해

이오니아해

0 마일 50 100
0 킬로미터 100

시칠리아

© 2017 Jeffrey L. Ward

다. 아이젠하워 장군이 오버로드 작전을 지휘하기 위해 영국으로 떠나자, 지중해 전역은 영국군 지휘관들이 담당했다. 육군 원수 헨리 메이틀런드 윌슨Henry Maitland Wilson 장군(그의 허리둘레에 대한 경의로 '점보Jumbo'로 불렸다)이 전역 지휘관으로 취임했고, 헤럴드 알렉산더 장군은 계속 지상군을 지휘했으며, 해군 제독 존 커닝햄(앤드루 커닝햄과 관련 없음)이 해군을 지휘했다. 처칠은 테헤란 회담이 끝난 후에도 이 지역에 남아 있었다. 그가 이곳에 계속 체류한 것은 의도적이라기보다는 우연이었다. 테헤란 회담으로 너무나 지쳐 폐렴에 걸리는 바람에 의사의 강권에 따라 회복을 위해 처음에는 북아프리카의 튀니스와 마라케시에서 체류했다. 그러는 동안

지중해 지역 작전 수립 분과에 참석해 점차 결정적 영향력을 행사하게 되었다.*

결정적 만남은 1943년 크리스마스에 튀니스에서 이루어졌다. (이때 거의 정북 방향으로 5500여 킬로미터 떨어진 곳에서 에리히바이함과 샤른호르스트함은 그들의 마지막 운명의 출격을 위해 알텐피오르를 떠날 준비를 하고 있었다.) 튀니지에서 열린 이 회의에서 웅변가 처칠은 예하 군 지휘관들에게 구스타프 라인을 바다로 우회하여 후방에 상륙하는 작전이 가져올 필연적 성공과 비전을 근거로 제시하여 그들을 설득했다. 당시 미식축구 용어를 잘 몰랐던 처칠은 '우회 작전'이 아니라 '미끼 작전'이라고 부르며 자신이 원하는 기동을 설명하려 했다. 이 작전은 독일군 보급선을 위협할 테니 독일의 케셀링 장군은 다음 두 가지 방법 중 하나로 대응할 수 있었다. 먼저, 독일군이 보급선을 보호하기 위해 몬테카시노의 방어를 약화할 텐데, 이 경우 연합군이 구스타프 라인을 돌파하면 될 것이다. 그게 아니라면, 독일군은 전면 철수해야 했다. 아이젠하워 장군이 몬테카시노 방면의 돌파를 안치오 상륙 작전의 필수 요소로 생각한 반면, 처칠의 비전에서 상륙 자체는 로마로 가는 길을 열어주는 것에 불과했다. 성공을 보장하기 위해 상륙 부대는 1개 사단에서 2개 사단으로 늘어났다.[9]

물론 그것은 지중해에 더 많은 LST가 필요하며, 더 오랜 기간 그 지역에서 사용해야 함을 의미했다. 사실 처칠은 이를 심각한 문제로 인식하지 못했다. 병참 세부 사항에 대해 잘 몰랐던 그는 이런 것들은 단지 불편함에 불과하다고 주장했다. 스팀슨 전쟁부 장관이 일기에 쓴 대로, 처칠

---

* 루스벨트 역시 테헤란 회담에서 복귀한 뒤 병에 걸려 몇 달 동안 몸 상태가 좋지 않았다. 그의 질병은 백악관 주치의 로스 매킨타이어(Ross T. McIntyre) 제독에 의해 독감으로 공식 진단되었으나, 다른 의사들은 훗날 사망 원인이 된 심장병의 전조 증상인 '악성 고혈압'을 의심하기도 했다.

은 '병참이라는 명백한 사실에 반항하는 마음'이 있었다. 또한 처칠은 지중해에 정박한 LST와 승무원들은 이전에 시칠리아와 살레르노에서 상륙한 경험이 있으니 미국에서 오는 새로운 LST에 필요한 훈련과 연습이 별도로 필요하지 않다고 주장했다. 바로 그러한 이유를 들어 그는 안치오에 측면 기동을 통해 상륙하는 데 필요한 LST 68척이 2월 15일까지 지중해에 1개월 정도 더 머물러야 한다고 주장했다. 그렇게 해도 1944년 5월에 시작될 영국-프랑스 해협 횡단 공격에 맞춰 영국으로 복귀할 수 있다는 것이었다. 그는 자신의 생각을 지중해 사령관에게서 승인을 얻은 뒤 루스벨트와 연합군 총사령관들에게서도 동의를 얻는 데 성공했다.[10]

처칠의 구상이 작동하려면 타이밍이 중요했다. 연합군의 안치오 상륙 작전은 1월 20일에 실시할 예정이었는데, LST는 그로부터 3주 안에 영국으로 출발해야 했다. 이러한 구상은 계산상으로는 충분한 오차 범위 이내였고, 케셀링 장군이 처칠의 예측대로 행동한다면 가능할 것이었다. 처칠은 전투가 '일주일이나 열흘 안에' 결정될 것이라고 확신했다. 다만 예하 연합군 작전 지휘관 중 일부는 그러한 확신에 동의하지 않았다. 알렉산더 장군은 해군의 지원 없이 이탈리아 해안에 2개 사단을 방치하면 안 된다는 의견을 처칠에게 제시했고, LST 중 14척은 어떠한 상황에서도 '유지 목적'으로 이곳에 남아 있어야 한다고 주장했다. 존 커닝햄 제독이 처칠에게 안치오 작전에는 "큰 위험이 도사리고 있습니다"라고 주장하자 처칠은 "위험 없이는 명예도 없습니다"라고 응수했다.[11]

안치오 상륙 작전을 지휘하기 위해 연합군 총사령관은 미국군 지휘관 2명을 임명했다. 존 루커스John P. Lucas 소장은 지상군을 지휘했고, 산호해 전투와 미드웨이 전투에 참여했던 프랭크 로리Frank J. Lowry 해군 중장은 해군 부대를 지휘했다. (상륙 선단을 지휘할 가능성이 있었던 리처드 코널리 소장은 중앙 태평양 공격에 참여하기 위해 태평양으로 이동했다.) 로리 중장은 LST 70척, LCI 96척, LCT 39척으로 구성된 함대를 보유했고, 5척의 순양함과 24척의 구축함이 이 함대를 호위했다.[12]

루커스 소장은 안치오 상륙 작전의 효과에 대해 상당한 의심을 품었다. 그는 자신의 일기에서 앞으로 다가올 상황을 리틀빅혼 전투Battle of the Little Bighorn와 비교하면서 마치 자신이 커스터 역을 맡은 것인 양 생각했다. 그는 "전반적으로 겔리볼루의 냄새가 짙다"라고 말하며 이 작전에 처칠의 지나친 열정이 반영되었음을 암시했다.[13]*

=====

살레르노 상륙과 달리 연합군의 안치오 상륙은 완전한 기습이었고, 초기 상륙 작전에 대응한 독일군의 저항도 거의 없었다. 상륙 작전 당일 오전에 연합군은 폭 25킬로미터, 종심 10킬로미터의 포위망을 확보하는 등 첫날 목표물을 점령했다. 하지만 루커스 소장은 몬테카시노에서 독일군의 방어선으로 이어지는 도로를 차단하도록 북쪽 로마로 향하지도 않고 동쪽 콜리알바니를 향해 곧장 내륙으로 진격하지도 않았는데, 이 결정은 나중에 많은 비판을 받는다. 강력한 반격이 없었는데도 북쪽이나 동쪽으로 진격하지 않은 것은 아쉬운 결정이었지만, 그렇다고 그 두 방향에 대한 공격이 오래 지속될 수 있었을 것 같지는 않았다. 만약 그가 공격을 시도

---

* 리틀빅혼 전투는 1876년 미국 몬태나주 리틀빅혼 카운티에서 아메리카 원주민 연합군이 미국 육군 제7 기병 연대를 상대로 대승을 거둔 전투다. 상대를 경시하여 준비가 부족했던 미국군 지휘관 조지 커스터(George Custer) 중령은 이 전투에서 전사했다. 그리고 겔리볼루 작전은 1차대전 때인 1915년에 오스만 제국의 수도 이스탄불을 점령하기 위해 연합군이 겔리볼루반도를 공격, 상륙하려고 시도한 것으로, 몇 달에 걸쳐 25만 명의 사상자를 내고 패배했다. 당시 영국 해군부 장관이었던 처칠이 밀어붙인 작전이었다. ─옮긴이

했다면 완전히 차단되어 파괴되었을 가능성이 컸다. 게다가 그의 명령은 자신의 임무가 강력한 교두보를 확보하는 것임을 잘 보여주었다. 그는 교두보 확보만으로도 독일군을 후퇴시킬 수 있다고 확신했던 것이다. 그래서 강력한 방어선을 구축한 뒤, 안치오 항구를 복구해 더 많은 병력과 보급품을 받는 데 주력했다. 첫날이 저물 무렵, LST와 수송선은 약 3만 6000여 명의 병력과 3200여 대의 차량을 안치오에 성공적으로 상륙시켰으며, 사상자는 거의 없었다.[14]

케셀링 장군은 놀라기는 했지만 잠시도 퇴각을 고려하지 않았다. 그는 구스타프 라인을 사수하고 안치오에 연합군을 묶어둘 수 있다고 믿었다. 그래서 몬테카시노에서 병력을 철수하지 않고 로마에서 2개 예비 사단을 데려오고 유고슬라비아와 프랑스에서 추가 병력을 소집했다. 며칠 동안 그는 구스타프 라인에서 독일군 병력을 약화시키지 않았으며, 연합군의 포위망 주변에 8개 사단의 병력을 집중했다. 마크 클라크 장군이 지휘하는 미국 제5군은 독일군 방어선을 강력하게 공격했지만 돌파하지 못했다. 결국 안치오에 교두보를 확보한 루커스 소장이 지휘하는 2개 사단과 클라크 장군이 지휘하는 부대 사이의 연결은 성사되지 않았다. 따라서 독일군은 양측에서 압박하는 연합군 두 부대의 중간 지역을 차지했으며, 방어 지점과 공격 지점을 선택할 수 있었다.[15]

케셀링 장군은 루커스 소장이 지휘하는 안치오 방면 연합군을 공격하기로 결정했다. 1월의 마지막 날, 그는 연합군을 바다로 몰아내기 위해 전차와 보병 부대를 보내 연합군의 포위망(히틀러는 이를 '종기'라고 불렀다)을 공격했다. 연합군 전선은 독일군의 강력한 공격으로 타격을 받긴 했으나 붕괴되지는 않았다. 해안에서 전개된 치열한 전투 외에도 LST와 다른 보급선이 지속적으로 병력과 보급품을 증강해준 덕분이었다. 2월 내내

1944년 1월 22일, 연합군 병력이 안치오 해변에서 LCI-281을 이용해 상륙하는 모습. 이 상륙 작전은 독일군을 기습하기 위한 것이었지만, 추축국은 구스타프 라인에서 물러서지 않았다. 게다가 안치오에 있던 연합군 교두보는 지속적인 보급과 병력 보충을 필요로 하여 연합군에 부담을 주었다. (미국 국립문서보관소 no. SC 185796)

LST 호송대는 나폴리 항구에서 식량, 보급품, 탄약을 실은 트럭과 증원군을 수송했다. 그들이 안치오에 도착하면 증원 병력이 상륙했고, 적재된 트럭이 해안으로 달려갔다. 나중에는 연합군의 부상자와 추축국의 포로로 가득 찬 다른 트럭이 LST에 적재되었다. LST는 이 과정을 반복하며 나폴리 항구로 향했다. LST의 승무원들은 24시간 내내 근무해야 했다. 그들은 끊임없이 적재와 하역을 반복하며 쉴 새 없이 일했으며, 그 와중에 적에게서 공습을 받기도 했다. LST-197의 시어도어 와이먼Theodore Wyman 중위는 "우리는 너무 피곤한 나머지 피곤함을 신경쓸 시간도 없었다"라고 회상했다. LST들은 너무 바빠서 곧 '전투 피로'와 '포탄 충격'으로 고통받는 승무원들을 해안으로 보내기 시작했는데, 추후에 이 용어들은 외상 후 스트레스 장애를 설명하는 데 사용되었다. 전쟁이 끝난 후, 와이먼 중위는 북아프리카에서 노르망디에 이르기까지 자신이 참여한 5개 작전을 언급할 때 "우리를 가장 힘들게 한 것은 안치오 작전이었다"라고 회상했다. 어쨌든 보급품은 계속 도착했고, 이러한 지원 덕분에 안치오에 갇힌 연합군이 버틸 수 있었다.[16]

물론 버티는 것이 목표는 아니었다. 처칠은 자신이 주도한 안치오 상륙 작전의 투입 부대가 로마로 가는 길을 열어주지 못한 것에 좌절하고 심란해했다. 교착 상태를 끝내고 연합군 병사들이 이탈리아반도를 정복하기 위해 시도한 이 작전 역시 피비린내 나는 소모전으로 변했기 때문이다. 그는 나중에 여러 곳에서 "나는 야생 고양이를 해안에 풀어놓기를 바랐지만, 우리가 얻은 것은 좌초한 고래뿐이었다"라고 썼다. 그는 안치오에서 벌어진 치열한 전투가 적어도 독일군을 묶어두었으니 많은 것이 헛되지는 않았다며 스스로를 위로하기도 했다. 그는 또 워싱턴 합동 참모 본부의 영국 대표에게 "러시아군이 싸우는 것을 지켜보느니 차라리 소모전이 낫다"라고 주장했다. 영국 하원에서 처칠은 안치오에서 연합군이 주도적으로 수행하고 있는 작전은 다른 전선에 투입될 수도 있는 수많은 독일군을 묶어두고 있다고 주장했는데, 여기서 다른 곳이란 명확하게 동부 전선을 지칭했다. 하지만 안치오 전투가 독일군을 묶어두었다면, 연합군 역시 묶여 있었다. 역사학자 마틴 블루멘슨Martin Blumenson은 "누가 누구를 잡고 있었는지 정확히 알 수 없는 상황이었다"라고 평가했다.[17]

그후에도 막대한 인명 손실(양측의 사상자를 합하면 8만 명이 넘었다) 외에도 안치오 전투의 장기화는 LST를 영국 해협으로 보내려던 신중한 계획에 차질을 빚었다. 아이젠하워 장군은 연합군 최고 사령관으로서 새 임무를 수행하기 위해 영국에 도착할 당시, 안치오의 교두보 유지에 대한 추가 압박이 없다 하더라도 조만간 LST가 중요한 문제로 부상할 것임을 잘 알았다. 오버로드 작전 계획의 초안을 작성한 팀을 이끈 영국군 프레더릭 모건 소장은 연합군 총사령관에게서 3개 사단 규모의 병력에 필요한 해상 수송을 충분히 준비하고 있다는 말을 들었기에 모든 공격을 3개 사단 규모에 바탕을 두었다. 그러나 아이젠하워 장군은 시작부터 3개 사단으로는 대서양 방벽을 돌파하기에 충분치 않을 것으로 예상했다. 그는 과거 시칠리아를 공격할 당시 7개 사단을 투입한 적이 있었다. 따라서 5개 사단에 의한 해상 공격, 2개 공수 사단에 의한 후방 침투 공격을 시도하기 위한 작전 계획을 다시 세우라고 지시했다. 이렇게 작전이 확대되고 바뀔 경우, LST와 같은 상륙 함정이 반드시 대대적으로 확보되어야 했다. 루커스 소장의 2개 사단이 안치오에 상륙한 다음날인 1월 23일, 아이젠하워 장군은 워싱턴의 합동 참모 본부에 편지를 보냈다. 모건 소장이 수립한 최초의 계획에서 요구한 LST 230척, LCI 250척, LCT 900척으로는 부족하며, 추가로 LST 47척을 포함해 271척의 상륙 함정이 더 필요하다는 내용이었다.[18]

　이처럼 갑작스러운 요청을 접한 합동 참모 본부는 회의적인 태도를 숨기지 않고 대응했다. 합동 참모 본부는 아이젠하워 장군에게 '추가 지원이 필요하다고 판단한 근거'를 문서화해서 제출하라고 요청했다. 또한 상륙 함정이 얼마나 되는지 파악하고, 이 함정들이 지닌 능력이 무엇이며 그것들이 더 필요한 이유 등을 물었다. 연합군 최고 사령관 정도 되는 사람으로서 이와 같은 질문에 성급하게 대답했을 수도 있지만, 아이젠하워 장군은 특유의 인내심과 외교력을 바탕으로 항목별로 신중하게 확인해 답변서를 논리적으로 작성해서 제출했다. 그는 당시 영국이 보유한 LST가 총 173척이라고 보고하며, 1월에서 5월 사이에 미국에서 도착할 것으로 예상되는 LST(운항 중 손실이 없을 경우 매달 25척)를 더하면 디데이에 248척이 될 것으로 예상했다. 하지만 그중 여러 척이 지휘함 및 전투 조정함으로 사용될 것이므로, 모건 소장이 3개 사단으로 나눠서 공격하는 데 필요하다고 계산한 230척 정도만 남을 것이라고 했다. 그런데 실제로 상륙 작전에 참가할 사단이 5개로 늘었으니, LST 230척으로는 연합군 병력을 영국-프랑스 해협을 건너 상륙시킨 후 상륙한 지점에서 상당 기간 유지하기에는 한계가 많을 것이라는 말도 덧붙였다.[19]

합동 참모 본부는 마지못해 아이젠하워 장군이 제시한 수치를 수용했고, 결국 다른 전역의 LST를 영국으로 보내는 방안을 모색했다. 지중해에서 LST를 영국으로 이송하려던 최초의 계획은 안치오 위기로 좌절되었는데, 이때 아이젠하워는 안치오의 LST는 다른 공격용 수송 수단으로 대체할 수 있을 것이라고 지적하며, 그곳의 LST를 오버로드 작전에 투입할 수 있게 영국으로 보내야 한다고 주장했다. 하지만 합동 참모 본부는 이에 대해 다른 의견을 밝혔는데, 이 의견은 킹 제독이 제시한 것이었다. 만약 헨리 윌슨 장군이 당시에 보유한 LST 26척을 지중해에서 영국으로 보내는 데 동의한다면, 합동 참모 본부는 새 LST 26척을 미국에서 윌슨 장군의 지중해 전역으로 보내겠다고 제안했다. 이에 대해 윌슨 장군은 그럴 바에는 새 LST 26척을 미국에서 영국으로 바로 보내는 것이 더 좋지 않겠느냐는 의견을 제시했는데, 이는 꽤 합리적인 주장이었다. 이에 대해 합동 참모 본부는 신형 LST가 아직 건조 중이며 노르망디 상륙 작전이 예정된 5월까지는 완성하기 어렵다고 밝혔다. 윌슨 장군은 새 LST를 안치오의 연합군 방어 부대가 사용할 수 있을지 관심을 갖고 있었는데, LST가 지나치게 늦게 제조되어서 그러기는 어려울 것으로 예상되었다.[20]

또다른 문제는 테헤란 회담에서 처칠, 루스벨트, 스탈린이 노르망디 상륙 작전과 동시에 프랑스 남부에 2개 사단을 보내 공격하기로 합의한 것이었다('앙빌 작전Operation Anvil'). 이 작전은 처음에 미국이 제안했는데, 매우 모험적이지만 작전 수행과 직접적 연관성이 낮은 로도스섬 침공 주장 등과 같은 처칠의 열정을 억제하기 위한 대안으로 제시된 것이었다. 그런데 테헤란 회담에서 스탈린이 프랑스 남부 상륙 작전에 지대한 관심을 보여 참석자들을 놀라게 했다. 그는 노르망디를 강타한 망치가 지중해의 모루를 내려칠 것이라고 이 작전을 해석했다. 그러나 이 같은 전체 과정을 실행하려면 LST가 80~90척이 추가로 필요했다. 과연 이것들을 어디에서 구할 것인가? 그중 취소된 버마 공격 작전에 쓰려던 15척 정도는 가용할 수 있을 테지만, 안치오의 상황을 고려할 때 그것만으로는 충분치 않았다. 처칠은 이에 대해 이렇게 말했다. "가장 중요한 것은 상륙함이었고, 그것이 우리의 전략을 몇 주 동안 가장 혹독하게 제한했다. 오버로드 작전에 명시된 정확한 날짜와 100척 미만의 소형 선박의 이동, 수리 및 장착 등 모든 계획은 이미 상세하게 결정된 상태였다."[21]

결국 해결책은 두 가지였다. 첫째, 오버로드 작전의 날짜를 5월 첫째 주에서 6월 첫째 주로 한 달을 연기해야 했다. 이것은 미국의 조선소가 LST를 최대한 많이 건조할 수 있도록 시간을 더 주는 것을 의미한다. 아이젠하워 장군은 마셜 장군에게 "향후 1개월 동안 LST를 포함한 상륙정 생산에 집중하면 많은 도움이 될 것입니다"라는 의견을 피력했다. 하지만 그것으로는 충분하지 않았다. 오버로드 작전을 연기해야 했을 뿐만 아니라, 연합군은 앙빌 작전을 취소하거나 최소한 연기해야 했다. 이에 아이젠하워 장군은 깊은 실망감을 드러냈다. 그는 자신의 일기에 이렇게 적었다. "앙빌 작전은 물 건너간 것 같다. 이런 상황이 싫다." 그런데도 LST 문제는 여전히 해결되지 않았다. 앙빌 작전에 할당된 LST가 추가로 배정되지 않았다면 아이젠하워가 노르망디에서 공격 부대를 유지하기 어려웠을 것이다. 그는 마셜 장군에게 처음 세 차례에 걸쳐 상륙 부대를 투입하기 위한 LST는 충분히 확보했지만, "디데이 바로 다음날 아침부터 디데이 4일 후 아침까지는 해변에 도착하는 LST가 전혀, 반복합니다, 전혀 상태입니다"라고 보고했다. 달리 말하면, LST가 부족하면 연합군 상륙 부대는 노르망디 해변에서 사흘간 지원·보급·대피 수단 없이 고립될 터였다. 이는 도저히 받아들일 수 없는 상황이었기에 아이젠하워 장군은 마지못해 앙빌 작전을 연기하는 결정을 수용했다.[22]

이런 문제가 발생한 것이 안치오의 전황과 앙빌 작전 때문만은 아니었다. 아이젠하워 장군은 태평양 전쟁이 "제한된 상륙 함정 자원을 너무 많이 빨아들이고 있다"라고 생각했다. 그는 일기에서, 연합국 전체가 처음부터 독일 우선 전략을 받아들이고 채택했음에도 불구하고 미국은 태평양에서의 총공세에 여념이 없다고 불평하며, 그 때문에 2차대전에서 가장 중요한 작전의 실행을 앞두고서도 필요한 해양 수송력 확보를 위해 씨름하고 있는 상황을 개탄했다. 그는 이렇게 썼다. "우리는 동시에 두 가지 전쟁을 치르고 있다. 애초에 그것이 잘못된 일이다."[23]

========

이 같은 두 가지 전쟁으로 인한 해상 수송의 심각한 문제를 강조라도 하는 듯이, 처칠의 주장으로 실행된 안치오 상륙 8일째 되는 날, 레이먼드 스프루언스 중장이 지휘하는 LST 40척이 포함된 제5함대가 마셜 제도에 대규모 상륙 작전을 단행했다. 이 작전은 중앙 태평양 진격의 두 번째 단계였다. 32개의 산호초 무리로 구성된 마셜 제도는 100만여 제곱킬로미터의 바다 위에 펼쳐져 있다. 그중에는 세계에서 가장 큰 환초인 콰절레인섬이 있는데, 이 섬의 중앙 석호는 길이가 100킬로미터가 넘고 너비는

30여 킬로미터나 되었다. 이 환초를 약 50미터 높이에서 내려다보면, 마치 화려했던 밤이 지난 뒤 파란 카펫 위에 다급하게 버려진 은 목걸이 같았다. 다른 환초들과 마찬가지로 이 섬은 여러 작은 섬, 말하자면 목걸이에 달린 작은 구슬로 구성되었는데, 그중 일부는 군사 시설을 수용할 수 있을 만큼 충분히 컸다. 가장 중요한 3개의 섬은 환초의 남쪽 끝에 있는 콰절레인섬, 북쪽 끝의 로이섬과 나무르섬이었다.[24]

베티오를 점령하는 과정에서 어려움을 겪었던 연합군은 타라와에서 북서쪽으로 1000여 킬로미터 떨어진 콰절레인을 점령하는 과정에서 훨씬 많은 인명 피해가 발생하리라 예상했다. 이 섬은 면적이 넓을 뿐만 아니라 일본군이 더 오랫동안 주둔했기 때문이다. 일본군은 1942년 1월에 베티오를 점령했으나, 마셜 제도는 국제연맹의 위임하에 1920년대부터 주둔했다. 이때 국제연맹에서 부여받은 권한 제22조에 따르면 일본이 이 섬을 요새화하는 것은 금지되었는데, 이는 1922년 해군 군축 조약에 의해 확인된 사항이었다. 하지만 미국군은 일본이 그러한 제한을 무시하고 이 섬을 요새화했을 것으로 추정했다(정확한 추정이었다). 이와 같은 상황을 파악한 니미츠 제독의 참모들은 다음 공격은 콰절레인에 있는 일본군 주요 기지가 아닌 마셜 제도 외부의 섬 중 하나에 집중해야 한다고 주장했다. 하지만 니미츠 제독은 타라와에 상륙하는 과정에서 배운 교훈이 콰절레인에서 효과적으로 적용될 수 있다고 믿었기에 이 건의를 기각했다.[25]

그러한 교훈 중 하나는 장기간 체계적으로 조율된 사전 폭격의 중요성이었다. 베티오에 대한 사전 폭격의 실패는 자명했다. 미국 해병대 공식 역사서에는 "베티오에 대한 사전 폭격에서는 이전 상륙 작전의 목표보다 훨씬 많은 포탄이 투하되었다"라고 기술되어 있다. 그런데도 미국군 상륙 부대가 상륙했을 때 일본군 방어 부대는 만반의 준비를 한 채 미국군을 기다리고 있었다. 따라서 이번에는 단순히 고폭탄高爆彈으로 섬을 폭파하는 것이 아니라, 상륙이 시작되기 전에 개별 함정에 특정 목표를 무력화하도록 책임을 할당했다. 그리고 함정들이 임무를 수행할 수 있도록 하기 위해, 미국군은 하와이에 있는 작은 무인 화산암 조각인 카호올라웨 섬(가로 약 10킬로미터, 세로 8킬로미터)에서 예행연습을 했다. 그곳에서 미국 해병대는 타라와에서 발견된 것과 유사한 코코넛 통나무coconut-log와 견고한 방어 진지를 만들었다. 그러고 나서 전함과 순양함의 승무원들이 이것을 포격하고 그 결과를 검사했다. 그런 맥락에서 해병대 역사학자 로버트 하이늘Robert Heinl은 카호올라웨가 '태평양에서 포격을 가장 많이 받은 섬'일 것으로 추정했다.[26]

두 번째 교훈은 육군과 해병 부대가 해안으로 걷지 않고 산호초를 건널 수 있도록 상륙 차량 LVT가 더 필요하다는 점이었다. 타라와 점령 이후 전쟁 생산국은 LVT 제조 대수를 2055대에서 4000대로 약 2배 확대했다. 이 상륙 차량 중 다수는 장갑을 장착하고 37밀리미터 포를 탑재할 수 있도록 다시 설계되어 상륙용 경전차가 되었고, 그 명칭도 LVT(A)로 변경되었다. 육군과 해병 부대는 이 차량을 이용해 상륙 포대의 엄호 아래 암초를 건널 수 있었다. 하지만 2000대에 달하는 LVT 추가 제조는 이미 여러 어려움을 겪고 있던 미국 조선 산업에 압박을 가중했다.[27]

진주만에서는 새로운 LVT가 LST에 탑재되었다. 그중 18대는 LST의 동굴형 전차 갑판에 들어맞았고, 18대는 기상 갑판 위에 적재되었다. 일단 LST가 콰절레인에 도착하면 군인들이 목표 해변으로부터 10킬로미터 이내까지 진격할 수 있었다. 뱃머리 문을 열고 LVT를 바다로 방출하면, 각 LVT가 10여 명의 육군과 해병을 실어 날랐다. 첫 번째 LVT 18대가 출발하면 기상 갑판에 적재된 LVT가 엘리베이터를 통해 전차 갑판으로 내

상륙 차량 LVT 한 무리가 각각 10여 명의 해병대원을 태우고 해변으로 향하는 장면. 일부 LVT는 37밀리미터 포를 탑재해 상륙용 경전차로 만들어졌다. (미국 해군 역사유산사령부, 제임스 E. 베일리 기증)

려올 수 있었다. LST 20척은 켈리 터너 소장이 지휘하는 콰절레인 공격을 위한 남부 기동대 소속이었는데, 이중에 18척은 리처드 코널리 소장이 지휘했다. 최근에 지중해에서 도착한 장비들은 로이섬과 나무르섬 공격에 배정되었고, 그중 2척은 지휘함과 사격 통제함으로 사용되었다.

LST는 대부분 오하이오강 건조장에서 건조된 후 미시시피강을 따라 뉴올리언스로 이동했는데, 파나마 운하를 지나 샌디에이고를 거쳐 진주만으로 출발하기 불과 며칠 전에야 도착했다. 이 상륙 함정의 대원들은 대다수가 신참으로, 신병 훈련소에서 훈련 과정을 막 나온 병사들이었다. 뉴올리언스에서 태평양 중부까지의 긴 항해가 이들의 유일한 항해 경험이었다. 이들 중 일부는 1월 2, 3일에 산클레멘테섬에 상륙했다. 이 상륙 예행연습을 하는 동안 LVT가 돌진하는 과정에서 몇 가지 우려스러운 약점이 발견되었다. 그러나 일정이 빠듯해서 훈련이나 연습을 추가로 진행하기는 어려웠다. 전체 승무원 중 단 한 사람만이 LVT가 함정의 엘리베이터를 타고 전차 갑판으로 내려가는 것을 목격했을 뿐이다.[28]

콰절레인 공격은 1월 31일(케셀링 장군이 안치오 해변에 대한 반격을 시작한 날)에 시작되었다. 그런데 다른 모든 상륙 공격에서 그랬듯이, 이 공격 역시 예상치 못한 문제와 지연이 발생했다. 우선 파도가 높아 LVT를 출발시키기 위해서 LST를 좀더 차분한 석호로 보내야 했다. LST가 첫 번째 LVT 18대를 출발시키자, 이 LVT들은 기상 갑판 위의 LVT들이 앞선 LVT들과 합류하기 위해 전차 갑판으로 하나씩 내려가는 동안 계속 선회했다. 그런데 이 과정이 예상보다 훨씬 오래 걸렸다. 한 LST에서는 엘리베이터가 멈추는 바람에 LVT 9대가 기상 갑판에서 움직일 수 없었다. 그리고 LVT가 공격 부대를 조직하는 과정에서도 상당한 지연이 발생했다. 그럼에도 콰절레인에 대한 공격은 타라와 상륙 작전보다 훨씬 성공적이었다. 미국 육군 공식 역사서는 함정에서 해안까지의 이동이 "심각한 문제 없이 신속하게 진행되었다"라고 서술했다.[29]

하지만 이러한 평가가 모두 사실은 아니었다. 첫 번째 공격 부대가 상륙한 이후(육군은 콰절레인에, 그리고 해병대는 로이와 나무르에) 병력을 내린 LVT는 두 번째 임무를 수행하기 위해 LST로 복귀했다. 그런데 귀환한 LVT 중 일부는 모선을 찾지 못했고, 다른 일부는 돌아오는 길에 연료가 고갈되기도 했다. 해병대 역사학자들은 다소 절제된 표현으로 LST와 LVT가 "그들이 서로 해야 할 만큼 협력하지 않았다"라고 서술했다. 혼란 속에서 두 번째 공격 부대에 편성된 많은 병력은 결국 히긴스 보트를 이용해 상륙했다. 하지만 두 번째 부대의 상륙은 큰 의미가 없었다. 일본군 방어 부대는 장시간 진행된 정확한 사전 폭격으로 큰 피해를 입었고, 포로로 잡힌 일부 생존자는 얼떨떨해하고 정신이 나간 상태였다. 콰절레인은 모든 것이 파괴되고 겨우 야자나무 한 그루만 남아 있었다. 로이와 나무르에 상륙한 해병 부대는 하루 만에 목표한 곳을 점령했으나, 육군 제7사단의 병사들은 콰절레인을 제압하기 위해 2월 4일까지 작전을 수행했다. (다른 작전과 마찬가지로 육군 부대의 과도하게 느린 작전 속도는 홀랜드 스미스 장군을 짜증나게 했다.) 하지만 두 부대 모두 목표로 삼았던 섬들을 작전 기획자들이 계산한 것보다 신속하게, 적은 인명 피해를 보고 확보했다.[30]

두 섬을 신속하게 정복하자 니미츠 제독은 애초에 계획했던 일정을 앞당겨 그 환초의 서쪽 끝에 있는 에니웨토크섬을 점령하라고 지시했다. 이 섬의 점령은 2주 후인 2월 17일에 완료되었는데, 이 과정에서 발생한 인명 손실도 크지 않았다. 이렇게 미국은 실질적인 목적을 달성하기 위해 마셜 제도를 장악하는 데에도 성공했다.

이처럼 놀라운 성공을 거둘 수 있었던 한 가지 이유는 미국이 제공권을 장악한 덕분이었는데, 이는 고속 항공모함 기동 부대Fast Carrier Task Force가 있었기에 가능했다. 이 부대의 공식 명칭은 마크 미처 중장이 지휘하는 TF58이었다. 스프루언스 중장은 미드웨이 전투에서 문제가 된 '아무 데로도 가지 않는 비행flight to nowhere'을 미처 중장이 명령했다는 사실을 잘 알고 있었기에 처음에는 그에게 지휘권 부여하기를 주저했다. 하지만 항공국 수장 존 타워스John Towers 제독이 미처 중장의 대의를 옹호하자 그의 임명에 동의했다. 그리고 이 조치는 훗날 많은 동기를 부여했다. TF58은 12척 이상의 항공모함으로 구성되었는데, 그중 6척은 각각 90대 이상의

항공기를 보유한 대형 에식스급 항공모함이었다. TF58에 소속된 항공모함은 총 700대 이상의 항공기를 보유했다. 또 여기에 신형 쾌속 전함, 중순양함, 40척의 구축함까지 보유해 당시에는 가장 강력한 해군 공격력을 자랑했다. 마셜 제도 점령 작전에서는 중앙 태평양을 마음대로 활보하는 3척의 항공모함으로 구성된 4개 임무 조직이 공중과 해상에서 일본 항공기를 공격하고 파괴했다. 이들의 공격은 콰절레인이 완전히 점령되었다고 보고된 2월 4일까지 말 그대로 더는 공격 목표가 남지 않을 정도로 미국군 조종사들이 완벽하게 폭격할 만큼 파괴적이었다. 따라서 작전을 수행하는 동안 단 한 차례도 공습을 경험하지 않은 연합군 함정은 없었다. 이는 지구 반대쪽 살레르노와 안치오에서의 상륙 작전과는 대조적인 양상이었다.[31]

일본 해군 참모 총장 고가 제독은 이토록 압도적인 미국의 해군력에 도전하러 나오지 못했다. 설사 일본군 기동 함대가 최고점에 달했다 하더라도 TF58의 적수가 되지는 못했을 것이다. 고가 제독은 야마모토 제독의 선례를 따라 항공모함을 이용해 라바울을 방어했기 때문에 그가 보유한 항공모함은 항공기를 가득 적재한 항공모함에 비해 훨씬 작았다. 따라서 강력한 공중 엄호 없이 전함과 대형 순양함을 바다로 내보내는 것은 자살 행위나 마찬가지였다. 게다가 당시 일본의 방위 전략은 최후의 전투를 수행하기 위해 자원을 비축하는 것이었다. 미국이 일본 내부 방어선을 뚫고 침투하는 경우에만 일본 해군은 항공모함과 전함을 투입할 수 있었다.

그렇게 되기까지 걸린 시간은 도쿄와 트루크섬에 있던 모두가 예상했던 것보다 짧았다. 실제로 미국의 마셜 제도 점령은 신속하고 일방적이었고, 이에 니미츠 제독과 합동 참모 본부는 트루크에 있는 고가 제독의 주요 기지를 우회하라고 지시했다. 트루크는 1942년부터 중앙 태평양에 위치한 일본군의 핵심 기지였기에 이곳을 우회하는 것은 당시에 대담한 기동으로 인식되었다. 그러나 실제로 이 섬은 미국이 생각했던 것만큼 요새화되지 않은 상태였다. 일본군은 미국군이 그렇게 멀리까지 와서 공격할 것이라고는 예상하지 않았기 때문이다. 하지만 이제 니미츠 제독과 스프루언스 중장은 제5함대가 마리아나 제도의 사이판에 이르기까지 2500여 킬로미터를 우회할 수 있다고 판단했다.[32]

=====

한편 이탈리아에서는 케셀링 장군이 에니웨토크가 함락된 다음날인 2월 18일에 안치오 해변에 대한 마지막 전면 공격을 실시했다. 이 해변은 연합군 7개 사단이 집결해 북적북적했는데, 독일 제10군의 공격이 너무 강력해서 마크 클라크 장군은 일시적으로 철수 명령을 내리는 것까지 고려했다. 하지만 그런 일은 일어나지 않았다. 독일군의 공격은 곧 수그러들었고, 케셀링 장군은 공격이 한계에 도달하자 연합군을 바다로 몰아넣으려는 생각을 포기했다. 하지만 연합군 지휘관 루커스 소장이나 클라크 장군은 이러한 사실을 전혀 알지 못했다. 그리고 일주일 후에 루커스 소장은 보직이 변경되었고, 2월 25일에 미국 육군의 트러스콧 소장이 후임 안치오 부대 사령관에 취임했다. 물론 이 같은 지휘관 교체가 당시의 전선 고착 상태에 미친 영향은 크지 않았다.

실제로 이 전선에서의 변화는 3개월 후에 시작되었다. 아이젠하워 장군이 처음부터 예상했듯이, 안치오에서의 성공은 구스타프 라인을 돌파한 이후에 시작되었다. 연합군의 노력으로 미국과 영국과 캐나다 부대는 로마로 가는 주요 고속 도로 일대에서 구스타프 라인을 강력하게 공격했고, 알퐁스 주앵 장군 휘하의 프랑스 원정군이 우익에 중요한 돌파구를 마련하는 동안, 브와디스와프 안데르스Władysław Anders 중장이 지휘하는 폴란드 제2군단이 5월 17일에 몬테카시노를 점령한 뒤 수도원의 폐허 위에 폴란드 국기를 게양했다. 이 같은 공격으로 전술적 상황에서 유동성을 회복했고, 5일 후에는 트러스콧 소장이 안치오에서 탈출해 전략적으로 중요한 치르테르나 마을을 점령하기 위해 내륙으로 진격했다. 이러한 상황에서 클라크 장군은 후퇴하는 독일 제10군을 함정에 빠뜨릴 기회가 있었으나, 로마를 점령하는 데 과도하게 집착한 나머지 독일군을 놓치고 말았다.

6월 4일, 미국군 3개 사단(제3사단, 제85사단, 제88사단)이 로마에 입성했다. 영국군이 아닌 미국군 부대가 먼저 도시에 진입하게 하려고 고심했던 클라크 장군은 6월 5일에 시민들이 거리로 쏟아져 나와 미국인을 해방자로 환영하면서 자신을 응원한 승리의 순간을 소중히 여겼다. 그것은 흥분된 순간이었고,《뉴욕 타임스》에 "로마를 온전하게 점령하다"라는 대형 헤드라인이 실리기도 했다. 하지만 클라크 장군이 만끽한 승리의 순간은 오래 지속되지 못했다. 이튿날 각 신문의 헤드라인은 "연합군이 프랑스에 상륙하다"였다.[33]

5부

종반전

1941년 베를린의 아돌프 히틀러와 도쿄의 일본 군부가 내린 각자의 독자적 결정에 따라 독일과 일본의 군대는 소련과 미국의 군대에 대항해 전쟁을 벌였고, 그 전쟁은 역사상 가장 파괴적인 결과를 낳았다. 그리고 1944년부터 이들의 어리석은 결정의 결과가 분명하게 드러났다. 유럽에서는 300만여 명의 강력한 병력을 보유한 소련의 붉은군대가 독일군을 폴란드와 루마니아 국경까지 몰아붙였다. 그리고 영국과 미국 연합군은 독일이 점령한 프랑스를 공격할 준비를 마쳤고, 태평양에서는 미국 제5함대가 마리아나 제도의 일본 내부 방어망을 돌파할 태세를 취했다.

소련군은 2년 넘게 유럽에서 지상전을 수행하는 부담을 감당했고, 이 기간에 영어권 국가 연합군은 바다에서 독일군 잠수함 부대를 저지했고, 태평양에서 일본군의 공격을 막아냈으며, 지중해를 장악했다. 스탈린이 처음에 의심했던 대로 영국과 미국이 독일 지상군을 저지하는 데 필요한 진정한 제2전선 형성을 등한시하는 사이, 소련군의 전세는 점차 확대되었다. 스탈린은 영국과 미국 연합군이 처음에는 프랑스령 북아프리카를, 다음에는 시칠리아와 이탈리아를, 그리고 마침내 미국이 하나가 아닌 두 방향에서 태평양을 공격하는 것을 간신히 경멸을 드러내지 않은 채 관망하고 있었다. 독일을 먼저 격파한다는 것이 연합군의 공식 방침이었는데도 미국은 북아프리카에 앞서 과달카날을 공격했고, 허스키 작전에 앞서 카트휠 작전에 착수했다. 심지어 1944년 여름에 영국과 미국이 마침내 노르망디에서 히틀러가 자랑하는 대서양 방벽을 뚫을 준비를 하는 시점에서조차 미국군은 태평양에서 새로운 공세를 펼치기 시작했다.

이는 연합군의 물질적 우위가 얼마나 압도적으로 향상되었는지를 단적으로 보여주는 척도였다. 노르망디 해안을 공격하기 위해 준비하던 시기에 미국은 태평양에서 새로운 작전 수행을 검토하고 있었다. 전쟁이 시작된 이후 미국의 거대한 산업 생산 능력은 천천히 작동하기 시작해서, 1년이 넘도록 수송력 부족은 주요 작전에 심각한 장애물이 되었다. 하지만 점차 상황이 호전되면서 미국의 많은 공장과 조선소가 완전히 가동되어 거기서 생산된 무기들이 각각의 작전 전역으로 쏟아져 들어갔다. 한편 연합군이 양적 측면에서만 우위를 차지한 것은 아니었다. 1941년에는 독일의 전차와 항공기가 질적으로 연합군의 무기에 비해 우위였고, 일본의 전투기와 어뢰는 세계 최고 수준이었다. 하지만 1944년에 이르면 이러한 평가는 달라진다.

아직 1년 이상이 남아 있기는 했지만, 이러한 정황을 감안할 때 전쟁의 최종 결과는 의심하기 힘들 정도는 아니었다. 그리고 이 같은 현실은 독일과 일본을 절망에 빠뜨렸다. 이 과정에서 독일은 끔찍한 결론으로 연결되는 '최종 해결책'을 채택했고, 일본은 태평양에서 수많은 '자살 전술'을 채택했다. 한편 뉴멕시코주 산타페 산지의 로스앨러모스를 비롯한 여러 곳에서 과학자들이 비밀 실험실에서 상상을 초월한 파괴력을 갖춘 무기를 개발했다. 독일과 일본은 잔풍을 내뿜으며 휘몰아치는 회오리를 피하고자 했다.

노르망디 상륙 작전

연합군의 안치오 상륙과 같은 달인 1944년 1월, 150만여 명의 미국, 영국, 캐나다 군인들이 영국 남부에서 독일이 점령한 프랑스에 전면 상륙하기 위한 예행연습을 시작했다. 드디어 스탈린이 2년 이상 요구해온 진정한 제2전선이 출범한 것이다. 이 작전의 암호명은 오버로드 작전이었으나, 항해와 상륙 등 해군이나 해양과 관련된 부분은 '넵튠(넵투누스) 작전 Operation Neptune'으로 명명되었다. 아이젠하워 장군이 오버로드 작전을 지휘하는 동안, 됭케르크 철수 작전의 영웅이자 시칠리아 공격 당시 동부 기동 부대(영국군)를 이끌었던 버트럼 램지 제독이 넵튠 작전을 지휘했다. 그리하여 램지 제독은 세계 역사상 최대 규모의 해상 수송과 선적을 지휘한 영국 해군 지휘관이 되었다.

아이젠하워 장군보다 일찍, 1943년 10월에 영국에 도착한 램지 제독은 포츠머스 근처 사우스윅하우스에 자신의 사령부를 조직했다. 이곳은 조지 왕조 시대 위엄 있는 양식의 건물로, 해군의 항해 학교로 사용되던 건물이었다. 램지 제독이 도착하자 참모들은 연합군이 상륙할 노르망디의 목표 해변, 연합군이 집결 중인 영국 남부의 항구들뿐만 아니라 영국 해협까지 포함된 거대한 지도를 벽에 걸었다. 1940년에 됭케르크에서 대규모 부대가 대륙에서 철수하던 때에 작전을 지휘한 경험이 있는 램지 제독은 4년 후인 이제 연합군의 대륙 재진입을 성공시켜야 했다. 그러기 위해 그는 전체 연합군 육군 병력(실제로는 2개 야전군), 그리고 필요한 장비와 차량이 영국-프랑스 해협을 횡단하게 한 다음에 이들이 상륙하는 데 필요한 해상 사격을 지원해야 했다. 그런 뒤에는 상륙 부대가 교두보를 확보하고 확장하는 데 필요한 며칠이나 몇 주, 혹은 몇 달 동안 병력을 증강하고 보급을 지원해야 했다.[1]

디데이 예행연습은 영국 서쪽 해안의 브리스틀 해협에서 동쪽 템스강 하구에 이르기까지 영국 해안 전역에서 진행되었다. 미국 병력을 수용하기 위해 영국 정부는 이들이 데번과 콘월에서 570제곱킬로미터의 해안 지역을 이용하도록 조치했다. 미국군은 영국 해군 사관 학교가 자리잡은 다트머스에서 서쪽으로 십수 킬로미터 떨어진, 그림 같은 해변인 슬랩튼샌즈 인근에 미국 육군 전투 학교를 설치했다. 이곳은 대규모 상륙 작전을 예행연습하는 데 지리를 비롯해 여러모로 이상적인 조건을 갖추고 있었다. 슬랩튼샌즈는 영국-프랑스 해협 건너편의 상륙 목표 해변처럼 자갈 해변이어서 파도에 마모된 수십억 개의 검은색과 회색 조약돌로 가득했다. 또 뒤쪽에는 푸른 들판에 울타리가 교차하며 가로지르는 시골 지역이 있었는데, 언뜻 보면 노르망디 상륙 해변 뒤쪽의 들과 숲이 혼재한 농촌 지역과 비슷했다. 미국군은 이곳에 거주하던 민간인들을 다른 지역으로 이주시킨 뒤 거의 매주 대대, 연대, 사단 규모의 부대를 입소시켰다. 이어서 훈련 준비가 완료되자 슬랩튼샌즈 등에서 상륙 작전 연습을 시작했다. 이 훈련에 참가한 LST의 한 승무원은 당시를 이렇게 회고했다. "여러 부대와 장비를 수시로 싣고 내렸다. 하지만 우리는 실제 상황이 이 연습대로 이루어지리라고는 전혀 확신할 수 없었다." 봄이 되자 날이 길어지고 날씨가 따뜻해졌으며, 마침내 이용 가능한 LST 대수가 목표치에 근접했다. 이 시기의 예행연습은 점점 규모가 커지고 복잡하게 진행되었다.[2]

4월 중순에 실시된 예행연습의 명칭은 '타이거 훈련Exercise Tiger'이었다. 이 훈련에는 위타 해변 상륙군 예하 해군 부대인 U부대가 참여했는데, 지휘자는 돈 문Don Moon 해군 소장이었다. 작전 계획에 따르면 로턴 콜린스 J. Lawton Collins 육군 소장이 지휘하는 제7군단 주력 부대가 해군 함포 사격의 엄호를 틈타 슬랩튼샌즈에 상륙하며, 상륙을 마친 지상군 부대는 오캠턴 마을을 점령하기 위해 내륙으로 진격할 예정이었다. 아이젠하워 장군과 램지 제독은 이 훈련이 최대한 실제에 가까워야 한다고 생각했다. 이를 위해 상륙 부대가 위타 해변에서 마주할 수 있는 환경을 조성하기 위해 연합군 공병 부대가 사면체로 된 철제 장애물과 철조망 두 줄을 자갈 해변에 설치했다. 일부 지역에는 지뢰까지 매설했다.[3]

상륙 작전 연습을 위해 돈 문 소장이 지휘하는 해군 부대에는 LST 21척, LCI 28척, LCT 65척이 포함되었고, 그외에 약 100척에 달하는 소형 함정과 일반 호위함도 포함되었다. 이들 함정은 2회로 나누어 플리머스를 떠나 하룻밤 사이에 해협 한가운데로 이동했고, 그다음에는 6주 후 노르망디에서 실행될 작전에서와 마찬가지로 승선한 병사들을 상륙시키기 위해 새벽에 영국 해안으로 복귀했다.

출발은 좋지 않았다. 첫 번째 부대에 포함된 LST 중 1척이 늦게 합류하는 통에 돈 문 소장은 그 함정이 도착할 때까지 상륙을 연기했다. 그런데 모든 함정에 상륙 연기 명령이 하달되지 못했다. 그 결과 적재된 히긴스 보트 중 일부는 애초에 예정한 대로 해변으로 출발했는데, 그 순간 자신들이 순양함과 구축함의 사전 해상 포격에 노출될 수 있음을 알아차렸다. 다행히 이 상황은 곧 정리되었으나, 이는 불길한 징조였다.[4]

8척의 LST를 가득 채운 두 번째 상륙 부대는 4월 27일 밤 10시에 플리머스를 출발했다. 함정들이 항구를 빠져나와 대형에서 제자리를 찾기 위해 어둠 속에서 우왕좌왕하며 평소와 다름없는 정도의 혼란이 나타났다. 그 와중에 호송대에 배속된 호위함 2척 중 1척인 영국 구축함 시미터함 Scimitar이 미국 상륙정과 충돌하는 바람에 작전에서 철수했고, 결국 호위대에는 플라워급 코르벳함 어제일리어함만 남았다. 그런데 완전한 우연이었지만, 바로 이 시기에 아트미랄셰어함의 전 함장이자 당시 셰르부르 항구에서 E-보트 함대를 지휘하던 테오도어 크랑케가 9척의 독일군 쾌속정에 영국-프랑스 해협을 정기 순찰하라고 지시했다.[5]

미국군 LST 8척이 4월 28일 새벽 1시가 넘어 라임만에 접근했을 때 LST-507에 타고 있던 한 승무원이 배 밑에서 '긁으며 끄는 소음'을 들었다. 당시에는 인지하지 못했지만, 나중에 생각해보면 그 소리는 선체 바로 아래를 지나가던 독일 잠수함이 발사한 어뢰에서 나는 것이었음이 분명했다. 이에 따라 LST-507의 함장 스워츠J. S. Swarts 중위는 전투 기지에서 신호를 보냈다. 하지만 당시에는 그런 일이 너무 자주 있어서 대다수 승무원은 단지 훈련의 일부라고 생각하며 자신의 전투 위치로 향했다. 그런데 몇 분 후에 E-보트에서 나온 밝은 녹색 추적기가 어둠을 밝히더니 새벽 2시 7분에 독일군 어뢰 1발이 선체에 명중한 뒤 폭발했다.[6]

LST의 넓은 화물칸에는 침수를 막기 위해 폐쇄할 수 있는 방수 격벽이 설치되지 않았다. 결국 전차 갑판에 세워둔 차량 사이에서 화재가 시작되었고, 이와 동시에 LST-507이 가라앉기 시작했다. 이 함정의 의무 장교진 엑스텀J. G. Gene Eckstam 중위는 연료가 가득한 전차와 트럭에 불이 붙어 하나둘 폭발하자, '포효하는 거대한 용광로'를 보려고 화물칸을 들여다보았다. 그는 "차량이 불타고 있었고, 휘발유도 불탔으며, 소형 탄약은 폭발하고 있었다"라고 회상했다. 그리고 화염에 휩싸인 병사들의 비명소리를 들었다. 하지만 그는 자신이 그들을 위해 할 수 있는 일이 없다는 것을 잘 알았다. 연기를 흡입하는 경우, 살아 있는 사람도 곧 사망할 것이기 때문이었다. "그래서 나는 해치를 전차 갑판 안으로 닫고 꽁꽁 묶었다."[7]

LST-507 외에도 공격받은 함정은 더 있었다. 불과 11분 후에 어뢰 2발이 LST-531에 연달아 명중했다. 이 함정은 승무원 대부분과 수많은 병사가 탑승한 상태로 불과 6분 만에 침몰했다. 함정 외부에 있던 사람들은 영국 해협의 차가운 물속으로 뛰어들었다.

호송대보다 약 15킬로미터 앞섰던 어제일리어함에 탑승한 영국 해군 조지 게데스George C. Geddes 중령은 방향을 바꾸어 재난 현장으로 돌진했다. 그는 유보트가 이 공격을 실시했다고 가정하고 즉시 속도를 줄이고 아스딕을 작동시켰다. 하지만 아무것도 발견하지 못했다. 그러자 그는 다른 LST들이 노출될까봐 야광탄을 발사해 현장 밝히기를 망설였는데, 이미 다른 LST들은 최대 속도로 해안으로 이동하고 있었다. 그리고 이미 그 시각에 독일군 E-보트들은 셰르부르의 은신처로 빠르게 복귀하는 중이었다.

최종 집계된 피해 상황은 LST 2척이 침몰하고 2척은 파손되었는데, 그중 하나는 다시 바다에 뜨지 못할 정도로 파손 정도가 심각했다. 인명 피해 상황은 더 심각해서 승무원 198명과 병력 441명이 사망했다. 6주 후에 실제 상륙 작전에서 위타 해변에 상륙하는 동안 사망한 인원수보다 많은 인원이 사망한 것이다. 아이젠하워 사령관은 이 사건은 완전히 비밀리에

1944년 4월, 슬랩튼샌즈에서 '타이거 훈련'이 진행되는 동안 독일 E-보트가 병력이 가득 탑승한 미국군 LST 2척을 침몰시켰고, LST-289에 심각한 피해를 입혔다. 이 공격으로 발생한 인명 피해는 심각했고, LST 3척의 손실은 디데이 상륙 일정에 위협이 되었다. (미국 국립문서보관소 no. 80-G-283500)

처리되어야 한다고 강조했다. 이 사건이 공개되면 독일군은 자신들의 출격과 공격이 얼마나 성공적이었는지를 선전할 것이며, 더불어 상륙 작전 실행 직전에 연합군의 사기에 상당한 타격을 줄 수 있기 때문이었다.[8]

한편 아이젠하워 장군과 램지 제독이 가장 심각하게 우려한 대상은 손실된 LST 3척이었다. 당시 상황에서 이용 가능한 LST가 많지 않았기 때문에 이 같은 손실은 작전의 성사 가능성에 크나큰 영향을 미치는 사안이었다. 이에 따라 아이젠하워 사령관은 즉시 미국에 LST 교체를 요청했다. 하지만 킹 제독은 당시 미국 해군이 보유한 LST 여유분이 전혀 없고, 있다고 하더라도 제시간에 도착하기 힘들다고 답변했다. 그런 뒤 킹 제독은 지중해를 담당하는 커닝햄 제독에게 전화를 걸어 아이젠하워 사령관에게 LST 3척을 보내줄 수 있겠느냐고 요청했다. 그 대신 지중해 방면에는 조만간 신형 LST로 교체해주겠다고 약속했다. 이처럼 연합국은 다시 한번 해군의 자산을 한쪽 전역에서 다른 쪽 전역으로 옮겨서 문제를 해결해야 했다.[9]

———

연합군의 상륙 작전 일정이 라임만에서 발생한 재앙 때문에 지연되지는 않았다. 5월 28일, 램지 제독은 해군 사령부에 "넵튠 작전을 수행하라"라는 명령을 하달했다. 이에 수천 척의 함정과 군함이 움직이기 시작했다. 전함과 순양함은 북아일랜드와 스코틀랜드의 항구를 떠났고, 콘월의 팰머스에서 이스트서식스의 뉴헤이븐으로 가는 항구에서 상륙함과 상륙정이 화물을 싣기 시작했다. 육지에서는 병력을 가득 실은 트럭의 긴 행렬이 해안을 향해 영국 남부의 좁은 길을 따라 흐르는 개울처럼 계속되었다. 거대한 군사 퍼즐의 복잡한 조각들이 한 번의 자극에 의해 일사천리로 한 방향으로 움직였다.[10]

군인들은 엔지니어들이 '단단한 곳hard'이라고 부르는 콘크리트 해변이 건설된 여러 곳의 해협 항구에 집결했다. 이곳에서는 소형 상륙함들이 해변에 직접 접안할 수 있어서 부두나 대형 크레인 없이도 해안에서 전차, 트럭, 지프, 기타 차량을 적재할 수 있었다. 몇몇 대형 LST는 콘크리트 해변에 접안했으나, 나머지 LST는 대부분 항구에 정박했기 때문에 병력과 장비가 상륙 함정에 오르는 데 셔틀 보트를 이용했다.[11]

플리머스에서 콜린스 소장이 지휘하는 제7군단 병력은 돈 문 소장이 지휘하는 U부대 소속 함정 865척에 탑승했다. 더 동쪽의 웨이머스와 포틀랜드에서는 찰스 휴브너Charles Huebner 소장이 지휘하는 미국 제1 보병 사단 병력이 시칠리아의 젤라 상륙 작전의 베테랑 존 '지미' 홀 제독의 함정에 탑승한 뒤 오마하 해변으로 향했다. 사우샘프턴과 포츠머스 동쪽에서는 마일스 뎀프시 중장이 지휘하는 영국 육군 제2군 병력이 S부대(조지 탤벗George Talbot 소장)와 G부대(시릴 더글러스페넌트Cyril Douglas-Pennant 소장)에 소속된 함정에 탑승한 후 소드 해변과 골드 해변으로 향했다. 그리고 캐나다 제1사단의 병사들이 시칠리아와 살레르노 상륙 작전의 베테랑 제프리 올리버Geoffrey Oliver 준장이 지휘하는 J부대의 함정을 이용해 주노 해변으로 향했다.[12]

적재 과정은 차분하지만 쉴 새 없이 진행되었다. 모든 선박의 적재량은 세심하게 계산되어 상세한 계획 문서에 적혀 있었고, 상륙함에 탑승한 차량이 조심스럽게 제자리로 후진하는 동안 서류를 지참한 병참 전문가들이 모든 물품을 점검했다. 적재된 물품들은 해협을 건너는 동안 움직이지 않도록 단단히 묶어놓았다. 상륙함에 탑승한 병력은 30킬로그램 나가는 군장을 메고 4킬로그램짜리 개런드 M-1 소총을 들고 행진했는데, 이것들 역시 계산에 포함되었다. 선적이 정확하게 완료되었음이 확인되면 상륙함 함장은 선적용 경사판을 닫으라고 명령했다. 그러면 그 상륙함은 항구에 정박하기 위해 콘크리트 해변에서 철수했다. 이와 같은 과정이 끝나면 또다른 상륙함이 자리를 잡은 뒤 같은 과정이 반복되었다. 전체적으로 5일 동안 171개 승선장에서 이 같은 작업이 진행되었다.[13]

디데이는 6월 5일이었다. 원래 디데이는 5월 첫째 주로 예정되었으나 한 달 동안 생산할 신형 LST를 인도받기 위해 그만큼 연기되었다. 이 기한을 맞추기 위해 상륙함은 다른 곳에 출항하지 않았다. 일시에 모든 상륙함이 상륙 해변에 집결하기 위해 가장 먼 곳에 있던 상륙함이 가장 먼

1944년 6월 1일, 다트머스 근교 브릭섬에서 포병 부대가 LST에 적재하는 장면. 이곳에서 목격된 LST 5척 중 1척(사진의 왼쪽에서 두 번째 LST-499)은 6월 8일에 독일군 기뢰에 의해 파괴되었다. (미국 해군연구소)

저 출발했는데, 이를 위해 일부는 6월 3일에 출항했다. 이 상륙함들이 영국 해협에 접어들었을 때 이들의 항해는 험난할 것으로 예상되었다. 소형 상륙함 위로 바다의 물보라가 밀려와 갑판 주위에서 뒹굴었고, 병사들은 상륙함이 항구를 통과하기도 전에 벌써 몸을 옆으로 돌려 토하기 시작했다. 비까지 내렸다. 아이젠하워 사령관은 사우스윅하우스에 차려진 램지 제독의 본부에서 예하 지휘관들을 만났다. 기상 관련 참모인 기상학자 제임스 스태그James M. Stagg 공군 대령은 기상이 호전되지 않고 훨씬 나빠질 것이라고 보고했다. 시칠리아 상륙 작전도 이때 상황과 비슷했는데, 당시 아이젠하워 장군은 악천후 속에서도 원래의 일정을 고수했다. 하지만 이번에는 상륙 작전을 24시간 연기할 필요가 있다고 판단했다.[14]

그런데 이런 결정은 말하기는 쉬워도 실행에 옮기기는 지극히 어려운 것이었다. 이미 1000척이 넘는 함정이 바다로 출항했는데 이 결정으로 다시 항구로 되돌아와야 했다. 램지 제독은 예하 부대 지휘관에게 일일이 전화를 걸어 연기 결정을 수용할 수 있는지 확인했는데, 모두가 가능하다고 답변했다. 사실 최초에 수립된 세부 계획에서 이 같은 작전 연기를 포함한 거의 모든 비상사태가 고려되었다. 작전 시작 연기를 의미하는 지정된 코드 문구("One Mike Post")가 근거리 고주파 TBS 네트워크를 통해 전파되었고, 그에 따라 각 함정은 일정을 조정했다. 그런데 돈 문 소장이 지휘하는 U부대 소속의 상륙 함정 그룹은 이미 TBS의 사정권 밖에 있었기 때문에 램지 제독은 이들을 찾아 데려오기 위해 신속한 기동이 가능한 구축함을 보냈다.

아이젠하워 장군의 사령부는 6월 5일 새벽 4시에 재차 모였다. 영국 해협 바깥쪽의 기상은 여전히 거칠었지만 날씨가 조금 나아졌다. 기상 참모 스태그 대령이 이튿날에는 기상이 호전될 가능성이 높다고 보고했다. 아이젠하워 사령관은 이를 근거로 최종 결정을 내렸다. "좋습니다. 작전을 실행합시다."[15]

━━━━━

그날 오후와 저녁 내내 잉글랜드, 웨일스, 스코틀랜드, 북아일랜드의 항구에서 온 수천 척의 함정이 아일오브와이트에서 남쪽으로 30여 킬로미터 떨어진 영국 해협 한가운데에 설정된 집결 장소로 향했다. 공식적으로 이 집결 장소는 '지브라 지역Area Zebra'으로 명명되었지만, 사람들은 대부분 런던 중심부의 교통 혼잡으로 악명 높은 순환 도로의 이름을 따 '피카딜리 서커스Piccadilly Circus'라고 불렀다. 이곳에 모인 함정 중에는 캐나다, 프랑스, 네덜란드, 노르웨이, 폴란드 등 6개 국가에서 온 284척의 군함도 있었지만, 대다수 함정은 영국과 미국 군함이었다. 또 귀중한 LST 311척을 비롯해 약 2000척의 상륙 함정도 있었으며, 전반적으로 다양한 용도의 함정이 집결한 집합체였다. 그중에 몇몇은 매우 이색적인 것도 있었다. 예를 들면 15인치 함포를 실은 소형 전함, 30킬로그램 정도 되는 로켓 선반을 운반하도록 개조된 LCT, 어수선한 전자 안테나를 장착한 지휘함, LST에서 해변으로 차량과 장비를 실어나르기 위해 사용되는 '코뿔소 페리'라고 불리는 뗏목 등이 있었다. 여기에 수백 척이 넘는 히긴스 보트까지 합하면 총 6000척이 넘었다. 당시에 그 광경을 목격한 참전 용사들이 가장 오랫동안 기억하는 장면은 "수천 척에 달하는 온갖 종류의 선박이 수평선에서 수평선으로 길게 늘어선" 모습이었다.[16]

자정이 되기 직전, 지브라 지역에 집결한 연합군 함정들이 남쪽으로 이동하기 시작해 프랑스 해안을 향해서 영국 해협을 휩쓸고 지나갔다. 이들이 프랑스 해안에 도착한 때는 아직 동트기 몇 시간 전이었다. 병력 수송선에 타고 있던 병사들은 밧줄 사다리를 타고 히긴스 보트로 조심스럽게 내려가기 위해 레일 앞에 줄을 섰다. 할당된 병력이 작은 배로 옮겨 타 가득 채우자 이 배들은 즉시 근처 바다를 선회하기 위해 이동했고, 곧 다른 배들이 그 자리를 대신했다. 전체 병력이 한꺼번에 승선한 것은 아니고 앞 순번으로 지정된 병력만 승선했다. 시칠리아와 이탈리아에서 진행되었던 상륙 작전에서도 그랬듯이, 프랑스 상륙 작전은 해안으로 돌진하는 방식이 아니라 하루종일 15분에서 20분 간격으로 계속해서 상륙하는 방식이었다. 따라서 실제 상륙 작전은 그뒤로 며칠, 심지어 몇 주 동안 계속되었다.[17]

바다 위에서 요동치는 히긴스 보트에 탑승한 병사들이 인근 바다를 선

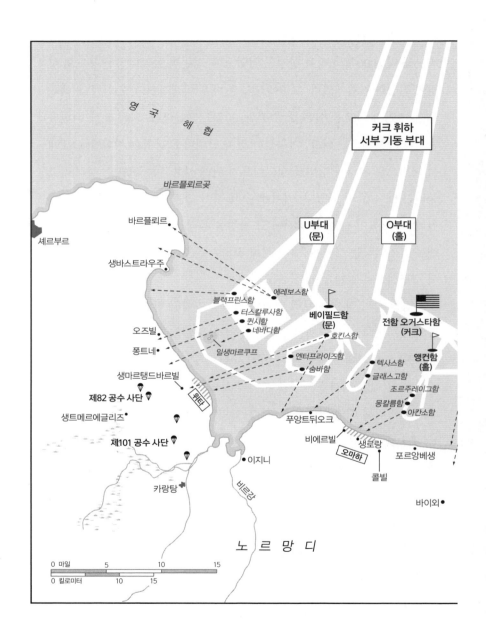

커크 휘하
서부 기동 부대

영 국 해 협

U부대
(문)

O부대
(홀)

바르플뢰르곶

바르플뢰르

셰르부르

생바스트라우주

에레보스함

블랙프린스함
터스칼루사함
퀸시함
네바다함

베이필드함
(문)

전함 오거스타함
(커크)

오즈빌

일생마르쿠프

호킨스함

앵컨함
(홀)

퐁트네

엔터프라이즈함
숨바함

텍사스함
글래스고함

생마르탱드바르빌

조르주레이그함
몽칼름함
아칸소함

위터

제82 공수 사단

생트메르에글리즈

푸앙트뒤오크

제101 공수 사단

비에르빌

생로랑

포르앙베생

오마하

이지니

콜빌

카랑탕

비르강

바이외

노 르 망 디

| 0 마일 | 5 | 10 | 15 |
| 0 킬로미터 | 10 | 15 | |

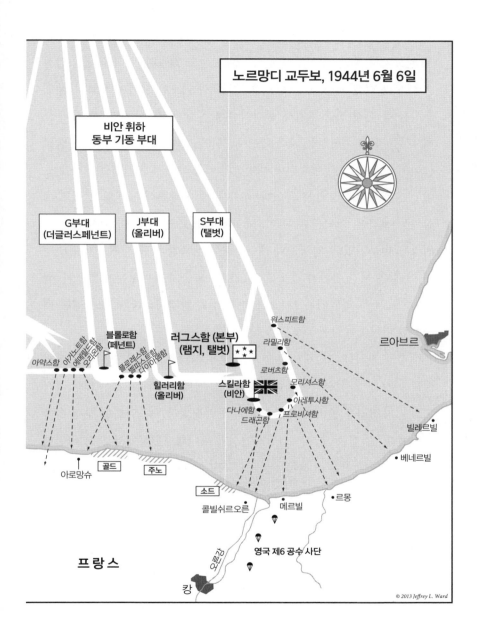

노르망디 교두보, 1944년 6월 6일

비안 휘하
동부 기동 부대

G부대
(더글러스페넌트)

J부대
(올리버)

S부대
(탤벗)

워스피트함

라밀리함

르아브르

블로로함
(페넌트)

러그스함 (본부)
(램지, 탤벗)

아약스함
아거노트함
에메랄드함
오리온함

볼로레스함
벨파스트함
다이아뎀함

로버츠함

모리셔스함

힐러리함
(올리버)

스킬라함
(비안)

아레투사함

다나에함

프로비셔함

빌레르빌

드래곤함

베네르빌

아로망슈

골드

주노

소드

르몽

콜빌쉬르오른

메르빌

프랑스

영국 제6 공수 사단

캉

© 2013 Jeffrey L. Ward

회하는 것은 끝날 것 같지 않아 보였고, 어떤 병사들은 3시간 이상 견뎌야 했다. 그중에는 보트 측면 너머로 바닷물에 토하거나, 높은 경사면에서 몸을 일으키지 못한 채 전투화에 토하는 이들도 있었다. 병력을 태운 함정은 대부분 디젤 매연, 해군 함포의 사격에서 나오는 코다이트 화약 냄새, 토사물 등 온갖 종류의 유해 물질이 혼합된 냄새로 가득했다. 마침내 새벽 4시쯤 동쪽 수평선을 따라 희끄무레하게 동이 트자 함정들은 한 줄로 늘어서서 6킬로미터 이격되어 새벽녘의 어둠 속에서 여전히 희미하게 보이는 프랑스 해안으로 접근했다. 상륙 부대가 해변에 도착할 것으로 예상되는 시각은, 미국군은 아침 6시 30분이었고 영국군과 캐나다군은 아침 7시 30분이었다. 영국군과 캐나다군이 상륙할 해변은 경사가 완만해서 이 같은 시간 차이가 필요했다. 그때는 밀물이 들어오는 때였으나, 골드, 주노, 소드 해변에는 7시 25분까지 상륙 함정이 해안에 도착하는 데 필요한 바닷물이 충분하지 않을 터였다.[18]

태평양 전역을 경험하는 동안 미국군은 타라와를 비롯한 여러 곳에서 상륙 작전을 실시하면서 아무리 강력하게 진행된다 해도 짧은 해상 폭격으로는 세심하게 준비된 해안 방어망을 무력화하거나 약화할 수 없음을 확인했다. 그 같은 교훈은 콰절레인섬과 에니웨토크섬에서 재차 확인했기에 노르망디 상륙 작전에서는 지원 폭격이 훨씬 세심하게 실시되었다. 그리고 몇 달 후에 실시되는 미국 해군의 이오섬 및 오키나와 폭격은 며칠 동안 지속된다. 태평양 지역에서 미국군이 장기간 폭격을 진행할 수 있었던 것은 미국군이 섬을 완전히 포위해 일본군이 방어를 더는 강화할 수 없었기 때문이다. 하지만 프랑스 해안에서는 그런 방식이 적용되지 않았다. 연합군이 상륙하려는 해안을 장기간 폭격하면 오히려 적에게 아군의 상륙 지점을 정확하게 알리는 셈이 되었기 때문이다. 따라서 연합군은 기습적인 요소에 더 큰 희망을 걸었는데, 폭격이 길어지면 당연히 기습 효과는 사라질 터였다. 연합군이 상륙 해안을 폭격하기 시작하면 그때부터 독일군은 연합군 상륙 부대를 바다로 몰아내기 위한 반격과 방어에 필요한 병력을 집결시킬 시간을 벌려고 할 것이었다. 그런 이유로 연합군의 작전 기획자들은 노르망디 해변 상륙 작전을 개시하기 전에 해상 포격과 공중 폭격은 1시간만 실시하기로 결정했다.

상륙 작전에서 실시될 사건 폭격에서 영국 군함은 대체로 영국군과 캐나다군이 상륙할 해변을, 미국 군함은 미국군이 상륙할 해변을 목표로 삼았다. 한편 오마하 해변에서 작전에 참여한 2척의 프랑스 순양함에 승선한 승무원들은 여러 감정이 교차했다. 거대한 삼색 프랑스 국기를 매단 프랑스 순양함 몽칼름함Montcalm의 함장 드프레E. J. H. L. Deprez 대령은 "조국을 포격해야 하는 참으로 기괴한 상황이다"라고 생각했다.[19]

비록 상륙전 포격 시간은 그리 길지 않았지만, 실제로 가해진 포격의 양은 인상적이었다. 미국 전함 네바다함만 하더라도 오마하 해변을 향해 14인치 포탄 337발과 5인치 포탄 2693발을 발사했다. 이처럼 해군의 포격이 진행되는 동안 2000여 대의 연합군 폭격기가 상륙 해안 상공에 도착했다. 히긴스 보트에 타고 있던 병력은 해안으로 이동하는 도중에 해군의 포탄과 공중에서 투하되는 폭탄이 일으킨 폭발로 엄청난 연기와 먼지가 일어나 해안선이 차츰 흐릿해지는 모습을 지켜보았다. 이들은 자신들이 그러한 분노의 대상이 아니라는 데 안도했다.

하지만 서서히 사라지는 폭풍의 잔재였던 짙은 구름이 상륙 해변을 덮고 있어서 항공기에 의한 공습 효과는 심각하게 제한되었다. 구름 위를 비행하는 조종사들과 폭탄 투하 담당병들은 폭탄이 어디로 떨어질지 예측해야 했는데, 자신들이 투하하는 폭탄이 아군 상륙함 사이에 떨어지지는 않을까 우려했다. 이에 연합군 항공기의 폭격은 상륙 해안에서 상당히 떨어진 내륙에 집중되어 독일군의 해안 방어 병력에는 별다른 영향을 미치지 못했다. 한편 전함과 순양함은 예정보다 10분 늦은 6시 40분에 가장 먼저 상륙한 히긴스 보트들이 해변에 도착하기 몇 초 전까지 포격을 이어 갔다. 히긴스 보트의 앞문이 내려가고 해군 승무원들이 "전원 출동!"이라고 외치자 병사들은 비틀거리며 폭력의 소용돌이를 향해 뛰어들었다.[20]

==========

상륙 작전이 진행되는 다섯 군데 해변 중에 가장 위험한 곳은 오마하 해변이었는데, 그 이유는 지리적 특징 때문이었다. 살레르노에서와 마찬가지로 오마하 해변은 해변의 후방과 양쪽 측면의 높은 언덕에서 독일군이 낮은 해변을 내려다볼 수 있었다. 하지만 살레르노에서와 달리 독일군 방어 병력은 견고한 진지에 화력을 배치하는 데 많은 시간을 할애했고, 그중 일부는 두께 30센티미터 이상의 철근 콘크리트로 건설된 데다 대부분을 교묘하게 위장했다. 또한 연합군이 실시한 치밀한 상륙 작전 정찰에서도 밝혀내지 못한 사실인데, 독일군은 최근에 훈련 목적으로 오마하 해변에 제352사단 병력을 증강한 상태였다.

오마하 해변에 상륙한 연합군 보병들은 해상 포격과 공중 폭격으로 적의 진지 대부분이 파괴될 것이라는 말을 들었으나, 실제로는 거의 그렇지 못했다. 따라서 해변에 상륙한 병사들은 숨을 장소가 없는 해변에서 꼼짝 못하는 상황에 처했다. 그들을 해안으로 실어나른 히긴스 보트와 LCT는 해변에서 난파되거나 독일군 포병대에 의해 파괴되었다. 그 결과 해변은 짧은 시간 동안 난파되어 불타는 상륙정과 상륙 장비로 어수선했다. 상륙함의 승무원들은 독일군의 방어가 느슨해 자신들이 상륙할 만한 해변을 출렁이는 파도 속에서 찾았지만 허사였다. 작전이 시작된 지 1시간도 안 되어 오마하 해변 상륙 작전은 더 진전되지 못한 채 정체되었다.[21]

이 상황에서 영국과 미국의 몇몇 해군 구축함이 없었다면 이날 연합군의 상륙 작전 전체가 위험에 빠졌을 가능성이 크다. 상륙 작전이 진행되는 동안 연합군 구축함의 주요 공식 임무는 독일군 유보트와 E-보트들이 상륙 함대에 접근하지 못하도록 하는 것이었다. 하지만 상륙 작전이 위기에 처하자 최초에 할당된 임무는 곧 취소되었고 전에 젤라와 살레르노 상륙 작전에서 그랬듯이, 해변에서 위기에 처한 상륙 병력에 근접 지원 사격을 하라는 임무가 구축함에 하달되었다. 전함 텍사스함에 탑승한 칼턴 브라이언트Carleton Bryant 제독은 인근 구축함들에 다음과 같은 메시지를 전송했다. "적을 막아라! 적을 저지하라! 적이 해변에 상륙한 아군 병력을 공격하고 있다. 더는 적의 공격을 허용해선 안 된다. 당장 적의 공격을 멈추게 해야 한다."[22]

구축함들은 새로 하달된 임무를 성공적으로 수행했다. 이 임무에 투입된 구축함은 대부분 해리 샌더스Harry Sanders 대령이 지휘하는 미국군 구축함 제18편대 소속이었고, 몇몇 영국 해군 구축함도 합류했다. 상륙 부대의 지원 요청에 자극받아 전투에 뛰어들기를 열망한 구축함들은 곧바로 해안으로 돌진했는데, 몇몇 관찰자들은 그 구축함들이 자칫 완만한 해변에서 좌초될까 우려하기도 했다. 구축함들은 대부분이 용골 아래 수심이 5센티미터도 안 되는 해변에서 700~900미터 떨어진 지점까지 근접해서 자리를 잡았다. 구축함들이 해변에 너무 가까이 접근한 바람에 승무원 중 일부는 독일군의 소총에 맞았다. 하지만 9시부터 10시 30분까지 1시간 30분 동안 그곳에 머물며 해변 뒤쪽 독일군 진지에 5인치 포탄 수천 발을 쏟아부었다. 상륙 작전이 실시되기 전에 만일의 사태에 대비해 탄약의 절반 이상을 사용하지 말라는 지시가 있었지만, 당시 상황이 비상사태라고 판단한 구축함은 보유한 탄약을 거의 다 발사했다. 캐믹함 Carmick은 보유한 5인치 포탄 1500발 중에 1127발을 1시간 만에 발사했다. 놋쇠 포탄 케이스가 갑판으로 쏟아져 나와 거대한 산더미처럼 쌓였으며, 총신이 벌겋게 달아오르자 계속 발사하기 위해 호스로 물을 뿌려야 했다.[23]

처음에는 각 구축함 함포수들이 적절한 공격 목표를 추측으로 찾아냈다. 하지만 연기와 먼지 때문에 시야가 좋지 않은 데다 독일군의 위장술이 효과적이고 해안과의 무선 통신이 원활하지 않아서 함포수들은 '기회표적'을 찾는 수밖에 없었다. 이들은 연기가 확실히 나오는 지점을 찾으려고 상륙 해변에서 정밀 수색을 실시했지만, 독일군 화기들이 연기가 나지 않는 화약을 사용해 수색은 대부분 실패했다. 캐믹함의 로버트 비어 Robert Beer 함장은 해변에 도착한 몇몇 연합군 전차가 언덕의 특정 지점을 향해 총을 쏘는 모습을 보고 함포병에게 전차가 사격하는 방향으로 포격하라고 명령했다. 구축함에서 발사한 5인치 포탄이 우후죽순처럼 터지자 곧 전차들은 사격 방향을 다른 곳으로 변경했고, 이어 캐믹함의 함포도 이들을 따라 포격했다. 나중에 비어 함장은 보고서에 이렇게 썼다. "육군은 전차 사격을 실시할 때 해군 함정들이 동일한 목표물에 지원 사격해줄 것을 희망하며 사격했음이 분명했다." 넵튠 작전의 포괄적 계획에는 온갖 종류의 비상사태를 해결하는 방안까지 포함되었지만, 이 같은 성과는 계획이나 정해진 절차를 따르는 과정에서 만들어진 것이 아니라, 해당 장소와 상황에서 문제를 해결하려는 사람들의 경험과 지혜의 산물이었다.[24]

정오 무렵이 되자 구축함들은 해안에 자리잡은 정찰병들과 신뢰할 수 있는 무선 연락 체계를 구축했다. 그렇게 되자 구축함들은 직접 및 간접 화력 지원 요청에 따라 화력 지원을 이어갔다. 연합군의 전함과 순양함이 보유한 대형 함포의 지역 사격으로는 독일군의 포진지를 타격하지 못했으나, 구축함에서 발사하는 5인치 소형 함포의 조준 포격이 누적 효과를 발휘하면서 독일군의 포진지가 하나둘씩 제거되었다. 그리하여 상륙한 뒤로 꼼짝하지 못하던 상륙 부대가 일어서서 이동하기 시작했고, 나중에는 해안 절벽 아래까지 접근할 수 있었다. 그러더니 상륙 부대는 절벽을 기어오르기 시작했다. 작전 계획 문서를 작성할 때 이런 형태의 작전은 예상하지 못했으나, 병사들은 알아서 전투를 수행했고, 빠르게 정상으로 진격했다. 그날 늦은 오후가 되었을 때 연합군은 해변을 완전히 확보하지는 못했으나 적어도 상륙 부대가 다시 바다로 내몰리지 않을 것임은 분명했다.[25]

===============

연합군 해군이 유럽 대륙에 상륙 작전을 진행하며 담당한 세 가지 중요한 역할 중 두 가지는 병력과 장비를 해변으로 운반하는 것, 그리고 해상 사격으로 지원하는 것이었다. 셋째 역할은 그들을 그곳에서 유지하게 하는 것이었다. 연합군은 디데이에 총 13만 2450명의 병력을 해안에 상륙시켰으나, 이 정도로는 유럽 대륙을 점령하기에 턱없이 부족했다. 수십만 병력이 더 합류해야 했다. 전차, 트럭, 지프도 수천 대는 더 상륙시켜야 하고, 병력의 식량과 차량 연료도 전달해야 했다. 나아가, 식량과 생필품이 부족해서 이제 대부분 노숙자가 되다시피 한 노르망디 지역의 프랑스 주민들을 위한 지원도 필요했다. 특히 이 모든 임무는 지속적으로 이루어져야 했다. 요컨대 디데이 이후 몇 주간 진행된 연합군의 해상 운송은 상륙 작전만큼이나 어렵고 부담스러운 과정이었다.[26]

처음 며칠 동안 연합군 해군은 수많은 소형 상륙함과 '코뿔소 페리' 등에 장비를 실어 해안으로 옮겼는데, 상륙할 수 있는 해변이 부족한 데다 값비싼 LST를 사용하기에는 상태가 너무 위험했다. 6월 6일에 일부 LST가 위타 해변에 상륙했으나, 오마하 해변에 LST를 보낼 수 있는 시기는 해변이 충분히 안전하다고 여겨지는 6월 10일 이후였다. 결국 대형 LST가 투입되고 나서야 비로소 해안 교두보 확보에 속도가 붙었다. 화물 운반 임무를 수행하는 LST는 특정한 해변이나 상륙 해변까지 접근해 화물을 내린 즉시 다른 짐을 실어나르기 위해 영국 해협을 건너 복귀했다. 예를 들면 LST-543은 디데이에 화물을 하역한 뒤 해협을 건너 사우샘프턴에 복귀했다. 그런 뒤 다시 해협을 횡단하여 이틀 후인 6월 8일에 노르망디에서 하역했다. 이 함정은 6월 10일, 13일, 15일에도 이와 같은 임무를 반복적으로 수행했다. 이 함정의 최고 속도가 10노트인 점을 감안할 때 이 같은 일정을 수행했다는 것은 이 함정의 승무원들이 적어도 2주 동안 24시간 내내 화물 적재와 하역, 운항을 계속했음을 의미한다. 사실 이 정도 임무는 특별할 것도 없었다. LST 중 일부는 최초 상륙 작전 이후 몇 주 동안 무려 50회나 영국 해협을 횡단했다. 안치오에 교두보 확보를 지원했던 LST가 그랬듯이, 승무원들이 유일하게 휴식을 취할 수 있는 것은 비번일 때뿐이어서 함정이 이동하는 동안 승무원들은 선반에 누워 부족한 잠을 보충하곤 했다.[27]

하지만 LST만으로 해변에서 수십만 명 규모의 상륙 부대에 장기간 보급할 수는 없었다. 결국 이 같은 수요를 충족하려면 항구가 필요했는데, 염두에 둔 항구는 초기 군사 목표 지점 중 하나였던 세르부르였다. 연합군은 이 항구를 6월 29일에 점령했으나 독일군이 철저하게 파괴해 항구 기능이 마비된 상태여서 이 항구를 사용하기까지 빨라도 한 달은 예상되

영국과 미국의 LST가 1944년 6월 오마하 해변에서 차량과 화물을 하역하는 모습. 당시 상륙 해변에 사용할 만한 항구가 부재한 데다 멀베리(인조 항구)가 폭풍으로 피해를 입은 탓에 LST는 상륙 작전 성공의 필수 요소로 부각되었다. 하늘에 떠 있는 것은 방공 기구(氣球)인데, 적의 항공기가 해변 상공에서 떠다니는 것을 막기 위한 용도였다. (미국 국립문서보관소 no. 80-G-46817)

었다. 그러나 연합군은 디데이 상륙 작전 이후 며칠 지나지 않았을 때 이와 같은 상황을 예상했으며, 그뒤 오마하 해변과 골드 해변에 2개의 거대한 인조 항구를 조성하기 시작했다.

'멀베리Mulberry'라고 불리는 이 인조 항구의 구성 요소는 준비하는 데 너무 많은 비용과 시간, 자원이 투입되어 디데이 신화에서 특별한 위상을 차지한다. 이것이 없었다면 연합군의 상륙 작전이 성공하지 못했을 것이라고 보는 것이 통념이지만, 실은 그렇지 않다. 공식 하역 물자 집계 및 통계를 살펴보면 멀베리가 가동되기 직전 3일 동안 LST를 이용해 운반한 하루당 물자의 양이 멀베리가 설치된 이후 해안으로 운반된 물자의 양과 큰 차이가 없다. 게다가 멀베리 중 하나는 완공 이틀 만에 영국 해협에 몰아닥친 폭풍 때문에 파손되었고 멀쩡한 멀베리에서의 하역도 해변까지 접근하는 LST에 비해 효율이 높지 않았다. 결국 안치오 상륙 작전과 마찬가지로 노르망디에서도 상륙 작전을 유지하고 구원한 주역은 LST였다는 말이 과언은 아니다.[28]

전례 없는 연합군의 대규모 함대에 맞선 독일군이 보유한 전투력은 구축함 4척, E-보트 30척, 어뢰정 9척에 불과했다. 독일군은 이번 위기에서 과거 이탈리아군의 '모토스카포 투리스모스'와 유사한 유인 어뢰로 구성된 '개별 전투 무기'를 사용하고, 무선 신호로 조종할 수 있는 '원격 조종 선박Sprengboot'도 이용했다. 독일군은 이러한 특수 무기에 큰 기대를 걸었으나, 어느 것도 큰 효과를 내지 못했고 며칠 후에 전량 폐기되었다.[29]

그 대신 되니츠 제독은 유보트를 적극 활용했다. 특히 최신형 유보트에는 조종탑에 해상의 공기를 유입하는 스노클(독일어로 슈노첼schnorchel)이 탑재되었는데, 그와 연동해 수중에서 디젤 엔진을 사용할 수 있도록 개조하여 유보트의 기능이 크게 향상되었다. 하지만 되니츠 제독이 연합군 함정을 공격하기 위해 영국-프랑스 해협으로 보낸 최신형 유보트 30척은 3개월 동안 고작 선박 21척을 침몰시켰다. 그 와중에 살아남은 유보트는 10척에 불과했다. 되니츠 제독은 "이 작전은 적의 병력 증강을 저지하는데 실패했다"라고 인정하면서도 지푸라기라도 잡고 싶은 심정에서 만족스럽다고 평가했다. 유보트가 연합군의 병력 증강 노력을 '방해'했기 때문이라는 어설픈 이유와 함께.[30]

상륙하고 한 달이 지난 7월 첫째 주가 되자 프랑스에 상륙한 연합군 병력은 100만 명에 이르렀고, 이틀 후에는 조지 패튼 장군이 새로이 구성된 미국 제3군을 지휘하기 위해 도착했다. 그뒤 연합군은 7월 25일부터 '코브라 작전Operation Cobra'을 시작으로, 프랑스 농촌을 가로질러 파리를 향해 질주했다.

2주 후, 연합군은 프랑스의 남쪽 해안에서 앙빌 작전을 단행했다. 이 작전은 노르망디에서 필요한 만큼 LST를 사용할 수 있도록 보장하기 위해 한 달 남짓 연기된 터였다. 8월 15일에 휴잇 제독이 지휘하는 기동 부대는 트러스콧 장군이 지휘하는 미국 육군 제6군단의 리비에라(프랑스 남동부 지중해 해안) 상륙을 지원했다. 1300대의 연합군 항공기가 캉과 툴롱 사이의 세 군데 목표 해변(알파, 델타, 카멜)을 폭격했고, 이어 해군의 강력한 포격이 이어졌다. 그런 뒤 아침 8시에 연합군 상륙 부대가 상륙했는데, 반전이 펼쳐졌다. 이 지역에 배치된 추축국 군대의 병사들은 대다수가 폴란드와 체코슬로바키아에서 마지못해 징집된 이들이었는데, 그중에 많은 병사가 연합군을 해방자로서 환영했던 것이다. 앙빌 상륙 작전 이후 미국군 사단은 론 계곡을 따라 계속 북상했고, 같은 시기에 프랑스 사단은 마르세유를 해방시키기 위해 해안을 따라 서쪽으로 진격했다. 10일 후, 노르망디와 브르타뉴에서 진격한 연합군은 예상보다 55일이나 일찍 파리를 해방시켰다.

━━━━━━

하지만 유럽에서의 전쟁은 끝나지 않았으며, 그해 겨울 아르덴 지역에서 또다시 힘든 전투가 벌어졌다. 그것은 분명히 전쟁의 새로운 국면이었다. 이 새로운 국면에서 연합군 해군이 담당한 주요 역할은 두 가지였는데, 중요한 해상 보급선을 수호하는 것, 그리고 해안에 집결 중인 작전 부대를 위한 화력 지원 대기였다. 디데이 상륙과 파리 함락 사이 두 달 동안 워스피트함을 비롯한 영국 해군 군함은 해안 목표물을 상대로 750회의 포격 임무를 수행하면서 함포를 5만 8621회 발사했다. 되니츠 제독은 유보트와 E-보트를 활용해 연합군의 영국-프랑스 해협 통제에 도전했으나, 이 해협에 진입한 독일 잠수함들은 계속 수세에 몰렸다.[31]

9월에 접어들어 영국 해군 군함들은 르아브르 점령을 지원했다. 셰르부르에서 그랬듯이, 연합군이 이 도시를 점령하려 하자 독일군은 이 항구를 사용할 수 없을 정도로 파괴해놓았다. 램지 제독이 앤트워프 항구에 접근하지 않고서는 전투 부대를 위한 보급을 유지하기 어렵다고 아이젠하워 장군에게 보고하자 아이젠하워 사령관은 몽고메리 장군에게 "앤트워프 접근로를 포착하는 것이 중요합니다"라고 강조했다. 하지만 몽고메리 장군은 최대한 빨리 라인강을 건너려는 계획에 사로잡혀 있어서 앤트워프 함락은 캐나다군에게 '신속하게 추진하라'라는 명령과 함께 위임했다.[32]

9월 4일, 연합군은 앤트워프 항구를 점령했다. 되니츠 제독은 항구 시설을 철거하라는 명령을 내렸지만, 그가 나중에 말한 대로, 연합군의 진출이 '너무 빨랐다.' 다만 연합군이 앤트워프 항구와 북해를 연결하는 셸트 하구를 손에 넣지 못한다면 도시와 소중한 항구를 점령하더라도 별다른 쓸모가 없을 터였다. 이곳에는 중무장한 독일군 해안 포대가 있어서 연합군 해군이 직접 공격할 수는 없었다. 게다가 독일군이 연합군의 육상 접근로에 대한 방어 준비를 강화했기 때문에 지상 공격 역시 어려운 상황이었다. 또한 다른 곳에서와 마찬가지로 히틀러는 최후의 한 사람까지 싸우라고 셸트 하구의 방어 부대에 명령했다.[33]

이토록 중요한 관문을 점령하기 위해 캐나다 제3사단의 병사들이 셸트강 남안에서 이른바 '브레스켄스 포켓Breskens Pocket'을 습격했다. 그들은 공격 함정을 이용해 방어가 철저한 레오폴드 운하를 건넜고, 사이판에서 미국 해병대가 사용했던 LVT를 본떠 만든, '버펄로Buffalo'라는 별칭의 영국제 궤도 장갑차를 타고 셸트강의 제방을 넘어 독일군 진지를 효과적으로 공격했다. 이 같은 소규모 상륙과 횡단은 그 자체만으로는 작전의 성공을 보장하기가 어려웠다. 독일군이 운하 너머 지역에 홍수가 나도록 운하를 범람시킨 데다가 연합군의 폭격으로 제방이 많이 파괴되면서 땅이 진흙탕이 되어 혼란이 가중되었다. 하지만 캐나다군은 맹렬한 저항에 맞서고 이 모든 어려운 환경을 극복하면서 조금씩 전진했다. 한편 동쪽에서는 또다른 캐나다 부대가 자위트베벨란트섬으로 가는 좁은 통로에서 독일군 중포병의 반격에 맞섰다.[34]

캐나다군이 진흙탕을 헤치고 전진하는 동안 영국 해군의 앤서니 퍼그슬리Anthony F. Pugsley 대령이 지휘하는 T부대가 발헤런섬 해안가의 두 해변에서 비교적 전통적인 상륙 작전을 수행했다. 노르망디에서처럼 여기에서도 연합군 공군의 항공 폭격은 짙은 안개 탓에 정찰이 제대로 이루어지지 못해 독일군 방어 부대에 별다른 타격을 입히지 못했고, 연합군의 해군 포격도 너무 짧았다. 하지만 노르망디에서처럼 근접한 호위함들의 용감한 희생이 중요한 역할을 했다. 연합군 지원 함정은 9척이 침몰하고 11척이 피해를 입으면서도 독일군 포대를 제압했고, LCT와 LCI가 독일군 방어 부대를 물리치고 요충지를 점령할 만큼 충분히 병력을 해안에 상륙시켰다. 하지만 연합군의 기뢰 제거함이 셸트강 입구의 기뢰를 제거할 때까지 앤트워프 항구에 접근할 수 없었다.[35]

인명 피해는 심대했으나, 1944년 11월에 발헤런 점령 직후부터 앤트워프 항구는 이용 가능했고, 이를 통해 연합군의 보급 문제가 극적으로 해소되었다. 이 성공을 보고 일부 성급한 사람들은 전쟁이 그해 말이면 끝날 것이라는 희망을 품기도 했다.

24장

임박한 결전

노르망디 상륙 작전은 연합군이 펼친 반격의 핵심이었지만, 그렇다고 1944년 6월에 디데이만 있었던 것은 아니다. 연합군이 프랑스에 상륙한 지 9일 후, 미국 해병대 2개 사단이 중부 태평양에서 1000여 킬로미터 떨어진 마리아나 제도의 사이판에 상륙했다. 이렇듯 불과 9일 간격으로 연합군이 세계 반대편에서 두 차례의 대규모 공격을 감행할 수 있었던 것에서, 체계적으로 준비된 수준 높은 자원뿐만 아니라 이 전쟁의 전 지구적 특성을 엿볼 수 있다. 연합군의 사이판 상륙 작전은 2차대전의 대규모 해전 중 하나인 필리핀 해전Battle of the Philippine Sea을 촉발했다.

필리핀해는 서태평양 일부를 가리키는 명칭이 아니라, 서쪽으로 필리핀 제도, 동쪽으로 마리아나 제도와 경계를 이루는 개방된 수역이다. 지난 20여 년 동안 미국과 일본은 두 나라 사이에 발생할 미래의 전쟁이 서태평양, 특히 필리핀해에서 이루어지는 함대의 결전 결과에 좌우될 것이라고 생각했다. 그러한 가정은 양측의 전쟁 발발 이전의 전략 계획, 워게임,

연례 해군 훈련에 큰 영향을 미쳤다. 1942년 5월에 이미 미드웨이 해전을 치르긴 했지만 두 나라는 전쟁의 결과를 좌우할 진정한 결전이 다가오고 있다고 믿었는데, 그 결전이 필리핀해 안에서 발생할 가능성이 크다고 보았다.

마리아나 제도를 구성하는 15개의 섬은 일본과 뉴기니 사이에 놓인 중앙 태평양을 가로질러 남북으로 700여 킬로미터에 달하는 호弧 모양으로 연결되어 있다. 이 섬들을 겨냥한 미국의 결정에는 두 가지 요인이 작용했다. 먼저 마리아나 제도에서 가장 큰 섬인 괌은 전쟁 발발 이전에 미국 소유였는데, 일본이 1941년 12월에 가장 먼저 이 섬을 점령했다. 이보다 더 중요한 것은, 미국의 장거리 B-29 수퍼포트리스 폭격기가 마리아나 제도에서 출격해 도쿄를 비롯한 일본 본토까지 폭격할 수 있다는 사실이었다. 15개 섬 중에서 3개는 군사 기지가 들어설 수 있을 만큼 컸는데, 그 중에서 가장 북쪽에 있는 사이판이 일본에서 가장 가까웠다. 이 섬은 미국군이 최초의 상륙 작전을 계획한 곳으로, 미국군이 점령하면 해군 건설 부대가 새 비행장을 건설한 뒤, 이곳에서 출격한 B-29 폭격기가 일본 본토를 폭격할 수 있을 터였다. 그러면 연합군은 지난 2년 동안 독일을 폭격했던 것처럼 일본을 폭격할 수 있을 것이었다.[1]

뒤집어 말하면 마리아나 제도는 일본에도 중요한 의미가 있었다. 이 섬들은 일본 본토의 여러 섬에 접근하기 전 마지막 방어에 적합한 위치이며, 지리적 장벽이 형성된 곳이었다. 이곳을 내주면 미국군 폭격기가 일본의 여러 도시를 마음대로 사정권 안에 둘 수 있고, 그에 따라 천황의 목숨도 위험에 처할 수 있었다. 당시에 이러한 생각은 용납될 수 없었다. 연합군이 라바울을 우회한 뒤로 일본 해군은 함대를 보호하는 정책을 고수했다. 하지만 이제 미국이 자신들의 방어선 안쪽 고리를 뚫겠다고 위협하자,

일본 해군은 함대를 전투에 투입하지 않을 수 없었다. 미국군이 마리아나 제도를 공격한다면, 고가 제독은 함대를 출격시켜 '전력을 다해 결전에 나설' 생각이었다.[2]

하지만 고가 제독은 3월 마지막 날에 탑승한 항공기가 태풍으로 추락하면서 사망해 그러한 기회를 잡지 못했다. 곧 그의 후임자로 도요다 소에무豊田副武 제독이 임명되었는데, 그는 해군 조달 업무에 정통한 인물이지만 실전 경험이 부족했다. 역사학자 존 프라도스John Prados는 "도요다 제독은 전투적 성향의 군인이 아니었고 철도 관리자처럼 보였다"라고 평가했다. 하지만 일본 해군의 전략은 그대로 유지되었다. 즉, 미국이 마리아나 제도를 공격하면 일본군은 함대를 전투에 투입할 계획이었다. 도요다 제독은 이렇게 강조했다. "우리는 단 한 차례의 공격으로 적의 대규모 전투력의 핵심을 일거에 격파해 우리의 목적을 달성해야 한다. … 단 한 번의 결전으로."[3]

미국 해군 역시 그러한 전투를 고대하고 있었다. 시간이 흐르면서 전투의 양상이 유틀란트 해전과 같은 전함 난타전에서 점차 장거리 항공모함 교전으로 바뀌었지만, 결전에 대한 생각은 일본 해군의 문화만큼이나 미국 해군의 문화에도 깊이 배어 있었다. 태평양 전쟁이 중요한 국면에 접어들면서 양측은 조만간 필리핀해에서 생사를 건 결투가 벌어지리라 예상했다.

─────────

사이판에 상륙하기 위한 미국 해군의 준비와 증강('포리저 작전Operation Forager')은 오버로드 작전을 위한 준비와 동시에 진행되었는데, 화력 규모 면에서 보자면 사이판 상륙 작전에 투입된 함대가 노르망디 상륙 작전에 투입된 함대보다 대규모였다. 레이먼드 스프루언스 중장은 피트 미처 중장이 지휘하는 막강한 기동 부대 TF58을 비롯해 상륙 부대 전체를 지휘했는데, 이 부대는 항공모함 15척, 전함 7척, 순양함 11척, 구축함 86척 등으로 구성되었다. 그외에도 상륙 작전에 투입되는 56대의 공격용 수송기와 12만 7571명에 달하는 병력을 수송하는 84척의 LST를 엄호하는 임무도 포함되었다. 태평양에서 실시되는 단 한 번의 상륙 작전에 총 84척의 LST를 투입한 것은 아이젠하워 장군이 노르망디 상륙 작전을 위해 LST 한두 대라도 추가로 확보하기 위해 공들여 노력했던 것과 대비해 이 시기에 독일 우선주의 원칙이 포기되었음을 파악할 수 있는 중요한 단서다.[4]

사이판 상륙 작전에서는 노르망디 상륙 작전에서보다 더 먼 거리의 해상 수송이 필요했다. 넵튠 작전과 오버로드 작전에 투입된 작전 부대는 영국 해협을 가로질러 고작 100~150킬로미터를 기동했으나, 사이판 상륙 작전을 수행하기 위한 대규모 수송선과 상륙 함정은 목표로 삼은 해변에서 5000여 킬로미터 떨어진 진주만에 적재되어 있었다. 또 노르망디 상륙 작전에서는 LST가 최초의 상륙 후 몇 주 동안 거의 일정하게 증원군과 보급품을 해변으로 운송하는 것이 가능했고, 실제로 그렇게 운용되었지만, 사이판 상륙 작전에서는 병력, 장비, 보급품, 탄약이 단 한 번에 거대하고 드넓은 태평양을 횡단해야 했다. 아이젠하워 장군은 마셜 장군에게 LST가 부족하면 노르망디에 상륙한 부대들은 보급 지원 없이 3일 동안 해변에서 오도 가도 못하는 상황이 될 것이라고 경고한 바 있다. 반면, 계획대로라면 사이판에 상륙한 병력은 대대적인 지원군과 보급품이 도착하기 전까지 최소 3개월 동안 그곳에 발이 묶일 터였다. 물론 일본군 역시 그들이 보유한 것만 가지고 전투를 치러야 하겠지만, 이 기간에 사이판에서 작전을 수행하는 미국군에 대한 보급 지원 역시 단절될 것이었다.

유럽에서 노르망디에 상륙한 부대가 그랬듯이 사이판에 상륙할 부대는 먼저 상륙함과 상륙정을 적재해야 했는데, 이는 힘들고 위험한 작업이었다. 5월 17일, 작업자들이 진주만에 정박한 LST-353에 4.2인치〔11.4cm〕 박격포탄을 적재하던 중 포탄 하나가 폭발하는 사고가 발생했다. 이 폭발로 발생한 불씨가 인근 휘발유 통에 옮겨붙었고, 불길이 우레와 같은 불덩이를 타고 올라가 가까이 있던 선박들에서 여러 차례 폭발이 일어났다. 이 사고를 목격한 어떤 사람은 "지프, 선박 부품, 총기, 장비, 금속 파편들이 마치 주변의 웨스트 호수에 비를 뿌리는 것 같았다"라고 회고했다. 이 사고를 수습하기 전에 이미 168명이 사망했고, LST 6척과 LCT 3척이 완파되었다. 영국 해협의 슬랩튼샌즈 앞바다에서 LST 3척을 잃은 지 불과 19일 만이었다. 맥아더 사령부는 파괴된 LST를 대체하기 위해 LST 8척을 손망실 처리했는데, 그 모습을 지켜보던 아이젠하워 장군은 자신도 이처럼 손쉽게 업무를 추진할 수 있으면 좋겠다고 부러워했을 것이다.[5]

사이판 상륙 부대는 1944년 5월의 마지막 사흘에 걸쳐 진주만을 출발했다. 이 부대가 사이판으로 이동하는 중에 전혀 예상치 못한 소식이 발표되어 항해의 지루함이 사라졌다. "새로운 소식을 전합니다. 프랑스에 대한 공격이 시작되었습니다. 연합군 최고 사령부는 지금까지의 상륙 작전이 성공적이었다고 발표했습니다. 이상." 곳곳에서 큰 소리로 환호가 터져 나왔고, 그들만의 디데이 작전을 추진하려던 사람들의 사기가 확실히 올라갔다.[6]

한편 다가오는 위협에 대응하기 위해 준비하는 일본군 함대 사령관 오자와 지사부로 제독은 상당한 공격력을 보유하고 있었다. 최근에 일부 손실을 입긴 했으나, 일본 해군은 여전히 세계에서 세 번째로 강력한 해군력을 유지했다. 오자와 제독은 5척의 대형 항공모함을 출격시킬 계획이었는데, 그중 하나는 일본군 항공모함 중에서 유일하게 장갑 비행갑판을 보유한 신형 타이호함大鳳이었다. 그리고 4척의 소형 항공모함도 보유했는데, 여기에 장착된 8개의 플랫탑(활주로)에서는 총 473대의 항공기를 이륙시킬 수 있었다. 새롭게 마련된 다양한 항공기 기종 중에는 미국군이 '주디Judy'라고 부른 세련된 신형 요코스카 D4Y 급강하 폭격기와 '질Jill'이라고 부른 나카지마 B6N 어뢰기도 있었다. 무기로 비교해보면 1941년 12월에 진주만을 공격했을 때보다 훨씬 강력한 전투력이었다.

하지만 문제는 이처럼 성능이 향상된 수많은 신형 항공기를 조종하는 조종사들이 비교적 훈련 기간이 짧은 초보라는 점이었다. 1941년에 일본군 항공모함 탑재 항공기의 조종사들은 세계 최고였지만, 그 이후로 수많은 조종사가 전투 과정에서 목숨을 잃었다. 신입 조종사들을 훈련시키기 위해 베테랑 조종사들을 본국으로 돌려보낸 미국군과 달리, 일본군은 실력 좋은 조종사들이 거의 남지 않을 때까지 전선에 배치해 활용했다. 그 결과 심지어 10대까지 포함된 신입 조종사들은 열정적이긴 했으나 대체로 전투 경험이 부족했다.[7]

한편 오자와 제독은 야마토 제독의 참모장을 역임한 우가키 마토메 장군이 지휘하는 강력한 수상 함대의 작전 지휘권도 가지고 있었는데, 여기에는 초대형 전함 야마토함과 무사시함도 포함되었다. 이 초대형 전함들이 건조되던 1930년대에 일본인들은 이 전함들이 태평양 전쟁에서 비장의 카드가 되기를 희망했으나, 당시까지도 본격적인 전투에 투입되지 않았다. 이제 드디어 이 전함들이 투입될 결전의 시기가 도래한 것이다.

훈련과 경험이 부족한 조종사 말고도 오자와 제독을 괴롭힌 문제는 연료 부족이었다. 1942년의 최대 확장기에 일본은 남아시아 유전을 성공적으로 점령했으나, 1944년에는 어느 때보다 석유가 부족했다. 이렇게 된 데에는 미국군 잠수함의 공격이 가장 큰 요인이었다. 미국군 잠수함이 1944년 1월에서 5월 사이에 일본군 유조선 21척을 침몰시켜 일본군 유조선 함대는 붕괴했다. 필리핀해 전투에 출정하기 직전에 일본군 함정들은 지상 유류 저장소에서 정제되지 않은 원유를 연료고에 채웠다. 그렇더라도 목표 지점에 도착할 수는 있었지만 정제되지 않은 연료는 다루기가 힘들었고 종종 보일러를 더럽히곤 했다. 이러한 상황을 고려하면 1944년 중반에 일본군이 태평양 중앙이 아닌 가장자리에서만 작전을 수행했던 이유를 짐작할 수 있다.[8]

반면 오자와 제독 휘하 일본군이 가진 한 가지 강점은 항공기들이 장갑과 연료 탱크를 다 가지고 있지 않아서 미국 항공기에 비해 훨씬 가볍다는 점이었다. 다시 말해 일본군의 항공기와 조종사는 적의 공격을 방호하는 데 취약했던 반면, 미국 항공기보다 항속 거리가 더 길었다. 그래서 일본군 항공기들은 500여 킬로미터 밖에서 이륙해 미국군 함정을 공격한 뒤, 괌에 상륙해 재장전하고 연료를 보충했다. 그런 뒤 처음 출발했던 항공모함으로 복귀하는 길에 또다시 미국군 함정을 폭격할 수 있었다. 이처럼 일본군 항공기가 미국군 함정을 공격하는 동안 일본군 항공모함은 미국군 항공기의 사정거리 밖에서 대기할 수 있었다. 이와 더불어 오자와 제독은 괌과 사이판에서 활동하던 육상 항공기의 지원에도 의지했는데, 일본군 연합 함대 사령부는 전투가 시작되기도 전에 괌에서 출격한 항공기들이 미국군 항공모함의 3분의 1을 격침할 것이라고 장담하기도 했다. 그러나 이러한 상황을 우려해 미처 중장이 지휘하는 항공모함들은 괌의 일본군 비행장을 파괴하기 위한 상륙 작전을 펼치기 전에 사전 폭격을 단행했다. 하지만 그런 사실을 몰랐던 오자와 제독은 사이판에 접근했는데, 그때까지만 하더라도 그는 마리아나 제도에 자신의 함대를 지원할 준비를 마친 항공기가 450대는 있을 것으로 생각했다. 하지만 그가 현장에 도착했을 때 남아 있는 항공기는 50대 미만이었다.[9]

═══════

오자와 제독이 지휘하는 항공모함 부대는 6월 13일에 필리핀 남부 타위타위 기지에서 출발했다. 미국군 잠수함들은 일본군 함대가 그곳에 집결하는 데 주목했다. 오자와 제독의 함정들이 막 항구를 출발하자마자 미국군 잠수함 레드핀함Redfin이 스프루언스 중장에게 일본군의 출발 사실을 보고했다. 오자와 제독의 항공모함들은 북쪽으로 기동해 필리핀 제도를 통과한 뒤 6월 15일에 필리핀해에 들어섰는데, 그곳에서 잠수함 플라잉피시함Flying Fish이 이들을 발견했다. 그리고 1시간 후에 잠수함 시호스함Seahorse이 남쪽에서 우가키 장군이 지휘하는 수상 함대가 접근한다고 보고했다.[10]

　이 같은 정보를 보고받은 스프루언스 중장은 일본 해군이 미국군을 향해 최소 2개의 주요 함대를 파견했음을 파악했다. 그는 일본군이 복잡한 전투 계획을 선호하는 것을 간파하고, 두 함대 중 항공모함 부대로 보이는 부대가 미국군 주력 전투 함대를 끌어내기 위한 미끼일 것으로 짐작했다. 미끼를 물면 남쪽에서 접근하는 수상 함대가 그 뒤쪽으로 빠져나가 미국군 수송 부대를 공격하리라 예측했다. 그런데 이틀 후인 6월 17일에 잠수함 카발라함Cavalla이 서쪽에서 최소 15척의 대형 함정이 접근하고 있다고 보고했다. 15척이라니? 이 보고를 접한 스프루언스 중장은 나머지 일본군 함대는 어디에 있는지 궁금해했다. 이 함정들은 오자와 제독 함대의 일부인가, 아니면 우가키 장군 함대의 일부인가? 나중에 밝혀진 바에 따르면, 당시 두 함대는 합류했으나 스프루언스 중장은 아직 그 사실을 모른 채 다시 상대방이 어느 쪽일지 추측하려 한 것이었다. 그는 부관 찰스 바버Charles Barber에게 만약 자신이 오자와 제독이라면 미국 수상 함대에 보급과 지원에 차질을 불러올 수 있도록 '항공모함 부대를 타격'할 것이라고 말했다. 일본군이 정말로 그렇게 한다면, "아군 부대를 분리해 전함을 뒤로 철수하도록 항공모함을 앞세우고, 일본군 항공모함을 처리하기 위해 쾌속함을 보내겠다"라고 덧붙였다. 스프루언스 중장은 자신의 핵심 업무가 교두보를 지키는 것이라고 믿었고, 화력 지원을 위해 사이판 인근에 오래된 전함을 배치했다. 그는 또 미처 중장이 지휘하는 항공모함과 윌리스 리 장군이 통제하는 고속 전함을 사이판에서 서쪽으로 300여 킬로미터 떨어진 요격 지점으로 보내라고 명령했다. 특히 미처 중장에게는 "사이판과 그 작전에 투입된 우리 부대를 엄호하라"라고 지시했다.[11]

전투력을 이렇게 배치하면 해변에서 강한 압박을 받는 해병대를 항공모함에서 지원할 수 있는 가까운 거리에 둘 수 있다는 장점이 있었다. 반면에 항공모함을 사이판에 묶어둬야 해서 미처 중장이 지휘하는 함대가 불리해졌다. 미국 최초의 해군 조종사 출신인 미처 중장은 항공모함이 공격용 무기라고 믿었고, 다가오는 일본 함대를 공격하는 데 항공모함을 사용하고자 했다. 그는 미드웨이 해전에서 적의 항공모함을 파괴하는 데 참여할 기회를 놓쳤는데, 당시 그의 항공 부대가 잘못된 방향으로 출격해서 벌어진 일이었다. 그런데 이번 전투에서는 스프루언스 중장이 항공모함 전술을 잘못 이해해서 자신의 두 번째 기회까지 잃을까봐 걱정스러웠다. 그는 이 순간이 1920년대부터 미국 해군의 전략 기획자들이 구상해온 결정적 승리를 달성할 기회라고 생각했다. 그런데 정작 실제 상황은 그와 조종사들을 힘들게 했고, 그들의 운명을 결정한 것은 전함 제일주의를 신봉하는 제독의 숨겨진 훈계였다.[12]

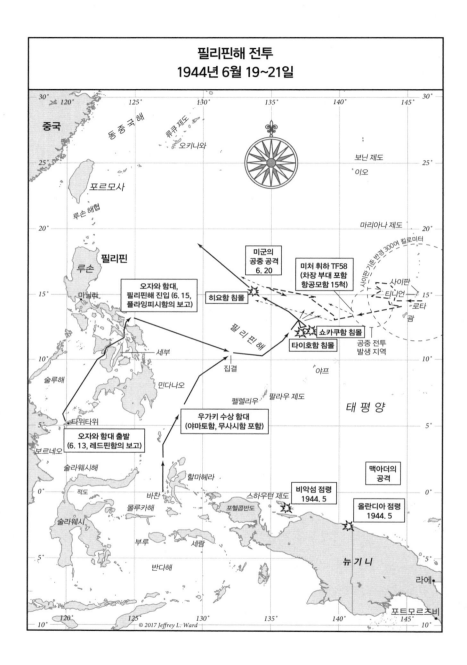

필리핀해 전투
1944년 6월 19~21일

중국

동중국해

류큐 제도

오키나와

보닌 제도

이오

포르모사

루손 해협

마리아나 제도

필리핀

루손

마닐라

미군의
공중 공격
6. 20

미처 휘하 TF58
(차장 부대 포함
항공모함 15척)

사이판 기준 반경 300여 킬로미터

사이판

티니언

로타

오자와 함대,
필리핀해 진입 (6. 15,
플라잉피시함의 보고)

히요함 침몰

세부

쇼카쿠함 침몰

타이호함 침몰

집결

괌

공중 전투
발생 지역

술루해

민다나오

필
리
핀
해

야프

태 평 양

펠렐리우

팔라우 제도

타위타위

우가키 수상 함대
(야마토함, 무사시함 포함)

보르네오

오자와 함대 출발
(6. 13, 레드핀함의 보고)

술라웨시해

적도

할마헤라

스하우턴 제도

비악섬 점령
1944. 5

맥아더의
공격

바찬

몰루카해

술라웨시

포헬콤반도

올란디아 점령
1944. 5

부루

세람

반다해

뉴 기 니

라에

포트모르즈비

© 2017 Jeffrey L. Ward

스프루언스 중장의 결정에는 다른 요인도 작용했다. 그와 윌리스 리 장군은 일본군과 야간 전투를 치르지 않기를 바랐다. 스프루언스 중장은 미처 중장에게 미국군의 레이더가 개선되어 일본군이 야간 전투에서 누리던 이점이 크게 줄어들긴 했지만, 낮에는 항공모함이 오자와 제독의 함대를 추격해 서쪽으로 진격하더라도 야간에는 반드시 동쪽으로 기동하라고 지시했다. 이렇게 해서 야간에 일본군 함대를 지나치지 않도록 주의하라는 것이었다. 이 지시에 미처 중장은 스프루언스 중장에게 재고를 요청하는 메시지를 보냈지만, 돌아온 상관의 답변은 이러했다. "최초의 명령대로 진행하시오."[13]

6월 19일 동트기 직전, 오자와 제독은 정찰기 43대를 보내 미국군을 수색했다. 순찰하던 미국 헬캣 항공기가 그중 다수를 요격했으나, 아침 7시 30분경에 일본군 정찰기가 사이판에서 서쪽으로 250여 킬로미터 떨어진 곳에 있던 미처 중장의 기동 부대를 발견하고 보고했다. 오자와 제독의 항공모함에서 미국군 부대까지의 거리는 600여 킬로미터로, 무장한 항공기들이 왕복하기에는 너무 멀었다. 하지만 오자와 제독은 항공기들이 임무를 마치고 난 뒤에 괌에 상륙할 수 있다고 계산하고 이들을 출격시켰다. 그런데 이 거리는 미처 중장이 보유한 대형 폭격기에게도 너무 먼 거리였기 때문에, 미처 중장은 다시 스프루언스 중장에게 적과 근접하기 위해 서쪽으로 이동해야 하는지 물었다. 그러자 스프루언스 중장은 "귀관이 제안한 변경안은 바람직하지 않다"라고 무미건조하게 답변했다. 그는 미처 중장에게 "다른 쾌속 함정들이 시도하는 작전에서도 적이 생존할 가능성이 있다"는 점을 상기시켰다. 이 메시지가 미처 중장의 기함에 도착하자, 한 참모는 갑판에 모자를 던지고 발로 짓밟는 것으로 응답했다.[14]

6월 19일 아침, 맑고 푸른 하늘에 동이 텄다. 이날의 가시거리는 무제한에 가까웠다. 정찰 선박에 타고 있던 한 미국군 승무원은 "한번쯤 살아보고 싶을 만큼 아름다운 날이었다"라고 회상했다. (같은 날, 1만 2000여 킬로미터 떨어진 영국 해협에서는 오마하 해변과 골드 해변에 설치된 인조 항구가 맹렬한 폭풍에 휩싸였다.) 오전 10시가 되기 직전, 미국군 레이더들이 서쪽에서 많은 '물체'가 접근한다는 것을 확인했다. 미처 제독은 "헤이, 루브Hey, Rube"라는 무선 호출로 괌 상공에 있던 항공기를 소환하고 140대의 전투기에도 출격을 지시했다. 이에 따라 헬캣 전투기들이 서쪽으로 비행해 공격자들을 저지했고, 그사이 폭격기와 어뢰기는 동쪽으로 피신했다. 당시 항공모함 렉싱턴함에 탑승했던 조지프 에거트Joseph R. Eggert 중위는 미국 항공모함 전투기 조종사 전원을 통제했는데, 레이더를 이용해 일본군 전투기가 접근하는 방향을 파악해 전투기 조종사들에게 전달했다. 렉싱턴함에서 출격한 조종사 알렉스 브래시우Alex Vraciu 중위는 그날 아침 에거트 중위의 목소리에서 심상치 않은 흥분이 묻어난다고 생각했다. 그는 접수된 접촉 방향을 앞 유리 너머로 응시했는데, '적어도 50대가 넘는 거대한 항공기 무리'가 자신을 향해 곧바로 접근하는 것을 목격했다. 실제로 일본군 전투기는 69대였다. 오자와 제독은 항공기를 한꺼번에 보내지 않고 1시간 정도 간격을 두고 나누어서 보냈다. 미국군은 통상적으로는 적을 수색하라는 의미에서 "탈리 호Tally ho!"라는 구호를 사용했는데, 이날 브래시우 중위는 동료들에게 무전으로 이 구호를 보내 적을 공격하라는 뜻을 전했다.[15]*

---

* 옛날부터 여우 사냥에 사용하던 "탈리 호!"라는 구호는 미국과 영국 해군의 항공기 조종사들이 적 발견 사실을 알리는 용도로 사용되었다. 그리고 "헤이 루브"는 1942년 초 렉싱턴함 상공에서 전투기 조종사들이 일본 항공기를 추격하기 위해 항공모함에서 너무 멀리 이탈할 때 처음 등장했다. (아마도 오랫동안 서커스단에서 일했던) 렉싱턴함의 무전 담당 승무원이 조종사들에게 핵심 임무로 복귀하도록 상기하기 위해 처음 사용한 듯한데, 원래 이 말은 서커스와 축제에서 동료들에게

1944년 6월 19일, 필리핀해 전투에서 미처 중장이 지휘하는 TF58의 승무원들이 미국군 항공기가 일본군 폭격기를 향해 돌진하는 광경을 지켜보고 있다. (미국 해군연구소)

　　수상 함대에서 공중전을 지켜보던 미국 승무원들은 앞줄 좌석에서 기상천외한 광경을 감상했다. 일반적으로 비행운▓은 9000여 미터 아래에서는 잘 안보이지만, 6월 19일에는 대기 상태가 너무나 맑아서 항공기들이 뚜렷이 보였다. 맑고 푸른 하늘을 배경으로 일본군 항공기에서 하얗고 긴 줄무늬들이 뻗어나왔으며, 그들을 향해 접근하는 미국군 항공기 뒤로 더 많은 줄무늬가 생겼다. 그 줄무늬들은 미국군 기동 함대에서 80여 킬로미터 떨어진 곳에서 모여들어 고리와 원의 광란으로 뒤섞였다. 이 광경을 목격한 한 미국 승무원은 이 비행운이 "푸른 하늘을 가로지르는 흰색

　　호응을 요청할 때 쓰이던 것이다. 그뒤로 "헤이, 루브"는 항공모함에서 조종사를 호출·소환할 때 보편적 코드로 사용되었다.

아치를 형성했다"라고 회상했다.[16]

미국군은 일본군보다 2배 많은 항공기를 보유했고, 경험 많고 실력도 좋은 조종사도 훨씬 많았다. 이런 강점은 곧 일본군의 폭격기와 어뢰기가 바다에 격추되기 시작하면서 입증되었다. 한 미국군 조종사가 "하늘이 짙은 연기와 항공기로 가득 찬 것 같았다"라고 회상할 정도였다. 아직 작동 중인 일본군 전투기도 끊임없이 압박을 받았다. 미국군 헬캣 전투기들이 일본군 전투기를 추격했고, 바다에서 활동 중인 미국 군함의 대공 함포가 도망치는 일본군 항공기를 기다리고 있었다. 이 시점부터 헬캣 전투기는 일본군 항공기를 해군 함정에 넘겼다. 구축함 트와이닝함Twining에서 복무한 한 함포 장교는 "하늘이 일본군 항공기로 가득 찼다"라고 회상했다. 그가 탑승한 함정뿐만 아니라 차장 작전을 실시한 모든 미국군 함정이 다양한 구경의 화기로 신속하게 사격을 개시했고, 일본군 폭격기가 공격할 것에 대비해 '강철로 된 견고한 장막'을 세웠다. 첫 번째 공세에 투입된 일본군 항공기 69대 가운데 전함 사우스다코타함에 폭탄을 투하할 정도로 미국군 함정에 가까이 접근한 것은 단 한 대였고, 항공모함에 접근한 항공기는 아예 없었다.[17]

전황이 이렇게 전개될 수 있도록 기여한 공로는 대체로 미국 조종사들의 훌륭한 작전 수행에 돌아갔다. 에식스함에서 공군을 지휘한 데이비드 매캠벨David McCampbell 중령은 직접 적 항공기 5대를 격추했고, 브래시우 중위는 6대를 격추했다. 브래시우 중위가 공중전 현장을 가로질러 다시 날아오를 때 "여전히 연기가 공중에 머물러 있었다." 그는 "50여 킬로미터에 걸친, 물속에서 타는 기름 조각들"을 보았다고 회상했다.[18]

일본군은 그날 아침 늦은 시각에 다시 더 대규모의 공격을 감행했고, 오후에도 두 차례나 공격을 시도했다. 하지만 소수의 항공기만 미국군 헬캣 전투기 편대와 대공 포병의 사격망을 통과했다. 그중 1대가 항공모함 벙커힐함Bunker Hill 근처에 폭탄을 투하했지만, 심각한 피해를 입히지 못해 이 항공모함은 계속해서 비행 작전을 수행했다. 긴 하루가 끝날 무렵, 일본군은 다수의 조종사 및 승무원과 358대의 항공기를 잃었다. 미국군이 괌 상공에서 격추한 항공기까지 계산하면 이날 일본군이 입은 항공기 손실은 400대가 넘었다. 반면 미국군의 손실은 33대에 불과했다. 더욱 놀라운 것은, 이처럼 일본군이 막대한 피해를 입는 와중에 미국군 함정은 어느 것도 심각한 피해를 입지 않았다는 점이다. 이 전투의 경과는 너무도 일방적이어서, 입대 전에 사냥에 열성적이었던 지기 네프Ziggy Neff 중위는 자신의 편대장 폴 부이Paul Buie에게 "마치 칠면조를 사냥하는 것 같았다"라고 말했다. 부이 편대장은 그날 보고서를 작성할 때 '칠면조 사냥'이라는 표현을 사용했는데, 그뒤로 이 명칭이 계속 쓰였다. 이 전투를 치른 조종사들에게 필리핀 해전은 훗날 '마리아나 칠면조 사냥'으로 통용되었다.[19]

───────

미처 중장은 미국군 조종사들의 기량에 만족했지만, 일본군 항공모함을 추격할 기회를 놓친 것에 못내 실망했다. 그런데 당시에 미처 중장은 상황을 정확하게 몰랐지만, 일본군 항공모함 부대는 큰 타격을 입은 상태였다. 공습이 시작되기도 전인 그날 아침 8시 10분, 미국 잠수함 앨버코어함Albacore의 지휘관 블랜처드J. W. Blanchard 중령은 일본군의 신형 항공모함 타이호함에 어뢰 1발을 명중시켰다.* 그렇지만 장갑 상태가 좋았던 타

---

* 고마쓰 사키오(Sakio Komatsu) 준위의 조치가 아니었다면 타이호함은 두 번째 타격을 입었을지도 모른다. 타이호함에서 출격한 직후 직접 타이호함으로 향하는 어뢰의 여파를 목격한 그는 조종하던 항공기의 방향을 돌려 어뢰와 충돌해 사전에 폭발시켰다.

이호함은 이 공격에도 무사했던 듯 속도를 약간 줄이긴 했지만 계속해서 항공기를 이륙시켰다. 그러나 실은 이 항공모함의 내부 깊숙한 곳에 있는 항공 연료 탱크가 파열되었고, 거기서 흘러나온 휘발유 증기가 갑판에 스며들기 시작했다. 그러는 동안 잠수함 카발라함을 지휘하던 허먼 코슬러 Herman Kossler 중령은 진주만 공격에 참여했던 항공모함 쇼카쿠함을 발견하고서 약 1킬로미터까지 접근해 어뢰 6발을 발사했다. 그중에 3발이 명중해 이 항공모함의 격납고 갑판에서 연료를 공급받던 어뢰기에서 여러 차례 2차 폭발이 발생했다. 그리하여 그다음날 새벽 1시 30분경 불길이 걷잡을 수 없을 정도로 거세지자, 쇼카쿠함 함장은 결국 배를 포기하라고 명령했다. 결국 쇼카쿠함은 뱃머리가 먼저 기울더니 선미가 거의 수직으로 올라갔다가 점차 바다 밑으로 가라앉았고, 1200여 명의 승무원과 함께 침몰했다. 그리고 30분 후, 타이호함도 앞선 타격으로 발생한 휘발유 분출로 거대한 폭발이 일어나더니 침몰했다. 타이호함을 기함으로 삼았던 오자와 제독은 중순양함 하구로함으로 옮겨 탔다. 이처럼 오자와 제독은 미국군의 공중 공격을 받지 않았는데도 가장 크고 강력한 항공모함 2척을 잃고 말았다.[20]

그러나 미처 중장은 사령부에서 여전히 자신을 사이판에 머물도록 족쇄를 채운 조치에 좌절했다. 마침내 6월 20일에 일본군이 완전히 후퇴하자 스프루언스 중장은 제한을 풀어 미처 중장에게 일본군을 추격하도록 허용했다. 그런데 미처 중장이 행동의 자유를 얻은 때는 예상보다 훨씬 늦어졌다. 동쪽에서 바람이 불어오자 그는 적에게서 멀어지기 위해 동쪽으로 기동했다. 6월 19일에 지속된 공중전 내내 출격한 항공기들을 회수하기 위해서였다. 그러다 보니 적을 추격하기 위해 방향을 바꾸었을 때 그의 함대는 출발지에서 동쪽으로 150여 킬로미터 떨어져 있었다. 원래 위치로 복귀하는 데에만 4시간이 걸렸는데, 그러던 중에 정찰기로부터 적을 확실히 발견했다는 보고를 받은 시각은 늦은 오후였다. 그 보고에 따르면 적 항공모함 부대가 450여 킬로미터 떨어진 곳에 있는데, 이 거리는 미국군 폭격기의 공격 범위에서 약간 벗어난 곳이었다. 정말 그런가? 미처 중장은 자신의 항공기들이 일본 항공모함을 공격하러 가는 동안 자신이 지휘하는 항공모함이 전속력으로 서쪽으로 기동하면 이들의 귀환 거리가 단축될 테니 대부분의 항공기가 안전하게 복귀할 수 있을 것으로 계산했다. 훗날 자신의 지휘 보고서에 쓴 대로, 미처 중장은 이번이 일본 공격 부대를 파괴할 마지막 '단 한 번'의 기회라고 생각했다. 그는 항공기를 이륙시키기로 결정하기까지 10분 정도 망설였다. 항공모함 갑판에서 대기하던 항공기들이 공중으로 이륙한 뒤에 정찰기 조종사가 보내온 수정된 보고서에 따르면, 일본군 항공모함들이 처음 보고받았을 때보다 100킬로미터 더 멀리 떨어져 있었다. 하지만 미처 중장은 이미 출격한 항공기들을 소환하지 않고, 다만 이륙하기 위해 갑판에서 준비를 마친 다른 항공기들은 출격시키지 말라고 조치했다.[21]

이미 출격한 미국군 항공기 216대는 해가 질 무렵 일본군 함대를 따라잡았다. 희미해지는 노을 속에서 이들은 일본군 함대 대공 포격의 깜빡이는 불빛을 따라 접근한 뒤, 오자와 제독이 남긴 일부 전투기를 쉽게 제압했다. 그리고 본격적으로 일본 함대를 공격하기 시작했다. 가장 먼저 소형 항공모함 히요함飛鷹이 침몰하고 주이카쿠함과 다른 여러 척의 함정이 파괴되었다. 살아남은 일본군 항공모함들은 겨우 손에 꼽을 만큼의 항공기와 함께 계속 후퇴했다.

그런데 항공모함으로 복귀해야 하는 미국군 항공기들은 심각한 문제에 봉착했다. 조종사들은 연료를 절약하기에 가장 좋은 2000여 미터 고

1944년 6월 20일, 항공모함 렉싱턴함 함교에서 미처 중장이 일본군 항공모함을 공격하기 위해 출격한 조종사들이 돌아오기를 초조하게 기다리고 있다. (미국 국립문서보관소 no. 80-G-236867)

도로 비행했으나, 점차 연료 측정기 바늘이 낮게 가라앉는 것을 지켜보았다. 항공기들은 복귀하는 도중에 연료 부족으로 엔진이 이런저런 소리를 내며 흔들리더니 마침내 멈추어 서고 말았다. 조종사들은 자신의 상황을 알리기 위해 단거리 무전기를 사용했고, 절차에 따라 자신의 호출 부호와 위치를 보고한 뒤 차례로 바다에 내려앉았다. 아직 연료가 남은 일부 항공기들은 계속 동쪽으로 비행했다.[22]

미처 중장은 렉싱턴함 함교에서 줄담배를 피우며 기다리다가 날이 어두워지자 이따금 턱을 비비기도 했다. 그는 사실 자신이 출격 명령을 내렸을 때 이미 조종사들이 복귀하기 어려울 수 있다고 생각했다. 가까스로 가까이 오는 조종사들이 있다 하더라도 이들은 어두운 바다에서 자신들의 항공모함을 수색할 만큼 충분히 연료를 가지고 있지 않았다. 항공모함은 통상 밤에 불을 끈 채로 기동했기 때문이다. 이러한 상황을 잘 알고 있던 미처 중장은 가장 먼저 복귀하는 항공기들이 레이더에서 식별되자 TBS 메시지를 통해 "이글 헤드, 여기는 블루 재킷. 불을 켜라"라는 메시지를 내보냈다. 그러자 항공모함과 정찰 순양함이 활주등뿐만 아니라 지름이 70센티미터가 넘는 거대한 스포트라이트를 밤하늘에 쏘아올려 돌아오는 조종사들에게 신호로 쓰이도록 조치했다. 만약 근처에 일본군 잠수함이 있었다면, 이는 그들에게 '우리 여기 있다'라고 알리는 행동이었다.[23]

미처 중장이 라이트를 켜기로 한 결정은 어쩔 수 없는 것이었고 전례가 없지도 않았다. 스프루언스 중장도 미드웨이 전투의 마지막 순간에 복귀하는 항공기를 회수하기 위해 불을 켜도록 조치한 바 있다. 하지만 미처 중장의 결정은 당시는 물론이고 훗날에도 여러 조종사에게 찬사를 받았고, 그뒤 수년간 반향을 불러왔다. 그는 또한 조종사들에게 자신이 출격했던 항공모함을 찾으려 애쓰지 말고 가장 가까운 플랫탑에 착륙하라고 지시했다. 착륙한 일부 항공기는 연료가 거의 없는 상태여서 앞쪽으로 이동할 수 없었기에, 다른 항공기가 착륙할 수 있도록 갑판을 정리하기 위해 많은 인원이 손으로 밀어서 옮겨야 했다. 그러나 많은 항공기가 플랫탑에 착륙하지 못하고 항공모함 인근 바다에 빠졌다. 이처럼 바다에 빠진 조종사들, 그리고 훨씬 더 먼 곳에서 항공기를 버려야 했던 조종사들과 승무원들은 작은 구명보트에 의지해 구조를 기다렸다. 일부는 바다에 착륙한 후 몇몇이 모여서 함께 기다리기도 했다. 미국군 구축함은 그다음날 연료 부족으로 바다에 떨어진 조종사와 승무원을 찾아다녔고, 아침에만 177명 중 143명을 구출했다.[24]

필리핀해 전투(혹은 '마리아나 칠면조 사냥')는 미국군이 압도적으로 승리한 전투였다. 이 전투는 1930년대에 해군 전쟁 대학의 워게임에서 미국군 작전 기획자들이 상상했던 바와 유사하게 진행되지는 않았으나 전투 결과는 압도적이었다. 일본군은 최신 항공모함과 가장 큰 항공모함을 비롯해 항공모함 3척, 항공기 400여 대를 잃었다. 반면에 미국군은 함정 손실은 전혀 없었고, 100여 대의 항공기 손실이 있었으나 대부분 공격 후 장거리 귀환 비행을 하다가 발생한 손실이었다. 이 과정에서 가장 중요한 것은, 일본군은 조종사 수백 명을 잃었으나, 미국군의 조종사 손실은 20명에 불과했다는 점이다. 항공기와 숙달된 조종사가 없는 일본 항공모함은 이제 미국의 제해 능력에 위협이 될 수 없었다. 일본군은 필리핀해 전투의 결과가 얼마나 처참했는지 잘 알았다. 우가키 장군은 일기에 이렇게 썼다. "우리가 그토록 기대했던 결전의 결과는 지극히 비참했다."[25]

하지만 미처 중장은 여전히 만족하지 못했다. 그는 아직 파괴되지 않은 일본군 항공모함이 탈출한 것에 좌절했고, 특히 6월 19일에 자신이 공격을 이어가도록 하는 것을 제지한 스프루언스 중장의 결정에 화가 났다. 특히 일본군의 2차 공격 계획이 없었다는 점이 명백해지자 격분했다. 평소 스프루언스를 존중했던 니미츠 제독조차 그 결정을 애석해했다. 6월 작전 요약 보고서에서 니미츠 제독은 "논쟁의 여지가 있긴 하지만" 만약 스프루언스 중장이 미처 중장의 부대가 적을 향해 돌진하도록 승인했다면 "결정적인 함대 공격이 가능했을 것이고, 그랬다면 일본 함대가 완파되어 전쟁 종결이 앞당겨졌을 것"이라는 의견을 제시했다. 이러한 견해는 이후 벌어지는 일들에 긴 그림자를 드리우게 된다.[26]

———

사이판섬 해안에서 벌어진 전투 역시 치열하게 전개되었다. 미국 제2 해병 사단과 제4 해병 사단은 6월 15일에 상륙을 개시했고, 육군 제27사단도 이들과 합류했다. 미국군은 일본군의 끝없는 저항에 맞서 계속 내륙으로 밀고 들어갔다. 태평양의 다른 섬들에서와 마찬가지로 일본군은 항복이 아닌 자살을 선택했다. 7월 6일에는 사이판 일본군의 사령관 나구모 제독이 자결했는데, 그는 미드웨이 해전뿐만 아니라 진주만 공격에서도 기동 함대를 이끌었던 인물이다. 4일 후에는 사이토 요시쓰구齋藤義次 육군 중장이 의식을 거행하는 도중에 할복 자결을 시도했고, 그의 부관이 머리에 총을 쏘아 마무리했다. 스스로 본보기가 되려 했든, 혹은 상부의 강압에 의해서였든 간에 이와 비슷한 광신이 민간인에게까지 확산되었다. 일본군 지휘관들은 자국 민간인 거주자들에게 그들이 미국군에게 잡히면 고문해서 죽일 것이라고 겁을 줬다. 그러자 전투가 진행되는 동안 동굴에 숨어 있던 일본 민간인들은 미국군의 권고대로 밖으로 나오지 않고 수류탄 자폭을 선택했다. 미국인이 목격한 가장 비극적인 현장은 사이판 최북단 마르피 포인트에 있는 200여 미터 높이의 절벽에서 수백 명이 공포에 질려 집단 자살하는 모습이었다. 미국군이 접근하자 바다를 등지고 있던 일본인 가족들은 절벽에서 다 함께 뛰어내리거나 수류탄으로 자폭하기도 했다. 아버지가 아이들을 난간 밖으로 집어 던지고 아내가 뛰어내리는 것을 지켜보다가 자신도 절벽 너머로 따라갔다. 이처럼 충격적인 현상은 일본 정부가 전쟁 기간 내내 열렬한 민족주의를 지탱한 강력한 선전 활동의 논리적 결과로 이해할 수 있다.[27]

이번 전투 이후 일본 정부 내부에서 정적에게 공격을 받은 도조 히데키는 사이판 전역 패배의 책임을 지고 사임했다. 그리고 7월 18일에 장군 출신 고이소 구니아키小磯國昭가 총리에 임명되었다. 해군 장관 시마다 제독도 해임되고 1940년 삼국 협정에 반대했던 요나이 미쓰마사米內光政 전 총리가 임명되었다. 적어도 새로 들어선 내각은 공식적으로는 전쟁 준비에 박차를 가하겠지만, 비공식적으로는 전쟁을 끝낼 방안을 찾기 위해 노력할 예정이었다. 일본이 영국·미국과 협상을 통해 전쟁을 끝내는 것이 가능하다는 환상을 여전히 버리지 못한 고이소 총리는 스웨덴이나 스위스 같은 중립국에 평화 사절단을 보내는 방안을 신중하게 추진했다. 다만 그는 일본이 더 나은 조건에서 협상할 수 있도록 전투에서 승리할 때까지 기다리는 편이 좋겠다고 판단했다.[28]

1944년 6월은 2차대전 전체에서 가장 결정적인 한 달로 기록된다. 필리핀해뿐만 아니라 노르망디 해안에서도 연합국은 방어 장벽을 뚫고 들어갔고 추축국은 결코 회복하지 못했다. 연합국이 이처럼 두 전선에서 중요한 공세를 동시에 수행할 수 있었던 기반은 해군력과 해상 수송의 압도적 우위였다. 2년 전 북아프리카와 과달카날에서 연합국은 추축국의 외곽 경계를 허물었고, 1944년 6월에 이르러서는 추축국의 현관문까지 박차고 들어갔다.

═══════

미국 항공모함 조종사들이 필리핀해에서 일본 해군의 항공 전력을 전멸시킨 지 37일이 지난 7월 26일, 중순양함 볼티모어함Baltimore은 와이키키 해변에서 다이아몬드헤드를 거쳐 호놀룰루 해안을 지나 조용히 진주만 입구로 이동했다. 이 함정에 루스벨트 대통령이 탑승했다는 사실은 극비였으나, 어찌된 영문인지 이 소식이 조용히 퍼져나갔다. 대통령을 환영하기 위해 병사들이 줄지어 길게 늘어선 동안 거대한 해군 기지에 정박한 군함들도 커다란 깃발로 장식을 마쳤다. 미국 국가 원수가 이 항해에 동행한 것은 미국이 동태평양을 완전히 장악했음을 의미했다.

루스벨트가 8000여 킬로미터에 달하는 항해에 나선 것은 몇 가지 중요한 사안 때문이었다. 가장 중요한 일은 태평양 전역에서 전개될 공세의 다음 단계를 결정하기 위해 두 태평양 사령관, 즉 더글러스 맥아더 장군과 체스터 니미츠 제독을 만나는 것이었다. 게다가 루스벨트는 백악관에서 벗어나기를 즐겼고, 특히 해군 군함에 탑승해 항해하기를 고대했다. 대통령 첫 임기였던 1935년에 그는 순양함 휴스턴함에 탑승해 이와 유사한 여행을 했고, 1944년에는 순다 해협의 맨 아래쪽에서 휴가를 보내기도 했다. 이 여행을 결정한 또다른 이유는 성공적으로 작전을 수행 중인 태평양 사령관들과 함께하는 모습을 정치적으로 이용하기 위해서였다. 이번 항해 도중에 민주당은 그를 네 번째 대통령 선거의 후보자로 지명했고, 진주만에 정박한 군함에 탑승한 니미츠 제독과 맥아더 장군을 만나 대화하는 사진이 자신의 선거에 도움이 되리라는 것을 루스벨트는 잘 알았다. 하지만 맥아더 장군은 이 모든 과정이 불쾌했다. 그는 처음에는 아예 대통령을 만나지 않으려 했으며, 이번 만남이 그저 '사진 촬영용 유람'이라고 불평했으나, 이번 회의에 반드시 참석하라는 지시가 내려왔다.[29]

루스벨트와 두 사령관이 만난 회의의 핵심은 태평양에서 채택할 전략이었다. 일본 제국의 내부 방어선을 뚫었으니 이제 미국은 일본을 남태평양의 필수 자원에서 차단할 수 있었다. 이와 같은 전략은 타이완(이전에 포르모사로 불린 곳)이나 필리핀을 점령하면 달성될 수 있었다. 미국 해군 참모 총장 어니스트 킹 제독은 타이완을 강력히 선호했다. 타이완은 물론 큰 섬이지만, 필리핀 제도를 구성하는 7000여 개 섬과 달리 하나의 섬이었다. 게다가 미국이 타이완을 점령할 경우, 대륙에서 일본과 싸우고 있는 동맹국 중국에 보다 손쉽게 각종 물자를 지원할 수 있을 터였다. 이에 니미츠 제독은 라바울과 트루크에서 그랬던 것처럼 해군의 입장을 충분히 고려해 필리핀을 우회해서 타이완으로 나아갈 수 있다고 주장했다.

하지만 맥아더 장군은 해군의 주장이 현명하지 못할뿐더러 도덕적으

1944년 7월 26일, 진주만에 정박한 미국 해군 순양함 볼티모어함 갑판에서 태평양 전역을 지휘하는 두 사령관 맥아더 장군(왼쪽)과 니미츠 제독(오른쪽) 사이에 루스벨트 대통령이 미소 지으며 앉아 있다. (미국 해군 역사유산사령부)

로도 문제가 될 수 있다고 반박했다. 그는 필리핀의 해방은 '국가의 막중한 의무'라고 주장했다. 미국은 다시 필리핀으로 돌아오겠다는 유명한 공약을 1942년에 발표한 적이 있는데, 지금 그 공약을 이행하지 않는다면 아시아인들이 다시는 미국이 하는 말을 믿지 않을 것이라고 주장했다. 또 필리핀에 미국군 포로 3700여 명이 있다는 점을 상기시키면서, 그들을 구출하지 않는다면 그들이 어떻게 될지 은근슬쩍 강조했다. 루스벨트는 맥아더 장군의 주장이 설득력 있다고 생각했다. 특히 '해방'이 정치적으로 좋은 수단이라는 것을 그는 잘 알았다. 하지만 최종 결정은 합동 참모들에게 위임했다. 나중에 합동 참모들도 필리핀 공격을 선택했고, 1944년 12월

20일을 디데이로 제시한 필리핀 작전 계획 초안을 작성했다.[30]

그런데 이를 수행하는 데에는 복잡 미묘한 점이 있었다. 필리핀 공격 작전 계획을 수행하려면 해군을 지휘하는 니미츠 제독과 지상군을 통제하는 맥아더 장군 사이의 협력과 노력이 반드시 수반되어야 한다는 것이었다. 이 때문에 현실적으로 지휘 체계에 크고 작은 문제가 발생했다. 맥아더 장군은 필리핀 작전 계획의 전반적인 권한을 가지고 있었는데, 여기에는 토머스 킨케이드 중장의 제7함대에 대한 통제도 포함되었다. 그러나 제3함대의 역할은 명확하게 적시되지 않았다.

제3함대는 제5함대가 명칭만 변경한 부대였다. 마리아나 제도를 점령한 직후, 스프루언스 중장과 참모들은 진주만으로 복귀해 새로운 계획을 수립하기 시작했고, 그사이 핼시 제독과 참모들은 필리핀 작전을 수행하기 위한 태평양 함대를 인수했다. 이러한 절차가 마무리되자 스프루언스 중장이 지휘하는 제5함대가 핼시 제독이 지휘하는 제3함대로 개편되었다. 핼시 제독은 이 같은 개편을 무대마차에 비유하곤 했다. 역마차는 보통 마부는 바뀌지 않고 말을 바꾸는데, 때때로 마부가 목적지를 변경하는 사이에 말은 기존 경로에 그대로 남아 있기도 한다는 것이었다. 최고위급 인사 모두가 순환 배치된 것은 아니었다. TF58이 TF38로 개편되었지만 피트 미처 중장은 여전히 고속 항공모함 기동대 지휘를 맡았다.[31]

제7함대는 이 같은 지휘권 교체의 대상이 아니었다. 당시 킨케이드 중장이 지휘하던 사령부는 '맥아더의 해군'으로 불렸는데, 여기에는 미국과 오스트레일리아의 해군 함정이 소속되었고 당연히 미국 해군 함정 수가 가장 많았다. 시간을 거슬러 1943년 3월로 돌아가면, 맥아더 장군이 당시 제7함대 사령관 아서 카펜더Arthur S. Carpender 소장에 대한 불만을 드러냈기에 해군 참모 총장 킹 제독이 그의 후임으로 킨케이드 중장을 임명했다. 그런데 이러한 지휘관 교체로 약간의 소동이 생겼다. 누가 미국-오스트레일리아 연합 해군을 지휘할지 결정하는 과정에서 오스트레일리아 정부가 발언권을 갖기로 한 합의 때문이었다. 킹 제독은 이례적으로 오스트레일리아의 존 커틴John Curtin 총리에게 킨케이드 중장의 임명은 단지 지명일 뿐이라고 말하며 뒤로 물러섰고, 총리의 승인을 요청했다. 자신의 주장을 밝힌 커틴 총리는 곧이어 킨케이드 중장의 임명을 승인했다. 이 사건을 계기로 제7함대 사령관 킨케이드 중장은 자신이 불안정한 정치적 처지에 놓였음을 실감했다. 그는 워싱턴에서는 킹 제독에게서, 브리즈번에서는 맥아더 장군에게서, 캔버라에서는 커틴 총리에게서 지휘를 받아야 했지만, 정작 핼시 제독과 니미츠 제독을 포함한 미국 해군 지휘 계통에서는 벗어나 있었던 것이다.[32]

킨케이드 중장이 지휘하는 제7함대는 대부분 상륙함과 수송선으로 구성되었는데, 필리핀 전역을 준비하는 과정에서는 제3함대(과거 제5함대)에서 빌린 것도 많았다. 또한 킨케이드 중장은 제시 올덴도르프Jesse Oldendorf 소장이 지휘하는 6척의 오래된 전함(그중 5척은 진주만 전투에서 살아남은 함정이었다)을 보유했는데,* 이들의 느린 속도를 고려해 상륙 작전 과정에서 이 전함들에 부여된 임무는 해상 사격 지원이었다. 이와 더불어 제7함대는 대형 항공모함은 보유하지 않았지만 상륙 해변에 대한 항공 지원을 제공할 수 있는 소형 '지프Jeep' 항공모함 18척을 보유했다. 사각형 비행갑판과 함정 한가운데에 자리잡은 사령탑이 특징적인 이 항공모함들은 8000톤에서 1만 톤으로 규모가 작았고, 속도는 18노트로 느렸으며, 장갑은 전혀

---

* 엄밀히 말하면 올덴도르프 장군이 중순양함 루이빌함에서 수상 전함에 대한 전체 지휘권을 가지고 있었음에도 전함 6척은 조지 웨일러(George L. Weyler) 소장이 지휘했다.

갖추지 못했다. 이에 대해 어떤 승무원은 그저 '바닷물을 막기 위해' 강철만 충분히 사용했다고 평가하기도 했다. 이 항공모함들의 무장은 후면에 장착된 5인치 함포 1문 정도였는데, 이 역시 나중에 추가되었다. 이들이 탑재해서 운반하는 항공기는 대부분 어벤저 폭격기와 FM-2 와일드캣 전투기를 개조한 F4F의 최신 항공기 20~30대였다. 이렇듯 이 소형 항공모함은 해상 전투용으로 설계된 것이 아니라 호송대를 보호하거나 상륙 해변을 엄호할 목적으로 건조되었다.[33]

한 가지 문제는 킨케이드 중장과 핼시 제독에게 영향을 미치는 지휘 계선이 명확하게 정리되지 않은 것이었다. 구체적으로, 킨케이드 중장은 맥아더 장군을 거쳐 육군 참모 총장 마셜 장군과 전쟁부 장관을 통해 대통령에게 보고했으나, 핼시 제독은 니미츠 제독을 거쳐 해군 참모 총장 킹제독과 해군 장관을 통해 대통령에게 보고했다. 물론 두 함대가 협력할 것으로 예상되었지만, 이들을 지휘하는 공동 지휘관은 멀리 워싱턴에 있었다. 게다가 맥아더 장군은 니미츠 제독이 자신의 권한을 침범하지 못하게 하려고 킨케이드 중장이 니미츠 제독과 직접 통신하는 것을 금지했고, 핼시 제독과 킨케이드 중장이 지휘하는 함대 간의 통신은 애드미럴티 제도의 마누스 통신 센터를 통하도록 규정했다. 그 결과 한 함대에서 다른 함대로 메시지가 전달되는 데 약 2시간이 걸렸다. 하지만 맥아더 장군과 그의 참모들이 단일하게 통합된 사령부에서 작전을 수행하는 과정에는 상당히 도움이 되었다.[34]

또다른 요인은 필리핀해 해전에서 스프루언스 중장이 미처 중장의 항공모함에 해안가에 남으라고 명령한 것은 잘못된 판단이었다는 핼시 제독의 확신이었다. 핼시 제독과 스프루언스 중장은 친한 사이였지만, 핼시 제독은 스프루언스 중장이 역사적 기회를 망쳤다고 생각했다. 그는 다시는 이런 일이 일어나지 않게 하려고 니미츠 제독에게 필리핀 전역에 대한 명령을 수정해서 적 함대 파괴를 핵심 목표로 삼게 해달라고 요청했다. 이를 규정한 문서의 핵심 문장은 다음과 같다. "적 함대의 주요 전력을 파괴할 기회가 생겼거나 그런 기회를 만들었을 경우, 적 함대 격파가 핵심 과업이다." 필리핀해 전투에서 놓쳐버린 기회와 지난 20년 이상 미국 해군의 작전 계획과 워게임의 유산인 결전 추구는 핼시 제독이 차후에 작전에 임하면서 염두에 둔 태도와 명령에 고스란히 반영되었다.[35]

<hr>

일본군 역시 작전 계획을 수립했다. 일본 해군은 필리핀해 전투에서 해군 항공력이 완전히 파괴될 뻔했으나 여전히 거대한 전함 야마토함과 무사시함, 6척의 또다른 전함들, 15척의 중순양함, 언제나 위력적인 롱 랜스 어뢰로 무장한 구축함 등 강력한 수상 해군을 보유했다.

하지만 두 가지 중요한 문제 탓에 일본 해군 수상 함대는 능력을 발휘하는 데 한계가 있었다. 첫째, 공군력의 엄호가 부족했다. 태평양 전쟁이 발발한 첫 달에 프린스오브웨일스함이 파괴된 이후 매우 강력한 전함조차도 공중 엄호가 없다면 잘 조율된 공중 공격으로부터 버터낼 수 없다는 점이 명백하게 확인되었다. 하지만 1944년 가을에 일본군은 해군 함정에 공중 엄호를 제공할 공군력을 보유하지 못했다. 1944년 상반기에 미국군의 공습으로 육상 기지에서 출격할 항공기가 상당 부분 파괴되었고, 필리핀해 전투로 해군 항공기 역시 거의 전멸한 상태였다. 진주만을 공격했던 항공모함 6척 중 오로지 주이카쿠함만이 작전을 수행하고 있었다. 일본군은 1944년 4월에 타이호함을 완성해 진수하는 등 항공모함 전력을 보충하기 위해 부단히 노력했으나, 이 신형 항공모함은 두 달 후인 6월에 격침되었다. 이와 비슷한 노력이 세 번째 초대형 전함 시나노함信濃의 개조였다. 일본군은 미드웨이 해전 이후 이 전함을 항공모함으로 개조하는 작업에 착수했다. 1944년 내내 일본의 조선소 노동자들은 필리핀 전역 기일에 맞춰 이 항공모함을 완성하기 위해 죽기 살기로 작업을 진행했다. 하지만 그들이 기한 안에 이 항공모함 개조에 성공했다 하더라도 이 항공모함을 효과적인 전쟁 도구로 전환하는 데 필요한 항공기와 숙달된 조종사가 부족했다. 항공기 생산이 늘긴 했지만 손실된 수에는 미치지 못했다.[36]

일본군에는 또다른 문제가 있었는데, 바로 연료 부족이었다. 이탈리아군처럼 일본군 역시 함정을 바다에 띄우고 항공기를 공중에 띄우는 데 필요한 연료 부족에 시달렸다. 일본군에 숙달되고 잘 훈련된 조종사가 부족했던 것은 물론 온갖 전투로 심각한 인명 손실을 입었기 때문이지만, 훈련 중인 조종사들이 숙달되는 데 필요한 훈련을 실시할 항공 연료가 부족했던 것도 한 원인이었다. 1944년 말이 되면 일본군이 연료를 구할 수 있는 유일한 장소는 1942년에 점령한 수마트라 유전 인근이었다. 이곳을 지키기 위해 경험 풍부한 지휘관인 구리타 다케오 제독이 지휘하는 수상 함대의 주력이 팔렘방 인근 수마트라 북쪽 해안의 링가로즈에 정박하고 있었다. 이 부대는 필리핀을 해방시키기 위해 공격하려는 미국군에 맞서는 일본군 작전 계획의 핵심이었다.[37]

이 계획은 '쇼고捷號(승리) 작전Operation Sho-Go'으로 명명되었는데, 스프루언스 중장이 마리아나 제도에서 전투를 수행하는 동안 일본군이 시도할 것으로 예상했던 작전과 거의 일치했다. 구체적으로 말하면, 일부 일본군 부대가 북쪽에서 접근해 상륙 해변에서 미국의 주요 전투 함대를 유인하면, 그사이에 구리타 제독의 수상 함대가 미국의 공격 함대를 섬멸하기 위해 후방에서 접근하는 계획이었다. 오자와 제독이 지휘하는 항공모함 부대가 북쪽의 미끼 부대 역할을 맡을 예정이었는데 사실 이 부대는 잔여 부대였다. 3년 전에 진주만을 강습했던, 한때 무척 강력했던 기동 함대의 창백한 그림자인 오자와 제독의 부대는 항공모함 주이카쿠함, 3척의 소형 항공모함(주이호함, 치토세함, 치요다함千代田), 그리고 흥미롭게도 전함 뒷면에 소형 비행갑판을 붙이는 방식으로 개조된 '자웅동체 항공모함' 2척으로 구성되었다. 이 개조된 전함에서는 항공기의 이륙은 가능하지만 착륙은 불가능했다. 돌이켜보면, 이 같은 함정의 존재에서 항공모함이 전함을 대체해 해상전의 핵심 무기로 등장했음을 짐작할 수 있다. 미국인들이 '북부군'이라고 분류한 이 일본군 부대는 6척의 항공모함을 보유했으나 작전 가능한 항공기는 100여 대에 불과했다. '자웅동체 항공모함' 2척은 항공기를 전혀 보유하지 못했다. 오자와 제독은 미처 중장이 지휘하는 TF38, 혹은 다른 어느 부대와 대결하더라도 절대적 전투력 열세를 면치 못하고 전멸할 가능성이 높았다. 그러나 그의 임무는 미국군과 맞서 싸우는 것이 아니라 미국군의 주의를 끌어 북쪽으로 유인하는 것이었다. 그리고 그는 자신이 부여받은 임무를 단호하게 수행한다.[38]

오자와 제독이 유인 작전에 성공하면 미국군에 대한 결정적 공격은 구리타 제독이 링가로즈에서 지휘하는 수상 함대가 담당할 예정이었다. 미국군은 이 부대를 '중부군'으로 불렀다. 이 부대에는 항공모함이 포함되지 않았으나 전함 야마토함과 무사시함, 5척의 또다른 전함, 10척의 중순양함이 있었다. 오자와 제독이 미국군 항공모함 부대의 주의를 다른 곳으로 돌리는 동안 구리타 제독은 이 가공할 위력의 함대로 필리핀 제도를 관통해 미국군 공격 함대를 공격할 예정이었다. 구체적으로 그는 "산베르나르디노 해협을 관통해 진출한 다음, 적의 침입 부대를 섬멸"할 계획이었다.[39]

일본군은 미국군이 다바오의 일본 해군 기지뿐만 아니라 남쪽의 가장 큰 섬인 민다나오, 필리핀에서 가장 큰 섬이자 수도인 마닐라가 있는 루손섬을 공격 목표로 삼을 것으로 예상했다. 하지만 미국군은 레이테섬을 선택했는데, 이 섬은 2개의 큰 섬 사이에 있는 적당한 크기의 6개 섬 중 하나였다. 레이테섬 동쪽 해안에는 비행장을 새로 건설할 수 있는 훌륭한 상륙 해변이 있었고, 지형이 평평했으며, 북쪽으로는 사마르섬, 남쪽으로는 디나가트섬으로 보호되는 거대한 해안 정박지가 있었다. 상륙 해변에서 마주 보이는 바다가 레이테만이다.

━━━

구리타 제독이 지휘하는 전투력이 일본군 작전의 핵심이었지만, 정작 그는 자신이 레이테만에서 미국군을 상대로 무엇을 할 수 있을지 의구심이 들었다. 그에게 주어진 임무는 "미국군 군함에서 '상륙 부대가 하선하기 전'에 신속하게 접근해 적의 수송선을 파괴하는 것"이었다. 그러나 링가로즈에서 상륙 해변까지 2500여 킬로미터 거리를 아무리 신속하게 달려간다 해도 도착할 때쯤이면 미국군 병력과 화물의 상륙 작업이 이미 끝날 것임이 분명했다. 따라서 그가 격침할 수 있는 것은 고작해야 빈 수송선에 불과할 터였다. 그런데 이 같은 임무는 일본 무사 문화의 기조와 상충했다. 지난 20년 동안 일본 해군은 결전을 계획하며 그러한 견해를 성문화했는데, 해군의 작전 목적은 적의 전투함을 파괴하는 것이라는 내용이었다. 그런 생각은 미국 해군도 마찬가지였지만 말이다. 구리타 제독의 신념은 그의 참모장 고야나기 도미지小柳富次의 다음과 같은 말에 잘 드러났다. "우리의 거대한 수상 함대를 투입해 적의 빈 수송선을 침몰시키는 것은 어리석은 짓이다." 그는 "미국 해군의 항공모함 전투력과 교전을 최우선으로 추구해야 한다"라고 생각했다. 미국 해군 장교들이 일본 군함을 공격 목표로 삼으려 했듯이, 대다수 일본 해군 장교들 역시 미국군 주요 함정을 침몰시키는 것이 바다에서 수행하는 전쟁의 궁극적 목표라고 믿었다.[40]

이러한 상황을 고려했을 때 도요다 제독이 구리타 제독에게 미국 수송선 공격에 집중하라고 지시한 것은 주목할 만한 흥미로운 결정이다. 미국군의 사이판 점령 이후 도쿄에서 진행된 정치 상황의 변화에서 그에 대한 실마리를 추정할 수 있다. 7월 18일, 도조 총리가 사임하고 요나이 제독이 해군 장관으로 임명된 것은 일본 정부가 지금까지 주장해온 완전한 승리가 아닌 다른 대안을 찾기 시작했음을 시사한다. 도요다 제독은 처음부터 미국을 상대로 한 전쟁에 반대했던 인물이다. 그런데 이제 그의 본능적 판단이 옳았던 것으로 보였다. 즉, 과거에는 미국을 상대로 한 일본의 완전한 승리가 혹여 가능했을지 몰라도, 이제 그들이 바라는 완전한 승리는 불가능한 상황이라는 생각이었다. 도쿄에서는 누구도 이러한 현실을 공개적으로 인정할 수 없었지만, 요나이 장관과 도요다 제독은 전쟁을 연장해 항복이 아닌 다른 명예로운 대안을 찾을 시간을 확보하고자 했을 것이다. 미국군의 수송 함대를 침몰시키는 것은 일본이 전쟁에서 승리하는 데에는 도움이 되지 않겠지만, 장차 미국군의 진출을 지연시키고, 미국의 결단력을 약화하고, 일본 지도자들에게 어떠한 정치적 해결책을 모색할 시간을 벌어줄 수 있을 터였다. 그런데 이것이 도요다 제독의 명령에 숨은 진정한 목적이었다 하더라도 그러한 사실을 전선의 작전 지휘관들에게 설명하지는 않았다. 문제는 이런 지시가 결전이라는 교리를 추앙하는 일본 해군 내 열성적인 장교단의 신념과 상충한다는 점이었다. 항공모함을 공격하다 목숨을 바치는 것은 영광스러운 일이었지만, 정치적 목적이 뭐든 텅 빈 수송선을 공격하다 희생되는 것은 수치이자 숨기고 싶은 일이었다.

8월 10일, 도요다 제독의 작전 참모 가미 시게노리Shigenori Kami 대령은 마닐라에서 구리타 제독의 참모장 고야나기 도미지 장군을 만나 소호 작전의 세부 사항을 논의했다. 이 회의에서 고야나기 장군은 가미 대령에게 구리타 제독이 미국 군함, 특히 항공모함과 교전할 기회가 주어진다면 어떻게 해야 하느냐고 직접 물었다. 그러자 가미 대령은 기회가 주어진다면 미국군 항공모함을 핵심 목표로 삼아야 한다고 대답했는데, 이는 니미츠 제독이 헬시 제독에게 말한 것과 유사하다. 이러한 지침은 10일 후 작성된 작전 명령 제87호에서 확인된다. 일본군 전함의 공격 목표는 미국군 항공모함, 전함, 병력 수송선 순서였다. 헬시 제독과 마찬가지로 구리타 제독에게도 결전의 필요성은 거역할 수 없는 소명이었다. 이들에게는 적의 항공모함을 격침하는 것이 중요했다. 둘 다, 자신의 목표를 실현할 기회를 목전에 두고 있었다.[41]

25장

레이테만

1944년 8월 24일에 제3함대(과거 제5함대) 지휘관으로 취임한 헬시 제독
은 새 고속 전함 뉴저지함을 기함으로 삼았다. 일주일 후, 뉴저지함은 진
주만에서 서태평양으로 이동해 그곳에서 미처 중장의 항공모함 부대와
함께 일본군 기지를 상대로 일련의 공습을 단행했다. 이 시기에는 미국
해군이 서태평양을 별다른 위협 없이 마음대로 항해할 수 있었다. 미처
중장의 기동 부대는 총 1000여 대의 항공기를 탑재한 17척의 항공모함을
보유했으며, 보조 선박을 비롯해 정비선, 수리선, 심지어 떠다니는 건조
부두 등 유지 및 보수 선박들이 관리를 맡았다. 미국이 세계 최다 석유 생
산국이었으므로 함대 기동에 필요한 연료는 문제가 되지 않았다. 기름은
먼저 미국 서부 해안에서 정제된 뒤 상업용 유조선이 하와이에 자리잡은
900만 배럴 규모의 저장 시설로 수송했다. 그런 뒤에 해군 정유선이 하와
이에서 마리아나 제도와 필리핀 사이에 있는 캐롤라인 제도의 울리시 환
초에 설치된 부유식 탱크 저장소까지 운반했다. 이곳은 서태평양의 거대

한 해상 주유소였다.[1]

1944년 9월의 항공모함 공습 때 일본군은 헬시 제독과 미처 중장의 예상보다 더 적은 수의 항공기를 보내 미국군의 공격에 대항했다. 이처럼 일본군의 저항이 약해지자 헬시 제독은 필리핀 상륙 날짜를 12월에서 10월로 앞당기자고 니미츠 제독에게 제안했다. 니미츠 제독은 퀘벡에서 소집된 회의에서 연합국의 합동 참모 총장들에게 이 제안을 전달했다. 이어 맥아더 장군의 승인을 얻은 후, 필리핀 상륙 작전의 디데이를 12월 20일에서 10월 20일로 앞당겼다.

한편 니미츠 제독은 앞당겨진 공격 계획을 승인하면서도 이미 진행 중이던 다른 군사 작전은 취소할 의향이 없었다. 바로 필리핀 동쪽으로 1000여 킬로미터 떨어진 팔라우 제도에 속한 펠렐리우섬을 점령하는 작전이었다. 미국 합동 참모 본부는 이 섬에서 출격한 일본군 항공기가 필리핀 상륙 부대를 저지하지 못하도록 이 섬의 점령을 고려했다. 그런데 실제로는 펠렐리우섬에 주둔한 일본군 공군력이 너무 약해서 킨케이드 중장이나 헬시 제독 어느 쪽에게도 심각한 위협이 되지 않았다. 그런데도 니미츠 제독은 벌써 예비 작전이 시작된 데다 이 작전을 취소하면 패배한 것처럼 보일 수 있다고 판단해 점령을 밀고 나갔다. 그러나 이 작전은 그가 태평양 전쟁 때 저지른 몇 안 되는 실수 중 하나였다.

미국 해병대는 9월 15일에 펠렐리우 상륙 작전을 실시했다. 이들은 내륙으로 진격해 사흘 만에 이 섬의 가장 중요한 활주로를 확보했지만, 상륙 과정은 지난했고 사상자도 많이 발생했다. 그러나 이것은 시작에 불과했다. 이 섬에는 지질학적으로 공중 폭격이나 해군 포격으로부터 영향을 받지 않는 동굴과 터널이 벌집처럼 뒤섞인 석회암 산봉우리가 다수 있었다. 1만여 명에 달하는 일본군 방어 부대는 미국 지상군이 조금씩 진격할 때마다 막대한 인명 피해를 입히는 작전을 수행한 뒤에야 동굴로 철수했다. 섭씨 46도가 넘는 기온 속에서 육군 제81사단에서 증원된 미국 해병 제1사단은 동굴로 찾아 들어가 일본군 수비 병력을 한 번에 한 명씩 처치하는 작전을 간간이 펼쳐야 했다. 미국군이 이 섬을 정복하기까지 10주가 소요되었고, 양측 모두 엄청난 인명 피해를 보았다. 마침내 미국군이 이 섬을 점령했을 때 1만 명에 달하던 일본군 수비 병력은 거의 다 사망하고 생포된 병사는 200여 명에 불과했다. 미국군은 사망 1000여 명, 부상 5000여 명 등으로 타라와에서보다 훨씬 심각한 인명 손실이 발생했다.[2]

━━━━━━

펠렐리우 전투가 참혹한 결말을 맞이할 무렵 미국의 거대한 두 공격 함대가 레이테로 향했다. 하나는 에드머럴티 제도의 마누스에서 출발했고, 다른 하나는 뉴기니의 올란디아(오늘날의 자야푸라)에서 출발했다. 이 함대 기동은 장차 역사상 최대 규모의 해전으로 기록될 레이테만 해전Battle of Leyte Gulf으로 이어진다. 각 함대의 기동 방향은 복잡하고 지리적으로 분산되어 있었는데, 역사학자들은 이를 4개의 별도 교전으로 설명한다. 이러한 접근법은 각각의 전투와 사건을 명확하게 설명하고 이해하는 데는 도움이 되지만, 각 전투의 상호 연관성이 명확하게 드러나지 않는 문제가 있다. 사실 개별 전투는 25만여 제곱킬로미터에 걸쳐 펼쳐진, 하나의 거대하고 넓은 폭력으로 구성된 공예품의 일부였다.[3]

미국군 부대는 10월 20일 아침에 레이테 해안 동쪽에 상륙하기 시작했다. 맥아더 장군은 경순양함 내슈빌함 갑판에서 이 광경을 지켜보았다. 그의 주위에는 레이테만을 가로질러 병력 수송선, 화물선, LST, LCI,

그리고 LCT보다는 크고(더 빠르기도 하며) LST보다는 작은 '중형 상륙함 LSM: landing ship, medium'이라는 신형 선박 등 수백 척의 제7함대 소속 함정이 펼쳐져 있었다. 전함 6척과 순양함 6척이 화력을 지원했고, 동쪽 레이테만 입구 너머에는 18척의 소형 지프 항공모함과 이것들을 호위하는 구축함이 있었는데, 이 함대는 항공모함 6척씩 구성된 3그룹으로 조직되었다. 이 세 그룹은 각각 '태피1 Taffy One' '태피2 Taffy Two' '태피3 Taffy Three'의 무선 호출 부호를 사용했다.[4]

레이테만 상륙 작전은 교과서적인 방식으로 진행되었다. 상륙 과정에서 나타난 유일한 난관은 해변의 얕은 경사 때문에 LST가 모래 위까지 만 안쪽에 올라와 짐을 하역할 수 없다는 것이었는데, 곧 해군 건설단이 만 안쪽에 경사로를 만들어 LST가 화물을 직접 하역할 수 있도록 했다.[5]

그날 오후, 맥아더 장군은 자신이 2년 반 전에 했던 약속을 이행했다. 그는 세르히오 오스메냐 Sergio Osmeña 필리핀 대통령과 함께 내슈빌함에서 해변까지 이동하는 히긴스 보트에 올라탔다. 그들은 카메라를 의식해서 물이 무릎 높이까지 올라오는 지점에서 내리더니 곧장 해변을 향해 성큼성큼 걸어갔다. 그러더니 갑자기 맥아더 장군이 마이크를 잡고 극적인 목소리로 "필리핀 국민 여러분! 제가 돌아왔습니다!" 하고 소리쳤다. 그는 그 섬의 필리핀 주민들에게 봉기해서 압제자를 공격하라고 촉구했다. "당신의 집과 가정을 위해 궐기합시다! 당신의 아들딸들의 후손을 위해 궐기합시다! 당신의 신성한 죽음의 이름으로 궐기합시다!" 해변을 잠시 둘러본 맥아더 장군은 짬을 내어 루스벨트 대통령에게 "타클로반 인근 해변에서"라는 제목의 편지를 썼다. 그런 뒤 내슈빌함으로 복귀했다. 미국군의 상륙은 계속되어 해가 질 무렵 레이테섬에 4개 보병 사단이 상륙하고 10만 7000톤의 보급품을 하역했다.[6]

같은 날 오후, 북쪽으로 4000여 킬로미터 떨어진 곳에서 오자와 제독이 지휘하는 '미끼' 항공모함 부대가 일본 내해의 구레를 떠나 규슈와 시코쿠 사이의 분고 수도를 빠져나와 남쪽으로 방향을 틀었다. 오자와 제독은 자신이 조국으로 복귀할 수 있으리라고는 기대하지 않았다. 그는 자신의 임무가 미국군의 관심을 끌어 북쪽으로 유인하는 것임을 잘 알았다. 나중에 그는 자신의 함대가 '완전히 파괴되기'를 기대했다고 말했다. 오자와 제독은 자신의 출항이 미국군에게 발각되기를 기대했지만, 일본 내해의 출구를 주시하던 미국군 잠수함 3척이 그러기 이틀 전에 전시 순찰에 나섰기 때문에 그가 지휘하는 항공모함은 미국군에 들키지 않은 채 출발했다. 그리고 나서 3일 동안 미국군이 전혀 알아채지 못하는 상황에서 남쪽으로 계속 항해했다.[7]

오자와 제독의 항공모함이 남쪽으로 항해하는 동안, 구리타 제독이 지휘하는 전함과 순양함은 링가로즈를 떠나 보르네오 해안의 브루나이만을 향해 북동쪽으로 향했다. 그곳에서 함정들이 연료 탱크를 채우는 동안 구리타 제독은 자신의 임무를 확인하기 위해 예하 함장들과 회의를 했다. 그런데 그는 이미 진행 중인 작전에서 지휘권을 분리하기로 결심한 상태였다. 레이테만을 남쪽에서 독자적이고 상호 보완적으로 공격하기 위해 부대의 일부를 분리하는 구상이었다. 이러한 발상은 도요다 제독의 참모장 구사카 류노스케草鹿龍之介 제독이 도쿄에서부터 주장한 것이었지만, 당연히 최종 결정은 구리타 제독의 몫이었다. 브루나이에서, 구리타 제독은 예하 함장들에게 핵심 공격 부대가 산베르나르디노 해협을 이용해 북쪽에서 미국군을 공격하는 동안 오래된 전함인 야마시로함山城과 후소함, 그리고 니시무라 쇼지西村祥治 제독이 지휘하는 베테랑 순양함 모가미함과 구축함 4척으로 구성된 '남부군'이 독자적으로 수리가오 해협을 통해 남

구리타 다케오 제독의 일본 제국 해군 공식 사진. 레이테만 해전 당시 구리타 제독의 행동은 논란의 여지가 있었고, 그뒤로도 이해할 수 없는 대목이 많았다. (미국 해군 역사유산사령부)

쪽 방향에서 레이테만으로 접근할 것이라고 알려주었다.*

구리타 제독은 몇 가지 이유에서 이 계획을 수용했다. 참모장 구사카 제독의 멋진 아이디어와 이중 포위가 우아한 기동이었을 뿐만 아니라, 1차 대전 이전에 건조된 낡고 느린 야마시로함과 후소함을 스스로 제거할 수 있게 되어 구리타 제독은 기뻐했다. 더구나 니시무라 제독의 지휘력이 약했다는 점을 감안할 때 구리타 제독이 이 두 전함을 두 번째 유인 부대가 아닌 공격 함대의 전력 보강책으로 여겼을 가능성도 있다. 지난 6월의 사이판 전투 중에 해군 총참모부는 야마시로함과 후소함을 사이판 해변에 좌초시켜 고정 포대 역할을 하게 하려 했다. 즉, 사실상 자살 임무를 수행하는 것을 고려하기까지 했다. 이 임무는 오자와 제독이 패배하자 즉시

---

* 일본군은 마지막 순간에 시마 기요히데(志摩淸英) 제독 휘하의 순양함 3척과 구축함 7척 등 수상 전력을 '남부군'에 추가했으나, 시마 제독은 니시무라 제독을 따라잡지 못했다. 그 결과 그가 지휘하는 함정들은 이 전투에서 별다른 역할을 하지 못했다.

취소되었지만, 이와 같은 방안을 검토했다는 사실에서 이 두 전함의 소모 가능성을 고려했음을 짐작할 수 있다.[8]

이날 구리타 제독의 기함에서 논의된 또다른 사안은 미국 수송선에 집중하라는 도요다 제독의 반갑지 않은 명령이었다. 이 임무는 구리타 제독보다도 예하 함장들이 선호하지 않았다. 이 명령에 대해 누군가는 이렇게 말했다. "우리는 죽음을 두려워하지 않지만, 우리 위대한 해군의 마지막 노력이 고작 적의 빈 화물선 선단을 공격하는 것이라면 도고 제독과 야마모토 제독이 무덤 속에서 눈물을 흘릴 것입니다." 이처럼 분위기가 가라앉자 구리타 제독은 부하들을 격려하기 위해 "황실 총사령부가 우리에게 영광스러운 기회를 주는 것이다"라고 말문을 열었다. 이어 자신들이 미국 항공모함 전단과 맞서는 것도 가능하다면서 이렇게 말했다. "결정적 전투에서 우리 함대가 전세를 뒤집을 가능성이 없다고 할 자 누구인가? 우리는 적과 마주할 기회가 있을 것이다. 우리는 적의 기동 부대와 교전할 것이다." 그러자 예하 함장들이 "만세!" 하고 외치며 벌떡 일어섰다.[9]

10월 22일 새벽, 구리타 제독이 지휘하는 전함과 순양함이 기동하기 시작했다. 그들은 하나둘씩 바다로 빠져나가 항해 대형으로 집결해 북쪽으로 향했다. 그날 오후, 니시무라 제독이 지휘하는 오래된 전함 2척과 부속 함정도 항해에 나섰다. 남쪽에서 북쪽까지 전체 길이가 1500여 킬로미터에 달하는 필리핀에서 서쪽에서 레이테만에 접근할 수 있는 항로는 구리타 제독이 이용할 산베르나르디노 해협, 그리고 니시무라 제독이 이용하기로 한 수리가오 해협, 이 두 군데였다. 미국군은 이 두 해협 모두를 주시했으며, 결국 다가오는 일본 해군 함대를 발견하는 것은 시간문제였다.

10월 23일 자정을 조금 넘긴 시각, 미국 잠수함 다터함Darter과 데이스함 Dace은 팔라완섬 북쪽의 까다로운 해역에서 배터리를 충전하기 위해 수면에서 함께 순항하고 있었는데, 그곳은 수십 개의 모래톱 때문에 항해하기가 위험한 지대였다. 이때 다터함의 레이더망에 탐지 신호가 뜨자 함장 데이비드 매클린톡David H. McClintock 중령이 데이스함의 블래든 클래겟 Bladen Clagget 중령에게 연락했다. "레이더 신호 감지. 출동!"[10]

레이더에서 식별한 물체가 무엇인지는 잠수함이 지속적으로 추적하면서 점차 명확해졌다. 이에 매클린톡 중령은 지휘 계통을 통해 자신이 발견한 사항을 보고했다. "BB〔전함〕로 추정되는 3척 등 많은 함정, 08-28 N, 116-30 E. 항로 040. 속도 18. 추격 중." 그가 탄 잠수함의 최고 속도가 18노트였음을 감안할 때 구리타 제독이 지휘하는 함정들을 뒤쫓을 수는 있을지언정 추월할 수는 없을 것 같았다. 그런데 바로 그때 구리타 제독이 팔라완 해협의 위험한 해역을 통과하기 위해 예하 함정에 속도를 15노트로 줄이라고 명령하자, 매클린톡 중령은 "이제 우리가 그들을 앞지른다"라고 소리쳤다. 이에 미국 잠수함 2척은 매복 진지를 차지하기 위해 앞쪽으로 기동한 뒤, 동이 트기만을 기다렸다.[11]

새벽 5시 반, '함교의 희끄무레한 형태'를 알아볼 만큼 밝았을 때 매클린톡 중령은 잠망경 깊이까지 잠수한 상태에서 자신에게서 가장 가까운 함정을 향해 어뢰 6발을 발사했다. 우연히도 그것은 구리타 제독의 주력함인 중순양함 아타고함이었다. 매클린톡 중령은 선미 관을 가동하며 기동하려 할 때 다섯 번의 뚜렷한 폭발음을 들었다. 그는 즉시 잠망경을 이리저리 움직여 자신이 '일생 최고의 광경'이라고 묘사한 장면을 목격했다. 아타고함까지의 거리가 너무 가까워서 잠망경 렌즈를 가득 채울 정도였는데, 아타고함이 "연기를 덩어리처럼 뿜어냈고, … 뱃머리에서 포탑까지 주갑판을 따라 측면에서 밝은 오렌지색 불꽃이 뿜어져 나왔다." 그가 지켜보는 가운데 중순양함의 뱃머리가 앞쪽으로 침몰하더니 곧 아래쪽으로 곤두박질치며 앞으로 나아갔다. 매클린톡 중령은 생존자가 거의 없을 것으로 추측했지만, 실제로는 구리타 제독을 포함해 600여 명이 구조되었다. 구리타 제독은 구축함에 의해 구출되어 야마토함으로 옮겨 탔다.¹²

미국 잠수함의 공격은 계속되었다. 몇 초 안에 다터함의 선미 발사관에서 출발한 어뢰 4발이 중순양함 다카오함高雄에 명중했다. 그리고 곧바로 데이스함도 공격을 시작해 중순양함 마야함摩耶에 어뢰 4발이 명중했다. 데이스함에서 발사한 어뢰 중 하나가 마야함의 탄약고를 폭발시켰고, 이 중순양함 역시 채 4분도 되지 않아 폭발한 후 침몰했다. 데이스함의 클래겟 중령은 일본군 순양함이 부서질 때 '으드득' 하는 소리와 '무겁게 덜컹거리는' 소리를 들었다. 그는 "들어본 소리 중에 가장 소름 끼치는 소리였다"라고 보고했다. 곧이어 함대를 호위하던 일본군 구축함들이 미국 잠수함 쪽으로 몰려들자 두 잠수함은 곧장 서둘러 잠수한 뒤 침묵 주행으로 전환했다. 데이스함의 승무원들은 머리 위에서 구축함의 프로펠러가 빠르게 회전하는 소리를 들었으며, 그 소리가 뱃머리에서 선미 쪽으로 지나갈 때 이를 눈으로 추적했다. 클래겟 중령은 "그때 느낀 긴장감은 폭뢰의 경우보다 더했다"라고 회상했다. 그때 피해를 줄 만큼 근접한 폭뢰는 전혀 없었다.¹³

일본군의 아타고함과 마야함은 침몰했고, 다카오함은 심각하게 파손되어 결국 구리타 제독은 이 함정을 구축함 2척의 호위를 받게 해서 브루나이로 보냈다.* 그리하여 필리핀에 도착하기도 전에 구리타 제독의 전투

---

* 매클린톡 중령의 다터함은 손상된 다카오함에 최후의 포격을 날리려고 방향을 틀다가 심각할 정도로 암초에 좌초되었다. 승무원들은 필사적으로 노력했지만 암초에서 벗어나지 못해 결국 데이스함으로 대피해야 했다.

력은 순양함 3척과 구축함 2척으로 줄어들었다. 한편 미국 잠수함 다터함과 데이스함이 보낸, 적을 발견했다는 정보는 조만간 시작될 대결에서 소중하게 사용된다. 그날 아침 6시 30분, 핼시 제독은 구리타 제독이 이끄는 함대가 접근한다는 사실을 파악했고, 구리타 제독이 전함 여러 척과 중순양함 몇 척을 지휘하고 있고 시부얀해를 건너 산베르나르디노 해협으로 가는 항로에 있다는 것도 파악했다. 이 상황 보고를 받자 핼시 제독은 즉시 정찰기에 시부얀해 상공을 정찰해 일본군 함대를 찾으라고 지시했다.

———

미국군 정찰기들은 아침 8시가 조금 넘은 시각에 일본군 함대를 발견했다. 제럴드 보건Gerald Bogan 제독의 항공모함 그룹에 속한 인트레피드함Intrepid에서 출격한 정찰기가 전함 5척, 순양함 9척, 구축함 13척이 시부얀해에 진입했다고 보고했다. 보고를 받은 즉시 핼시 제독은 인트레피드함과 캐벗함Cabot에 "타격하라! 반복, 타격하라!"라는 간결한 명령으로 항공기 출격을 지시했다. 엄밀하게 말하면 핼시 제독은 이 명령을 미처 중장에게 하달하라고 지시했어야 했다. 실제로 항공모함 기동 부대의 지휘관은 미처 중장이었으니까 말이다. 하지만 핼시 제독의 성향과 기질을 고려했을 때, 그가 미처 중장을 따돌리고 명령을 직접 하달한 것은 놀라운 일이 아니었다. 다만 미처 중장이 이러한 상황을 어떻게 생각했는지는 기록이 남아 있지 않다.[14]

거의 같은 시각, 남쪽으로 500여 킬로미터 떨어진 곳에서 랠프 데이비슨Ralph Davison 제독의 항공모함 소속 정찰 폭격기 12대가 술루해에서 니시무라 제독의 남부군을 발견하고 즉시 보고했다. 그런 뒤에 이 정찰 폭격기들은 니시무라 제독이 지휘하는 두 전함을 공격했다. 후소함에는 두 차례 타격을 가해 상당한 피해를 입혔는데, 2번 포탑 근처와 갑판 뒷부분에 폭탄이 떨어졌다. 북쪽에서 남쪽으로 항해하던, 오자와 제독이 지휘하는 미끼용 항공모함은 아직 미국군에게 발견되지 않았다.[15]

구리타 제독은 필리핀을 통과할 때 육상에서 출격하는 항공기의 공중 엄호를 받을 수 있으리라 기대했지만, 그의 희망은 두 가지 문제로 이루어지지 못했다. 첫째, 일본군은 10일 전에 육상 출격 항공기를 대부분 상실했다. 핼시 제독이 지휘하는 항공모함에서 실시한 많은 공습에 대응하느라 타이완에서 출격한 항공기 중 500여 대가 격추된 것이다. 둘째, 도쿄의 군사 작전 기획자들이 일본의 부족한 항공 자산을 보다 효과적으로 활용하려면 핼시 제독이 지휘하는 항공모함을 공격해야 한다고 생각했다. 그래서 구리타 제독에게는 '간접 지원'만 제공되었으며, 시부얀해에 진입했을 즈음 그가 지휘하는 함대의 상공에는 일본군 항공기가 4대만 선회하고 있었다.[16]

일본군의 항공 전력은 핼시 제독이 지휘하는 항공모함 부대 중 최북단 부대를 기습적으로 공습했는데, 이 부대의 지휘관은 프레더릭 셔먼 해군 소장이었다. 하지만 일본군 항공기 대다수는 미국 헬캣 전투기에 의해 격추되었다. 필리핀해 전투에서 일본군 항공기 5대를 격추했던 매캠벨 중령은 이번 전투에서 단 한 차례의 출격으로 제로 전투기 9대를 격추했다. 이처럼 태평양 전쟁 중에 타의 추종을 불허하는 전과를 올린 그에게는 추후 명예 훈장이 수여되었다. 하지만 일본군 항공기를 완전히 파괴하지는 못했다. 오전 10시 직전에 일본군 '주디' 폭격기가 홀로 낮은 구름 속에서 나타나 소형 항공모함 프린스턴함을 향해 날아가더니 이 항공모함의 비행갑판에 폭탄을 투하했다. 이 폭탄은 격납고 갑판까지 관통해 연료를 주입하던 6대의 어뢰기 사이에서 폭발한 다음, 여러 차례 2차 폭발을 일으켰다. 순양함 버밍엄함Birmingham이 도와주기 위해 접근했으나, 프린스턴함의 후방 탄약고가 폭발하는 바람에 이 함정 역시 심각한 손상을 입었다. 두 함정의 승무원들은 프린스턴함을 구하기 위해 진력했으나, 결국 이것으로 이 전투는 패배로 끝났다.[17]

프린스턴함이 불타는 동안 보건 제독과 데이비슨 제독의 항공모함 기동 부대 소속 항공기들은 시부얀해에서 구리타 제독의 허약한 정찰 부대 함정들을 폭탄과 어뢰로 신속하게 공격했다. 가장 먼저 중순양함 묘코함이 타격을 입었는데, 심각하게 파괴된 이 순양함은 전체 대형에서 떨어져 절뚝거리며 서쪽으로 이동했다. 이어서 미국 항공기들은 두 대형 전함, 특히 무사시함을 집중 공격했다. 미국군 항공기의 폭격은 정확도가 낮았으나 공격하는 항공기가 너무 많아서 수많은 폭탄과 어뢰가 일본군 대형 전함을 반복적으로 타격했다. 작전이 끝난 후 미국군 조종사들은 이 전함에 폭격 17회, 어뢰 타격 20회가 이루어졌다고 주장했다. 어떤 함정도 이처럼 가혹한 공격을 받고 살아남을 수는 없었다. 머지않아 침몰하지 않을 것 같던 이 대형 전함의 운명은 명백해졌다. 미국군 항공기의 공격이 지속되는 동안 구리타 제독은 일본군의 부족한 공중 엄호에 좌절하면서도 끈질기게 동쪽 항로를 유지했다. 그는 무전으로 "적 항공모함에서 출격한 항공기가 반복적으로 공격하고 있다"라고 도쿄에 보고했는데, 여기서 항공 전력 부족에 대한 그의 심정이 느껴지는 듯하다. 전함 야마토함에 상급자와 함께 탑승한 고야나기 제독은 훗날 이렇게 회상했다. "미국 항공기의 공습은 예상했으나 이날의 공격은 우리를 완전히 낙담시킬 정도로 강력했다. 만약 우리가 좁은 [산베르나르디노] 해협으로 밀고 들어가 지속적인 폭격을 당했다면 우리 군은 전멸했을 것이다."[18]

오후 3시 30분이 되자 구리타 제독의 함대는 지칠 대로 지쳤다. 그는

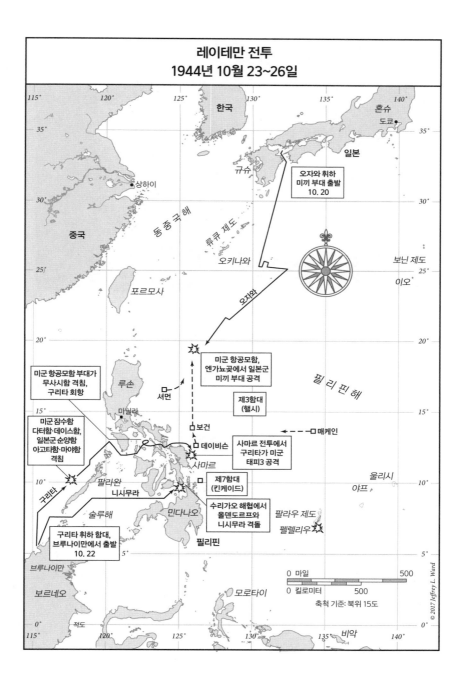

레이테만 전투
1944년 10월 23~26일

한국
혼슈
도쿄
일본
규슈
상하이
중국
동중국해
류큐 제도
오키나와
포로모사
오자와
보닌 제도
이오
오자와 휘하
미끼 부대 출발
10. 20

미군 항공모함,
엔가뇨곶에서 일본군
미끼 부대 공격

필리핀 해

루손
셔먼
제3함대
(핼시)

미군 항공모함 부대가
무사시함 격침,
구리타 회항

마닐라

미군 잠수함
다터함·데이스함,
일본군 순양함
아고타함·마야함
격침

보건
데이비슨
사마르

매케인

사마르 전투에서
구리타가 미군
태피3 공격

울리시
야프

제7함대
(킨케이드)

팔라완
니시무라

구리타

술루해

민다나오

필리핀

수리가오 해협에서
올덴도르프와
니시무라 격돌

팔라우 제도
펠렐리우

구리타 휘하 함대,
브루나이만에서 출발
10. 22

브루나이만

보르네오

모로타이

0 마일 500
0 킬로미터 500
축척 기준: 북위 15도

적도

비악

© 2017 Jeffrey L. Ward

1944년 10월 24일 시부안해에서 공격받는 일본 초대형 전함 무사시함의 모습. 미국 폭격기가 찍은 사진
이다. 이 전함은 그날 밤 수많은 폭탄과 어뢰에 맞아 침몰했다. (미국 국립문서보관소 no. 80-G-281766)

예하 함대에 항로를 바꾸어 서쪽으로 향하라고 지시했다. 전투에서 완전
히 퇴각하려던 것이 아니라 끊임없는 미국군의 공중 공습을 피해 잠시 휴
식을 취하려는 의도였다. 그는 도쿄의 도요다 제독에게 무전을 보내 "적
항공기의 작전 범위에서 일시적으로 벗어날 계획"이라고 설명했다. 어쩌
면 이는 육지에 주둔한 일본군 항공기로부터 더 많은 지원을 촉구하는 메
시지였는지도 모른다.[19]

그런데 오후 4시 40분경, 해가 저물어가는 가운데 렉싱턴함에서 출격
한 미국 정찰기가 깜짝 놀랄 소식을 전했다. 루손곶 엔가뇨 북쪽 500여 킬
로미터 떨어진 곳에서 4척의 항공모함, 2척의 경순양함, 5척의 구축함 등
으로 구성된 일본군 함대를 발견했다는 보고였다. 드디어 오자와 제독의
함대를 발견한 것이다. 이 소식은 구리타 제독이 지휘하는 함대가 방향을

바꾸었다는 보고가 들어온 직후인 오후 5시 30분에 뉴저지함의 핼시 제독에게 전해졌다. 나중에 설명한 바와 같이, 핼시 제독은 구리타 제독이 지휘하는 중부군이 "각 함대의 함포와 사격 통제 장비 등을 비롯해 상부에 심각할 정도의 타격을 입었다. … 따라서 중부군은 킨케이드 중장에게 맡겨도 된다"라고 생각했다. 킨케이드 중장이 지휘하는 제7함대의 원래 핵심 임무는 미국군 공격 함대를 보호하는 것이었지만, 핼시 제독은 제7함대가 자유롭게 적의 주력 함대를 찾아내 공격해도 될 만큼 함대가 안전하다고 본 것이다. 이처럼 미처 중장이 필리핀해에서 잡지 못한 또다른 기회가 다가왔다.

핼시 제독은 뉴저지함의 작전 지휘소로 들어가 작전 지도의 한 지점을 가리키며 "여기가 우리가 가는 곳이다"라고 말했다. 그는 참모장 로버트 '믹' 카니Robert B. 'Mick' Carney에게 "믹, 북쪽으로 기동해서 일본군을 공격하게"라는 운명적 명령을 하달했다.[20]

핼시 제독의 그 짧은 명령을 제3함대의 여러 부대에 하달할 지시로 변경하는 것이 카니 참모장의 임무였다. 그로부터 1시간 동안, TBS와 무선을 통해 뉴저지함에서 일련의 명령이 하달되었다. 구리타 제독이 지휘하는 일본군 항공모함 부대에 대한 공격을 수행하던 보건 제독과 데이비슨 제독은 항공기를 회수해 북쪽으로 기동할 예정이었다(000번 코스). 도중에 그들은 프린스턴함을 공격한 일본군 항공기를 온종일 상대했던 테드 셔먼Ted Sherman 제독의 부대와 합류할 예정이었다. 핼시 제독은 급유하기 위해 울리시로 간 존 매케인John S. McCain 소장의 제4 항공모함 부대에 '최고 속도'로 다른 세 항공모함 부대와 합류하라고 지시했다. 킨케이드 중장은 핼시 제독의 지휘 계통에 속하지 않았지만 그에게 정보를 전달하기 위해 다음과 같은 메시지를 보냈다. "공격 보고에 따르면 일본군 중부군은 심각하게 손상됨. 새벽에 적 항공모함을 공격하기 위해 세 그룹이 북상해 접근 중."[21]

　그런데 이 메시지에는 몇 가지 문제가 있었다. 우선 두 함대 사이의 메시지가 반드시 마누스를 통과해야 한다는 통신 규약 때문에 이 메시지는 몇 시간이 지나도록 킨케이드 중장에게 전달되지 못했다. 그러나 그것과 별개의 문제가 있었으니, 메시지의 내용이 모호했다. '세 그룹'이 북쪽으로 향한다는 것은 제7함대의 북쪽 측면을 엄호하기 위해 네 번째 부대가 후방에 남아 있다는 것을 의미하는 걸까? 그렇다면 매케인 소장의 항공모함과 리 제독의 전함 중 어느 부대일까? 그런데 이 메시지에 전함은 전혀 언급되지 않았고, 결국 이 과정에서 문제가 발생했다.[22]

　5시간 전인 그날 오후 3시 12분, 핼시 제독은 TF34로 지정될 수상 함대 부대를 조직하라는 메시지를 보냈다. 이 함대는 핼시 제독의 주력함인 뉴저지함을 비롯해 리 제독의 쾌속 전함 4척, 중순양함 2척, 경순양함 3척, 구축함 19척으로 구성되었다. 그때까지도 여전히 단호하게 동쪽으로 향하던 구리타 제독의 함대가 만약 산베르나르디노 해협을 통과한다면 새로 조직된 TF34가 맞설 예정이었다. 핼시 제독은 이러한 내용의 메시지를 기함 워싱턴함에 탑승한 리 제독, TF34 조직과 관련된 각각의 함장들, 그리고 진주만의 니미츠 제독과 워싱턴의 킹 제독에게 보냈다. 그런데 이 같은 부대 조직을 킨케이드 중장에게는 굳이 알릴 필요가 없다고 판단하여 그에게는 연락하지 않았다. 하지만 킨케이드 중장의 무전실은 이 메시지가 도착하자 즉시 이를 해독해 함교로 보고했다. 이렇게 입수한 정보를 바탕으로 킨케이드 중장은 수상 함대 TF34가 산베르나르디노 해협을 방어함으로써 자신의 북쪽 측방을 엄호할 것이라고 판단했다. 그런데 핼시 제독은 몇 시간 후에 "내가 지시할 때만" TF34가 조직될 것이라는 명령을 하달했는데, 이 메시지는 근거리 TBS 라디오로 전송하여 킨케이드 중장, 니미츠 제독, 킹 제독에게는 전달되지 않았다. 핼시 제독은 자신의 계획과 기동을 킨케이드 중장에게 알려줄 필요가 있다는 생각은 전혀 하지 않았다.

이런 상황에서 무려 5시간 이상이 지난 후에야 핼시 제독이 킨케이드 중장에게 보낸 최신 메시지는 '세 그룹이 북상 중'이라는 내용이었다. 앞서 설명한 배경 상황에 따라 킨케이드 중장은 TF34가 뒤쪽에 남아 있다고 믿고 자신의 병력을 술루해에서 니시무라 제독의 함대에 집중하기로 했다. 그래서 그는 올덴도르프 소장에게 수리가오 해협에서 "야간 교전을 준비하라"라고 명령했다.[23]

그런데 핼시 제독이 카니 참모장에게 내린 '북쪽으로 기동할 것'이라는 명령은 모든 함정을 기동시키라는 뜻이었다. 항공모함, 전함, 호위함, 그리고 TF38에 속한 총 65척의 함정 모두. 심지어 산베르나르디노 해협을 감시하기 위한 피켓 구축함 1척조차 남겨놓지 않았다. 공습으로 타격을 입은 일본군 함정들은 리 제독의 함대가 마무리할 것이라 생각하면서 말이다.[24]

핵심 인사들 중 일부는 핼시 제독에게 산베르나르디노 해협을 무방비 상태로 방치하는 것은 잘못이라는 의견을 제시하려 했다. 핼시 제독의 부대가 북상하는 동안 야간 비행하던 미국 정찰기들이 구리타 제독이 항로를 바꾸어 다시 동쪽으로 가고 있다고 보고했기 때문이다. 실제로 당시 일본군은 해협을 통과하는 함정의 항로를 표시하는 항해등을 켜고 있었다. 리 제독은 핼시 제독에게 해협을 지킬 전함을 남겨두라는 의견을 제시하기 위해 불빛을 두 번 깜빡였다. 그때마다 리 제독이 받은 유일한 반응은 '메시지를 받았다'는 뜻의 '로저'뿐이었다. 보건 제독 역시 핼시 제독에게 TBS 무선을 통해 중요한 사안을 전달했다. 구리타 제독이 항로를 반대 방향으로 변경했으며, 산베르나르디노 해협에 항해등이 켜졌다는 내용이었다. 이 메시지에는 정보만이 아니라 의견도 담겨 있었다. 하지만 헬시 제독은 계속해서 "안다, 안다, 우리도 그 정보를 가지고 있다"라고 하며 마치 화를 내는 것처럼 대응했다. 뉴저지함의 제3함대 정보 부서의 책임자인 마이크 치크Mike Cheek 대령은 확보된 일본의 작전 계획을 분석해보니 가장 큰 규모의 위협은 수상 함대이고 항공모함은 유인 부대로서 미끼였다는 점이 밝혀졌다고 카니 참모장에게 보고했다. 하지만 카니 참모장은 헬시 제독이 이미 취침에 들어서 그를 방해할 수 없다고 말했다. 미처 중장 역시 미국군 항공모함 부대가 북상하는 경로에 들어섰을 때 곧장 잠자리에 들었다. 새벽에 닥칠 것으로 예상되는 적의 공격 이전에 일어나기 위해서였다. 그의 참모장 알레이 버크는 미처 중장을 깨워 일본군 함대의 항해등에 대해 보고한 뒤, 곧장 헬시 제독에게 이러한 사실을 보고하고 함께 논의하라고 촉구했다. 하지만 미처 중장은 헬시 제독이 탑승한 기함이 이 정보를 가지고 있는지 묻고서, "그가 내 조언이 필요하다면 직접 요청할 것이다"라고 말한 뒤에 다시 잠을 청했다.[25]

그날 저녁, 일본군도 메시지를 보내고 있었다. 구리타 제독이 '일시적으로' 방향을 선회한다고 보낸 오후 4시의 보고가 도쿄에 도착하기까지 다소 시간이 걸렸다. 그리고 마침내 구리타 제독의 보고를 접한 도요다 제독은 상황이나 결과에 상관하지 말고 공격을 재개해야 한다면서 다음과 같이 무전 답신을 보냈다. "천상의 지침에 따른 전군은 자신감을 가지고 공격할 것." 그런데 사실 구리타 제독은 도쿄의 명령서를 받기 전에 이미 다시 동쪽으로 방향을 바꾼 상태였다. 미국은 공습을 멈추었고, 그는 오후 5시 14분에 방향을 바꾸었다. 하지만 그의 우회는 일정에 차질을 불러왔고 그는 도쿄와 니시무라 제독에게 이튿날 오전 11시까지는 레이테

만에 도착할 수 없다고 통보했다.[26]

도요다 제독에게서 '천상의 지침에 따라' 공격하라는 명령을 받은 니시무라 제독은 "25일 새벽 4시 40분에 레이테만으로 돌격할 계획"이라고 응답했다. 그런데 이 예정 시각은 구리타 제독이 말한 것보다 7시간이나 빨라서 동시에 이중 포위선을 만들기는 불가능했다. 니시무라 제독은 구리타 제독과 공격 시간을 맞추기 위해 도착을 연기할 수도 있었다. 그렇게 한다면 시마 기요히데 제독의 순양함과 구축함 부대가 합류하여 일본군의 타격력이 더 보강될 수 있었다. 하지만 니시무라 제독은 그렇게 생각하지 않았다. 즉, 자신이 도착을 7시간 늦추는 것은 곧 미국 잠수함과 항공기의 주요 목표 지점인 술루해에서 7시간 동안 천천히 선회하는 것을 의미했는데, 이 상황에서 시마 제독이 등장하는 것은 적절치 않아 보였다. 사실 그 두 사람은 서로를 마음에 들어하지 않았고, 두 사람 다 제독이었기에 누가 책임자인지 다소 명확하지 않았다. 결국 니시무라 제독은 계속 진격하고 밀어붙인 뒤에 결과를 받아들이기로 결정했다. 그의 독자적 지휘에 담긴 진정한 의도가 무엇이었든 간에, 이제 그가 일본인들이 말하는 '특별 공격'에 임하고 있다는 것이 명백해졌다. 니시무라는 도요다 제독과 구리타 제독에게 보낸 마지막 메시지에서 "우리는 옥쇄玉碎하기 위해 레이테로 간다"라고 보고했다. 옥쇄는 '옥처럼 깨끗하게 부서지다'라는 뜻으로, 자살 공격을 비유적으로 표현한 것이다.[27]

============

핼시 제독이 북쪽으로 항해하는 동안, 올덴도르프 소장은 니시무라 제독을 상대로 치를 야간 전투 계획을 논의하기 위해 기함 루이빌함Louisville에 예하 함장들을 불러들였다. 수리가오 해협은 남쪽에서 레이테만으로 가는 유일한 접근로이니 일본군이 여기서 예측 가능한 진로로 항해하리라 예상되었다. 따라서 올덴도르프 소장은 이곳에다 함대를 구축할 계획이었다. 그는 자신의 전함과 중순양함을 해협 북단에 배치하고 구축함들을 해협 양안에 배치했다. 그 아래에는 로버트 리슨Robert A. Leeson 소령이 전술적으로 지휘하는 39척의 PT보트를 배치했다. 올덴도르프 소장은 이 소형 함대에는 적을 발견해 보고하는 것 말고는 별다른 기대를 하지 않았다. 하지만 이 소형 보트에 장착한 어뢰를 사용할 기회가 올 수도 있었다. 니시무라 제독이 지휘하는 전함 2척은 올덴도르프 소장이 지휘하는 함정 6척과 맞붙기 전에 PT보트와 구축함으로 조직된 긴 대형을 통과해야 했다.[28]

니시무라 제독이 운명의 항해를 감행하기로 결정한 것을 알 수 없었던 올덴도르프 소장에게는 '한 가지 불안'이 있었으니, '어쩌면 적이 오지 않을지 모른다는 것'이었다. 다시 말해 일본군이 자신들에게 닥칠 위험을 미리 간파하고 철수하지 않을까 하는 걱정이었다. 또다른 걱정은 탄약 상태였다. 그가 지휘하는 함정들은 애초 해안 포격 임무를 수행하기 위해 출항했기 때문에, 대함정용 장갑탄AP이 아닌 대지상용 고폭탄HE이 주로 적재되어 있었다. 16인치 함포가 장착된 메릴랜드함과 웨스트버지니아함에는 장갑탄이 440발밖에 없었다. 그래서 올덴도르프 소장은 예하 함장들에게 적이 20킬로미터 이내에 접근하기 전까지는 포격을 자제하라고 지시했다.[29]

니시무라 제독이 지휘하는 일본군 함대는 10월 24일에서 25일로 이어지는 자정을 조금 넘자 수리가오 해협에 들어섰다. 이와 거의 동시에 구리타 제독은 산베르나르디노 해협을 빠져나갔다. 그뒤 두 함대는 완전히 다른 상황에 직면했다. 니시무라 제독의 함대는 곧 미국군 PT보트 무리를 맞닥뜨렸다. 소형 보트들이 3척씩 무리를 지어 일본군 함정들을 공격했다. 이 보트에서 발사한 어뢰가 일본군 함정을 손상시키지는 않았지만, 일본군은 그것들을 피하기 위해 기동해야 했다. 올덴도르프 소장은 이러한 상황에 대한 보고를 받고서야 니시무라 제독이 지휘하는 일본군 함대의 기동을 파악할 수 있었다.

멀리 북쪽에서는 구리타 제독이 지휘하는 함대가 산베르나르디노 해협에서 나왔을 때 아무도 그들을 발견하지 못했다. 구리타 제독은 이런 상황에 깜짝 놀랐다. 그는 이 지점에서 미국군 함대와 치열한 전투를 펼칠 것을 예상했기에 모든 승무원에게 전투 태세를 갖추라고 지시했다. 하지만 일본군 함대가 필리핀해에 들어섰을 때 그들을 기다리는 것은 어둡고 텅 빈 바다뿐이었다. 어안이 벙벙해진 구리타 제독은 사마르 해안을 따라 남쪽으로 방향을 틀어 레이테의 미국군 상륙 해변으로 향했다.

한편 니시무라 제독이 지휘하는 일본군 함대는 성가시게 가로막는 PT 보트를 마구 쓸어냈다. 그러다 새벽 2시경에 일본군은 미국 해군 구축함 몇 척과 마주쳤다. 이 함정들은 제시 카워드Jesse Coward 대령이 지휘하는 제54 구축함 부대 소속으로, 성능이 향상된 어뢰를 장착하고 있었다. 이미 제대로 작동하기 어려울 정도로 파괴된 후소함을 이 어뢰 하나가 타격해 이 전함의 보일러실이 물에 잠겼다. 그러자 이 대규모 함정은 속도를 줄이고 우측으로 방향을 잡았다가 다시 방향을 틀었다. 또다른 어뢰는 전함 야마시로함에 명중했고, 3발은 구축함에 명중했는데 그중 2발은 야마구모함山雲을 거의 동시에 타격했다. 이 구축함은 즉시 폭발해버렸다. 이제 해협 중간 지대까지 진격한 니시무라 제독은 벌써 전투력의 절반을 상실했다. 그러자 그는 예하 부대를 심하게 다그쳤다.[30]

3시 30분경, 일본군의 남은 함정들이 미국군 대형 함정의 함포 사거리 이내로 들어왔다. 미국군의 순양함들이 먼저 다가오는 일본군 전함들을 향해 3000발 이상을 발포했다. 다음 차례는 전함들이었다. 전함들 중 3척은 새로운 마크 8 사격 통제 시스템을 갖추고 있었는데, 이들의 일제 포격은 매우 정확했다. 웨스트버지니아함에 탑재된 8문의 16인치 함포에서 발사된 1톤이 넘는 포탄이 올덴도르프 소장의 기함 루이빌함의 머리 위를 지나갔다. 나중에 올덴도르프 소장은 이에 대해 "높은 다리 위를 지나가는 열차 같은" 소리가 났다고 회고했다. 올덴도르프 소장이 걱정했던 장갑탄의 부족은 포격이 개시된 지 18분 만에 더는 포격할 표적이 없어져서 괜한 걱정이었던 것으로 밝혀졌다. 먼저 후소함이 침몰했는데, 이 전함의 선체는 마치 바다가 이 배를 낚으려는 것처럼 아래쪽으로 회전했다. 야마시로함은 조금 더 떠 있었으나 차츰 천천히 가라앉으면서 미국군을 향해 계속 전진하다가 곧 좌현으로 뒤집어지더니 가라앉았다. 침몰한 두 전함에 타고 있던 승무원은 총 3500여 명이었는데, 대부분이 사망했고 생존자는 20명에 불과했다.[31]

순양함 모가미함도 심각하게 피해를 입었지만 침몰은 면했다. 이 순양함에서는 함장과 작전 장교가 사망하자 선임 함포 장교가 지휘를 맡았다. 새 함장은 불구가 된 이 군함의 방향타를 빼내고 엔진만을 이용해 다시 해협을 따라 항해하려고 시도했다. 이 과정에서 모가미함은 시마 제독의 기함인 중순양함 나치함과 충돌했다. 이들은 순양함과 구축함으로 구성된 함대로, 니시무라 제독을 지원하기 위해 30노트로 북상 중이었다. 그뒤 시마함과 손상된 모가미함은 남쪽으로 물러났다. 올덴도르프 소장은 순양함을 보내 모가미함을 계속 추격하라고 지시했고, 순양함들은 포탄 10~20발로 모가미함을 타격했다. 그럼에도 모가미함은 침몰하지 않고 계속 떠 있었지만, 결국 이튿날 침몰했다. 이렇게 해서 니시무라 제독이 지휘하는 남부군은 사실상 전멸했다. 그가 지휘하는 7척의 공격 함정

중에 심하게 부서진 시구레함만 가까스로 침몰을 면했다. 이 구축함의 함장 니시노 시게루西野繁 중령은 도요다 제독에게 "시구레함을 제외한 모든 함정이 함포와 어뢰 공격을 받아 침몰했다"라고 보고했다.[32]

같은 날 아침, 북쪽으로 800여 킬로미터 떨어진 곳에서 미처 중장은 오자와 제독이 지휘하는 유인 함대를 향해 전면 공중 공격을 준비하고 있었다. 4시간 전인 새벽 2시 55분, 미국군 어뢰가 니시무라 제독의 전함에 명중하던 그 시점에 헬시 제독은 산베르나르디노 해협에 대한 감시를 포기한 채 항공모함 함대의 선두에 배치하기 위해 TF34를 조직했다. 사실 이 시각에 산베르나르디노 해협을 감시하는 것은 너무 늦은 일이었고, TF34를 결성한 것은 미국 항공기의 폭격으로 파괴된 일본군 함대의 나머지를 처리할 수 있는 사거리 이내로 접근하기 위해서였다. 그리고 이제 그의 지시에 따라 첫 번째 폭격기들이 항공모함에서 이륙하고 있을 때, 킨케이드 중장이 보낸 메시지가 헬시 제독에게 전달되었다. 올덴도르프 소장이 니시무라 제독의 일본군 함대를 상대로 수행한 전투의 진행 경과를 알리는 내용이었다. 그런데 이 메시지의 마지막 부분에서 킨케이드 중장은 마치 나중에 떠올랐다는 듯이 이렇게 물었다. "TF34가 여전히 산베르나르디노 해협을 지키고 있는가?" 이 질문에 헬시 제독은 깜짝 놀랐다. 왜 킨케이드 중장은 그렇게 생각했을까? 왜 그가 TF34에 대해 알아야 하는가? 이와 같은 의문 속에서도 헬시 제독은 다음과 같이 답장을 보냈다. "그렇지 않다. TF34는 적의 항공모함 부대와 교전 중인 항공모함 부대다." 이 메시지는 킨케이드 중장이 산베르나르디노 해협이 무방비로 방치되었음을 알게 된 첫 번째 계기였다.[33]

니시무라 제독이 지휘하는 함대가 수리가오 해협에서 전멸하고 핼시 제독이 오자와 제독의 항공모함 부대에 새벽 공습을 계획하고 있던 그날 밤, 구리타 제독이 지휘하는 전함과 순양함은 사마르 해안 동쪽을 따라 남쪽으로 진격했다. 레이더가 텅 빈 바다를 휩쓸며 어둠 속을 열심히 탐색했으나 별다른 성과가 없었다. 6시 27분에 해가 뜬 후에도 미국군은 보이지 않았고, 니시무라 제독의 함대가 전멸했다는 니시노 제독의 보고 메시지만 전달되었다. 구리타 제독은 전날 오후 아직 시부얀해에 있을 때 일본군 정찰기로부터 레이테만 남동쪽에 미국 항공모함 12척이 있다는 보고를 받았다. 그는 당연히 그것이 핼시 제독이 지휘하는 함대일 것으로 생각했고, 산베르나르디노 해협을 빠져나온 순간부터 그들과 마주치기를 기대했다. 그러던 중 아침 7시 몇 분 전, 수평선에 함정들이 보인다는 보고가 들어왔다. 구리타 제독이 즉시 쌍안경을 잡고 바라보니 바로 그곳에 미국 항공모함과 호위함들이 있었다. 그가 브루나이만에서 예하 함장들에게 약속했던 대로 마침내 미국 항공모함 부대와 싸울 기회를 맞은 것이다. 그는 도요다 제독에게 환희에 찬 메시지를 보냈다. "하늘이 주신 기회로 우리는 적 항공모함을 공격하기 위해 진격합니다." 구리타 제독은 전투 계획을 세우고 '총공격'을 지시했다.[34]

하지만 그 함정들은 핼시 제독이 지휘하는 항공모함 대함대가 아니었다. 핼시 제독의 함대는 오자와 제독을 공격하기 위해 북쪽으로 800여 킬로미터 떨어진 곳에 있었다. 구리타 제독이 발견한 함대는 레이테만 연안에 있던 호위 항공모함 그룹 가운데 가장 북쪽에 있던 클리프턴 스프래그Clifton Sprague 소장이 지휘하는 지프 항공모함 그룹인 태피3였다. 그로부터 남쪽과 수평선 너머에는 펠릭스 스텀프Felix Stump 소장이 지휘하는 태피2가 있었고, 그 너머에는 토머스 스프래그Thomas L. Sprague 소장이 지휘하는 태피1이 있었다. (토머스 스프래그 소장과 클리프턴 스프래그 소장은 해군 사관 학교 동기였지만 친척은 아니다.) 전체 호위 그룹의 지휘는 토머스 스프래그 소장이 맡았다. 이 세 호위 그룹은 당시 구리타 제독과 레이테만에 머물던 제7함대 수송 선단 사이에 존재하는 유일한 함대였다.

클리프턴 스프래그 소장은 미국 해군 사관 학교를 다니던 시절에 밴크로프트 홀의 복도를 이리저리 방향을 바꿔가면서 지그재그로 내려가는 습관이 있어서 '지기Ziggy'라는 별명이 붙은 인물이었다. 평생을 해군 항공사로 복무하던 그는 1936년에 구식 항공모함인 요크타운함에서 최초로 가속 장치 이륙catapult launch과 납포 착륙arrested landing을 실행한 조종사였다. 또한 1941년 일본이 진주만을 공격했을 때 수상기의 부속함인 탠지어함Tangier을 지휘했다. 그와 관련된 유명한 가십은 그의 아내가 소설가 스콧 피츠제럴드Scott Fitzgerald의 누나라는 사실이었는데, 그 남매는 상당 기간 소원한 관계였다.

1944년 10월 25일의 이 역사적인 아침에 스프래그 소장은 자신이 일본군의 대규모 수상 함대 인근에 있다는 사실을 전혀 알지 못했다. 6시 46분, 그는 자신의 주력함 팬쇼베이함Fanshow Bay의 함교에서 잠수함의 새벽 순찰 개시를 지켜보고 있었는데, 갑자기 레이더실에서 적을 발견했다는 보고가 들어왔다. 1분 후에는 세인트로함St. Lô에서 출발한 수색기가 적을 발견했다는 놀라운 보고를 했다. "전함 4척, 중순양함 4척, 경순양함 2척, 구축함 10~12척으로 구성된 적 함대가 귀관의 함대로부터 북서쪽으로 30여 킬로미터 떨어진 지점에서 30노트로 귀관을 향해 접근 중." 30여 킬로미터! 이 거리는 함포의 사정거리 이내였다. 스프래그 소장은 그럴 리가 없다고 생각해 조종사에게 다시 한번 정찰하라고 지시했다. "항공 관제사, 조종사에게 그가 보고한 내용을 다시 확인하게 할 것." 이에 따라 정

자신의 주력함 팬쇼베이함 함교 위에 불안한 표정으로 서 있는 클리프턴 '지기' 스프래그 소장. 이 사진은 1945년 4월 오키나와 앞바다 전투에서 촬영한 것이지만, 1944년 10월 25일 팬쇼베이함 선상의 긴장감을 잘 느낄 수 있다. (미국 국립문서보관소 no. 80-G-371327)

찰기 조종사는 기체를 낮추어 자세히 정찰한 뒤 재차 보고했다. "파고다 마스트pagoda mast(2차대전기 일본 전함 특유의, 장비와 무기를 층층이 쌓아올린 마스트)가 보이고, 내가 본 가장 큰 붉은색 고깃덩이 깃발이 내가 본 가장 큰 전함에서 휘날리고 있음." 더는 의심할 수 없는 이번 보고를 받자 스프래그 소장은 즉시 두 가지 명령을 하달했다. 첫째, 항공모함에 바람이 부는 방향으로 돌아서서 '모든 항공기를 출격시켜라'라고 지시했고, 둘째, 호위 구축함들에 연막 차장과 어뢰 발사를 지시했다. 이어서 그는 도움을 요청하기 위해 무전기를 잡았다.[35]

수리가오 해협 아래에서 올덴도르프 소장이 거둔 승리를 축하하던 킨케이드 중장은 곧이어 스프래그 소장의 무선 연락에 충격을 받았다. 그리고 7시 7분에 핼시 제독에게 급히 전갈을 보내 자신의 호위함들이 공격받고 있다고 보고했다. 그런데 킨케이드 중장이 보낸 메시지는 반드시 마누스를 경유해야 했기 때문에 그 메시지가 뉴저지함에 도착한 시각은 8시

22분이었다.[36]

　그사이 태피3 예하 구축함들은 일본 대형 함정들을 향해 질주했는데, 그 모양새가 마치 코끼리 떼를 향해 돌격하는 사냥개 같았다. 구축함 존스턴함Johnston의 함장 어니스트 에번스Ernest E. Evans 중령은 중순양함 구마노함熊野이 수평선에서 모습을 보이자마자 스프래그 소장의 명령이 하달되기도 전에 곧바로 돌진했다. 존스턴함은 건조된 지 1년밖에 안 되었고 승무원의 80퍼센트는 전투에 처음 투입된 이들이었는데, 에번스 중령은 승무원들이 비상사태에 익숙해지도록 수시로 훈련을 실시했다. 그 훈련의 결과가 이제 효과를 발휘했다. 에번스 중령은 다음과 같이 순차적으로 명령을 내렸다. "모든 승무원 비상사태 태세. 모든 엔진 최대 가동. 연막 차장 실시. 어뢰 발사 대기. 좌현 전타." 훗날 존스턴함의 포병 장교 로버트 헤이건Robert Hagen 중위는 이때를 이렇게 회상했다. "우리는 새총조차 없는 다윗 같았다." 존스턴함 뒤에는 구축함 호얼함Hoel과 헤르만함Heermann이 있었고, 이어서 호위함 새뮤얼로버츠함Samuel B. Roberts이 뒤따랐다. 4척의 함정 모두 5인치 함포를 발사하는 동시에 어뢰를 발사하고 연막 차장을 하면서 일본군 함대를 향해 돌진했다.[37]

　미국군 함정이 발사한 어뢰 몇 발은 일본군 함정에 명중했다. 이 어뢰들이 일본군 함대의 진격을 크게 늦추진 못했지만 일본군 함정들이 어뢰를 피하기 위해 방향을 이리저리 바꾸게 함으로써 적어도 미국군 항공모함이 항공기를 이륙시킬 시간은 벌었다. 그러는 사이에 일본군 함정들도 포격을 시작했다. 무거운 장갑탄이 미국 군함의 얇은 장갑을 그대로 관통했으나 폭발하지는 않았다. 하지만 다른 포탄이 폭발해 심각한 피해를 입혔다. 14인치 포탄 3발이 존스턴함에 연달아 명중했는데, 헤이건 중위는 "마치 트럭에 치이는 강아지 같았다"라고 회상했다. 이 같은 타격을 입은 존스턴함은 즉시 침몰하진 않았지만 나침반이나 레이더 없이 엔진만으로 조종해야 했다. 또한 어뢰를 모두 발사한 뒤에는 전방의 5인치 함포 2문에 의지해 계속해서 전투를 수행했다. 다른 호위함도 공격을 받았는데, 호얼함에 탑승한 승무원들은 총 40차례나 포탄에 맞았다고 회상했다. 새뮤얼로버츠함에는 "엔진실에 5인치 포탄이 쏟아졌"고 이 타격으로 증기 배관이 파괴되어 엔진실에서 근무하던 승무원들이 화상을 입었다. 결국 두 함정 모두 침몰했고, 존스턴함도 곧 가라앉았다. 에번스 중령이 승무원들에게 배를 버리라고 마지막 명령을 내리자 모두가 바다로 뛰어들었다. 구명조끼를 입고 떠다니던 미국군 승무원들은 근처를 지나가던 일본 구축함이 쏘는 기관총을 맞을까봐 두려웠다. 태평양 전쟁 때 양측 모두 그런 행동이 일반적이었기 때문이다. 그런데 일본군 구축함이 지나갈 때 함교에 있던 장교가 자신들에게 경례하는 것을 보고 깜짝 놀랐다.[38]

태피3 구축함들이 일본군을 향해 필사의 각오로 돌진하는 동안 스프래그 소장의 항공모함에서 출격한 항공기들도 공격을 개시했다. 이 항공기들은 오래된 어벤저스 정찰기와 와일드캣 정찰기로 주로 대잠 순찰, 지상군을 위한 해안 지원 등에 사용되었다. 따라서 이 정찰기들은 장갑 군함과의 전투를 위한 장비를 갖추지 못한 상태였다. 와일드캣 정찰기에는 고작 50구경 기관총만 있었다. FM-2 와일드캣 항공기 1대는 약 30초 동안 사격할 수 있는 탄약을 가지고 있어서 보유한 탄약을 순식간에 소모했다. 항공기 중 일부는 탄약을 모두 사용한 뒤에도 계속해서 일본군 함정을 상대로 단순 비행을 실시했는데, 전함과 순양함의 함교를 윙윙거리며 비행해 그들이 계속 공격받고 있다는 인상을 주려는 의도였다. 킷쿤베이함Kitkun Bay에서 출격한 와일드캣 항공기 조종사 폴 개리슨Paul B. Garrison 중위는 일본군 전함에 10회 정도 사격한 뒤 탄약이 없는 상태로 10회나 더

어니스트 에번스 해군 중령은 1944년 10월 25일 사마르 전투 당시 구축함 존스턴함의 함장이었다. 그는 강력한 전함과 순양함으로 구성된 일본군 수상 함대에 정면 공격을 실시했고 그로써 일본군의 공격을 지연시켰다. 이 전투에서 전사한 에번스 중령에게는 명예 훈장이 추서되었다. (미국 해군 역사유산사령부)

휘젓고 다녔다.[39]

일반적으로 해전에서는 혼란스러운 상황이 전개되곤 하지만, 레이테만 해전은 특히 주간 전투여서 더욱더 혼란스러웠다. 구리타 제독이 변칙적인 돌격을 실시하고 스프래그 소장이 서둘러 반격하는 와중에 양측 함정들이 서로를 방해하기도 하고 때로는 독자적으로 움직이기도 했다. 짙은 연막 차장, 간헐적 폭우와 스콜, 물속의 어뢰, 상공의 항공기들 탓에 양측 지휘관 다 정상적인 전투 감각을 발휘할 수 없었다. 구리타 제독은 여전히 자신이 헬시 제독이 지휘하는 거대한 항공모함들과 마주하고 있는 줄 알았는데, 몇 척은 이미 타격을 입었음이 확실했다. 그중에 캘리닌베이함Kalinin Bay은 15차례나 타격을 입었지만 용케 물 위에 떠 있었다. 하지만 운이 나빴던 갬비어베이함Gambier Bay은 1940년에 북해에서 침몰한 글로리어스함 이후 침몰한 첫 항공모함이 되었다.[40]

전투가 지속되는 내내 스프래그 소장과 킨케이드 중장은 지속적으로 상급 부대에 도움을 요청하는 무선 통신을 보냈는데, 이들이 보낸 신호는 지난번보다 훨씬 강한 경각심을 불러일으켰다. 스프래그 소장의 함대가 일본군의 공격을 받고 있다고 핼시 제독에게 보고한 지 20분이 지났을 때 킨케이드 중장은 또다시 핼시 제독에게 다음과 같은 소식을 보냈다. "레이테만을 엄호할 수 있도록 최고 속도로 기동하고 쾌속 항공모함으로 타격할 것을 리 제독에게 요청한다." 그리고 10분 후의 메시지는 이랬다. "상황이 심각함. 전함과 쾌속 항공모함 공격 요청은 적의 레이테만 침공을 막기 위한 것." 그리고 마지막 메시지는 암호화되지 않은 평문으로 이런 내용이었다. "리 제독은 어디에 있는가? 리 제독을 보내시오."[41]

한편 핼시 제독은 레이테만 전투가 절정에 달한 8시 22분에 킨케이드 중장이 보낸 지원 요청을 접수했다. 하지만 당시에 그의 항공기들은 오자와 제독의 항공모함들을 상대로 첫 번째 공격을 펼치는 중이었고, 핼시 제독이 있는 곳에서 대응하기에는 거리가 너무 멀었다. 당시 핼시 제독의 첫 생각은 "어떻게 킨케이드 제독이 '지기' 스프래그 소장을 이렇게 위험에 빠지도록 내버려두었을까?"였다. 그는 여전히 교두보를 엄호하는 임무는 전적으로 킨케이드 중장의 책임이라고 생각했기에, 전쟁이 끝난 후 발간한 회고록에서 "제7함대를 지키는 것은 내 임무가 아니었다"라고 주장했다. 하지만 맥아더 장군은 공격 부대에 대한 "제3함대의 전폭적인 지원이 필수적이고 가장 중요하다"라는 점을 상기시키곤 했었다. 핼시 제독은 아직 울리시에서 접근하고 있는 매케인 제독의 항공모함 부대에 항로를 변경해 서쪽으로 향하라고 명령했는데, 당시 매케인 제독의 부대는 스프래그 소장이 있는 곳에서 500여 킬로미터 떨어져 있었으므로 제시간에 도착할 가능성은 높지 않았다. 그러나 핼시 제독은 리 제독의 쾌속 전함을 파견하지 않았다. 만약 그가 리 제독의 전함들을 즉시 보냈다면 필리핀 동부에서 구리타 제독을 가두기 위해 제시간에 산베르나르디노 해협에 도착했을 것이다. 하지만 핼시 제독은 미국군 항공기의 폭격으로 고장

난 일본 항공모함을 공격하는 데 온전히 초점을 맞추고 있었던 그는 뉴저지함의 함교에서 다른 사람이 아닌 스스로에게 이렇게 소리 내어 중얼거렸다. "나는 무엇인가를 한번 시작하면 기필코 끝장을 보는 성격이야."[42]

그날 아침에 무전을 들은 이들이 핼시 제독과 킨케이드 중장만은 아니었다. 필리핀 현장에서 8000여 킬로미터 떨어진 진주만에 있던 니미츠 제독은 킨케이드 중장과 스프래그 소장이 도움을 요청하는 애처로운 요구가 점점 강해지고 있다고 지적했다. 그 역시 일본군의 구리타 제독이 어떻게 산베르나르디노 해협을 들키지 않고 통과했는지 의아했고, 킨케이드 중장과 마찬가지로 TF34의 일부가 이 해협을 지키기 위해 일부 부대를 주둔시켰으리라고 생각했다. 그는 전투 도중에 함대 사령관을 방해하고 싶지는 않았지만 적어도 그에게 질문은 할 수 있다고 생각했다. 그래서 핼시 제독에게 질문을 보내면서 사본을 킨케이드 중장과 킹 제독에게도 보냈다. 니미츠 제독의 질문은 간단했다. "TF34는 어디 있는가?"

전쟁 기간 내내 해군 통신은 적이 암호를 해독하지 못하게 하려고 메시지의 시작 부분과 끝부분에 '패딩padding', 즉 메시지 내용과 무관한 문구를 넣었다. 그리고 패딩이 메시지에 포함되지 않도록 시작 부분과 끝부분에 이중자음을 넣었는데, 통상 수신 부대의 무선 담당관이 메시지 수신자에게 전달하기 전에 패딩을 삭제했다. 이날 니미츠 제독이 핼시 제독에게 보낸 메시지는 이렇게 구성되었다.

TURKEY TROTS TO WATER GG FROM CINCPAC ACTION COM THIRD FLEET INFO COMINCH CTF SEVENTY-SEVEN X WHERE IS RPT WHERE IS TASK FORCE THIRTY FOUR RR THE WORLD WONDERS 태평양 지역 사령관이 제3함대 사령관에게. TF34는 어디 있는가?[43]

그런데 이날 뉴저지함의 통신 담당관은 단말기의 패딩이 메시지의 일부처럼 들린다고 생각해서 이 패딩을 삭제하지 않은 상태로 니미츠 제독이 보낸 메시지를 핼시 제독에게 전달했다. 평상시처럼 차분했다면 핼시 제독은 'THE WORLD WONDERS(세상이 궁금해한다)'라는 구절 앞에 쓰인 'RR'을 알아보았을지 모른다. 하지만 당시 그는 전쟁에서 그 전투가 결정적 해전이 되기를 바랐던 데다 킨케이드 중장의 거듭된 지원 요청으로 과도할 정도로 긴장한 상태였다. 그런 상태에서 니미츠 제독이 보낸 메시지를 읽자 그만 폭발하고 말았다. 나중에 그는 "마치 얼굴을 한 방 얻어맞은 것 같았다"라고 썼다. 그는 곧장 메시지가 적힌 종이를 갑판에 던지고 발을 쾅쾅 굴렀다. 당시 상황을 목격한 사람은 "니미츠 제독이 무슨 권리로 내게 이런 말도 안 되는 메시지를 보내는 거야?"라고 소리쳤다고 전했다. 이때 그의 참모장 카니가 그의 어깨를 붙잡으며 이렇게 소리쳤다. "진정하십시오! 도대체 왜 이러시는 겁니까? 정신 차리세요!"[44]

하지만 핼시 제독은 즉시 새로운 명령을 내리지는 않았다. 그러는 대신 참모장 카니와 함께 함교를 떠나 사령관실로 내려가 1시간 남짓 머물렀다. 핼시 제독이 지휘하는 함대가 25노트의 속도로 레이테만에서 북쪽으로 계속 이동하고 있던 그 시간 동안 지휘관 사무실에서 무슨 일이 일어났는지는 아무도 모른다. 핼시 제독은 결국 11시 15분에 함교로 돌아와 즉시 리 제독이 지휘하는 전함에 선회를 명령했다. 핼시 제독이 지휘관실에 머물렀던 시간 동안 리 제독의 전함들이 북상한 거리를 메우는 데에는 1시간이 더 걸릴 터였다.[45]

갑자기 방향을 바꿔 이동하는 전함들에게 공중 엄호가 필요했으므로, 핼시 제독은 보건 제독이 지휘하는 항공모함 부대에 전함과 함께 이동하라고 지시했다. 다른 두 항공모함 부대는 그가 오자와 제독의 부대를 격파할 때 운용하려고 미처 중장과 함께 남겨놓았다. 나중에 엔가뇨곶 전투 Battle of Cape Engaño로 알려진 이 전투에서 미처 중장이 지휘하는 항공모함 2개 부대는 오자와 제독의 유인 항공모함 4척을 모두 격침함으로써 미드웨이 해전과 동일한 전과를 올렸다. 이때 격침된 항공모함 중에는 주이카쿠함이 포함되었는데, 이 항공모함은 3년 전에 진주만을 공격했던 항공모함 6척 중 유일하게 생존한 것이었다. 다만 하이브리드 전함 이세함과 휴가함日向, 그리고 경순양함과 구축함 등 몇몇 함정은 도주했다.

══════

구리타 제독도 탈출했다. 혼란 속에서 순양함 2척을 잃었지만, 오전 9시가 되자 구리타 제독은 2시간의 전투 끝에 자신의 함대가 전투를 상당히 잘하고 있다고 믿을 만한 이유가 생겼다. 곤고함, 야마토함, 하구로함의 함장들이 각각 미국군 엔터프라이즈급 항공모함을 침몰시켰다고 보고했고, 감시병과 함포병은 자신들이 침몰시킨 플레처급 구축함을 볼티모어급 순양함으로 과장해서 보고했다. 이처럼 자신이 세운 전공을 부풀려서 보고하는 경향은 다음과 같은 사실을 고려하면 이해하기가 쉽다. 그전까지 미국과 일본 수상 함대 사이의 충돌은 모두 야간에 발생했다. 그래서 구리타 제독의 함대에 타고 있던 일본 해군 승무원 중 누구도 주간에 미국의 항공모함과 순양함을 본 적이 없었다. 결국 그때까지 예하 부대에서 들어온 보고를 토대로 구리타 제독은 3~4척의 항공모함과 동일한 대수의 순양함 및 구축함 3척을 격침했으니, 결국 헬시 제독이 지휘하는 항공모함 부대 중 하나를 격파했다고 파악한 것이다. 더구나 그는 즉각적인 지원을 요구하는 패닉 상태의 미국군 무전 메시지를 가로챘는데, 이를 통해 두 번째 미국 항공모함 부대가 북쪽에서 자신에게 접근하고 있다는 것을 알았다. 이는 엄밀히 말하면 맞는 상황이었지만, 북쪽에서 접근하는 항공모함 부대는 여전히 수백 킬로미터 떨어진 곳에 있었을뿐더러 긴급한 위협도 아니고 현실성 있는 잠재적 목표도 아니었다. 하지만 자신이 지휘하는 함정들이 50여 킬로미터 전방에 펼쳐져 있고 전장이 혼란스러운 상황이었기에 예하 부대의 위계질서를 확립할 필요가 있었다. 이에 미국군의 공중 공격이 활발하게 진행되고 있던 9시 11분에 구리타 제독은 예하 함정들을 다시 조직하라고 지시했다. 하지만 다시 개편할 틈도 없이 순양함 2척이 추가로 침몰했다. 미국군 항공기들이 9시 18분에서 25분 사이에 지쿠마함筑摩과 초카이함에 치명상을 입힌 것이다. 이로써 구리타 제독이 보유한 함정 4척 중에 온전한 함정은 이제 중순양함 2척에 불과했다.[46]

그런데 그로부터 1시간 30분 동안, 정확하게는 9시 15분에서 10시 45분까지 구리타 제독이 구사한 작전은 이해하기 어려운 것이었다. 당시 그가 한 행동에 대한 설명도 명확하지 않고 이해하기도 어렵다. 1863년에 링컨 대통령이 윌리엄 로즈크랜스William S. Rosecrans 장군에 대해 말한 표현처럼 그는 마치 '머리를 얻어맞은 오리처럼' 지치고 혼란스러웠을 것이다. 종전 후 구리타 제독은 당시 상황을 묻는 사람들에게 "내 마음이 극도로 지쳤다"라고 말했고, 하라 다메이치 대령에게는 당시 자신이 '완전히 신체적 탈진 상태'였다고 말하기도 했다. 어쩌면 그는 다른 미국 항공모함 그룹을 찾고 있었는지도 모른다. 어쨌든 11시 20분(핼시 제독이 리 제독의 함대에 남쪽으로 향하라고 명령한 바로 그 순간)에 구리타 제독은 도요다 제독에게 '레이테만을 통과하기로 한 계획'을 실행하기 위해 남서쪽으로 방향을 틀었다고 보고했다. 하지만 이와 같은 보고가 진행된 것과 거의 동시에 그는 미국 항공모함 부대가 얼마 떨어지지 않은 북쪽 지점에 있다는 항공기 정찰 보고를 받았는데, 나중에 이 보고는 오류로 판명되었다. 구리타 제독이 작성한 전투 보고서를 보면 그는 미국군 항공모함 대부분이 도망쳤을 것으로 추정되는 레이테만으로 들어가기보다는 새로 등장한 항공모함 부대를 공격하는 것을 '더 현명한 일'로 보았다. 그는 "그렇게 결심한 직후, 우리는 북쪽으로 방향을 틀었다"라고 썼다. 종전 이후 고야나기 장군도 "적의 다른 항공모함 부대를 찾아 북쪽으로 진격했다"라고 명확하게 발언했다.[47]

이처럼 일본군 함대가 떠나는 것을 지켜보면서 '지기' 스프래그 소장은 훗날 "내 눈을 믿을 수 없었다"라고 말했다. 구리타 제독이 지휘하는 대형 함정들이 처음 등장한 그날 아침, 그는 사실 15분간이라도 버틸 수 있을까 싶었다. 그런데 4시간이 지났을 때 일본군이 전투를 포기한 것이다. 기함에 탑승한 신호수는 4시간 동안 지속된 전투 속에서도 유머 감각을 잃지 않고 "제기랄, 적들이 도망간다!"라고 소리쳤다.[48]

당시 목격자들은, 승리를 눈앞에 둔 것처럼 보였는데 갑자기 북쪽으로 이동한 구리타 제독의 결정에 당황스러워했고, 훗날 역사학자들 역시 혼란스러워했다. 구리타 제독과 참모장은 더 많은 항공모함을 추격하기 위해 북쪽으로 기동했다고 주장했다. 만약 그의 말이 사실이라면 그는 반드시 오래 기동했어야 했는데, 교전할 정도로 가까운 곳에 미국군 항공모함들이 있었다 하더라도 그러한 발상은 상당히 위험한 것이었다. 미국군 항공기들이 그의 함대를 발견하고 격침하기 전에 그가 대낮에 대구경 함포를 사용할 수 있을 정도로 미국 항공모함에 접근해야 했으니 말이다. 그런데 그런 설명은 구리타 제독의 성격과 일본 해군의 문화, 그리고 미국 해군의 문화에 상당 부분 합치한다. 핼시 제독과 구리타 제독 모두 결전의 중요성을 강조하는 전문 직업주의적 기풍을 신뢰하는 인물이었고, 두 사람 모두 매헌의 이론을 신봉했으며, 적의 항공모함 파괴에 집착했다. 구리타 제독은 텅 빈 미국군 항공모함을 침몰시키는 임무를 받아들이지 않았으며, 핼시 제독 역시 이들을 보호해야 할 책임이 있다는 사실을 수용하지 않았다. 구리타 제독은 전후에 실시된 유일한 인터뷰에서 "적 항공모함 파괴는 내게 일종의 집착이었고, 그것 때문에 나는 희생되었다"라고 기자에게 말했다. 아마도 핼시 제독 역시 동일하게 말했을 것이다.[49]

그날 오후 구리타 제독이 유령 같은 미국 항공모함 부대를 좇아 북쪽으로 향할 때, 매케인 제독이 지휘하는 기동 부대의 장거리 항공기가 그의 함대를 공격했다. 그러나 구리타 제독은 미국군 항공모함을 찾지 못했고, 그날 밤 9시 40분에 산베르나르디노 해협에 도착했을 때 예하 함정들에 해협 안쪽으로 들어가라고 지시했다. TF34의 선두 전함들은 2시간 남짓 지나서 그곳에 도착했는데, 핼시 제독과 그의 참모장 카니가 작전 지휘소에서 당면한 위기에 어떻게 대응할지 결정하려고 애쓰는 사이에 흘러간 2시간이 새삼 중요하게 생각되는 상황이었다. 매케인 제독의 항공기들은 시부얀해를 가로질러 가던 구리타 제독의 함정을 공격했는데, 이 과정에서 야마토함에 큰 피해를 입혔다. 결국 10월 28일에 구리타 제독은 브루나이만에 복귀했는데, 6일 전에 출항했던 함정 중 정확히 절반만 생존한 상태였다.

여기에는 에필로그가 있다. 사마르 전투가 끝나갈 즈음 필리핀의 일본 지휘관들은 '특공special attack' 또는 '가미카제神風' 항공기의 첫 번째 편대를 투입했다. 10월 25일 아침, 태피3가 구리타 제독의 대형 함선들과 필사적으로 싸우는 동안 일본군 가미카제 조종사 3명이 자신의 항공기를 몰고 산티함Santee, 수와니함Suwannee, 세인트로함 등 미국의 지프 항공모함에 뛰어들었다. 일본군의 예상치 못한 공격을 받은 이들 중 두 항공모함의 승무원들은 가까스로 피해를 막았지만, 세인트로함에서는 가미카제 항공기의 폭탄이 격납고 갑판에서 터지면서 순식간에 불이 번졌다. 결국 이 함정은 갬비어베이함에 이어 침몰한 항공모함으로 기록되었다.[50]

========

레이테만 해전은 역사상 가장 큰 규모의 해전이었다. 비록 구리타 제독이 지휘하는 일부 수상 함대가 탈출하고 오자와 제독이 지휘한 함대 전체를 파괴하지 못해서 핼시 제독에게 좌절을 안겼음에도 이 전투는 미국의 압도적 승리였다. 이 전투에서 미국군은 소형 항공모함 프린스턴함, 호위함 2척, 구축함 2척, 구축함 1척을 잃은 반면, 일본군은 항공모함 4척, 전함 3척, 중순양함 6척, 경순양함 4척, 구축함 13척을 잃었다. 이런 결과는 예상했던 전과를 훌쩍 넘어서는 것이었다. 고야나기 제독은 일본 해군이 입은 이러한 손실이 "그동안 전투를 효과적으로 치르던 일본 해군의 붕괴를 촉진했다"라고 시인했다.[51]

이번 전투의 여파로 핼시 제독과 구리타 제독 모두 절호의 기회를 놓친 것 때문에 괴로워했다. 특히 구리타 제독은 전쟁이 끝난 뒤에야 비로소 자신이 겨우 돌파구를 열었다는 사실을 알게 되었고, 미국군의 대형 항공모함 대신 소형 항공모함과 전투했다는 사실도 알게 되었다. 결국 두 사람 모두 조직과 동료들에게서 비난을 받았는데, 매우 따끔한 비난도 있었으나 상관들에게서는 지지를 얻었다. 니미츠 제독은 핼시 제독이 산베르나르디노 해협을 무방비 상태로 방치한 결정에 화를 냈지만, 공식적으로 그와 킹 제독은 핼시 제독의 지휘와 행적을 모두 승인했다. 그 결과 핼시 제독은 제3함대의 지휘권을 유지했다. 반면 구리타 제독에게 가해진 비판 중 일부는 상당히 과격해서 일본 해군 총참모부는 그를 암살로부터 보호하기 위해 에타지마의 해군 사관 학교장으로 임명했다.

26장

조여드는 올가미

1944년 10월 23일 새벽, 팔라완 해협에서 미국군 잠수함 다터함과 데이스함이 일본군 중순양함 3척을 파괴한 것은 필리핀 전투와 태평양 전쟁 기간에 미국군 잠수함이 수행한 중요한 역할을 보여주는 한 가지 사례일 뿐이다. 같은 날 타이완 해협에서는 잠수함 탕함Tang의 함장 리처드 오케인Richard O'Kane이 일본 호송대를 공격해 화물선 3척과 수송선 1척을 침몰시켰다. 그리고 채 24시간이 지나지 않아 다른 호송대의 화물선 2척을 추가로 침몰시켰다. 그가 침몰시킨 선박 중 일부는 제작된 항공기와 항공기용 연료를 운반했는데, 구리타 제독은 호송대가 시부안해 통과를 엄호할 수 있으리라 기대했다. 하지만 이 선박들은 현장에 도착하기 전에 이미 손실되었다. 이 사건으로 미국군 잠수함이 전쟁에 미친 간접적 영향을 확인할 수 있다. 군사 작전을 수행하는 데 필요한 물자와 장비, 특히 연료가 부족해지자 일본의 육군·해군·공군은 점차 마비되어갔다.[1]

잠수함을 운용하는 것은 사실 매우 위험한 일이었다. 오케인 함장은 10월

24일에서 25일로 넘어가는 자정이 막 지난 시각에 24번째이자 마지막 어뢰를 발사했다. 그런데 발사관을 떠난 어뢰가 빠르게 수면 위로 떠 오르더니 급작스레 왼쪽으로 틀어 원을 그리며 잠수함으로 되돌아왔다. 오케인 함장은 잠수함 방향을 왼쪽으로 끝까지 돌리라고 지시했지만, 때늦은 명령이었다. 결국 어뢰가 탕함의 어뢰실에 명중해 이 잠수함은 곧 침몰했다. 오케인 함장은 생존자 9명 가운데 한 사람이었는데, 이들은 모두 일본군 정찰선에 의해 구조되어 남은 전쟁 기간에 포로 수용소에서 지냈다.[2]

종합적으로 검토하자면, 탕함과 같은 미국군 잠수함은 일본의 전시 경제 전반에 치명적일 정도로 전략적 영향을 미쳤다. 전쟁 초기에 잠수함들은 대부분이 성가신 존재였으나, 1944년까지 평균 40~50척의 미국군 잠수함이 매 순간 서태평양을 순찰했고, 이들의 활동 때문에 일본 경제는 폐쇄될 지경에 이르렀다. 그중 100여 척은 진주만에서 출발해 작전을 수행했는데, 목표물을 공격하기 위해 장거리를 운항해야 했으며, 연료 공급을 위해 종종 미드웨이나 괌에 들렀다. 또다른 40여 척은 오스트레일리아의 프리맨틀 서쪽 해안이나 브리즈번 동쪽 해안에 근거지를 두었다. 찰스 록우드Charles Lockwood 제독은 브리즈번에서 출격한 잠수함 부대를, 랠프 월도 크리스티Ralph Waldo Christie 제독은 프리맨틀에서 출격한 잠수함 부대를 지휘했다. 미국 워싱턴의 해군 전문가들이 어뢰 오작동 관련 불만 사항을 심각하게 받아들이도록 문제를 제기한 사람이 바로 록우드 제독이다. 한편 크리스티 제독은 프리맨틀의 부두에서 복귀하는 잠수함을 기다렸다가 승무원들을 축하하고 훈장 나눠 주기를 좋아했다. 그의 행동은 잠수함 승무원의 사기에 긍정적 영향을 미쳤지만, 정작 크리스티 제독에게는 훈장을 발행해서 수여할 권한이 없었기 때문에 이를 둘러싸고 킨케이드 중장과 마찰을 빚기도 했다. 결국 두 제독 사이의 갈등은 심각하게 변질되어 킨케이드 중장이 상부에 크리스티 제독의 해임을 건의하기에 이르렀다. 그 결과 1944년 11월에 크리스티 제독은 퓨젓사운드만의 해군 조병창으로 보직 이동되었고 그의 후임으로 제임스 파이프James Fife 소장이 임명되었다.[3]

미국군의 새로운 발라오급 잠수함은 이전 기종에서 여러 가지가 개선되었다. 무엇보다 크기가 더 커져서 배수량이 1500톤에 달했는데, 이는 독일군 7형 유보트의 2배 크기로, 일반 호위 구축함보다도 컸다(레이테만에서 침몰한 구축함 새뮤얼로버츠함은 1350톤이다). 이 기종은 압력 선체의 강철이 더 두껍고 단단해서 100여 미터, 심지어 150미터까지 잠수할 수 있었다. 오케인 함장은 탕함을 지휘할 때 180미터까지 잠수하기도 했다. 이 신형 잠수함에는 항공 수색(SC)과 수상 수색(SG) 레이더뿐만 아니라 어둠 속에서도 좀더 잘 보이는 야간 관측망도 설치되었다. 그리고 잠수하는 동안에 함정의 프로펠러 소리를 추적하는 음향 어뢰도 보유했다(이 어뢰는 '큐티Cutie'라는 별칭으로 불렸다).[4]

하지만 잠수함 근무는 여전히 힘든 일이었다. 규모가 큰 신형 잠수함에는 더 많은 병력이 탑승했고, 작전 기간도 길었으며(통상 45~60일 또는 어뢰가 소모될 때까지), 일상적인 활동을 하기가 여전히 번거로웠다. 예를 들어 발라오급 잠수함의 변기 옆에는 다음과 같은 안내문이 붙어 있었다. "플랩밸브를 잠그고, 바닷물이 유입되는 밸브를 열어 물통을 가득 채운 뒤 밸브를 잠근다. 볼일을 본 뒤에는 플랩밸브를 작동해 내용물을 배출실로 비운 뒤 플랩밸브를 닫는다. 변기 압력이 해상 압력보다 10파운드(4.5킬로그램) 높아질 때까지 볼륨 탱크를 충전한다. 배출관의 입구 및 플러그밸브를 열고 라커밸브를 작동해 배출실의 내용물을 잠수함 밖으로 배출한다." 이러한 지침을 정확히 따르지 않으면 불쾌하고 지저분한 사태가 벌어질

1943년 12월 마레섬 해군 조병창 앞바다에 등장한 이 탕함과 같은 발라오급 잠수함은 기존 잠수함에 비해 훨씬 크고 효율적이었다. 이 잠수함들이 1944년에 일본의 해운업을 완전히 파괴했다. (미국 해군 역사 유산사령부)

수 있었다.[5]

이처럼 어찌할 수 없는 불편이 여전히 존재하긴 했지만 1944년이 되면서 미국군 잠수함 승무원의 삶의 질은 크게 향상되었다. 때때로 샤워도 할 수 있었고, 식사는 상당히 개선되었다. 한 잠수함 함장은 "우리 냉장고에는 뼈가 붙은 고기는 물론 스테이크, 구이, 볶음, 햄버거 등을 위한 다양한 고기가 가득했다. 제빵사는 신선한 빵, 롤, 케이크, 쿠키를 준비하기 위해 새벽 3시에 일어난다"라고 보고했다. 잠수함에는 대부분 '개방 정책'을 실시했는데, 이를 통해 승무원들은 24시간 내내 신선한 커피와 차가운 햄과 샌드위치를 먹을 수 있었다. 다수의 잠수함에는 코카콜라 자판기가 비치되었는데, 한 함장은 이것이야말로 '진정한 사기 진작책'이었다고 말했다. 승무원들은 정기적으로 전방 어뢰실에 모여 영화도 보았다. 이 같은 사치는 독일의 '철관' 잠수함 승무원들은 물론, 일본군이나 영국군 잠수함

승무원들 역시 상상하기 어려운 일이었다.[6]

개전 이후 약 2년 동안 미국의 소형 구식 잠수함은 개별적으로 모험에 나섰다. 그러나 1944년부터는 대체로 3척 혹은 4척으로 구성된 그룹으로 활동했다. 이 그룹의 공식 명칭은 '조율된 공격 조직CAGs: coordinated attack groups'이었으나, 실제로는 독일 해군에서 그랬듯이 '울팩'이라고 불렀다. 잠수함 조직의 명칭은 대부분 고위 장교를 내세워 다소 기발하게 명명되었다. 예를 들면 루 파크스Lew Parks 대령 휘하 '파크스의 해적들Park's Pirates', 얼 하이드먼Earl T. Hydeman 중령 휘하 '하이드먼의 악당들Hydeman's Hellcats', 버트 클래크링Burt Klakring 대령 휘하 '버트의 빗자루들Burt's Brooms'과 같은 별칭이 있었다.[7]

한편 미국군의 신형 잠수함은 매우 효율적이었다. 오랫동안 지적되던 어뢰 문제는 대체로 해결되었는데(탕함에서 발견된 문제에서 알 수 있듯이, 일부 문제는 여전히 해결되지 않았다), 그 덕분에 격침되는 일본 선박 수가 크게 늘었다. 1942년에 미국군 잠수함은 총 61만 2039톤의 선박을 침몰시켰는데, 1944년에는 238만 8709톤으로 증가해 약 4배에 달했다. 이는 1942년의 '행복한 시절'에 되니츠 제독의 유보트들이 파괴한 것과 비교하면 낮은 수치이지만, 일본의 전체 선적 규모를 고려하면 그 비율은 훨씬 높았다. 1941년에 일본은 약 640만 톤의 상선을 보유했다. 그런데 전쟁 중에 상선 350만 톤을 추가했으나, 1944년에 보유한 상선은 절반 수준에 불과해 그해 말에는 250만 톤에도 미치지 못했다. 적이 침몰시킬 수 있는 것보다 더 빠른 속도로 선박을 제조해 현장에 투입했던 미국과 달리, 일본에서는 상선이 지속적으로 감소했다.[8]

미국군이 성공한 또다른 이유는 일본의 대잠수함전이 별다른 효과를 거두지 못했기 때문이다. 일본 호위함은 음파 탐지기와 폭뢰를 보유했으나, 일본군 승무원들은 대서양의 영국군이나 태평양의 미국군보다 훨씬 비효율적이었다. 한번은 발라오급 잠수함 뱃피시함Batfish이 일본 호송대에 여러 차례 어뢰를 발사하고서는 바다 깊은 곳으로 피신해 12시간 이상을 머물렀다. 이때 일본군 구축함들이 미국 잠수함 근처에 연달아 수백 개의 폭뢰를 투하했는데, 어느 것도 뱃피시함을 손상시키지 못했다. 한편 장기간 잠수 때문에 잠수함 내부 공기가 탁해지기 시작했을 때, 뱃피시함의 함장 웨인 메릴Wayne Merrill 소령은 수중에서 피신하다가 숨이 막혀 죽는 것보다는 수상에서 싸우다 죽는 편이 낫겠다고 판단했다. 결국 뱃피시함은 짙은 안개 속으로 몰래 떠오른 뒤 슬금슬금 도주했다. 물속에서 조용히 기다리며 주변에서 적의 폭뢰가 터지는 것을 오래 견뎌야 하는 것 역시 심리적 소진을 유발했다. 반복되는 충격으로 종종 전구가 산산조각 나고 격벽의 코르크 안감이 느슨해지기도 했으나, 선체가 압력을 유지하는 한 잠수함은 생존했다. 일본군이 해상전의 다른 분야에서는 대부분 탁월할 정도로 효율적이었다는 것을 생각할 때, 그들이 유난히 심해 폭뢰 공격에서 비효율적이었다는 사실은 흥미로운 점이다. 이런 대목은 적어도 부분적으로는 문화에 대한 설명으로 이해할 수 있다. 일본 해군은 방어보다 공격을 높이 평가했고, 일본군 공격수들은 어뢰 공격을 완벽하게 하기 위해 많이 노력했다. 그래서 목재로 된 상선을 호위하거나 보이지 않는 미국군 잠수함의 위치를 파악하기보다는 눈에 잘 띄거나 잘 드러나는 일에 열중하려는 성향이 강했다.[9]

일본 선박이 점차 고갈되면서 살아남은 선박의 효율성도 크게 감소했다. 화물을 취급하는 선박이 심각할 정도로 부족했기 때문이다. 일본은 1944년까지 징병제를 실시해 경험 많고 숙달된 선원들이 모두 입대했다. 그사이 일본은 항구 및 부두 노동을 필리핀·한국·중국 등 그들이 정복한 지역에서 강제로 데려온 부두 노동자나 일본 여성, 심지어 미국인 포로에게 의존했다. 또다른 문제는 일본군이 호송대 보호를 꺼렸다는 점이다. 일본군은 1943년 말까지 호송대를 운용하지 않다가 1944년 봄부터 일상화했다. 하지만 이 시기에도 상선을 보호할 호위함이 없어서 호송이 몇 주씩 지연되곤 했다. 이러한 상황에서는 안전한 지역으로 추정되는 곳에 선박을 개별적으로 내보내는 것이 현명해 보였다. 하지만 1944년에 접어들자 더는 안전한 곳이 없었다. 1943년 10월, 일본인들에게 충격을 안긴 사건이 벌어졌다. 모턴 중령이 3척의 잠수함으로 구성된 잠수함 그룹을 이끌고 당시 일본의 식민지이던 한국의 동해로 들어가 일본인들이 '천황의 욕조'로 여기는 곳에서 병력 수송선을 침몰시킨 것이다. 며칠 뒤 모턴이 탄 와후함은 동해를 빠져나가려다 침몰했는데, 이 사실이 일본인들에게는 그다지 위안이 되지 않았다.[10]

일본 선박과 화물의 파괴는 일본 전쟁 준비의 모든 측면에 영향을 미쳤다. 석탄 수입량은 1941년 2400만 톤에서 1944년 830만 톤으로, 철광석은 480만 톤에서 100만 톤으로 감소했다. 1943~1944년에 석유 수입은 48퍼센트 감소했고, 연합군이 필리핀을 장악한 이후에는 더욱더 감소했다. 일본이 보유한 소수의 유조선은 낮에는 해안가에 정박했다가 밤에만 바다로 나가 새벽까지 항해한 뒤 다시 해안으로 이동했다. 바다는 어디나 위험했다. 일본인들은 남중국해에서의 선적과 항해는 안전하다고 믿었으나, 1944년 5월에 미국군 잠수함이 일본 최대의 유조선인 1만 7000톤급 닛신마루호日新丸를 남중국해에서 침몰시켰다. 12월에는 미국군 잠수함 플래셔함Flasher의 함장 조지 그리더George Grider가 첫 정찰 임무에서 1만 톤짜리 유조선 4척을 침몰시켰다. 남부의 자바섬이나 보르네오섬에서 출발한, 휘발성 원유로 가득 찬 일본 유조선들은 '폭발과 함께 해체되었다.'

일본 유조선이 불타는 장면은 꽤 장관이어서, 그리더 함장은 승무원들에게 한 번에 2명씩 올라가 구경하도록 허용했다. 그러고 나서 불과 며칠 뒤에 플래셔함은 인도차이나 앞바다에서 일본 유조선 3척을 추가로 침몰시켰다. 이 같은 미국군 잠수함의 공격으로 일본은 석유가 고갈되어, 결국 선박에 콩기름을 공급해야 할 지경이 되었다. 그러자 일본은 광범위한 기아를 유발할 정도로 인도차이나 지역의 쌀을 몰수해 이것으로 바이오 연료를 제조했다. 독일군 잠수함들이 영국에 하지 못했던 일, 즉 전쟁 필수 수단의 고갈을 미국군 잠수함이 일본을 상대로 해낸 셈이다.[11]

1944년 말에 이르자 일본은 총체적으로 선박이 부족했다. 1944년 11월과 12월에 일본의 선박 손실은 월 약 25만 톤에서 10만 톤으로 감소했는데, 미국군 잠수함의 작전 효율성이 떨어져서가 아니라 일본 선박이 바다로 나가는 일이 점차 줄었기 때문이다. 1943년에 이탈리아인들이 그랬듯이, 일본은 수송선과 유조선이 충분치 않아서 잠수함과 바지선, 심지어 뗏목까지 보급선으로 사용했다.[12]

록우드 제독과 크리스티 제독, 파이프 소장은 대서양에서 되니츠 제독이 시도했던 것과 같은 잠수함 사이의 긴밀한 조정을 시도하지 않았다. 그러나 그들은 때때로 잠수함에 울트라 정보를 전달했다. 예를 들어 1944년 11월에 미국군 암호 해독가들은 일본군이 제23사단을 중국에서 필리핀으로 이전할 계획이라는 정보를 파악했다. 일본군은 이 부대 이동의 중요성을 고려하여 항공모함 준요함과 구축함 6척으로 구성된 강력한 호위대를 편성했다. 이런 내용을 암호 해독가에게서 입수한 록우드 사령관은 잠수함 총 6척으로 구성된 2개 부대를 해당 좌표로 이동시켰다. 그리고 11월 중순에 3일에 걸쳐 수송선 2척과 화물선 3척을 격침시켰고, 준요함에 어뢰 3발을 명중시켰다. 이 역시 잠수함이 태평양 전쟁에서 어떤 영향력을 발휘했는지 잘 보여주는 사례라고 하겠다. 맥아더 장군이 지휘했던 미국 지상군 부대가 루손섬에서 상대한 일본군 규모가 1개 사단에 미치지 못했다는 점을 고려할 때, 미국 해군 잠수함 부대가 얼마나 기여했는지 짐작할 수 있다.[13]

━━━━━

미국군 잠수함은 일본의 선적을 차단하는 역할을 했을 뿐 아니라 해상에서 작전 중에 바다로 탈출한 미국 항공기의 승무원들을 구출하기도 했다. 이 같은 구출 작업은 1944년 11월 마지막 주에 특히 중요했다. 미국이 사이판에서 일본 본토에 집중 폭격 작전을 시작할 때 신형 장거리 B-29 폭격기를 투입했기 때문이다. 이 놀라운 폭격기들은 2차대전에서 사용된 것 중에 가장 큰 작전용 항공기로, 고도 9000여 미터에서 10톤에 달하는 폭탄을 6500여 킬로미터 떨어진 곳까지 운반할 수 있었다. 이 항공기에 탑승한 승무원 11명은 항공기의 기체가 외부의 압력을 완전히 극복한 덕분에 산소마스크 없이 활동할 수 있었다. 공군 지도자들은 이 같은 무기 체계를 이용할 수 있다면 일본 본토에 지상군을 투입하지 않고도 전쟁에서 승리할 수 있겠다고 생각하기 시작했다.[14]

처음에 미국은 이른바 '제20 폭격기 사령부XX Bomber Command'를 세워 중국의 비행장에서 일본을 폭격하려 했으나, 점차 인도에서 히말라야산맥을 넘어 폭탄과 연료를 공급하는 군수 지원의 한계가 드러났고, 이 계획을 진행하면 항공기가 일주일에 단 한 번만 임무를 수행할 수 있다는 문제가 부각되었다. 따라서 사이판에서 출격하는 편이 훨씬 효율적이었다. 그리고 이 섬의 비행장이 완성되자 '제21 폭격기 사령부'가 일본 도시들을 지속적으로 폭격하기 시작했다.[15]

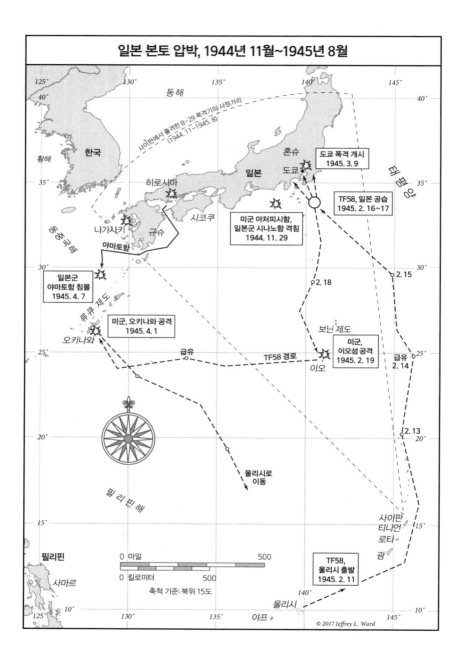

일본 본토 압박, 1944년 11월~1945년 8월

사이판에서 출격한 B-29 폭격기의 사정거리 (1944. 11~1945. 8)

동 해

한국

황해

일본

혼슈

도쿄

도쿄 폭격 개시
1945. 3. 9

히로시마

시코쿠

TF58, 일본 공습
1945. 2. 16~17

미군 아처피시함,
일본군 시나노함 격침
1944. 11. 29

나가사키

규슈

야마토함

일본군
야마토함 침몰
1945. 4. 7

2. 18

2. 15

태 평 양

동중국해

류큐 제도

미군, 오키나와 공격
1945. 4. 1

보닌 제도

미군,
이오섬 공격
1945. 2. 19

오키나와

급유

TF58 경로

이오

급유
2. 14

2. 13

울리시로
이동

사이판
티니언
로타
괌

필 리 핀 해

필리핀

사마르

0 마일 500

0 킬로미터 500

축척 기준: 북위 15도

TF58,
울리시 출발
1945. 2. 11

울리시

야프

© 2017 Jeffrey L. Ward

1944년 11월 24일에 시도된 첫 번째 폭격 작전에서는 사이판에서 출격한 100여 대의 B-29 폭격기가 도쿄를 공격했다. B-29 폭격기도 왕복 5000여 킬로미터 운항은 매우 어려운 과업이었다. 일부는 엔진에 문제가 발생하기도 했고, 또다른 일부는 일본의 방공망에 의해 격추되었다. 이 같은 문제가 생기면 폭격기들은 바다에 불시착했는데, 이때 일본 동쪽 해안에서 미리 대기하고 있던 미국군 잠수함이 항공기 승무원들을 구출하기 위해 출동했다. 11월에 시도된 초기의 몇 차례 공습에서 이 같은 구출 임무를 수행한 잠수함 중 하나가 발라오급 잠수함 아처피시함Archersfish이다.[16]

아처피시함은 진수한 지 1년이 조금 넘은 신형 잠수함이었다. 이 잠수함은 그때까지 태평양에서 정찰 임무를 4회 수행했으나, 일본군 함정을 침몰시킨 경험은 없었다. 이 잠수함의 함장 조지프 엔라이트Joseph Enright 중령은 자신이 지휘하는 잠수함이 항공기 승무원 구조 임무를 수행하는 동안에는 적의 함정을 격침할 가능성이 희박하리라 생각했다. 하지만 적의 함정을 격침할 수 있다는 희망을 버리지는 않았다. 그리고 실제로 그럴 기회가 다가왔다. 아처피시함은 초기 몇 번의 폭격 작전 중에도 승무원을 구출할 기회가 없었고, 게다가 11월 28일에는 폭격이 없었다. 따라서 엔라이트 중령은 항공기 승무원 구출 임무에서 벗어나 독자적인 정찰 임무를 수행할 수 있었다. 그런데 갑자기 이 잠수함의 레이더가 고장 났다. 그날 오후 내내 그는 지휘실에서 여러 차례 레이더실에 전화를 걸어 레이더 수리가 어떻게 진행되는지 확인했다. 마침내 그날 저녁 8시 30분에 엔지니어가 레이더가 다시 작동한다고 보고했는데, 정확히 18분 후에 레이더에서 적 함정이 탐지되었다.[17]

엔라이트 중령은 즉시 쌍안경을 잡고 보고된 접촉 방향을 응시했으나 아무것도 보이지 않았다. 그런데 몇 분 후에 젊은 관측병이 레이더에

서 식별된 방향에서 "길고 낮으며, 수평선에 부딪히는 것"이 있다고 보고
했고, 엔라이트 중령도 곧 이를 발견했다. 그것은 구축함이 호위하는 대
형 선박이었는데 아처피시함 쪽으로 접근하고 있었다. 그는 이 선박이 자
신들의 핵심 목표인 유조선일 가능성이 높다고 추측했다. 이어 재빨리 다
음과 같은 작전을 구상했다. 우선 적의 호위 부대는 통과하도록 내버려둔
다음, 최고 속도로 유조선에 접근해 신속하게 어뢰를 발사한다. 그런데 그
가 이 같은 작전을 구상하는 동안 젊은 관측병이 다시 "저 함정은 항공모
함처럼 보입니다"라고 보고했다.[18]

1940년 4월, 삼엄한 경비 속에서 일본인들은 도쿄 항 남쪽 가장자리에 있
는 요코스카 조선소에서 새 전함의 용골을 세웠다. 전함 야마토함과 무사
시함의 자매 격인, 일본의 세 번째 대형 전함이 될 예정이었다. 개전 이후
부터 미드웨이 해전에서 패배할 때까지만 하더라도 이 전함의 건조 작업
은 완만하게 진행되었다. 그런데 미드웨이 해전 이후 일본 해군 총참모부
는 이 선박을 대형 항공모함으로 개조하기로 결정했다. 이에 따라 미드웨
이 해전에서 파괴력이 높다고 입증된 미국 급강하 폭격기에서 투하하는
약 500킬로그램짜리 폭탄으로부터 보호할 수 있도록 중장갑 비행갑판을
설치하기 위해 선체를 다시 설계했다. 실제로 1만 7000톤에 달하는 이 함
정의 장갑은 전체 배수량 톤수의 3분의 1 정도를 차지했다. 그리고 타이
타닉호에서 비스마르크함에 이르기까지, 이 선박 이전에 수많은 배들처
럼 이 선박도 '침몰하지 않을' 것이라는 판정을 받았다. 애초에 이 선박은
1945년 2월에 완성될 예정이었으나, 필리핀해 해전에서 일본군 항공모함
3척이 추가로 손실됨에 따라 일정이 앞당겨졌다. 어쩌면 이 함정을 소호

작전에 투입할 수 있을 것이라는 희망이 있었지만, 조선소에서 발생한 사고로 그런 희망은 물거품이 되었다. 결국 11월 11일에 진수된 이 항공모함은 8일 후에 시나노함으로 명명된 후 출격했다.[19]

초대형 항공모함 시나노함은 최대 배수량 7만 1890톤으로 당시까지 건조된 항공모함 중 가장 큰 규모였다. 1961년에 미국 해군이 핵 추진 항공모함 엔터프라이스함Enterprise을 투입하기 전까지 이 기록은 유지되었다. 이 항공모함에 막대하게 투자한 일본 해군은 11월 24일에 미국 제21폭격기 사령부 예하 장거리 폭격기들이 도쿄 상공에 나타나자 매우 긴장했다. 일본 해군 최고 사령부는 하루빨리 시나노함을 도쿄만에서 다른 곳으로 옮기기로 결정했다. 이 항공모함은 내해에서 남쪽으로 600여 킬로미터 떨어진 곳에서 훨씬 안전하게 보호될 것이며, 승무원들도 전투에 투입하기 위한 비행 작전을 수행할 수 있을 터였다. 그래서 보일러의 절반만 가동되고 물에 잠긴 부분의 출입문 중 다수가 설치되지 않았는데도 함장 아베 도시오阿部俊雄 제독에게 즉시 바다로 항해하라는 명령이 하달되었다. 아베 제독은 11월 28일 일몰 1시간 후에 구축함 4척의 호위를 받으며 시나노함을 지휘해 도쿄 항 밖으로 나갔다. 그러고 나서 정확하게 2시간 30분이 지난 시점에 아처피시함의 레이더가 이 초대형 항공모함을 포착한 것이다.[20]

엔라이트 중령은 이 같은 상황을 믿을 수가 없었다. 그는 1943년에 자신이 잠수함 데이스함을 지휘해 처음으로 정찰에 나섰을 때 적 항공모함을 목표로 삼을 기회가 있었다. 하지만 당시에 적 항공모함을 공격하지 못한 채 멀어졌던지라 두 번 다시 그런 실수를 반복하지 않기로 결심했다. 이번에는 적의 항공모함이 남쪽에서 이동할 것이며, 약 15킬로미터 거리를 두고 지나칠 것이다. 따라서 그는 좀더 가까이 접근해야 했다. 아

미국 잠수함 아처피시함에 의해 침몰된 일본의 초대형 항공모함 시나노함은 촬영된 사진이 거의 없을 정도로 짧은 기간 활동했다. 이 사진은 전쟁이 끝난 후 일본의 화가 후쿠이 시즈오(福井静夫)가 스케치한 것이다. 아처피시함이 정찰 중에 격침한 적의 함정은 단 하나였으나, 총 톤수로 측정하면 이 잠수함이 전쟁 기간 중 가장 성공적으로 임무를 수행한 셈이었다. (미국 해군 역사유산사령부)

처피시함의 수상 최고 속도는 19노트였으므로 정상적인 상황이라면 일본군 항공모함이 미국군 잠수함에서 벗어나 도주할 수 있었다. 따라서 엔라이트 중령은 최선을 다해 적 항공모함과 평행하게 기동한 후, 적 항공모함이 경로를 변경할 경우 자신의 사정권 안으로 들어오기를 기대했다. 시나노함은 보일러 12개 중 6개만 작동해 약 20노트로 기동했는데, 그중에 1개가 고장 나자 기동 속도가 18노트로 떨어졌다. 이렇게 상황이 바뀌자 엔라이트 중령의 아처피시함은 우현으로 14킬로미터 떨어진 지점에서 시나노함에 보조를 맞추어 기동할 수 있었다.[21]

11월 29일 새벽 3시, 아베 제독은 시나노함과 호위 함정에 해안을 향해 서쪽으로 방향을 바꾸라고 명령했다. 그것은 엔라이트 중령이 기다리던 기회였다. 3시 17분에 그는 어뢰 6발을 발사했다. 일반적으로 항공모함에 대한 어뢰 공격은 8~9미터 깊이에서 타격하도록 설정되어 있는데, 이번 공격에서 엔라이트 중령은 자신이 발사한 어뢰가 대형 항공모함 선체

위를 타격하면 상부에 무게가 쏠려 전복될 가능성이 더 클 것으로 짐작했다. 따라서 그는 어뢰를 3미터 깊이에서 사격하라고 명령했다. 이러한 결정이 시나노함의 운명을 바꿔놓았다. 아처피시함에서 발사한 어뢰들이 시나노함의 장갑 수포首砲 바로 윗부분을 타격했기 때문이다. 아처피시함이 어뢰를 발사하고 잠수한 뒤 엔라이트 중령은 폭발음을 6회 들었다고 생각했지만, 실제로는 4발의 어뢰만 명중했다. 그리고 그것으로 충분했다. 어뢰에 맞은 시나노함 선체에 엄청난 양의 바닷물이 밀려 들어왔고 거의 동시에 이 항공모함은 우현으로 15도 기울었다. 게다가 아직 수밀문水密門, watertight door이 설치되지 않은 상태였기에 급속도로 침수가 진행되었다. 결국 시나노함은 곧 25도를 넘어 30도까지 기울었다. 아베 제독은 어쩔 수 없이 시나노함을 해변으로 이동시켰다. 그는 시나노함을 얕은 물에 좌초시킨 뒤에 그곳에서 수리해 회복시킬 수 있으리라 기대했다. 하지만 너무 늦은 결정이었다. 그의 기대와 달리 시나노함은 해변에 도착하지 못했고, 결국 그다음날 오전 10시 30분경에 침몰했다. 이 초대형 항공모함은 해군에 인도된 지 10일밖에 안 되었고, 바다에서 보낸 시간은 16시간 30분에 불과했다.[22]*

━━━━

미국군 잠수함이 일본 상선을 초토화하고 미국 육군 항공대 소속 폭격기

---

* 미국 해군 당국은 처음에는 엔라이트 중령이 지휘한 아처피시함이 항공모함을 격침한 공로를 인정하지 않았다. 초대형 항공모함 시나노함의 존재 자체가 너무 비밀스러워서 미국의 암호 해독가들도 시나노함의 존재를 몰랐기 때문이다. 당시 미국 해군은 엔라이트 중령이 처음에는 일본의 유조선, 그리고 다음에는 소형 항공모함을 격침한 것으로 인정했다가, 한참 지나서야 그가 대형, 그것도 초대형 항공모함을 침몰시켰다는 사실을 인정했다. 이 같은 사실이 밝혀지자 엔라이트 중령에게 미국 해군 십자 훈장을 수여했다.

가 일본의 도시를 공격하는 동안, 맥아더 장군은 필리핀 정복에 계속 집중했다. 레이테섬 점령 이후 그의 다음 목표는 민도로섬이었다. 그는 이곳을 필리핀 점령의 핵심 목표인 루손섬과 마닐라를 공격하기 위한 준비 장소로 사용할 계획이었다. 이에 다시 한번 핼시 제독이 지휘하는 제3함대는 상륙 부대를 지원할 예정이었는데, 레이테 해전에서 전문가들이 '황소의 질주'라고 불렀던 충격적인 사건에 민감하게 반응한 핼시 제독은 상륙작전을 전폭적으로 지원하기로 결심했다. 그런데 그렇게 하려면 일본군의 새로운 가미카제 위협에 맞서야 했다. 10월 29일에서 11월 1일 사이에 일본군 가미카제 조종사들은 인트레피드함, 프랭클린함Franklin, 벨로우드함Belleau Wood, 렉싱턴함 등 4척의 항공모함을 타격했다. 이중에 어느 것도 격침되지는 않았지만, 2척은 대대적인 수리가 필요해서 퓨젓사운드만으로 이동했다. 이 같은 새로운 위협에 대처하기 위해 핼시 제독은 전투기 대수를 늘리고 폭격기와 어뢰기를 줄이는 식으로 항공기 기종의 비율을 변경했다. 가미카제 항공기가 접근할 때 격추하고, 민도로와 루손의 일본군 비행장을 포위해 가미카제 항공기가 아예 이륙하지 못하도록 차단하기 위해서였다.[23]

맥아더 장군의 민도로 상륙은 12월 15일에 시작되었다. (바로 그날, 지구 반대쪽에서는 아르덴 숲의 어두운 그늘에서 독일 지상군이 '벌지 전투'로 알려진 공세를 준비하고 있었는데, 이 전투는 유럽에서 전쟁의 주도권을 회복하려는 히틀러의 마지막 필사적 노력이었다.) 핼시 제독이 지휘하는 항공모함은 거의 4개월 동안 계속 바다에 머물렀는데, 이 기간에 인간과 기계 모두 일상적 피로와 마모가 누적되었다. 그래서 핼시 제독은 함정에 연료와 보급품을 공급하는 데 각별히 신경썼다. 미국 대형 항공모함은 도중에 연료를 주입하지 않고도 3만여 킬로미터를 항해할 수 있었으나, 경주용 자동차와 유사한 소형 구축함과 호위 구축함은 연료 소비율이 빨라서 빈번하게 연료를 재공급해야 했다. 이런 선박은 종종 더 큰 함정으로부터 연료를 공급받았지만, 큰 함정 역시 연료가 필요했기에 울리시의 함대 기지에서 유조선 그룹을 만나야 했다. 핼시 제독은 12월 19일로 계획한 민도로 공습전인 12월 17일에 필리핀 제도 동쪽 접선지에서 휘하 함대에 급유하라고 명령했다.[24]

그런데 5월에서 12월까지는 남태평양의 태풍 시즌이었다. 따라서 12월 15일부터 괌 남쪽에서 폭풍이 발생해 차츰 강해진 것은 일상적인 현상이었다. 태풍은 필리핀해 전체를 가로질러 서쪽으로 천천히 이동하더니 점차 강해졌다. 핼시 제독의 기함 뉴저지함에서 활동한 '기상 전문가' 조지 코스코George F. Kosco는 불안정한 날씨에 주목했으나, 당시에는 오늘날의 기상 예보가 흔히 사용하는 위성 자료가 없었다. 따라서 그는 태풍의 정확한 궤도를 예측할 수 없었으며, 일상적인 예보 말고는 별다른 방안이 없었다. 12월 15일에 뉴저지함의 기압계는 23노트 속도의 바람과 함께 정상 범주에 들어가는 약 76센티미터의 강우를 기록했다.[25]

핼시 제독은 날씨가 불안정하다고 해서 예정된 일정을 단념할 지휘관이 아니었다. 게다가 예하 일부 구축함의 연료 수준이 15퍼센트에 불과한 다급한 상황이었기에 애초의 계획대로 함대에 급유하기로 결정했다. 다만 거친 날씨를 고려해 유조선 그룹과 자신의 함대가 접촉할 장소를 남쪽으로 300여 킬로미터 떨어진 곳으로 변경했다. 그는 이 같은 변경으로 자신이 점차 폭풍의 궤도 속으로 이동하고 있다는 것을 알아차리지 못했는데, 이미 폭풍이 대규모 태풍으로 발달한 상태였다.

급유를 시작하기로 한 날, 기상은 더욱 나빠졌다. 특히 파도가 너무 높아서 대형 항공모함마저 위협할 정도였다. 항공모함 엔터프라이즈함의 한 승무원은 나중에 이렇게 회상했다. "비행갑판 위로 파도가 밀려왔다. 우리가 어떻게 떠 있었는지 모르겠다." 이런 기상은 욕조에 장난감처럼 널브러진 작은 함정에게 매우 위험했다. 1700톤급 듀이함Dewey의 함장 레이먼드 캘훈Raymond Calhoun 중령은 자신의 함정이 "상처 입은 짐승처럼 빙빙 돌며 몸부림쳤다"라고 회상했다. 특히 바람이 거셌는데, 최고 속도 100노트에 이를 정도로 세차게 몰아쳤다. 이런 바람 속에서는 바닷물의 물보라가 마치 모래폭풍처럼 함정의 외부 격벽에서 페인트를 벗겨낼 정도였다. 모험 삼아 이 상황을 확인하려 했던 사람들은 물보라가 자기 얼굴에서 피부를 찢어내는 듯한 상황을 경험했다. 하지만 핼시 제독은 어떠한 상황에서든 연료를 주입해야 한다고 생각했다. 구축함의 연료가 고갈되면 완전히 속수무책의 처지가 될 수 있었기 때문이다. 그는 "우리는 맥아더 장군을 위해서뿐만 아니라 우리 자신을 위해서도 급유를 시도해야 한다"라고 결론 내렸다. 이 명령에 캘훈 중령은 "함대 사령관은 도대체 어떻게 연료 주입이 가능하다고 생각할 수 있을까?"라고 의아해했다. 당연히 연료 주입은 불가능했다. 듀이함의 기압계는 69.3센티미터를 가리키고 있었는데, 이는 당시까지 해군 함정에서 기록된 수치 중 가장 낮은 기록이었다. 결국 기상 상황을 인정한 핼시 제독은 급유를 연기하기로 결정했다.[26]

이에 따라 구축함들은 정말로 연료가 고갈될 상황에 직면했고, 핼시 제독은 필사적으로 태풍을 피하고자 함정들을 새로운 항로로 이동시키라고 지시했다. 그런데 이 이동으로 말미암아 함대가 태풍에 노출되는 시간이 오히려 연장되고 말았다. 당시 상황에서 핼시 제독이 태풍의 궤도를 알 수는 없었으니 그 점을 비난하기는 어렵지만, 각각의 함정 함장에게 독자적으로 기동하도록 풀어주지 않고 모든 함대를 정해진 항로에 지나치게 오랫동안 머물라고 지시한 것은 명확한 실책이었다.[*] 그로 인해 구축함 헐함Hull, 모너핸함Monaghan, 스펜스함이 침몰하고 인명 손실이 크게 발생했다. 항공모함 2척(카우펜스함Cowpens, 몬터레이함Monterey)에서는 강풍으로 격납고 갑판에 있던 항공기들을 고정하는 장치가 부서지고 풀리면서 항공기들이 서로 부딪쳐 화염에 휩싸였고, 설상가상으로 높은 파도가 덮쳐와 아수라장이 되었다. 이러한 기상 악화로 200여 대의 항공기가 파괴되었고, 25척의 함정이 파손되었으며, 그중 7척은 파손 정도가 심각했다. 인명 손실도 790명에 달했다.[27]

한 장교는 마침내 폭풍우가 잦아들었을 때 헬시 제독 함대의 함정들이 '태평양의 해당 지역 곳곳에 흩어져 있었다'라고 회고했다. 그리고 그들은 천천히 다시 집결해 마침내 연료를 주입했다. 헬시 제독은 즉시 민도로로 돌아가 계획된 공습을 실시하려 했으나, 대다수 함정이 그럴 상황이 아니었다. 고장 나고 수리가 필요한 함정은 울리시로 보내 정비해야 했다. 레이테 해전에서 발생한 논란이 잊힌 지 채 두 달도 되지 않아, 헬시 제독은 '헬시의 태풍'에 적절하게 대처하지 못함으로써 다시 한번 공식 지휘 계통과 대중에게서 쏟아지는 비난을 감수해야 했다.[28]

미국 해군은 울리시에서 심문 법정을 열었는데, 이 자리에는 진주만에서 직접 항공기로 날아와 참석한 니미츠 제독이 모든 과정을 참관하고 파장을 통제했다. 이 청문회에서 헬시 제독은 다가오는 태풍에 대해 "아무런 경고도 없었다"라고 증언했는데, 그것은 사실이었다. 하지만 법정에서

---

[*] 이러한 상황에서 일부 구축함 함장들은 배를 구해야겠다고 생각해 규정된 함대 항로를 이탈했다. 여기서 드러난 문제는 허먼 워크(Herman Wouk)가 집필한 《케인호의 반란(Caine Mutiny)》이라는 소설의 핵심 내용이다. 이 소설에서는 구축함이자 기뢰 제거함인 케인함의 함장 필립 프랜시스 퀴그가 태풍의 기세가 맹렬한데도 지정된 함대 항로를 유지해야 한다고 주장했다. '반란'은 함정의 작전 장교 스티븐 매릭이 독자적으로 기동하기 위해 함장을 해임시키면서 발생한다.

그가 급유하기 위해 집결 장소로 이동하는 동안 기상 상태를 조사하도록 항공기를 띄웠어야 했다는 의견이 나왔다. 니미츠 제독은 헬시 제독의 주장을 모두 수용하지는 않았지만, 이번에 발생한 재앙을 뒤로하고 전투를 이어가는 것을 더 중요하게 생각했다. 그래서 니미츠 제독은 헬시 제독이 실수했다고 인정한 뒤, 그럼에도 이번 실수는 "전쟁 중 작전 수행 과정의 스트레스 속에서 발생한 오판일 뿐이고, 이미 결정된 군사적 결정 사안을 이행하려는 바람직한 열망에서 비롯된 것"이라고 말했다. 해군 참모 총장 킹 제독도 니미츠 제독의 의견에 동의했다. 그는 헬시 제독을 지지하는 내용의 서류에서 이번에 발생한 피해에 대한 '일차적 책임'은 헬시 제독에게 있지만, 다른 조치가 더 필요하지는 않다고 썼다. 하지만 함대의 다른 구성원들은 그런 확신이 들지 않았다. 헬시 제독이 통제한 항공모함 중 하나를 지휘했던 제럴드 보건 제독은 전쟁이 끝난 후 남긴 구술사에서 헬시 제독은 실제 상황에 맞추어 행동하지 않는 것이 가장 큰 문제였다고 결론지었다. 보건 제독은 헬시 제독을 '단순하고 빌어먹을 고집불통'이라고 평가했다.[29]

그로부터 한 달 후, 태풍 사건과는 별개로 오래전부터 예정되었던 부대 개편이 진행되었다. 이에 따라 헬시 제독은 제3함대를 스프루언스 중장에게 돌려보냈다. 그 결과 제3함대는 다시 제5함대가 되었고, TF38은 TF58이 되었다. 돌이켜보건대 헬시 제독이 지휘했던 5개월 동안 이 함대는 일본군 군함 90여 척과 100만여 톤의 선적 화물을 침몰시켰으며, 7000여 대의 항공기를 격파했다. 헬시 제독은 함대 지휘관으로 재임하는 기간 내내 '황소의 질주'와 '헬시의 태풍' 같은 비판을 받고 논란에 휩싸였다. 하지만 '미국 해군의 조지 패튼(2차대전 당시 북아프리카 전선, 시칠리아 전선, 유럽 서부 전선 등에서 맹활약을 펼친 미국 육군 장군)'이라는 표현으로 대변되

는, 사납고 끈질긴 바다의 전사라는 명성은 그대로 남았다.[30]

========

한편 미국군 항공기의 일본 본토 폭격은 더욱 강화되었다. 공중 폭격의 주요 목적은 일본의 전쟁 산업, 특히 항공기 제조 능력을 파괴하는 것이었다. 당시 연합군의 군사 작전 기획자들은 장기간의 폭격이 일본 국민의 사기를 떨어뜨릴 것이라고 예상했다. 이와 더불어 전후에 별도의 조직으로 독립한 미국 공군의 지휘관들은 전략 폭격의 효과를 보여주기를 열망했다. 이를 위해 신형 B-29 폭격기에 전적으로 의존했다. 자신이 지휘하는 유보트를 북대서양에서 연합군 상선을 침몰시키는 것 말고 다른 용도로 사용하면 안 된다고 주장한 되니츠 제독처럼, 헨리 아널드 대장은 자신이 지휘하는 신형 B-29 폭격기를 전략 폭격이 아닌 다른 용도로 사용하면 안 된다고 주장했다. 그는 신형 폭격기가 해군이나 상륙 작전을 전술적으로 지원하는 임무에 전용되는 것을 원치 않았다. 또한 합동 참모들이 사이판의 제21 폭격기 사령부를 전역 사령관에게 종속시키지 않고 별도의 독자적인 사령부로 인정해 작전을 계속 수행하도록 규정해야 한다고 생각했다. 물론 폭격기들은 여전히 보급 및 물자 지원을 해군에 의존해야 했다. B-29 항공기는 저마다 2만 4000여 리터의 항공 연료와 8톤의 폭탄이 필요했는데, 이를 공급하려면 정기적으로 100척 이상의 지원 및 보급 선박이 필요했다. 해군 당국은 공군의 부품과 폭탄, 연료 증가 요구로 해군의 해상 수송 능력에 부담이 커졌다는 불만을 드러냈다. 반면 육군 항공대 승무원들은 해군이 자신들보다 더 나은 음식과 숙소, 나아가 온수 샤워까지 누린다고 불평했다. 제6 폭격 그룹에 소속된 19세의 한 포병은 가족들에게 보낸 편지에서 해군 동기들과 자신의 상황을 비교하며 "해군에 입대하지 못한 것이 유감"이라고 써 보내기도 했다. 육군 항공대 지휘관들은 "해군은 항상 우리를 의붓자식처럼 대했다"라고 투덜거렸다.[31]

한편 폭격 계획은 병참의 어려움과 각 군 사이의 불화뿐만 아니라 교리 문제로 갈등을 빚곤 했다. 아널드 대장을 비롯한 전략 폭격 신봉자들은 '노르덴 폭격 조준경Norden bombsight'이 전쟁을 승리로 이끌 비밀 무기라며 신뢰했다. 그들은 이 조준경을 이용하면 적어도 이론상 특정 건물을 겨냥할 수 있을 만큼 정밀하게 폭탄을 투하할 수 있다고 주장했다. 유럽 전역에서는 영국 공군이 주로 야간에 독일 도시를 대상으로 지역 폭격을 실시한 반면, 미국 항공기들은 독일 슈바인푸르트의 볼베어링 공장이나 루마니아 플로에스티의 정유 공장 등 특정 목표를 겨냥해 주간 공습을 감행했다. 이 같은 주간 공습으로 항공기와 승무원의 손실이 막대했으며, 게다가 최초 기획자들이 기대했던 것만큼 효과가 크지 않았다. 이런 사실은 전쟁이 끝난 후에도 정확히 드러나지 않았다.

1944년 11월에 B-29 폭격기가 일본 본토 섬들을 공격하기 시작하자, 이들은 기존 교리대로 주간에 9000여 미터 상공에서 폭탄을 투하했다. 하지만 이 높이에서 정확히 폭격하기는 지극히 어려웠다. 동계에는 일본 상공에 지속적으로 구름이 끼어 폭격기의 시야를 가렸다. B-29 폭격기의 한 지휘관은 "노르덴 폭격 조준경을 사용하더라도 폭격 담당 승무원은 목표물을 확인해야 했다"라고 말했다. 또다른 문제도 있었다. 9000여 미터 상공에서는 일본 전체를 가로지르는 강한 바람이 불었는데, 이것이 일반 폭탄뿐만 아니라 무거운 폭탄마저 사방으로 날려버렸다. 더 많은 항공기를 투입해 더 많은 폭탄을 투하하겠다는 계획이 세워졌으나, 폭격 작전이 시작된 첫 몇 달 동안의 결과는 실망스러웠다. 1945년 2월에 폭격기 그룹의 한 지휘관은 일기장에 이 시기의 공습은 '완벽한 실패'였다고 털어놓았다. 이는 작전에 대한 실망뿐만 아니라 정치적 재앙으로 연결되었다. 미국은 B-29 폭격기 프로그램에 40억 달러를 투자했는데, 이 비용은 '맨해튼 프로젝트Manhattan Project'에 투입한 비용보다도 컸다. 전략 폭격 신봉자들을 위해서라도 B-29 폭격기의 성공은 중요했다.[32]

그들의 뛰어나지 않은 성과를 향상하기 위해 육군 항공대 지도자들은 폭격기 임무 수행에 장거리 전투기의 호위를 추가하자고 제안했다. 당시에는 전투기의 엄호와 폭격 정확도 사이의 상관관계가 명확하지 않았다. 하지만 육군 항공대가 보유한 전투기 중 어느 기종도 사이판에서 도쿄까지 왕복 5000여 킬로미터를 비행할 수는 없었다. 다만 중간에 보닌 제도에 속한 이오라는 작은 섬이 있는데, 이곳에서는 P-51 머스탱 전투기가 일본까지 갔다가 돌아올 수 있었다. 그래서 킹 제독은 미국에 이오섬의 정복이 '가장 중요한 이유'는 "육군 항공대의 장거리 항공기가 실시하는 폭격의 성과"를 높이기 위함이라고 썼다. 더욱이 이 섬은 일본 본토에 대한 공습을 마치고 복귀하는 B-29 폭격기 중 고장 난 폭격기의 비상 착륙장으로도 유용하다는 주장이 제기되었다.[33]

그런데 이오섬을 점령하자는 발상이 육군 항공대에서 제기되었던 것은 아니다. B-29 폭격기의 공습이 시작되기 훨씬 전에 스프루언스 중장은 이오섬과 오키나와를 모두 점령하는 것이 타이완을 대신할 바람직한 대안이라고 주장했는데, 킹 제독은 타이완 점령을 선호했다. 킹 제독은 타이완을 함락시키면 일본의 필수 수입품을 완전히 차단할 수 있으며, 일본을 굶주리게 만들어 항복시킬 수 있다고 믿었다. 그렇게 하면 일본 본토에 지상군이 상륙할 필요가 없을 것이라고 생각했다. 하지만 육군 지휘관들은 타이완의 규모가 너무 크다고 우려하며 오키나와가 더 나은 선택이라는 스프루언스 중장의 의견에 동의했다. 이처럼 육군과 해군의 의견이 갈렸을 때 아널드 대장이 이오섬 점령을 지지하자 균형의 추가 기울었다. 이어 합동 참모 본부는 1945년 2월에 '상당한 논의' 끝에 이오섬을 공격해 점령하는 계획('분리 작전Operation Detachment')을 승인했다. 이오섬 점령은 오키나와 점령의 준비 과정이자 B-29 폭격기에 전투기 엄호를 제공하기 위한 작전이었다.[34]

일본군 역시 이오섬이 미국의 목표가 될 것으로 예상해 이 섬의 방어 병력을 2만여 명으로 보강했다. 더 많은 병력을 보내려 했으나 미국 잠수함이 일본 호송대를 공격해 추가 병력 증강은 이루어지지 않았다. 버니 맥마흔Barney McMahon 중령의 이름을 따서 '맥의 청소단Mac's Mops'이라고 불리던 5척의 잠수함 부대가 일본과 보닌 제도(오사와가라 제도) 사이의 바다를 순찰하며 수송선 여러 척을 침몰시켰다. 미국 잠수함 스털렛함Sterlett 은 이오섬 인근에서 일본의 소형 수송선을 격침한 뒤 일본인 생존자들 사이로 떠올랐다. 훗날 이 잠수함에 탑승했던 한 승무원은 당시를 회상하며 이렇게 말했다. "당시에 우리가 했던 일이 용납될 수 없는 것이라고 여기는 사람들이 많겠죠. 하지만 뭔가를 싫어하려면 진짜 나쁜 것을 싫어해야 합니다. 당시에 우리는 해야 한다고 생각한 일을 한 거예요."[35]

이오섬 전투는 태평양 전쟁에서 가장 피비린내 나는 전투 중 하나로, 양측 합해서 총 4만 5000여 명의 사상자가 발생했다. 하지만 이 인명 피해 수치는 이 전역 이후의 추정치일 뿐이며 실제로 얼마나 많은 인명 손실이 발생했는지는 정확히 밝혀지지 않았다.* 이와 관련된 여러 논쟁 중

---

* 미국 해병대가 공식적으로 밝힌 미국군 사상자 수는 부상으로 인한 사망자를 포함해 사망자 5875명, 부상자 1만 7272명을 합해 총 2만 3157명이었다. 그러나 여기에는 이오섬이 어느 정도 안전하다고 판단된 3월 중순까지 발생한 인명 손실만 포함되었다. 하지만 이어서 벌어진 '소탕' 작전까지

하나는 스프루언스 중장이 상륙과 동시에 일본 본토 섬들에 대한 항공모함 공격을 명령한 것과 관련이 있다. 사이판 상륙 작전에서 스프루언스 중장은 미처 제독이 지휘하는 항공모함 함대를 해변에 묶어두었는데, 해군 항공계에서는 이 결정을 맹렬하게 비판했다. 그리고 8개월 후에 스프루언스 중장은 미처 제독이 지휘하는 TF58을 상륙군에서 빼내 일본의 도시, 그중에서도 도쿄를 공격하기 위해 보냈다. 그가 이런 결정을 내린 가장 큰 이유는 일본군 항공기, 특히 가미카제 항공기들이 미국군 함정을 공격하는 것을 차단하기 위해서였다. 더불어 그동안 B-29 폭격기가 달성하지 못했던 일을 시도할 기회라고 생각했다. 다시 말해 이번 기동에서 항공기와 부품을 제조하는 공장에 폭격을 가해 일본의 공군력을 원천적으로 파괴하고자 했다. 11월의 B-29 폭격기 공습이 실망스러운 결과를 가져온 바로 그다음 주에 스프루언스 중장은 존 후버John Hoover 제독에게 편지를 써서 다음과 같이 제안했다. "우리는 이제 일본 항공기 공장의 생산품, 그러니까 항공기와 싸우기를 그만두어야 합니다. 우리 항공모함의 항공기를 일본으로 데려가 항공기 제조 공장을 파괴함으로써 말입니다." 물론 이런 작전은 육군 항공대의 임무를 침해하는 것이었으나, 스프루언스 중장은 "9000여 미터 상공에서 실시하는 '정밀 기기'에 의한 폭격 결과를 그저 지켜볼 수만은 없습니다"라고 반박했다. 스프루언스 중장은 일본 본토를 폭격하는 항공모함뿐 아니라 항공모함에 대공 사격을 지원하기 위해 자신의 주력함인 인디애나폴리스함을 비롯해 다수의 전함과 순양

합하면 사망자 6821명, 부상자 1만 9217명으로, 총 인명 손실은 2만 6038명으로 늘어난다. 한편 일본 측 기록이 없어서 일본군의 인명 피해는 추정치인데, 전문가들은 사망자 1만 8000~1만 9000명, 포로 1083명으로 파악한다. 이오섬 전투는 태평양 전쟁에서 미국군 사상자가 일본군 사상자 수를 넘어선 유일한 전투다.

함을 함께 보냈다. 일본 본토에 대한 미국 해군 항공모함 함대의 습격은 일본의 끔찍한 날씨 때문에 여러 가지로 제약이 있었지만, 미국군 조종사들은 일본군 항공기를 500대 이상 파괴하는 동안 60대 정도 손실이 생겼다고 밝혔다. 결국 이 기습으로 이오섬 상륙 해변에서는 상륙 당일까지 항공모함과 쾌속 전함을 찾아볼 수 없었다.[36]

또다른 논쟁적인 사안은 유독 짧은 시간 동안 진행된 해군의 사전 포격 지원과 관련된 것이었다. 상륙 작전에 앞서 실시하는 포격 임무에 투입된 함정 수가 줄어든 이유는 신형 쾌속 전함들이 미처 중장의 항공모함과 동행했기 때문이다. 게다가 포격에 참여한 함정에 3일만 실시하라는 지시가 하달되었다. 홀랜드 스미스 장군이 지휘하는 해병대는 10일간 사전 포격을 요청했지만 해군은 어렵다고 답했다. 해병대가 4일간이라도 해달라고 요청했지만 해군은 그마저 거절했다. 해군이 해병대의 장기간 포격 지원 요청을 거부한 이유는 두 가지였다. 첫째, 스프루언스 중장은 항공모함을 이용한 일본 본토 공습이 실시되기 전에 이오지마에 대한 폭격이 시작되면 일본군은 본토에서 가미카제 항공기를 비롯해 모든 항공기를 이륙시켜 미국 해군 함대를 공격할 것이라고 생각했다. 둘째, 해군 함대가 사용할 수 있는 고폭탄 탄약의 상당량이 이 섬에 대한 포격으로 고갈될 수 있었기 때문이다. 필리핀에서 맥아더 장군이 지휘하는 작전이 계속된 데다 오키나와 상륙이 임박한 상황임을 고려할 때 이오섬에 장기간 포격이 실시된다면 탄약 등을 보급하기 위해 다시 보급 기지인 울리시로 향하는 긴 여정이 필요할 터였다. 그렇게 되면 해군이 준비했던 작전 일정을 모두 취소해야 했다. 게다가 사이판에서 출격한 B-24 폭격기가 이미 지난 74일 동안 이 섬을 폭격했으니, 해군은 이것을 빌미로 상륙 전 포격이 축소되더라도 별다른 문제가 없으리라 판단했다. 폭격기들은 이오섬에 74일 동안 총 6880톤의 폭탄을 투하했는데, 대부분을 높은 고도에서 떨어뜨렸다. 반면 해군 함정들은 이 섬에 고작 3일 동안 8인치와 5인치 함포를 2만 발 정도 포격했다. 하지만 해병대가 상륙 작전 초기에 해안에 발을 디딘 순간, 공군과 해군의 사전 폭격이 일본군의 방어를 와해하지 못했음이 명확하게 드러났다.[37]

이오섬 전투에서 벌어진 참상을 고려할 때, 상륙 작전 이전에 사전 폭격을 짧게 실시하기로 한 결정 때문에 불행하고 무자비한 결과가 나타났다고 해석하고 싶은 유혹이 생긴다. 훗날 해병대는 공군과 해군의 지원 모두 불충분했다고 비난했다. 하지만 집중된 공중 폭격이나 더 오랜 시간의 해상 포격이 있었다 하더라도 결과는 큰 차이가 나지 않았을 것이다. 이오섬 전투에서 미국군 사상자가 많이 발생한 진짜 이유는 일본군 방어 부대의 탄력성과 일본군 사령관 구리바야시 다다미치栗林忠道 중장이 구사한 방어 전술 때문이었다. 펠렐리우섬에서처럼, 이오섬을 방어한 일본군은 지하 동굴과 연결되는 깊은 터널을 팠는데, 이곳에서는 폭탄이나 포격이 거의 영향을 끼치지 못했다. 그리고 각각의 진지를 점령하려면 근거리에서 수류탄과 화염 방사기로 제압해야 했다. 게다가 이 섬을 방어하던 일본군은 태평양의 다른 섬에서와 달리 열정적이지만 절망적인 '만세(반자이) 돌격'을 시도하지 않았다. 구리바야시 중장은 부하들에게 지하 요새에 남아서 방어하되, 미국 해병들이 다가와 공격하게 만들라고 지시했다. 이런 여러 가지 이유로 전투가 장기간 지속되었고, 다수의 인명 손실이 발생했다. 다른 많은 사안들과 마찬가지로, 이 문제 역시 해군 제독이자 역사학자인 새뮤얼 모리슨의 평가에 귀 기울일 필요가 있다. "10일, 아니 심지어 30일 동안 사전 해군 포격이나 공중 폭격이 실시되었다 해도 일본군 방어 부대가 훨씬 큰 타격을 입었을 것이라고 추정할 만한 근거는 없다."[38]

LSM-238이 이오섬의 검은 모래 해변에 병력과 장비를 내리고 있다. 최초 상륙이 이루어지고 며칠 뒤에 촬영된 이 사진에서 미국 상륙 함대의 대략적인 규모를 파악할 수 있다. (미국 해군 역사유산사령부)

조지프 로젠탈Joseph Rosenthal이 찍은 수리바치산의 미국 국기 게양 사진과 버지니아주 알링턴의 기념비 사진에서 알 수 있듯이, 이오섬 전투는 미국 해병대가 수행한 전투였다. 그러나 이 전투에서도 해군의 역할은 중요했다. 상륙 함대의 호위함들은 지상 상륙 부대를 지원하기 위해 정찰과 공격 임무를 수행했고, 도쿄 공습에서 복귀한 TF58 소속 항공모함의 항공기들은 끊임없이 일본군을 공습했다. 2월 21일 오후 늦은 시각에 새러토가함에서 출격한 항공기가 이오섬 상공에서 정찰하고 있을 때 일본군 항공기 6대가 구름 바깥쪽에서 접근했다. 이중에 4대는 자살 전투기, 즉 가미카제 항공기였다. 2대는 미국 항공모함 바로 옆에서 폭발해 상당한 피해를 입혔고, 다른 2대는 좌현과 우현으로 각각 1대씩 갑판을 향해 뛰어들었다. 나머지 2대는 항공모함 인근 바다로 추락했다. 이 공격으로 새러 토가함은 침몰하지 않고 물 위에 떠 있긴 했으나 향후 3개월 동안 작전에 투입될 수 없었다. 그다음날 밤에도 가미카제 항공기 1대가 호위 항공모 함 비스마르크해함Bismarck Sea에 충돌했고, 이어서 2차 폭발이 몇 차례 발 생했다. 결국 이 항공모함은 곧 침몰했고, 이 과정에서 218명의 인명 손실 이 발생했다. 일본군의 공군력은 사실상 소멸했으나 가미카제 부대는 여 전히 위협적인 존재였다.[39]

========

1945년 1월 20일, 프랭클린 루스벨트가 네 번째 대통령 임기를 시작하기 위해 취임 선서를 하던 날, 커티스 르메이Curtis LeMay 소장이 제21 폭격기 사령부를 지휘하기 위해 사이판에 도착했다. 그는 주간 고도 폭격에서 몇 차례 실패한 뒤, "이렇게 높은 고도에서 시도하는 폭격은 엄밀하게 말하 면 새들이나 가능하다"라고 주장했다. 그는 2월 13~14일 밤에 독일 드레 스덴에 가한 파괴적 공습의 충격에서 영감을 받았는데, 이 공습에서 805대 의 연합군 폭격기가 1478톤의 고폭약과 1182톤의 소이탄을 투하했다. 이 폭격에서 촉발된 화재는 곧 폭풍 같은 불길로 번졌고, 그 결과 드레스덴 대부분이 불에 타고 6만여 명의 인명 손실이 발생했다. 일본의 주택이 대 부분 목재와 종이로 건축되어 가연성이 높다는 것을 잘 알았던 르메이 소 장은 자신이 지휘하는 B-29 폭격기로 이 도시를 불태울 수 있을 것으로 생각했다. 그래서 아직 이오섬에서 전투 중이던 3월 7일에 예하 지휘관 들을 소집해 자신이 전쟁의 판도를 바꾸겠다고 말했다. 이제부터 주간에 9000여 미터 상공에서 고폭탄을 투하하지 않고, 야간에 저고도에서 소이 탄 폭격을 실시하겠다고 밝혔다. 그는 자신의 목표가 '그곳을 완전히 불

태우는 것'이라고 강조했다.[40]

바로 그다음날 밤, 괌과 사이판에서 이륙한 B-29 폭격기 346대가 도쿄를 대규모로 폭격했다. 1500미터 상공에서 비행한 이 폭격기들은 네이팜탄을 가득 채운, 무게 약 3킬로그램의 M-69 폭탄 약 50만 개를 시내 곳곳에 흩뿌렸다. 각각의 폭탄에는 충격 퓨즈가 아래로 향하도록 약 1미터 길이의 장치를 붙였는데, 이것을 유심히 올려다본 어떤 사람은 마치 '은막'이 떨어지는 것 같았다고 회상했다. 이 폭탄들은 가옥과 건물의 옥상에 부딪치자마자 바로 폭발해 사방 약 10미터까지 불타는 네이팜탄을 퍼뜨렸다. 이어진 화재 폭풍으로 불길이 수백 미터 상공으로 치솟으면서 빠르게 번졌다. 하룻밤 사이에 도쿄의 3분의 1이 넘는 곳에 화재가 발생했는데, 그 면적은 40여 제곱킬로미터에 달했다. 이 폭격과 화재로 10만여 명이 목숨을 잃었고, 100만여 명이 집을 잃었다. 이 야간 폭격 작전을 지휘한 조종사는 이 작전은 '항공기가 수행한 가장 파괴적인 공격'일 것이고, 이 공격으로 일본을 상대로 한 공중전의 새로운 장이 열렸다고 말했다.[41]

그 이후 3주 동안 B-29 폭격기는 나고야, 오사카, 고베 등 일본의 여러 도시를 불태우기 위한 폭격에 나섰다. 이 작전에서 폭격기들은 야간에 저고도로 비행했기에 별다른 엄호나 호위 전투기가 필요 없었다. 일본군이 효과적인 야간 전투기를 보유하지 못했기 때문이다. 르메이 장군은 심지어 B-29 폭격기에서 기관총을 제거하고 소이탄을 더 많이 적재하라고 지시했다. 이것은 이오섬을 확보하기도 전에 이 섬을 공격했던 중요한 명분이 다른 사건에 의해 묻히고 말았음을 의미했다. 1945년 1월에 르메이 장군은 스프루언스 중장에게 "이오섬이 없었다면 나는 일본을 효과적으로 폭격할 수 없었을 것입니다"라고 말했다. 이것은 사실이 아닌 것으로 밝혀졌지만, 르메이 장군은 자신이 한 말을 믿었을 것이다.[42]

그뒤로 몇 달, 몇 년이 지나는 동안 미국 해군과 육군 항공대는 이오섬이 비상 착륙장으로 사용될 수 있는 가치를 언급하며 이 섬의 상륙 과정에서 발생한 인명 손실을 합리화했다. 이오섬 점령 이후 B-29 폭격기는 이 섬에 총 2251회 착륙했는데, 각 항공기마다 11명의 승무원이 탑승했으니 이오섬 점령은 약 2만 4000명에 달하는 조종사와 승무원의 목숨을 구한 셈이라는 것이다. 해병대 역시 부분적으로는 이러한 견해를 수용했다. 이를 통해 자신들의 희생이 헛되지 않았음을 입증하고자 한 것이다. 이처럼 되돌릴 수 없는 결정을 합리화하는 것은 인간의 본능이다. 그러나 사실 이오섬에서 쓰인 호위용 전투기는 B-29 폭격기를 보호하는 데 아무런 역할을 하지 못했다. 조종사들에게는 발견되는 적을 제압하라는 간단한 명령이 내려졌을 뿐이다. 또 B-29 폭격기가 이 섬에 착륙한 이유는 80퍼센트 이상이 비상사태가 아니라 계획에 따라 연료를 공급받기 위해서였다. 미국이 이오섬을 확보함으로써 목숨을 구한 항공기 승무원의 수가 실제로 1000~2000명에 이를 수도 있지만, 이는 이 섬을 점령하면서 목숨을 잃은 6821명에 비하면 훨씬 적은 수다.[43]

일본의 주요 도시에 가해진 폭격과 방화는 종말론적이었다. 전후에 집계된 전략 폭격 조사에 따르면, "항공 폭격이 실시된 66개 도시의 40퍼센트가 파괴되었다. 일본 전체 도시 인구의 약 30퍼센트가 집과 재산을 잃었다." 다만 이런 참화가 일본의 전시 경제에 미친 영향은 명확하게 밝혀지지 않았다. 당시에 미국 육군 항공대는 공장 노동자의 '주택 조합'을 파괴해 일본의 산업이 약화되었다고 주장했다. 그러나 폭격으로 파괴된 지역의 산업은 대부분이 공습이 시작되기 훨씬 전에 이미 제 기능을 멈춘 상태였다. 미국군 잠수함들이 대부분의 원자재 공급을 중단시킨 것이 그 원인이었다. 원자재 공급이 멈춘 공장은 단순한 건물에 불과했다. 예를 들어 일본의 석유 자원을 겨냥해 미국 공군의 폭격기가 정유 공장을 강타했는데, 실제로 이들이 폭격한 것은 작동하지 않는 정유 장치와 텅 빈 탱크였다. 역사학자 마크 파리요Mark Parillo는 다음과 같이 해부학적으로 표현했다. "미국군 잠수함은 동맥을 차단해 일본의 산업 심장이 뛰는 것을 막았고, 미국군 폭격기가 내장 기관을 파열시키기 전까지 맡은 역할을 잘 수행했다." 그러한 시각에서 볼 때 1945년 3월에 시작되어 남은 전쟁 기간에 거의 중단 없이 계속된 B-29 폭격기에 의한 방화 폭격은 전략 폭격이라기보다 공포 폭격terror bombing에 가까운 것이었다고 할 수 있다.[44]

전쟁은 잔인했다. 1937년에 일어난 '지나 사변' 이후 8년 동안 일본은 별다른 구속을 받지 않았다. 그들은 종종 아무런 이유와 목적 없이 잔인한 폭력을 행사했고, 포로를 무차별적으로 처형했으며, 심지어 민간인에게 총검 연습을 강요하기도 했다. 유럽의 경우, 동부 전선에서 발생한 대학살은 엄청난 재앙이었고, 나치 정권은 조직적으로 수백만 명을 살해했다. 연합국은 1945년까지 잠수함 전쟁과 공중전에서 전쟁을 더 빨리 끝내는 것은 정당할 뿐만 아니라 필요하며, 나아가 칭찬할 만하다는 세계관을 받아들였다. 도쿄에 가해진 화염 공습 뉴스가 미국 언론에 알려지자 《뉴욕 타임스》는 의기양양한 어조로 "도쿄의 심장부가 사라졌다"라고 보도하면서 "전쟁이 하루만 단축되더라도 공격은 그 목적에 부합할 것이다"라고 한 커티스 르메이 장군의 발표를 인용했다.[45]

27장

대단원

히틀러는 연합국, 특히 미국에서 '벌지 전투'라고 부르는 공세에서 마지막 도박을 시도했다. 하지만 1945년 1월에 이 전투가 실패로 끝나자 독일은 서쪽에서도 연합국의 공격에 노출되었다. 같은 달 9000여 대의 전차를 앞세운 400만여 명의 러시아 병력이 동부 전선에서 대규모 공격을 단행했다. 그러나 히틀러는 장군들에게 전선 조정을 금지시켰다. 이어서 러시아군의 공격이 시작되었을 때에도 독일군의 퇴각을 승인하지 않았으며, 특정 도시를 최후의 한 사람까지 방어해야 할 '요새'로 지정했다. 하지만 이 때문에 독일군의 사상자 수만 늘었다. 긴장이 팽팽하게 고조된 상황에서 연합군은 점차 독일 본토에 접근했다.

1월 16일, 히틀러는 베를린의 제국 총리 관저 지하의 방폭 벙커로 피신했다. 그는 그곳에서 계속 명령을 내렸는데, 대부분이 전장의 현실과 어긋나는 결정이었다. 그는 전쟁의 흐름을 뒤집을 비밀 병기의 출현이 임박했다고 주장하면서 장군들에게 한 발도 후퇴하지 말라고 밀어붙였다. 장군들은 어쩔 수 없이 히틀러의 지시를 따랐으나 성과가 없었다. 그러자 히틀러는 그들을 해임하고 실력이 떨어지는 장군들을 앞세웠다. 이처럼 우스꽝스러운 과정에서 독일 장군들은 자신의 권위에 따른 공적 의무를 굳게 지켰고, 장교단 대다수가 자신에게 주어진 임무를 묵묵히 수행했다.[1]

이 시기에 카를 되니츠 총사령관은 히틀러처럼 광신적인 행태를 보였다. 역사학자이자 히틀러의 전기 작가 이언 커쇼Ian Kershaw는 되니츠 제독을 괴벨스, 힘러와 함께 나치 정권의 '가장 잔인하고 급진적인 광신도 중한 사람'으로 분류했다. 그는 3월 4일에 히틀러에게 "강한 의지로 싸워야만 우리의 운명을 바꿀 수 있습니다"라고 썼다. 그러한 정신으로 그는 최신 슈노첼을 장착한 신형 유보트를 활용해 연합국의 무역을 상대로 하는 전쟁을 부활시키려고 했다. 신형 유보트가 가장 큰 영향을 미치는 곳은 비스케이만이었다. 로리앙과 생나제르는 여전히 독일군이 점령하고 있었고, 슈노첼을 장착하지 않은 유보트가 그곳에서 대서양으로 이동하려면 연합군, 특히 영국 공군들은 항구에 체류하는 동안 유보트를 찾아내 공격하곤 했다. 하지만 슈노첼이 장착된 유보트는 비스케이만을 잠수한 상태에서 통과해 훨씬 안전하게 바다로 탈출할 수 있었다.[2]

새롭게 등장한 22형 유보트와 23형 유보트는 상당히 혁신적이었다. 1944년 말까지 모든 국가의 잠수함은 본질적으로 공격하거나 탈출하기 위해 잠시 잠수할 수 있는 수상 선박이었다. 하지만 1944년과 1945년에 새로 건조된 유보트는 비로소 최초의 진정한 잠수함이라고 할 만했다. 이 잠수함들은 한 번에 며칠씩 물속에 머물 수도 있었고, 새로운 '눈물방울teardrop' 형태의 선체 디자인으로 물속에서 17.5노트로 이동했는데, 이는 당시의 어느 호송대보다 빠른 속도였다. "새로운 성공은 우리 손에 달렸다"라는 환상을 품은 되니츠 제독은 신형 유보트 건조를 국가 산업의 최우선 순위로 끌어올릴 것을 히틀러에게 건의했다. 약간 오해가 있기는 했으나, 되니츠 제독은 독일에 미국의 선박 제조 방식을 도입하라는 화약 전문가 알베르트 슈페어Albert Speer의 제안, 즉 절차에 따른 조립 라인의 도입을 수용했다. 그런데 이렇게 생산된 선박에는 문제가 너무 많아서 오히려 선박 생산이 지연되었다. 이 문제는 나중에 해결되었으나, 결국 대형 21형 유보트 중 고작 2척만 전투에 투입되었다. 1945년 전반기에 더 많은 소형 23형 유보트가 작전에 투입되었으나, 이 유보트가 보유한 어뢰는 겨우 2발이어서 연합국의 무역량 감소에 별다른 영향을 미치지 못했다.[3]

독일 수상 해군의 상황 역시 최악이었다. 1945년 1월에 생존한 함정 수는 열 손가락으로 셀 정도였다. 그리고 이 함정들은 모두 발트해에 머물고 있었다. 여기에는 비스마르크함과 동행했던 프린츠오이겐함, 최초의 장갑함 2척(아트미랄셰어함과 뤼초브함), 그리고 순양함 3척이 포함되었는데, 그중에 2척은 킬 조선소에서 수리 중이었다. 마지막 순양함 뉘른베르크함Nürnberg은 코펜하겐에서 체류했는데, 이 함정은 연료가 부족해 전쟁이 끝날 때까지 그곳에 머물렀다. 되니츠 제독은 이 소수의 함정을 '제2전투단'으로 조직해, 발트해의 남쪽 가장자리를 따라 진격하는 러시아군에 맞선 독일군의 전투를 지원하라고 명령했다.[4]

러시아군은 반격 과정에서 독일군이 3년 반 전에 동쪽으로 진격했던 시기와 유사할 정도로 무자비했다. 따라서 독일 국민은 러시아군에게 점령되는 것을 두려워했다. 1월 27일, 러시아 군대가 리투아니아의 메멜을 점령하자, 동프로이센과 포메라니아의 민간인들이 필사적으로 탈출하기 시작했다. 혹독한 겨울 날씨 속에서 수만 명이 기차, 마차, 손수레, 어떤 이들은 썰매를 끌고 발트해의 항구인 필라우(발디스크), 단치히(그단스크), 고텐하펜(그디니아) 등을 향해 몰려들었다. 되니츠 제독은 "독일 동부 주민들을 구하는 것은 중요한 일"이라고 결정하고 이를 실행하기 위해 독일판 됭케르크 작전이라고 할 만한 '한니발 작전Operation Hannibal'을 펼쳤다.[5]

당시 모든 수상 함정이 이 작전에 투입되었다. 그중에는 수송선, 남아 있던 몇 안 되는 군함, 그리고 1940년에 영국 침공을 위해 다시 제작된 지벨 페리도 포함되었다. 절망에 빠진 난민으로 가득 찬 독일 함정들은 발트해를 건너 독일 서부나 노르웨이, 혹은 독일이 지배하는 덴마크로 향했다. 되니츠 제독은 연합국에 이 함정들의 안전한 통행을 보장해달라고 요청했지만, 다수의 함정에 민간인뿐만 아니라 군인이 탑승하고 있었기에 이 요청은 받아들여지지 않았다. 이 함정들은 부상당한 군인, 여성 보조 사병 부대Marinehelferinnen, 다수의 여성과 아동을 포함한 수천여 명의 민간인, 그리고 몇몇 고위 장교를 싣고 바다를 항해했다. 이들 중에 친위대 장교들은 러시아군의 포로가 되지 않기 위해 필사적이었다.

피란민 수송에 투입된 대규모 선박 가운데는 기존에 정기 여객선이었던 빌헬름구스틀로프호Wilhelm Gustloff가 있었는데, 이 배는 1월 30일에 단치히만의 고텐하펜 항구에서 출발했다. 이 배의 정원은 6000명이었는데, 절망적인 상황에서 탈출하려는 난민들이 배를 가득 메웠고, 주변의 작은 선박에서 올라탄 사람들까지 포함하면 실제로는 8000명을 넘어 1만 명에 근접했다. 이들과 함께 과거 독일의 군사 영웅이자 1934년까지 제국의 대통령이었던 파울 폰 힌덴부르크Paul von Hindenburg의 유해와 그 부인의 유해가 이송되고 있었다. 타넨베르크 근처에 있는 그들의 무덤이 러시아군의 공격으로 훼손될까 우려하여 이전하는 것이었다.[6]

거친 바다와 간헐적 눈보라 속에서 항해하던 빌헬름구스틀로프호의 선장 프리드리히 페테르젠Friedrich Petersen은 지그재그로 항해하지 않아도 된다고 판단했다. 자정 무렵 러시아 잠수함 S-13의 함장 알렉산데르 마리네스코Alexander Marinesko는 뜻하지 않은 행운을 맞았다. 이 여객선이 잠수함 앞을 지나간 것이다. 그는 독일 여객선을 조심스럽게 뒤쫓아 어뢰 4발을 발사했다. 1발은 불발이었고 다른 3발은 물살을 튀기며 여객선 측면을 강타했다. 이 공격이 실시되었을 당시 근처에 순양함 히퍼함을 포함한 독일 해군 함정이 있었는데, 히퍼함에는 1700명의 피란민이 타고 있었다. 빌헬름구스틀로프호에 탑승한 피란민 중에 구출된 사람은 1000명 미만이었다. 이 사고로 사망한 승객 수는 타이타닉호 사고와 루시타니아호 침몰로 발생한 것을 합친 것보다 3배나 많은 9000여 명이었다. 이는 역사상 가장 큰 해상 참사였다. 11일 후에도 마리네스코 함장은 피란민 6000여 명을 태우고 항해하던 여객선 게네랄폰슈토이벤호General von Steuben를 침몰시켰다. 이런 사고들이 있었음에도 1945년 1월에서 3월까지 독일 선박들은 약 100만 명(되니츠 제독은 200만 명이라고 주장했다)에 달하는 피란민을 발트해를 건너 독일 서부와 덴마크로 운송했다.[7]

이 같은 해상 수송에 참여한 함정 중에는 포켓 전함 뤼초브함도 있었는데, 이 함정의 운명에는 독일 해군의 역사가 오롯이 담겨 있었다. 히틀러가 총리가 된 지 두 달 후인 1933년 4월에 진수된 이 전함은 독일 해군력의 부활을 상징하는 취지에서 도이칠란트함으로 명명되었다. 그런데 전쟁이 시작되자 히틀러는 '도이칠란트'라는 이름의 함정이 침몰할 경우, 적이 이러한 사실을 선전에 이용할 것을 우려해 이름을 바꾸라고 지시했다. 이렇게 해서 개명된 뤼초브함은 전쟁 중에 대서양에서 연합국의 무역 선박을 공격하는 임무를 수행했고, 노르웨이 공격에도 참여했으며, 노르카프곶 호송대를 공격한 뒤 훈련함으로 사용하기 위해 발트해로 복귀시켰다. 그리고 독일 제3제국이 무너질 때 공격해 오는 러시아군의 진격로에서 위험에 처한 독일 피란민을 실어 날랐다. 이 전함은 1945년 4월에 킬 항구에 주둔했는데, 12년 전에 이 전함이 진수된 곳이었다. 그런데 영국군 아브로 랭커스터 폭격기가 약 5.5톤 나가는 '톨보이' 폭탄을 이 전함의 갑판에 투하해 결국 이 전함은 계류장에 가라앉았다. 하지만 뤼초브함의 포탑은 여전히 물 위에 있었기 때문에 조선소를 방어하기 위해 탄약이 소진될 때까지 주포를 발사했다. 이어 5월 4일에 승무원들이 폭탄으로 이 전함을 폭파했다. 그리고 사흘 후 독일이 항복했다.*

<hr>

1945년 봄 내내 히틀러가 벙커에 처박혀 음모를 꾸미는 동안 그의 심복들은 누가 그를 이어 총통이 될지를 가늠하는 이들도 있었다. 특히 유대인 학살 등 '최종 해결책'의 주모자인 힘러와, 독단적이지만 사교적 성향의 독일 공군 사령관 괴링은 저마다 히틀러를 계승할 계획을 세우면서 중립국에 손을 내밀어 항복을 조율하기도 했다. 이 사실을 알아차린 히틀러는 화를 내며 그러한 음모와 무관한 충성스러운 되니츠 제독을 후계자로 지명하는 최후의 유서를 다시 썼다. 그리고 바로 그날, 자신의 정부 에바 브라운Eva Braun과 결혼식을 올렸다. 그다음날 술에 취하고 창백한 히틀러는 눈에 띄게 떨고 있었다. 총통 벙커 내부의 개인 스위트룸에 들어간 그는 새신부에게 청산가리 알약을 먹이고 자신의 머리에 총을 쏘았다.[8]

이튿날 되니츠 제독은 히틀러의 수석 보좌관이었던 마르틴 보르만Martin Bormann에게서 자신이 새 총통임을 알리는 무선 메시지를 받았다. 훗날 그는 자신은 즉시 전쟁을 끝내려 했다고 주장했지만, 실제로는 본능

* 이야기는 더 남았다. 러시아군이 킬 항을 점령한 직후, 도이칠란트/뤼초브함을 끌어올려 발트해에서 사격 훈련 목표로 이용했고, 1947년 7월 22일에 최종적으로 침몰시켰다.

적으로 지위를 공고하게 한 뒤에 새 내각 인사들을 임명했다. 심지어 라디오 방송에 나가 "군사 투쟁은 계속된다"라고 선언했다. 중요한 것은 그가 유보트 전쟁을 취소하지 않았다는 사실이다. 그는 불과 며칠 전에도 이렇게 강조했다. "우리 해군 병사들은 어떻게 행동해야 하는지 알고 있다. 주변에서 무슨 일이 일어나든 우리가 반드시 이행할 군사적 의무는 우리를 대담하고 단단하고 충성스러운 저항의 바위가 되도록 한다." 그가 히틀러의 후계자라는 석연치 않은 평판을 얻은 것은 바로 이러한 정서에서 기인했다.[9]

되니츠 제독이 구사한 한 가지 전략, 혹은 가장 중요하게 여겼던 것은 바로 영국군과 미국군이 독일에 도착할 때까지 러시아군의 진격을 최대한 물리치는 것이었다. 그는 이렇게 함으로써 볼셰비즘이라는 역병에서 독일을 구할 수 있다고 생각했다. 몽고메리 원수와 협상하기 위해 대리인을 파견하는 동안에도 그는 동부 전선에서 계속 러시아군에 맞서 싸우라고 지시했다. 하지만 몽고메리 장군은 독일 정부의 대표를 만날 권한이 없었기에 독일 북부에서 독일군의 항복을 받는 것에 동의했다. 그런데 몽고메리 장군은 덴마크와 네덜란드를 항복 협정에 포함해야 한다고 주장했고, 여기에 더해 '모든 군함과 상선의 동시 항복'을 요구했다. 몽고메리 장군의 마지막 요구는 되니츠 제독이 수용하기가 어려웠다. 독일 선박이 아직도 러시아군의 진격을 피해 이동하려는 피란민을 나르고 있었기 때문이다. 그는 나중에 "우리가 모든 배를 포기해야 한다는 요구 때문에 나는 매우 혼란스러웠다"라고 썼다.[10]

몽고메리 장군이 독일 정부 사절단을 상대할 때 자신의 권한을 남용했다면, 정치에 정통한 아이젠하워 장군은 훨씬 신중했다. 그는 독일군이 "모든 전선에서 즉각적이고, 동시적이며, 무조건적인 항복"에 동의해야 한다고 주장했다. 아이젠하워 장군은 그러한 합의를 하지 않으면 연합국은 군대와 민간인을 막론하고 러시아군을 피해 도망하는 수천 명의 독일인을 수용하지 않겠다고 경고했다. 선택의 여지 없이, 그리고 이미 베를린에 러시아군이 진주한 가운데 되니츠는 아이젠하워의 조건을 수용했다. 그리고 1945년 5월 7일에 랭스에서 독일 육군 장군에게 공식 항복 문서에 서명하라고 지시했다. 러시아 대표단이 그다음날 서명을 추가했고, 이로써 공식적으로 5월 8일에서 9일 사이의 자정에 적대 행위가 완전히 종료되었다.[11]

2075일 동안 계속된 유럽에서의 전쟁이 이렇게 끝났다.

═══════

전쟁은 태평양에서도 위기의 순간에 도달했다. 히틀러가 총통 벙커에서 열광적으로 아마겟돈을 꿈꾸는 동안 1만여 킬로미터 떨어진 곳에서는 미국군이 류큐 제도에서 가장 큰 섬인 오키나와에 상륙했다. 규슈에서 타이완을 향해 남쪽으로 연의 꼬리처럼 달려가는 곳에 자리잡은 섬이었다. 오키나와인들은 인종적으로 일본인과 다르고 고유의 언어가 있었으나, 일본인들은 1879년에 류큐 제도를 병합한 뒤로 이 섬을 영토의 일부로 여겼다. 그래서 미국군이 1945년 4월 1일에 이 섬에 상륙하자 일본 지도자들은 이를 실존의 위기로 받아들였다. 그리고 다시 한번 임박한 전투를 수행하기 위해 '본토 방어를 위한 결전'을 선언했다.[12]

하지만 당시 일본에는 그러한 전투를 수행할 만한 무기가 부족했다. 500만 명 규모의 일본 육군은 보유한 장비와 수준이 부대별로 다양했으나, 여전히 강력한 전투력을 보유하고 있었다. 일본 지상군의 절반은 본토에 주둔했고, 나머지는 중국과 만주에 퍼져 있었다. 오키나와에 주둔한 방어 병력은 5만 5000여 명 규모였고 이 섬의 인구는 45만여 명이었다. 일본군은 펠렐리우섬과 이오섬을 비롯한 섬의 수비대가 그랬듯이 필사적으로 싸울 터였다. 하지만 침략자들을 바다에 던져버리겠다는 용감한 구호에도 불구하고 바다와 하늘을 통제하는 미국군이 오키나와까지 점령한다면 일본으로서는 필사적 조치가 필요할 터였다.[13]

미국군이 레이테섬을 공격한 1944년 10월, 제1 항공 함대 사령관 오니시 다키지로大西瀧治郎 중장은 필리핀에서 조종사로 구성된 '특공' 부대를 조직했는데, 이 부대는 미국 군함을 파괴하기 위해 목숨 걸고 항공기를 조종해 함정에 충돌하는 작전을 수행할 조종사들로 구성되었다. 25장에서 언급한 바와 같이, 레이테만 앞바다에서 미국의 지프 항공모함을 공격한 특공 항공기가 미국 해군에 입힌 피해는 구리타 제독이 지휘하는 함대전체가 입힌 피해 규모와 유사했다. 오니시 중장이 지휘하는 소규모 비행편대는 12대의 항공기로 미국 항공모함 세인트로함을 침몰시키고 다른 5척의 소형 항공모함에도 피해를 입혔는데, 그중 3척은 그 정도가 심각해수리하기 위해 미국으로 복귀했다.

자살 공격은 당시 일본이 의지하던 조종사들을 활용한 전술인데, 이들의 훈련 상태는 미숙했으나 편도 비행이었기에 운항 거리를 2배로 늘릴수 있었다. 이들은 국가와 천황을 위한 최후의 희생을 통해 '대화혼'을 구현하고자 했다. 이 같은 처절한 작전을 처음 제안한 사람이 오니시 중장은 아니었지만 실행에 옮긴 사람은 그였다.[14]

레이테만 전투 이후 몇 주 동안, 특공 조종사들은 에식스급 항공모함과인디펜던스급 항공모함 일부에 피해를 입혔다. 특히 1945년 1월 6일 하루 동안 일본군 항공기 30대가 무려 15척의 미국 함정에 충돌했고, 그 결과 미국군 167명이 사망하고 500여 명이 부상을 입었다. 일본군의 관점

1944년 10월 25일에 일본군 가미카제 항공기가 미국군 호위 항공모함 세인트로함을 덮치는 장면. 필리핀 전역에서 첫 번째 가미카제 부대가 성공하자, 일본군은 자살 특공대를 전술로 채택했다. (미국 국립문서 보관소 no. 80-G-270516)

에서 볼 때 이 같은 성공적인 '자살 공격'은 레이테만 전투에서 실패한 이후 유일하게 좋은 전과를 거둔 작전이었다. 그러자 오니시 중장은 수많은 젊은이의 희생을 합리화했다. 이때 그가 내놓은 주장은 초보 조종사들이 미국군 함정을 향해 전통적인 방식으로 공격하는 것은 어차피 자살행위이며, 그러한 방식은 효과가 없으므로 전쟁의 방향을 바꿀 가능성이 훨씬 낮다는 것이었다. 한편 일본군이 자국 본토를 공격하는 미국군 해군 함정에 막대한 손실을 입힐 수 있다면 미국에 협상을 통한 전쟁 종결을 요구할 가능성이 여전히 있다고 생각했다. 이 같은 주장은 오니시 제독이 요나이 해군 장관을 포함한 해군 최고 사령부에 자살 전술을 더 확대해야

한다고 설득하는 데 기여했다.[15]

가미카제 특공 부대는 공식적으로 1945년 3월 5일에 결성되었는데, 그러기 불과 며칠 전에 미국군이 B-29 폭격기를 동원해서 도쿄의 도심을 상당히 불태웠다. 이 부대의 명칭은 13세기에 쿠빌라이 칸의 침략 함대를 두 번이나 파괴한 '신이 일으킨 바람神風'에서 유래했다. 하지만 이번에는 일본인들이 비행 편대에 직접 신성한 개입을 주입한 것이었다. 이 작전의 지휘관은 야마모토 제독의 전 참모장 우가키 마토메 중장이었고, 오니시 중장이 그의 참모장을 맡았다. 우가키와 오니시는 일본 전역과 멀리 만주와 한국 등에서 수백여 대의 항공기를 모아 규슈에 산재한 작은 비행장 여러 곳에 숨겼다. 그들은 3500여 대를 모을 수 있으리라 기대했지만, 계속되는 미처 중장의 항공모함 공습으로 실제로 집결한 항공기는 절반 정도에 지나지 않았다.[16]

가미카제 조종사를 찾기는 쉬웠다. 대부분 10대에 조종사 훈련을 시작한 해군 조종사 후보생들이 경험 많은 다른 고위 장교의 격려 연설을 듣기 위해 모였을 때 다음과 같은 세 가지 선택지 중 하나를 선택하라는 내용의 지원서가 전달되었다.

1. 나는 특공대에 가입하고 싶지 않다.
2. 나는 특공대에 참여하고 싶다.
3. 특공대에 참여하는 것은 나의 열렬한 소망이다.

실제로 모든 후보생이 3번을 선택했다. 그들 중 한 사람은 다음과 같이 솔직하게 적었다. "우리가 군인이 되었을 때 우리는 목숨을 천황에게 바쳤다. ⋯ 따라서 '특공'은 우리의 군사적 의무를 수행하는 또다른 방법일

뿐이다."[17]

　우가키 중장이 지휘하는 부대에는 조종사가 조종하는 항공기 말고도 로켓 추진 비행 폭탄인 '오카櫻花'도 있었는데, 이런 공격을 이해하지 못한 미국인들은 '바카(바보)'라고 불렀다. 지중해에서 이탈리아 전함 로마함을 파괴했던 독일 프리츠X 유도 미사일과 마찬가지로, 오카는 보통 쌍발 엔진을 가진 재래식 베티 폭격기 아래에 매달려 전장으로 이동하다가 목표물에서 25~30킬로미터 떨어진 곳에 투하되었다. 독일의 미사일은 무선 조종으로 적을 공격하는 방식이고, 일본의 오카는 조종사가 직접 조종해서 목표물을 향해 뛰어든다는 것이 두 무기의 차이점이었다. 비행체에 매달려 시속 800여 킬로미터로 이동한 오카는 분리된 이후에도 미국군 함정의 대공포 사격에 취약하지 않았다. 하지만 이 작전을 수행하는 과정에서 가장 어려운 것은 속도가 느린 베티 폭격기들을 미국군 함정에서 30여 킬로미터 이내로 접근시키는 것이었다. 9대의 베티 폭격기가 오카를 매달고 감행한 한 차례 공격에서 미국의 헬캣 전투기들은 베티 폭격기가 오카를 발사하기 전에 8대를 격추했으며, 유일하게 발사된 오카 하나가 미국군 구축함을 침몰시켰다. 그후 실시된 일본군의 공격은 다양한 미국군 함정에 피해를 입혔으나, 이러한 손실이 전략적으로 큰 의미가 있지는 않았다.[18]

　따라서 가미카제가 훨씬 많이 시행되었고, 이에 따라 연합군 함정이 더 위험했다. 가미카제 공격을 위해 일본군은 한때 태평양 전쟁에서 최고 성능의 전투기였던 제로 전투기를 사용했는데, 1945년에 이르자 이 전투기는 미국의 신형 전투기에 비해 전반적으로 성능이 떨어졌다. 제로 전투기는 저마다 약 250킬로그램의 폭탄으로 무장했는데, 무게 때문에 이 전투기의 유일한 장점인 기동성마저 둔화되었다. 그래서 경험 많은 조종사들

이 조종하는 기존 전투기들이 가미카제에 투입되는 제로 전투기를 목표
물까지 호위했다. 초기에는 가미카제 전투기 3~4대가 그룹을 지어 공격
할 때 경험 많은 조종사 2~3명이 이들을 호위했다. 이오섬 앞바다에서
가미카제 전투기들이 호위 항공모함 비스마르크해함을 침몰시켰고, 함대
의 항공모함 새러토가함을 심각하게 파괴했다. 귀환한 일본군 조종사들
은 으레 자신들의 성과를 과장해서 보고했다. 이들의 보고에 근거해 우
가키 중장은 자신의 가미카제 부대가 '적 항공모함 7척, 전함 2척, 순양함
1척'을 파괴했다고 도쿄에 보고했다.[19]

오키나와 전역을 준비하는 과정에서 우가키 중장은 여러 곳에서 한 번
에 3~4대로 구성된 가미카제 항공기를 보낼 것이 아니라, 한 번에 수백
대를 출격시켜 미국군을 압도할 만큼 대규모 집단 공격을 시도하려는 계
획을 수립했다. 3월 30일, 예비 공격 중이던 가미카제 항공기 1대가 스프
루언스 중장의 기함 인디애나폴리스함에 성공적으로 충돌했다. 스프루
언스 중장은 다치지 않았지만, 이 함정은 수리하기 위해 미국으로 돌려
보내고 전함 뉴멕시코함을 새 기함으로 삼았다.* 하지만 그것은 서곡에
불과했다.[20]

━━━━━━

기쿠스이菊水라고 불리는 대규모 가미카제 공격은 4월 6일에 시작되었다.
그날 아침에 우가키 중장은 규슈 전역의 비행장에서 총 700대의 항공기

---

* 이것으로 인디애나폴리스함의 전쟁 수행이 끝나지는 않았다. 캘리포니아의 마레아일랜드 해군
조선소에서 수리를 받은 이 전함은 7월에 최초의 원자폭탄 '리틀 보이(Little Boy)'를 티니언섬에
배달했다. 이 임무를 마치고 필리핀으로 향하던 7월 30일에 잠수함 I-58로부터 어뢰 2발을 맞아
12분 만에 침몰했다. 이로 인해 승무원 300여 명이 사망했다. 생존한 승무원 900여 명은 4일간 악
천후에 노출된 채 탈수와 상어들의 끝없는 공격을 겪었으며, 이들 중 317명이 구조되었다.

를 출격시켰는데, 이중 절반에 해당하는 355대가 가미카제였다. 나머지 항공기는 재래식 폭격기이거나 미국군의 헬캣 전투기를 막기 위해 배치된 호위 전투기였다. 이 전투기들은 가미카제 항공기가 미국 해군 함정에 도달할 수 있도록 엄호하는 역할을 맡았다. 가미카제 항공기의 목표물은 부족하지 않았다. 오키나와 주변 바다는 다양한 미국 함정으로 붐볐는데, 오키나와 공격에 참여한 함대는 노르망디 상륙 작전 이후에 가장 큰 규모였다. 당시 광경을 목격한 모리슨 제독은 수많은 함정 외에도 "눈에 보이는 범위의 바다에 LST와 착륙 및 통제 함정이 뒤덮고 있었다"라고 회상했다.[21]

가미카제 조종사들에게는 미국군 항공모함을 집중적으로 공격하라는 지시가 하달되었지만, 그렇게 할 수 있는 조종사는 소수에 불과했다. 리치먼드 켈리 터너 제독은 미국 공격 함대 본대에서 전방으로 약 50~100킬로미터 떨어진 곳에 16척의 소형 구축함, 그리고 호위함으로 레이더 피켓함을 배치하고 이 함정들에 일본 항공기가 접근하는 때에 맞추어 조기에 경고하도록 지시했다. 따라서 가미카제 조종사들이 처음으로 마주하는 미국 군함은 이 함정들이었다. 공중에서 미국군 군함을 본 적이 없는 초보 조종사들에게 미국군 레이더 피켓함은 전함과 다르지 않아 보였고, 이들은 자신들에게 주어진 신성한 임무를 수행하기 위해 이 함정을 향해 공격을 감행했다.[22]

4월 7일 아침, 규슈에 가장 근접한 3척의 피켓 구축함은 부시함Bush, 캘훈함Calhoun, 에먼스함Emmons이었는데, 이 군함들은 무려 50대의 가미카제 항공기로부터 공격을 받았다. 4대는 부시함에 뛰어들고 5대는 에먼스함에 충돌했는데, 대공 사격으로 정확하게 격추된 항공기, 혹은 목표물에 충돌하지 못한 항공기는 인근 바다에 떨어졌다. 이 3척의 미국 군함은 모두 침몰했고 다수의 인명 피해가 발생했다. 그날 다른 곳에서도 가미카제 항공기가 미국 해군의 LST 1척, 빅토리 선박 2척, 탄약선 2척을 침몰시켰고, 전함 메릴랜드함을 비롯해 함정 10척을 파괴했다. 우가키 중장이 가장 중요한 목표로 삼았던 미국 항공모함에는 가미카제 항공기 한 무리가 공격했으나 헬캣 전투기에 의해 모두 격추되었고, 항공모함 핸콕함Hancock에 충돌한 가미카제 항공기는 1대뿐이었다. 이 공격으로 미국 해군이 입은 피해는 심각했으나, 이것만으로는 연합군의 공격 전체를 막아내기에 역부족이었다.[23]

하지만 우가키 중장은 낙담하지 않았다. 호위 임무를 마치고 복귀한 조종사들이 역시 전과를 과장해서 보고했기에 그렇게 생각한 것이다. 그는 "오키나와 인근은 참극의 바다가 되었다"라고 일기에 썼다. 그가 보고받은 내용만큼 미국 해군이 심각한 피해를 입지는 않았지만, 실제로 피해가 상당한 수준이긴 했다. 그리고 그후로 몇 주 동안 가미카제 항공기가 미국군 함대에 큰 피해를 입힌 것도 사실이다.[24]

이어진 공격에서도 열성적인 가미카제 조종사들은 계속해서 피켓 구축함에 공격을 시도했다. 그런 공격의 대상이었던 피켓함 중에 구축함 래피함Laffey은 전쟁에서 가장 끈질기게 공중 공격을 견뎌낸 함정이다. 과달카날에서 침몰한 구축함의 이름을 따서 명명된 신형 구축함 래피함은 4월 16일 아침에 오키나와 북단 50여 킬로미터 지점의 1번 피켓 기지에 배치되었다. 아침 8시 20분, 이 구축함의 레이더 담당자가 '북쪽에서 빠르게 다가오는' 최소 50개의 접근체가 있다고 보고했다. 그중 절반은 다른 목표물을 찾아 떠났지만, 나머지 절반은 곧장 래피함을 향해 다가왔다. 경계병이 "적이다!"라고 소리친 이후 약 1시간 20분 동안 가미카제 항공기들이 사방에서 이 구축함을 공격했다.[25]

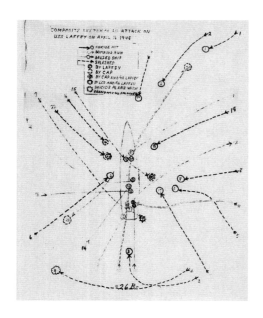

1944년 4월 16일 아침, 구축함 래피함의 함장 줄리언 벡턴 중령은 22대의 일본군 항공기가 감행한 공격을 묘사하기 위한 사후 보고서에 이 스케치를 넣었다. 놀랍게도 래피함은 생존했다. (미국 해군연구소)

　래피함의 포수들이 분당 1000발이 넘는 대공 사격을 실시하고 아군 전투기로부터 상당한 도움을 받은 덕분에 첫 번째 공격을 시도한 가미카제 항공기 9대는 모두 격추되었다. 그리고 8시 39분에 일본군 발 폭격기가 정면에서 래피함을 정찰하더니 갑판을 가로질러 조심스럽게 폭탄을 투하했는데, 이 폭탄이 래피함의 후미를 강타했다. 몇 분 후, 일본군 항공모함 공격 전용기인 급강하 '주디' 폭격기가 래피함의 20밀리미터 함포에 충돌했다. 그리고 바다 위 불과 5~10미터 높이에서 래피함의 후미로 접근하던 또다른 발 폭격기가 5인치 함포에 충돌했다. 이처럼 집중 공격을 받은 래피함이 32노트로 급속하게 기동하는 동안 피해 통제팀이 화재 진압을 위해 필사적으로 노력했다. 프랭크 맨슨Frank Manson 중위는 래피함의 좌현 프로펠러 보호대에 부딪친 폭탄이 방향타를 세게 틀어쥐어 래피함이 "상처 입은 물고기처럼 미친 듯이 빙빙 돌았다"라고 회고했다. 일본군 항공기 2대가 불타는 이 구축함을 또다시 들이받았다. 영원히 끝날 것 같지 않던 일본군의 공격은 드디어 9시 47분에 종료되었다.[26]

마침내 숨을 쉴 수 있게 된 래피함의 함장 줄리언 벡턴Julian Becton 중령은 피해 상황을 조사했다. "우리 구축함의 뱃머리에서 선미까지 상부 전체에 일본군 항공기의 잔해가 흩어져 있었다. 엔진, 착륙 기어, 날개, 일본 조종사의 시체까지… 말 그대로 엉망진창이었다." 그는 래피함이 8대의 가미카제 항공기와 4발의 폭격에 맞았다고 추정했으며, 이 과정에서 승무원 32명이 사망하고 71명이 부상을 입었다. 하지만 래피함은 여전히 물 위에 떠 있었다. 그러다 마침내 신속히 수리받기 위해 오키나와로 견인되었고, 나중에 다시 사이판을 거쳐 미국 서부 해안까지 자력으로 이동했다. 전쟁이 끝난 뒤에는 항공모함 요크타운함과 함께 사우스캐롤라이나주 마운트플레전트의 패트리어츠 포인트 박물관Patriot's Point Museum에서 방문객을 맞고 있다.[27]

1945년 4월에 대규모 가미카제 공격이 추가로 진행되었고, 이 같은 공격이 5월까지 계속되었다. 5월 11일에는 2대의 가미카제 항공기가 미처 중장의 주력함인 항공모함 벙커힐함을 타격하자 미처 중장은 어쩔 수 없이 자신의 깃발을 항공모함 엔터프라이즈함으로 옮겼다. 하지만 3일 후에 엔터프라이즈함마저 공격받자 또다시 랜돌프함Randolph을 기함으로 삼았다. 이처럼 일본군의 가미카제 공격은 격렬했지만, 이것 때문에 연합군의 공격이 취소되거나, 해안에서 이루어지는 연합군의 작전 지원이 방해받지는 않았다.

이에 우가키 중장은 적어도 스스로는 가미카제 항공기를 이용한 공격으로 전쟁을 역전시킬 수 없음을 인정하지 않을 수 없었다. 귀환한 조종사들은 수십 대의 미국 항공모함을 침몰시켰다고 보고했으나, 우가키 중

1945년 5월 11일, 가미카제 항공기 2대의 자살 공격을 받으면서도 미처 중장의 주력함인 벙커힐함의 승무원들이 침착하게 임무를 수행하는 모습. 벙커힐함은 이날 공격으로 사망 389명, 부상 264명의 인명 손실이 발생했는데, 미처 중장의 참모도 여럿 포함되었다. 이 함정은 수리를 받기 위해 미국으로 자력으로 복귀한 다음, 전쟁이 끝날 때까지 그대로 머물렀다. (미국 국립문서보관소 no. 80-G-323712)

장은 일기에 그 말이 사실이라면 "여전히 손상되지 않은 항공모함이 그토록 많이 작전을 수행하지는 않을 것이다"라고 썼다. 5월에 이르러 가미카제 작전은 적에게 엄청난 손실을 안기기는 했으나 실패했다. 하지만 이 작전은 그뒤로도 한 달 이상 계속되었다. 당시 일본에는 상대를 공격할 다른 자원이 없었다. 그리고 이러한 상황에 이르자 우가키 제독은 모든 것을 내려놓는 심리 상태에 접어들었다. 4월 마지막 날에 그가 쓴 일기는 다음과 같았다. "한참 결전이 벌어지고 있지만 나는 이 봄이 지나가는 것을 아쉬워하지 않는다. 봄은 다시 오겠지만, 내가 두려워하는 것은 다시는 전황을 만회할 기회가 오지 않는 것이다." 바로 그날, 베를린에서 히틀러가 자살했다.[28]

일본군은 4월 6일에서 6월 22일까지 10차에 걸쳐 대규모 가미카제 공격을 감행했고, 이 과정에서 총 1465대의 항공기와 같은 수의 조종사들이 미국군을 공격했다. 이들은 36척의 미국군 함정을 침몰시켰고, 300여 척에 피해를 입혔다. 하지만 오키나와가 함락되자 연합군이 일본 본토를 공격할 가능성이 높아졌으며, 그 시기가 임박했다.[29]

오키나와 전역이 진행되는 동안 우가키 제독은 일기에 다음과 같은 짧은 시를 썼다.

특공의 꽃이 지고 있다.
봄이 떠나갈 때면
봄과 함께 사라지는
어린 소년들은 벚꽃처럼
벚나무에 잎만 남기고.[30]

========

일본의 수상 해군은 1945년 4월의 독일 해군처럼 함정이 부족해서 난감한 상황이었다. 레이테 전투에서 살아남은 전함이자 항공모함으로 사용되던 이세함과 휴가함은 미국군의 공습으로 파괴되었다. 게다가 탑재할 항공기도 부족하고 바다로 항해할 수 있는 연료 역시 충분치 않았다. 이런 상황에서 일본 해군에서 당장 전투에 투입할 수 있는 함정은 단 1척의 주력함인 야마토함뿐이었다. 해군부 일각에서는 야마토함 역시 조국을 수호하기 위해 전투에 투입되어야 하지만, 아직은 때가 아니라는 주장이 제기되었다. 하지만 다른 곳에서는 젊은 조종사들이 오키나와를 방어하기 위해 목숨을 던지는 상황인데 해군을 상징하는 함정을 그냥 방치하면

안 된다는 목소리가 나오기도 했다. 이러한 의견을 강력하게 뒷받침한 사람은 히로히토 천황이었다. 가미카제로 오키나와를 방어하겠다는 계획을 공식 발표하는 동안 히로히토는 "해군은 어디에 있습니까?"라고 질문했다. 어쩌면 단순한 질문이었을지도 모르지만, 실제로는 일본 해군 장교들의 뺨을 날카롭게 때리는 질문이었다. 해군 일각에서는 야마토함이 "휴식을 취하는 미숙한 제독들을 위해 떠다니는 호텔"이라는 경멸적 비판을 참을 수 없었다. 구사카 제독은 부하들에게 야마토함의 '평판에 비판이 제기'되고 있으니 이 전함은 당장 출격해야 한다고 설명했다. 이처럼 일본 해군이 오키나와 전투에 야마토함을 파견한 것은 수치를 겪을지 모른다는 두려움 때문이었다.[31]

오키나와까지 항해하는 데 필요한 연료(대부분 식물성 기름으로 합성한 연료였다)만 확보된다면 야마토함은 즉시 일본 내해를 출발해 남쪽으로 기동한 뒤, 오키나와 인근 바다에서 미국군을 상대로 탄약을 온통 쏟아부으며 전투에 나설 수 있었다. 그리고 나서 해안에 상륙해 3500명의 승무원이 직접 미국군을 상대로 한 전투에 투입될 수 있었다. 하지만 공중 엄호가 불가능한 상황이므로 야마토함이 오키나와에 도착하기란 매우 어려웠고, 설사 오키나와에 도착한다 하더라도 승무원들이 하선한 뒤 해안에서 미국 해병대에 맞서 싸울 것이라는 생각은 완전한 환상이었다. 그것은 태평양의 많은 섬에서 일본군이 시도했던 만세 돌격처럼 최후의 무모하고 절망적인 공격 제스처에 불과했다. 그러한 점이 반영되어, 이토 세이이치伊藤整一 중장에게 명확하게 "이것은 특공 작전이다"라고 적힌 명령이 하달되었다.[32]

적어도 공식적으로는 전함 야마토함이 포함된 함대의 공격은 일종의 미끼 역할이었다. 야마토함이 공격하면 미국 항공모함 주변의 함정들이 멀리까지 나와서 이 대형 전함에 맞설 것이고, 그사이에 가미카제 항공기들이 방어가 약해진 항공모함을 공격할 수 있을 것이라고 생각한 것이다. 하지만 이런 설명에 속는 사람은 거의 없었다. 이토 중장은 예하 장교들에게 "우리가 죽기에 적절한 기회가 다가오고 있다"라고 말했다. 야마토함의 승무원들이 출격 준비를 하는 동안 이 전함의 장교들은 출격에 앞서 전통적인 건배 의식을 거행했다. 그들이 술잔을 들었을 때 항해사가 실수로 술잔을 떨어뜨렸는데, 떨어진 술잔이 갑판 위에서 산산조각 났다. 술잔을 떨어뜨린 장교가 수치심에 고개를 떨구자 깊은 침묵이 흘렀다. 그것은 끔찍한 징조였다.[33]

———

그날 밤늦은 시각, 일본 내해의 탈출구를 감시하던 미국군 잠수함 2척 중하나인 스레드핀함Threadfin이 분고 수도를 빠져나가는 작은 함정과 큰 함정을 여러 척 발견해 상부에 보고했다. 이 소식을 들은 스프루언스 중장의 첫 번째 조치는 모턴 데요Morton Deyo 제독을 통해 예하 전함들에 해상교전을 준비하라고 경고하는 것이었다. 하지만 미처 중장 역시 이 기회를 놓치지 않으려 했다. 그는 항공모함 탑재기에 장거리 여명 비행을 지시했다. 4월 7일 아침 8시 30분에는 한 조종사가 동중국해에서 대형 전함 1척, 경순양함 1척, 구축함 8척을 발견해 보고했다. 이에 미처 중장은 즉시 9척의 항공모함에서 출격한 280대의 항공기에 적을 타격하라고 명령했다. 그리고 난 후에야 비로소 스프루언스 중장에게 TBS 메시지를 보내 "일본군을 직접 공격할 계획입니까, 아니면 제가 공격할까요?"라고 물었다. 스프루언스 중장은 "귀관이 공격하시오"라고 대답했는데, 이때는 이미 미처 중장이 보낸 항공기들이 적을 향해 이동하는 중이었다.[34]

미국군 항공기들은 10척의 일본군 함정 위로 높이 선회하면서 조심스럽게 목표를 골랐다. 그리고 정오가 조금 지났을 때 공격을 개시했다. 공격 초기에 미국군 어뢰가 순양함 야하기함失作의 엔진실을 타격하자 이 순양함은 곧바로 침몰했다. 이미 무방비 상태였지만, 이 순양함은 침몰하는 과정에서 함장이 배를 포기하라고 명령하기 직전까지 무려 12발의 폭탄과 7발의 어뢰에 맞았다. 호송 중이던 구축함도 대부분 타격을 입었으며 그중 4척이 침몰했다. 이제 미국군의 관심은 야마토함에 집중되었다.[35]

야마토함은 주포 외에도 6인치 함포 6문, 5인치 함포 24문, 1인치 소형 함포 162문을 보유했다. 특히 이 전함의 18.1인치 대형 함포들은 하늘을 향해 수많은 파편을 흩뿌리는 것과 유사한 신형 대공 포탄을 발사할 수 있었다. 이처럼 야마토함이 보유한 모든 무기의 성능은 뛰어났지만, 자체 무장만으로는 미국군 항공기의 공격에서 자신을 지켜낼 수 없었다. 한편 미국군의 공중 공격에서 살아남은 몇 안 되는 일본 장교 중 한 사람은 "은빛 어뢰 행렬이 사방에서 소리 없이 우리에게 모여드는 모습"을 지켜봤다고 회상했다. 그 장교는 "끊임없는 폭발, 눈을 멀게 하는 빛의 섬광, 우레와 같은 소음, 폭발 압력에 따른 분쇄의 무게"에 충격을 받았다.[36]

야마토함은 처음에 어뢰를 몇 발 맞는 동안 좌측이 타격을 입어 눈에 띌 정도로 좌현으로 기울었다. 그러더니 갑판 전체에서 폭탄이 터지면서 대공 포탄들이 공중으로 흩어졌고, 그사이에 상부 구조물은 뒤틀린 금속 덩어리가 되고 말았다. 미국군 항공기의 3차 공격에서는 어뢰 5발이 더 명중했고, 그러자 야마토함은 위험할 정도로 기울었다. 이토 제독은 보일러실과 엔진실을 침수시켜 전함이 전복되는 것을 막으려 했다. 그 영역에 있던 승무원들의 희생을 감수해가면서 실행한 이 임기응변은 이 전

1945년 4월 7일에 전함 야마토함이 침몰함으로써 일본 해군은 종말을 맞았다. 인근에 있던 일본군 구축함의 실루엣으로 야마토함의 폭발 규모를 짐작할 수 있다. (미국 해군 역사유산사령부)

함에 동력 없이 가라앉을 운명을 재촉했다. 그 이후에도 미국군 항공기의 네 번째, 다섯 번째, 여섯 번째 공격이 진행되었다. 그러자 야마토함은 약 80도까지 기울어 마침내 회생 불가능한 상태가 되고 말았다. 이 전함이 옆으로 구를 때 나머지 승무원들이 갑판 아래에 갇히지 않도록 이토 제독은 이들을 모두 갑판 위로 불러들였다. 그는 엄숙하게 참모장과 악수를 하고 선실로 물러났다. 오후 2시 30분경에 이 전함은 폭발했다. 그러고는 "거대한 불꽃의 손가락이 번쩍거리며 검은 구름 속으로 치솟았다." 폭발 후 연기가 공중으로 1500미터 넘게 치솟았는데, 이 광경은 150여 킬로미터 떨어진 규슈에서도 볼 수 있었다. 연기가 걷히자 야마토함도 사라졌다. 공습이 진행된 2시간 동안 미국군의 손실은 항공기 10여 대에 불과했다.[37]

이렇게 일본 해군은 붕괴했지만 태평양에서 연합군의 해군력은 계속 증대되었다. 미국의 조선소에서 새로 건조된 함정이 더 많이 도착했고, 유럽 전역에서 도착한 함정도 있었다. 여기에는 영국에서 온 중요한 부대도 포함된다. 유럽에서의 전쟁이 끝나가자 처칠은 영국의 기존 식민지, 특히 홍콩과 싱가포르의 미래에 영향을 미칠 수 있는 지렛대를 확보하기 위해 태평양에 영국 해군 기동 부대를 파견하고자 했다. 그는 1944년 9월 퀘벡에서 열린 옥타곤 회의Octagon Conference에서 이 같은 의중을 밝혔는데 미국인들은 시큰둥했다. 킹 제독은 언제나처럼 무뚝뚝한 태도로 영국군은 필요 없고, 원하지 않으며, 자산이 되기보다는 부담이 될 가능성이 높다고 주장했다. 그는 태평양에 영국 부대가 주둔하면 이미 복잡한 지휘 체계가 훨씬 더 복잡해질 것이고 되려 미국의 병참 부담만 가중될 것이라고 주장했다. 또 영국 선박은 장거리 항해를 하기 어려워하는 경향이 있어서 양쪽 해군이 효과적으로 협력하기가 어려울 것이라고 지적했다. 비록 점잖게 말했지만, 미국 해군이 지난 3년 동안 일본군을 상대로 분투해왔는데, 마지막 순간에 영국군이 뛰어들어 승자의 몫을 나누려 한다는 생각에 킹 제독과 다른 관계자들은 몹시 분개했다. 하지만 이 와중에 루스벨트는 처칠에게 미국은 영국의 제안을 기꺼이 수용하겠다고 밝혔다.[38]

'영국 태평양 함대BPF: British Pacific Fleet'는 공식적으로 참전한 만큼 명목상으로는 중요한 부대였다. 이 함대에는 전함 2척이 포함되었는데, 그중 1척은 1941년에 독일군 전함 비스마르크함을 사냥한 킹조지5세함이었다. 또한 항공모함도 6척 있었는데, 그중 4척은 계속해서 전투 임무를 수행했다. 이 함대의 총지휘권은 브루스 프레이저Sir Bruce Fraser 제독에게 있었으나, 그는 시드니에 체류했다. 그의 참모부에서 근무하던 미국인은 영국군 기동 부대의 작전 지휘권을 '교양이 넘치는 영국 신사' 버나드 롤링

영국 해군의 필립 비안 제독만큼 전시에 다양한 경력을 쌓은 장교도 흔치 않다. 1940년에 알트마르크함을 추격해 외싱피오르로 진입한 사람이 당시 대령이었던 비안이다. 그는 1942~1943년에 지중해의 몰타로 가는 주요 호송대를 몇 차례 지휘했다. 그런 뒤 1943년에 살레르노 앞바다에서 항공모함 함대를 지휘했고, 1944년에는 노르망디에서 동부 돌격 함대를 이끌었다. 그리고 1945년에는 태평양에서 영국 해군 항공모함 기동 부대를 지휘했다. (영국 제국전쟁박물관)

스Bernard Rawlings 제독이 행사한다고 말했다. 필립 비안 제독은 TF113의 항공모함을 지휘했다. 그러나 겉으로 보기에는 강해 보였으나, 킹 제독이 제기한 영국 해군의 효율성에 대한 의심은 곧 사실로 증명되었다. 북해와 지중해에서 수년간 전쟁을 경험한 영국인들은 영국 해군이 태평양 전역의 장거리 작전을 감당하기가 쉽지 않으리라 예상했다. 물론 영국은 22척의 유조선을 보유했으나, 미국 해군에게는 일상이 되어버린 중간 급유가 영국 해군에게는 매우 어려운 임무임이 확인되었다. 비안 제독은 영국의 해상 급유 방식은 "미국 해군의 해상 급유 방식과 비교할 때 어색하기 짝이 없었고, 도무지 해군의 업무 같지 않았다"라고 말했다. 이 같은 병참 및 군

수 지원의 어려움 말고도 문제가 또 있었다. 영국 해군 함정에는 에어컨이 없었는데, 때로는 갑판 아래쪽의 온도가 섭씨 40도를 넘기도 했다.[39]

스프루언스 제독은 오키나와 전역을 준비할 때 비안 제독의 항공모함에 오키나와 남쪽 미야코섬과 이시가키섬의 일본군 비행장을 진압하는 임무를 맡겼다. 이에 영국군은 일본군이 떠날 때 남기고 간 소수의 항공기가 비행장을 사용할 수 없도록 파괴했다. 이처럼 영국군이 작전을 수행하긴 했으나, 비안 제독은 이는 전체적으로 볼 때 핵심 임무가 아니라 보여주기에 불과한 행위라고 생각했다. 당시 영국 항공모함은 한 가지 측면에서 미국 항공모함보다 우수했다. 미국군이 오키나와에 상륙한 날인 4월 1일, 가미카제 항공기 1대가 영국군 항공모함 인디페티거블함 Indefatigable에 충돌했다. 하지만 이 항공모함은 미국군 항공모함과 달리 장갑 비행갑판 덕분에 상대적으로 영향을 덜 받았고, 자신의 이름에 걸맞게 1시간 이내에 정상적으로 운항할 수 있었다(indefatigable은 '지치지 않는'라는 뜻). 이 항공모함은 2주 후에도 심각한 공격을 받아 큰 피해를 입었으나 불과 6시간 만에 다시 완벽한 운항 상태로 복구되었다. 한편 영국군 제113기동대의 항공모함들은 류큐 제도뿐만 아니라 타이완에도 공격을 실시했는데, 새로운 환경에서 발생하는 지속적인 지원 및 수리 요구로 곧 심각한 상황에 직면했다. 1940년에 이탈리아 타란토를 공습했던 일러스트리어스함은 1945년 4월 중순에 본국으로 복귀해야 할 정도로 위험한 상태였다. 5월에는 롤링스 제독이 지휘하던 함정들 역시 수리가 필요해서 모두 시드니로 복귀했다. 비안 제독이 지휘한 전투기들은 4691회의 출격으로 75대의 일본군 항공기를 파괴하는 동안 26대의 손실을 입었다. 그리고 작전 중에 발생한 사고와 일본군의 가미카제 공격에 의해 134대의 항공기를 잃었다. 이처럼 처칠은 태평양에 영국 해군 기동 부대를 배치하

는 데에는 성공했지만, 그들이 거둔 성과가 그의 정치적 목표를 홍보할
수 있을 만큼 대단하지는 않았다.⁴⁰

═════

오키나와 전투는 약 3개월간 지속되었는데, 이 시기에 일본 내부에서 중
요한 정치적 변화가 전개되었다. 야마토함이 동중국해에서 침몰한 날인
4월 7일, 고이소 총리가 사임하고 스즈키 간타로鈴木貫太郎가 신임 총리에
취임했다. 그는 80세의 퇴역 제독으로, 처음부터 미국과의 전쟁을 반대했
던 인물이다. 새 총리는 몇몇 은퇴한 제독을 내각에 앉혔다. 특히 우가키
중장을 상징적으로 여기에 포함시키며 이렇게 말했다. "이처럼 결정적
인 시간에 함정이 부족하니 해군은 내각을 구성해서라도 싸워야 하지 않
겠습니까. … 하하!"⁴¹

　5일 후인 4월 12일에는 미국의 지도부가 바뀌었다. 63세인 프랭클린
루스벨트 대통령이 조지아주 웜스프링스의 자택에서 뇌출혈로 사망했다.
히틀러는 이 소식에 쾌재를 부르며 상황이 이렇게 되면 전세가 역전될 것
이라고 말했다. 그뒤 3주도 채 지나지 않아 그는 자신의 손으로 죽었다.

　오키나와에서 일본군의 저항은 6월 22일에 끝났고, 이를 계기로 가미
카제 공격도 종료되었다. 해안에서도 필사적인 육탄전을 벌였지만, 가미
카제 공격으로 발생한 미국 해군의 인명 손실(4907명)이 동일 기간에 전사
한 미국 육군 전사자(4675명)나 해병대 전사자(2928명)보다 많았다. 물론
일본군의 피해가 가장 컸다. 4월 1일에서 6월 22일까지 3개월 동안 7만여
명이 사망했고, 나중에 이른바 '멍석말이 작전'이 실행되면서 1만 1000여
명이 더 사망했다. 민간인 인명 피해 규모는 10만 명이 넘었다. 사망자 중
에는 양측의 지휘관, 즉 길고 피비린내 나는 군사 작전을 지휘해 많은 비판

을 받았던 우시지마 미쓰루牛島滿 대장과 사이먼 볼리버 버크너Simon Bolivar Buckner 대장(사망 당시에는 중장, 사후에 대장으로 추서)도 있었다.[42]

합리적인 지표들을 살펴보더라도 6월 말에 이미 일본의 패배는 명백했다. 미국군 B-29 폭격기는 일본의 도시들을 잿더미로 만들었고, 잠수함은 가장 기초적인 물품의 수입마저 차단했다. 르메이 장군은 일본의 도시를 상대로 한 전략 폭격에 초점을 맞추었지만, 니미츠 제독은 일본의 항구와 그 주변에 1만 3000여 개의 기뢰를 설치하는 데 항공기를 투입하자고 설득했다. 결국 이 작업이 일본의 수입을 더욱 옥죄었다. 미국군 잠수함들은 서태평양과 한국의 동해에서 마음대로 돌아다녔는데, 동해에서는 6월에 얼 하이드먼Earl Hydeman 중령이 지휘하는 잠수함 9척이 3주 동안 일본 선박 31척을 침몰시켰다. 7월에는 유진 플럭키Eugene Fluckey 제독이 지휘하는 잠수함 바브함Barb이 사할린섬에 보트로 병력을 보내 폭발물을 싣고 가던 열차를 폭파했다. 이처럼 이 시기의 일본은 당하기만 하는 표적에 불과했으며, 연합군의 처벌을 받기만 할 뿐 반격하지 못했다.[43]

하지만 그 어떤 것도 일본의 항복을 의미하지는 않았다. 군국주의 세력이 여전히 정부를 주도했고, 스즈키 총리를 포함해 일본이 협상을 고려해야 한다고 생각했던 사람들이 이른바 '평화파'를 이루었다. 하지만 평화파가 생각한 협상 조건은 일본의 정체성과 주권은 물론 일부 해외 식민지 지배권까지 유지하는 것이었다. 다시 말해 항복을 주장하는 사람은 아무도 없었다. 일본 군대의 저항 숭배와 무사도 정신은 매우 강력해서 대다수 군사 지도자들은 항복의 수치를 견디기보다는 일본의 살아 있는 모든 영혼이 희생되어야 한다는 주장을 받아들이는 분위기였다. 일본 정부는 오키나와 점령 이후 미국군이 다시 공세를 개시하기까지 몇 달이 걸릴 것으로 예상했다. 그러면 그 기간에 소련에 휴전 중재를 요청하는 등 대안을 모색할 수 있을 터였다. 일본 군대는 버마와 필리핀에서처럼 중국에서도 해안 쪽으로 조심스럽게 철수한 뒤 격렬하게 싸웠다. 일본 육군 총참모부는 예상되는 미국의 상륙 공격에 맞서기 위해 규슈에 1만여 대에 달하는 항공기를 집결시켰다.[44]

7월 26일, 연합국의 정부 수반들이 점령된 독일 도시 포츠담에서 회동했다. 영미 양국은 소련과 협의하지 않은 채 일본 지도자들을 겨냥한 '포츠담 선언Potsdam Declaration'을 발표했다. 이 선언에서는 일본군의 본국 귀환을 허락한다고 서약한 다음, 연합국이 일본인을 노예로 만들 의사는 없다고 밝히며 다음과 같이 최후통첩을 제시했다. "우리는 일본 정부가 당장 모든 일본 군대의 무조건 항복을 선언할 것을 요구한다." 그렇게 하지 않으면 '즉각적이고 완전한 파괴'에 직면할 것이다. 일본인들은 맨해튼 프로젝트나 소련이 8월에 일본을 상대로 선전 포고한 뒤 참전하기로 한 비밀 합의는 전혀 알지 못했기에 이런 조건들을 단순히 또다른 협상용 전략으로 여겼다. 그리고 이 선언문에 소련이 참여하지 않았다는 점에 주목해 소련이 중재자 역할을 할 의향이 있을지도 모른다는 희망을 버리지 않았다.[45]

일본 본토 침공과 정복을 위한 미국군의 작전 계획인 '몰락 작전Operation Downfall'은 일본이 '최대한의 능력을 발휘해 전쟁을 계속할 것'이라는 점을 가정했다. 사이판의 민간인들이 포로가 되기보다는 스스로 목숨을 끊겠다는 결의를 보인 점, 그리고 가미카제 공격으로 미루어 보아 일본 본토에서는 '훨씬 광적이고 적대적인 사람들'을 대적하리라 예상했다. 그런 예상을 증명하듯, 일본은 본국 섬들을 지키기 위해 15세 이상의 모든 남자와 17~40세의 여자를 입대시키는 법안을 통과시켰다. 일본 정부는 국민에게 창과 돌덩이, 심지어 맨주먹으로라도 조국을 수호하라고 촉구했다. 이들은 손이 잘려나가면 입으로 적을 물어뜯으려고 시도할 것이었다.

일본의 무선을 가로챈 울트라 정보는 규슈에서 이루어진 일본군 부대 증강은 그곳에 상륙하는 미국군에게 강력한 반격을 가하기 위한 시도임을 파악했다. 만약 엄청난 충격을 가져올 초자연적 개입이 없다면 이 전쟁은 일본 국민의 대규모 살육을 불러온 이후에야 끝날 가능성이 다분했다.[46]

그러한 초자연적 개입은 버섯구름 형태로 나타났다.

8월 6일에 첫 번째 원자폭탄이 투하되었을 때도 일본에서 즉각 항복은 나오지 않았다. 히로시마의 피해 상황 보고를 받고도 일본의 군사 지도자들은 여전히 호전적이었다. 그들은 정부 내 다른 인사들과 마찬가지로 끝까지 싸워야 한다고 주장했다. 전쟁 장관 고레치카 아나미阿南惟幾 대장은 항복을 받아들이느니 차라리 일본 국민 모두가 죽는 편이 낫다고 주장했다. 사흘 뒤, 또다른 원자폭탄이 나가사키를 초토화했고, 소련이 선전포고를 했다. 비로소 그들은 전반적인 상황을 재고했다. 1945년 8월에 미국이 원자폭탄을 사용한 것에 대해서는 상륙 침공을 대체함으로써 수십만 미국인의 생명을 구했다는 점을 앞세워 합리화하곤 한다. 또 그 결과 수백만 일본인들의 목숨도 구했다는 주장도 빼놓지 않는다.

소련의 만주 침공과 두 번째 원자폭탄이 폭발한 지 불과 몇 시간 뒤인 8월 9일, 히로히토 천황은 최고 위원회를 소집했다. 그는 조언자들이 무엇을 해야 할지 토론할 때 조용히 귀를 기울였다. 이 회의에서도 제국 총참모장 우메즈 요시지로梅津美治郎 대장은 소련의 개입이 일본에 '불리하다'면서도, 그것이 자신들의 성공적인 전쟁 결과를 막지는 못한다고 주장했다. 마침내 스즈키 총리가 천황에게 의견을 묻자, 그는 각료들에게 황실이 유지되도록 하기 위해서는 "견딜 수 없는 것도 견뎌야" 하며, 그렇기에 연합국이 포츠담 선언에서 제시한 조건을 받아들여야 한다고 말했다. 그러고 나서 회의장을 떠났다.

이론적으로는 천황의 선언이 모든 것을 결정했고, 이에 따라 일본 정부는 연합국에 포츠담 의정서를 수용하겠다고 통보했다. 그러나 일본과 연합국 사이에 연락이 오가지 않고 며칠이 그냥 흘렀다. 그사이 B-29 폭격기의 공습은 악천후로 중단되었고, 해리 트루먼 미국 대통령은 미국이 평화를 거부하는 것처럼 보일까봐 공습을 재개하지 않았다. 그러나 일본 정부가 며칠간 별다른 연락을 하지 않고 침묵하자 트루먼은 8월 13일에 다시 공습을 시작하라고 승인했다. 이 같은 일본의 무반응은 무조건 항복에 대한 일본군 내부의 지속적인 저항 탓이었다. 중국과 인도차이나의 일본군 지휘관들이 약 200만 병력을 통제하고 있었는데, 심지어 히로히토조차 과연 일본 군대가 항복하라는 명령을 따를지 상당 기간 확신할 수 없었다. 도쿄에서는 몇몇 하급 장교들이 항복을 발표하는 천황의 녹음된 라디오 연설이 방송되는 것을 막기 위해 방송국을 장악하려는 계획을 세우기까지 했다. 그러는 동안 미국의 폭격으로 일본의 도시가 또다시 화염에 휩싸였다.

마침내 8월 15일 정오에 히로히토 천황의 연설이 전국에 방송되었다. 그 순간까지 천황의 목소리를 들어본 적 없던 신하들과 국민에게는 놀라운 순간이었다. 천황은 그들에게 "전쟁 상황이 일본에 유리하게만 전개되지는 않았다"라고 하고, 그래서 일본은 '공동 선언의 의정서'를 수용할 것이라고 말했다. 천황에 대한 존경심이 너무나 컸기에, 그의 발언이 전파를 타고 공개되자 곧 군국주의자들의 음모는 무너졌다. 그날 밤 트루먼은 현장의 미국 지휘관에게 적대 행위를 중단하라고 명령했다.[47]

이로써 전쟁이 완전히 끝났다.

에필로그

1945년 도쿄만

1945년 9월 2일 일요일 아침 8시 55분, 과달카날에서 오키나와에 이르기까지 태평양 전쟁을 모두 경험한 미국 해군 글리브스급 구축함 랜스다운함Lansdowne이 도쿄만에 정박 중인 전함 미주리함Missouri을 따라 정렬했다. 미국 전함 가운데 가장 최신형이었던 미주리함은 1944년 6월에 취역해 사이판에서 전역을 수행하는 중이었다. 날렵하고 현대적인 이 전함은 이미 역사 속으로 사라진 유형의 해군 전투를 수행하기 위해 설계되었다. 미주리함은 이오섬과 오키나와섬 전투에 참전했고, 오키나와 전역에서는 가미카제의 공격을 받았지만, 이날 아침은 이 전함에 역사적인 순간이었다. 이 상황을 앞두고 승무원들은 전함을 번쩍거릴 만큼 깨끗하게 청소하고 닦아두었다. 16인치 함포 9문은 마치 경례하듯 하늘을 향해 45도 각도로 정렬했다. 평시에 이 전함은 깃봉에 미국 국기를 게양했으나 이날은 영국, 소련, 중국 국기도 함께 게양했다.

랜스다운함 승무원들이 미주리함의 갑판 승강구에 다리를 연결하자 검은색 모자를 비롯해 완벽한 정장 차림의 시게미쓰 마모루重光葵 일본 외무성 국장이 조심스럽게 가로질러 미주리함으로 올라갔다. 그는 몇 년 전 한국에서 독립 운동 세력의 폭탄 공격으로 다리를 잃고 나무 보형물을 착용했기 때문에 다리를 오르기가 쉽지 않았다.* 그는 미주리함 갑판에 도착한 뒤에도 지팡이에 의지해 눈에 띄게 절뚝거리며 앞으로 걸어갔다. 시게미쓰 국장이 처음부터 육군 총참모부 군국주의자의 야욕에 반대했던 점을 고려할 때 그가 일본 공식 대표단의 단장을 맡은 것은 아이러니하고 안타까운 일이었다. 일본 군국주의자들의 광기가 완전히 노출된 지금, 그는 항복 문서에 서명하는 임무를 맡았다.

그의 뒤에는 일본 육군 총참모장 우메즈 요시지로梅津美治郎 대장이 녹색 야전 군복을 입고 참모 직책을 상징하는 금색 견식을 가슴에 걸치고 있었다. 시게미쓰 국장과 달리 우메즈 대장은 전쟁을 계속해야 한다고 주장했는데, 정작 천황의 항복 결정이 발표되자 망연자실했던 인물이다. 그는 영국과 미국이 더 나은 조건을 제시할 때까지 계속 싸워야 한다고 주장했고, 천황이 이 쓰라린 임무를 수행하라고 따로 명령한 후에야 비로소 자신의 주장을 굽혔다.

우메즈 대장과 동급인 해군 참모 총장 도요다 소에무豊田副武 제독은 일본 대표단에 포함되지 않았고, 태평양 전쟁에서 중요한 역할을 담당했던 오자와 제독, 곤도 제독, 구리타 제독, 우가키 제독도 포함되지 않았다. 일본 해군 대표는 비교적 낮은 계급인 중장 2명으로 구성되었다. 한 명은 도미오카 사다토시富岡定俊 중장이었는데, 그는 시게미쓰 국장처럼 진주만 공격과 미드웨이 작전에 반대했고, 전쟁 기간 대부분을 해군 총참모부 작전국에서 근무했다. 다른 한 사람은 요코야마 이치로橫山一郎 중장인데, 그는 전쟁 발발 전 마지막으로 미국에 파견된 국방 무관이었다. 그는 전쟁

---

* 시게미쓰는 1932년 4월 29일에 상하이 홍커우 공원에서 열린 쇼와 천황의 탄생을 축하하는 행사에서 윤봉길 의사가 투척한 폭탄 공격에 의해 오른쪽 다리를 잃었다. — 옮긴이

의 첫 1년을 미국에서 구금 상태로 보낸 뒤에 일본 주재 미국 국방 무관과 교환되었다.

일본 대표단 전원이 미주리함 갑판에 도착하자 미국군 참모들은 시게미쓰 국장과 우메즈 대장을 앞에 세우고 나머지 참석자들을 뒤에 2열로 정렬하게 했다. 공식 사진기자들이 역사적 순간을 기록하는 동안 이 11명의 대표단은 굳은 표정으로 침착하게 서 있었다. 우메즈 대장은 유난히 괴로워했다.

그들 앞 6미터 지점에 초록색 천으로 덮인 탁자 맞은편에는 대일본 전쟁에 참전했던 9개 국가의 대표들이 서 있었다. 행사를 주관한 더글러스 맥아더 장군은 장식 없는 긴소매 카키색 유니폼을 입고 앞에 섰는데, 양쪽 칼라에는 은색 별이 5개씩 동그란 모양으로 부착되어 있었다. 그의 뒤에는 미국과 동맹국 대표들이 간단한 오픈칼라의 카키색 유니폼을 입고 서 있었는데, 유독 영국 대표 브루스 프레이저Bruce Fraser 제독만 반소매 흰셔츠와 무릎까지 오는 흰색 반바지를 입었다. 그가 신은 흰 신발과 양말도 눈에 띄었다.

오스트레일리아 대표로 토머스 블레이미 대장이 참가했고, 짧고 고통스러운 ABDA 사령부에서 수장을 맡았던 콘라트 헬프리히 중장은 네덜란드를 대표해서 참석했다. 태평양 전쟁에 참전한 지 불과 3주밖에 안 된 소련도 쿠지마 데레뱐코Kuzma Derevyanko 중장을 대표로 파견했는데, 그는 검은색 소련 육군 군복과 황금색 견장을 달아 눈에 띄었다. 한편 이 순간은 중국 대표 쉬융창徐永昌 장군에게 특별한 의미가 있었다. 중국은 1937년부터 일본과 전쟁을 벌여 1500만~2000만 명의 인명 피해를 입었는데, 이는 미국인 사망자의 30배가 넘었고, 러시아인 사망자 2600만 명 다음으로 많았다.

1945년 9월 2일, 전함 미주리함에서 체스터 니미츠 제독이 일본의 항복 문서에 서명하는 모습. 그의 뒤에는 (왼쪽에서 오른쪽으로) 더글러스 맥아더 장군, 윌리엄 핼시 제독 그리고 (맥아더를 바라보는) 포레스트 셔먼 제독이 서 있다. (미국 국립문서보관소 no. 80-G-701293)

    출입문을 따라 목격자로 늘어선 사람들은 모두 카키색 군복을 입은 장교들이었는데, 윌리엄 핼시, 찰스 록우드, 존 매케인, 리치먼드 켈리 터너 등 대다수가 미국 장성들이었다. 그들 위에는 레일을 가득 메운 채 배의 포탑 꼭대기에 앉은 수백 명의 일반 승무원이 역사적 순간을 더 잘 보기 위해 서로를 밀치고 있었다. 포탑 가장자리에 다리를 걸치고 있는 이들도 있었다. 일본 대표단 중에 눈을 돌려 포탑에 매달린 군인들을 본 사람이 있다면 아마도 미국 승무원들의 군기 빠진 듯한 자유로운 행동을 개탄했을 것이다.

    맥아더는 이번 행사가 회담이나 토론이 아니라는 점을 분명히 했다.

"서로 다른 이상과 이념을 포함하는 문제들은 세계의 전쟁터에서 결정되었으니 우리가 모인 이 자리는 토의나 토론을 위한 것이 아닙니다." 그는 "지난날의 피와 대학살로부터 더 나은 세상이 나올 것"이라는 '가장 간절한 희망'을 선언한 뒤, "일본 천황과 일본 정부, 일본 제국 총사령부 대표들이 '항복 문서Instrument of Surrender'의 표시된 지점에 서명할 것"을 요구했다.

시게미쓰 국장이 먼저 절뚝거리며 탁자로 가더니 모자를 벗었다. 그는 모자 올려놓을 자리를 찾으려 하더니 곧 탁자 위에 내려놓았다. 그러고 나서 일본이 짓밟았던 국가들의 사람들을 마주 보며 홀로 의자에 앉았다. 몸을 앞으로 숙인 그는 조심스럽게 일본 한자로 자신의 이름을 써서 서명했다. 다른 일본 대표단도 차례로 서명했다. 엄숙한 자리였지만, 맥아더 장군은 시종일관 분위기가 딱딱하지 않도록 유도하면서 등 뒤에서 두 손을 번갈아 움켜쥐거나 편안한 자세로 주머니에 집어넣었다.

11명의 일본 대표가 모두 서명한 다음, 맥아더 장군은 다음에는 "일본과 전쟁 중인 모든 국가를 대표해서" 자신이 서명하겠다고 말했다. 그가 서명할 때 수척한 증인 두 사람이 참관인으로 서 있었는데, 미국군 조너선 웨인라이트 대장과 영국군 아서 퍼시벌 대장이었다. 웨인라이트 장군은 필리핀의 코레히도르에서, 퍼시벌 장군은 싱가포르에서 포로로 잡혔던 사람들이다. 그들은 일본에 억류되어 4년을 보냈지만 모두 생존해 이 순간을 목격했다. 그다음에는 체스터 니미츠 제독이 서명했고, 이어서 중국·영국·소련·오스트레일리아·캐나다·프랑스·네덜란드·뉴질랜드의 대표가 서명했다. 시간이 상당히 걸렸으나, 조용한 속삭임을 제외하고는 누구도 말을 하지 않았다. 서명 절차가 모두 끝나자 맥아더 장군이 뒤로 물러서서 마이크를 잡았다. 우렁우렁한 낮은 음성으로 천천히 말하는 동

안 그는 자신의 청중이 미주리함 갑판에 모인 몇백 명이 아니라 역사 그
자체라는 것을 아는 듯했다. 그는 엄숙하게 이렇게 말했다. "이제 세상에
평화가 회복되고 하느님께서 항상 평화를 지켜주시기를 기도합시다. 이
절차는 모두 종료되었습니다."¹

맺으며

2차대전은 노르웨이에서 실론까지, 버마에서 모로코까지, 그리고 됭케르크에서 솔로몬 제도까지 수많은 전구戰區에서 진행되었다. 이 전쟁은 특히 스탈린그라드, 과달카날, 튀니지, 휘르트겐 숲, 쿠르스크, 이오섬, 그외 여러 지역에서 발생한 서사적이고 치열한 전투로 점철되었다. 연합국은 다음 세 가지 요소 때문에 이 전 지구적 대결에서 승리할 수 있었다. 첫째, 불굴의 의지를 가진 총리로 상징되는 영국인들의 결의였다. 영국은 1940년 6월 22일부터 1941년 6월 22일까지 1년 동안 추축국과 단독으로 싸웠고, 전쟁이 발발한 뒤 맞은 첫여름에 독일군의 승리를 막는 데 기여했다. 둘째, 러시아 붉은군대의 회복력이었다. 이 부대는 독일군의 대륙 장악을 막기 위해 2년 동안 피를 흘렸다. 셋째, 연합국 해군의 우위였는데, 그 자체가 미국의 물리적 자원의 산물이었다. 모든 전쟁에서 그러하듯이 전쟁에서 지상 전투 병력은 필수였지만, 결국 전쟁 승패의 결정적 계기는 해상에서의 압도적 우세였다.

이 책에서 언급했던 작전의 성공은 연합국 해군이 달성한 승리의 중요한 요소 중 하나다. 항공기, 어뢰, 암호 해독, 레이더, 그리고 핵무기 개발 등에서 거둔 기술 혁신도 이 책의 중심 내용이다. 그러나 결국 해군이 승리할 수 있었던 가장 큰 요인은 연합국의 생산 능력, 특히 미국 조선소 노동자들이 우수한 천연자원을 이용해 추축국이 침몰시킨 선박의 수보다 더 많이 온갖 종류의 수송선과 군함을 건조한 능력이었다. 1939년에서 1944년까지 영국과 러시아가 희생해가며 장기간 추축국을 봉쇄한 덕분에, 경제 강국이었던 미국의 공장과 조선소가 추축국을 압도하는 데 필요한 온갖 수단을 생산할 수 있었다.

1차대전이 '모든 전쟁을 끝내는 전쟁war to end all wars'이 될 것으로 기대되었다면 2차대전에 대한 기대는 훨씬 현실적이었다. 그렇지만 이 전쟁은 정말로 세상을 바꾸었다. 독일과 일본은 황폐해졌으며, 중국과 러시아, 프랑스, 동유럽의 많은 지역도 마찬가지였다. 1945년에 추축국에 점령되지 않았던 영국 역시 이전과 비교하면 창백한 그림자와 다를 바 없었다. 오직 미국만이 양쪽의 거대한 바다로부터 보호받았고, 경제적으로나 군사적으로 더 강력하게 성장했다. 이 전쟁의 종말은 세계 역사에서 새로운 장의 시작을 알렸는데, 그것은 지금도 여전히 쓰이는 중이다.

━━━━━

2차대전에서 강한 개성과 불가침의 권위를 지녔던 국가 지도자 6명 중에 3명은 종전을 보지 못했는데, 모두 1945년 4월에 며칠 간격을 두고 사망했다. 4월 12일에 루스벨트가 뇌출혈로 사망했고, 무솔리니는 28일에 공산당원의 손에 죽었고, 히틀러는 30일에 자살했다.

처칠, 스탈린, 히로히토는 전쟁에서 살아남았는데, 이들의 전후 경험은 저마다 상당히 달랐다. 처칠은 거의 곧장 다우닝가 10번지에서 쫓겨났다. 영감을 주는 그의 지도력과 불굴의 의지에 대한 찬사는 6년 동안의 '피, 역경, 눈물, 땀'으로 닳아 없어졌다. 그러나 처칠은 하원 의원직은 계속 유지했고 1951년에 총리로 복귀했다. 하지만 건강이 점점 나빠져서 4년 뒤 사임했다. 그는 전 국민에게 사랑받는 인물로 남았고, 그가 6권에 걸쳐 집필한 2차대전사는 노벨문학상을 받았다. 그는 1965년에 91세의 나이로 자택에서 조용히 눈을 감았다.

반면 전쟁은 스탈린을 물러나게 할 수 없었다. 그는 이 전쟁에서 붉은 군대가 입은 끔찍한 희생의 대가를 영토 보상으로 요구했다. 붉은군대의 인명 손실은 1000만 명이 넘었는데, 이 수치는 독일·이탈리아·일본·영국·미국 군대의 인명 손실을 모두 합한 것보다 많았다. 그가 동유럽, 특히 폴란드에 보인 비타협적 태도에 서방 쪽에서 반발했고, 이를 계기로 시작된 '냉전Cold War'이 2차대전 직후부터 심각하게 전개되었다. 이러한 갈등은 1953년 3월 4일에 그가 74세의 나이에 뇌졸중으로 사망했을 때 정점에 도달했다.

히로히토는 일본이 패전국이었는데도 천황으로서의 지위를 유지했다. 미국은 히로히토가 일본의 최고 권력자로 남아야 한다는 일본의 요구를 받아들이지 않았다. 다만 그가 연합군 최고 사령관에게 종속되어야 한다는 방침을 제시해 천황의 모든 권한을 통제함으로써 단지 명목뿐인 존재로는 남을 수 있게 했다. 사실 태평양 전쟁 기간에도 일본군 장군들이 모든 중요한 정책 결정을 좌우했다. 그러한 관행이 전쟁 후에도 유지된 셈이다. 다시 말해 일본 제국 군대의 장군 대신 천황의 이름으로 통치하는 연합 전권대사 더글러스 맥아더가 모든 것을 결정했다. 히로히토는 그뒤로 44년간 더 황위를 지켰으며, 1989년 1월에 87세의 나이로 사망했다.

연합군 진영에서 히로히토에게 책임을 물어야 한다고 주장하는 사람들을 설득하기 위해 미국은 도조 히데키를 일본 침략 전쟁의 진정한 설계자로 지목했다. 도조는 자신이 곧 체포될 것임을 알고 자신의 가슴에 심장의 정확한 위치를 숯으로 그려달라고 의사에게 요청한 뒤, 의사가 표시한 곳에 스스로 총을 쏘았다. 하지만 총알이 심장을 빗나가 살아남았다. 나중에 회복되자 체포되어 국제 극동 군사 재판소에서 전쟁 범죄로 재판을 받았다. 그는 이 재판에서 전쟁 행위에 대한 모든 책임을 인정했고 1948년 12월 23일 교수형에 처해졌다.

에리히 레더는 전쟁 범죄 명목으로 체포되어 뉘른베르크 국제 군사 재판소에서 재판을 받았다. 개전 당시 독일 국가 지도부의 일원이었기에 종신형이 선고되었으나, 9년 후인 1955년 9월에 건강이 악화되자 석방되었다. 그뒤로 회고록을 쓰고 이따금 재향군인회에 참석하는 등 여생을 조용하게 보냈다. 그는 1960년 11월 6일에 84세의 나이로 생을 마감했다.

카를 되니츠도 뉘른베르크 재판에서 전쟁 범죄로 유죄 판결을 받았다. 법원은 그의 무제한 잠수함전 행위를 1936년에 체결된 잠수함의 인도적 이용에 대한 합의 위반으로 적시했다. 되니츠의 변호인들은 반대 증거로 체스터 니미츠의 진술서를 제출했는데, 니미츠는 태평양의 미국 잠수함 지휘관들 역시 동일한 관행에 따라 작전을 수행했다고 주장했다. 그 결과 되니츠에게는 10년형이 선고되어 레더보다 1년 더 복역했다. 그는 1956년 10월에 석방되어 독일 북부의 작은 마을에서 조용히 살았다. 죽는 날까지 자신의 직업이 해군 장교였다고 주장한 그는 89세가 되던 1980년 크리스마스이브에 심장마비로 사망했다.

많은 일본 해군 지도자들은 전쟁 중에 사망했다. 야마모토는 1943년에 부겐빌 상공에서 격추되었고, 나구모는 1944년에 미국군이 사이판을 점령하자 자살했다. 전쟁에서 생존한 몇몇 장군도 패전 후 자살을 선택했다. 오니시 다키지로를 비롯해 일부 장군은 할복 의식을 치르고 자결했으며, 어떤 이들은 증오하는 미국군을 향해 상징적인 최후의 공격을 시도했다. 히로히토의 라디오 메시지가 방송된 8월 15일, 가미카제 공격을 감독했던 우가키 마토메는 마지막으로 일기를 쓴 다음, 항공기 조종석에 올라 스스로 자살 공격을 시도했다. 12명의 다른 조종사도 그의 마지막을 동행했다. 우가키는 적에게 자살 공격을 펼칠 준비 중이라고 무전을 보냈으나, 그날 시도된 가미카제 공격은 없었다. 그가 조종한 항공기 잔해는 오키나와 인근 이헤야섬에서 발견되었다.

일본 제국군 총참모장을 대신해 항복 문서에 서명한 우메즈는 재판을 받았는데, 침략 전쟁을 수행한 죄가 인정되어 유죄 판결이 내려졌다. 종신형을 선고받은 그는 67세 생일 나흘 뒤에 암으로 세상을 떠났는데, 선고 이후 3년이 지난 때였다. 일본 제국 해군의 마지막 참모 총장이었던 도요다 소에무 역시 전쟁 범죄로 체포되어 기소되었다. 그는 가미카제 공격을 승인했을 뿐 아니라 원자 폭탄이 투하된 이후에 일본 최후의 한 사람까지 싸워야 한다는 주장을 펼쳤는데도 재판에서 무죄 판결을 받고 풀려났다. 일본군 고위 장교 중 유일하게 무죄 판결을 받은 그는 10년을 더 살다가 1957년에 심장마비로 72년의 생을 마감했다.

레이테만 해전에서 유도 함대를 지휘하고 필리핀해 해전에서 참패했던 오자와 지사부로는 체포되지 않았다. 그는 귀향한 뒤에 외부와 접촉을 차단하고 살다가 20년 후인 1966년에 80세의 나이로 세상을 떠났다. 승리를 코앞에 둔 것처럼 보였을 때 레이테만 전투에서 도주했던 구리타 다케오도 오자와와 마찬가지로 체포되지 않았다. 그는 안마사가 되었고, 딸의 정원을 가꾸며 딸의 가족과 조용히 살았다. 회고록을 쓰지는 않았지만 1954년에 한 차례 인터뷰에 응했다. 그는 자신이 사마르섬을 떠난 것은 잘못이었다고 인정했고, 전투 중에 '극도로 피곤했다'라고 고백했다. 그는 1년에 두 차례 야스쿠니 신사를 참배했는데, 이때가 아니면 전쟁 이야기는 일절 하지 않았다. 그는 1977년에 88세의 나이로 자연사했다.

프랑스에도 나름의 전후 사정이 있었다. 전쟁 직후, 반독일 저항 세력에 가담했거나 비시 정권에 불만을 품었던 사람들은 나치 부역자에게 무서운 복수를 강행했다. 기록이 불완전하기는 하지만, 실제 혹은 유사 법정에서 이루어진 재판에서 사형 선고를 받고 처형된 사람이 1만여 명에 달했다. 좀더 공식적으로, 프랑스 고등 법원은 '법적 숙청épuration légale'이라고 불리는 절차에 의해 또다른 6000여 명에게 반역죄 명목으로 사형을 선고했는데, 그들 중 767명을 제외한 나머지는 감형되었다. 사형 선고를 받은 프랑스인 중에는 피에르 라발이 있었는데, 그는 프랑스가 연합국의 북아프리카 침공으로부터 스스로를 방어할 것이라고 거만하게 떠들었던 친독일 성향의 국가수반이었다. 이와 더불어 1942년에 툴롱의 함대를 연합국에 합류시키기를 거부한 장 드 라보르드에게도 사형 선고가 내려졌다. 하지만 라발과 달리 드 라보르드는 종신형으로 감형되어 1년 후인 1947년 6월에 구금에서 풀려났다. 그는 30년을 더 살다가 1977년 7월에 98세의 나이로 세상을 떠났다.

이탈리아 해군의 마지막 사령관 라파엘레 데 코우르텐은 1944년에 브린디시에서 비토리오 에마누엘레 국왕 및 바돌리오와 합류한 뒤 이탈리아 정부의 해양부 장관으로 재직했다. 그러다 이탈리아의 해상 식민지를 모두 무효화한 파리 조약(1947년 2월 체결)의 내용에 항의하며 1946년 12월에 사임했다. 그는 1952년에 해운 회사의 사장이 되었다가 1959년에 은퇴했으며, 1978년에 90세 생일을 한 달 앞두고 사망했다.

=====

연합군 측에서는 됭케르크와 노르망디 상륙 작전의 영웅 버트럼 램지가 종전을 보지 못하고 숨을 거두었다. 독일군이 1944년 12월에 벌지 전투로 알려진 아르덴 반격을 시작했을 때, 그는 자신이 어떻게 지원할지 파악하기 위해 파리에서 몽고메리의 사령부가 있는 곳까지 항공기로 이동하려 했다. 하지만 그가 탄 항공기가 이륙에는 성공했으나 곧바로 동력을 잃고 추락해 탑승자 전원이 사망했다.

지중해에서 연합군의 승리를 이끈 앤드루 커닝햄은 해군 참모 총장이 되었다. 그는 1945년 이후 참모 총장으로서 영국 해군의 평시 전환을 감독했고, 전후의 엄격한 예산 삭감 시기에 해군을 지원하고 관리했다. 그는 1945년에 남작이, 1946년에는 자작이 되었다. 이듬해에 은퇴한 후 고향으로 간 그는 몇 년 동안 상원 의원으로 활동하다가 1963년 6월에 80세의 나이로 사망했다. 그는 포츠머스 인근 영국 해협의 바다에 묻혔다.

필립 비안은 1940년 알트마르크함을 추격해 외싱피오르로 진입했고, 1941년 독일 전함 비스마르크함을 침몰시키는 데 기여했고, 1942~1943년 몰타로 호송대를 지휘하는 동안 끊임없는 공중 및 수상 공격에 맞서 싸웠고, 1944년 노르망디 앞바다에서 영국 해군을 지휘했고, 1945년 영국 해군 항공모함을 이끌고 태평양으로 향했고, 1948년 영국 본국 함대의 사령관이 되었고, 1952년 해군 제독으로 퇴역했다. 그런 뒤 그는 런던에서 은행가로 성공했고, 1968년에 73세의 나이로 자택에서 사망했다.

음울한 표정에 과묵했던 미국 해군 참모 총장 어니스트 킹은 전쟁 후 전역한 뒤 워싱턴에서 거주하며 해군역사재단Naval Historical Foundation 이사장을 지냈다. 1947년에 심각한 뇌졸중을 겪은 그는 대부분의 시간을 워싱턴 외곽 베데스다 해군 병원이나 메인주 키터리의 양로원에서 보냈다. 그는 1956년 6월 25일에 키터리에서 77세의 나이에 심장마비로 사망했다.

체스터 니미츠는 1945년에 어니스트 킹의 후임으로 해군 참모 총장에 임명되었다. 그리고 미국 해군이 전시에 최대 6만 5000여 척(무장 상륙정 포함)까지 보유했던 함정 규모를 1947년 1000여 척으로 극적으로 감축하는 과정을 주도했다. 그는 1947년에 해군에서 전역한 뒤 캘리포니아주 버클리에 정착했다. 그런 뒤 오클랜드베이브리지의 중간 지점인 샌프란시스코만의 예르바부에나섬으로 이사했다. 그곳에서 1966년 2월에 80세의 나이로 세상을 떠났다.

레이먼드 스프루언스를 아는 많은 이들은 그의 태도가 마치 대학 교수 같다고 말하곤 했다. 그러므로 전쟁이 끝난 후 그가 로드아일랜드 뉴포트에 있는 미국 해군대학의 제26대 총장이 된 것은 적절한 일이었다. 그는 그 직책에 2년 동안 복무한 뒤 전역했다. 그뒤 1955년까지 필리핀 주재 미국 대사로 복무했고, 나중에 자신의 친구이자 멘토인 니미츠처럼 캘리포니아주로 이사해 몬터레이 인근의 페블비치에 정착했다. 그곳에서 1969년 12월에 83세의 나이로 사망했고, 골든게이트 국립 묘지에서 니미츠의 묘지 근처에 묻혔다.

스프루언스와 태평양에서 제3함대의 지휘권을 교대했던 윌리엄 핼시는 1945년에 원수이자 함대 제독으로 진급해 다섯 번째 별을 달았다. 이 결정은 법률상 인정된 별의 개수가 4개뿐이었다는 점에서 논란이 되었다. 또 킹과 니미츠, 윌리엄 레이히William D. Leahy(루스벨트의 참모 총장)를 제치고 유일하게 그에게만 원수로 진급하는 영광을 부여한 것 역시 논란거리였다. 하지만 트루먼은 1942년 초기에 항공모함을 이용해 일본 본토를 공격해 미국 국민의 사기를 진작시킨 점을 높이 평가해 스프루언스가 아닌 핼시를 선택했다. 맥그로힐 출판사에서 자서전을 집필하기로 계약해서 큰돈을 받은 핼시는 버지니아 대학교 동문의 아들 조지프 브라이언Joseph Bryan에게 자신의 회고록을 집필하게 했다. 레이테만 전투에서 자신이 한 일을 후하게 평가한 이 책은 그의 대중적 명성을 높이는 데 그다지 도움이 되지 못했고, 결국 1953년에 자서전 출판은 실수였다고 밝혔다. 그는 뉴욕으로 이사한 이후 국제전화전신회사ITT의 이사를 역임했다. 1959년 8월 16일에 심장마비로 세상을 떠난 뒤 알링턴 국립묘지에 묻혔다.

다른 수많은 장교, 함정 승무원, 조종사, 함포수, 기관사, 갑판원, 암호 해독가, 전파 및 레이더 조작원, 조선소 노동자, 상선 선원, 그리고 국적을 불문하고 바다에서 전쟁을 치른 수많은 해군 참전 용사들은 자기 삶을 찾아 고향으로 돌아갔다.

감사의 말

언제나 그랬듯이, 이 책을 준비하는 동안 나를 도와주고 지지한 많은 분에게 큰 빛을 졌다. 우선 내가 이 책을 써야 한다고 주장한 옥스퍼드 대학교 출판부의 내 담당 편집자 팀 벤트Tim Bent가 있다. 약 5년 전, 그와 나는 2차대전에서 해군이 맡은 역할을 다루는 책의 집필에 대해 논의하고 있었는데, 옆 사무실에서 근무하는 팀의 동료이자 친구 데이브 맥브라이드Dave McBride가 모퉁이를 돌아갈 때 고개를 내밀더니 내가 이 모든 것을 해야 한다고 말했다. 팀은 즉시 그의 아이디어를 지지했고, 내가 이 일을 해낼 수 있다고 확신했다. 나와 팀은 그동안 5권의 책을 작업했는데, 그의 부드러운 파란색 펜과 따뜻한 유머 감각이 나의 고약한 문체를 부드럽게 만들어주었다(전부는 아니지만!). 그는 지혜로운 상담가이자 시종일관 지치지 않는 활기찬 치어리더였다.

나는 옥스퍼드 대학교 출판부에서 근무하는 최고 수준의 전문가들과 함께 다시 일할 수 있어서 진심으로 기뻤다. 이 출판부의 대표이자 발행인 니코 펀드Niko Pfund는 처음부터 내게 많은 도움을 주었다. 제작 편집자 에이미 휘트머Amy Whitmer, 팀의 조수 머라이어 화이트Mariah White에게서도 큰 도움을 받았다. 수많은 실수와 오류로부터 나를 구해준 교정교열

편집자 수 와거Sue Warga는 내 생명의 은인이나 마찬가지다. 홍보와 마케팅을 맡은 세라 러소Sarah Russo와 에린 미헌Erin Meehan은 진지한 작업을 진행하는 중에도 항상 유머와 재치를 잃지 않아서 함께 일하는 것이 즐거웠다.

이 책을 저술하는 동안 여러 나라의 다양한 기록관과 문서보관소로부터 큰 도움을 받았다. 우선 영국 다트머스에 있는 브리타니아 왕립해군대학Britannia Royal Naval College의 동료 리처드 포터Richard Porter가 영국 해군 자료를 안내해주고 찰스 포브스 제독의 사진을 제공해주었다. 캔버라에 있는 오스트레일리아 전쟁기념관Australian War Memorial의 직원 메건 바시Megan Vassey와 캣 사우스웰Kat Southwel, 런던의 영국 제국전쟁박물관Imperial War Museum에서 근무하는 익명의 지지자 리사Lisa와 니라Neera에게도 감사하다. 베를린의 독일 연방기록보관소Bundesarchiv 직원들도 도움을 주었다. 문서를 번역해주고 찾기 어려운 물건들을 추적하기 위해 애써준 내 오랜 프랑스인 친구 디 코르벨Dee Corbell에게도 감사 인사를 전한다.

미국에서는 가장 먼저, 내게 많은 도움을 준 메릴랜드주 아나폴리스에 있는 미국 해군사관학교 니미츠 도서관Nimitz Library의 활기찬 직원들에게 진심으로 감사하다. 특히 특별 수집부의 제니퍼 브라이언Jennifer Bryan과 대출부의 린다 맥러드Linda McLeod를 비롯한 모든 분에게 감사 인사를 전한다. 니미츠 도서관은 세계에서 가장 완벽하게 해군 역사 관련 출판물을 소장한 곳이다. 한편 텍사스주 프레더릭스버그에 있는 태평양전쟁 국립박물관National Museum of the Pacific War 니미츠 교육연구센터Nimitz Education and Research Center의 아카이브 전문가 레이건 그라우Reagan Grau에게도 감사하다. 뉴올리언스에 있는 2차대전 국립박물관National World War II Museum의 린지 반스Lindsey Barnes, 메릴랜드주 칼리지파크에 있는 미국 국립문서보관소U.S. National Archives의 홀리 리드Holly Reed와 마이클 블룸필드Michael

Bloomfield, 메릴랜드주 아나폴리스에 있는 미국 해군연구소U.S. Naval Institute
의 사진 보관소에서 근무하는 제니스 조겐슨Janis Jorgenson도 큰 도움을
주었다. 그리고 로버트 핸슈Robert Hanshew는 이사하는 와중에도 워싱턴
D.C.에 있는 워싱턴 해군공창Washington Navy Yard 내 미국 해군역사유산사
령부Naval History and Heritage Command의 자료를 친절하게 안내해주었다.

한편 많은 분이 다른 나라 해군의 언어와 문화적 뉘앙스를 더 잘 이해
할 수 있도록 도움을 주었다. 특히 일본의 고다 요지Yoji Koda, 중국의 에드
워드 첸Edward Chen, 독일의 요하네스 헨젤Johannes Hensel에게 감사하다. 제
프 워드Jeff Ward는 이 책에 들어가는 24개의 지도를 완벽하게 제작하는 데
다시금 기여했다.

나는 성인기 거의 내내 해군 역사학자로서 살아왔는데, 그동안 가장 보
람 있었던 일은 나를 지도하고, 도와주고, 나와 논쟁하며, 나의 노력을 더
욱 풍요롭게 하고 성취감을 느끼게 해준 학문 공동체에 속한 것이다. 이
공동체에 속한 학자들의 이름을 모두 거론해야 마땅하지만 지면 관계상
그러지 못함을 너그럽게 용서해주길 빈다. 이 특별 프로젝트와 관련해
서는 톰 커틀러Tom Cutler, 리처드 프랭크Richard Frank, 제임스 혼피셔James
Hornfischer, 존 파셜Jon Parshall을 비롯해 몇몇 분이 내 원고의 일부를 읽었다.
하지만 이 책에 남은 오류들은 당연히 전적으로 내 책임이다. 캘리포니
아에 사는 제프Jeff, 수즈Suz, 윌Will, 비Bee, 뉴욕에 사는 친구 이디스Edith와
해럴드 홀저Harold Holzer, 미시시피에 사는 존과 잔 머샬레크John and Jeanne
Marszalek를 비롯해 가족이 보내준 아낌없는 지지에도 감사한다. 그들 모두
가 나를 격려해주고 인내하라는 말을 아끼지 않은 훌륭한 응원단이었다.

마지막으로, 이 책에 공헌한 점에서는 공동 저자나 다름없는 아내 메릴
루Marylou에게 다시금 큰 존경과 깊은 감사를 전한다.

주

프롤로그

1 *Times* (London), January 21, 1930, 16. **2** Ibid., 14. **3** *Proceedings of the London Naval Conference of 1930 and Supplementary Documents* (Washington, DC: Government Printing Office, 1931), 26-27. **4** Raymond G. O'Connor, *Perilous Equilibrium: The United States and the London Naval Conference of 1930* (New York: Greenwood Press, 1962), ch. 2; Sadao Asada, *From Mahan to Pearl Harbor: The Imperial Japanese Navy and the United States* (Annapolis: Naval Institute Press, 2006), 130; John H. Maurer and Christopher M. Bell, eds., *At the Crossroads Between Peace and War: The London Naval Conference of 1930* (Annapolis: USNI, 2013). **5** *Proceedings of the London Naval Conference*, 83. **6** Ibid., 85. **7** Asada, *From Mahan to Pearl Harbor*, 139, 153, 139-47. **8** *Proceedings of the London Naval Conference*, 115.

1장 잠수함

1 Gunter Prien, *I Sank the Royal Oak* (London: Grays Inn Press, 1954), 15-121. **2** Angus Konstam, *Scapa Flow: The Defences of Britain's Great Fleet Anchorage, 1914-1945* (Oxford: Osprey, 2009). **3** Stephen Roskill, *The War at Sea, 1939-1945* (London: HMSO, 1954), 1:70-74. **4** Prien, *I Sank the Royal Oak*, 182-83. **5** Karl Doenitz, *Memoirs: Ten Years and Twenty Days* (Annapolis: USNI, 1958, 1959), 3. **6** Ibid., 5; Friedrich Ruge, "German Naval Strategy Across Two Wars," *Proceedings*, February 1955, 152-66. **7** Doenitz, *Memoirs*, 5-8; Erich Raeder, *My Life* (Annapolis: USNI, 1960), 138; Clay Blair, *Hitler's U-Boat War: The Hunters, 1939-1942* (New York: Random House, 1996), 31; Eberhard Rössler, *The U-Boat* (London: Cassell, 1981), 88-101; William A. Wiedersheim, "Factors in the Growth of the Reichsmarine, 1919-1939," *Proceedings*, March 1948, 317-4. **8** Wiedersheim, "Factors in the Growth of the Reichsmarine," 319. **9** Edward P. Von der Porten, *The German Navy in World War II* (New York: Thomas Y. Crowell, 1969); Joseph Maiolo, *The Royal Navy and Nazi Germany, 1933-1939: A Study in Appeasement and the Origins of the Second World War* (London: Macmillan, 1998); D. C. Watt, "The Anglo-German Naval Agreement of 1935: An Interim Judgment," *JMH* 2 (1956): 155-75. 1936년 영국 해군성 보고서는 Terry Hughes and John Costello, *The Battle of the Atlantic*

(New York: Dial Press, 1977), 31에서 인용. **10** Rössler, *The U-Boat*, 102-21; Wiedersheim, "Factors in the Growth of the Reichsmarine," 320; Doenitz, *Memoirs*, 7; Raeder, *My Life*, 138. **11** Rössler, *The U-Boat*, 122; Karl H. Kurzak, "German U-Boat Construction," *Proceedings*, April 1955, 274-89; Raeder, *My Life*, 280. 1939년 8월 28일 되니츠 제독이 한 발언의 출처는 그의 *Memoirs*, 43-44에 포함된 메모. **12** Francis M. Carroll, *Athenia Torpedoed: The U-Boat Attack at Ignited the Battle of the Atlantic* (Annapolis: USNI, 2012), 31; Peter Kemp, *Decision at Sea: The Convoy Escorts* (New York: Elsevier-Dutton, 1978), 1-8. **13** Doenitz, *Memoirs*, 47. **14** Prien, *I Sank the Royal Oak*, 123-24. **15** Ibid., 124. **16** Ibid., 187. **17** Alexandre Korgano, *The Phantom of Scapa Flow* (Skepperton, Surrey: Ian Allen, 1974), 48-76; Prien, *I Sank the Royal Oak*, 189. **18** Prien, *I Sank the Royal Oak*, 190. **19** Ibid., 191. **20** Gerald S. Snyder, *The Royal Oak Disaster* (London: William Kimber, 1976), 94-96. 벤 대령의 발언은 109에서 인용. **21** Snyder, *The Royal Oak Disaster*, 113-31; Prien, *I Sank the Royal Oak*, 190. **22** 유보트 U-47이 영국군 전함 로열 오크함을 침몰시킨 사건을 다룬 책이 몇 권 출판되었다. 1940년에 독일에서 전쟁 중에 선전용으로 처음 출판된 책, 1954년에 영어로 번역 출판된 귄터 프린의 희곡화된 회고록(*I Sank the Royal Oak*), 그리고 또다른 책들이 이 사건에 대한 다른 의견을 제시한다. Alexander McKee, *Black Saturday* (1959)는 자신이 달리 설명하기 어려운 부분에 대해서는 음모론까지 암시한다; Alexandre Korgano, *The Phantom of Scapa Flow* (1974)는 독일의 관점에서 용감한 승무원들의 대담하고 위험한 모험 이야기로 풀어냈다; Gerald S. Snyder, *The Royal Oak Disaster* (1976)는 U-47뿐만 아니라 로열오크함 희생자의 관점까지 포괄하여 객관적으로 접근했다. 가장 최근의 저작은 다음과 같다. H. J. Weaver, *Nightgmare at Scapa Flow: The Truth About the Sinking of H.M.S. Royal Oak* (Peppard Common, Oxfordshire: Cressrelles, 1980). **23** 폭뢰의 효과에 대한 서술은 USS Nautilus, Walter Lord Collection, NHHC, box 18에 포함된 Slade Benson의 구술사에 따랐다. 승무원의 반응은 Korgano, *The Phantom of Scapa Flow*, 119-23에서 인용. **24** Blair, *Hitler's U-Boat War: The Hunters*, 90, 108. **25** Doenitz, *Memoirs*, 51-53.

2장 포켓 전함

1 Erich Raeder, *My Life* (Annapolis: USNI, 1960), 283-84; David Miller, *Langsdorff and the Battle of the River Plate* (Barnsley, South Yorkshire: Pen and Sword, 2013), 88-89. **2** Eugen Millington-Drake, *The Drama of the Graf Spee and the Battle of the Plate: A Documentary Anthology, 1914-1964* (London: Peter Davies, 1964), 97-99. Millington-Drake의 저서는 그라프슈페함의 행적과 이후 라플라타강 전투를 평가하는 데 가장 유용한 자료다. **3** 그의 동시대 인물은 영국 해군의 A. D. Campbell 준장으로, 이 내용은 Millington-Drake, *The Drama of the Graf Spee*, 97에서 인용. **4** Ibid., 99-100, 123-25. **5** Ibid.; Eric Grove, *The Price of Disobedience: The Battle of the River Plate Reconsidered* (Annapolis: USNI, 2000), 26. 그날 밤 랑스도르프 대령은 해리스 선장과 클레멘트함의 기관사를 중립국인 그리스의 화물선에 탑승하게 했다. **6** Karl Doenitz, *Memoirs: Ten Years and Twenty Days* (Annapolis: USNI, 1958, 1959), 5; Raeder, *My Life*, 3, 239-44, 251-52, 255-63; Leonard Seagren, "The Last Fuehrer," *Proceedings*, May 1954,

525; Keith W. Bird, *Erich Raeder: Admiral of the Third Reich* (Annapolis: USNI, 2006), 31–90; Clay Blair, *Hitler's U-Boat War: The Hunters, 1939-1942* (New York: Random House, 1996), 41. **7** David Wragg, *"Total Germany": The Royal Navy's War Against the Axis Powers, 1939-45* (Barnsley, South Yorkshire: Pen and Sword, 2016), 6; D. L. Kau man, "German Naval Strategy in World War II," *Proceedings*, January 1954, 2. **8** Raeder, *My Life*, 201–14; Erich Raeder, *Struggle for the Sea* (London: William Kimber, 1959), 27, 40–41; Friedrich Ruge, "German Naval Strategy Across Two Wars," *Proceedings*, February 1955, 157. **9** Terry Hughes and John Costello, *The Battle of the Atlantic* (New York: Dial Press, 1977), 34–35; Edward P. Von der Porten, *The German Navy in World War II* (New York: Thomas Y. Crowell, 1969), 29. **10** Andrew Roberts, *The Storm of War: A New History of the Second World War* (New York: Harper, 2011), 36–37. **11** Hughes and Costello, *The Battle of the Atlantic*, 35; Raeder, *My Life*, 282, 286. **12** Blair, *Hitler's U-Boat War: The Hunters*, 66–69; Ruge, "German Naval Strategy Across Two Wars," 158; Raeder, *My Life*, 287. **13** Millington–Drake, *The Drama of the Graf Spee*, 101–2. 파운드 제독의 특징은 1970년 3월 Robert Bower가 Stephen Roskill에게 보낸 편지에 서술되어 있다. 이 내용은 Correlli Barnett, *Engage the Enemy More Closely* (New York: W. W. Norton, 1991), 52에서 인용. **14** Millington–Drake, *The Drama of the Graf Spee*, 102–4; James Levy, "Ready or Not? The Home Fleet at the Outset of World War II," *NWCR* 52 (Autumn 1999): 92. **15** Millington–Drake, *The Drama of the Graf Spee*, 103; Stephen Roskill, *The War at Sea, 1939-1945* (London: HMSO, 1954), 1:114; Dudley Pope, *The Battle of the River Plate* (Annapolis: USNI, 1956), 46–47. **16** 1939년 10월 5일자 영국 해군성 메모. 다음을 참고했다. Millington–Drake, *The Drama of the Graf Spee*, 102–3. **17** Millington–Drake, *The Drama of the Graf Spee*, 116–7; Roskill, *The War at Sea*, 1:115–16. **18** Millington–Drake, *The Drama of the Graf Spee*, 114–16. 이 인용문의 원출처는 F. W. Raseneck의 회고록 *Panzerschiff* Admiral Graf Spee이며, Millington–Drake의 저서 116에서 재인용했다. **19** Millington–Drake, *The Drama of the Graf Spee*, 120–25. **20** 1939년 11월 26일자 랑스도르프의 메모. Millington–Drake, *The Drama of the Graf Spee*, 133에서 인용. **21** Millington–Drake, *The Drama of the Graf Spee*, 141. **22** Ibid., 142. **23** Cecil Hampshire, "British Strategy in the River Plate Battle," *Proceedings*, December 1958, 86–87. 하우드 준장의 명령 사본의 출처는 다음과 같다. Millington–Drake, *The Drama of the Graf Spee*, 147 and 165. Grove, *The Price of Disobedience*, 57도 참고. **24** Hampshire, "British Strategy," 87. **25** Raseneck 중령은 랑스도르프의 발언을 녹음했다. 이것은 Millington–Drake, *The Drama of the Graf Spee*, 189에서 인용. **26** Miller, *Langsdorff and the Battle of the River Plate*, 119–20; Millington–Drake, *The Drama of the Graf Spee*, 191, 204–5, 216. **27** Miller, *Langsdorff and the Battle of the River Plate*, 120. **28** Millington–Drake, *The Drama of the Graf Spee*, 227; Miller, *Langsdorff and the Battle of the River Plate*, 127–28. **29** Hampshire, "British Strategy," 90. **30** 그라프슈페함이 몬테비데오에 잠시 체류한 일과 관련된 외교 문서는 *Uruguayan Blue Book* (London: Hutchinson, 1940) 참고. **31** 랑스도르프의 발언은 Grove, *The Price of Disobedience*, 121에서 인용. **32** Ibid., 170. **33** Willi Frischauer and Robert Jackson, *"The Navy's Here!": The Altmark Affair* (London: Victor Gollancz, 1955), 212–13. 미국에서 이 책은 *The Altmark Affair* (New York: Macmillan, 1955)로 출간되었다. **34** Philip Vian, *Action This Day: A War Memoir* (London: Frederick Muller, 1960), 26. 이 사

건에서 처칠이 자신의 역할에 대해 논의한 부분은 다음 책을 참고. *The Gathering Storm* (Boston: Houghton Mifflin, 1949), 526-27, 561-64. **35** Ibid., 28-29; Frischauer and Jackson, *"The Navy's Here,"* 223-43. **36** David J. Bercuson and Holger Herwig, *The Destruction of the Bismarck* (Woodstock, NY: Overlook Press, 2001), 24. **37** Raeder, *My Life*, 290-91, 306-7.

3장 노르웨이 전역

1 Martin Fritz, *German Steel and Swedish Iron Ore, 1939-1945* (Goteborg: Institute of Economics, 1974), 30-39, 41-48; Geirr H. Haarr, *The German Invasion of Norway, April 1940* (Annapolis: USNI, 2009), 27. **2** Erich Raeder, *My Life* (Annapolis: USNI, 1960), 308-9; 히틀러의 3월 1일 명령은 다음 자료에서 확인할 수 있다. *Fuehrer Conferences on Naval Affairs, 1939-1945* (Annapolis: USNI, 1990), 83-84. 다음도 참고. Anthony Martienssen, *Hitler and His Admirals* (New York: E. P. Dutton, 1949), 50. 작전명은 '베저 훈련Weser Exercise'인데 베저는 독일어로 '강'이라는 뜻이다. 외국 침략보다 내부 훈련을 암시하는 의미였을 가능성이 높다. **3** 여러 학자가 처칠을 해군 전략가로 평가한다. 관련 연구는 다음을 참고. Max Hastings, *Winston's War: Churchill, 1940-1945* (New York: Alfred A. Knopf, 2010); Stephen S. Roskill, *Churchill and the Admirals* (London: Collins, 1977); and Christopher M. Bell, *Churchill and Sea Power* (New York: Oxford University Press, 2013). **4** Bell, *Churchill and Sea Power*, 173-79; Correlli Barne, *Engage the Enemy More Closely: The Royal Navy in the Second World War* (New York: W. W. Norton, 1991), 93-94, 100-102; Haarr, *The German Invasion of Norway*, 28. **5** Raeder, *My Life*, 309. **6** 레더 대제독의 관심사는 그가 3월 9일에 히틀러에게 제출한 보고서에서 드러난다. 이 문서는 다음 자료에서 확인할 수 있다. *Fuehrer Conferences*, 84-87, and in Martienssen, *Hitler and His Admirals*, 51-53. 다음도 참고. T. K. Derry, *The Campaign in Norway* (London: HMSO, 1952), 18-21과 Raeder, *My Life*, 311. **7** Peter Dickens, *Narvik: Battles in the Fjords* (Annapolis: USNI, 1974), 17. **8** David Brown, ed., *Naval Operations of the Campaign in Norway, April-June 1940* (London: Frank Cass, 2000), 5-7; Dickens, *Narvik*, 18; Clay Blair, *Hitler's U-Boat War: The Hunters, 1939-1942* (New York: Random House, 1996), 147. **9** 노르웨이 해전을 가장 포괄적으로 다룬 연구는 다음 책이다. Geirr Haarr's *The German Invasion of Norway, April 1940* (Annapolis: USNI, 2009). 글로웜함의 침몰은 90-97에서 다루었다. 이를 다룬 영국 해군의 공식 역사서는 Brown, ed., *Naval Operations*, 128-38; Richard Porter and M. J. Pearce, eds., *Fight for the Fjords: The Battle for Norway, 1940* (Plymouth: University of Plymouth Press, 2012)인데, 이 책들은 *Britannia Naval Histories of World War II* 시리즈의 일부다. 글로웜함의 손실은 *Fight for the Fjords*, 36-37에 서술되어 있다. **10** Porter and Pearce, eds., *Fight for the Fjords*, 40; Dickens, *Narvik*, 30. **11** Haarr, *The German Invasion of Norway*, 307-14; Porter and Pearce, eds., *Fight for the Fjords*, 49-51; Dickens, *Narvik*, 34-40; Vincent P. O'Hara, *The German Fleet at War, 1939-1945* (Annapolis: USNI, 2004), 24-26; Brown, ed., *Naval Operations*, 19-21; Stephen Roskill, *The War at Sea, 1939-1945* (London: HMSO, 1954), 165-66. **12** Dickens, *Narvik*, 17. **13** Haarr, *The German Invasion of Norway*, 323-28; Brown,

ed., *Naval Operations*, 19; Dickens, *Narvik*, 36–39; O'Hara, *The German Fleet at War*, 28–31.
14 Porter and Pearce, eds., *Fight for the Fjords*, 65–66; Dickens, *Narvik*, 42; Krigsmuseum, *Narvik* (Narvik: Krigsminnemuseum, n.d.), 4; Gardner, ed., *Evacuation of Dunkirk*, 52. **15** Porter and Pearce, eds., *Fight for the Fjords*, 66–68. **16** Ibid., 61–62; Dickens, *Narvik*, 46–47; O'Hara, *The German Fleet at War*, 33. **17** Porter and Pearce, eds., *Fight for the Fjords*, 61–64; Dickens, *Narvik*, 39; Haarr, *The German Invasion of Norway*, 336–46; O'Hara, *The German Fleet at War*, 25–36. **18** Porter and Pearce, eds., *Fight for the Fjords*, 61–64; Blair, *Hitler's U-Boat War: The Hunters*, 149. **19** Haarr, *The German Invasion of Norway*, 346–50; Dickens, *Narvik*, 78, 87–90; O'Hara, *The German Fleet at War*, 32–40. **20** Barne, *Engage the Enemy More Closely*, 109, 122; Andrew Roberts, *The Storm of War: A New History of the Second World War* (New York: Harper, 2011), 40. **21** Brown, ed., *Naval Operations*, 32–36. **22** Porter and Pearce, eds., *Fight for the Fjords*, 77–86; Dickens, *Narvik*, 119–21, 124, 141; Haarr, *The German Invasion of Norway*, 357–71. **23** Derry, *The Campaign in Norway*, 145–46. **24** Porter and Pearce, eds., *Fight for the Fjords*, 103; Roskill, *The War at Sea*, 1:187. **25** Brown, ed., *Naval Operations*, 101, 111; Derry, *The Campaign in Norway*, 145–47. **26** Hastings, *Winston's War*, 11–19. **27** Derry, *The Campaign in Norway*, 171–72, 200–201. **28** Ibid., 207–11. **29** Earl F. Ziemke, "The German Decision to Invade Norway and Denmark," in *Command Decisions*, ed. Kent Roberts Greenfield (Washington, DC: Office of the Chief of Military History, 1960), 71; Raeder, *My Life*, 314. **30** O'Hara, *The German Fleet at War*, 54–59; Haarr, *The German Invasion of Norway*, 1. 프랑스 로렌 지역에 매장된 철광석의 가치에 대해서는 다음을 참고. Marcus D. Jones, *Nazi Steel: Friedrich Flick and German Expansion in Western Europe, 1940-1944* (Annapolis: USNI, 2012). **31** John Winton, *Carrier Glorious: The Life and Death of an Aircraft Carrier* (London: Leo Cooper, 1986), 166–73. **32** Brown, ed., *Naval Operations*, 127–29; Porter and Pearce, eds., *Fight for the Fjords*, 128–29; Barne, *Engage the Enemy More Closely*, 136–38; Fritz-Otto Bush, *The Drama of the Scharnhorst* (London: Robert Hale, 1956), 47–50.

4장 프랑스 함락

1 Winston Churchill, *Their Finest Hour*, vol. 2 of *The Second World War* (Boston: Houghton Miffin, 1949), 42; Walter Lord, *The Miracle of Dunkirk* (New York: Viking Press, 1982), 2. **2** Stephen S. Roskill, *The War at Sea* (London: HMSO, 1954), 1:213–14. **3** W. S. Chalmers, *Full Cycle: The Biography of Admiral Sir Bertram Home Ramsay* (London: Hodder and Stoughton, 1959), 21. **4** Ibid., 29; David Divine, *The Nine Days of Dunkirk* (New York: W. W. Norton, 1959), 31. **5** Lord, *Miracle of Dunkirk*, 47. **6** Robert Carse, *Dunkirk, 1940* (Englewood Cliffs, NJ: Prentice-Hall, 1970), 40, 65. **7** Roskill, *The War at Sea*, 1:216–17; Carse, *Dunkirk, 1940*, 24–25; Robin Prior, *When Britain Saved the West: The Story of 1940* (New Haven: Yale University Press, 2015), 112, 114. **8** 구축함 케이트함에 탑승한 장교는 Graham Lumsden 중위다. 그의 발언은 *The Mammoth Book of Eyewitness Naval Battles* (New York: Carroll and Graf, 2003), 432에서 인용.

9 Carse, *Dunkirk*, 1940, 54; Correlli Barne, *Engage the Enemy More Closely: The Royal Navy in the Second World War* (New York: W. W. Norton, 1991), 159-60. **10** Lord, *Miracle of Dunkirk*, 117; W. J. R. Gardner, ed., *The Evacuation from Dunkirk: Operation Dynamo, 26 May-4 June 1940* (London: Frank Cass, 2000), 27-28; Prior, *When Britain Saved the West*, 115. 생존자의 발언은 저널리스트 Gordon Buckles가 녹음한 것으로, Lawrence, *Eyewitness Naval Battles*, 434에서 인용. **11** Gardner, ed., *The Evacuation from Dunkirk*, 28. **12** M. J. Whitley, *German Coastal Forces of World War Two* (London: Arms and Armour, 1992), 23. **13** Prior, *When Britain Saved the West*, 120-21. **14** Ibid., 123-24, 260; Gardner, ed., *Evacuation from Dunkirk*, 36; Roskill, *The War at Sea*, 1:222-23. **15** Prior, *When Britain Saved the West*, 128-29. **16** Churchill, *Their Finest Hour*, 115; Lord, *Miracle of Dunkirk*, 227. **17** Churchill, *Their Finest Hour*, 141, 115. **18** 1940년에 프랑스 해군이 작전용 항공모함을 보유하지 않았다는 사실은 중요하다. 당시 프랑스 해군이 보유한 유일한 항공모함인 베아른함Béarn은 서인도 제도에서 운송 업무에 투입되었고, 이것을 대체하는 조프르함Joffre은 완성되지 않은 상태였다. 2차대전 개전 당시 프랑스 해군 전투력을 잘 정리한 연구서로는 다음 자료가 있다. John Jordan, "France: The Marine Nationale," in *On Seas Contested*, ed. Vincent P. O'Hara, W. David Dickson, and Richard Worth (Annapolis: USNI, 2010), 16-20. **19** 휴전 협정 부분은 Arthur Marder in *From the Dardanelles to Oran* (London: Oxford University Press, 1974), 196에서 인용. 이 책의 저자는 214-15에서 contrôle이라는 단어의 뉘앙스에 대해 서술했다. 다음도 참고. Churchill, *Their Finest Hour*, 158; Roskill, *The War at Sea*, 1:240-41; Warren Tute, *The Deadly Stroke* (New York: Coward, McCann and Geoghegan, 1973), 34; George E. Melton, *From Versailles to Mers el-Kebir: The Promise of Anglo-French Naval Cooperation, 1919-1940* (Annapolis: USNI, 2015). **20** Roskill, *The War at Sea*, 1:240-41; Marder, *From the Dardanelles to Oran*, 200. **21** Barne, *Engage the Enemy More Closely*, 211-12; Marder, *From the Dardanelles to Oran*, 228-29; Michael Simpson, "Force H and British Strategy in the Western Mediterranean, 1939-1942," *Mariner's Mirror* 83 (1977): 63-64. **22** 이 명령의 출처는 Marder, *From the Dardanelles to Oran*, 233-37이다. **23** Marder, *From the Dardanelles to Oran*, 212. **24** Barne, *Engage the Enemy More Closely*, 221-22; Andrew Browne Cunningham, *A Sailor's Odyssey* (New York: E. P. Dutton, 1951), 244-55, 인용문 출처는 244와 250. 다음도 참고. Marder, *From the Dardanelles to Oran*, 260-64와 René-Emile Godfroy, *L'Aventure de la Force X à Alexandrie, 1940-1943* (Paris: Librarie Plon, 1953). **25** Barne, *Engage the Enemy More Closely*, 232; Peter C. Smith, *Critical Conflict: The Royal Navy's Mediterranean Campaign in 1940* (Barnsley, South Yorkshire: Pen and Sword, 2011), 124-26. **26** 처칠의 유명한 도전적 연설 결론 부분의 출처는 Churchill, *Their Finest Hour*, 118이다. **27** Marder, *From the Dardanelles to Oran*, 205; Smith, *Critical Conflict*, 129. **28** Marder, *From the Dardanelles to Oran*, 242-44. **29** Roskill, *The War at Sea*, 1:244; Marder, *From the Dardanelles to Oran*, 239-40. 처칠의 명령서는 *Their Finest Hour*, 236에서 인용. **30** Jack Greene and Alessandro Massignani, *The Naval War in the Mediterranean, 1940-1943* (London: Chatham, 2002), 58-61; Raymond De Belot, *The Struggle for the Mediterranean, 1939-1945* (Princeton: Princeton University Press, 1951), 26-29. **31** 서머빌 제독의 발언은 Simpson, "Force H and British Strategy," 64에서 인용. 다음도 참고. Smith, *Critical Conflict*, 131. **32** Churchill, *Their Finest Hour*, 233-34. **33** 이 문제를 심

도 있고 길게 다룬 자료로는 다음이 있다. Peter Smith, *Critical Conflict*, 151-227. Barne, *Engage the Enemy More Closely*, 204-5, 257-58. 다음도 참고. Simpson, "Force H and British Strategy," 65-67. **34** Churchill, *Their Finest Hour*, 237-39; Greene and Massignani, *The Naval War in the Mediterranean*, 61; Max Hastings, *Winston's War: Churchill, 1940-1945* (New York: Alfred A. Knopf, 2010), 66. **35** Henri Noguères, *Le Suicide de la Flotte Française à Toulon* (Paris: Robert Laffont, 1961).

5장 이탈리아 해군

1 Marc Antonio Bragadin, *The Italian Navy in World War II* (Annapolis: USNI, 1957), 3-14; James J. Sadkovich, *The Italian Navy in World War II* (Westport, CT: Greenwood Press, 1994), 1-44; Peter C. Smith, *Critical Conflict: The Royal Navy's Mediterranean Campaign in 1940* (Barnsley, South Yorkshire: Pen and Sword, 2011), 26-33. **2** Jack Greene and Alessandro Massignani, *The Naval War in the Mediterranean, 1940-1942* (London: Chatham, 2002), 51; Alan J. Levine, *The War Against Rommel's Supply Lines, 1942-1943* (Westport, CT: Praeger, 1999), 4-6. **3** Correlli Barne, *Engage the Enemy More Closely: The Royal Navy in the Second World War* (New York: W. W. Norton, 1991), 224-25; Smith, *Critical Conflict*, 29-31. 지중해에서 진행된 해전의 성격을 게릴라전으로 평가한 연구는 Giorgio Giorgerini, *La Battaglia dei Convogli in Mediterraneo* (Milan: Murcia, 1977)이며 Sadkovich, *The Italian Navy in World War II*, 45에서 인용. **4** Sadkovich, *The Italian Navy in World War II*, 55-63; Friedrich Ruge, *Der Seekrieg* (Annapolis: USNI, 1957), 134. 차노 장관의 7월 13일자 일기는 Galeazzo Ciano, *Diary, 1937-1943* (New York: Enigma Books, 2002), 370에서 인용. 여기서 언급된 권한에 대해서는 다음을 참고했다. Robert S. Ehlers Jr. in *The Mediterranean Air War: Airpower and Allied Victory in World War II* (Lawrence: University Press of Kansas, 2015), 17-18, 53. **5** Ehlers, *The Mediterranean Air War*, 17-18; Raymond De Belot, *The Struggle for the Mediterranean, 1939-1945* (Princeton: Princeton University Press, 1951), 42; Andrew B. Cunningham, *A Sailor's Odyssey* (New York: E. P. Dutton, 1951), 258-59, 262. **6** Bragadin, *The Italian Navy in World War II*, 28-29; Sadkovich, *The Italian Navy in World War II*, 58-59; Greene and Massignani, *The Naval War in the Mediterranean*, 74; Smith, *Critical Conflict*, 34-76. **7** Sadkovich, *The Italian Navy in World War II*, 55-58. 이 인용문의 출처는 1979년 4월에 파커가 저자 Peter Smith에게 보낸 편지로, *Critical Conflict*, 67에서 인용. 커닝햄 제독의 공식 보고서는 1941년 1월 29일에 그가 제출한 "Narrative of Operations"다. 이 보고서는 John Grehan and Martin Mace, eds., *The War at Sea in the Mediterranean, 1940-1944* (Barnsley, South Yorkshire: Pen and Sword, 2014), 1-12에서 인용. **8** Greene and Massignani, *The Naval War in the Mediterranean*, 93-97. **9** Ciano, *Diary, 1937-1943* (entry of Sept. 9, 1940), 381. **10** Greene and Massignani, *The Naval War in the Mediterranean*, 95, 101-14. **11** Thomas P. Lowry and John W. G. Wellham, *The Attack on Taranto: Blueprint for Pearl Harbor* (Mechanicsburg, PA: Stackpole Books, 1995), 부록 B. **12** Cunningham to Secretary of the Admiralty, Jan. 16, 1941, in *The Fleet Air Arm in the Second*

World War (Farnham, Surrey: Ashgate, 2012), 1:314-27. **13** Ibid., 1:318; Stephen Roskill, *The War at Sea* (London: HMSO, 1954), 1:301. 에트나 화산을 언급한 사람은 조종사 Charles Lamb 으로, 그의 발언은 Richard R. Lawrence, *The Mammoth Book of Eyewitness Naval Battles* (New York: Carroll and Graf, 2003), 523-24에서 인용. **14** Lowry and Wellham, *Attack on Taranto*, 73-82; report of Cunningham to Secretary of Admiralty, Jan. 16, 1941, in *Fleet Air Arm*, 1:319; Greene and Massignani, *The Naval War in the Mediterranean*, 106-7; Sadkovich, *The Italian Navy in World War II*, 90-95; Cunningham, *A Sailor's Odyssey*, 286; Ciano, *Diary, 1937-1943* (entry of Nov. 12, 1940), 395. **15** Lowry and Wellham, *Attack on Taranto* (87-100)는 타란토 공격과 일본의 진주만 공격의 관계를 과장해서 서술했다. **16** 카바냐리 제독의 해임은 다음 을 참고. Robert Malle, *The Italian Navy and Fascist Expansionism, 1935-1940* (London: Frank Cass, 1998); Winston S. Churchill, *Their Finest Hour* (Boston: Houghton Mifflin, 1949), 544. **17** Smith, *Critical Conflict*, 259-61, 271-81. **18** Ibid., 280, 282-84. **19** Somerville's report, dated Dec. 18, 1940, is in Grehan and Mace, eds., *The War at Sea in the Mediterranean*, 27-46; Sadkovich, *The Italian Navy in World War II*, 96-97. **20** Smith, *Critical Conflict*, 307, 315-22. **21** De Belot, *The Struggle for the Mediterranean*, 87-88; Ruge, *Der Seekrieg*, 147-51; Cunningham, *A Sailor's Odyssey*, 298. **22** "Conference Between the C-in-C Navy and the Fuehrer," Sept. 14, 1940, in *Fuehrer Conferences on Naval Affairs, 1939-1945* (Annapolis: USNI, 1990), 137-38. Egbert Kieser, *Hitler on the Doorstep: Operation "Sea Lion": The German Plan to Invade Britain, 1940* (Annapolis: USNI, 1997), 254-57도 참고. **23** Ciano, *Diary* (Oct. 12, 1940), 300. **24** "Evaluation of the Mediterranean Situation," Nov. 14, 1940, in *Fuehrer Conferences*, 154-56. **25** "Report to the Fuehrer," Feb. 13, 1942, and "Report by the C-in-C, Navy to the Fuehrer," Mar. 12, 1942, 둘 다 *Fuehrer Conferences*, 261-65, 265-68. **26** Sadkovich, *The Italian Navy in World War II*, 120-24. Marc Antonio Bragadin은 자신의 저서에서 "내가 개인적으로 말할 수 있는 것은 적어도 전쟁 첫해에는 무솔리니가 이탈리아 해군이 신중하게 행동하기로 결정하 는 과정에 직접적으로 영향을 미쳤다는 것이다"라고 언급했다. Bragadin, *The Italian Navy in World War II*, 83. **27** Roskill, *The War at Sea*, 2:52-53. Rowena Reed, "Central Mediterranean Sea Control and the North African Campaigns," *NWCR* 32 (July-Aug. 1984): 85, 88-89도 참고. **28** 이 메모의 출처는 S. W. C. Pack, *The Battle of Cape Matapan* (New York: Macmillan, 1961), 19. 이아키노 제독은 이 출격의 '결정적 이유'가 독일군의 압력이었다고 썼다. Iachino, *Gaudo e Matapan*, 263-67, reprinted in *Dark Seas: The Battle of Cape Matapan*, Britannia Royal Naval College series, ed. G. H. Benne, J. E. Harrold, and R. Porter (Plymouth: University of Plymouth Press, 2012), 141 n. 2. 당시 이탈리아 해군의 연료 상황에 대해서는 다음을 참고. Greene and Massignani, *The Naval War in the Mediterranean*, 142-44. **29** De Belot, *The Struggle for the Mediterranean*, 100-102; Ronald Seth, *Two Fleets Surprised: The Story of the Battle of Cape Matapan, March, 1941* (London: Geoffrey Bles, 1960), 13-19; Pack, *Battle of Matapan*, 60-63. **30** Pack, *Battle of Cape Matapan*, 64. **31** Greene and Massignani, *The Naval War in the Mediterranean*, 141; J. Valerio Borghese, *Sea Devils: Italian Navy Commandos in World War II* (Annapolis: USNI, 1995), 27, 78-82 (originally published in 1950 as *Decima Flottiglia Mas*). **32** Cunningham, *A Sailor's Odyssey*, 312-13, 321. **33** 블레츨리 파크 암호 해독가들이 한 역할에

대해서는 다음을 참고. John Winton, *ULTRA at Sea: How Breaking the Nazi Code Affected Allied Naval Strategy During World War II* (New York: William Morrow, 1988), 14-16. 1941년 11월 11일자 커닝햄 제독의 보고서는 Grehan and Mace, eds., *The War at Sea* in the Mediterranean, 48에서 인용. 다음도 참고. Greene and Massignani, *The Naval War in the Mediterranean*, 146-48; Seth, *Two Fleets Surprised*, 34-37; Cunningham, *A Sailor's Odyssey*, 325-26. **34** Greene and Massignani, *The Naval War in the Mediterranean*, 148-49; S. W. C. Pack, *Night Action off Cape Matapan* (Shepperton, Surrey: Ian Allan, 1972), 34-35. **35** 이아키노 제독은 자신의 저서 *Gaudo e Matapan*에서 이 문제를 여러 차례 언급했다. Pack, *Battle of Cape Matapan*, 65도 참고. **36** Seth, *Two Fleets Surprised*, 42-43; Cunningham, *A Sailor's Odyssey*, 327. 정찰 보고서의 축약본 출처는 Benne, Harrold, and Porter, eds., *Dark Seas*, 부록 D, 110-111. **37** "Sighting Reports," Benne, Harrold, and Porter, eds., *Dark Seas*, 부록 D, 111; Seth, *Two Fleets Surprised*, 62-66; Cunningham, *A Sailor's Odyssey*, 327. **38** Greene and Massignani, *The Naval War in the Mediterranean*, 151-52; "Sighting Reports," Benne, Harrold, and Porter, eds., *Dark Seas*, 부록 D, 114. **39** Seth, *Two Fleets Surprised*, 68-69. **40** Vincent P. O'Hara, *Struggle for the Middle Sea: The Great Navies at War in the Mediterranean Sea, 1940-1945* (Annapolis: USNI, 2009), 90-91; Angelo Iachino, *Gaudo e Matapan*, in *Dark Seas*, 130; Seth, *Two Fleets Surprised*, 92, 100; Greene and Massignani, *The Naval War in the Mediterranean*, 153. **41** Seth, *Two Fleets Surprised*, 107; Pack, *Battle of Cape Matapan*, 116. **42** Seth, *Two Fleets Surprised*, 108; Pack, *Battle of Cape Matapan*, 117-20. **43** Cunningham, *A Sailor's Odyssey*, 332. **44** O'Hara, *Struggle for the Middle Sea*, 94; Cunningham, *A Sailor's Odyssey*, 332; Seth, *Two Fleets Surprised*, 117, 119-21. **45** 기함장 G. S. Parodi의 발언은 Seth, *Two Fleets Surprised*, 145-46에서 인용. **46** Cunningham's report, Nov. 11, 1941, in Grehan and Mace, *The War at Sea in the Mediterranean*, 51; Greene and Massignani, *The Naval War in the Mediterranean*, 158; Cunningham, *A Sailor's Odyssey*, 334. **47** Sadkovich, *The Italian Navy in World War II*, 130; Ehlers, *The Mediterranean Air War*, 80. **48** Cunningham, *A Sailor's Odyssey*, 373. **49** Ibid., 380-89; Ehlers, *The Mediterranean Air War*, 84. **50** 테더 소장의 발언은 Ehlers, *The Mediterranean Air War*, 129에서 인용.

6장 무역 전쟁 1

1 Karl Doenitz, *Memoirs: Ten Years and Twenty Days* (Annapolis: USNI, 1959), 111-13, 125; Lars Hellwinkel, *Hitler's Gateway to the Atlantic: German Naval Bases in France, 1940-1945* (Annapolis: USNI, 2014), 12-25; Eberhard Rössler, *The U-Boat: The Evolution and Technical History of German Submarines* (London: Cassell, 1981), 126. **2** Doenitz, *Memoirs*, 104-5. **3** Correlli Barne, *Engage the Enemy More Closely: The Royal Navy in the Second World War* (New York: W. W. Norton, 1991), 199-200; Doenitz, *Memoirs*, 137-41. **4** Clay Blair, *Hitler's U-Boat War: The Hunters, 1939-1942* (New York: Random House, 1996), 87-93, 149-62. 되니츠 제독의 발언은 159에서 인용. **5** Doenitz, *Memoirs*, 137-40. **6** Terry Hughes and John Costello, *The Battle of the Atlantic* (New York: Dial Press, 1977), 97. **7** Blair, *Hitler's U-Boat War: The*

Hunters, 168–75; Kevin M. Moeller, "A Shaky Axis," *Proceedings*, June 2015, 30–35; Hughes and Costello, *The Battle of the Atlantic*, 102–3. **8** Arnold Hague, *The Allied Convoy System, 1939–1945* (Annapolis: USNI, 2000), 26–28. Hague는 호송대 도착지 목록을 부록 1로 수록했다. **9** Antony Preston and Alan Raven, *Flower Class Corvettes* (Norwich: Bivouac Books, 1973); Chris Howard Bailey, *The Battle of the Atlantic: The Corvettes and Their Crews* (Annapolis: USNI, 1994), 6. 먼서랫의 발언은 그의 책 *Three Corvettes* (London: Cassell, 1945), 22, 27에서 인용. **10** Peter Kemp, *Decision at Sea: The Convoy Escorts* (New York: Elsevier–Dutton, 1978), 12; Hughes and Costello, *The Battle of the Atlantic*, 36–37. **11** Bernard Edwards, *Convoy Will Scatter: The Full Story of Jervis Bay and Convoy HX84* (Barnsley, Yorkshire: Pen and Sword, 2013), 15–17; Bruce Allen Watson, *Atlantic Convoys and Nazi Raiders: The Deadly Voyage of HMS Jervis Bay* (Westport, CT: Praeger, 2006), 46. '웨이비 해군'으로 복무한 승무원들 이야기는 다음을 참고. J. Lennox Kerr and David James, eds., *Wavy Navy, by Some Who Served* (London: George G. Harrap, 1950). **12** Marc Milner, *North Atlantic Run: The Royal Canadian Navy and the Battle for the Convoys* (Annapolis: USNI, 1985), 26–27; W. A. B. Douglas, Roger Sarty, and Michael Whitby, *No Higher Purpose* (St. Catharines, ON: Vanwell, 2002), 181. **13** Winston Churchill, *Their Finest Hour*, vol. 2 of *The Second World War* (Boston: Houghton Mifflin, 1949), 406; WSC to FDR, July 31, 1940, Aug. 15, 1940, 둘 다 *Roosevelt and Churchill: Their Secret Wartime Correspondence*, ed. Francis L. Loewenheim, Harold Langley, and Manfred Jones (New York: E. P. Dutton, 1975), 107–10; George VI to FDR, June 26, 1940, in John W. Wheeler-Benne, *King George VI: His Life and Reign* (New York: St. Martin's Press, 1958), 511. 다음도 참고. Philip Goodhart, *Fiy Ships That Saved the World: The Foundation of the AngloAmerican Alliance* (Garden City, NY: Doubleday, 1965). **14** WSC to FDR, Aug. 15, 1940, in Roosevelt and Churchill, 109. **15** Hague, *Allied Convoy System*, 28. **16** Ibid., 29; Stephen Roskill, *The War at Sea, 1939–1945* (London: HMSO, 1954), 1:93. **17** Hague, *Allied Convoy System*, 45; Edwards, *Convoy Will Scatter*, 19. **18** Hague, *Allied Convoy System*, 25; Samuel McLean and Roger Sarty, "Gerald S. Graham's Manuscript Diary of His Voyage in HMS *Harvester*, 1942," *Northern Mariner*, April 2016, 177, 180. **19** Paul Lund and Harry Ludlam, *Night of the U–Boats* (London: W. Foulsham, 1973), 41–57. **20** Ibid., 32–40. **21** McLean and Sarty, "Gerald S. Graham's Manuscript Diary," 180. **22** Bernard Ireland, *Battle of the Atlantic* (Annapolis: Naval Institute Press, 2003), 54–55. **23** Lund and Ludlum, *Night of the U–Boats*, 79–86. **24** Ibid., 94. **25** 호송대 생존자는 Henry Revely로, 그의 이야기는 그가 쓴 책에서 인용. Henry Revely, *The Convoy That Nearly Died: The Story of ONS 154* (London: William Kimber, 1979), 13. 크레치머의 전쟁 일기는 Doenitz, *Memoirs*, 108에서 인용. 약간 다른 이야기가 나오는 Blair, *Hitler's U-Boat War: The Hunters*, 198도 참고. **26** Lund and Ludlam, *Night of the U–Boats*, 93–151, 180; Blair, *Hitler's U–Boat War: The Hunters*, 199–200. **27** Lund and Ludlam, *Night of the U–Boats*, 174–75; Hughes and Costello, *Battle of the Atlantic*, 109–11. **28** Blair, *Hitler's U–Boat War: The Hunters*, 212–13; Hughes and Costello, *The Battle of the Atlantic*, 62. **29** Walter Karig, "Murmansk Run," *Proceedings*, Jan. 1946, 32. **30** Erich Raeder, *My Life* (Annapolis: USNI, 1960), 273, 345–46. **31** Theodor Krancke and H. J. Brennecke, *The Battleship Scheer* (London: William Kimber,

1956), 21-30. **32** Edwards, *Convoy Will Scatter*, 10-11, 15, 19; Watson, *Atlantic Convoys*, 76.
33 Watson, *Atlantic Convoys*, 87. **34** Krancke, *Battleship Scheer*, 40. **35** Edwards, *Convoy Will Scatter*, 43-45; Krancke, *Battleship Scheer*, 40; Watson, *Atlantic Convoys*, 89-95. **36** Edwards, *Convoy Will Scatter*, 76-84; Krancke, *Battleship Scheer*, 44-47. **37** Watson, *Atlantic Convoys*, 95. **38** Ibid., 101. **39** Edwards, *Convoy Will Scatter*, 61-65; Calum MacNeil, *San Demetrio* (Sydney: Angus and Robertson, 1957), 37, 81-82. **40** MacNeil, *San Demetrio*, 86, 88. **41** Ibid., 88. **42** Ibid., 94, 99-100. 산데메트리오호 실화는 1943년에 Charles Freund 감독의 유명한 모션 영화 *San Demetrio London*으로 제작되었다. **43** Krancke, *Battleship Scheer*, 199. **44** Raeder, *My Life*, 249-50; Vincent P. O'Hara, *The German Fleet at War, 1939-1945* (Annapolis: USNI, 2004), 70-74; Fritz-Otto Busch, *The Drama of the Scharnhorst* (London: Robert Hale, 1956), 32-34. **45** August K. Muggenthaler, *German Raiders of World War II* (New York: Prentice-Hall, 1977); Bernard Edwards, *Beware Raiders! German Surface Raiders in the Second World War* (Annapolis: USNI, 2001); Friedrich Ruge, *Der Seekrieg* (Annapolis: USNI), 1957), 174-83; Olivier Pigoreau, *The Odyssey of the Komet: Raider of the Third Reich* (Paris: Histoire et Collections, 2016), 13. **46** Bernhard Rogge with Wolfgang Frank, *Under Ten Flags: The Story of the German Commerce Raider Atlantis* (London: Weidenfeld and Nicolson, 1955), 16-21; Joseph P. Slavick, *The Cruise of the German Raider Atlantis* (Annapolis: USNI, 2003), 27-45; Ulrich Mohr and A. V. Sellwood, *Ship 16: The Story of the Secret German Raider Atlantis* (New York: John Day, 1956). **47** Rogge, *Under Ten Flags*, 19, 23-25; Slavick, *The Cruise of the German Raider Atlantis*, 44-48. **48** Eiji Seki, Mrs. *Ferguson's Tea-set, Japan, and the Second World War: The Global Consequences Following Germany's Sinking of the SS Automedon in 1940* (Folkestone, Kent: Global Oriental, 2007), 6-17; Rogge, *Under Ten Flags*, 99-103; Slavick, *The Cruise of the German Raider Atlantis*, 109-111; Roskill, *The War at Sea*, 1:381. 이 함정에 타고 있던 독일 승무원은 Ulrich Mohr였다. 이 대목은 *Ship 16*, 153에서 인용. **49** Wesley Olson, *Bitter Victory: The Death of HMAS Sydney* (Annapolis: USNI, 2000), 271-72; Michael Montgomery, *Who Sank the Sydney?* (New York: Hippocrene Books, 1981); G. Herman Gill, *Royal Australian Navy, 1939-1942* (Canberra: Australian War Memorial, 1957), 453-57. 이에 대한 독일의 시각은 다음을 참고. Joachim von Gösseln, "The Sinking of the Sydney," *Proceedings*, March 1953, 251-55. **50** Blair, *Hitler's U-Boat War: The Hunters*, 251-53. **51** Ibid., 256-58.

7장 비스마르크함

1 Erich Raeder, *My Life* (Annapolis: USNI, 1960), 272-75. **2** Iain Ballantyne, *Killing the Bismarck: Destroying the Pride of Hitler's Fleet* (Barnsley, South Yorkshire: Pen and Sword, 2010), 21-24; David Bercuson and Holger H. Herwig, *The Destruction of the Bismarck* (Woodstock, NY: Overlook Press, 2001), 21-22. **3** Bercuson and Herwig, *Destruction of the Bismarck*, 29-30; Raeder, *My Life*, 351. **4** Raeder, *My Life*, 351-52. **5** Albert Vulliez and Jacques Mordal, *Battleship Scharnhorst* (Fair Lawn, NJ: Essential Books, 1958), 110-11. 1941년 3월 6일자 레더 대제독

의 일기는 Bercuson and Herwig, *Destruction of the Bismarck*, 43에서 인용. **6** Raeder, *My Life*, 351-53; Bercuson and Herwig, *Destruction of the Bismarck*, 50-59. **7** Bercuson and Herwig, *Destruction of the Bismarck*, 50-59. **8** Ibid. **9** Correlli Barne, *Engage the Enemy More Closely: The Royal Navy in the Second World War* (New York: W. W. Norton, 1991), 50; Bercuson and Herwig, *Destruction of the Bismarck*, 84-89. **10** Bercuson and Herwig, *Destruction of the Bismarck*, 62-63; Barne, *Engage the Enemy More Closely*, 283. **11** Russell Grenfell, *The Bismarck Episode* (New York: Macmillan, 1949), 22-25, 29-30. **12** Ibid., 33-35. **13** Bercuson and Herwig, *Destruction of the Bismarck*, 101-4. **14** Grenfell, *The Bismarck Episode*, 40-41, 46-47; Bercuson and Herwig, *Destruction of the Bismarck*, 129-30. **15** Bercuson and Herwig, *Destruction of the Bismarck*, 138-9; Grenfell, *The Bismarck Episode*, 47. **16** 백과사전에 따르면 5월 20일 덴마크 해협의 일출은 새벽 4시였다. 파커의 기도는 Bernard Ash, *Someone Had Blundered: The Story of the Repulse and the Prince of Wales* (Garden City, NY: Doubleday, 1961), 75에서 인용. **17** 비스마르크함과 후드함의 전투에 대해서는 다음을 참고. Bercuson and Herwig, *Destruction of the Bismarck*, 147-149와 Burkard Müllenheim-Rechberg, *Battleship Bismarck: A Survivor's Story* (Annapolis: USNI, 1980), 105-7. Russell Grenfell은 자신의 책 *The Bismarck Episode*, 62에서 홀랜드 제독의 행동을 비난하는 데 동조하지 않았으며, "영국군의 전술은 상상력과 지도력이 부족한 것 같았다"라고 결론 내렸다. **18** Müllenheim-Rechberg, *Battleship Bismarck*, 104-6, 109-10. **19** Bercuson and Herwig, *Destruction of the Bismarck*, 162-64; Müllenheim-Rechberg, *Battleship Bismarck*, 113; Grenfell, *The Bismarck Episode*, 32-34, 66; Stephen Roskill, *The War at Sea* (London: HMSO, 1954), 1:401-6. **20** Müllenheim-Rechberg, *Battleship Bismarck*, 114-15. 전후에 수집된 일부 자료는 뤼첸스 제독과 린데만 대령 사이의 열띤 토론에서 린데만 대령이 항구 복귀에 대한 열망을 제시했다고 주장한다. 그러나 Müllenheim-Rechberg의 사료를 포함해 여기에서 인용한 대부분의 증거를 통해 린데만 대령이 전투를 계속하려는 열망을 보였음을 알 수 있다. **21** Winston Churchill, *The Grand Alliance*, vol. 3 of *The Second World War* (Boston: Houghton Mifflin, 1950), 307. 20여 년 후, 토비 제독은 파운드 제독이 리치 대령과 웨이크워커 소장을 군법 회의에 회부하겠다고 위협했는데, 만약 그렇게 하면 자신이 사임하겠다고 대응하자 비로소 파운드 제독이 고집을 굽혔다고 주장했다. Tovey to Roskill, Dec. 14, 1961, in Roskill Papers. Barne, *Engage the Enemy More Closely*, 299에서 인용. 처칠은 전쟁이 끝난 후 "웨이크워커 소장은 자신의 행동을 바꾸지 않기로 결정했다. … 이 점에서 그는 분명히 옳았다"라고 썼다. Churchill, *The Grand Alliance*, 310. **22** Bercuson and Herwig, *Destruction of the Bismarck*, 147-49, 163, 168; Raeder, *My Life*, 358. **23** Barne, *Engage the Enemy More Closely*, 247-48. **24** Grenfell, *The Bismarck Episode*, 87-95; Bercuson and Herwig, *Destruction of the Bismarck*, 186-93; Müllenheim-Rechberg, *Battleship Bismarck*, 133; Anthony Martienssen, *Hitler and His Admirals* (New York: E. P. Dutton, 1949), 111. **25** Müllenheim-Rechberg, *Battleship Bismarck*, 134-35, 138. **26** Bercuson and Herwig, *Destruction of the Bismarck*, 225-26, 230-31; Grenfell, *The Bismarck Episode*, 97-98. **27** Müllenheim-Rechberg, *Battleship Bismarck*, 147. **28** Grenfell, *The Bismarck Episode*, 101-4; Barne, *Engage the Enemy More Closely*, 303-5. **29** Bercuson and Herwig, *Destruction of the Bismarck*, 237-39. **30** Ibid., 231, 236-41; Grenfell, *The Bismarck Episode*, 118-20, 132-33. **31** Bercuson and Herwig, *Destruction of the Bismarck*, 251-52, 256;

Grenfell, *The Bismarck Episode*, 133-34. **32** Bercuson and Herwig, *Destruction of the Bismarck*, 257-59; Grenfell, *The Bismarck Episode*, 138-47. **33** Grenfell, *The Bismarck Episode*, 154. **34** Müllenheim-Rechberg, *Battleship Bismarck*, 168-69; Bercuson and Herwig, *Destruction of the Bismarck*, 259-66. Radio reports made by or to *the Bismarck are in Fuehrer Conferences on Naval Affairs, 1939-1945* (Annapolis: USNI, 1990), 209-13. **35** Grenfell, *The Bismarck Episode*, 160-61, 164-69. **36** Ibid., 177-79; Müllenheim-Rechberg, *Battleship Bismarck*, 204-5. **37** Grenfell, *The Bismarck Episode*, 184-87. **38** Müllenheim-Rechberg, *Battleship Bismarck*, 211-14. **39** Bercuson and Herwig, *Destruction of the Bismarck*, 297; Churchill, *The Grand Alliance*, 319. **40** Friedrich Ruge, *Der Seekrieg: The German Navy's Story* (Annapolis: USNI, 1957), 172; Raeder, *My Life*, 358. **41** Andrew Roberts, *The Storm of War: A New History of the Second World War* (New York: Harper, 2011), 160.

8장 떠오르는 태양

1 Sadao Asada, *From Mahan to Pearl Harbor: The Imperial Japanese Navy and the United States* (Annapolis: USNI, 2006), 153-56, 164-66. **2** Stephen E. Pelz, *Race to Pearl Harbor: The Failure of the Second London Naval Conference and the Onset of World War II* (Cambridge, MA: Harvard University Press, 1974), 27-29; Sadao Asada, "The Japanese Navy and the United States," in *Pearl Harbor as History*, ed. Dorothy Borg and Shumpei Okamoto (New York: Columbia University Press, 1973), 229-31. 69.75퍼센트라는 수치의 출처는 Asada, *From Mahan to Pearl Harbor*, 298의 표 2. **3** Stephen Howarth, *The Fighting Ships of the Rising Sun* (New York: Atheneum, 1983), 170-72. **4** Craig Symonds, *The Battle of Midway* (New York: Oxford University Press, 2011), 27-29. 일본 해상 자위대의 Yoji Koda 제독이 전쟁 전 일본 제국 해군의 복잡한 정치에 대해 제시한 깊은 통찰과 설명에 감사한다. **5** Howarth, *Fighting Ships of the Rising Sun*, 176-77; Asada, *From Mahan to Pearl Harbor*, 170-71. **6** Tsuneo Watanabe, ed., *Who Was Responsible? From Marco Polo Bridge to Pearl Harbor* (Tokyo: Yomiuri Shimbun, 2006), 21-22, 49; Howarth, *Fighting Ships of the Rising Sun*, 191. **7** Richard J. Smethurst, *A Social Basis for Prewar Japanese Militarism* (Berkeley: University of California Press, 1974), xvii; Howarth, *Fighting Ships of the Rising Sun*, 177. **8** Pelz, *Race to Pearl Harbor*, 15-17; Howarth, *Fighting Ships of the Rising Sun*, 190-91. **9** Hiroyuki Agawa, *The Reluctant Admiral: Yamamoto and the Imperial Navy* (Tokyo: Kodansha International, 1979), 70-76; Symonds, *Midway*, 23-27; Katō는 Sadao Asada in "The Japanese Navy and the United States," 240에서 인용. **10** Alfred Thayer Mahan, *The Influence of Sea Power upon History, 1660-1783* (Boston: Little, Brown, 1890). 이 책의 1장에 매헌의 전함 중심 철학이 요약되어 있다. Sadao Asada는 다음에 제시한 그의 저서 2장에서 일본의 전략적 사고에 매헌이 미친 영향을 서술했다. Asada, *From Mahan to Pearl Harbor*, 26-46. **11** Mark R. Peattie, *Sunburst: The Rise of Japanese Naval Air Power, 1909-1941* (Annapolis: USNI, 2001), 83; Agawa, *Reluctant Admiral*, 93; Symonds, *Midway*, 30. **12** Agawa, *Reluctant Admiral*, 13. **13** Peattie, *Sunburst*, 80-81, 86-89; Asada, *From Mahan to Pearl Harbor*, 185; Symonds,

Midway, 32-33. **14** Thomas Wildenberg, *All the Factors of Victory: Admiral Joseph Mason Reeves and the Origin of Carrier Airpower* (Washington, DC: Brassey's, 2003), 1-10; Craig C. Felker, *Testing American Sea Power: U.S. Navy Strategic Exercises, 1923-1940* (College Station: Texas A&M University Press, 2007), 121. **15** David C. Evans and Mark R. Peattie, *Kaigun: Strategy, Tactics, and Technology in the Imperial Japanese Navy, 1887-1941* (Annapolis: USNI, 1997), 250-63; Pelz, *Race to Pearl Harbor*, 30-32; Asada, "The Japanese Navy," 239. **16** Evans and Peattie, *Kaigun*, 238-39; Mark R. Peattie, "Japanese Naval Construction, 1919-41," in Phillips P. O'Brien, ed., *Technology and Naval Combat in the Twentieth Century and Beyond* (London: Frank Cass, 2001), 97. **17** Ibid., 266-70. **18** Asada, "The Japanese Navy," 239. **19** Howarth, *Fighting Ships of the Rising Sun*, 192-93, 198-203. **20** Agawa, *Reluctant Admiral*, 95-96; W. D. Puleston, *The Armed Forces of the Pacific* (New Haven: Yale University Press, 1941), 45. **21** Watanabe, *Who Was Responsible?*, 71. Howarth, *Fighting Ships of the Rising Sun*, 178과 Asada, *From Mahan to Pearl Harbor*, 170-72, 그리고 Smethurst, *A Social Basis of Prewar Japanese Militarism*, xiii-xiv도 참고. **22** Frank Dorn, *The Sino-Japanese War, 1937-41* (New York: Macmillan, 1974), 33-37. **23** Peattie, *Sunburst*, 91-92; Jon Parshall and Anthony Tully, *Shattered Sword: The Untold Story of the Battle of Midway* (Washington, DC: Potomac Books, 2005), 78. **24** Asada, *From Mahan to Pearl Harbor*, 238. 〈국가 정책 기본 원칙〉의 출처는 David J. Lu, *Japan: A Documentary History* (New York: M. E. Sharpe, 1997), 418-20. **25** Kitaro Matsumoto, *Design and Construction of the* Yamato *and* Musashi (Tokyo: Haga, 1961), 337-54. Akira Yoshimura, *Build the Musashi! The Birth and Death of the World's Greatest Battleship* (Tokyo: Kodansha International, 1991), 37. **26** Janusz Skulski, *The Battleship* Yamato: *Anatomy of a Ship* (Annapolis: USNI, 1988; Matsumoto, *Design and Construction of the* Yamato *and* Musashi; Yoshimura, *Build the Musashi!*, 46-47. **27** Agawa, *Reluctant Admiral*, 91. **28** 난징 대학살에서 발생한 중국인 사망자 수 20만 명의 출처는 Dorn, *The Sino-Japanese War*, 92-95이다. 이 책의 저자는 이 작전 기간에 일본 육군과 동행했다. 다른 자료들은 사망자 수를 9만 명에서 30만 명 정도로 제시한다. Iris Chang은 저서 *The Rape of Nanking: The Forgotten Holocaust of World War II* (New York: Penguin, 1997)에서 사망자가 더 많았다고 주장했는데, 이 주장에 일본 우익 세력은 반발했다. 일본 우익 중 일부는 이른바 난징 대학살이 아예 일어나지 않은 사건이라고 주장한다. 이 논쟁을 다룬 토론으로는 다음을 참고. Masahiro Yamamoto, *Nanking: Anatomy of an Atrocity* (Westport, CT: Praeger, 2000). 한편 이 논쟁에 대한 가장 최근의 연구는 다음과 같다. Peter Harmsen, *Nanjing, 1937: Battle for a Doomed City* (Havertown, PA: Casemate, 2015). 파나이함 격침에 Swanson과 루스벨트가 보인 반응에 대해서는 다음을 참고. Frank Freidel, *Franklin D. Roosevelt: A Rendezvous with Destiny* (Boston: Back Bay Books, 1990), 291. **29** 삼국 동맹 조약의 내용은 Lu, ed., *Japan: A Documentary History*, 424-25에서 인용. **30** Fujiwara Akira, "The Role of the Japanese Army," in *Pearl Harbor as History*, ed. Dorothy Borg and Shumpei Okamoto (New York: Columbia University Press, 1973), 190-91, 194. **31** Asada, *Mahan to Pearl Harbor*, 237. 당시 내부에서 돌던 메모에는 "미국과의 전쟁이 불가피하다는 가정하에 전쟁을 충분히 대비해야 한다"라고 쓰여 있었다. Watanabe, ed., *Who Was Responsible?*, 90 참고. **32** Ibid., 239. William L. Langer and S. Evere Gleason, *The Undeclared War, 1940-1941* (New York: Harper and Brothers, 1953), 7도

참고. **33** Agawa, *Reluctant Admiral*, 219-22, 225.

9장 양면 전쟁에 처한 미국 해군

1 Robert F. Cross, *Sailor in the White House: The Seafaring Life of FDR* (Annapolis: USNI, 2003); Joseph E. Persico, *Roosevelt's Secret War: FDR and World War II* (New York: Random House, 2001), 161. **2** Frank Freidel, *Franklin D. Roosevelt: A Rendezvous with Destiny* (Boston: Little, Brown, 1990), 92-98. **3** Stephen E. Pelz, *Race to Pearl Harbor: The Failure of the Second London Naval Conference and the Onset of World War II* (Cambridge, MA: Harvard University Press, 1974), 77-81. **4** 전쟁 계획, 그중에서도 '오렌지 플랜'을 다룬 최고의 연구는 다음을 참고. Edward Miller, *War Plan Orange: The U.S. Strategy to Defeat Japan, 1897-1945* (Annapolis: USNI, 1991). **5** 엘리스 소령이 1921년에 작성한 글은 www.biblio.org/hyperwar/USMC/ref/AdvBaseOps에서 확인할 수 있다. **6** Skipper Steeley, *Pearl Harbor Countdown: Admiral James O. Richardson* (Gretna, LA: Pelican, 2008), 84; Craig C. Felker, *Testing American Sea Power: U.S. Navy Strategic Exercises, 1923-1940* (College Station: Texas A&M University Press, 2007), 57-59. **7** Freidel, *Franklin D. Roosevelt*, 291; *Time* magazine, March 28, 1938; Patrick Abbazia, *Mr. Roosevelt's Navy: The Private War of the U.S. Atlantic Fleet, 1939-1942* (Annapolis: USNI, 1975), 3-4. **8** FDR to WSC, Feb. 1, 1940, and WSC to FDR, Dec. 7, 1940, 둘 다 *Roosevelt and Churchill: Their Secret Wartime Correspondence*, ed. Francis L. Loewenheim, Harold Langley, and Manfred Jones (New York: Saturday Review/E. P. Dutton, 1975), 93, 122. **9** Abbazia, *Mr. Roosevelt's Navy*, 62-68; Thomas A. Bailey and Paul B. Ryan, *Hitler vs. Roosevelt: The Undeclared Naval War* (New York: Free Press, 1979), 32-33, 41, 70. 휠러의 발언은 45에서 인용. **10** Abbazia, *Mr. Roosevelt's Navy*, 71-74. **11** Ibid., 80. 이러한 결정은 루스벨트에게 부여된 권한에 바탕을 둔 것이다. 그는 1940년 5월 21일에 비상 관리국을 발족했는데, 이 조직을 통해 각 군의 여러 부서를 관리하고 통제할 수 있었다. Freidel, *Franklin D. Roosevelt*, 341-42. **12** Pelz, *Race to Pearl Harbor*, 317-18; Mark R. Peattie, "Japanese Naval Construction, 1919-41," in *Technology and Naval Combat in the Twentieth Century and Beyond*, ed. Phillips P. O'Brien (London: Frank Cass, 2001), 101. **13** James R. Leutze, *Bargaining for Supremacy: Anglo-American Naval Collaboration, 1937-1941* (Chapel Hill: University of North Carolina Press, 1977), 117. **14** Stark to Knox, Nov. 12, 1940. 이는 Craig L. Symonds, *Neptune: The Allied Invasion of Europe and the D-Day Landings* (New York: Oxford University Press, 2014), 11에서 인용. **15** Symonds, *Neptune*, 12-13. **16** United States-British Staff Conversations Report, March 27, 1941, printed as exhibit #49 (copy no. 98 of 125), U.S. Congress, *Pearl Harbor Attack Hearings* (Washington, DC: Government Printing Office, 1946), 15:1487-96. Symonds, *Neptune*, 13-17도 참고. **17** Robert W. Love Jr., "Ernest Joseph King," in *The Chiefs of Naval Operations*, ed. Robert W. Love Jr. (Annapolis: USNI, 1980), 139; Abbazia, *Mr. Roosevelt's Navy*, 136. **18** Abbazia, *Mr. Roosevelt's Navy*, 136; Ernest J. King and Walter Muir Whitehill, *Fleet Admiral King, a Naval Record* (New York: W. W. Norton, 1952), 313, 319. **19** Gordon Prange, with Donald M.

Goldstein and Katherine V. Dillon, *At Dawn We Slept: The Untold Story of Pearl Harbor* (New York: McGraw-Hill, 1981), 39-40, 47; Steeley, *Pearl Harbor Countdown*, 165-82. **20** *Complete Presidential Press Conferences of Franklin D. Roosevelt* (New York: Da Capo Press, 1972), 17:285-86. H. W. Brands, *Traitor to His Class: The Privileged Life and Radical Presidency of Franklin D. Roosevelt* (New York: Anchor Books, 2009), 590도 참고. **21** 키멜 제독은 자신이 지휘하는 태평양 함대 사령부에서 함정을 그렇게 많이 축소한 것에 항의했다. 스타크 장관은 키멜 제독에게 "이번 해군 자산의 이전이 향후 일본을 상대할 때 영향을 미칠 수 있겠지만, 대서양에서 필요한 임무를 수행하기 위해 반드시 진행해야 한다"라고 말했다. U.S. Congress, *Pearl Harbor Attack Hearings*, 15:2163. 다음도 참고. Harold Ickes, *The Secret Diary of Harold Ickes* (New York: Simon and Schuster, 1954), 3:523 (entry of May 25, 1941); Prange, *At Dawn We Slept*, 130-33. **22** Abbazia, *Mr. Roosevelt's Navy*, 159-65, 176. **23** Bailey and Ryan, *Hitler and Roosevelt*, 138-40. **24** FDR to Ickes, July 1, 1941, in Ickes, *Secret Diary*, 3:567. **25** Robert E. Sherwood, *Roosevelt and Hopkins: An Intimate History* (New York: Harper Collins, 1948), 242-44. **26** T. R. Fehrenbach, *F.D.R.'s Undeclared Naval War* (New York: David McKay, 1967), 254-55; Abbazia, *Mr. Roosevelt's Navy*, 223-24. **27** Abbazia, *Mr. Roosevelt's Navy*, 223-31. **28** *FDR's Fireside Chats* (Norman: University of Oklahoma Press, 1992), 189, 196; Abbazia, *Mr. Roosevelt's Navy*, 229. **29** *Fuehrer Conferences on Naval Affairs, 1939-1945* (Annapolis: USNI, 1990), 231-35. **30** Jon Meacham, *Franklin and Winston: An Intimate Portrait of an Epic Friendship* (New York: Random House, 2004), 105-6; Sherwood, *Roosevelt and Hopkins*, 276-78. **31** Abbazia, *Mr. Roosevelt's Navy*, 255-61. **32** Action Report, USS *Kearny*, October 20, 1941, USNA. www.destroyers.org/bensonlivermore/USS%Kearny/Kearnyreport.html에서 확인 가능. **33** Abbazia, *Mr. Roosevelt's Navy*, 270-72. **34** Ibid., 276-79. **35** "Report by the C-in-C, Navy," Sept. 17 and Nov. 13, 1941, 둘 다 *Fuehrer Conferences on Naval Affairs*, 231-35, 235-39. **36** Abbazia, *Mr. Roosevelt's Navy*, 298-300. **37** Ickes, *Secret Diary*, 3:650 (entry of Nov. 23, 1941). **38** Memorandum of Conversation, July 24, 1941, *Documentary History of the Franklin D. Roosevelt Presidency* (Dayton, OH: University Publications of America/LexisNexis, 2001), 9:265-73. **39** James C. Thomson Jr., "The Role of the Department of State," in *Pearl Harbor as History: Japanese American Relations, 1931-1941*, ed. Dorothy Borg and Shumpei Okamoto (New York: Columbia University Press, 1973), 101. 애치슨 차관보가 루스벨트의 석유 정책을 어떤 식으로 방해했는지에 대한 분석은 다음을 참고. Jonathan Utley, *Going to War with Japan* (Knoxville: University of Tennessee Press, 1985), 95-101, 126-33, 151-56. 인용문 출처는 154. 다음도 참고. Jonathan W. Jordan, *American Warlords: How Roosevelt's High Command Led America to Victory in World War II* (New York: Random House, 2015), 97. **40** Prange, *At Dawn We Slept*, 3-8; Sadao Asada, *From Mahan to Pearl Harbor: The Imperial Japanese Navy and the United States* (Annapolis: USNI, 2006), 272-76. **41** Prange, *At Dawn We Slept*, 205; U.S. Congress, *Report on the Joint Committee on the Investigation of the Pearl Harbor Attack* (New York: Da Capo Press, 1972), 32-35. 스팀슨 전쟁부 장관은 일기에서 헐 국무 장관이 자신에게 이렇게 말했다고 썼다. "나는 이제 손을 떼겠습니다. 이 일은 이제 당신과 녹스 해군 장관, 그러니까 육군과 해군의 손에 달려 달렸습니다." 훗날 헐 장관은 자신은 그런 말을 한 적이 없다고 부인했는데, 여기에서 그의 태도를 짐작할 수

있다. 다음을 참고. Barbara Wohlstetter, *Pearl Harbor: Warning and Decision* (Stanford: Stanford University Press, 1962), 234, 258. **42** Prange, *At Dawn We Slept*, 406; Wohlstetter, *Pearl Harbor*, 228–46, 259.

10장 진주만 공격

1 Jisaburō Ozawa, "Outline Development of Tactics and Organization of the Japanese Carrier Air Force," in *Pacific War Papers: Japanese Documents of World War II*, ed. Donald M. Goldstein and Katherine V. Dillon (Washington, DC: Potomac Books, 2004), 78–79; Mark R. Peattie, *Sunburst: The Rise of Japanese Naval Air Power, 1909–1941* (Annapolis: USNI, 2001), 149, 151. **2** Hiroyuki Agawa, *The Reluctant Admiral: Yamamoto and the Imperial Navy*, trans. John Bester (Tokyo: Kodansha International, 1979), 264; Gordon Prange interview of Genda (Sept. 5, 1966), Prange Papers, box 17, Hornbake Library, University of Maryland, College Park; Matome Ugaki, *Fading Victory: The Diary of Admiral Matome Ugaki, 1941–1945* (Annapolis: USNI, 1991), 13 (diary entry of Oct. 22, 1941). **3** Atsushi Oi, "The Japanese Navy in 1941," in *Pacific War Papers*, 16; Peattie, *Sunburst*, 76. **4** John Campbell, *Naval Weapons of World War II* (London: Conway Maritime, 1985); Craig L. Symonds, *The Battle of Midway* (New York: Oxford University Press, 2011), 38–39. **5** Gordon Prange, with Donald M. Goldstein and Katherine V. Dillon, *At Dawn We Slept: The Untold Story of Pearl Harbor* (New York: McGraw–Hill, 1981), 382. **6** Jonathan Parshall and Anthony Tully, *Shattered Sword: The Untold Story of the Battle of Midway* (Washington, DC: Potomac Books, 2005), 130; John Campbell, *Naval Weapons of World War II*; Peattie, *Sunburst*, 95. **7** Prange, *At Dawn We Slept*, 390; Walter Lord, *Day of Infamy* (New York: Holt, Rinehart, and Winston, 1957), 19. **8** Prange, *At Dawn We Slept*, 393–94. **9** Ibid., 22; Lord, *Day of Infamy*, 17–19, 26. **10** Husband E. Kimmel, *Admiral Kimmel's Story* (Chicago: Henry Regnery, 1955), 25; Prange, *At Dawn We Slept*, 409. **11** Prange, *At Dawn We Slept*, 440. **12** Robert E. Sherwood, *Roosevelt and Hopkins: An Intimate History* (New York: Enigma Books, 2008, orig. 1948), 334. **13** Prange, *At Dawn We Slept*, 490–92. **14** Lord, *Day of Infamy*, 27–28, 38, 43. **15** Prange, *At Dawn We Slept*, 501. **16** Ibid., 397, 504. **17** Paul H. Backus, "Why Them and Not Me?" in Paul Stilwell, *Air Raid: Pearl Harbor!* (Annapolis: USNI, 1981), 163. **18** Prange, *At Dawn We Slept*, 268–70. **19** Ibid., 515. **20** Lord, *Day of Infamy*, 219–20; Prange, *At Dawn We Slept*, 515; Andrieu D'Albas, *Death of a Navy: Japanese Naval Action in World War II* (New York: Devin–Adair, 1957), 35–37. **21** Sherwood, *Roosevelt and Hopkins*, 347; Winston S. Churchill, *The Grand Alliance* (Boston: Houghton Mifflin, 1950), 603–4; Lynne Olson, *Citizens of London* (New York: Random House, 2010), 143–44. **22** Frank Freidel, *Franklin D. Roosevelt: Rendezvous with Destiny* (Boston: Little, Brown, 1990), 406. **23** Brian P. Farrell, *The Defense and Fall of Singapore, 1940–1942* (Stroud, Gloucestershire: Tempus, 2005), 139–42; D'Albas, *Death of a Navy*, 38–43. **24** Farrell, *The Defense and Fall of Singapore*, 141; Geoffrey Benne, *The Loss of the Prince of Wales and Repulse* (Annapolis: USNI, 1973), 131. **25** Farrell, *The Defense and Fall of*

Singapore, 142-43. **26** Russell Grenfell, *Main Fleet to Singapore* (New York: Macmillan, 1952), 92-93; Arthur Nicholson, *Hostage to Fortune: Winston Churchill and the Loss of the Prince of Wales and Repulse* (Stroud, Gloucestershire: Sutton, 2005), 33-48. **27** Christopher M. Bell, *Churchill and Sea Power* (New York: Oxford University Press, 2013), 239-47. **28** Benne, *The Loss of the Prince of Wales and Repulse*, 31-34. **29** Ibid., 43; David Thomas, *The Battle of the Java Sea* (New York: Stein and Day, 1968), 67-71. **30** Bernard Ash, *Someone Had Blundered: The Story of the "Repulse" and the "Prince of Wales"* (Garden City, NY: Doubleday, 1962), 210, 217. **31** Thomas, *The Battle of the Java Sea*, 88. **32** Farrell, *The Defense and Fall of Singapore*, 143. **33** Grenfell, *Main Fleet to Singapore*, 118. **34** Thomas Wildenberg, *Billy Mitchell's War with the Navy: The Interwar Rivalry over Air Power* (Annapolis: USNI, 2014), 70-94. **35** Thomas, *The Battle of the Java Sea*, 92-95. 이 장교는 Geoffrey Brooke 중위인데, 그의 발언은 Richard R. Lawrence, *The Mammoth Book of Eyewitness Naval Battles* (New York: Carroll and Graf, 2003), 462에서 인용. **36** Ash, *Someone Had Blundered*, 246; Benne, *The Loss of the Prince of Wales and Repulse*, 52. **37** Churchill, *The Grand Alliance*, 620.

11장 폭주하는 일본군

1 이렇게 평가한 영국 역사학자는 David A. Tomas다. David A. Thomas, *The Battle of the Java Sea* (New York: Stein and Day, 1968), 147. 다음도 참고. Ian W. Toll, *Pacific Crucible: War at Sea in the Pacific, 1941-1942* (New York: W. W. Norton, 2012), 237-40. **2** Stark to Kimmel, Dec. 15, 1941, and Stark to Pye, Dec. 22, 1941, 둘 다 Nimitz Papers, box 1:49-50, 72, NHHC; John B. Lundstrom, *Black Shoe Carrier Admiral: Frank Jack Fletcher at Coral Sea, Midway, and Guadalcanal* (Annapolis: USNI, 2006), 23, 31. **3** Thomas, *Battle of the Java Sea*, 117-19; Lodwick H. Alford, *Playing for Time: War on an Asiatic Fleet Destroyer* (Bennington, VT: Merriam Press, 2006), 95; Jeffrey R. Cox, *Rising Sun, Falling Skies: The Disastrous Java Sea Campaign of World War II* (Oxford: Osprey, 2014), 155-61. **4** Craig L. Symonds, *The Battle of Midway* (New York: Oxford University Press, 2011), 65-75; Toll, *Pacific Crucible*, 203-27. **5** Thomas, *Battle of the Java Sea*, 120; Toll, *Pacific Crucible*, 233-34. **6** Cox, *Rising Sun, Falling Skies*, 129, 137. **7** 태평양 지역에서 미국과 영국의 단일 지휘권이 어떻게 조직되었는지 서술한 부분은 다음을 참고. Craig L. Symonds, *Neptune: The Allied Invasion of Europe and the D-Day Landings* (New York: Oxford University Press, 2014), 38-41. 다음도 참고. Stephen W. Roskill, *The War at Sea, 1939-1945* (London: HMSO, 1956), 2:6. **8** Alford, *Playing for Time*, 116, 118; Cox, *Rising Sun, Falling Skies*, 178; G. Herman Gill, *Royal Australian Navy, 1939-1942* (Canberra: Australia War Memorial, 1957), 515, 553. **9** Toll, *Pacific Crucible*, 252-54; Thomas, *Battle of the Java Sea*, 105-7; James D. Hornfischer, *Ship of Ghosts* (New York: Bantam Books, 2006), 7-13. **10** Hubert V. Quispel, *The Job and the Tools* (Rotterdam: WYT & Sons, 1960), 37-38; Thomas, *Battle of the Java Sea*, 157; Cox, *Rising Sun, Falling Skies*, 257; Gill, *Royal Australian Navy*, 556-57. **11** 처칠의 발언은 Andrew Roberts, *The Storm of War: A New History of the Second World War* (New York: Harper,

2011), 205에서 인용. **12** Andrieu D'Albas, *Death of a Navy: Japanese Naval Action in World War II* (New York: Devin-Adair, 1957), 65-66; Paul S. Dull, *A Battle History of the Imperial Japanese Navy, 1941-1945* (Annapolis: USNI, 1978), 54; Alford, *Playing for Time*, 69-79; Cox, *Rising Sun, Falling Skies*, 216-22. **13** Roskill, *The War at Sea*, 2:9. **14** Thomas, *Battle of the Java Sea*, 128-30; Cox, *Rising Sun, Falling Skies*, 209-11. **15** F. C. van Oosten, *The Battle of the Java Sea* (Annapolis: USNI, 1976), 27. **16** Thomas, *Battle of the Java Sea*, 140-47; Dull, *Battle History of the Imperial Japanese Navy*, 55-60; Cox, *Rising Sun, Falling Skies*, 232-40. **17** Dwight R. Messimer, *Pawns of War: The Loss of the USS Langley and the USS Pecos* (Annapolis: USNI, 1983), 51-79; Cox, *Rising Sun, Falling Skies*, 265-79. **18** Ibid., 281-82; Hara, Tameichi, with Fred Saito and Roger Pineau, *Japanese Destroyer Captain: Pearl Harbor, Guadalcanal, Midway — the Great Naval Battles as Seen THrough Japanese Eyes* (Annapolis: USNI, 1967), 64-65. **19** Roskill, *The War at Sea*, 2:13-14; Thomas, *Battle of the Java Sea*, 159; Cox, *Rising Sun, Falling Skies*, 253. **20** Thomas, *Battle of the Java Sea*, 160. **21** Ibid., 153, 170; Cox, *Rising Sun, Falling Skies*, 263-64. **22** Cox, *Rising Sun, Falling Skies*, 283-85. **23** Ibid., 259-60. **24** Hara, *Japanese Destroyer Captain*, 72; Thomas, *Batle of the Java Sea*, 178-80. **25** Thomas, *Battle of the Java Sea*, 187-89; Cox, *Rising Sun, Falling Skies*, 296. **26** Thomas, *Battle of the Java Sea*, 191, 196, 198-99, 201-2; Cox, *Rising Sun, Falling Skies*, 297-300; P. C. Boer, *The Loss of Java* (Singapore: NUS Press, 2011), 194-95, 197. **27** Gill, *Royal Australian Navy*, 614-15. **28** Hara, *Japanese Destroyer Captain*, 74-75; Thomas, *Battle of the Java Sea*, 209-13; Cox, *Rising Sun, Falling Skies*, 312-16; Hornffischer, *Ship of Ghosts*, 92. **29** Hornffischer, *Ship of Ghosts*, 47-48; Gill, *Royal Australian Navy*, 615-16. **30** Hornffischer, *Ship of Ghosts*, 100-102. **31** Roskill, *The War at Sea*, 2:16; Hornffischer, *Ship of Ghosts*, 108. **32** Hornffischer, *Ship of Ghosts*, 116에서 인용. **33** Hornffischer, *Ship of Ghosts*, 122-25; Gill, *Royal Australian Navy*, 621 **34** Hornffischer, *Ship of Ghosts*, 128; W. G. Winslow, *The Fleet the Gods Forgot: The U.S. Asiatic Fleet in World War II* (Annapolis: USNI, 1982), 195. 마타판곶 전투(5장 참고)에서도 중요한 역할을 했던 윌러 대령은 전쟁에서 '용기와 결단'으로 영예를 안았다. 1999년에 취역한 오스트레일리아 잠수함 윌러함은 그의 이름을 따서 명명되었다. **35** Roskill, *The War at Sea*, 2:18; Toll, *Pacific Crucible*, 260; Thomas, *Battle of the Java Sea*, 148-49. **36** Gordon Prange interview of Watanabe Yasuji (Sept. 25, 1964), Prange Papers, box 17, UMD; H. P. Willmo, *The Barrier and the Javelin: Japanese and Allied Pacific Strategies, February to June 1942* (Annapolis: USNI, 1983), 43-44; Matome Ugaki, *Fading Victory: The Diary of Admiral Matome Ugaki* (entry of Jan. 5, 1942), trans. Masataka Chiyada, ed. Donald M. Goldstein and Katherine V. Dillon (Annapolis: USNI, 1991), 68. **37** Willmott, *The Barrier and the Javelin*, 79; Prange interview of Watanabe (Feb. 3-4, 1966), Prange Papers, box 17, UMD에서 인용. **38** Donald MacIntyre, *Fighting Admiral: The Life of Admiral of the Fleet Sir James Somerville* (London: Evans Brothers, 1961), 186-88. **39** Dull, *A Battle History of the Imperial Japanese Navy*, 108-9; Roskill, *The War at Sea*, 2:26-27. **40** Mark R. Peattie, *Sunburst: The Rise of Japanese Naval Air Power, 1909-1941* (Annapolis: USNI, 2001), 67-70; Dull, *A Battle History of the Imperial Japanese Navy*, 109-10. **41** Symonds, *The Battle of Midway*, 95-6. **42** 서머빌 제독 발언은 MacIntyre, *Fighting Admiral*, 179에서 인용. 이 전역에서 영국군 해군 전략에 대한 자세한 분

석은 다음을 참고. Angus Britts, *Neglected Skies: The Demise of British Naval Power in the Far East, 1922-42* (Annapolis: USNI, 2017).

12장 무역 전쟁 2

1 Stephen W. Roskill, *The War at Sea, 1939-1945* (London: HMSO, 1956), 2:28. **2** Ed Offley, *The Burning Shore: How Hitler's U-Boats Brought World War II to America* (New York: Basic Books, 2014), 57-58; Michael Gannon, *Operation Drumbeat* (New York: Harper and Row, 1990), 97-99. **3** Clay Blair, *Silent Victory* (Philadelphia: J. B. Lippinco, 1975), 106-7. Joel Holwitt, *"Execute Against Japan": The U.S. Decision to Conduct Unrestricted Submarine Warfare* (College Station: Texas A&M University Press, 2013), 특히 141-49도 참고. **4** Karl Doenitz, *Memoirs: Ten Years and Twenty Days* (Annapolis: USNI, 1959), 154, 161; Robert S. Ehlers Jr., *The Mediterranean Air War: Airpower and Allied Victory in World War II* (Lawrence: University of Kansas Press, 2015), 97-98. **5** J. Valerio Borghese, *Sea Devils: Italian Navy Commandos in WWII* (Annapolis: USNI, 1995), 131-60. **6** Vian's report, dated Mar. 31, 1942, is printed in John Grehan and Martin Mace, eds., *The War at Sea in the Mediterranean, 1940-1944* (Barnsley, South Yorkshire: Pen and Sword, 2014), 180-94. 비안 소장은 자서전에서 이 전투를 언급했는데, 이에 대해서는 *Action is Day* (London: Frederick Muller, 1960), 89-91 참고. 다음도 참고. S. W. C. Pack, *The Battle of Sirte* (Annapolis: USNI, 1975), 54-82. 소설가 C. S. Forester의 팬들은 그의 소설 *The Ship*이 비안 소장의 호송대 MW-10 방어를 바탕으로 삼았다는 사실을 알아보았을 것이다. **7** Winston S. Churchill, *The Hinge of Fate*, vol. 4 of *The Second World War* (Boston: Houghton Mifflin, 1950), 273. **8** Corelli Barrett, *Engage the Enemy More Closely* (New York: W. W. Norton, 1991), 272-76; Doenitz, *Memoirs*, 152-54, 161. **9** "Report of Admiral Commanding Submarines," May 14, 1942, and Apr. 21, 1943, in *Fuehrer Conferences on Naval Affairs, 1939-1945* (Annapolis: USNI, 1990), 280-83, 316. 미국 해군 훈련 교범은 Samuel Eliot Morison in *The Battle of the Atlantic, September 1939-May 1943*, vol. 1 of *History of United States Naval Operations in World War II* (Boston: Little, Brown, 1947), 127-28에서 인용. **10** 다음을 참고. Roskill, *The War at Sea*, 부록 R, 1:615-18; Doenitz, *Memoirs*, 178, 197. **11** W. J. R. Gardner, *Decoding History: The Battle of the Atlantic and Ultra* (Annapolis: USNI, 1999), 130-33. **12** Jak P. Mallmann Showell, *German Naval Codebreakers* (Annapolis: USNI, 2003), 39, 88-93; Offley, *The Burning Shore*, 83; David Kahn, *The Codebreakers: The Story of Secret Writing* (New York: Macmillan, 1967), 465-66. **13** David Kahn, *Seizing the Enigma: The Race to Break the German U-Boat Codes, 1939-1943* (Boston: Houghton Mifflin, 1991), 195-96. **14** Ibid., 53, 62-66, 68-71. **15** John Winton, *Ultra at Sea* (New York: William Morrow, 1988), 22-24; Kahn, *Seizing the Enigma*, 1-14, 161-68; David Syrett, *The Defeat of the German U-Boats: The Battle of the Atlantic* (Columbia: University of South Carolina Press, 1994), 20; Terry Hughes and John Costello, *The Battle of the Atlantic* (New York: Dial, 1977), 153-54. **16** F. W. Winterbotham, *The Ultra Secret* (New York: Harper and Row, 1974), 24-26; Offley, *The Burning Shore*, 87-88; Kahn, *Seizing the*

Enigma, 184. **17** Syre, *The Defeat of the German U-Boats*, 19-20. **18** Gannon, *Operation Drumbeat*, 152; Gardner, *Decoding History*, 165; Hughes and Costello, *Battle of the Atlantic*, 165-66. **19** Jürgen Rohwer, "The Operational Uses of 'Ultra' in the Battle of the Atlantic," in *Intelligence and International Relations*, ed. Christopher Andrew and Jeremy Noakes (Exeter: University of Exeter, 1987), 283-84. David Syrett이 쓴 다음 책의 서문도 참고. *The Battle of the Atlantic and Signals Intelligence* (Aldershot: Navy Records Society, 1998), xvi. **20** Hughes and Costello, *Battle of the Atlantic*, 180-83. **21** Gardner, *Decoding History*, 137. 더 많은 수치는 Roskill, *The War at Sea*, 부록 O (2:485) 참고. **22** Peter Cremer, *U-Boat Commander: A Periscope View of the Battle of the Atlantic* (Annapolis: USNI, 1982), 53-61; Clay Blair, *Hitler's U-Boat War: The Hunters, 1939-1942* (New York: Random House, 1996), 453-54. **23** Gannon, *Operation Drumbeat*, 206-9. **24** Ernest J. King and Walter Muir Whitehall, *Fleet Admiral King: A Naval Record* (New York: W. W. Norton, 1952), 349-55; Walter R. Borneman, *The Admirals: Nimitz, Halsey, Leahy, and King* (New York: Li le, Brown, 2012), 212. **25** 역사학자들은 킹 제독이 해안 호송대 구성을 왜 꺼렸는지를 두고 의견이 분분하다. Michael Gannon은 *Operation Drumbeat*(1990)에서 킹 제독이 과도하게 태만했다고 서술했다. 하지만 Clay Blair는 *Hitler's U-Boat War: The Hunters*(1996)에서 킹 제독에게 가해진 대부분의 비판이 그가 태평양 전역에 너무 관심을 기울였다고 생각하는 영국 쪽에서 비롯되었다고 주장하며 킹 제독을 적극적으로 옹호했다. 미국 동부 해안에서 활동한 유보트에 대한 최신 분석은 다음을 참고. Ken Brown, *U-Boat Assault on America: The Eastern Seaboard Campaign, 1942* (Annapolis: USNI, 2017). **26** Blair, *Hitler's U-Boat War: The Hunters*, 439; Gannon, *Operation Drumbeat*, 466-67. 1월 18~19일에 하르데겐이 격침한 선박 4척은 브래저스함Brazos, 시티오브애틀랜타함City of Atlanta, 실트바이라함Ciltvaira, 말레이함 Malay이다. **27** Blair, *Hitler's U-Boat War: The Hunters*, 475; Doenitz, *Memoirs*, 203; Cremer, *U-Boat Commander*, 69; Michael L. Hadley, *U-Boats Against Canada: German Submarines in Canadian Waters* (Kingston, ON: McGill-Queen's University Press, 1985), 52-74. **28** Blair, *Hitler's U-Boat War: The Hunters*, 481. **29** Homer H. Hickam, *Torpedo Junction: U-Boat War off America's East Coast, 1942* (Annapolis: USNI, 1989), 114-29. **30** Blair, *Hitler's U-Boat War: The Hunters*, 695의 선박 손실 관련 표 참고. **31** Hickam, *Torpedo Junction*, 108-13. **32** Blair, *Hitler's U-Boat War: The Hunters*, 부록 4, 727-30; Cremer, *U-Boat Commander*, 78. 헤밍웨이는 '홀리건 해군'에서 자신이 경험한 일을 소설에서 다루었는데 이 책은 사후에 출간되었다. *Islands in the Stream* (New York: Charles Scribner's Sons, 1970). **33** Hickam, *Torpedo Junction*, 149-57, 179, 188-95. **34** Ibid., 165-67. **35** 이른바 '젖소'에 대해서는 Blair, *Hitler's U-Boat War: The Hunters*, 534n 참고(크레머의 업적을 자세히 알고 싶다면 545-46 참고). 유보트의 침몰에 대해 다룬 상세한 표 자료는 다음을 참고. Jürgen Rohwer, *Axis Submarine Successes, 1939-1945* (Annapolis: USNI, 1983). **36** Carl Boyd and Akihiko Yoshida, *The Japanese Submarine Force and World War II* (Annapolis: USNI, 1995), 65-67; *New York Times*, Jan. 21, Jan. 24, and Feb. 24, 1942, 모든 스토리는 1쪽에 실려 있다. **37** Hickam, *Torpedo Junction*, 230. **38** "Report by Chief of Sta," Jan. 22 and Jan. 29, 1942, in *Fuehrer Conferences on Naval Affairs*, 259-60; Cremer, *U-Boat Commander*, 53; Roskill, *The War at Sea*, 2:100-101, 116; Doenitz, *Memoirs*, 206. **39** Jan Drent, "The Trans-Pacific Lend-Lease Shuttle to the Russian Far East, 1941-46," *The Northern Mariner*, January

2017, 33-34, 45-46. 이 호송대에 속한 선박들은 대다수가 미국의 조선소에서 건조된 후 러시아 군에 양도된 리버티선이었다. **40** "Memorandum Concerning the Report of the C-in-C, Navy," Jan. 12, 1942, *Fuehrer Conferences on Naval Affairs*, 256-57. **41** Roskill, *The War at Sea*, 2:150; Erich Raeder, *My Life* (Annapolis: USNI, 1960), 360-61. **42** Roskill, *The War at Sea*, 2:156-57. **43** *London Times*, Feb. 14, 1942; Raeder, *My Life*, 361. **44** Richard M. Leighton and Robert W. Coakley, *Global Logistics and Strategy, 1940-1943* (Washington, DC: Office of the Chief of Military History, 1955), 555; Michael G. Walling, *Forgotten Sacrifice: The Arctic Convoys of World War II* (Oxford: Osprey, 2012), 9-36; Richard Woodman, *The Arctic Convoys, 1941-1945* (London: John Murray, 1994), 24-32; Walter Karig, "Murmansk Run," *Proceedings*, Jan. 1946, 27. **45** Roskill, *The War at Sea*, 118-20. **46** Richard M. Leighton and Robert W. Coakley, *Global Logistics and Strategy, 1940-1943* (Washington, DC: Office of the Chief of Military History, 1955), 557. **47** Winton, *Ultra at Sea*, 53-65; Roskill, *The War at Sea*, 2:120-23, 127; Max Hastings, *Winston's War: Churchill, 1940-1945* (New York: Knopf, 2010), 207. **48** 브룸 사령관 은 폴란드 구축함 1척과 자유 프랑스 구축함 1척으로 구성된 연합군 호송대를 지휘했다. Woodman, *The Arctic Convoys, 195-200, and Jack Broome, Convoy Is to Scatter* (London: William Kimber, 1972), 103 참고. **49** Walling, *Forgotten Sacrifice*, 153-54; Roskill, *The War at Sea*, 2:137; Winton, *Ultra at Sea*, 60-65. **50** Woodman, *The Arctic Convoys*, 213; Walling, *Forgotten Sacrifice*, 156-57; Broome, *Convoy Is to Scatter*, 160. 독일군은 러시아 유조선 아제르바이잔호Azerbaijan에 도 어뢰를 발사했으나, 이 유조선은 침몰은 면했다. **51** Woodman, *Arctic Convoys*, 211-12; Winton, *Ultra at Sea*, 63-65, 68; Broome, *Convoy Is to Scatter*, 178. **52** Broome, *Convoy Is to Scatter*, 182-83. **53** Winton, *Ultra at Sea*, 68-69; Broome, *Convoy Is to Scatter*, 182; Woodman, *The Arctic Convoys*, 255; Walling, *Forgotten Sacrifice*, 170, 173-79. 여기 인용문의 출처는 William Carter의 자서전이다. William A. Carter, *Why Me, Lord?* (Millsboro, DE: William A. Carter, 2007), 174. 연합국은 8월에 미국 순양함 터스칼루사함에 보급품을 보냈는데, 이 군함은 소규 모 화물만 실을 수 있었으므로 진정한 보급이라기보다 호의의 표시였다. **54** 판텔레리아 전투 에 대해서는 James J. Sadkovich, *The Italian Navy in World War II* (Westport, CT: Greenwood Press, 1994), 256-65 참고. 선박 손실의 정확한 수치는 여전히 파악하기 어렵지만, 가장 상세하 고 권위 있는 관련 자료는 Jürgen Rohwer's *Axis Submarine Successes, 1939-1945* (Annapolis: USNI, 1983). 이 책은 유보트가 전쟁 중에 침몰시킨 모든 선박을 시간순으로 나열해놓았다. 그렇지만 저자가 북해, 북대서양, 미국 동부 연안의 손실을 하나의 범주로 묶어서 제시해, 지 역별로는 별도로 계산해야 한다. Clay Blair가 파우켄슐라크 작전에서 발생한 선박 손실을 조사 한 내용은 다음을 참고. Clay Blair, *Hitler's U-Boat War: The Hunters* 부록 4 (727-32). 다른 연 구자들은 Morison, *The Battle of the Atlantic* (412)과 Roskill, *The War at Sea* (2:485)에 포함된 수 치를 인용하는데, 여기에는 최근 연구의 결과가 반영되지 않았다. Roskill은 유보트에 의해 발 생한 손실의 최대량을 제시한 반면, Morison은 그중 일부를 기뢰와 항공기에 의한 피해로 분 석한다.

1 Theodore Taylor, *The Magnificent Mitscher* (Annapolis: USNI, 1954), 112. **2** Duane Schultz, *The Doolittle Raid* (New York: St. Martin's Press, 1988), 5-10. **3** James A. Doolittle 구술사(Aug. 3, 1987)와 Henry Miller 구술사(May 23, 1973), 둘 다 USNI. **4** E. B. Potter, *Nimitz* (Annapolis: USNI, 1976), 16-30; William F. Halsey and J. Bryan III, *Admiral Halsey's Story* (New York: McGraw-Hill, 1947), 101. **5** Henry Miller 구술사(May 23, 1973), 1:37과 James Doolittle 구술사(Aug. 3, 1987), 27, 둘 다 USNI; Mitscher to Nimitz, April 28, 1942, Action Reports: Part I, CINCPAC, reel 2. **6** Lowell Thomas and Edward Jablonsky, *Doolittle: A Biography* (Garden City, NY: Doubleday, 1976), 178-79; James H. Doolittle and Carroll V. Glines, *I Could Never Be So Lucky Again: An Autobiography by General James H. "Jimmy" Doolittle* (New York: Bantam Books, 1991), 4; Halsey and Bryan, *Admiral Halsey's Story*, 101. **7** John B. Lundstrom, *The First Team: Pacific Naval Air Combat from Pearl Harbor to Midway* (Annapolis: USNI, 1984), 148; Thomas and Jablonsky, *Doolittle: A Biography*, 181; Doolittle 구술사(Aug. 3, 1987), USNI, 19. **8** Quentin Reynolds, *The Amazing Mr. Doolittle* (New York: Appleton-Century-Crofts, 1953), 209-12; Doolittle and Glines, *I Could Never Be So Lucky Again*, 10-11. **9** Carroll V. Glines, *Doolittle's Tokyo Raiders* (New York: D. Van Nostrand, 1964), 337; Gordon Prange interview of Watanabe (Sept. 25, 1964), Prange Papers, box 17, UMD. **10** Elliot Carlson, *Joe Rochefort's War* (Annapolis: USNI, 2011), 특히 172-84, 211; John Winton, *Ultra in the Pacific: How Breaking Japanese Codes and Ciphers Affected Naval Operations Against Japan* (London: Leo Cooper, 1993), 6; Rochefort 구술사(Aug. 14, 1969), USNI, 99, 104. **11** Craig L. Symonds, *The Battle of Midway* (New York: Oxford University Press, 2011), 145; Wilfrid Jasper Holmes, *Double-Edged Secrets: U.S. Naval Intelligence Operations in the Pacific During World War II* (Annapolis: USNI, 1979), 65; Carlson, *Joe Rochefort's War*, 268-70. **12** Frederick C. Sherman, *Combat Command: The American Aircraft Carriers in the Pacific War* (New York: E. P. Dutton, 1950), 92; Frederick D. Parker, *A Priceless Advantage: U.S. Navy Communications Intelligence and the Battle of Coral Sea, Midway, and the Aleutians* (Washington, DC: Center for Cryptologic History, National Security Agency, 1993), 25; "Running Summary, April 18, 1942," and "Estimate of the Situation, April 22, 1942," 둘 다 Nimitz Papers, box 1, 501-5, 516, NHHC; Edwin Layton, with Roger Pineau and John Costello, *"And I was There". . . Pearl Harbor and Midway — Breaking the Secrets* (New York: William Morrow, 1985), 367-68; John Prados, *Combined Fleet Decoded: The Secret History of American Intelligence and the Japanese Navy in World War II* (New York: Random House, 1995), 300; Rochefort 구술사(Sept. 21, 1969), USNI, 174-75. **13** John Lundstrom, *The First South Pacific Campaign: Pacific Fleet Strategy, December 1941-June 1942* (Annapolis: USNI, 1976), 98; H. P. Willmott, *The Barrier and the Javelin: Japanese and Allied Pacific Strategies, February to June 1942* (Annapolis: USNI, 1983), 171-200. **14** Nimitz to King, June 17, 1942, Action Reports: Part I, CINCPAC, reel 2, 3; Samuel Eliot Morison, *Coral Sea, Midway and Submarine Actions, May 1942-August 1942* (Boston: Little, Brown, 1975), 25-26; John Lundstrom, *Black Shoe Carrier Admiral: Frank Jack Fletcher at Coral Sea, Midway, and Guadalcanal* (Annapolis: USNI, 2006) 146, 149; Willmott,

The Barrier and the Javelin, 217-18. **15** Richard W. Bates, *The Battle of the Coral Sea, May 1 to May 11 Inclusive, 1942: Strategical and Tactical Analysis* (Washington, DC: Bureau of Naval Personnel, 1947), 7-12; Lundstrom, *First South Pacific Campaign*, 103-4, 또한 그의 논문 "A Failure of Radio Intelligence: An Episode in the Battle of the Coral Sea," *Cryptologia* 7, no. 2 (1983): 108-110, 115; and Willmott, *The Barrier and the Javelin*, 234-35. **16** Lundstrom, *The First Team*, 193; Lundstrom, *Black Shoe Carrier Admiral*, 165; Stuart D. Ludlum, *They Turned the War Around at Coral Sea and Midway* (Bennington, VT: Merriam, 2000), 77. **17** Ludlam, *They Turned the War Around*, 74-79; Lundstrom, *The First Team*, 199, 205. **18** Lundstrom, *The First Team*, 191; Paul S. Dull, *A Battle History of the Imperial Japanese Navy, 1941-1945* (Annapolis: USNI, 1978), 124. **19** Pederson to Buckmaster, May 16, 1942, Action Reports: Part I, CINCPAC, reel 2; Ludlum, *They Turned the War Around*, 86; Morison, *Coral Sea and Midway*, 49-51. 여기서 인용한 조종사는 Noel Gayler이며, 출처는 그의 구술사(2002. 2. 15), NHF, 6. **20** Buckmaster to Nimitz, May 25, 1942, Action Reports: Part I: CINCPAC, reel 2, 10; Sherman, Combat Command, 109-111, 114; Gustave Sembritzky 구술사(OH00601), NMPW. **21** 해군 참모 총장 킹 제독은 처음에는 렉싱턴함의 손실을 비밀에 부치고 언론에 이 항공모함이 '피해를 입었다'라고 발표했다. **22** Buckmaster to Nimitz, May 25, 1942, Action Reports: Part I: CINCPAC, reel 2, 7, 40. **23** Matome Ugaki, *The Diary of Admiral Matome Ugaki*, ed. Donald Goldstein and Katherine Dillon (Annapolis: USNI, 1991), 125 (diary entry of May 10, 1942). **24** *New York Times*, May 9, 1942, 1. **25** Holmes, *Double-Edged Secrets*, 90; Rochefort 구술사(Oct. 5, 1969), 211과 Dyer 구술사(Sept. 14, 1983), 241, 둘 다 USNI. **26** *Traffic Intelligence Summaries, Combat Intelligence Unit, Fourteenth Naval District (16 July 1941-30 June 1942)*, Special Collections, Nimitz Library, USNA, 3:326. **27** "Estimate of the Situation," May 26, 1942, Nimitz Papers, box 1:516, 520, NHHC. **28** 호넷함을 지휘한 마크 미처 소장은 조종사였지만 레이먼드 스프루언스 중장에게서 전략 지휘를 받았다. 다음을 참고. Thomas B. Buell, *The Quiet Warrior: A Biography of Admiral Raymond A. Spruance* (Boston: Little, Brown, 1974); Lundstrom, *Black Shoe Carrier Admiral*. **29** Donald Goldstein and Katherine Dillon, eds., *The Pearl Harbor Papers: Inside the Japanese Plans* (Washington, DC: Brassey's, 1993), 348. **30** Jonathan P. Parshall and Anthony P. Tully, *Shattered Sword: The Untold Story of the Battle of Midway* (Washington, DC: Potomac Books, 2005), 63-66. **31** Symonds, *Battle of Midway*, 102-6, 212-13; Parshall and Tully, *Shattered Sword*, 48-51; Gordon W. Prange with Donald Goldstein and Katherine Dillon, *Miracle at Midway* (New York: McGraw-Hill, 1982), 162-64, 170; Willmott, *The Barrier and the Javelin*, 81-82. **32** Symonds, *Battle of Midway*, 231-32; Prange, *Miracle at Midway*, 206; Parshall and Tully, *Shattered Sword*, 149. **33** Symonds, *Battle of Midway*, 236-38; Parshall and Tully, *Shattered Sword*, 153; Ryūnosuke Kusuka interview with Gordon Prange (1966), Prange Papers, box 17, UMD. **34** "CINC First Air Fleet Detailed Battle Report," Feb. 1, 1943, ONI Review, May 1947; Kusaka interview with Prange, Prange Papers, box 17, UMD; Parshall and Tully, *Shattered Sword*, 132, 159, 161-66; Symonds, *Battle of Midway*, 238-44. **35** Symonds, *Battle of Midway*, 244; Parshall and Tully, *Shattered Sword*, 165-66. **36** Symonds, *Battle of Midway*, 274-75. **37** Ibid., 260-61, 267-73. **38** "Memorandum for the Commander in Chief," June 7, 1942,

Action Reports: Part I, CINCPAC, reel 2; George Gay, *Sole Survivor: The Battle of Midway and its Effects on His Life* (Naples, FL: Naples Ad/Graphics, 1979), 119–21. **39** Symonds, *Battle of Midway*, 287, 301–2; Parshall and Tully, *Shattered Sword*, 233–35. **40** Symonds, *Battle of Midway*, 52–54. **41** '전혀 쓸모없는 곳으로의 비행'에 대한 자세한 논의는 다음을 참고. Symonds, *Battle of Midway*, 245–65, 389–91의 부록 F. **42** John S. Thach 구술사(Nov. 6, 1970), 252, USNI; Richard Best interview (Aug. 11, 1995), 17, NMPW; Norman (Dusty) Kleiss 구술사(Sept. 3, 2010), BOMRT; Parshall and Tully, *Shattered Sword*, 250. 이 공격을 가장 철저하게 분석한 Jon Parshall은 50여 킬로그램짜리 소형 폭탄을 포함해 총 12개의 폭탄이 가가함을 타격했다고 결론 내렸다. BOMRT, Aug. 25, 2010 참고. **43** Best to Walter Lord, Jan. 27, 1966, Lord Collection, box 18, NHHC; Richard Best interview (Aug. 11, 1995), 42, NMPW. **44** Max Leslie to Smith, Dec. 15, 1964, Prange Papers, box 17, UMD; Parshall and Tully, *Shattered Sword*, 264. **45** Symonds, *Battle of Midway*, 321–26; John S. Thach 구술사(Nov. 6, 1970), USNI 구술사 컬렉션, 1:268. **46** Symonds, *Battle of Midway*, 347–50. **47** Gallaher to Walter Lord, Feb. 26, 1967, Walter Lord Collection, box 18, NHHC; Parshall and Tully, *Shattered Sword*, 326–29.

14장 두 섬에서의 격전

1 소련은 흑해에서도 전함 1척, 중순양함 1척, 경순양함 5척으로 구성된 해군 함대를 가지고 있었다. C. W. Koburger Jr., *Naval Warfare in the Baltic, 1939–1945* (Westport, CT: Praeger, 1994), 27–33; V. I. Achlasov and N. B. Pavlovich, *Soviet Naval Operations in the Great Patriotic War, 1941–1945* (Annapolis: USNI, 1981), 8, 25; I. S. Isakov, *The Red Fleet in the Second World War* (London: Hutchinson, 1947), 26–27; Friedrich Ruge, *The Soviets as Naval Opponents, 1941–1945* (Annapolis: USNI, 1979), 16, 20–21. **2** Alan J. Levine, *The War Against Rommel's Supply Lines, 1942–1943* (Westport, CT: Praeger, 1999), 27–28; Peter C. Smith, *Pedestal: The Convoy That Saved Malta* (London: William Kimber, 1970), 17–20. **3** Richard B. Frank, *Guadalcanal: The Definitive Account of the Landmark Battle* (New York: Penguin, 1990), 25–28. **4** Bruce Gamble, *Fortress Rabaul: The Battle for the Southwest Pacific, January 1942 — April 1943* (Minneapolis: Zenith Press, 2010), 210–11; James D. Hornfischer, *Neptune's Inferno: The U.S. Navy at Guadalcanal* (New York: Bantam Books, 2011), 4; Ian Toll, *The Conquering Tide: War in the Pacific Islands, 1942–1944* (New York: W. W. Norton, 2015), xxiv–xxxi; Frank, *Guadalcanal*, 31; Patrick Lindsay, *The Coast Watchers: The Men Behind Enemy Lines Who Saved the Pacific* (North Sydney, Australia: William Heinemann, 2010), 197. **5** Ronald H. Spector, *Eagle Against the Sun: The American War with Japan* (New York: Free Press, 1985), 184–87; Ernest J. King and Walter Muir Whitehill, *Fleet Admiral King: A Naval Record* (New York: W. W. Norton, 1952), 387. **6** Frank, *Guadalcanal*, 32–36. **7** Richard M. Leighton and Robert W. Coakley, *Global Logistics and Strategy, 1940–1943* (Washington, DC: Office of the Chief of Military History, 1955), 202; Samuel Eliot Morison, *The Struggle for Guadalcanal, August 1942–February 1943*, vol. 5 of *A History of United States Naval Operations in World War II* (Boston: Little, Brown, 1949), 15.

8 Hornfischer, *Neptune's Inferno*, 32–35; George C. Dyer, *The Amphibians Came to Conquer: The Story of Admiral Richmond Kelly Turner* (Washington, DC: Naval Historical Center, 1969), 1:258–67. 터너 소장의 동시대 인물인 해리 힐 소장의 발언은 James D. Hornfischer, *The Fleet at Flood Tide: America at Total War in the Pacific, 1944–1945* (New York: Bantam Books, 2016), 25에서 인용했다. **9** King to Fletcher, March 30, 1942, Nimitz Papers, series 1, box 1, and Nimitz to King, May 29, 1942, King Papers, series 1, box 2, 둘 다 NHHC. 다음도 참고. John B. Lundstrom, *Black Shoe Carrier Admiral: Frank Jack Fletcher at Coral Sea, Midway, and Guadalcanal* (Annapolis: USNI, 2006), 107. **10** Hornfischer, *Neptune's Inferno*, 32–35. **11** Frank, *Guadalcanal*, 64–65; Lindsay, *The Coast Watchers*, 197. 쓰카하라의 발언은 Bruce Gamble in *Fortress Rabaul*, 217에서 인용했다. **12** 이 목격자는 Joe James Custer로, 그의 발언은 그가 쓴 *Through the Perilous Night: The Astoria's Last Battle* (New York: Macmillan, 1944), 120에서 인용했다. **13** Lundstrom, *Black Shoe Carrier Admiral*, 366; Ian W. Toll, *The Conquering Tide: War in the Pacific Islands, 1942–1944* (New York: W. W. Norton, 2015), 31–33. **14** Lundstrom, *Black Shoe Carrier Admiral*, 358–60; Gamble, *Fortress Rabaul*, 218. **15** Turner to Ghormley, Aug. 7, 1942 (9:30 p.m.), Action Reports, Part I, CINCPAC, reel 1. 이 메시지는 Lundstrom, *Black Shoe Carrier Admiral*, 370에서도 확인할 수 있다. **16** Lundstrom, *Black Shoe Carrier Admiral*, 368, 386. **17** John J. Domagalski, *Lost at Guadalcanal: The Final Battles of the Astoria and Chicago as Described by Survivors and in Official Reports* (Jefferson, NC: McFarland, 2010), 71; Dyer, *The Amphibians Came to Conquer*, 358–59. **18** 그 목격자는 Richard W. Bates이며, 그의 발언은 다음에서 인용했다. *The Battle of Savo Island, August 9th, 1942: Strategical and Tactical Analysis* (Newport, RI: Naval War College, 1950), 55–61; Domagalski, *Lost at Guadalcanal*, 80. **19** Toshikazu Ohmae, "The Battle of Savo Island," *Proceedings*, Dec. 1957, 1270. **20** Ibid., 1271. **21** Ibid.; Hornfischer, *Neptune's Inferno*, 58; Morison, *The Struggle for Guadalcanal*, 19. 터너 소장의 발언은 Dyer, *The Amphibians Came to Conquer*, 1:372에서 인용했다. **22** Ohmae, "The Battle of Savo Island," 1273; Domagalski, *Lost at Guadalcanal*, 84. **23** Morison, *The Struggle for Guadalcanal*, 37; Horn scher, *Neptune's Inferno*, 59–60. **24** Ohmae, "The Battle of Savo Island," 1275; U.S. Office of Naval Intelligence, *The Battles of Savo Island and the Eastern Solomons* (Washington, DC: Naval Historical Center, 1994, orig. 1943), 10; Domagalski, *Lost at Guadalcanal*, 92. **25** Ohmae, "The Battle of Savo Island," 1273; Morison, *The Struggle for Guadalcanal*, 44–46; John Costello, *The Pacific War* (New York: HarperCollins, 1981), 325–27. **26** Ohmae, "The Battle of Savo Island," 1275; Hornfischer, *Neptune's Inferno*, 63, 75–87; Frank, *Guadalcanal*, 105, 111–13; Domagalski, *Lost at Guadalcanal*, 144; Custer, *Through the Perilous Night*, 161–62; Office of Naval Intelligence, *Battles of Savo Island and Eastern Solomons*, 21, 24, 40–43. **27** 미카와 중장의 발언은 Ohmae, "Battle of Savo Island," 1276에서 인용했다. 다음도 참고. Morison, *The Struggle for Guadalcanal*, 53. **28** Fletcher to Ghormley, Aug. 9, 1942 (3:15 a.m.), and COMSOPAC (Ghormley) to CINCPAC (Nimitz), Aug. 9, 1942 (8:30 a.m.), 둘 다 Action Reports, NARA, reel 1. Lundstrom, *Black Shoe Carrier Admiral*, 384–87 참고. **29** *New York Times*, Aug. 18, 1942, 1. **30** Morison, *Struggle for Guadalcanal*, 61–64; Lundstrom, *Black Shoe Carrier Admiral*, 399–405; King to Stark, Sept. 14, 1943, in Hornfischer, *The Fleet at Flood Tide*, 28. 플레처 소장을 변호하는

과정에서 역사학자 Lundstrom은 터너 소장이 전투 중에 보인 혼란뿐만 아니라 사후에도 전문 가답지 않게 책임을 회피하려 한 행동도 지적했다. **31** Lewis Richie, *The Epic of Malta* (London: Odhams, 1943), 5; Ernle Bradford, *Siege: Malta, 1940-1943* (New York: William Morrow, 1986), 240-41. 다음도 참고. Jack Belden, *Still Time to Die* (New York: Harper and Brothers, 1943), 186. **32** Erich Raeder, *My Life* (Annapolis: USNI, 1960), 364; Gerhard Weinberg, *A World at Arms: A Global History of World War II* (Cambridge: Cambridge University Press, 1994), 229. **33** Levine, *The War Against Rommel's Supply Lines*, 20-24; Michael Pearson, *The Ohio and Malta: The Legendary Tanker That Refused to Die* (Barnsley, South Yorkshire: Leo Cooper, 2004), 12-13. 몰타섬을 방문한 미국 해군 제독은 켄트 휴잇이다. 그의 발언은 그의 자서전 *Memoirs* (Newport, RI: Naval War College Press, 2004), 192에서 인용했다. **34** Robert S. Ehlers Jr., *The Mediterranean Air War: Airpower and Allied Victory in World War II* (Lawrence: University of Kansas Press, 2015), 173-74; Smith, *Pedestal*, 32-37. **35** Charles A. Jellison, *Besieged: The World War II Ordeal of Malta, 1940-1942* (Hanover, NH: University Press of New England, 1984), 167, 218-25; Richard Woodman, *Malta Convoys, 1940-1943* (London: John Murray, 2000), 369-72, 377; Bradford, *Siege*, 247-48; James J. Sadkovich, *The Italian Navy in World War II* (Westport, CT: Greenwood Press, 1994), 256-64. 1942년 6월 2일에 헨리 하우드가 해군성 에 보낸 보고서 참고. John Grehan and Martin Mace, eds., *The War at Sea in the Mediterranean, 1940-1944* (Barnsley, South Yorkshire: Pen and Sword, 2014), 175-80. 의미심장하게도, 하우 드 제독은 해군에게 "또다른 몰타 호송대가 운영되기 전에 그 섬의 공중 우위가 보장되어야 한 다"라고 경고했다. 잭슨 경의 발언은 Smith, *Pedestal*, 40, and Parks in Jeremy Harwood, *World War II at Sea* (Minneapolis: Zenith, 2015), 124에서 인용했다. **36** Peter Shankland and Anthony Hunter, *Malta Convoy* (New York: Ives Washburn, 1961), 70-72; Sam Moses, *At All Costs* (New York: Random House, 2006), 100, 107; Pearson, *The Ohio and Malta*, 33. **37** Smith, *Pedestal*, 43; Dennis A. Castillo, *The Santa Marija Convoy* (Lanham, MD: Lexington Books, 2012), 198. **38** Woodman, *Malta Convoys*, 392-94; Moses, *At All Costs*, 132-36; Smith, *Pedestal*, 82-90. 목 격자의 발언은 83-84에서 인용했다. 로젠바움은 베를린으로 소환되어 기사 십자 훈장을 받 았다. **39** Castillo, *The Santa Marija Convoy*, 199; Sadkovich, *The Italian Navy*, 289; Moses, *At All Costs*, 142. 대공 사격의 목격자는 호위대 기함 나이지리아함의 무전병 Anthony Krimmins 다. 그의 발언은 Smith, *Pedestal*, 95-96에서 인용했다. **40** 항공모함 인다머터블함이 정어리 통조림처럼 보였다고 말한 목격자는 전신 담당병 Charles McCoombe다. 그의 발언은 Smith, *Pedestal*, 134; Moses, *At All Costs*, 144에서 인용했다. **41** Syfret's Report to the Admiralty, Aug. 25, 1942, in Grehan and Mace, eds., *Air War in the Mediterranean*, 153-61; Smith, *Pedestal*, 91- 92, 121-22; Moses, *At All Costs*, 131. **42** Shankland and Hunter, *Malta Convoy*, 150-53; Smith, *Pedestal*, 144-51; Pearson, *The Ohio and Malta*, 72-73. **43** Pearson, *The Ohio and Malta*, 70; Smith, *Pedestal*, 155-60. **44** Bradford, *Siege, Malta*, 263-66; Shankland, *Malta Convoy*, 167-72. **45** Shankland and Hunter, *Malta Convoy*, 173-82; Woodman, *Malta Convoys*, 419-20; Smith, *Pedestal*, 193-96. 이 독일군 제독은 Eberhard Weichold이고, 그의 발언은 Smith, *Pedestal*, 199에 서 인용했다. **46** Shankland and Hunter, *Malta Convoy*, 197-203. **47** Woodman, *Malta Convoys*, 382; Shankland and Hunter, *Malta Convoy*, 209-14; Smith, *Pedestal*, 227-30. **48** Shankland

and Hunter, *Malta Convoy*, 241; Syfret's Report to the Admiralty, Aug. 25, 1942, in Grehan and Mace, eds., *Air War in the Mediterranean*, 158. **49** Syfret's Report to the Admiralty, Aug. 25, 1942, in John Grehan and Martin Mace, eds., *War at Sea in the Mediterranean, 1940–1944* (South Yorkshire, England: Pen and Sword Maritime, 2014), 153–61. **50** Levine, *The War Against Rommel's Supply Lines*, 27–28; I. S. O. Playfair, *The Mediterranean and Middle East*, vol. 4 of *History of the Second World War* (London: HMSO, 1966), 1–4.

15장 양 대양 전쟁

1 Craig L. Symonds, *Neptune: The Allied Invasion of Europe and the D-Day Landings* (New York: Oxford University Press, 2014), 146–48; Frederic Lane, *Ships for Victory: A History of Shipbuilding Under the U.S. Maritime Commission in World War II* (Baltimore: Johns Hopkins University Press, 1951), 3–6. **2** J. R. M. Butler, *Grand Strategy II*, vol. 3 of *History of the Second World War* (London: HMSO, 1964), 특히 부록 III, 675–81; Forrest Pogue, *George C. Marshall, Ordeal and Hope, 1939–1942* (New York: Viking Press, 1966); Symonds, *Neptune*, 51–54. **3** 처칠은 1941년 12월 16~20일에 듀크오브요크함에 대해 작성한 서류에서 자신의 전략적 견해를 개괄했다. 이 문서는 *FRUS*, Special Conferences Series, 1:30에서 확인할 수 있다. Symonds, *Neptune*, 29–42도 참고. **4** Bernard Fergusson, *The Watery Maze: The Story of Combined Operations* (New York: Holt, Rinehart and Winston, 1961), 175–81; Robin Neillands, *The Dieppe Raid: The Story of the Disastrous 1942 Expedition* (Bloomington: Indiana University Press, 2005). **5** Maurice Matlo and Edwin M. Snell, *Strategic Planning for Coalition Warfare* (Washington, DC: Department of the Army, 1953), 278; Samuel Eliot Morison, *Operations in North American Waters* (New York: Little, Brown, 1947), 15; Symonds, *Neptune*, 67–70. 루스벨트가 1942년 7월 16일에 작성한 문서는 Robert E. Sherwood, *Roosevelt and Hopkins: An Intimate History* (New York: Harper Collins, 1948), 471에서 참고했다. **6** Andrieu d'Albas, *Death of a Navy: Japanese Naval Action in World War II* (New York: Devin-Adair, 1957), 172; Richard B. Frank, *Guadalcanal: The Definitive Account of the Landmark Battle* (New York: Penguin, 1990), 139–40; Gerhard Weinberg, *A World in Arms: A Global History of World War II* (Cambridge: Cambridge University Press, 1994), 347. **7** Richard Camp, "Flying in the Eye of the Guadalcanal Storm," *Naval History*, August 2017, 14–19. 해병대 참모 장교는 Otto K. Williams이며, 인용문의 출처는 그의 구술사 (OH00821), NMPW, 28. **8** 이 참모 장교의 발언은 John F. Wukovits, *Tin Can Titans* (Boston: Da Capo, 2017), 76에서 인용했다. 3월 10일 미국 항공모함이 라에와 살라마우아에 펼친 공습에서 대형 수송선 3척이 침몰하고 또다른 수송선 1척이 파손되었다. Craig L. Symonds, *The Battle of Midway* (New York: Oxford University Press, 2011), 86–87; Samuel E. Morison, *The Struggle for Guadalcanal, August 1942–February 1943* (Boston: Li le Brown, 1949), 81. **9** Frank, *Guadalcanal*, 151–56. **10** Morison, *Struggle for Guadalcanal*, 82; D'Albas, *Death of a Navy*, 172–73. 플레처 소장은 사령부의 연료 보급 요구에 항상 민감했지만(일부는 지나치다는 의견도 있었다), 이 특별한 연료 공급 프로토콜은 곰리 제독의 아이디어였다.

8월 22일에 곰리 제독은 플레처 소장에게 "되도록이면 빨리 연료 공급을 수행하고, 되도록이면 한 번에 항공모함 부대 하나씩 연료 공급을 위해 이동하는 것이 중요하다"라고 지시했다. COMSOPAC to CTF 61, Aug. 22, 1942, Chester Nimitz Papers [Graybook], NHHC, 1:808. 자세한 전투 편성은 Frank, *Guadalcanal*, 167-74 참고. **11** Morison, *Struggle for Guadalcanal*, 87-88; John B. Lundstrom, *Black Shoe Carrier Admiral: Frank Jack Fletcher at Coral Sea, Midway, and Guadalcanal* (Annapolis: USNI, 2006), 435-41. **12** Tameichi Hara, *Japanese Destroyer Captain* (Annapolis: USNI, 1967), 100. **13** James D. Hornfischer, *Neptune's Inferno: The U.S. Navy at Guadalcanal* (New York: Bantam Books, 2012), 114-15; Morison, *Struggle for Guadalcanal*, 97-99; Lundstrom, *Black Shoe Carrier Admiral*, 438-42, 445-46, 461; Frank, *Guadalcanal*, 176-84. 이 발언은 Arthur Brown의 구술사 NMPW, 5에서 인용했다. **14** COMSOPAC to CTF 17, Aug. 24, 1942 (1102), Nimitz Papers, box 1 (809), NHHC. 슬로님 중위의 발언은 Lundstrom, *Black Shoe Carrier Admiral*, 451에서 인용했다. **15** Hornfischer, *Neptune's Inferno*, 115-16; Raizo Tanaka, "The Struggle for Guadalcanal," in *The Japanese Navy in World War II*, ed. David C. Evans (Annapolis: USNI, 1969, 1986), 168-69; Morison, *Struggle for Guadalcanal*, 104-5; D'Albas, *Death of a Navy*, 176-77. **16** Lundstrom, *Black Shoe Carrier Admiral*, 460-64. **17** John Costello, *The Pacific War* (New York: HarperCollins, 1981), 344. **18** 1949년, 역사학자 새뮤얼 엘리엇 모리슨은 와스프함을 공격한 주체가 일본군 잠수함 I-19라고 지목했고 I-15가 노스캐롤라이나함과 오브라이언함을 공격했다고 기록했다. 대다수 후세 역사학자들은 모리슨의 분석을 받아들였다. 그런데 30여 년 후, 해군 연구소 학회지에 실린 글에서 Ben Blee 대령이 3척의 함정 모두 I-19가 발사한 단 한 차례의 공격으로 타격을 입었다는 증거를 제시했다. 최근에는 모든 해군사 연구자가 그의 견해를 수용한다. Morison, *Struggle for Guadalcanal*, 130-38, and Ben Blee, "Whodunnit?" *Proceedings*, June 1982, 42-47. Richard B. Frank가 이 해군 역사의 비밀을 풀 수 있도록 도움을 준 것에 감사한다. 호송대에 대해서는 다음을 참고. Costello, *The Pacific War*, 347. **19** Clark, *Calculated Risk* (New York: Harper and Brothers, 1950), 45-46. **20** Symonds, *Neptune*, 72-73. **21** I. S. O. Playfair, *The Mediterranean and Middle East*, vol. 4: *The Germans Come to the Help of Their Ally* (London: HMSO, 1966), 4:113; Vincent P. O'Hara, *Torch: North A ica and the Allied Path to Victory* (Annapolis: USNI, 2015), 77; Symonds, *Neptune*, 83-84. **22** Symonds, *Neptune*, 76-78; O'Hara, *Torch*, 20-29. 인용문 출처는 Playfair, *The Mediterranean and Middle East*, 4:127. **23** 미국 해군 부대 편성표는 다음을 참고. Samuel Eliot Morison, *Operations in North Ameican Waters, October 1942-June 1943* (Annapolis: USNI, 2010, orig. 1947), 36-40. 영국 해군 부대 편성표는 다음을 참고. Playfair, *The Mediterranean and the Middle East*, 4:139. **24** George E. Mowry, *Landing Craft and the War Production Board, April 1942 to May 1944*, Historical Reports on War Administration, Special Study No. 11 (Washington, DC: War Production Board, 1944), 1-4; O'Hara, *Torch*, 27-29; Jerry E. Strahan, *Andrew Jackson Higgins and the Boats That Won World War II* (Baton Rouge: LSU Press, 1994), 57-58, 64; Morison, *Operations in North American Waters*, 29. **25** Morison, *Operations in North Aerican Waters*, 137. **26** Morison, *Struggle for Guadalcanal*, 147-48; Costello, *The Pacific War*, 349-50. **27** Louis Brown, *A Radar History of World War II* (Bristol: Institute of Physics, 1999), 370; Charles Cook, *The Battle of Cape Esperance: Encounter at Guadalcanal* (Annapolis: USNI, 1968), 16-

18; Frank, *Guadalcanal*, 294. **28** Hornfischer, *Neptune's Inferno*, 169-70; Morison, *Struggle for Guadalcanal*, 151-52, 156; Cook, *Battle of Cape Esperance*, 39-42; Frank, *Guadalcanal*, 300-301. **29** Hornfischer, *Neptune's Inferno*, 171-73; Morison, *Struggle for Guadalcanal*, 157-58; Frank, *Guadalcanal*, 301. **30** Cook, *Battle of Cape Esperance*, 70; Morison, *Struggle for Guadalcanal*, 159-60. **31** Hornfischer, *Neptune's Inferno*, 175; Morison, *Struggle for Guadalcanal*, 160. 역사학자 Costello는 자신의 저서 *The Pacific War*, 351에서 고토 제독을 '어리석은 자'라고 평가했다. **32** Cook, *Battle of Cape Esperance*, 77-78. **33** Morison, *Struggle for Guadalcanal*, 163-66; Frank, *Guadalcanal*, 303-4. **34** Morison, *Struggle for Guadalcanal*, 171; Costello, *The Pacific War*, 352. **35** Thomas Alexander Hughes, *Admiral Bill Halsey: A Naval Life* (Cambridge, MA: Harvard University Press, 2016), 94, 175-76; Ian W. Toll, *The Conquering Tide: War in the Pacific Islands, 1942-1944* (New York: W. W. Norton, 2015), 145-46. **36** Hughes, *Admiral Bill Halsey*, 94; Hornfischer, *Neptune's Inferno*, 216-17; Morison, *Struggle for Guadalcanal*, 182-83, 201. **37** Morison, *Struggle for Guadalcanal*, 199. 일본 해군 편성표는 이 책 206-7 참고. 간단한 편성표는 Hornfischer, *Neptune's Inferno*, 226에서 확인할 수 있다. **38** Frank, *Guadalcanal*, 352-54; Hornfischer, *Neptune's Inferno*, 226; Morison, *Struggle for Guadalcanal*, 204. **39** Hornfischer, *Neptune's Inferno*, 226-27; Morison, *Struggle for Guadalcanal*, 209-10. **40** Hornfischer, *Neptune's Inferno*, 223-29; Morison, *Struggle for Guadalcanal*, 212, 219-21; Toll, *The Conquering Tide*, 150-53. **41** Morison, *Struggle for Guadalcanal*, 213. 미국군 조종사들은 폭탄 6발을 명중시켰다고 주장했으나, 일본군은 3발만 명중했다고 보고했다. Hornfischer, *Neptune's Inferno*, 228-30. **42** Hornfischer, *Neptune's Inferno*, 230-32; Morison, *Struggle for Guadalcanal*, 215-19; Toll, *The Conquering Tide*, 151-52. **43** Costello, *The Pacific War*, 364-66. **44** Ibid., 364; Hughes, *Admiral Bill Halsey*, 195-96; Hornfischer, *Neptune's Inferno*, 235-36; Toll, *The Conquering Tide*, 154

16장 전환점

1 I. S. O. Playfair, *The Mediterranean and Middle East*, vol. 4: *The Germans Come to the Help of Their Ally* (London: HMSO, 1966), 4:15-17, 27-30. **2** Alan J. Levine, *The War Against Rommel's Supply Lines* (Westport, CT: Praeger, 1999), 33-34; Winston Churchill, *The Hinge of Fate* (Boston: Houghton Mifflin, 1950), 588-89; James J. Sadkovich, *The Italian Navy in World War II* (Westport, CT: Greenwood Press, 1994), 278-83, 302-6; Playfair, *The Mediterranean and Middle East*, 4:25, 101n. **3** Richard M. Leighton and Robert W. Coakley, *Global Logistics and Strategy, 1940-1943* (Washington, DC: Office of the Chief of Military History, 1955), 204; Stephen Roskill, *The War at Sea, 1939-1945* (London: HMSO, 1956), 213; Vincent P. O'Hara, *Torch: North Africa and the Allied Path to Victory* (Annapolis: USNI, 2015), 73-75; 다른 전쟁은 부록 III, 305-13에서 인용. **4** O'Hara, *Torch*, 78-79. **5** 여러 자료는 토머스스톤호에 대한 공격이 U-205의 Korvettenkapitän FranzGeorg Reschke의 소행이라고 밝힌다. 그러나 영국 자료는 공습이었다고 분명히 밝힌다. 다음을 참고. Playfair, *The Mediterranean and Middle East*, 4:131; and O'Hara, *Torch*, 330, 주석 11. **6** 1942년 12월 17일에 작성된 오크스 소

령의 전투 보고서는 다음에서 확인할 수 있다. www.ww2survivorstories.com; O'Hara, Torch, 79-80. **7** 당시 상황은 친연합국 성향의 프랑스인들 때문에 복잡해졌다. 이들은 머피가 선동을 벌일 무렵 알제의 몇 군데 지점을 점령했으나 상륙 부대가 도착할 때까지 오래 유지하지는 못했다. 이에 대해서는 다음을 참고. William L. Langer, *Our Vichy Gamble* (Hamden, CT: Archon Books, 1947), 특히 345-49. George F. Howe, *Northwest Africa: Seizing the Initiative in the West*, vol. 11 of *The United States Army in World War II* (Washington, DC: Office of the Chief of Military History, 1957), 249-50; Churchill, *The Hinge of Fate*, 611-15, 623; and Paul Auphan and Jacques Mordal, *The French Navy in World War II* (Annapolis: USNI, 1959), 219. **8** Playfair, *The Mediterranean and Middle East*, 4:130; Orr Kelly, *Meeting the Fox: The Allied Invasion of America from Operation Torch to Kasserine Pass to Victory in Tunisia* (New York: John Wiley and Sons, 2002), 55. **9** Auphan and Mordal, *The French Navy in World War II*, 226-27; O'Hara, Torch, 123-26, 132-35. **10** Kelly, *Meeting the Fox*, 69-70; Leslie W. Bailey, *Through Hell and High Water: The Wartime Memories of a Junior Combat Infantry Officer* (New York: Vantage Press, 1994), 45-50. **11** Craig L. Symonds, *Neptune: The Allied Invasion of Europe and the D-Day Landings* (New York: Oxford University Press, 2014), 89; Auphan and Mordal, *The French Navy in World War II*, 222; O'Hara, Torch, 91; Kelly, *Meeting the Fox*, 75. **12** Playfair, *The Mediterranean and Middle East*, 4:145, 160-61; O'Hara, Torch, 99-105. **13** Symonds, *Neptune*, 74-75. **14** Ibid., 81-83; Playfair and Molony, *The Mediterranean and Middle East*, 130; Samuel Eliot Morison, *Operations in North African Waters* (Boston: Little, Brown, 1965, orig. 1947), 43-45. **15** Hewitt to C-in-C Atlantic, Nov. 28, 1942, Battle Action Reports (Mss. 416), USNA, box 3 (hereafter Hewitt Report); H. Kent Hewitt, *The Memoirs of H. Kent Hewitt*, ed. Evelyn M. Cherpak (Newport, RI: Naval War College Press, 2004), 149-50; Morison, *Operations in North African Waters*, 84. **16** Hewitt Report; Symonds, *Neptune*, 90-91; Morison, *Operations in North African Waters*, 63, 65, 79. **17** Symonds, *Neptune*, 92. **18** Auphan and Mordal, *The French Navy in World War II*, 232-34; O'Hara, Torch, 195-205; Morison, *Operations in North Africa*, 100. **19** 역사학자 Vincent P. O'Hara는 이 전투를 "2차대전 중에 대서양에서 일어난 가장 큰 규모의 지상, 공중 및 수중 해군 작전"이라고 평가했고, 다른 작전은 Torch, 195-218에서 자세하게 설명했다. Morison, *Operations in North African Waters*, 101-7도 참고. 프랑스 가브리엘 오팡 제독의 발언은 *The French Navy in World War II*, 233, 236에서 인용했다. **20** 매사추세츠함은 16인치 탄약의 60퍼센트를 사용했고, 순양함 위치타함Wichita과 터스칼루사함은 8인치 포탄을 각각 1280발 넘게 발사했다. 브루클린함은 6인치 포탄 2691발을 발사했다. O'Hara, Torch, 213-18 참고. **21** Patton to Beatrice Pa on, Nov. 8, 1942, and diary entry, Nov. 8, 둘 다 *The Patton Papers, 1940-1945*, ed. Martin Blumenson (Boston: Houghton Mifflin, 1974), 2:103, 105. **22** DesRon 19 to C-in-C, Atlantic, Nov. 20, 1944, Action Reports (Mss 416), box 3, USNA. **23** Symonds, *Neptune*, 92-93; Morison, *Operations in North African Waters*, 144-48. **24** Levine, *Rommel's Supply Line*, 80; Playfair and Molony, *The Mediterranean and Middle East*, 28; Sadkovich, *The Italian Navy*, 283, 286, 303-6. **25** Raeder's report, Nov. 17, 1942, 이는 *Fuehrer Conferences on Naval Affairs, 1939-1945* (Annapolis: USNI, 1990), 300에 있다. **26** Levine, *Rommel's Supply Line*, 58-60, 84-86. **27** Ibid., 83-84. **28** Ibid., 76, 81, 83-86, 89. **29** 상륙 이후 연합군 호송대

를 격파하기 위해 벌인 노력에 대해서는 Leighton and Coakley, *Global Logistics and Strategy*, 485의 표 13 참고. **30** DDE to Smith, Nov. 10, DDE to GCM, Nov. 17, and DDE to Thomas T. Handy, Dec. 7, 1942, 모두 PDDE, 2:686, 729-32, 812. **31** 튀니지에 정박 중이던 프랑스 함정 여러 척은 독일군이 장악했다. 베강 장군의 발언은 Auphan and Mordal, *The French Navy in World War II*의 서문에서 인용했다. **32** John L. Hall은 자선적 구술사에서 미슐레Michelet의 상황에 대해 언급했다. Columbia University, 119-20. 고드프루아에 대해서는 다음을 참고. Playfair, *The Mediterranean and the Middle East*, 4:164. **33** Tameichi Hara, *Japanese Destroyer Captain* (Annapolis: Naval Institute Press, 1967), 149-50. **34** James D. Hornfischer, *Neptune's Inferno: The U.S. Navy at Guadalcanal* (New York: Bantam Books, 2011), 250-52. **35** Ibid., 246. **36** 아베 중장의 성향이 지나치게 신중했다고 한 사람은 하라 제독이다(*Japanese Destroyer Captain*, 126). 이 평가에는 전투 중의 행적이 영향을 미쳤을 것이다. **37** Samuel Eliot Morison, *The Struggle for Guadalcanal: August 1942-February 1943* (Boston: Little, Brown, 1949), 237-43; Hornfischer, *Neptune's Inferno*, 263-74; Frank, *Guadalcanal*, 436-40; Timothy S. Wolters, *Information at Sea* (Baltimore: Johns Hopkins University Press, 2013), 202-3. **38** Richard B. Frank, *Guadalcanal: The Definitive Account of the Landmark Battle* (New York: Penguin, 1990), 436-38; Hara, *Japanese Destroyer Captain*, 130-31. **39** Morison, *Struggle for Guadalcanal*, 244. 오배넌함에 대한 평가는 John F. Wukovits, *Tin Can Titans* (Boston: Da Capo Press, 2017), 52에서 인용했다. 파커의 발언은 James Hornfischer, *Neptune's Inferno*, 302에서 인용했다. 이 책의 275와 292, 그리고 다음도 참고. F. Julian Becton, with Joseph Morschauser, *The Ship That Would Not Die* (Englewood Cliffs, NJ: Prentice Hall, 1980), 9. 헬레나함에 하달된 명령들은 다음 자료에서 확인할 수 있다. C. G. Morris and Hugh B. Cave, *The Fightin'est Ship: The Story of the Cruiser Helena* (New York: Dodd, Mead, 1944), 91. **40** Robert M. Howe 구술사, NMPW, 4; Becton, *The Ship That Would Not Die*, 9-10. **41** Howe 구술사, NWPW, 5; J. G. Coward, "Destroyer Dust," *Proceedings*, Nov. 1948, 1375; Hornfischer, *Neptune's Inferno*, 282-89, 299, 301-2 (뒤 보즈의 발언은 302에서 인용했다). **42** Frank, *Guadalcanal*, 454-55; Thomas G. Miller Jr., *The Cactus Air Force* (New York: Harper and Row, 1969), 184-89. **43** Matome Ugaki, *Fading Victory: The Diary of Matome Ugaki* (Pittsburgh: University of Pittsburgh Press, 1991), 278 (diary entry of Nov. 17). **44** Morris, *The Fightin'est Ship*, 95; Dan Kurzman, *Left to Die: The Tragedy of the USS Juneau* (New York: Pocket Books, 1994), 1-4, 10-26. **45** Raizo Tanaka, "The Struggle for Guadalcanal," in *The Japanese Navy in World War II*, ed. David C. Evans (Annapolis: USNI, 1969, 1986), 192-95. **46** Hornfischer, *Neptune's Inferno*, 335-36, 347-50. **47** Ibid., 357-62; Wolters, *Information at Sea*, 203. **48** Louis Brown, *A Radar History of World War II* (Bristol: Institute of Physics, 1999), 370. **49** Frank, *Guadalcanal*, 582-94.

17장 무역 전쟁 3

1 선박 및 선적 손실은 Clay Blair, *Hitler's U-Boat War: The Hunted* (New York: Random House, 1996), 부록 20(820)에 정리되어 있다. 인용문 출처는 다음과 같다. WSC to FDR, Oct. 31,

1942, in *Roosevelt and Churchill: Their Secret Wartime Correspondence*, ed. Francis L. Loewenheim, Harold D. Langley, and Manfred Jones (New York: E. P. Dutton, 1975), 262. **2** *Proceedings of the London Naval Conference of 1930 and Supplementary Documents* (Washington, DC: Government Printing Office, 1931), 83. **3** James P. Duffy, *The Sinking of the Laconia and the U-Boat War: Disaster in the Mid-Atlantic* (Santa Barbara, CA: Praeger, 2009), 53, 71-84. **4** Léonce Peillard, *The Laconia Affair* (New York: G. P. Putnam's Sons, 1963), 166-70; Blair, *Hitler's U-Boat War: The Hunted*, 58-64. **5** Duffy, *The Sinking of the Laconia*, 96; Peillard, *The Laconia Affair*, 190; Blair, *Hitler's U-Boat War: The Hunted*, 65. **6** Karl Doenitz, *Memoirs: Ten Years and Twenty Days* (Annapolis: USNI, 1958, 1990), 29-94; Blair, *Hitler's U-Boat War: The Hunted*, 767. **7** Stephen S. Roskill, *The War at Sea, 1939-1945* (London: HMSO, 1956), 2: 290-98; A. E. Sokol, "German A acks on the Murmansk Run," *Proceedings*, Dec. 1952, 1333; Erich Raeder, *My Life* (Annapolis: USNI, 1960), 370. **8** Keith Bird, *Erich Raeder: Admiral of the Third Reich* (Annapolis: USNI, 2006), 196-97; Winston S. Churchill, *The Hinge of Fate, vol. 4 of The History of the Second World War* (Boston: Houghton Mifflin, 1950), 275-76. **9** John Winton, *The Death of the Scharnhorst* (New York: Hippocrene Books, 1983), 5-6; Raeder, *My Life*, 369-70. **10** "Conference Between the C-in-C Navy and the Fuehrer," Jan. 11, 1943, in *Fuehrer Conferences on Naval Affairs* (Annapolis: USNI, 1990), 307; Bird, *Erich Raeder*, 202-3. **11** Raeder, *My Life*, 374; Doenitz, *Memoirs*, 299-300, 311; "Minutes of Conference Between the C-in-C Navy and the Fuehrer," Feb. 13, 1943, in *Fuehrer Conferences*, 310. **12** Jürgen Rohwer, *The Critical Convoy Battles of March 1943* (Annapolis: USNI, 1977), 47; Doenitz, *Memoirs*, 315-16; Blair, *Hitler's U-Boat War: The Hunted*, 24-25, 40. **13** Blair, *Hitler's U-Boat War: The Hunted*, 25; Peter Padfield, *The War Beneath the Sea: Submarine Conflict During World War II* (New York: John Wiley and Sons, 1995), 280-81, 286. **14** Doenitz, *Memoirs*, 316; Blair, *Hitler's U-Boat War: The Hunted*, 234-35. **15** John M. Waters Jr., *Bloody Winter* (Annapolis: USNI, 1967, 1984), 178-94. **16** Rohwer, *Critical Convoy Battles*, 50-51; Blair, *Hitler's U-Boat War: The Hunted*, 260-65. **17** 호송대 HX-229 및 SC-122 관련 전투를 자세히 다룬 몇몇 연구가 있다. 특히 다음을 참고. Rohwer, *Critical Convoy Battles*, 55-62, 109-85 (더불어 부록 9); Martin Middlebrook, *Convoy* (New York: William Morrow, 1977), 126-278 (더불어 부록 4); and Michael Gannon, *Black May: The Epic Story of the Allies' Defeat of the German U-Boats in May 1943* (New York: HarperCollins, 1998). 이 장면을 목격한 젊은 장교는 Ensign Frank Pilling인데, 그의 발언은 Middlebrook, *Convoy*, 188에서 인용했다. **18** Doenitz, *Memoirs*, 329. **19** Blair, *Hitler's U-Boat War: The Hunted*, 271, 768-69. 역사학자 Michael Gannon은 유보트 실적이 감소하는 지표를 확인하자 무역 조정실 소속의 영국 해군 장교들은 한시름 놓았다고 언급했다. Gannon, *Black May*, xvii-xxviii 참고. **20** William T. Y'Blood, *Hunter Killer: U.S. Escort Carriers in the Battle of the Atlantic* (Annapolis: USNI, 1983), 35-39; Herbert A. Werner, *Iron Coffins: A Personal Account of the German U-Boat Battles of World War II* (New York: Holt, Rinehart and Winston, 1969), 120. **21** Dönitz's War Diary, March 5, 1943, 이는 Rohwer, *Critical Convoy Battles*, 212-14에 부록 4로 수록되어 있다; Doenitz, *Memoirs*, 324-25; Blair, *Hitler's U-Boat War: The Hunted*, 191. **22** 유조선 사펠로호의 승무원은 E. E. Lipke인데, 그가 이 공격을 묘사한 부분은 "A North Atlantic Convoy,"

Proceedings, March 1947, 292에서 인용했다. **23** Michael Gannon은 호송대 ONS-5 관련 전투를 자세하게 설명했다. 그의 *Black May*, 115-240 참고. 그레턴 대령의 발언은 같은 책 233에서 인용했다. 다음도 참고. Roskill, *The War at Sea*, 2:373-74; Peter Gretton, *Crisis Convoy: The Story of HX231* (Annapolis: USNI, 1974), 149-53. **24** Roskill, *The War at Sea*, 2: 375-76. **25** Ibid., 2:377; Doenitz, *Memoirs*, 341. **26** Gretton, *Crisis Convoy*, 159-76. **27** 1943년 4월 11일 되니츠와 히틀러의 회담 장면은 *Fuehrer Conferences on Naval Affairs* (Annapolis: USNI, 1990), 2:20에 묘사되어 있다. Padfield, *War Beneath the Sea*, 220도 참고. **28** Frederic C. Lane, *Ships for Victory: A History of Shipbuilding Under the U.S. Maritime Commission in World War II* (Baltimore: Johns Hopkins University Press, 1951, 2001), 138-44; GCM to FDR, Feb. 18, 1942, Franklin D. Roosevelt Library, Hyde Park, NY, Secretary's File, box 3. 언급한 영국 역사학자는 Max Hastings 다. 그의 저서 *Retribution: The Battle for Japan, 1944-45* (New York: Alfred A. Knopf, 2008), 96 참고. **29** Lane, *Ships for Victory*, 72-74. **30** Ibid., 257. **31** Ibid., 214. **32** Ibid., 145, 207. **33** Craig L. Symonds, *Neptune: The Allied Invasion of Europe and the D-Day Landings* (New York: Oxford University Press, 2014), 159-60; Lane, *Ships for Victory*, 144, 149, 167; Padfield, *War Beneath the Sea*, 276. 인용문의 출처는 다음과 같다. Knox to Stimson, Feb. 8, 1943, *Papers of George Catlett Marshall*, ed. Larry I. Bland (Baltimore: Johns Hopkins University Press, 1996), 3:535n; King to Stark, Aug. 29, 1942, Commander U.S. Naval Forces Europe [Stark] Subject File, RG 313, box 24, NA; and WSC to FDR, Oct. 31, 1942, in *Roosevelt and Churchill* (New York: E. P. Dutton, 1975), 262-63. 이 편지는 처칠이 많은 선박을 잃은 '고통'에 대해 언급했던 바로 그 편지다. **34** Clay Blair, *Silent Victory: The U.S. Submarine War Against Japan* (Philadelphia: J. B. Lippinco, 1975), 109-12. **35** 인용문의 출처는 William Coffey의 구술사 (OH 00833), NMPW, 7. 다음도 참고. Buford Rowland and William B. Boyd, *U.S. Navy Bureau of Ordnance in World War II* (Washington, DC: Bureau of Ordnance, 1953), 90; Robert Gannon, *Hellions of the Deep: The Development of American Torpedoes in World War II* (University Park, PA: Penn State University Press, 1996), 75-76; Blair, *Silent Victory*, 169-70; and Mark P. Parillo, *The Japanese Merchant Marine in World War II* (Annapolis: USNI, 1993), 204. **36** 나르왈함 관련 이야기는 Blair, *Silent Victory*, 319에 나온다. 인용문의 출처는 다음과 같다. Edward L. Beach, *Submarine!* (New York: Pocket Books, 1946), 21. **37** Samuel Eliot Morison, *Coral Sea, Midway, and Submarine Actions, May 1942-August 1942* (Boston: Li le, Brown, 1949), 189. **38** David B. Bell 구술사 (OH 00646), 20, NMPW. **39** Ibid., 3; Edward M. Hary 구술사(OH00830), 2와 Wiley Davis 구술사(OH 00843), 1, 모두 NMPW. **40** Blair, *Silent Victory*, 109; Corwin Mendenhall, *Submarine Diary* (Annapolis: Naval Institute Press, 1991), 8 (entry of Dec. 9, 1942); and Coffey 구술사, 10, NMPW. **41** Davis 구술사, 11과 Tim Dearman 구술사(OH 00533), 10, 둘 다 NMPW. **42** 피해자들에게 미안함을 느낀다고 보고한 장교는 커틀피시함Cuttlefish의 David. B. Bell 중령이다. 이 발언의 출처는 그의 구술사, 16. **43** 부요마루함의 생존자에게 모턴 중령이 기관총을 발사하라고 했다는 사례는 다음에서 인용했다. Richard H. O'Kane, *Wahoo: The Patrols of America's Most Famous World War II Submarine* (Novato, CA: Presidio Press, 1987), 150-54. 다음도 참고. Blair, *Silent Victory*, 384-85; and Don Keith, *Undersea Warrior: The World War II Story of "Mush" Morton and the USS Wahoo* (New York: New American Library, 2011), 168-73.

44 Bell 구술사, 16. 1942~43년 미국군 잠수함의 정찰 통계는 다음을 참고. Blair, *Silent Victory*, 부록 F, 900-983. 미국군 잠수함이 일본 선박 및 화물에 입힌 손실에 대한 자세한 분석은 다음을 참고. *Japanese Naval and Merchant Shipping Losses During World War II by All Causes* (Washington, DC: Government Printing Office, 1947), 29-37, 1942년 자료. 역사학자 블레어의 발언은 Blair, *Silent Victory*, 360에서 인용했다. **45** Blair, *Silent Victory*, 275-78; Charles A. Lockwood and Hans Christian Adamson, *Hellcats of the Sea* (New York: Greenberg, 1955), 3-23. 화가 난 함장은 Edward L. Beach다. 그의 발언은 *Submarine!*, 21에서 인용했다. **46** Charles A. Lockwood, *Sink 'Em All: Submarine Warfare in the Pacific* (New York: E. P. Dutton, 1951), 93-95; Blair, *Silent Victory*, 435-39. **47** Samuel Eliot Morison, *Breaking the Bismarcks Barrier, 22 July 1942-1 May 1944* (Boston: Little, Brown, 1950), 66; Blair, *Silent Victory*, 부록 F; Gannon, *Hellions of the Deep*, 89. **48** Blair in *Hitler's U-Boat War: The Hunted*, 338-39, 353-54. 되니츠 제독의 발언은 *Memoirs*, 342-43과 Padfield in *War Beneath the Sea*, 371에서 인용했다.

18장 항공기와 호송대

1 Wesley Frank Craven and James Lea Cate, *Army Air Forces in World War II*, vol. 4: *The Pacific: Guadalcanal to Saipan* (Chicago: University of Chicago Press, 1950), 136-37; Bruce Gamble, *Fortress Rabaul: The Battle for the Southwest Pacific, January 1942-April 1943* (Minneapolis: Zenith Press, 2010), 303. **2** John Prados, *Storm over Leyte: The Philippine Invasion and the Destruction of the Japanese Navy* (New York: New American Library, 2016), 39-40; Lex McAulay, *Battle of the Bismarck Sea* (New York: St. Martin's Press, 1991), 47-48. **3** Craven and Cate, *Army Air Forces in World War II*, 4:140-41. 일본군 승무원은 Masuda Reij다. 그의 견해는 다음을 참고. Haruko Taya Cook and Theodore F. Cook, eds., *Japan at War: An Oral History* (New York: New Press, 1992), 301. **4** Cook and Cook, *Japan at War*, 301-2; McAulay, *Battle of the Bismarck Sea*, 77, 120-22; Thomas E. Griffith, *MacArthur's Airman: General George C. Kenney and the War in the Southwest Pacific* (Lawrence: University of Kansas Press, 1998), 106-8. 마스다의 설명은 다음을 참고. Cook and Cook, eds., *Japan at War*, 302. **5** McAulay, *Battle of the Bismarck Sea*, 102-3, 138; Gamble, *Fortress Rabaul*, 310-11; Griffith, *MacArthur's Airman*, 106-7; Samuel Eliot Morison, *Breaking the Bismarcks Barrier*, vol. 6 of *History of United States Naval Operations in World War II* (Boston: Little, Brown, 1950), 62. **6** McAulay, *Battle of the Bismarck Sea*, 136, 155; Gamble, *Fortress Rabaul*, 312-15. 맥아더 장군은 조종사들의 보고를 토대로 자신의 부대가 구축함 또는 경순양함 6척과 상선 22척을 격침했다는 보도자료를 냈다. 이 추정치가 크게 부풀려졌다는 것이 밝혀졌을 때도 맥아더 장군은 자신의 보고서에 이의를 제기하는 사람은 누구라도 군의 징계를 받을 것임을 시사했다. 케니 소장은 자서전 *General Kenney Reports* (New York: Duell, Sloan and Pearce, 1949), 205-6에서 이 부풀려진 수치를 그대로 수용했다. **7** Gamble, *Fortress Rabaul*, 320-21; Matome Ugaki, *Fading Victory: The Diary of Admiral Matome Ugaki, 1941-1945* (Pittsburgh: University of Pittsburgh Press, 1991), 216, 320 (diary entries of Dec. 29, 1942, and Apr. 3, 1943). **8** Ugaki, *Fading Victory* (diary entry of Apr. 16, 1943), 348-49; Gamble, *Fortress*

Rabaul, 316-18. **9** Gamble, *Fortress Rabaul*, 323-27; Ian W. Toll, *The Conquering Tide: War in the Pacific Islands, 1942-1944* (New York: W. W. Norton, 2015), 202-3. **10** Stephen S. Roskill, *The War at Sea, 1939-1945* (London: HMSO, 1956), 2:423. **11** Carroll V. Glines, *Attack on Yamamoto* (New York: Orion Books, 1990), 1-2. **12** Edwin T. Layton, with Roger Pineau and John Costello, *"And I Was There": Pearl Harbor and Midway — Breaking the Secrets* (New York: William Morrow, 1985), 475. **13** Glines, *Attack on Yamamoto*, 27-39. **14** P-38 항공기 조종사 Rober Ames의 발언은 다음 자료에서 인용했다. "The Death of Yamamoto," 1988년 4월 16일 텍사스 프레더릭스버그에서 개최된 심포지엄 자료, NMPW. **15** 랜피어는 이 사건의 보고서에서 자신이 야마모토 제독이 탑승한 첫 번째 베티 폭격기를 격추했다고 주장했고, 1966년 12월에 *Reader's Digest*에 쓴 글("I Shot Down Yamamoto")에서도 이 주장을 반복했다. 그러나 나중에 다른 미국인 조종사들의 증언과 이를 목격한 일본군 제로 전투기 조종사 Kenji Yanagiya 의 증언에 의해, 랜피어가 아니라 뒤에서 공격했던 바버가 첫 번째 베티 폭격기를 격추한 것으로 밝혀졌다. *Popular Aviation*, March/April 1967에 Besby Holmes의 명의로 "Who Really Shot Down Yamamoto?"라는 제목의 글이 실렸다. 두 글 모두 다음에 수록. Clines, *Attack on Yamamoto*, 63-65, 70-73 (152-53도 참고). 한편 1988년 4월 16일, 텍사스 프레더릭스버그에서 개최된 심포지엄에서는 당시까지 생존한 모든 조종사가 야마모토 제독이 탑승한 첫 번째 베티 폭격기를 격추한 사람은 랜피어가 아니라 바버이며, 바버는 두 번째 베티 폭격기 격추에도 (홈스와 함께) 절반의 공이 있다는 데 의견을 모았다. **16** Glines, *Attack on Yamamoto*, 110-11. **17** Alan J. Levine, *The War Against Rommel's Supply Lines, 1942-1943* (Westport, CT: Praeger, 1999), 147-48; I. S. O. Playfair and C. J. C. Molony, *The Mediterranean and Middle East*, vol. 4: *The Destruction of the Axis Forces in Africa* (London: HMSO, 1966), 240, 246; Richard Hammond, "Fighting Under a Different Flag: Multinational Naval Cooperation and Submarine Warfare in the Mediterranean, 1940-1944," *JMH*, April 2016, 452. **18** Playfair and Molony, *The Mediterranean and Middle East*, 407-8 (커닝햄 제독의 발언은 410에서 인용했다); Levine, *The War Against Rommel's Supply Lines*, 150-54, 160. Robert S. Ehlers Jr., *The Mediterranean Air War: Airpower and Allied Victory in World War II* (Lawrence: University of Kansas Press, 2015), 278, 282도 참고. **19** 이탈리아 구축함의 손실에 대해서는 다음을 참고. Marc'Antonio Bragadin, *The Italian Navy in World War II* (Annapolis: USNI, 1957), 249. 되니츠 제독과 리카르디 제독 사이의 대화는 다음에서 인용했다. "Conference at Supermarina, 12 May 1943," in *Fuehrer Conferences on Naval Affairs* (Annapolis: USNI, 1990), 323. **20** Playfair and Molony, *The Mediterranean and Middle East*, 411-16; Ehlers, *The Mediterranean Air War*, 287. **21** Ibid., 424, 460; Andrew B. Cunningham, *A Sailor's Odyssey* (New York: E. P. Dutton, 1951), 529-30. 역사학자 Robert S. Ehlers Jr.에 따르면(*The Mediterranean Air War*, 2) 연합군은 독일군 10만 1784명, 이탈리아군 8만 9442명, 그리고 국적이 명확하지 않은 4만 7017명을 포로로 잡았는데, 이들 모두가 부상자는 아니었다. 하지만 이 기록에는 포로로 잡힌 부상자 수가 포함되지 않았다. 미국의 기록은 포로 수를 총 27만 명으로 명시했는데, 이 수치는 부풀려진 것일 수 있다. 다음을 참고. "Conference at Supermarina, 12 May 1943," 322. **22** Rick Atkinson, *An Army at Dawn: The War in North Africa, 1942-1944* (New York: Henry Holt, 2002), 536-39. **23** 1943년 1월 18일의 이 연합국 지도자 및 참모 회동에 대해서는 다음을 참고. *FRUS*, Special Conferences Series,

1:598, 628-34, 678, 689. 다음도 참고. Carlo D'Este, *Bitter Victory: The Battle for Sicily, 1943* (New York: E. P. Dutton, 1988), 31-52. **24** 이 구절의 출처는 해리 버처의 일기(entry of July 11, 1943)다. Harry C. Butcher, *My Three Years with Eisenhower* (New York: Simon and Schuster, 1946), 357. **25** Denis Smyth, *Deathly Deception: The Real Story of Operation Mincemeat* (New York: Oxford University Press, 2013); Bragadin, *The Italian Navy in World War II*, 253; "Report to the Fuehrer, 14 May 1943," in *Fuehrer Conferences*, 327. **26** Samuel Eliot Morison, *Sicily- Salerno-Anzio, January 1943-June 1944* (Boston: Little, Brown, 1954), 229. **27** 1943년 5월 13, 14, 21일에 있었던 여러 지도자들과 참모들의 몇몇 회담 장면은 다음을 참조. *FRUS*, Special Conferences Series, 3:41-44, 53-54, 348.

19장 시칠리아 상륙 작전

1 Bernard Fergusson, *The Watery Maze: The Story of Combined Operations* (New York: Holt, Rinehart, and Winston, 1961), 221; Carlo D'Este, *Bitter Victory: The Battle for Sicily* (New York: E. P. Dutton, 1988), 76-77. **2** D'Este, *Bitter Victory*, 115-16; C. J. C. Molony, *The Mediterranean and Middle East*, vol. 5: *The Campaign in Sicily* (London: HMSO, 1973), 5:25; Cunningham to Pound, Apr. 28, 1942 (John Winton, *Cunningham* (London: John Murray, 1998), 311에서 인용); Diary of George Patton (entry of Apr. 29, 1942), in *The Patton Papers, 1940-1945*, ed. Martin Blumenson (Boston: Houghton Mifflin, 1974), 2:236. **3** Stephen S. Roskill, *The War at Sea, 1939-1945* (London: HMSO, 1961), 3 (part 1): 107. **4** Molony, *The Mediterranean and Middle East*, 5:29-34. 전투 편성은 다음을 참고. D'Este, *Bitter Victory*, 부록 B, 584-91. **5** Andrew B. Cunningham, *A Sailor's Odyssey* (New York: E. P. Dutton, 1951), 493, 524. **6** Ibid., 547-48, 553; Philip Vian, *Action This Day: A War Memoir* (London: Frederick Muller, 1960), 106; Molony, *The Mediterranean and Middle East*, 5:53; I. S. O. Playfair, *The Mediterranean and Middle East*, vol. 4: *The Germans Come to the Help of Their Ally* (London: HMSO, 1966), 4: 부록 5, 482. **7** 트러스콧 소장의 작전 실행 보고서는 Samuel Eliot Morison, *Operations in North African Waters* (Boston: Little, Brown, 1947), 123에서 인용. **8** Craig L. Symonds, *Neptune: The Allied Invasion of Europe and the D-Day Landings* (New York: Oxford University Press, 2014), 152-55; Winston S. Churchill, *Closing the Ring* (Boston: Houghton Mifflin, 1951), 28. **9** Lucian Trusco, *Command Missions: A Personal Story* (New York: E. P. Dutton, 1954), 202. **10** Symonds, *Neptune*, 150; Charles C. Roberts Jr., *The Boat at Won the War: An Illustrated History of the Higgins LCVP* (Annapolis: USNI, 2017). **11** Samuel Eliot Morison, *Sicily-Salerno-Anzio, January 1943- June 1944* (Boston: Little, Brown, 1954), 106; Symonds, *Neptune*, 210, 210n. **12** D'Este, *Bitter Victory*, 157; Cunningham, *A Sailor's Odyssey*, 534-35; H. Kent Hewitt, "Naval Aspects of the Sicilian Campaign," *Proceedings*, July 1953, 707. **13** Rear Admiral Alan Goodrich Kirk 구술사, Columbia University, 198. **14** Trusco, *Command Missions*, 203-4. **15** Ibid. **16** Roskill, *The War at Sea*, 3 (part 1): 116-17; 커크 장군과 패튼 중장 발언의 출처는 Morison, *Sicily-Salerno-Anzio*, 16-17, 22, 61. 홀 소장 발언의 출처는 그의 구술사 Columbia University, 173. 휴잇 중장 발언

의 출처는 그가 쓴 "Naval Aspects of the Sicilian Campaign," 714. **17** Rick Atkinson, *The Day of Battle: The War in Sicily and Italy, 1944-1945* (New York: Henry Holt, 2007), 75-78. **18** Action Report, Western Naval Task Force, Operation Husky, NHHC, 36; Atkinson, *The Day of Battle*, 65-66; Cunningham, *A Sailor's Odyssey*, 544; Trusco, *Command Missions*, 209. **19** U.S. Office of Naval Intelligence, *Sicilian Campaign* [*Combat Narrative*] (Washington, DC: U.S. Navy, 1945), 117-18; Morison, *Sicily-Salerno-Anzio*, 65-66. **20** Albert N. Garland and Howard M. Smith, *The Mediterranean Theater of Operations: Sicily and the Surrender of Italy* (Washington, DC: Office of the Chief of Military History, 1965), 125; U.S. Office of Naval Intelligence, *The Sicilian Campaign*, 28; Hugh Pond, *Sicily* (London: William Kimber, 1962), 72. **21** Morison, *Sicily-Salerno-Anzio*, 80. **22** Trusco, *Command Missions*, 196, 212; Jack Belden, *Still Time to Die* (New York: Harper and Bros., 1943), 251-52; D'Este, *Bitter Victory*, 255-57. **23** Garland and Smith, *The Mediterranean Theater of Operations: Sicily and the Surrender of Italy*, 128; Morison, *Sicily-Salerno-Anzio*, 81. **24** U.S. Office of Naval Intelligence, *The Sicilian Campaign*, 7, 24, 33; D'Este, *Bitter Victory*, 254-59, 264n; Molony, *The Mediterranean and Middle East*, 5:63. **25** Molony, *The Mediterranean and Middle East*, 5:59-62; Atkinson, *Day of Battle*, 87; Mark Zuehlke, *Operation Husky: The Canadian Invasion of Sicily, July 10-August 7, 1943* (Vancouver: Douglas and McIntyre, 2008), 107. **26** Morison, *Sicily-Salerno-Anzio*, 30-31, 84-85. **27** Ibid., 100-101, 107-8; U.S. Office of Naval Intelligence, *The Sicilian Campaign*, 39-42; Zuehlke, *Operation Husky*, 112. **28** Belden, *Still Time to Die*, 267; John Mason Brown, *To All Hands: An Amphibious Adventure* (New York: Whi lesey House, 1943), 148; Morison, *Sicily-Salerno-Anzio*, 106, 108. **29** D'Este, *Bitter Victory*, 285-89; Atkinson, *Day of Battle*, 100. **30** Robert L. Clifford and William J. Maddocks, "Naval Gun re Support of the Landings in Sicily," monograph No. 5 (Oct. 1984), 45th Infantry Division Museum, Oklahoma City, 25-26, 30; U.S. Office of Naval Intelligence, *The Sicilian Campaign*, 69; Atkinson, *Day of Battle*, 103; Morison, *Sicily-Salerno-Anzio*, 113, 117. **31** U.S. Office of Naval Intelligence, *The Sicilian Campaign*, 4-10; Hewitt, "Naval Aspects of the Sicilian Campaign," 710. **32** D'Este, *Bitter Victory*, 296; Morison, *Sicily-Salerno-Anzio*, 111-13; George S. Patton, *War as I Knew It* (Boston: Houghton Mifflin, 1947), 59. **33** Morison, *Sicily-Salerno-Anzio*, 118; Hewitt, "Naval Aspects of the Sicilian Campaign," 718. **34** D'Este, *Bitter Victory*, 412-27; Morison, *Sicily-Salerno-Anzio*, 179-85; Butcher (diary entry of Aug. 2, 1943) in Harry C. Butcher, *My Three Years with Eisenhower* (New York: Simon and Schuster, 1946), 376. 미국 방문자는 켄트 휴잇 제독이다. H. Kent Hewitt, *The Memoirs of Admiral H. Kent Hewitt*, ed. Evelyn Cherpak (Newport, RI: Naval War College Press, 2004), 192. **35** D'Este, *Bitter Victory*, 476-81; Cunningham, *A Sailor's Odyssey*, 554. **36** Morison, *Sicily-Salerno-Anzio*, 209-18.

20장 두 해군의 몰락

1 Albert N. Garland and Howard McGaw Smith, *The Mediterranean Theater of Operations: Sicily and the Surrender of Italy* (Washington, DC: Office of the Chief of Military History, 1965), 440-

41, 443. **2** WSC to FDR, July 29 and 31, 1943, in Winston S. Churchill, *Closing the Ring* (Boston: Houghton Mifflin, 1951), 61, 64. **3** DDE to CCS, July 18, 1943, *FRUS*, The Conferences at Washington and Quebec (1943), 1056; Samuel Eliot Morison, *Sicily-Salerno-Anzio, January 1943-June 1944* (Boston: Little, Brown, 1954), 238. **4** CCS to DDE, Aug. 18, 1943, and Conference Minutes, Aug. 21, 1943, 둘 다 *FRUS*, The Conferences at Washington and Quebec, 1061, 1072, 1073, 1075; 여기에서 인용문의 강조('항복') 처리가 되어 있다. Garland and Smith, *Sicily and the Surrender of Italy*, 445, 459; D. K. R. Crosswell, *Beetle: The Life of General Walter Bedell Smith* (Lexington: University of Kentucky Press, 2010), 472-73. **5** Garland and Smith, *Sicily and the Surrender of Italy*, 459. **6** 히틀러와 되니츠 제독은 1943년 7월 17일과 8월 1~3일에 이 회의를 했다. 다음을 참고. *Fuehrer Conferences on Naval Affairs* (Annapolis: USNI, 1990), 343-44, 352-53. **7** 히틀러와 되니츠 제독은 1943년 8월 9일과 11일에 이 논의를 했다. 다음을 참고. *Fuehrer Conferences*, 359-60; Antonio Bragadin, *The Italian Navy in World War II* (Annapolis: USNI, 1957), 310. **8** DDE to Smith, Sept. 8, 1943, *PDDE*, 3:1401-2; Garland and Smith, *Sicily and the Surrender of Italy*, 466-67, 474-76. **9** Garland and Smith, *Sicily and the Surrender of Italy*, 483; Bragadin, *The Italian Navy in World War II*, 310. The Instrument of Surrender, Aug 26, 1943, 이 자료는 *FRUS*, 워싱턴과 퀘벡에서 개최된 컨퍼런스 자료, 1162-64에 수록되었다. **10** Bragadin, *The Italian Navy in World War II*, 311; Garland and Smith, *The Mediterranean Theater of Operations*, 480; Jack Greene and Alessandro Massignani, *The Naval War in the Mediterranean, 1940-1943* (Annapolis: USNI, 2002), 299. **11** Greene and Massignani, *The Naval Air War in the Mediterranean*, 299; Garland and Smith, *Sicily and the Surrender of Italy*, 508. **12** 아이젠하워의 라디오 방송 연설 출처는 *PDDE*, 3:1402n. **13** Garland and Smith, *Sicily and the Surrender of Italy*, ch. 9; Ralph S. Mavrogordata, "Hitler's Decision on the Defense of Italy," in *Command Decisions*, ed. Kent Roberts Green eld (Washington, DC: Office of the Chief of Military History, 1960), 315. **14** Badoglio to DDE, Sept. 8, 1943, PDDE, 3:1403. **15** DDE to Badoglio, Sept. 8, 1943, *PDDE*, 3:1403; Garland and Smith, *Sicily and the Surrender of Italy*, 510-12, 524, 543; Greene and Massignani, *The Naval War in the Mediterranean*, 1940-1943, 300-301. **16** Bragadin, *The Italian Navy in World War II*, 312, 313. 당시 해군 사령관 Bragadin은 방에 있었고, 이 광경을 목격했다. **17** Morison, *Sicily-Salerno-Anzio*, 243; Bragadin, *The Italian Navy in World War II*, 316. **18** 인용한 목격자 발언의 출처는 다음과 같다. Greene and Massignani in *The Naval Air War in the Mediterranean*, 305; Bragadin, *The Italian Navy in World War II*, 318; Morison, *SicilySalerno-Anzio*, 243; Stephen S. Roskill, *The War at Sea, 1939-1945* (London: HMSO, 1960), 3 (part 1): 167. **19** Morison, *Sicily-Salerno-Anzio*, 236. **20** Garland and Smith, *Sicily and the Surrender of Italy*, 533; Greene and Massignani, *The Naval Air War in the Mediterranean*, 304-5, 307. **21** Benito Mussolini, *Memoirs, 1942-1943*, ed. Raymond Klibansky (New York: Howard Fertig, 1975), 78-79. **22** "Report by the Combined Sta Planners at Quebec," Aug. 26, 1943, in *FRUS*, The Conferences at Washington and Quebec, 1134. **23** Morison, *Sicily-Salerno-Anzio*, 253; H. Kent Hewitt, "The Allied Navies at Salerno," *Proceedings*, Sept. 1953, 965; John L. Hall Jr. 구술사, Columbia University, 147. **24** Mavrogordata, "Hitler's Decision on the Defense of Italy," 317-19. **25** Carlo D'Este, *Fatal Decision: Anzio and the Battle for Rome* (New York: HarperCollins,

1991), 36–38, 41; Morison, *Sicily–Salerno–Anzio*, 250, 265. 영국군 해변에는 15분 정도의 폭격이 있었지만, 미국군 해변에는 폭격이 없었다. **26** Morison, *Sicily–Salerno–Anzio*, 266–68. 연합군 병사의 발언은 Rick Atkinson in *The Day of Battle: The War in Sicily and Italy, 1943–1944* (New York: Henry Holt, 2013), 205에서 인용. **27** Andrew B. Cunningham, *A Sailor's Odyssey* (New York: E. P. Dutton, 1951), 571; Roskill, *The War at Sea*, 3 (part 1): 172, 177; Morison, *Sicily–Salerno–Anzio*, 276–78. **28** Corelli Barne, *Engage the Enemy More Closely* (New York: W. W. Norton, 1991), 659–60; Cunningham, *A Sailor's Odyssey*, 571; Roskill, *The War at Sea*, 3 (part 1): 155; Atkinson, *Day of Battle*, 213. **29** DDE to GCM, Sept. 13, 1943, *PDDE* 3:1411; C. J. C. Molony, *The Mediterranean and Middle East* (London: HMSO, 1973), 5 :28; Atkinson, *The Day of Battle*, 205. **30** Hewitt, "The Allied Navies at Salerno," 969. **31** Morison, *Sicily–Salerno–Anzio*, 290; Roskill, *The War at Sea*, 3 (part 1): 178–79; Cunningham, *A Sailor's Odyssey*, 568–69, 571. **32** Morrison, *Sicily–Salerno–Anzio*, 296; Greene and Massignani, *The Naval War in the Mediterranean*, 302. **33** Cunningham, *A Sailor's Odyssey*, 571. **34** 히틀러 발언의 출처는 "Notes Taken at Conferences on Feb. 26, 1943," *Fuehrer Conferences on Naval Affairs*, 311. **35** David Woodward, *The Tirpitz and the Battle for the North Atlantic* (New York: W. W. Norton, 1953), 147–48; Michael Ogden, *The Battle of North Cape* (London: William Kimber, 1962), 43; John Winton, *The Death of the Scharnhorst* (New York: Hippocrene Books, 1983), 40–41. **36** Roskill, *The War at Sea*, 3 (part 1): 65–66; Woodward, *The Tirpitz and the Battle for the North Atlantic*, 152–53; Barnett, *Engage the Enemy More Closely*, 734–36. **37** Woodward, *The Tirpitz and the Battle for the North Atlantic*, 154–56; G. H. Benne, J. E. Harrold, and R. Porter, *Hunting Tirpitz: Royal Naval Operations Against Bismarck's Sister Ship*, Britannia Naval Histories of World War II (Plymouth: University of Plymouth Press, 2012), 196–97; Roskill, *The War at Sea*, 3 (part 1): 67. **38** Albert Vulliez and Jacques Mordal, *Battleship Scharnhorst* (Fair Lawn, NJ: Essential Books, 1958), 198–202; Woodward, *The Tirpitz and the Battle for the North Atlantic*, 156–57. 포로가 된 캐머런 중위와 플레이스 중위는 모두 전쟁에서 살아남아 나중에 빅토리아 십자 훈장을 받았다. **39** Woodward, *The Tirpitz and the Battle for the North Atlantic*, 150–59; Roskill, *The War at Sea*, 3 (part 1): 68; "Conference Minutes of the C–in–C Navy," Sept. 25, 1943, *Fuehrer Conferences*, 369; Barnett, *Engage the Enemy More Closely*, 737. **40** Churchill, *Closing the Ring*, 163–64; Christopher M. Bell, *Churchill and Sea Power* (New York: Oxford University Press, 2013), 262–63; Max Hastings, *Winston's War: Churchill, 1940–1945* (New York: Alfred A. Knopf, 2010), 211, 218; Winton, *Death of the Scharnhorst*, 45–46. **41** Winton, *Death of the Scharnhorst*, 46–47; Churchill, *Closing the Ring*, 270–74. **42** B. B. Schofield, *The Russian Convoys* (Philadelphia: Dufour Editions, 1964), 164. **43** 아카이브 버전에서는 이 메모의 날짜가 1944년 1월 8일로 잘못 기재되어 있지만, 출판된 버전에서는 1943년 12월 19~20일로 정확하게 기재되어 있다. *Fuehrer Conferences on Naval Affairs*, 373–74. **44** Karl Doenitz, *Memoirs: Ten Years and Twenty Days* (Annapolis: USNI, 1958), 375; Ogden, *The Battle of North Cape*, 101; Vulliez and Mordal, *Battleship Scharnhorst*, 212; Winton, *Death of the Scharnhorst*, 79. **45** Ogden, *The Battle of North Cape*, 97–103; A. J. Watts, *The Loss of the Scharnhorst* (London: Ian Allan, 1970), 26–27; Vulliez and Mordal, *Battleship Scharnhorst*, 216. **46** Ogden, *The Battle of North Cape*, 103;

Schofield, *The Russian Convoys*, 172. 전쟁이 끝난 후 되니츠 제독은 이렇게 썼다. "나 자신은 샤른호르스트함을 단독으로 출격시킨 것을 실수라고 생각했지만, 나와 참모들은 총사령관[베이 제독]의 작전 지시를 방해할 이유가 없다고 생각했다." Karl Doenitz, *Memoirs: Ten Years and Twenty Days* (Annapolis: USNI, 1958), 378. **47** Schofield, *The Russian Convoys*, 172; Winton, *The Death of the Scharnhorst*, 67; Roskill, *The War at Sea*, 3 (part 1): 80. **48** Winton, *The Death of the Scharnhorst*, 85–86. **49** Watts, *The Loss of the Scharnhorst*, 26–27, 38; Vulliez and Mordal, *Battleship Scharnhorst*, 220; Doenitz, *Memoirs*, 380; Derek Howse, *Radar at Sea: The Royal Navy in World War 2* (Annapolis: USNI, 1993), 188; Ogden, *The Battle of North Cape*, 122–25; Winton, *Death of the Scharnhorst*, 82–83. **50** Schofield, *The Russian Convoys*, 178–79; Roskill, *The War at Sea*, 3 (part 1): 85. **51** Vulliez and Mordal, *Battleship Scharnhorst*, 225. **52** Ibid., 228–34; Roskill, *The War at Sea*, 3 (part 1): 87; Ogden, *The Battle of North Cape*, 186; Winton, *Death of the Scharnhorst*, 77. 이 함포수는 George Gilroy이며, 그의 발언은 Richard R. Lawrence, *The Mammoth Book of Eyewitness Naval Battles* (New York: Carroll and Graf, 2003), 481에서 인용했다. **53** Watts, *The Loss of the Scharnhorst*, 48–50; Schofield, *The Russian Convoys*, 179. Merry의 발언은 Winton, *Death of the Scharnhorst*, 1에서 인용했다.

21장 방어선 돌파

1 James C. Shaw, "Introduction," in Samuel Eliot Morison, *Aleutians, Gilberts, and Marshalls* (Boston: Little, Brown 1954); Ian Toll, *The Conquering Tide: War in the Pacific Islands, 1942–1944* (New York: W. W. Norton, 2015), 300–305; Alex Vraciu 구술사(OH03808), NMPW, 22. **2** Morison, *Aleutians, Gilberts, and Marshalls*, 22–66. **3** Bob Barne 구술사(OH00702), NMPW; Robert Sherrod, *Tarawa: The Story of a Battle* (Fredericksburg, TX: Admiral Nimitz Foundation, 1973, orig. 1944), 57; John L. Chew, "Some Shall Escape," *Proceedings*, Aug. 1945, 887; John F. Wukovits, *Tin Can Titans* (Boston: Da Capo, 2017), 123. **4** 맥아더 장군의 전기 중 가장 긴 것은 D. Clayton James, *The Years of MacArthur* (New York: Houghton Mifflin, 1970)이고, 단권 전기 중 가장 훌륭한 것은 William Manchester, *American Caesar: Douglas MacArthur, 1880–1964* (Boston: Little, Brown, 1978)이다. 짧은 것 중 잘 쓰인 것은 Richard B. Frank, *MacArthur: Lessons in Leadership* (New York: Palgrave Macmillan, 2007)이다. **5** Max Hastings, *Retribution: The Battle for Japan, 1944–45* (New York: Alfred A. Knopf, 2008), 23. **6** Thomas Alexander Hughes, *Admiral Bill Halsey: A Naval Life* (Cambridge, MA: Harvard University Press, 2016), 259. **7** William F. Halsey and J. Bryan, *Admiral Halsey's Story* (New York: McGraw-Hill, 1947), 154–55, 189–90; Jonathan W. Jordan, *American Warlords: How Roosevelt's High Command Led America to Victory in World War II* (New York: Random House, 2016), 320–21; Toll, *The Conquering Tide*, 220–22. **8** Samuel Eliot Morison, *Breaking the Bismarcks Barrier* (Boston: Little, Brown, 1950), 284–86. 햐쿠타케 대장의 발언은 다음에서 인용했다. John Miller Jr. in *Cartwheel: The Reduction of Rabaul* (Washington, DC: Office of the Chief of Military History, 1959), 239. **9** U.S. Office of Naval Intelligence, *The Bougainville Campaign and the Battle of*

Empress Augusta Bay, Combat Narratives (Washington, DC: U.S. Navy, 1945), 47-48; Morison, *Breaking the Bismarcks Barrier*, 338-39. **10** C. G. Morris and Hugh B. Cave, *The Fightin'est Ship: The Story of the Cruiser Helena* (New York: Dodd Mead, 1944), 117; Ralph Bailey 구술사(OH00770), NWPW. **11** Miller, *Cartwheel*, 91, 98. **12** Timothy S. Wolters, *Information at Sea: Shipboard Command and Control in the U.S. Navy from Mobile Bay to Okinawa* (Baltimore: Johns Hopkins University Press, 2013), 204-5; Louis Brown, *A Radar History of World War II: Technical and Military Imperatives* (Bristol, England: Institute of Physics, 1999), 368-71; Morison, *Breaking the Bismarcks Barrier*, 160-75; Harry A. Gailey, *Bougainville, 1943-1945: The Forgotten Campaign* (Lexington: University Press of Kentucky, 1991), 29. **13** Morris, *The Fightin'est Ship*, 151-156. **14** Ibid., 156. 이 신문기자는 Duncan Norton-Taylor로, 그의 발언은 Wukovits, *Tin Can Titans*, 145에서 인용했다. John J. Domagalski, *Sunk in Kula Gulf* (Washington, DC: Potomac Books, 2012), 74, 85-90; Morison, *Breaking the Bismarcks Barrier*, 255-57; Chew, "Some Shall Escape," 888. **15** Morison, *Breaking the Bismarcks Barrier*, 180-91. 인용문 출처는 이 책 194다. **16** John Miller Jr.는 *Cartwheel*, 91-164에서 문다섬에서 실시된 지상 작전을 분석했다. 다음도 참고. Toll, *The Conquering Tide*, 231-34. 핼시 제독의 발언은 Halsey and Bryan, *Admiral Halsey's Story*, 170에서 인용했다. **17** Douglas MacArthur, *Reminiscences* (New York: McGraw-Hill, 1964), 169; Morison, *Breaking the Bismarcks Barrier*, 226-27, 238. **18** Morison, *Breaking the Bismarcks Barrier*, 261-68; Frank, *MacArthur*, 82. **19** Miller, *Cartwheel*, 217-21; Morison, *Breaking the Bismarcks Barrier*, 269-75. **20** Gailey, *Bougainville*, 4; Morison, *Breaking the Bismarcks Barrier*, 300; Miller, *Cartwheel*, 246. **21** Morison, *Breaking the Bismarcks Barrier*, 290-91. 연합군 항공 포격 목록은 *The Bougainville Campaign and the Battle of Empress Augusta Bay*, 부록 A (77-78)에 있다. **22** Morison, *Breaking the Bismarcks Barrier*, 290, 3-2-3. 항해사의 발언은 299에서 인용했다. **23** Miller, *Cartwheel*, 236; *The Bougainville Landing and the Battle of Empress Augusta Bay*, 38-43; Gailey, *Bougainville*, 68-69. **24** Tameichi Hara, *Japanese Destroyer Captain: Pearl Harbor, Guadalcanal, Midway — the Great Naval Battles as Seen through Japanese Eyes* (Annapolis: USNI, 1967), 218. **25** Morison, *Breaking the Bismarcks Barrier*, 305-6; Miller, *Cartwheel*, 248-49; E. B. Potter, *Admiral Arleigh Burke: A Biography* (New York: Random House, 1990), 94. **26** Hara, *Japanese Destroyer Captain*, 223. **27** Potter, *Admiral Arleigh Burke*, 97-98; *The Bougainville Landing and the Battle of Empress Augusta Bay*, 60-63; Morison, *Breaking the Bismarcks Barrier*, 315-18. **28** Hara, *Japanese Destroyer Captain*, 224-25; Morison, *Breaking the Bismarcks Barrier*, 320-22. **29** Potter, *Admiral Arleigh Burke*, 99; Halsey and Bryan, *Admiral Halsey's Story*, 183. **30** Morison, *Breaking the Bismarcks Barrier*, 323-30 (인용 출처는 329다); Miller, *Cartwheel*, 232. **31** Miller, *Cartwheel*, 225, 225n; Potter, *Admiral Arleigh Burke*, 102-6. **32** Morison, *Breaking the Bismarcks Barrier*, 401, 406-7; Masatake Okumiya, *Zero* (New York: Dutton, 1956), 222-24. **33** Jordan, *American Warlords*, 281-82. 킹 제독은 서머빌 제독의 정직함을 원망하지 않고 오히려 그를 존경했다. 킹 제독은 나중에 서머빌 제독에게 자신과 이야기하고 싶다면 언제든지 찾아오라고 말하기도 했다. **34** Philip A. Crowl and Edmund G. Love, *Seizure of the Gilberts and Marshalls* (Washington, DC: Office of the Chief of Military History, 1955), 13-14; MacArthur, *Reminiscences*, 173; Jordan, *American Warlords*, 318-19.

35 킹 제독이 전쟁에서 미국 해군의 위상을 높이려 한다는 맥아더 장군의 의심은 옳았다. 킹 제독은 자신의 회고록에서 "해병대와 해군이 새로운 전역을 주도하기 위해 갖은 노력을 기울였다"라고 인정했다. Ernest J. King and Walter Muir Whitehill, *Fleet Admiral King, a Naval Record* (New York: W. W. Norton, 1952), 481. **36** Samuel Eliot Morison, *Aleutians, Gilberts, and Marshalls* (Boston: Little, Brown, 1951), 85; Ashley Halsey Jr., "The CVL's Success Story," *Proceedings*, April 1946, 527. 해군 장관 녹스의 발표는 *New York Times*, Nov. 27, 1943에서 인용했다. **37** Crowl and Love, *Seizure of the Gilberts and Marshalls*, 24; Morison, *Aleutians, Gilberts, and Marshalls*, 91. **38** 뷰얼이 쓴 전기의 전체 제목은 다음과 같다. *The Quiet Warrior: A Biography of Admiral Raymond A. Spruance* (Boston: Little, Brown, 1974). 이 글의 인터뷰 (Sept. 5, 1964) 진행자는 Gordon Prange이다. 다음을 참고. Prange Papers, UMD, box 17. **39** Joseph H. Alexander, *Across the Reef: The Marine Assault of Tarawa, Marines in World War II Commemorative Series* (Washington, DC: Marine Corps Historical Center, 1993), 3. **40** 모리슨이 적었듯이, "며칠 이내에 적을 모두 처리하지 못하면 자신들이 쫓겨나야 했다." Morison, *Aleutians, Gilberts, and Marshalls*, 109. **41** Holland M. Smith, *Coral and Brass* (New York: Charles Scribner's Sons, 1949), 120; Henry I. Shaw, Bernard C. Nalty, and Edwin T. Turnbladh, *Central Pacific Drive* (Washington, DC: Headquarters U.S. Marine Corps, 1966), 30–31; Maynard M. Nohrden, "The Amphibian Tractor, Jack of All Missions," *Proceedings*, Jan. 1946, 17; James R. Stockman, *The Battle for Tarawa* (Washington, DC: Historical Section U.S. Marine Corps, 1947), 4; Crowl and Love, *Seizure of the Gilberts and Marshalls*, 31–33. **42** Alexander, *Across the Reef*, 9. **43** Sherrod, *Tarawa*, 52, 62; John Wukovits, *One Square Mile of Hell: The Battle for Tarawa* (New York: Penguin, 2006), 103–4. **44** Sherrod, *Tarawa*, 41. **45** Alexander, *Across the Reef*, 13; Fred H. Allison, "We Were Going to Win... or Die There," *Naval History*, Oct. 2016, 35. **46** Alexander, *Across the Reef*, 39; Wukovits, *One Square Mile of Hell*, 108. 17명의 일본군(장교 1명, 사병 16명) 외에 129명의 한국인 노동자도 살아남았다. **47** Smith, *Coral and Brass*, 126–28; James D. Hornfischer, *Last Stand of the Tin Can Sailors* (New York: Bantam Books, 2004), 67. **48** *New York Times*, Nov. 27, 1943. 〈타라와에서 해병과 함께〉는 유튜브에서 볼 수 있다.

22장 '크고 느린 표적'

1 James L. McGuinness, "The Three Deuces," *Proceedings*, Sept. 1946, 1157; Roy Carter 구술사, USNA, 6–8. 다음도 참고. Clendel Williams, *Echoes of Freedom: Builders of LSTs, 1942–1945* (Kearney, NE: Morris, 2011), 3; Craig L. Symonds, *Neptune: The Allied Invasion of Europe and the D-Day Landings* (New York: Oxford University Press, 2014), 152–53. **2** George E. Mowry, *Landing Craft and the War Production Board, April 1942 to May 1944* (Washington, DC: War Production Board, 1944), 11–13, 21–22, 34; Symonds, *Neptune*, 157–58. **3** Mowry, *Landing Craft and the War Production Board*, 14–15, 17; Frederic C. Lane, *Ships for Victory: A History of Shipbuilding Under the U.S. Maritime Commission in World War II* (Baltimore: Johns Hopkins University Press, 1951), 183–84, 311; Symonds, *Neptune*, 158–59. **4** H. Kent Hewitt,

"The Allied Navies at Salerno," *Proceedings*, Sept. 1953, 961; Symonds, *Neptune*, 154–55, 63. **5** Jonathan W. Jordan, *American Warlords: How Roosevelt's High Command Led America to Victory in World War II* (New York: Random House, 2016), 312–13. **6** 1943년 9월 24일의 이 회의에 대해서는 *Fuehrer Conferences on Naval Affairs, 1939–1945* (Annapolis: USNI, 1990), 369. **7** Martin Blumenson, *Anzio: The Gamble That Failed* (Philadelphia: J. B. Lippinco, 1963), 34. **8** 1943년 11월 28일 테헤란 회담 첫날 상황은 다음을 참고. Nov. 28, 1943, *FRUS*, Special Conferences Series, 2:487, 490, 500; WSC to British Chiefs of Staff, Dec. 19, 1943, in Winston S. Churchill, *Closing the Ring*, vol. 5 of *The Second World War* (Boston: Houghton Mifflin, 1951), 429. **9** 나는 Martin Blumenson에게서 몇 가지 표현을 빌려왔다. 그는 이렇게 썼다. "거침없는 처칠은 장밋빛 비전으로 자신과 주변 사람들 모두를 현혹했다." Martin Blumenson, *Anzio*, 8–9. 처칠은 나중에, 자신은 3개 사단이 공격하기를 바랐지만 너무 과한 주장을 하다 자기 발언의 힘이 약화될까 우려해 입 밖에 꺼내지 않았다고 밝혔다. Churchill, *Closing the Ring*, 435. 다음도 참고. Samuel Eliot Morison, *Sicily–Salerno–Anzio, January 1943–June 1944* (Boston: Little, Brown, 1954), 324–25. **10** Henry L. Stimson, *On Active Service in Peace and War*, with McGeorge Bundy (New York: Harper and Brothers, 1947), diary entry of Nov. 4, 1943; Carlo D'Este, *Fatal Decision: Anzio and the Battle for Rome* (New York: HarperCollins, 1991), 93; Symonds, *Neptune*, 164–65; Churchill, *Closing the Ring*, 432. **11** C. J. C. Molony, *The Mediterranean and Middle East*, vol. 5: *The Campaign in Sicily* (London: HMSO, 1973), 5:644; D'Este, *Fatal Decision*, 98–99; WSC to Chiefs of Staff, Dec. 26, 1943, in *Closing the Ring*, 434. **12** 해군의 전투 서열은 Morison, *Sicily–Salerno–Anzio*, 부록 III (395–97) 참고. **13** 루커스 소장의 발언은 Blumenson, *Anzio*, 61–62에서 인용됐다. **14** D'Este, *Fatal Decision*, 4, 122–24. **15** Blumenson, *Anzio*, 83–86. **16** D'Este, *Fatal Decision*, 328–29; Theodore C. Wyman, "Red Shingle," *Proceedings*, Aug. 1947, 923–24. **17** WSC to Dill, Feb. 8, 1944, in Churchill, *Closing the Ring*, 487; Blumenson, *Anzio*, 20. **18** DDE to CCS, Jan. 23, 1944, in *PDDE*, 3:1673–75. **19** JCS to DDE, Jan. 25, 1944, in *PDDE*, 3:1691–92n; DDE to JCS, Mar. 9, 1944, in *PDDE*, 3:1763. 다음도 참고. Symonds, *Neptune*, 180–83. **20** Field Marshal Lord Alanbrooke [Alan Brooke], *War Diaries, 1939–1945*, entry of Mar. 29, 1944 (London: Weidenfeld and Nicholson, 2001), 535. 지중해에서 영국-프랑스 해협으로 LST를 이전하라는 의견과 제안에 대해서는 다음을 참고. DDE to the British COS, February 18, 1944, *PDDE*, 3:1732, and GCM to DDE, Mar. 25, 1944, in *Papers of George Catlett Marshall*, ed. Larry I. Bland (Baltimore: Johns Hopkins University Press, 1996), 4:374–75. 다음도 참고. Symonds, *Neptune*, 183. **21** Churchill, *Closing the Ring*, 435. **22** DDE to JCS, Mar. 9, 1944, in *PDDE*, 3:1763–64; DDE to GCM, Mar. 20 and 21, 1944, and DDE, Memo for Diary, Mar. 22, 1944, 모두 *PDDE*, 3:1775, 1777, 1783. 다음도 참고. Symonds, *Neptune*, 178–84. **23** DDE Memo for Diary (Feb. 7, 1944), in *PDDE*, 3:1711–12. **24** Philip A. Crowl and Edmund G. Love, *Seizure of the Gilberts and Marshalls*, The War in the Pacific (Washington, DC: Department of the Army, 1955), 166. 저자는 다른 저서에서 이 목걸이의 은유를 사용했다. Craig L. Symonds, *The Battle of Midway* (New York: Oxford University Press, 2011), 71. **25** Crowl and Love, *The Seizure of the Gilberts and Marshalls*, 206–9; E. B. Potter, *Nimitz* (Annapolis: USNI, 1976), 265. **26** Henry I. Shaw, Bernard C. Nalty, and Edwin T. Turnbladh, *Central Pacific Drive*

(Washington, DC: Headquarters U.S. Marine Corps, 1966), 3:109-11; Samuel Eliot Morison, *Aleutians, Gilberts, and Marshalls, June 1942 — April 1944* (Boston: Little, Brown, 1951), 210; Robert D. Heinl Jr., "The Most-Shot-At Island in the Pacific," *Proceedings*, Apr. 1947, 397-99. **27** Mowry, *Landing Craft and the War Production Board*, 30; Morison, *Aleutians, Gilberts, and Marshalls*, 208-9; Shaw et al., *Central Pacific Drive*, 108-9; Symonds, *Neptune*, 164. **28** Shaw et al., *Central Pacific Drive*, 135; Crowl and Love, *The Seizure of the Gilberts and Marshalls*, 313. **29** Shaw et al., *Central Pacific Drive*, 157; Crowl and Love, *The Seizure of the Gilberts and Marshalls*, 290, 312-13. **30** Shaw et al., *Central Pacific Drive*, 156; Morison, *Aleutians, Gilberts, and Marshalls*, 243-44, 246. **31** James D. Hornfischer, *The Fleet at Flood Tide: America at Total War in the Pacific, 1944-1945* (New York: Bantam Books, 2016), 23; Morison, *Aleutians, Gilberts and Marshalls*, 215-22; H. E. Smith, "I Saw the Morning Break," *Proceedings*, Mar. 1946, 403. **32** Bertram Vogel, "Truk — South Sea Mystery Base," *Proceedings*, Oct. 1948, 1269-75. **33** *New York Times*, June 5 and 6, 1944.

23장 노르망디 상륙 작전

1 W. S. Chalmers, *Full Cycle: The Biography of Admiral Sir Bertram Home Ramsay* (London: Hodder and Stoughton, 1959), 134-36. **2** "Training Schedule of U.S. Naval Advanced Amphibious Training," General File 2002.570, NWWIIM-EC; Ralph A. Crenshaw 구술사, NWWIIM-EC, 5. **3** Nigel Lewis, *Exercise Tiger: The Dramatic True Story of a Hidden Tragedy of World War II* (New York: Prentice Hall, 1990), 4. **4** Ibid., 73-74; Craig L. Symonds, *Neptune: The Allied Invasion of Europe and the D-Day Landings* (New York: Oxford University Press, 2014), 210-12. **5** Lewis, *Exercise Tiger*, 66; Symonds, *Neptune*, 212-13. **6** Lewis, *Exercise Tiger*, 79. **7** Eugene V. Eckstam, "Exercise Tiger," in *Assault on Normandy: First Person Accounts from the Sea Services*, ed. Paul Stilwell (Annapolis: USNI, 1994), 43. **8** Lewis, *Exercise Tiger*, 219-34. 정확한 사망자 수와 관련해서는 다소 논란이 있다. 여기에 제시한 수치는 해군 공식 보고서에 근거한 것이다. 추후에 연구된 바에 따르면 실제로는 슬랩튼샌즈의 추모비에 새겨진 수치인 739명까지 늘어날 수 있다. Symonds, *Neptune*, 210-18 참고. **9** 아이젠하워 장군의 관심사는 DDE to GCM, Apr. 29, 1944, PDDE, 3:1838-39에 나와 있다. 다음도 참고. Com 12th Fleet (Stark) to COMINCH (King), May 2, 1944, 둘 다 ComUSNavEur, Message File, RG 313, box 13, NA. **10** Symonds, Neptune, 221. **11** Ibid., 225-26. **12** Ibid., 226-27. **13** "Suggested Operating Procedures for LCT," Flotilla Nine, in George Keleher File, NWWIIM-EC. **14** Anthony Beevor, *D-Day: The Battle for Normandy* (New York: Penguin, 2009), 11. **15** Carlo D'Este, *Eisenhower: A Soldier's Life* (New York: Henry Holt, 2002), 782 n. 38. **16** Max Hastings, *Overlord: D-Day and the Battle of Normandy* (New York: Simon and Schuster, 1984), 348. 인용문 출처는 Curtis Hansen 구술사, NWWIIM-EC, 6. **17** Symonds, *Neptune*, 252-53. **18** Ibid., 252. **19** Rick Atkinson, *The Guns at Last Light* (New York: Henry Holt, 2013), 57. **20** Executive Officer's Report, USS Nevada, June 23, 1944, Action Reports, USNA; Joseph H. Esclavon 구

술사(14)와 Edwin Gale 구술사(11), 둘 다 NWWIIM-EC. L. Peter Wren and Charles T. Sele, *Battle Born: The Unsinkable USS Nevada* (n.p.: Xlibris, 2008), 43-47도 참고. **21** Symonds, *Neptune*, 272-76. **22** 브라이언트 제독의 호소는 기자 Cecil Carnes에 의해 *Saturday Evening Post* 에 실렸다. 다음에서도 확인할 수 있다. Morison, *The Invasion of France and Germany* (Boston: Little, Brown, 1957), 143. **23** Action Reports, USS McCook, June 27, 1944, USS Doyle, June 8, 1944, and USS Carmick, June 23, 1944, USNA. Symonds, *Neptune*, 290-98 참고. **24** Action Report, USS Carmick, June 23, 1944, USNA. **25** Atkinson, *Guns at First Light*, 73; Adrian Lewis, *Omaha Beach: Flawed Victory* (Chapel Hill: University of North Carolina Press, 2001), 25; Action Report, USS Carmick, June 23, 1944, USNA. **26** Symonds, *Neptune*, 306. **27** Roy Carter 구술사, USNA, 13; Robert T. Robertson 구술사, NWWIIM-EC, 9. Symonds, *Neptune*, 316-17 참고. **28** 오마하 해변에서는 '멀베리 A'가 설치되기 전 3일간 LST가 하루 8502톤의 물량을 하역했다. 멀베리 A가 작동하는 사흘 동안 LST는 하루에 약 200톤이 늘어난 총 8700톤을 하역했다. 그리고 멀베리가 파괴된 지 일주일이 지났을 때 하루에 1만 3211톤씩 들여왔다. Symonds, *Neptune*, 328 참고. **29** Karl Doenitz, *Memoirs: Ten Years and Twenty Days* (Annapolis: USNI, 1958), 396. **30** Doenitz, *Memoirs*, 422-23. **31** Stephen Roskill, *The War at Sea* (London: HMSO, 1961), 3 (part 2): 123-35. **32** DDE to GCM, Sept. 14, 1944, PDDE, 2143-44. 다음도 참고. Terry Copp, *Cinderella Army: The Canadians in Northwest Europe, 1944-1945* (Toronto: University of Toronto Press, 2006), 42-43, 47. **33** Karl Dönitz and Gerhard Wegner, "The Invasion and the German Army," in *Fighting the Invasion: The German Army at D-Day*, ed. David C. Isby (London: Greenhill, 2000), 87. **34** Denis Whitaker and Shelagh Whitaker, *Tug of War: The Allied Victory that Opened Antwerp* (Toronto: Stoddert Publishing, 2000), 272-77, 285-94, 326-29, 349-53. Roskill, *The War at Sea*, 3 (part 2), 147-52 참고. **35** Whitaker and Whitaker, *Tug of War*, 355-83.

24장 임박한 결전

1 Samuel Eliot Morison, *New Guinea and the Marianas* (Boston: Little, Brown, 1964), 6-12. **2** William T. Y'Blood, *Red Sun Setting: The Battle of the Philippine Sea* (Annapolis: USNI, 1981), 16. **3** John Prados, *Storm over Leyte: The Philippine Invasion and the Destruction of the Japanese Navy* (New York: New American Library, 2016), 126. 도요다 제독의 발언은 Charles A. Lockwood with Hans Christian Adamson, *Battles for the Philippine Sea* (New York: Thomas Y. Crowell, 1967), 47에서 인용됐다. **4** Harold J. Goldberg, *D-Day in the Pacific: The Battle of Saipan* (Bloomington: Indiana University Press, 2007), 50; James D. Hornfischer, *The Fleet at Flood Tide: America at Total War in the Pacific, 1944-1945* (New York: Bantam, 2016), 85. Morison, *New Guinea and the Marianas*, 407-11에서 작전에 투입된 해군 부대 관련 표(부록 2) 참고. **5** Morison, *New Guinea and the Marianas*, 171; Hornfischer, *The Fleet at Flood Tide*, 60-61. 목격한 병사는 Carl Matthews로, 그의 발언은 Goldberg, *D-Day in the Pacific*, 48에서 인용했다. **6** Goldberg, *D-Day in the Pacific*, 51. **7** 일본군 조종사의 훈련에 대해서는 다음을 참고. Atsushi

Oi, "The Japanese Navy in 1941," in *The Pacific War Papers: Japanese Documents of World War II*, ed. Donald M. Goldstein and Katherine V. Dillon (Washington, DC: Potomac Books, 2004), 23; Mark R. Peattie, *Sunburst: The Rise of Japanese Naval Air Power, 1909-1941* (Annapolis: USNI, 2001), 133-34. **8** Morison, *New Guinea and the Marianas*, 214; Y'Blood, *Red Sun Setting*, 17; Craig L. Symonds, *The Battle of Midway* (New York: Oxford University Press, 2011), 40-42. **9** Goldberg, *D-Day in the Pacific*, 95; Morison, *New Guinea and the Marianas*, 232-37. 우가키 장군은 6월 15일에 작성한 일기에서 "결전이 시작되기 전에 지상 출격 항공기가 적어도 적 항공 모함의 3분의 1을 격침해야 한다"라고 적었다. Matome Ugaki, *Fading Victory* (Annapolis: USNI, 1991), 402. **10** Morison, *New Guinea and the Marianas*, 221, 224-25, 241, 243; Lockwood and Adamson, *Battles of the Philippine Sea*, 82-82. 비록 Lockwood가 1967년 출판된 자신의 저서 에서 그렇게 말하지 않았지만, 미국군 잠수함들은 진주만에서 전송된 암호 해독을 통해 발견 한 목표를 향해 이동했다. Prados, *Storm over Leyte*, 25 참고. **11** Goldberg, *D-Day in the Pacific*, 92; Charles F. Barber 구술사, NWC, 19-20; Hornfischer, *The Fleet at Flood Tide*, 168, 170. **12** Morison, *New Guinea and the Marianas*, 250; Hornfischer, *The Fleet at Flood Tide*, 100; J. J. Clark with Clark Reynolds, *Carrier Admiral* (New York: Davis McKay, 1967), 166. **13** Hornfischer, *The Fleet at Flood Tide*, 172-73. **14** Y'Blood, *Red Sun Setting*, 93, 96; Hornfischer, *The Fleet at Flood Tide*, 175; Morison, *New Guinea and the Marianas*, 252. **15** J. Periam Danton, "The Battle of the Philippine Sea," *Proceedings*, Sept. 1945, 1025; Y'Blood, *Red Sun Setting*, 106; Alex Vraciu 구술사(Oct. 9, 1994), NMPW, 74. **16** Danton, "The Battle of the Philippine Sea," 1024-5. **17** Hornfischer, *The Fleet at Flood Tide*, 182. 함포 장교는 William Van Dusen 중위로, 그의 발언은 Bruce M. Petty, *Saipan: Oral Histories of the Pacific War* (Jefferson, NC: McFarland, 2002), 162에서 인용했다. Morison, *New Guinea and the Marianas*, 269-71. **18** Y'Blood, *Red Sun Setting*, 1118-19; Vraciu 구술사, NMPW, 77; Morison, *New Guinea and the Marianas*, 267. **19** 일본에서는 이 전투를 '마리아나 제도 전투'라고 부른다. Danton, "The Battle of the Philippine Sea," 1025-26; Vraciu 구술사, NMPW, 68-69. **20** Lockwood and Adamson, *Battle of the Philippine Sea*, 92-95; Y'Blood, *Red Sun Setting*, 127-29. 잠수함 카발라함은 텍사스주 갤 버스턴의 박물관에 전시되어 있다. **21** Hornfischer, *The Fleet at Flood Tide*, 212-14; Y'Blood, *Red Sun Setting*, 148-49; Theodore Taylor, *The Magnificent Mitscher* (New York: W. W. Norton, 1954), 232. **22** Hornfischer, *The Fleet at Flood Tide*, 222-25; Y'Blood, *Red Sun Setting*, 177-80. **23** Hornfischer, *The Fleet at Flood Tide*, 225-26; Norman Delisle 구술사(OH00468), NMPW, 7. **24** Hornfischer, *The Fleet at Flood Tide*, 229-31; Taylor, *The Magnificent Mitscher*, 236-37. **25** Ugaki, *Fading Victory*, 416 (diary entry of June 21, 1944). **26** 역사학자 Theodore Taylor는 *The Magnificent Mitscher*, 238-40에서 스프루언스 중장의 결정에 대해 사람들이 보인 다양한 반 응을 다루었다. 여기서 니미츠 제독의 발언은 다음을 참고했다. Thomas J. Cutler in *The Battle of Leyte Gulf, 23-26 October 1944* (New York: HarperCollins, 1994), 20. **27** Goldberg, *D-Day in the Pacific*, 202. **28** Prados, *Storm over Leyte*, 31-33; Max Hastings, *Retribution: The Battle for Japan, 1944-45* (New York: Alfred A. Knopf, 2008), 39. 1945년 2월, 히로히토는 "우리가 군 사적 승리를 더 달성하지 못하는 한" 평화를 추구하는 것은 시기상조라고 선언했다. 이 발언 은 Richard Frank, *Downfall: The End of the Imperial Japanese Empire* (New York: Random House,

1999), 90에서 인용했다. **29** Prados, *Storm over Leyte*, 13; Hastings, *Retribution*, 24. **30** Samuel Eliot Morison, *Leyte: June 1944–January 1945* (Boston: Little, Brown, 1958), 11; Prados, *Storm over Leyte*, 7–18. **31** Morison, *Leyte*, 11; William F. Halsey with J. Bryan, *Admiral Halsey's Story* (New York: McGraw-Hill, 1947), 197–98. **32** Gerald E. Wheeler, *Kinkaid of the Seventh Fleet* (Washington, DC: Naval Historical Center, 1995), 343–45. **33** Dean Moel 구술사(OH001257), NMPW, 4. **34** Thomas Alexander Hughes, *Admiral Bill Halsey: A Naval Life* (Cambridge, MA: Harvard University Press, 2016), 345. **35** Morison, *Leyte*, 58–60. **36** Prados, *Storm over Leyte*, 52–53. **37** Milan Vego, *The Battle for Leyte, 1944* (Annapolis: USNI, 2006), 64–65. **38** Morison, *Leyte*, 160–69; Prados, *Storm over Leyte*, 52–53, 258; Vego, *The Battle for Leyte*, 55–59. **39** Prados, *Storm over Leyte*, 170. **40** Tomiji Koyanagi, "With Kurita in the Battle of Leyte Gulf," *Proceedings*, Feb. 1953, 119–21 (인용문의 강조도 여기에서 되어 있다); Prados, *Storm over Leyte*, 66, 100. **41** Koyanagi, "With Kurita," 120; Prados, *Storm over Leyte*, 66, 100.

25장 레이테만

1 Samuel Eliot Morison, *Leyte: June 1944–January 1945* (Boston: Little, Brown, 1958), 75; Waldo Heinrichs and Marc Gallicchio, *Implacable Foes: War in the Pacific* (New York: Oxford University Press, 2017), 34–35. **2** Morison, *Leyte*, 30–47. 펠렐리우섬 전투에 대한 생생한 서술은 다음을 참고. E. B. Sledge, *With the Old Breed at Peleliu and Okinawa* (Novato: Presidio Press, 1981). **3** 레이테만 전투를 다룬 역사서는 다수 있는데, 주요 저서를 저자의 성을 기준으로 알파벳 순서로 정리하면 다음과 같다. Thomas J. Cutler, *The Battle of Leyte Gulf* (New York: Harper/Collins, 1994); Morison, *Leyte*; John Prados, *Storm over Leyte: The Philippines Invasion and the Destruction of the Japanese Navy* (New York: New American Library, 2016); Evan Thomas, *Sea of Thunder* (New York: Simon and Schuster, 2006); Milan Vego, *The Battle for Leyte: Allied and Japanese Plans, Preparations, and Execution* (Annapolis: USNI, 2006); H. P. Willmo, *The Battle of Leyte Gulf: The Last Fleet Action* (Bloomington: Indiana University Press, 2005). 이 전투에서의 특정한 측면을 다룬 책으로는 사마르 전투를 극적으로 다룬 James Hornfischer, *Last Stand of the Tin Can Sailors* (New York: Bantam Books, 2004)와 Anthony Tully, *Battle of Surigao Strait* (Bloomington: Indiana University Press, 2009) 등이 있다. **4** Morison, *Leyte*, 142, 156; 다음을 참고. the Task Organization Table on 415–32. **5** Ibid., 133–35. **6** Ibid., 137; Prados, *Storm over Leyte*, 164, 167. 맥아더 장군의 연설 대본은 〈자유의 소리Voice of Freedom〉를 통해 방송되었고, *Fortune* magazine, June 1945, 157–58에도 실렸다. **7** Morison, *Leyte*, 168–69; Prados, *Storm over Leyte*, 261; Cutler, *The Battle of Leyte Gulf*, 84–85. **8** Tully, *The Battle of Surigao Strait*, 44–45; Prados, *Storm over Leyte*, 125–27. **9** 이 신원 미상의 일본군 장교의 발언은 Max Hastings, *Retribution: The Battle for Japan, 1944–45* (New York: Alfred A. Knopf, 2008), 134에서 인용했다. 구리타 제독의 발언은 Masanori Ito and Roger Pineau, *The End of the Imperial Japanese Navy* (New York: W. W. Norton, 1956), 120에서 인용했다. Prados, *Storm over Leyte*, 177–78도 참고. **10** Patrol Report, USS *Darter* (Nov. 5, 1944), USNA; John G. Mansfield, *Cruisers for Breakfast:*

War Patrols of the U.S.S. Darter and U.S.S. Dace (Tacoma, WA: Media Center, 1997), 149-50. **11** William F. Halsey with J. Bryan, *Admiral Halsey's Story* (New York: McGraw-Hill, 1947), 210; Patrol Report, USS *Darter* (Nov. 5, 1944), 22, USNA; Mansfield, *Cruisers for Breakfast*, 153-54. 목격 보고는 가장 먼저 프리맨틀의 잠수함 사령관 Ralph Christie 소장에게 전달되었고, 그가 핼시 제독과 킨케이드 중장에게 보고했다. **12** Patrol Report, USS *Dace* (Nov. 6, 1944), 37과 USS *Darter* (Nov. 6, 1944), 30, 둘 다 USNA. 684명은 아타고함에 의해 구조되었으나 360명은 실종되었다. Mansfield, *Cruisers for Breakfast*, 163. **13** Patrol Report, USS *Dace* (Nov. 6, 1944), 38, USNA. **14** Cutler, *Battle of Leyte Gulf*, 135-36. **15** Halsey and Bryan, *Admiral Halsey's Story*, 214; Tully, *Battle of Surigao Strait*, 68-69, 72-74; Prados, *Storm over Leyte*, 231. **16** Cutler, *Battle of Leyte Gulf*, 70-71, 116-17. **17** Ibid., 122-28; Morison, *Leyte*, 177-82. **18** Prados, *Storm over Leyte*, 47, 203-8, 218; Cutler, *Battle of Leyte Gulf*, 146-49; Tomiji Koyanagi, "With Kurita in the Battle of Leyte Gulf," *Proceedings*, February 1953, 123. **19** Koyanagi, "With Kurita," 123. **20** Carl Solberg, *Decision and Dissent: With Halsey at Leyte Gulf* (Annapolis: USNI, 1995), 112; Vego, *The Battle for Leyte*, 248-49; Halsey and Bryan, *Admiral Halsey's Story*, 216-17; Prados, *Storm over Leyte*, 222; Thomas Alexander Hughes, *Admiral Bill Halsey* (Cambridge, MA: Harvard University Press, 2016), 360-62. **21** Halsey and Bryan, *Admiral Halsey's Story*, 217; Prados, *Storm over Leyte*, 223. **22** Hornfischer, *Last Stand of the Tin Can Sailors*, 138-39; Prados, *Storm over Leyte*, 223-25. **23** Cutler, *Battle of Leyte Gulf*, 160-61, 170-71; Tully, *Battle of Surigao Strait*, 82-85. **24** Halsey and Bryan, *Admiral Halsey's Story*, 214. **25** Morison, *Leyte*, 195; Cutler, *Battle of Leyte Gulf*, 206-13; Hornfischer, *Last Stand of the Tin Can Sailors*, 129; Solberg, *Decision and Dissent*, 125; Hughes, *Admiral Bill Halsey*, 362-64; Theodore Taylor, *The Magnificent Mitscher* (New York: W. W. Norton, 1954), 161-62. **26** Prados, *Storm over Leyte*, 215, 234; Morison, *Leyte*, 187, 189. **27** 니시무라 제독의 아들은 전쟁 초기에 필리핀에서 죽었다. 아들의 죽음이 니시무라 제독의 임무 수행 과정에서 나타난 거친 태도에 영향을 미쳤을 수 있다. Tully, *Battle of Surigao Strait*, 101-7; Heinrichs and Gallicchio, *Implacable Foes*, 183; Willmo, *Battle of Leyte Gulf*, 140-41. 한편 니시무라 제독과 함께 생활한 사람들을 많이 만난 Masanori Ito는 "니시무라 제독은 어떤 대가를 치르더라도 레이테만을 향해 밀고 나가기로 결심했다"라고 결론지었다. *The End of the Imperial Japanese Navy*, 135. **28** Tully, *Battle of Surigao Strait*, 94; Prados, *Storm over Leyte*, 236; Willmott, *Battle of Leyte Gulf*, 142-43. **29** Jesse Oldendorf, "Comments on the Battle of Surigao Strait," *Proceedings*, April 1959, 106; Tully, *Battle of Surigao Strait*, 87; Morison, *Leyte*, 201. **30** 제24, 제56 구축함 편대도 니시무라 부대를 공격했다. Morison, *Leyte*, 222; Prados, *Storm over Leyte*, 236-39; Cutler, *Battle of Leyte Gulf*, 190-93; Willmott, *Battle of Leyte Gulf*, 147. **31** Willmott, *Battle of Leyte Gulf*, 148-51; Oldendorf, "Comments," 106; Morison, *Leyte*, 221, 228; Tully, *Battle of Surigao Strait*, 176-78, 217-18; Heinrichs and Gallicchio, *Implacable Foes*, 182-83. **32** Morison, *Leyte*, 238; Prados, *Storm over Leyte*, 242-50. **33** Taylor, *Magnificent Mitscher*, 262-63; Prados, *Storm over Leyte*, 254; Cutler, *Battle of Leyte Gulf*, 237; Hornfischer, *Last Stand of the Tin Can Sailors*, 212. **34** Cutler, *Battle of Leyte Gulf*, 221; Ito and Pineau, *The End of the Imperial Japanese Navy*, 135-36; Hornfischer, *Last Stand of the Tin Can Sailors*, 158. **35** 스프래그 소장에 대해서는 다음을 참고. John F. Wukovits, *Devotion to Duty: A Biography of*

Admiral Clifton A. F. Sprague (Annapolis: USNI, 1995). 이 책의 저자는 14쪽에서 스프래그 소장 별명의 기원을, 40-41쪽에서 스프래그 소장 아내와 그 동생 사이의 관계를, 159-80쪽에서 사마르 전투를 다루었다. Hornfischer, *Last Stand of the Tin Can Sailors*, 135-37; Prados, *Storm over Leyte*, 299. **36** Prados, *Storm over Leyte*, 272. **37** Robert C. Hagen with Sidney Shale, "We Asked for the Jap Fleet — and We Got It," *Saturday Evening Post*, May 26, 1945, 10. **38** Ibid., 74; Cutler, *Battle of Leyte Gulf*, 227-32, 239, 248; Hornfischer, *Last Stand of the Tin Can Sailors*, 203-10, 276-77, 293-302; J. Henry Doscher Jr., *Little Wolf at Leyte* (Austin, TX: Sunbelt Media, 1996), 42. **39** Morison, *Leyte*, 280; Hornfischer, *Last Stand of the Tin Can Sailors*, 241; Willmott, *Battle of Leyte Gulf*, 161. 일본 전함을 상대로 10회나 무시코 지나친 폴 개리슨 중위는 나의 삼촌이다. **40** Cutler, *Battle of Leyte Gulf*, 236; Hornfischer, *Last Stand of the Tin Can Sailors*, 239-40. **41** Prados, *Storm over Leyte*, 272-74; Hornfischer, *Last Stand of the Tin Can Sailors*, 213. **42** Halsey and Bryan, *Admiral Halsey's Story*, 219; Solberg, *Decision and Dissent*, 152-53. **43** 흥미롭게도 핼시 제독이 1947년에 자신의 회고록에서 이 메시지를 기억하고 인용한 내용은 "온 세상이 TF34가 어디 있는지 궁금해한다"였다. 핼시 제독은 이 오류를 진주만의 사령부에서 "세상이 궁금해한다"라는 문구를 패딩으로 선택한 담당 병사 탓으로 돌렸다. 그러나 가장 큰 실수는 핼시 제독의 기함에서 무전을 담당한 Robert Balfour 소위가 패딩을 삭제하지 않은 것, 그리고 Burt Goldstein 중위가 그것을 그대로 핼시 제독에게 보고한 것이었다. Halsey and Bryan, *Admiral Halsey's Story*, 220-21; Solberg, *Decision and Dissent*, 154. **44** Halsey and Bryan, *Admiral Halsey's Story*, 220-21; Solberg, *Decision and Dissent*, 154; Hughes, *Admiral Bill Halsey*, 370-71. **45** Solberg, *Decision and Dissent*, 154-55. **46** Willmott, *Battle of Leyte Gulf*, 171-72; Hornfischer, *Last Stand of the Tin Can Sailors*, 318; James A. Field, *The Japanese at Leyte Gulf: The Sho Operation* (Princeton: Princeton University Press, 1947), 123. **47** Field, *The Japanese at Leyte Gulf*, 125-26; Ito and Pineau, *The End of the Imperial Japanese Navy*, 166; Koyanagi, "With Kurita," 126; Tameichi Hara, *Japanese Destroyer Captain* (Annapolis: USNI, 1967), 256. 구리타 제독이 받았다고 주장한 정찰 보고는 상당한 논쟁거리다. 역사학자 H. P. Willmott는 그러한 보고가 있긴 했는지 의심하며 구리타 제독이 나중에 '자신의 행적을 덮으려고 고의로' 사실을 조작했을 수도 있다고 주장한다. Willmott, *Battle of Leyte Gulf*, 188-91. **48** Morison, *Leyte*, 288; Cutler, *Battle of Leyte Gulf*, 259; Hornfischer, *Last Stand of the Tin Can Sailors*, 322-23 **49** Morison, *Leyte*, 296-99; Prados, *Storm over Leyte*, 296, 327; Cutler, *Battle of Leyte Gulf*, 262-63에서는 모두 구리타 제독이 피로한 상태였음을 강조한다. 여기서 인용한 대목에서 인터뷰를 맡은 사람은 역사학자 Masanori Ito로, 다음의 저서에서 구리타 제독의 말을 인용했다. Masanori Ito, *The End of the Imperial Japanese Navy*, 160. Milan Vego는 구리타 제독이 '미국 항공모함을 찾기 위해' 북쪽으로 갔다고 서술했다. Vego, *Battle for Leyte*, 270. 하지만 H. P. Willmott는 이에 대해 회의적으로 보고 이렇게 썼다. "시간이 지남에 따라 제시된 다양한 주장에 따르면 구리타 제독이 내린 결정의 근거는 도저히 이해할 수 없는데, … 미국 항공모함을 찾기 위해 북쪽으로 이동하기로 한 결정도 여기에 포함된다." Willmott, *Battle of Leyte Gulf*, 185. 수십 년 후, 구리타 제독은 자신이 추구했던 진정한 목표는 추가 인명 손실을 피하는 것이었다고 주장했는데, 이 발언은 전후 화해의 분위기를 반영한 것일 가능성이 높다. **50** Cutler, *Battle of Leyte Gulf*, 268-73. **51** Koyanagi, "With Kurita," 128.

26장 조여드는 올가미

1 Richard H. O'Kane, *Clear the Bridge: The War Patrols of the* U.S.S. Tang (Chicago: Rand McNally, 1977), 314-20, 445-54. **2** Ibid., 321-40, 455-65. 나중에 오케인 함장에게 명예 훈장이 수여되었다. 다음도 참고. Clay Blair, *Silent Victory: The U.S. Submarine War Against Japan* (Philadelphia: J. B. Lippinco, 1975), 766-70. **3** Blair, *Silent Victory*, 814-15; David Jones and Peter Nunan, *U.S. Subs Down Under* (Annapolis: USNI, 2005), 233-34. **4** Blair, *Silent Victory*, 787. **5** William R. McCants, *War Patrols of the USS* Flasher (Chapel Hill, NC: Professional Press, 1994), 322; Wiley Davis 구술사(OH00843), NMPW, 7. **6** Joseph Enright, *Shinano! The Sinking of Japan's Supership* (New York: St. Martin's Press, 1987), 114; McCants, *War Patrols of the USS* Flasher, 245; Davis 구술사, NMPW, 10. **7** F. G. Hoffman, "The American Wolf Packs: A Case Study in Wartime Adaptation," *Joint Force Quarterly* 80 (Jan. 2016). **8** Mark P. Parillo, *The Japanese Merchant Marine in World War II* (Annapolis: USNI, 1993), 204 (237-47의 도표, 특히 239의 표 A.5 참고); Richard B. Frank, *Downfall: The End of the Imperial Japanese Empire* (New York: Random House, 1999), 78; Samuel Eliot Morison, *New Guinea and the Marianas* (Boston: Little, Brown, 1954), 16; Frederic C. Lane, *Ships for Victory: A History of Shipbuilding Under the U.S. Maritime Commission in World War II* (Baltimore: Johns Hopkins University Press, 1951), 5와 7의 도표 포함. **9** Wiley Davis 구술사(OH00843), NMPW, 10; Preston Allen 구술사(OH00825), NMPW, 6. **10** Parillo, *The Japanese Merchant Marine*, 128-31; Max Hastings, *Retribution: The Battle for Japan, 1944-45* (New York: Alfred A. Knopf, 2008), 37; Richard H. O'Kane, *Wahoo: The Patrols of America's Most Famous Submarine* (Novato, CA: Presidio, 1987), 316-30. **11** Frank, *Downfall*, 81; Hastings, *Retribution*, 17; Parillo, *The Japanese Merchant Marine*, 131; McCants, *War Patrols of the USS* Flasher, 304-12, 332-33; Blair, *Silent Victory*, 794-96, 799. **12** Parillo, *The Japanese Merchant Marine*, 174-77, 209. Blair, *Silent Victory*, 898-982에 포함된 전쟁 중 정찰 관련 도표 참고. 특히 942-67에 포함된 1944년 정찰에 주목할 것. **13** Blair, *Silent Victory*, 773-74. **14** Curtis E. LeMay and Bill Yenne, *Superfortress: The Story of the B-29 and American Air Power* (New York: McGraw-Hill, 1988), 59-73. **15** Ibid., 74-91. **16** Ibid., 103-4. **17** Enright, *Shinano*, 34-39; LeMay and Yenne, *Superfortress*, 103; Daniel T. Schwabe, *Burning Japan: Air Force Bombing Strategy Change in the Pacific* (Sterling, VA: Potomac Books, 2015), 100-102. **18** Enright, *Shinano*, 71-72. **19** Lynn L. Moore, "Shinano: The Jinx Carrier," *Proceedings*, Feb. 1953, 142-49. **20** Enright, *Shinano*, 10-15. **21** Ibid., 90-100. **22** Ibid., 190-95; Blair, *Silent Victory*, 778-79. **23** William F. Halsey and J. Bryan, *Admiral Halsey's Story* (New York: McGraw-Hill, 1947), 229-31. **24** Ibid, 236. **25** C. Raymond Calhoun, *Typhoon: The Other Enemy* (Annapolis: USNI, 1981), 36; Halsey, *Admiral Halsey's Story*, 237. **26** Arthur Brown 구술사, NMPW, 12; Halsey, *Admiral Halsey's Story*, 237-38; Calhoun, *Typhoon*, 52, 54, 59. 이후 더 낮은 기압 기록이 등장했다. 현재 기록은 약 66센티미터로, 2006년 괌 남쪽 '핼시의 태풍'이 시작된 장소와 아주 가까운 곳에서 기록되었다. **27** Calhoun, *Typhoon*, 201; Hughes, *Admiral Bill Halsey*, 382-83. **28** Don McNelly 구술사(OH01256), 12, NMPW. **29** Ibid., 167. Nimitz's letter of Feb. 13, 1945와 King's endorsement of Nov. 23, 1945, 둘 다 Calhoun, *Typhoon*, 209, 216-

23. Gerald Bogan 구술사, USNI, 125-26. **30** Thomas B. Buell, *The Quiet Warrior: A Biography of Admiral Raymond A. Spruance* (Boston: Little, Brown, 1974), 323. **31** Samuel Eliot Morison, *Victory in the Pacific* (Boston: Li le, Brown, 1960), 157; Hastings, *Retribution*, 290; LeMay and Yenne, *Superfortress*, 111. **32** Samuel Harris, *B-29s over Japan: A Group Commander's Diary* (Jefferson, NC: McFarland, 2011), 201 (diary entry of Feb. 7, 1945). **33** Ernest J. King and Walter Muir Whitehill, *Fleet Admiral King: A Naval Record* (New York: W. W. Norton, 1952), 596. **34** Spruance to CMC, Jan. 5, 1952. 이는 William S. Bartley, *Iwo Jima: Amphibious Epic* (Washington, DC: Historical Branch, U.S. Marine Corps, 1954), 21에 인용되었다. **35** Blair, *Silent Victory*, 825-27; William Coffey 구술사(OH00833), NMPW, 14. **36** Spruance to Hoover, Nov. 30, 1944. 이는 Thomas B. Buell, *The Quiet Warrior* (Boston: Little, Brown, 1974), 318-19에 인용되었다. 항공기 손실과 관련해서는 다음을 참고. Morison, *Victory in the Pacific*, 25. **37** Morison, *Victory in the Pacific*, 12-13. **38** Bartley, *Iwo Jima*, 부록 III (218-21); Robert S. Burrell, *The Ghosts of Iwo Jima* (College Station: Texas A&M University Press, 2006), 83-84; Morison, *Victory in the Pacific*, 15-16, 38-39. 인용문의 출처는 73. **39** Morison, *Victory in the Pacific*, 53-55. **40** LeMay and Yenne, *Superfortress*, 121-22; Frank, *Downfall*, 45-46; Samuel Harris, *B-29s over Japan*, 218 (diary entry of Mar. 7, 1945). **41** LeMay and Yenne, *Superfortress*, 123; Frank, *Downfall*, 6-7; Schwabe, *Burning Japan*, 120-21; Harris, *B-29s over Japan*, 218 (diary entry of Mar. 9). 특히 1945년 3월 9일과 10일에 실시된 도쿄 폭격에 대한 생생한 서술은 다음을 참고. Frank, *Downfall*, 3-19; Hastings, *Retribution*, 296-305. **42** Buell, *The Quiet Warrior*, 324. **43** 이오섬 점령이 연합군의 승리에 필수적이었다는 시각에 대한 유용한 수정주의적 해석은 Burrell, *Ghosts of Iwo Jima*, 특히 106-11 참고. **44** "United States Strategic Bombing Survey," July 1, 1946 (Summary Report), 17; Parillo, *The Japanese Merchant Marine*, 225. **45** *New York Times*, March 11, 1945, 1. 13.

27장 대단원

1 Ian Kershaw, *The End: The Defiance and Destruction of Hitler's Germany, 1944-45* (New York: Penguin, 2011), 167-86. **2** Ibid., 264, 396, 400; Karl Doenitz, *Memoirs: Ten Years and Twenty Days* (Annapolis, USNI, 1958, 1990), 355-58, 421-22. Brian McCue, *U-Boats in the Bay of Biscay* (Washington, DC: National Defense University, 1990)도 참고. **3** Barry Turner, *Karl Doenitz and the Last Days of the Third Reich* (London: Icon Books, 2015), 37-43; Doenitz, *Memoirs*, 355-58 (427에서 인용했다). **4** Doenitz, *Memoirs*, 372-73, 399. **5** Kershaw, *The End*, 391-92; Turner, *Karl Doenitz and the Last Days*, 142-46; Cathryn J. Prince, *Death in the Baltic: The World War II Sinking of the* Wilhelm Gustlo (New York: Palgrave Macmillan, 2013), 47-51, 66-67; Doenitz, *Memoirs*, 431. **6** Prince, *Death in the Baltic*, 47-86; A. V. Sellwood, *The Damned Don't Drown: The Sinking of the* Wilhelm Gustlo (Annapolis: USNI, 1973), 16-17. **7** Prince, *Death in the Baltic*, 129-49, 169; Sellwood, *The Damned Don't Drown*, 116-24; Doenitz, *Memoirs*, 434. **8** Turner, *Karl Doenitz and the Last Days*, 2-11; Kershaw, *The End*, 346;

Walter Kempowski, ed., *Swansong, 1945* (New York: W. W. Norton, 2014), 210-11. **9** Doenitz, *Memoirs*, 445; Kershaw, *The End*, 306. **10** Doenitz, *Memoirs*, 437, 457-88. **11** Kershaw, *The End*, 363-73; Doenitz, *Memoirs*, 462-63. **12** Samuel Eliot Morison, *Victory in the Pacific, 1945* (Boston: Little, Brown, 1965), 93. **13** Charles S. Nichols and Henry I. Shaw Jr., *Okinawa: Victory in the Pacific* (Washington, DC: Historical Branch, U.S. Marine Corps, 1955), 1-11. **14** Robert Stern, *Fire from the Sky: Surviving the Kamikaze Threat* (Annapolis: USNI, 2010), 32-37; Max Hastings, *Retribution: The Battle for Japan, 1944-45* (New York: Alfred A. Knopf, 2008), 164-73. **15** Stern, *Fire from the Sky*, 33, 53, 69-80, 85, 119. **16** Raymond Lamont-Brown, *Kamikaze: Japan's Suicide Samurai* (London: Arms and Armour, 1997), 7-24; Maxwell Taylor Kennedy, *Danger's Hour: The Story of the USS* Bunker Hill *and the Kamikaze Pilot Who Crippled Her* (New York: Simon and Schuster, 2008), 125-26, 175. **17** Rikihei Inoguchi and Tadashi Nakajima, *The Divine Wind: Japan's Kamikaze Force in World War II* (Annapolis: USNI, 1958), 83. **18** Ibid., 154. **19** Tameichi Hara with Fred Saito and Roger Pineau, *Japanese Destroyer Captain* (Annapolis: USNI, 1967), 259. **20** Morison, *Victory in the Pacific*, 138. **21** Philip Vian, *Action This Day: A War Memoir* (London: Frederick Muller, 1960), 178; Morison, *Victory in the Pacific*, 148. **22** F. Julian Becton with Joseph Morschauser III, *The Ship That Would Not Die* (Englewood Cliffs, NJ: Prentice-Hall, 1980), 227. **23** Morison, *Victory in the Pacific*, 237. **24** Matome Ugaki, *Fading Victory: The Diary of Admiral Matome Ugaki, 1941-1945*, ed. Donald M. Goldstein and Katherine V. Dillon (Annapolis: USNI, 1995), 573 (entry of Apr. 6, 1945); Morison, *Victory in the Pacific*, 189-97. **25** Becton, *The Ship That Would Not Die*, 233-37; John Wukovits, *Hell From the Heavens: The Epic Story of the USS Laffey and World War II's Greatest Kamikaze Attack* (Philadelphia: Da Capo Press, 2015), 151. **26** Becton, *The Ship That Would Not Die*, 241. 맨슨 중위의 발언은 Wukovits in *Hell From the Heavens*, 177에서 인용했다. **27** Action Report and deck log of the USS Laffey, Apr. 27, 1945, 둘 다 USNA. 전후 평가에 따르면 래피함은 가미카제 항공기 6대와 폭탄 5발을 맞았다. 다음을 참고. Becton's own account, *The Ship That Would Not Die*, 236-62; and Wukovits, *Hell From the Heavens*, 151-209. **28** Ugaki, *Fading Victory* (diary entries of Apr. 6, 13, and 30, 1945), 573, 583, 602. **29** 오키나와 인근에서 이루어진 가미카제 공격에 대해서는 Morison, *Victory in the Pacific*, 233의 도표에 정리된 내용 참고. **30** Ugaki, *Fading Victory* (diary entry of May 11, 1945), 610. **31** Hara, *Japanese Destroyer Captain*, 259; Russell Spurr, *A Glorious Way to Die: The Kamikaze Mission of the Battleship Yamato, April 1945* (New York: Newmarket Press, 1981), 109. **32** Spurr, *A Glorious Way to Die*, 105. **33** Ibid., 96; Hara, *Japanese Destroyer Captain*, 264; Mitsuru Yoshida, "The End of Yamato," *Proceedings*, Feb. 1952, 118. **34** Spurr, *A Glorious Way to Die*, 205-8, 217-21. **35** Ibid., 231-36; Hara, *Japanese Destroyer Captain*, 278. **36** Yoshida, "The End of *Yamato*," 122, 124, 128. **37** Hara, *Japanese Destroyer Captain*, 284. **38** Stephen S. Roskill, *The War at Sea, 1939-1945* (London: HMSO, 1961), 3 (part 2): 188; Ernest J. King and Walter Muir Whitehill, *Fleet Admiral King, a Naval Record* (New York: W. W. Norton, 1952), 569. **39** Hastings, *Retribution*, 400-402; Vian, *Action This Day*, 175. **40** Hastings, *Retribution*, 402; Vian, *Action This Day*, 177-78, 185, 190; Roskill, *The War at Sea*, 3 (part 2): 343-46. **41** Ugaki, *Fading Victory* (diary entry of Apr. 8, 1945), 577. **42** 이 수치

의 출처는 Hastings, *Retribution*, 402. 다음도 참고. Waldo Heinrichs and Marc Gallicchio, *Implacable Foes: War in the Pacific, 1944–1945* (New York: Oxford University Press, 2017), 465–66. **43** Richard B. Frank, *Downfall: The End of the Imperial Japanese Empire* (New York: Random House, 1999), 79. **44** Hastings, *Retribution*, 470–78; Heinrich and Gallicchio, *Implacable Foes*, 524–25. **45** Frank, *Downfall*, 118; Heinrichs and Gallicchio, *Implacable Foes*, 525. **46** Hastings, *Retribution*, 505–15; Frank, *Downfall*, 321–22; Anthony Beevor, *The Second World War* (New York: Li le, Brown,), 775.

에필로그

1 New York Times, September 2, 1945, 1, 3; James D. Hornfischer, The Fleet at Flood Tide (New York: Random House, 2016), 468–69. 이 항복 문서 조인식의 컬러 영상은 youtube.com/watch?v=v5MMVd5XOK8.

참고문헌

아카이브 자료

미국 국립문서 보관소National Archives and Records Administration: NARA
Action Reports: *U.S. Navy Action and Operational Reports from World War II*
Part I, CINCLANT (16 reels)
Part II, Third Fleet and Fifth Fleet (16 reels)
Part III, Fifth Fleet and Fifth Fleet Carrier Task Forces (12 reels)
Record Group 38: CNO Files, CINCPAC Files
Record Group 313: Naval Operational Forces
Records of the German Navy, 1850–1945

태평양전쟁 국립박물관National Museum of the Pacific War
Oral histories
Conference transcripts

2차대전 국립박물관National World War II Museum (Eisenhower Center)
Oral histories

미국 해군역사유산사령부Naval History and Heritage Command
Ernest J. King Papers
Chester Nimitz Diary
Chester Nimitz Papers
Walter Lord Collection

메릴랜드대학 혼베이크도서관University of Maryland (Hornbake Library)
Gordon Prange Papers

미국 해군아카데미U.S. Naval Academy
Action reports
Oral histories

미국 해군연구소U.S. Naval Institute

Oral histories

미국 해군전쟁대학U.S. Naval War College

Bates, Richard W. *The Battle of Savo Island, August 9th, 1942. Strategical and Tactical Analysis*. 1950.

H. Kent Hewitt Papers

일간지

Japan Times

New York Times

The Times (London)

Chicago Tribune

1차 자료와 2차 자료

다음 자료는 주제별로 묶었다. 일부 자료는 여러 범주에 들어갈 수 있지만 중복을 피하기 위해 한 번씩만 수록했다. 따라서 특정 자료를 찾으려면 속할 만한 여러 범주를 확인해야 할 수도 있다. 범주의 목차는 아래와 같다.

A. 일반

B. 국가별 해군

오스트레일리아 해군

캐나다 해군

프랑스 해군

독일 해군

일본 해군

이탈리아 해군

네덜란드 해군

영국 해군

소련 해군

미국 해군

C. 전쟁 지역 및 특정 주제

지중해

노르웨이 전역

태평양

암호 및 암호 해독

무역 전쟁

D. 논문 및 칼럼

A. 일반

Atkinson, Rick. *An Army at Dawn: The War in North Ameica, 1942-1943*. New York: Henry Holt, 2002.

_____. *The Day of Battle: The War in Sicily and Italy, 1943-1944*. New York: Henry Holt, 2007.

_____. *The Guns at Last Light: The War in Western Europe, 1944-1945*. New York: Henry Holt, 2013.

Baldwin, Hanson. *Battles Lost and Won: Great Campaigns of World War II*. New York: Harper and Row, 1966.

Ballantine, Duncan S. *U.S. Naval Logistics in the Second World War*. Princeton: Princeton University Press, 1949.

Beevor, Antony. *The Second World War*. New York: Little, Brown, 2012.

Belden, Jack. *Still Time to Die*. New York: Harper and Brothers, 1943.

Brown, Louis. *A Radar History of World War II: Technical and Military Imperatives*. Bristol, England: Institute of Physics, 1999.

Campbell, John. *Naval Weapons of World War II*. London: Conway Maritime, 1985.

Cressman, Robert. *The Official Chronology of the U.S. Navy in World War II*. Annapolis: Naval Institute Press, 2000.

Fergusson, Bernard. *The Watery Maze: The Story of Combined Operations*. New York: Holt, Rinehart, and Winston, 1961.

Goodhart, Philip. *Fifty Ships That Saved the World: The Foundation of the Anglo-American Friendship*. Garden City, NY: Doubleday, 1965.

Greenfield, Kent Roberts, ed. *Command Decisions. Washington, DC: Office of the Chief of Military History, 1960.*

Guerlac, Henry E., ed. *Radar in World War II. Vol. 8 (Sections A-C and D-E) of The History of Modern Physics, 1800-1950*. Los Angeles: Tomash, 1987.

Harwood, Jeremy. *World War II at Sea*. Minneapolis: Zenith, 2015.

Howse, Derek. *Radar at Sea: The Royal Navy in World War II*. Annapolis: Naval Institute Press, 1993.

Jordan, Gerald, ed. *Naval Warfare in the Twentieth Century, 1900-1945*. London: Croom Helm, 1977.

Kempowski, Walter. *Swansong: A Collective Diary of the Last Days of the Thiird Reich, 1945*. New York: W. W. Norton, 2015.

Kershaw, Ian. *The End: The Defiance and Destruction of Hitler's Germany, 1944-1945*. New York: Penguin, 2011.

Koburger, C. W., Jr. *Naval Warfare in the Baltic, 1939-1945*. Westport, CT: Praeger, 1994.

Leighton, Richard M., and Robert W. Coakley. *Global Logistics and Strategy, 1940-1943*. Washington, DC: Office of the Chief of Military History, 1955.

Leutze, James R. *Bargaining for Supremacy: Anglo-American Naval Collaboration, 1937-1941*. Chapel Hill: University of North Carolina Press, 1977.

MacGregor, David. "Innovation in Naval Warfare in Britain and the United States Between the First and Second World Wars." Ph.D. dissertation, University of Rochester, 1989.

Maurer, John H., and Christopher M. Bell, eds. *At the Crossroads Between Peace and War: The London Naval Conference of 1930.* Annapolis: Naval Institute Press, 2013.

O'Brien, Phillips Payson, ed. *Technology and Naval Combat in the Twentieth Century and Beyond.* London: Frank Cass, 2001.

O'Connor, Raymond G. *Perilous Equilibrium: The United States and the London Naval Conference of 1930.* New York: Greenwood Press, 1962.

Pelz, Stephen E. *Race to Pearl Harbor: The Failure of the Second London Naval Conference and the Onset of World War II.* Cambridge, MA: Harvard University Press, 1974.

Proceedings of the London Naval Conference of 1930 and Supplementary Documents. Washington, DC: Government Printing Office, 1931.

Roberts, Andrew. *The Storm of War: A New History of the Second World War.* New York: Harper, 2011.

Rohwer, Jurgen. *Chronology of the War at Sea, 1939-1945.* Annapolis: Naval Institute Press, 1972, 2005.

Symonds, Craig L. *Neptune: The Allied Invasion of Europe and the D-Day Landings. New York: Oxford University Press, 2014. Published in paperback as Operation Neptune: The D-Day Landings and the Allied Invasion of Europe.* New York: Oxford University Press, 2014.

Weinberg, Gerhard L. *A World at Arms: A Global History of World War II.* Cambridge: Cambridge University Press, 1994.

B. 국가별 해군

오스트레일리아 해군

Beaumont, Joan. *Australia's War, 1939-1945.* St. Leonards, Australia: Allen and Unwin, 1996.

Gill, G. Herman. *Royal Australian Navy, 1939-1942.* Canberra: Australian War Memorial, 1968.

Gillison, Douglas. *Royal Australian Air Force, 1939-1945.* Canberra: Australian War Memorial, 1962.

H.MA.S. Sydney. 2 vols. Sydney: Halstead Press, 1953.

Johnston, George H. *Action at Sea: The Saga of the Sydney. Boston: Houghton Mifflin, 1942.*

McKie, Ronald. *Proud Echo: The Last Great Battle of HMAS Perth.* Sydney: Angus and Robertson, 1953.

Montgomery, Michael. *Who Sank the Sydney?* New York: Hippocrene Books, 1981.

Olson, Wesley. *Bitter Victory: The Death of HMAS Sydney.* Annapolis: Naval Institute Press, 2000.

Stevens, David, ed. *The Royal Australian Navy.* New York: Oxford University Press, 2001.

캐나다 해군

Copp, Terry. *Cinderella Army: The Canadians in Northwest Europe, 1944-1945.* Toronto: University of Toronto Press, 2006.

Douglas, W. A. B., Roger Sarty, and Michael Whitby, et al. *No Higher Purpose (vol. 2, part 1), and Blue Water Navy (vol. 2, part 2): The Official Operational History of the Royal Canadian Navy in the Second World War, 1943-1945.* St. Catherines, Ontario: Vanwell, 2002 and 2007.

Graves, Donald E. *In Peril on the Sea: The Royal Canadian Navy and the Battle of the Atlantic.* Toronto: Robin Brass Studio, 2003.

Halford, Robert G. *The Unknown Navy: Canada's World War II Merchant Navy.* St. Catherines, Ontario: Vanwell, 1995.

Johnson, Mac. *Corvettes Canada: Convoy Veterans of WWII Tell their True Stories.* Toronto: McGraw-Hill Ryerson, 1994.

Macpherson, Ken. *Corvettes of the Royal Canadian Navy, 1939-1945.* St. Catherines, ON: Vanwell, 1993.

Milner, Marc. *North Atlantic Run: The Royal Canadian Navy and the Battle for the Convoys.* Annapolis: Naval Institute Press, 1985.

Whitaker, Denis, and Whitaker, Shelagh. *Tug of War: The Allied Victory that Opened Antwerp.* Toronto: Stoddert Publishing, 2000.

Zuehlke, Mark. Operation *Husky: The Canadian Invasion of Sicily, July 10-August 7, 1943.* Vancouver: Douglas and McIntyre, 2008.

프랑스 해군

Auphan, Paul, and Jacques Mordal. *The French Navy in World War II.* Translated by A. C. J. Sabalot. Annapolis: Naval Institute Press, 1959.

Delage, Edmond. *Six ans de guerre navale, 1939-1945.* Paris: Editions Berger-Levrault, 1950.

Godfroy, René-Emile. *L'aventure de la Force X à Alexandrie, 1940-1943.* Paris: Librairie Plon, 1953.

Heckstall-Smith, Anthony. *The Fleet That Faced Both Ways.* London: Anthony Blend, 1963.

Jenkins, E. H. *A History of the French Navy, from Its Beginnings to the Present Day.* Annapolis: Naval Institute Press, 1973.

Melton, George E. *From Versailles to Mers el-Kébir: The Promise of Anglo-French Naval Cooperation, 1919-40.* Annapolis: Naval Institute Press, 2015.

Noguères, Henri. *Le suicide de la flotte française à Toulon.* Paris: Robert Laffont, 1961.

Tute, Warren. *The Deadly Stroke.* New York: Coward, McCann and Geoghegan, 1973.

독일 해군

Ballantyne, Iain. *Killing the Bismarck: Destroying the Pride of Hitler's Fleet.* Barnsley, South Yorkshire: Pen and Sword, 2010.

Bercuson, David J., and Holger H. Herwig. *The Destruction of the Bismarck.* New York: Overlook Press, 2001.

Bird, Keith W. *Erich Raeder: Admiral of the Third Reich.* Annapolis: Naval Institute Press, 2006.

Boldt, Gerhard. *Hitler: The Last Days.* New York: Coward, McCann, and Geoghegan, 1947.

Brennecke, Jochen. *The Hunters and the Hunted: German U-Boats, 1939-1945*. New York: W. W. Norton, 1958. Reprinted, Annapolis: Naval Institute Press, 2003.

Busch, Fritz-Otto. *The Drama of the Scharnhorst: A Factual Account from the German Viewpoint*. London: Robert Hale, 1956.

Doenitz, Karl. *Memoirs: Ten Years and Twenty Days*. Annapolis: Naval Institute Press, 1959.

Edwards, Bernard. *Beware Raiders! German Surface Raiders in the Second World War*. Annapolis: Naval Institute Press, 2001.

Fritz, Martin. *German Steel and Swedish Iron Ore, 1939-1945*. Goteborg: Institute of Economic History, 1974.

Fuehrer Conferences on Naval Affairs, 1939-1945. Foreword by Jak P. Mallman Showell. Annapolis: Naval Institute Press, 1990.

Garrett, Richard. *Scharnhorst and Gneisenau: The Elusive Sisters*. London: David and Charles, 1978.

Guani, Alberto. *The Uruguayan Blue Book: Documents Relating to the Sinking of the Admiral GrafSpee and the Internment of the Merchant Vessel Tacoma*. London: Hutchinson, 1940.

Jones, Marcus D. *Nazi Steel: Friedrich Flick and German Expansion in Western Europe, 1940-1944*. Annapolis: Naval Institute Press, 2012.

Kieser, Egbert. *Operation "Sea Lion": The German Plan to Invade Britain, 1940*. Translated by Helmut Bögler. Annapolis: Naval Institute Press, 1997.

Korganoff, Alexandre. *The Phantom of Scapa Flow*. Skepperton, Surrey: Ian Allen, 1974.

Krancke, Theodor, and H. J. Brennecke. *The Battleship Scheer*. Translated by Edward Fitzgerald. London: William Kimber, 1956. Republished as *Pocket Battleship: The Story of the Admiral Scheer*. New York: W. W. Norton, 1958.

Martienssen, Anthony. *Hitler and His Admirals*. New York: E. P. Dutton, 1949.

McKinstry, Leo. *Operation Sea Lion: The Failed Nazi Invasion That Turned the Tide of War*. New York: Overlook Press, 2014.

Miller, David. *Langsdorff and the Battle of the River Plate*. Barnsley, South Yorkshire: Pen and Sword, 2013.

Muggenthaler, August Karl. *German Raiders of World War II*. Englewood Cliffs, NJ: Prentice-Hall, 1977.

Müllenheim-Rechberg, Burkard. *Battleship Bismarck, a Survivor's Story*. Translated by Jack Sweetman. Annapolis: Naval Institute Press, 1980.

Noli, Jean. *The Admiral's Wolf Pack*. Garden City, NY: Doubleday, 1974.

O'Hara, Vincent P. *The German Fleet at War, 1939-1945*. Annapolis: Naval Institute Press, 2004.

Peillard, Léonce. *Sink the Tirpitz !* Translated by Oliver Coburn. New York: G. P. Putnam's Sons, 1968. Originally published as *Coulez le Tirpitz*. Paris: Robert Laffont, 1965.

Potter, John Deane. *Fiasco: The Break-out of the German Battleships*. New York: Stein and Day, 1970.

Prien, Gunther. *I Sank the Royal Oak*. Translated by the Comte de la Vatine. London: Grays Inn Press,

1954. *Originally published in German in 1940.*

Prince, Cathryn J. *Death in the Baltic: The World War II Sinking of the Wilhelm Gustloff.* New York: St. Martin's Press, 2013.

Raeder, Erich. *My Life.* Annapolis: U.S. Naval Institute, 1960.

_____. *Struggle for the Sea.* London: William Kimber, 1959.

Rogge, Bernhard, with Frank Wolfgang. *Under Ten Flags: The Story of the German Commerce Raider Atlantis.* London: Weidenfeld and Nicolson, 1955.

Rössler, Eberhard. *The U-Boat: The Evolution and Technical History of German Submarines.* London: Cassell, 1981.

Ruge, Friedrich. *Der Seekrieg: The German Navy's Story, 1939–1945.* Annapolis: U.S. Naval Institute, 1957.

Sellwood, A. V. *The Damned Don't Drown: The Sinking of the Wilhelm Gustloff.* Annapolis: Naval Institute Press, 1996. *Originally published 1973.*

Slavick, Joseph P. *The Cruise of the German Raider Atlantis.* Annapolis: Naval Institute Press, 2003.

Steinhoff, Johannes. *Messerschmitts over Sicily.* Baltimore, MD: Nautical and Aviation Publishing, 1969.

Stern, Robert C. *Type VII U-Boats.* Annapolis: Naval Institute Press, 1991.

Sweetman, John. *Tirpitz: Hunting the Beast.* Annapolis: Naval Institute Press, 2000.

Turner, Barry. *Karl Doenitz and the Last Days of the Third Reich.* London: Icon Press, 2015.

Von der Porten, Edward P. *The German Navy in World War II.* New York: Thomas Y. Crowell, 1969.

Vulliez, Albert, and Jacques Mordal. *Battleship Bismarck.* Fair Lawn, New Jersey: Essential Books, 1958.

_____. *Battleship Scharnhorst.* Fair Lawn, NJ: Essential Books, 1958.

Watts, A. J. *The Loss of the Scharnhorst.* London: Ian Allan, 1970.

Whitley, M. J. *German Capital Ships of World War Two.* London: Arms and Armour, 1989.

_____. *German Coastal Forces of World War II.* London: Arms and Armour, 1992.

Williamson, Gordon. *Wolf Pack: The Story of the U-Boat in World War II.* Oxford: Osprey, 2005.

Winton, John. *The Death of the Scharnhorst.* New York: Hippocrene Books, 1983.

Woodward, David. *The Tirpitz and the Battle for the North Atlantic.* New York: W. W. Norton, 1953.

일본 해군

Agawa, Hiroyuki. *The Reluctant Admiral: Yamamoto and the Imperial Navy.* Tokyo: Kodansha International, 1979.

Asada, Sadao. *From Mahan to Pearl Harbor: The Imperial Japanese Navy and the United States.* Annapolis: Naval Institute Press, 2006.

Boyd, Carl, and Akihiko Yoshida. *The Japanese Submarine Force and World War II.* Annapolis: Naval Institute, 1995, 2002.

Chang, Iris. *The Rape of Nanking: The Forgotten Holocaust of World War II*. New York: Basic Books, 1997.

Cook, Haruko Taya, and Theodore F. Cook, eds. *Japan at War: An Oral History*. New York: New Press, 1992.

D'Albas, Andrieu. *Death of a Navy: Japanese Naval Action in World War II*. New York: Devin-Adair, 1957.

Dorn, Frank. *The Sino-Japanese War, 1937-41*. New York: Macmillan, 1974.

Dull, Paul. *A Battle History of the Imperial Japanese Navy, 1941-1945*. Annapolis: Naval Institute Press, 1978.

Enright, Joseph F., with James W. Ryan. *Shinano! The Sinking of Japan's Secret Supership*. New York: St. Martin's Press, 1987.

Evans, David C., ed. and trans. *The Japanese Navy in World War II: In the Words of Former Japanese Naval Officers*. Annapolis: Naval Institute Press, 1969.

Evans, David C., and Mark R. Peattie. *Kaigun: Strategy, Tactics, and Technology in the Imperial Japanese Navy, 1887-1941*. Annapolis: Naval Institute Press, 1997.

Goldstein, Donald M., and Katherine V. Dillon, eds. *Pacific War Papers: Japanese Documents of World War II*. Washington, DC: Potomac Books, 2004.

Hara, Tameichi, with Fred Saito and Roger Pineau. *Japanese Destroyer Captain: Pearl Harbor, Guadalcanal, Midway — the Great Naval Battles as Seen Through Japanese Eyes*. Annapolis: Naval Institute Press, 1967.

Hashimoto, Mochitsura. *Sunk: The Story of the Japanese Submarine Fleet, 1941-1945*. New York: Henry Holt, 1954.

Howarth, Stephen. *The Fighting Ships of the Rising Sun: The Drama of the Imperial Japanese Navy, 1895-1945*. New York: Atheneum, 1983.

Inoguchi, Rikihei, and Tadashi Nakajima, with Roger Pineau. *The Divine Wind: Japan's Kamikaze Force in World War II*. Annapolis: Naval Institute Press, 1958.

Ito, Masanori, with Roger Pineau. *The End of the Imperial Japanese Navy*. New York: W. W. Norton, 1956.

Lamont-Brown, Raymond. *Kamikaze: Japan's Suicide Samurai*. London: Arms and Armour, 1997.

Lu, David J., ed. *Japan: A Documentary History*. New York: M. E. Sharpe, 1997.

Matsumo, Kitaro. *Design and Construction of the Yamato and Musashi*. Tokyo: Haga, 1961.

Okakura, Yoshisaburo. *The Japanese Spirit*. London: Constable, 1909.

Okumiya, Masatake. *Zero*. New York: Dutton, 1956.

Parillo, Mark R. *The Japanese Merchant Marine in World War II*. Annapolis: Naval Institute Press, 1993.

Peattie, Mark R. *Sunburst: The Rise of Japanese Naval Air Power, 1909-1941*. Annapolis: Naval Institute Press, 2001.

Skulski, Janusz. *The Battleship Yamato: Anatomy of a Ship*. Annapolis: Naval Institute Press, 1988.

Smethurst, Richard J. *A Social Basis for Prewar Japanese Militarism: The Army and the Rural Community*. Berkeley: University of California Press, 1974.

Spurr, Russell. *A Glorious Way to Die: The Kamikaze Mission of the Battleship Yamato, April 1945*. New York: Newmarket Press, 1981.

Ugaki, Matome. *Fading Victory: The Diary of Matome Ugaki, 1941–1945*. Edited by Donald M. Goldstein and Katherine V. Dillon. Translated by Masataka Chihaya. Annapolis: Naval Institute Press, 1991.

Watanabe, Tsuneo, ed. *Who Was Responsible? From Marco Polo Bridge to Pearl Harbor*. A Project of the Yomiuri Shimbun War Responsibility Reexamination Committee. Tokyo: Yomiuri Shimbun, 2006.

Wohlstetter, Roberta. *Pearl Harbor: Warning and Decision*. Stanford: Stanford University Press, 1962.

Yamamoto, Masahiro. *Nanking: Anatomy of an Atrocity*. Westport, CT: Praeger, 2000.

Yoshimura, Akira. *Build the Musashi: The Birth and Death of the World's Greatest Battleship*. Tokyo: Kodansha International, 1991.

이탈리아 해군

Borghese, J. Valerio. *Sea Devils: Italian Navy Commandos in World War II*. Annapolis: Naval Institute Press, 1995. Originally published as *Decima Flottiglia Mas*. Milan: Garzanti, 1967.

Bragadin, Marc'Antonio. *The Italian Navy in World War II*. Translated by Gale Hoffman. Annapolis: Naval Institute Press, 1957.

Ciano, Galeazzo. *Diary, 1937–1943*. New York: Enigma Books, 2002.

Mallett, Robert. *The Italian Navy and Fascist Expansionism, 1935–1940*. London: Frank Cass, 1998.

Mussolini, Benito. *Benito Mussolini Memoirs, 1942–1943, with Documents Relating to the Period*. Edited by Raymond Klibansky. New York: Howard Fertig, 1975.

Sadkovich, James J. *The Italian Navy in World War II*. Westport, CT: Greenwood Press, 1994.

네덜란드 해군

Boer, P. C. *The Loss of Java*. Singapore: NUS Press, 2011.

Kroese, A. *The Dutch Navy at War*. London: G. Allen and Unwin, 1945.

Quispel, Hubert V. *The Job and the Tools*. Rotterdam: Netherlands United Shipbuilding Bureau, 1960.

Thomas, David A. *The Battle of the Java Sea*. New York: Stein and Day, 1968.

Van Oosten, F. C. *The Battle of the Java Sea*. Annapolis: Naval Institute Press, 1976.

영국 해군

Ash, Bernard. *Someone Had Blundered: The Story of the Repulse and the Prince of Wales*. Garden City, NY: Doubleday, 1961.

Atkin, Ronald. *Pillar of Fire: Dunkirk, 1940*. Edinburgh: Birlinn, 1990.

Ballantyne, Iain. *Killing the Bismarck: Destroying the Pride of Hitler's Fleet*. Barnsley, South Yorkshire: Pen and Sword, 2010.

Barker, A. J. Dunkirk: *The Great Escape*. New York: David McKay, 1977.

Barnett, Correlli. *Engage the Enemy More Closely: The Royal Navy in the Second World War*. New York: W. W. Norton, 1991.

Battle of the River Plate. London: His Majesty's Stationery Office, 1940.

Bell, Christopher M. *Churchill and Sea Power*. New York: Oxford University Press, 2013.

Bennett, C. H., J. E. Harrold, and R. Porter, eds. *Dark Seas: The Battle of Cape Matapan*. Britannia Naval Histories of World War II. Plymouth: University of Plymouth Press, 2012.

_____. Hunting Tirpitz: *Royal Navy Operations Against Bismarck's Sister Ship*. Britannia Naval Histories of World War II. Plymouth: University of Plymouth Press, 2012.

Bennett, Geoffrey. *The Loss of the Prince of Wales and Repulse. Annapolis: Naval Institute Press, 1973*.

Britts, Angus. *Neglected Skies: The Demise of British Naval Power in the Far East, 1922–42*. Annapolis: Naval Institute Press, 2017.

Broome, John E. *Convoy Is to Scatter*. London: William Kimber, 1972.

Carse, Robert. *Dunkirk, 1940*. Englewood Cliffs, NJ: Prentice-Hall, 1970.

Chalmers, W. S. *Full Cycle: The Biography of Admiral Sir Bertram Home Ramsay*. London: Hodder and Stoughton, 1959.

Churchill, Winston S. *The Second World War*. 6 vols. Boston: Houghton Mifflin, 1948–1953. Identified in notes by individual volume title.

Cunningham, Andrew Browne. *A Sailor's Odyssey*. New York: E. P. Dutton, 1951.

_____. *The Cunningham Papers: The Mediterranean Fleet, 1939–1942*. Edited by Michael Simpson. Navy Records Society, vol. 140. Aldershot, Hants: Navy Records Society, 1999.

Divine, David. *The Nine Days of Dunkirk*. New York: W. W. Norton, 1959.

Frischauer, Willi, and Robert Jackson. *"The Navy's Here!" The Altmark Affair*. London: Victor Gollancz, 1955. Published in the United States as *The Altmark Affair*. New York: Macmillan, 1955.

Gardner, W. J. R., ed. *The Evacuation from Dunkirk: "Operation Dynamo," 26 May–4 June 1940*. London: Frank Cass, 2000.

Grenfell, Russell. *The Bismarck Episode*. New York: Macmillan, 1949.

_____. *Main Fleet to Singapore*. New York: Macmillan, 1952.

Grove, Eric. *The Price of Disobedience: The Battle of the River Plate Reconsidered*. Annapolis: Naval Institute Press, 2000.

Hastings, Max, *Winston's War: Churchill, 1940–1945*. New York: Alfred A, Knopf, 2010.

Hellswinkell, Lars. *Hitler's Gateway to the Atlantic: German Naval Bases in France, 1940–1945*. Annapolis: Naval Institute Press, 2014.

Jackson, Robert. *Dunkirk: The British Evacuation 1940*. New York: St. Martin's Press, 1976.

Jones, Ben, ed. *The Fleet Air Arm in the Second World War: Norway, the Mediterranean, and the Bismarck.* Aldershot, England: Ashgate, 2012.

Kennedy, Ludovic. *Pursuit: The Chase and Sinking of the Bismarck.* New York: Viking Press, 1974.

Kerr, J. Lennox, and David James, eds. *Wavy Navy, by Some Who Served.* London: George G. Harrap, 1950.

Konstam, Angus. *Scapa Flow: The Defenses of Britain's Great Fleet Anchorage, 1914–1945.* Oxford, England: Osprey, 2009.

Lord, Walter. *The Miracle of Dunkirk.* New York: Viking Press, 1982.

MacIntyre, Donald. *Fighting Admiral: The Life of Admiral of the Fleet Sir James Somerville.* London: Evans Brothers, 1961.

Marder, Arthur J. *From the Dardanelles to Oran: Studies of the Royal Navy in War and Peace, 1915–1940.* New York: Oxford University Press, 1974.

McKee, Alexander. *Black Saturday: The Tragedy of the Royal Oak.* London: Souvenir Press, 1959.

Millington–Drake, Eugen. *The Drama of the Graf Spee and the Battle of the Plate: A Documentary Anthology, 1914–1964.* London: Peter Davies, 1964.

Nicholson, Arthur. *Hostages to Fortune: Winston Churchill and the Loss of the Prince of Wales and Repulse.* Stroud, Gloucestershire: Sutton, 2005.

Preston, Antony, and Alan Raven. *Flower Class Corvettes.* London: Arms and Armour, 1982. Published in paperback as *Ensign 3: Flower Class Corvettes,* Norwich, UK: Bivouac Books, 1973.

Prior, Robin. *When Britain Saved the West: The Story of 1940.* New Haven: Yale University Press, 2015.

Roskill, Stephen W. *Churchill and the Admirals.* London: Collins, 1977.

_____. *Naval Policy Between the Wars: II: The Period of Reluctant Rearmament, 1930–1939.* Annapolis: Naval Institute Press, 1976.

_____. *The War at Sea, 1939–1945.* 3 vols. London: Her Majesty's Stationery Office, 1954–1961.

Smyth, Denis. *Deathly Deception: The Real Story of Operation Mincemeat.* New York: Oxford University Press, 2010.

Snyder, Gerald S. *The Royal Oak Disaster.* London: William Kimber, 1976.

Somerville, John. *The Somerville Papers.* Edited by Michael Simpson. Navy Records Society, vol. 134. Aldershot, Hants: Navy Records Society, 1996.

Vian, Philip. *Action This Day: A War Memoir.* London: Frederick Muller, 1960.

Weaver, H. J. *Nightmare at Scapa Flow: The Truth About the Sinking of HMS Royal Oak.* Kestrels House, Oxfordshire: Cressrelles, 1980.

Wheeler–Bennett, John W. *King George VI: His Life and Reign.* New York: St. Martin's Press, 1958.

Winton, John. *Carrier Glorious: The Life and Death of an Aircraft Carrier.* London: Leo Cooper, 1986.

_____. *Cunningham: The Greatest Admiral Since Nelson.* London: John Murray, 1998.

_____. *The War at Sea: The British Navy in World War II*. New York: William Morrow, 1967.

Woodman, Richard. *The Battle of the River Plate: A Grand Delusion*. Annapolis: Naval Institute Press, 2008.

Wragg, David. *"Total Germany": The Royal Navy's War Against the Axis Powers, 1939–45*. Barnsley, South Yorkshire: Pen and Sword, 2016.

소련 해군

Achkasov, V. I., and N. B. Pavlovich. *Soviet Naval Operations in the Great Patriotic War, 1941–1945*. Annapolis: Naval Institute Press, 1981. Originally published as Sovetskoe voenno-morskoe iskusstvo v Velikoĭ Otechestvennoĭ voĭne. Moscow: Voenizdat, 1973.

Bray, Jeffrey K. *Mine Warfare in the Russo–Soviet Navy*. Laguna Hills, CA: Aegean Park Press, 1995.

Breyer, Siegfried. *Soviet Warship Development, vol. 1, 1917–1937*. London: Conway Maritime Press, 1992.

Isakov, I. S. *The Red Fleet in the Second World War*. London: Hutchinson, 1947.

Meister, Jürg. *Soviet Warships of the Second World War*. London: Macdonald and Jane's, 1977.

Ruge, Friedrich. *The Soviets as Naval Opponents, 1941–1945*. Annapolis: Naval Institute Press, 1979.

미국 해군

Abbazia, Patrick. *Mr. Roosevelt's Navy: The Private War of the U.S. Atlantic Fleet, 1939–1942*. Annapolis: Naval Institute Press, 1975.

Alexander, Joseph H. *Across the Reef: The Marine Assault of Tarawa*. Marines in World War II Commemorative Series. Washington, DC: Marine Corps Historical Center, 1993.

_____. *Utmost Savagery: The Three Days of Tarawa*. Annapolis: Naval Institute Press, 1995.

Alford, Lodwick H. *Playing for Time: War on an Asiatic Fleet Destroyer*. Bennington, VT: Merriam Press, 2008.

Bailey, Leslie W. *Through Hell and High Water: The Wartime Memories of a Junior Combat Infantry Officer*. New York: Vantage Press, 1994.

Becton, F. Julian, with Joseph Morschauser. *The Ship That Would Not Die*. Englewood Cliffs, NJ: Prentice-Hall, 1980.

Blair, Clay. *Silent Victory: The U.S. Submarine War Against Japan*. Philadelphia: J. B. Lippincott, 1975.

Borneman, Walter R. *The Admirals: Nimitz, Halsey, Leahy and King, the Five-Star Admirals Who Won the War at Sea*. New York: Little, Brown, 2012.

Buell, Thomas B. *Master of Sea Power: A Biography of Fleet Admiral Ernest J. King*. Boston: Little, Brown, 1980.

_____. *The Quiet Warrior: A Biography of Admiral Raymond A. Spruance*. Boston: Little, Brown, 1974.

Butcher, Harry C. *My Three Years with Eisenhower: The Personal Diary of Captain Harry C. Butcher, USNR, Naval Aide to General Eisenhower, 1942 to 1945*. New York: Simon and Schuster, 1946.

Calhoun, C. Raymond. *Typhoon: The Other Enemy*. Annapolis: Naval Institute Press, 1981.

Clark, J. J., with Clark G. Reynolds. *Carrier Admiral*. New York: David McKay, 1967.

Clark, Mark Wayne. *Calculated Risk*. New York: Harper and Brothers, 1950.

Cross, Robert F. *Sailor in the White House: The Seafaring Life of FDR*. Annapolis: Naval Institute Press, 2003.

Crosswell, D. K. R. *Beetle: The Life of General Walter Bedell Smith*. Lexington: University of Kentucky Press, 2010.

Davis, Burke. *Get Yamamoto*. New York: Random House, 1969.

_____. *Sunk in Kula Gulf: The Final Voyage of the USS Helena and the Incredible Story of Her Survivors in World War II*. Washington, DC: Potomac Books, 2012.

Doolittle, James H., with Carroll V. Glines. *I Could Never Be So Lucky Again: An Autobiography by General James H. "Jimmy" Doolittle*. New York: Bantam Books, 1991.

Doscher, J. Henry, Jr. *Little Wolf: The Story of the Heroic USS Samuel B. Roberts, DE413 in the Battle of Leyte Gulf During World War II*. Austin, TX: Eakin Press, 1996.

Drury, Bob, and Tom Clavine. *Halsey's Typhoon: The True Story of a Fighting Admiral, and Epic Storm, and an Untold Rescue*. New York: Atlantic Monthly Press, 2007.

Dyer, George Carroll. *The Amphibians Came to Conquer: The Story of Admiral Richmond Kelly Turner*. 2 vols. Washington, DC: Naval Historical Center, 1972.

Eisenhower, Dwight David. *The Papers of Dwight David Eisenhower*. 8 vols. Edited by Alfred D. Chandler Jr. Baltimore: Johns Hopkins University Press, 1970.

Fehrenback, T. R. *F.D.R.'s Undeclared War, 1939–1941*. New York: David McKay, 1967.

Felker, Craig C. *Testing American Sea Power: U.S. Navy Strategic Exercises, 1923–1940*. College Station: Texas A&M University Press, 2007.

Frank, Richard B. *Guadalcanal: The Definitive Account of the Landmark Battle*. New York: Random House, 1990.

Freidel, Frank. *Franklin D. Roosevelt: A Rendezvous with Destiny*. Boston: Little, Brown, 1990.

Gannon, Robert. *Hellions of the Deep: The Development of American Torpedoes in World War II*. University Park, PA: Penn State University Press, 1996.

Glines, Carroll V. *Attack on Yamamoto*. New York: Orion Books, 1990.

_____. *Doolittle's Tokyo Raiders*. New York: D. Van Nostrand, 1964.

Griffith, Thomas E., Jr. *MacArthur's Airman: General George C. Kenney and the War in the Southwest Pacific*. Lawrence: University Press of Kansas, 1998.

Halsey, William F., and J. Bryan III. *Admiral Halsey's Story*. New York: McGraw-Hill, 1947.

Hewitt, H. Kent. *The Memoirs of Admiral H. Kent Hewitt*. Edited by Evelyn M. Cherpak. Newport, RI: Naval War College Press, 2004.

Holwitt, Joel Ira. *"Execute Against Japan": The U.S. Decision to Conduct Unrestricted Submarine*

Warfare. College Station: Texas A&M University Press, 2009.

Hornfischer, James D. *Last Stand of the Tin Can Sailors*. New York: Bantam Books, 2004.

_____. *Neptune's Inferno: The U.S. Navy at Guadalcanal*. New York: Bantam Books, 2011.

_____. *Ship of Ghosts: The Story of the USS Houston, FDR's Legendary Lost Cruiser, and the Epic Saga of Her Survivors*. New York: Bantam Books, 2006.

Hoyt, Edwin P. *The Men of the Gambier Bay*. Middlebury, VT: Paul S. Eriksson, 1979.

Hughes, Thomas Alexander. *Admiral Bill Halsey: A Naval Life*. Cambridge, MA: Harvard University Press, 2016.

Ickes, Harold L. *The Secret Diary of Harold L. Ickes*. New York: Simon and Schuster, 1954.

Jones, David, and Peter Nunan. *U.S. Subs Down Under: Brisbane, 1942–1945*. Annapolis: Naval Institute Press, 2005.

Jordan, Jonathan W. *American Warlords: How Roosevelt's High Command Led America to Victory in World War II*. New York: Random House, 2016.

Kennedy, Maxwell Taylor. *Danger's Hour: The Story of the USS Bunker Hill and the Kamikaze Pilot Who Crippled Her*. New York: Simon and Schuster, 2008.

Kenney, George C. *General Kenney Reports: A Personal History of the Pacific War*. New York: Duell, Sloan and Pearce, 1949.

Kimmel, Husband E. *Admiral Kimmel's Story*. Chicago: Henry Regnery, 1955.

King, Ernest J., and Walter Muir Whitehill. *Fleet Admiral King: A Naval Record*. New York: W. W. Norton, 1952.

Kleiss, N. Jack. *Never Call Me a Hero: A Legendary American Dive-Bomber Pilot Remembers the Battle of Midway*. New York: William Morrow, 2017.

Langer, William L. *Our Vichy Gamble*. Hamden, CT: Archon Books, 1947, 1965.

Langer, William L., and S. Everett Gleason. *The Undeclared War, 1940–1941*. New York: Harper and Brothers, 1953.

Lockwood, Charles A., and Hans Christian Adamson. *Battles of the Philippine Sea*. New York: Thomas Y. Crowell, 1967.

_____. *Hellcats of the Sea*. New York: Greenberg, 1955.

Love, Robert William, Jr., ed. *The Chiefs of Naval Operations*. Annapolis: Naval Institute Press, 1980.

_____. *History of the U.S. Navy*. Vol. 2. Mechanicsburg, PA Stackpole Books, 1992.

Loxton, Bruce, with Chris Coulthard-Clard. *The Shame of Savo: Anatomy of a Naval Disaster*. Annapolis: Naval Institute Press, 1994.

Ludlum, Stuart D. *They Turned the War Around at Coral Sea and Midway: Going to War with Yorktown's Air Group Five*. Bennington, VT: Merriam, 2000.

Lundstrom, John B. *Black Shoe Carrier Admiral: Frank Jack Fletcher at Coral Sea, Midway, and Guadalcanal*. Annapolis: Naval Institute Press, 2006.

MacArthur, Douglas. *Reminiscences*. New York: McGraw Hill, 1964. Reprinted, Annapolis: Naval Institute Press, 2001.

Manchester, William. *American Caesar: Douglas MacArthur, 1880–1964*. Boston: Little, Brown, 1978

Mansfield, John G., Jr. *Cruisers for Breakfast: War Patrols of the U.S.S. Darter and U.S.S. Dace*. Tacoma, WA: Media Center, 1997.

McCants, William R. *War Patrols of the USS Flasher*. Chapel Hill, NC: Professional Press, 1994.

Miller, Edward S. *War Plan Orange: The U.S. Strategy to Defeat Japan, 1897–1945*. Annapolis: Naval Institute Press, 1991.

Monroe-Jones, Edward, and Michael Green, eds. *The Silent Service in World War II: The Story of the U.S. Navy Submarine Force in the Words of the Men Who Lived It*. Philadelphia: Casemate, 2012.

Morison, Samuel Eliot. *History of United States Naval Operations in World War II*. 15 vols. Boston: Little, Brown, 1947–62. Reprinted, Annapolis: Naval Institute Press, 2010. [Identified in notes by individual volume title.]

Morris, C. G., and Hugh B. Cave, *The Fightin'est Ship: The Story of Cruiser Helena*. New York: Dodd Mead, 1944.

Mowry, George E. *Landing Craft and the War Production Board, April 1942 to May 1944*. Washington, DC: War Production Board, 1944.

O'Connell, Robert L. *Sacred Vessels: The Cult of the Battleship and the Rise of the U.S. Navy*. Boulder, CO: Westview Press, 1991.

O'Kane, Richard H. *Clear the Bridge: The War Patrols of the U.S.S. Tang*. Chicago: Rand McNally, 1977.

Patton, George S. *The Patton Papers, 1940–1945*. Edited by Martin Blumenson. Boston: Houghton Mifflin, 1974.

_____. *War as I Knew It*. Boston: Houghton Mifflin, 1947.

Persico, Joseph E. *Roosevelt's Secret War: FDR and World War II*. New York: Random House, 2001.

Petty, Bruce M. *Saipan: Oral Histories of the Pacific War*. Jefferson, NC: McFarland, 2002.

Potter, E. B. *Admiral Arleigh Burke*. New York: Random House, 1990.

_____. *Bull Halsey*. Annapolis: Naval Institute Press, 1985.

_____. *Nimitz*. Annapolis: Naval Institute Press, 1976.

Regan, Stephen D. *In Bitter Tempest: The Biography of Admiral Frank Jack Fletcher*. Ames: Iowa State University Press, 1994.

Reynolds, David. *From Munich to Pearl Harbor: Roosevelt's America and the Origins of the Second World War*. Chicago: Ivan R. Dee, 2001.

Roberts, Charles C., Jr. *The Boat That Won the War: An Illustrated History of the Higgins LCVP*. Annapolis: U.S. Naval Institute, 2017.

Roosevelt, Franklin D. *Complete Presidential Press Conferences of Franklin D. Roosevelt*. New York: DaCapo Press, 1972.

_____. *Documentary History of the Franklin D. Roosevelt Presidency*. George McJimsey, general editor. Dayton, OH: University Publications of America, 2001.

Roscoe, theodore. *United States Destroyer Operations in World War II*. Annapolis: U.S. Naval Institute, 1953.

Rowland, Buford, and William B. Boyd. *U.S. Navy Bureau of Ordnance in World War II*. Washington, DC: Bureau of Ordnance, 1953.

Sasgen, Peter. Hellcats: *The Epic Story of World War II's Most Daring Submarine Raid*. London: NAL Caliber, 2010.

Schultz, Duane. *The Doolittle Raid*. New York: St. Martin's Press, 1988.

Sherman, Frederick C. *Combat Command: The American Aircraft Carriers in the Pacific War*. New York: E. P. Dutton, 1950.

Sherwood, Robert E. *Roosevelt and Hopkins: An Intimate History*. New York: Enigma Books, 2008. Originally published 1948.

Smith, Holland M., with Percy Finch. *Coral and Brass*. New York: Charles Scribner's Sons, 1949.

Solberg, Carl. *Decision and Dissent: With Halsey at Leyte Gulf*. Annapolis: Naval Institute Press, 1995.

Spector, Ronald H. *Eagle Against the Sun: The American War with Japan*. New York: Macmillan, 1985.

Stanton, Doug. *In Harm's Way: The Sinking of the USS Indianapolis and the Extraordinary Story of Its Survivors*. New York: Henry Holt, 2001.

Steely, Skipper. *Pearl Harbor Countdown: Admiral James O. Richardson*. Gretna, LA: Pelican, 2008.

Stillwell, Paul, ed. *Air Raid: Pearl Harbor! Recollections of a Day of Infamy*. Annapolis: Naval Institute Press, 1981.

_____. *Assault on Normandy: First Person Accounts from the Sea Services*. Annapolis: Naval Institute Press, 1994.

Stockman, James R. *The Battle for Tarawa*. Washington, DC: Historical Section, U.S. Marine Corps, 1947.

Taylor, theodore. *The Magnificent Mitscher*. Annapolis: Naval Institute Press, 1954.

Tuohy, William. *The Bravest Man: The Story of Richard O'Kane and U.S. Submarines in the Pacific War*. Phoenix Mill, Gloucestershire, UK: Sutton, 2001.

Twomey, Steve. *Countdown to Pearl Harbor: The Twelve Days to the Attack*. New York: Simon and Schuster, 2016.

U.S. Navy Department. *Annual Reports of the Secretary of the Navy*. Washington, DC: Government Printing Office, 1935–45.

U.S. Navy, Office of Naval Intelligence. *Battle of Cape Esperance and Battle of Santa Cruz Islands*. Washington, DC: Office of Naval Intelligence, 1943.

_____. *Battle of Savo Island and the Battle of the Eastern Solomons*. Washington, DC: Office of Naval Intelligence, 1943.

_____. *Battle of Tassafaronga and Japanese Evacuation of Guadalcanal*. Washington, DC: Office of

Naval Intelligence, 1944.

_____. *Bougainville Campaign and the Battle of Empress Augusta Bay*. Washington, DC: Office of Naval Intelligence, 1945.

Wheeler, Gerald E. *Kinkaid of the Seventh Fleet: A Biography of Admiral Thomas C. Kinkaid, U.S. Navy*. Washington, DC: Naval Historical Center, 1995.

Wildenberg, Thomas. *All the Factors of Victory: Admiral Joseph Mason Reeves and the Origins of Carrier Airpower*. Washington, DC: Brassey's, 2003.

_____. *Billy Mitchell's War with the Navy: The Interwar Rivalry over Air Power*. Annapolis: Naval Institute Press, 2014.

Winslow, W. G. *The Fleet the Gods Forgot: The U.S. Asiatic Fleet in World War II*. Annapolis: Naval Institute Press, 1982.

Wohlstetter, Roberta. *Pearl Harbor: Warning and Decision*. Stanford: Stanford University Press, 1962.

Wolters, Timothy S. *Information at Sea: Shipboard Command and Control in the U.S. Navy, from Mobile Bay to Okinawa*. Baltimore: John Hopkins University Press, 2013.

Wren, L. Peter, and Charles T. Sehe. *Battle Born: The Unsinkable USS* Nevada, *BB–36*. Xlibris, 2008.

Wukovits, John. *Devotion to Duty: A Biography of Admiral Clifton A. F. Sprague*. Annapolis: Naval Institute Press, 1995.

_____. *Hell from the Heavens: The Epic Story of the USS Laffey and World War II's Greatest Kamikaze Attack*. Boston: Da Capo Press, 2015.

_____. *One Square Mile of Hell: The Battle for Tarawa*. New York: Penguin, 2006.

_____. *Tin Can Titans*. Boston: Da Capo Press, 2017.

C. 전쟁 해역 및 특정 주제

지중해

Ansel, Walter. *Hitler and the Middle Sea*. Durham: Duke University Press, 1972.

Beevor, Antony. *Crete: The Battle and the Resistance*. Boulder, Colo.: Westview Press, 1994.

Blumenson, Martin. *Anzio: The Gamble That Failed*. Philadelphia: J. B. Lippincott, 1963.

Bradford, Ernle. *Siege: Malta, 1940–1943*. New York: William Morrow, 1986.

Brown, John Mason. *To All Hands: An Amphibious Adventure*. New York: Whittlesey House, 1943.

Castillo, Dennis A. *The Santa Marija Convoy: Faith and Endurance in Wartime Malta*. Lanham, MD: Lexington Books, 2012.

Clayton, Tim, and Phil Craig. *The End of the Beginning: From the Siege of Malta to the Allied Victory at El Alamein*. New York: Free Press, 2002.

Clifford, Robert L., and William J. Maddocks. *Naval Gunfire Support in the Landings at Sicily*.

Oklahoma City, OK.: 45th Infantry Division Museum, 1984.

De Belot, Raymond. *The Struggle for the Mediterranean, 1939–1945*. Princeton: Princeton University Press, 1951.

D'Este, Carlo. *Bitter Victory: The Battle for Sicily, 1943*. New York: E. P. Dutton, 1988.

_____. *Fatal Decision: Anzio and the Battle for Rome*. New York: HarperCollins, 1991.

Ehlers, Robert S., Jr. *The Mediterranean Air War: Airpower and Allied Victory in World War II*. Lawrence: University of Kansas Press, 2015.

Garland, Albert N, and Howard McGaw Smith. *The Mediterranean theater of Operations: Sicily and the Surrender of Italy*. Washington, DC: Office of the Chief of Military History, 1965.

Greene, Jack, and Alessandro Massignani. *The Naval War in the Mediterranean, 1940–1943*. London: Chatham, 2002.

Grehan, John, and Martin Mace, eds. *The War at Sea in the Mediterranean, 1940–1944*. Despatches from the Front. Barnsley, South Yorkshire: Pen and Sword Maritime, 2014.

_____. *The War in Italy, 1943–1944*. Despatches from the Front. Barnsley, South Yorkshire: Pen and Sword, 2014.

Hickey, Des, and Gus Smith. *Operation Avalanche: The Salerno Landings, 1943*. New York: McGraw-Hill, 1984.

Holland, James. *Fortress Malta: An Island Under Siege, 1940–43*. New York: Miramax Books, 2003.

Howe, George F. *Northwest Ameica: Seizing the Initiative in the West*. Washington, DC: Office of the Chief of Military History, 1957.

Jellison, Charles A. *Besieged: The World War II Ordeal of Malta, 1940–1942*. Hanover, NH: University Press of New England, 1984.

Katz, Robert. *The Battle for Rome: The Germans, the Allies, the Partisans, and the Pope, September 1943–June 1944*. New York: Simon and Schuster, 2003.

Kelly, Orr. *Meeting the Fox: The Allied Invasion of Ameica from Operation Torch to Kasserine Pass to Victory in Tunisia*. New York: John Wiley and Sons, 2002.

Levine, Alan J. *The War Against Rommel's Supply Lines, 1942–1943*. Westport, CT: Praeger, 1999.

Linklater, Eric. *The Campaign in Italy*. London: Her Majesty's Stationery Office, 1954, 1977.

Molony, C. J. C. *The Mediterranean and Middle East*, vol. 5, *The Campaign in Sicily 1943, and the Campaign in Italy, 3rd September 1943 to 31st March 1944*. History of the Second World War. London: Her Majesty's Stationery Office, 1973.

Moses, Sam. *At All Costs*. New York: Random House, 2006.

O'Hara, Vincent P. *In Passage Perilous: Malta and the Convoy Battles of June 1942*. Bloomington: Indiana University Press, 2013.

_____. *Struggle for the Middle Sea: The Great Navies at War in the Mediterranean theater, 1940–1945*. Annapolis: Naval Institute Press, 2015.

_____. *Torch: North Ameica and the Allied Path to Victory*. Annapolis: Naval Institute Press, 2015.

Pack, S. W. C. *The Battle of Cape Matapan*. New York: Macmillan, 1961.

_____. _The Battle of Sirte_. Annapolis: Naval Institute Press, 1975.

_____. _Night Action off Cape Matapan_. Skeppterton, Surrey: Ian Allan, 1972.

Pearson, Michael. _The Ohio and Malta: The Legendary Tanker That Refused to Die_. Barnsley, South Yorkshire: Leo Cooper, 2004.

Playfair, I. S. O. _The Mediterranean and Middle East_, vol. 4, _The Destruction of the Axis Forces in Ameica. History of the Second World War_. London: Her Majesty's Stationery Office, 1966.

Pond, Hugh. _Sicily_. London: William Kimber, 1962.

Pope, Dudley. _Flag 4: The Battle of Coastal Forces in the Mediterranean, 1939–1945_. Annapolis: Naval Institute Press, 1954.

Porch, Douglas. _The Path to Victory: The Mediterranean theater in World War II_. New York: Farrar, Straus and Giroux, 2004.

Seth, Ronald. _Two Fleets Surprised: The Story of the Battle of Cape Matapan_. London: Geoffrey Bles, 1960.

Shankland, Peter, and Anthony Hunter. _Malta Convoy_. New York: Ives Washburn, 1961.

Smith, Peter C. _Critical Conflict: The Royal Navy's Mediterranean Campaign in 1940_. Barnsley, South Yorkshire: Pen and Sword, 2011. Originally published as Action Imminent. London: William Kimber, 1980.

_____. _Pedestal: The Convoy That Saved Malta_. London: William Kimber, 1970.

Truscott, Lucian K., Jr. _Command Missions: A Personal Story_. New York: E. P. Dutton, 1954.

U.S. Department of the Army. _Anzio Beachhead, 22 January–25 May 1944_. Washington, D.C.: Center of Military History, 1990.

U.S. Navy Office of Naval Intelligence. _The Sicilian Campaign, 10 July–17 August 1943_. Washington, DC: United States Navy Publication Branch, 1945.

노르웨이 전역

Brown, David, ed. _Naval Operations of the Campaign in Norway, April–June, 1940_. London: Frank Cass, 2000.

Derry, T. K. _The Campaign in Norway_. London: Her Majesty's Stationery Office, 1952.

Dickens, Peter. _Narvik: Battles in the Fjords_. Annapolis: Naval Institute Press, 1974, 1997.

Haarr, Geirr H. _The German Invasion of Norway, April 1940_. Annapolis: Naval Institute Press, 2009.

Porter, Richard, and M. J. Pearce, editors. _The Fight for the Fjords: The Battle for Norway, 1940_. Britannia Naval Histories of World War II. Plymouth: University Press of Plymouth, 2012.

Scarfe, Ronald. _In the Norwegian Trap: The Battle for and in Norwegian Waters_. London: Francis Aldor, 1940.

태평양

Attiwill, Kenneth. _Fortress: The Story of the Siege and Fall of Singapore_. Garden City, NY: Doubleday, 1960.

Barber, Noel. *A Sinister Twilight: The Fall of Singapore, 1942*. Boston: Houghton Mifflin, 1968.

Burrell, Robert S. *The Ghosts of Iwo Jima*. College Station: Texas A&M University Press, 2006.

Clemans, Martin. *Alone on Guadalcanal: A Coastwatcher's Story*. Annapolis: Naval Institute Press, 1998.

Cook, Charles. *The Battle of Cape Esperance: Encounter at Guadalcanal*. Annapolis: Naval Institute Press, 1968, 1992.

Coombe, Jack D. *Derailing the Tokyo Express: The Naval Battles for the Solomon Islands That Sealed Japan's Fate*. Harrisburg, PA: Stackpole Books, 1991.

Cox, Jeffrey R. *Rising Sun, Falling Skies: The Disastrous Java Sea Campaign of World War II*. Oxford: Osprey, 2014.

Craven, Wesley Frank, and James Lea Cate. *The Army Air Forces in World War II, vol. 4, the Pacific: Guadalcanal to Saipan, August 1942 to July 1944*. Chicago: University of Chicago Press, 1950.

Crenshaw, Russell Sydnor, Jr. *South Pacific Destroyer: The Battle for the Solomons from Savo Island to Vella Gulf*. Annapolis: Naval Institute Press, 1998.

Crowl, Philip A., and Edmund G. Love. *Seizure of the Gilberts and Marshalls*, vol. 5, part 6 of *The War in the Pacific*. Washington, DC: Office of the Chief of Military History, 1955.

Custer, Joe James. *Through the Perilous Night: The Astoria 's Last Battle*. New York: Macmillan, 1944.

Cutler, Thomas J. *The Battle of Leyte Gulf, 23–26 October 1944*. New York: HarperCollins, 1994.

Domagalski, John J. *Lost at Guadalcanal: The Final Battles of the Astoria and Chicago as Described by Survivors and in Official Reports*. Jefferson, NC: McFarland, 2010.

_____. *Sunk in Kula Gulf: The Final Voyage of the USS Helena and the Incredible Story of Her Survivors in World War II*. Washington, DC: Potomac Books, 2012.

Farrell, Brian P. *The Defense and Fall of Singapore, 1940–1942*. Stroud, Gloucestershire: Tempus, 2005.

Field, James A. *The Japanese at Leyte Gulf: The Sho Operation*. Princeton: Princeton University Press, 1947.

Frank, Richard B. *Downfall: The End of the Imperial Japanese Empire*. New York: Random House, 1999.

Gailey, Harry A. *Bougainville, 1943–1945: The Forgotten Campaign*. Lexington: University Press of Kentucky, 1991.

Gamble, Bruce. *Fortress Rabaul: The Battle for the Southwest Pacific, January 1942–April 1943*. Minneapolis: Zenith Press, 2010.

Goldberg, Harold J. *D-Day in the Pacific: The Battle of Saipan*. Bloomington: Indiana University Press, 20007.

Hastings, Max. *Retribution: The Battle for Japan, 1944–45*. New York: Alfred A. Knopf, 2008.

Heinl, Robert D., Jr., and John A. Crown. *The Marshalls: Increasing the Tempo*. Washington, DC: U.S. Marine Corps Historical Branch, 1954.

Heinrichs, Waldo, and Marc Gallicchio. *Implacable Foes: War in the Pacific, 1944–1945*. New York: Oxford University Press, 2017.

Hornfischer, James D. *Neptune's Inferno: The U.S. Navy at Guadalcanal*. New York: Bantam Books, 2011.

_____. *The Last Stand of the Tin Can Sailors: The Extraordinary World War II Story of the U.S. Navy's Finest Hour*. New York: Bantam Books, 2004.

Lockwood, Charles A. *Sink 'Em All: Submarine Warfare in the Pacific*. New York: E. P. Dutton, 1951.

Lord, Walter. *Day of Infamy*. New York: Holt, Rinehart and Winston, 1957.

_____. *Incredible Victory*. New York: Harper–Collins, 1967.

Lundstrom, John. *The First South Pacific Campaign: Pacific Fleet Strategy, December 1941–June 1942*. Annapolis: Naval Institute Press, 1976.

_____. *The First Team: Pacific Naval Air Combat from Pearl Harbor to Midway*. Annapolis: Naval Institute Press, 1984.

McAulay, Lex. *Battle of the Bismarck Sea*. New York: St. Martin's Press, 1991.

Messimer, Dwight R. *Pawns of War: The Loss of the USS Langley and the USS Pecos*. Annapolis: Naval Institute Press, 1983.

Miller, John, Jr. *Cartwheel: The Reduction of Rabaul*, vol. 5, part 5, *of the War in the Pacific*. Washington, DC: Office of the Chief of Military History 1959.

Miller, Thomas G., Jr. *The Cactus Air Force*. New York: Harper and Row, 1969.

Parshall, Jonathan, and Anthony Tully. *Shattered Sword: The Untold Story of the Battle of Midway*. Washington, DC: Potomac Books, 2005.

Prados, John. *Storm over Leyte: The Philippine Invasion and the Destruction of the Japanese Navy*. New York: New American Library, 2016.

Prange, Gordon W., with Donald M. Goldstein and Katherine V. Dillon. *At Dawn We Slept: The Untold Story of Pearl Harbor*. New York: McGraw–Hill, 1981.

_____. *Miracle at Midway*. New York: McGraw–Hill, 1982.

Prefer, Nathan. *MacArthur's New Guinea Campaign*. Conshohocken, PA.: Combined Books, 1995.

Puleston, W. D. *The Armed Forces of the Pacific: A Comparison of the Military and Naval Power of the United States and Japan*. New Haven: Yale University Press, 1941.

Schwabe, Daniel T. *Burning Japan: Air Force Bombing Strategy Change in the Pacific*. Lincoln, NE: University of Nebraska Press [Potomac Books], 2015.

Shaw, Henry L, Bernard C. Nalty, and Edwin T. Turnbladh, *Central Pacific Drive*, vol. 3 of *History of U.S. Marine Corps Operations in World War II*. Washington, DC: Historical Branch, U.S. Marine Corps, 1966.

Sherrod, Robert. *On to Westward: The Battles of Saipan and Iwo Jima*. New York: Duell, Sloan, and Pearce, 1945. Reprinted, Baltimore: Nautical and Aviation Press, 1990.

_____. *Tarawa: The Story of a Battle*. New York: Duell, Sloan, and Pearce, 1944. Reprinted,

Fredericksburg, TX: Admiral Nimitz Foundation, 1973.

Sledge, E. B. *With the Old Breed at Peleliu and Okinawa*. Novato, CA: Presidio Press, 1981.

Smith, Larry. *Iwo Jima: World War II Veterans Remember the Greatest Battle of the Pacific*. New York: W. W. Norton, 2008.

Stern, Robert C. *Fire from the Sky: Surviving the Kamikaze Threat*. Annapolis: Naval Institute Press, 2010.

Symonds, Craig L. *The Battle of Midway*. New York: Oxford University Press, 2011.

Thomas, Evan. *Sea of Thunder: Four Commanders and the Last Great Naval Campaign, 1941–1945*. New York: Simon and Schuster, 2006.

Thomas, Lowell, and Edward Jablonski. *Doolittle: A Biography*. Garden City, NY: Doubleday, 1976.

Toll, Ian W. *The Conquering Tide: War in the Pacific Islands, 1942–1944*. New York: W. W. Norton, 2015.

_____. *Pacific Crucible: War at Sea in the Pacific, 1941–1942*. New York: W. W. Norton, 2012.

Tully, Anthony P. *Battle of Surigao Strait*. Bloomington: Indiana University Press, 2009.

U.S. Congress. *Pearl Harbor Attack: Hearings Before the Joint Committee on the Investigation of the Pearl Harbor Attack*. Washington, DC: Government Printing Office, 1946.

U.S. Navy Department. *The Assault on Kwajalein and Majuro* [Combat Narratives]. Washington, DC: Office of Naval Intelligence, 1945.

_____. *Iwo Jima: Amphibious Epic*. Washington, DC: U.S. Marine Corps Historical Branch, 1954.

_____. *The Battles of Savo Island, 9 August 1942 and the Eastern Solomons, 23–25 August 1942*. Washington, DC: Naval Historical Center, 1994.

_____. *The Java Sea Campaign* [Combat Narratives]. Washington, DC: Office of Naval Intelligence, 1943.

Utley, Jonathan. *Going to War with Japan*. Knoxville: University of Tennessee Press, 1985.

Vego, Milan. *The Battle for Leyte, 1944: Allied and Japanese Plans, Preparations, and Execution*. Annapolis: Naval Institute Press, 2006.

Warren, Alan. *Singapore: Britain's Greatest Defeat*. London: Hambleton and London, 2002.

Willmott, H. P. *The Barrier and the Javelin: Japanese and Allied Pacific Strategies, February to June 1942*. Annapolis: U.S. Naval Institute, 1983.

_____. *The Battle of Leyte Gulf: The Last Fleet Action*. Bloomington: Indianan University Press, 2005.

_____. *Empires in the Balance: Japanese and Allied Pacific Strategies to April 1942*. Annapolis: Naval Institute Press, 1982.

Yahara, Hiromichi. *The Battle for Okinawa*. Translated by Roger Pineau and Masatoshi Uehara. New York: John Wiley and sons, 1995.

Y'Blood, William T. *Red Sun Setting: The Battle of the Philippine Sea*. Annapolis: Naval Institute Press, 1981.

암호 및 암호 해독

Bennett, Ralph. *ULTRA and Mediterranean Strategy*. New York: William Morrow, 1989.

Carlson, Elliot. *Joe Rochefort's War: The Odyssey of the Codebreaker Who Outwitted Yamamoto at Midway*. Annapolis: Naval Institute Press, 2011.

Gardner, W. J. R. *Decoding History: The Battle of the Atlantic and Ultra*. Annapolis: Naval Institute Press, 1999.

Holmes, Wilfrid Jasper. *Double-Edged Secrets: U.S. Naval Intelligence Operations in the Pacific During World War II*. Annapolis: Naval Institute Press, 1979.

Kahn, David. *The Codebreakers: The Story of Secret Writing*. New York: Macmillan, 1967.

_____. *Seizing the Enigma: The Race to Break the German U-Boat Codes, 1939-1943*. Boston: Houghton Mifflin, 1991.

Layton, Edwin T., with Roger Pineau and John Costello. *"And I Was there": Pearl Harbor and Midway—Breaking the Secrets*. New York: William Morrow, 1985.

Navy Records Society. *The Battle of the Atlantic and Signals Intelligence: U-Boat Situations and Trends, 1941-1945*. Ed. by David Syrett. Aldershot, England: Ashgate, 1998.

Parker, Frederick D. *A Priceless Advantage: U.S. Navy Communications Intelligence and the Battles of Coral Sea, Midway, and the Aleutians*. Washington, DC: Center for Cryptologic History, National Security Agency, 1993.

Prados, John. *Combined Fleet Decoded: The Secret History of American Intelligence and the Japanese Navy in World War II*. New York: Random House, 1995.

Showell, Jak P. Mallmann. *German Naval Code Breakers*. Annapolis: Naval Institute Press, 2003.

Winton, John. *Ultra at Sea: How Breaking the Nazi Code Affected Allied Naval Strategy During World War II*. New York: William Morrow, 1988.

무역 전쟁

Bailey, Chris Howard. *The Battle of the Atlantic: The Corvettes and their Crews: An Oral History*. Annapolis: Naval Institute Press, 1994.

Blair, Clay. *Hitler's U-Boat War: The Hunters, 1939-1942*. New York: Random House, 1996.

_____. *Hitler's U-Boat War: The Hunted, 1942-1945*. New York: Random House, 1998.

_____. *Silent Victory: The U.S. Submarine War Against Japan*. Philadelphia: J. B. Lippincott, 1975.

Bray, Jeffrey K. *Ultra in the Atlantic: Allied Communication Intelligence and the Battle of the Atlantic*. Laguna Hills, CA: Aegean Park Press, 1994.

Brown, Ken. *U-Boat Assault on America: The Eastern Seaboard Campaign, 1942*. Annapolis: Naval Institute Press, 2017.

Carroll, Francis M. *Athenia Torpedoed: The U-Boat Attack That Ignited the Battle of the Atlantic*. Annapolis: Naval Institute Press, 2012.

Carter, William A. *Why Me, Lord? the Experiences of a U.S. Navy Armed Guard Officer in World War II's Convoy PQ 17 on the Murmansk Run*. Millsboro, DE: William A. Carter, 2007.

Cremer, Peter. *U-Boat Commander: A Periscope View of the Battle of the Atlantic*. Annapolis: Naval

Institute Press, 1982.

Dimbleby, Jonathan. *The Battle of the Atlantic: How the Allies Won the War*. New York: Oxford University Press, 2016.

Duffy, James P. *The Sinking of the Laconia and the U-Boat War: Disaster in the Mid-Atlantic*. Santa Barbara, CA: Praeger, 2009.

Duskin, Gerald L., and Ralph Segman. *If the Gods Are Good: The Epic Sacrifice of the HMS Jervis Bay*. Annapolis: Naval Institute Press, 2004.

_____. *Convoy Will Scatter: The Full Story of Jervis Bay and Convoy HX84*. Barnsley, South Yorkshire: Pen and Sword, 2013.

Gannon, Michael. *Operation Drumbeat: The Dramatic True Story of Germany's First U-Boat Attacks Along the American Coast in World War II*. New York: Harper and Row, 1990.

Gannon, Robert. *Hellions of the Deep: The Development of American Torpedoes in World War II*. University Park: Pennsylvania State University Press, 1996.

Gretton, Peter. *Convoy Escort Commander*. London: Cassell, 1964.

_____. *Crisis Convoy: The Story of HX231*. Annapolis: Naval Institute Press, 1974.

Hadley, Michael L. *U-Boats Against Canada: German Submarines in Canadian Waters*. Kingston, ON: McGill-Queen's University Press, 1985.

Hague, Arnold. *The Allied Convoy System, 1939-1945*. Annapolis: Naval Institute Press, 2000.

Hickam, Homer, Jr. *Torpedo Junction: U-Boat War off America's East Coast, 1942*. Annapolis: Naval Institute Press, 1989.

Hughes, Terry, and John Costello. *The Battle of the Atlantic*. New York: Dial Press, 1977.

Ireland, Bernard. *Battle of the Atlantic*. Barnsley, South Yorkshire: Pen and Sword, 2003.

Keith, Don. *Undersea Warrior: The World War II Story of "Mush" Morton and the USS* Wahoo. New York: New American Library, 2011.

Kelshall, Gaylord T. M. *The U-Boat War in the Caribbean*. Annapolis: Naval Institute Press, 1988, 1994.

Kemp, Peter. *Decision at Sea: The Convoy Escorts*. New York: Elsevier-Dutton, 1978.

Lund, Paul, and Harry Ludlam. *Night of the U-Boats*. London: W. Foulsham, 1973.

MacIntyre, Donald. *The Battle of the Atlantic*. New York: Macmillan, 1961.

MacNeil, Calum. *San Demetrio*. Sydney: Angus and Robertson, 1957.

McCue, Brian. *U-Boats in the Bay of Biscay: An Essay in Operational Analysis*. Washington, DC: National Defense University, 1990.

Middlebrook, Martin. *Convoy*. New York: William Morrow, 1977.

Mohr, Ulrich, and A. V. Sellwood. *Ship 16: The Story of the Secret German Raider* Atlantis. New York: John Day, 1956.

Offley, Ed. *The Burning Shore: How Hitler's U-Boats Brought World War II to America*. New York: Basic Books, 2014.

Ogden, Michael. *The Battle of North Cape*. London: William Kimber, 1962.

O'Kane, Richard H. Wahoo: *The Patrols of America's Most Famous World War II Submarine*.

Novato, CA: Presidio Press, 1987.

Padfield, Peter. *War Beneath the Sea: Submarine Conflict During World War II*. New York: John Wiley and Sons, 1995.

Peillard, Léonce. *The Laconia Affair*. Translated from the French by Oliver Coburn. New York: G. P. Putnam's Sons, 1963.

Pope, Dudley. *The Battle of the River Plate*. London: William Kimber, 1956.

Revely, Henry. *The Convoy That Nearly Died: The Story of ONS 154*. London: William Kimber, 1979.

Rohwer, Jurgen. *The Critical Convoy Battles of March 1943: The Battle for HX229/SC122*. Annapolis: Naval Institute Press, 1977.

Royal Navy Central Office of Information. *The Battle of the Atlantic: The Official Account of the Fight Against the U-Boats, 1939–1945*. London: His Majesty's Stationery Office, 1946.

Schofield, B. B. *The Russian Convoys*. Philadelphia: Dufour Editions, 1964.

Seki, Eiji. *Mrs. Ferguson's Tea-set, Japan, and the Second World War: The Global Consequences Following Germany's Sinking of the SS Automedon in 1940*. Folkestone, Kent: Global Oriental, 2007.

Syrett, David. *The Defeat of the German U-Boats: The Battle of the Atlantic*. Columbia: University of South Carolina Press, 1994.

U.S. Department of the Navy. *Japanese Naval and Merchant Shipping Losses During World War II by All Causes*. Washington, DC: U.S. Government Printing Office, 1947.

Walling, Michael G. *Forgotten Sacrifice: The Arctic Convoys of World War II*. Oxford, England: Osprey, 2012.

Waters, John M. *Bloody Winter*. Annapolis: Naval Institute Press, 1967, 1984.

Watson, Bruce Allen. *Atlantic Convoys and Nazi Raiders: The Deadly Voyage of the HMS Jervis Bay*. Westport, CT: Praeger, 2006.

Woodman, Richard. *The Arctic Convoys, 1941–1945*. London: John Murray, 1994.

_____. *Malta Convoys, 1940–1943*. London: John Murray, 2000.

Y'Blood, William T. *Hunter-Killer: U.S. Escort Carriers in the Battle of the Atlantic*. Annapolis: Naval Institute Press, 1983.

D. 논문 및 칼럼

Allison, Fred H. "We Were Going to Win… or Die there." *Naval History*, October 2016, 32–39.

Assmann, Kurt. "The Invasion of Normandy." Translated by Roland E. Krause. *U.S. Naval Institute Proceedings*, April 1952, 400–413.

Blee, Ben. "Whodunnit?" *U.S. Naval Institute Proceedings*, June 1982, 42–47.

Camp, Richard. "Flying in the Eye of the Guadalcanal Storm." *Naval History*, August 2017, 14–19.

Chew, John L., as told to Charles Lee Lewis. "Some Shall Escape." *U.S. Naval Institute Proceedings*, August 1945, 887–903.

"CINC First Air Fleet Detailed Battle Report." *ONI Review*, May 1947.

Coward, J. G. "Destroyer Dust." U.S. *Naval Institute Proceedings*, November 1948, 1373–83.

Danton, J. Periam. "The Battle of the Philippine Sea." *U.S. Naval Institute Proceedings*, September 1948, 1023–1027.

Davis, H. F. D. "Building Major Combatant Ships in World War II." *U.S. Naval Institute Proceedings*, May 1947, 565–79.

Drent, Jan. "The Trans–Pacific Lend-Lease Shuttle to the Russian Far East, 1941–46." *The Northern Mariner/Le Marin du Nord*, January 2017, 31–58.

Field, James A. "Leyte Gulf: the First Uncensored Japanese Account." *U.S. Naval Institute Proceedings*, March 1951, 255–65.

Fukaya, Hajime. "The Shokakus: Pearl Harbor to Leyte Gulf." Translated by Martin E. Holbrook. *U.S. Naval Institute Proceedings*, June 1953, 638–41.

Hagen, Robert C., with Sidney Shalett. "We Asked for the Jap Fleet — And We Got It." *Saturday Evening Post*, May 26, 1945, 9–10, 72, 74, 76.

Halsey, Ashley, Jr. "The CVL's Success Story." *U.S. Naval Institute Proceedings*, April 1946, 523–31.

Hammond, Richard. "Fighting Under a Different Flag: Multinational Naval Cooperation and Submarine Warfare in the Mediterranean, 1940–1944." *Journal of Military History*, April 2016, 447–76.

Hampshire, A. Cecil. "British Strategy in the River Plate Battle." *U.S. Naval Institute Proceedings*, December 1958, 85–91.

Heinl, Robert D., Jr. "The Most Shot-At Island in the Pacific." *U.S. Naval Institute Proceedings*, April 1947, 397–99.

Hewitt, H. Kent. "The Allied Navies at Salerno: Operation Avalanche, September, 1943." *U.S. Naval Institute Proceedings*, September 1953, 959–976.

_____. "Naval Aspects of the Sicilian Campaign." *U.S. Naval Institute Proceedings*, July 1953, 705–23.

Hoffman, F. G. "The American Wolf Packs: A Case Study in Wartime Adaptation." *Joint Force Quarterly*, January 2016.

Holmes, Besby. "Who Really Shot Down Yamamoto?" *Popular Aviation Magazine*, March/April 1967.

Karig, Walter. "Murmansk Run." *U.S. Naval Institute Proceedings*, January 1946, 25–33.

Kauffman, D. L. "German Naval Strategy in World War II." *U.S. Naval Institute Proceedings*, January 1954, 1–12.

Koyanagi, Tomiji. "With Kurita in the Battle of Leyte Gulf." Translated by Toshikazu Ohmae. Edited by Roger Pineau. *U.S. Naval Institute Proceedings*, February 1953, 119–33.

Kurzak, Karl Heinz. "German U-Boat Construction." *U.S. Naval Institute Proceedings*, April 1955, 374–89.

Lanphier, Thomas G. "I Shot Down Yamamoto." *Reader's Digest*, December 1966, 82–87.

Levy, James. "Ready or Not? the Home Fleet at the Outset of World War II." *Naval War College Review*, Autumn 1999, 90–108.

Lipke, E. E. "A North Atlantic Convoy." *U.S. Naval Institute Proceedings*, March 1947, 289–91.

McGuinness, James L. "The Three Deuces." *U.S. Naval Institute Proceedings*, September 1946, 1157–61.

McLean, Samuel, and Roger Sarty, "Gerald S. Graham's Manuscript Diary of His Voyage in HMS *Harvester*, 1942." *The Northern Mariner/Le Marin du Nord*, April 2016, 173–96.

Moore, Lynn L. " *Shinano*: the Jinx Carrier." *U.S. Naval Institute Proceedings*, February 1953, 142–49.

Nohrden, Maynard M. "The Amphibian Tractor, Jack of All Missions." *U.S. Naval Institute Proceedings*, January 1946, 13–17.

Ohmae, Toshikazu. "The Battle of Savo Island." Edited by Roger Pineau. *U.S. Naval Institute Proceedings*, December 1957, 1263–1278.

Oldendorf, Jesse. "Comments on the Battle of Surigao Strait." *U.S. Naval Institute Proceedings*, April, 1959, 104–7.

Reed, Rowena. "Central Mediterranean Sea Control and the North African Campaigns." *Naval War College Review*, July–August 1984, 82–96.

Ruge, Friedrich. "German Naval Strategy Across Two Wars." *U.S. Naval Institute Proceedings*, February 1955, 152–66.

Seagren, Leonard. "The Last Fuehrer." *U.S. Naval Institute Proceedings*, May 1954, 523–37.

Simpson, Michael. "Force H and British Strategy in the Western Mediterranean, 1939–1942." *Mariner's Mirror*, February 1977, 62–75.

Smith, H. E. "I Saw the Morning Break." *U.S. Naval Institute Proceedings*, March 1946, 403–15.

Smith, Julian C. "Tarawa." *U.S. Naval Institute Proceedings*, November 1953, 1163–75.

Sokol, A. E. "German Attacks on the Murmansk Run." *U.S. Naval Institute Proceedings*, December 1952, 1327–41.

Stirling, Yates. "Naval Preparedness in the Pacific Area." *U.S. Naval Institute Proceedings*, May 1934, 601–8.

Sweetman, Jack. "Leyte Gulf." *U.S. Naval Institute Proceedings*, October 1994, 56–58.

Vogel, Bertram. "Truk — South Sea Mystery Base." *U.S. Naval Institute Proceedings*, October 1948, 1269–75.

Von Gosseln, Joachim. "The Sinking of the Sydney." *U.S. Naval Institute Proceedings*, March 1953, 251–55.

Weems, George B. "Solomons Battle Log." *U.S. Naval Institute Proceedings*, August 1962, 80–91.

Wiedersheim, William A. III. "Factors in the Growth of the Reichsmarine (1919–1939)." *U.S. Naval Institute Proceedings*, March 1948, 317–24.

Wyman, theodore C. "Red Shingle." *U.S. Naval Institute Proceedings*, August 1947, 923–29.

Yoshida, Mitsuru. "The End of Yamato." Translated by Masaru Chikuami. Edited by Roger Pineau. *U.S. Naval Institute Proceedings*, February 1952, 117–29.

찾아보기 (함정명)

LST-77 611
LST-197 716
LST-289 740
LST-313 624, 626
LST-353 765
LST-499 743
LST-507 738-9
LST-531 739
LST-543 754

가가함 (일본 항공모함) 247-8, 296, 333, 349, 403, 425
갬비어베이함 (미국 항공모함) 823, 831
게네랄폰슈테이벤호 (독일 연락선) 869
고리치아함 (이탈리아 순양함) 644
곤고함 (일본 전함) 248, 495, 497, 827
교쿠세이마루호 (일본 수송선) 581, 583-4
구르카함 (영국 순양함) 95
그라프슈페함 (독일 포켓 전함) 47-9, 55, 58-72, 82, 145, 187, 196, 214, 268, 331, 486, 662
그래프턴함 (영국 구축함) 114
그리어함 (미국 구축함) 282-3, 286
그윈함 (미국 구축함) 680
글로리어스함 (영국 항공모함) 95, 102-4, 116, 823
글로웜함 (영국 구축함) 81, 84
기리시마함 (일본 전함) 528, 534-7

나가라함 (일본 순양함) 536
나르왈함 (미국 잠수함) 565
나이지리아함 (영국 순양함) 460, 462
나치함 (일본 순양함) 340, 816
내슈빌함 (미국 순양함) 401, 797-8
네바다함 (미국 전함) 306-8, 746, 749
네오쇼함 (미국 유조선) 405-6, 408
넬슨함 (영국 전함) 16, 193, 487, 645
노르네스호 (파나마 유조선) 373
노르웨이함 (노르웨이 함정) 89-90
노샘프턴함 (미국 순양함) 499
노스캐롤라이나함 (미국 전함) 478, 480, 483-4
노퍽함 (영국 순양함) 210-1, 213, 662
뉘른베르크함 (독일 순양함) 867
뉴멕시코함 (미국 전함) 877
뉴비언함 (영국 구축함) 161, 649
뉴욕함 (미국 전함) 487
뉴저지함 (미국 전함) 795, 809-10, 812, 820, 825-6, 849
니즈키함 (일본 구축함) 680
닛신마루호 (일본 유조선) 839

다가부르함 (이탈리아 잠수함) 461
다카오함 (일본 순양함) 534, 803
다터함 (미국 잠수함) 802-4, 807, 833
대처함 (미국 구축함) 687
더위터르함 (네덜란드 순양함) 331, 339,

찾아보기 (인명)

앤드루스, 어돌퍼스 (미국) 375-7

앨런, 롤런드 (영국) 184

야마모토 이소로쿠 (일본) 243-7, 250, 261, 291-5, 301-2, 305, 333, 337, 339, 349, 402-3, 411, 416-7, 477, 497, 501-2, 526, 532-7, 580, 583-92

야쓰시로 스케요시 (일본) 326

어틀리, 조너선 (역사학자) 291

에거트, 조지프 R. (미국) 772

에드워즈, J. M. (영국) 60

에번스, 어니스트 (미국) 821-3

에스먼드, 유진 (영국) 220

에이디, 하워드 (미국) 418

에크, 하인츠빌헬름 (독일) 570

엑스텀, 진 (미국) 739

엔드라스, 엥겔베르트 (독일) 29, 38, 184-5, 368

엔라이트, 조지프 (미국) 843-7

엘리스, 로버트 (영국) 222

엘리스, 얼 '피트' (미국) 266

예이츠, 조지 D. (영국) 90

오니시 다이지로 (일본) 873-6, 906

오마에 도시카즈 (일본) 447

오모리 센타로 (일본) 686-8

오바야시 수에오 (일본) 498

오스메냐, 세르히오 (필리핀) 798

오스틴, 버나드 L. (미국) 687

오자와 지사부로 (일본) 334-5, 502, 585, 765-72, 776-7, 789-90, 799-800, 805-8, 817-8, 824-7, 831, 898, 907

오친렉, 클로드 (영국) 101

오케인, 리처드 (미국) 569-71, 834-5

오크스, 월터 M. (미국) 509-10

오타 기요스키 (일본) 699

오팡, 가브리엘 (프랑스) 524

올덴도르프, 제시 (미국) 786, 807, 811, 813-7, 820

올리버, 제프리 (영국) 649, 742, 747

와이먼, 시어도어 (미국) 716

와인버그, 거하드 (역사학자) 455

와카쓰키 레이지로 (일본) 21-2

요나이 미쓰마사 (일본) 781, 792, 874

요코야마 이치로 (일본) 898

요코타 미노루 (일본) 533

우가키 마토메 (일본) 295, 305, 416, 585-6, 591, 766, 768, 770, 780, 875-7, 879, 881-3, 891, 898

우메즈 요시지로 (일본) 894, 898-9

우시지마 미쓰루 (일본) 892

워버턴리, 버나드 (영국) 90-6

워커, 존 (영국) 368

워크, 허먼 (소설가) 851

월드런, 존 C. (미국) 421-3

윌러, 헥터 (오스트레일리아) 161, 343-6

웨이벌, 아치볼드 (영국) 329

웨이크워커, 프레더릭 (영국) 108, 210, 213-4, 217, 221, 229

웨이트, 조지 (영국) 194-5

웨인라이트, 조너선 (미국) 901

웨일러, 조지 L. (미국) 786

위넌트, 존 G. '길' (미국) 310

윈, 로저 (영국) 366

윈저, G. R. (영국) 198

윌리스, 앨저넌 (영국) 646

윌리엄스, 케네스 (영국) 139, 142

윌슨, 우드로 (미국) 263

윌슨, 헨리 메이틀런 (영국) 711, 719

윌킨스, 찰스 '위어리' (미국) 565

윌킨슨, 테오도르 (미국) 682, 686

윌킨슨, 토머스 (영국) 334

이노우에 시게요시 (일본) 246, 411

이누카이 쓰요시 (일본) 241-2

찾아보기 (기타)

2차대전 해전사

전쟁의 향방을 결정지은 세계 해전의 모든 것

1판 1쇄 2024년 11월 1일

지은이 | 크레이그 L. 시먼즈
옮긴이 | 나종남

펴낸이 | 류종필
편집 | 이정우, 권준, 이은진
경영지원 | 홍정민
교정교열 | 문해순
표지 디자인 | 석운디자인
본문 디자인 | 박애영

펴낸곳 | (주)도서출판 책과함께
    주소 (04022) 서울시 마포구 동교로 70 소와소빌딩 2층
    전화 (02) 335-1982
    팩스 (02) 335-1316
    전자우편 prpub@daum.net
    블로그 blog.naver.com/prpub
    등록 2003년 4월 3일 제2003-000392호

ISBN 979-11-94263-02-9 03900